L'Art russe

dans la seconde moitié du XIXe siècle : en quête d'identité

Musée d'Orsay, Paris

19 septembre 2005 – 8 janvier 2006

Musée d'Orsay
Réunion des Musées Nationaux
Liberté • Égalité • Fraternité
République Française
Ministère Culture Communication

Cette exposition a été organisée par le musée d'Orsay
et la Réunion des musées nationaux grâce au soutien
de Gazprom et de Gaz de France

La scénographie a été conçue par Cécile Degos,
assistée de Cécile Bickart

Coordination au département des Expositions
de la Réunion des musées nationaux :
Marion Tenbusch, chef de projet,
sous la direction de Juliette Armand

Couverture :
Nikolaï Dmitrievitch Kouznetsov, *Jour de fête,* 1879, huile sur toile,
Moscou, galerie Tretiakov (cat. 284)

49, rue Étienne-Marcel – 75001 Paris

ISBN : 2-7118-4952-X

Marcel Pochard
Président du conseil d'administration
de la Réunion des musées nationaux

Francine Mariani-Ducray
Directrice des Musées de France

Thomas Grenon
Administrateur général
de la Réunion des musées nationaux

Serge Lemoine
Président de l'Établissement public
du musée d'Orsay

COMMISSAIRES GÉNÉRAUX
Marie-Pierre Salé et **Édouard Papet**
Conservateurs au musée d'Orsay

COMMISSAIRE DES SECTIONS ARCHITECTURE ET PHOTOGRAPHIE
Dominique de Font-Réaulx
Conservateur au musée d'Orsay

Remerciements

Nous exprimons notre profonde gratitude
aux collectionneurs dont la générosité aura permis
cette exposition et qui ont préféré garder l'anonymat

Nous remercions également l'ensemble des institutions
qui ont, avec générosité, accepté de nous confier leurs œuvres

FRANCE

Paris

Bibliothèque de l'Institut national d'histoire de l'art,
Collections Jacques Doucet
Bibliothèque des Arts décoratifs
Bibliothèque du Muséum national d'histoire naturelle
Bibliothèque nationale de France
département des Cartes et Plans
département des Estampes et de la Photographie
Centre historique des Archives nationales
Musée des Arts décoratifs
Musée national de la Marine
Société de Géographie

RUSSIE

Abramtsevo

Musée-réserve d'Abramtsevo

Moscou

Bibliothèque d'État russe
Galerie Tretiakov
Hôtel des monnaies – Association Goznak
Musée d'État Lev Tolstoï
Musée national d'Architecture A. V. Chtchoussev
Musée national de la Littérature
Musée national d'Histoire
Musée national du théâtre Bakhrouchine
Musée russe des Arts décoratifs et populaires

Saint-Pétersbourg

Bibliothèque nationale de Russie
Musée de recherche scientifique de l'Académie
des beaux-arts de Russie
Musée d'État russe
Musée national A. S. Pouchkine
Musée national de l'Art du théâtre et de la musique
Musée national de l'Ermitage
Musée national d'Ethnographie

Serguiev Possad

Musée des Arts décoratifs et populaires

Smolensk

Musée-réserve de Smolensk (domaine de Talachkino)

Les commissaires généraux tiennent à remercier Serge Lemoine,
président de l'Établissement public du musée d'Orsay,
pour son soutien tout au long de la préparation de l'exposition

et Henri Loyrette, conservateur général, président-directeur
du musée du Louvre, qui leur a confié ce projet alors qu'il était
directeur du musée d'Orsay

Outre l'ensemble des prêteurs, ils tiennent à remercier particulièrement :

À MOSCOU

à l'Ambassade de France en Russie

S. E. M. Jean Cadet, ambassadeur de France en Fédération de Russie
M. Nicolas Chibaeff, conseiller de coopération et d'action culturelle

et M. Joël Bastenaire, attaché culturel, pour son aide constante
et son soutien amical

S. E. M. Claude Blanchemaison, ambassadeur de France en Espagne,
ambassadeur en Russie de 2001 à 2003

et Mme Anne Duruflé, attaché culturel jusqu'en 2003, pour son aide
et son accueil chaleureux

ainsi qu'Alla Belliak, Olga Tararine, Zaour Tiajgov, Alexis Vichnievsky

À la galerie Tretiakov

Valentin Rodionov, directeur, qui a bien voulu soutenir ce projet
dès le début et accorder des prêts exceptionnels d'œuvres qui n'avaient
jamais quitté la Russie, et Ekaterina Selezneva, conservateur en chef,
vice-directeur, sans qui ils n'auraient pu mener à bien ce projet,
qu'elle trouve ici l'expression de leur reconnaissance amicale
Lidya Iovleva, vice-directeur, Tatiana Karpova, conservateur, et
Elena Maslova, responsable du département des Relations internationales,
pour leur collaboration précieuse

Et l'ensemble des conservateurs qui les ont aidés, particulièrement
Natalia Ardachnikova, Irina Choumanova, Svetlana Domogatskaïa,
Evguenia Ilioukhina, Elena Ioukova, Irina Krasnikova, Eleonora Paston,
Irina Plotnikova, Katia Semenova, Galina Tchourak, Lydia Tortensen

Au musée national d'Histoire
Tamara Igoumnova, vice-directeur scientifique, pour son aide précieuse
et Olga Strougova, conservateur

À la Bibliothèque d'État russe
Svetlana Artamonova, pour son accueil généreux
Anna Larina et Lioubov Rodionova

Au musée russe des Arts décoratifs et populaires
Vladimir Gouliaev et les conservateurs du musée

À SAINT-PÉTERSBOURG

Au musée national d'Ethnographie
Janna K. Tchistiakova

À la Bibliothèque nationale de Russie
Elena Barkhatova

À l'Institut français de Saint-Pétersbourg
M. Bertrand de Hartingh

À SERGUIEV POSSAD
Svetlana Gorojanina

À PARIS
S. E. M. Alexandre Avdeev, ambassadeur de la Fédération de Russie en France

Les commissaires tiennent à remercier toutes les personnes qui les ont aidés lors de la préparation de l'exposition et du catalogue :

EN RUSSIE
Dmitri Baranov, Svetlana Barkalaïa, Veronika Bogdan, Marianna Boubtchikova, Galina Cheboleva, Ludmila Chibakova, Tatiana Chipova, Irina Chouvalova, Lumila Dementieva, Ludmila Derevianko, Irina Douksina, Vassily Fediakine, Elena Gasparova, Tatiana Goriaeva, Olga Gordeeva, Galina Grigorievna-Smarodinova, Vladimir Goulaev, Tamara Issatchenko, Irina Ivanova, Tatiana Ivanova, Victoria Kadotchnikova, Natalia Kalinina, Anna Kouznetsova, Natalia Larionova, Viktor Lougansky, Natalia Makarova, Elena Makerova, Lydia Melnikova, Galina Miroloubova, Elena Mitrophanova, Elena Mokhova, Alexis Nevsky, Tatiana Nikitina, Jesco Oser, Igor Palmin, Vera Pavlova, Alexeï Pentkovsky, Tatiana Petrova, Irina Popova, Galina Raoufnova, Irina Rechtnikova, Tatiana Sabourova, David Sarkisyan, Ekaterina Savinova, Irina Sedova, Irina Semakova, Valentina Skleenova, Elena Smirnova, Julia Solonovitch, Arcady Tratchouk, Nadejda Volosenkova, Julia Vlassova

EN FRANCE, EN SUISSE ET AUX ÉTATS-UNIS
Pierre Apraxine, Sylvie Aubenas, Quentin Bajac, Laure Beaumont-Maillet, Christoph Bollman, Joëlle Bolloch, Aglaïa Bustany-Achechova, Denis Canguilhem, Florence Carneiro, Laurence des Cars, Pierre Casselle, Cristina Cazan, Michel Clavien, Anna Cristophoroff, Verna Curtis, Malcolm Daniel, Richard Davies, Jérôme Delatour, Stéphanie Deschamps, Élisabeth Essaïan, Hélène Ferbos, Tatiana Gladkova, Doris Grunchec, René Guerra, Ève Lepaon, Alexandre Liapine, Olivier Loiseaux, Isabelle Loutrel, Caroline Mathieu, Catherine Mathon, Catherine Millon, Marion Petitdidier, Serge Plantureux, Marc Plocki, Michel Poivert, Évelyne Possémé, Benoît Salaun, Fabiana Salvador, Françoise Serres, Philippe Thiébaut, Pierre-Alain Tilliette, Irène Weber, Wilfried Zeisler, Yves Zoberman

À LA RÉUNION DES MUSÉES NATIONAUX
Bénédicte Boissonnas, chef du département des Expositions jusqu'en 2004
Marion Tenbusch, chef de projet qui assuré la difficile coordination de ce projet

Pour le catalogue :
Pierre Vallaud, directeur des Éditions
Catherine Marquet, responsable du Livre, de l'Image et de la Jeunesse
Cécile Guibert, éditrice
Jean-Yves Cousseau, graphiste, pour son engagement et sa patience
et tous les traducteurs

AU MUSÉE D'ORSAY
Nicole Richy, chef du service de Presse et Communication, pour son aide précieuse, et Amélie Hardivilier
Laurent Stanich, qui a assuré le montage et l'encadrement des œuvres graphiques
Patrice Schmidt, responsable de l'atelier de photographie et Sophie Boegly, photographe, ainsi qu'Alexis Brandt, photographe, sans qui ce catalogue n'aurait pu être réalisé
Nadia Leriche, responsable de l'atelier graphique,
Cyrille Lebrun et Muriel Desdoigts, Frédérique de Redon, pour la signalétique de l'exposition
Odile Michel, chef de la Régie des œuvres, Anne Pouchelon, Bruno Montamat, stagiaire à la Régie, Antoine Tasso et toute l'équipe des installateurs du musée
Patrick Porcher, responsable des ateliers du musée d'Orsay, et Romuald Picard, pour leur talent impassible dans l'équipement des sculptures
Bruno Dapaz, pour sa collaboration à l'éclairage de l'exposition
Aux secrétariats de la présidence et de la conservation :
Martine Bozon, Élise Bauduin,
Et une mention particulière pour Évelyne Chatelus

et Renata Clavien, qui a assisté les commissaires avec enthousiasme et patience au cours de la préparation de l'exposition et du catalogue

Cette exposition doit beaucoup à
Cécile Degos, scénographe, assistée de Cécile Bickart, et à Alain Paradis, qui en a conçu l'éclairage

Rassemblant près de cinq cents œuvres conçues entre 1870 et 1914 et dont certaines sont montrées pour la première fois en France, cette manifestation, pluridisciplinaire et foisonnante dans tous les domaines, de la peinture, la sculpture, la photographie, l'architecture et les arts décoratifs, a une dimension exceptionnelle. Son ambition est de révéler au public français les multiples talents des artistes russes de cette époque, qui ont contribué à ouvrir des voies nouvelles, par un retour paradoxal et revendiqué comme tel aux sources de l'art national, dont l'inspiration était aussi renouvelée. L'affirmation d'un art véritablement russe prend ainsi ses racines dans les sources littéraires, artistiques et religieuses, qu'elles soient savantes ou populaires, qui fondent la civilisation de ce grand pays.

Préoccupation majeure des intellectuels et des artistes, ce regard sur le passé est une prise de conscience de la spécificité de cette « âme russe », tant célébrée par les écrivains. Cette quête identitaire est ici présentée sous des formes variées : renouvellement de la peinture de paysage, thèmes réalistes, redécouverte du patrimoine populaire, intérêt nouveau pour l'ethnographie, émergence des styles « russe » et « néo-russe »... qui vont favoriser les recherches des artistes des avant-gardes du début du XXe siècle. Cette large présentation illustre l'objectif du musée d'Orsay de s'ouvrir à l'art des autres pays et de permettre à son public de découvrir, à cette occasion, cet aspect inédit de l'histoire artistique russe.

Je me félicite des nombreux échanges qui ont eu lieu à cette occasion entre les institutions culturelles françaises et russes et je remercie chaleureusement tous les musées russes qui ont collaboré à l'aboutissement de ce projet, notamment la galerie Tretiakov, de Moscou, et son directeur général, M. Valentin Rodionov, et le Musée d'État russe de Saint-Pétersbourg.

C'est un plaisir pour moi de saluer le mécénat des sociétés Gazprom et Gaz de France, qui se sont associées à ce projet et dont le soutien a puissamment contribué à sa mise en œuvre ; je me réjouis que la collaboration entre ces deux entreprises ait permis de renforcer davantage encore les relations entre la France et la Russie par l'accompagnement de cette manifestation culturelle de grande envergure.

Renaud Donnedieu de Vabres

Ministre de la Culture et de la Communication

Au nom de la présidence du groupe Gazprom et en mon propre nom, je rends très cordialement hommage aux participants et aux organisateurs de cet événement culturel unique.

Le XIXe siècle est souvent appelé la période de l'âge d'or. Dans l'histoire de la Russie, cette période a été marquée par un élan culturel sans précédant qui touche l'architecture, la peinture, la musique et les belles-lettres. Cette époque se distingue par une recherche artistique osée mariant les traditions et les idées novatrices, et par la découverte de l'identité nationale russe.

C'est la première fois que Paris accueille une exposition d'une telle envergure et donne au public français la possibilité de faire connaissance avec des œuvres exceptionnelles de l'art pictural russe.

Nous nous félicitons que cette action commune de Gazprom et de Gaz de France pour le soutien de la culture et de l'art contribue à la poursuite de l'élargissement des relations franco-russes et au renforcement de la compréhension réciproque entre la Russie et la France. Avec Gaz de France, nous avons tissé les liens d'un partenariat qui se développe depuis trente ans avec succès, et tout au long de ces années des actions communes dans le domaine de la culture et de l'art ont toujours accompagné notre coopération économique.

Je demeure convaincu que les visiteurs du musée d'Orsay sauront apprécier cette exposition, qui, certainement, contribuera à l'approfondissement des contacts existants entre nos peuples.

A. B. Miller
Président de Gazprom

C'est dans les murs de l'ancienne gare d'Orsay, témoin historique de l'essor industriel de l'Europe au XIXe siècle, que Paris accueille aujourd'hui l'exposition « l'Art russe dans la seconde moitié du XIXe siècle : en quête d'identité ». Dans le cadre des relations amicales et séculaires qui unissent la Russie et la France, nous avons l'honneur et le plaisir de recevoir une expression remarquable de la culture et des arts russes de cette époque.

La période historique et artistique de la fin du XIXe siècle compte parmi les plus marquantes et les plus riches dans les échanges entre nos deux pays. Elle se caractérise par un dynamisme dans l'ensemble des arts et des techniques, enrichi par la confrontation et le complément des cultures.

Le XIXe siècle voit de nouveaux mots prendre leur sens, tels qu'industrie, communications ou énergie, tandis que les dimensions politique, économique et sociale entrent dans une nouvelle ère. L'exposition d'art russe du musée d'Orsay nous permet d'appréhender ces évolutions et ces nouveautés à travers les œuvres présentées.

La France et la Russie ont toujours su être à l'écoute l'une de l'autre, s'accompagner tout au long de l'histoire de leurs peuples. Gaz de France, comme le montre aujourd'hui son association solide et durable avec son partenaire Gazprom, conserve un fort attachement à cette tradition. Depuis trente ans, nos relations industrielles et commerciales contribuent quotidiennement à ce dialogue franco-russe que tout porte à poursuivre et enrichir avec enthousiasme et détermination.

Au nom de Gaz de France, je félicite cette initiative en faveur de l'art russe. Je forme le vœu que cette exposition contribue à renforcer les échanges entre nos deux pays et apporte à tous, en particulier aux plus jeunes générations, un éclairage sur des œuvres splendides.

J.-F. Cirelli
Président-directeur général de Gaz de France

La Russie à Paris

L'art russe de la seconde moitié du XIXe siècle demeure largement méconnu en France, alors que, depuis plus de vingt ans, les avant-gardes, qui se sont manifestées avec une intensité particulière dans ce pays, ont fait l'objet d'expositions remarquables, telles que « Paris-Moscou », au centre Georges-Pompidou en 1981, « l'Avant-Garde russe 1905-1925 », au musée des Beaux-Arts de Nantes en 1993, ou récemment « le Symbolisme russe », montré en 2000 au musée des Beaux-Arts de Bordeaux. Le musée d'Orsay a donc choisi de consacrer à la période qui précède cette époque glorieuse une exposition intitulée « l'Art russe dans la seconde moitié du XIXe siècle : en quête d'identité », qui participe de sa politique d'ouverture à l'art étranger contemporain de ses collections. Cette manifestation, de grande ampleur et pluridisciplinaire, se différencie des expositions – pionnières en leur temps – consacrées à l'art russe, dont « The Twilight of the Tsars Russian Art at the Turn of the Century », qui eut lieu en 1991 à la Hayward Gallery de Londres, était la plus ambitieuse, mais aussi de monographies d'artistes telles que « Auf der Suche nach Russland. Der Maler Ilia Repin », montrée en 2003 à la Nationalgalerie de Berlin, et d'expositions exclusivement consacrées à la peinture, comme celle qui s'intitulait « Russian Landscape in the Age of Tolstoy », montrée à Groningue (Groninger Museum, 2003) puis à Londres (National Gallery, 2004). Il ne s'agit pas ici d'un panorama dédié à l'ensemble de la création artistique en Russie au tournant des XIXe et XXe siècles, mais de l'étude d'un des mouvements majeurs de cette période, le retour aux sources nationales.

L'évolution de la peinture de paysage comme la Révolte des 14 marquèrent le début des années 1860, affirmant le sujet russe par opposition aux modèles occidentaux, et anticipèrent un mouvement de fond qui révolutionna l'ensemble des arts, en lui permettant de trouver son apogée dans le *rousskiï stil*. Ce « style russe » s'appuie largement sur une connaissance érudite et une interprétation savante de l'art russe ancien, mais aussi de l'art populaire, considéré comme l'un des conservatoires du génie et de la tradition de cette nation.

Pour la première fois, des œuvres majeures, comme *Ivan-Tsarevitch sur le loup gris* de Viktor Vasnetsov (1889) ou *Femme de boyard du XVIIe siècle* de Dmitri Stelletsky (1910), sont confrontées avec les réalisations d'art décoratif néo-russe les plus démonstratives : ainsi la cheminée de Mikhaïl Vroubel *Volga et Mikoula* (1900) et le mobilier de Talachkino ou d'Abramtsevo. Ces rapports éclairent un répertoire et des références communes, mais aussi le fonctionnement de certaines colonies d'artistes, qui expliquent la diffusion du style dans tous les arts, y compris le livre illustré, dont Ivan I. Bilibine demeure la figure dominante et dont la majeure partie de l'œuvre avant 1917 est rassemblée dans cette exposition pour la première fois. Il était donc essentiel pour ce sujet riche et méconnu de ne pas se cantonner à une discipline artistique : c'est bien dans cette pluridisciplinarité, jusque dans les aspects ethnographiques de la photographie, que le néo-russe apparaît dans toute sa profondeur. Ce mouvement est ensuite fondamental pour comprendre la genèse du néo-primitivisme au cours des premières années du XXe siècle : Mikhaïl Larionov, Natalia Gontcharova,

Marc Chagall ou Kazimir Malevitch puisent leur inspiration dans les louboks et l'art populaire avec la conscience de se référer à des sources nationales par rapport aux tendances occidentales du cézannisme ou du cubo-futurisme, qui sauront aussi les influencer.

L'exposition « l'Art russe dans la seconde moitié du XIXe siècle : en quête d'identité », qui a été magistralement conçue par Édouard Papet et Marie-Pierre Salé, conservateurs au musée d'Orsay et réalisée avec la collaboration de la Réunion des musées nationaux, a été l'occasion privilégiée de travailler pour la première fois avec de nombreuses institutions russes. Nous avons été aidés, dans cette entreprise, et je tiens à leur exprimer ici toute ma gratitude, à Paris par S. E. M. Alexandre Avdeev, ambassadeur de la Fédération de Russie en France, qui a bien voulu soutenir ce projet, et, à Moscou par les ambassadeurs de France en Russie, S. E. M. Claude Blanchemaison, puis par S. E. M. Jean Cadet, à qui nous devons beaucoup.

Ce projet a bénéficié de la collaboration insigne des musées russes, qui ont consenti à des prêts pour la première fois hors de Russie : c'est le cas, notamment, de l'Association Goznak à Moscou pour les aquarelles originales d'Ivan Bilibine, du musée-réserve de Smolensk, de l'Académie des beaux-arts de Saint-Pétersbourg pour les dessins d'architecture, du musée des Arts décoratifs et populaires de Serguiev Possad. Je tiens également à saluer la collaboration du Musée d'État russe de Saint-Pétersbourg, du musée national d'histoire de Moscou pour ses prêts d'art décoratif et de la Bibliothèque nationale de Russie de Saint-Pétersbourg, partenaire essentiel en particulier au regard de la section consacrée à la photographie.

Enfin, cette exposition n'aurait jamais pu voir le jour sans le soutien et l'amitié de mon collègue Valentin Rodionov, directeur-général de la galerie Tretiakov, de Moscou, qui a bien voulu, par une faveur exceptionnelle, que certains chefs-d'œuvre de l'art russe du XIXe siècle, tels que *Procession dans le gouvernement de Koursk* d'Ilia Répine, *la Vision de l'enfant Bartholomé* de Mikhaïl Nesterov, *le Christ dans le désert* d'Ivan Kramskoï et les monumentales sculptures en bois de Sergueï Konenkov, soient exposés pour la première fois hors de Russie depuis le début du XXe siècle.

Même si l'extraordinaire *Crucifixion* de Nikolaï Gay, donnée par le fils de l'artiste en 1903, ou les sculptures en bronze de Pavel Troubetskoï, acquises pour la plupart au début du XXe siècle, comptent parmi les œuvres les plus remarquables de la collection d'art étranger du musée d'Orsay, l'art russe y reste peu représenté, malgré les efforts entrepris dès l'époque du musée du Luxembourg pour enrichir le fonds des écoles étrangères. Cette exposition permettra donc au public de reconsidérer l'importance du retour aux sources nationales dans l'art russe du XIXe siècle et de pouvoir admirer, réunis pour la première fois d'étonnants chefs-d'œuvre, dans lesquels se révèlent toute la complexité et la grandeur de l'âme russe.

Serge Lemoine

Président de l'Établissement public du musée d'Orsay

Sommaire

ouvrage sous la direction de Marie-Pierre Salé et Édouard Papet

AVERTISSEMENT DE L'ÉDITEUR

Certains documents ont été reproduits dans cet ouvrage à la demande des commissaires de l'exposition en raison de leur intérêt scientifique.

Nous prions nos lecteurs de bien vouloir en excuser la qualité.

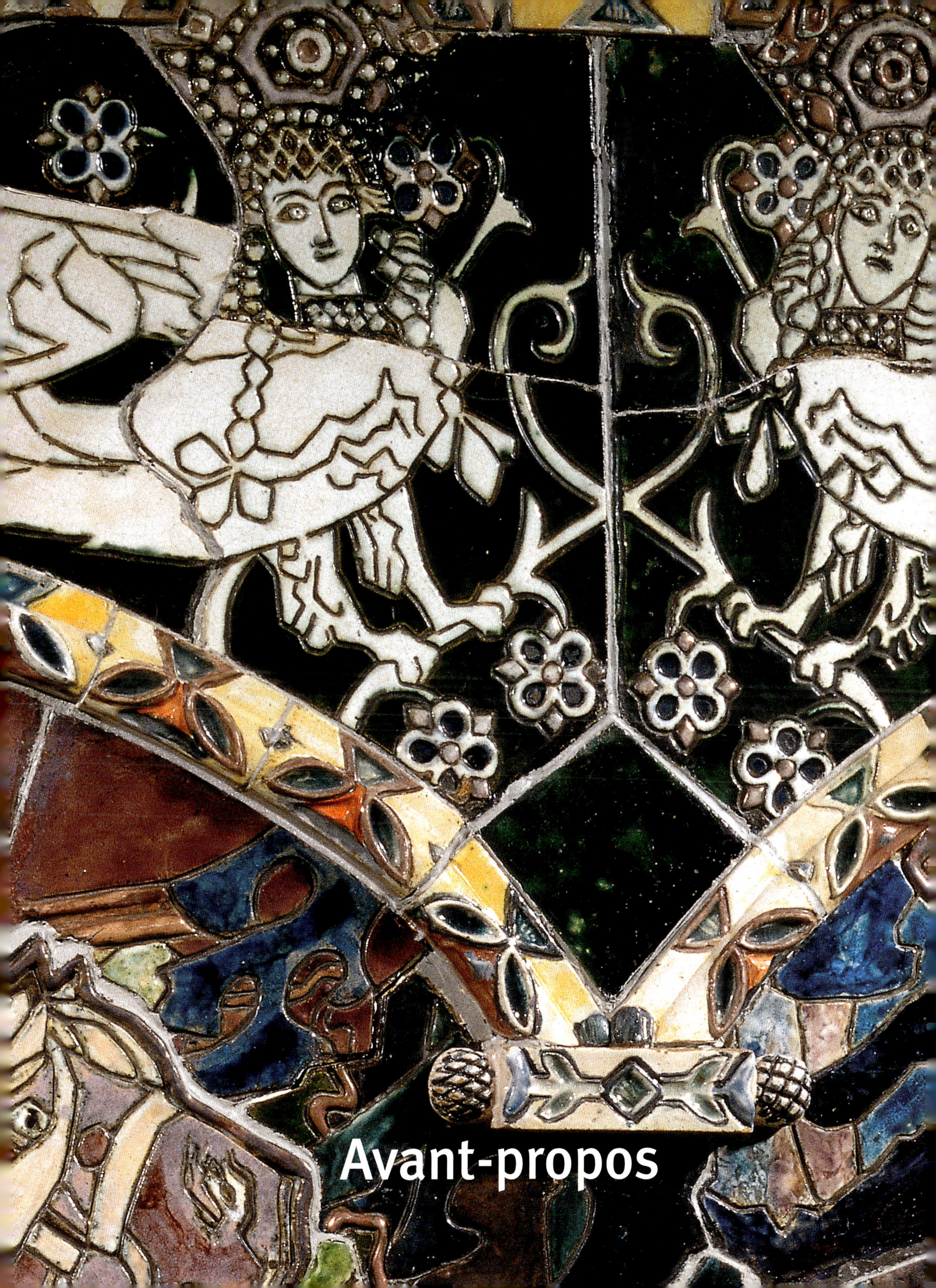

Avant-propos

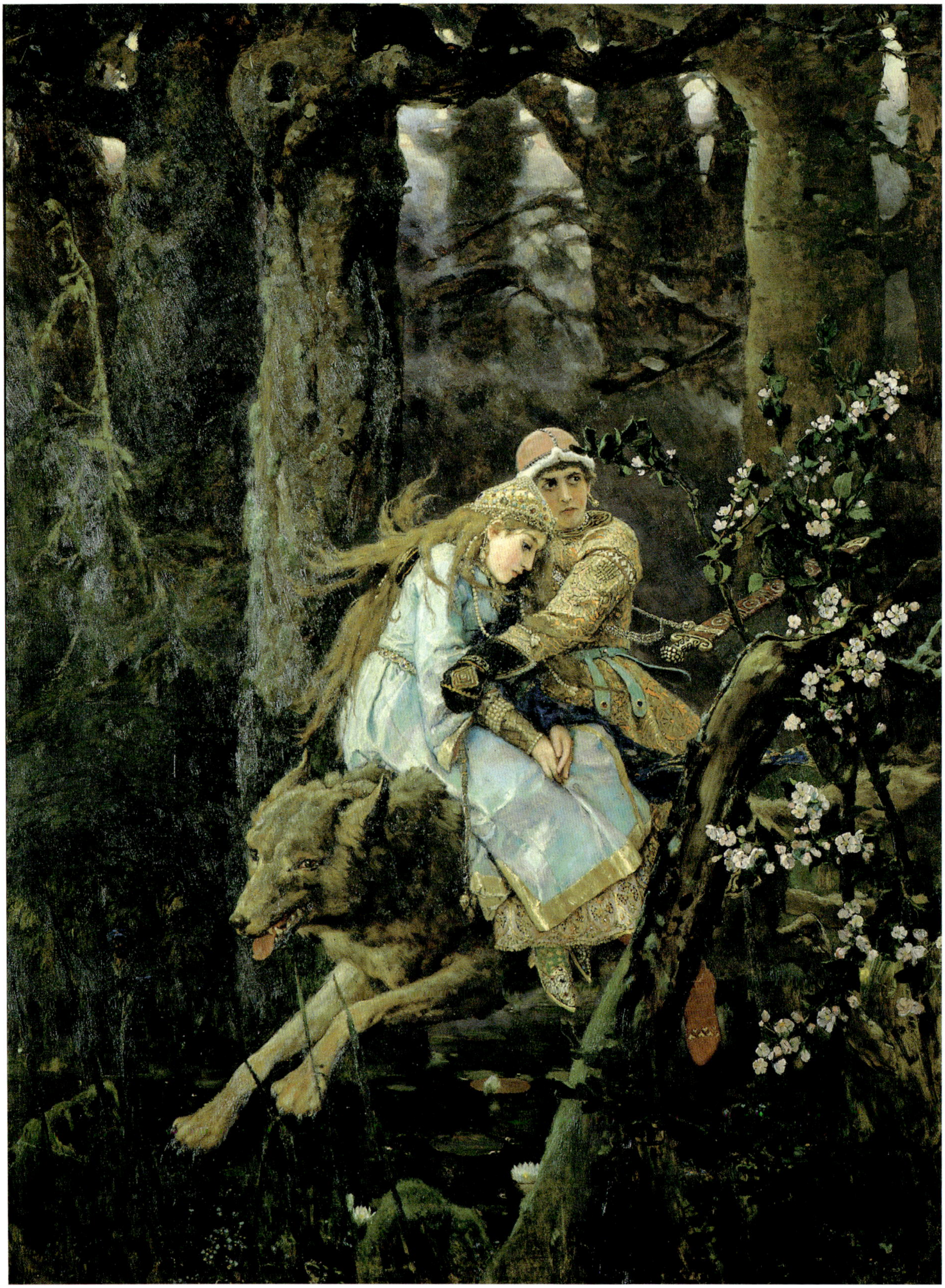

Cat. 473

Viktor M. Vasnetsov, ***Ivan-Tsarevitch sur le loup gris,*** **1889,**
huile sur toile, Moscou, galerie Tretiakov.

page précédente, cat. 495, détail

Avant-propos

Marie-Pierre Salé et Édouard Papet

« Je vous confie en grand secret le thème de mon futur tableau : le riche Sadko est invité au fond de la mer par le tsar des eaux qui lui présente plusieurs fiancées. [...] Devant Sadko défilent les plus jolies filles de toutes les époques et de toutes les nations : Grecque, Italienne [...], et Sadko choisit la dernière jeune fille, Tchernavouchka, qui est russe[1]. » Dans une lettre à Vladimir V. Stassov – l'un des hérauts de l'art national en Russie – en décembre 1873, Ilia E. Repine dévoile le sujet de son tableau, tiré d'un épisode d'une *byline* populaire, *Sadko* (fig. 1, p. 20). Prospère marchand de Novgorod à l'époque médiévale, Sadko, dont le personnage connut une grande faveur à la fin du XIXe siècle (cat. 312), élit la jeune fille russe, comme, après avoir voyagé par les mers, il choisira de retourner dans sa patrie. En illustrant cet épisode, Repine transforme le *smotriny* en cortège des nations. Le choix de la jeune fille *russe* – dans la byline, les jeunes filles ne représentent pas des peuples[2] – peut être lu comme une métaphore de l'une des préoccupations fondamentales des cercles intellectuels et artistiques de l'empire tsariste depuis les années 1870 : la quête d'une identité nationale déterminée par le choix conscient d'un retour aux sources russes, l'histoire artistique de la Russie, étant, depuis le début du XVIIIe siècle marquée par l'Occident[3].

Cette exposition participe de la politique d'ouverture du musée d'Orsay à l'art étranger contemporain de ses collections, entreprise depuis plus de dix ans par une série de manifestations monographiques ou pluridisciplinaires[4]. Première en France consacrée à ce sujet[5], elle n'est pas un panorama exhaustif de la création artistique et des divers mouvements en Russie de 1870 à la révolution de 1917, ni une analyse des échanges entre trois centres artistiques, Paris, Moscou et Saint-Pétersbourg, la capitale politique. Il ne s'agit donc pas de mettre en perspective les influences et échanges, mais de considérer l'une des questions majeures de cette période, la définition d'un art « russe » et son corollaire, la question de la rénovation des arts.

Si le retour aux sources nationales fut l'une des voies privilégiées par l'intelligentsia, essentiellement moscovite, nous avons voulu aussi faire place, dans cette exposition, à différentes expressions de cette quête : l'évocation de la terre russe, les sujets russes dans le réalisme, la collecte ethnographique, les styles « russe » et « néo-russe » et l'héritage de ces mouvements au début du XXe siècle.

Dans les années 1860, alors qu'émerge une nouvelle génération de paysagistes, le paysage devient – comme en littérature – l'une des expressions idéales de l'âme russe. L'espace, le milieu naturel, la terre russe et non plus les paysages classiques idéalisés ou italianisants ont inspiré (comme dans d'autres pays de l'Europe du Nord) l'œuvre d'Arkhip I. Kouindji (cat. 277 à 279, p. 58-59 et 61), d'Adolph I. Levitan (cat. 298 et 299, p. 50 et 63), de Mikhaïl V. Nesterov (cat. 337, p. 65), mais aussi des photographes comme Ivan V. Boldyrev ou Maxime P. Dmitriev (cat. 180, p. 104 ; cat. 139, p. 102). Sur un autre mode, *Jour de fête* de Nikolaï D. Kouznetsov (cat. 284) traduit ainsi un lien entre coutumes paysannes (fig. 2, p. 21), patrimoine folklorique et intimité de l'homme russe avec la nature.

La question du *sujet russe* se pose, plus généralement, depuis le début des années 1860. Sous l'influence notamment des écrits de Nikolaï G. Tchernichevsky (*les Relations esthétiques de l'art et de la réalité,* 1855) et d'Adrian V. Prakhov, la génération des ambulants appelle

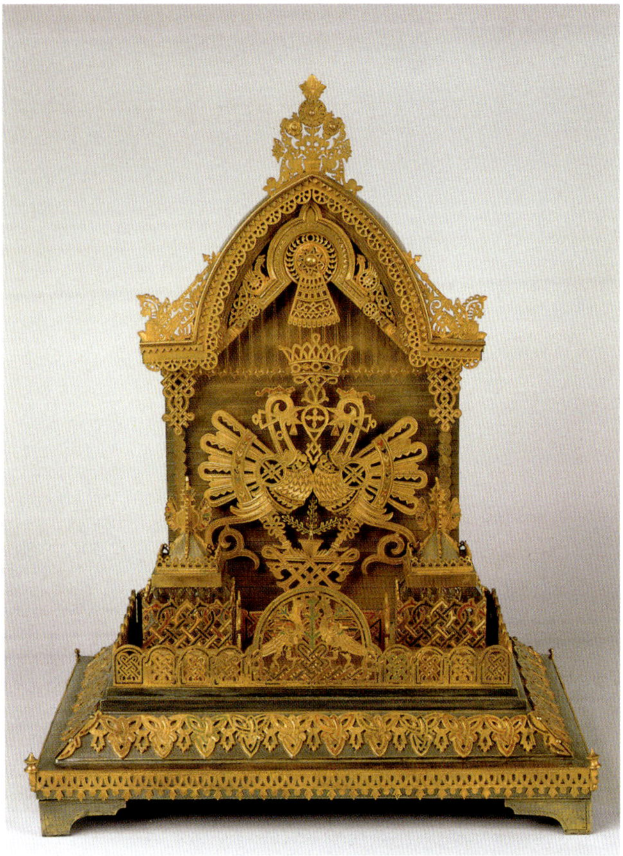

Cat. 53

Atelier russe, *Nécessaire de bureau de style néo-russe,* vers 1870-1880, métal doré, découpé, incisé, Moscou, musée national d'Histoire.

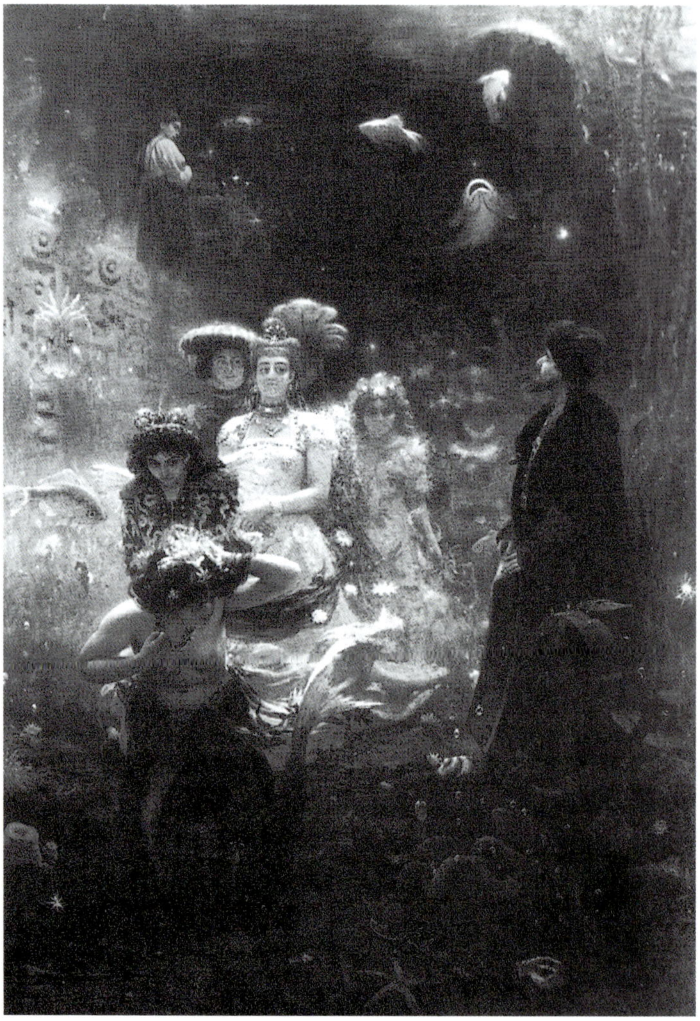

Fig. 1. **Ilia E. Repine, *Sadko,* 1876**, huile sur toile, Saint-Pétersbourg, Musée d'État russe.

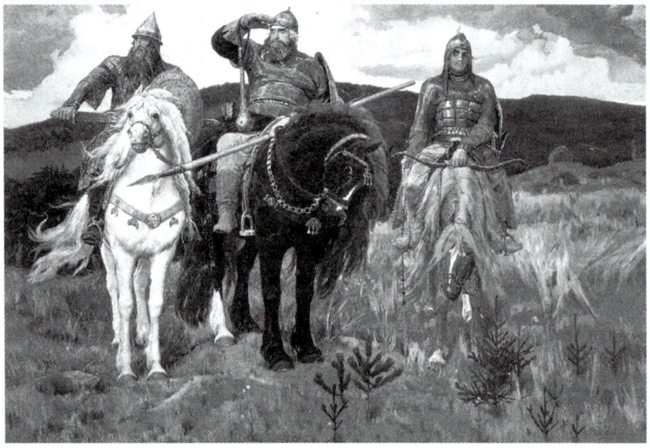

Fig. 3. **Viktor M. Vasnetsov, *les Preux,* 1898**, huile sur toile, Moscou, galerie Tretiakov.

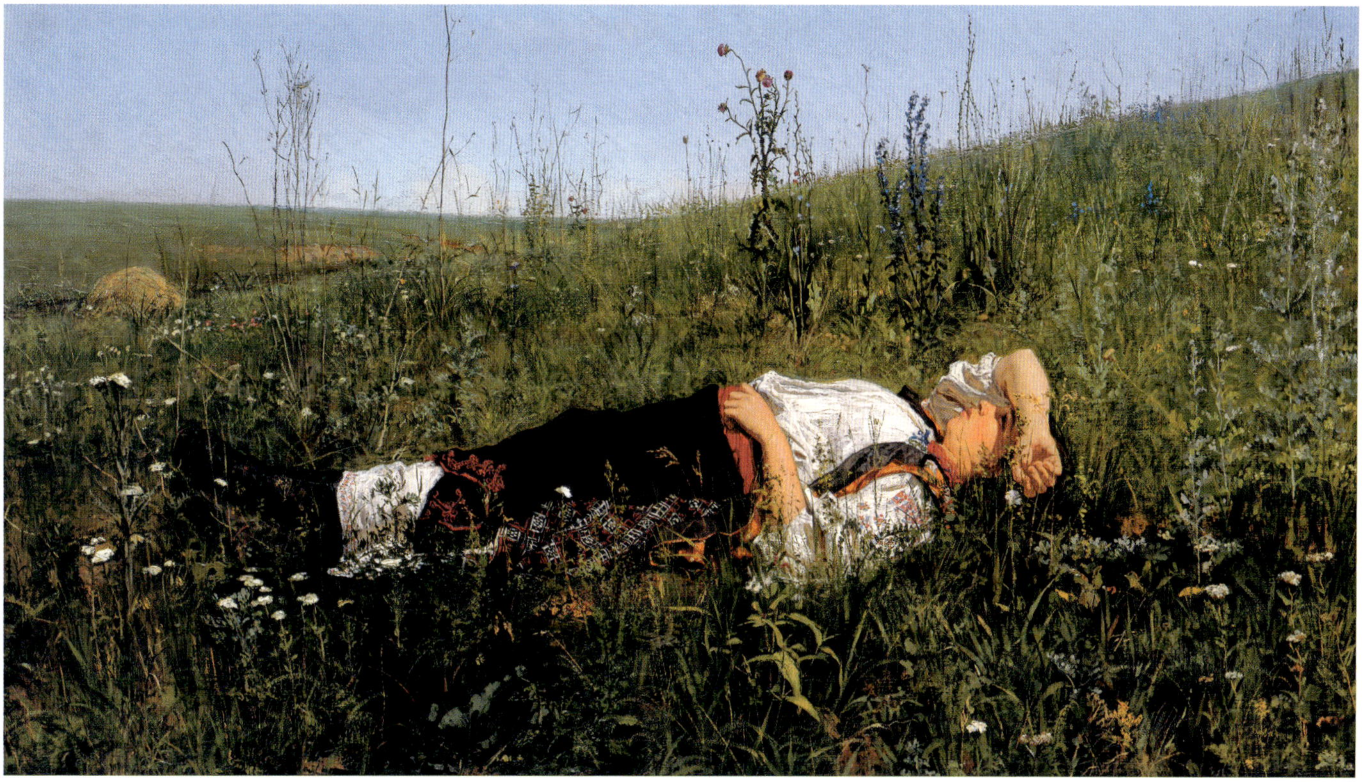

Cat. 284

Nikolaï D. Kouznetsov, *Jour de fête*, 1879,
huile sur toile, Moscou, galerie Tretiakov.

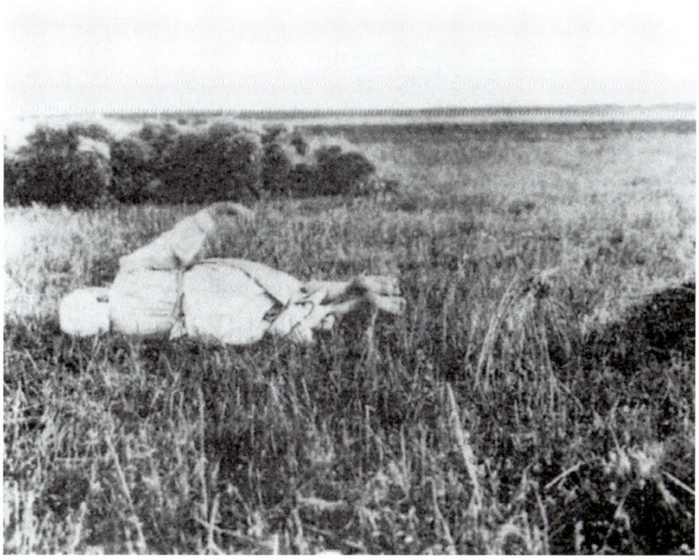

Fig. 2. **Fonds Matechkine, album *les Russes*, village de Chemyakino, district Kosimov, gouvernement de Ryazan, avant 1914, « Rituel agraire : jeune femme se roulant dans l'herbe après la moisson »**, photographie, Saint-Pétersbourg, musée national d'Ethnographie.

à un renouveau, en rupture avec l'idéalisme classique prôné à l'Académie des beaux-arts de Saint-Pétersbourg. En 1863, un groupe de jeunes artistes refuse de concourir à l'Académie selon les sujets imposés : ils veulent des sujets russes contemporains. Cette Révolte des 14, cette scission (qui est l'un des points de départ historiques de la formation du groupe des ambulants) ouvre la voie à un réalisme nouveau, en partie libéré du pittoresque sentimental et misérabiliste. Repine (cat. 510, p. 66), Ivan N. Kramskoï (cat. 286, p. 71), Konstantin A. Savistsky (cat. 422, p. 76), Nikolaï A. Iarochenko (cat. 226, p. 34) traitent ainsi de la réalité sociale et politique de la Russie de leur temps. Ce prolongement du « réalisme critique » des années 1860, dont l'expression est limitée par la censure tsariste, s'opère avec un décalage certain par rapport aux principaux mouvements du réalisme européen. Il porte aussi les espérances de progrès sociaux, influencés par les idées de Lev N. Tolstoï (cat. 411, p. 82) – et témoigne d'une évolution politique lente marquée par l'abolition du servage, en 1861.

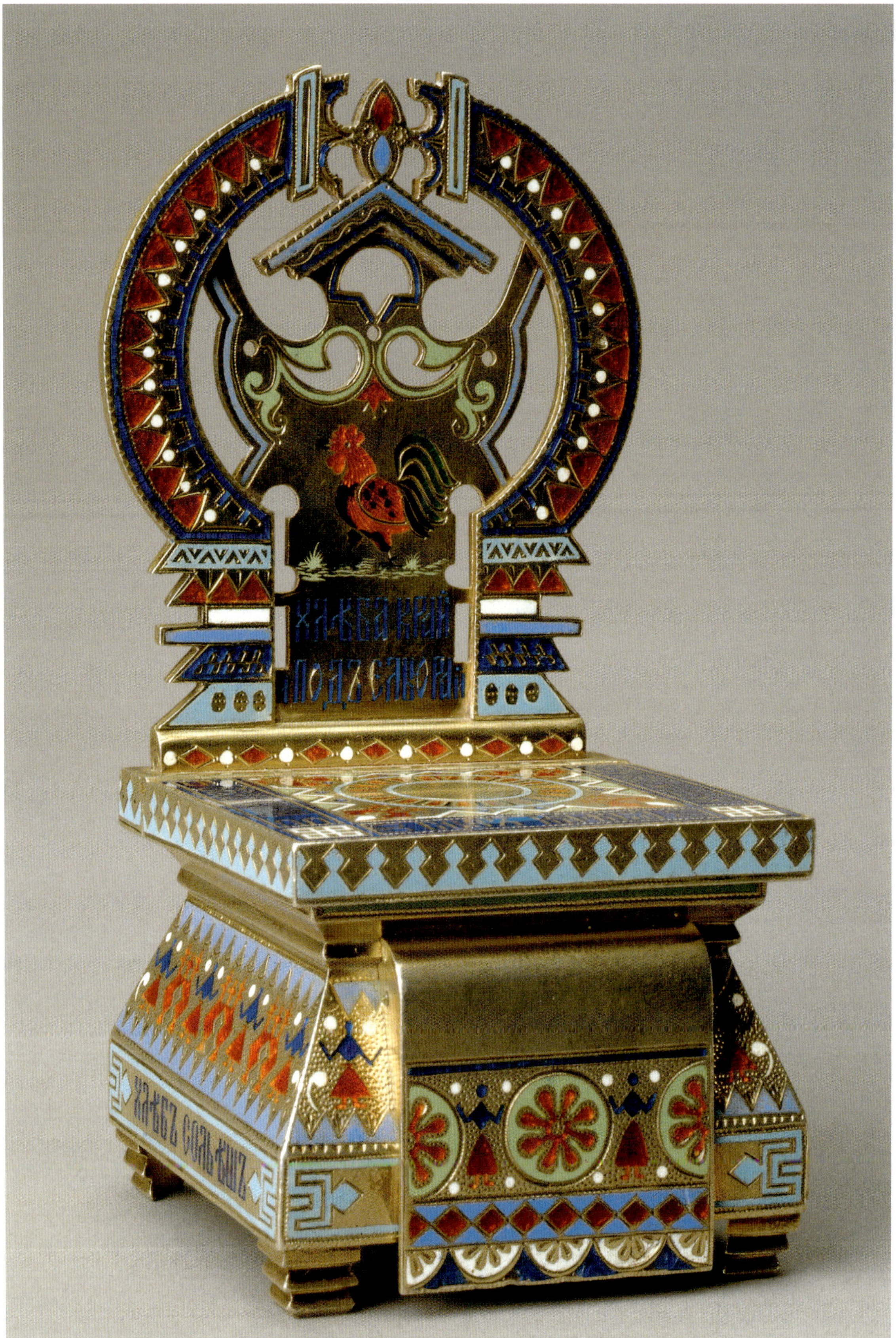

Cat. 6

Karl-Julius Albrecht, *Salière,* Saint-Pétersbourg, 1882,
argent doré et émaillé, Moscou, musée national d'Histoire.

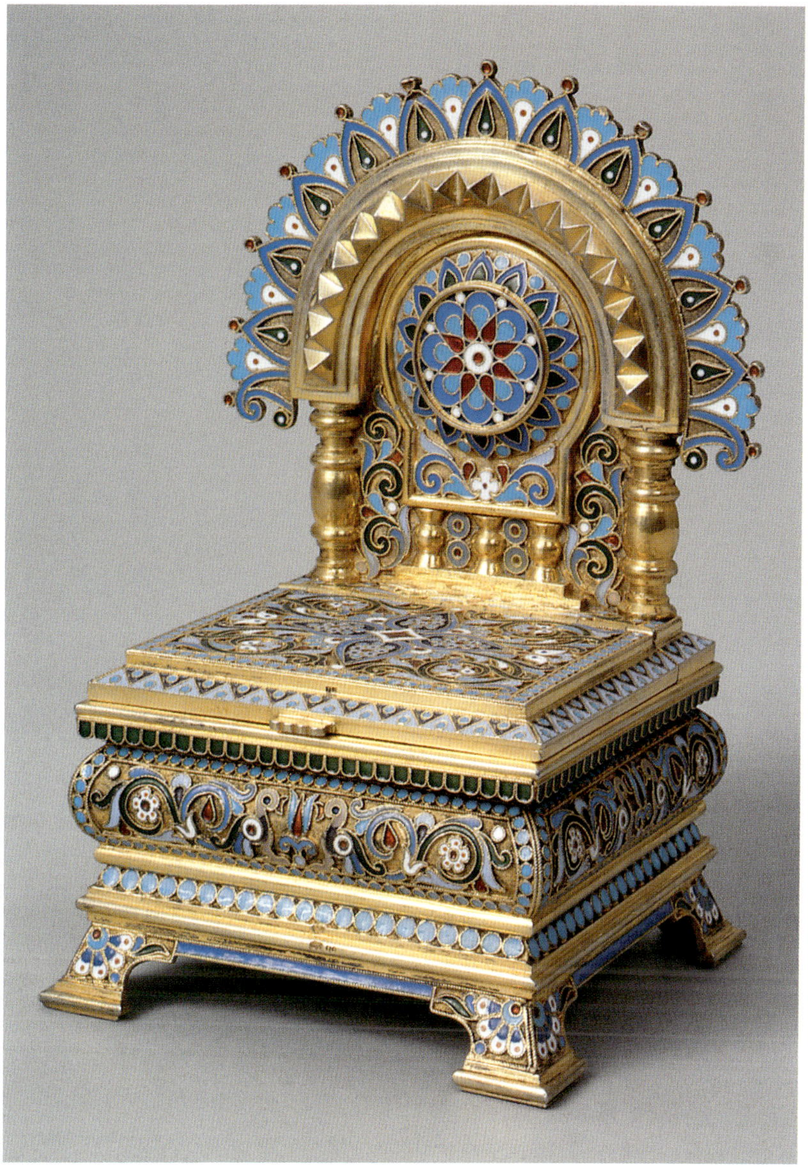

Cat. 346

Pavel A. Ovtchinnikov, *Salière,* Moscou, 1894,
argent doré et émaillé,
Moscou, musée national d'Histoire.

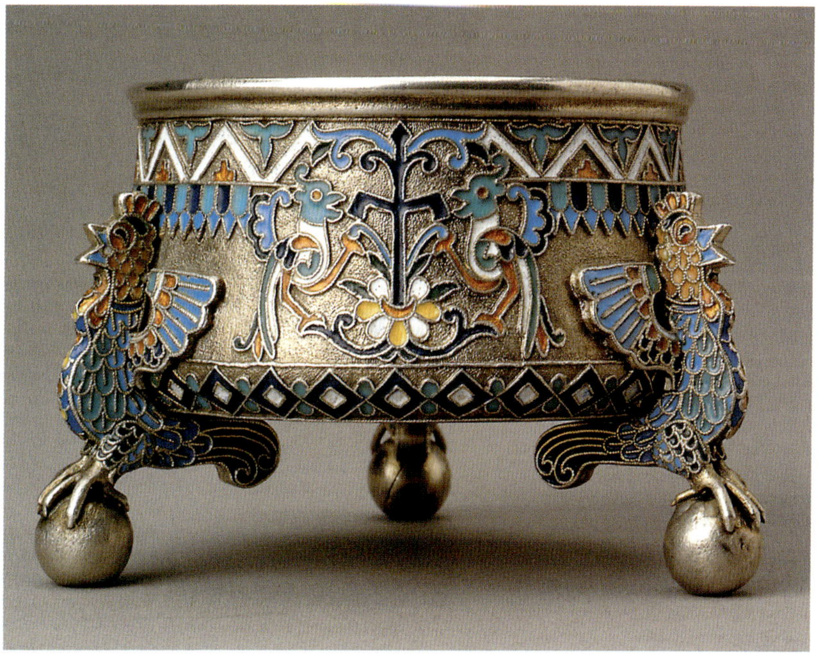

Cat. 345

Ivan I. Ovtchinnikov, *Salière,* Moscou, 1887,
argent émaillé,
Moscou, musée national d'Histoire.

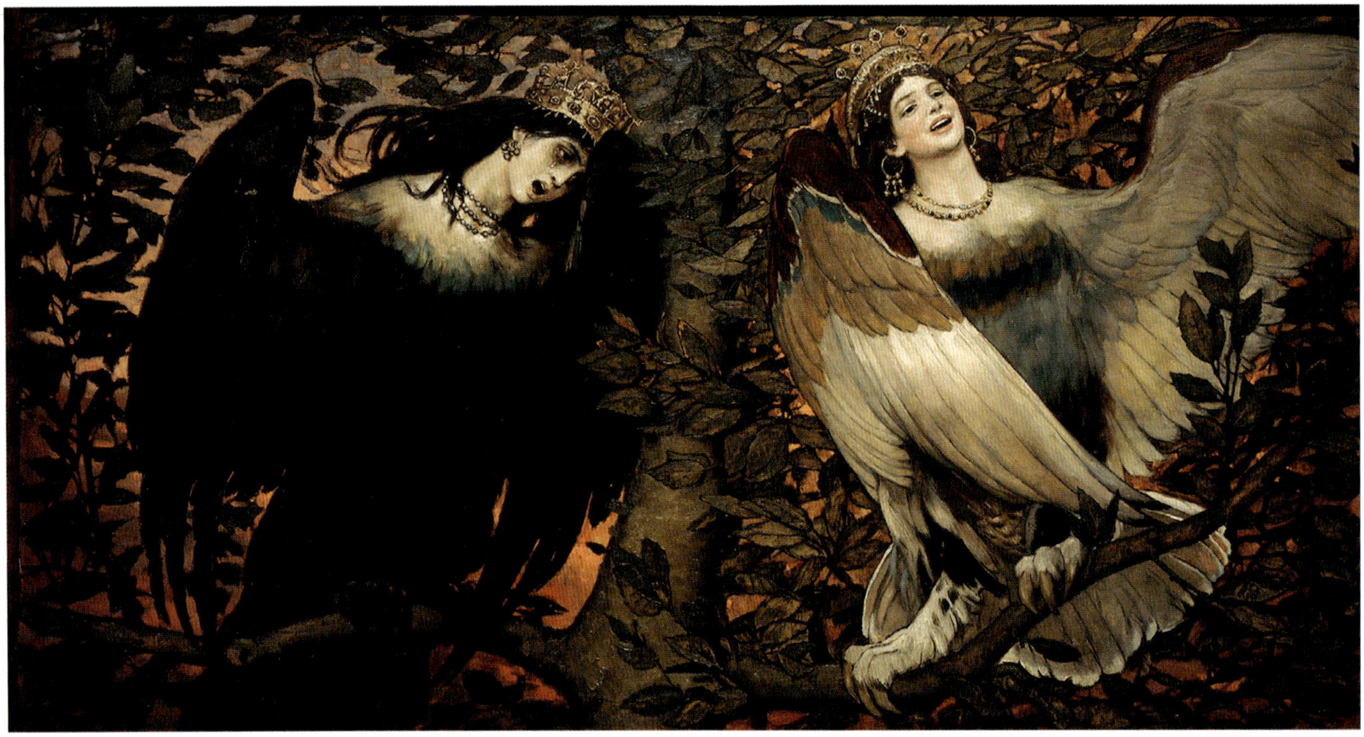

Cat. 476

Viktor M. Vasnetsov, *Sirine et Alkonost. Chant de joie et de tristesse,* 1896,
huile sur toile, Moscou, galerie Tretiakov.

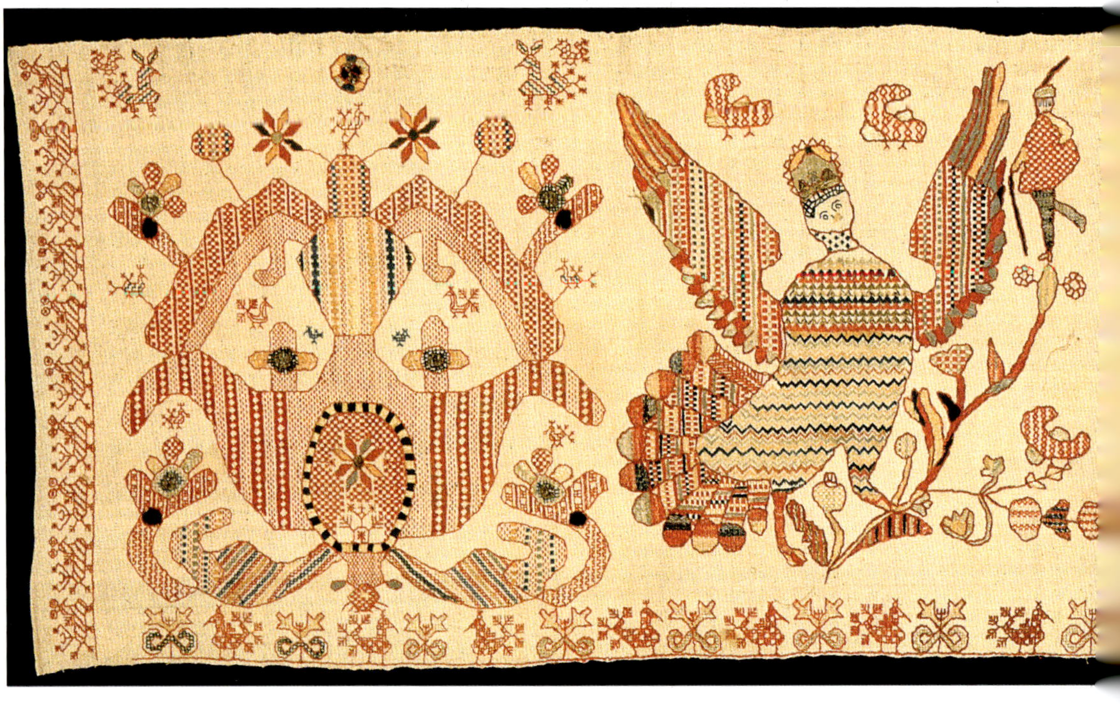

Cat. 31

Anonyme (art populaire),
les Oiseaux du paradis Alkonost
et les oiseaux du paradis Sirine,
bordure de drap de noces,
gouvernement d'Olonets, district
de Kargopol, milieu du XIXe siècle,
broderie,
Moscou, musée national d'Histoire.

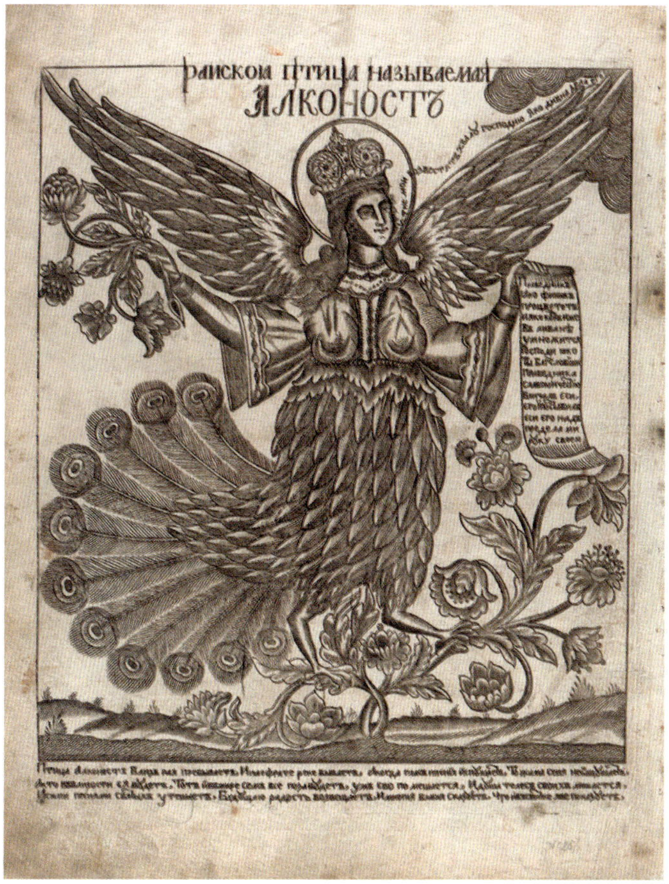

Cat. 23 a

Anonyme (art populaire),
***l'Oiseau de paradis Alkonost*, loubok, première moitié du XIXe siècle,**
gravure au burin, Moscou, Bibliothèque nationale de Russie.

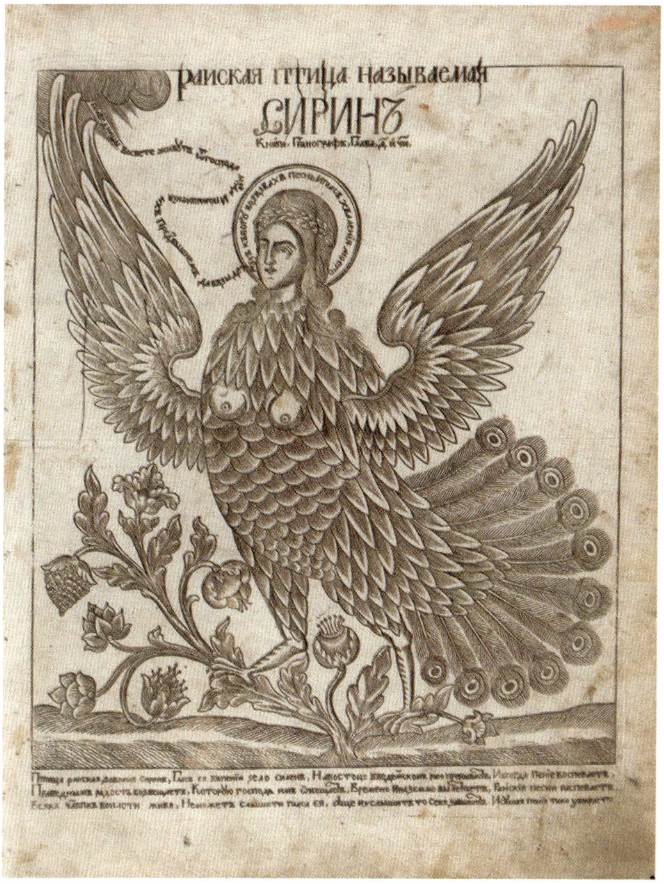

Cat. 23 b

Anonyme (art populaire),
***l'Oiseau de paradis Sirine*, loubok, première moitié du XIXe siècle,**
gravure au burin, Moscou, Bibliothèque nationale de Russie.

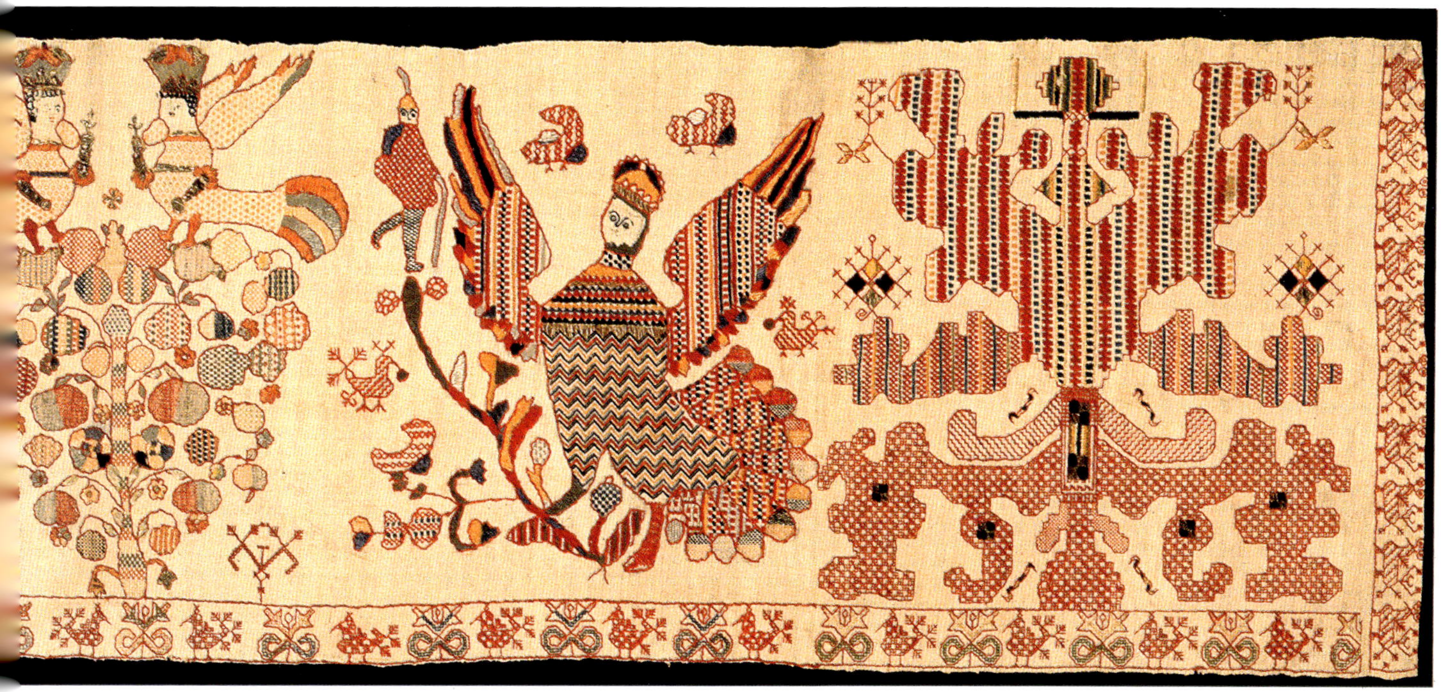

Le mouvement « byzantin[6] » de la première moitié du XIXe siècle s'essouffle dans les années 1850, et, à partir des années 1860-1870, le retour aux sources populaires en tant que conservatoires de la spécificité russe s'affirme dans toutes les disciplines artistiques, d'abord sous forme d'un historicisme parfois pittoresque (cat. 53, p. 20), puis dans le style russe et le style néo-russe. Il se traduit entre les années 1860 et 1880 par un historicisme savant – déjà présent dans le grandiose monument de Mikhaïl O. Mikechine (cat. 324), élevé en 1862 à Novgorod pour le millénaire de la Russie – et exubérant qui triomphe dans l'architecture (cat. 318) – la série des dessins présentés le reflète – et les arts décoratifs. On en retrouve un écho fidèle dans l'image que la Russie présente d'elle-même aux Expositions universelles, par exemple en 1878 dans le pavillon dessiné par Ivan P. Ropet (cat. 418, p. 230). Des artistes comme Viktor M. Vasnetsov – tenant de la peinture nationale (fig. 3) – ou Vassily V. Verechtchaguine se font construire des ateliers ou des résidences inspirées de l'architecture traditionnelle en bois. L'art de la cour impériale eut un rôle dans ce versant historicisant du style russe et du style néo-russe ; il fut à l'origine d'objets d'un luxe affirmé reprenant des techniques anciennes, notamment en orfèvrerie (cat. 6, 345 et 346). Par ailleurs, en 1913, le troisième centenaire de la dynastie des Romanov fut l'occasion de restaurer le *terem* construit par les Romanov au XVIIe siècle à Moscou.

La quête d'un art proprement russe se traduit par un retour aux sources littéraires, artistiques et religieuses (fig. 5, p. 30) non seulement savantes mais aussi populaires. Ainsi, la publication, à partir de 1855, des *Contes populaires russes* collectés par l'archiviste Alexandre N. Afanassiev connut plusieurs rééditions (1873, 1897, 1913)[7]. Ces contes déjà exploités par l'iconographie populaire le sont aussi largement par Viktor Vasnetsov (cat. 473, 476), Elena D. Polenova (cat. 377, p. 259) ou Ivan I. Bilibine – qui en illustra une série pour les éditions du Goznak après 1900 (cat. 91, p. 286). Du répertoire folklorique procèdent par exemple les figures légendaires slaves, comme les oiseaux mythiques aux visages de femme, Sirine et Alkonost (cat. 476), que l'on retrouve aussi bien dans les *loubok* (cat. 23 a et b) que dans les motifs décoratifs d'architecture en bois (cat. 27).

Ce retour aux sources s'exprime par une volonté affirmée d'étudier, de documenter, de conserver[8], de publier le patrimoine ancien ou ethnographique, notamment grâce à la photographie[9] (cat. 139 ; p. 102), surtout celui des provinces du nord de la Russie. Les deux grandes collections d'art russe – aujourd'hui encore les plus importantes au monde – la galerie Tretiakov, à Moscou, d'abord musée privé mais ouvert au public dès 1893 par le collectionneur Pavel M. Tretiakov, et le Musée russe de Saint-Pétersbourg, inauguré par Alexandre III en 1898, furent enrichies et développées à l'époque soviétique. Des musées ethnographiques avaient déjà vu le jour, tel celui qui fut ouvert en 1848 au sein de la Société géographique impériale russe ou le musée ethnographique Dachkov à Moscou en 1867. À Saint-Pétersbourg, un département ethnographique fut créé au Musée russe (dans le palais Mikhaïlovsky), et la création du musée d'Ethnologie et d'Anthropologie précéda l'ouverture de l'actuel musée ethnographique en 1902 (fig. 2, p. 333).

Ce retour aux sources est particulièrement éloquent dans les centres ou colonies artistiques, qui confiaient la réalisation d'objets d'art décoratif (mobilier, boîtes, petits ustensiles…) aux *koustari* ou *narodniki* d'après des modèles d'artistes issus des milieux urbains.

Les trois principaux centres furent Abramtsevo, près de Moscou, dès les années 1880, grâce au mécène Savva I. Mamontov, Talachkino, près de Smolensk, après 1900, établi à l'initiative de la princesse Maria K. Tenicheva[10], et Sergueiv Possad, à quelques kilomètres d'Abramtsevo. Ils ont été, en dépit de parentés avec des mouvements européens, en Angleterre ou dans les pays du Nord, uniques par une interaction très poussée entre des collections muséales d'art populaire (réunies, à Abramtsevo par Elena Polenova [fig. 11 et 12, p. 168] et à Smolensk par la princesse Tenicheva) et la création des ateliers.

Talachkino, dont l'essentiel de la production a été exécuté d'après des projets de Sergueï V. Malioutine (fig. 4) et d'Alexeï P. Zinoviev, est à l'honneur dans cette exposition, grâce aux prêts exceptionnels consentis par le musée-réserve d'État de Smolensk (cat. 313, p. 193). Un troisième centre, moins novateur et plus commercial, s'était développé au même moment dans la ville de Serguiev Possad[11], à l'ombre du monastère de La Trinité-Saint-Serge, qui possédait une ancienne tradition de sculpture sur bois. La production de ces ateliers, parfois très proche des modèles dessinés par Polenova pour Abramtsevo – mais Malioutine a également fourni des modèles –, a alimenté le marché jusque dans les années 1910-1920.

Au début du XXe siècle, et jusque dans les années 1910, l'art populaire demeura une source d'inspiration très

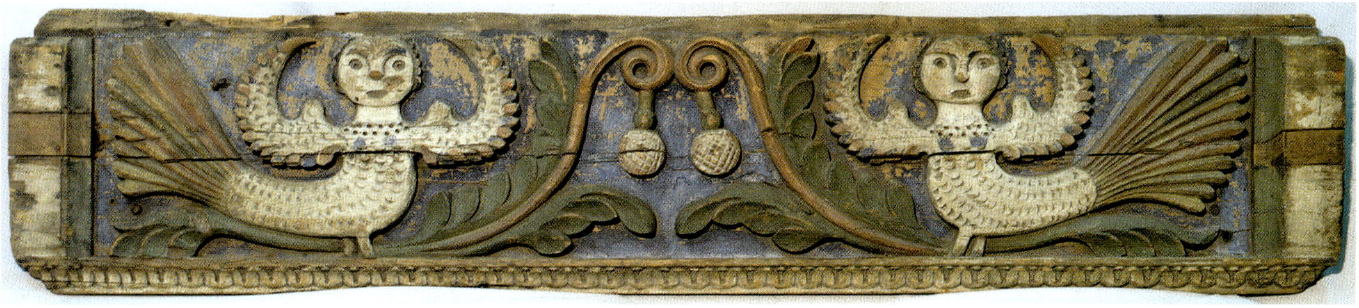

Cat. 27

Anonyme (art populaire),
***Frise, décor architectural,* moyenne Russie, XIXe siècle,**
bois peint, Saint-Pétersbourg, Musée ethnographique russe.

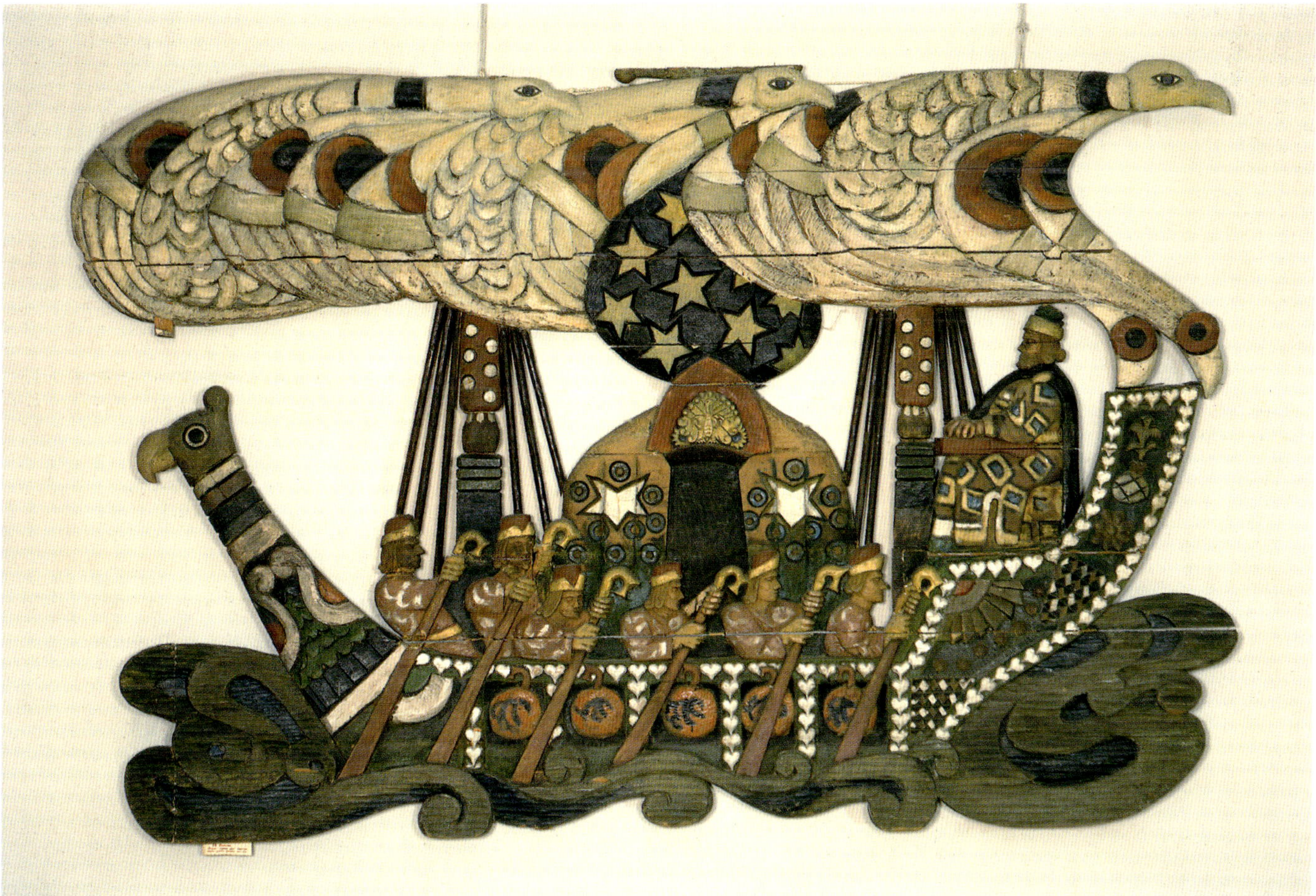

Cat. 312

Sergueï V. Malioutine, ateliers de Talachkino, *Sadko,* panneau décoratif, 1900-1903,
bois peint, Smolensk, musée-réserve de Smolensk.

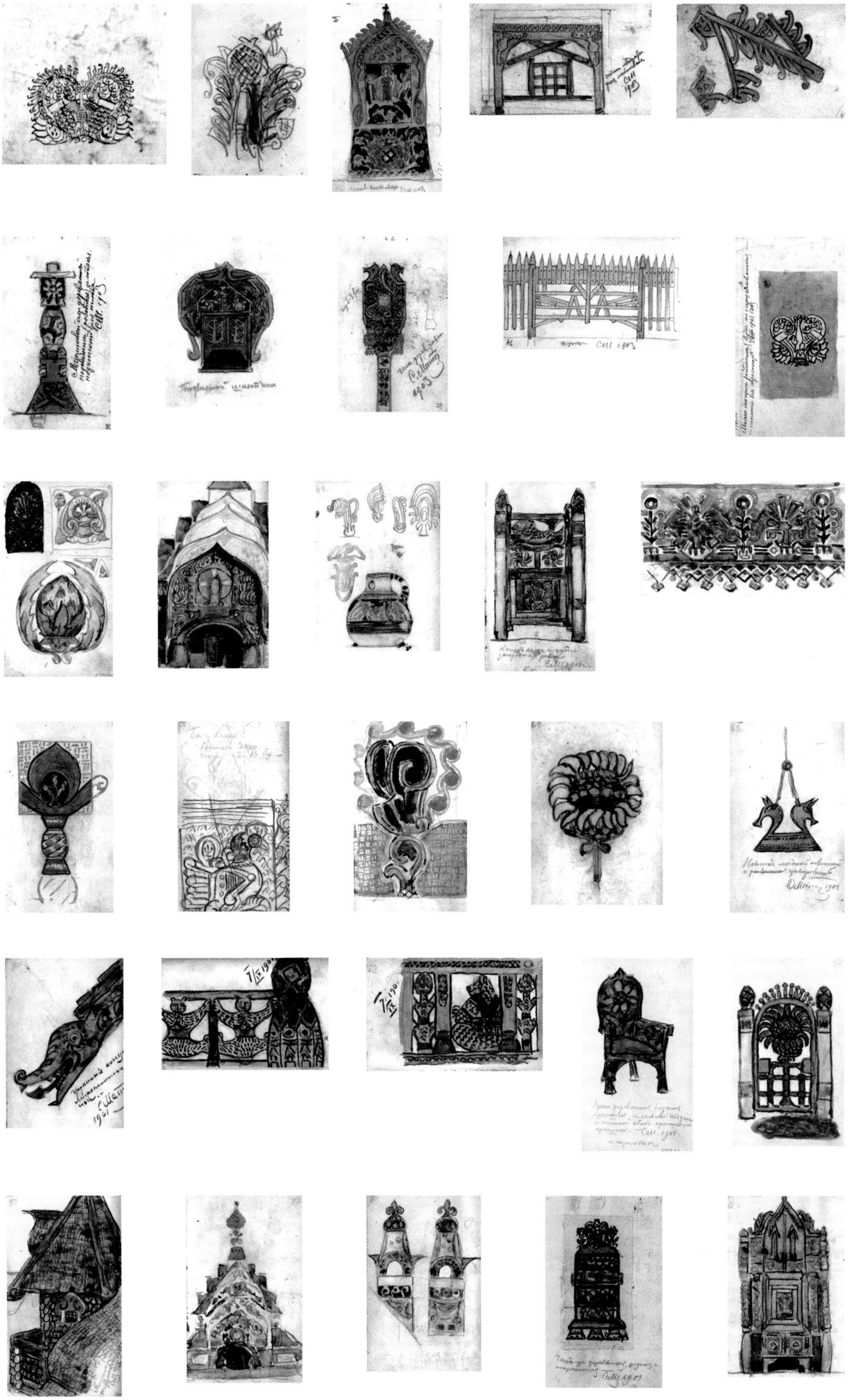

Fig. 4.
Sergueï Malioutine, *Albums*, 1899-1906, esquisses pour des projets d'architecture, de mobilier et de céramique, motifs décoratifs, crayon graphite et aquarelle, lavis doré, annotations au crayon graphite ou à la plume et encre noire, collages (photographies ou feuilles rapportées), Smolensk, musée-réserve de Smolensk.

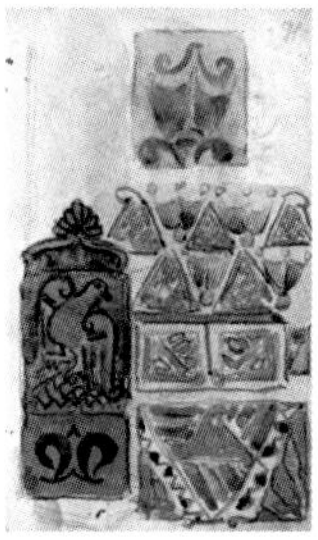
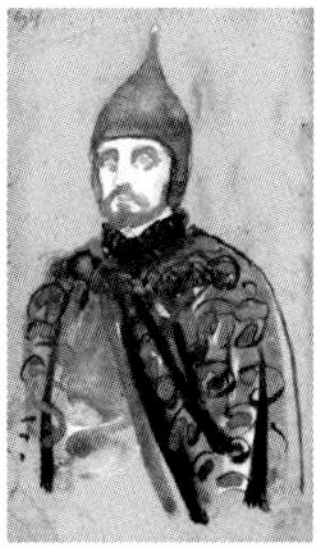
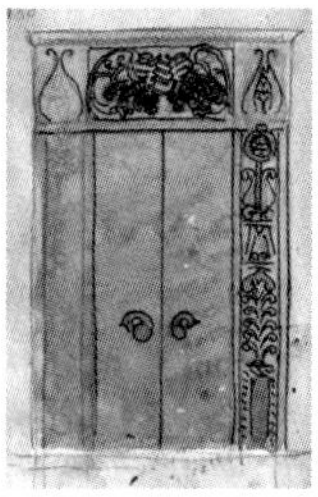
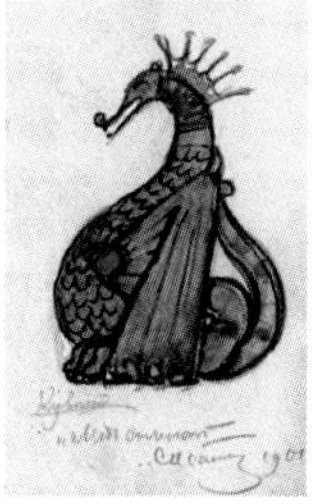
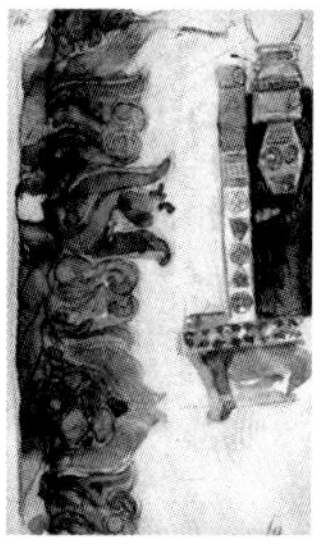
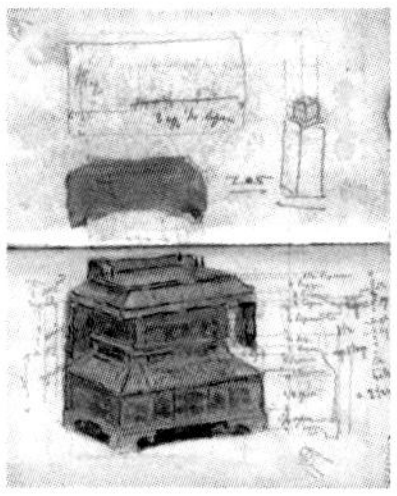
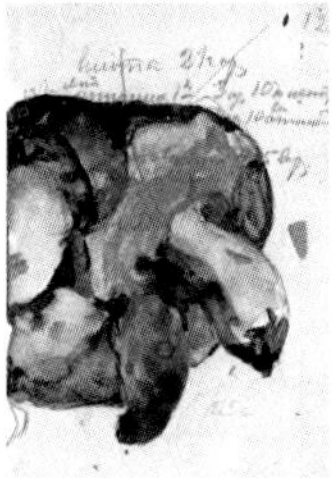
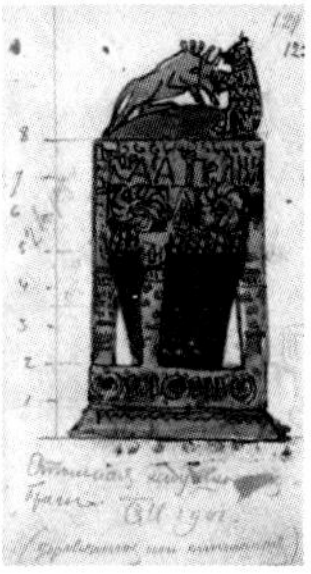
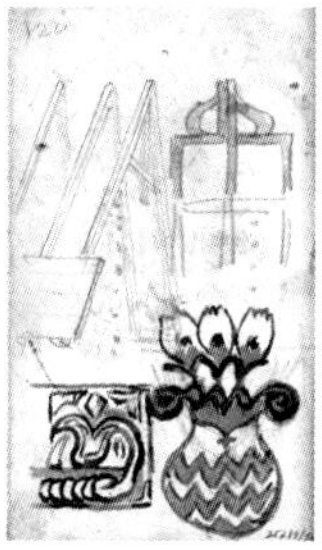
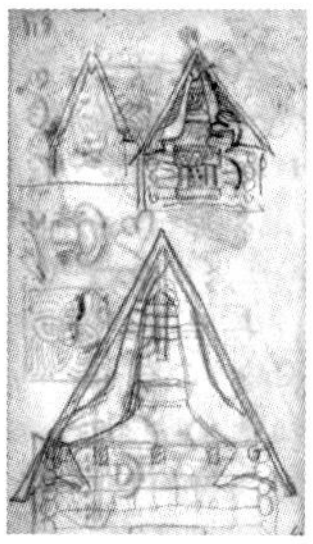
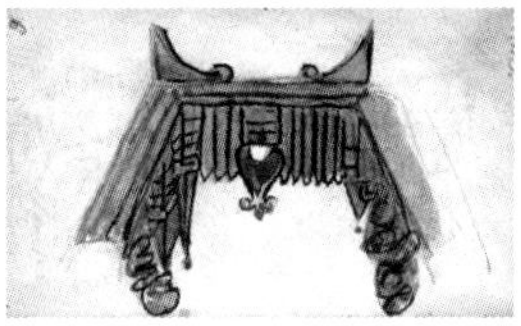
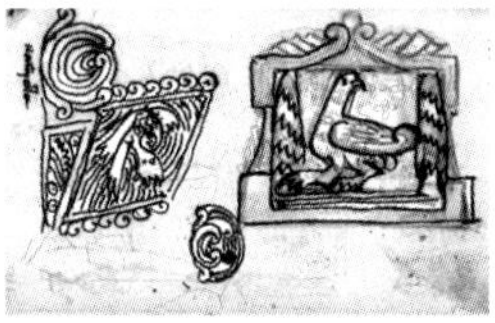
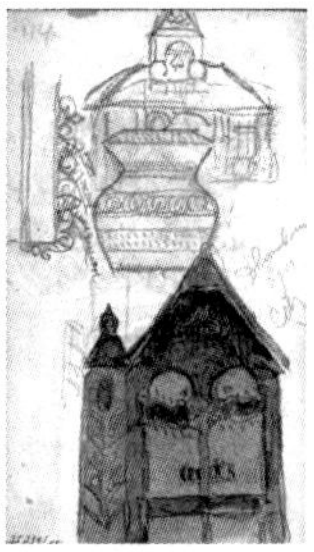
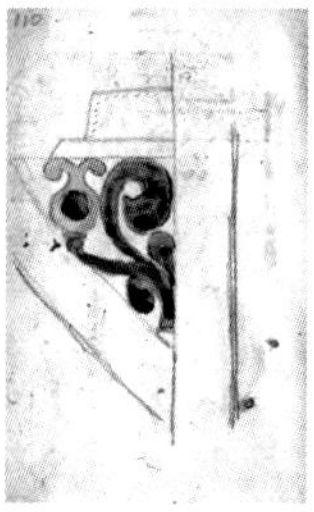
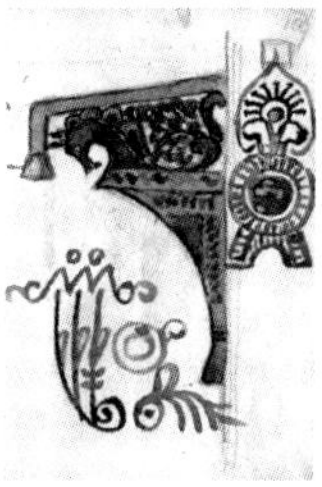
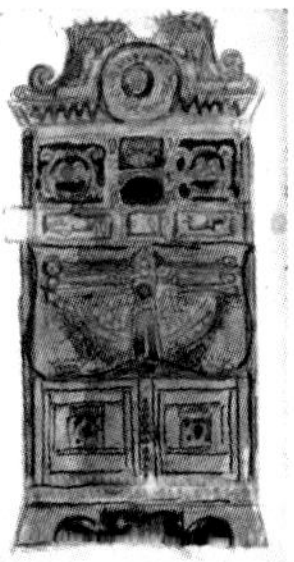
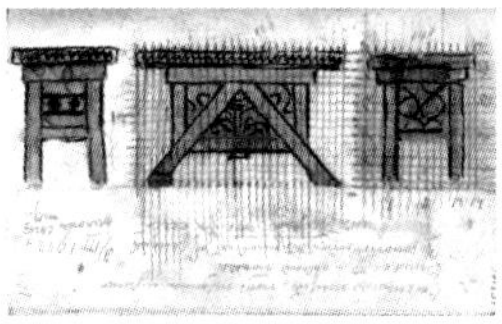
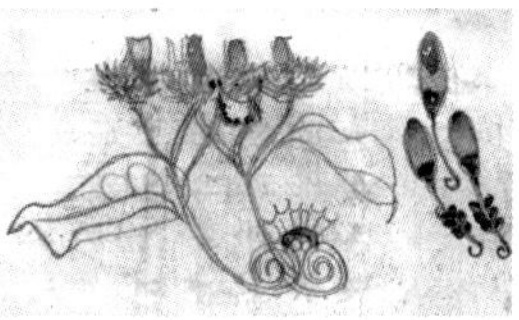
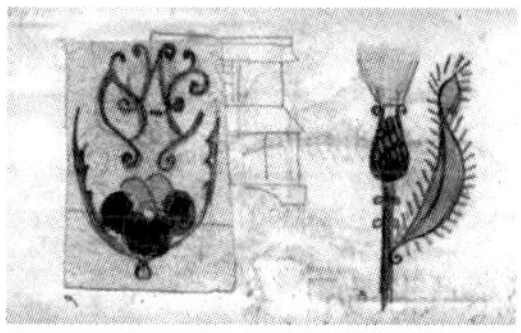
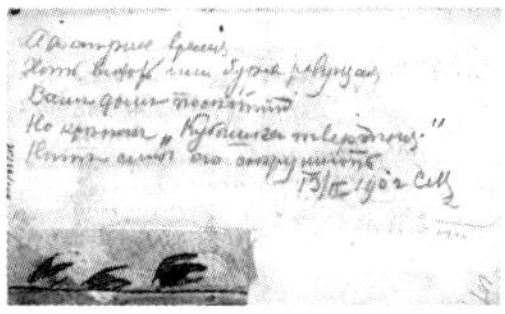
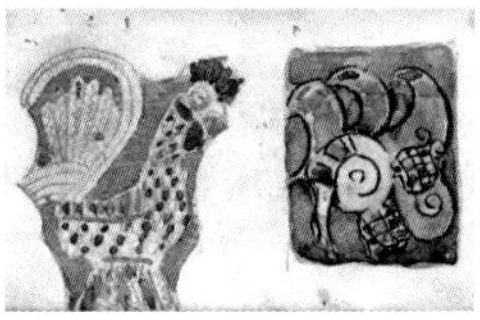
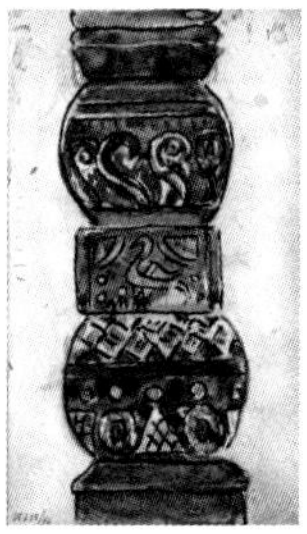
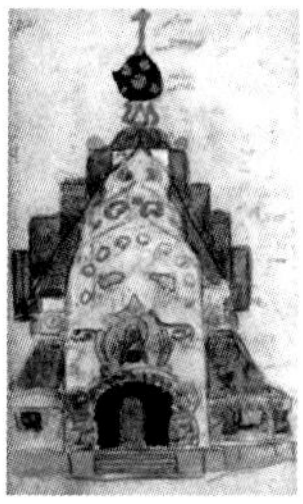
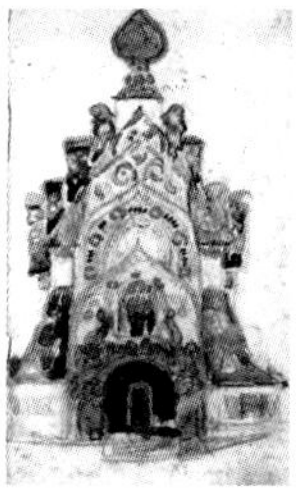
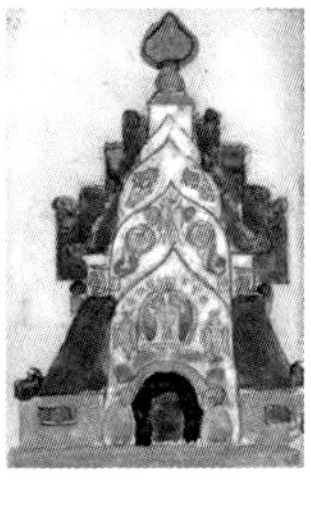
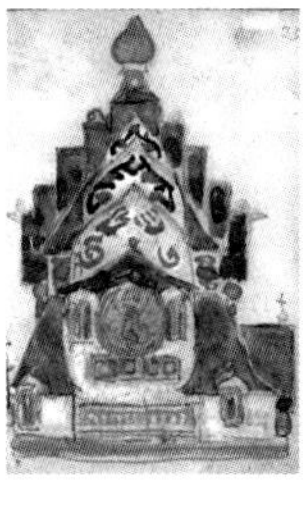
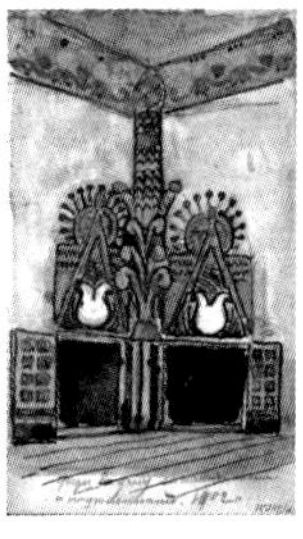
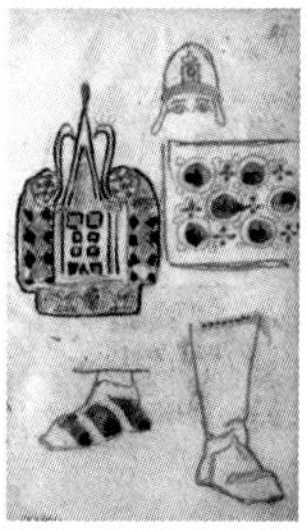
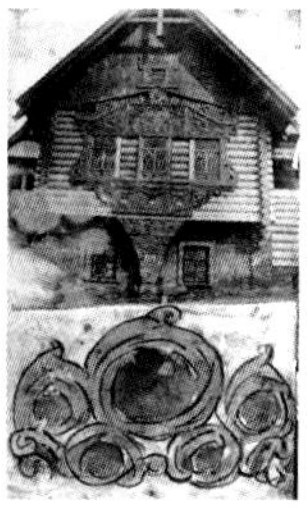

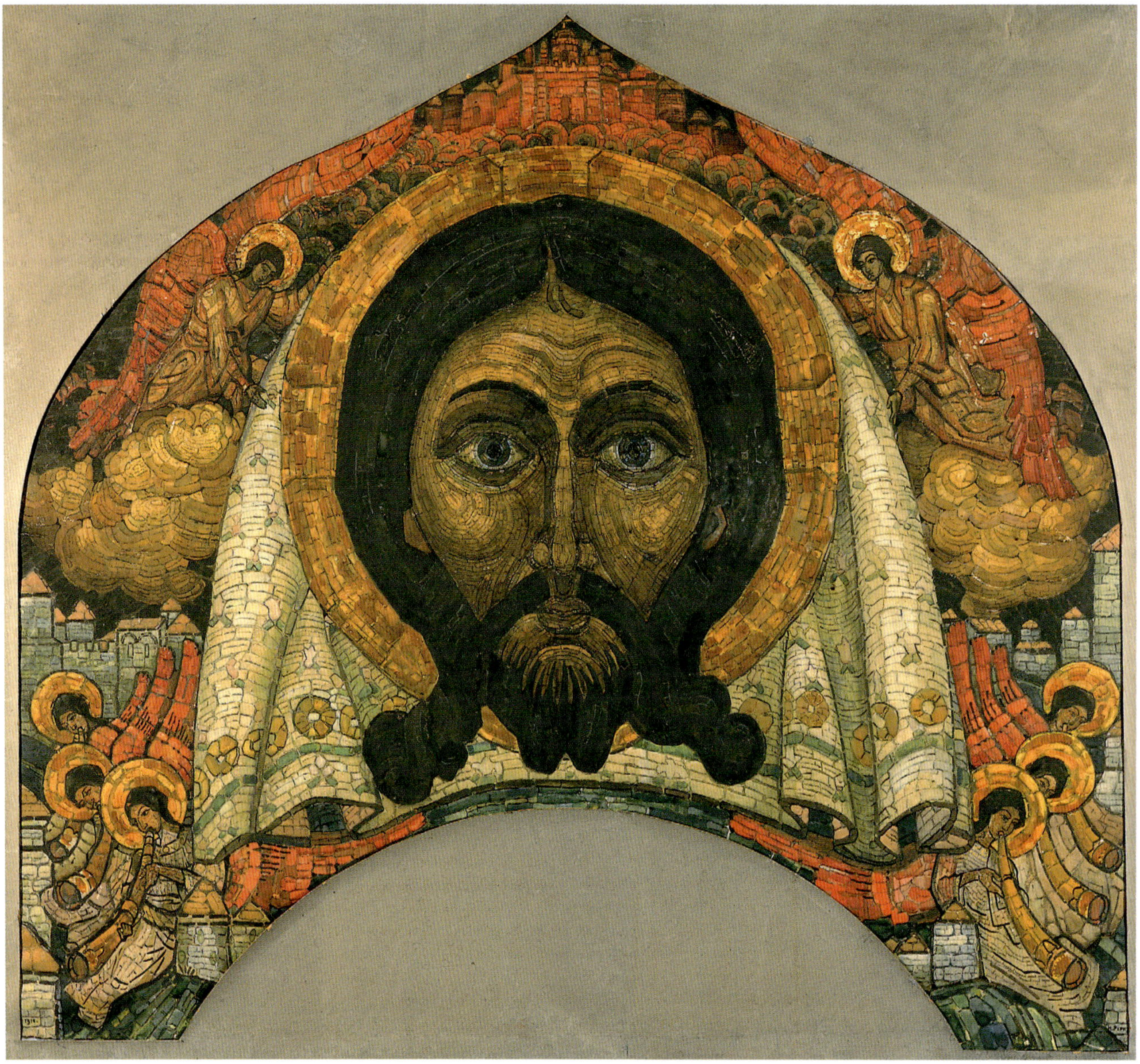

Cat. 415

Nikolaï K. Roerikh, *le Sauveur,* esquisse pour la mosaïque du portail de l'église du Saint-Esprit à Flenovo (Talachkino), 1910,
aquarelle, gouache, tempera sur papier, Smolensk, musée-réserve de Smolensk.

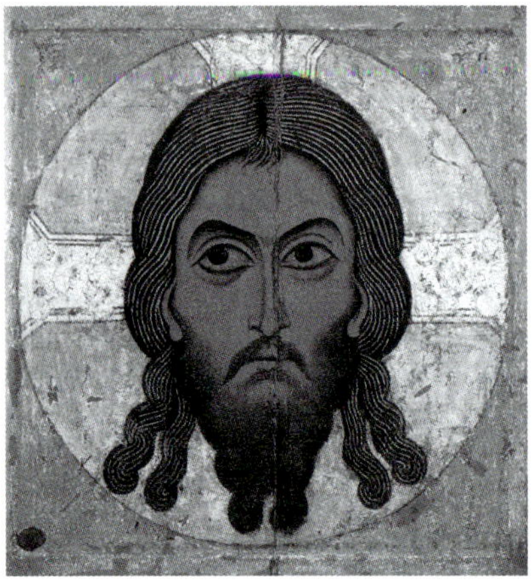

Fig. 5. ***La Sainte-Face*, Novgorod, XIIᵉ siècle,**
tempera sur bois, Moscou, galerie Tretiakov.

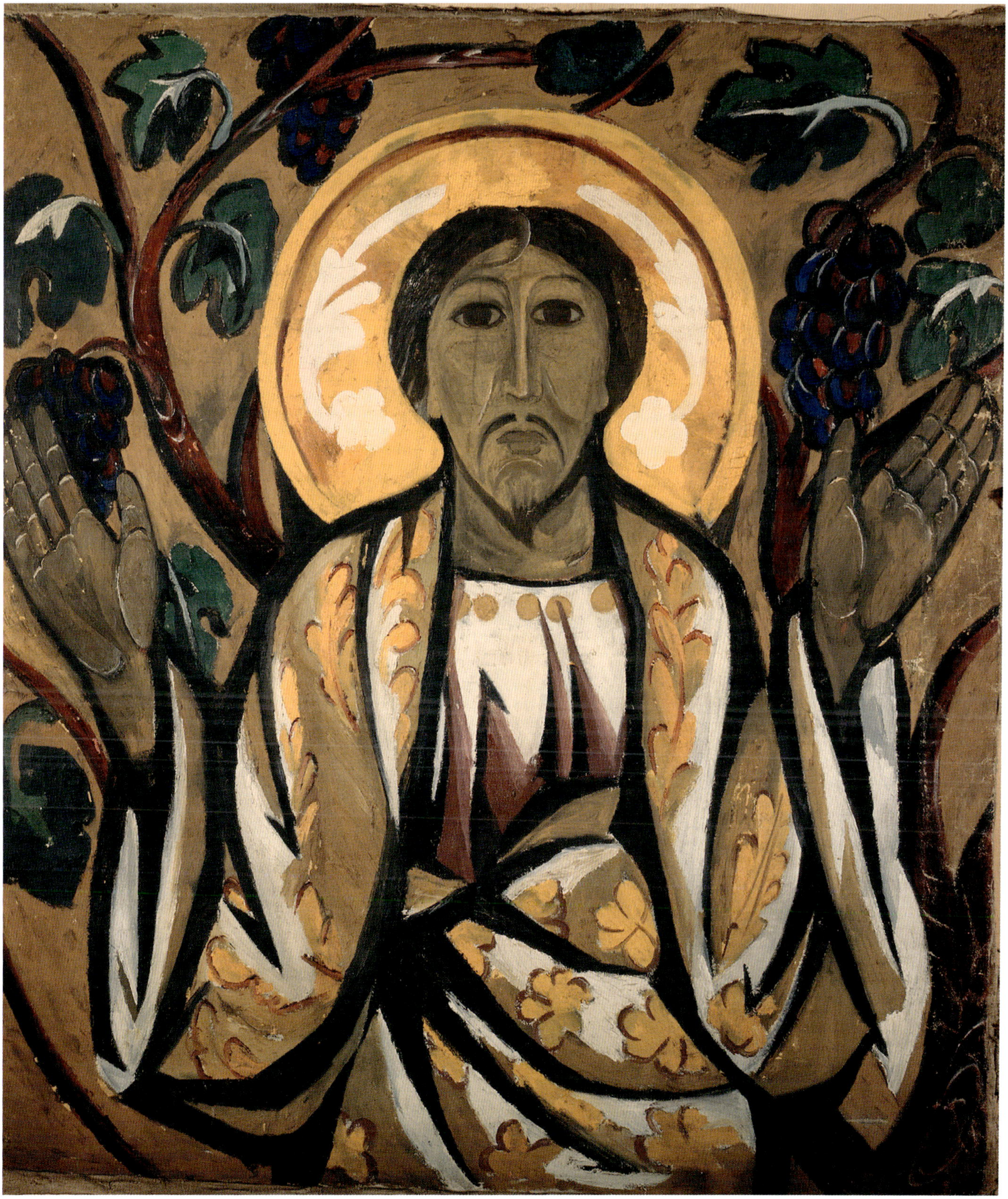

Cat. 212

Natalia S. Gontcharova, *le Sauveur,* 1910-1911, triptyque, partie centrale,
huile sur toile, Moscou, galerie Tretiakov.

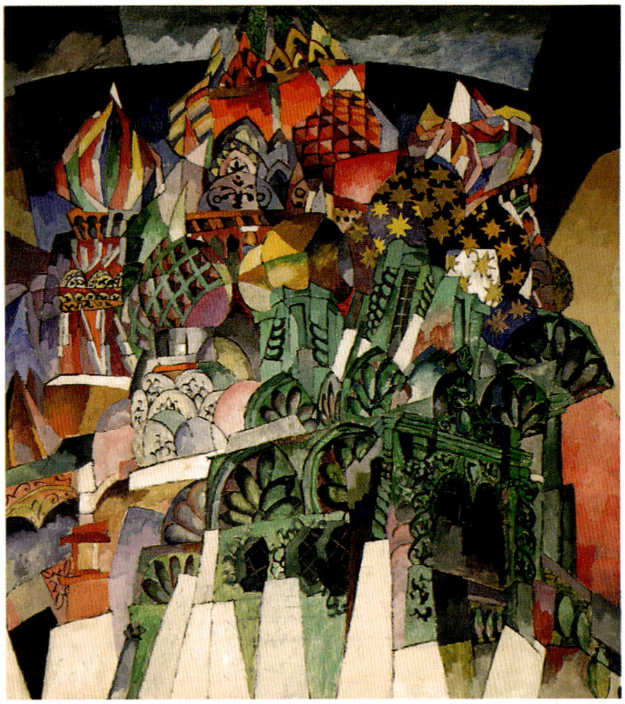

Cat. 297

Lentoulov Aristarkh Vassilievitch,
***La Cathédrale Saint-Basile le Bienheureux*, 1913,**
huile sur toile, papiers collés, Moscou, galerie Tretiakov.

féconde (cat. 212). Il participe pleinement de la genèse du néo-primitivisme russe ; Mikhaïl F. Larionov (cat. 292) et Natalia S. Gontcharova rompirent rapidement avec le mouvement du Valet du carreau (1910-1916), qu'ils estimaient trop inféodé à l'art français (Paul Cézanne, Paul Gauguin, les fauves), pour fonder en 1912 la Queue de l'âne, où l'héritage national était consciemment revalorisé. Gontcharova s'inspire des broderies paysannes, des *loubok :* ce sont ses œuvres néo-primivistes que le jeune Kazimir S. Malevitch interprète dans ses propres peintures, au cours des années 1909-1912, alors qu'il est présent aux premières expositions du Valet de carreau et de la Queue de l'âne.

Cette exposition n'inclut pas les avant-gardes, dont l'étude même est hors de son propos – mais il importait d'évoquer à la fin du parcours cette filiation ininterrompue et réinventée entre arts populaires, traditions russes et création artistique au moment où l'art russe prend une véritable dimension internationale.

Si nous regrettons l'absence de certaines œuvres, par exemple les grandes compositions historiques (V. I. Sourikov – *la Boïarynia Morozova, le Matin de l'exécution des strelitzs* – évidemment intransportables), nous sommes très reconnaissants à tous les musées russes d'avoir consenti à des prêts d'œuvres capitales, qui n'avaient pour certaines jamais quitté la Russie depuis le XIXe siècle.

1. Ilia E. Repine, lettre à Vladimir V. Stassov, 23 décembre 1873, dans *Correspondance,* vol. 1, p. 81, trad. française par R. de Ponfilly, *Guide des Russes en France,* Horay, 1990, p. 233, cité par Mojenok, 2003, p. 145. Sur l'interprétation de ce tableau comme métaphore des tentations subies par les Russes à l'étranger, voir Valkenier, 1990, p. 57-59.

2. « Le Tsar de la mer lui dit de nouveau : / " Eh bien ! Sadko, lève-toi le matin de bonne heure, choisis-toi une jeune beauté ! " / Sadko se leva le matin de bonne heure il regarde : arrive trois cents jeunes filles ; il laissa passer d'abord les trois cents, en deuxième lieu, en laissa passer trois cents, en troisième lieu, en laissa passer trois cents ; derrière arriva une jeune beauté, / La jeune beauté Tchernavouchka, / Il prit en mariage cette Tchernava » (*les Bylines russes,* 1928, p. 153).

3. Sadko a d'ailleurs été largement utilisé par le régime soviétique, notamment dans le film de propagande d'Alexandre Ptouchko, de 1952.

4. Expositions monographiques « Menzel. La névrose du vrai », 1993 ; « Burne-Jones », 1996 ; « Hammershøi », 1997 ; « Malczewski », 1998 ; « Jansson », 1999 ; « Ciurlionis », 2000 ; « Böcklin », 2001 ; « Mondrian », 2003 ; « Mehoffer », 2004, ou pluridisciplinaires (« Italies », 2001, et aux Galeries nationales du Grand Palais en 1997, 2000 et 2001), « Paris-Bruxelles », 1997, 1900, 2000, et « Paris-Barcelone », 2001.

5. *The Twilight of the Tsars. Russian art the turn of the 20th century* (cat. exp. Londres) avait exploré de façon pionnière dès 1991 l'art sous Alexandre III et Nicolas II.

6. Voir Kiritchenko, 1997, 1988 et 1986.

7. *Les Contes populaires russes réunis par Afanassiev,* 2000.

8. Sur cet aspect, dans une perspective chronologique plus large, voir notamment Claudon Adhemar, 1993, p. 57-62.

9. Voir ici les essais de E. Barkhatova, « Les origines de la photographie russe : fragments d'une histoire (1839-1917) » et de D. de Font-Réaulx, « Quand la lumière révèle le passé, la photographie en quête d'origines ».

10. Voir ici les essais de E. Paston, « Le cercle artistique d'Abramtsevo », et de O. Strougova, « Les ateliers de la princesse Tenicheva à Talachkino ».

11. Voir ici l'essai de S. Gorojanina, « Les ateliers d'art de Serguiev Possad ».

Introduction

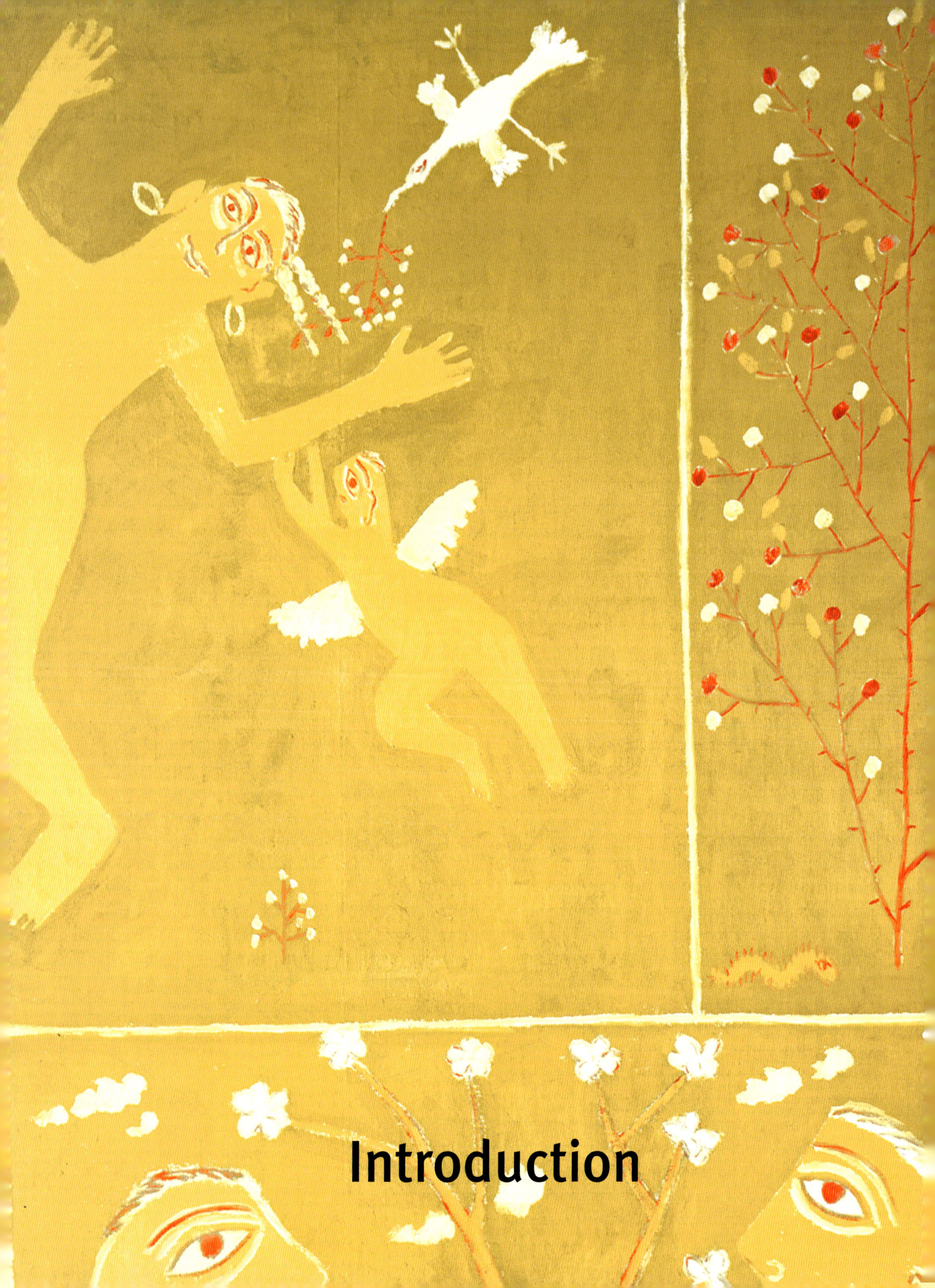

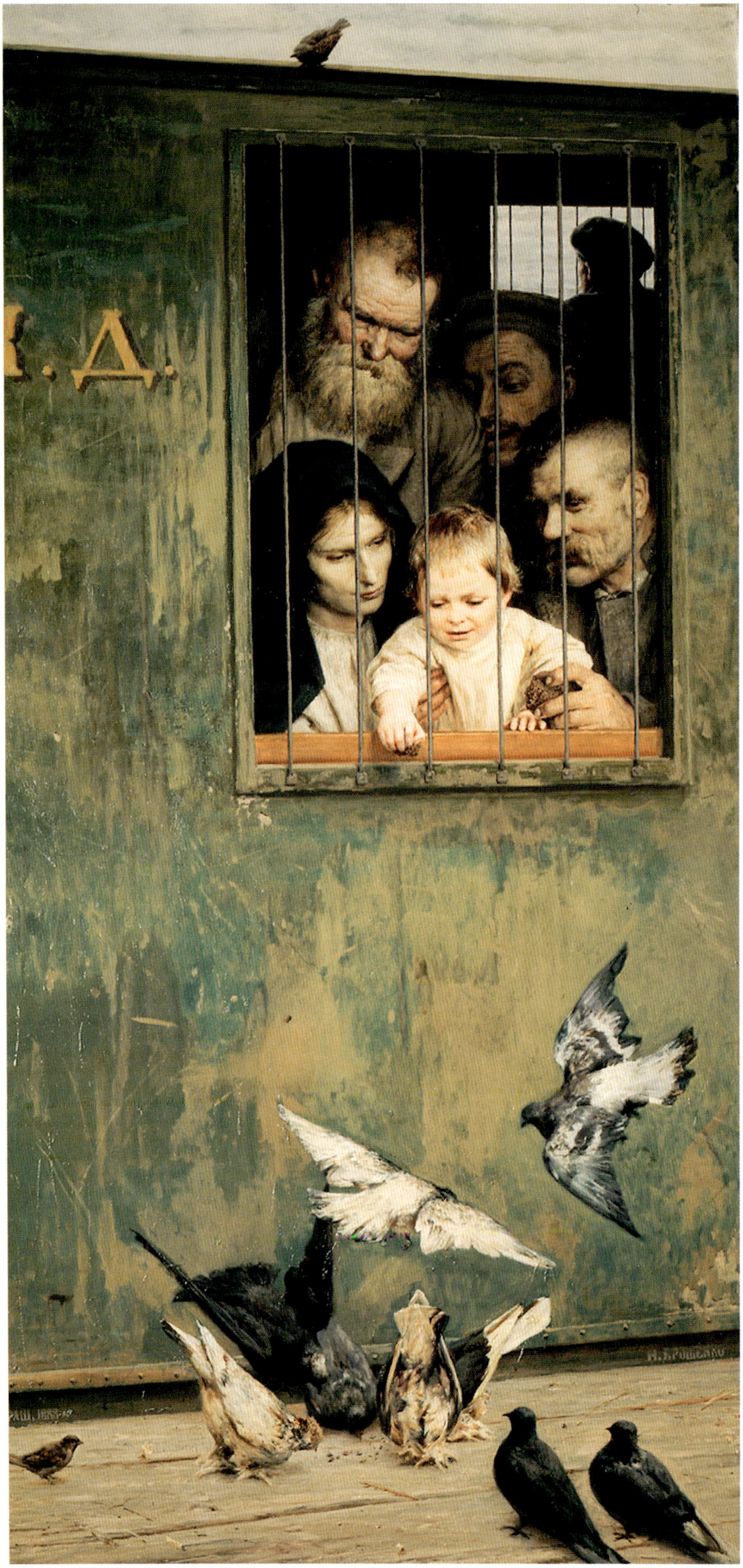

Cat. 226

Nikolaï A. Iarochenko, *Partout la vie,* 1883,
huile sur toile, Moscou, galerie Tretiakov.

page précédente, cat. 297, détail

L'art russe en quête d'authenticité

Dmitri V. Sarabianov

traduit du russe par Nadine Dubourvieux

Au cours des dernières décennies, l'art russe a été l'objet de l'attention du public d'Europe de l'Ouest et de la France en particulier. Plusieurs pans de son histoire (l'art russe ancien, l'avant-garde du début du XXe siècle) ont été largement reconnus et ont trouvé leur place dans l'histoire de l'art et de la culture, à l'exception notable d'artistes du XIXe siècle tels Alexandre A. Ivanov, Vassily I. Sourikov, Valentin A. Serov, qui restent méconnus en Occident. La période à laquelle s'attache la présente exposition (1870-1910) est celle d'Ivan S. Tourgueniev, Lev N. Tolstoï (cat. 413, p. 74, cat. 458, p. 122), Fedor M. Dostoïevsky (fig. 1, p. 82), Anton P. Tchekhov, Alexandre A. Blok, grands hommes de lettres qui se sont voués à concevoir des desseins élevés pour l'existence humaine, ainsi que celle de grands compositeurs, Modeste P. Moussorgsky (cat. 408, p. 87), Piotr I. Tchaïkovsky, Alexandre N. Scriabine. Les tenants des autres arts s'étaient fixé des objectifs semblables, même s'ils n'atteignirent pas les mêmes sommets que les écrivains et les musiciens cités. Leur expérience n'en est pas moins remarquable et elle dépasse le cadre étroit des intérêts nationaux.

On ne peut faire l'économie d'un rapide retour sur l'histoire. Ayant célébré son avènement à la fin du Xe siècle avec le choix du christianisme dans sa variante byzantine, l'ancienne Russie adopta et fit rapidement sienne une nouvelle problématique artistique. Du Xe au XVIIe siècle, l'art russe ancien évolua en retravaillant la tradition byzantine, sans pour autant éluder les influences occidentales, ce dont témoignent les monuments des XIe et XIIIe siècles. L'ancienne Russie était prête à avancer dans la direction ébauchée par les autres pays d'Europe. L'invasion tataro-mongole du début du XIIIe siècle interrompit ce mouvement et freina le développement de la structure de l'État comme celui de la culture. Du XIIIe au XVIe siècle, la Russie, ralentie, avait pris du retard sur les pays européens, auxquels elle servait pourtant de bouclier contre d'autres invasions mongoles. Puis la culture de l'ancienne Russie reprit de la vigueur, en se libérant du joug tataro-mongol ; des relations s'établirent avec l'Occident. Des architectes italiens travaillaient à Moscou. À la fin du XVe siècle, Aristote Fioravanti érigeait la plus grande église du Kremlin, la cathédrale de l'Assomption. Un écho de la Renaissance transparaît dans les icônes d'Andreï Roublev ou celles de Dyonisos, même si leur œuvre demeure enclos dans la pensée artistique médiévale et ne doit en rien son importance à de quelconques traces de la première Renaissance. Au XVIIIe siècle, la Russie sortit du Moyen Âge, se joignit au mouvement global de la culture européenne, même si, de temps à autre, elle revenait à l'acquis du passé. Dans les mouvements artistiques européens, jamais, en trois siècles d'évolution, la Russie n'ouvrit la voie. Elle recourait plutôt à l'expérience des autres écoles, passait à leur suite d'un style à l'autre, rattrapant toujours son retard sur les transformations qui se produisaient en France, en Italie ou en Allemagne.

Toutefois, les particularités russes furent préservées, notamment à travers l'alternance de périodes de progrès artistique et de stagnation. Dès le Xe siècle, la Russie était passée d'une inexistence historique et artistique au système élaboré de l'art byzantin, elle avait ensuite effectué le même étonnant bond en avant, aux confins des XVIIe et XVIIIe siècles. Au début du XIXe siècle, le classicisme et le romantisme restaient des mouvements relativement proches et ne s'opposaient pas. Cette confusion des styles est due en partie au fait que la Russie absorbait avec retard les innovations esthétiques des pays européens, de la France en particulier. C'est là que commença la lutte des artistes russes pour l'originalité de leur art, provoquée par de nouvelles conditions sociales et culturelles. Cette originalité provenait essentiellement du rôle que joue la nature pour les Russes, et qui ne pouvait que souder une âme nationale. Les « maudites questions russes » étaient un « moteur » permanent pour les artistes de tendance démocrate. Jusqu'aux réformes de 1858-1861, la paysannerie était restée maintenue en servage, le peuple souffrait de misère et d'injustice. « Qui est coupable ? » et « que faire ? » étaient des questions qui torturaient les membres de l'intelligentsia russe. Les traditionnelles notions de conscience et de vérité, vivaces dans le peuple et pour beaucoup grâce à la constance de sa foi orthodoxe, renforçaient la dimension éthique de la création.

La peinture de genre trouva dans le paysage l'une de ses expressions privilégiées. Alexeï K. Savrassov, Ivan I. Chichkine, Fedor A. Vassiliev, Vassily D. Polenov, Arkhip I. Kouindji, Issac I. Levitan : autant d'artistes qui s'appuyèrent sur les acquis du réalisme et saisirent dans leurs œuvres les spécificités de l'espace, de la nature et de « l'âme » russe (voir ici l'essai de G. Tchourak, « Terre russe : le paysage en peinture et en littérature »). Aussi bien le lyrisme de Chichkine, Savrassov, Vassiliev que la singularité des effets de lumière recherchés par Kouindji (cat. 277 à 279, p. 58-59 et 61) ou encore les « paysages d'humeur » de Levitan (cat. 298 et 299, p. 50 et 63) témoignent que la peinture de paysage était devenue l'un des principaux lieux d'expression de la culture nationale.

Les principes réalistes qui s'étaient affirmés dans la peinture européenne, avant tout grâce à l'action des réformateurs français du milieu du XIXe siècle et, en particulier, de Gustave Courbet, correspondaient parfaitement à la problématique sociale russe. Ainsi, les troubles qui agitaient le monde artistique de Saint-Pétersbourg et de Moscou dans les années 1860 étaient-ils, à leur manière, un écho aux tumultes de la vie artistique française. Dès 1855, à l'Exposition universelle, le Pavillon du réalisme de Courbet avait clairement posé les questions que devait résoudre la peinture. En 1861, les élèves de l'École des beaux-arts avaient quitté l'Académie en signe de protestation contre la routine qui y régnait et en se proclamant élèves de Courbet. Deux ans plus tard, à Saint-Pétersbourg, des élèves de l'Académie l'avaient quittée avec fracas et organisé un Artel d'artistes. Cet événement est entré dans l'histoire de l'art russe sous le nom Révolte des 14. À la tête du mouvement se tenait Ivan N. Kramskoï. Sept ans après cette rébellion fut créée la compagnie des *Peredvijniki* (ambulants), qui regroupait presque toutes les forces démocratiques de l'art russe. Le réalisme en Russie, comme d'ailleurs en France ou en Allemagne, avait eu le temps de parcourir beaucoup de chemin. Au milieu du XIXe siècle, le « Biedermayer » (parfois désigné comme *préréalisme*) était dépassé, lui qui, durant le deuxième quart de ce siècle, avait permis de révéler l'idyllique beauté du monde paysan. Dans les années 1860, le « réalisme critique » fit évoluer la peinture de genre, alors que l'inflation des sujets de genre précipitait le déclin de la sculpture. Vassily K. Perov eut un rôle essentiel : son œuvre est aussi, pour une bonne part, un écho de cette peinture parisienne que l'artiste avait connue au début des années 1860, lors de son séjour de pensionnaire. Il s'était trouvé sous l'influence d'Ernest Meissonnier, de Jean-François Millet dans une certaine mesure, et d'Octave Tassaert et Philippe-Auguste Jeanron, dont l'influence n'était plus aussi importante. Dépassant la brutalité et le caractère démonstratif de ses œuvres dénonciatrices antérieures, il découvrit pour lui-même le héros qui souffre et inspire de la sympathie en raison de son destin tragique. À commencer par *le Savoyard* et *le Joueur d'orgue de Barbarie,* que Perov avait croisés dans les rues de Paris, pour finir en Russie avec *la Veillée du défunt, la Noyée* (fig. 1) et, clôturant ce cycle, un tableau de 1868, *le Dernier Estaminet du poste,* qui fut quasiment le tableau le plus *russe* de la seconde moitié du XIXe siècle. Avec une étonnante pénétration s'y trouve exprimé ce vague à l'âme russe, qui devint une manière de réponse aux questions posées par la réalité même de la vie russe. Comme nous le voyons, la peinture russe tire ses propres conclusions de l'expérience du réalisme européen du milieu du XIXe siècle. Et cela n'est pas tant lié aux formes traditionnelles qui s'étaient affirmées au Moyen Âge et qui, jusqu'aux grandes réformes de Pierre Ier, avaient semblé immuables, qu'à un sentiment de responsabilité face au destin du peuple et de l'individu, sentiment devenu prédominant dans la conscience de l'intelligentsia artistique. Au XIXe siècle, ce sentiment qui avait trouvé un exutoire dans l'exaspération du pittoresque avait donné d'incomparables résultats en littérature et en art.

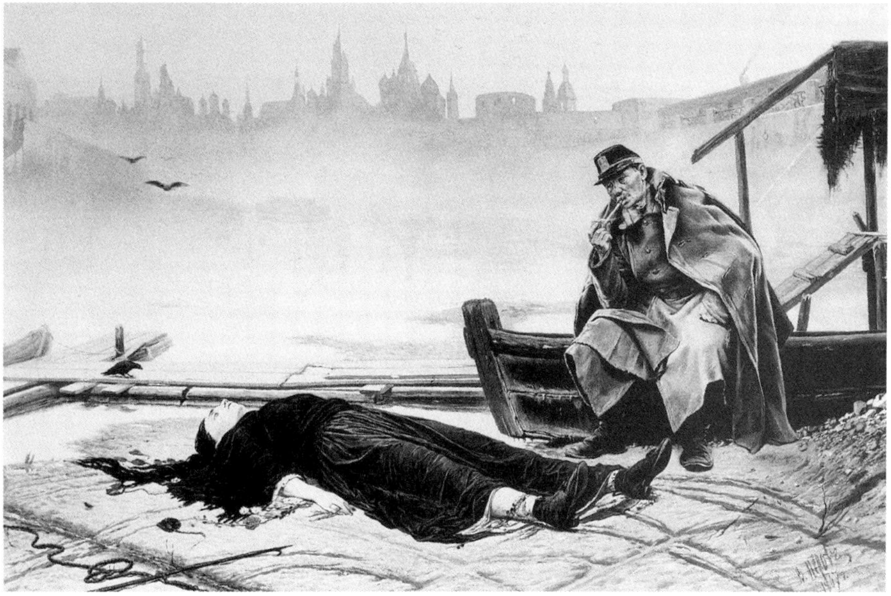

Fig. 1. **Vassily G. Perov, *la Noyée*, 1867,**
huile sur toile, Moscou, galerie Tretiakov.

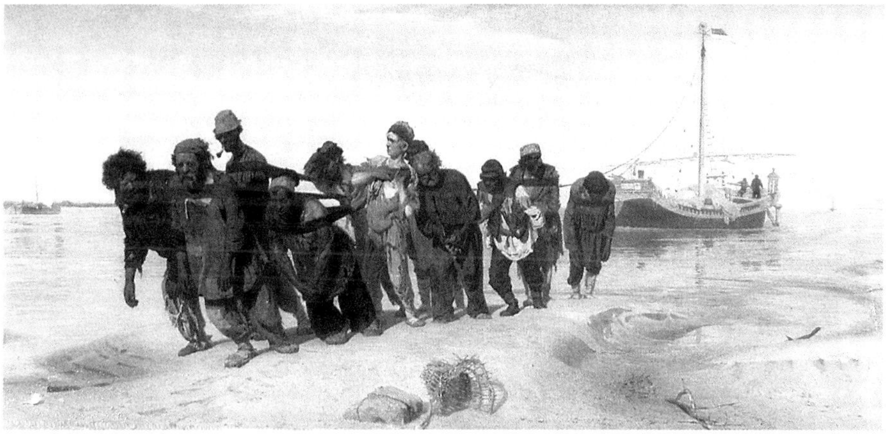

Fig. 2. **Ilia E. Repine,**
***les Haleurs de la Volga*, 1873,**
huile sur toile, Saint-Pétersbourg,
Musée d'État russe.

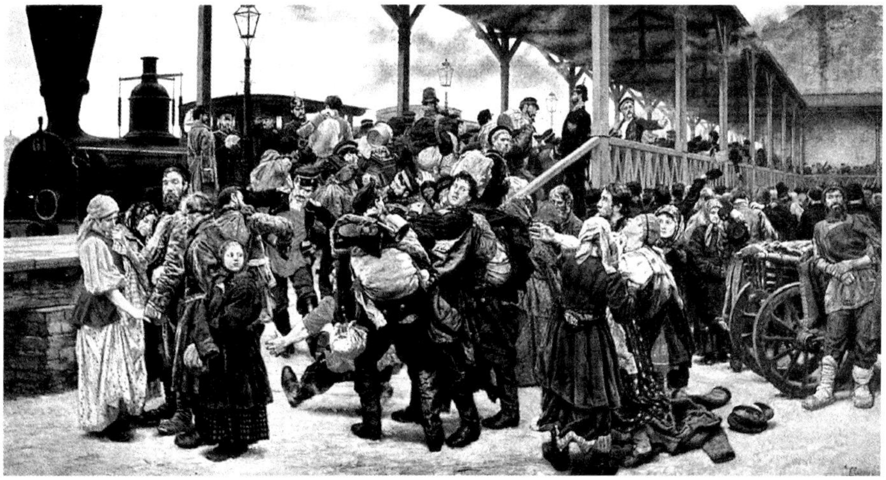

Fig. 3. **Konstantin A. Savitsky,**
***le Départ pour la guerre*, 1888,**
huile sur toile, Saint-Pétersbourg,
Musée d'État russe.

Dans les années 1870-1880, une forte aspiration éthique et sociale restait déterminante. La scène de genre jouait encore un grand rôle en peinture. Elle conservait une portée critique mais sa mission première n'était plus de dénoncer ou de compatir (même si cet aspect ressortait souvent des scènes de la vie contemporaines), il lui fallait découvrir la réalité des rapports humains, débusquer les qualités morales et spirituelles de l'homme, les forces intérieures du peuple et de la société. La peinture de genre allait vers une interprétation objective (mais nullement dépassionnée) du monde environnant. La vie du peuple subissait sous les yeux des artistes de grands bouleversements – non sans contradictions.

La réforme agraire n'avait pas résolu tous les problèmes et nombre de ses aspects restaient contestables. La représentation de la vie du peuple russe connut un intérêt renouvelé. *Les Haleurs de la Volga*, de Repine (fig. 2), peuvent être considérés comme le point de départ de celle-ci. Une phrase de l'artiste, dans une lettre au célèbre critique Vladimir V. Stassov (fig. 1, p. 68), alors même qu'il travaillait à son tableau, aurait pu servir d'épigraphe : « Maintenant le juge, c'est le moujik, il faut donc représenter ses intérêts[1]. » Formulée par Repine de manière assez primaire, cette idée n'avait rien de nouveau à l'époque. Presque tout au long du XIXe siècle, de tous côtés, les gens de lettres, les artistes, les philosophes, les idéologues, les hauts fonctionnaires avaient cherché à accéder au peuple et cultivé l'idée du caractère populaire de la culture. Déjà sous Nicolas Ier, le ministre de l'Éducation populaire de la Russie dans les années 1830-1840, le comte S. S. Ouvarov, avait avancé cette formule restée célèbre : « orthodoxie, autocratie, esprit national [*narodnost*] ».

Les acteurs de la culture de tendance démocratique, et *a fortiori* révolutionnaire, s'étaient efforcés de séparer populisme et autocratie, leur objectif étant de donner une image objective et empathique du peuple, de représenter les intérêts du peuple, qui souvent divergeaient de ceux des classes dirigeantes (fig. 3). Ils allaient vers le peuple le cœur grand ouvert, pleins de sympathie, mais aussi conscients d'une faute à son égard et convaincus à la fois de ses capacités et de ses forces inemployées. Le tableau de Repine était une magnifique illustration de cette façon d'aborder le thème du peuple. Plusieurs fois il s'était rendu sur ces bords tant aimés de la Volga, où il observait la vie des haleurs, choisissait des modèles pour ses héros, multipliait les études de portraits. Il s'imprégnait de leur force, de leur sagesse, de leur beauté

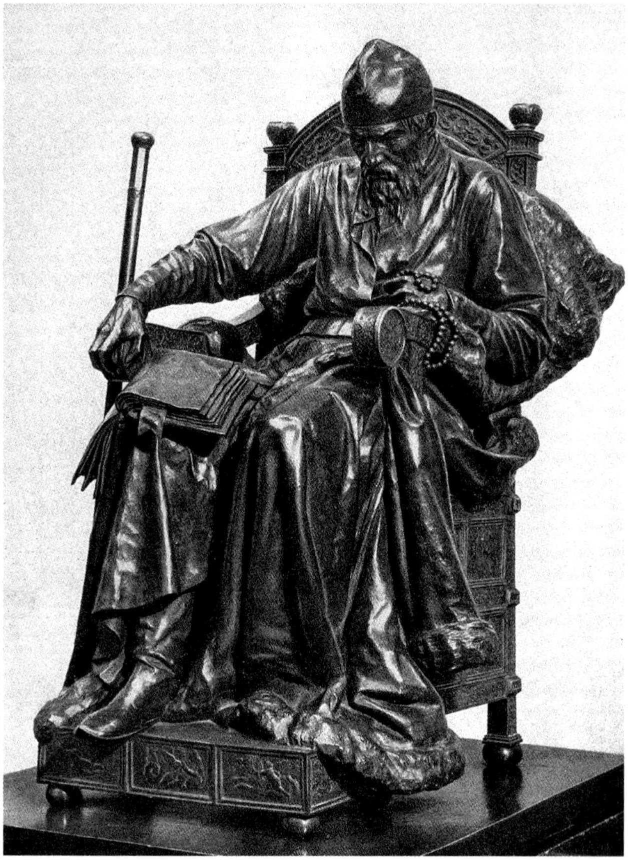

Fig. 4. **Mark M. Antokolosky, *Ivan le Terrible*, 1871,** bronze, Saint-Pétersbourg, Musée d'État russe.

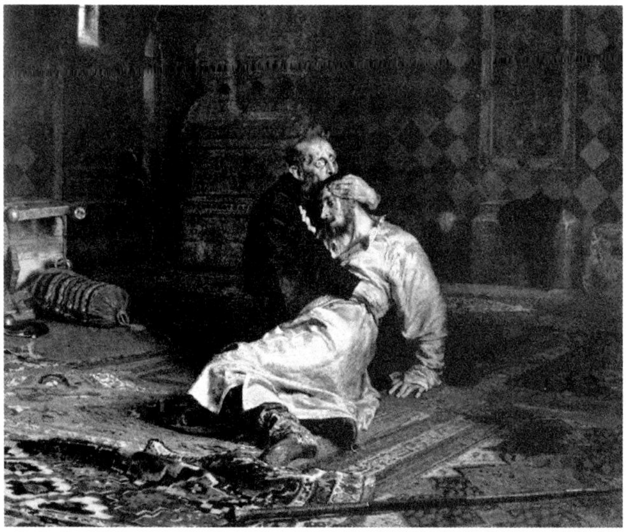

Fig. 6. **Ilia E. Repine, *Ivan le Terrible*, 1885,** huile sur toile, Moscou, galerie Tretiakov.

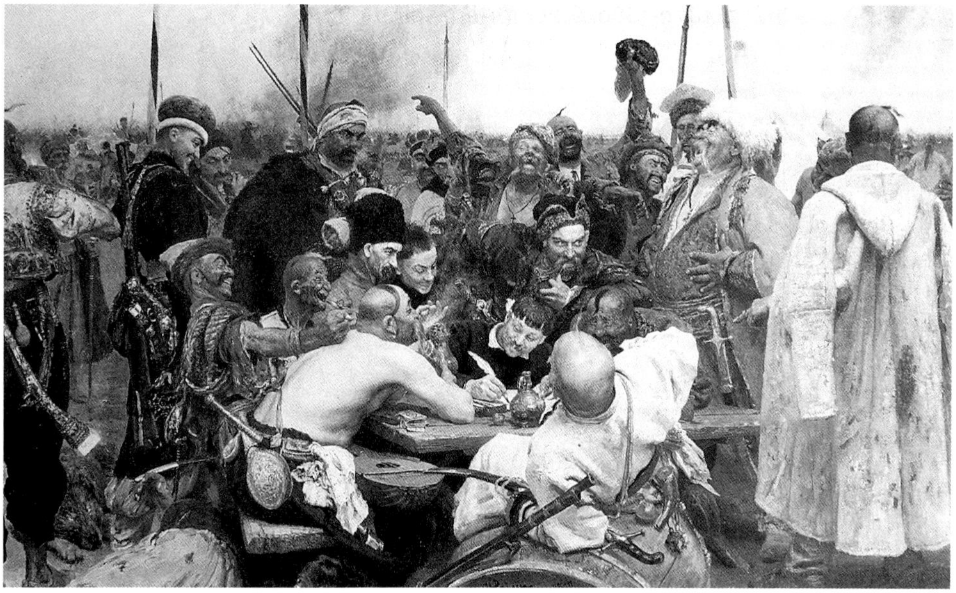

Fig. 5. **Ilia E. Repine,**
***les Cosaques zaporogues écrivant une lettre au sultan*, 1880-1891,**
huile sur toile, Saint-Pétersbourg, Musée d'État russe.

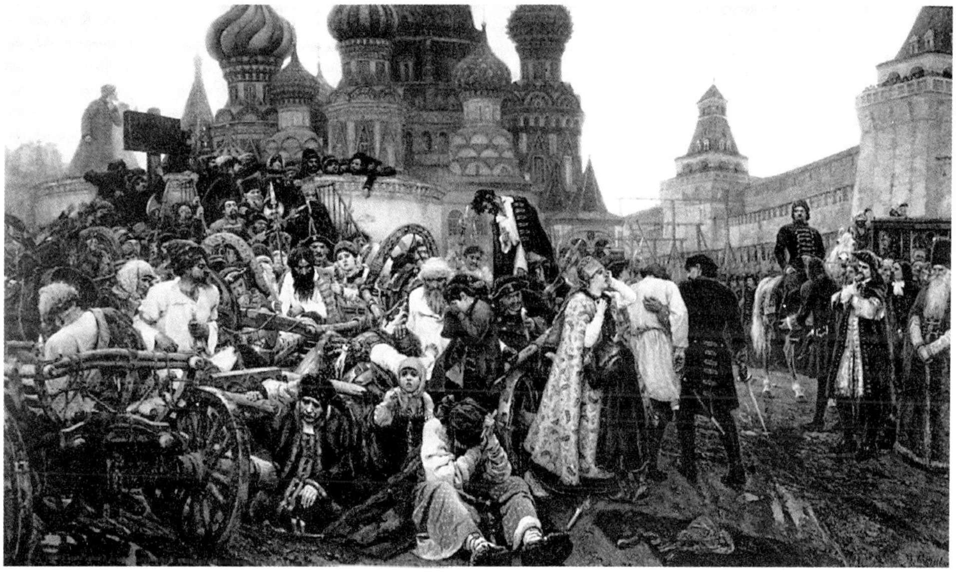

Fig. 7. **Vassily I. Sourikov,**
***le Matin de l'exécution des strelitzs*, 1881,**
huile sur toile, Moscou, galerie Tretiakov.

singulière. Chaque personnage avait son histoire, son destin, et faisait naître dans l'imagination de l'artiste des images sublimes. Le plus très jeune défroqué Kanine, qui dirigeait toute la troupe, était à ses yeux un philosophe antique acheté comme esclave par un riche patricien romain. Il le compara par la suite à Tolstoï. Les études au crayon de Repine *Tolstoï fauchant* (cat. 406) et *Kanine sanglé* (cat. 400) permettront d'établir cette même comparaison. Repine avait été également frappé par les autres membres de ce triste convoi. « Que le peuple est beau, corpulent », affirmait-il dans ses mémoires. Pénétrer la valeur individuelle de chacun des héros devint l'un de ses principaux objectifs. Mais l'importance de ce tableau (sont présentés ici les dessins préparatoires) ne se limite pas à sa manière de les atteindre. Il était indispensable de trouver comment réunir ces manifestations isolées de la valeur du peuple, grâce à une espèce de communauté synthétique, il fallait créer un tableau « choral » (l'expression est de Vladimir V. Stassov) dans lequel se fondraient ces voix isolées. Il était indispensable, pour donner de la puissance à l'épisode, de lui trouver une forme monumentale et de sortir la scène de genre du traditionnel petit format dans lequel elle était enfermée.

Les œuvres que nous venons de mentionner n'épuisaient cependant pas la problématique de la peinture de genre russe de cette époque. *Procession dans la province de Koursk* (cat. 510, p. 66) et *Ils ne l'attendaient plus* (cat. 410, p. 73) étaient le résultat de longues séances d'observation. L'artiste, qui rentrait de Paris,

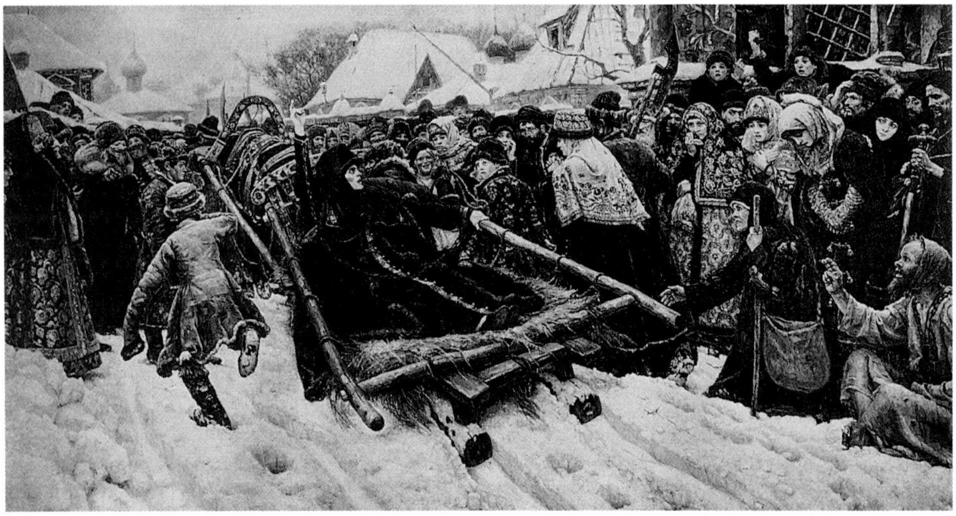

Fig. 8. **Vassily I. Sourikov, *la Boïarynia Morozova*, 1887,** huile sur toile, Moscou, galerie Tretiakov.

avait dans l'idée de décrire une scène qui soit la quintessence de la vie populaire de Russie. Il avait sélectionné, dans une foule considérable, des personnages constituant une sorte de « coupe » de toute la société russe. Il satisfaisait le goût de l'art russe pour l'analyse approfondie, l'évaluation des actes et des phénomènes à l'aune des critères éthiques. Là est l'originalité du réalisme russe, dont *Partout la vie* de Nikolaï A. Iarochenko (cat. 226) demeure une illustration saisissante.

Ils ne l'attendaient plus devint une sorte de conclusion à un autre thème : le destin du *narodnik* révolutionnaire. Nombre de héros de Repine avaient eu à subir de rudes épreuves : l'incompréhension de la part du peuple, pour lequel ils auraient cependant donné leur vie, l'exil, la pendaison. Finalement, après l'acte insensé et cruel que constitue l'assassinat d'Alexandre II, en 1881, par les *narodovoltsy*, la vague révolutionnaire s'apaisa. Elle fut suivie d'une vague de répression. Le moment choisi, pour cette scène de retour d'exil du révolutionnaire, laisse le spectateur libre d'évaluer comme il l'entend son action. La dramaturgie de la composition est élaborée autour d'une analyse psychologique de chaque personnage.

À la charnière des XIXe et XXe siècles, la scène de genre connut de grands changements. Le récit se réduisit au minimum. Le paysage prit de l'importance, et fut chargé d'exprimer les émotions des personnages. Dans *Sur la route. Mort d'un colon* de Sergueï V. Ivanov (cat. 229), l'espace infini de la steppe semble absorber les silhouettes du mort, de sa veuve et de sa fille, étendues sur le sol gris. Peu à peu l'élément critique, l'aspect social de la peinture de genre s'amenuisèrent, mais le thème populaire resta bien vivant. Il trouva à s'exprimer non seulement chez les artistes dont l'œuvre avait d'une manière ou l'autre à voir avec le *rousskiï stil* et conservait certains liens avec les ambulants (Filip A. Maliavine [cat. 302, p. 48], Boris M. Koustodiev, Andreï P. Riabouchkine), mais aussi chez quelques représentants du courant opposé, tels que Zinaïda E. Serebriakova, du Monde de l'art. Son cycle des années 1910 consacré à la vie rurale (dont *le Blanchiment de la toile* ; cat. 501) présente le monde des paysans dans toute sa grandeur et sa perfection. La scène de genre apparaît ici sous une forme imposante. Mais, contrairement à la décennie précédente, l'aspect national domine, au détriment du social.

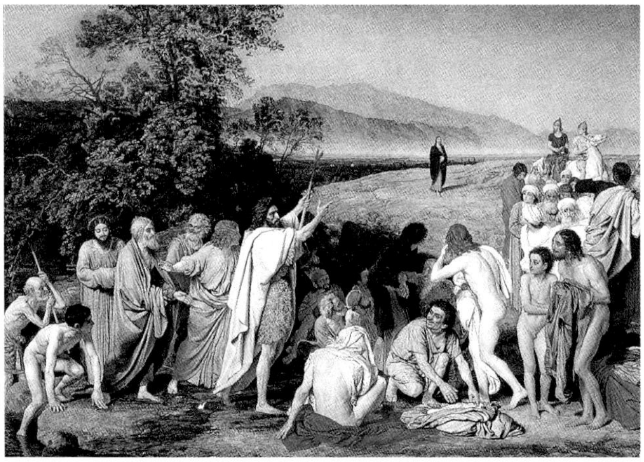

Fig. 9. **Alexandre A. Ivanov, *l'Apparition du Christ au peuple*, 1837-1857,** huile sur toile, Moscou, galerie Tretiakov.

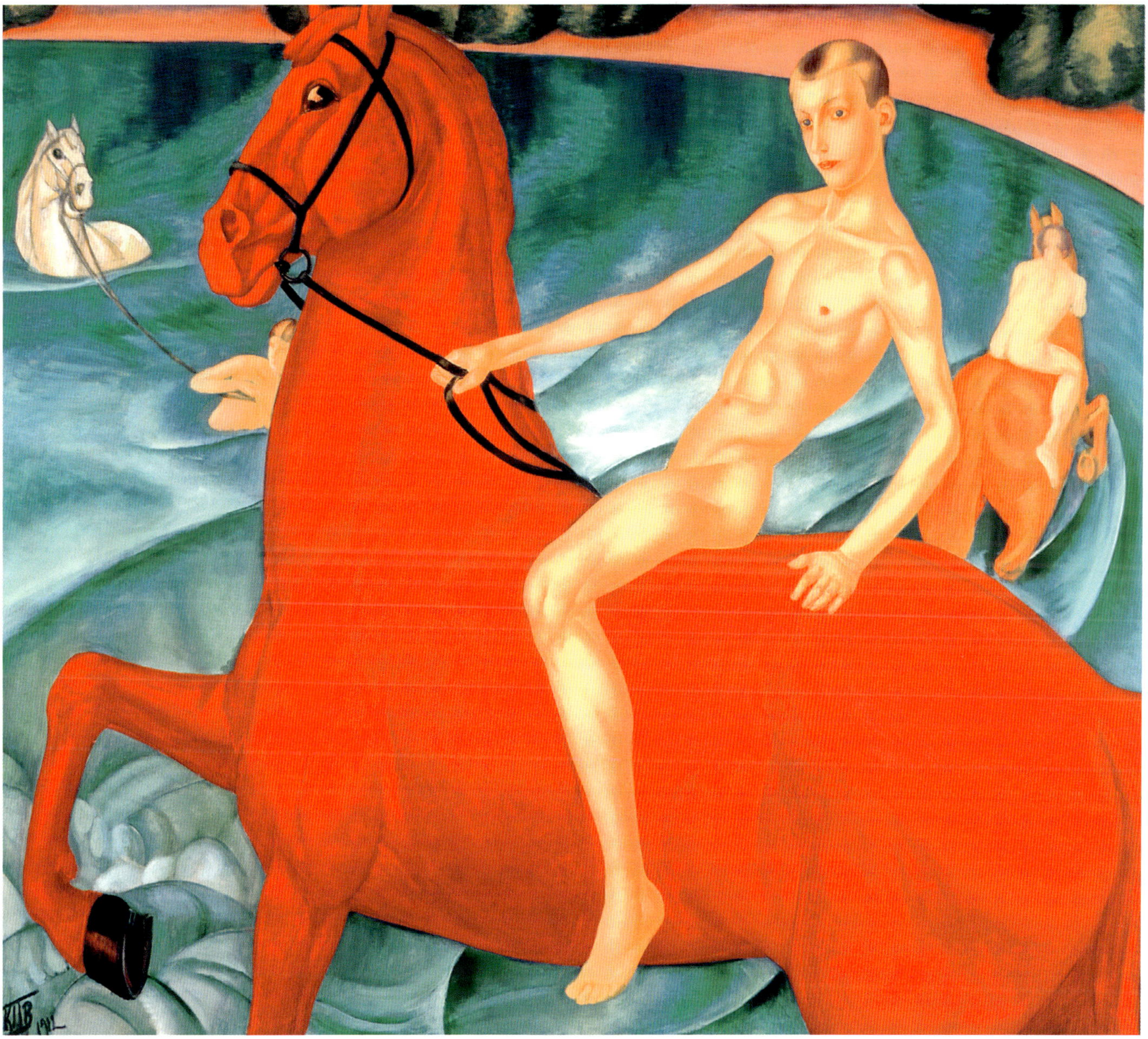

Cat. 359

Kouzma S. Petrov-Vodkine, ***le Bain du cheval rouge,*** **1912,**
huile sur toile, Moscou, galerie Tretiakov.

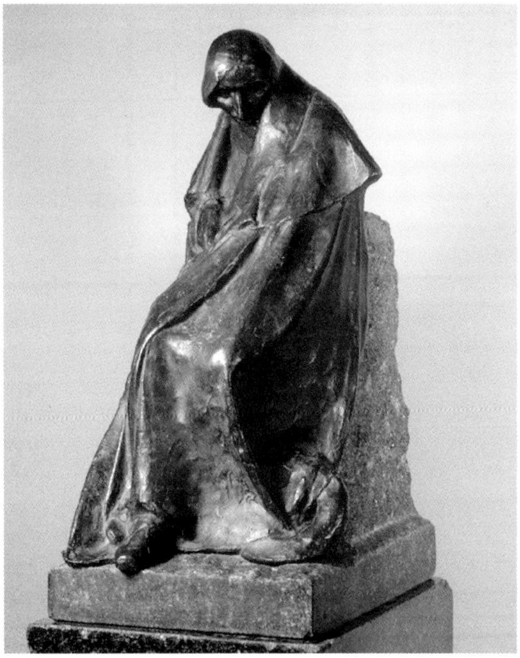

Cat. 15

Nikolaï A. Andreev, *Nicolaï V. Gogol*, 1906, modèle pour le monument exécuté en 1908 d'après le modèle en plâtre de 1906 sur la commande de I. S. Ostroukhov,
bronze et granit, Moscou, galerie Tretiakov.

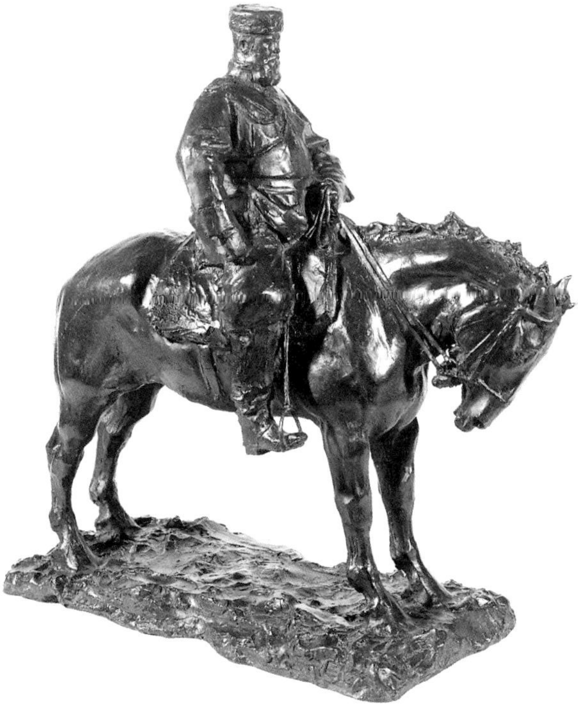

Fig. 10. **Pavel P. Troubetskoï, *Esquisse pour le monument au tsar Alexandre III*, 1905,**
bronze, Paris, musée d'Orsay.

Revenons au point de départ de notre mouvement, à savoir aux années 1860-1870. Ce qui se produisait dans la peinture de genre n'était qu'une des manifestations, même si c'était la plus remarquable, de la spécificité nationale. L'œuvre de Vassily V. Verechtchaguine, qui, plus qu'aucun autre peintre russe, connut une renommée mondiale, est un développement tout à fait original des acquis de la peinture de genre qui conjuguait esprit critique et culte des thèmes populaires. Verechtchaguine s'était presque entièrement consacré à la peinture de bataille. Mais s'il glorifiait les victoires de l'armée russe et de ses généraux, il s'opposait sincèrement à la guerre, tout en démontrant que son acteur principal, celui qui déterminait l'issue, était l'homme du peuple, le simple soldat. L'art de Verechtchaguine alliait la vérité du reportage sur le terrain à l'expression des idées générales du pacifisme (cat. 478, p. 78).

Mikhaïl V. Nesterov reste davantage attaché à la tradition des années 1870-1880 : *les Philosophes,* double portrait des théologiens Sergueï Boulgakov et Florensky (1917, Moscou, galerie Tretiakov) résument, l'année même de la révolution, les ambitions morales de l'intelligentsia russe.

Comme souvent dans les différentes écoles européennes, la problématique nationale était largement portée par le genre historique (fig. 4, 5 et 6). Celui-ci, dans la Russie du milieu et de la seconde moitié du XIXe siècle, se partageait entre thématique historico-nationale et biblique. Les sujets de l'histoire nationale, lorsqu'ils « laissaient de côté » la tradition académique, étaient tout d'abord traités sous l'angle du quotidien. Mais la scène de genre fut très vite dépassée. Sourikov apparut, dont l'œuvre atteignit des sommets vers les années 1880, avec des œuvres telles que le *Matin de l'exécution des strelitzs* (fig. 7), *Menchikov à Berezovo* (1883, Moscou, galerie Tretiakov), *la Boïarynia Morozova* (fig. 8). Elle se consacrait à l'histoire russe des XVIIe et XVIIIe siècles. Toujours mu par la recherche de la vérité, pénétré de la foi populaire et s'appuyant sur une mémoire nationale intuitive, Sourikov avait, comme nul autre dans toute la peinture d'histoire européenne de la seconde moitié du XIXe siècle, découvert les profondeurs tragiques de son histoire nationale.

Quant à la peinture religieuse d'Alexandre Ivanov, elle avait atteint des sommets inaccessibles. Sa célèbre *Apparition du Christ au peuple* (fig. 9) resta inachevée, mais il n'en avait pas moins transmis à ses successeurs ses géniales *Esquisses bibliques.* Aussi bien Nikolaï N. Gay, que

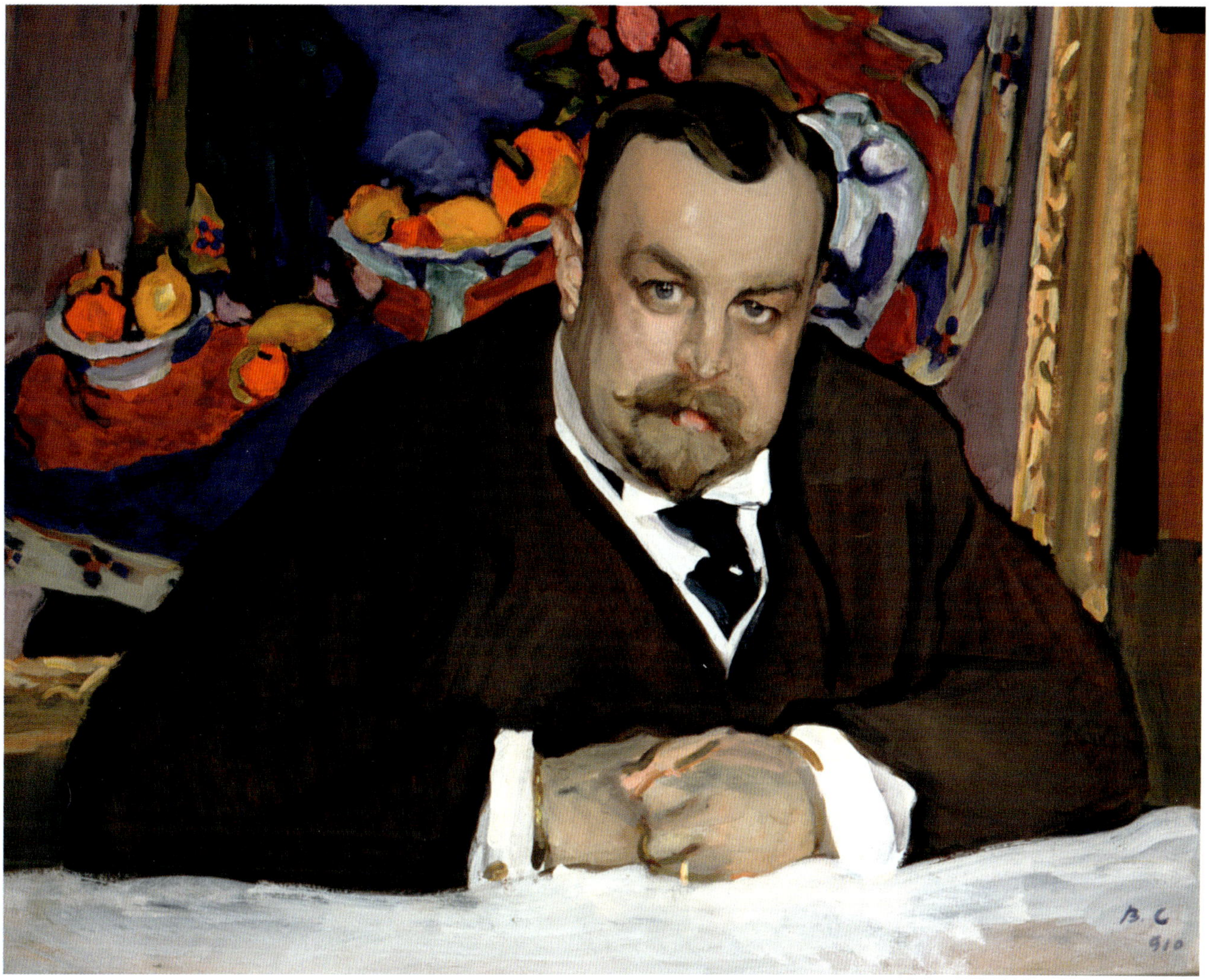

Cat. 426

Valentin A. Serov, *Portrait de I. A. Morozov,* 1910,
tempera sur carton, Moscou, galerie Tretiakov.

Vassily D. Polenov ou Mikhaïl A. Vroubel avaient tenté de « s'emparer » de l'héritage d'Ivanov, et de diverses manières. Polenov faisait de l'Évangile une succession de scènes quotidiennes. Il avait parcouru tous les lieux saints où était passé le Sauveur et transforma les scènes de sa vie en tableaux historiques vivants. Gay, écartant l'aspect antique par lequel il avait commencé, se distingua par sa célèbre *Cène* (1863, Saint-Pétersbourg, Musée d'État russe), puis se tourna vers les sujets de l'histoire russe pour, vers la fin de sa vie (fin des années 1880, début des années 1890), produire une série expressive de Passions du Christ, dont *le Christ et Nicodème* (1889, Moscou, galerie Tretiakov), *Qu'est-ce que la vérité ?* (1890, Moscou, galerie Tretiakov), quelques variantes de *la Crucifixion* (dont une est conservée à Paris, cat. 198), *le Golgotha* (cat. 199, p. 75). Vroubel, tout en étant l'un de ceux qui fondèrent l'art du XXe siècle, restait attaché à la tradition que représentait Ivanov, mais uniquement en ce qu'elle permettait comme nouveautés en matière de position stylistique et de vision du monde. Vroubel est à juste titre considéré comme le fondateur du symbolisme et de l'Art nouveau en Russie, ces deux tendances qui, avec l'impressionnisme, avaient débuté dans les années 1880. Dès lors, il avait prédéfini les particularités du symbolisme russe (voir ici l'essai de J.-C. Marcadé, « Pour une typologie du symbolisme russe dans les arts plastiques »), ayant désigné la multiplicité de sens de ses images, séparé le symbole de l'allégorie et imposé un

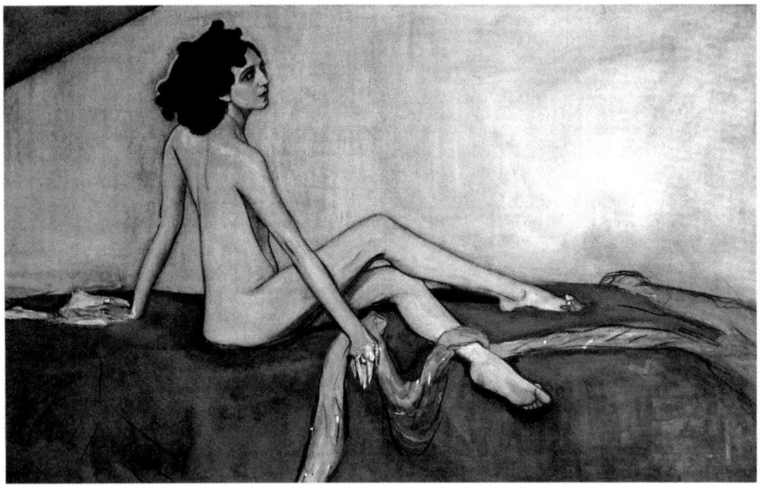

Fig. 11. **Valentin A. Serov, *Portrait d'Ida Rubinstein,* 1910,** huile et fusain sur toile, Saint-Pétersbourg, Musée d'État russe.

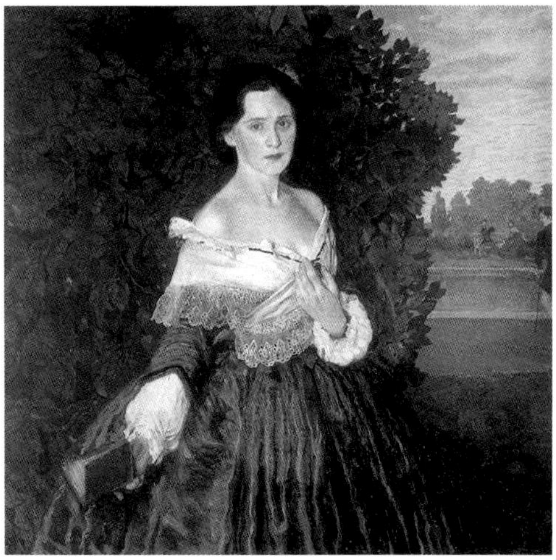

Fig. 12. **Konstantin A. Somov, *Portrait du peintre Elizaveta Martinova,* 1897-1900,** huile sur toile, Moscou, galerie Tretiakov.

langage plastique complexe afin de pénétrer l'essence de l'existence terrestre. Son *Démon* (cat. 481, p. 270) témoigne de l'originalité du démonisme russe. Il s'agit d'un démonisme brisé, souffrant, une sorte d'écho de la vision du monde de l'homme russe de la fin du XIXe siècle. La figure du démon est complexe, équivoque. On y trouve la douleur et la majesté, la soif d'amour, l'espoir et, en dernier, la malfaisance. Les œuvres plus tardives comme *la Princesse cygne* (cat. 496), *Crépuscule, Lilas* (toutes trois de 1900 ; Moscou, galerie Tretiakov) révèlent toute la singularité de l'artiste : l'enchevêtrement inextricable du fantastique et du réel.

D'autres symbolistes russes exploitèrent cette veine, tel Viktor E. Borissov-Moussatov, dans des œuvres dépourvues de sujet ou de discours, construites autour de la nostalgie et de la vie intérieure (fig. 2, p. 246). Un peu à l'écart, Kouzma S. Petrov-Vodkine, sans équivalent dans la peinture allemande ou française, se tourna vers l'art russe ancien, imprégnant ses œuvres à la fois d'une mémoire vivante du passé, d'un pressentiment du futur, d'une angoisse secrète et d'un espoir naissant. *Le Bain du cheval rouge* de 1912 (cat. 359) est un exemple de cette complexité de la figure symboliste, dont les variantes se mêlent à l'Art nouveau.

À la fin du XIXe siècle, la sculpture russe commença à surmonter la crise qui l'avait affectée depuis la seconde moitié du XIXe siècle. Aussi bien le monument public, tel celui qui fut érigé à Moscou en mémoire de Nikolaï V. Gogol (cat. 15), que le lien avec l'architecture attestent à la fois l'assimilation de la leçon d'Auguste Rodin (voir ici l'essai de A. Le Normand-Romain, « Rodin et la Russie ») et la naissance d'une expression spécifiquement russe. Les accents « impressionnistes » de la sculpture cosmopolite et mondaine du prince Pavel P. Troubestkoï replacèrent la sculpture russe dans le giron de la sculpture européenne (fig. 10). Mais c'est avec Anna S. Goloubkina et Sergueï T. Konenkov que la sculpture trouva les accents de sa singularité, notamment avec le bois (voir ici l'essai de É. Papet, « " La poésie de l'antiquité nationale " : céramique émaillée et bois sculpté en Russie, 1890-1914 »).

Dans les années 1900-1910, le symbolisme et l'Art nouveau avaient gagné plusieurs membres du Monde de l'art, qui prétendait au rôle de réformateur. Le mouvement avait en effet soumis à une critique radicale les conceptions des ambulants et s'efforçait de mettre l'accent sur les problèmes purement artistiques plutôt que sur les problèmes sociaux. Serov (cat. 426 ; fig. 11), Vroubel et Somov (fig. 12) faisaient partie du groupe. Il comptait aussi Alexandre N. Benois, qui fut l'un de ses créateurs – Lev S. Bakst, Mtsislav V. Doboujinsky, Alexandre I. Golovine, Sergueï V. Malioutine, Nikolaï K. Roerikh (fig. 13), Elena D. Polenova, Maria V. Iakountchikova-Weber, Dmitri S. Stelletsky, Ivan I. Bilibine... Certains de ces artistes étaient des représentants du *rousskiï stil,* qui à cette époque prenait de l'ampleur et dont Viktor M. Vasnetsov peut être considéré comme le pionnier en matière de peinture et de scénographie. Mais la peinture n'était pas la première concernée. Le *rousskiï stil* s'était affirmé beaucoup plus tôt en architecture et dans les arts appliqués.

Le *rousskiï stil* fut introduit en peinture par Viktor Vasnetsov. Il s'était déjà intéressé à certaines formes de l'Art nouveau dans les années 1880, en même temps que Vroubel (mais de manière moins radicale). Il avait abandonné les scènes de genre qui avaient fait son succès dans les années 1870 et s'était tourné vers l'histoire ou le conte. Il réalisa des panneaux de grand format, comme *Trois Princesses du royaume des ombres* (variantes 1879 et 1884, Moscou, galerie Tretiakov et Kiev, musée d'Art russe), *Après la bataille d'Igor Sviatoslavitch* (1880, Moscou, galerie Tretiakov), *Alenouchka* (1881, Moscou, galerie Tretiakov), etc.

La voie était ouverte pour les célèbres *Preux* (fig. 3, p. 20), dont le projet remontait aux années 1870. Vasnetsov y avait renoncé au langage réaliste des ambulants et avait vanté la beauté du conte, l'esprit majestueux de ses héros. Les réformes qu'il avait introduites dans le domaine de la scénographie, apportant aux décors de théâtre quelque chose de beaucoup plus pittoresque et ornemental, étaient elles aussi liées à ce culte du fantastique. Les préoccupations d'artistes tels que Polenov, Korovine, Golovine, Malioutine étaient très proches des siennes. Toujours à la même époque, Vasnetsov tenta de faire renaître la peinture religieuse, en se servant de l'expérience des fresquistes non seulement russes, mais aussi italiens. Les fresques de la grandiose cathédrale Saint-Vladimir de Kiev furent réalisées entre 1885 et 1896 par un groupe d'artistes dont le principal reste néanmoins Vasnetsov (cat. 472, p. 131), auquel se joignirent des artistes de la génération suivante, représentée par Nesterov. Il s'agissait là de la première tentative de mise en œuvre approfondie de la tradition, légèrement détournée toutefois par l'empreinte appuyée de la psychologie. Cela, ajouté à un certain académisme, nuisit à la réussite totale de Vasnetsov. Nombre de peintres (Vasnetsov, Nesterov, Roerikh, Stelletsky, Petrov-Vodkine, entre autres) travaillaient alors à des fresques religieuses ou à des iconostases. On peut difficilement considérer leurs entreprises comme réussies, ou conformes, en tout cas, aux canons de l'orthodoxie. Les uns étaient trop dans la stylisation (Stelletsky), les autres, dans les excès du symbolisme (Roerikh). Les plus grandes réussites reviennent sans doute à Petrov-Vodkine, qui ne résolut cependant pas tous les problèmes complexes que posait la peinture d'icônes contemporaine, problèmes toujours sans solution à ce jour.

La peinture religieuse n'était qu'une des sphères où se déployait le *rousskiï stil ;* il avait investi aussi bien le genre historique, poétisant, évoquant l'ancienne Russie du XVIIe siècle, que les œuvres au sujet contemporain. Des figures tout à fait exceptionnelles émergèrent dans ce domaine : Boris M. Koustodiev, héritier du loubok et de l'art de l'enseigne ; Filip A. Maliavine, célèbre pour sa *Rafale* (1905, Moscou, galerie Tretiakov) et ses portraits de « filles » insolemment voyants et tape-à-l'œil (cat. 302) ; ou le paysagiste Konstantin F. Iouon, chantre de la province russe avec son architecture originale, son jeu unique de rouge, blanc et or.

Pour la période considérée, l'ultime retour vers les traditions de l'art médiéval et populaire coïncide avec le début de l'avant-garde. Celle-ci s'amorça avec le néo-primitivisme, auquel étaient mêlés non seulement ses fondateurs, Mikhaïl F. Larionov (cat. 292) et Natalia S. Gontcharova (cat. 211 et 212), mais aussi Kazimir S. Malevitch, Pavel N. Filonov et d'autres. Mais ils s'écartèrent de ce que nous appelons le *rousskiï stil,* se détournèrent de ses principes de la stylisation pour revenir aux sources primitives. Aussi, comme on le voit à ce rapide panorama, alors que l'art avait depuis longtemps trouvé une expression nationale dans les autres pays, la Russie continuait à se chercher. Elle se cherche encore aujourd'hui.

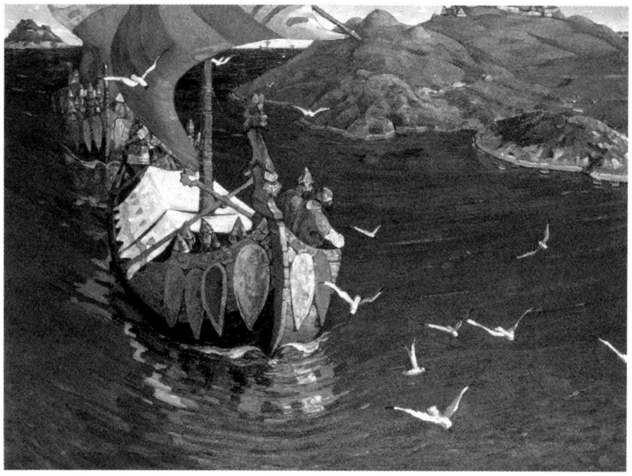

Fig. 13. **Nikolaï K. Roerikh, *les Hôtes d'outre-mer*, 1902,** huile sur toile, Saint-Pétersbourg, Musée d'État russe.

1. Repine et Stassov, 1871-1876, Moscou, 1948, p. 37.

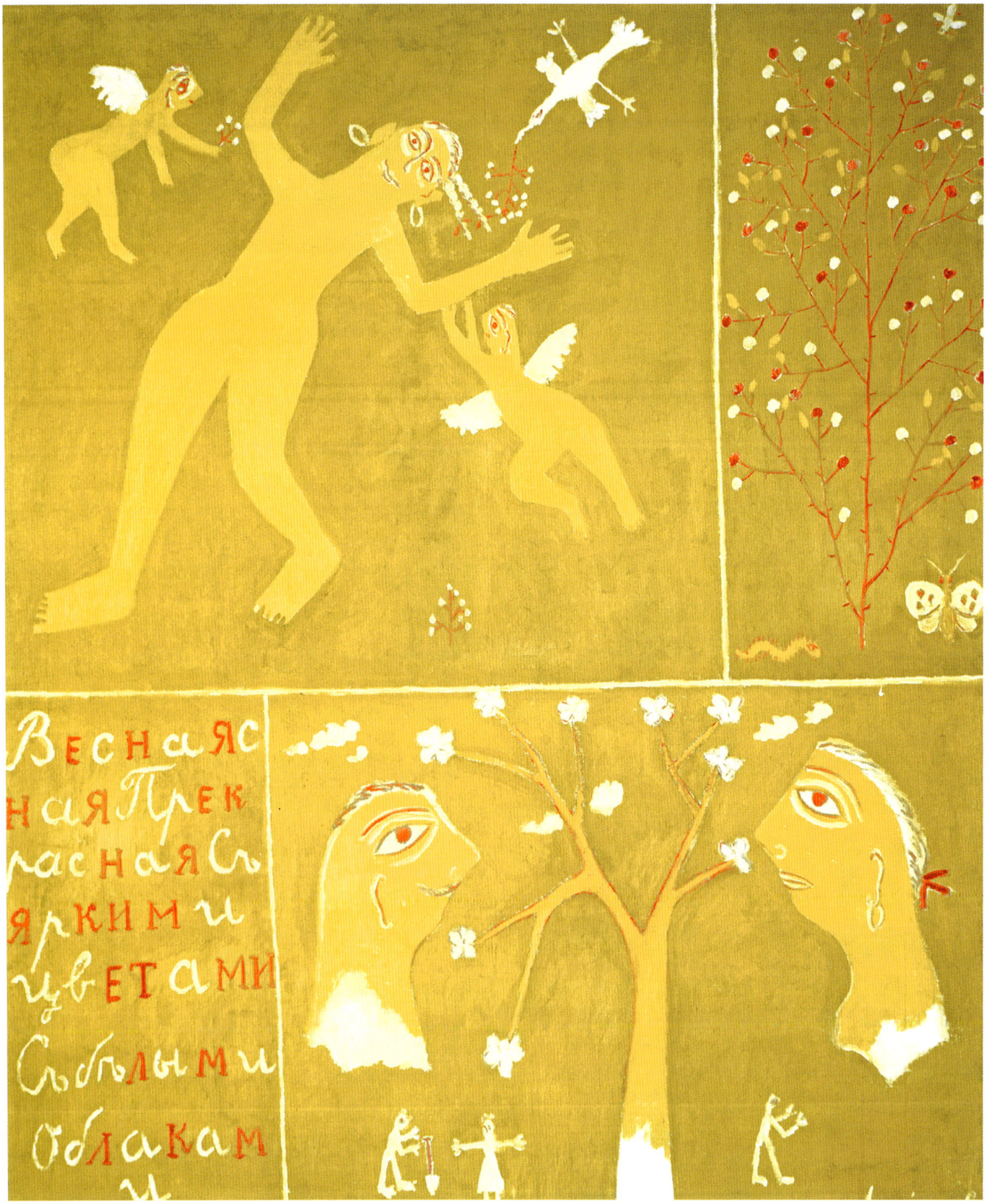

Cat. 292

Mikhaïl F. Larionov, *le Printemps. Les Saisons (nouveau primitivisme)*, du polyptyque *les Saisons*, 1912,
huile sur toile, Moscou, galerie Tretiakov.

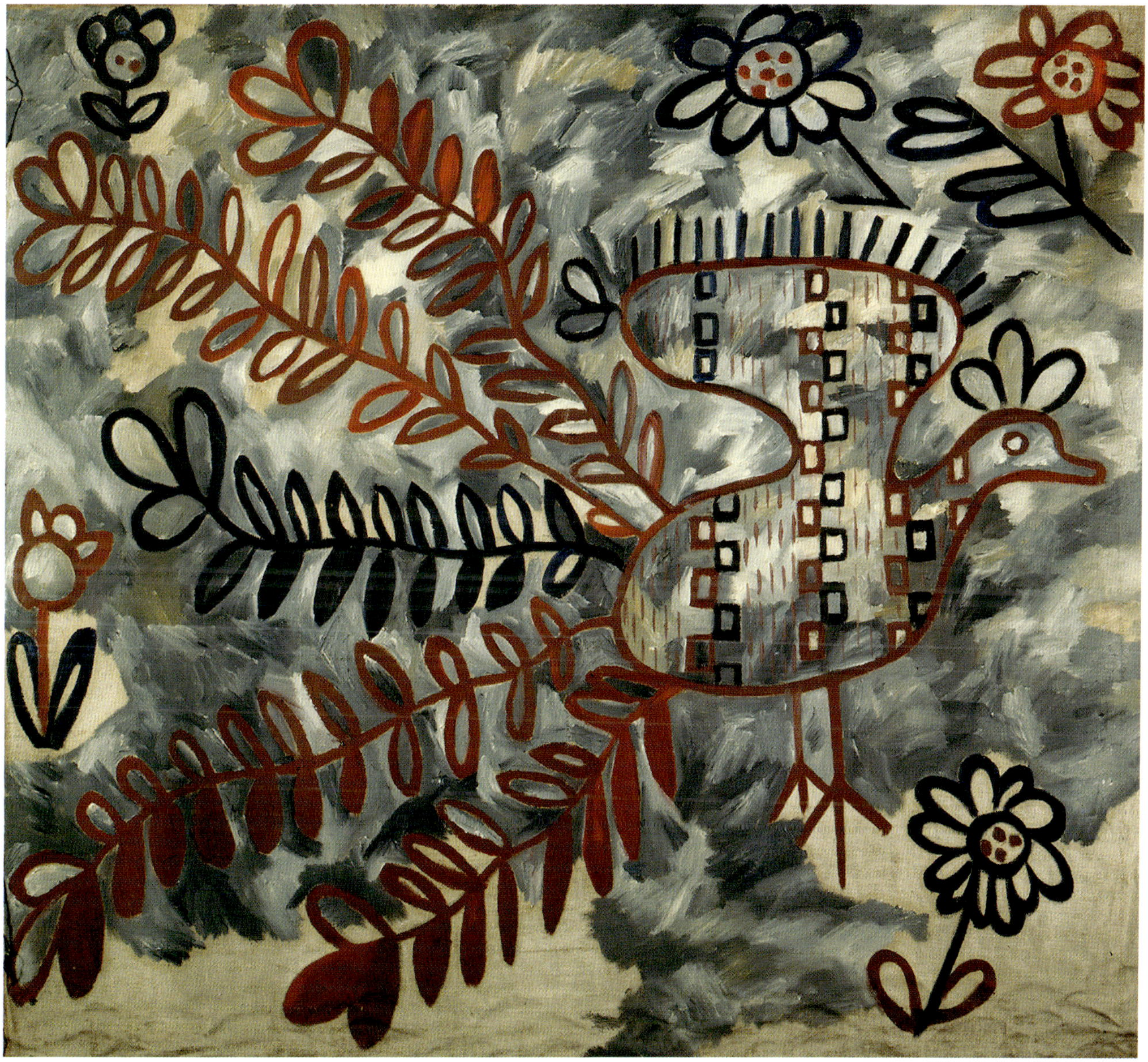

Cat. 211

Natalia S. Gontcharova, ***Paon (dans le style d'une broderie russe)*****, 1910,**
huile sur toile, Moscou, galerie Tretiakov.

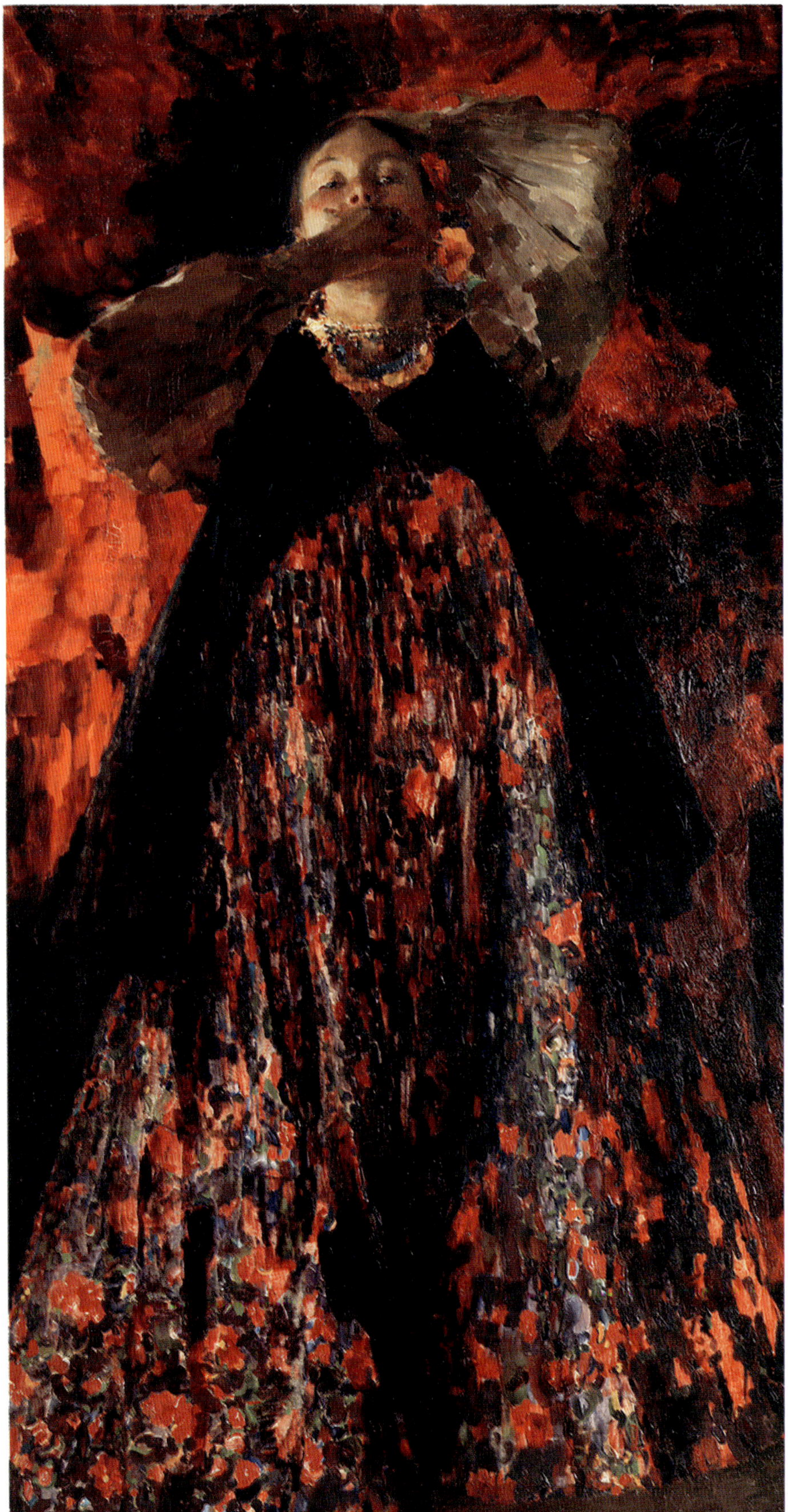

Cat. 302

Filip A. Maliavine, *Paysanne,* 1903,
huile sur toile, Moscou, galerie Tretiakov.

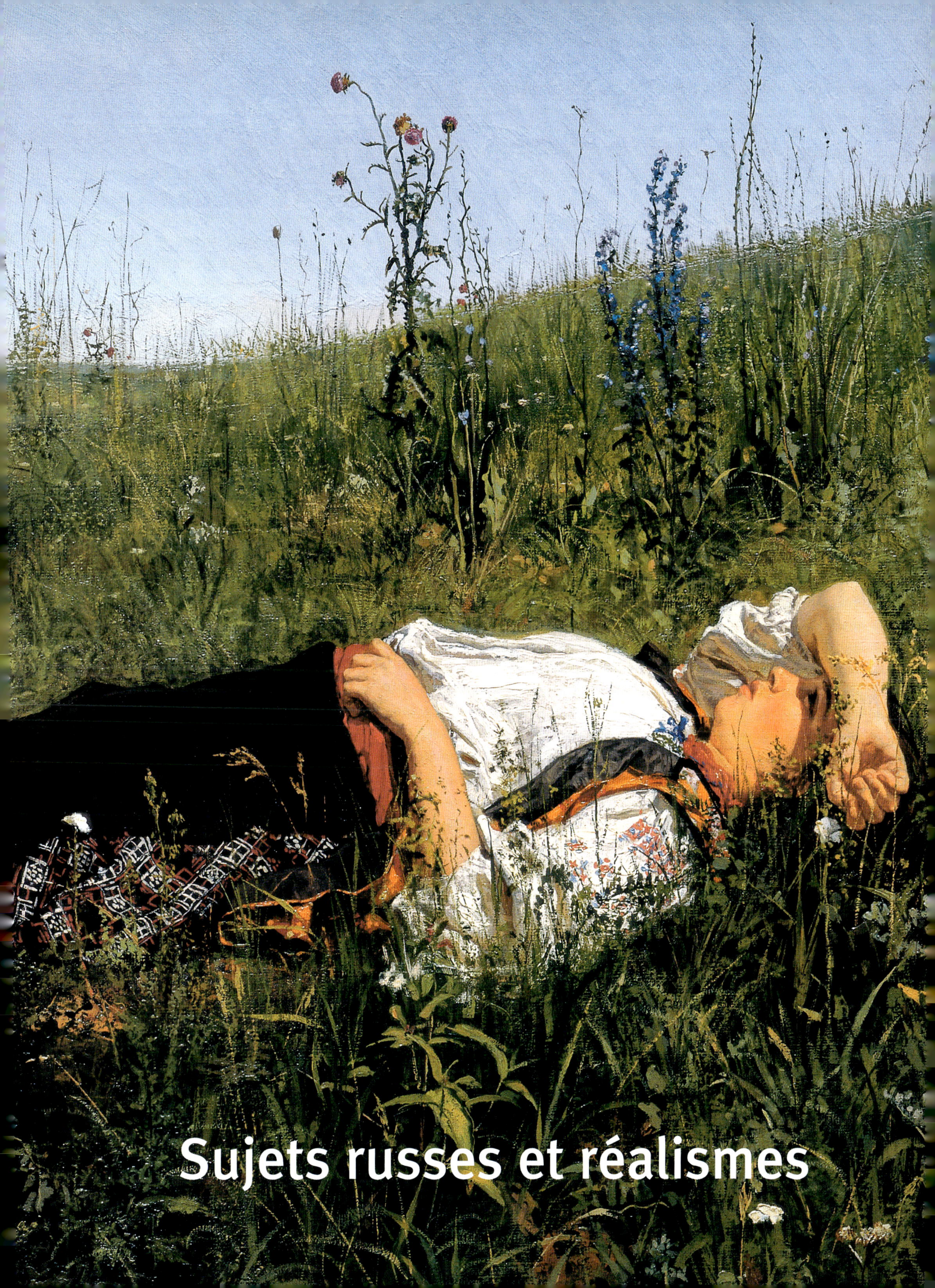

Sujets russes et réalismes

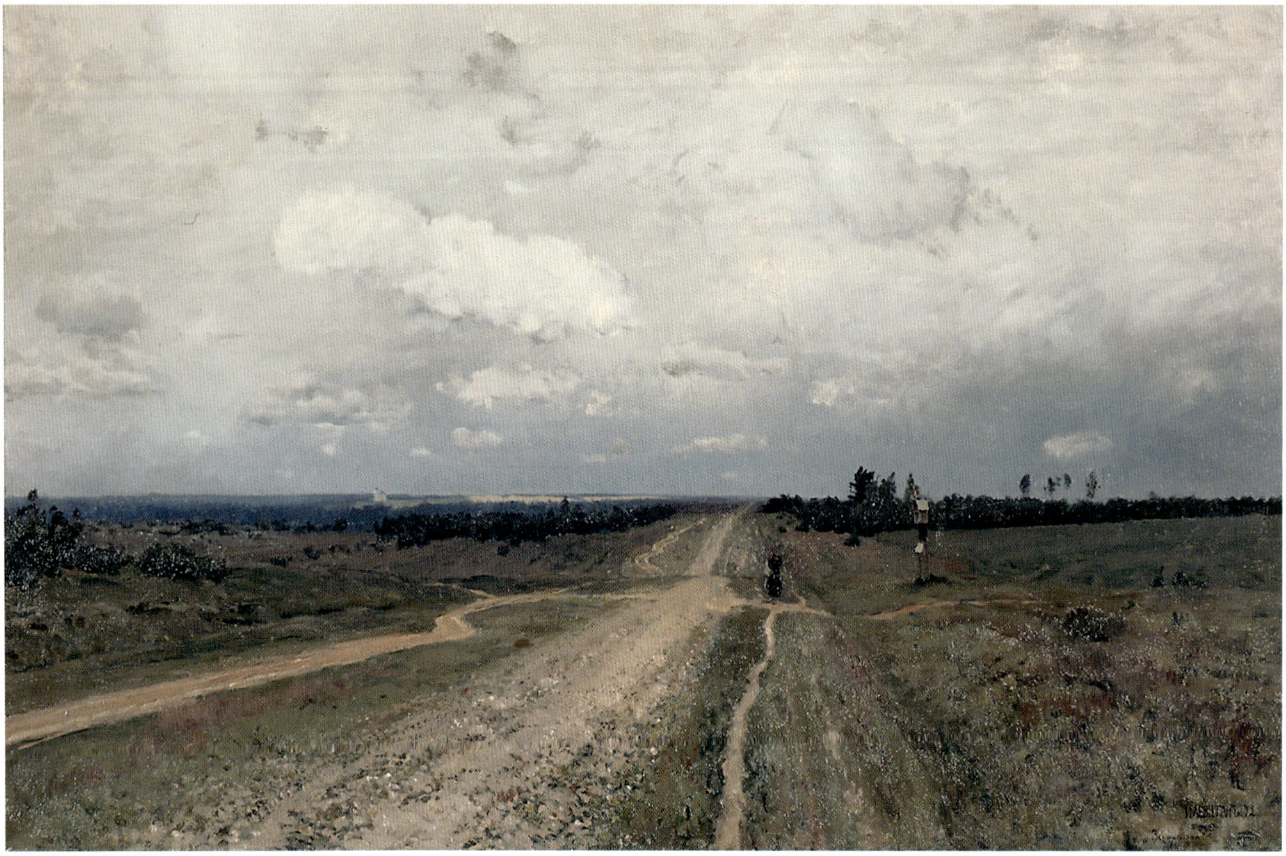

Cat. 298

Isaac I. Levitan, *Vladimirka*, 1892,
huile sur toile, Moscou, galerie Tretiakov.

page précédente, cat. 284, détail

Terre russe : le paysage en peinture et en littérature

Galina S. Tchourak

traduit du russe par Nadine Dubourvieux

Dans *Guerre et Paix,* Lev N. Tolstoï décrit le moment où le prince Volkonsky, blessé près d'Austerlitz, contemple le ciel au-dessus de sa tête, ciel qui réconcilie l'homme avec la vie et l'éternité : « Il n'y avait rien au-dessus de sa tête, sinon le ciel – un ciel haut, sans éclat, mais tout de même, d'une hauteur incommensurable et dans lequel flottaient doucement des nuages gris. Comment avais-je pu ne jamais remarquer ce ciel si haut ? Quel bonheur de le découvrir enfin. Oui ! Tout est vide, tout est mensonge hormis ce ciel sans fin. Rien, rien n'existe que lui. Et même lui n'existe pas, il n'y a rien que le silence, le calme. Et Dieu merci[1] ! »

La peinture russe offre un étonnant parallèle à cette image. Parmi les études préparatoires au tableau du grand Alexandre A. Ivanov *l'Apparition du Christ au peuple* (fig. 9, p. 40), il en est une, *la Branche,* qui par sa simplicité et sa puissance artistique rappelle l'universalité de la prose de Tolstoï. Cette étude de paysage ne compte qu'une branche d'arbre, qui se découpe sur le ciel, et un horizon lointain de montagnes. Mais cette image renferme tout un système de l'univers. Dans cette capacité à dire beaucoup à partir de peu transparaît la force de la poésie véritable et du talent. La grandeur sereine et la noble puissance de la nature se voient révélées au contact d'un tel paysage. Il peut, tel un hiéroglyphe, induire chez celui dont l'âme est ouverte à ce genre de mystère une multitude d'associations.

La peinture de paysage est l'un des apports marquants de l'art russe. Elle a suivi un long cheminement avant que ne se définisse sa place parmi les autres genres. Le paysage a finalement prouvé avec éclat l'originalité de l'école russe, il est donc naturel que tant de paysagistes soient au nombre de ceux qui ont fait la gloire de l'art russe.

En Russie, la peinture de paysage est particulièrement proche de la littérature et de la poésie. Dans l'une comme dans l'autre, l'âme russe, si subtilement en contact avec la nature et si encline à la contemplation, trouvait à s'exprimer pleinement. L'affirmation du paysage en tant que genre était un mouvement général de l'art russe. La peinture d'histoire, la peinture de genre, le portrait, le paysage étaient en permanence associés, enrichissant ainsi la forme et le contenu de chaque genre (cat. 363). Le rapport au paysage se modifiait selon les périodes. Si au XVIIIe siècle le paysage se trouvait tout « au bas de l'échelle » dans la hiérarchie des genres, il était, vers la seconde moitié du XIXe, dans toute sa plénitude, devenu le lieu par excellence où s'exprimait la vie spirituelle de la société. À travers leur paysage, les peintres méditaient sur la mission de la Russie, le destin de son peuple.

Le paysage englobait les problèmes de conception du monde et les questions sociales qui agitaient la société russe.

Le XIXe siècle fut, en Russie, le siècle de la littérature. Celle-ci y occupa une place singulière, sinon privilégiée. La capacité de la littérature à montrer la vie dans sa complexité, à exprimer les problèmes les plus difficiles de l'époque en les rendant communs à l'humanité, à saisir les caractères avait trouvé à s'exprimer avec le plus grand brio chez Ivan S. Tourguenev, Nikolaï A. Nekrassov, Fedor M. Dostoïevsky, Ivan A. Gontcharov, Tolstoï, Anton P. Tchekhov, Ivan A. Bounine. La peinture, qui avait beaucoup appris de la littérature, lui emboîta le pas. Les artistes des années 1860 donnaient souvent la priorité au sujet, à la narration. La scène de genre monopolisa pour quelque temps l'intérêt de la société. Les peintres faisaient parfois

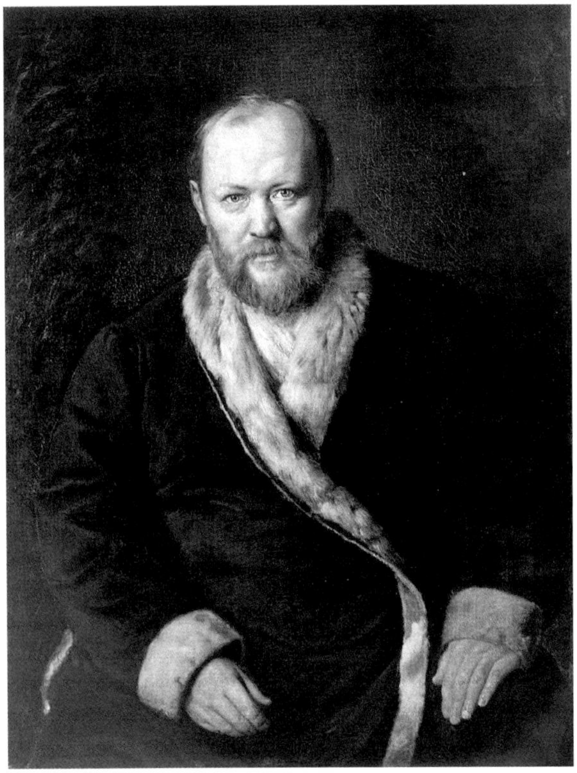

Fig. 1. **Vassily G. Perov, *Portrait de A. N. Ostrovsky,*** huile sur toile, Moscou, galerie Tretiakov.

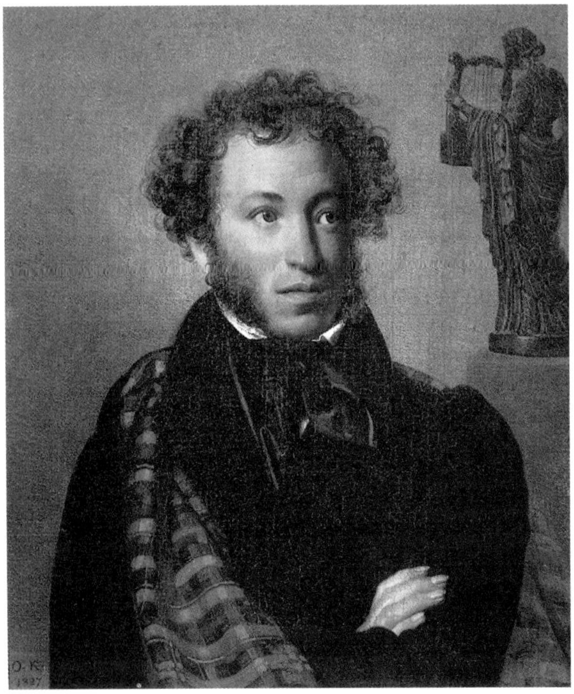

Fig. 2. **Oreste Kiprensky, *Portrait de A. S. Pouchkine,* 1827,** huile sur toile, Moscou, galerie Tretiakov.

des emprunts directs à la littérature ou au théâtre. Parfois le sujet d'un tableau et celui d'une œuvre littéraire coïncidaient, malgré leur indépendance. C'est ce que l'on peut observer entre le sujet de Vassily G. Perov *l'Accompagnement du défunt* (1865) et le grand poème de Nikolaï A. Nekrassov *le Gel au nez rouge* (1863), ou dans une série de scènes de genre inspirées par la dramaturgie d'Alexandre N. Ostrovsky (fig. 1). Ces similitudes ou coïncidences de sujets s'expliquaient aisément, dans la peinture de genre, par l'acuité des problèmes sociaux. Mais il serait hasardeux d'établir d'aussi francs parallèles entre le paysage et la littérature, même si globalement l'influence de la littérature, du verbe poétique, fut énorme sur la peinture.

C'est le critique littéraire et journaliste Vissarion G. Belinsky, dans ses articles consacrés à l'œuvre d'Alexandre S. Pouchkine (fig. 2) dans les années 1840, qui, le premier, souleva la question de la nature russe, objet désormais digne d'intérêt et de représentation artistique. Grâce à Pouchkine, et pour la première fois, la beauté de la nature se révélait non dans de somptueux paysages d'Italie, mais dans de modestes décors du pays natal : « Ce qui semblait trivial aux poètes qui l'avaient précédé semblait à Pouchkine plein de noblesse ; ce qui était pour eux prosaïque, était pour lui poésie[2]. » Nikolaï V. Gogol a écrit quelques lignes pleines de dévotion et très justes sur la compréhension qu'avait Pouchkine de l'originalité de la nature russe : « Les œuvres de Pouchkine, dans lesquelles palpite la nature russe, sont aussi placides et sereines que l'est la nature russe elle-même ; elles peuvent être parfaitement comprises de celui qui porte dans son âme les purs éléments russes, de celui dont la Russie est le pays natal [...] plus le sujet est ordinaire, plus grand doit être le poète pour en faire jaillir l'extraordinaire et pour que cet extraordinaire soit, cependant, la pure vérité[3]. » Or, s'il est un vers qui incarne, de façon nette et pure, les formes poétiques de la nature russe, en pénètre les particularités nationales, c'est bien celui de Pouchkine. Sa poésie et plus tard sa prose investissent le cycle mouvant des saisons. C'est lui qui introduisit dans la conscience nationale l'automne russe, à la fois « flétrissement somptueux de la nature » aux « charmes discrets », « ravissement de l'œil » et « temps de lassitude ». Dans la poésie comme dans la prose de Pouchkine, l'image poétique sublime et la prose terre à terre des détails quotidiens forment un tout. Il ne redoutait nullement ces « prosaïsmes » et c'est à dessein qu'il réunissait choses élevées et choses matérielles.

Le début du XIXe siècle marqua l'essor du verbe poétique dans la littérature russe. Chaque poète du temps de Pouchkine apporta sa nuance au vaste concept de paysage russe. Chez Piotr A. Viazemsky apparut cette image si typique : « La Russie infinie – quasi-éternité sur terre ! » Les peintres tout comme les écrivains auront beaucoup et souvent recours aux descriptions de la steppe, des chemins qui s'étirent, de l'immensité des espaces russes. Chez Mikhaïl I. Lermontov ce fut l'idée de la patrie, teintée de drame et d'amour pour la triste et pauvre terre russe. Chez Fedor I. Tiouttchev, la poésie « du sentiment et de l'idée » faisait de l'union avec la nature la béatitude suprême de l'homme. La nature était, chez lui, pourvue d'une âme : « En elle, il y a l'âme, il y a la liberté, il y a l'amour, il y a la langue. »

Alexeï G. Venetsianov, un contemporain de Pouchkine, fut le premier peintre à aborder la nature russe. Ses tableaux *Labours, le Printemps, Moissons, l'Été, Fenaison* (tous des années 1820) combinaient harmonieusement la scène de genre et le paysage, inscrivant la forme dans un système artistique achevé et bien structuré. Le peintre semblait ainsi présenter par fragments le cycle des saisons, auquel étaient liés les événements les plus importants de la vie paysanne – semailles, moisson, récolte. Ses toiles réunissaient le « petit monde » de la vie humaine et la beauté bienfaisante du monde de la nature. Le paysage de plaine, au ciel brouillé, et les lignes douces qui s'étendent vers l'horizon sont typiques de la nature russe. Venetsianov et ses disciples, plus communément désignés dans l'art russe comme l'école de Venetsianov, étaient capables de « rendre poétiques les éléments les plus prosaïques ». Ce sont les qualités mêmes que l'on attribuait à la poésie de Pouchkine. Le sens de l'observation, l'amour de la nature et un respect confiant à son égard transparaissaient dans chacune des œuvres du maître et de ses disciples. Cette idylle poétique, que dépeignait l'école de Venetsianov, entre la nature russe et la vie paysanne qui lui est indissociablement liée, fut déterminante pour la façon dont la génération suivante allait envisager les possibilités de la peinture de paysage.

Dans les années 1850 et 1860, allait émerger une génération de paysagistes aux idéaux nouveaux. La vision idyllique du monde appartenait désormais au passé. La nature russe, les thèmes proches de la vie populaire, des souffrances du peuple et de sa conception de la beauté devinrent le thème central de la peinture de paysage (fig. 3).

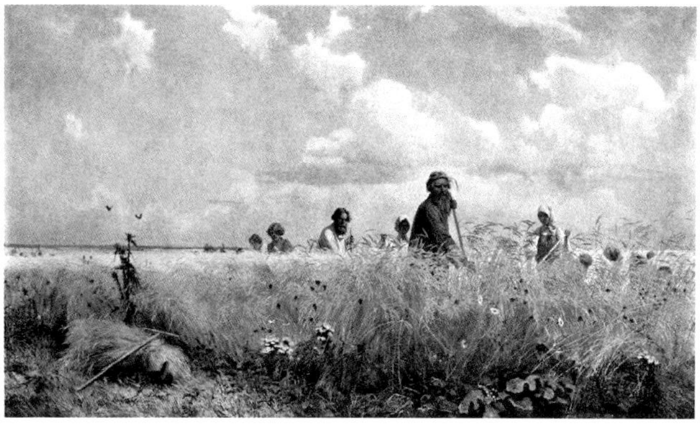

Fig. 3. **Grigory G. Miassoiedov, *les Moissonneurs*, 1887,** huile sur toile, Saint-Pétersbourg, Musée d'État russe.

L'intérêt de la société russe pour la vie des humbles était général. Il eut de l'importance dans ce processus dicté par les événements tumultueux de la vie sociale et politique, par l'état de la pensée esthétique, par la critique d'art et, enfin, par la littérature et la poésie russes.

La nouvelle génération des paysagistes ressentait tout cela de façon aiguë. Dans les expositions de l'Académie des arts se côtoyaient de plus en plus souvent vastes compositions romantiques et vues « tranquilles », anodines, de la nature russe. À la suite de la littérature et en même temps qu'elle, les peintres commençaient à saisir la beauté des paysages ordinaires, où se déroulait la vie quotidienne des humains. « ... Je l'aime cette nature monotone de la terre russe, je ne l'aime pas pour elle-même, mais pour l'homme qu'elle a formé en son sein et qu'elle explique[4]. » Mikhaïl E. Saltykov-Chtchedrine exprimait là l'attente générale du public quant à la façon dont il souhaitait voir représentée en peinture sa terre natale. Le caractère national du paysage était intimement lié aux idées démocratiques qui animaient l'art de cette époque. On retrouvait dans le paysage une image de la terre natale parce que l'on apprenait à connaître mieux la vie du peuple. La littérature russe des années 1850-1860 offrait des images de la nature russe remarquables par leur expressivité poétique et leur ampleur. La prose de Sergueï T. Aksakov, son rythme indolent, son caractère descriptif donnèrent une intonation toute particulière à la compréhension de la nature. Tourgueniev plaçait très haut ces qualités chez l'écrivain, affirmant qu'Aksakov regardait la nature « d'un œil clair, simple et confiant[5] ». C'est avec le même « investissement » que Tourguenev lui-même décrivait la nature. Sa nouvelle *la Forêt et la steppe* achevait le cycle des *Récits d'un chasseur.* Il s'agissait d'un étonnant poème en prose rythmée, fait d'une succession de descriptions précises et extrêmement poétiques de la nature accessible à l'homme par tout son être : « ... L'imagination plane et voltige comme un oiseau et tout se meut et s'immobilise de façon si nette sous ses yeux. Le cœur tantôt frémit, se met à battre, s'élance avec passion, tantôt s'abîme sans retour dans le souvenir. Toute la vie se déploie avec facilité et rapidité [...] l'homme domine tous ses sens, toutes ses forces, toute son âme[6]. » La narration tranquille de Tourguenev est comme la libre activité de l'homme qui a la chance de pouvoir s'immerger dans la beauté de la nature, qui envahit alors son esprit. Elle purifie et élève l'âme. Celui qui a la chance de la percevoir est riche comme un prince.

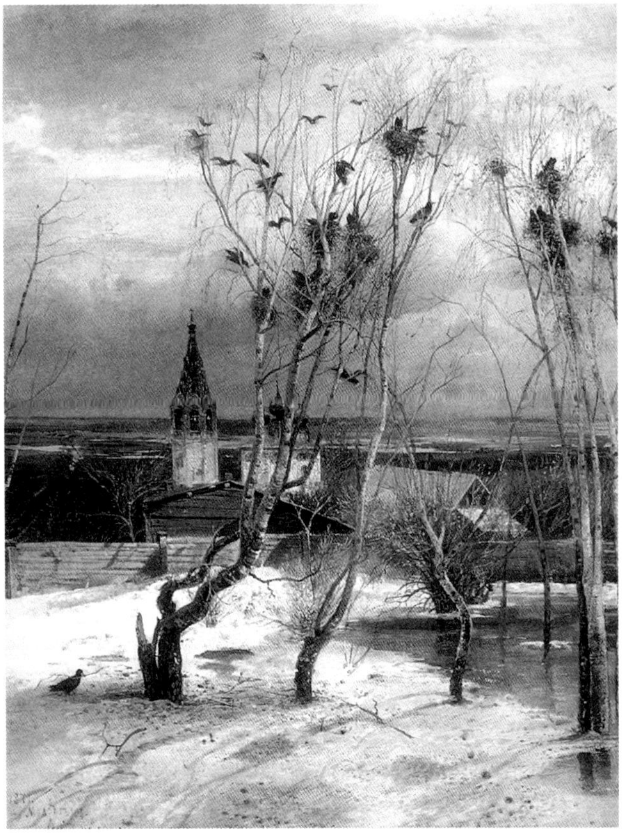

Fig. 4. **Alexeï K. Savrassov, *Les freux sont revenus,* 1871,** huile sur toile, Moscou, galerie Tretiakov.

C'est ce qu'avait compris au plus haut point un des peintres russes les plus subtils, Alexeï K. Savrassov, qui nous a donné des paysages d'un lyrisme délicat, ne faisant qu'un avec le sentiment de la nature. Comme d'autres paysagistes, il creusa le thème national dans le paysage russe, c'est dire qu'il emprunta la même voie que la littérature russe de ces décennies.

L'une des principales caractéristiques du paysage russe est son immensité, les grands espaces plats ou à peine vallonnés de sa steppe, les routes qui s'étirent à perte de vue. Souvent intervenaient en littérature des descriptions de la steppe, des routes et du ciel au-dessus de la plaine. Nombre d'artistes s'étaient eux aussi tournés vers ce genre de paysage. Les paysages de Savrassov *la Steppe de jour* ou *Lever du jour sur la steppe* (tous deux de 1852) firent grand effet. Il fallait à l'artiste un certain courage pour s'atteler à la représentation de ces étendues de plaines sans rien de « décoratif » ni de « pittoresque ». Il sut capter les très subtils changements de la lumière, plus dense au premier plan et diluée vers l'horizon jusqu'à n'être plus, semble-t-il, qu'une petite fumée transparente. Savrassov n'était pas le seul à aborder ces steppes ou ces marais. Fedor A. Vassiliev, Arkhip I. Kouindji, Mikhaïl K. Klodt s'y adonnaient et chacun apportait sa touche personnelle à ce genre de motif. Quant à la littérature, elle a si fréquemment décrit la steppe : dans la prose de Fet, d'Aksakov, puis dans celle de Tchekhov, dans la poésie d'Alexeï K. Tolstoï ou d'Alexeï V. Koltsov !

Tout l'œuvre de Savrassov chantait la beauté et la poésie du motif ordinaire, quel qu'il soit. Qu'il peignît un vieux chêne au bord de l'eau, une tombe isolée sur une berge de la Volga, un vol d'oiseaux en automne au-dessus de la steppe ou la « timide » approche du printemps, toujours il restait poète. À cette « timide » beauté du printemps russe furent consacrés quelques vers pénétrants de Tiouttchev : « Si vous n'avez pas d'âme, vous n'aurez rien non plus dans votre peinture [...] La nature chante, la nature respire, encore et toujours. Son chant est solennel [...] Or, la terre est un paradis – et la vie, un mystère. Célébrez la vie. » Voilà ce à quoi Savrassov exhortait ses élèves[7].

Les freux sont revenus (fig. 4) sont non seulement l'œuvre la plus connue de l'artiste, mais ils sont aussi l'œuvre clé du paysage russe de la seconde moitié du XIXe siècle. Toutes les qualités du paysage lyrico-poétique de cette époque sont réunies dans ce tableau. « *Les Freux,* écrivait Alexandre N. Benois, est un tableau merveilleux, aussi poétique, mélancolique et joyeux tout à la fois, aussi vraiment printanier, que l'ouverture de *Snegoroutchka* de Rimsky [-Korsakov] ! » Nombre de ceux qui évoquèrent de ce tableau notèrent, en plus du pinceau très subtil, la sensibilité musicale et lyrique de l'artiste, qualité qui révélait un esprit élevé.

La discrétion et l'apparente banalité du paysage trouvent de multiples échos dans la perception qu'avaient les littérateurs russes de la nature environnante. « Notre pauvre nature russe a un charme touchant, particulièrement sensible à notre cœur, écrivait Alexandre I. Herzen dans son exil. Ni les vues de Sorrento, ni la Campanie romaine, ni les Alpes renfrognées n'ont évincé de ma mémoire les vues de nos villages[8]. »

Si les paysages de Savrassov découvraient l'aspect lyrique de la nature avec l'instabilité du printemps précoce ou de l'automne tardif, les paysages d'Ivan I. Chichkine, eux, présentaient la nature dans sa permanence et l'envergure épique des grands espaces (fig. 5). Il était persuadé que ce qui était grandiose dans l'imagination du peintre pouvait être extérieurement très simple. Dans ses études d'après nature comme dans ses grands tableaux, Chichkine se montra souvent élève scrupuleux de la nature, appliqué à atteindre une ressemblance parfaite avec son modèle. Les fondements de sa méthode artistique étaient en résonance avec cette époque de développement du positivisme scientifique et précise du monde, ils étaient proches des méthodes du naturaliste scientifique. Mais ce rapport au modèle ne fut qu'une étape dans le parcours créatif de Chichkine. Parti d'une connaissance analytique de la nature, l'artiste en vint rapidement à une représentation globale et achevée de celle-ci. *Midi. Aux environs de Moscou* (1869) fut l'une de ses premières œuvres dans cette voie. Cette toile joignait une généralisation poétique à l'idée que se faisait l'artiste de la beauté de sa terre natale. Le thème du pays natal, qui résonnait ici pour la première fois avec une telle netteté, devient le thème majeur de l'œuvre de Chichkine. Il est au centre de son meilleur tableau, *le Seigle*. Les champs de seigle mûrissant, les pins majestueux comme « les colonnes d'un portique » confèrent une beauté solennelle à cette vue rustique. L'horizon bas, l'espace librement déployé, le ciel haut et la route menant dans le lointain sont liés à l'idée de la largesse de la nature russe, de son immensité et de sa puissance.

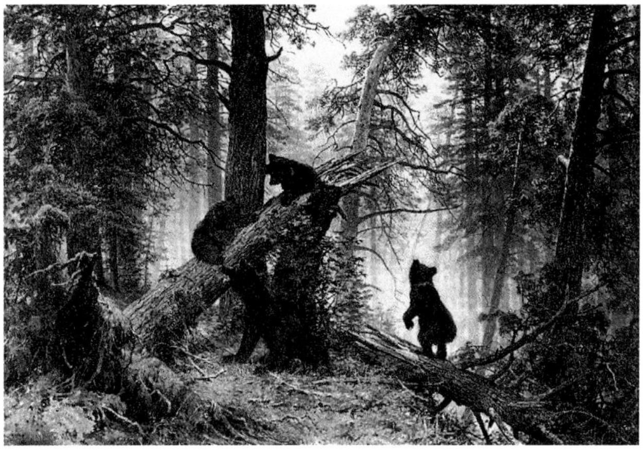

Fig. 5. **Ivan I. Chichkine et K. A. Savitsky, *Un matin dans la forêt*, 1889,** huile sur toile, Moscou, galerie Tretiakov.

Le motif de la route est un des plus répandus dans la peinture russe. Chacun le perçoit à sa manière. Il peut être coloré de tristesse et de mélancolie et susciter des réflexions philosophiques sur le destin de l'homme, le destin du pays, comme dans le tableau d'Isaac I. Levitan *Vladimirka* (cat. 298). Trempé par une averse d'été, comme dans *le Chemin de traverse* de Savrassov (1873), il peut, dans le contexte général du paysage, ravir par la beauté de la peinture et de la nature elle-même. Le motif de la route peut aussi s'inscrire dans un autre contenu et symboliser la souffrance humaine et la patience populaire. C'est l'écho que trouve ce thème dans *l'Accompagnement du défunt* (1865) et *le Dernier Estaminet du poste* (1868) de Perov ou dans les paysages de Kouindji *la Trace de Tchoumar à Marioupol* (1875) et *la Campagne oubliée* (1874). Le même motif parcourait d'ailleurs les chansons populaires russes, où routes et chemins étaient le symbole de la vie et du destin des hommes. Elles louaient les troïkas et les cochers qui, filant à travers les grands espaces russes, égrenaient des chansons gaillardes ou, plus souvent, mélancoliques.

Les tableaux où la route est devenue le thème principal ressemblent à ces chansons populaires, pénétrant profondément l'âme et unissant l'homme à la nature. Dans son récit *les Chanteurs*, Tourguenev a remarquablement exprimé cette fusion de la voix humaine, de la chanson et des auditeurs, cet état de tristesse et d'illumination qu'engendre le chant : « Il chantait et nous nous sentions tous pénétrés de douceur et d'angoisse [...] Il chantait

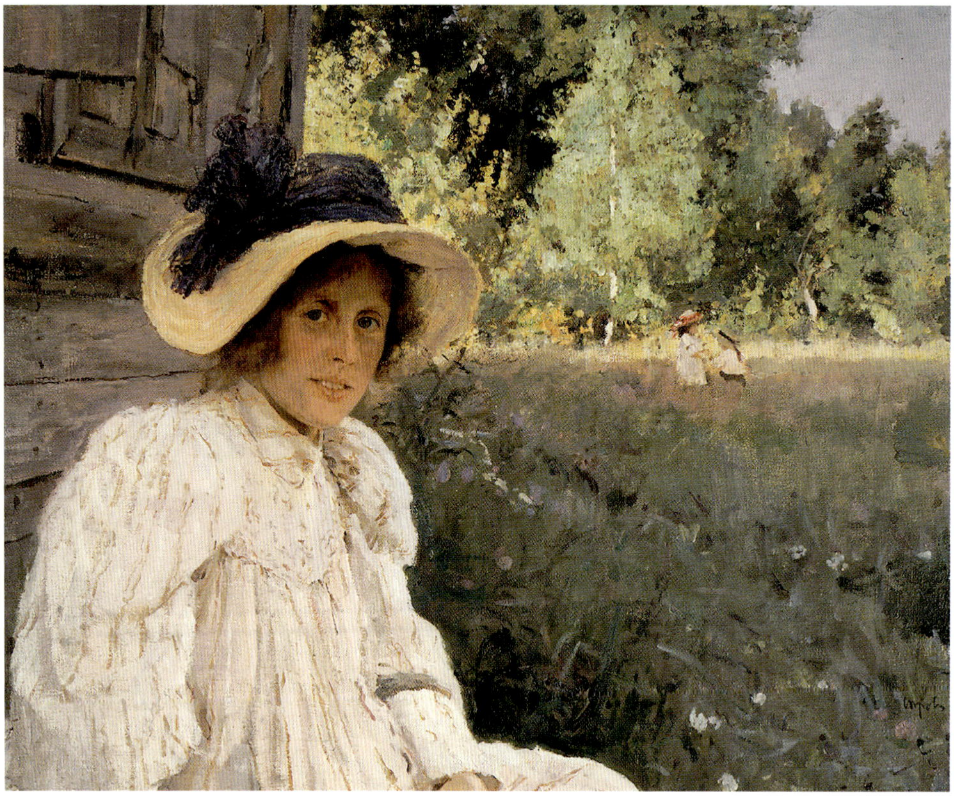

Cat. 427

Valentin A. Serov, ***l'Été. Portrait de O. F. Serova,*** **1895,**
huile sur toile, Moscou, galerie Tretiakov.

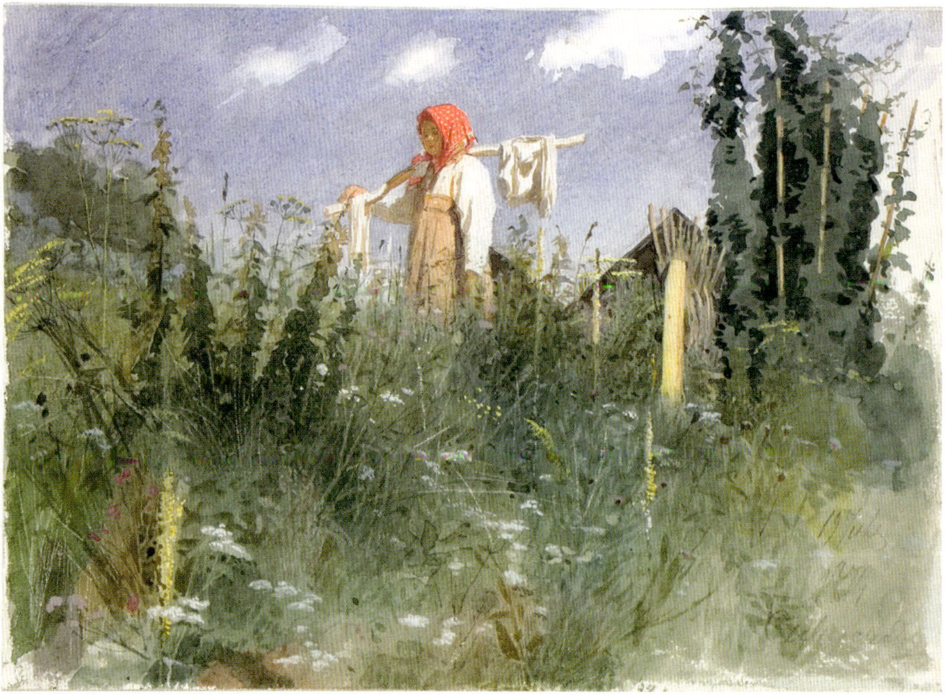

Cat. 287

Ivan N. Kramskoï, ***Jeune Fille portant du linge,*** **1874,**
aquarelle, rehauts de blanc sur papier, Moscou, galerie Tretiakov.

et à chaque son de sa voix quelque chose de familier et d'extraordinairement large soufflait sur nous, comme si la large steppe se déployait devant vous, ouvrant sur un lointain infini[9]. »

Dans *les Âmes mortes,* Gogol donne une vision géniale de troïka lancée à toute bride, l'élevant jusqu'au symbole : « On dirait qu'une force inconnue vous a pris sur son aile. On vole, et tout vole en même temps : les bornes, les marchands que l'on rencontre assis sur le rebord de leur chariot, la forêt des deux côtés, ses sombres rangées de sapins et de pins, le fracas des haches et le croassement des corbeaux ; la route entière vole et se perd dans le lointain. Il y a quelque chose d'effrayant dans ces rapides apparitions où les objets n'ont pas le temps de se fixer ; le ciel, les légers nuages et la lune qui passe à travers paraissant seuls immobiles[10]. »

Les rapprochements entre peinture et littérature étaient parfois inattendus. Gogol était l'écrivain préféré de nombreux peintres russes. Certains avaient directement recours à ses sujets et héros littéraires, tels Ivan N. Kramskoï *(Nuit de lune)* ou Repine, qui créa une série d'illustrations au *Journal d'un fou,* mais d'autres liens pouvaient également apparaître. Le tableau du très talentueux paysagiste Fedor A. Vassiliev *le Moulin abandonné* (1871-1873) fait naître des associations presque imperceptibles avec les récits de Gogol. Le réel et le romantique se fondent en un seul rêve poétique. Les frontières entre la réalité, le rêve et l'imagination s'effacent. Par son mystérieux silence, la froideur gris émeraude de son coloris, la peinture de Vassiliev rappelle les descriptions que fait Gogol de la nuit enchantée de mai avec son « étang arrêté », son « brouillard argenté », la « fine poussière d'argent » que « répand la lune sur la terre endormie ».

Les paysages de Vassiliev, teintés parfois de mystère et retenus tel *le Moulin abandonné*, recèlent parfois de dramatiques conflits, comme *le Marais dans la forêt. L'Automne* (1871-1873) préfigurait les innovations, à la génération suivante, de Kouindji. Aucun de ses tableaux n'a opposé dramatiquement l'homme aux éléments ; Kouindji attire impérieusement le spectateur dans l'espace de ses paysages, l'obligeant à ressentir presque physiquement le ciel haut sur sa tête et la plaine comme à vol d'oiseau. L'artiste choisit pour ses compositions un point de vue élevé, il juxtapose de grandes surfaces de couleurs, se refusant à la représentation détaillée du monde des objets (cat. 277). C'est ainsi précisément que furent perçus ses amples paysages *le Nord, la Steppe, le matin sur le Dniepr* (cat. 279). Son illustre tableau *Nuit sur le Dniepr* (cat. 278) conjuguait toutes ces qualités. Bien des contemporains ont écrit sur cette œuvre : le journaliste Alexandre S. Souvorine, le savant-chimiste Dmitri I. Mendeleev, le poète Ivan P. Polonsky, à qui cette nuit paisible inspira un sentiment fort tout comme « cette lune, [...] ce chatoiement de couleurs, ce reflet argenté de la lune sur le cours du Dniepr[11] ».

Cette toile incarnait, avec audace et même insolence, un idéal, élevé, harmonieux, de la nature. Un idéal vers lequel l'artiste s'était frayé un chemin grâce à ses prédécesseurs et à la littérature. Involontairement songeait-on aux lignes solennelles et magnifiques de Gogol tirées de son récit *Une vengeance terrible :* « Le Dniepr est une merveille par temps calme quand, harmonieux et libre il file entre forêts et montagnes, tout empli de ses eaux [...]. Le Dniepr est une merveille aussi par une chaude nuit d'été, lorsque toute chose s'endort, et l'homme, et la bête, et l'oiseau ; Dieu seul alors illumine majestueusement le ciel, et majestueusement secoue sa chasuble. Il en sort des étoiles. Les étoiles brillent et scintillent sur le monde et tous ensemble se livrent au Dniepr[12]. »

Pas un seul des paysages cités ne pouvait servir directement d'illustration au sujet littéraire. Mais des règles communes de perception de la réalité, une compréhension de l'essence de la nature, de son importance dans la vie de l'homme et de toute une nation rendaient proches les sensibilités littéraire et picturale.

La place et le rôle de la propriété de campagne en Russie, telle qu'elle apparaît dans la prose littéraire, constituent un chapitre à part. La découverte des caractères des héros, la description de leur genre de vie étaient, en littérature, étroitement liées à la nature. La célèbre trilogie de Gontcharov *la Falaise*, *Oblomov, Une histoire banale* a transcrit le genre de vie si particulier, si lent, de la propriété de campagne, avec son rythme et son lien si étroit avec la nature. Car c'était elle qui, avec le cycle immuable des saisons, déterminait pour l'essentiel le cours de la vie, elle qui modelait la vision particulière que l'on avait du monde. « L'Éden s'était ouvert à lui dans ce petit coin d'où on l'avait retiré lorsqu'il était enfant, écrit Gontcharov du héros de son roman. Quelle vue de tous côtés – chaque fenêtre était le cadre de son propre tableau ! D'un côté la Volga, ses rives escarpées et ses lointains, de l'autre les vastes champs, les précipices et tout cela se mouvant dans un lointain de montagnes bleuissantes. D'un troisième côté, on voyait les

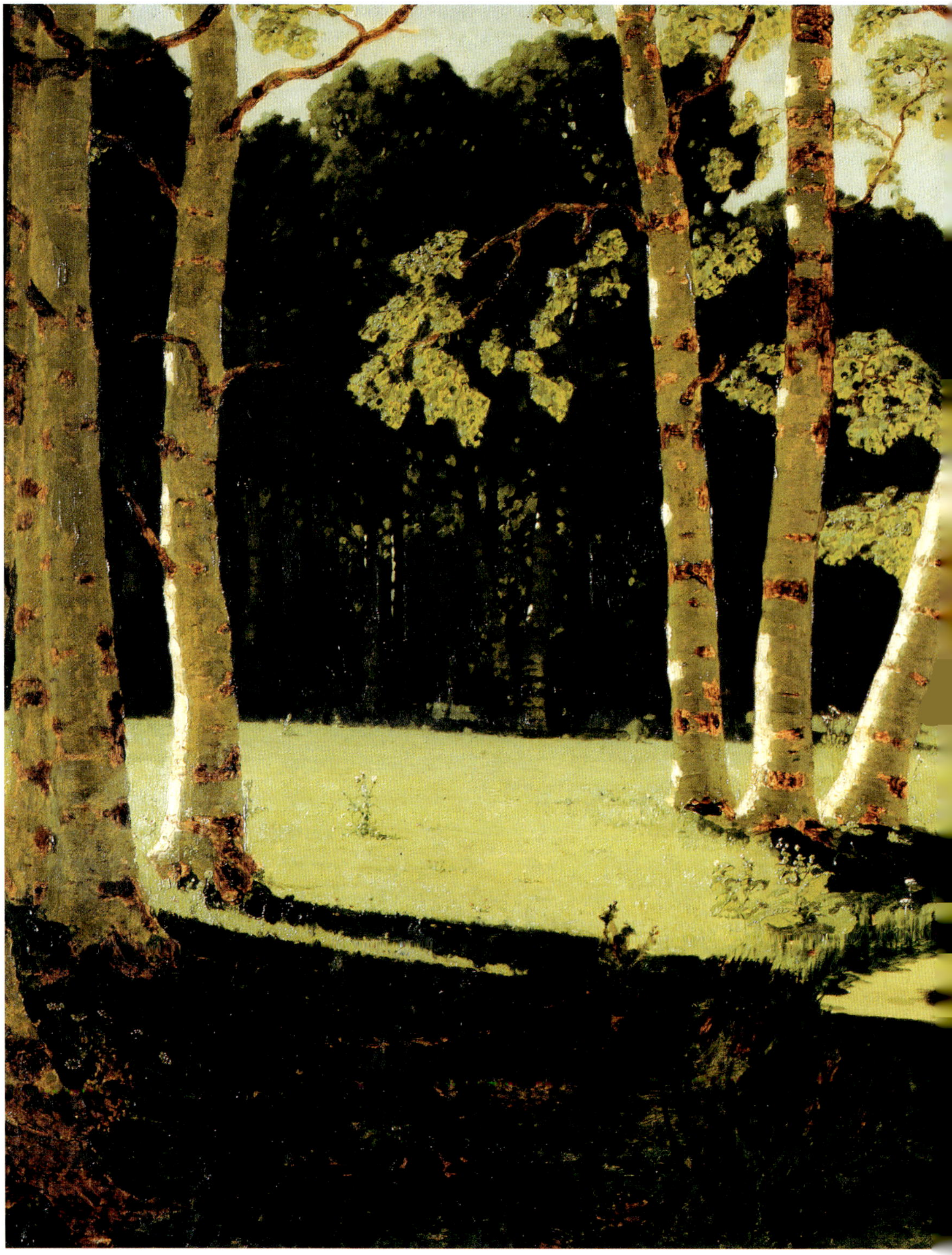

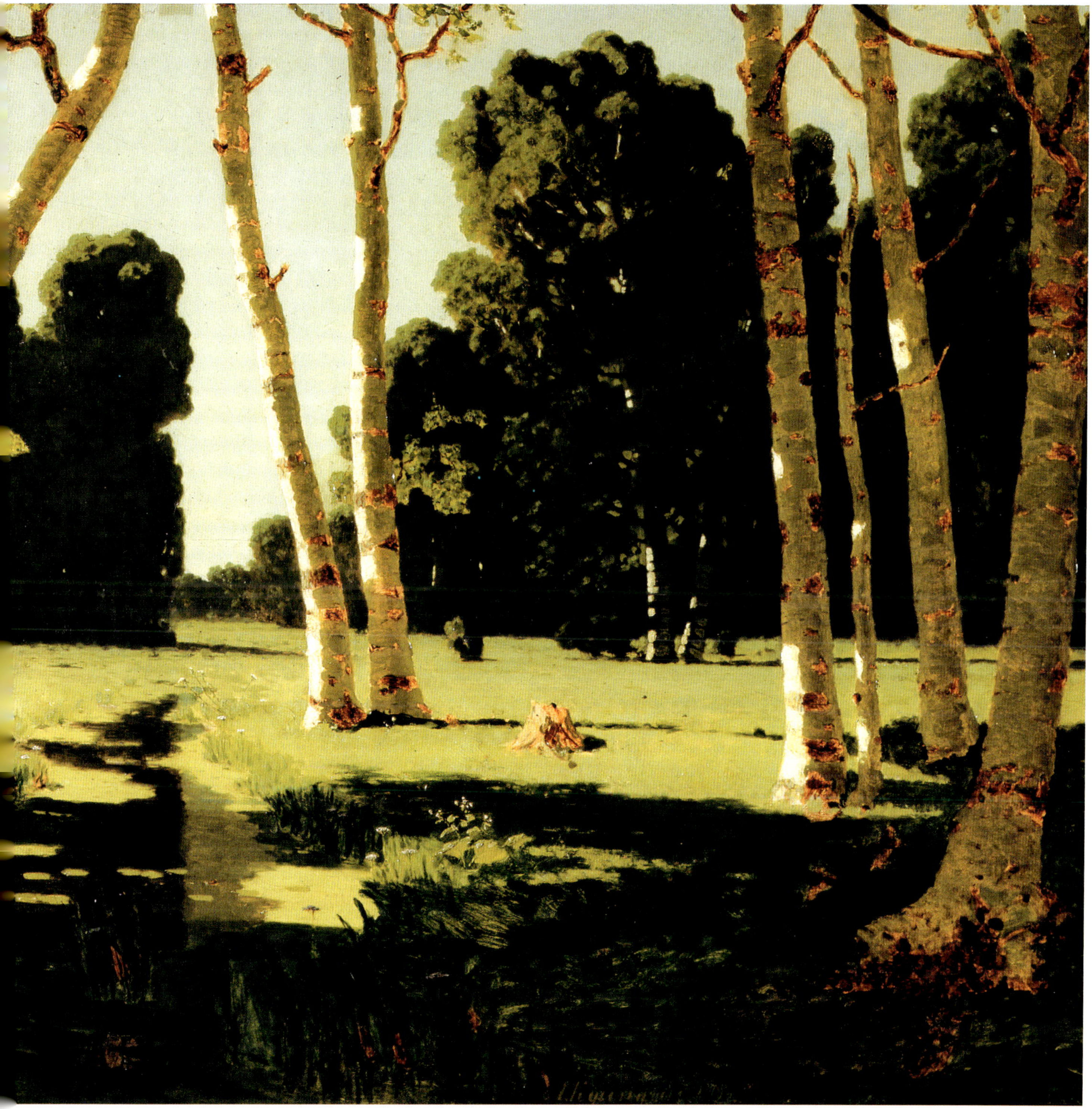

Cat. 277

Arkhip I. Kouindji, *le Bois de bouleaux,* 1879,
huile sur toile, Moscou, galerie Tretiakov.

hameaux, les villages et une partie de la ville. Un air frais, rafraîchissant, comme le frisson tonique qui vous parcourt le corps après un bain l'été. Tout autour de la maison ce n'était que paysages, air, champs, jardin[13]. »

La culture des demeures de campagne, élaborée au XVIIIe siècle, subit à partir des années 1850 d'importants changements : aux grands domaines de la noblesse s'étaient substituées de modestes propriétés appartenant au milieu artistique russe. C'était le cas de celle de Nekrassov, Karabikha, où il écrivit une bonne partie de sa poésie. Le dramaturge Ostrovsky conçut dans son domaine de Chtchelykovo une de ses pièces les plus poétiques – le petit conte de fées *Snegourotchka*.

Quant à Spasskoïe-Loutovinovo, il fut pour Tourguenev la source d'innombrables impressions. C'est dans ce domaine que se déroulent les *Mémoires d'un chasseur*, nombre de ses récits et romans. Entre 1850 et 1880, il y reçut la visite des poètes Fet, Polonsky, des écrivains et hommes de lettres Botkine, Grigorovitch, Garchine, Tolstoï et celle du compositeur Taneev. Le Spasskoïe de Tourguenev, comme bien d'autres propriétés de campagne, se transformait en une sorte de foyer littéraire et artistique qui finit par donner une autre idée de la culture et influença artistes et gens de lettres dans la perception qu'ils avaient du monde.

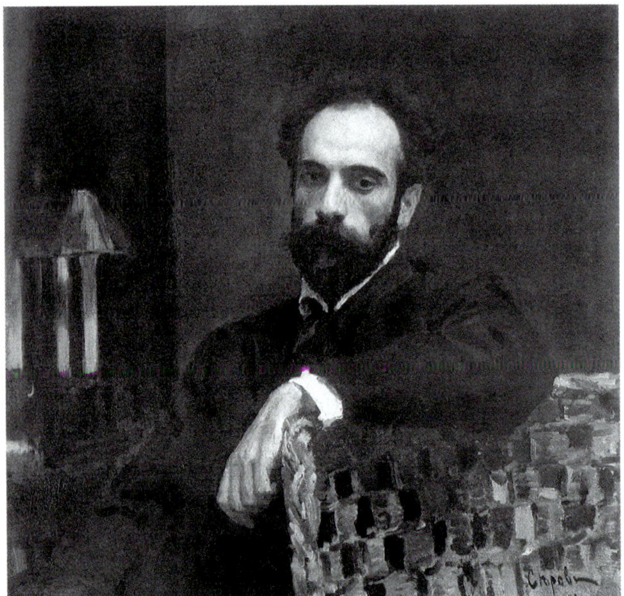

Fig. 6. **Valentin A. Serov, *Portrait de I. I. Levitan*, 1893**
huile sur toile, Moscou, galerie Tretiakov.

Lorsqu'à la fin des années 1870 apparurent les paysages de Polenov – *Petite Cour à Moscou* (cat. 363), *le Jardin de grand-mère, l'Étang envahi d'herbes* –, les contemporains y perçurent immédiatement l'atmosphère d'intimité des motifs à la Tourguenev, qui, avant tout, créaient une « atmosphère ». Ils les comparèrent à des « élégies poétiques ».

Polenov était lui-même un tenant de cette culture de la petite noblesse, et ses mi-paysages, mi-scènes de genre (l'artiste appelait lui-même ainsi cet ensemble d'œuvres) conjuguaient souvenirs de famille et impressions de la vie contemporaine. Tout ce flot d'associations peu à peu pénétrait son œuvre.

Polenov connaissait bien Tourguenev, il faisait partie du petit cercle parisien d'intimes, peintres, gens de lettres et musiciens regroupé autour de l'écrivain. Son intimité avec Tourguenev ne se bornait pas à la vie parisienne. Ils se voyaient aussi lors des séjours de l'écrivain à Moscou. « La poésie de la vie quotidienne », exprimée avec tant de finesse dans sa prose, trouvait une illustration dans les œuvres de Polenov, qui, dans le même temps, esquissait la nouvelle tendance.

Avec Levitan (fig. 6), élève de Savrassov et de Polenov, s'ouvre une nouvelle page de l'histoire de la peinture de paysage en Russie. Le lyrisme pénétrant des paysages de Savrassov, la tension émotionnelle créée autour de la nature dans les tableaux de Vassiliev, la beauté captivante du quotidien chez Polenov – tout ce qui exprimait les différents états de l'âme humaine et du paysage – se trouvèrent pleinement incarnés dans les « paysages d'humeur » de Levitan, souvent investis d'un sens philosophique. Son art couronnait dignement le parcours de la peinture de paysage dans la seconde moitié du XIXe siècle et il fixait les nouvelles tendances dans la perception de la nature par la génération suivante. Les paysages de Levitan, c'était la nostalgie de la perfection que la nature symbolise. Les petites études comme les œuvres accomplies de Levitan sont toujours réalisées avec une religieuse délicatesse à son égard. Les meilleures toiles « impressionnistes » de l'artiste, *Mars* (1895) ou *le Printemps. Grande Eau* (1897), sont pleines de cette musique du renouvellement perpétuel de la vie.

Levitan était au plus près de son idéal de paysagiste quand il pouvait « entendre » et transcrire sur la toile « le vivotement des herbes ». Ces mots de Baratynsky, poète du début du XIXe siècle, étaient pour Levitan une manière d'original diapason de ses relations avec la nature

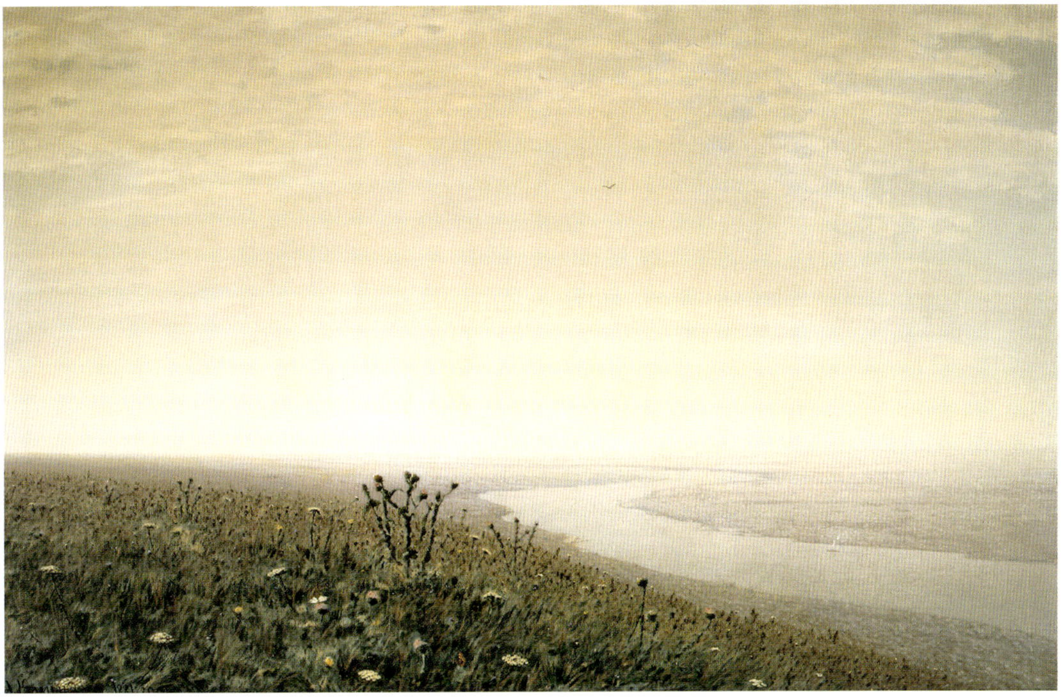

Cat. 279

Arkhip I. Kouindji, *Matin sur le Dniepr,* 1881,
huile sur toile, Moscou, galerie Tretiakov.

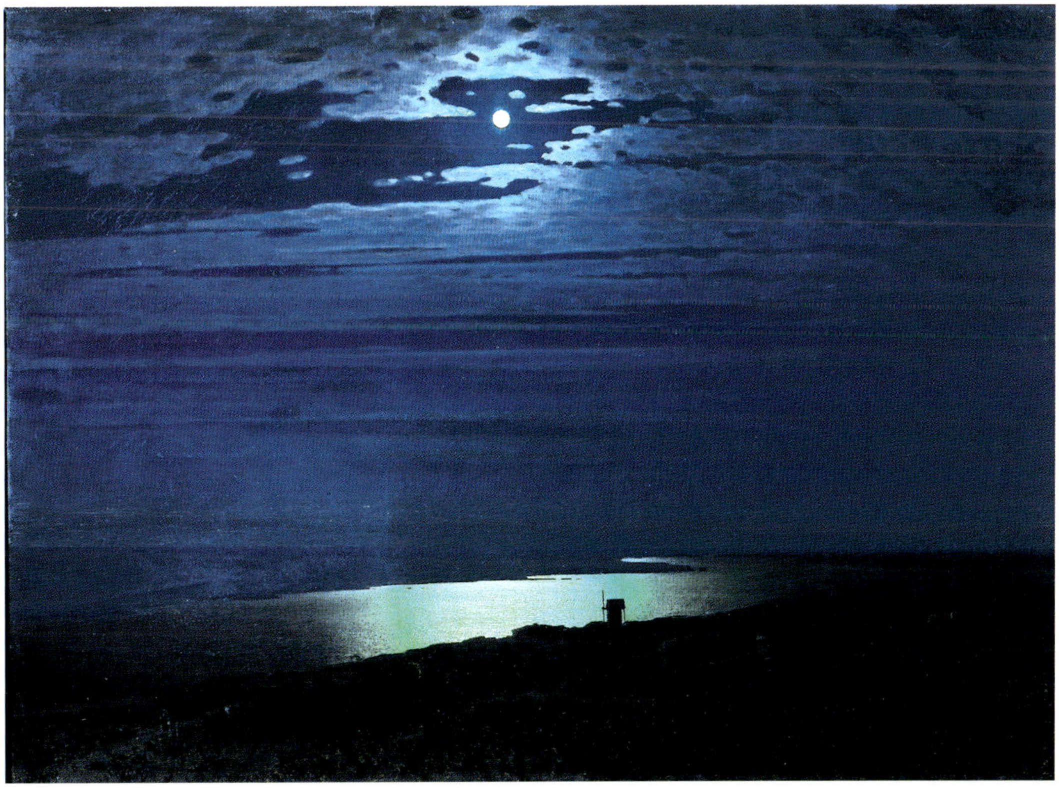

Cat. 278

Arkhip I. Kouindji, *Clair de lune,* 1880,
huile sur toile, Saint-Pétersbourg, Musée d'État russe.

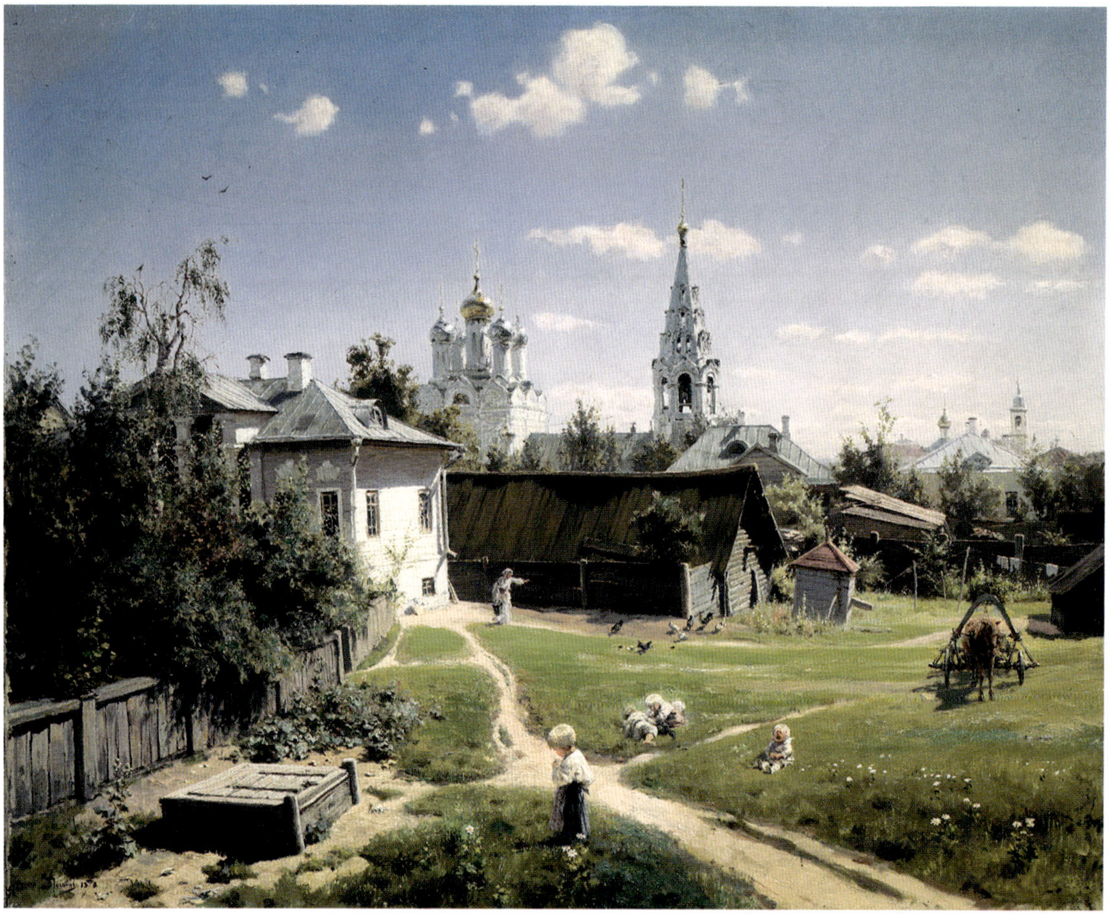

Cat. 363

Vassily D. Polenov, *Petite Cour à Moscou*, 1878,
huile sur toile, Moscou, galerie Tretiakov.

vivante. Levitan connaissait parfaitement la poésie russe et il l'aimait, ce dont témoignent ses lettres et les souvenirs le concernant.

Comme le langage poétique, ses rythmes, sa structure, très subtils, sa capacité à exprimer d'un mot les nuances des sentiments, les paysages de Levitan sont saturés de pensée et de sentiment.

À côté de paysages à la peinture et à l'atmosphère « sonores », Levitan se mit à produire des tableaux empreints de réflexions profondes sur le sens de la vie. *L'Angelus du soir* (1892) ou *le Paisible Couvent* (1892), avec ses vieux monastères, ses églises et le calme déversé dans la nature, sont proches des réflexions de l'ami de Levitan, Anton Tchekhov, qui disait « quelle vie merveilleuse, poétique, peut-être même sainte cela aurait pu être ». Comme le héros de la nouvelle de Tchekhov *Ma vie*, Levitan aimait les petites villes de la province russe, leur verdure et le son des cloches. De longues années durant, le peintre et l'écrivain furent liés par une amitié chaleureuse. Ils avaient fait connaissance et s'étaient rapprochés au milieu des années 1870. Tous deux vivaient à Moscou et ils se voyaient souvent. Plus d'une fois ils avaient passé ensemble les mois d'été, dans un logement modeste loué aux environs de Moscou. Les nouvelles et les pièces de Tchekhov sont traversées d'affrontements ou de traits isolés empruntés à la vie de Levitan, mais transfigurés par l'art. Levitan trouva plus d'une fois auprès de Tchekhov le soutien moral dont il avait besoin. Les lettres de l'artiste à Tchekhov témoignent de la confiance sans limite qui présidait aux relations de l'écrivain et du peintre[14].

Chez Levitan, de nature impulsive et très vulnérable, des périodes de perception lumineuse de la vie alternaient avec une vision dramatique voire tragique. Dans la toile épique *Au-dessus du repos éternel* (cat. 299) résonne le thème de la mystérieuse incompréhensibilité du monde. Pendant la période où il travaillait à cette

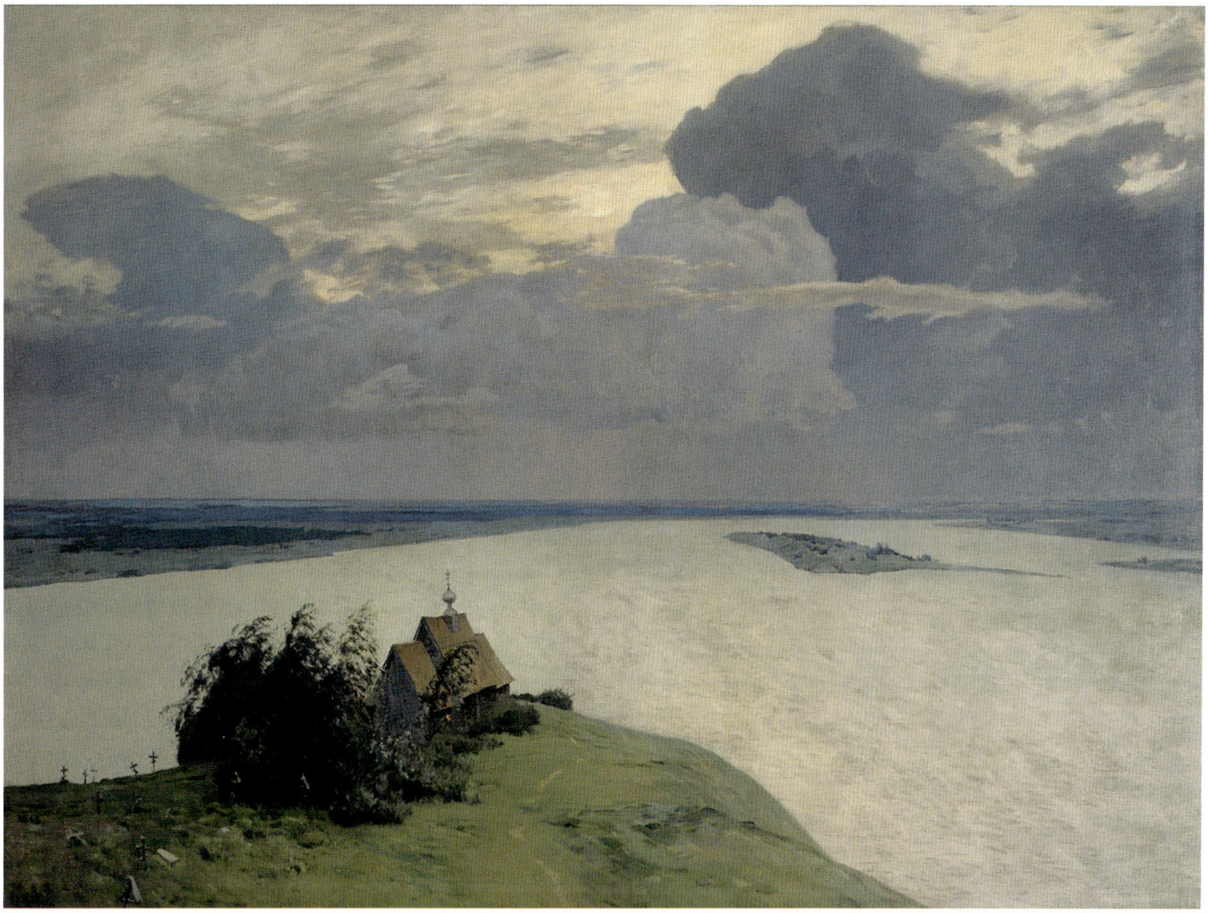

Cat. 299

Isaac I. Levitan, ***Au-dessus du repos éternel,*** **1894,**
huile sur toile, Moscou, galerie Tretiakov.

œuvre, il écrivit : « Derrière la forêt, il y a l'eau grise et l'humanité grise, la vie grise [...] nul besoin de rien ! [...] L'éternité dans laquelle se sont noyés et se noieront encore les générations[15]. » Cette toile est l'emblème sensible des pensées de l'écrivain. Ce paysage philosophique reflète non seulement l'état d'esprit de Levitan lui-même, mais aussi les réflexions des personnes de sa génération, ceux de la fin du XIXe siècle, qui cherchaient de manière si douloureuse une réponse à la question : qu'est-ce que l'homme, un petit grain de sable dans l'incommensurable édifice du monde ? C'est la question que se pose Levine dans *Anna Karenine*. C'est par cette même question que Tchekhov termine *les Trois Sœurs :* « Pour quoi vivons-nous, pour quoi souffrons-nous [...] Si seulement nous savions, si seulement nous savions ! »

Ce thème, commun à Levitan et Tchekhov, est tout à fait singulier dans la vie culturelle de la fin du XIXe siècle. Et il ne s'agit pas seulement de l'amitié du peintre et de l'écrivain ; leurs méthodes de création étaient proches et leur sensibilité aux moindres mouvements de l'âme s'exprimait chez l'un dans la concision, la clarté et la précision du verbe, chez l'autre dans la perfection picturale de ses œuvres. « Personne n'a jamais atteint et n'atteindra jamais après lui l'inouïe simplicité du motif à laquelle était parvenu Levitan dans les derniers temps[16] », disait Tchekhov, alors que le peintre était déjà mort. Les derniers tableaux de Levitan, *le Crépuscule. Les Meules* (1900), *Soir d'été* (1900) sont la meilleure illustration des dires de Tchekhov.

Au tournant des XIXe et XXe siècles, la peinture de paysage « investit » de nombreux genres. Le paysage se mit à définir le caractère du tableau de mœurs, dont il devint une composante à part égale. Dans la littérature de ces décennies, « au bruit tonitruant du quotidien », au souffle mortel des villes avec la fumée de leurs cheminées d'usines et leurs « ignobles » affaires humaines, s'opposait la vie éternellement vivante de la nature, « le matin de

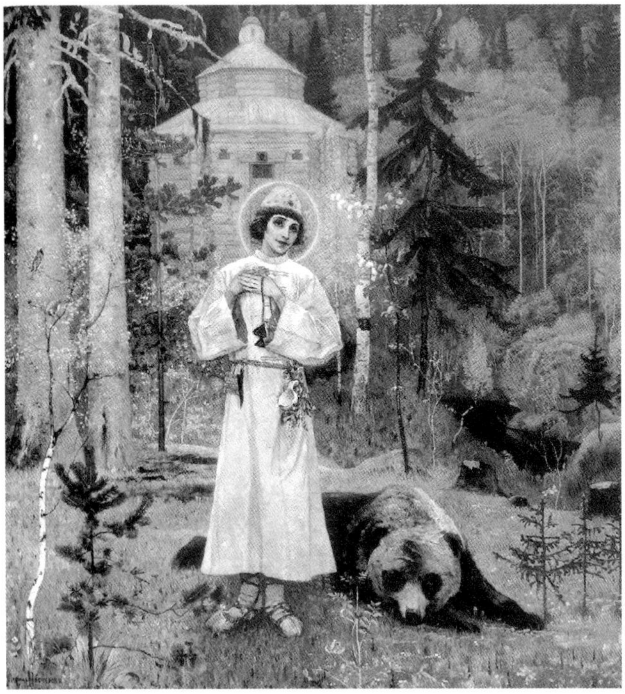

Fig. 7. **Mikhaïl V. Nesterov, *Saint Serge Radoneje*, 1892-1897,** huile sur toile, Moscou, galerie Tretiakov.

printemps, [...] la beauté du monde créée par Dieu, donnée pour le bien de toutes les créatures, une beauté qui dispose à la paix, à la concorde et à l'amour ». Finalement cela seul était « important et sacré », comme en était convaincu Tolstoï[17]. Des émotions similaires définissaient en grande partie le contenu et la structure poétique des meilleures œuvres, littéraires mais aussi picturales.

La célèbre pensée de Dostoïevsky selon laquelle « la beauté sauvera[it] le monde » avait trouvé un prolongement dans l'œuvre de Tchekhov, de Korolenko, de Bounine. Le philosophe, poète et écrivain Vladimir Soloviev était devenu le meilleur porte-parole des états d'âme de l'intelligentsia de la fin du XIXe siècle. Sa philosophie développait les idées des Anciens sur « la perfection du monde » et la fusion de l'homme avec l'univers, « l'âme universelle ». Ce genre d'idées se concrétisa de manières très diverses dans les arts plastiques. Plusieurs peintres adoptèrent le thème de la « sainteté russe ». Les nouveaux héros des tableaux étaient maintenant ceux qui quittaient les vanités du monde : les pèlerins, les ermites, les moines et les moniales, vivant en accord avec la nature et leur âme. Ces sujets et ces types de personnage n'étaient pas nouveaux en littérature. On les avait maintes fois rencontrés dans les pages des romans et récits de Dostoïevsky, Nikolaï S. Leskov, Melnikov-Petchersky, Tolstoï et d'autres.

Mikhaïl V. Nesterov est celui qui illustra avec le plus de talent ce thème en peinture. Le peintre n'était pas philosophe, mais il avait une perception aiguë de la quête religieuse de l'intelligentsia russe et de la philosophie national-romantique de son temps. Ses œuvres parviennent à une fusion harmonieuse du sujet, légendaire historique ou de genre, sinon du portrait, avec le paysage. L'artiste inventa une composition personnelle de paysage, absolument inimitable et baptisée « nesterovien ». Même s'il partait d'une image concrète (Nesterov peignit la plupart de ses toiles dans la région d'Abramtsevo ou à la laure de La Trinité-Saint-Serge ; fig. 7), le paysage avait chez lui valeur générale, au point de devenir symbole de la Russie éternelle, de la « sainte Russie ». Il se caractérisait par une simplicité toute particulière et une délicatesse recherchée. Dans chaque toile, les héros semblent se dissoudre dans le pieux silence de la nature, reflet de la vie intérieure de l'homme. Tout ce qui est du temps, tout ce qui ressort de la vanité est écarté des toiles de Nesterov. Ne reste que l'homme en harmonie avec lui-même, avec la nature et avec Dieu. C'est ainsi que sont perçus son *Ermite* (1888-1889), son *Silence* (1903) ou ses *Pensées* (1900), son *Petit Renard* (1914).

Dans *la Vision de l'enfant Bartholomé* (cat. 337), les figures de l'enfant et du vieillard s'inscrivent naturellement dans le paysage, formant avec lui un tout. Le paysage est ici plus caractéristique que jamais. Il donne la pleine mesure de cette « vision panthéiste du monde » qui était celle de l'artiste et dont il parle lui-même.

La peinture et la littérature russes suivaient chacune leur voie. Mais elles se rapprochaient si souvent, influant l'une sur l'autre, qu'il est impossible de les dissocier ; elles constituent le flot puissant et uni de la culture russe du XIXe siècle.

1. Tolstoï, *Guerre et Paix*, t. I, 3e partie, chap. XVI.
2. Belinsky, 1948, p. 396-397.
3. Gogol, *Arabesques*, cité d'après Belinsky, *op. cit.*, p. 402.
4. Saltykov-Chtchedrine, *Contradictions (récits)*.
5. Tourguenev et Aksakov, 1853, vol. XXXVII, p. 40-41.
6. Tourguenev, *Mémoires d'un chasseur. La Forêt et la steppe*.
7. *Konstantin Korovine se souvient*, 1971, p. 145.
8. Herzen, 1919, t. VII, p. 266.
9. Tourguenev, *Mémoires d'un chasseur. Les Chanteurs*.
10. Gogol, *les Âmes mortes*, t. I, chap. 9.
11. Nevedomsky, 1997, p. 115.
12. Gogol, *Une terrible vengeance*, chap. X.
13. Gontcharov, *la Falaise*, 1re partie, chap. VII.
14. Les lettres de Tchekhov à Levitan ne nous sont hélas pas parvenues. Elles furent détruites par l'artiste peu avant sa mort.
15. Levitan, 1956, p. 61.
16. Glagol et Grabar, 1913, p. 82.
17. Tolstoï, *Résurrection*.

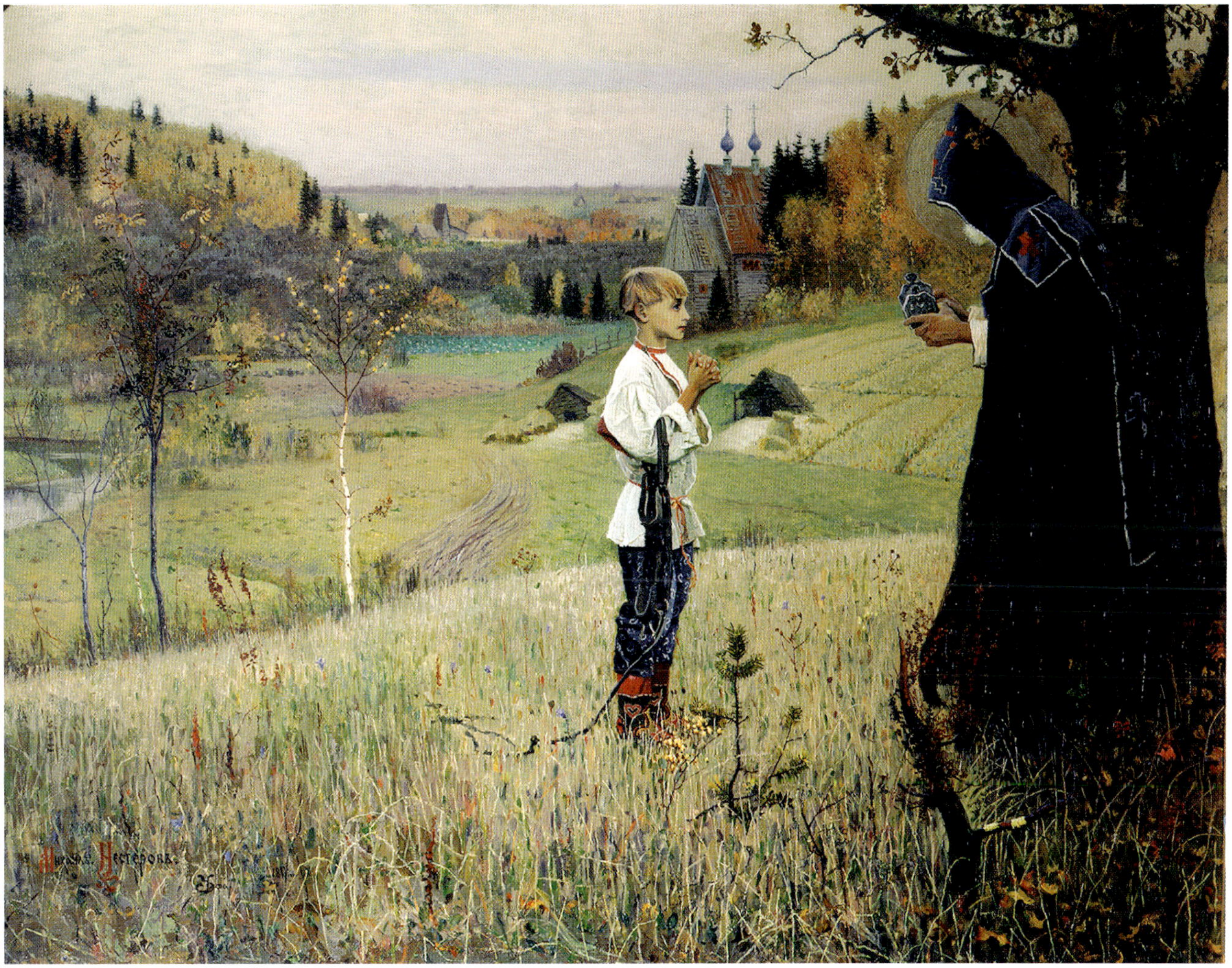

Cat. 337

Mikhaïl V. Nesterov, *la Vision de l'enfant Bartholomé*, 1889-1890,
huile sur toile, Moscou, galerie Tretiakov.

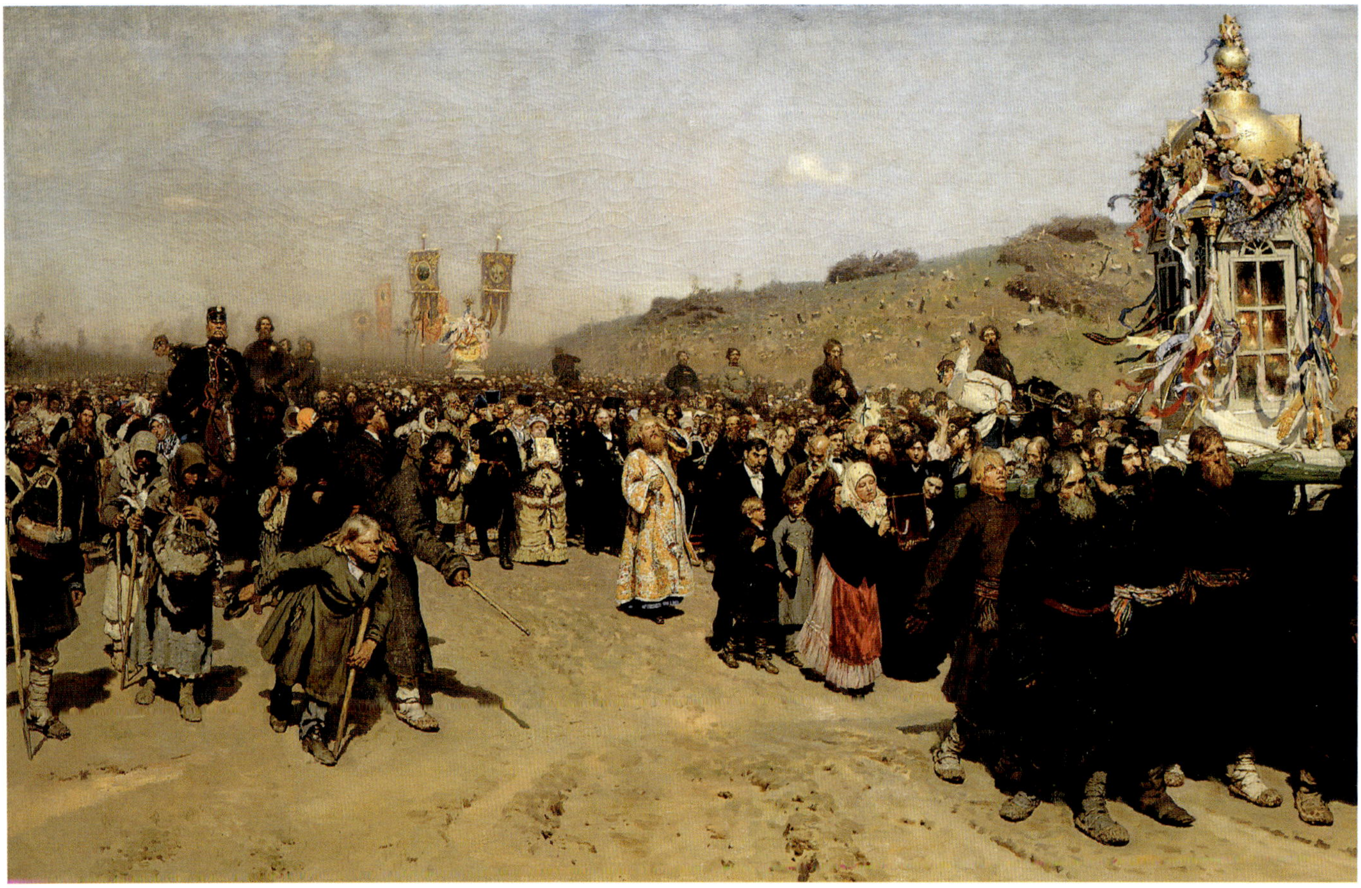

Cat. 510

Ilia E. Repine, ***Procession religieuse dans le gouvernement de Koursk,*** **1881-1883,**
huile sur toile, Moscou, galerie Tretiakov.

Écrivains progressistes et réalismes

Tatiana Mojenok

traduit du russe par Nadine Dubourvieux

« Cervantes fut le précurseur des peintres réalistes espagnols tout comme Gogol fut celui de nos peintres russes. Les courants artistiques authentiquement nationaux suivent toujours la littérature à la trace, laquelle est plus mature et ouvre donc la voie » (Vladimir V. Stassov, *l'Exposition ambulante de 1871*).

En 1863, Nikolaï N. Gay rentrait tout juste d'Italie, et l'exposition annuelle de l'Académie des arts permit de découvrir son tableau intitulé *la Cène* (1863, Saint-Pétersbourg, Musée d'État russe). Cette œuvre eut un retentissement extraordinaire dans la société russe. Tout d'abord, si le passage de l'Évangile était des plus connus, le moment choisi par l'artiste avait quelque chose d'inhabituel. Le Judas de Gay s'apprêtait à quitter l'assemblée comme s'il obéissait à l'injonction du Christ : « Ce pour quoi tu es là, hâte-toi de le faire. » Ensuite, la scène et le Christ lui-même furent perçus par les contemporains comme « réalistes », dépourvus de caractère divin.

En effet, pour Gay, les événements représentés ne dataient pas de plusieurs siècles, à ses yeux, ils étaient actuels et palpitants d'intérêt, tout comme le Christ était « vivant ». Non sans raison, presque tous les contemporains notèrent que Gay avait donné au Christ les traits d'Alexandre I. Herzen. Doter le Messie de l'apparence d'un « tribun » en exil ne manquait pas d'audace et recelait un rien de provocation. Le tableau résonna comme un manifeste et, alors que son sujet religieux aurait pu sembler bien loin de la vie, il apparut comme l'un des déclencheurs de la Révolte des 14, à savoir le refus, cette même année 1863, par quatorze élèves de l'Académie des arts, de réaliser une œuvre de commande sur un thème qui, tiré de la mythologie scandinave, leur semblait bien éloigné de la vie. Quinze ans plus tard, l'un des critiques russes les plus pénétrants, Adrian V. Prakhov, effectuant pour la revue *Ptchela (l'Abeille)* un panorama des œuvres russes destinées à l'Exposition universelle de 1878, notait à propos de *la Cène* : « À mes yeux, toute une génération de peintres russes a été inspirée par cette œuvre [...] qui trahissait chez son auteur [...] un fameux désir d'énoncer une vérité neuve [...] ce fut un des coups sérieux portés pour toujours à la routine de l'art académique[1]. » Néanmoins, en travaillant à cette œuvre, Gay ne visait peut-être pas un tel effet « social ». C'était un homme à la recherche d'un idéal et qui, le jour où il le rencontrait, y croyait profondément. Dans les années 1860, cet idéal était, pour lui comme pour bien d'autres, incarné par Herzen ; il le sera ensuite, comme chacun le sait, par Lev N. Tolstoï.

Herzen, dont Gay avait connu les œuvres dès les années 1840, alors qu'il étudiait au collège de Kiev, symbolisait pour le peintre le dévouement sans compromis aux grands idéaux de l'humanité. Conférant au Messie les traits du philosophe, Gay nous présente un « Christ-homme » allant au martyr, *alors* et *maintenant*, au nom de la vérité et du bien. Mikhaïl E. Saltykov-Chtchedrine avait noté l'idée de « transmissibilité de l'action d'éclat » qui parcourt la toile. « L'artiste démontre consciemment à la foule, écrivait le célèbre écrivain satirique, que le monde qu'il représente peut, dans certaines circonstances, devenir le sien, que le sens le plus élevé d'une action d'éclat réside dans le fait qu'elle peut être transmise et reproduite[2]... »

C'est également cette image d'un Herzen philosophe, souffrant dans sa conscience de l'imperfection du monde, que Gay retiendra pour son portrait de 1867, exécuté d'après nature à Florence (Moscou, galerie Tretiakov).

Herzen fut une des figures les plus brillantes, les plus tourmentées et les plus révoltées de l'histoire de la littérature russe. Profondément ébranlé par le châtiment des Décabristes, en 1826, il avait très tôt juré, sur les monts Vorobiov, à Moscou, avec son ami d'enfance Nikolaï P. Ogariov, de consacrer sa vie à la libération du peuple. Dans cet élan d'idéalisme juvénile réside peut-être ce qui est la ligne de force de la philosophie de l'intelligentsia russe de la seconde moitié du XIXe siècle, à savoir la prise de conscience de sa culpabilité vis-à-vis du peuple. Déçu par les idées du socialisme utopique français et par le développement du capitalisme en Europe occidentale, Herzen devint l'idéologue du socialisme paysan, dont la base était, d'après lui, la communauté paysanne russe traditionnelle, sur laquelle, une fois organisée et éduquée, il fondait les plus grands espoirs. C'est pourquoi, au début des années 1860, Herzen exhortait les jeunes gens cultivés, dans son journal *la Cloche* (le premier organe politique russe, publié par ses soins à Londres depuis 1857), à aller « au peuple », afin de lui rendre son « dû ». Proclamant dans son ouvrage *Depuis l'autre rive* (1849) « la mise en jugement de notre monde », Herzen considérait que l'objectif de son époque était de voir les « travailleurs » (les ouvriers) et les « paysans », « se donner la main ». « ... Alors, écrivait-il, cessera l'engloutissement de la majorité à seule fin d'assurer une vie de clarté et de luxe à une minorité[3]. » La personnalité et les activités de Herzen en exil intéressaient les jeunes artistes russes alors pensionnaires de l'Académie des arts de Paris. Leonide M. Jemtchoujnikov et Alexandre E. Beideman lui envoyèrent à Londres le dessin d'une cloche sonnant au-dessus de toute l'Europe et réveillant la Russie de son sommeil léthargique.

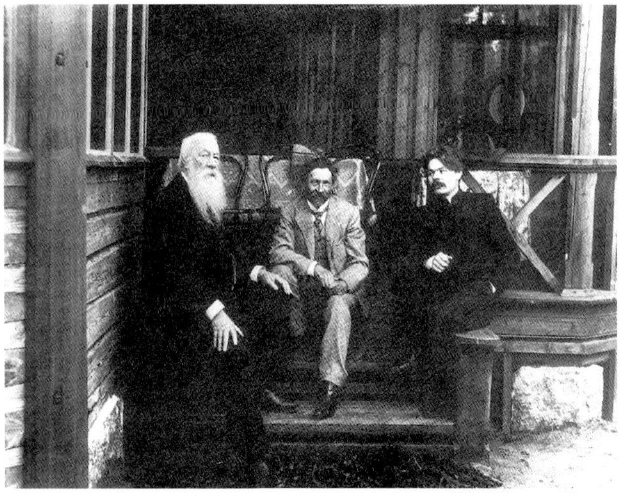

Fig. 1. ***Ilia Repine, Vladimir Stassov et Maxime Gorki sur la véranda à Penaty (Finlande), 1904,***
photographie, département des Archives de la galerie Tretiakov.

Mais revenons à *la Cène* de Gay. Ce tableau, entre autres parce qu'il faisait référence à Herzen, devint le point de mire de la critique d'art. Notons toutefois que les critiques d'art, au sens propre du terme, n'existaient pas encore en Russie. Les écrivains assumaient ce rôle et il est donc incontestable que, dans la Russie des années 1860, la littérature ait défini les thèmes et sujets des œuvres d'art.

Saltykov-Chtchedrine avait considéré, dans un article de cette même année 1863 consacré à l'œuvre, cette *Cène* comme un « événement » dans la vie sociale russe[4]. L'écrivain satirique et réaliste, qui avait collaboré à des revues aussi militantes que *le Contemporain* et *les Annales de la patrie,* voyait le tableau de Gay comme un fait à « portée sociale » qui pouvait « servir de support aux conclusions et déductions les plus diverses ». La figure du Sauveur frappait avant tout l'écrivain par « la profondeur de son affliction », autrement dit par la conscience de l'inéluctabilité de sa perte au nom du bien de l'humanité, l'idée d'autosacrifice si présente dans le réalisme critique russe. L'autre élément important était, selon Saltykov-Chtchedrine, la « portée instructive » du tableau, sa capacité à éclairer le spectateur, « la foule » qui, face à ce drame, deviendrait peut-être un peu moins « égoïste » et se sentirait « coupable ». La culpabilité devant l'insanité des structures sociales, l'injustice qui y règne, sensible à tout homme capable de penser, traversent comme un fil rouge la culture russe de la seconde moitié du XIXe siècle. Saltykov-Chtchedrine, qui n'était « pas un fin spécialiste de la peinture », avait pu sentir tout cela grâce à un langage artistique simple et « clair », grâce à l'absence de « procédés routiniers et d'effets mièvres et rebattus », c'est-à-dire grâce au réalisme de la forme. Ainsi, dès 1863, huit ans avant l'organisation de la Société des expositions artistiques ambulantes (SEAA), l'écrivain, déjà connu de toute la Russie lettrée pour son récit *Une affaire embrouillée* (1848)[5] et pour ses féroces *Esquisses d'une préfecture*

(1857), endossait le rôle de critique d'art pour prendre la défense du réalisme en art. Saltykov-Chtchedrine fut en effet l'un des premiers à utiliser ce terme en peinture[6].

La voie du réalisme avait également été empruntée par les membres de la Révolte des 14, qui amena la création de la SEAA. La censure avait interdit de mentionner dans la presse cet événement criant d'audace, et il fallut attendre quinze années pour que le critique et historien de l'art professionnel, professeur à l'Académie des arts, Adrian Prakhov, pût revenir en détail sur les causes, l'historique et les conséquences de ce « grave accrochage entre l'art nouveau et la routine[7] ». Prakhov avait été élevé à l'étranger dans l'esprit de l'esthétique idéaliste allemande, mais il s'était formé en Russie, sous l'influence des peintres ambulants et de l'idéologie d'Ivan N. Kramskoï. Prakhov voyait comme une force le fait que cet art nouveau, « populaire », d'avant-garde se soit manifesté dans la capitale « à la lueur du scandale », car, disait-il, « le conflit ouvert » avait donné de l'audace à ceux « qui sont à la minute présente la gloire de l'art russe ». Sa sympathie manifeste pour l'art des ambulants et son refus de la méthode académique d'apprentissage lui valurent d'être interdit désormais de conférences. La revue *Ptchela* (1875-1878), première revue d'art de Russie, fut elle aussi très vite interdite par la censure.

Avec le début des années 1870 et la création de la SEAA, le rapprochement entre la littérature et la peinture russes se fit de plus en plus étroit. Les expositions ambulantes contraignirent les écrivains Fedor M. Dostoïevsky, Vladimir G. Korolenko, Nikolaï S. Leskov, Ivan A. Gontcharov, Vsevolod M. Garchine, Gleb I. Ouspensky à prendre leur plume, réveillèrent leur talent de journaliste et de critique d'art.

Le premier événement qui hissa la peinture russe au niveau de la littérature fut la toile du jeune Ilia E. Repine *les Haleurs de la Volga* (fig. 2, p. 37). Nombreux furent ceux qui saluèrent ce tableau comme un événement pour la culture russe ; quant au critique Vladimir Stassov (fig. 1), il considérait qu'il s'agissait là de la première œuvre d'inspiration véritablement nationale des arts plastiques russes[8].

Dans le compte rendu d'une exposition des œuvres destinées à l'Exposition universelle de Vienne, Dostoïevsky, qui ne connaissait pas Repine, distingua immédiatement *les Haleurs* de l'ensemble. L'écrivain, qui avait qualifié *la Halte des détenus* de Valery I. Iacobi (qui avait fait grand bruit à l'exposition de l'Académie de 1861) de « mensonge », de « mélodrame, n'ayant rien à voir avec la réalité »[9] perçut dans l'œuvre de Repine « de vrais haleurs ». C'est en effet le « côté naturel », la « simplicité » de ses héros qui permettent à Repine d'atteindre son principal objectif : faire aimer le peuple et susciter le sens d'un devoir à son égard. « On ne peut pas ne pas les aimer, ces êtres sans défense, écrivait Dostoïevsky, on ne peut pas repartir sans être tombé amoureux d'eux. On ne peut pas ne pas penser que l'on est redevable, vraiment redevable au peuple[10]... » L'analyse du tableau de Repine conduisit Dostoïevsky à une réflexion sur le naturalisme et le réalisme en art, même si l'écrivain n'employait pas ces termes. Il invitait les artistes à ne pas « représenter la réalité telle qu'elle est », sans interprétation ni généralisation (le naturalisme), mais à « laisser plus de champ aux idées et ne pas craindre l'idéal ». Sous le terme « d'idéal », Dostoïevsky entendait une « idée » que l'artiste, généralisant et interprétant les faits, devait porter jusqu'à nous dans son œuvre (le réalisme). Mais pour cela, poursuivait-il, « nos artistes » doivent avoir « plus d'audace [...], d'indépendance d'idées et, peut-être, plus d'éducation ». Que l'artiste doive être éduqué était l'une des idées de base de l'esthétique de la seconde moitié du XIXe siècle. On la retrouvait dans l'article de Vassily V. Verechtchaguine « Le progrès en art », lequel progrès était pour lui proprement impossible sans « l'éducation de l'artiste[11] ».

En cette période de réformes – l'abolition de l'esclavage date de 1861 – la littérature russe, et à sa suite la peinture, reflétait un état d'esprit chargé de préoccupations sociales et nationalistes. Le réalisme, qui caractérisait déjà la littérature russe du milieu du siècle, s'épanouit dans la peinture de genre des années 1860 et surtout 1870. En cette période (les années 1870) d'essor social et politique, d'épanouissement du mouvement de « Marche vers le peuple », qu'Ivan S. Tourguenev avait salué dans son dernier roman *Terres vierges* (1877), le genre devenait un véritable moyen d'action : les personnages typiquement russes et les scènes très chargées émotionnellement émouvaient fort le public.

C'est à ce moment précis que les expositions des peintres ambulants entrèrent dans la vie artistique de la Russie. Ces expositions annuelles devinrent un événement central qui captait l'attention des critiques, suscitait des différends, des controverses, obligeait à réfléchir à la fonction de l'art, à la voie qu'il devait emprunter.

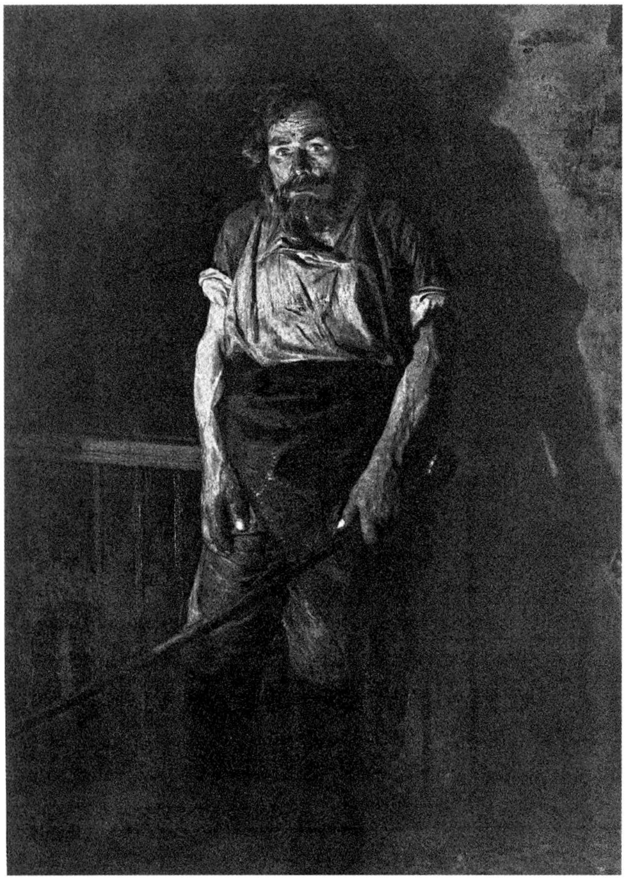

Fig. 2. **Nikolaï A. Iarochenko,** ***l'Ouvrier chauffeur*****, 1878,** huile sur toile, Moscou, galerie Tretiakov.

La première exposition ambulante, inaugurée le 29 novembre 1871 à l'Académie des arts, souleva l'enthousiasme de pratiquement toute la critique. « C'est du jamais vu, du jamais entendu, tout cela est d'une nouveauté foudroyante[12] », écrivit Stassov. Parmi les œuvres exposées, Stassov comme Saltykov-Chtchedrine, qui rendit également compte de l'exposition[13], remarquèrent avant tout la toile de Gay *Pierre le Grand menant l'interrogatoire du tsarevitch Alexeï Petrovitch à Peterhof* (1871, Moscou, galerie Tretiakov). La sympathie du critique et de l'écrivain, après celle du peintre lui-même, allait manifestement à Pierre Ier : « Il est l'énergie même, la volonté puissante et implacable » (V. V. Stassov). Cependant, à la différence de Saltykov-Chtchedrine, qui justifiait le geste du tsar – l'arrestation et le châtiment de son propre fils, exécuté sur son ordre – Stassov reprochait à Gay de voir la relation père-fils uniquement par les yeux du premier, alors qu'existait aussi « le regard de l'histoire, celui de la postérité ». « Pierre Ier était un grand homme, un génie, mais ce n'était pas une raison pour traiter avec barbarie son propre fils » (V. V. Stassov). Pour Saltykov-Chtchedrine, le plus important était l'actualité des idées portées par Pierre Ier : dévouement à son pays et compréhension de la nécessité de sa rénovation et de sa renaissance. Il semble que l'artiste lui-même ait voulu, malgré sa sympathie pour le tsar réformateur, représenter l'affrontement de deux héros égaux en force qui défendaient chacun sa vérité. Méditant sur la « netteté » du drame déployé dans la toile sans effets criards, Saltykov-Chtchedrine soulignait à nouveau l'idée de la primauté du contenu sur la forme.

Dans leurs recherches d'un héros positif et d'une réponse aux « questions pressantes » du monde contemporain, les artistes se tournaient toujours et encore vers la figure du Christ. La deuxième exposition ambulante, en 1872, présenta *le Christ dans le désert* de Kramskoï (cat. 286), qui appelait la critique à une réflexion sur la conscience et le devoir moral de l'Homme. L'artiste s'est lui-même exprimé sur la nécessité du choix moral : « aller à droite ou à gauche, adhérer ou ne pas céder d'un pouce au mal[14] ». Cette œuvre amena Ivan Gontcharov, l'auteur d'*Oblomov* (1859) et de *la Falaise* (1869), à s'interroger sur l'expression de la subjectivité en art, celle du monde intérieur de l'artiste dans la toile[15]. Le visage du Christ, son « regard vif et pénétrant » entraînait le spectateur, aux dires de Gontcharov, dans le « gouffre créateur » de l'artiste, dans ses pensées, c'est-à-dire que le sujet apparaissait non pas à la lueur d'une « quelconque vérité absolue quasi mathématique », mais reflété par l'imagination du peintre. De l'avis de Gontcharov, c'était justement cette combinaison d'une représentation véridique et d'une idée profonde qui constituait le réalisme en art. Cette conception du réalisme était extraordinairement proche des réflexions de Dostoïevsky sur le « réel » et « l'idéal » énoncées dans l'article de 1873 déjà mentionné.

En 1878, la sixième exposition des ambulants présenta *l'Ouvrier chauffeur* de Nikolaï A. Iarochenko (fig. 2), l'une des premières toiles de la peinture russe dédiée aux nouveaux héros, les travailleurs. Cette œuvre, qui présentait un ouvrier chauffeur en pied (manifestement un ancien paysan, chassé des campagnes par l'abolition du servage, un solide moujik aux bras forts et musclés, fixant le spectateur d'un regard franc et intelligent), suscita chez le critique Prakhov des réflexions très caractéristiques de l'intelligentsia russe d'alors. « Je n'avais pas de dette, écrit Prakhov, et voilà que m'habite soudain le sentiment

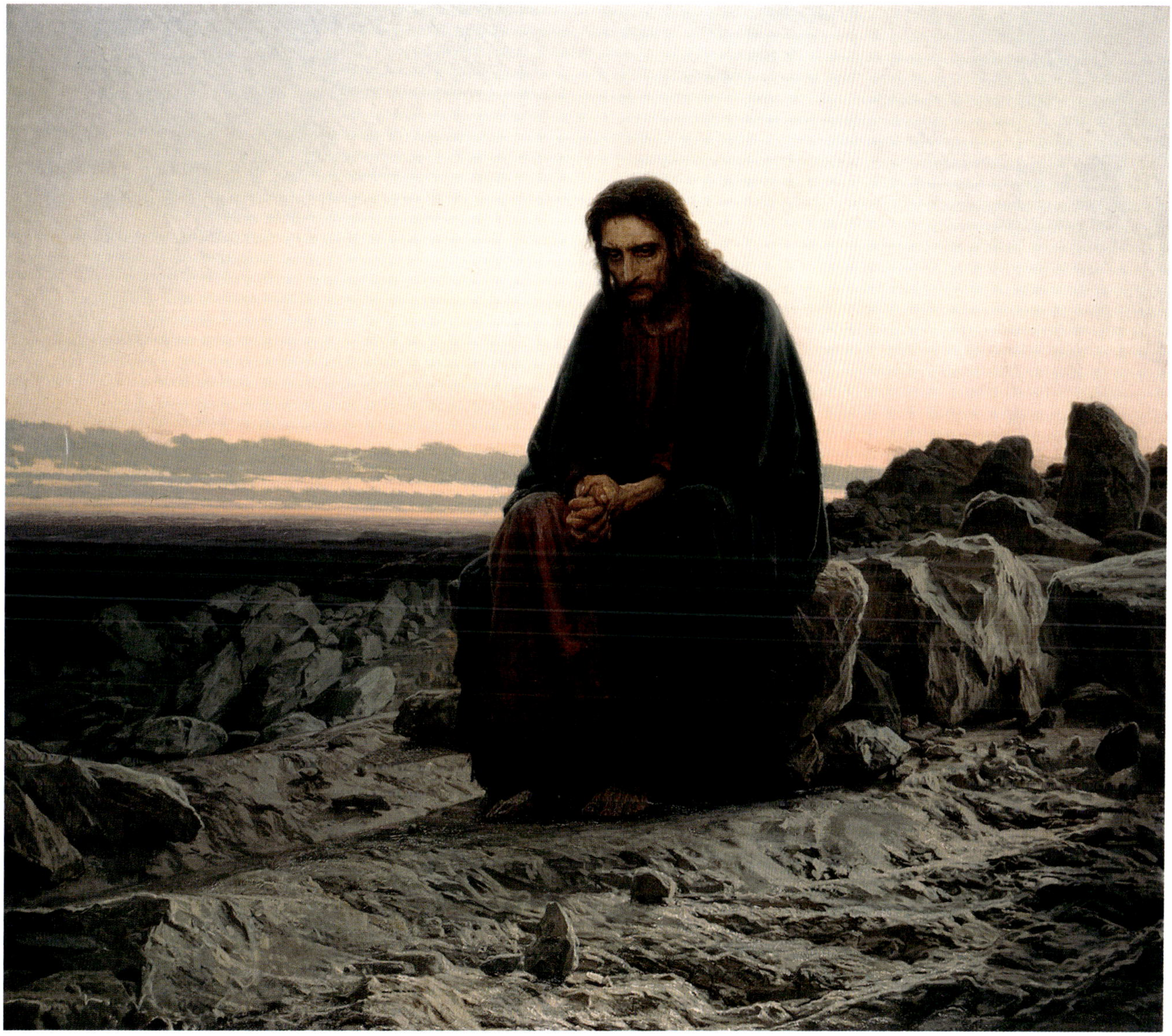

Cat. 286

Ivan N. Kramskoï, *le Christ dans le désert*, 1872,
huile sur toile, Moscou, galerie Tretiakov.

d'avoir emprunté à quelqu'un et de n'être pas en mesure de rembourser ma dette. Eh bien, le voilà le créancier, c'est cet *Ouvrier chauffeur* envers lequel on n'est pas solvable : on a pour dette tous ses privilèges[16]... »

L'Ouvrier chauffeur toucha profondément aussi un autre intellectuel de cette époque, l'écrivain Vsevolod M. Garchine, proche des *narodniki*. Il lui inspira d'ailleurs le pathétique récit *les Artistes*, rédigé un an plus tard et publié dans *les Annales de la patrie*. Opposant dans son récit deux artistes, Dedov, partisan de « l'art pour l'art » et Riabinine, « diablement talentueux[17] » mais qui s'ennuie et ne trouve l'inspiration qu'après avoir décidé de peindre un ouvrier « tétras[18] », Garchine montrait qu'un homme moralement sensible ne pouvait créer paisiblement et « produire des choses raffinées » alors que tant de souffrances régnaient autour de lui. Son héros – le peintre Riabinine – entame donc une carrière artistique. Ayant sué « sang et eau » pour terminer son *Ouvrier « tétras »*, il tombe malade puis, rétabli, part enseigner dans les campagnes, se joignant aux narodniki. Bien que Garchine n'ait pas utilisé le terme, l'allusion était évidente, car qui, sinon ces premiers socialistes révolutionnaires, choisissait la carrière d'instituteur de campagne, de médecin, etc., pour, de cette façon, éduquer le peuple et répandre les idées révolutionnaires. Le récit de Garchine s'achevait néanmoins sur une note pessimiste : Riabinine ne réussit

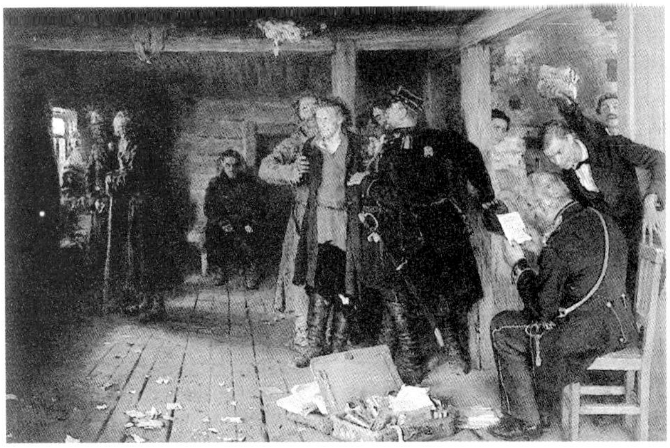

Fig. 3. **Ilia E. Repine, *l'Arrestation du propagandiste*, 1878-1892,** huile sur toile, Moscou, galerie Tretiakov, et voir le cat. 405 p. 441 (dessin préparatoire).

pas non plus dans la voie éducative, mais « nous en parlerons, écrit l'auteur, un autre jour ». On sait que la « Marche vers le peuple » se révéla une utopie : les paysans ne comprenaient ni n'acceptaient parmi eux ces « étranges jeunes gens », qu'ils dénonçaient souvent à la police. Nombre d'entre eux furent ainsi contraints de rejoindre des organisations terroristes clandestines, que la police élimina pour la plupart. Les membres de ces organisations – jeunes gens et jeunes filles révolutionnaires – furent exécutés ou envoyés en exil.

Le personnage de la jeune révolutionnaire se retrouve dans le tableau de Iarochenko *l'Étudiante* (1883, Kiev, musée d'Art russe), présenté à la neuvième exposition ambulante, en 1883. Il semble que Vera N. Figner ait servi de modèle à cette jeune fille « de type austère, presque monacal » (G. I. Ouspensky). Elle était l'un des membres actifs de l'organisation La Liberté du peuple, qui visait un changement de régime en Russie par le terrorisme. Cette figure de jeune fille était très typique, elle était de celles qui « courent à leurs leçons un livre sous le bras », « se révoltent contre leurs parents », parfois « ne meurent pas de leur belle mort ». Elle suggéra à Gleb Ouspensky, écrivain rallié aux narodniki, des réflexions sur « la beauté » et « l'harmonie du sacrifice de soi »[19] si ce sacrifice de soi est sincère, s'il est un choix conscient. « ... Cette jeune fille, écrit Ouspensky, [...] m'a laissé une impression lumineuse parce que la profonde tristesse de ce visage *pour un malheur qui n'était pas le sien* se fondait harmonieusement à sa propre tristesse ; ces deux tristesses, en se mêlant, devenaient à ce point une, sans plus laisser la moindre possibilité [...] de rompre l'harmonie de l'autosacrifice qu'elle incarnait, qu'un seul regard sur elle suffisait à faire perdre à toute souffrance ses aspects effrayants, faisait de la souffrance quelque chose de simple [...] et, surtout, de vivant. »

Ce nouveau héros type, le narodnik-révolutionnaire, apparaît aussi les œuvres de Repine : *l'Arrestation du propagandiste* (fig. 3), *Ils ne l'attendaient plus* (cat. 410). Mais Iarochenko, grâce au laconisme de son langage pictural, à l'absence d'autres personnages et de détails superflus, avait su créer une figure étrangement intègre, harmonieuse et claire, dépourvue de faille dramatique et étonnamment féminine.

Le thème de l'autosacrifice, l'obsession des idées et la capacité à mourir pour elles parcourent la toile dramatique de Vassily I. Sourikov *la Boïarynia Morozova* (fig. 8 p. 40), présentée à la quinzième exposition ambulante,

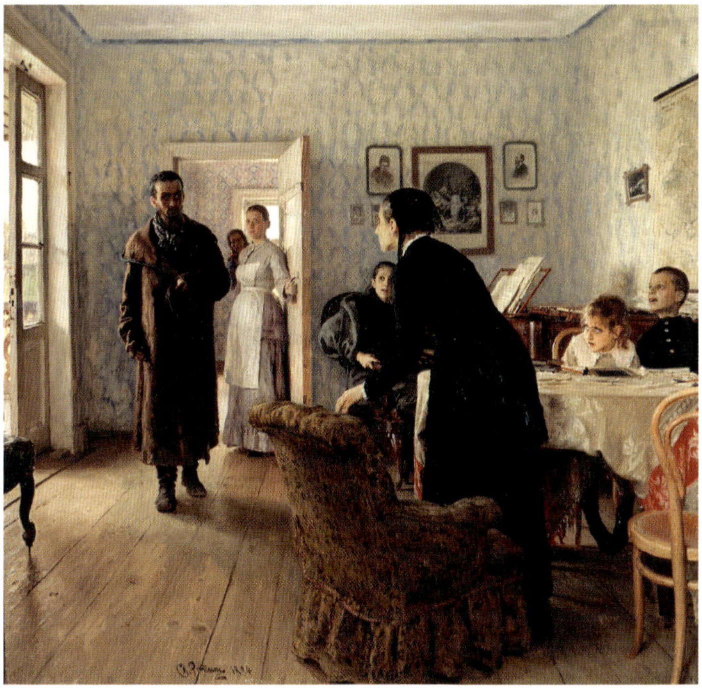

Cat. 410

Ilia E. Repine, *Ils ne l'attendaient plus,* 1884-1888,
huile sur toile, Moscou, galerie Tretiakov.

Et l'héroïne de Sourikov ? Elle « suscite une angoisse vague ». Pourquoi ? Comme le Christ, elle porte en elle une idée, pour laquelle elle va consciemment à sa perte. Seulement, cette idée est, d'après Korolenko, « médiocre, pauvre[22] », c'est pourquoi « l'impression générale » qui se dégage du tableau est la « disharmonie ». La toile de Polenov, elle, est belle parce que « l'amour », « la clarté », « l'idée harmonieuse » qu'elle personnifie gomment le côté dramatique et contradictoire. La toile de Sourikov n'est « pas belle », « mais ce n'est pas la faute du peintre », écrit Korolenko. Sa toile présente « notre réalité », qui, après plus de dix ans d'errance de prisons en exils (1873-1885), laissait Korolenko profondément désenchanté[23]. Où trouver une issue ? Dans la foi. « ... L'homme contemporain ne cherche-t-il pas la foi qui nous rendrait le repos et éclairerait harmonieusement le monde extérieur, demande l'auteur. Une foi qui mettrait l'amour en action et ne serait pas en contradiction avec la vérité, la connaissance ? » Korolenko voyait la foi comme la solution à toutes les contradictions, condition indispensable à « l'intégrité de l'existence ».

en 1887. Cette même exposition accueillait *le Christ et la femme adultère* de Vassily D. Polenov (1887, Saint-Pétersbourg, Musée d'État russe), fruit de plusieurs années de travail et de recherches[20]. Ces deux « œuvres capitales » (V. M. Garchine), dont le thème central était le héros et la foule, incitèrent involontairement la critique à les juxtaposer. Garchine et Korolenko consacrèrent chacun une étude à ces deux œuvres[21]. Tous deux subissaient à cette époque – seconde moitié des années 1880 – la faillite des idées des narodniki, ils s'efforçaient entre autres de trouver solution et figures positives dans le christianisme. C'est pourquoi le Christ de Polenov « très beau et très serein » (V. M. Garchine), avec « la remarquable expression de son visage » (V. G. Korolenko) avait laissé aux deux écrivains une impression d'harmonie. « Cet homme [le Christ de Polenov] » suscite « l'amour », écrivait Korolenko, qui voyait dans la toile « la réussite éclatante du réalisme en art », précisant ce qu'il entendait par réalisme. La représentation juste, « le cadre réel », « la précision photographique » des détails, ne suffit pas au réalisme, poursuivait-il, il lui faut « le sens artistique » et « la généralisation de l'art » sinon il devient « naturalisme [...] dégradé et plat, étouffé et content de soi... ».

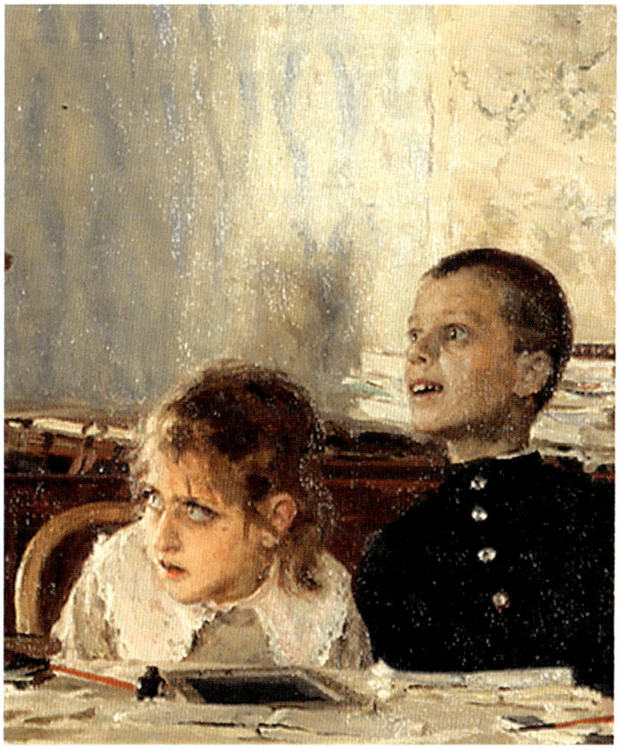

Cat. 410, détail

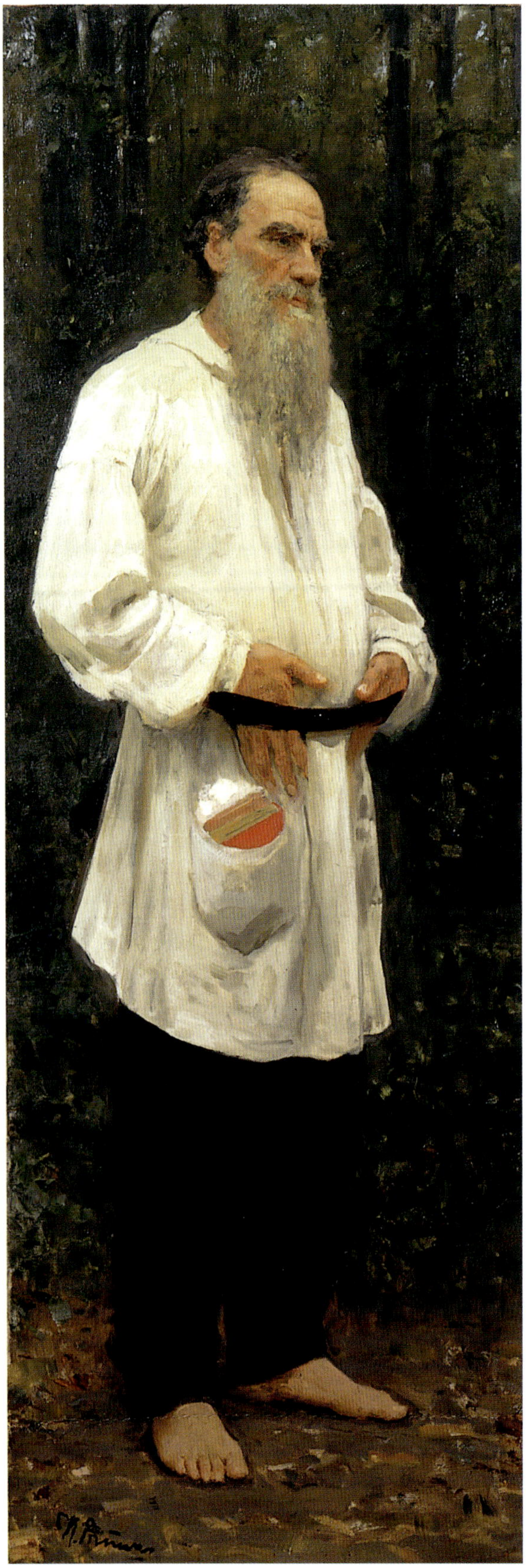

Cat. 413

Ilia E. Repine, *Lev Tolstoï pieds nus,* 1901,
huile sur toile, Saint-Pétersbourg, Musée d'État russe.

Aujourd'hui, le tableau de Polenov peut sembler un peu « fade », dépourvu du sens dramatique[24] présent dans *la Boïarynia Morozova* de Sourikov. Mais même dans ces années-là (fin des années 1880 – début des années 1890), tous les peintres, et à leur suite les écrivains qui avaient tenté d'interpréter leurs œuvres, ne voyaient pas en l'harmonie et l'apaisement ce qui donne sens à la foi, ce qu'elle devrait communiquer à la société et à l'individu. Les œuvres tardives de Gay – *« Quid est veritas ? ». Le Christ et Ponce Pilate* (1890, Moscou, galerie Tretiakov), *la Conscience. Judas* (1891, Moscou, galerie Tretiakov), *le Golgotha* (cat. 199), *le Procès de Sinedryon. Condamné à mort* (1892, Moscou, galerie Tretiakov) – avaient pour vocation non pas d'apaiser le spectateur, d'instiller l'harmonie dans son âme, mais au contraire, selon le peintre lui-même, « d'ébranler sa cervelle avec la souffrance du Christ [...] L'obliger à sangloter et non à s'attendrir[25] ». Tandis qu'il travaillait sur ces œuvres, Gay se trouvait sous l'influence des idées de Tolstoï (cat. 413), avec lequel il entretenait des liens d'amitié très étroits, et en particulier de sa théorie de « la non-résistance au mal par la force ».

La série d'actions terroristes organisées par les narodniki et la vague d'arrestations, de déportations et de condamnations qui s'ensuivit montrèrent à l'évidence quelle tragédie pour toute la société pouvait survenir lorsque l'on répond au mal par le mal, à la force par la force. C'est précisément sur ce terreau qu'était née la théorie de Tolstoï sur la non-résistance au mal, sur le perfectionnement moral de l'homme, ainsi que son enseignement religieux très personnel, loin des dogmes de l'orthodoxie officielle[26]. C'est dans ces années 1880 que Tolstoï en était venu à reconnaître l'inutilité, sinon la nocivité de l'art, mais pas de l'art en général, de l'art dont la vocation était « donner le plus de plaisir possible à une certaine société[27] ». L'art authentique, véritable, devait, selon Tolstoï, « communiquer ces sentiments élevés » qui « découlent de la conscience religieuse » d'une période donnée. La raison de « l'appauvrissement du contenu » de l'art était que, celui-ci ayant adopté le point de vue des classes dominantes, il était désormais mesuré à sa « capacité de donner du plaisir ». Or, le plaisir était « vieux, banal », il avait ses « limites » et, par conséquent, il ne pouvait pas transmettre sans cesse à l'art de « nouvelles sensations ». L'art véritable, selon Tolstoï, était « celui-là seul qui insuffle des sensations nouvelles, jamais éprouvées ». Et ne pouvaient être « nouvelles » que « les sensations nées dans la conscience religieuse d'une certaine époque ».

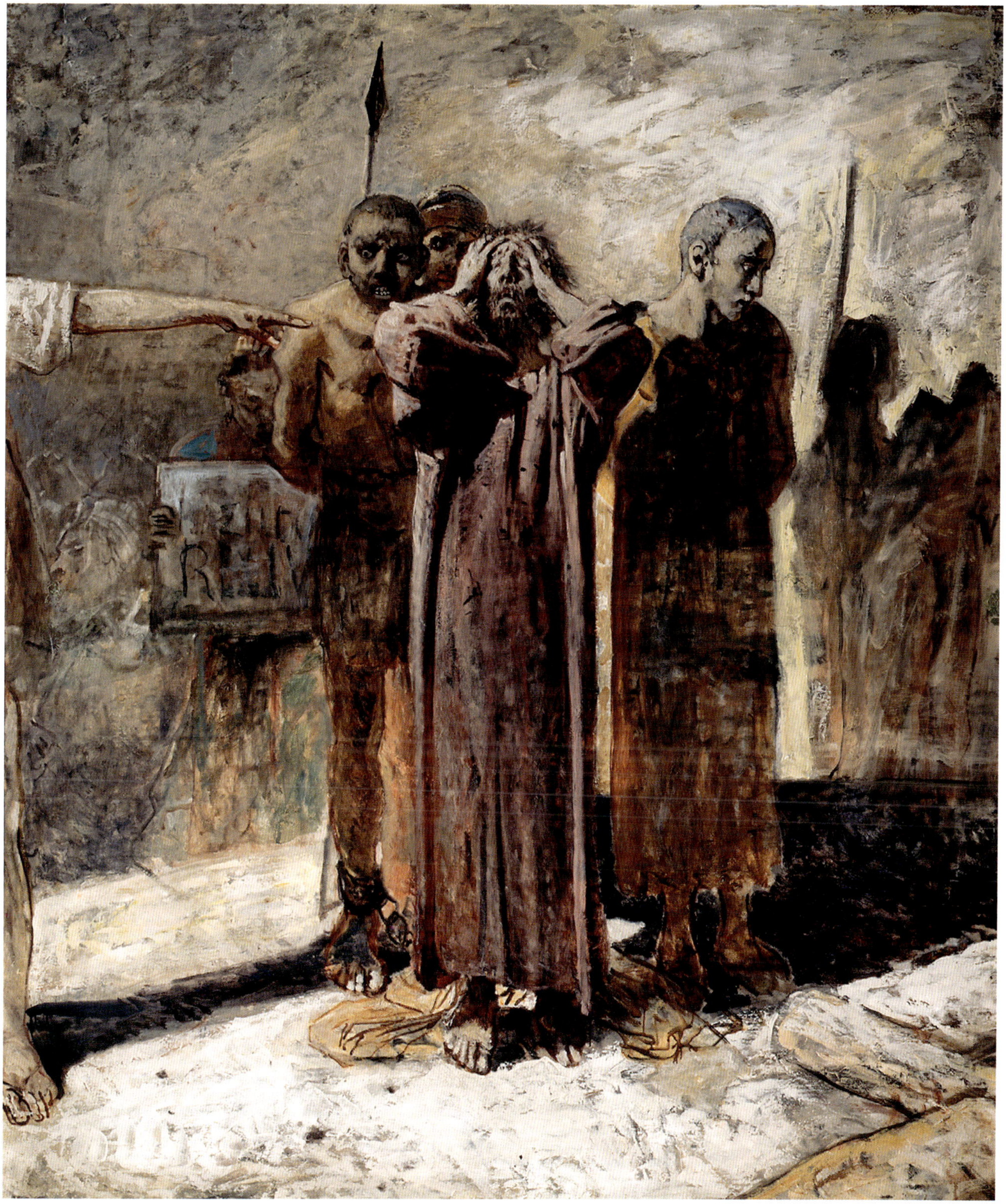

Cat. 199

Nikolaï N. Gay, *le Golgotha*, 1893,
huile sur toile, Moscou, galerie Tretiakov.

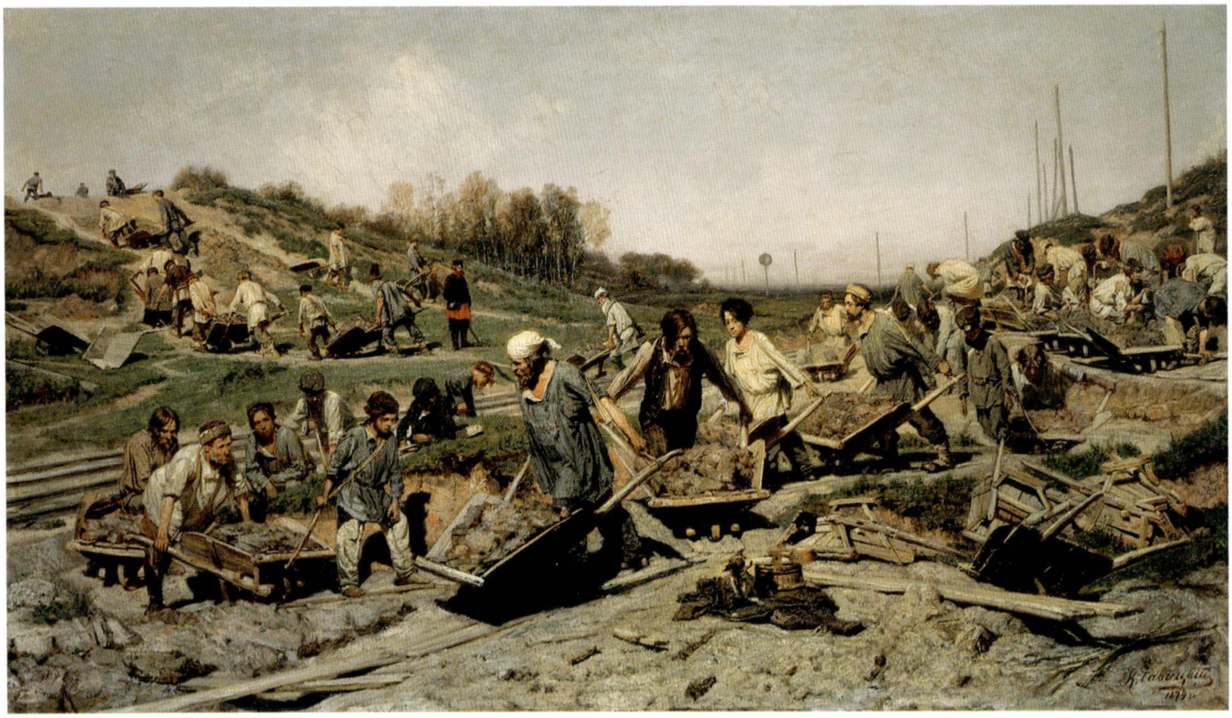

Cat. 422

Konstantin A. Savitsky, *Travaux sur la ligne de chemin de fer,* 1874,
huile sur toile, Moscou, galerie Tretiakov.

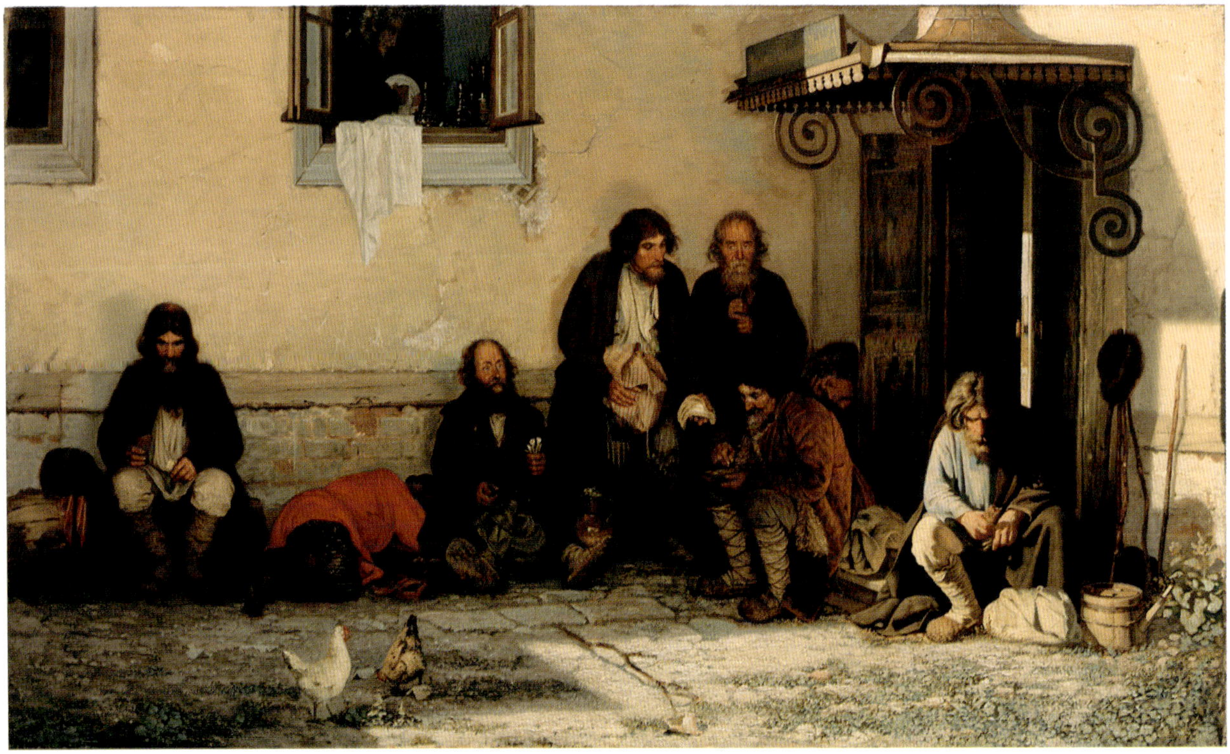

Cat. 323

Grigory G. Miassoedov, *le Banquet du zemstvo,* 1872,
huile sur toile, Moscou, galerie Tretiakov.

Ces jugements de Tolstoï aident à comprendre pourquoi il plaçait si haut les œuvres du cycle religieux de Gay sur la Passion du Christ[28]. C'est en effet le rapprochement de ces deux personnalités qui avait amené le peintre à revenir vers la création[29], mais une création rénovée par les idéaux chrétiens tels que les concevait l'écrivain, et qui, de plus, devait devenir « discours moral ».

Dans les tableaux de Gay, tout comme dans les toiles de Kramskoï et de Polenov, le Christ était *un Homme*, mais, loin de Polenov et de Kramskoï, un homme humilié, souffrant, physiquement décharné et moralement aride, dépourvu de toute beauté et harmonie, une victime qui se sacrifie pour expier le mal. Pour atteindre son objectif – contraindre le public à souffrir en même temps que le Christ –, Gay recourait à une expression inédite, des contrastes de couleurs, des combinaisons de tons abruptes, des contours brutaux, des silhouettes quasi géométriques pour les personnages. Son Christ était à la fois une victime et celui qui portait la vérité. Or, vérité et beauté étaient, selon Tolstoï, incompatibles : « [...] La vérité n'a absolument rien à voir avec la beauté, elle lui est même, pour l'essentiel, opposée, parce que la vérité, démasquant le mensonge, détruit l'illusion, principale condition de la beauté[30]. » C'est bien pourquoi Tolstoï n'aimait pas le Christ de Polenov, qu'il trouvait « beau, mais vide[31] », estimant, en revanche, que la force principale des tableaux de Gay résidait dans leur « sincérité, leur contenu remarquable et très clair, accessible à tous[32] ». Mais ce contenu n'était pas si *accessible* que cela puisque l'écrivain tentait de l'expliquer, en particulier à Pavel M. Tretiakov et à George Kennan. Il écrit à Kennan en 1890 dans le dessein « d'expliciter » le sens du tableau *« Quid est veritas ? »*, que la censure avait fait retirer de la dix-huitième exposition ambulante et qui avait été montré en Allemagne et aux États-Unis[33] aux frais de l'avocat pétersbourgeois Iline, devenu « chrétien » grâce au « Christ du professeur Gay ». Selon Tolstoï, la valeur du tableau de Gay était d'avoir « trouvé le moment de la vie du Christ important aujourd'hui pour nous tous, partout répété dans le monde, celui du combat de la conscience morale, raisonnable, manifestée dans les sphères peu brillantes de la vie, contre les traditions d'une violence subtile, débonnaire et sûre d'elle-même, qui opprime cette conscience[34] ». C'est dire que Tolstoï ne prisait pas le tableau de Gay tant pour sa diffusion, par le moyen de la peinture, de l'enseignement chrétien tel qu'ils le comprenaient tous deux que pour « la représentation qu'il donnait de la collision entre cet enseignement et celui du monde[35] ».

Gay était néanmoins le seul des ambulants à épouser de manière si inconditionnelle les théories de Tolstoï. Les autres artistes – Repine, Kramskoï, Savitsky (cat. 422), Grigory G. Miassoedov (cat. 323), Mikhaïl V. Nesterov, le critique Stassov –, tout en s'inclinant devant le génie du « Grand Lev », étaient loin de tout admettre de ses conceptions religieuses et philosophiques, et ils n'adhéraient point à ses vues nihilistes sur l'art.

Nos réflexions nous ont amenée à la frontière des siècles, à une époque où la synthèse des arts, notamment la littérature, la poésie et la peinture, les arts graphiques, l'illustration, devient particulièrement évidente et harmonieuse. Cette période brillante, extraordinairement riche et originale de la culture russe excède toutefois le cadre de notre article.

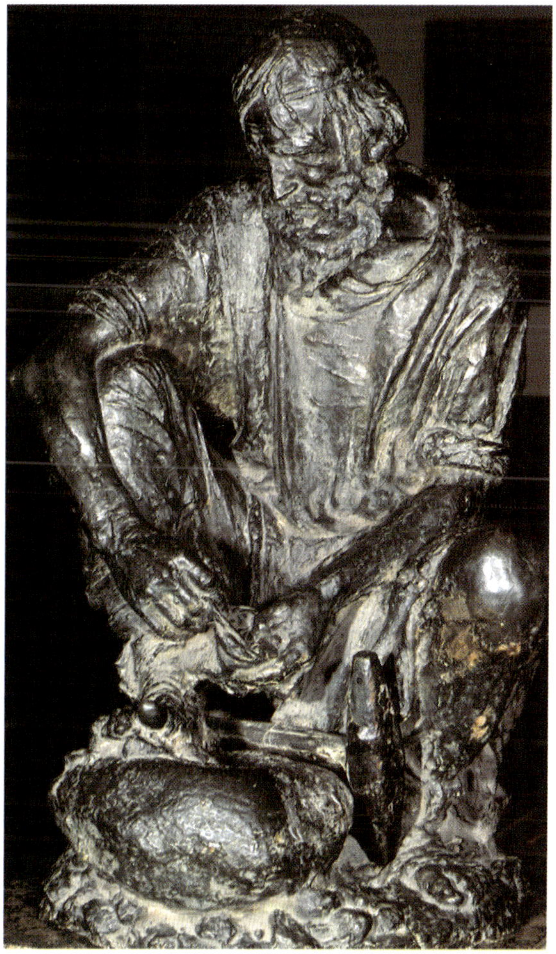

Cat. 259

Sergueï T. Konenkov, *le Tailleur de pierre*, 1898-1899,
bronze, Moscou, galerie Tretiakov.

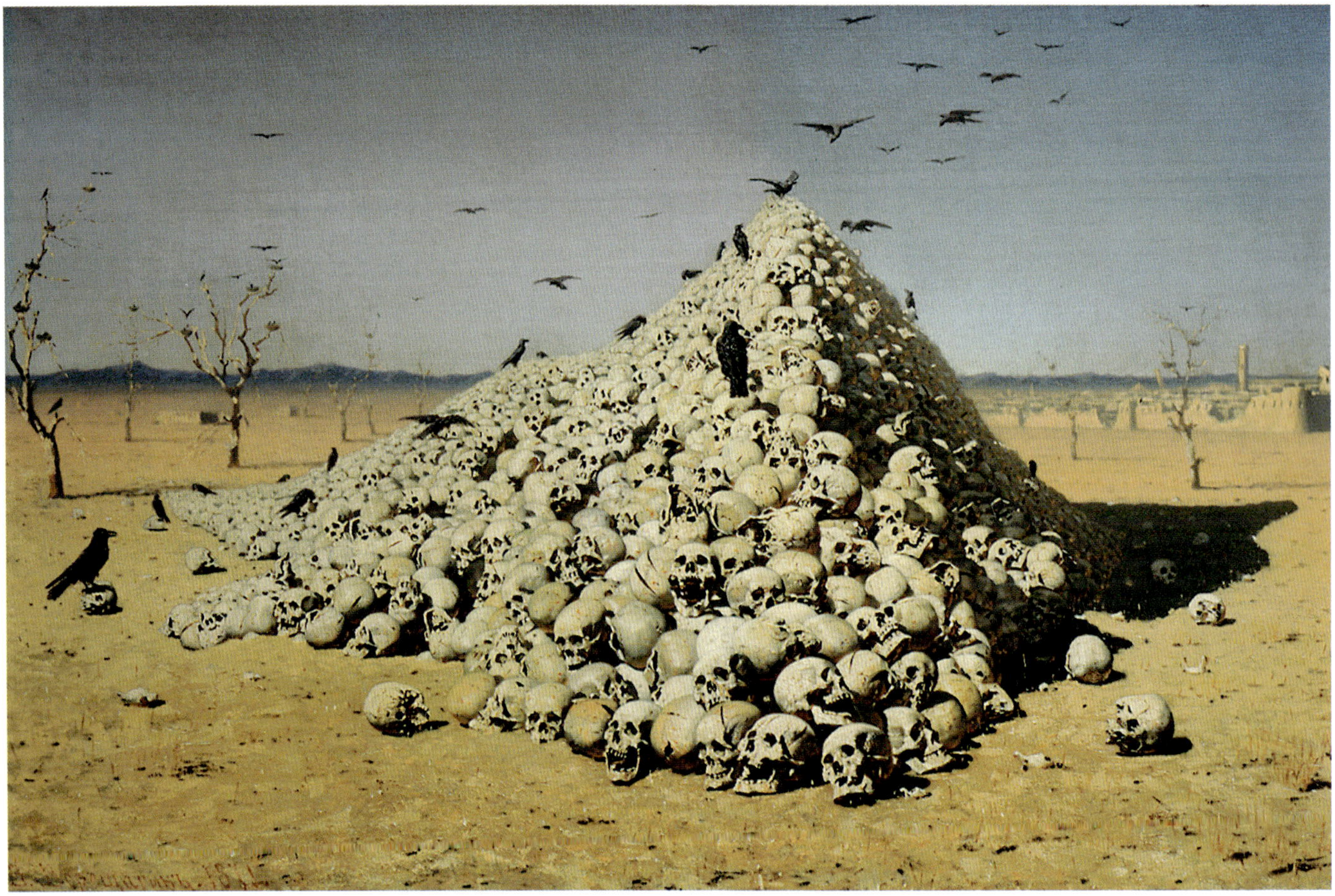

Cat. 478

Vassily V. Verechtchaguine, *l'Apothéose de la guerre,* 1871,
huile sur toile, Moscou, galerie Tretiakov.

Ce n'est cependant pas l'effet du hasard si les œuvres sur lesquelles nous nous sommes arrêtée ont durablement retenu l'attention des hommes de lettres, suscité leurs réflexions sur le rôle de l'art, le devoir citoyen de l'artiste, le réalisme en peinture. Dans *la Cène*, Gay avait représenté pour la première fois un Christ-homme, qui plus est sous les traits de Herzen, le philosophe qui avait eu une influence si colossale sur les hommes des années 1860. *Les Haleurs de la Volga* de Repine (fig. 2 p. 37), « le premier tableau national », aux dires de Stassov, avait participé à la formation de l'art national russe, tout comme en leur temps les œuvres d'Alexandre S. Pouchkine et de Nikolaï V. Gogol avaient permis celle de la littérature nationale. *Pierre le Grand et le tsarevitch Alexeï* de Gay avait montré le choc de deux mondes, celui de l'ancienne et de la nouvelle Russie, et, bien que ce tableau ne proposât aucune solution positive à ce drame, il avait obligé à s'interroger sur l'absolue nécessité d'un renouvellement constant, d'un mouvement en avant. *Le Christ dans le désert* de Kramskoï (cat. 286) était devenu la quintessence, le symbole des tourments moraux de l'intellectuel russe des années 1870. *L'Ouvrier chauffeur* de Iarochenko avait – comme, plus tard, *le Tailleur de pierre* de Konenkov (cat. 259) – représenté avec une telle acuité sociale un nouveau type de Russe (l'ouvrier) qu'il avait suscité chez le critique Prakhov des lignes pathétiques sur notre devoir envers eux, et chez l'écrivain Garchine un récit engagé, *les Artistes peintres*. Son *Étudiante* avait rappelé le type de jeune fille que décrit Nikolaï G. Tchernichevsky dans *Que faire ?* (1863), roman culte de la seconde moitié du XIXe siècle. *Le Christ et la femme adultère* de Polenov ainsi que *la Boïarynia Morozova* de Sourikov (fig. 8, p. 40), présentés conjointement, avaient contraint Korolenko à réfléchir à des questions éthiques (n'importe quelle idée est-elle digne d'un exploit ?) et esthétiques (qu'est-ce que le réalisme en peinture ?). Enfin, les œuvres tardives de Gay, même si elles s'appuyaient sur la théorie moralisatrice de Tolstoï, démontraient néanmoins la relative inconsistance de ces dernières, dans la mesure où l'influence des peintures sur le spectateur provenait justement de leur expressivité, de leur sens artistique, de leur éloquence, c'est-à-dire de qualités purement picturales.

1. *Ptchela (l'Abeille)*, n° 9, 1878, p. 174.
2. Saltykov-Chtchedrine, « 1863. Notre vie sociale. Tableau de Gay », cité d'après *les Écrivains russes et les arts plastiques*, 1976, p. 125-128.
3. Herzen, 1974, p. 5, préface.
4. Saltykov-Chtchedrine, *ibid.*, *op. cit.*
5. Nicolas Ier, qui avait vu dans ce récit une tentative de diffusion des idées révolutionnaires, avait fait exiler le jeune écrivain à Viatka, en 1848.
6. En Russie, les bases de l'esthétique réaliste ont été posées par la critique littéraire ; P. V. Annenkov fut le premier à utiliser le terme, en 1849.
7. A. V. Prakhov publia une série d'articles intitulée « Exposition à l'Académie des arts d'œuvres destinées à être envoyées à l'Exposition universelle de Paris » dans la revue *Ptchela (l'Abeille)*, en 1878 sous le pseudonyme Le Profane (nos 9-14 et 17), cité d'après Dmitrieva, 1950, t. 2, p. 89-90.
8. Stassov, « Le tableau de Repine *les Haleurs de la Volga* », n° 176, 18 mars 1873, cité d'après Vanslov, Moscou, 1977, p. 273.
9. Voir *op. cit.* à la note 2, p. 159.
10. Dostoïevsky, « (1873). À propos de l'exposition. Journal d'un écrivain pour l'année 1873 », cité d'après *op. cit.* à la note 2, p. 174-175.
11. Verechtchaguine, « Le Progrès en art », cité d'après Vanslov, *op. cit.*, p. 461, 1re éd. en annexe au *Catalogue of the Verestchagin Exhibition*, New York, American Art Galleries, 1889.
12. Stassov, nos 333 et 338, 3 et 8 décembre 1871, cité d'après Vanslov, *op. cit.*, p. 260-272.
13. Saltykov-Chtchedrine, « 1871. La première exposition ambulante russe », cité d'après *les Écrivains russes et les arts plastiques*, op. cit., p. 128-134.
14. Kramskoï, 1965, t. 1, p. 446.
15. Gontcharov, « 1874. *Le Christ dans le désert*. Un tableau de Kramskoï », *les Écrivains russes et les arts plastiques*, op. cit., p. 117-122.
16. Cité d'après Sarabianov, 1989, p. 122.
17. Voir Garchine, 1976, p. 36-55.
18. Ouvrier qui, dans les chantiers navals, maintenait le rivet dans les tenailles tandis que le contremaître frappait sur celui-ci à coups de marteau. On surnommait ces ouvriers « têtras ».
19. Ouspensky, « 1882. À propos d'un seul tableau ! », *les Écrivains russes et les arts plastiques*, op. cit., p. 135-140.
20. Durant les travaux préparatoires à cette œuvre, Polenov avait étudié scrupuleusement les sources chrétiennes, effectué un voyage en Syrie, Palestine et Égypte, s'efforçant de rendre avec le plus de précision possible la scène de l'Évangile.
21. Korolenko, « 1887. Deux tableaux (réflexions d'un homme de lettres) », et Garchine, « 1887. Remarques sur les expositions », *ibid.*, *op. cit.*, p. 225-234 et 210-214.
22. La femme du boyard Morozov (XVIIe siècle), qui n'avait pas adopté les nouveaux rites de l'église orthodoxe russe introduits par le patriarche Nikon, fut enfermée, sur ordre du tsar Alexeï Mikhaïlovitch, dans un monastère, où elle mourut. Dans le tableau de V. I. Sourikov, la femme du boyard lève deux doigts – symbole de l'ancien rite pour lequel elle encourt la mort.
23. Pour avoir participé dans sa jeunesse à des manifestations estudiantines antigouvernementales, Korolenko avait été arrêté et envoyé en exil.
24. Nous soutenons un autre avis.
25. Gay, 1894, n° 4, p. 133.
26. L'un des traités de Tolstoï datant de la première moitié des années 1880 a pour titre *Critique de la théologie dogmatique*.
27. Tolstoï, 1909. Le traité a été rédigé entre 1897 et 1898.
28. Notons que le traité de Tolstoï *Qu'est-ce que l'art ?* fut rédigé après la mort de Gay (1894), mais qu'au début des années 1890, époque où Gay travaillait sur son cycle religieux, le point de vue de l'écrivain sur l'art était déjà tout à fait établi.
29. En 1876, déçu par les objectifs et le sens de l'art contemporain, Gay s'était installé dans la petite métairie de Pliska, dans la province de Tchernigov, et avait pratiquement cessé de travailler. C'est sa rencontre avec Tolstoï, à Moscou en 1882, et l'attrait pour ses idées qui avaient amené Gay à reprendre le pinceau (*L. N. Tolstoï et les artistes...* 1978, p. 24-29).
30. Tolstoï, *Q'est-ce que l'art ?*, op. cit., p. 69.
31. *L. N. Tolstoï et les artistes...*, op. cit., p. 121.
32. Tolstoï, « 1894. Lettre à P. M. Tretiakov », *les Écrivains russes et les arts plastiques*, op. cit., p. 187.
33. Arbitman, 1990, Moscou, p. 319-320.
34. Tolstoï, « 1890. Lettre à Kennan », *les Écrivains russes et les arts plastiques*, op. cit., p. 185.
35. Poroudominsky, 1970, p. 221.

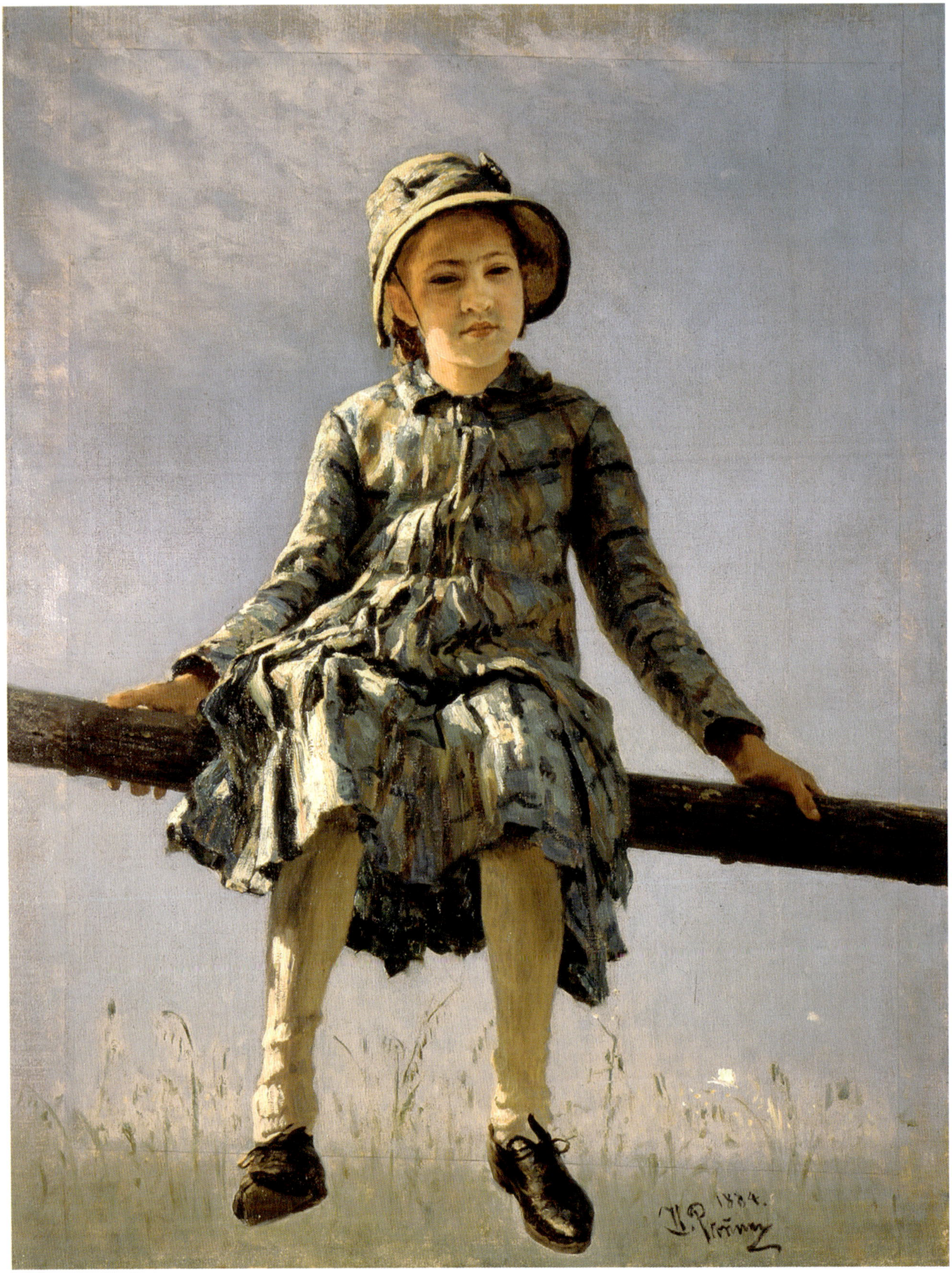

Cat. 409

Ilia E. Repine, *Libellule,* 1884,
huile sur toile, Moscou, galerie Tretiakov.

Individu et société : l'évolution du portrait russe (1870-1917)

Tatiana Karpova

traduit du russe par Nadine Dubourvieux

Le portrait avait toujours été l'un des points forts de l'école russe de peinture, or, la seconde moitié du XIXe siècle fut à juste titre considérée comme son apogée. C'était le temps d'une réflexion autour du problème de la personne, de ses possibilités, de son rôle dans la société, de sa responsabilité morale ; le temps de l'affirmation de l'approche psychologique du caractère, en littérature, au théâtre, dans les arts plastiques ; le temps de l'étude approfondie de l'homme objet d'observation (c'est précisément en ces années 1870 que la psychologie deviendra une discipline scientifique indépendante). L'art du portrait englobait aussi bien la conception humaniste de l'homme que celle qui était issue des sciences naturelles ; il se révéla moyen de connaissance de la personne et de la société.

L'essor du portrait russe fut lié aux avancées d'artistes tels que Vassily G. Perov et Ivan N. Kramskoï, Nikolaï N. Gay et Vassily I. Sourikov, Nikolaï D. Kouznetsov et Ilia E. Repine (cat. 409), Valentin A. Serov et Mikhaïl A. Vroubel. Le portrait n'était absolument pas leur seule spécialité mais tous les plus grands artistes de la seconde moitié du XIXe siècle étaient aussi de brillants portraitistes à leur époque. Rien n'est ici fortuit, puisque l'étude de portrait était devenue l'une des conditions *sine qua non* du travail dans un grand tableau, ce qui garantissait la vérité psychologique des œuvres à thèmes historiques ou contemporains. De semblables processus avaient été mis en place en littérature. Le XIXe siècle fut à juste titre considéré comme le siècle du roman. La forme romanesque qui s'était élaborée dans sa seconde moitié n'était pas concevable sans la base sur laquelle elle reposait, à savoir les portraits des personnages principaux. Le portrait devait établir les traits du héros, il apparaissait comme l'armature essentielle de la construction de l'œuvre littéraire. Le caractère, et non l'intrigue, était prioritaire dans *Oblomov* d'Ivan A. Gontcharov, *Anna Karenine* de Lev N. Tolstoï, *Pères et fils* d'Ivan S. Tourguenev. Dans le même temps, *Piotr et Alexeï* de Nikolaï N. Gay, *la Tsarevna Sofia*, *Ivan le Terrible* et *Ils ne l'attendaient plus* d'Ilia E. Repine (cat. 410, p. 73), *le Christ dans le désert* (cat. 286, p. 71) et *Un chagrin inconsolable* d'Ivan N. Kramskoï, *le Matin de l'exécution de strelitzs* (fig. 7, p. 39), *Menchikov à Berezovo* et *la Boïarynia Morozova* de Vassily I. Sourikov (fig. 8, p. 40), et toutes ces œuvres « tenaient » grâce aux portraits des principaux protagonistes, elles restaient fixées dans les mémoires grâce aux personnages. Le personnage était en effet devenu la clé de voûte du tableau, son centre nerveux.

La critique d'art des années 1860-1870 se passionna pour la question de savoir qui pouvait et devait servir de modèle au portrait. « ... Qui sont les saints, les héros, les chevaliers et les défenseurs du peuple à notre époque, celle qui passe et vient de passer ? », se demanda Kramskoï. À une époque charnière, une époque où chancelaient et tombaient les autorités d'autrefois, paraissaient nécessaires de nouveaux points de repère éthiques, personnifiés par des individus isolés. Dans les pages du *Journal d'un écrivain* consacrées à l'année 1876, Fedor M. Dostoïevsky s'interrogeait sur le contenu de l'expression « les gens les meilleurs », hier et aujourd'hui : « Toute société, pour exister et se maintenir, doit respecter quelque chose et quelqu'un de manière absolue, et surtout, c'est la société tout entière [...] qui a aboli le servage et conduit à ce profond changement en

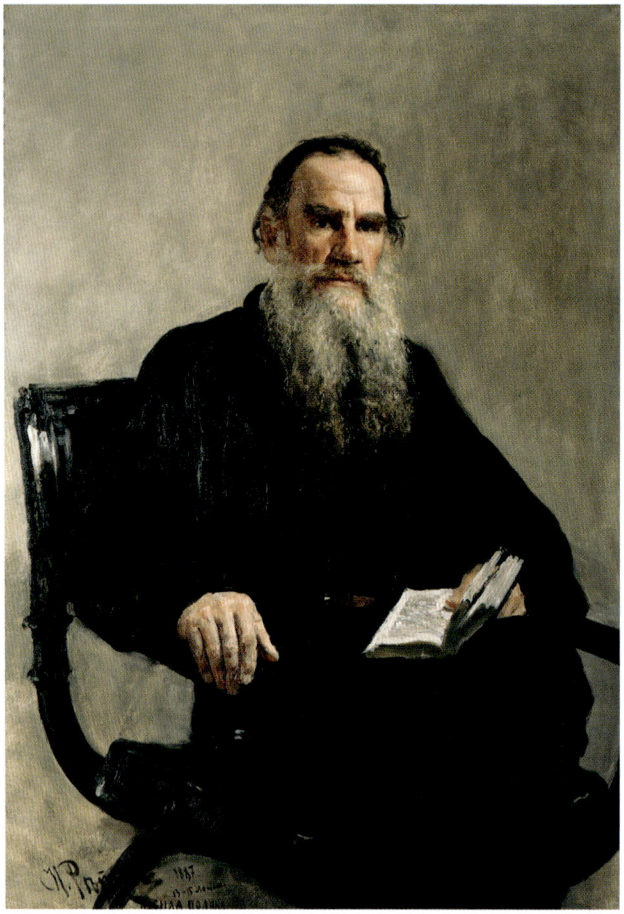

Cat. 411

Ilia E. Repine, *Portrait de L. N. Tolstoï,* 1887,
huile sur toile, Moscou, galerie Tretiakov.

tout. » Suivirent alors ces questions : « Où donc est aujourd'hui “ le meilleur des hommes ” qui serait reconnu par tous ? Qui et quoi la société doit-elle vénérer, qui doit-elle imiter ?... »

La question des « meilleurs » occupait également les esprits après l'apparition d'une nouvelle idole : l'argent. Le marchand « se vit soudain à un des postes les plus élevés de la société [...] il était maintenant de plus en plus convaincu lui-même [...] que c'était lui désormais l'être “ le meilleur ” sur cette terre, qu'il supplantait même tous ceux qui l'avaient précédé... » (F. M. Dostoïevsky). Mais les prétentions des marchands à une position dans la « caste des meilleures personnes », qui s'était élargie, étaient contrecarrées aussi bien par la noblesse que par l'intelligentsia. Le dessin satirique de Vassily G. Perov *Une idylle contemporaine* (1880, Moscou, galerie Tretiakov) était l'expression concrète de cette usurpation, Perov y parodiant le portrait allégorique d'apparat. Ce dessin représente le marchand campé sur son trône, un aigle – symbole du pouvoir – à ses pieds, une femme nue – allégorie de la Gloire – claironnant dans son dos ; le trône est entouré d'une foule quémandant aide et bénédiction, l'œil suppliant et plein d'espoir tourné vers le marchand. Cette *Idylle contemporaine* exagère les effets du *Portrait du marchand I. S. Kamynine* (1872, Moscou, galerie Tretiakov), œuvre du même Perov.

Hormis la question des « meilleures » (et par conséquent des modèles dignes de l'être pour les portraits), la société et la critique d'art se posaient la question de savoir quel portrait pouvait être considéré comme une « œuvre d'art véritable ». En vertu des analyses de la « théorie du portrait » que détenait en partie la critique d'art et le journalisme, le portrait digne de l'attention et de l'intérêt de la société devait, outre la ressemblance et la vérité psychologique, rendre avant toute chose l'idée de l'individu ; deviner la « principale pensée du visage » (F. M. Dostoïevsky, *l'Adolescent*). Le vocabulaire de la critique reprenait souvent les mêmes expressions : « propension à plonger à l'intérieur de l'homme », capacité à rendre le « trait essentiel de la personnalité » ce qui « sur le plan spirituel, distingue du commun » ;

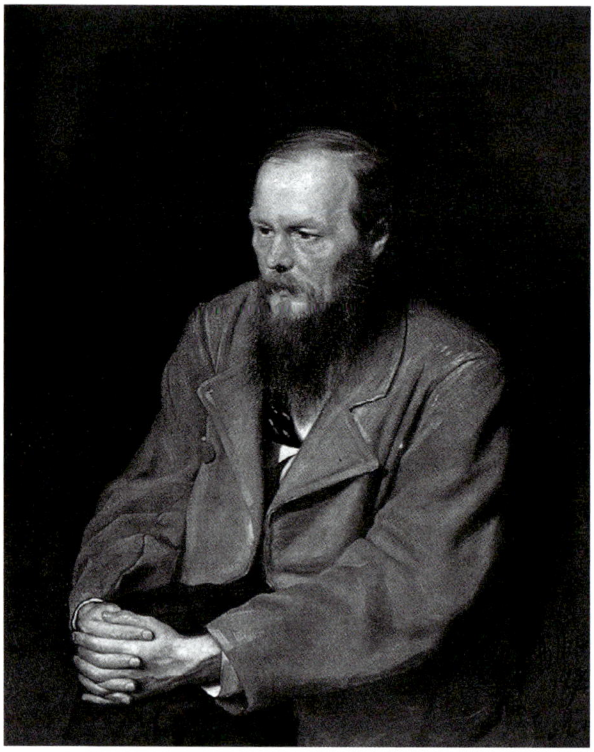

Fig. 1. **Vassily G. Perov, *Portrait de Dostoïevsky,* 1872,**
huile sur toile, Moscou, galerie Tretiakov.

on soulignait que « le portrait n'est pas un masque », n'est pas une simple « description » du visage, qu'il devait au contraire posséder la « somme de contenu idéal de l'homme ».

À l'époque dont nous parlons, être une personnalité signifiait avoir pris conscience de soi-même, « penser de manière critique » (expression répandue du XIXe siècle). Le *Portrait de F. M. Dostoïevsky* (fig. 1), œuvre de Perov, allait, au sein du portrait russe, devenir le parangon de la personnalité qui pense. Un visage blême, nerveux, « chiffonné », sur fond de ténèbres ; des mains posées sur les genoux, fermées à double tour. Ce verrou des mains est une métaphore du cercle de la pensée qui tourne en rond. D'intéressantes analogies de composition et de sens apparaissent lorsque l'on compare ce portrait de Dostoïevsky au *Christ dans le désert* (cat. 286, p. 71) de Kramskoï. Ils se rejoignent, car tous deux sont plongés dans la contemplation d'un certain « drame de la pensée », grandiose et poignant.

Le portrait reflétait et créait tout à la fois le mythe d'une intelligentsia russe, élue, stoïque, investie d'une mission. Les portraits les plus classiques n'étaient pas de simples portraits, pas seulement des portraits. Une personnalité isolée était prise comme un « phare », un « professeur de vie » (fig. 2), et le portrait devenait une sorte de « nouvelle icône » de cette époque de conscience matérialiste et positive.

Le fondateur de la galerie Tretiakov, Pavel M. Tretiakov (fig. 3), avait commencé, à la fin des années 1860, à acquérir et à commander des portraits des grands acteurs de la culture russe. Jusqu'à la fin des années 1880, les portraits des « écrivains, compositeurs et acteurs en général des milieux artistiques russes » (P. M. Tretiakov) entraient par séries entières dans ses salles d'exposition. La collection de portraits de Tretiakov était conçue comme un musée dans le musée : une galerie nationale du portrait au sein d'une galerie nationale de peinture. Le projet de Tretiakov et son implication personnelle stimulaient le développement du portrait en peinture, créaient dans la culture un champ de forces. Bien des portraits de Kramskoï, de Repine, de Nikolaï A. Iarochenko n'étaient pas des commandes directes de Tretiakov, mais ils étaient notoirement orientés vers sa collection. Ce dernier avait stimulé par ses commandes le développement de la peinture de portrait en Russie, conservé pour les générations suivantes

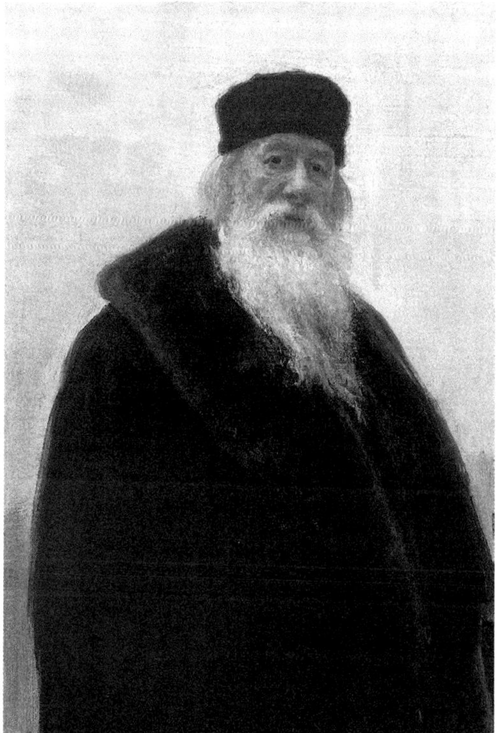

Fig. 2. **Ilia E. Repine, *Portrait de V. V. Stassov,*** huile sur toile, Moscou, galerie Tretiakov.

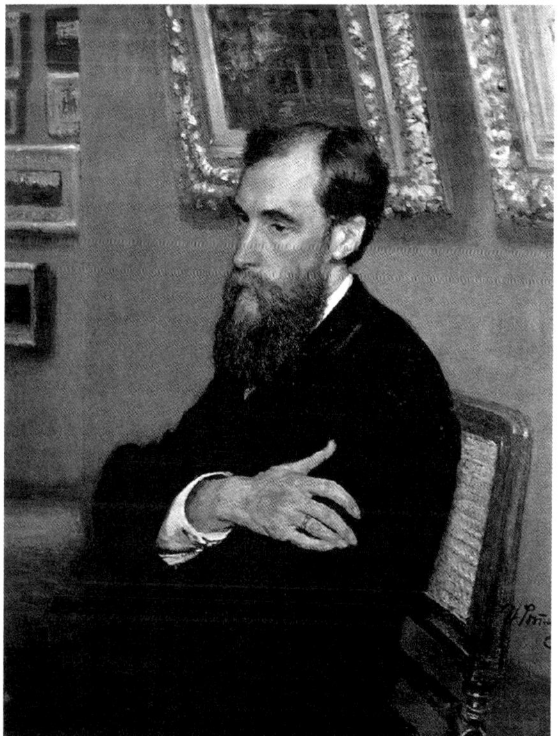

Fig. 3. **Ilia E. Repine, *Portrait de P. M. Tretiakov,* 1883,** huile sur toile, Moscou, galerie Tretiakov.

l'image, saisie de leur vivant par les plus grands artistes russes, des écrivains, compositeurs, musiciens, peintres, acteurs, historiens, médecins, savants, hommes de loi russes. La galerie de portraits des « figures chères à la nation », des « maîtres spirituels », des « seigneurs de la pensée », de « la conscience du peuple » de la collection Tretiakov jouait le rôle de point de repère moral, elle agissait comme un principe « redresseur », elle apparaissait comme un concentré de la connaissance de soi acquise par la personnalité isolée et la société dans son ensemble.

Les portraits d'écrivain occupaient une grande place dans cette collection. La littérature, par son influence sur la conscience sociale, jouait un rôle prépondérant dans la culture russe de la seconde moitié du XIXe siècle et du début du XXe siècle. La personnalité de l'écrivain était perçue comme une incarnation de la conscience sociale. C'est tout le poids de leur responsabilité envers le destin de leur peuple que portaient les héros des meilleurs portraits de Kramskoï et de Perov commandés par Tretiakov : ceux de Tolstoï (fig. 4), Nikolaï A. Nekrassov, Mikhaïl E. Saltykov-Chtchedrine, Dostoïevsky. De plus, l'interprétation de la personnalité des écrivains russes dépasse le cadre de leur caractère réel, de leur biographie, de leur création littéraire. Nous avons devant nous des êtres réels et qu'en même temps l'auréole des héros, des prophètes, élève au-dessus de la réalité. Ainsi, *Saltykov-Chtchedrine* évoque des fresques de Novgorod du Nord où le Christ Pantocrator est plein de colère et d'autorité, tandis que *Nekrassov* rappelle Nicolaï le thaumaturge ou le prophète Ilia des icônes de l'école du Nord. Perov a peint le portrait de Vladimir I. Dal (1872, Moscou, galerie Tretiakov) – écrivain, lexicographe, ethnographe, auteur du célèbre *Dictionnaire raisonné de la langue russe vivante* – au cours de la dernière année de la vie de Dal, au moment du bilan. Le vieil homme, sec, assis dans un grand fauteuil Voltaire, semble contempler le gouffre des années passées. Ses traits rappellent les visages des *staretzs,* vieux saints de l'ancienne Russie. L'extrême sérieux de la relation du peintre à son modèle et celui de la relation du modèle à lui-même semblent être l'une des particularités du portrait russe.

Les détenteurs du pouvoir spirituel et de l'autorité morale n'étaient pas l'église et ses serviteurs, mais des personnalités individuelles, écrivains avant tout. L'iconographie de Lev N. Tolstoï est particulièrement riche et variée. Sa personnalité focalisait toute la conscience sociale en Russie (et au-delà) ; Repine tenait compte de l'intérêt exacerbé que soulevaient la vie et le quotidien du « comte-moujik de Iasnaïa Poliana » et des images les plus répandues de cette légende vivante. Tolstoï laboureur, Tolstoï fauchant, Tolstoï en prière dans la forêt. Cette série de portraits de l'écrivain par Repine se poursuit par un *Lev Tolstoï pieds nus* (cat. 413, p. 74), dans lequel l'artiste paraît avoir appliqué le précepte de Tretiakov : « Lev Nikolaevitch est une personnalité d'une telle ampleur que sa silhouette doit passer grandeur nature à la postérité et absolument, l'été, au grand air. » Repine peignit plusieurs fois Tolstoï et fut chaque fois totalement fasciné : « ... après son visage, tous les autres paraissent ennuyeux et plats », disait-il.

Repine a réussi, dans ses portraits d'artiste (fig. 5), ce que peu de portraitistes parviennent généralement à réaliser : faire se rejoindre la figure quotidienne et le don créateur sans avoir recours à l'idéalisation, sans quitter la terre ferme de la vérité pratique tirée de l'observation du modèle, transformer l'apparence prosaïque d'un grand homme en une sorte d'indéfectible icône. Dans le portrait du compositeur Modeste P. Moussorgsky (1881, Moscou, galerie Tretiakov, cat. 408), qui est peut-être le portrait le plus génial qu'ait fait Repine, il atteint une sincérité extrême dans la représentation de la chair de cet homme, ravagée par les maladies et l'alcoolisme : une silhouette massive, un visage boursouflé, un nez rouge, des cheveux ébouriffés. Mais l'on sent en même temps que ce corps malade abrite un esprit créateur puissant, on sent l'envergure de cet homme, son ampleur, on sent qu'il n'est pas un homme ordinaire. Avec ce portrait de Moussorgsky, Repine a rendu tout le relief de cette personnalité, où le prosaïque ne rabaisse ni n'éteint en lui la grandeur du principe créateur. Ce refus de travestir et d'enjoliver l'apparence d'un grand compositeur, qui plus est condamné par la maladie, est conscient. Ici transparaissent la largeur de vue et la capacité de comprendre, accepter et respecter la personne de l'autre sans fausse pudeur ni sentimentalité, sans hypocrisie et dans toute sa complexité avec les contradictions de sa nature, typiques de la culture de la seconde moitié du XIXe siècle.

Dans les années 1870-1880, le portrait avait pris, il est important de souligner, un caractère de « confession ». Il ne cherchait généralement plus la variété des poses, des gestes, des accessoires, des combinaisons de couleurs, il s'en tenait souvent à un schéma de composition uniforme, mais toujours il tournait vers nous le visage du modèle, jamais il ne cachait son regard.

La richesse intérieure ne resta pas le seul apanage des classes cultivées ; en tant qu'individus hors du commun, les paysans, les pauvres, les simples d'esprit, les pèlerins prirent place dans les portraits de la seconde moitié du XIXe siècle. *Le Bossu* de Repine (1881, Moscou, galerie Tretiakov), *le Pèlerin* de Perov (1870, Moscou, galerie Tretiakov), *l'Homme des champs* de Kramskoï (1874, Moscou, galerie Tretiakov) côtoyèrent Dostoïevsky, Nekrassov, Saltykov-Chtchedrine, Tolstoï, Pirogov. Les portraits de paysans de Kramskoï, de Perov et de Repine élevèrent ces gens du peuple à un rang naguère réservé aux représentants de l'aristocratie et aux « grands hommes ». Le portrait en tant que genre affirmait par là la pensée humaniste de la valeur hors toutes classes sociales de la personne humaine, de l'égalité fondamentale des hommes de toutes conditions, il créait sous forme artistique le rêve d'une structure sociale juste. La galerie de portraits de la seconde moitié du XIXe siècle est à sa manière une utopie sociale, un prototype du Royaume de Dieu sur terre, où il n'y aurait ni pauvres ni riches, où les gens travailleraient en frères pour le bien de tous.

Cette façon de réunir en un même panthéon portraits de paysan et de « grand homme » correspondait aux recherches d'un dénominateur commun, d'une base commune qui unifierait le caractère national russe. Cette base, le philosophe Gueorguy Fedotov la voyait dans la « lumineuse humanité » des relations, dans l'esprit du christianisme que l'âme de peuple tout entier avait saisi en profondeur : « Ici des personnes étrangères lors d'une rencontre fugitive peuvent se sentir proches, ici rien n'est étranger [...]. Les principes claniques du mode de vie slave se sont profondément mêlés à la culture chrétienne [...], et, par cette lumineuse humanité des relations que nous pouvons opposer à l'esprit "courtois" des chevaliers de l'Occident, nos plus grands hommes s'apparentent aux derniers des moujiks de la campagne profonde. »

L'été de 1874 fut le point culminant de cette « marche vers le peuple » qui avait saisi la société, intellectuels et étudiants partant en masse dans les campagnes pour y répandre la civilisation et la propagande. Tentative héroïque de réduire l'immense fossé qui séparait en Russie classes populaires et cultivées. Les portraits de paysans furent à leur manière un travail d'investigation dont le fondement était l'effort de se rapprocher du peuple, de regarder en face les paysans, de comprendre la psychologie du paysan russe, d'essayer de comprendre de quoi était fait le caractère national, la psychologie nationale.

Nikolaï N. Gay occupe une place à part parmi les portraitistes de cette époque (Perov, Kramskoï, Repine). L'œuvre de Gay portraitiste corrige le regard lucide et rationnel sur l'homme que proposait l'art du siècle de fer. Il restait le gardien de l'émotion poétique, des émois de la personnalité, héritage du romantisme. Le caractère ouvertement affectif des portraits de Gay, l'intensité des contrastes de lumière, l'expressivité de la facture en font une résurgence du portrait romantique (*Portrait de N. I. Petrounkevitch*, 1892-1893, Moscou, galerie Tretiakov).

De l'aveu de Gay, il peignit plus de cent portraits et pas un ne répète l'autre. Son œuvre de portraitiste étonne par sa nouveauté, par le caractère inattendu des solutions qu'il propose, il est imprévisible. Cette permanente agitation, insatisfaction, provoquait chez l'artiste la quête d'innovations en matière de composition et de coloris. Il cherchait chaque fois « la forme vivante » qui corresponde au type psychophysiologique de son modèle, à son essence spirituelle. Les portraits de Gay

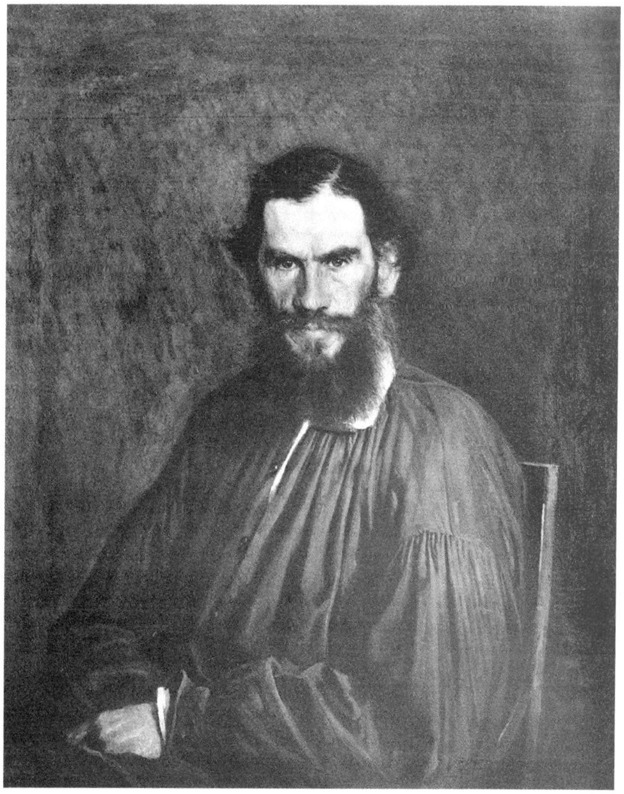

Fig. 4. **Ivan N. Kramskoï**, ***Portrait de L. N. Tolstoï***, 1873, huile sur toile, Moscou, galerie Tretiakov.

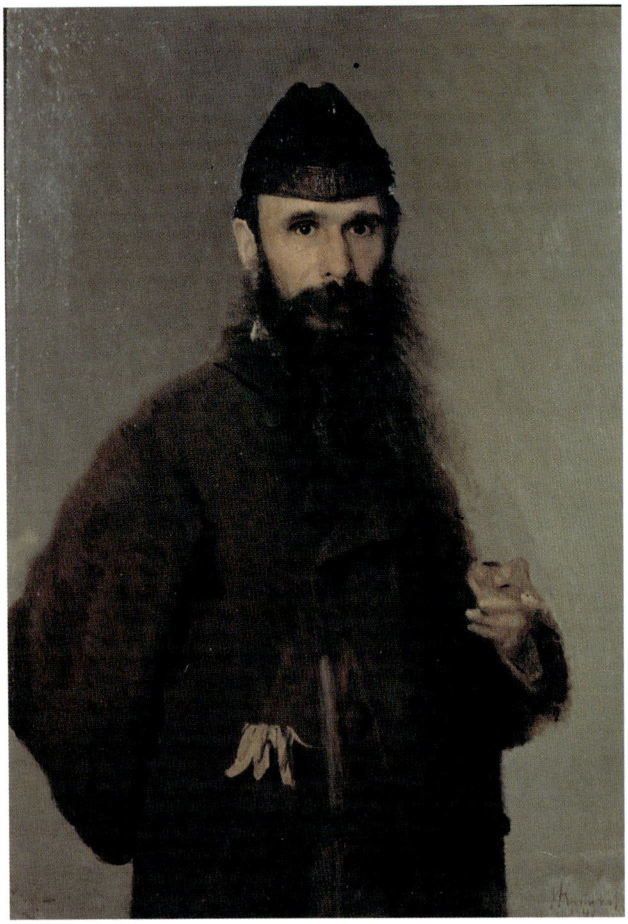

Cat. 288

Ivan N. Kramskoï, *Portrait de A. D. Litovtchenko,* 1878,
huile sur toile, Moscou, galerie Tretiakov.

« Le tableau n'est pas le mot, on a une minute et tout doit s'y trouver dans cette minute, [...] un coup d'œil et c'est tout, comme Roméo et Juliette et inversement... », disait l'artiste.

Si l'univers des portraits de Perov et de Kramskoï était un univers hiérarchisé, aucune hiérarchie déchiffrable n'était visible dans celui de Gay. Sa sympathie envers l'humain mettait tout le monde à égalité. Tout esprit de parti lui était étranger, et il pensait que dans toutes les sociétés, dans toutes les classes sociales se trouvaient des personnes intelligentes et honnêtes.

L'œuvre de Gay portraitiste manifestait son indifférence à l'égard des diversités nationales et sociales. Si Kramskoï était le portraitiste de l'intelligentsia russe (cat. 288), Perov celui de la pensée russe proche du terroir, Iarochenko celui de la jeunesse révolutionnaire, Vasssily I. Sourikov celui de l'intemporel idéal national, l'œuvre de portraitiste de Gay n'est lié, lui, à aucune classe ni sociale ni d'âge, à aucun type national. Sa galerie de portraits était une espèce de société maçonnique, de confrérie spirituelle.

portaient le caractère unique de chaque personnalité ; il savait capter la coloration particulière, la « température » du champ émotionnel qui accompagnait chacun. Tout cela, ressenti et non analysé. L'individualité n'était pas étouffée, engloutie par les idées générales sur l'homme que générait l'époque. C'était avec d'infinies précautions que Gay abordait l'univers de chacun.

La froide analyse objective, tout comme l'effort de fixation de traits typiques, « génériques », étaient parfaitement étrangers à Gay. Son image de l'homme ne pouvait être contemplée qu'avec amour. Gay n'analysait pas son modèle, n'ironisait pas sur lui, ne l'épiait pas. Il contemplait l'homme avec la crédulité de l'amoureux, et le spectateur éprouvait physiquement la décharge d'affection sincère échangée entre l'artiste et celui qu'il peignait. Les portraits de Gay n'étaient pas calculés pour être longuement contemplés, ils devaient agir instantanément sur le spectateur, l'envahir émotionnellement :

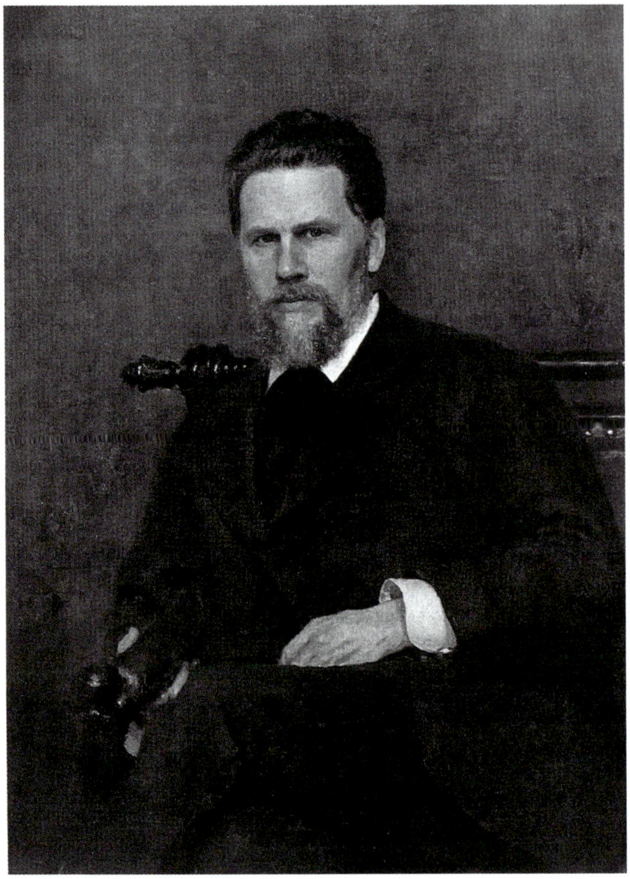

Fig. 5. **Ilia E. Repine, *Portrait de I. N. Kramskoï,* 1882,**
huile sur toile, Moscou, galerie Tretiakov.

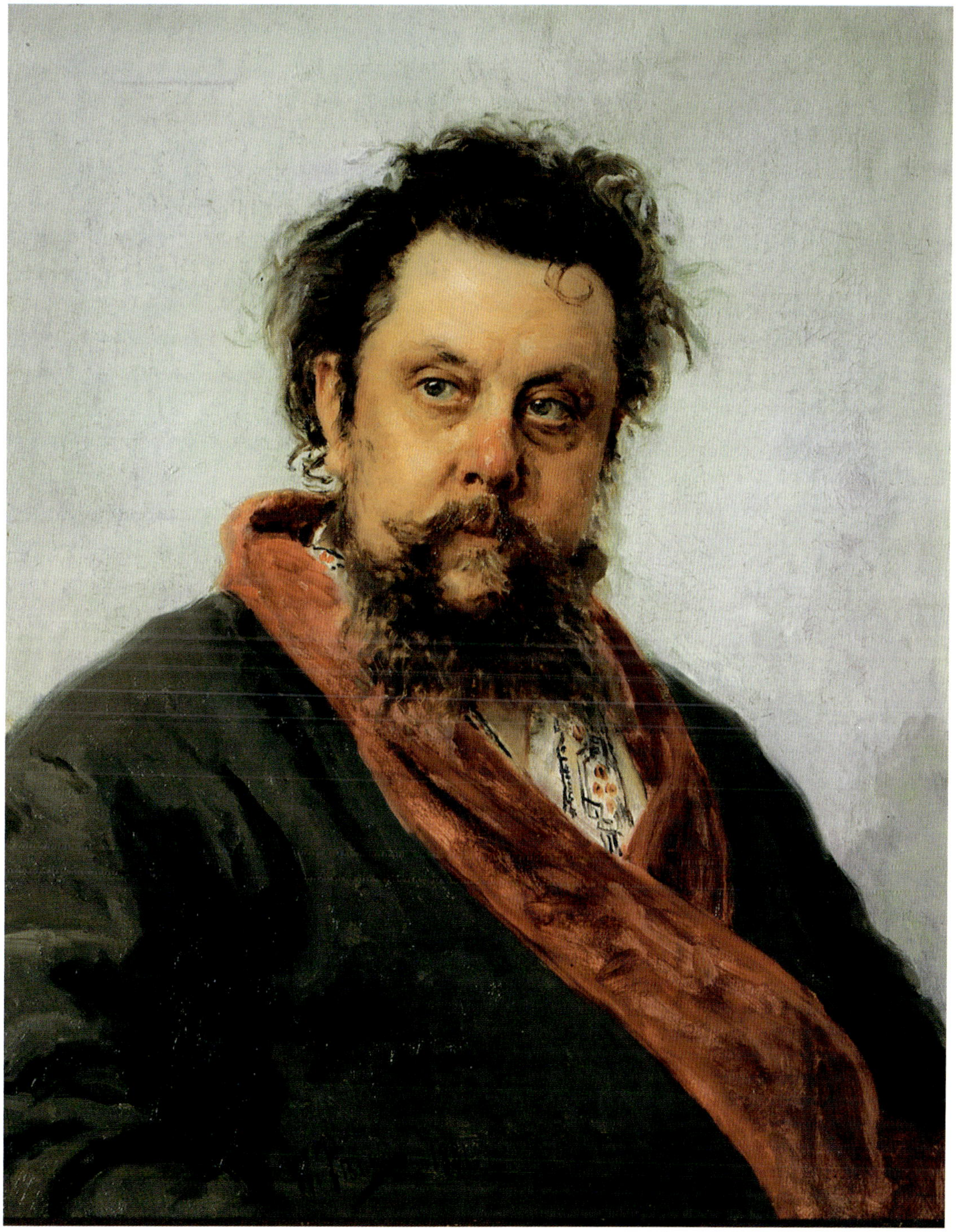

Cat. 408

Ilia E. Repine, *Portrait de M. P. Moussorgsky,* 1881,
huile sur toile, Moscou, galerie Tretiakov.

Elle laisse finalement un sentiment lumineux. Sans ces portraits, l'œuvre de Gay serait comme amputé, il paraîtrait trop sombre, trop hystérique. Ceux-ci contrebalancent l'expression déchirante de ses tableaux évangéliques. Son travail sur le portrait permettait à Gay de trouver une confirmation à sa foi en l'homme, d'admirer la beauté de son univers spirituel, de ses qualités morales.

Vers la fin du XIXe siècle, la méthode analytique du réalisme s'épuisait. L'opposition de l'art à la prose des rapports bourgeois revêtait désormais un caractère plus à proprement parler esthétique qu'éthique. Les artistes opposaient au monde de l'utilité bourgeoise, de la plate existence terre à terre, leurs recherches d'harmonie et de beauté. Le programme esthétique du nouvel art avait été formulé par Valentin A. Serov comme un désir de quelque chose de « réjouissant ». Élève de Repine, héritier des meilleures traditions de l'école réaliste, Serov s'affirma, dès ses débuts, comme un novateur de principe. Son portrait *la Jeune Fille aux pêches* (fig. 6) marqua une étape pour l'art russe, celle d'un tournant allant du réalisme critique des ambulants vers un réalisme poétique. Le paysage, la scène d'intérieur, la nature morte, le portrait, additionnés dans cette œuvre charmante, formaient une sorte de nouvelle synthèse des genres. Le thème de *la Jeune Fille aux pêches,* celui de l'harmonie entre l'homme et la nature, se trouva de nouveau développé dans le remarquable portrait de la femme de l'artiste *l'Été. Domotkanovo* (cat. 427, p. 56).

Dans les années 1890-1910, des qualités comme la ressemblance, l'objectivité, la capacité d'analyse céderont la place au désir d'une plus grande vivacité des images, de manifestations de la relation personnelle de l'artiste au modèle. Une nouvelle conception du portrait éloigne ce qui caractérise la personnalité du centre de l'objectif et peut l'exprimer dans la tournure d'une silhouette, un geste, une situation (fig. 7). Comme n'importe quelle évolution, celle du portrait comptait de précieuses acquisitions mais aussi des pertes substantielles. L'immédiateté émotionnelle, la variété dans la composition, l'esthétisation de la facture picturale devinrent l'apanage du portrait, en revanche, la convaincante illusion de l'authenticité du modèle et du contact réel avec lui fut perdue ; l'aura chargée de sens qui entourait le portrait, la place unique qu'il occupait dans le climat spirituel de la société furent reléguées dans le passé de la culture.

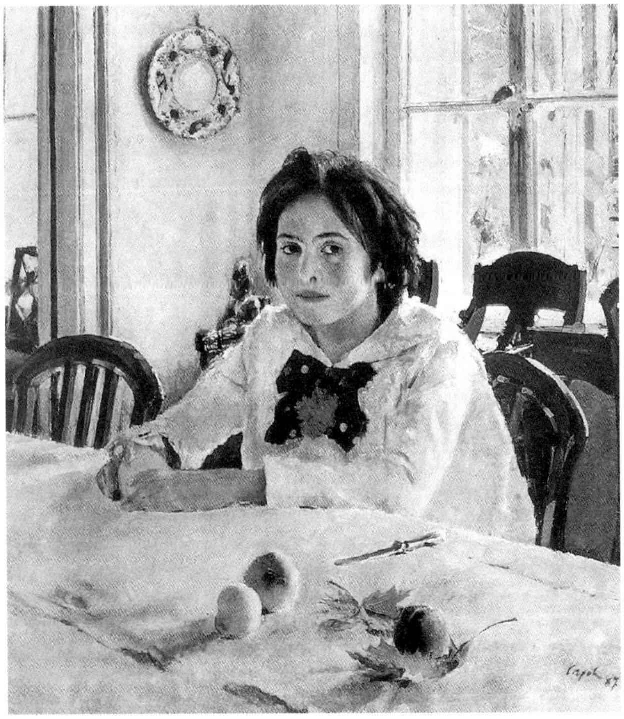

Fig. 6. **Valentin A. Serov, *la Jeune Fille aux pêches* (portrait de V. Mamontova, voir p. 64), 1887,** huile sur toile, Moscou, galerie Tretiakov.

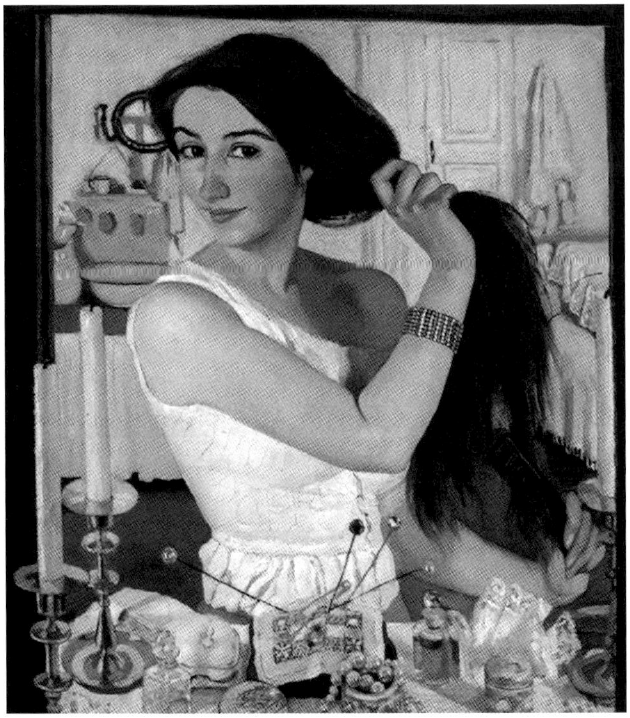

Fig. 7. **Zinaïda E. Serebriakova, *Autoportrait,* 1909,** huile sur toile, Moscou, galerie Tretiakov.

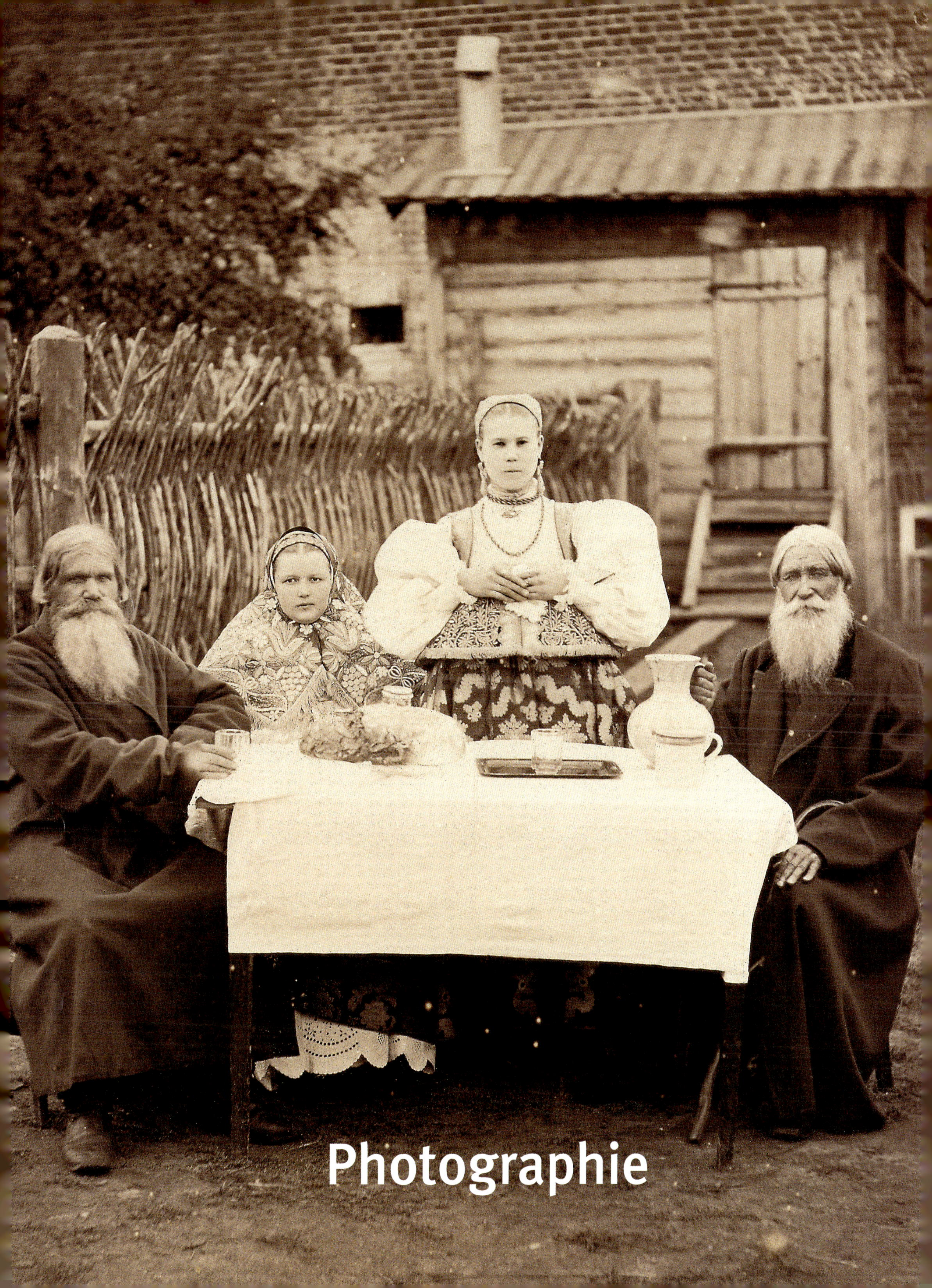

Photographie

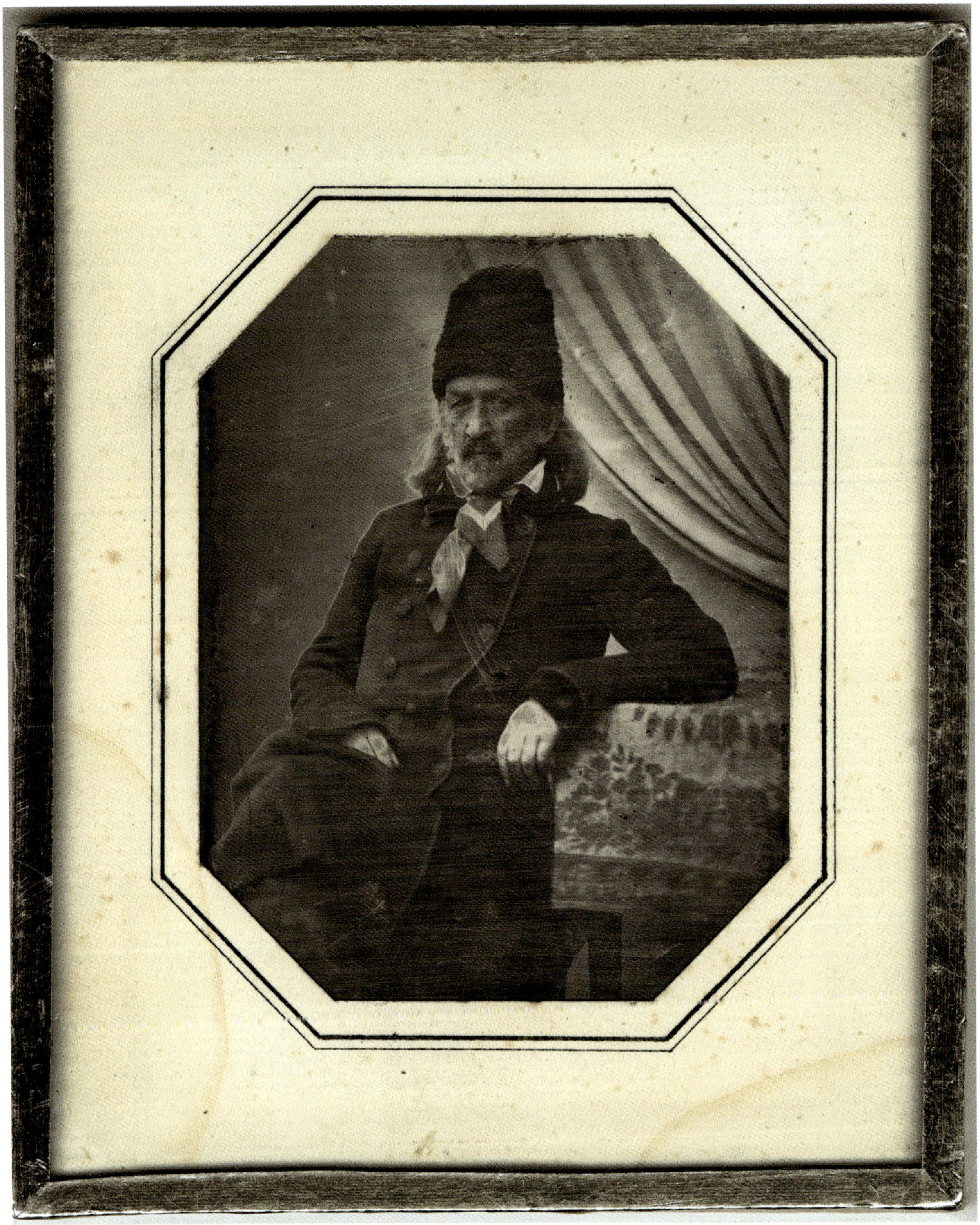

Cat. 174

Alfred Davignon, ***Portrait du prince S. G. Volkonsky,*** **1845,**
daguerréotype, Moscou, musée national d'Histoire.

page précédente, cat. 393

Ivan P. Raoult, ***Famille rassemblée en costume traditionnel, gouvernement de Nijni-Novgorod,*** vers 1875,
épreuve sur papier albuminé d'après un négatif verre au collodion,
Paris, Bibliothèque nationale de France, département des Estampes et de la Photographie.

Les origines de la photographie russe : fragments d'une histoire (1839-1917)

Elena Barkhatova

traduit du russe par Nadine Dubourvieux

À l'automne de 1839, « trois dessins de Daguerre » furent exposés à l'Académie des beaux-arts de Saint-Pétersbourg : une vue de Paris prise du Pont-Neuf et deux intérieurs d'atelier d'artiste. Pour la première fois, cette citadelle du « grand » art, la salle du fameux Karl Brullov, voyait, juxtaposés, des spécimens de la photographie naissante et des toiles ou œuvres graphiques. Si le grand public avait accueilli avec intérêt la nouvelle invention, les peintres professionnels étaient plus réservés : « Ces petits dessins tout noirs, quelque peu semblables à des aquatintes, sont extraordinaires par la fidélité avec laquelle ils reproduisent les moindres détails [...] Mais utiliser le daguerréotype pour le portrait nous paraît inutile. Cette fidélité mathématique [...] cette précision morbide du détail ne peuvent suffire au portrait, il a besoin d'expression et de vie. Seule la force du talent et de la pensée peut les capter et les transmettre : la machine n'y peut rien[1]. » (cat. 33).

Dès juin 1840, Alexeï F. Grekov ouvrait à Moscou le premier atelier professionnel spécialisé. Grekov réussit, en se proposant de remplacer la coûteuse plaque d'argent par l'argenture galvanique d'une plaque de cuivre ou de laiton, à fixer durablement l'image et à éliminer le miroitement qui ternissait la qualité du cliché. Ce n'est pas par hasard que, en novembre 1840, François Arago a cru bon, lors d'une assemblée de l'Académie des sciences de Paris, de faire part des innovations de ce maître russe et d'en présenter le travail. Cependant, Alfred Davignon et Henri Fauconnier ouvraient à Saint-Pétersbourg, en novembre 1841, le premier « établissement de confection de portraits daguerréotypes en deux minutes », considéré comme le meilleur de la capitale, malgré la concurrence nombreuse des maîtres étrangers accourus en Russie, alléchés qu'ils étaient par l'immensité du marché. On sait qu'en 1843 ouvrent à Saint-Pétersbourg les ateliers des frères Wilhelm Karl et Friedrich Wilhelm Zwerner, celui de Joseph Weninger, de Guillaume Schonfeld ; en 1844, celui de Carl Dauthendey et de Karl Lüdwig Kulisch ; en 1844, Heinrich Weninger travaille à Moscou, en 1845, Alexander Hermann Blümental également. Ces deux villes les plus importantes de Russie comptaient aussi un grand nombre de daguerréotypistes ambulants, dont les activités s'éteignirent sans laisser aucune trace documentaire. Mais dès 1844, on lisait dans le journal *Severnaïa Ptchela (l'Abeille du Nord) :* « Les portraits au daguerréotype font maintenant partie du bien commun ; leur prix baisse davantage

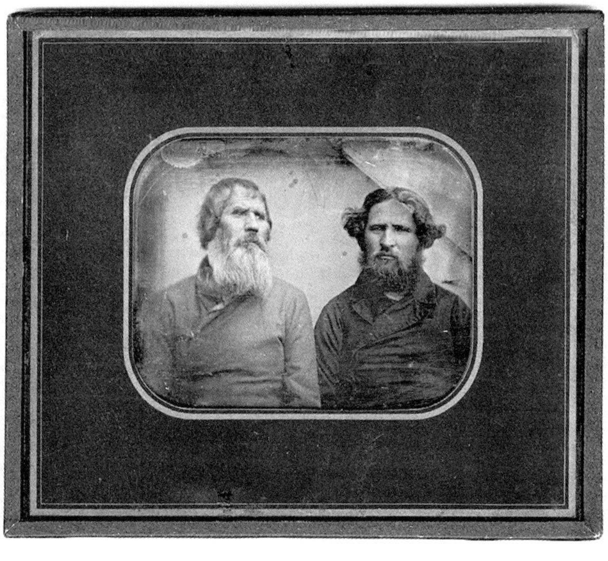

Cat. 33

Anonyme, *Portrait des Zlakozov père et fils,* 1840-1850,
daguerréotype, Moscou, musée national d'Histoire.

de jour en jour[2]. » Cela obligeait les maîtres du daguerréotype à chercher sans cesse comment renouveler leur production. Davignon, par exemple, qui vivait depuis l'enfance en Russie, décida d'effectuer un voyage dans les provinces de Saint-Pétersbourg, Moscou, Tver, Novgorod et quelques autres afin de photographier des vues de ville, des monuments historiques, des « types » nationaux en costume. Comme il possédait la technique de la lithographie, il prévoyait de transposer ensuite les images daguerriennes sur pierre et de les imprimer sur papier, selon le principe de la lithographie. Sera ainsi publié, en livraisons séparées, un album intitulé *Promenades daguerriennes à travers la Russie*[3]. L'entreprise d'envergure conçue par Davignon, tout à fait comparable à la célèbre publication de N.-M. Lerebours *Excursions daguerriennes, représentant les vues et les monuments anciens et modernes les plus remarquables,* aurait considérablement élargi l'éventail de la production en Russie tout en favorisant l'éducation. Il ne reçut néanmoins pas d'argent et fut, pour cette raison, obligé d'en gagner en s'adonnant au portrait, une fois accompli, en 1843, le voyage dont il avait fixé l'itinéraire. À l'automne de 1844, le photographe se rendit toutefois au fin fond de la Sibérie après avoir visité Perm, Ekaterinbourg, Tobolsk, Omsk, Krasnoïarsk, Irkoutsk et Kiakhta. Il y réalisa des vues aussi bien que des portraits ; parmi ses modèles s'étaient trouvés des criminels d'État condamnés à l'exil : gentilshommes ayant participé au soulèvement décabriste, en 1825, place du Sénat à Saint-Pétersbourg. Cela valut à Davignon d'être arrêté, puis finalement libéré à l'automne de 1845 après une enquête spéciale. Mais ne subsistèrent, du grandiose « projet russe », que quelques portraits de déportés politiques, conservés par miracle grâce à l'inertie de la police. Le photographe s'y distingue par son sens rare de la psychologie et sa capacité à percevoir et restituer l'envergure de personnalités hors du commun telles que, par exemple, le prince Sergueï G. Volkonsky et sa femme, la princesse Maria N. Volkonskaïa, qui avait suivi son mari en Sibérie. (cat. 174).

I. Weninger et Dauthendey attiraient le public en coloriant leurs daguerréotypes et en utilisant un « fond doré », ce qui rapprochait leurs portraits des miniatures peintes. Ce sont justement eux qui, les premiers, dès 1847, adoptèrent aussi la photographie sur papier. Dauthendey et Weninger, que l'Académie des arts avait dû départager en 1847 afin de déterminer qui avait le premier utilisé le papier, n'étaient pas les seuls à employer cette méthode moderne. En 1849, ouvrait dans le passage de Saint-Pétersbourg le cabinet de portraits photographiques de V. Blet et E. Hesse, qui précisaient à leurs clients : « Les portraits photographiques, en noir ou coloriés, ont, dès leur invention, été reconnus [...] à travers l'Europe entière, comme surpassant de loin les habituels daguerréotypes. Une pointe artistique augmente encore une ressemblance déjà frappante [...] La main de l'artiste met une touche finale au décor qu'a tracé la nature, et cette union de l'art et de la nature engendre quelque chose d'extraordinairement beau[4]. » L'intervention de l'artiste sur le positif papier était non seulement infiniment plus aisée, mais aussi, incontestablement plus naturelle que le coloriage de la surface métallique du daguerréotype, qui exigeait des savoir-faire spécifiques et une connaissance de la chimie. Les photographies sur papier rappelaient les portraits à l'aquarelle qui avaient fait partie, à une époque encore toute récente, des usages culturels de la société russe[5].

À la fin des années 1840 et dans la première moitié des années 1850, en Russie comme dans le reste du monde, la photographie sur papier coexiste avec le daguerréotype. Les maîtres célèbres dans le Moscou de cette époque étaient Joseph Weingartner, disciple de l'école de Düsseldorf, le Suédois Karl Peter Mazer, qui avait étudié dans plusieurs académies des arts de l'Europe, les frères Blumenthal et Edouard Wilhelm Mükke, ressortissants allemands, ainsi que Joseph Peychez et G. Deveria, venus de Paris. Quant à Saint-Pétersbourg, en plus des neuf ateliers déjà répertoriés dans *l'Indicateur municipal* [6], Sergueï Levitsky s'y établissait, à l'automne de 1849. Il devint très rapidement l'artiste le plus réputé, la tête de file véritable de l'école russe de photographie. Levitsky avait appris la photographie à Paris, il connaissait personnellement Daguerre et de nombreux savants de différents pays, à propos desquels il rédigea d'intéressants souvenirs[7] (fig. 1). Levitsky reçut de la Société d'encouragement à Paris en 1843 une médaille d'or pour ses daguerréotypes. Il réalisa, en 1853, des portraits daguerréotypes du tsar et de la tsarine, Nicolas Ier et Alexandra Fedorovna, portraits qui furent ensuite lithographiés, permettant ainsi le développement d'une propagande visuelle, et de même en 1868 le *Portrait d'Alexandre II et de la tsarine Maria Alexandrovna* (fig. 2).

Cela était inhabituel en Russie, puisque, dans les milieux officiels, se trouvait mise en doute l'éventualité même d'abandonner le portrait à des non-professionnels, c'est-à-dire à des individus qui ne se seraient pas soumis à de longues années d'étude du « grand » art. C'est bien évidemment dans cette perspective que le conseil administratif de Saint-Pétersbourg adressa en 1854 une requête spéciale à l'Académie des beaux-arts « au sujet des daguerréotypistes et autres photographes » qui, comme le notaient avec indignation les membres du conseil, « sans appartenir à la corporation des artistes peintres ni posséder d'attestations de connaissances en matière artistique, réalisent des portraits »[8]. Le conseil de l'Académie des beaux-arts, où régnait une stricte hiérarchie des genres dans les arts plastiques, répondit avec condescendance que la lithographie et la photographie n'étaient, de manière générale, qu'un « artisanat n'exigeant pas de connaissances dans l'art du dessin[9] ».

Mais dans le même temps, la photographie avait été investie non seulement par d'obscurs « artisans », mais également par des artistes « munis d'attestations », à la tête desquels se trouvait, à Saint-Pétersbourg, Henrich Denier. Ayant ouvert son atelier de daguerréotypie en 1851, il effectuait déjà, l'année suivante, des portraits ambrotypes (sur verre), puis il adopta le nouveau procédé au collodion humide, passant de l'image négative sur verre à un positif sur papier. Parlant de Denier, les échotiers soulignaient : « Seul un artiste possède dans toute son ampleur la précision et la fidélité du dessin, l'usage des plans, des tons, des demi-tons, des raccourcis [...] Le photographe est un artiste qui dispose de deux fois plus de moyens que l'artiste ordinaire[10]. »

Les portraits photographiques, réalisés avec diverses techniques, devinrent un produit à la mode, l'attribut obligé de la vie domestique, l'ornement des salons. Les contemporains affirmaient non sans raison : « Le portrait photographique, c'est une gravure, une aquatinte, une lithographie, bref, un tableau que vous pouvez poser sur une table, accrocher au mur et contempler sous n'importe quel angle. Voilà pourquoi la photographie s'est si vite introduite partout[11]. » Les portraits photographiques en noir et blanc ou coloriés étaient tout de même infiniment meilleur marché que les portraits réalisés à l'aquarelle et, *a fortiori*, à l'huile, tout en se distinguant par une ressemblance que garantissait la « machine ». Ils avaient largement la faveur du public, monopolisant le marché de la photographie à Saint-Pétersbourg et à Moscou aussi bien qu'en province.

En décembre 1854, un journal notait : « La photographie s'est fixée chez nous un objectif spécial : la production de portraits [...] Il n'est en Russie quasiment pas une ville de province qui n'ait son Cabinet de portraits photographiques ; tandis qu'à l'étranger [...] se développe et se perfectionne avec rapidité la photographie de vues[12]. »

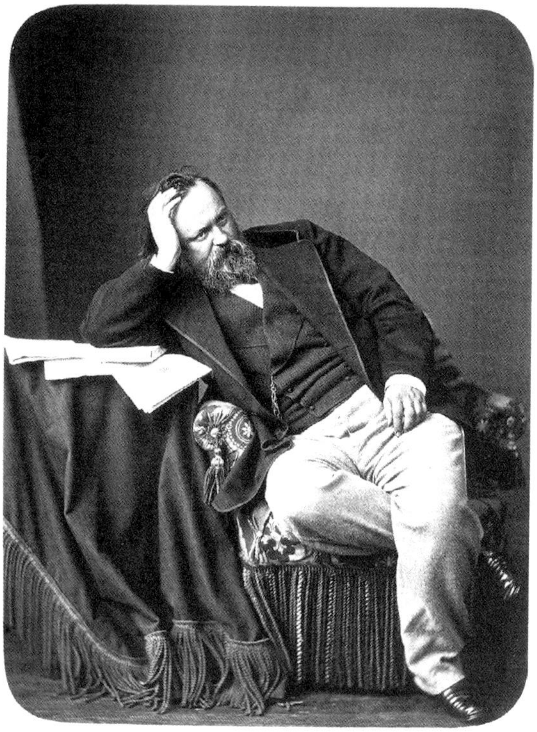

Fig. 1. **Sergueï L. Levitsky, *Alexandre Herzen,* 1865,** épreuve sur papier albuminé, Saint-Pétersbourg, Bibliothèque nationale de Russie.

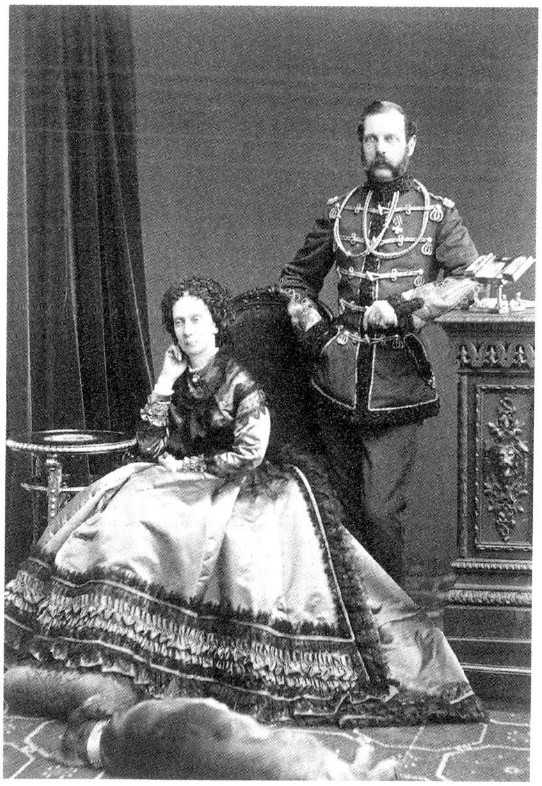

Fig. 2. **Sergueï L. Levitsky, *Portrait d'Alexandre II et de la tsarine Maria Alexandrovna,* vers 1868,** épreuve sur papier albuminé, Saint-Pétersbourg, Bibliothèque nationale de Russie.

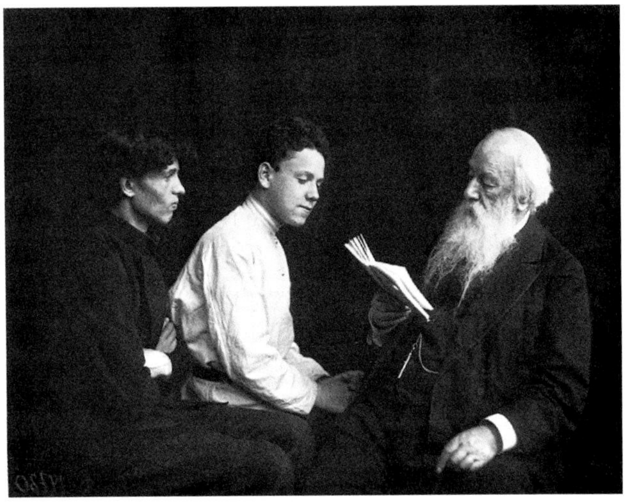

Fig. 3. **Anonyme, *Vladimir V. Stassov, conservateur de la Bibliothèque impériale, et ses fils*, 1903-1904,**
épreuve argentique, Saint-Pétersbourg, Bibliothèque nationale de Russie.

Effectivement, la photographie de paysages restait encore un genre relativement peu pratiqué : à Moscou, en 1852, se vendaient des vues photographiques et stéréoscopiques de la capitale réalisées par F. Julius Moebius. Quant à Saint-Pétersbourg, l'un des premiers à l'immortaliser fut Giovanni Bianchi, originaire de Suisse, qui avait passé la plus grande partie de sa vie en Russie[13]. Bianchi avait étudié, dans sa jeunesse, à l'école de peinture, de sculpture et d'architecture de Moscou, et reçu, en 1858, de l'Académie des beaux-arts de Saint-Pétersbourg le titre « artiste hors classe ». Bianchi appliquait magistralement ces savoir-faire à la prise de vue, utilisant d'intéressants raccourcis, d'inaccoutumés points de vue et effets de lumière dans la peu ensoleillée Palmyre du Nord. Ses contemporains notaient que Bianchi « choisissait ses points de vue en artiste ; chacune de ses photos était un véritable tableau[14] ». Elles se vendaient depuis 1854, et Bianchi n'eut pratiquement aucun concurrent à Saint-Pétersbourg jusqu'à la fin des années 1850. Ne pratiquaient le paysage que de riches photographes amateurs : le comte Ivan G. Nostits ou le comte Nikolaï V. Levachov.

Le genre le plus répandu et le plus demandé restait le portrait. La « portraitomanie » suscitait les quolibets des journalistes et elle subit une critique sérieuse dans l'un des premiers articles professionnels consacrés à la photographie. Son auteur, Vladimir V. Stassov, qui travaillait à la Bibliothèque publique impériale de Saint-Pétersbourg, y affirmait : « S'il s'agit d'avoir des portraits d'êtres humains, dans le même dessein que celui dans lequel on photographie araignées, petites bêtes et coquillages, c'est-à-dire dans un objectif scientifique, zoologique [...] – la photographie peut et doit rendre d'incontestables services, mais si l'on veut faire le portrait de l'être humain [...] en tant que créature douée d'âme et d'entendement [...], alors la photographie se révèle être une affaire [...] pleine d'inexactitudes et de déformations caricaturales[15]. »

La parution de l'article de Stassov était vraisemblablement liée à celle d'un article analogue publié en avril de la même année 1856 par le conservateur de la Bibliothèque impériale de Paris, Henri Delaborde[16]. Stassov, qui suivait avec un soin jaloux les nouvelles de la vie culturelle française, ne pouvait pas avoir manqué la publication de son confrère dans le cercle des bibliothèques. D'autant plus que ces nouveaux matériaux photographiques commençaient justement à cette époque, de même que les gravures traditionnelles, à compléter les fonds des Bibliothèques impériales de Paris et de Saint-Pétersbourg. Les articles de Delaborde et de Stassov démontraient que la photographie ne pouvait pas prétendre au statut d'art, mais ses qualités en matière de reproduction y étaient en revanche grandement appréciées, considérant qu'elle serait par là « un moteur et un accélérateur de l'instruction » (fig. 3).

Semblable idée se répandit assez largement dans le monde au milieu des années 1850, quand les perfectionnements techniques eurent donné à la photographie la possibilité de reproduire et diffuser les tableaux, dessins et monuments d'architecture célèbres. La photographie offrit à la masse de voir de ses propres yeux ce qui était auparavant réservé à un petit nombre d'élus. Les professionnels des villes d'Europe s'attelèrent pratiquement tous en même temps à la photographie des monuments culturels les plus connus, vendant des reproductions aux touristes, dont l'affluence, grâce à l'essor des chemins de fer, augmentait considérablement. « La commodité et la rapidité des nouveaux moyens de transports ont permis à une énorme quantité de gens d'entrer en contact avec les meilleures œuvres d'art. Ce qui, à une époque antérieure, était absolument impensable. Désormais, des millions de gens de tous les pays ont vu la cathédrale de Cologne et la Madone de Raphaël à la chapelle Sixtine. Chacun veut rapporter chez soi les images des merveilles de l'art qu'il a vues [...] Les dernières inventions [...] tentent de contribuer à cette popularisation [...] La photographie est une des plus remarquables d'entre elles[17]. » Ces mots sont de Karl K. Herz, professeur à l'université de Moscou, qui faisait part au lecteur russe de la popularité en Europe des éditions illustrées de photographies.

En Russie, dès 1856, les personnes cultivées avaient pu voir de semblables éditions à la Bibliothèque impériale publique de Saint-Pétersbourg. Son directeur, le baron Modeste A. Korf, en accord avec son temps, formait une collection de « dessins photographiques » et il avait, pour ce faire, acquis à l'étranger des photographies des gravures d'Albrecht Dürer et de Rembrandt[18]. C'est alors que les photographes les plus connus de la capitale – Sergueï L. Levitsky et Alexandre I. Chpakovsky – firent don à la Bibliothèque de portraits d'écrivains et du compositeur Mikhaïl Glinka, posant les bases de ce qui serait la première collection nationale de photographies.

L'un des premiers à prêter attention aux trésors conservés dans les bibliothèques fut l'archéologue Piotr I. Sevastianov. À l'automne de 1857, il lut devant l'Académie des sciences de Paris un vibrant discours dans lequel il affirmait : « Des manuscrits précieux et uniques en leur genre se trouvent dans diverses bibliothèques [...] Il serait utile de les rendre accessibles à tous, après les avoir ainsi rendus de manière certaine à la science et préservés de la destruction [...] Il faut que chaque bibliothèque européenne organise un département photographique pour la reproduction de tout ce qu'elle détient de plus précieux et, après trois ou quatre ans de travail, échange des copies avec d'autres bibliothèques [...] Il est à supposer que les gouvernements, pour le bien de la science et de l'art, soutiendront ce genre d'initiatives[19]... »

Sevastianov défendait ce point de vue en connaissance de cause, ayant lui-même déjà travaillé au mont Athos, photographiant dans les monastères des manuscrits slavons, serbes, bulgares, des vases sacrés anciens, de même qu'il avait calqué des fresques et des inscriptions sur les monuments funéraires. En janvier 1859, dans les salles du saint-synode, à Saint-Pétersbourg, fut organisée une exposition des « dessins de peinture à la lumière » de Sevastianov, qui fut, en fait, la première exposition photographique de Russie. Elle eut un grand écho et fit la démonstration des capacités de la photographie en matière de reproduction[20].

Si Sevastianov, l'archéologue, photographiait manuscrits et icônes, de nombreux artistes avaient, eux, entrepris de reproduire, au moyen de la photographie, les œuvres d'art plastique. En 1856, par exemple, le conseil de l'Académie des beaux-arts autorisa le peintre Ivan Turin[21] à « prendre des photographies » des pièces qu'elle exposait et elle laissa un autre artiste, Nikolaï G. Augé, photographier les tableaux qui se trouvaient dans la galerie de l'Académie[22] afin de les reproduire dans la revue *Svetopis* (1858-1859). Tout en remplissant dans cette publication ses fonctions de reproduction, la photographie – au même titre que la peinture, la sculpture et les arts graphiques – faisait l'objet de nombreux articles de la revue et fut ainsi étroitement liée à la création artistique de son temps.

Cette idée de recourir à la photographie pour les besoins de l'art était très au goût du jour dans les cercles artistiques de la capitale. L'un de ses plus brillants et fervents adeptes fut William Carrick, peintre d'origine écossaise, qui avait étudié à l'Académie des beaux-arts de Saint-Pétersbourg et s'était perfectionné en Italie dans le domaine de la peinture à l'aquarelle. Avec son ami le peintre Ivan A. Gokh, il se prit de passion pour la photographie, « art d'avenir », et après un rapide séjour en Écosse, où il étudia cette technique, Carrick ouvrit, en 1859, un atelier à Saint-Pétersbourg. En plus des portraits traditionnels qui assuraient sa subsistance, il se servait de la photographie pour agencer les études indispensables à la composition de ses tableaux. Carrick confiait à son appareil l'accumulation des esquisses, étape traditionnelle du travail académique, photographiant dans les rues de Saint-Pétersbourg et ses environs. Et dès cette même année 1859, il présenta, à l'exposition de l'Académie des beaux-arts, des photographies qui figuraient au catalogue sous le titre « la vie quotidienne des campagnes ». Ce fut sans doute la première fois que le conseil de l'Académie, manifestant une largeur de vue qu'on ne lui connaissait pas, admit dans une exposition des œuvres créées ni au pinceau ni au burin, mais par une « machine ».

Il faut ajouter que ces scènes de la vie à la campagne étaient le sujet non seulement des œuvres de Carrick, mais aussi d'un grand nombre de tableaux, tels les *Scènes de la vie quotidienne à la campagne* de Mikhaïl A. Koudriavtsev, *Jeunes Paysannes* d'Elizaveta M. Bem ou *Petits paysans gardant des chevaux* de Vladimir E. Makovsky. Les idéaux esthétiques de l'art académique conservateur, qui en appelait auparavant aux sujets mythologiques et évangéliques, commençaient à évoluer en direction de thèmes illustrant la vie quotidienne en Russie. Le travail de Carrick était en corrélation parfaite avec la nouvelle thématique, de jour en jour plus actuelle en peinture, et il s'enrichissait par des visions réelles et authentiques de la vie populaire. Un critique notait fort à propos : « C'est évidemment une autre ère qui s'ouvre pour la peinture. Elle s'est presque tout entière [...] tournée vers le paysage et la scène de genre. Pour quelle raison ?

Que tendent à exprimer tous ces paysages et scènes populaires diverses ? Que l'art va main dans la main avec la vie [...] Mais on m'objectera que l'art n'est plus seul à remplir cette fonction, qu'il y a le daguerréotype, les photographies, le stéréotype ; à cela je répondrai que l'infinité de paysages et de scènes de genre de notre époque n'a pas moins d'importance, d'intérêt et de beauté que ce que nous dessine le soleil[23]. »

À partir de 1859, Carrick photographia systématiquement les scènes de la vie quotidienne du peuple à la ville et à la campagne, il fixa les personnages réels des « bas-fonds » de la ville, toutes sortes de colporteurs et marchands, d'ailleurs de plus en plus prisés dans les arts plastiques et la littérature de « l'école naturaliste ». Mais les images de Carrick étaient loin de rencontrer l'assentiment de tous ses collègues et contemporains.

De la même manière ne furent pas immédiatement compris les portraits photographiques exposés l'année suivante à l'Académie impériale des arts. Ils étaient pourtant depuis longtemps produits à la pelle par ses ouailles, pour assurer le « pain quotidien ». À côté de toiles, de sculptures, de dessins, d'aquarelles et de gravures étaient présentés seize portraits photographiques de l'artiste Denier. Des protestations indignées s'élevèrent immédiatement : « Comment peut-on faire voisiner des œuvres d'art et le produit de l'action conjuguée du soleil, des réactions chimiques et d'un appareil ! »

L'exemple de Denier, malgré de bruyantes controverses[24], était contagieux : l'Académie des beaux-arts exposa en 1861 et en 1862 des portraits photographiques, au grand déplaisir de la partie conservatrice du public et de la presse. Mais si la majorité considérait comme un sacrilège le fait même d'avoir introduit la photographie dans l'enceinte de l'Académie, en revanche, le directeur de la revue *Vremia (le Temps)* réfléchissait sérieusement à l'éventualité de traiter la photographie comme un art. Il écrivait : « Le cliché photographique et le reflet dans un miroir sont loin d'être des œuvres d'art. Si l'un et l'autre l'étaient, nous pourrions nous contenter de photographies et de bons miroirs et l'Académie des arts elle-même ne serait qu'une énorme chose inutile. Non, ne sont exigées de l'artiste ni la fidèle ressemblance photographique, ni la précision mécanique, mais quelque chose d'autre, de plus grand, de plus large, de plus profond. La précision et la ressemblance fidèle sont nécessaires, indispensables à la base, mais elles ne suffisent pas. La précision et la ressemblance fidèle ne sont qu'un matériau à partir duquel on crée l'œuvre d'art ; elles sont un instrument de la création[25]. »

L'auteur de cet article était l'écrivain débutant, Fedor M. Dostoïevsky, dont le devenir littéraire coïncidait avec le tumultueux développement de la photographie. Dostoïevsky, qui avait toujours manifesté un intérêt tortueux et marqué pour la physiognomonie, toujours tenté de montrer que la vie était « gravée » dans le visage de ses personnages, recourra plusieurs fois dans ses œuvres à la secrète magie de la « peinture à la lumière ». Dans *l'Idiot*, par exemple, la première vision que nous avons de Nastassia Filipovna est un portrait photographique ; quant à Versilov, dans *l'Adolescent*, il raisonne sur l'impossibilité de rendre avec précision l'essence de l'homme par la photographie[26].

Dans son article sur l'exposition de l'Académie pour les années 1860-1861, Dostoïevsky méditait sur la nature de l'image photographique, sur ses rapports avec la peinture. Définissant la photographie comme « l'abécédaire et l'orthographe » de l'art, il affirmait qu'elle ne pouvait rendre précisément que « la vérité de la réalité », alors que la tâche véritable du peintre authentique était de s'élever sur les hauteurs de « la vérité artistique ». Dostoïevsky reprochait à Iacobi – l'auteur du tableau *la Halte des détenus* – d'avoir finalement produit, « en poursuivant jusqu'à la crispation la vérité photographique », une œuvre mensongère – « un mélodrame et non la réalité ». Dostoïevsky exigeait du peintre qu'il « voit la nature, non pas comme la voit l'objectif mais telle que la voit l'homme. On aurait dit autrefois : il doit voir avec ses yeux de chair et, en plus, avec les yeux de l'âme, ou l'œil de l'esprit[27] ».

Tout en faisant de la photographie une des composantes importantes de son esthétique, et en la plaçant dans le contexte des recherches artistiques de son temps, Dostoïevsky refusait à tout ce qui était créé par « la machine photographique » le droit de se considérer comme un art. Ces problèmes s'étaient toujours posés depuis la naissance de la photographie, mais à mesure de son développement, ils ne cessaient de tourmenter les esprits, pénétrant la sphère des préoccupations intellectuelles de bien des éminents représentants du temps. On peut voir comme une sorte de réponse au futur grand écrivain l'article du futur grand éditeur Florenti F. Pavlenkov où ce dernier déclare : « Celui qui dit que la photographie est une machine, une manipulation de laboratoire, etc., soit n'y connaît rien, soit n'a vu que des chromos [...] C'était le cas autrefois, mais il en va tout autrement aujourd'hui. Les gigantesques conquêtes de la photographie dans le domaine de la science et de l'art, les efforts conjoints des physiciens, des chimistes, des mécaniciens, des opticiens, des artistes, des photographes, en fait [...] – tout cela a placé depuis longtemps la photographie sur un piédestal d'où rien ne peut plus la faire bouger[28]. »

Cet article de Pavlenkov, paru dans la revue *le Photographe* (1864-1866), la première publication périodique professionnelle, devint l'hymne de la photographie, qu'il définissait ainsi, avec poésie : « C'est tout un violon où sont harmonieusement fondus la chimie et le cœur, l'optique et le sentiment, l'appareil et la pensée[29]. »

Affirmant que les maîtres véritables étaient rares partout – en peinture aussi bien qu'en photographie –, Pavlenkov considérait que les travaux des photographes « illuminaient de leur présence » les expositions de beaux-arts. C'était aussi l'avis des personnalités les plus progressistes de la capitale russe, qui allaient jusqu'à affirmer : « Si la photographie est admise dans les expositions de l'Académie, alors il est indispensable qu'elle entre dans le corpus de la formation académique. Les élèves n'ont qu'à faire, pour commencer, de la photographie *ad libitum* [...] Il serait également souhaitable que l'Académie se joigne au département photographie institué près la société entomologique de Saint-Pétersbourg[30] et, de plus, à travers à ses membres les plus progressistes, participe à la revue de photographie, favorise la construction d'un musée de la photographie, d'expositions spéciales de photographie, et organise même des expéditions photographiques, etc.[31] »

Semblable programme était évidemment bien trop ambitieux et révolutionnaire pour des académiciens. Mais ils admirent néanmoins, à l'exposition annuelle suivante, en 1865, les « photographies d'après nature » de Denier. L'œuvre de cet artiste connaissait, en ces années 1865-1866, un vif succès, lié à la parution de son *Album de portraits photographiques des membres de la famille impériale et d'éminentes personnalités russes*. Ils étaient réalisés au format « carte de visite »

La photographie ethnographique et la photographie de genre évincèrent peu à peu le portrait, devenu banal. Dès la fin des années 1850, par exemple, les paysages photographiques réalisés par les moines de La Trinité-Saint-Serge, près de Moscou, commencèrent à être largement diffusés. Ce monastère jouissait d'un atelier bien équipé, que décrit Théophile Gautier, l'ayant visité[32] (fig. 4). En 1861, ouvrait à Moscou *La Photographie russe* du marchand Nikandre M. Alassine, où travaillaient dix-huit photographes, dont quatre artistes professionnels. Cet atelier était réputé pour ses vues du Kremlin, de la Moskova, des églises et des bâtiments illustres. Il s'agissait essentiellement de grands formats, qui l'emportaient

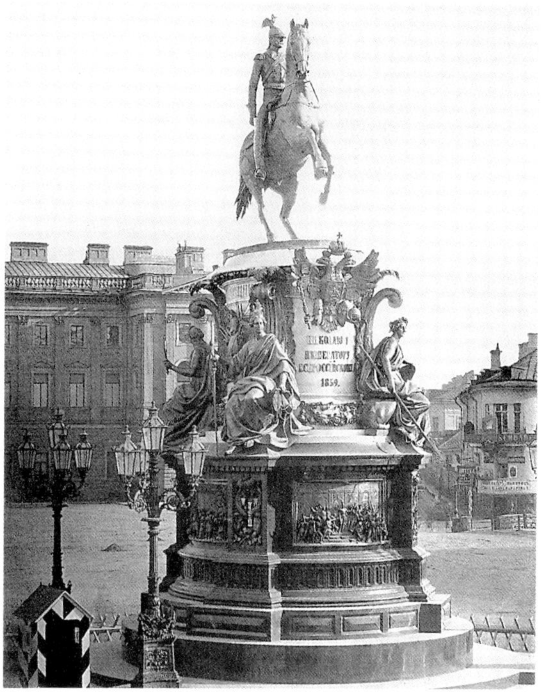

Fig. 4. **Pierre Ambroise Richebourg, *Monument de l'empereur Nicolas Ier, bas-relief, planche 2,* issu de *Trésors d'art de la Russie ancienne et moderne* de Théophile Gautier, tome II, 1859,**
épreuve sur papier albuminé d'après un négatif verre au collodion, Bibliothèque nationale de France, département des Estampes et de la Photographie.

largement sur les paysages de Saint-Pétersbourg, au format « cabinet », d'Alfred Lorens et Albert Felisch, populaires dans les années 1860.

Les photographes des différentes régions de Russie s'étaient mis au paysage : Iossif Migoursky à Odessa, Dmitri I. Ermakov à Tiflis, Franz de Mezière à Kiev, Anton S. Mourenko à Saratov (cat. 331), Joseph Kordych pour Kiev et Kamenets-Podolsky et bien d'autres. Dans la seconde moitié des années 1860, l'atelier de photographie du monastère russe Panteleïmon, au mont Athos, réalisa une magnifique série qui rend magistralement les montagnes grandioses et les ensembles de monastères, mais aussi cet espace hors du temps, la grandeur du monde, sa profondeur quasi cosmique. Un autre album célèbre, *Vues des bords de la Volga de Tver à Kazan*, du photographe moscovite Mikhaïl P. Nastioukov (1867), reste, malgré quelques défauts d'ordre technique, remarquable par son ampleur, sa capacité à restituer l'étendue des eaux, la puissance des rives de la Volga, qui réside, en grande partie, dans la « musique immobile » de l'architecture religieuse (cat. 333).

En 1867, Moscou accueillit l'Exposition ethnographique pan-russe, où furent exposés près de deux mille paysages et scènes ethnographiques. Les médailles

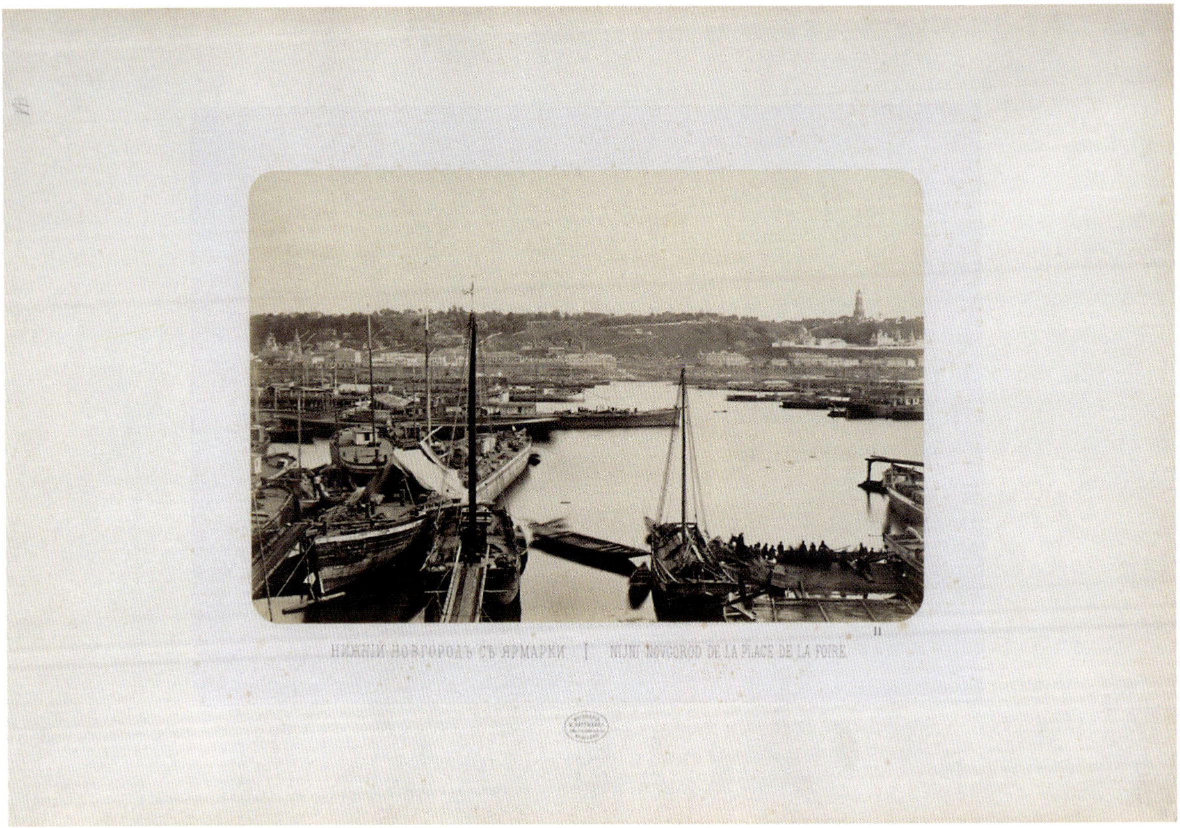

Cat. 333

Mikhaïl P. Nastioukov,
***Nijni-Novgorod, vue de la place de la Foire,* fait partie de l'album *Vues des contrées de la Volga de Tver à Kazan,* 1867,**
épreuve sur papier albuminé,
Saint-Pétersbourg, Bibliothèque nationale de Russie.

d'or revinrent au propriétaire de *La Photographie russe,* Alassine, pour son album de vues de Moscou et ses photographies des Grands-Russiens (voir cat. 1, p. 112), ainsi qu'au Français Baptiste Barrault pour sa collection de types *mordves, tchérémis* et autres peuples de la Volga. Cette exposition accéléra incontestablement le développement du genre ethnographique, ce que souligne la quantité d'œuvres intéressantes produites dans les années 1870 : l'album en trois volumes des *Vues et types des régions de l'Amour* (première moitié des années 1870) du photographe V. V. Lanine, *les Types des peuples de l'Asie centrale* (1876) du photographe de Tachkent V. Kozlovsky, l'*Album ethnographique de la Petite Russie* (années 1870) du photographe Joseph Kordych. Mais l'œuvre la plus monumentale demeure, sans aucun doute, l'*Album du Turkestan* (1869-1874), pour l'élaboration duquel avait été créé un atelier de photographie qui fonctionna plusieurs années, dans diverses régions, selon un plan bien établi. Les quatre volumes renferment plus de mille deux cents clichés : peuples de l'Orient, magnifiques paysages asiatiques, rites exotiques, métiers traditionnels, scènes de la vie domestique et sociale. L'album fut exposé avec succès à l'Exposition géographique internationale de Paris en 1875, en même temps que celui d'Ivan Raoult, un photographe d'origine française qui s'était installé à Odessa. Il avait fréquenté les provinces de Toula, Orlov, Koursk, photographié les habitants de la Petite Russie, de la Bessarabie, de la Crimée, du Nord Caucase et des régions transcaucasiennes. Raoult cherchait par le sujet et la structure formelle du cadre à « faire tableau » : il demandait aux paysans de poser en plein air, composait habilement des groupes picturaux, tout en faisant ressortir les particularités nationales et l'exotisme des costumes (cat. 393).

La question de l'art dans le genre ethnographique était diversement abordée. L'auteur de l'*Album de vues et types de la région d'Orenbourg* (1872), Mikhaïl Boukhar,

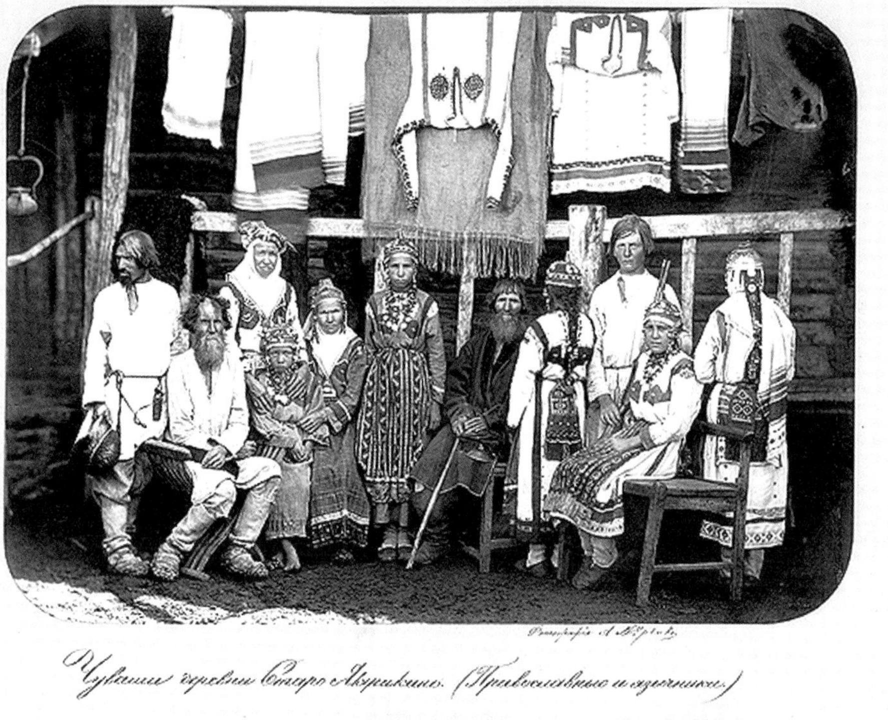

Cat. 331

Anton S. Mourenko, ***Villages tchouvaches de Staro Iakouchkino, province de Samara***
épreuve sur papier albuminé, 1869, Moscou, musée national d'Histoire

essayait de transformer les photographies en aquarelles, coloriant abondamment les costumes de ses modèles, traçant au pinceau des fonds bizarres et compliqués, effaçant par là même la nature spécifique de la photographie (cat. 147). Carrick, en revanche, dont nous avons déjà évoqué le nom, fit montre de ses qualités visuelles exceptionnelles, lors des voyages qu'il effectua en 1871, 1875 et 1878 sur la Volga, réalisant près de sept cents clichés : paysages, « types », scènes de genre. Le caractère monumental, à la différence des photographies d'Ivan Raoult, est absent de celles de Carrick, qui rendent en revanche le mouvement, les gestes ; la grâce de l'instant est « captée », elle qui est l'essence même de la photographie. Ses possibilités techniques avaient engendré un réalisme authentique et sans fard qui faisait écho aux préoccupations de la peinture contemporaine (fig. 5). Ses « vagabonds », ses « vieillards », ses « semeurs » étaient souvent doués, en plus d'une singularité psychologique, d'une singularité sociale. Comme dans les toiles des ambulants, les héros de Carrick étaient des gens de peine dont la vie difficile devait susciter sympathie et compassion (cat. 159).

Cette tendance, dominante dans la peinture russe de la seconde moitié du XIXe siècle, à la représentation véridique de la vie du peuple et, avant tout, de la paysannerie, était brillamment illustrée par l'œuvre d'Ivan V. Boldyrev, autodidacte, inventeur, véritable héros de la photographie. Natif du Don, il avait vécu à partir de 1872 à Saint-Pétersbourg, où il avait travaillé comme retoucheur, fréquenté tout d'abord l'école de dessin, puis, en auditeur libre, l'Académie des beaux-arts. Toute sa vie, il s'employa à tenter d'incarner en photographie les règles de l'art acquises dans ces institutions. Sa première œuvre importante est l'album *Vues et types du district du Don* (1875-1876), où, magistralement, il déploie des scènes de groupe, quasi dépourvues de « mise en scène » visible – la vie y palpite, bigarrée, pittoresque, changeante. Ce n'est pas tant la vérité des détails ethnographiques et

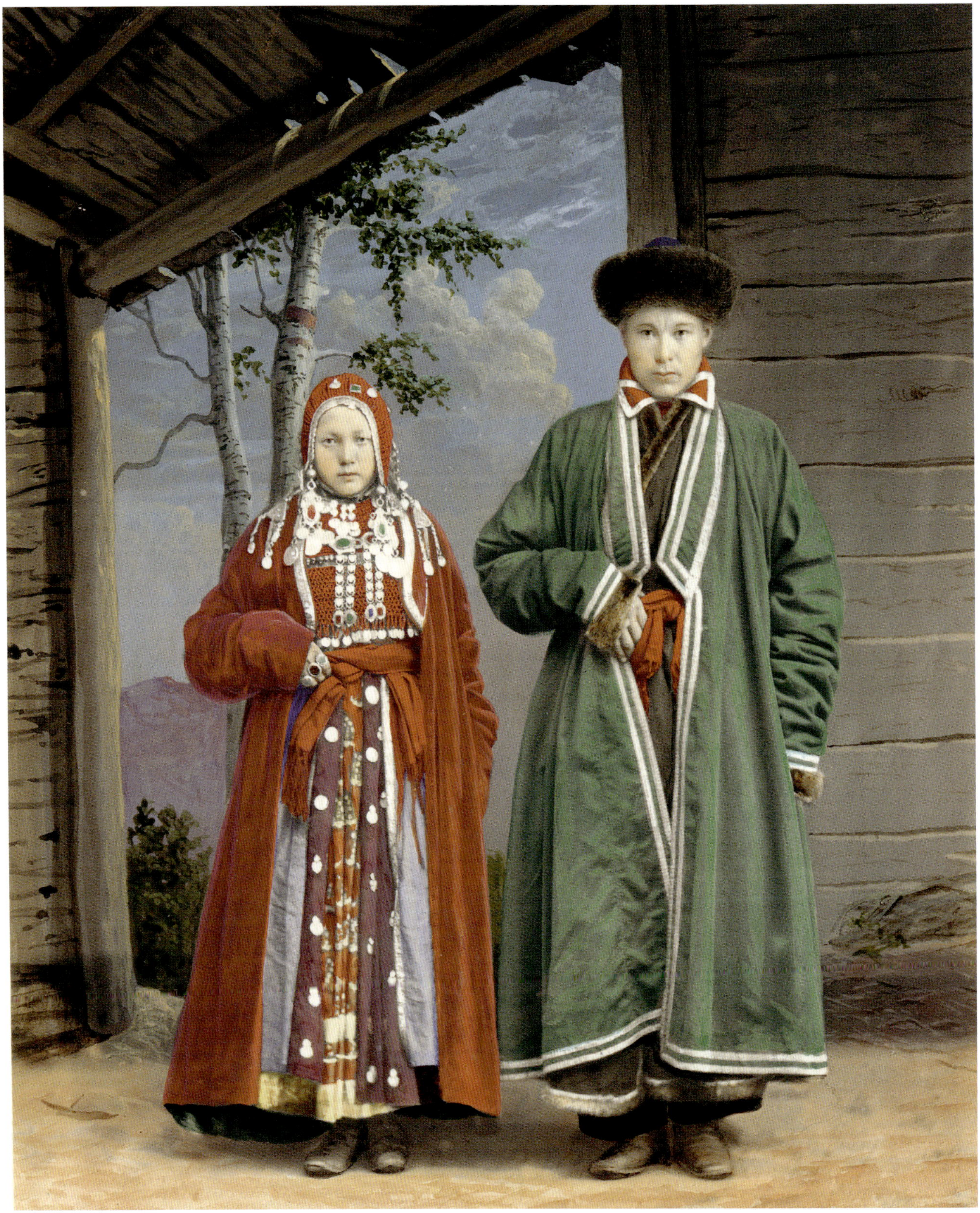

Cat. 147

Mikhaïl Boukhar, *Bachkirs-éleveurs,* fait partie de l'album *Images photographiques des types de la région d'Orenbourg,* 1872,
épreuve sur papier albuminé rehaussée à l'aquarelle, Moscou, musée national d'Histoire.

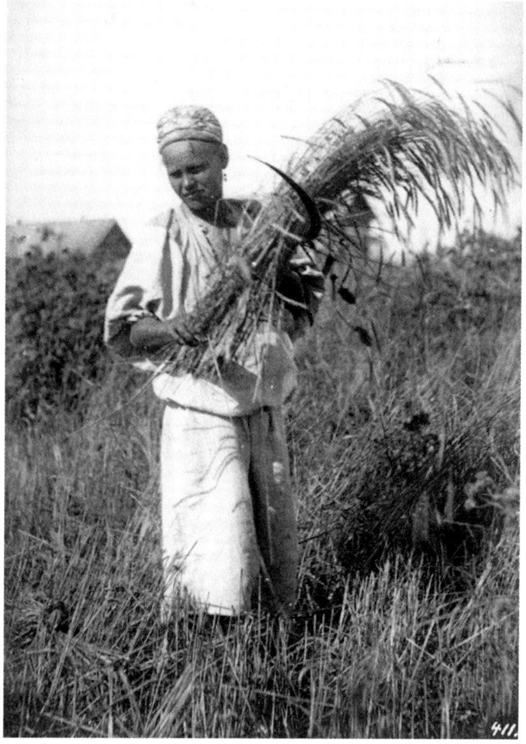

Cat. 159

William (Vassily A.) Carrick,
Paysanne à la serpe, vers 1870,
épreuve sur papier albuminé d'après un négatif verre au collodion, Saint-Pétersbourg,
Bibliothèque nationale de Russie.

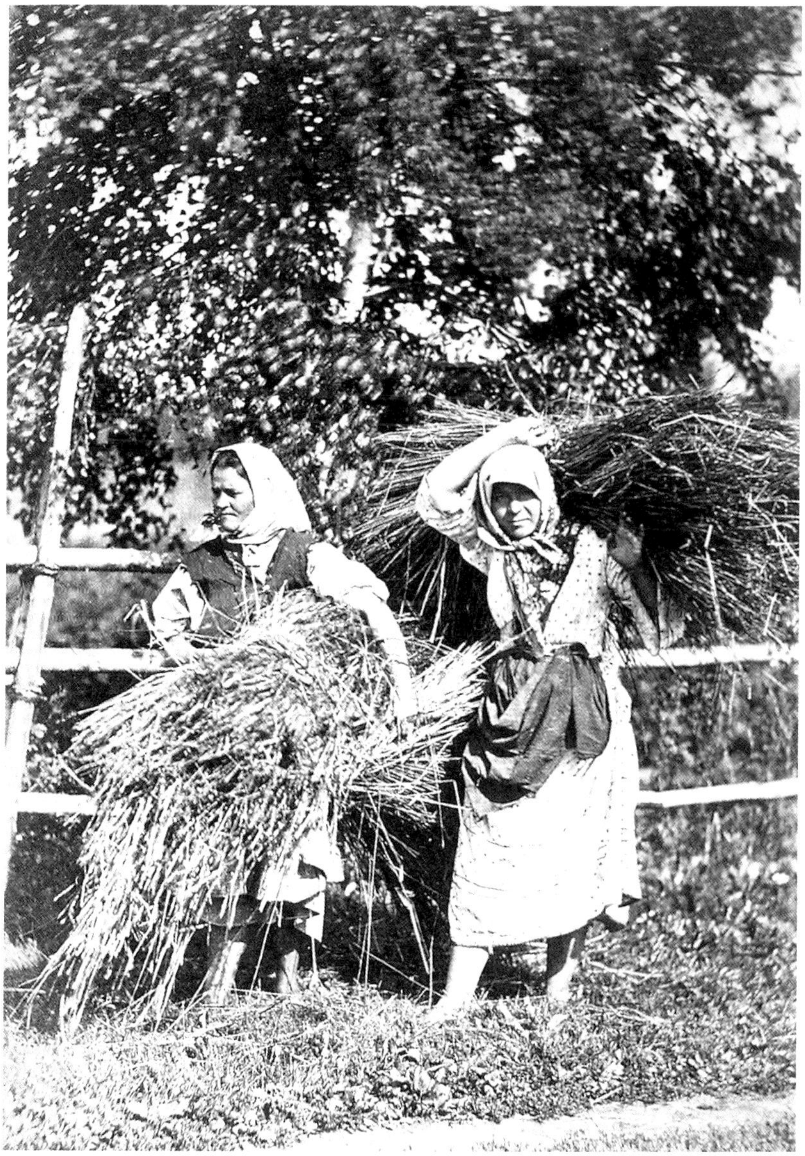

Fig. 5. **William (Vassily A.) Carrick,** ***Deux Femmes à la fenaison,*** **1871,**
épreuve sur papier albuminé, Saint-Pétersbourg, Bibliothèque nationale de Russie.

géographiques, qui captive dans son œuvre, mais la poésie d'une vie réelle que Boldyrev connaissait parfaitement de l'intérieur. Il ne photographiait pas la tonte des moutons, le retour de la chasse ou l'assemblée des Cosaques pour « fixer le quotidien », mais pour créer, au moyen de l'appareil, des compositions photographiques dont le contenu et la forme rejoignaient les idéaux esthétiques de la peinture de genre réaliste[33] (cat. 138).

Boldyrev soumit toute la série ainsi que le dispositif spécial de prise de vue qu'il avait mis au point, au printemps de 1878, au jugement de ses collègues lors de la création du Ve département de la Société impériale russe de technique, dévolu à « la photographie et ses applications », qui constitua la première Société russe de photographie (cat. 139). D'autres photographes y présentaient leurs œuvres, en particulier le peintre-photographe de Nijni-Novgorod Andreï O. Kareline. La plupart utilisaient des dispositifs analogues. Boldyrev eut du mal à soutenir la concurrence de Kareline, qui, à cette époque déjà, avait été primé à la XIe Exposition internationale de la Société française de photographie (1876) et à l'exposition de la Société photographique d'Édimbourg (1876-1877).

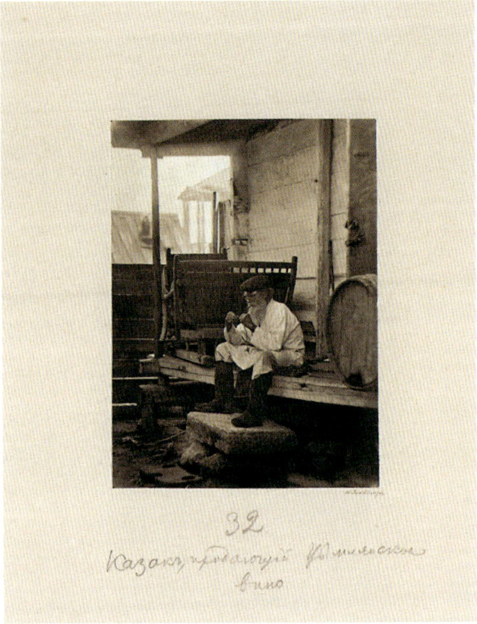

Cat. 138

Ivan V. Boldyrev, *Cosaque vendant du vin de Tsimlianskaïa Stanitsa,* fait partie de l'album *Vues et types du district du Don,* 1875-1876,
épreuve sur papier albuminé,
Saint-Pétersbourg, Bibliothèque nationale de Russie.

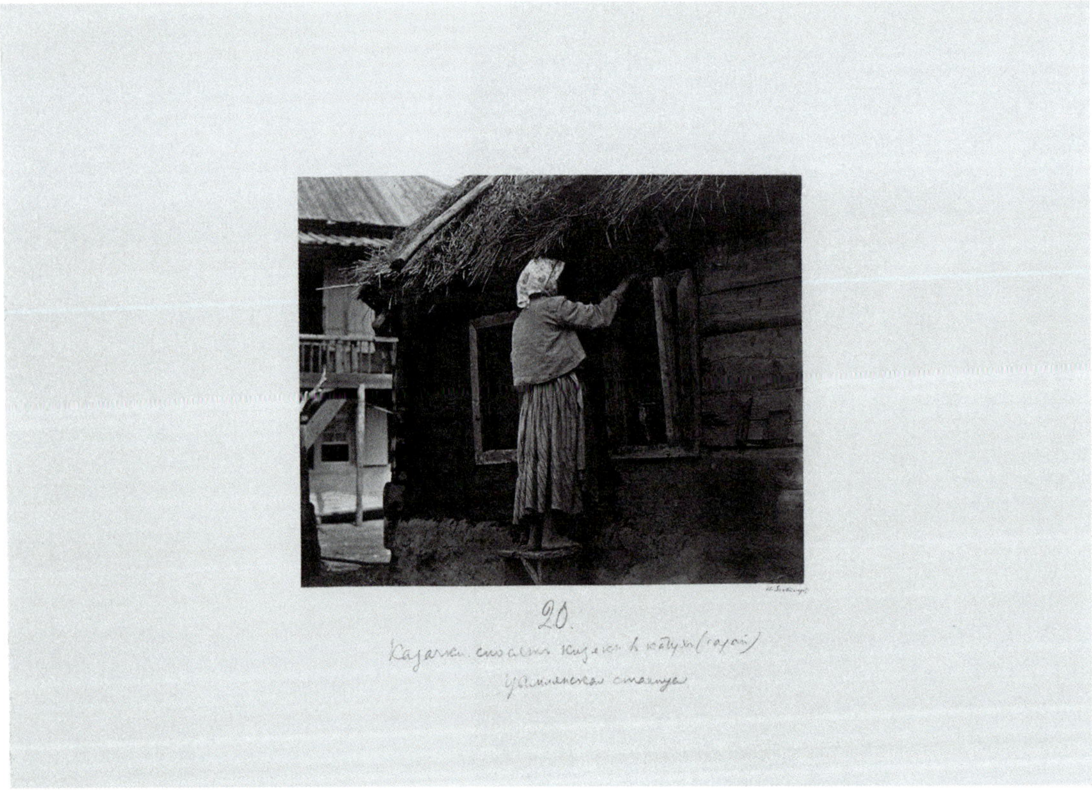

Cat. 139

Ivan V. Boldyrev, *Femme cosaque rentrant du fumier séché dans la grange. Tsimlianskaïa Stanitsa,* fait partie de l'album *Vues et types du district du Don,* 1875-1876,
épreuve sur papier albuminé, Saint-Pétersbourg, Bibliothèque nationale de Russie.

Ancien élève de l'Académie des beaux-arts de Saint-Pétersbourg, Kareline avait su magistralement concilier les intéressantes possibilités de la photographie avec les règles de la peinture académique. Il travaillait en atelier, utilisant la lumière zénithale et latérale, ainsi que des réflecteurs, ce qui conférait à ses photos une étonnante légèreté, puisqu'il pouvait modeler les volumes de manière très efficace (fig. 6). Kareline travaillait beaucoup « à la manière douce » ou à la manière dite double – fixant son sujet sur deux négatifs successifs réunis pour obtenir un seul positif –, ce qui ajoutait à ses clichés un velouté particulier, un dessin délicat, du volume, tout en élargissant l'éventail des possibilités expressives de la photographie. Kareline était passé maître dans l'art de cadrer des mises en scène théâtralisées dans des intérieurs raffinés, décorés de beaux objets-symboles. Ses clichés, sortes de « tableaux vivants » auxquels participaient les membres de sa famille, étaient irréprochables du point de vue de la composition (fig. 7). Kareline pratiquait également le paysage, immortalisant les pentes escarpées, le célèbre marché de Nijni-Novgorod, les églises, les vapeurs voguant sur la Volga.

Le « chantre » véritable de ce grand fleuve était toutefois Maxime P. Dmitriev, qui avait travaillé deux ans comme assistant dans l'atelier de Kareline, puis avait ouvert son propre établissement à Nijni-Novgorod. Cet artiste s'était fait connaître à l'Exposition pan-russe de photographie de Moscou en 1889, où il présentait différents types de photographie : portraits, scènes de genre, vues, tous tirés sur des planches grand format et totalement exempts de retouches. L'album *Vues de la Volga* connut immédiatement un immense succès : il fit l'objet d'une communication spéciale à l'assemblée générale du Ve département de la Société impériale russe de technique, et Dmitriev fit l'objet d'un rapport élogieux à l'Exposition du cinquantenaire de la photographie de Saint-Pétersbourg (1889). Le jury avait tout particulièrement remarqué les paysages de Dmitriev « interprétés avec en art en ton sépia[34] » (cat. 180).

Durant plus de dix ans, Dmitriev photographia villes, villages, monastères des bords de la Volga, créant des images qui se distinguaient par leur souffle épique, leur composition époustouflante, l'étude très approfondie de la perspective, la richesse des nuances et des valeurs. Mais le talent de cet artiste, qui avait fréquenté dans sa jeunesse les classes de dessin de l'école de peinture, de sculpture et d'architecture de Moscou,

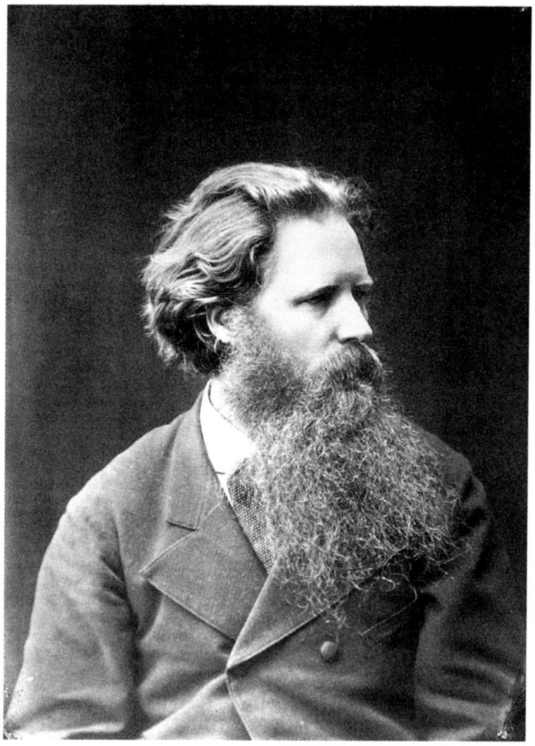

Fig. 6. **Andreï O. Kareline, *Autoportrait,* vers 1870,** épreuve sur papier albuminé, Moscou, musée national d'Histoire.

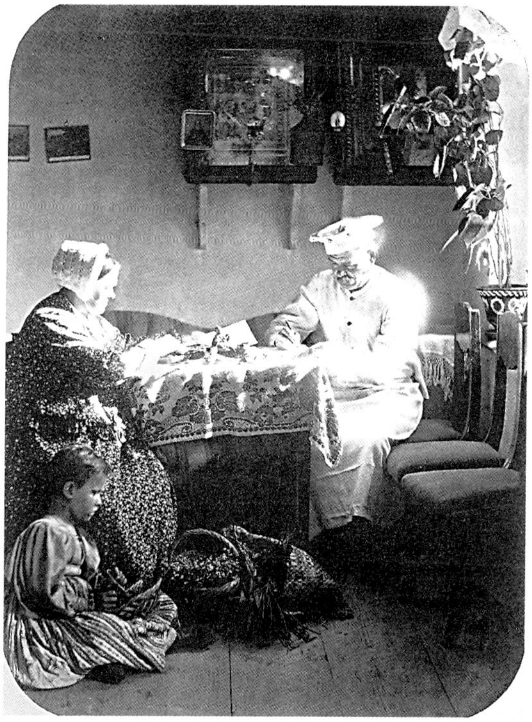

Fig. 7. **Andreï O. Kareline, *Intérieur,* fait partie de l'*Album artistique des vues d'après nature,* 1880,** épreuve sur papier albuminé, Moscou, musée national d'Histoire.

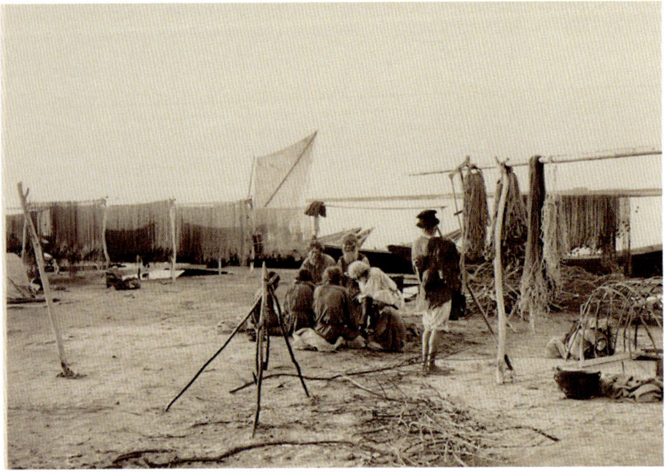

Cat. 180

Maxime P. Dmitriev, *Pêcheries sur la Volga inférieure,* fait partie de l'album *Vues de la Volga,* vers 1890,
épreuve sur papier albuminé,
Saint-Pétersbourg, Bibliothèque nationale de Russie.

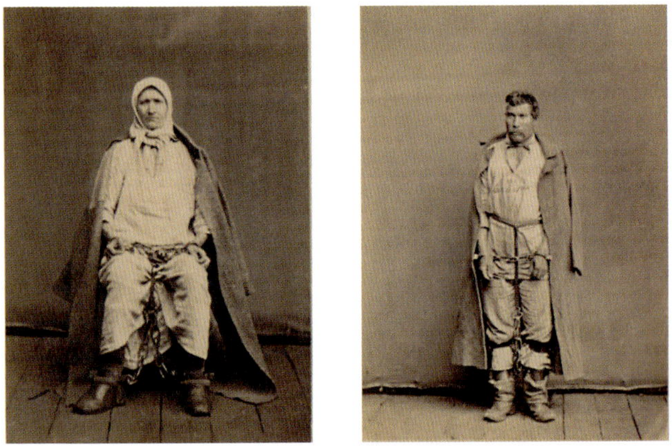

Cat. 282

Alexeï K. Kouznetsov, *Bagnards rivés à leurs fers,* feuillet extrait de l'album *Types et vues du bagne de Nertchinsk,* 1891,
épreuves sur papier albuminé,
Saint-Pétersbourg, Bibliothèque nationale de Russie.

éclata aussi dans les scènes de genre, par exemple dans son album *l'Année de disette 1891-1892 dans la province de Nijni-Novgorod* (cat. 182). Ces clichés font manifestement écho aux toiles réalistes, tant par la perfection formelle – composition, choix des types, expressivité des détails – que par le contenu. Suivant l'exemple des représentants de l'intelligentsia progressiste, dont Lev N. Tolstoï et Vladimir G. Korolenko, qui avaient activement manifesté en faveur des paysans affamés, Dmitriev dépeignit dans sa série la terrible vérité de la vie du peuple, ce à quoi s'attachaient aussi la plupart des artistes russes. C'est Dmitriev qui, le premier, montra le dur labeur des haleurs de la Volga, qui devinrent les héros de l'un des plus célèbres tableaux de l'école réaliste, *les Haleurs de la Volga,* d'Ilia E. Repine.

La photographie russe a gardé trace de la vie des bannis de la société avec, entre autres, l'album d'Alexeï K. Kouznetsov *Types et vues du bagne de Nertchinsk* (1891), unique en son genre (cat. 282). Kouznetsov avait été arrêté pour participation à un mouvement révolutionnaire et avait passé dix ans dans un bagne de Sibérie. À sa sortie, il choisit de continuer à vivre dans cette contrée austère, passant son temps à l'étudier et à la photographier. Les clichés de Kouznetsov détaillent le quotidien des prisonniers, les durs travaux de redressement et livrent des portraits de condamnés à mort et de bourreaux.

Karl K. Bulla, le plus connu des reporters russes, qui travaillait avec ses fils, Alexandre et Viktor, photographia lui aussi des détenus en transit dans la prison pétersbourgeoise Les Croix. L'agence Bulla fournissait non seulement la majorité des journaux russes mais aussi bon nombre de journaux étrangers (cat. 154). En 1896, Karl Bulla fut honoré du titre de Photographe de la cour impériale et il possédait l'insigne de « photographe de Saint-Pétersbourg », ce qui lui offrait des sujets inaccessibles aux autres : sorties du tsar, manœuvres militaires, conséquences d'actions terroristes, etc. Bulla et ses fils suivaient les meetings, cortèges et manifestations, incessants dans la capitale à la veille des révolutions de 1905 et de 1917, immortalisant avec art d'immenses foules en mouvement, ce qui exigeait une maîtrise de

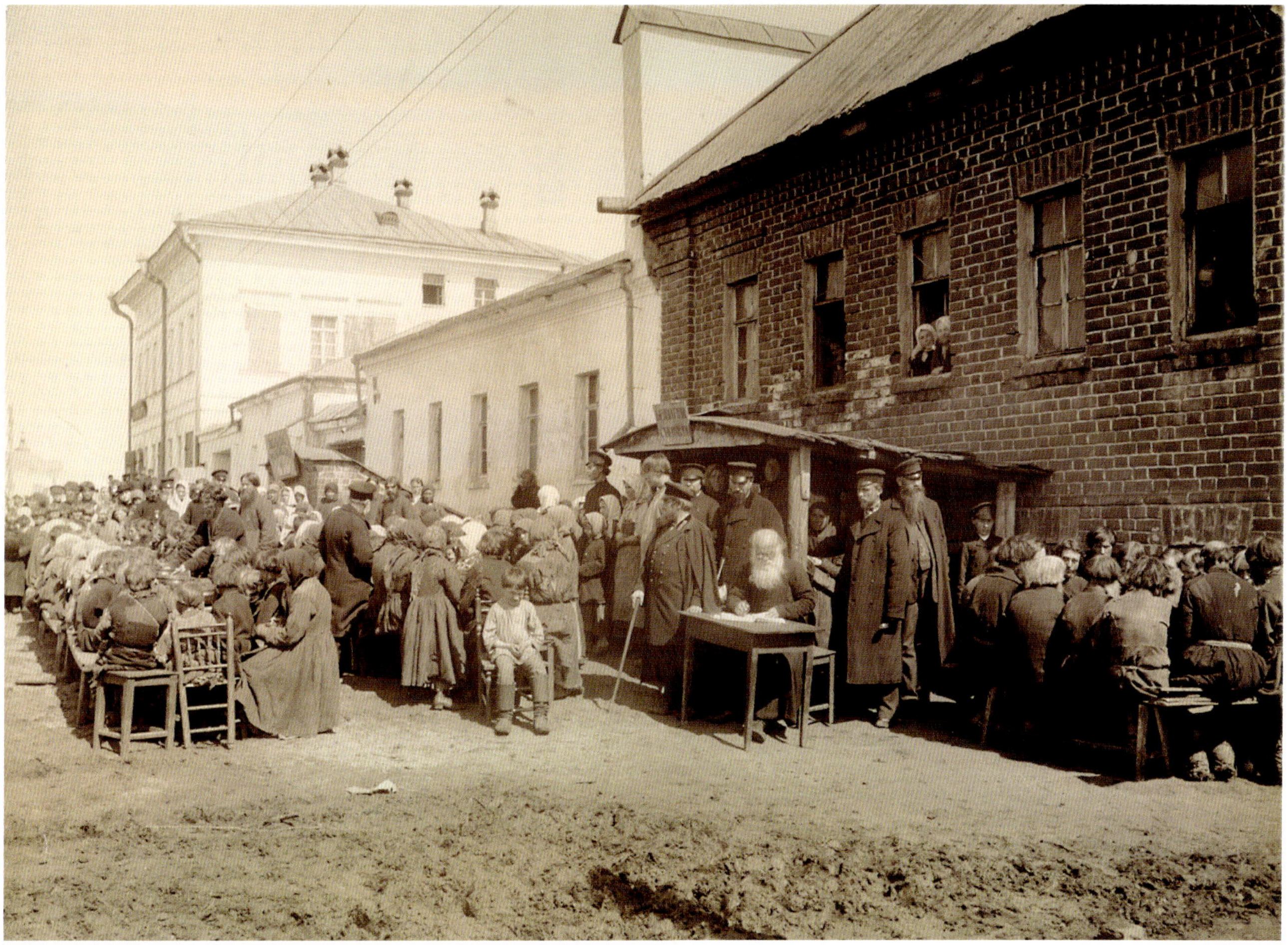

Cat. 182

Maxime P. Dmitriev, *Cantine populaire dans la ville de Potchinok, province de Nijni-Novgorod,* fait partie de l'album *l'Année de disette 1891-1892 dans la province de Nijni-Novgorod,* 1892,
épreuve sur papier albuminé, Saint-Pétersbourg, Bibliothèque nationale de Russie.

l'instantané et un dynamisme de professionnel du reportage. Viktor Bulla fut l'un des premiers correspondants de guerre, il travailla, durant le conflit russo-japonais (1904-1906), en Extrême-Orient (cat. 157).

Une autre tendance s'observait dans le même temps : en Russie, comme dans bien d'autres pays, s'organisaient des associations « d'artistes-photographes » tournées vers la recherche d'un nouveau langage plastique ainsi que des expositions spéciales de photographie « d'art » ou photographie picturale.

En 1900, fut créée la Société de photographie d'art de Moscou – en 1894 avait été créée la très puissante Société russe de photographie –, dont l'objet était l'expansion de la photographie en tant que discipline indépendante des arts plastiques. Les travaux de ses chefs de file (Vladimir A. Bakhrouchine, K. N. Solodovnikov, Alexeï S. Mazourine) touchaient essentiellement au paysage : en fixant les motifs poétiques de la nature au fil des saisons, ils respectaient les règles traditionnelles de la perspective et de la composition.

Leurs travaux correspondaient parfaitement aux canons esthétiques que prisait la revue *le Photographe amateur :* « Les tableaux anciens des grands maîtres sont une illustration parfaite de ce qu'il nous convient de poursuivre dans la photographie d'aujourd'hui[35]. » Tel était également l'objectif des membres de la Société russe des photographes amateurs, organisée en 1903. Natalia B. Nordman, la femme du peintre Repine, qui en faisait partie et avait pris dès 1897 la tête du premier cercle de dames photographes, écrivait : « Le photographe soucieux de développer le caractère artistique de la photographie doit absolument se tenir le plus près possible de l'art, l'étudier avec sérieux et accorder une attention particulière au pittoresque, à la tonalité et à la forme[36]. » (cat. 340).

Dilettantes, amateurs, professionnels – tous voulaient comprendre les grandes lois de « l'art » et, pour ce faire,

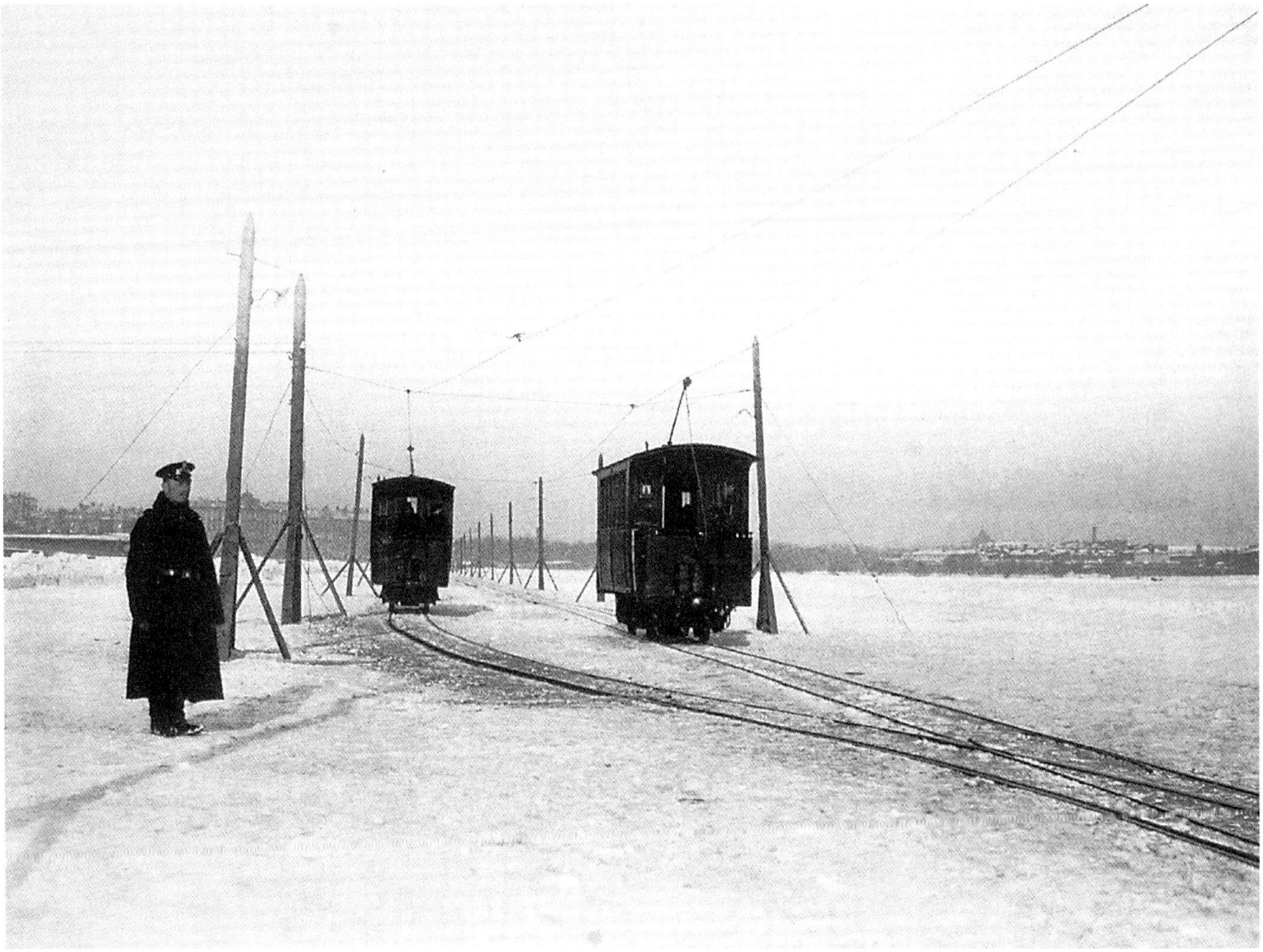

Cat. 154

Karl Bulla, *le Tramway d'hiver sur la Neva,* vers 1900,
épreuve argentique, Saint-Pétersbourg, musée d'État de l'Ermitage.

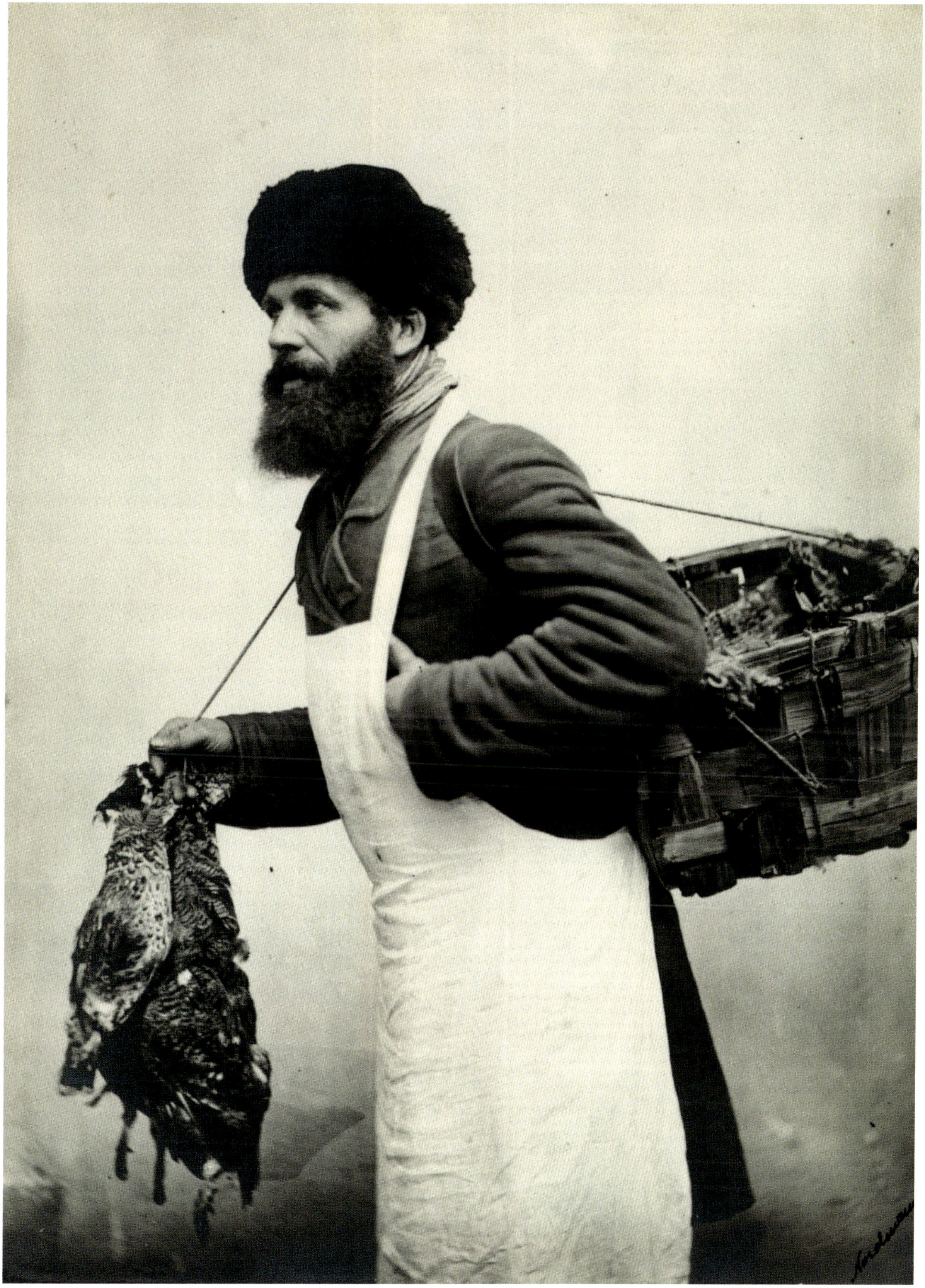

Cat. 340

Natalia B. Nordman, ***le Marchand de gibier,*** **1894,**
épreuve argentique, Moscou, musée national d'Histoire.

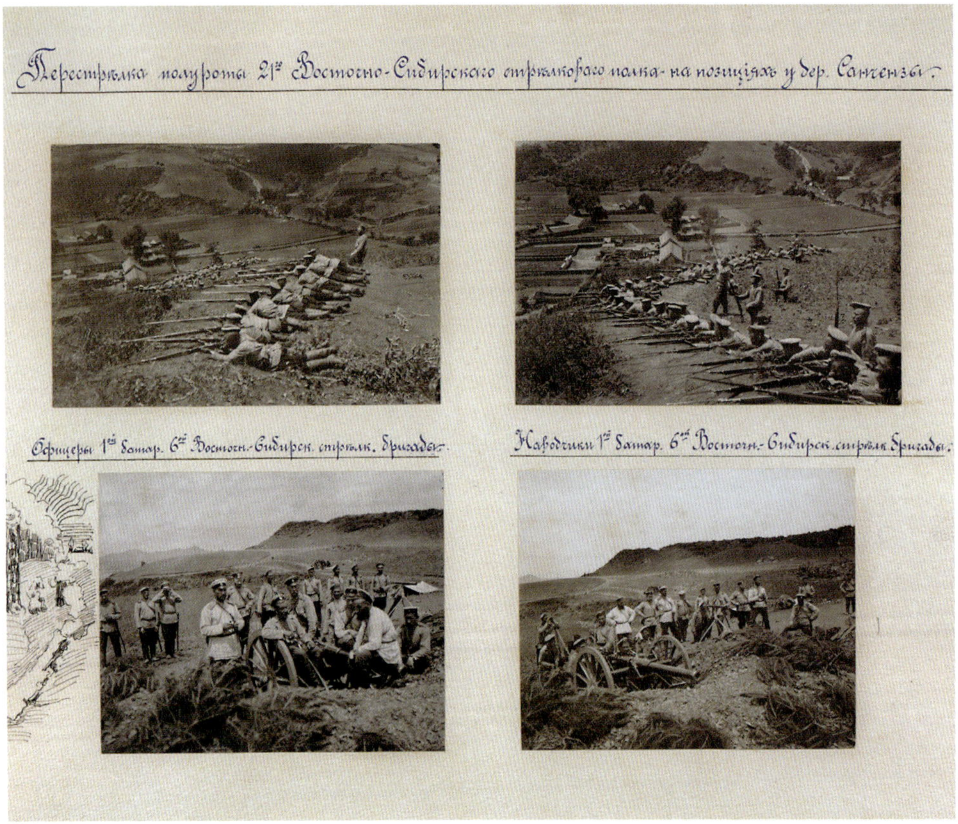

Cat. 157

Viktor K. Bulla,
Fusillade d'une demi-compagnie du 21e régiment d'infanterie de Sibérie orientale sur les positions du village de Santchenza. Envoi des troupes en Mandchourie au départ d'Irkoutsk. Train militaire en chemin, **fait partie de l'album** ***Roussko-iaponskaïa voïna*** **(« la guerre russo-japonaise »), 1904-1905,**
épreuves argentiques, encre de Chine, plume,
Saint-Pétersbourg, Bibliothèque nationale de Russie.

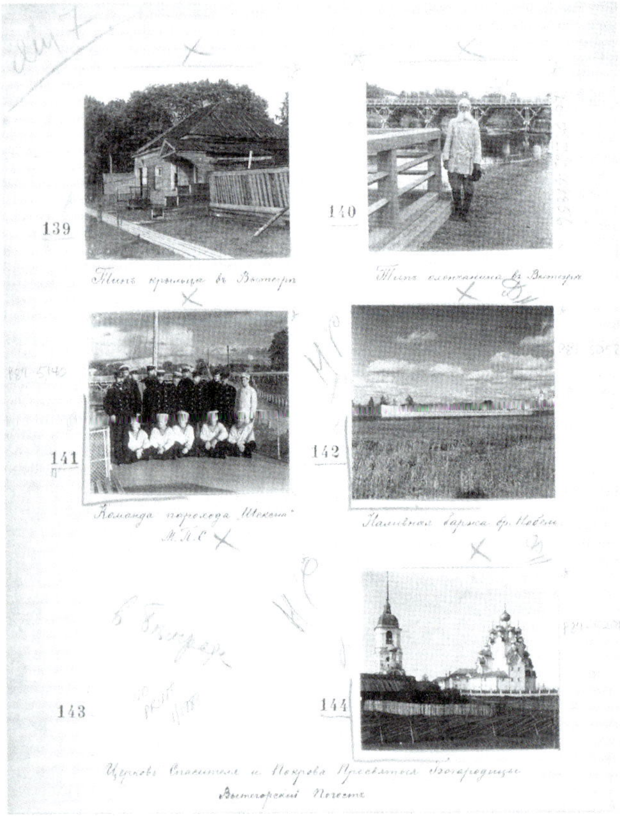

Fig. 8. **Sergueï M. Prokoudine-Gorsky,** ***Reportage ethnographique,*** **page 24 de l'album 10 332,** épreuves argentiques
Washington, Library of Congress.

en 1902-1903 par exemple, furent organisées à Moscou et à Saint-Pétersbourg des Expositions internationales de photographie d'art qui permettaient de faire connaître les travaux du Photo-Club de Paris, du Caméra-Club de Vienne, de la Société de la Nouvelle-Angleterre, etc. L'utilisation dans les travaux des photographes étrangers de pigments colorés de gomme bichromatée et de gomme arabique suscita la curiosité des théoriciens de la revue russe : « Une voie tout à fait erronée dans la photographie d'art[37]. » Notant la profusion de clichés teintés, les auteurs du *Photographe amateur* remarquaient d'un ton sentencieux que « seul un décadent de notre époque irait faire des portraits à la peinture verte, lilas ou bleue[38] ».

Mais la photographie justement était considérée, par bien des gens en Russie, comme le dernier rempart dans le combat contre la décadence qui gagnait toutes les sphères de l'art. Ils affirmaient qu'elle seule pouvait

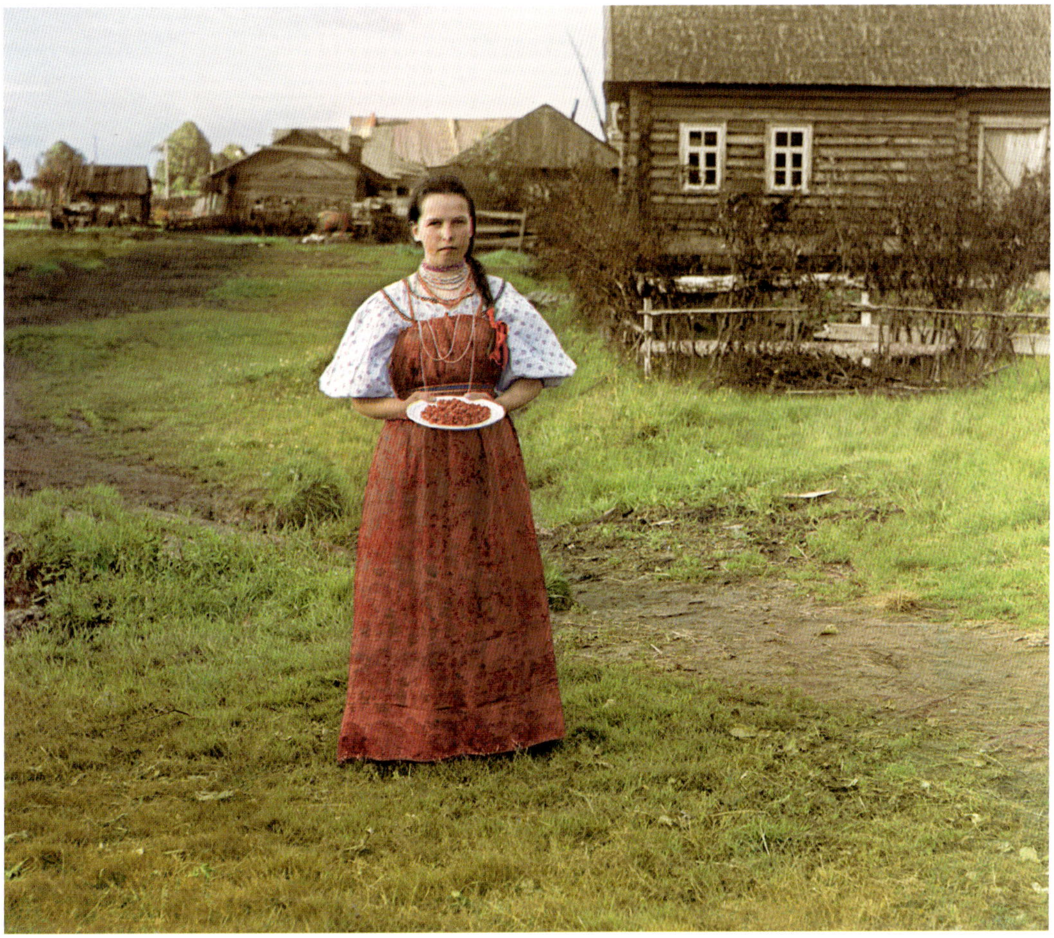

Cat. 387

Sergueï M. Prokoudine-Gorsky, *Jeune Fille aux fraises*, 1909,
procédé trichrome, Washington, Library of Congress.

rendre « la vérité et la beauté de la nature, maintenant perdues en peinture », et que « même les photographies les plus faibles transmettent mieux la vérité de la nature que le barbouillage à la mode, comme celui que présente par exemple *Mir Iskousstva* »[39].

Dans leur manière de comprendre « l'art », bien des acteurs de la photographie n'en appelaient souvent qu'à la peinture du XIXe siècle, avec ses sujets, ses canons de genre et de composition, son langage figuratif. Mais l'évolution des arts plastiques en Russie allait grand train et le choc des premières expositions de *Mir Iskousstva* au début du siècle se mua chez beaucoup en attaques virulentes contre l'art des symbolistes de La Rose bleue (1907) ou des peintres novateurs du Valet de carreau (1910). Constatant le déclin de la peinture, relevant dans bien des articles « l'épouvantable bouleversement de l'art », les photographes traditionalistes y voyaient justement la raison d'un changement radical du langage photographique lui aussi. Sergueï M. Prokoudine-Gorsky, qui dirigea entre 1906 et 1909 *le Photographe amateur*, écrivait justement (fig. 8) : « En photographie, tout comme en peinture, peuvent apparaître de nouvelles tendances [...] C'est souhaitable, mais il convient cependant de garder le sens de la mesure [...] La photographie est tout de même, il faut bien le reconnaître, un art plutôt protocolaire. L'individualisme est possible dans une certaine mesure, par exemple, dans le choix du point de vue, dans la façon d'utiliser la position des nuages lorsqu'on fait du paysage, dans celle de faire concorder l'image avec la réalité, etc., mais la concurrence avec la peinture au sens plein du terme [...] est une occupation passablement naïve[40]. » (cat. 387).

1. « La Découverte de Daguerre », 15 janvier 1840, p. 11-12.

2. « Mélange », 17 juin 1844. On y annonçait qu'à Paris le prix du portrait s'élevait à 1 ou 2 francs. À Saint-Pétersbourg en 1844, les prix des portraits – en fonction du format – s'élevaient à 5, 6, 8 et 10 roubles d'argent. Le prix le plus bas était pratiqué par Karl Kulis, venu de Berlin : 1 rouble 50 kopecks.

3. « Promenades daguerriennes en Russie », 14 mai 1843, p. 421.

4. RGIA, fonds 779, inventaire 1, partie II (1847), dossier 3269, fos 1-4.

5. « Le Cabinet de portraits photographiques », 1er février 1949, p. 5.

6. Portraitistes en daguerréotype : Albers, Bergamasco, Borkhardt, Weninger, Dauthendey, Kulis, Markevitch, Zverner, Schoenfeld, dans *Gorodskoï oukazatel ili adresnaïa Kniga vratcheï, khoudojnikov, remeslennikov...*, 1849, p. 118.

7. Levitsky, 1892. p. 177-189.

8. RGIA, fonds 789, inventaire 2 (1854), dossier 129, fos 3-4.

9. *Ibid.*

10. « La photographie de l'artiste Denier », 29 septembre 1854, p. 1051.

11. « Petersbourgskaïa Letopis », 6 mai 1856, p. 575.

12. « Petersbourgskaïa Letopis », 5 décembre 1854, p. 13.

13. Bianchi, 2002. L'atelier de G. Bianchi à Saint-Pétersbourg fonctionna, sous diverses adresses, entre 1853 et 1883.

14. « Petersbourgskaïa Letopis », *op. cit.*, p. 14.

15. Stassov, 1856, t. 6, vol. 2, p. 576.

16. Delaborde, 1er avril 1856.

17. Herz, 1858, t. 15, vol. 1 (mai), p. 154-155.

18. Korf (1857, p 87-88) écrivait : « Quant aux achats personnels de la bibliothèque, semble particulièrement importante l'acquisition d'œuvres photographiques, tant en feuilles que par publications complètes. Durant mon voyage à l'étranger, j'ai pu me convaincre personnellement de l'importance et de la supériorité face aux autres clichés tant par la ressemblance mathématique que par l'accessibilité des prix des diverses publications photographiques d'aujourd'hui [...] qui fournissent des copies des merveilles de l'architecture, de la peinture, de la sculpture et de la gravure, des vues des monuments d'architecture et des lieux les plus remarquables ».

19. « Panorama de l'art », 1858, p. 217-219.

20. « Photographies d'icône et autres antiquités du mont Athos, provenant de la collection de P. I. Sevastianov », Saint-Pétersbourg, 1859. Sevastianov exposera ensuite ses meilleurs clichés dans le département des Monuments de l'art chrétien primitif, qu'il avait créé au sein du Musée public de Moscou, inauguré en mai 1862, dans la maison Pachkov.

21. Turin écrivait dans sa demande d'autorisation : « La photographie a atteint aujourd'hui un haut degré de perfection [...] la reproduction par la photographie des peintures et des sculptures les plus remarquables [...] permettrait de conserver en un grand nombre d'exemplaires les œuvres de l'artiste, du peintre, du sculpteur, de l'architecte, bref, la photographie peut produire de curieuses collections dans toutes les branches de ces divers arts » (RGIA, fonds 789, inventaire 2 (1856), dossier 73, fos 1-3).

22. RGIA, fonds 789, inventaire 2 (1856), dossier 73, fos 4-5.

23. « À propos de l'exposition de l'Académie des Arts », 1er septembre 1860, p. 94.

24. « Denier est accusé d'avoir la prétention d'obtenir par ses œuvres le titre d'académicien [...] il faut se réjouir de l'apparition d'un tel art et de tels artistes qui, s'aidant du soleil, prennent en une seconde les copies les plus fidèles, artistiques souvent, des gens et de la nature, soulageant ainsi les peintres de leurs activités de copiste » (« Petersbourgskaïa Letopis », 25 septembre 1860, p. 1093).

25. Exposition à l'Académie des arts pour les années 1860 et 1861, dans Dostoïevsky, 1979, t. XIX, p. 153.

26. « Les photographies sont très rarement ressemblantes, et cela se comprend : l'original en effet, c'est-à-dire chacun de nous, est très rarement semblable à lui-même. À de rares instants, le visage de l'homme exprime ce qui est son trait essentiel, sa pensée la plus caractéristique. L'artiste étudie le visage et il devine cette pensée essentielle du visage, ne serait-ce qu'au moment où il le copie, alors qu'elle en était tout à fait absente. La photographie, elle, saisit l'homme tel qu'il est dans l'instant, et il est tout à fait possible qu'à une certaine minute Napoléon aurait eu l'air bête et Bismark très tendre » (dans idem, *ibid.*, 1975, t. XIII, p. 370).

27. Exposition à l'Académie des arts pour les années 1860 et 1861 (idem, *ibid.*, *op. cit.*, t. XIII, p. 154). Dostoïevsky compare également la photographie aux œuvres des artistes de « l'école naturelle », ses contemporains, qui se sont particulièrement intéressés aux problèmes du milieu, de la réalité sans fard. Analysant la méthode créatrice d'Ouspensky, il écrivait : « Il arrive sur une place, par exemple, et sans même choisir son angle de vue, il plante là, n'importe où son appareil photographique [...] Tout sera fidèlement reproduit tel quel. Y compris, naturellement, ce qui est totalement inutile [...] C'est un embrouillamini et non de la précision [...] Et le matériau lui-même ne peut être rendu en un seul daguerréotype » (« Les Récits d'Ouspensky », dans idem, *ibid.*, 1979, t. XIX, p. 180-181).

28. Pavlenkov, 15 et 30 septembre 1864, p. 324.

29. Idem, *ibid.*, 15 et 30 novembre 1864, p. 414.

30. Un département de photographie avait été créé en 1864 près la société russe d'entomologie. L'illustre Alexandre I. Chpakovsky, qui avait travaillé avec Sergueï L. Levitsky jusqu'en 1859 puis dirigé le Pavillon modèle de photographie construit en 1859 par la maison de commerce Strougovchtchikov, Pokhitonov, Vodov et Cie, en était devenu le président. Cette compagnie privée avait de même organisé en 1858 un dépôt de topographie militaire auprès de l'état-major central et y avait adjoint un magasin où l'on trouvait le plus large éventail de production photographique : photographies de cartes et plans, vues de Saint-Pétersbourg et des environs, portraits photographiques, photographies produites à partir de tableaux.

31. « Nouvelles de la photographie », 12/24 août 1864, p. 723.

32. « Quitter des moines broyant des Panagias sur fond d'or, et en trouver d'autres enduisant de collodion des plaques de verre, c'est là un de ces tours que vous joue la civilisation au moment qu'on pense le moins à elle [...] les disciples de Saint-Serge faisaient des vues de leur couvent, des reproductions d'images parfaitement réussies. Ils possèdent les meilleurs instruments, connaissent les dernières méthodes » (Gautier, 1988, p. 287).

33. Fort à propos, V. V. Stassov (1885, p. 46-47) écrivait : « La plupart de ces groupes forment de véritables "scènes de genre", de petites dimensions, qui semblent composées par un artiste peintre de talent [...] Tout cela forme une galerie de tableaux, originaux et raffinés ».

34. « Prisoujdenïe nagrad exponentam... », 1889, p. 122.

35. « L'art en photographie », *ibid.*, 1903, col. 92.

36. Nordmann, 1903, p. 15.

37. « L'art en photographie », *ibid.*, *op. cit.*

38. « Que nous a appris l'Exposition artistique internationale, organisée par la Société de photographie de Saint-Pétersbourg ? », 1903, col. 147-148.

39. « Sur l'Exposition internationale de photographie d'art de Moscou », 1903, col. 147-148.

40. Prokoudine-Gorsky, 1906, p. 131-133. Ayant reçu en 1906 à Nice la médaille du « meilleur travail dans le domaine de la photographie en couleurs », Prokoudine-Gorsky utilisait un appareil spécial qui exposait une plaque oblongue trois fois de suite à intervalles très rapprochés, à travers trois filtres de couleurs différentes. Grâce à un projecteur les trois images se fondaient en une seule image en couleurs, que l'on avait baptisée « photographie dans les couleurs véritables de la nature ». En 1909, Prokoudine organisa une démonstration de ses clichés en couleurs pour les membres de la famille impériale à Tsarskoïe Selo et il obtint un soutien officiel pour un grand projet : entre 1909 et 1912, puis en 1915, il traverserait dans un wagon spécialement équipé onze régions de Russie, photographiant les curiosités et les types des différents peuples.

Quand la lumière révèle le passé, la photographie russe en quête d'origines

Dominique de Font-Réaulx

« J'ai l'honneur de soumettre à votre haute appréciation le travail exécuté par moi au Caucase, pays pittoresque et présentant des types particuliers et très variés. J'ai cru me rendre utile à l'art photographique appliqué à la science en apportant en France, centre de la lumière, les types des habitants du Caucase, ainsi que quelques vues de notre terrain accidenté. Dans les excursions dans ce pays, privé de toutes sortes de communications, il m'a fallu vaincre beaucoup de difficultés, combattre les préjugés des indigènes qui, dans l'appareil photographique, voient l'œuvre de la sorcellerie. [...] Je réside à Koutaïs, au Caucase, et j'apporte des vues prises dans un rayon de 60 à 70 lieues de cette localité[1]. » Ainsi s'exprime Barkanov, photographe russe installé au Caucase, dans la lettre qu'il envoie, en 1870, aux membres de la Société française de photographie – SFP –, société fondée en 1854 et, avec la Royal Photographic Society, son homologue britannique, l'institution qui jouit alors du rayonnement le plus vif à l'étranger. La lettre adressée par Barkanov – apparemment accompagnée de clichés qui ont peut-être été ensuite retournés à leur auteur – est un des premiers envois d'un photographe russe. Il est intéressant de souligner que les images qu'il fait parvenir – en sollicitant son admission comme membre de la société – sont essentiellement des photographies à caractère ethnographique, valorisant la variété des « types » d'une des régions de la Grande Russie.

Invention du XIXe siècle, la photographie est alors une technique toute récente, sans passé vers lequel se tourner. Pourtant, les photographes russes vont, dès le milieu des années 1860, affirmer, comme les peintres, les sculpteurs et les architectes, leur attachement aux rites et coutumes de la Russie ancienne. En effet, la photographie devient un outil essentiel pour les nombreuses études à caractère ethnographique qui se développent en Russie, après les réformes agraires d'Alexandre II et l'abolition du servage.

Cet intérêt pour l'ethnographie est double : sentimental – il s'appuie sur l'amour que les Russes ont de leur patrie, de ses paysages immenses, rudes et pourtant nourriciers, de son climat rigoureux – et politique – présenter la richesse et la variété des populations de l'empire russe permet de valoriser la puissance des tsars. Il s'inscrit aussi dans le développement d'une géographie nouvelle qui associe en parallèle des données objectives de la latitude et de la longitude, l'étude des populations, de leurs coutumes et de leurs activités. Les campagnes russes ont alors peu évolué au cours des siècles passés[2]. Elles offrent, grâce à leurs isbas en bois, aux vêtements richement brodés des femmes, aux outils agraires restés simples, au respect des coutumes anciennes, un miroir vivant de la tradition, vers laquelle se tournent alors les artistes. Ferveur pour la patrie qu'exprime avec fougue, au début du XXe siècle, Alexandre A. Blok, qui, dans son poème *la Russie* confond dans une même exaltation la puissance des paysages et la parure féminine :

« Je porterai ma croix sans plainte,
Fier et certain de ta grandeur [...]
Rien n'est changé... Forêts et plaines...
Et sur ton front un châle à fleurs[3]. »

En 1867 est organisée, à Moscou, une exposition russe d'ethnographie qui a pour dessein de valoriser l'esprit et la beauté slave – outre la Russie, sont aussi présents, notamment, l'Empire austro-hongrois et la Serbie. L'exposition rassemble, à côté de mannequins vêtus de costumes traditionnels et de maquettes d'*isba,* plus de

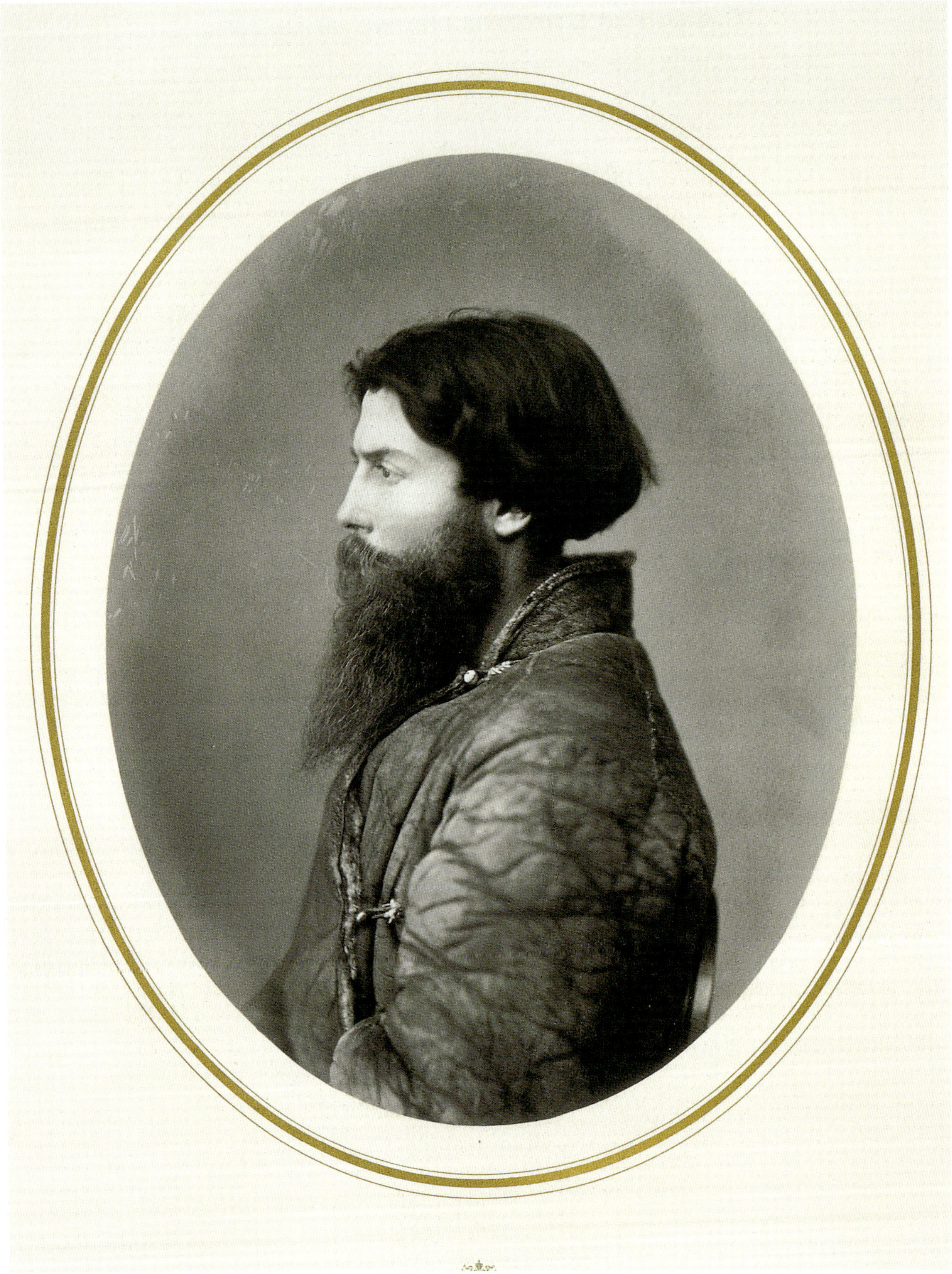

Cat. 1

Nikandre M. Alassine, *Grigory Alexeev de profil, paysan de Golovino,* fait partie de l'album *les Russes* d'Anatole Bogdanov et Mathias Zikov, 1867,
épreuve sur papier albuminé d'après un négatif verre au collodion, Paris, Muséum national d'histoire naturelle, bibliothèque centrale.

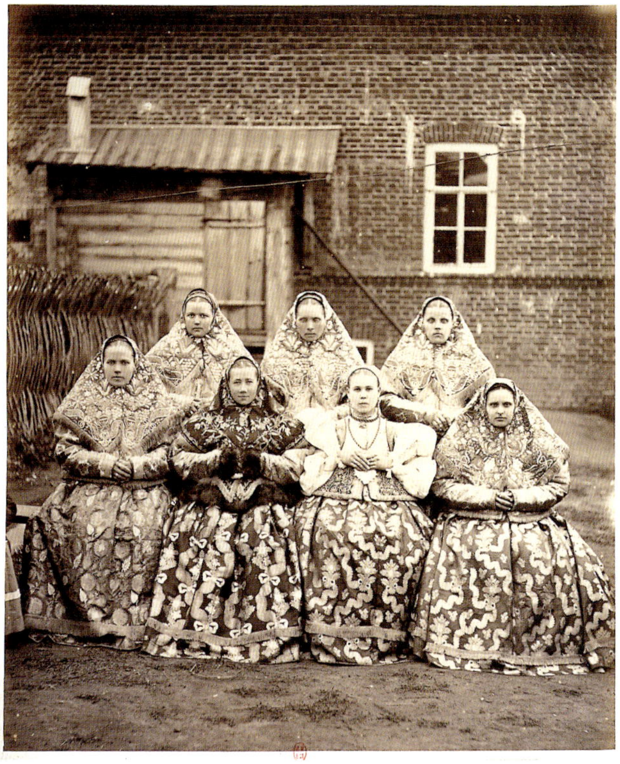

Cat. 396

Ivan P. Raoult,
Nijni-Novgorod. Jeunes Filles en costume traditionnel, **vers 1875,**
épreuve sur papier albuminé d'après un négatif verre au collodion,
Paris, Bibliothèque nationale de France, département des Estampes
et de la Photographie.

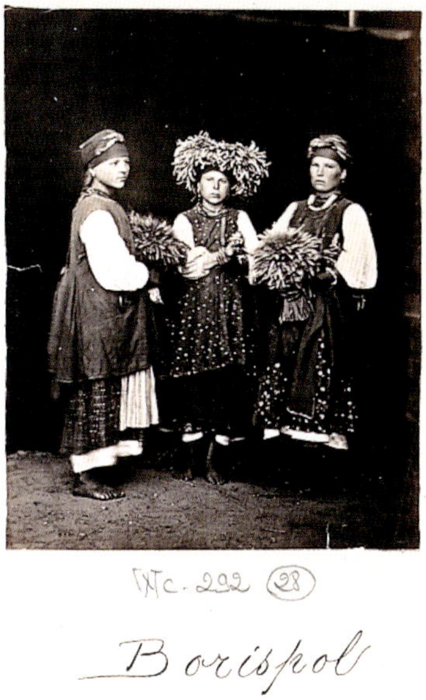

Cat. 269

Joseph Kordych ou Ardentiev,
Groupe de jeunes filles en costume traditionnel, **vers 1875,**
épreuve sur papier albuminé à partir d'un négatif verre au collodion,
Paris, Bibliothèque nationale de France, département des Cartes
et Plans, dépôt de la Société de géographie.

deux mille photographies représentant les différentes populations slaves vivant dans le grand empire russe. Le photographe Nikandre M. Alassine, propriétaire d'un atelier très justement nommé *La Photographie russe à Moscou,* réalisa beaucoup d'entre elles (cat. 1).

Si Alassine prit, apparemment, la plupart de ses photographies à Moscou, certains photographes deviennent, à l'image des peintres russes qui choisissent, dédaignant le confort d'un atelier citadin et cherchant à vivre au plus près la réalité quotidienne du peuple, d'arpenter les routes poussiéreuses de la campagne russe, des « ambulants ». Le photographe William A. Carrick est l'un des tout premiers à parcourir ainsi les différentes régions russes.

La présente exposition s'articule essentiellement autour des collections des institutions russes, trop rarement montrées[4]. Les collections françaises conservent cependant quelques très beaux ensembles de photographies russes du XIXe siècle, entrés souvent par dons ou par envois dès leur création. Les photographies à caractère ethnographique en forment l'un des plus divers et des plus valorisés, dès sa réception. Leur nature à la fois esthétique et savante suscite l'intérêt des scientifiques, en particulier. Le Muséum d'histoire naturelle de Paris acquiert, à la fin des années 1870, un ensemble de photographies d'Ivan P. Raoult, photographe d'origine française installé à Odessa[5]. Présentées en 1878 à la SFP, les photographies de Raoult attirent l'attention des membres : « M. Raoult présente à la Société une collection de types de la Russie méridionale. La Société examine avec intérêt ces belles épreuves[6]. » Raoult est récompensé par une médaille de bronze à l'Exposition universelle de 1878[7]. Ces photographies où sont réunis des groupes d'hommes et de femmes en costumes traditionnels posant, très frontalement, devant l'objectif du photographe, avec une dignité non dénuée de hiératisme, sont composées avec une très grande attention (cat. 396). Bien que prises à l'extérieur, à proximité du village des modèles, la nature comme l'habitat sont

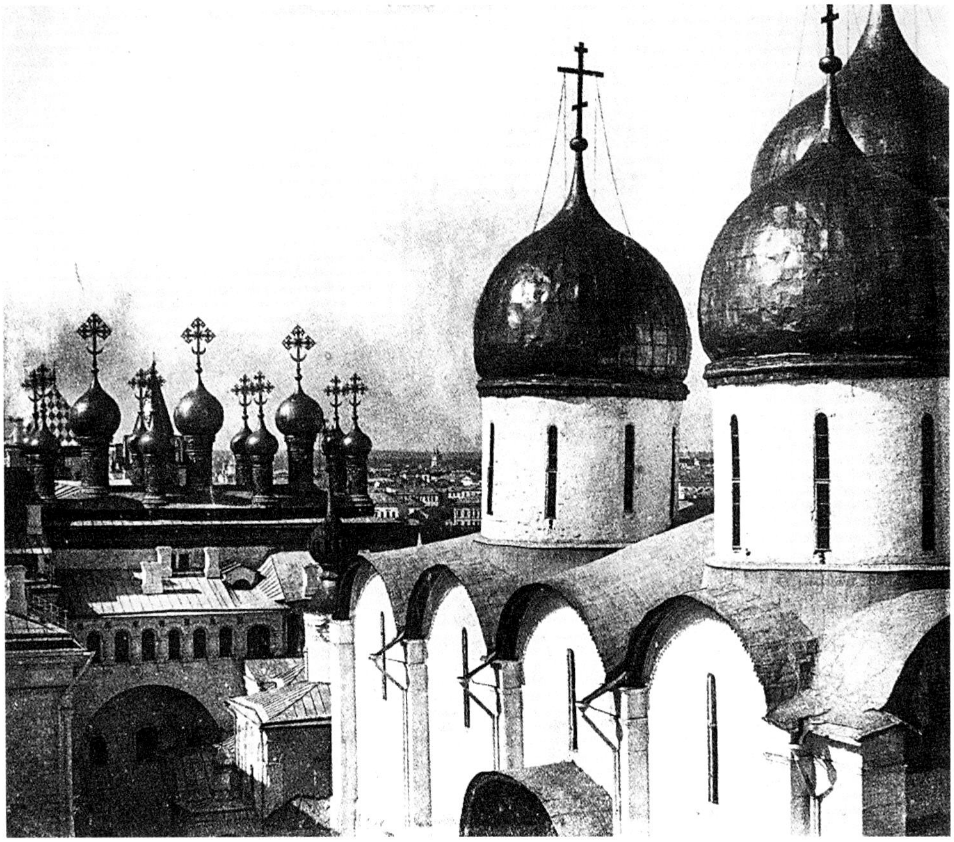

Fig. 1. **Roger Fenton, *Dômes des cathédrales du Kremlin,* Moscou, septembre 1852,** épreuve sur papier salé d'après un négatif papier ciré, New York, collection particulière.

presque toujours absents des images, qui se focalisent sur les figures elles-mêmes. Elles éveillent la curiosité d'Élisée Reclus, qui reproduit plusieurs d'entre elles dans sa *Nouvelle Géographie universelle,* dont le tome V, consacré à « L'Europe scandinave et russe », paraît en 1885. La photographie est en effet un allié précieux pour le géographe, qui déclare, dans son avertissement paru dans le premier tome de son ouvrage, vouloir « faire revivre la nature autour de moi. Mais cette nature elle-même, ajoute-t-il, change constamment avec les hommes qu'elle nourrit[8] ». Reclus rassemble une collection importante de photographies – et parmi elles de nombreuses photographies russes – consacrées aux « types humains[9] » (cat. 269).

En étudiant, grâce au *Bulletin de la Société française de photographie,* les récompenses et les citations aux expositions, que ce soit les grandes Expositions universelles à Paris de 1878, 1889 ou 1900 ou les expositions de la SFP, régulièrement organisées à partir de 1855, on note avec intérêt que, si les récompenses pour les photographes russes sont rares – ils constituent, face à leurs confrères français et anglais, un très petit nombre des exposants[10] –, elles sont le plus souvent offertes pour des photographies montrant « des types » des différentes régions ou, notamment après 1875, pour des photographies de paysage, ceux de Maxime P. Dmitriev, en particulier. En 1889, Dmitriev, très remarqué pour ses paysages, reçoit une médaille d'argent pour son travail ; il est de nouveau récompensé en 1892, lors de l'Exposition internationale de photographie de Paris, sans doute pour ses *Vues de la Volga* ou pour son reportage sur la grande famine de 1891 dans la région de Nijni-Novgorod. Les photographes russes portent une attention marquée aux difficultés matérielles auxquelles se heurtent les plus pauvres. Proche du documentaire social, ces images de Dmitriev ont aussi une grande force esthétique grâce à son sens de la composition. À nouveau, lors de l'Exposition universelle de 1900, il est doté d'une médaille d'or, récompense accordée à une vingtaine de photographes seulement cette année-là. En 1889, Ivan V. Boldyrev, l'un des fondateurs de la Société de photographie de Saint-Pétersbourg au sein de la Société impériale russe de technique, est lui aussi récompensé par une mention honorable à l'Exposition universelle de Paris, pour ses *Vues et types du district du Don*[11].

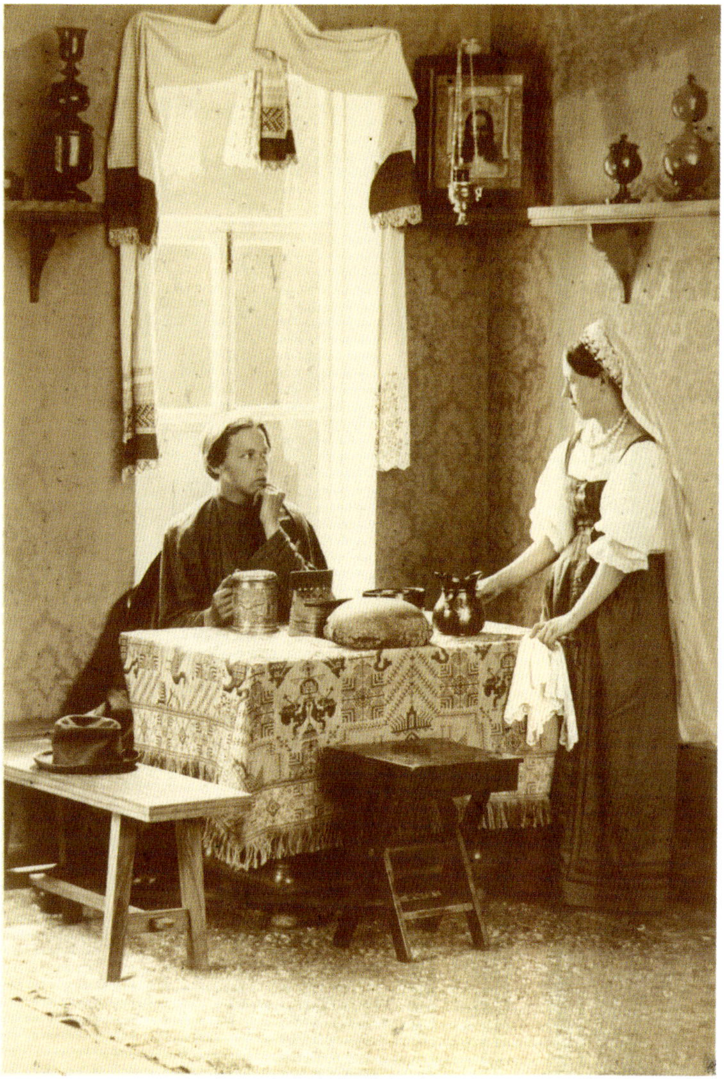

Cat. 256

Andreï O. Kareline, *Intérieur russe,* fait partie de *l'Album artistique de photographies d'après nature*, vers 1880,
épreuve sur papier albuminé, Moscou, musée national d'Histoire.

Ainsi, c'est à travers les sujets les plus russes, représentant une Russie traditionnelle par le biais de ses habitants, de leurs coutumes, de leurs traditions que les photographes attirent l'attention des jurys à l'étranger et sont récompensés. Bien que réalisées dans la seconde moitié du XIXe siècle, ces photographies semblent montrer une Russie ancienne, dont les traditions sont toujours présentes. Le peuple paysan, dépositaire de l'identité nationale, offre, devant l'objectif des photographes, une expérience vivante des coutumes.

La photographie russe de la seconde moitié du XIXe entretient des liens étroits avec les arts russes de son temps, la peinture, surtout. Le choix des sujets – la scène de genre, proche du tableau vivant, recomposant en atelier les sujets et les symboles de la vie traditionnelle ; le paysage, route, forêt ou fleuve, dont les photographes, comme les peintres, aiment exalter la grandeur –, celui du traitement, à travers notamment une recherche de la couleur – des photographies coloriées de Mikhaïl Boukhar aux autochromes ou autres procédés couleur de Sergueï M. Prokoudine-Gorsky ou de Leonid N. Andreev[12] – répondent à une intention commune, celle de la célébration d'une âme russe, dont le riche patrimoine iconographique, narratif – historique et légendaire – est une source féconde.

Si les photographes russes se sont révélés être d'excellents portraitistes[13], ce sont deux photographes étrangers, Roger Fenton en 1852 et Pierre Ambroise Richebourg en 1859, qui réalisent les vues les plus spectaculaires des villes russes (fig. 1) et il fallut attendre les années 1860

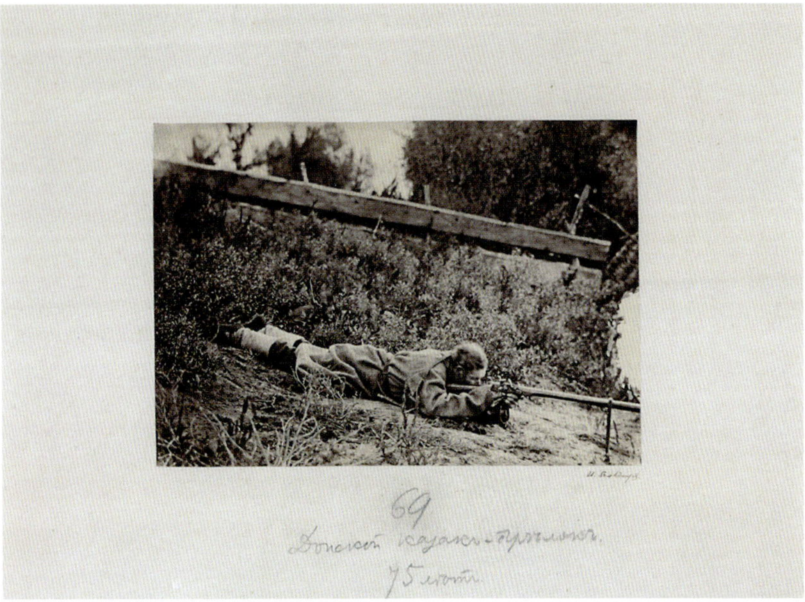

Cat. 137

Ivan V. Boldyrev
***Cosaque du Don, tireur,* fait partie de l'album *Vues et types du district du Don,* 1875-1876,**
épreuve sur papier albuminé,
Saint-Pétersbourg, Bibliothèque nationale de Russie.

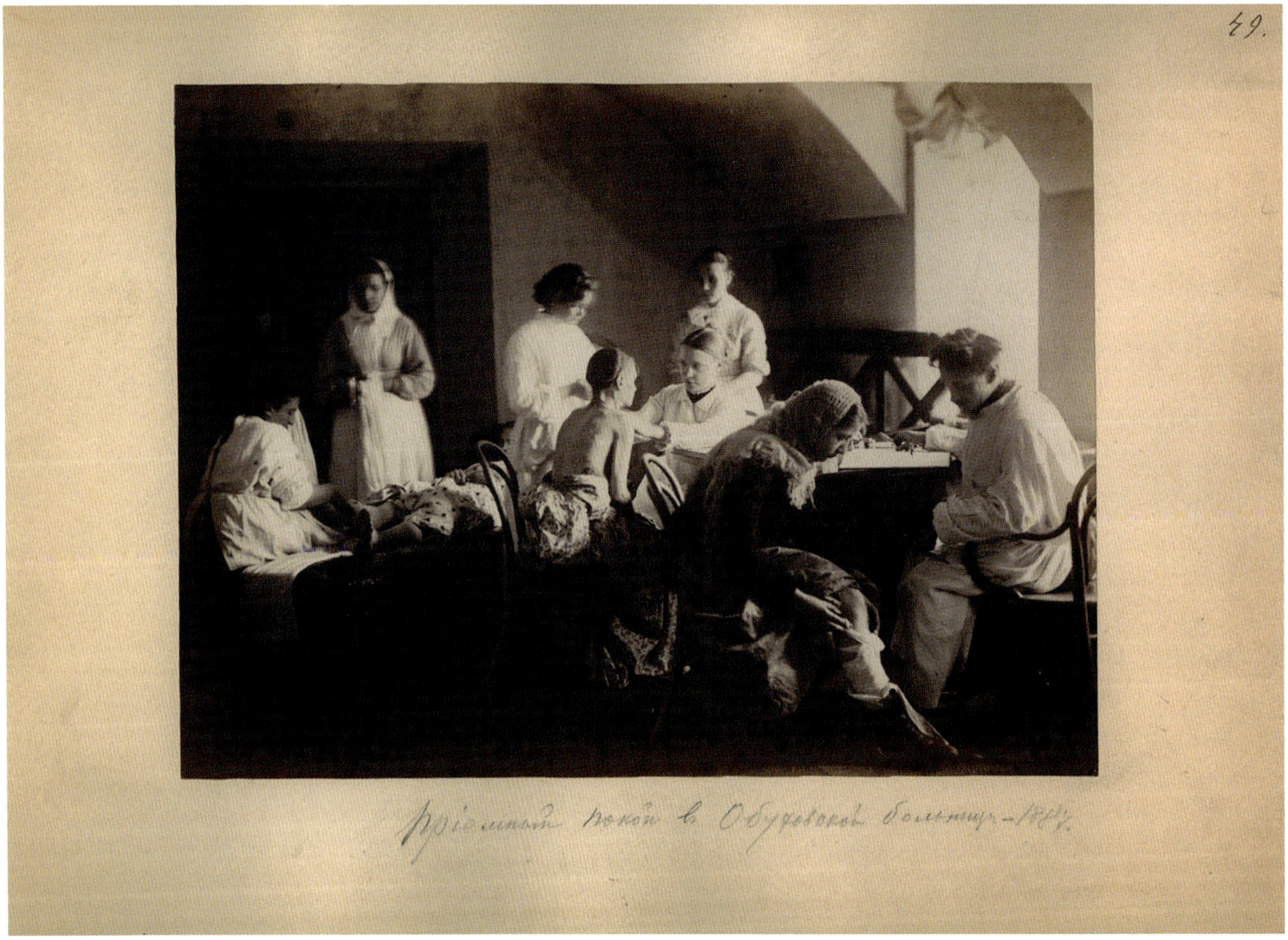

Cat. 143

Ivan V. Boldyrev, *Salle d'attente de l'hôpital d'Obouchovsky à Saint-Pétersbourg,* fait partie de l'album *Vues intérieures et extérieures prise à la lumière artistique par I. Boldyrev,* 1887,
épreuve sur papier albuminé, Saint-Pétersbourg, Bibliothèque nationale de Russie.

pour voir naître en Russie une création photographique originale. Le renouveau des arts russes, avec la création de la colonie d'Abramtsevo en 1870, puis autour des ambulants, a trouvé un écho en photographie, par le choix des sujets notamment. Le développement de la photographie ethnographique, rapidement évoqué, s'inscrit dans ce désir de rapprochement des réalités quotidiennes d'une Russie rurale et traditionnelle ; au-delà, les photographes se sont attachés à recomposer en atelier des scènes de genre, tableaux vivants très proches des scènes de la vie quotidienne appréciées par les peintres. L'un des plus accomplis est Andreï O. Kareline. Au début des années 1870, installé à Nijni-Novgorod, il commence à publier les planches photographiques d'un *Album artistique des photographies d'après nature,* scènes d'intérieur pour lesquelles pose souvent son entourage, costumé, illustrant la joie calme de la vie dans une Russie éternelle (cat. 256). Les photographies de Kareline sont très appréciées de son temps, en Russie comme en France. Alphonse Davanne fait ainsi l'éloge du photographe russe, dont certaines des œuvres ont été présentées à la XIe exposition de la SFP en 1876 : « ... le jury a voulu distinguer particulièrement M. Kareline, de Nijni-Novgorod, dont les groupes, les poses, sortent franchement des habitudes et des modes généralement adoptés, présentant un ensemble artistique très séduisant[14]. »

Deux photographes illustrent la recherche en photographie de thèmes issus de la tradition russe : Boldyrev et Dmitriev. Le premier est peintre de formation – il suivit les cours de l'Académie de Saint-Pétersbourg ; le second fut élève de Mikhaïl P. Nastioukov, puis travailla dans le studio de Kareline. L'un comme l'autre savent combiner une parfaite maîtrise de la technique photographique – Boldyrev éclaire ses photographies en intérieur d'une lampe au kérosène, qu'il met au point – avec un sens de la composition et un choix de la scène représentée qui soulignent leurs qualités artistiques. En 1876, Boldyrev réalise un ensemble de photographies prises dans sa région d'origine, *Vues et types du district du Don.* Malgré les sujets – le travail et la vie quotidienne des villageois –, ses images ne s'arrêtent pas au contenu ethnographique. L'arrière-plan est toujours visible et même valorisé ; l'attention va au-delà du seul modèle, le photographe montre ses sujets dans leur environnement quotidien. L'aspiration artistique est sensible ; le choix des attitudes et des poses est très précisément réglé, de même que l'étagement des plans (cat. 137). Plusieurs des vues montrent des rassemblements de villageois, un peu à distance ; le sujet de la photographie n'est pas le costume ou la parure, mais la vie quotidienne dans son ensemble et, au-delà, la communion profonde qui associe les hommes au pays où ils vivent et qui les nourrit. Vladimir V. Stassov, le conservateur de la Bibliothèque nationale qui avait commandé ces photographies à Boldyrev, les qualifiait ainsi : « Ce sont des peintures de genre à échelle réduite, créées avec précision par un grand artiste. » (cat. 143).

Dmitriev, dès la fin de 1880, se distingue par ses photographies de paysage, d'une qualité technique et esthétique exceptionnelle. Son premier maître, Nastioukov, l'a initié aux vues panoramiques, embrassant la totalité du paysage représenté, comme cette vue du *Champ de foire*

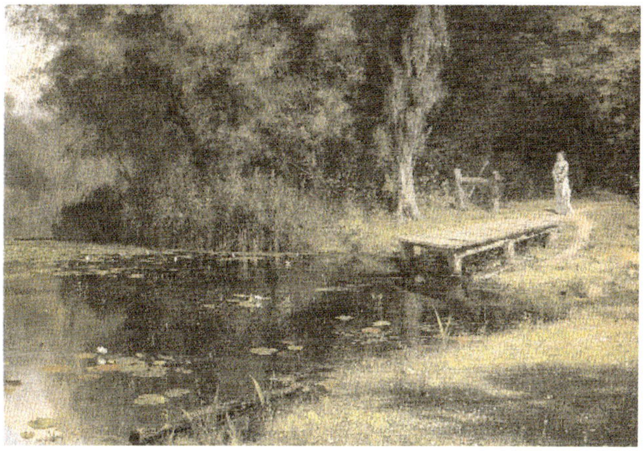

Fig. 2. **Vassily D. Polenov, *l'Étang,* 1880,**
huile sur toile, Saint-Pétersbourg, Musée d'État russe.

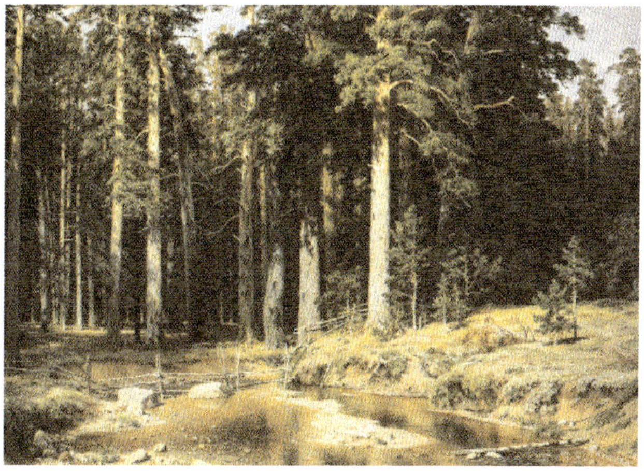

Fig. 3. **Ivan I. Chichkine, *Forêt de pins,* 1898,**
huile sur toile, Saint-Pétersbourg, Musée d'État russe.

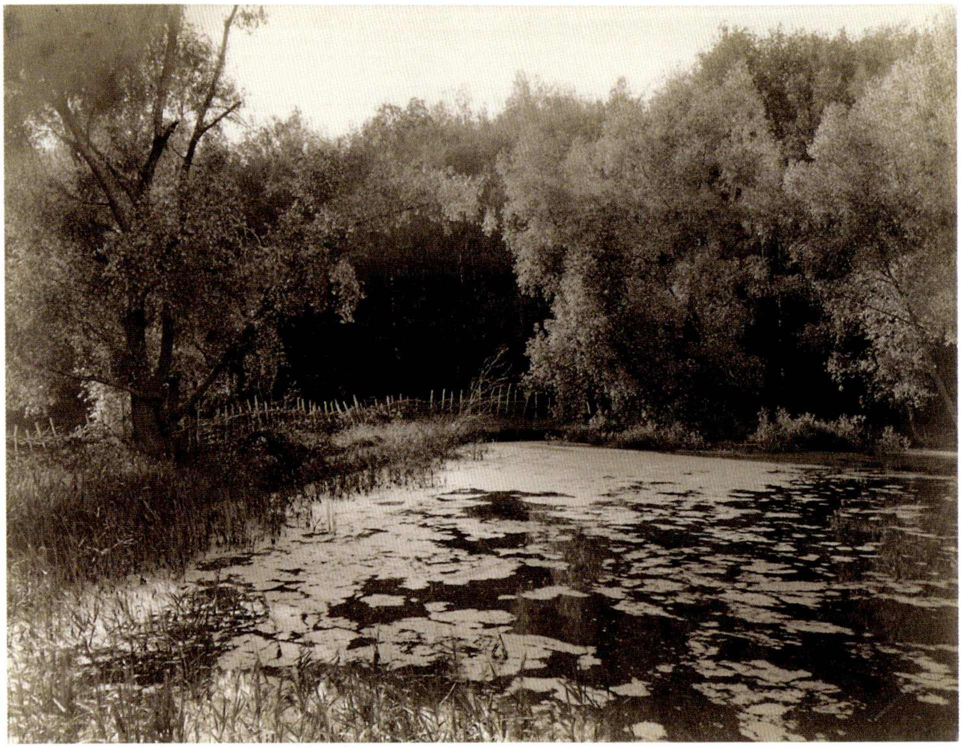

Cat. 183

Maxime P. Dmitriev, *l'Étang envahi d'herbe,* 1892,
épreuve sur papier albuminé, Saint-Pétersbourg, Bibliothèque nationale de Russie.

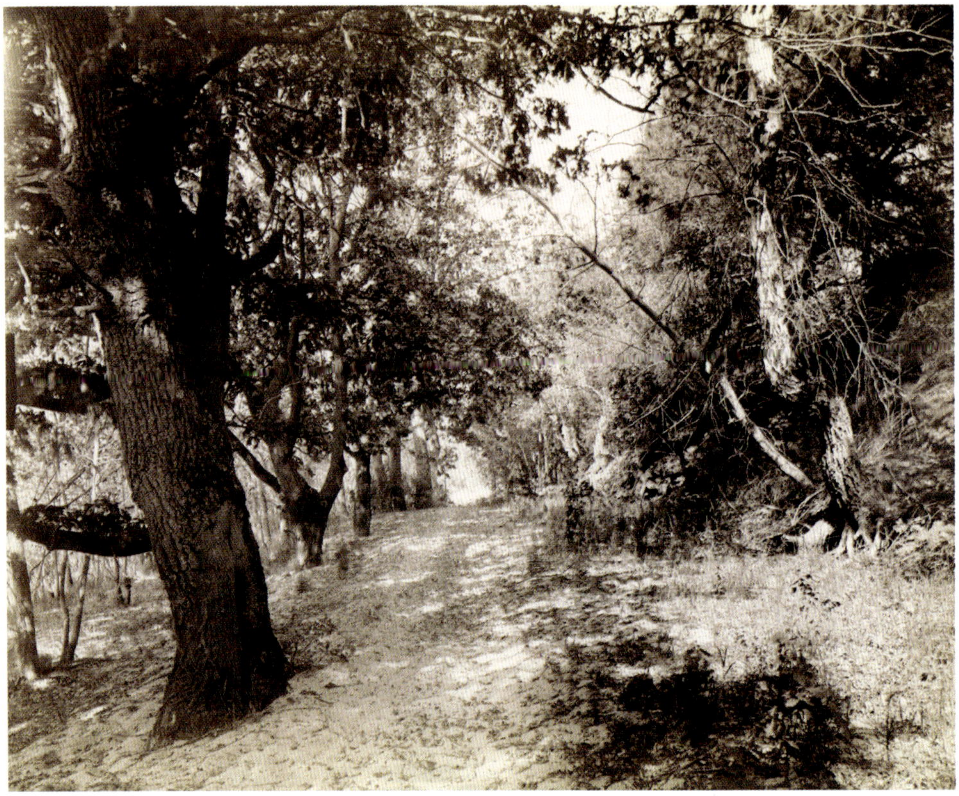

Cat. 181

Maxime P. Dmitriev, *l'Allée de chênes abandonnée,* 1892,
épreuve sur papier albuminé, Saint-Pétersbourg, Bibliothèque nationale de Russie.

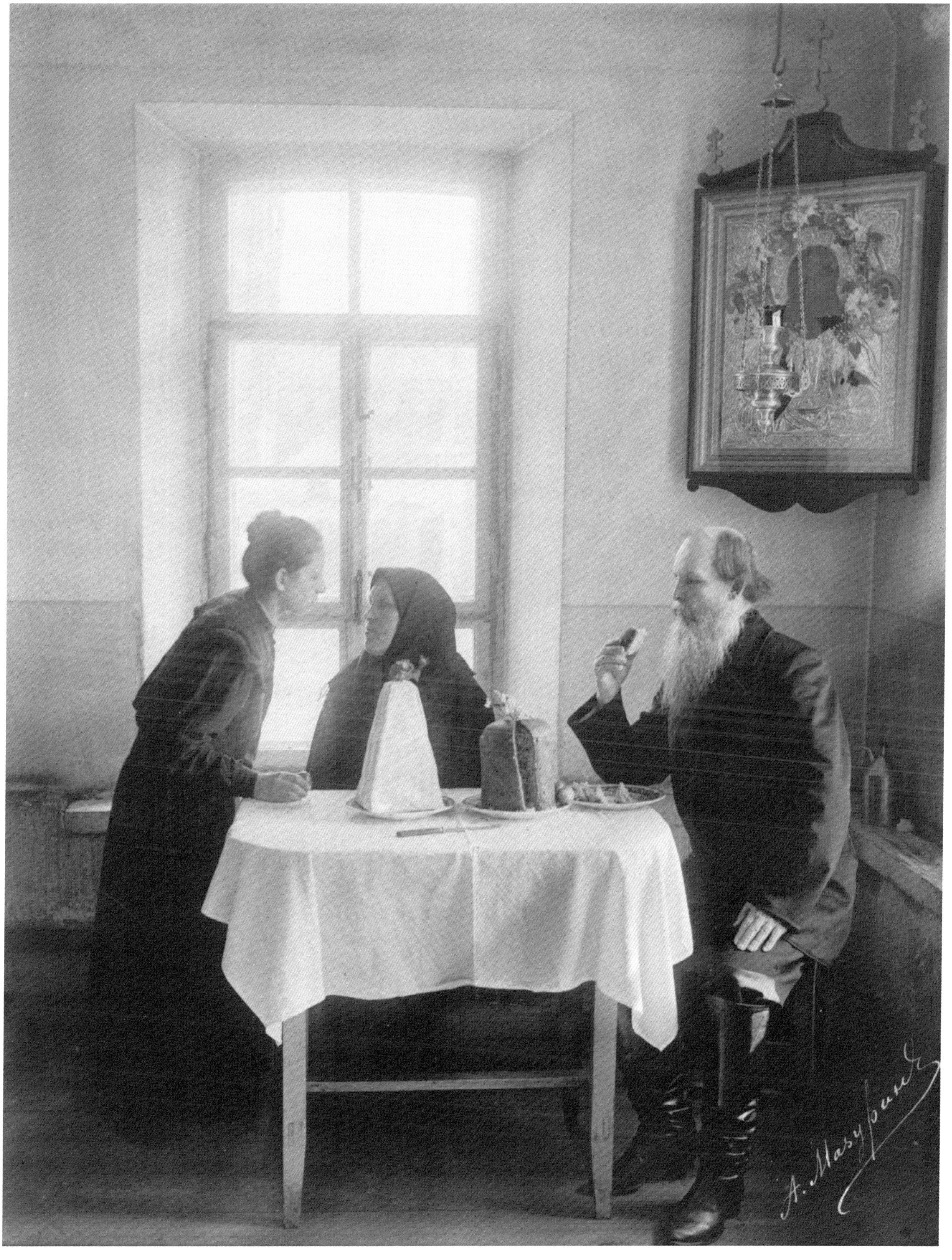

Cat. 320

Alexeï S. Mazourine, *Rupture du jeûne à Pâques,* début du XXe siècle,
épreuve argentique, Moscou, musée national d'Histoire.

de Nijni-Novgorod (cat. 333, p. 98). Grâce à l'emploi de tirages de très grande dimension, au choix d'un cadrage large et légèrement en contre-plongée, Dmitriev excelle à rendre la puissance et la grandeur du paysage russe. Une vue d'un lac, dont la surface bombée miroite au soleil, peut être rapprochée d'un tableau de Vassily D. Polenov, *l'Étang* (fig. 2 ; cat. 183). La force sombre de la forêt qu'il photographie, *Vue d'une allée dans la forêt* (cat. 181), et la lumineuse trouée du chemin qui la traverse rappellent les peintures d'Ivan I. Chichkine, comme la poésie d'Ivan S. Tourgueniev : « ... Allons, enfonçons-nous au plus profond du bois ... Le fourré s'épaissit ... Une paix inexprimable envahit l'âme ; autour de nous, tout est calme, assoupi[15]. » (fig. 3).

La recherche d'une expression picturale par la photographie se renforce à la fin du siècle, avec la création à Moscou, en 1894, de la Société russe de photographie, à laquelle Dmitriev est associé. Les objectifs de cette société sont, à la suite de la société fondée à Saint-Pétersbourg en 1878, de valoriser la photographie russe en Russie comme à l'étranger, mais aussi de souligner la création artistique des photographes russes[16]. La nouvelle société partage ainsi les préoccupations des photographes européens et américains pictorialistes. Les sujets issus de la Russie traditionnelle, modèles des peintres et des sculpteurs comme des architectes de leur temps, leur permettent de souligner leur parti pris pictural. Alexeï S. Mazourine, fondateur de la Société russe de photographie, est l'un des plus talentueux. Sa *Pâque russe,* composée avec rigueur et clarté, évoque une scène traditionnelle de la société russe. L'opposition tranchée des blancs et des noirs que renforce la lumière donne à l'ensemble de la scène une grande qualité graphique (cat. 319 et 320).

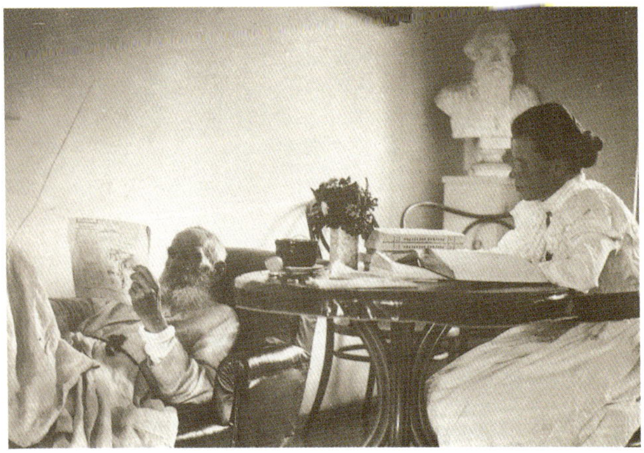

Fig. 4. **Sofia (Sophie) A. Tolstoï,** ***Lev N. Tolstoï avec sa fille Tatiana,*** **1901,** épreuve sur papier albuminé à partir d'un négatif verre, Moscou, musée Tolstoï.

Comme la peinture, la photographie entretient avec la littérature russe des liens étroits ; l'inspiration littéraire nourrit les thèmes des images à travers les caractères représentés – l'activité du paysan russe, la vie simple et calme de la campagne – et de la valorisation des paysages. Trois grands écrivains – Lev N. Tolstoï, Tchekhov et le moins connu d'entre eux, en France du moins, Leonid N. Andreev – ont acquis, soit directement, soit par l'intermédiaire de leurs proches, une familiarité avec la création photographique. L'exemple le plus émouvant est très sûrement celui des photographies de Sophie A. Tolstoï, l'épouse et fidèle assistante du grand génie russe, qui, à partir de 1887 et jusqu'à la mort de l'écrivain, en 1910, photographie Tolstoï, leurs enfants et leurs amis dans leur propriété d'Iasnaïa Poliana. Grâce à ces images dont le seul sujet est la vie quotidienne dans la grande maison familiale, Sophie Tolstoï nous fait entrer dans l'intimité du grand homme, de plus en plus marqué, alors, par la crise mystique qui l'avait fait définitivement quitter Moscou pour se rapprocher, physiquement, mais aussi dans son apparence – il ne portait plus que la simple blouse du moujik – et dans sa façon de vivre, du paysan russe. Sophie Tolstoï avait été initiée, dès 1861 – elle avait alors seize ans – à la technique photographique. Elle acquiert en 1887 un lourd appareil Kodak : « Aujourd'hui, ils ont parlé photographie parce que j'ai rapporté ce qu'il faut pour prendre des vues et faire des photographies de la famille[17] » (cat. 455). Blessée par la distance qui s'est alors installée entre son époux et elle, cherchant, inconsciemment sans doute, à laisser libre cours à ses propres aspirations créatrices, Sophie Tolstoï réalise de très nombreuses photographies des siens ; en 1895, après la mort de leur plus jeune fils, Ivan, la photographie devient, de son propre aveu, un dérivatif à son chagrin. Les scènes représentées sont celles du quotidien familial, ponctué par la venue des enfants et petits-enfants, les anniversaires, les réceptions dans le parc, le rythme des saisons (fig. 4). Elle célèbre, chaque année, et malgré l'éloignement de son mari, les anniversaires de mariage en prenant, septembre après septembre, une photographie où elle pose, vêtue d'une robe blanche, aux côtés de Tolstoï, qui semble chaque année plus indifférent (cat. 463) [18]. Plus que les instants qui le réunissent, c'est la permanence et

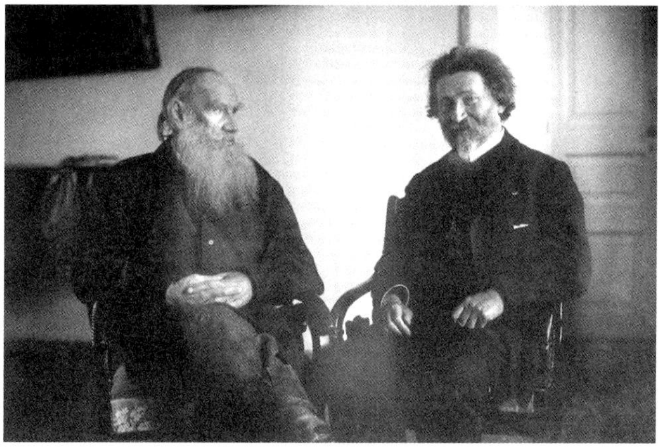

Fig. 5. **Sofia (Sophie) A. Tolstoï, *Lev Tolstoï avec Ilia Repine,* 1908,**
épreuve sur papier albuminé d'après un négatif verre,
Moscou, musée Tolstoï.

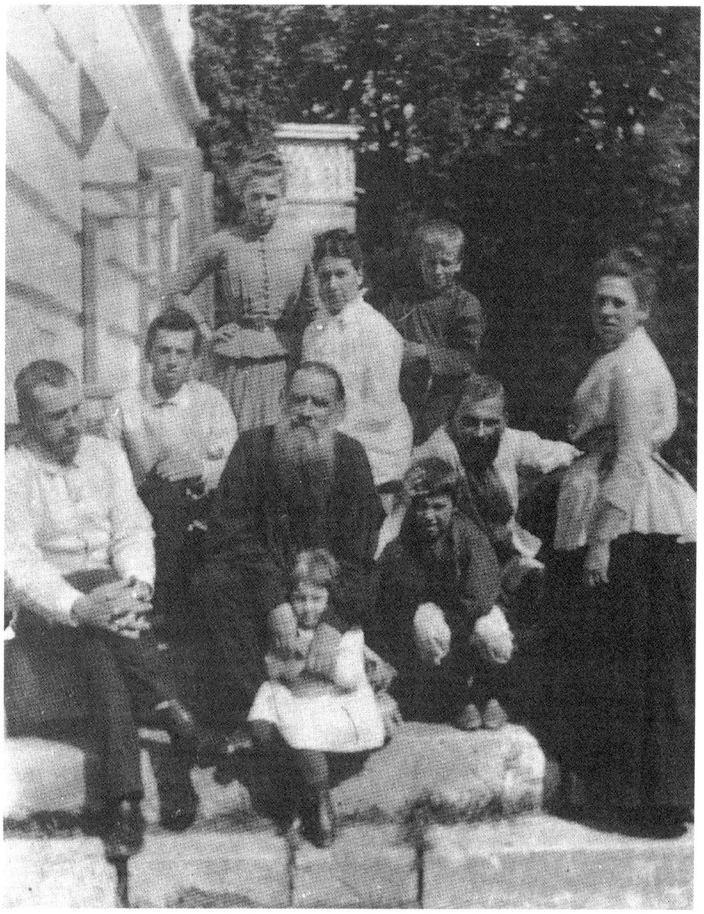

Cat. 455

Sofia (Sophie) A. Tolstoï, *En famille, Iasnaïa Poliana,* 1887,
épreuve sur papier albuminé à partir d'un négatif verre, Moscou, musée Tolstoï.

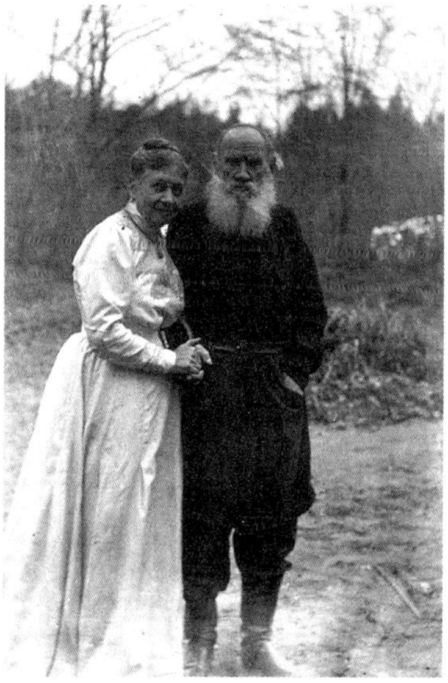

Cat. 463

Sofia (Sophie) A. Tolstoï, *le Dernier Anniversaire de mariage (le 48e),* 23 septembre 1910,
épreuve sur papier albuminé à partir d'un négatif verre, Moscou, musée Tolstoï.

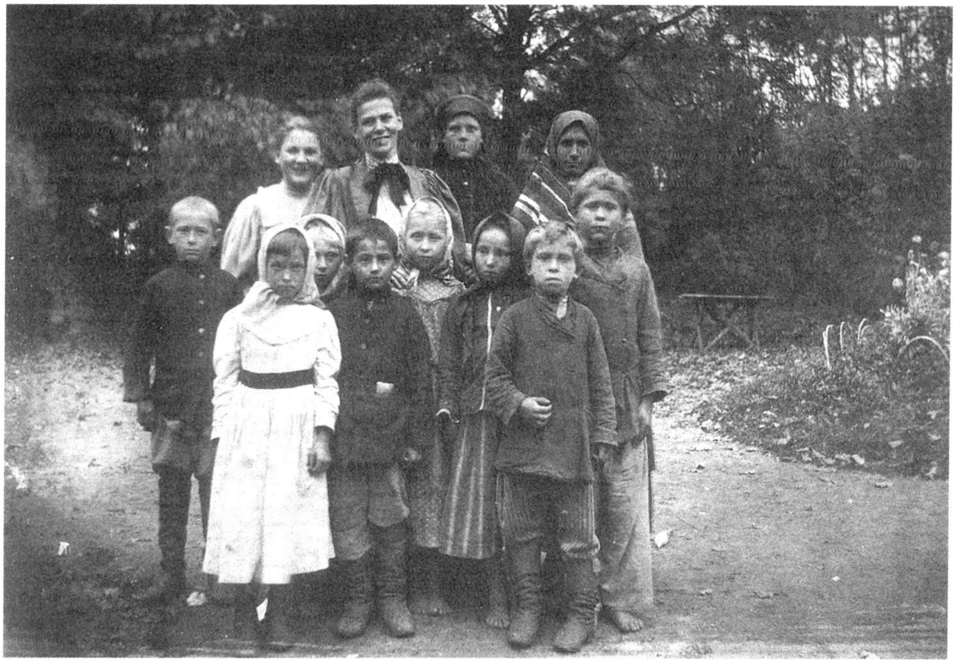

Cat. 456

Sofia (Sophie) A. Tolstoï, *Maria et Alexandra Tolstoï avec les enfants des paysans d'Iasnaïa Poliana,* 1896,
épreuve sur papier albuminé à partir d'un négatif verre, Moscou, musée Tolstoï.

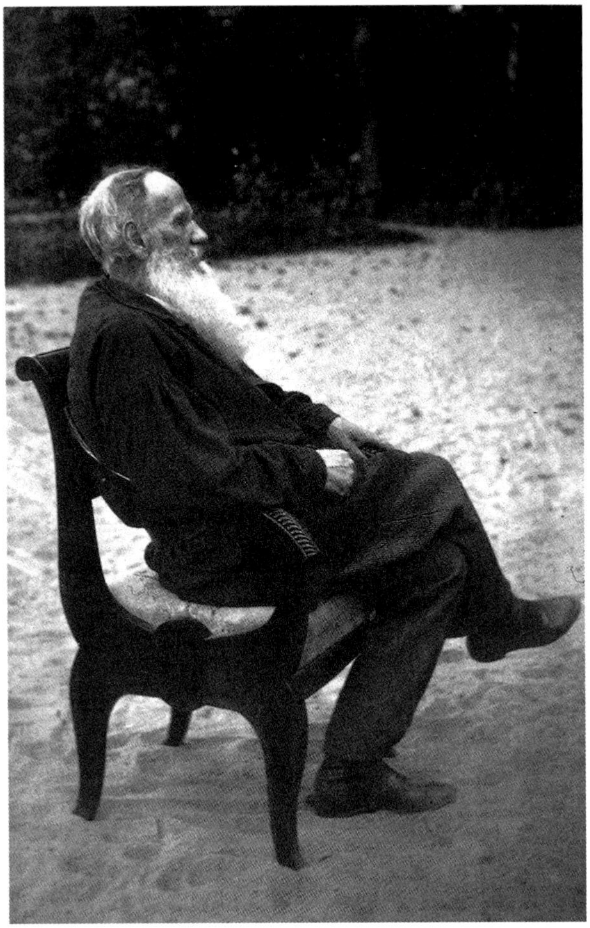

Cat. 458

Sofia (Sophie) A. Tolstoï,
***Lev Tolstoï assis sur un banc à Iasnaïa Poliana,* 1900,**
épreuve sur papier albuminé à partir d'un négatif verre,
Moscou, musée Tolstoï.

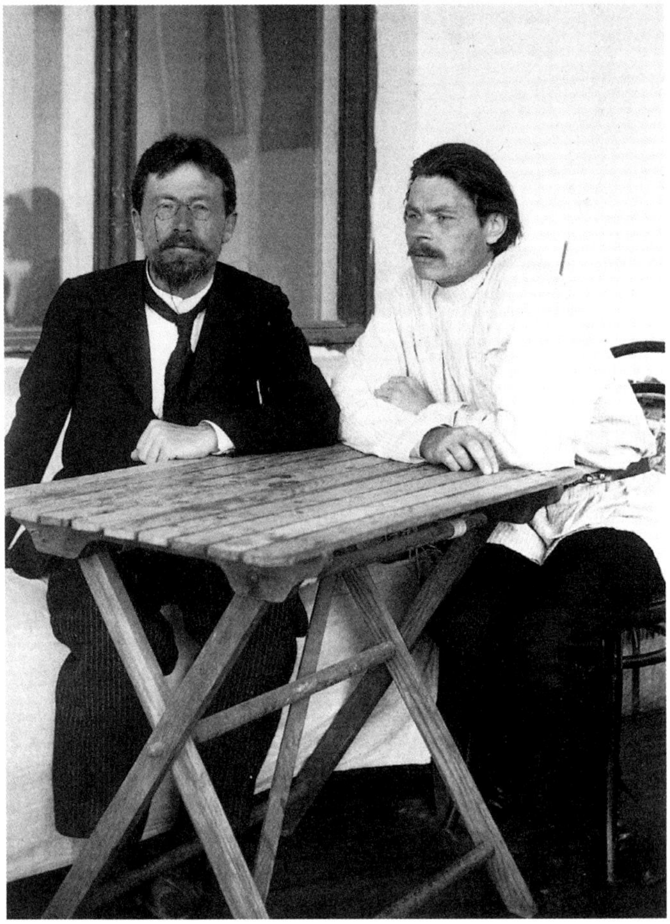

Cat. 425

L. Seredine, *Anton Tchekhov et Maxime Gorki à Ialta,* 5 mai 1900,
épreuve argentique, Moscou, musée national de Littérature.

la cohérence de son cercle familial que Sophie Tolstoï s'attache à rendre ; mettant à profit la longueur des temps de pose, elle étudie attentivement chacune des images, avec un sens très pictural de la composition (fig. 5). L'amour qui l'unit aux siens, la dévotion qu'elle porte à son irascible mais génial mari transparaissent dans ses photographies. Tolstoï apparaît ainsi tout à la fois familier et lointain, pénétré de la lourde mission rédemptrice qu'il s'est assignée, s'abandonnant très rarement à un sourire ou un geste de tendresse, semblant plus proche des paysans d'Iasnaïa Poliana que de ses propres enfants (cat. 456 et 458).

La rencontre de Tolstoï avec Tchekhov à Ialta en 1904, qu'elle photographia, souligne le plaisir qu'éprouva l'auteur de *Guerre et Paix* à recevoir les hommages de son jeune confrère, au talent confirmé. Tchekhov ne pratiqua pas la photographie mais réunit une vaste collection d'images, aujourd'hui conservées, pour une grande partie, au musée de Littérature de Moscou (cat. 425). Photographies de sa famille et de ses proches – parmi lesquels le peintre Isaac I. Levitan et l'architecte Fedor O. Chekhtel –, des cercles théâtraux et littéraires de Moscou, elles forment un témoignage très riche sur la vie du grand écrivain. Des photographies de l'île de Sakhaline achetées par Tchekhov au photographe Isaac I. Pavlovsky constituent la part la plus intéressante de cet ensemble. En 1890 – il a alors trente ans – le jeune médecin, dont le travail littéraire a déjà été récompensé par le prix Pouchkine, décide d'entreprendre un long voyage vers l'île de Sakhaline, à l'extrême est de la Russie, au large de l'embouchure du fleuve Amour. Sakhaline, possession russe récente – l'île n'a été découverte qu'à la fin du XVIIIe siècle – a été transformée en bagne par le gouvernement tsariste. La rigueur du climat – pire que celui des hivers sibériens –, l'éloignement de Moscou en font un des lieux de détention les plus

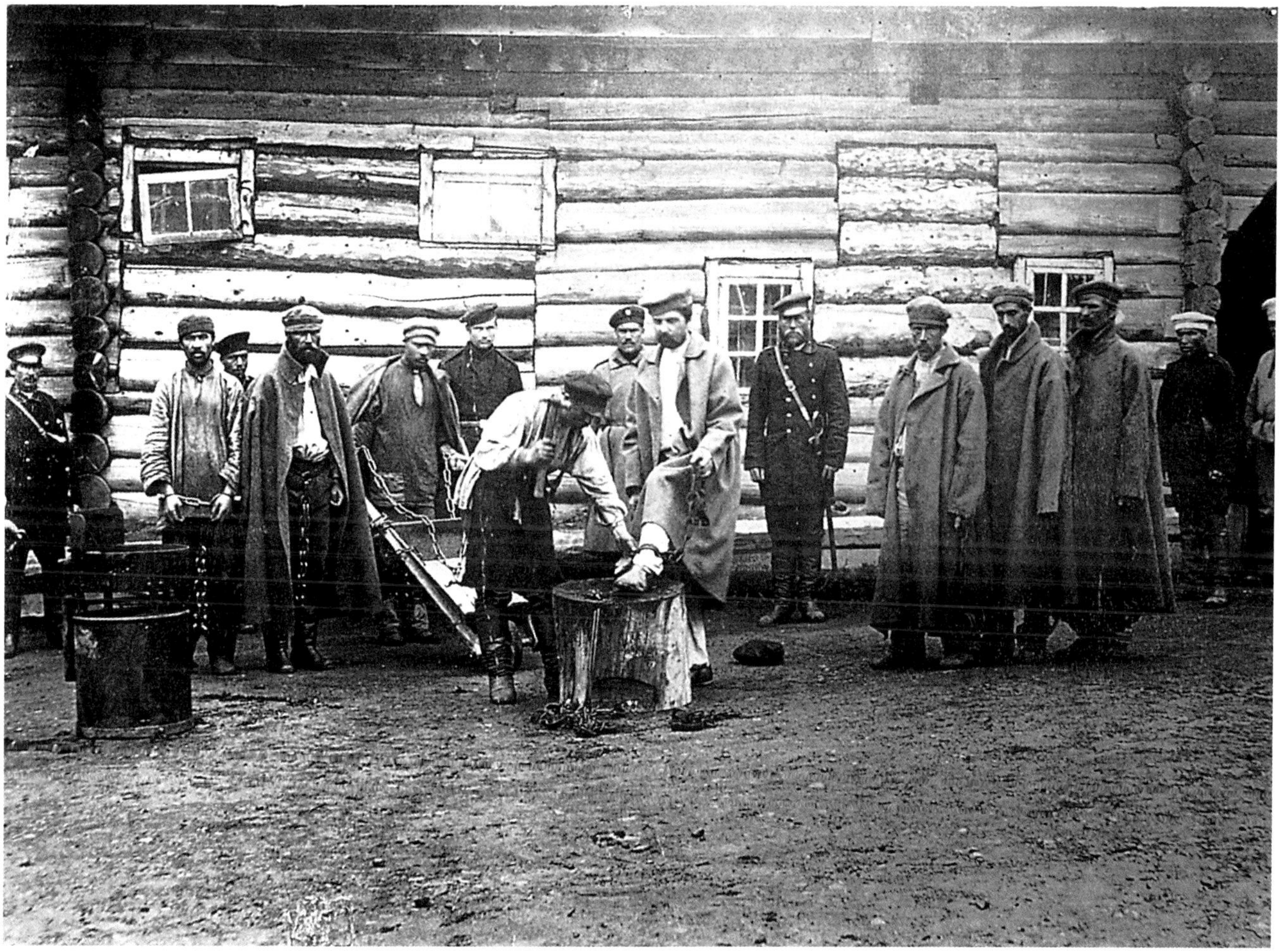

Cat. 357

Isaac I. Pavlovsky, *Sakhaline, prisonniers enchaînés*, 1890,
épreuve sur papier albuminé, Moscou, musée national de Littérature.

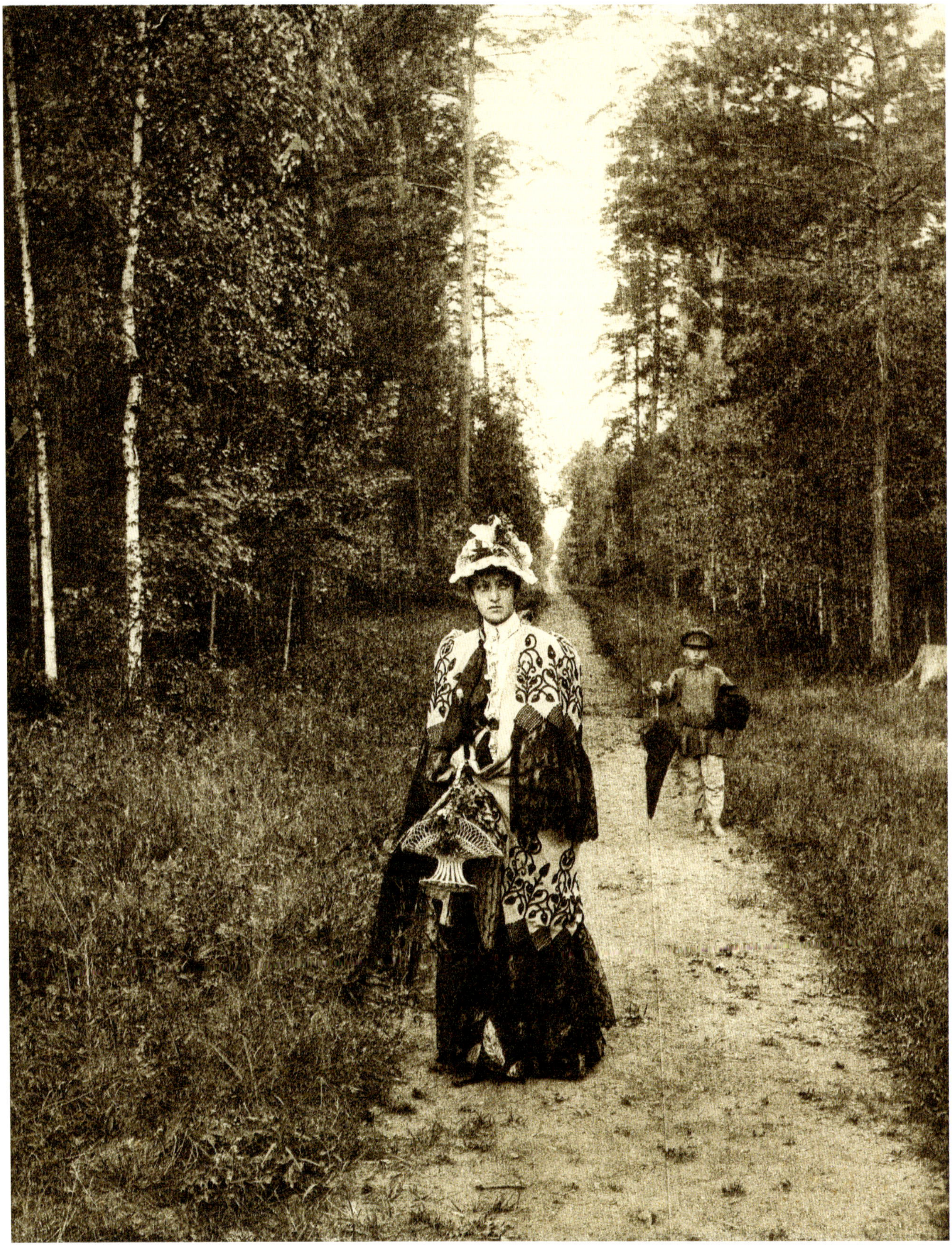

Cat. 319

Alexeï S. Mazourine, *Allée en forêt,* vers 1900,
épreuve à la gomme bichromatée, Moscou, musée national d'Histoire.

inhumains d'un régime pourtant peu connu pour sa mansuétude envers ceux qui ont enfreint l'ordre ou la loi. Nul ne sait vraiment quelles furent les intentions du jeune Tchekhov et ce qui le poussa à faire un si long et difficile voyage, alors que sa santé était déjà fragile. Est-ce le désir du médecin d'étudier les conséquences d'une telle condamnation sur la santé morale et physique des condamnés ? Ou celui de l'homme de lettres de suivre le modèle de Fedor M. Dostoïevsky en écrivant sur le bagne ? Ou plus simplement, comme le laissent penser les lettres qu'il envoie à ses amis avant son départ, la compassion de l'être humain sensible au sort injuste subi par ceux que le régime punit ? Il écrit ainsi à son éditeur et ami, Souvorine : « Des livres que j'ai lus et que je lis encore, il ressort que nous avons laissé croupir des millions d'hommes, et cela pour rien, de manière irraisonnée, barbare. Nous les avons fait marcher avec des fers aux pieds durant des milliers de verstes, les condamnant à la syphilis, multipliant les criminels et tout cela en incarnant leurs geôliers aux nez rougis[19]. » Une fois arrivé à Sakhaline, Tchekhov prend très à cœur la mission qu'il s'est fixée et visite chaque geôle, chaque maison de déporté, se rend sur leurs lieux de peine, écoute l'affreux récit de leurs malheurs (cat. 357). « Il n'y a pas un seul bagnard ou un seul colon à Sakhaline qui n'ait pas parlé avec moi », écrit-il à Souvorine[20]. Les photographies de Pavlovsky[21] qu'il rapporte sont très fidèles à son témoignage : le triste village des condamnés « constamment plongé dans le silence, écrit-il. L'oreille s'habitue vite au tintement régulier des chaînes, au bruit du ressac, et à la vibration des fils télégraphiques, tous ces sons ne rendent que plus vif le sentiment qu'il règne ici un silence de mort[22] », les hommes enchaînés devant la mine, le paysage désolé de l'île où rien ne pousse, où la terre dure ne se laisse pas labourer, au point que, rapporte Tchekhov, l'exil en Sibérie, à la fin de leur peine de déportation, soit vu, par les condamnés libérés, comme une récompense. Ces photographies, témoignage douloureux du versant le plus noir de l'histoire russe, forment un contrepoint émouvant aux reportages ethnographiques.

Âme révoltée, génie dont l'exaltation se teinte parfois de démence, Leonid Andreev n'est pas aussi connu en France que ses deux illustres prédécesseurs. Originaire d'Orel, très tôt orphelin de père, militant anti-tsariste puis, avec la même fougue et le même rejet du pouvoir, militant anti-bolchevique, il décrit, à travers de longues nouvelles puis des récits dramatiques, un univers marqué par la hantise de la mort, le désir du néant, la noirceur de l'existence où l'étrange le dispute au tragique : « Je voudrais, écrit-il, que les hommes blêmissent d'effroi en lisant mon livre, qu'il agisse comme un opium, comme un cauchemar[23] [...] ». Il se révèle aussi un photographe de grand talent, maîtrisant parfaitement la technique de l'autochrome, récemment mise au point par les frères Lumière. Ses archives, aujourd'hui conservées à l'université de Leeds, rassemblent de grandes plaques pour la plupart prises dans sa datcha de Vammelsuu sur le golfe de Finlande[24]. Son amour pour la nature, son attachement féroce et jaloux aux siens, la violence de son caractère transparaissent dans ces photographies baignées par la lumière éblouissante. Porté par une ferveur mystique, il réalise un autoportrait saisissant en Christ, ses longs cheveux bruns rejetés en arrière, son torse puissant et noueux dénudé, ses bras s'appuyant fermement sur un grand crucifix comme on tiendrait une arme avant de livrer combat, son regard de prophète exalté lui donnant de faux airs de Raspoutine (fig. 6). Cette proximité de l'artiste et du Fils meurtri de Dieu inspira les artistes russes de la fin du siècle, d'Ivan N. Kramskoï à Nikolaï N. Gay. Andreev meurt en 1919, alors que la Russie connaît des heures douloureuses.

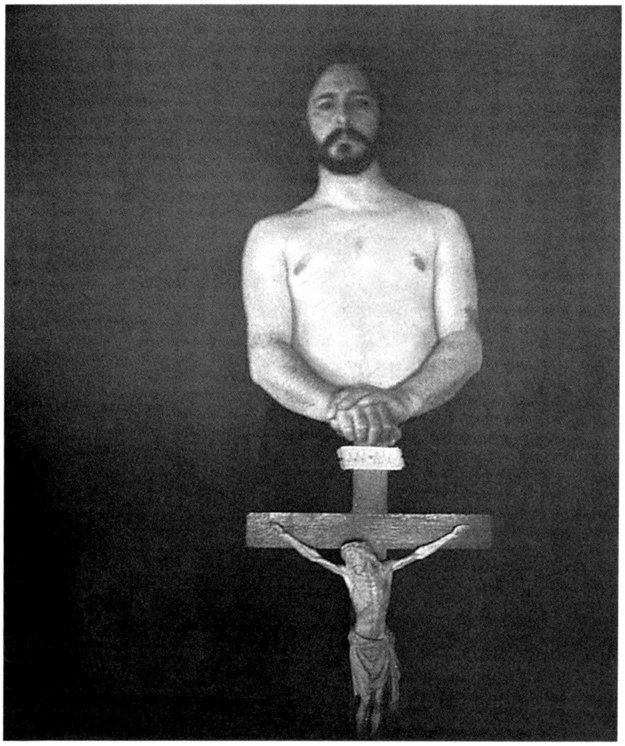

Fig. 6. **Leonid N. Andreev, *le Crucifix*, vers 1912,** autochrome, Leeds, université de Leeds, Russian Archives.

1. Barkanov, 1870, p. 97-98.
2. Voir à ce sujet, pour une description précise de la société russe avant 1917, Fitzlyon et Browning, 2003.
3. Blok, 1993, p. 295.
4. L'essai de E. Barkhatova, « Les origines de la photographie russe : fragments d'une histoire (1839-1917) », dans ce même catalogue, offre un panorama synthétique et passionnant des collections des institutions russes montrées dans l'exposition.
5. Ces photographies sont aujourd'hui conservées au musée de l'Homme ; une partie d'entre elles a été déposée en 1964 au département des Estampes et de la Photographie, qui avait, aussi, acquis l'un des albums de Raoult, dès 1878. Les photographies de Raoult lui avaient été achetées, pour un grand nombre d'entre elles, par le laboratoire d'anthropologie du Museum en mai 1882.
6. « Procès-verbal de la séance du 5 juillet 1878 », 1878, p. 175.
7. La Russie est à l'honneur lors de cette exposition de 1878 ; son pavillon inspiré de l'architecture traditionnelle russe et construit par Ropet est l'un des plus remarqués par les commentateurs ; en photographie, l'un des pionniers de la photographie russe, Sergueï L. Levitsky, qui travaille à Paris pendant les années 1850 et réalise alors de nombreux portraits de la société impériale, dont Napoléon III lui-même, est membre du jury.
8. Reclus, 1881.
9. Cette collection, toujours propriété de la Société de géographie, est aujourd'hui déposée à la Bibliothèque nationale de France, au département des Cartes et Plans.
10. Cette absence de représentation des photographes russes dans les expositions étrangères, dont ces derniers se plaignent régulièrement, est un des éléments qui amènent, en 1878, la création de la Société russe de photographie, dont Boldyrev fut un des initiateurs. En 1882, l'exposition pan-russe organisée à Moscou accorde une large place à la photographie.
11. La Société qui se consacre à « l'écriture par la lumière et ses applications » est créée en 1878 au sein de la Société technique russe.
12. Les photographes et le public russes du XIXe siècle n'éprouvent pas, face à la photographie peinte ou coloriée, les mêmes réticences que leurs homologues français ou anglais. Leur goût pour les décorations architecturales colorées, pour la brillance des tons des icônes n'y est sans doute pas étranger. La reproduction des couleurs, grand enjeu pour la photographie dès 1839, n'est véritablement devenue possible qu'au début du XXe siècle avec l'invention, par les frères Lumière, de l'autochrome. Avant cette date, seule la colorisation de l'épreuve après tirage permettait de rendre la couleur du sujet présenté. Les photographes russes utilisent souvent cet artifice, notamment pour donner plus de réalisme et de véracité à leurs photographies ethnographiques. Boukhar, ainsi, colorie et retouche l'album de photographies, *Images photographiques de la région d'Orenbourg,* qu'il offre, en 1872, au tsar Alexandre II. De nombreux ateliers réunissent des retoucheurs et colorieurs ; avant de devenir peintre, Kramskoï fut l'un d'entre eux. La recherche d'une technique permettant de rendre la couleur agite beaucoup les photographes à la fin du siècle. Prokoudine-Gorsky, savant, fondateur de *l'Amateur photographe,* met au point un procédé trichrome au tout début du XXe siècle, proche de l'autochrome.
13. Voir à ce sujet le catalogue du Musée national d'Histoire de Moscou, qui conserve la plus importante collection de daguerréotypes en Russie (Sabourova, 1999).
14. Davanne, 1876, p. 297. Le compliment est d'autant plus grand que Davanne, on le sait, accordait une importance primordiale à la technique photographique. Kareline reçut une médaille d'argent à cette exposition ; ce fut, cette année-là, la plus haute récompense. Prises en intérieur, des années avant l'invention de l'électricité, ces photographies soulignent aussi la maîtrise qu'il avait des temps de pose et de l'éclairage.
15. Tourgueniev, 1970, « la Forêt et la steppe » p. 560.
16. La Société organise, en 1896, sa première exposition internationale ainsi qu'un congrès des photographes russes. Ses activités cessent en 1914.
17. Sophie Tolstoï citée par Apraxine, 1991, p. 13.
18. Consciente de cet éloignement, elle inscrit sur la photographie de l'ultime anniversaire, le 23 septembre 1910 : « Je ne pourrai pas le retenir. »
19. Tchekhov, 2005, p. 16, lettre du 9 mars 1890. Tchekhov a publié, on le sait, un récit détaillé et sensible de son voyage vers Sakhaline et de son séjour dans l'île. L'édition à laquelle on se réfère ici est Tchekhov, 2001.
20. Idem, *op. cit.,* p. 144.
21. Idem, *op. cit.,* p. 163, dans une lettre de décembre 1890, Tchekhov écrit à Koumanine, un critique théâtral, fondateur du journal *l'Artiste :* « J'ai rapporté une cinquantaine de photos. Dites-moi avec quelle colle il faut les fixer sur le carton ? Avec de la gomme arabique ou une quelconque autre cochonnerie ? Quel carton convient le mieux ? »
22. Tchekhov, *op. cit.,* p. 172.
23. Cité par Kovacs, juin 2002. Les éditions José Corti ont entrepris la publication en français de l'ensemble de l'œuvre d'Andreev, avec une trad. de Sophie Benech.
24. Voir à ce sujet Andreev Carliste et Davies, 1989.

Retour aux sources nationales

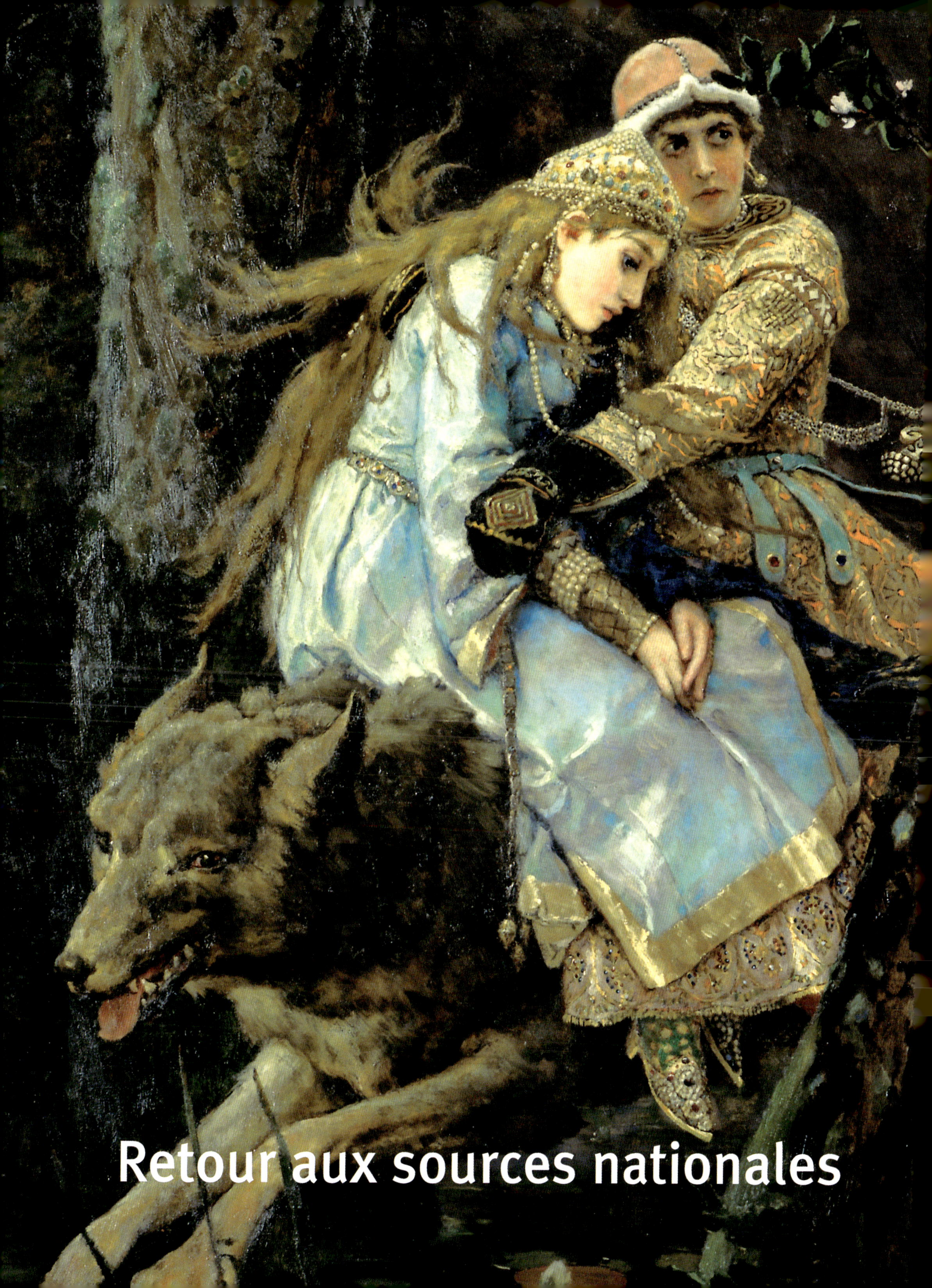

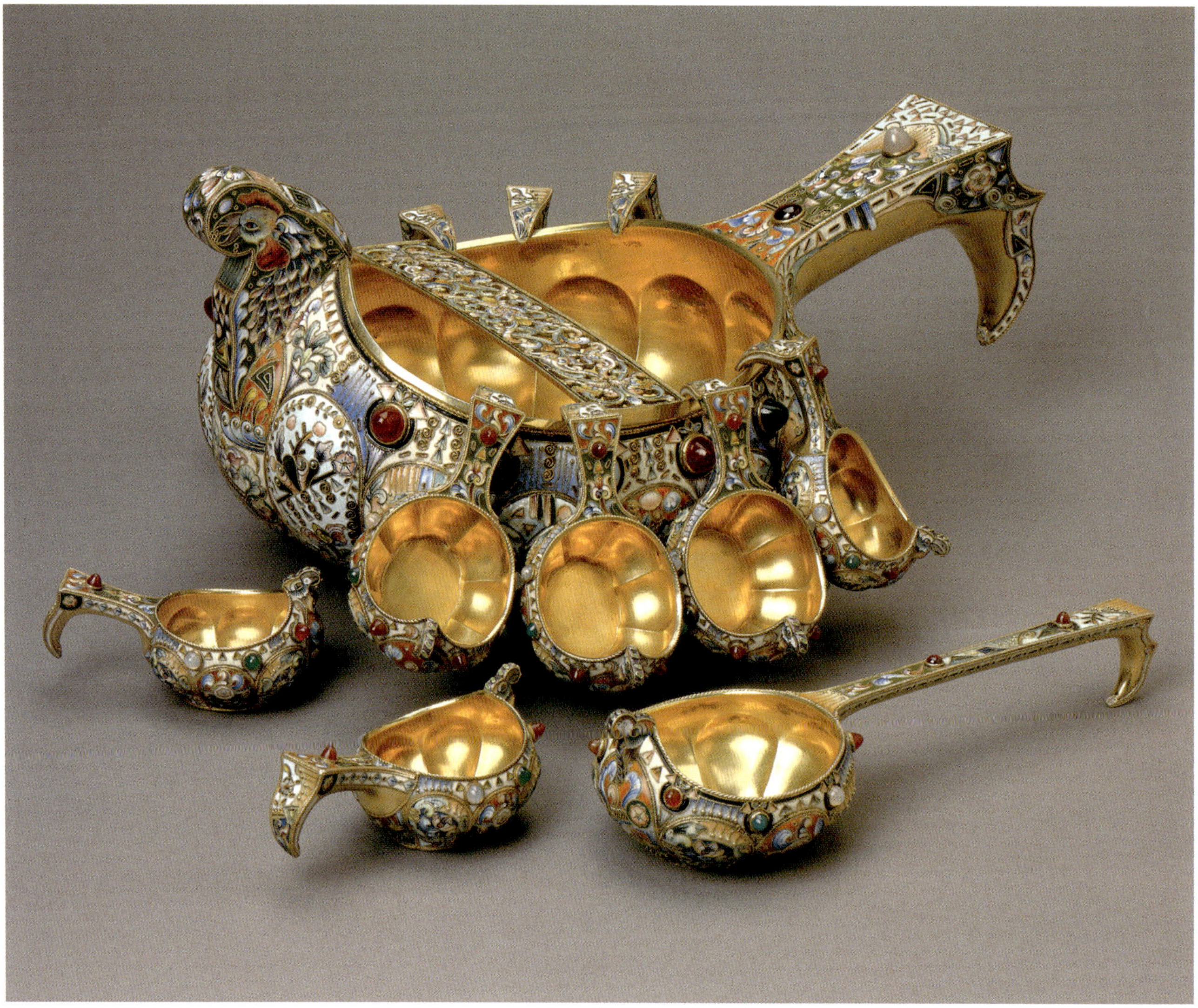

Cat. 52

Atelier moscovite, 20e artel des orfèvres, *Service à vin,* Moscou, 1908-1917,
argent ciselé, doré et émaillé, almandins, calcédoines, chrysoprases, cornaline, Moscou, musée national d'Histoire.

page précédente, cat. 473, détail

Style russe et néo-russe, 1880-1910

Evguenia Kiritchenko

traduit du russe par Marina Cheptitski

La période que l'on définit en histoire de l'art comme la fin du XIXe – début du XXe siècle commence pour la Russie dans les années 1880, plus exactement en 1880-1881. À cette époque apparurent, en architecture et dans les domaines de la peinture de chevalet, de la peinture monumentale et des arts appliqués, une nouvelle conception de l'art et de ses objectifs, ainsi que les signes d'un nouveau langage artistique. Particulièrement lent au début – dans les années 1880 –, le changement gagna peu à peu de nouveaux domaines et s'accéléra.

Le début des années 1880 est tout à fait exemplaire à cet égard. On peut y relever la réalisation de trois édifices qui font date, chacun marquant une étape différente dans le renouveau de la tradition nationale en architecture. En 1883 à Moscou fut consacrée solennellement la cathédrale-monument du Christ Sauveur, dont la construction avait été entamée en 1839. Cette célébration aurait dû se dérouler l'année précédente, mais avait été reportée en raison de l'assassinat d'Alexandre II, perpétré par I. Grinevetsky, le 1er mars 1881, sur décision du comité exécutif du groupe révolutionnaire Narodnaïa Volia (« Volonté du peuple »). Le monument commémoratif érigé d'après le projet d'Alfred A. Parland, à Saint-Pétersbourg (première pierre posée le 6 octobre 1883), sur les lieux où le tsar a été mortellement blessé, et les projets présentés lors du concours en deux phases (en 1882 et en 1883) offrent des exemples classiques du style russe de la seconde moitié du XIXe siècle. Enfin, les spécialistes voient unanimement dans le projet et la réalisation, en 1881-1882, de l'église du Sauveur Neroukotvorny, à Abramtsevo (fig. 6, p. 166), ainsi que dans les autres œuvres du cercle de Savva I. Mamontov, les sources d'une nouvelle conception de l'utilisation de la tradition nationale. La différence de ces œuvres par rapport au style russe a conduit à les rattacher, pour marquer l'écart, au style néo-russe.

La signification, pour l'histoire de l'art national, des réalisations d'Abramtsevo dans les années 1880 dépasse celle de la naissance du style néo-russe. Ces réalisations renferment les germes d'un mouvement artistique visant au dépassement des traditions du XIXe siècle, et, qui plus est, au dépassement des traditions de l'art du Nouveau Temps (l'époque de Pierre le Grand), dont les fondements, posés au cours de la Renaissance, avaient conservé leur viabilité.

À cette époque, le recours à la tradition nationale dans l'art russe prend pour la première fois une envergure véritablement universelle. La tendance générale de l'évolution artistique réside dans l'élargissement progressif de sa sphère d'application : l'architecture, les arts appliqués (cat. 52 ; fig. 1), puis les arts plastiques, la peinture religieuse – peinture d'icônes et peinture murale des églises (cat. 472) –, la peinture de chevalet, la peinture monumentale décorative, les arts graphiques, et, pour une part, la sculpture (cat. 324). En d'autres termes, à la fin du XIXe – début du XXe siècle, pour la première fois depuis le Nouveau Temps, tous les arts, sans exception, font appel à la tradition non classique, considérée comme un moyen essentiel de créer un langage artistique contemporain. La renaissance significative de l'unité passée devient possible parce que les maîtres des arts plastiques se sont tournés, dans leur pratique, vers l'héritage de l'art russe ancien et populaire, retour devenu courant depuis longtemps en architecture, et relativement récent dans les arts appliqués. Ce retour avait nécessité un regard nouveau sur la mission sociale de l'art, une remise en question de la hiérarchie des diverses disciplines de l'art avait rendu possible cette évolution.

Au milieu et dans la seconde moitié du XIXe siècle, l'architecture et les arts appliqués étaient considérés comme des arts mineurs. Dans l'esthétique russe, on considère que les opinions les plus extrêmes, de ce point de vue, étaient celles des démocrates révolutionnaires, notamment N. Tchernichevsky, qui déniait le nom d'art à l'architecture et aux arts appliqués, et D. Pissarev. Ce dernier justifiait leur existence dans la mesure où ils contribuaient à éduquer l'humanité et où ils l'aidaient à se débarrasser des superstitions qui faisaient obstacle à la construction d'une société fondée sur la Raison. Les maîtres des arts appliqués ne défendaient pas des conceptions si radicales. Mais les *peredvijniki* – y compris Vladimir V. Stassov, qui partageait l'estime des slavophiles et des tenants du folklore des traditions populaires ou folkloriques pour l'architecture et les arts appliqués, qu'ils considéraient comme universels et exprimant les idées nationales – restaient convaincus du rôle supérieur de la littérature et de son influence positive sur les arts appliqués, et même sur l'architecture. Le littératurocentrisme, caractéristique du XIXe siècle, causait beaucoup d'embarras aux philosophes qui tentaient de définir la place de l'architecture dans le système des arts. Il n'est pas question ici de développer ce sujet extrêmement complexe. Néanmoins, il est un fait paradoxal que l'on ne peut que relever : la transformation d'une architecture savante ou réservée à une élite en une architecture de tradition de culture populaire – traduisant véritablement les goûts esthétiques et l'état d'esprit de larges catégories

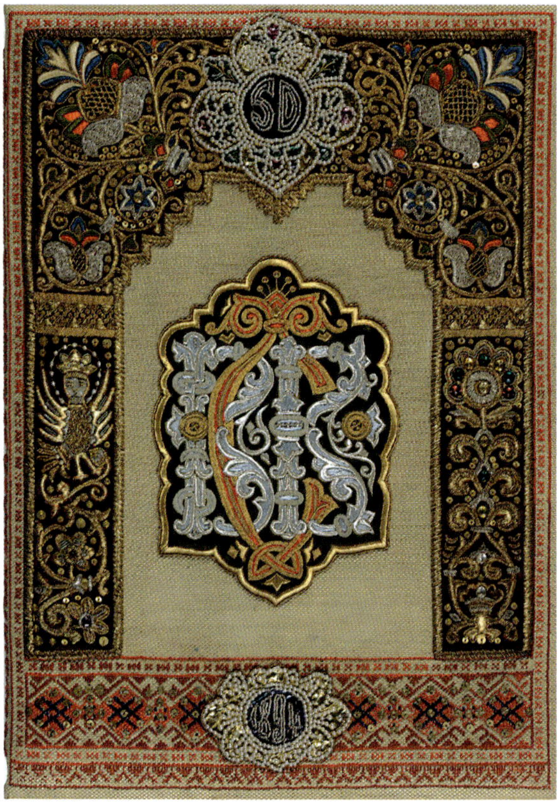

Cat. 36

Anonyme, *Motifs populaires russes*, 1872,
broderie, tissus, dentelles ; texte explicatif de V. V. Stassov, Saint-Pétersbourg, Éditions Association d'encouragement aux peintres, 1872, Moscou, Bibliothèque d'Etat Russe.

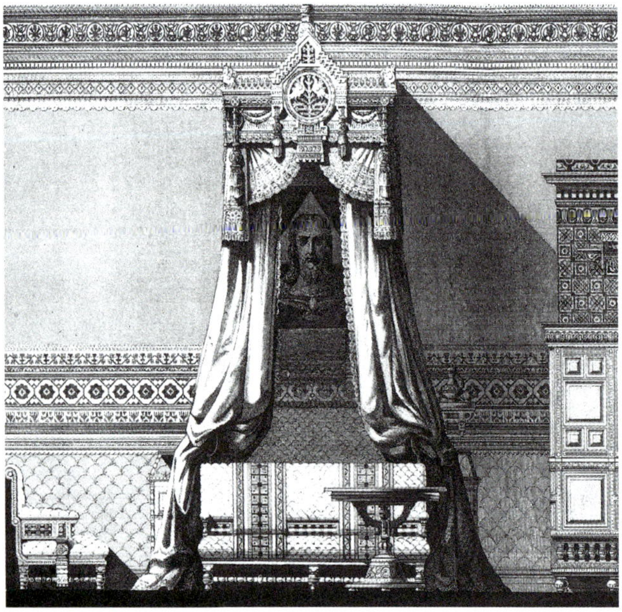

Fig. 1. **Alexeï Gun et Pavel Koudriavtsev, *Chambre à coucher pour la maison Bachmakov (Saint-Pétersbourg)*, publiée dans *l'Architecte*, 1873,**
Saint-Pétersbourg, Bibliothèque nationale de Russie.

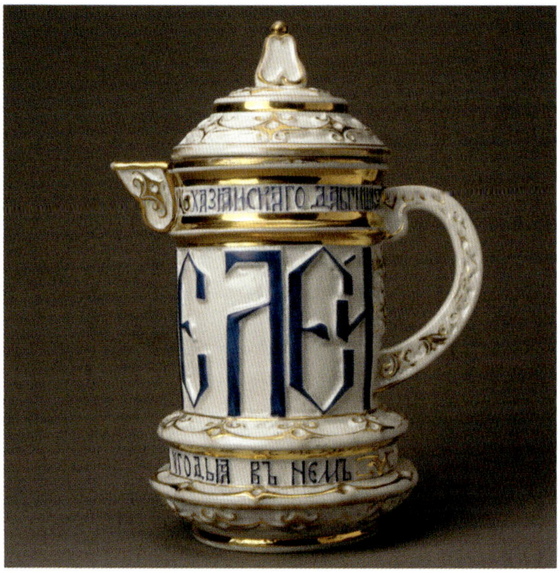

Cat. 515

Anonyme, usine de Vsevolod Nikolaevitch Sipiaguine dans le village d'Elizabetino, district de Bogorod, province de Moscou, *Cruche à couvercle ornée de proverbes russes*, vers 1860,
porcelaine, glaçure peinte sur le relief, dorure,
Moscou, musée national d'Histoire.

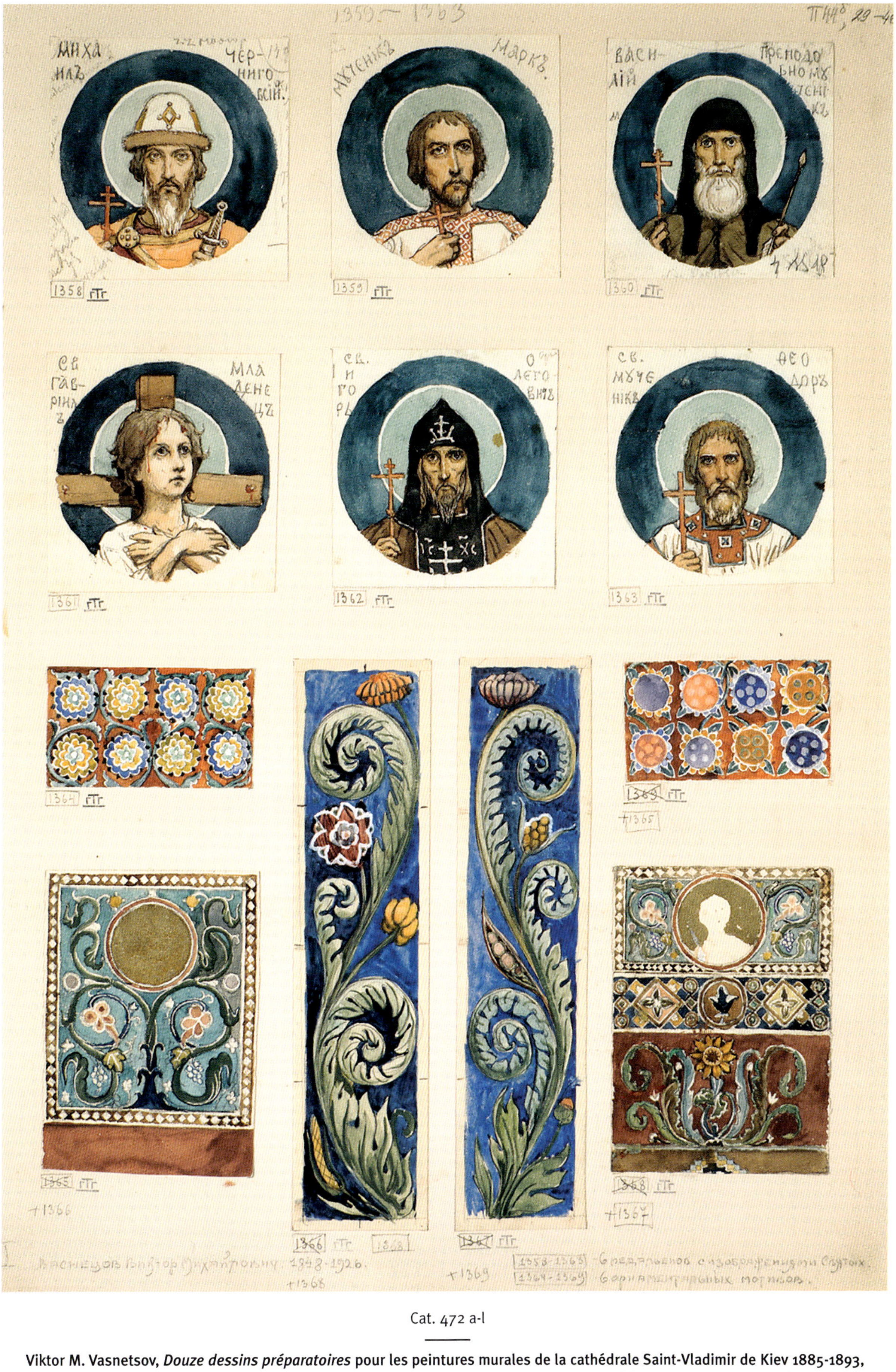

Cat. 472 a-l

Viktor M. Vasnetsov, *Douze dessins préparatoires* pour les peintures murales de la cathédrale Saint-Vladimir de Kiev 1885-1893, techniques diverses : crayon graphite, aquarelle, gouache, lavis de bronze sur papier contrecollé sur carton, Moscou, galerie Tretiakov.

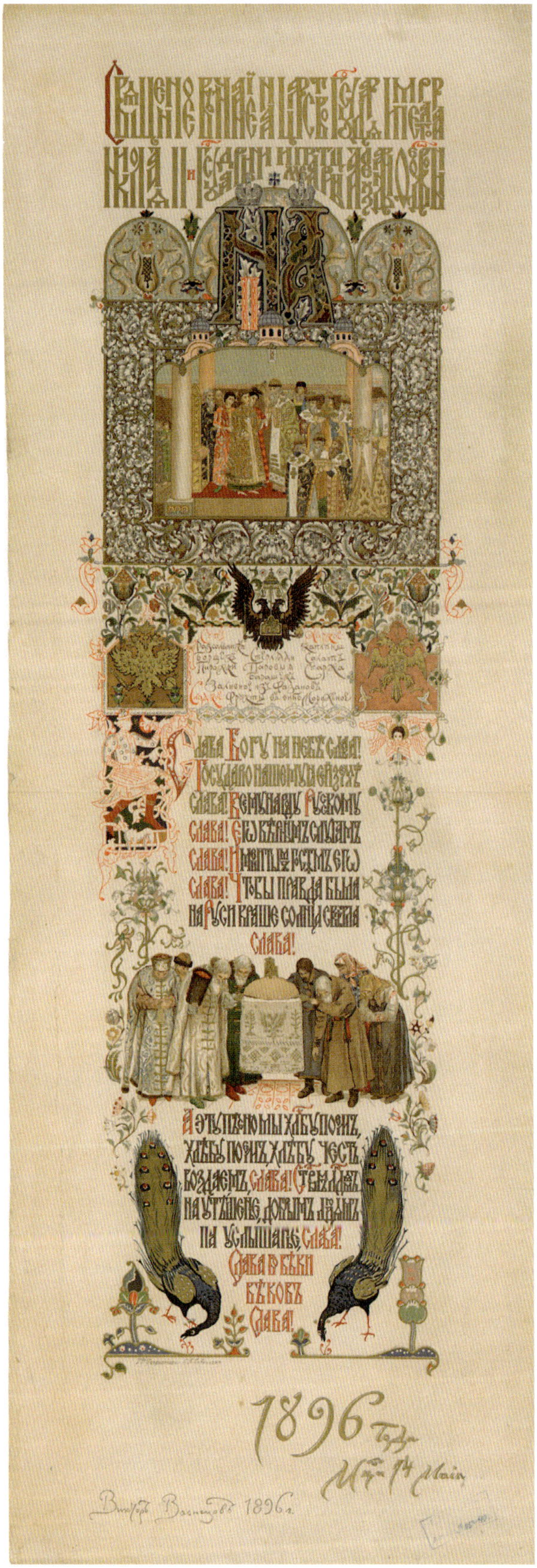

Cat. 474

Viktor M. Vasnetsov, ***Menu du repas donné pour le couronnement du tsar Nicolas II,*** **1896,**
chromolithographie,
Saint-Pétersbourg, Bibliothèque nationale de Russie.

de la population, et non plus seulement, comme c'était le cas à l'époque du classicisme et en partie à celle du romantisme, la conception du monde de la société éduquée – s'accompagnait d'une négation du rôle idéologique de l'architecture et des arts appliqués.

L'un des partisans de l'idée de renaissance des arts appliqués écrivait avec amertume : « Les peintres russes rejettent avec mépris l'idée de travailler pour l'industrie. Étant porteurs du feu sacré, ils ne peuvent pas s'abaisser à concevoir des dessins pour des tissus ou des papiers peints ; les sculpteurs ne le cèdent en rien sur ce point à leurs confrères peintres [...] Quel est le sculpteur digne de ce nom qui acceptera de façonner le modèle d'un encrier, d'une pièce de vaisselle ou d'argenterie, d'un candélabre ? »

Vladimir E. Makovsky, éminent peintre de la seconde moitié du XIXe siècle, qui avait participé en 1863 à la Révolte des 14, l'un des membres fondateurs de la Société des expositions artistiques ambulantes (SEAA), et auteur de toiles de genre et de peintures d'histoire monumentales de grand effet, avait émis un jugement quelque peu sarcastique à propos de l'exposition d'art d'intérieur organisée à Saint-Pétersbourg en 1903 par les *miriskousniki* intitulée « l'Entreprise d'art contemporain » : « J'ai entendu dire, insinuait-il fielleusement, que des peintres décadents ont entrepris d'ouvrir à Saint-Pétersbourg un magasin de meubles, ou quelque chose de ce genre. [...] Je dois avouer que cela ne m'étonne nullement. Quand des peintres sont incapables de faire des tableaux, il ne leur reste pas d'autre possibilité que de se mettre à faire des meubles. [...] Mais les meubles ne pourraient-ils pas, à votre avis, être une branche de l'art ? Bien sûr qu'ils le pourraient. Mais, dans ce cas, pourquoi ne pas considérer aussi la fabrication des bottes comme une branche de l'art ? [...] Non, si tu es peintre, tu dois avant tout faire des tableaux, et si tu ne veux pas faire de tableaux, c'est que tu n'es pas peintre ! » Cette conception de l'art et des préoccupations du peintre est tout à fait typique des anciens élèves de l'Académie des arts de Saint-Pétersbourg et de l'École de peinture, de sculpture et d'architecture de Moscou (voir ici l'essai de T. Karpova, « L'Académie des arts, les sociétés d'artistes et leurs expositions, les musées d'art russe »).

Jusqu'à la fin du XIXe siècle, ce sont les architectes et les maîtres de la peinture décorative qui se consacraient à la conception des meubles, des œuvres d'art appliqué, des intérieurs et de leurs aménagements.

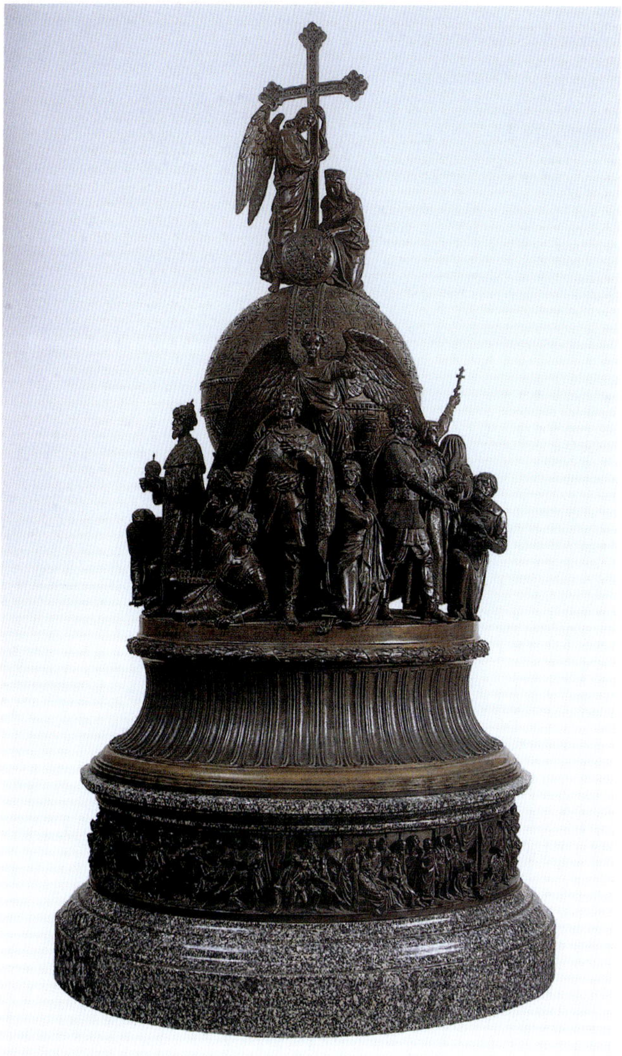

Cat. 324

Mikhaïl O. Mikechine, ***Réduction du monument pour le millénaire de la Russie à Novgorod,*** **1862,**
bronze et granit, Saint-Pétersbourg, Musée d'État russe.

Le tournant ébauché dans l'art de la fin du XIXe siècle s'est accompagné de la recherche d'un grand style. L'aspiration à une nouvelle unité oblige à reconsidérer les relations avec l'architecture et les arts appliqués. Pour la première fois depuis l'époque de la Renaissance, l'artisanat se revendique comme une activité aussi élevée que l'art dit pur. Les partisans de cette conception qui se manifestent le plus activement sont de nouveaux convertis, des représentants de la profession qui, naguère, niaient l'importance de l'architecture, et plus encore celle des arts appliqués : les peintres Alexandre N. Benois, A. Rostislavov, Lev S. Bakst.

Les maîtres qui ont reçu une formation artistique, et pas seulement, pour reprendre les termes de ces années, en arts techniques ou en arts industriels, commencent à travailler professionnellement dans les domaines du dessin industriel et publicitaire, de la maquette de livre, de la conception de meuble, et de l'architecture. Les maîtres des arts appliqués – en particulier ceux qui travaillent pour les églises – commencent également à être attirés par l'universalisme. Ils investissent tout naturellement la sphère de l'art des grandes formes – l'architecture, la peinture murale. Enfin, un autre symptôme, très important et caractéristique de cette époque, de l'évolution générale vers le grand style est le recours à toutes les formes d'art religieux, sans exception, et ce, pour la première fois dans l'histoire de l'art de la nouvelle Russie. Ce phénomène concerne en premier lieu les arts appliqués.

Parallèlement au processus de modification de la hiérarchie des arts, et comme l'une de ses manifestations, la hiérarchie des genres subit une évolution à l'intérieur même des différentes disciplines artistiques. Le changement survenu à la charnière des XIXe et XXe siècles dans la hiérarchie qui avait régi les genres dans les arts appliqués tout au long du XVIIIe siècle et jusqu'à la seconde moitié du XIXe est particulièrement significatif.

C'est seulement à la fin du XIXe et au début du XXe siècle que la situation change. Cette période s'entend comme constituant un stade de développement, et non pas comme succédant chronologiquement à la seconde moitié du XIXe siècle. Il arrive souvent que la périodisation chronologique et celle par stades, en art et en histoire, ne coïncident pas. Les phénomènes se rapportant à des stades plus anciens de développement conservent leur viabilité longtemps encore après la date fixée par les historiens pour définir l'avènement d'un nouveau stade continuant à exister en même temps que les nouveaux courants.

Ce n'est pas la peinture de chevalet mais les arts graphiques touchant aux revues, à l'illustration (cat. 474), au livre au design industriel, (fig. 2) qui définissent la spécificité des arts plastiques de cette époque.

Conjointement se produit une autre transformation, qui était impossible au stade précédent de développement. Dans l'art russe, le recours aux traditions de l'art populaire et du Moyen Âge prend un caractère universel. Il gagne tous les domaines de la création artistique (fig. 3), sans exception, tous les courants, non seulement ceux qui sont marqués par le traditionalisme, mais aussi ceux des novateurs, liés à la fin du XIXe et au début du XXe siècle au style moderne, à la fin des années 1900 et au début des années 1910 à l'avant-garde, à la peinture abstraite et au modernisme rationnel en architecture.

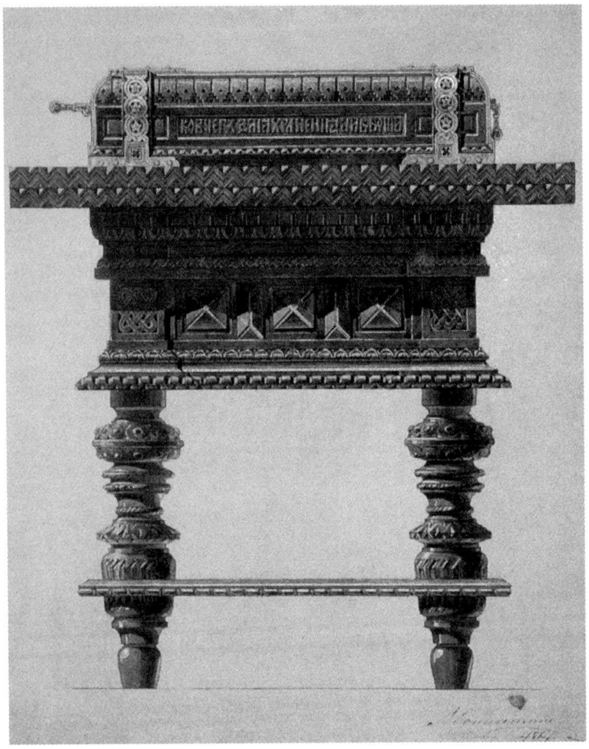

Fig. 2. **Ippolit Monighetti, *Projet pour un présentoir d'album,* 1867,** Saint-Pétersbourg, Bibliothèque nationale de Russie.

L'avènement d'une nouvelle unité du langage artistique est devenu possible à l'aube du xxe siècle grâce à une remise en question des conceptions concernant la mission sociale de l'art. Les virages opérés tant stylistiquement que du point de vue du sujet et les changements touchant la hiérarchie des genres interviennent de manière parallèle et interdépendante. On assiste à un retour à l'idéalisme – autrement dit, à un moyen d'interpréter la réalité. L'utilitarisme de l'architecture et des arts appliqués est d'une certaine manière contrebalancé par l'abstraction et le symbolisme de leur langage artistique, qui est capable de transmettre les particularités d'une conception du monde uniquement sous une forme métaphorique généralisée au plus haut degré, loin de l'aspect empirique de la réalité quotidienne. Le refus du mouvement des *peredvijniki,* de l'engagement social ou politique des arts, et, en l'occurrence, de la peinture de chevalet, émane, à ce moment, non seulement des jeunes novateurs, mais des chefs de file reconnus du réalisme. Dans les années 1893-1897, Ilia E. Repine publie une série d'articles dont le pathos critique revenait à confesser que l'existence ultérieure d'un art où « l'expression d'idées politiques et sociales aurait laissé la place à la morale, et les préoccupations utilitaires à l'éternité » était inadmissible. Les déclarations, souvent citées, des artistes actifs dans cette période, par exemple Serov, ont trait à la nécessité d'exprimer la « joie » dans la peinture, ou l'appel de Lev N. Tolstoï à créer un art moral, qui, par contagion, devait rendre les gens meilleurs et plus heureux. Dans le même esprit que celui de Tolstoï, Nikolaï K. Roerikh rêve d'un art plein de « bonté », capable de changer la société, « où règne la grande tristesse de notre époque, la vulgarité toute-puissante, où l'on voit et l'on sent de manière vulgaire ». Vassily D. Polenov suit Roerikh : « Il n'y a pas, à mon sens, de source destructrice dans la force créative de l'homme, il n'y a qu'une source constructive, et l'homme qui est un grand esprit détient cette force. Il a une telle foi dans sa création qu'il n'a aucune raison de détruire. » L'art apparaît à Polenov comme tout-puissant, capable de surmonter tout le mal du monde. Pour cela, il suffit de s'élever au-dessus de la vulgarité et du prosaïsme « de la vie quotidienne [pour entrer dans] le domaine de l'héroïsme et de la beauté ».

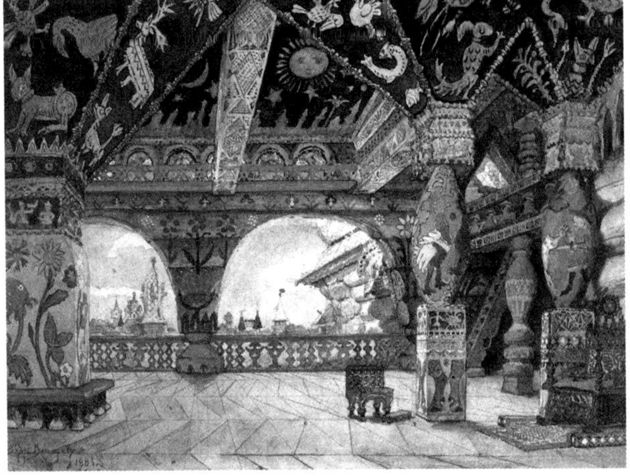

Fig. 3. **Viktor M. Vasnestsov, *Projet pour le palais du tsar Berendeï dans* Snegourotchka, 1885,**
aquarelle et gouache sur papier, Moscou, galerie Tretiakov.

Le célèbre critique d'art du début du siècle Pavel Mouratov écrivait : « Le peintre doit s'élever au-dessus du matériau de son œuvre, il doit en quelque sorte rétablir sa supériorité perdue par rapport au monde. [...] À partir des éléments du monde existant, le peintre doit *construire son propre monde* [c'est moi qui souligne]. » Ainsi donc, le mot est lâché. Le peintre est comparable à un architecte, et, comme lui, il crée son propre monde. C'est d'ici qu'émanent l'essence de la réorientation et l'intérêt des peintres pour les arts appliqués et l'architecture, inhabituelle dans l'art russe du Nouveau Temps. D'ici même que procèdent les prétentions des arts plastiques et de l'architecture à créer la vie.

La reconnaissance, comme dessein primordial de l'art, de l'affirmation des vérités éternelles et des idéaux élevés, la remise en question de la relation à la peinture de chevalet comme étant la forme la plus élevée des arts plastiques n'ont pas seulement favorisé la conversion des peintres à des activités de l'architecture et des arts appliqués. Elles ont rendu à l'architecture son statut de mère des arts. La quête du grand style ne fait pas seulement apparaître la communauté des recherches artistiques ; en architecture et dans les arts plastiques, elles empruntent la même voie. Et, surtout, elles sont menées sur la base de lois inhérentes à l'architecture. L'architecturalité, entendue comme création d'un monde nouveau, différent, en apparence, de celui de la nature, et le rapprochement ainsi opéré par les arts plastiques en direction de l'architecture au cours du temps deviennent de plus en plus évidents.

Vers le début du XXe siècle, le moyen de renouveler la tradition artistique, lié à la conservation de la ressemblance visuelle avec la source, à la citation, vint à s'épuiser. Il n'est cependant question, ici, que de l'épuisement d'un moyen déterminé, historiquement concret, d'appropriation de l'héritage, et non de l'utilisation de l'héritage en tant que tel.

Cela signifie qu'au tournant des XIXe et XXe siècles s'opèrent des changements fondamentaux dans les moyens d'expression du national dans l'art. À cette époque, l'incarnation de l'idée nationale et le renouvellement de la tradition nationale se réalisent encore une fois, comme cela avait eu lieu au XVIIIe – début du XIXe siècle, mais appliqués à la tradition classique, sur la base des mêmes principes. Mais, et c'est ce qui est particulièrement important, sur la base de principes qui, dans le deuxième tiers et la seconde moitié du XIXe siècle, avaient commencé à se frayer un chemin uniquement en architecture, et, dans la seconde moitié du même siècle, en architecture et dans de nombreuses branches des arts appliqués. Il s'agit ici non seulement du renouvellement des contenus et des thèmes, mais aussi de celui, profond et fondé sur la communauté du langage artistique, de l'héritage de l'art russe ancien et populaire. De là provient le rôle nettement plus important, par comparaison

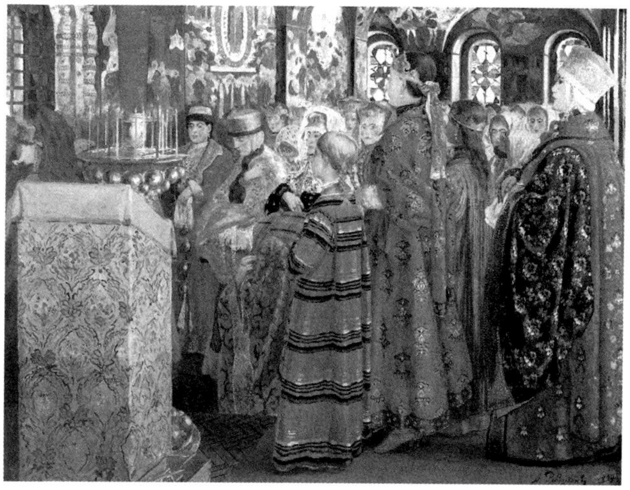

Fig. 4. **Andreï P. Riabouchkine, *Femmes moscovites du XVIIe siècle dans une église,* 1899,**
huile sur toile, Moscou, galerie Tretiakov.

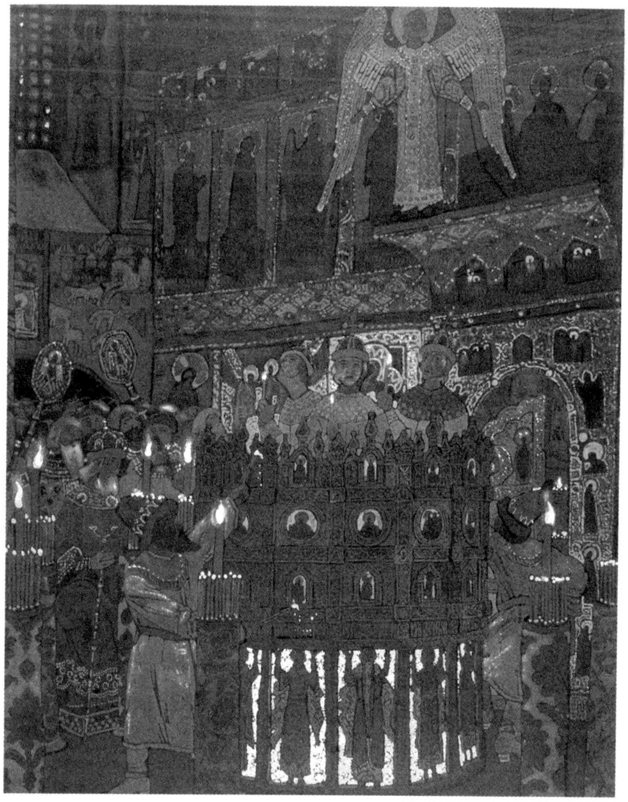

Fig. 5. **Nikolaï K. Roerikh, *Mystère à Novgorod au Moyen Âge,*** d'après une chromolithographie reproduite dans *Roerikh*, Petrograd, 1923.

avec les périodes précédentes, que joue l'architecture dans la création de styles. À la fin du XIXe – début du XXe siècle, dans les arts plastiques, le thème folklorique ou national, au sens large, est impensable en dehors du recours à l'héritage de l'art populaire ou russe ancien (cat. 22, 516, 21 et 514).

Ce qui est significatif pour l'un des courants de l'architecture et pour une série d'arts appliqués prend un caractère universel. Au bout du compte, la représentation comme particularité fondamentale de la création de formes s'élimine d'elle-même. L'universalité du principe exclut l'obligation de référence à la source première, puisque, à la base, les principes de l'art russe populaire ou du Moyen Âge sont analogues à toute autre variante ethnique ou régionale d'art populaire ou du Moyen Âge. La recherche de l'originalité nationale, comme problème indépendant dans l'histoire de l'art, et la forme d'expression de soi d'un peuple connaissent des métamorphoses au tournant du XIXe et du XXe siècle. Leurs renaissances cycliques dans l'art du XXe siècle n'ont réussi à atteindre ni l'envergure ni la diffusion, et, surtout, la forme stylistique et l'évidence propres aux « styles » nationaux du siècle précédent.

Au tournant des XIXe et XXe siècles, la reconstitution illusionniste de la réalité supposée du passé n'a plus de caractère obligatoire. Le droit accordé à l'artiste de reconstituer non pas celle-ci mais une interprétation de celle-ci (fig. 4), de créer un nouveau monde (fig. 5), contraint, dans les arts plastiques aussi, à accorder du prix à des qualités originellement inhérentes à l'art de l'architecture, qui invente une nouvelle réalité par rapport à celle de la nature. Devenues également facultatives pour l'architecture et pour les arts plastiques, la ressemblance et l'imitation instaurent un terrain propice à l'apparition d'une nouvelle parenté entre les arts plastiques et les arts décoratifs, mais, désormais, sur la base et selon les principes de ces derniers. À la fin du XIXe et dans le premier tiers du XXe siècle s'installe une période d'expansion, d'abord de l'ornementation, puis de l'architecturalité, dans la peinture, la sculpture, les arts graphiques. Ainsi se présentent, du point de vue de l'évolution du *style russe*, les sources de l'avant-garde russe. À la différence de l'art de l'Europe occidentale, c'est précisément l'héritage national qui a joué un rôle décisif dans son avènement, et non l'art de l'Asie, de l'Afrique, ou les arts primitifs préhistoriques.

La langue russe définit par un qualificatif le trait essentiel qui caractérise chaque développement de « style ». Ainsi, à la musique correspond le terme *musicalité*, à la peinture, *picturalité*, aux arts graphiques, *graphicité*, à la poésie, *poéticité*, à l'ornement, *ornementalité*, et l'architecture a donné naissance au terme *architecturalité*.

L'art russe de la fin du XIXe et du premier tiers du XXe siècle peut être caractérisé par les notions d'*ornementalité* et d'*architecturalité*. L'architecturalité atteint l'apogée de son développement dans l'*architecturocentrisme* de l'« architecture contemporaine » des années 1920. Le processus d'évolution commence par l'accentuation des traits décoratifs et ornementaux dans le style néo-russe des années 1880-1890, puis passe par l'ornementalité du modernisme, et aboutit enfin à l'architecturalité des années 1910-1920 et à l'architecturocentrisme typique de cette période.

Le contenu du style néo-russe prédétermine sa stylistique, et l'un et l'autre conditionnent la hiérarchie des arts à la fin du XIXe et au début du XXe siècle. Le style néo-russe, qui fut l'une des versions du modernisme, hérita d'une conception élevée du statut de l'architecture. Les néo-classiques considéraient l'architecturalité comme un signe stylistique essentiel s'appliquant non seulement à l'architecture, aux arts plastiques et aux arts décoratifs, mais aussi à la musique, à la littérature. Tous les arts s'efforçaient de se mesurer à l'architecture, même ceux, désincarnés, que sont la musique ou la poésie.

L'un des apologistes de l'architecture néo-classique de Saint-Pétersbourg, G. Loukomsky, constatant l'évidence, explique ainsi ce phénomène : « L'architecture est redevenue un art au-dessus des autres arts, ce qui veut dire qu'elle entre dans l'ère de sa renaissance. L'architecte doit véritablement devenir le maître, aux ordres duquel obéit aussi bien l'œuvre du sculpteur que la fresque du peintre et le décor du mosaïste, de la même manière qu'au XVIe siècle le sculpteur Vittorio et le peintre Véronèse exécutaient les desseins de Palladio. »

Le tournant du XIXe et du XXe siècle introduit de nouvelles modifications touchant aux représentations du « russe » dans l'art russe, et, en conséquence, se produit un changement de terminologie correspondant. Au style russe succède le néo-russe. Dans le terme comme dans la notion de « russe », nous sommes en présence d'une dialectique de la succession et de la démarcation. Deux niveaux de significations sont réunis dans ce préfixe « néo », qui additionne les innovations : le premier est la nouveauté de la conception concernant l'essence du « russe », du « national », par comparaison avec le style russe de la seconde moitié du XIXe siècle. Elle désigne un nouveau contenu, de

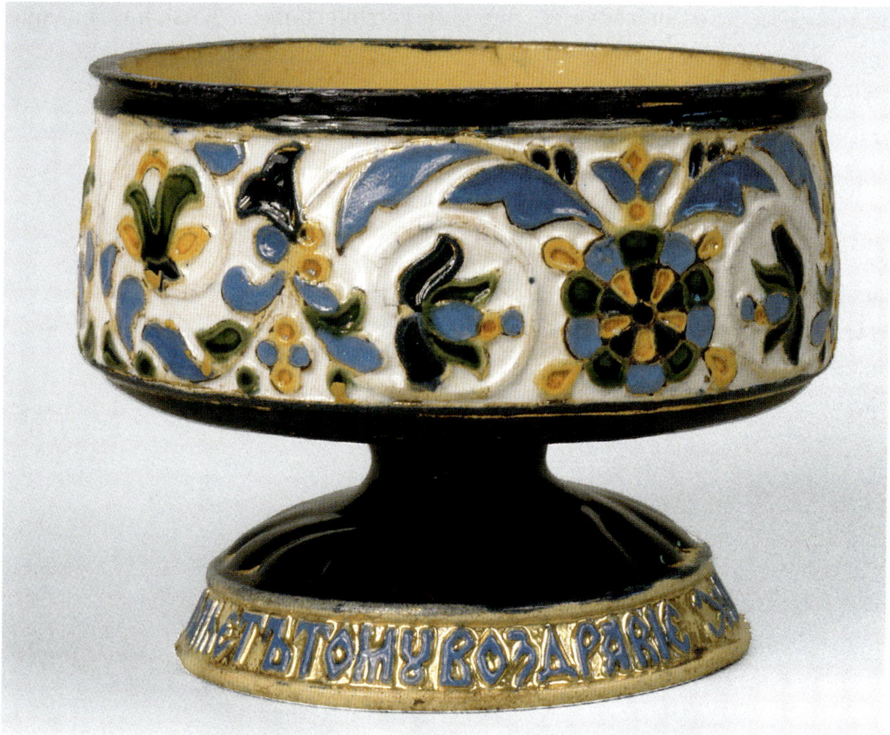

Cat. 516

Anonyme, atelier de céramique de l'Institut Stroganov à Moscou, ***Coupe (koubok),*** **fin du XIXe siècle,**
argile claire, relief, émaux de couleurs, dorure, Moscou, musée national d'Histoire.

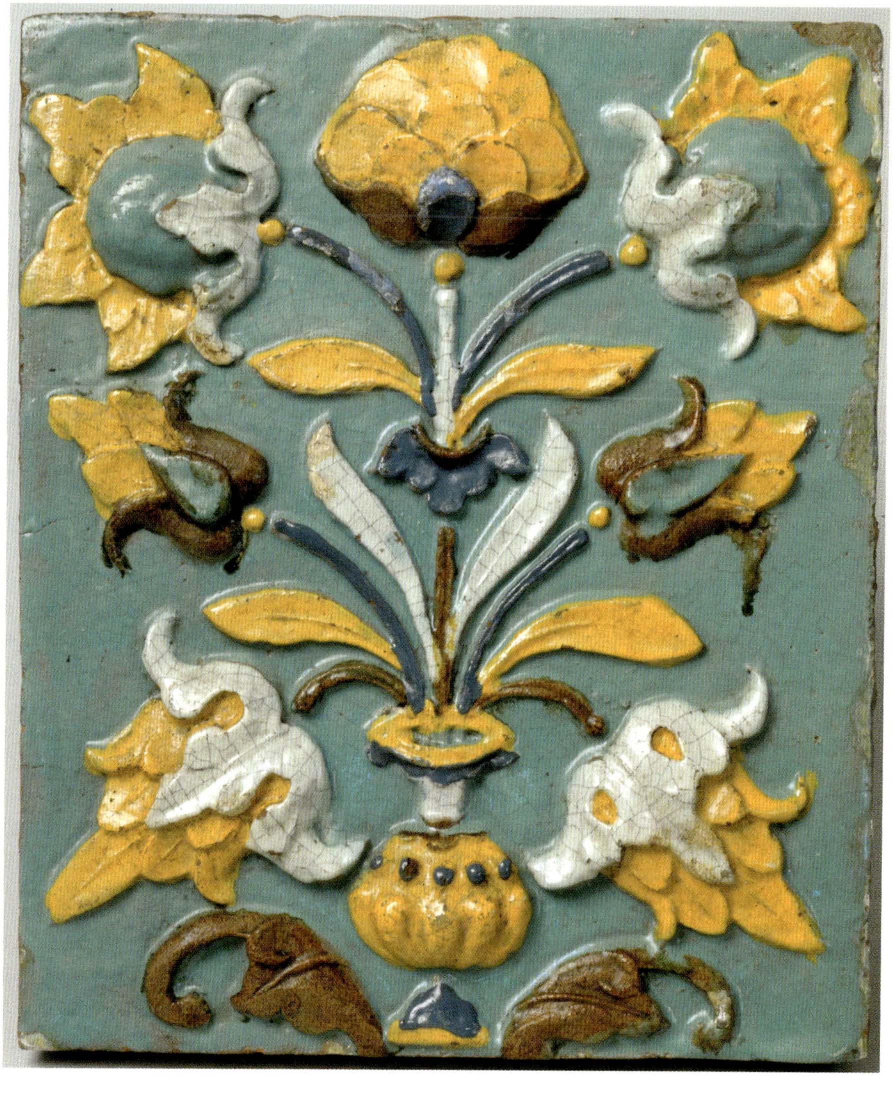

Cat. 22

Anonyme, Faïencerie moscovite, XVIIe siècle, ***Carreau de faïence provenant du décor extérieur de l'église Stefan za Iaouzoï à Moscou,*** **1698-1701,**
argile rouge, motifs en relief, glaçures de couleurs, Moscou, musée national d'Histoire.

nouvelles inspirations. Dorénavant, les exemples à imiter sont les témoignages les plus anciens de l'héritage architectural (fig. 6 et 7) – l'architecture de la Russie de Kiev et de Vladimir et Souzdal, de Novgorod et de Pskov (fig. 8 à 13), l'architecture de style *chatrovy* du XVIe siècle et de la Russie du Nord réinterprétée (fig. 14) –, l'architecture cultuelle et civile, la Russie païenne (fig. 5, p. 343), toute la diversité de la culture paysanne patriarcale, qui n'a pas été touchée par l'influence de la ville (cat. 28 et 29). À cette époque, l'héritage de l'art russe ancien et de la culture populaire, dans son intégralité – celui des arts plastiques y compris –, devient pour la première fois une expérience vivante et une source pour les arts. La fresque et la peinture d'icônes, tout l'éventail de l'art populaire – non seulement paysan, mais aussi citadin (chromolithographies, enseignes, etc.) se transforment en objets de réinterprétation, d'étude attentive, de renaissance. Le second aspect du préfixe « néo » réside dans la nouveauté des principes régissant la création des formes. Il accentue dans le style russe du tournant du siècle l'ampleur et le caractère universel de la nouvelle approche envers l'héritage national. Le style néo-russe n'utilise pas seulement les nouvelles sources : il les renouvelle et les ressuscite conformément à leurs propres principes.

Les grandes « découvertes » des années 1880-1910 dans le domaine de l'art russe ancien et populaire furent accompagnées d'une autre découverte au début du XXe siècle : l'art pétersbourgeois. Car si c'est au cours des années 1840 qu'apparurent en Russie les premières théorisations de l'histoire de l'architecture nationale en tant que discipline scientifique à part entière, celles-ci s'étaient cantonnées exclusivement à l'architecture « ancienne ». Au début du XXe siècle, le champ s'élargit, prenant pour la première fois comme objet d'études scientifiques spéciales l'art du XVIIIe et du début du XIXe siècle.

Dans ces deux « découvertes », comment ne pas voir l'expression renouvelée d'une question récurrente : « la Russie et l'Europe », « l'Orient et l'Occident », questionnement issu du choix par Pierre le Grand de l'occidentalisation forcée à la fin du XVIIe et au début du XVIIIe siècle : ce qu'il convient d'appeler la période *pétersbourgeoise* de l'art russe. Dans les années 1830 s'amorce un nouveau virage. Les valeurs représentées par les notions de *caractère national* et de *nationalité* prennent une importance prépondérante et triomphent au cours des années 1880 (cat. 471, 77, 187). Le début du XXe siècle rend de nouveau actuelle la nécessité du choix, ou de la synthèse, des valeurs incarnées par trois courants différents de la création artistique : le premier fidèle à l'héritage du classicisme européen, le deuxième inspiré du Moyen Âge national (cat. 442), et le troisième refusant toute tradition au nom de la *tabula rasa*.

Le modernisme, qui avait proclamé de manière ostentatoire que la création d'un art contemporain nouveau était une nécessité sans précédent, était loin, en pratique, de ses déclarations radicales. La diversité et l'universalité – évidente en architecture – s'emparent de tous les exemples historiques possibles pour les utiliser comme sources d'imitation. Le modernisme perpétue en cela l'éclectisme, lequel admet (de manière purement théorique) le recours à l'héritage culturel mondial tout entier, qui entre précisément au cours du XIXe siècle dans le cercle de la conscience sociale. Mais il développe aussi plus avant son universalisme, en complétant le nombre de facteurs générateurs de formes par la résurrection d'un facteur supplémentaire : la nature. L'*organicité* (principe inhérent aux organismes naturels) a été posée à la base de la création de formes « modernistes ». Ce principe est partiellement apparenté à celui qui préside à l'architecture du romantisme et de l'historicisme. Son essence réside dans le fait que la fonction et la construction déterminent l'apparence et le style du bâtiment : l'originalité du modernisme tient au fait que le rôle créateur de formes de la fonction et de la construction s'interprète à travers les particularités de la structure et de la forme des organismes vivants présents dans la nature. En même temps, c'est le principe de la création de formes dans l'architecture du Moyen Âge. La parenté entre les deux et la différence avec l'architecture du Nouveau Temps réside à la fois dans la transfiguration directe de l'utile en beau, et dans l'interprétation d'éléments utilitaires en motifs artistiques, sans l'obligation de constituer un système. Dans la pratique réelle, il n'a jamais existé de séparation rigide entre utilitaire et artistique. Le modernisme a jeté le doute sur l'immuabilité des fondements de la création de formes, qui étaient prépondérants dans l'art savant : cette précision est indispensable, car l'art populaire de la Russie, qui a conservé sa vitalité jusqu'à l'époque actuelle, est fondé sur d'autres principes, qui remontent à l'architecture du Moyen Âge.

Cela explique que dans de nombreux pays le modernisme naît au cours d'une nouvelle réinterprétation des traditions du Moyen Âge, dont la première manifestation en Russie se trouve être le style néo-russe.

La « contemporanéité », la nouveauté, le caractère « sans précédent » du modernisme résident moins dans le refus de s'orienter vers le passé que dans l'élargissement

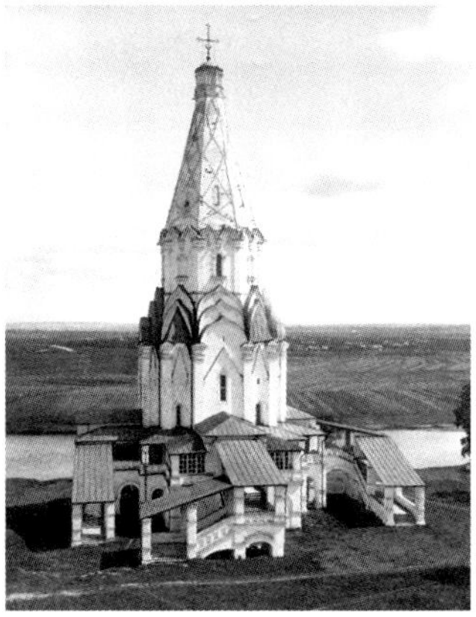

Fig. 6. **Moscou, église de l'Ascension de Kolomenskoïe, 1532.**

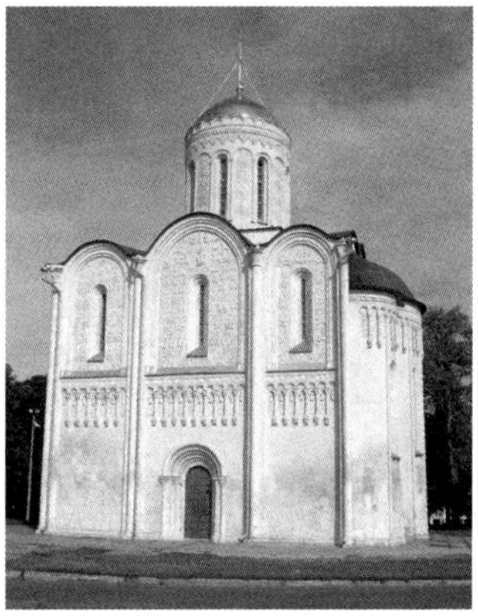

Fig. 7. **Vladimir, cathédrale Saint-Dmitri (1194-1197).**

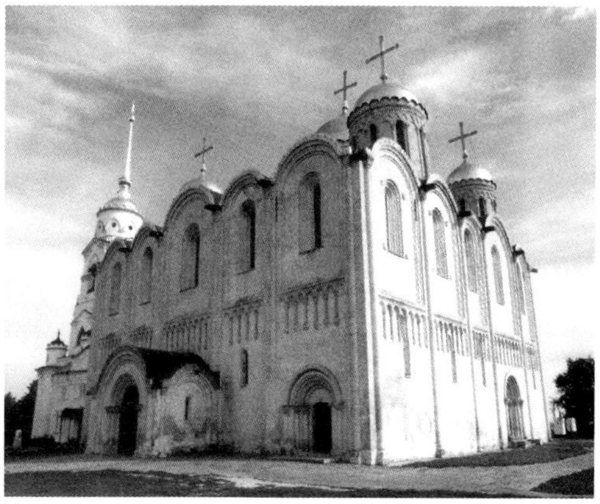

Fig. 8. **Vladimir, cathédrale de la Dormition, 1185-1194.**

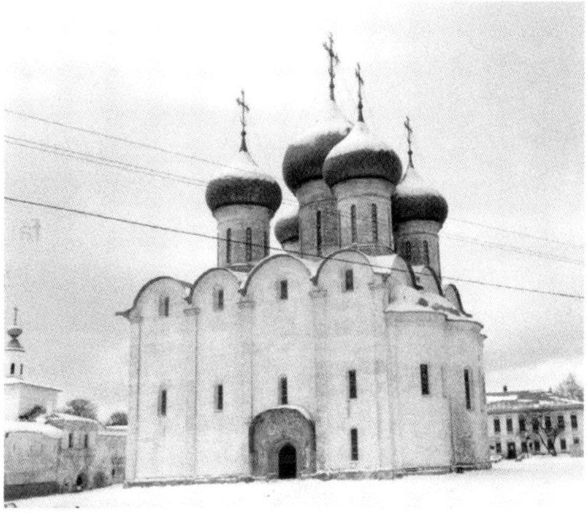

Fig. 9. **Vologda, cathédrale Sainte-Sophie, 1568-1570.**

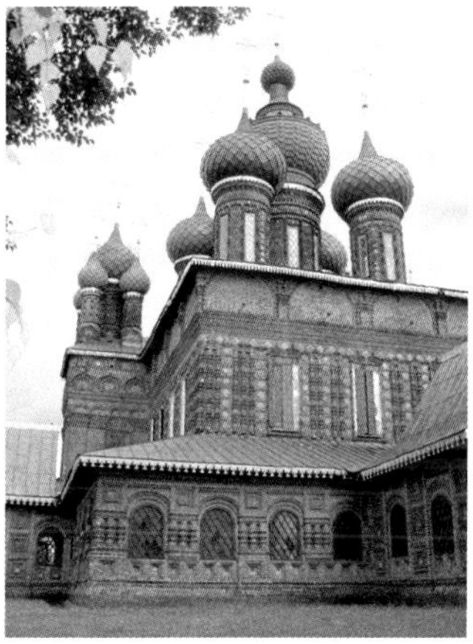

Fig. 10. **Iaroslavl, église Saint-Jean le Précurseur à Toltchkovo, 1671-1687.**

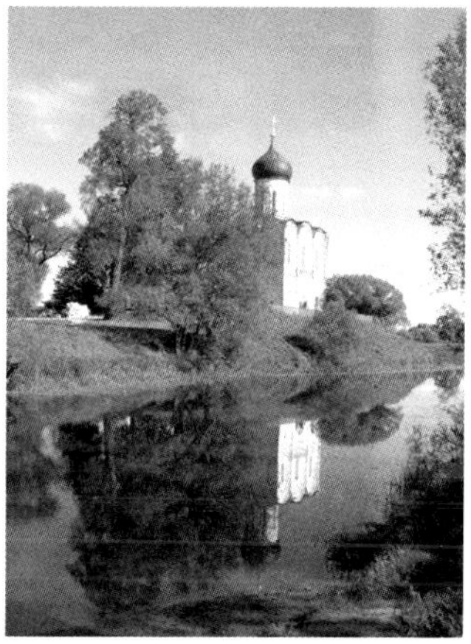

Fig. 11. **Vladimir, église de l'Intercession sur la Nerl (1165).**

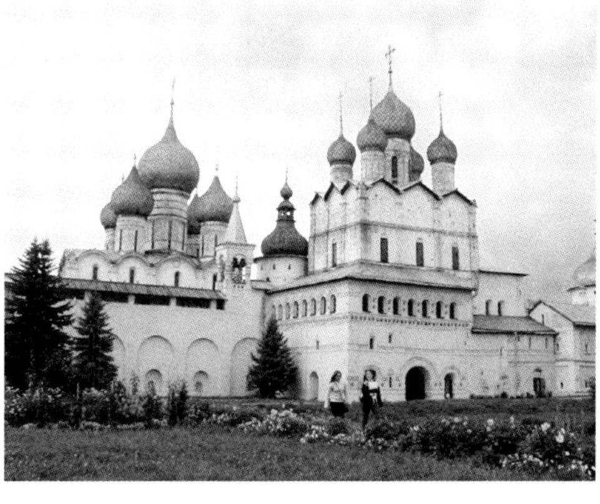

Fig. 12. **Rostov, kremlin, église de la Résurrection (1670) et cathédrale de la Dormition (XIIe siècle, 1508-1512).**

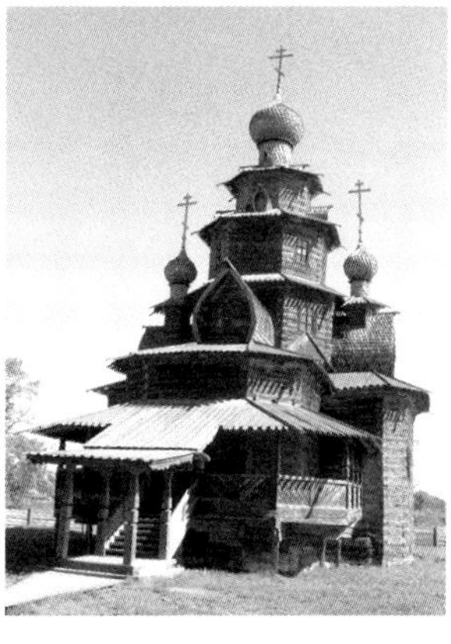

Fig. 13. **Église de la Transfiguration du village de Kozliatievo, remontée au musée-réserve de Souzdal en 1967.**

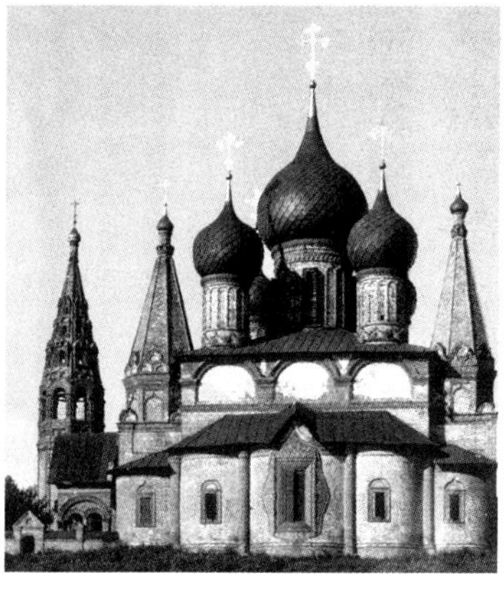

Fig. 14. **Iaroslavl, église Saint-Jean Chrysostome du lieu-dit Korovniki, XVIIe siècle.**

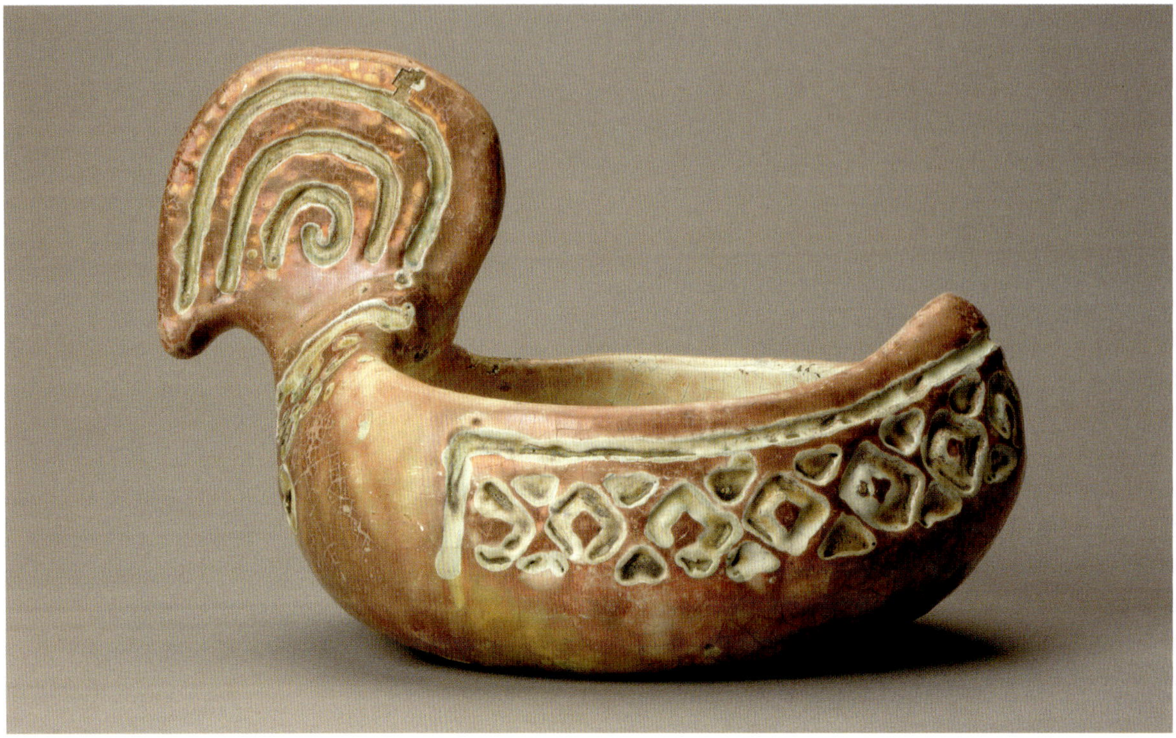

Cat. 514

Anonyme, artel Mourava des artistes-potiers de Moscou, *Kovch,* vers 1900,
céramique émaillée, Moscou, musée national d'Histoire.

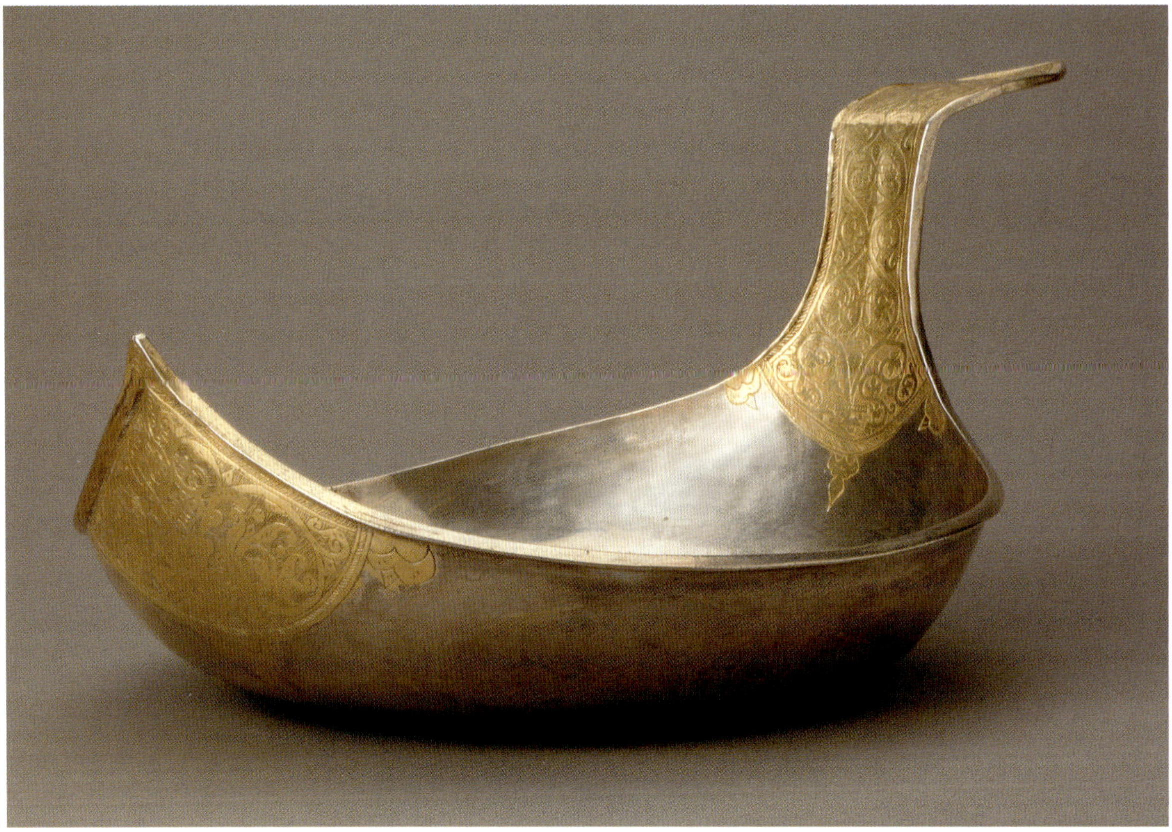

Cat. 21

Anonyme, *Kovch,* Moscou, première moitié du XVIIe siècle,
argent ciselé et doré, Moscou, musée national d'Histoire.

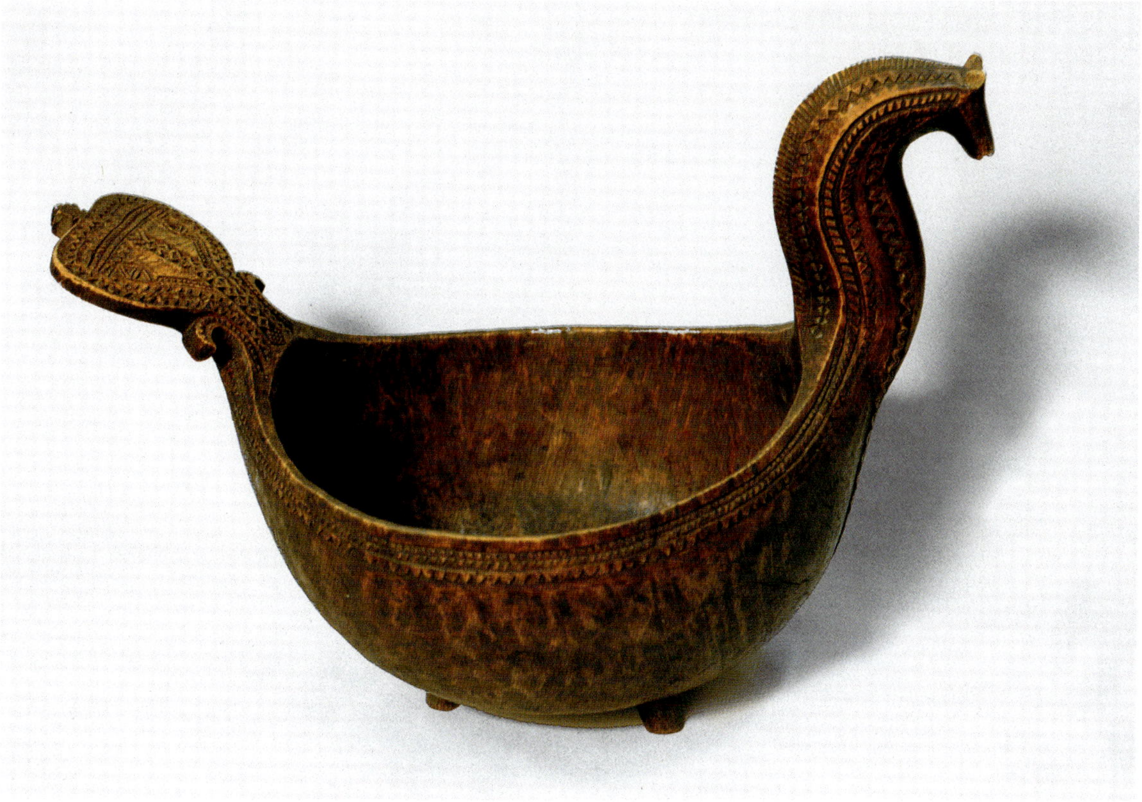

Cat. 28

Anonyme (art populaire), *Kovch,* province de Novgorod, canton de Kirillov, Tchepanovo, XIXe siècle,
bois sculpté, Saint-Pétersbourg, Musée ethnographique russe.

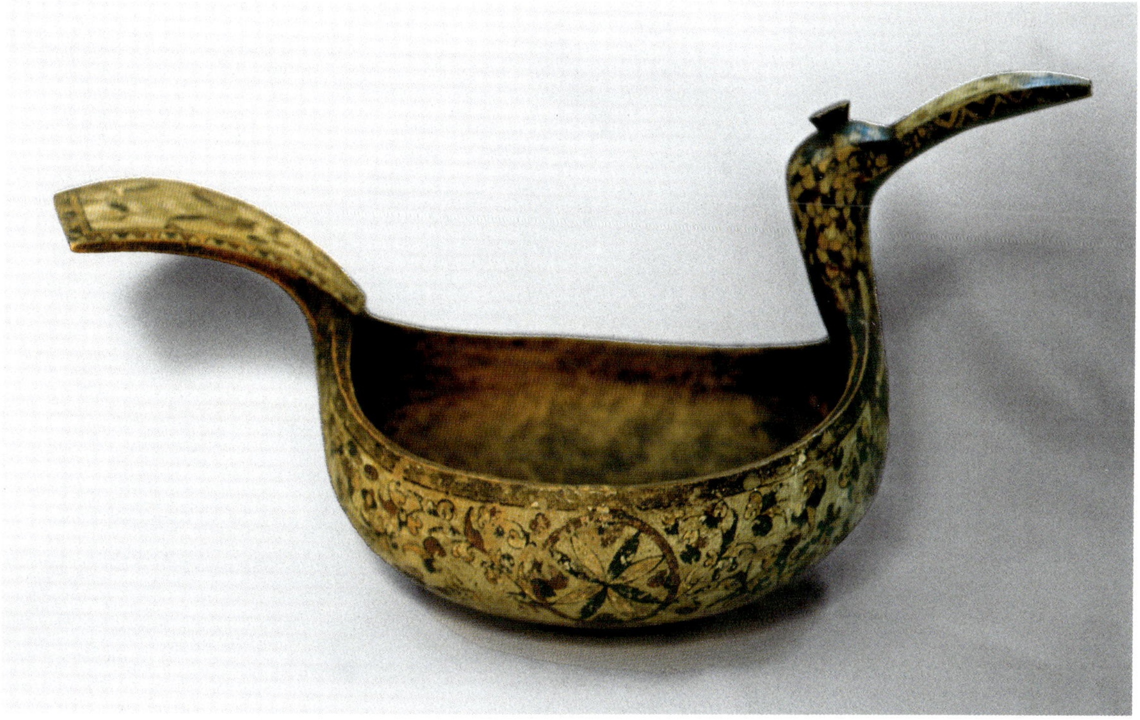

Cat. 29

Anonyme (art populaire), *Skobkar,* Russie du nord, XIXe siècle,
bois sculpté et peint, Saint-Pétersbourg, Musée ethnographique russe.

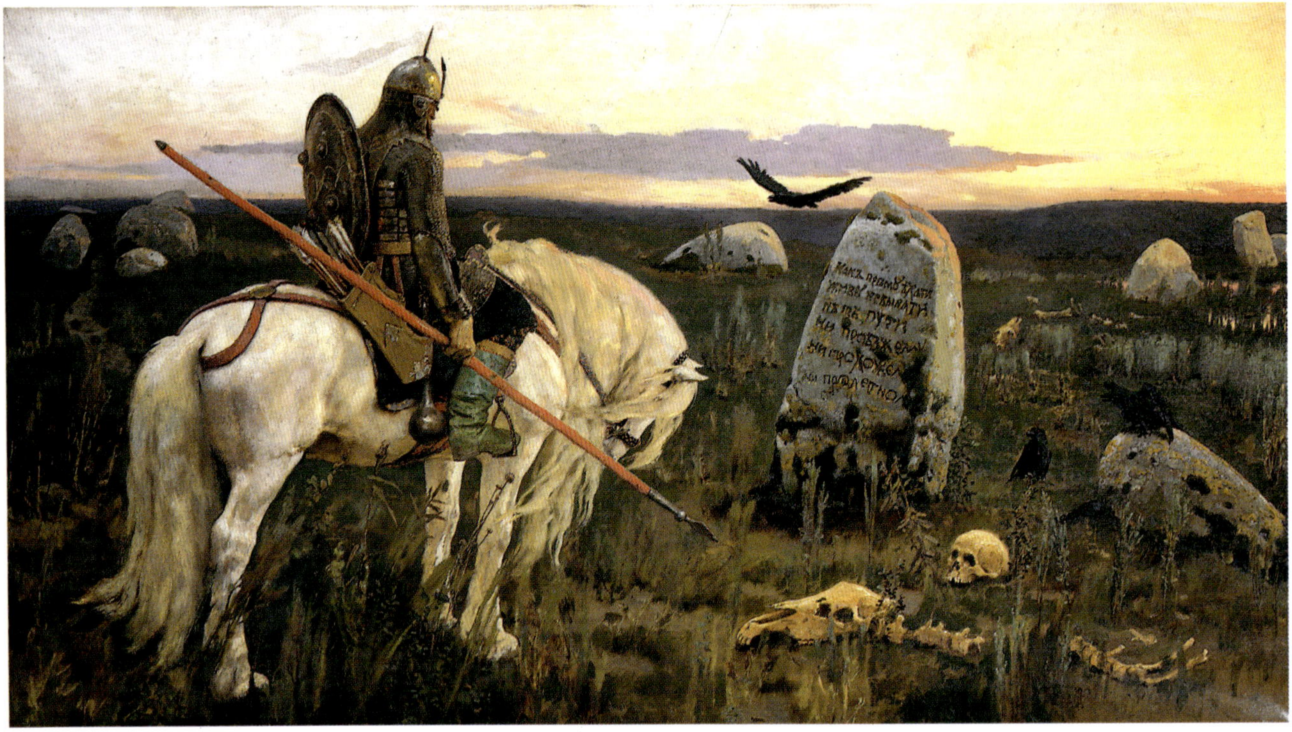

Cat. 471

Viktor M. Vasnetsov, ***le Preux à la croisée des chemins,*** **1882,**
huile sur toile, Saint-Pétersbourg, Musée d'État russe.

de la sphère des modèles possibles : la liberté des références dans lesquelles puise le modernisme entraîne, en architecture, la mise en exergue d'éléments secondaires au regard de la tradition classique : une attention spéciale est portée à la beauté de la forme, de la silhouette, de la facture et de la couleur des éléments utilitaires (les fenêtres, les croisillons et les vitres des fenêtres, les balcons, les perrons, la facture et la couleur des matériaux), à la création de compositions extrêmement complexes, recherchées et exigeantes sur le plan du rythme. La non-obligation d'un système ou d'un répertoire de formes artistiques ne signifiait pas que le modernisme refusait d'utiliser le décor et l'ornementation. C'est là que se situe la différence entre le modernisme et l'éclectisme. La mesure suprême du beau, dans l'éclectisme, est en rapport avec l'utilisation de l'héritage du passé ; dans le modernisme, l'important est la beauté de chaque élément, procédé purement artistique, qui est le signe du modernisme – la « stylisation ». La transformation consciente du modèle de départ, naturel ou historique, le traitement de la forme non figurative et ornementale par un procédé qui souligne la « vitalité » de cette forme – sa mobilité, sa fluidité, son unicité organique – et, en même temps, les moyens de distanciation par rapport au modèle.

Des changements analogues se produisirent également dans les arts plastiques. L'obligation de la perspective linéaire appartenait désormais au passé. L'ornementation des lignes et la rythmique des taches de couleurs acquirent leur autonomie. Grâce à l'unité du fond et du décor, du plan, l'aspect décoratif s'accrut fortement et, dans les œuvres relevant de la peinture et des arts graphiques, la notion de ressemblance disparut totalement. À la stylisation de l'objet représenté dans les arts plastiques répond une stylisation des formes en architecture et dans les arts appliqués (cat. 512), relevant d'une même typologique.

Le style néo-russe, utilisant d'autres sources et d'autres procédés, ne peut pas être considéré comme un prolongement direct du style russe du milieu et de la seconde moitié du XIXe siècle appuyé sur la tradition de l'art russe ancien et populaire. Du point de vue du stade et du style, ils appartiennent à des étapes différentes et à des modes d'existence différents de la tradition russe dans l'art russe, bien qu'à l'époque de la naissance et de l'existence du style néo-russe, on continue à concevoir des édifices, des intérieurs, des objets appartenant au style russe – l'un des courants de l'historicisme comme phase de l'éclectisme qui a succédé au romantisme – qui se développe au sein de la tradition non classique.

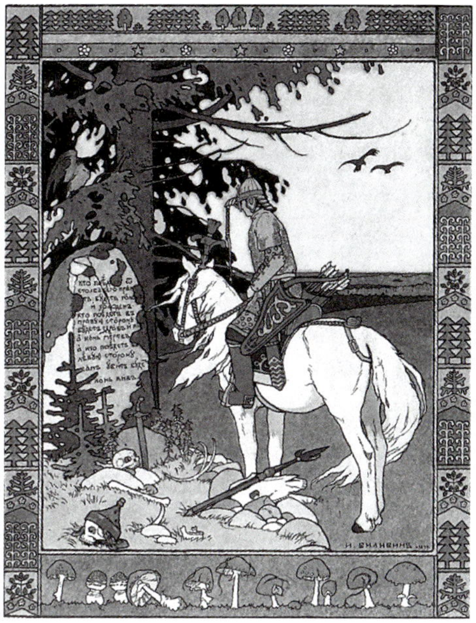

Cat. 73

Ivan I. Bilibine, *Bogatyr devant une stèle,* illustration pour le conte populaire russe *Ivan tsarevitch et le loup gris,* édité par le Goznak (hôtel des Monnaies), Saint-Pétersbourg, 1901, 1899,
aquarelle et encre de Chine rehauts d'or sur papier,
Moscou, Association du Goznak (hôtel des Monnaies).

Ce foisonnement de courants, malgré une apparente hétérogénéité – le style néo-russe, le néo-classicisme et l'avant-garde –, forme de façon sous-jacente une véritable tendance. Dans les années 1900-1910, chacune acquiert son indépendance et, en s'émancipant, se transforme en un phénomène stylistique distinct. Chacune a son histoire, particulière par rapport aux autres, et sa périodisation, qui dépend de celle-ci. Le style néo-russe est un phénomène antérieur au modernisme « pur » (international). Ce dernier, à son tour, est apparu plus tôt que les courants classicisants et rationnels du modernisme, mais tous deux précèdent le néo-classicisme, qui, en tant que phénomène de la culture artistique, prit forme au début des années 1910, en même temps que l'avant-garde dans la peinture, mais un peu plus tôt que l'avant-garde architecturale.

Au cours de l'évolution du modernisme, les différents courants le constituant, le courant classicisant, le courant affranchi de l'imitation (l'avant-garde rationnelle), le style néo-russe –, s'émancipent, et se transforment à la fin des années 1900-1910 en phénomènes stylistiques opposés les uns aux autres.

Le style néo-russe se distingue du néo-classicisme non seulement par l'histoire, mais par la géographie de son existence. Il est né à Moscou, alors que le modernisme et le néo-classicisme sont nés à Saint-Pétersbourg. La nouvelle capitale de la Russie européanisée était devenue le lieu de naissance et de propagation des sympathies néo-occidentales, comme en témoigna plus tard l'activité des artistes du Monde de l'art.

Les tenants du néo-classicisme et ceux du style néo-russe se rejoignent partiellement dans leurs sympathies et leurs antipathies idéologiques et artistiques. Ils ont en commun le rejet du bourgeois et de la civilisation technique américanisée. L'art de l'époque d'Alexandre II et d'Alexandre III – et tout spécialement l'architecture – est pour eux synonyme de profonde décadence. Sous le règne de Nicolas Ier fut entièrement rejeté tout ce qui était lié à la renaissance du caractère national en architecture et celui qui en était devenu l'incarnation : Konstantin A. Ton (fig. 2, p. 222).

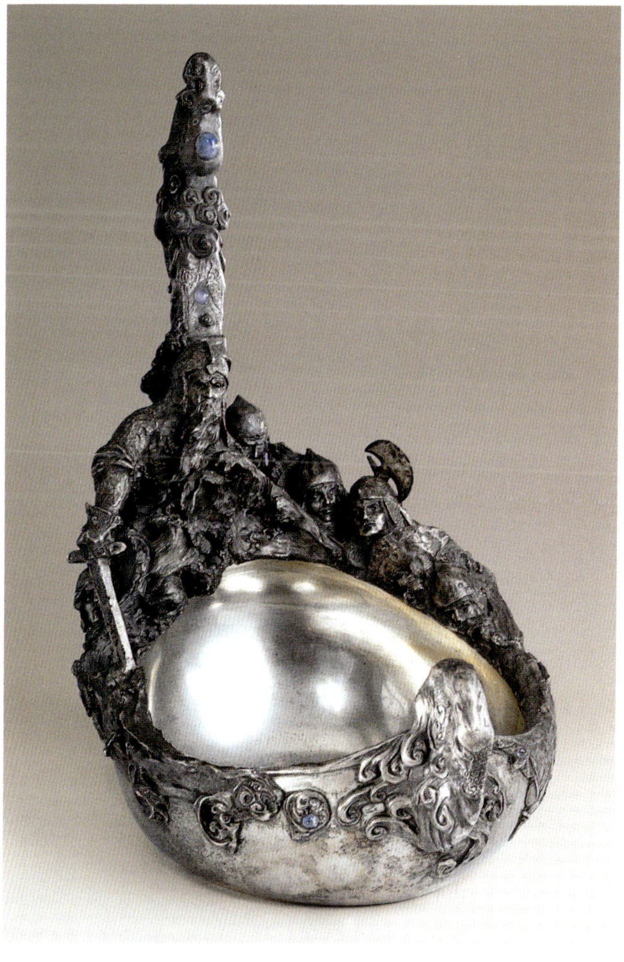

Cat. 188

Peter Karl Fabergé,
***kovch aux bogatyrs,* Moscou, 1908-1917,**
argent doré, pierres de l'Oural, Paris, musée national de la Marine.

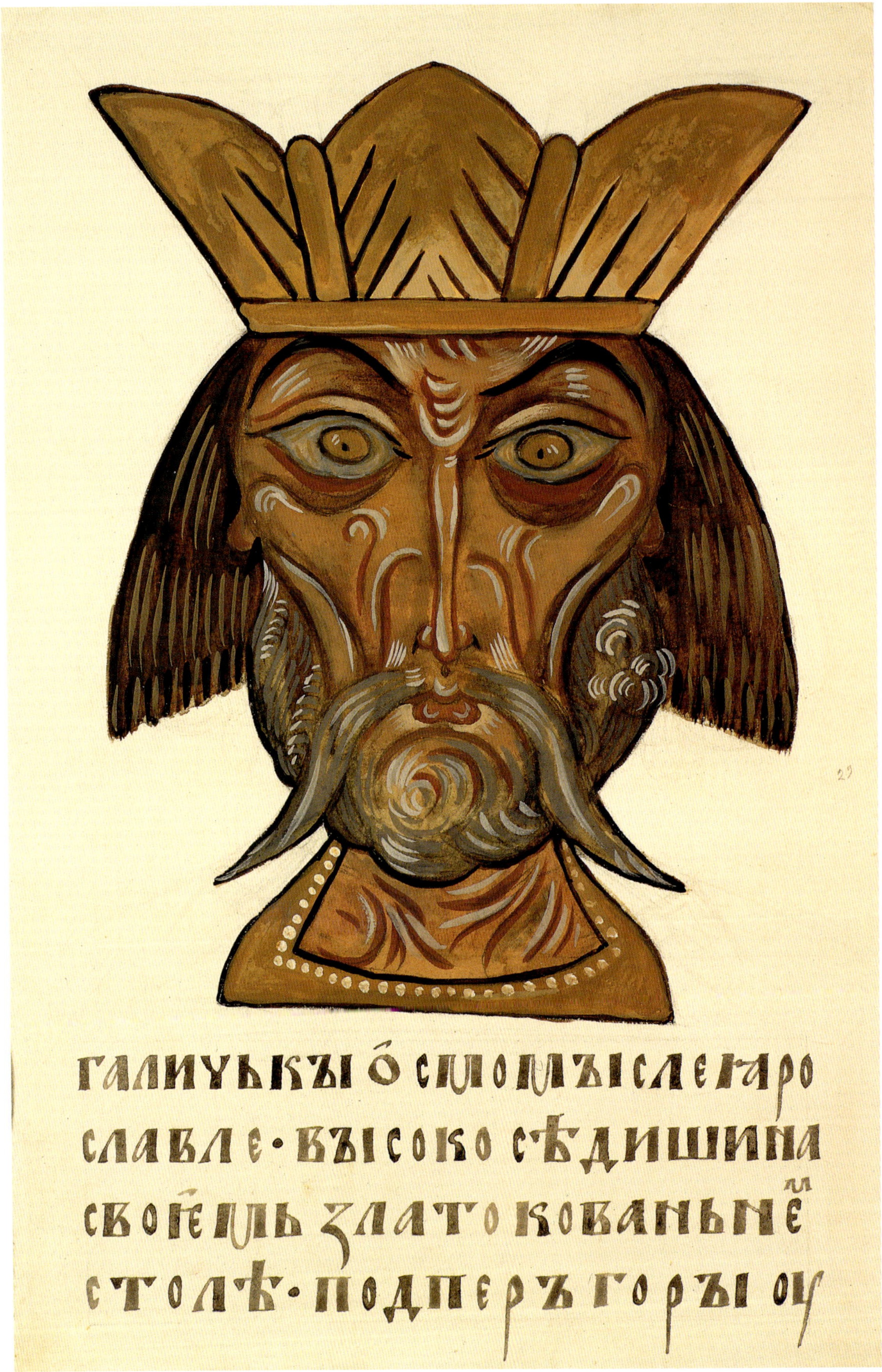

Cat. 442

Dmitri S. Stelletsky, *Esquisses* pour l'illustration du *Dit du prince Igor*, 1906, gouache et lavis d'encre sur papier, Galerie Tretiakov.

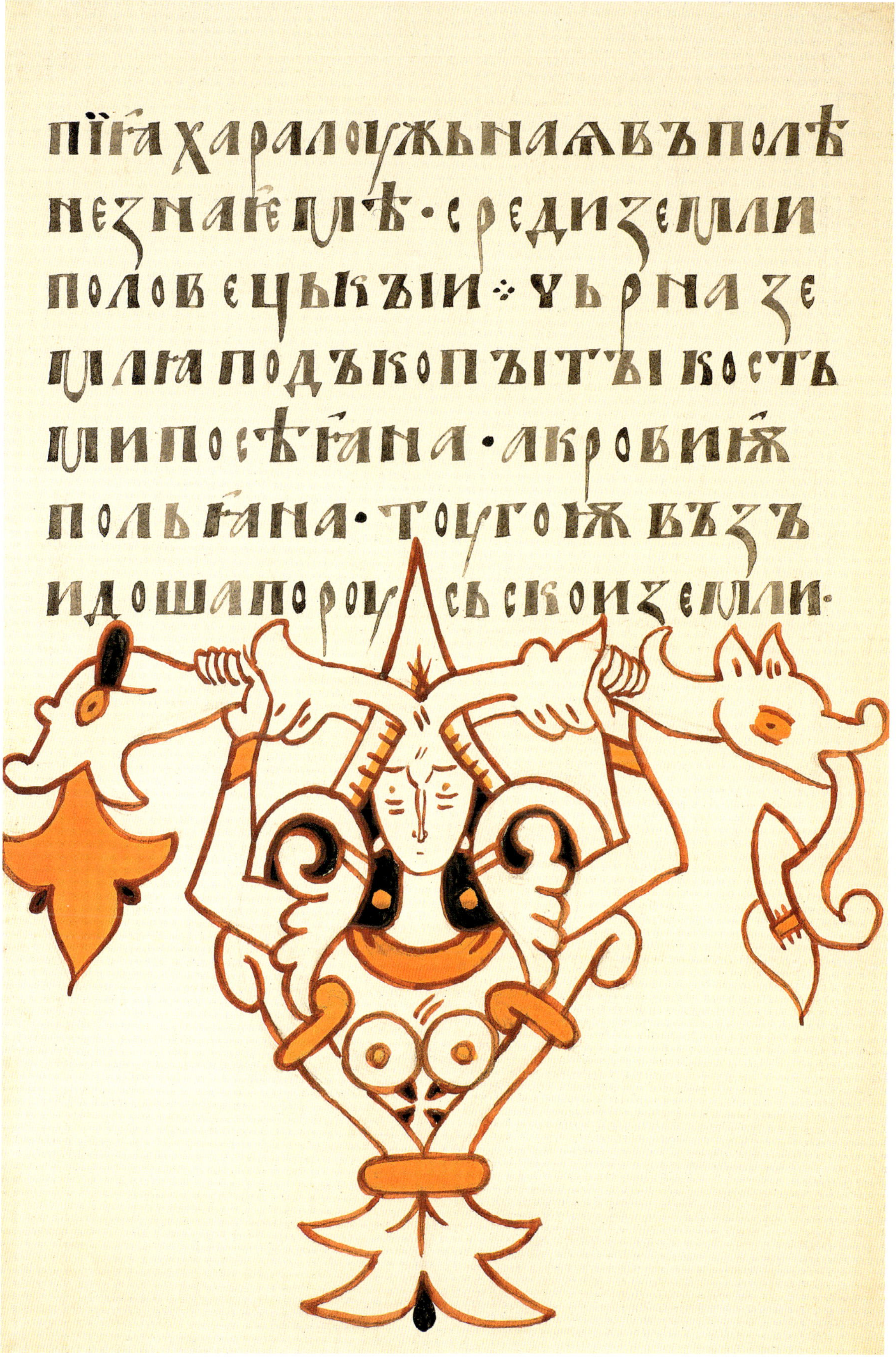

Cat. 442

Dmitri S. Stelletsky, *Esquisses* pour l'illustration du *Dit du prince Igor*, 1906, gouache et lavis d'encre sur papier, Galerie Tretiakov.

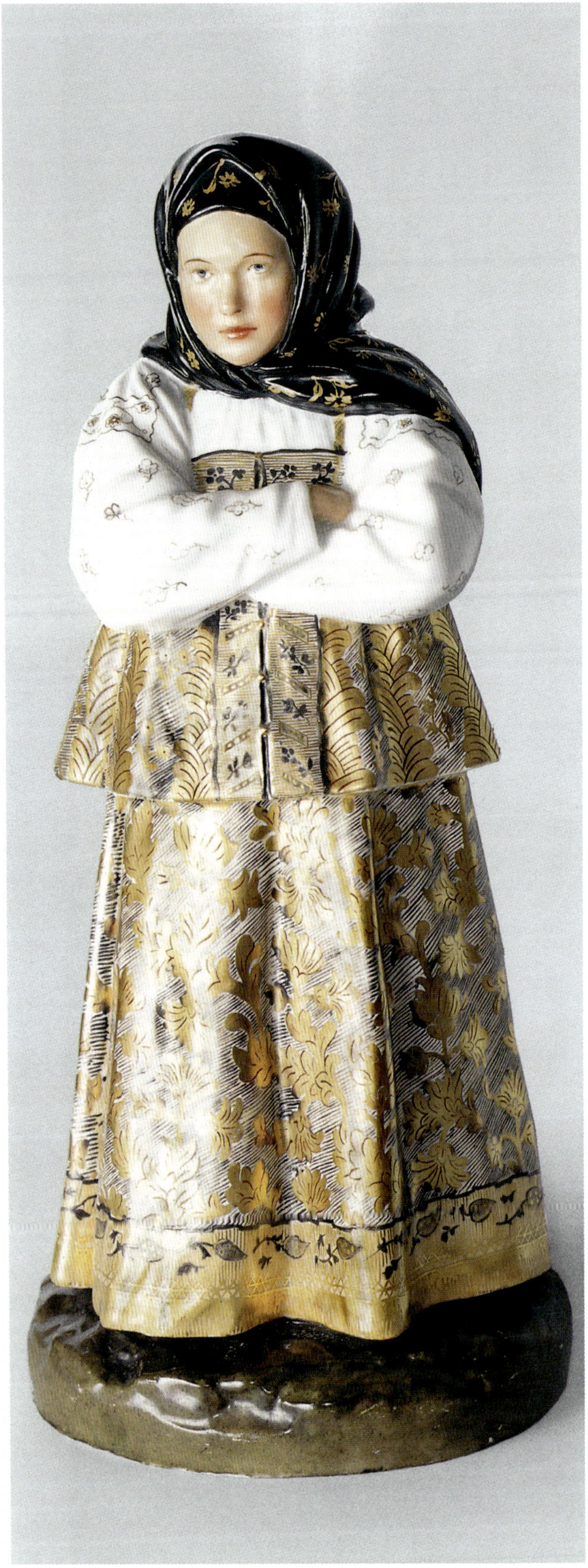

Cat. 243

Pavel P. Kamensky, Manufacture impériale Lomonossov,
Statuette de femme en costume de la région d'Arghanguelsk
(de la série des « Peuples de l'empire russe »), 1912, porcelaine peinte,
Saint-Pétersbourg, Musée ethnographique russe.

Leur attitude envers le passé comme incarnation du futur désiré les réunit, spécificité qui les oppose tous deux à l'avant-garde. Cependant leurs différences sont aussi fondamentales que leurs similitudes. Ce qui sépare le style néo-russe et le néo-classicisme est ce qui rapproche ce dernier de l'avant-garde.

L'esthétique et la philosophie du style néo-russe sont inséparables de la renaissance religieuse et de la philosophie religieuse russes (cat. 512 ; fig. 15), alors que le néo-classicisme, en tant que construction idéale, appartient intégralement à la philosophie et à l'esthétique de la pensée profane. V. Kourbatov relève que la caractéristique de l'art classique du Nouveau Temps est la non-religiosité – non pas, évidemment, dans le sens de la foi personnelle des créateurs, mais comme un facteur qui a une influence sur la conception artistique. L'opposition de l'avant-garde et du néo-classicisme envers le style néo-russe se définit de la même façon.

L'opposition du néo-classicisme et de l'avant-garde envers le style néo-russe correspond de façon tout à fait précise avec la classification de l'art effectuée en son temps par Lev Tolstoï, pour qui l'art servait soit le bien, soit le beau. Le style néo-russe, particulièrement l'art religieux, qui était en plein essor, pour la première fois depuis l'époque de Pierre le Grand, voit son grand dessein dans le service du Bien – et dans la renaissance des idéaux moraux du christianisme ; le néo-classicisme le voit dans le service du Beau. Cette délimitation, naturellement, désigne uniquement la répartition principale des accents dans une construction théorique visant à marquer la similitude et la différence entre deux phénomènes stylistiques existant simultanément.

Cette particularité, qui a fait son apparition d'abord en architecture, puis s'est répandue dans les arts appliqués et s'est emparée à la fin du XIXe et au début du XXe siècle du seul domaine jusque-là libre de l'influence de la tradition nationale et de la création non imitative – les arts plastiques –, s'est ainsi transformée en caractéristique de l'art du début du XXe siècle. Les grilles d'analyse du littératurocentrisme et l'inertie du jugement sur le style de l'art du XIXe – début du XXe siècle, établi selon les critères et le point de vue de la peinture de chevalet, ont empêché les chercheurs de considérer, sans idées préconçues, l'évolution de l'art, et de voir que l'architecture, à cette même période, restait un art créateur de styles. Des manifestations qui deviendront typiques pour les arts plastiques dans les années 1900 et 1910 se sont répandues dans une moindre mesure en architecture un demi-siècle

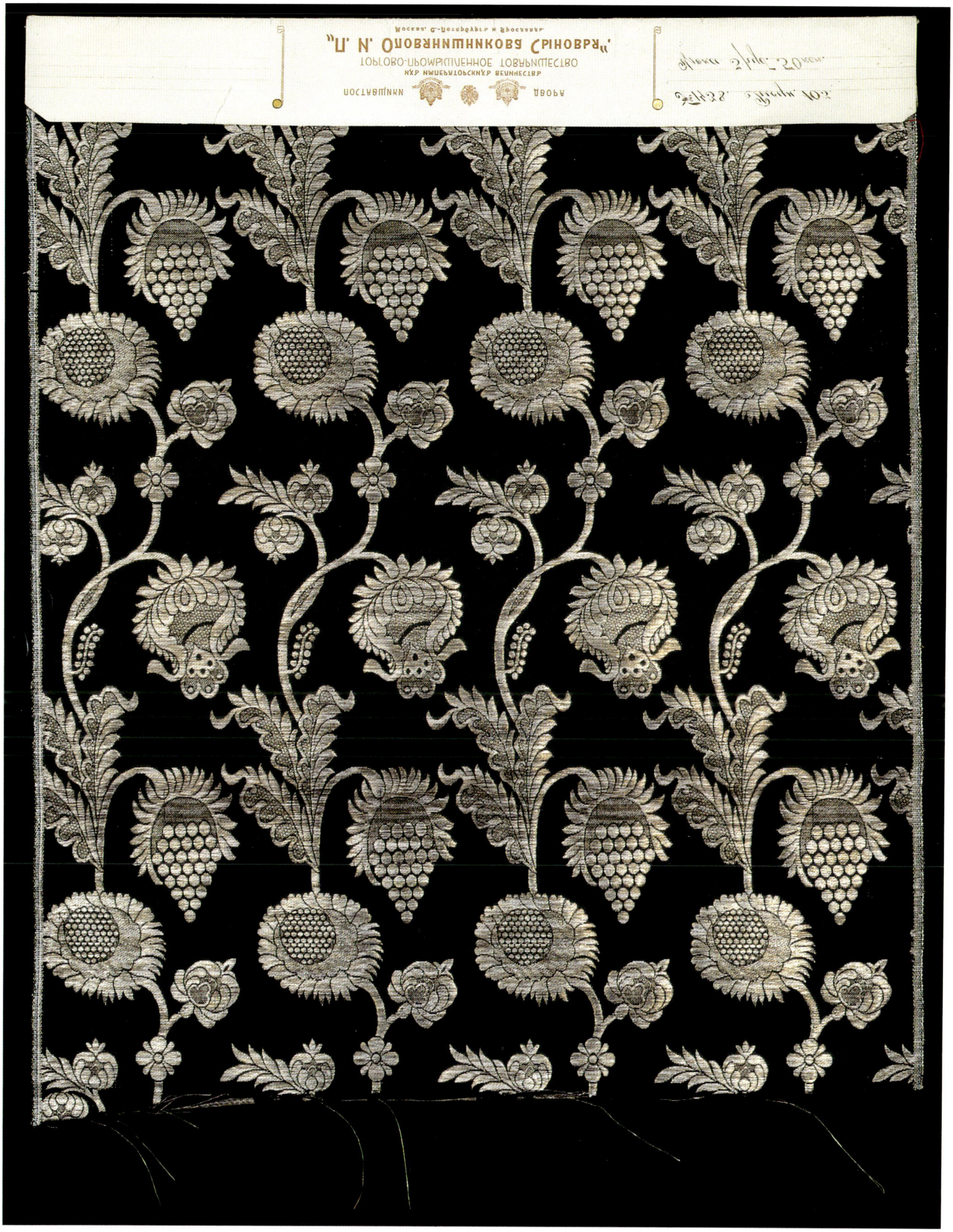

Cat. 342

Compagnie de commerce et d'industrie P. I. Olovianichnikov frères,
***échantillon de brocart*, début du XXe siècle, tissage de fils de coton, de soie et d'argent,**
Moscou, musée national d'Histoire.

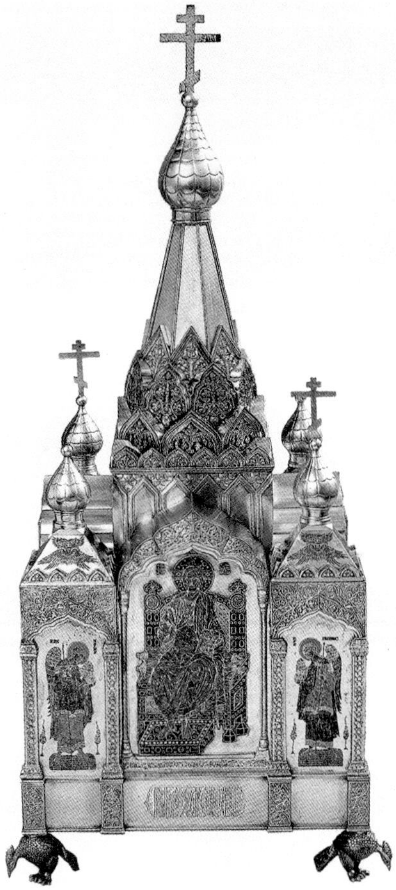

Cat. 512

Anonyme, atelier moscovite, *Tabernacle*, 1912,
argent ciselé, doré, émaillé, niellé, émail peint et émail cloisonné ;
argent, Moscou, galerie Tretiakov.

du style néo-russe. Ce sont trois manières d'exister du style néo-russe dans le contexte de l'art russe, et trois formes d'expression différentes de l'architecturalité. Ces trois étapes correspondent aux années 1880-1890, 1900 et 1910.

La première étape couvre les années 1880-1900 et elle est liée de manière privilégiée à l'activité des peintres du cercle de Savva I. Mamontov, Abramtsevo (voir ici l'essai de E. Paston, « Le cercle artistique d'Abramtsevo »).

La deuxième étape peut être conventionnellement située à la fin des années 1890-1900. On a pris l'habitude de qualifier l'art de cette période de *moderne*. Mais le modernisme, en Russie, apparaît sous la forme du style néo-russe, qui, dès ces mêmes années en constitue l'une des variantes. C'est précisément à cette période que se rattachent la naissance et la propagation du courant moderne, affranchi des réminiscences historiques et de l'emploi des prototypes historiques. Enfin, en dernier lieu apparaît au début des années 1900 ce que l'on a appelé le moderne plus tôt. L'architecture du milieu et de la seconde moitié du XIXe siècle se développe selon les lois d'un art de masse destiné en premier lieu au grand public. À l'inverse, les arts plastiques (notamment la peinture de chevalet) fonctionnent et se développent selon les besoins de la société cultivée – comme c'était le cas à l'époque du classicisme.

Ce que j'appellerais le *polystylisme*, phénomène de style d'une époque que l'on peut déceler, dans un état embryonnaire, dans l'architecture baroque et rococo, et qui est devenu une caractéristique distinctive de l'architecture éclectique et moderne, acquiert dans les années 1910 de nouvelles singularités. Les courants sous-jacents qui, dans l'éclectisme et le modernisme, existent à l'intérieur d'un style , sont isolés au début du XXe siècle, et deviennent autonomes.

On peut distinguer trois étapes qui caractérisent l'utilisation de la tradition populaire et nationale dans l'art russe ou, en d'autres termes, trois étapes de développement

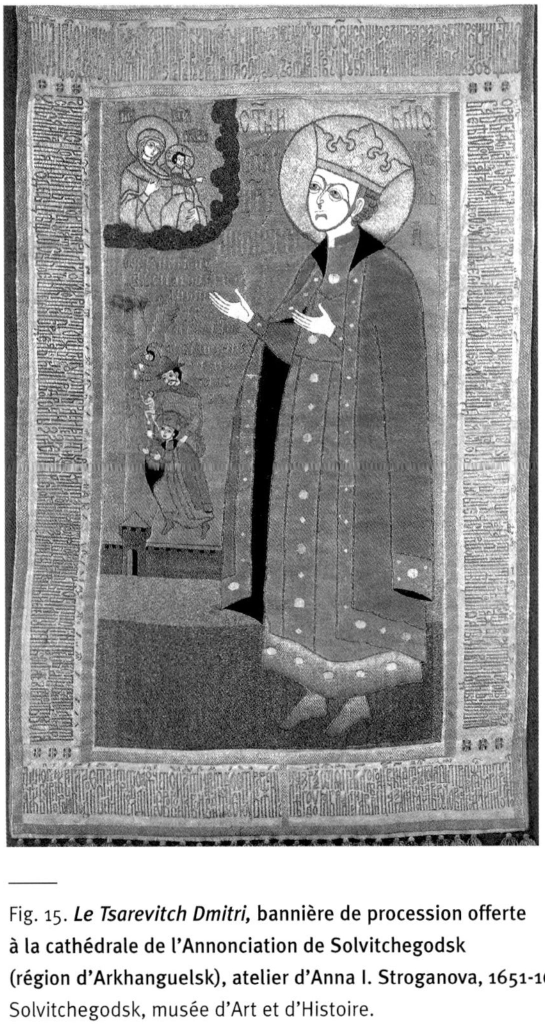

Fig. 15. ***Le Tsarevitch Dmitri*, bannière de procession offerte à la cathédrale de l'Annonciation de Solvitchegodsk (région d'Arkhanguelsk), atelier d'Anna I. Stroganova, 1651-1654,**
Solvitchegodsk, musée d'Art et d'Histoire.

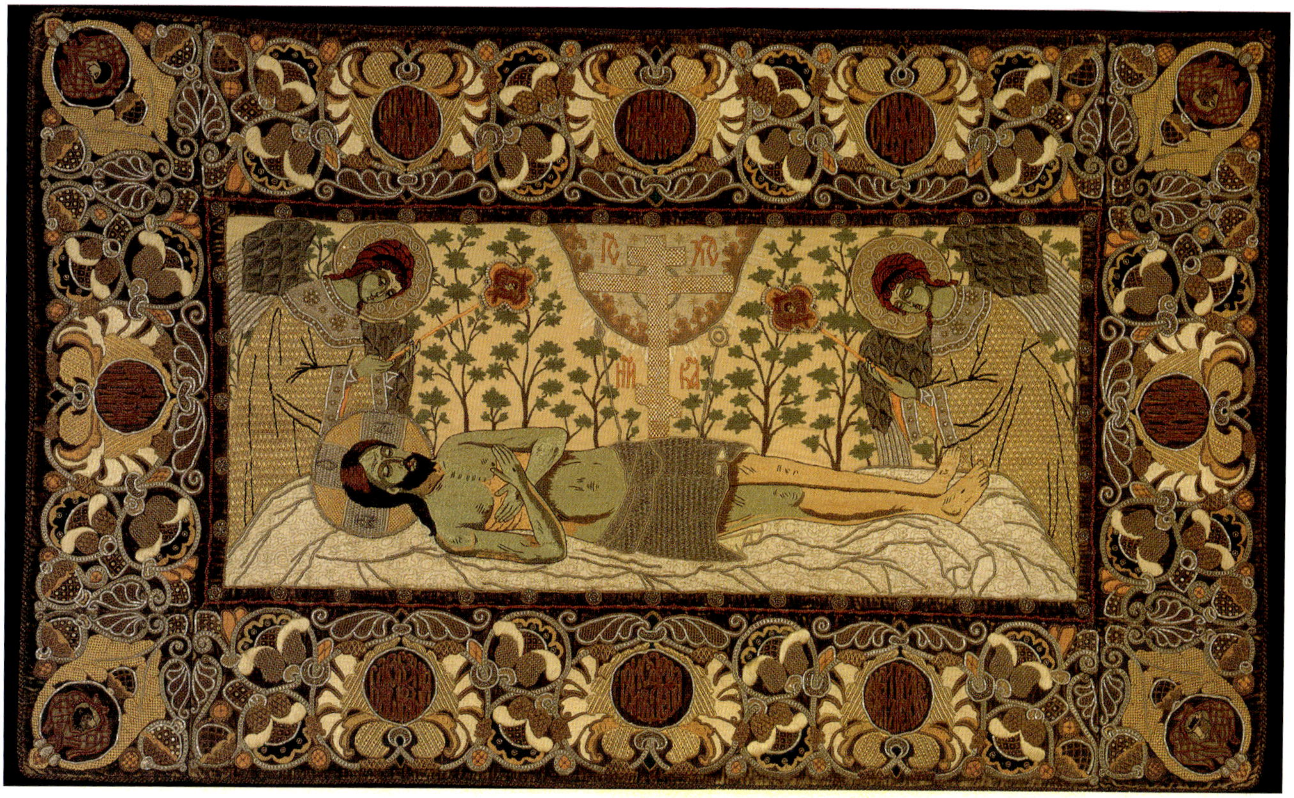

Cat. 37

Anonyme, *Christ au tombeau. Saint-Suaire (Plachtchanitsa),* début du XXe siècle,
broderie et tissus appliqués ; soie, satin, velours, fils de soie et d'argent, paillons métalliques, Moscou, musée national d'Histoire.

classicisant. Comme le style néo-russe, le moderne classicisant n'est pas le prolongement direct des « styles » classiques du XIXe siècle (« renaissance », « baroque », etc.)[1].

Donc, la deuxième étape du style néo-russe correspond à la fin des années 1890-1900. Elle se caractérise par un nouvel élargissement du cercle des sources d'imitation. Au nombre de celles-ci figure pour la première fois, à côté de l'art paysan, traditionnel pour toutes les variantes plus anciennes du style national, l'art populaire citadin (chromolithographies, enseignes). Apparaissent une archaïsation et un intérêt pour les racines protoslaves de la culture russe. Dans l'architecture, le style néo-russe rejoint en partie les variantes du *style moderne,* affranchies des réminiscences historiques. Cette particularité demeure dans la troisième étape (fin des années 1900, début des années 1910), la tendance notable en art devient la recherche d'un nouveau canon. Par là même, des novateurs radicaux en peinture et en architecture rejoignent leurs antagonistes, que l'on peut qualifier de représentants du néo-classicisme. Le style néo-russe en peinture et en architecture subit l'influence des tendances néo-classiques. En architecture se renforcent le rationalisme de la composition, la netteté des articulations, la simplicité et le géométrisme des formes. À ce moment, le recours à la tradition populaire ou nationale est loin de toujours se manifester dans des formes habituellement associées aux formes nationales.

Les années 1910 sont marquées par une autre particularité typique, liée directement au destin du style russe. Dans ces décennies, pour la première fois depuis le début du XVIIIe siècle, le sens que l'on donne à la notion de *russe* et à son expression symbolique dans l'art commence à se modifier. L'apparition du néo-classicisme, dans les années 1910, est précédée, on l'a vu, de la « découverte » de la période pétersbourgeoise de l'histoire russe. Pour la première fois, on commence à l'estimer non seulement en tant que phénomène artistique de niveau mondial, mais surtout pour le fait qu'il est possible de la caractériser de manière totalement fondée par l'épithète *russe.* L'un des premiers découvreurs de l'art de la période de Pierre le Grand, Ilia Bondarenko, écrivait : « On ne peut pas ne pas admettre que les formes de l'architecture de la période de Pierre le Grand, qui a assimilé à sa manière les motifs de l'Europe occidentale qui l'ont nourrie, existent de manière indépendante. Et, de toute façon, il n'y a pas la moindre trace de ce " déclin de l'architecture russe " que certains spécialistes de l'art russe s'acharnaient si obstinément à trouver dans le XVIIIe siècle. [...] Et nous pouvons affirmer hardiment que nous avions au début du XIXe siècle notre style, défini, clairement exprimé, et en l'appelant "Empire" russe nous ne tombons pas dans un emballement excessif [...]. Dans les œuvres de nos architectes – Zakharov, Mikhaïlov, Stassov, Egorov –, nous pouvons observer un phénomène original – une sorte de "nationalisation" du classicisme tardif ».

Pour I. Fomine, l'architecture de l'époque de Catherine II et d'Alexandre Ier – où « l'architecture, chez nous, a été la plus puissante » – constitue le sommet de l'art national.

Pour la première fois dans l'histoire de la pensée russe et de l'art russe, on a distingué dans l'art de la période pétersbourgoise un phénomène relevant de la culture nationale. Cependant, jusqu'aux années 1930, l'héritage national, dans l'opinion commune, est associé de manière privilégiée à l'art russe ancien et populaire.

L'utilisation de la tradition de l'art du Moyen Âge et de l'art populaire à la fin du XIXe et au début du XXe siècle – même avec toute la diversité des courants, des individualités –, acquit un caractère d'universalité qui se traduit en architecture et dans les arts appliqués liés à l'architecture par l'éloignement du modèle et par le vérisme dans les arts plastiques, ou la citation. La précision de la reconstitution du modèle, en architecture, et la reconstitution de la réalité dans les formes de cette même réalité, en peinture, cessent d'être obligatoires et considérées comme la mesure du beau. Quelle que soit la façon de qualifier les différences entre les deux méthodes d'exploration de l'héritage de l'histoire et de la culture russes propres au tournant du XXe siècle, et même si l'on tente d'opposer ces deux méthodes, la première penche vers l'analyse, le concret, le ressemblant, et la seconde vers la synthèse, la convention, le mode d'interprétation créatif.

Les particularités stylistiques de l'art de la fin du XIXe et du début du XXe siècle, propres au dépassement des principes fondateurs du système artistique du Nouveau Temps et à la constitution d'un nouveau langage artistique, possèdent un caractère universel et ne se limitent pas aux œuvres en relation avec le renouvellement de la tradition russe ancienne et populaire. Il reste que, dans l'art russe, les nouveaux courants et signes stylistiques apparaissent le plus tôt et le plus précisément dans les œuvres issues d'un moyen non traditionnel de renouveler l'héritage historique – que ce soit le modernisme ou les courants venus le remplacer et que l'on peut rassembler sous la notion commune d'avant-garde.

Le style néo-russe, en tant que phénomène indépendant de l'art russe, est à la fois plus large et plus étroit que les notions de *modernisme* et d'*avant-garde*. Plus large, parce que le style néo-russe est présent dans le modernisme comme dans l'avant-garde (cat. 215, p. 151). Plus étroit, parce qu'il est une de leurs composantes, qui n'épuise pas la notion de l'ensemble.

Le rattachement visuel à l'héritage national et sa « reconnaissabilité » sont des conditions indispensables de l'existence du style néo-russe et de tout autre style national. Avec le règne de la non-figuration dans les arts plastiques et la diffusion des constructions et des objets des arts appliqués, libres des signes visibles des styles historiques du passé, le style néo-russe arrivait à sa fin. Une chose paradoxale s'était produite. La création d'œuvres selon les principes apparentés à l'art russe ancien et populaire s'était accompagnée d'une perte de ressemblance visuelle avec lui, même la plus métaphorique. En même temps, dans une série de domaines de la création artistique tels que l'architecture cultuelle, la peinture religieuse et les arts appliqués, à la fin du XIXe – début du XXe siècle, la sortie du cadre du style néo-russe, dans les conditions de la vie russe dans l'empire tsariste, était tout simplement impensable.

1. Une telle généalogie (qui veut que le modernisme soit né sous la forme d'un courant national et que c'est ensuite seulement que prend forme un mouvement répondant entièrement aux dénominations de « nouveau style », d'« art contemporain ») n'est pas uniquement l'apanage de la Belgique et de la France. Pour les autres pays d'Europe (la Grande-Bretagne, l'Espagne, les pays scandinaves et baltes), mais aussi les États-Unis, le modernisme représente une nouvelle remise à jour de l'héritage de leur propre Moyen Âge et du Moyen Âge de l'Europe occidentale.

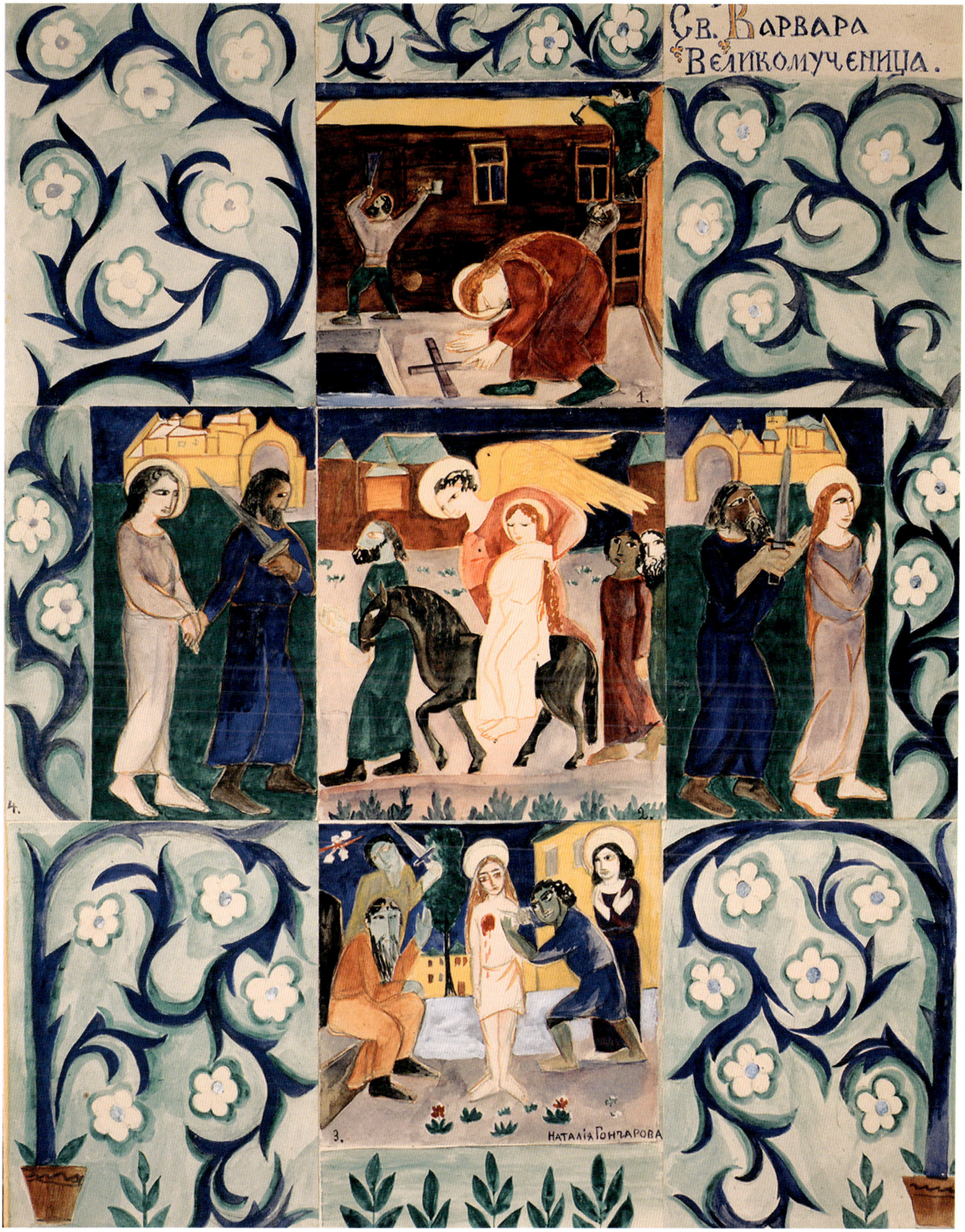

Cat. 215

Natalia S. Gontcharova, *Sainte Barbara martyre*, loubok, début des années 1910,
aquarelle et rehauts de blanc sur papier, Moscou, galerie Tretiakov.

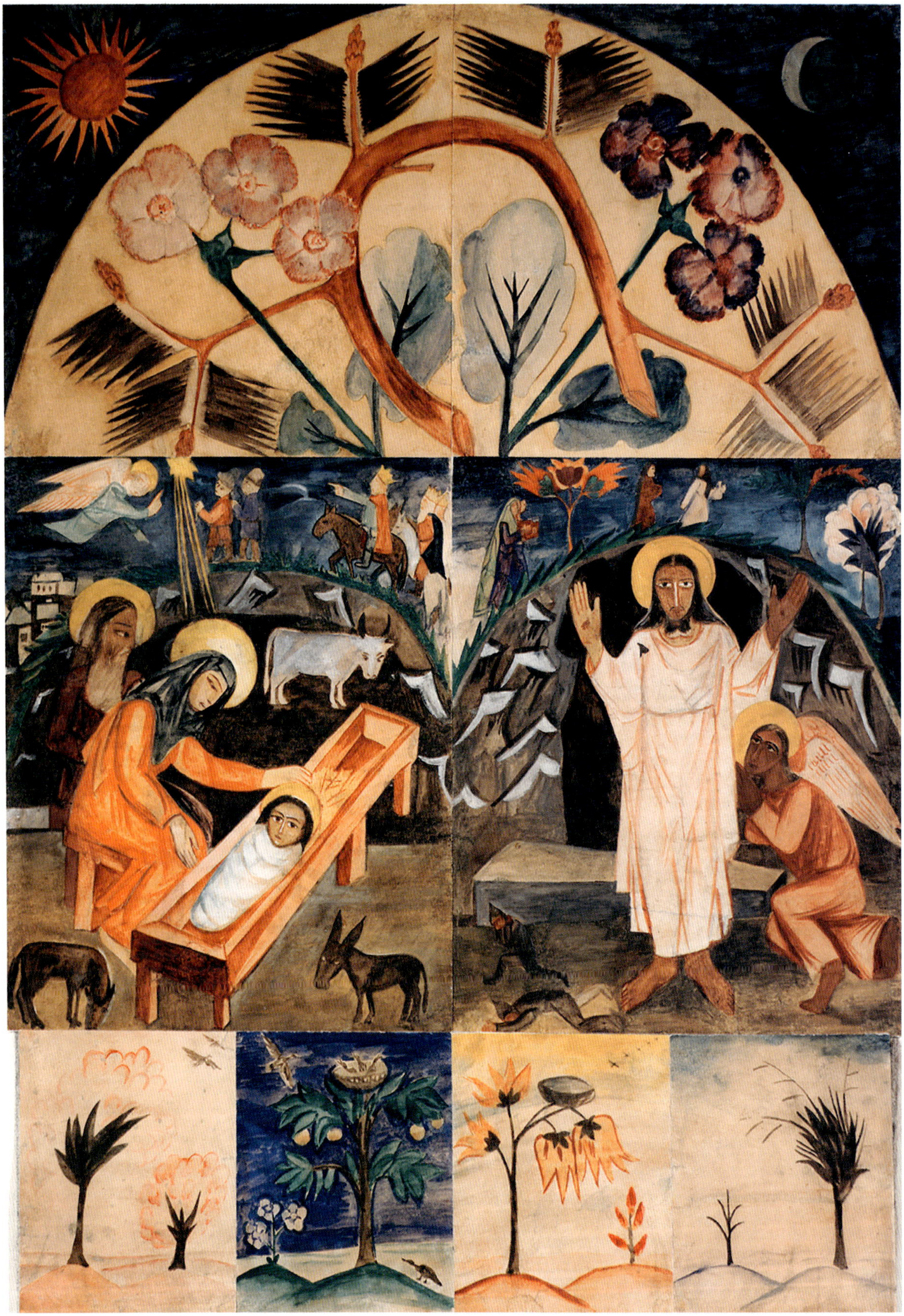

Cat. 216

Natalia S. Gontcharova, *Motifs évangéliques,* vers 1910,
aquarelle sur papier, Moscou, galerie Tretiakov.

De l'icône russe au XIXe siècle

Ekaterina Selezneva

traduit du russe par Marina Cheptitski

Parler de l'icône russe s'impose à l'occasion de toute exposition consacrée à l'art russe, qu'il s'agisse d'art traditionnel ou contemporain. Si l'on considère la période qui s'étend du milieu du XIXe siècle au début du XXe, on doit relever que c'est précisément à cette époque qu'est survenue, de manière progressive, la prise en compte de l'icône russe en tant que phénomène singulier, important dans l'histoire de l'art.

La conception que l'on a alors de l'icône n'est pas univoque : d'un côté, l'icône reste un attribut historique du culte religieux (avec un éventail de représentations allant du rayonnement dans les précieux châssis jusqu'à la planche noircie de fumée que l'on peut trouver dans une petite église ou dans le coin d'une chambre) ; de l'autre, au même titre que le bulbe de la coupole de cathédrale, l'icône est devenue l'un des principaux symboles de l'orthodoxie, et en ce sens elle marque l'importance sociale et l'originalité de la vision du monde de la religion russe[1]. En outre, c'est à ce moment même que commence la « découverte » de l'icône en tant que nouveau phénomène de la peinture russe ancienne, « originelle ».

Dans les années 1850-1910, on peut voir et comprendre le changement de représentation concernant l'icône en examinant des sujets, des points de vue et des contextes qui, parfois, sont diamétralement opposés et s'excluent les uns les autres. Il peut s'agir de la quête de Dieu, en philosophie, de Vladimir S. Soloviev[2], de Nikolaï A. Berdiaïev[3] et du père Pavel A. Florensky[4], en littérature, de Fedor M. Dostoïevsky et de Lev N. Tolstoï, des recherches de Evgueny Troubetskoï[5] et de Pavel A. Mouratov[6]. Ou de la position active et changeante des collectionneurs et des mécènes russes tels que Postnikov[7], Egorov[8], Pavel M. Tretiakov[9], Ilia S. Ostrooukhov[10], Mikhaïl Riabouchinsky[11] (fig. 1). Ou, enfin, du chemin que suit la peinture russe depuis Alexandre A. Ivanov jusqu'aux sources du modernisme et de l'avant-garde russe. Directement ou de manière détournée, presque tous les peintres russes se placent par rapport à la religion et à l'église, et par là même aux répercussions artistiques du religieux dans leurs relations personnelles avec la tradition orthodoxe.

Par son exotisme, cette tradition attire l'attention des étrangers venus en Russie, mais ils ne la perçoivent pas tous de la même manière. Les avis de Théophile Gautier, qui visite la Russie dans les années 1860, diffèrent ainsi des impressions et des jugements d'Henri Matisse, dans les années 1910 : « La première impression purement visuelle de l'icône, chez [Gautier], est celle de la couleur. Au premier abord, il ne voit pas à proprement parler une icône dans son intégralité, mais sa chasuble en argent ou son châssis en or, qui renvoient la lumière vacillante des lampes et des cierges allumés. Qu'il s'agisse d'un clocher [...] ou d'une cathédrale, d'une église ou d'"un appartement russe confortable", ou même d'une cour d'auberge, ce sont surtout les "châssis étincelants" qui attirent l'attention de l'écrivain par leur éclat doré. Mais, en même temps, "la valeur des icônes anciennes lui semble contestable". » Gautier est étonné : « Cherchant le naïf, quelque chose de primitif, de sacré, un certain mystère, [les amateurs] tombent en extase devant des planches enfumées et rongées, où l'on peut difficilement distinguer des visages sévères au dessin extravagant et aux couleurs incroyables. À côté de ces images, les représentations les plus barbares du Christ de la main de Cimabue sembleraient des peintures de Van Loo ou Boucher[12]. »

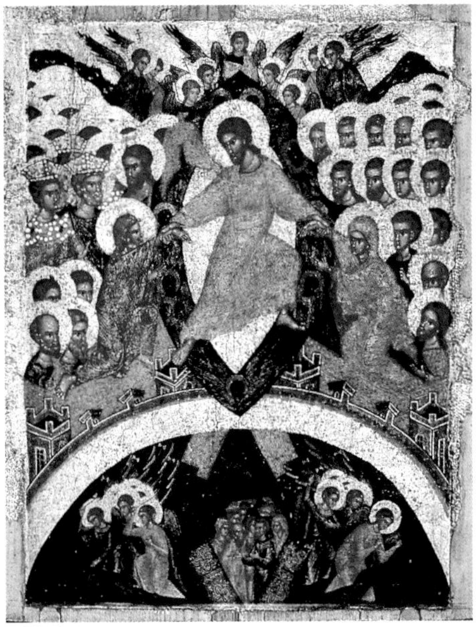

Fig. 1. ***Résurrection, descente aux enfers,*** XVIe **siècle,** détrempe sur bois, Pskov, ancienne collection Riabouchinsky, Moscou, galerie Tretiakov.

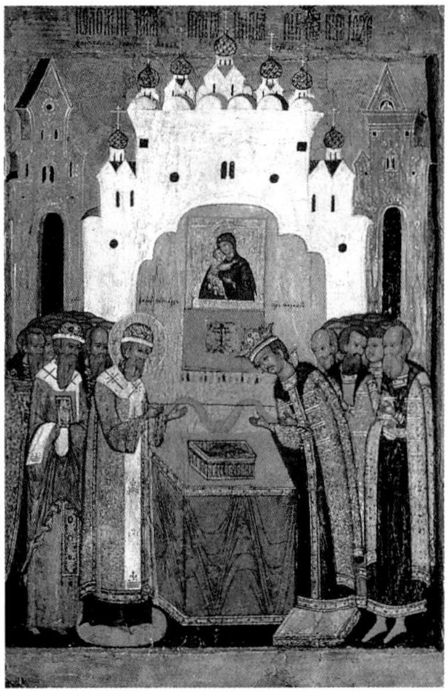

Fig. 2. ***Déposition de la tunique de la Vierge,*** XVIIe **siècle,** détrempe sur bois, Moscou, galerie Tretiakov.

Cinquante ans plus tard, Matisse visite Moscou. Le collectionneur Ilia Ostrooukhov, que l'on appelle à Moscou le Christophe Colomb de la peinture russe ancienne, lui montre des antiquités russes. Il se réjouit de voir que Matisse, précisément en tant que peintre, comprend les icônes russes et partage son enthousiasme à leur sujet.

Une lettre d'Ostrooukhov adressée à la fille de Pavel Tretiakov rend compte de cette découverte : « Et il fallait voir son admiration devant les icônes. Il ne les a littéralement pas quittées des yeux de toute la soirée, il les a savourées une par une et s'est extasié sur chacune d'entre elles ! Et avec quelle *finesse !* [...], et, finalement, il a déclaré que cela aurait valu la peine qu'il vienne de plus loin même que Paris pour voir ces icônes, que ces icônes avaient plus de valeur pour lui que Fra Beato[13]... »

Matisse lui-même s'en explique dans une interview accordée au journal *Rousskie Vedomosti (les Nouvelles russes) :* « Les icônes sont un exemple extrêmement intéressant de peinture primitive [...]. Je n'avais jamais vu une telle richesse de couleurs, une telle pureté, une pareille spontanéité dans le rendu. C'est le plus grand trésor de Moscou. Il faut absolument venir ici, pour apprendre[14]. »

L'icône russe est reconnue et prise en considération dans la seconde moitié du XIXe siècle. Ce phénomène se cristallise dans les recherches des sciences historiques et de l'histoire de l'art, les collections, la conservation et la restauration, l'interprétation artistique et philosophique de la religion.

L'icône a appartenu et continue à appartenir à deux « espaces » : le sacré et l'artistique. Certains, croyant, la perçoivent uniquement comme un signe du sacré. D'autres – des historiens de l'art (surtout durant la période soviétique) – la rattachent jalousement à « l'art pur ». Indubitablement, l'icône reste toujours une œuvre créée par les mains d'un maître isographe. Il construit pour l'homme, qui regarde une image modèle, une sorte de « passerelle artistique » menant du monde quotidien à l'espace des idées universelles. Mais, en même temps, le peintre est, en règle générale, anonyme, limité par le canon, par l'impossibilité d'exprimer dans sa pleine mesure son propre « moi » dans l'espace de l'icône ; il est comme un médium investi de dons particuliers, voué par son savoir-faire à amplifier et à transmettre le message spirituel.

Vers les années 1910, la diversité des points de vue sur la signification et l'importance de l'icône se concentre sur deux personnalités brillantes : Mouratov et Florensky. Leur ton catégorique et le pathos quasi poétique de leurs jugements sont frappants. Selon Mouratov, « la peinture d'icônes russe, dans la grande majorité des cas, est séparée par un gouffre de tout ce qui relève de l'histoire, de la littérature, de la nature et de la vie [...]. *Nous*

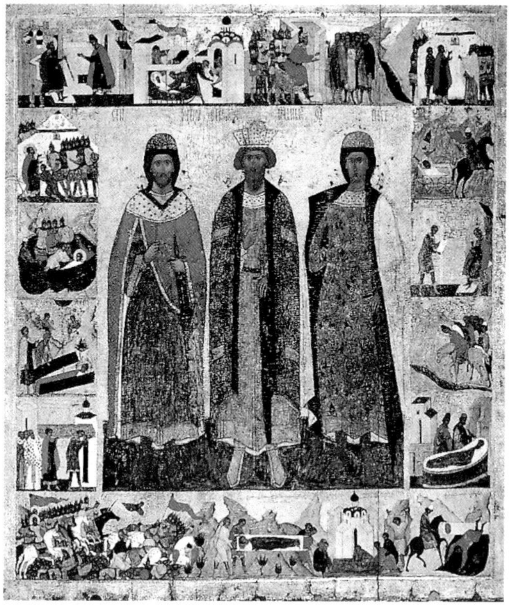

Fig. 3. ***Les Princes Vladimir, Boris et Gleb*, XVIe siècle,**
détrempe sur bois, Moscou, galerie Tretiakov.

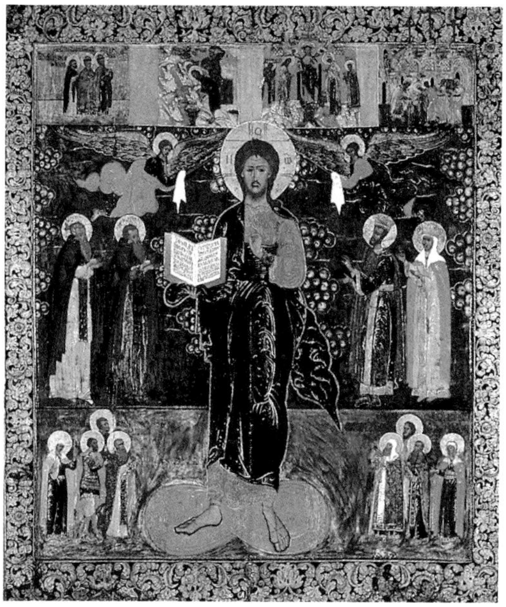

Fig. 4. ***Le Sauveur de Smolensk*, XVIIe siècle,**
détrempe sur bois, Moscou, galerie Tretiakov.

ne connaissons pas d'autre art qui soit aussi plein d'abnégation et si profondément dédié à une activité purement artistique [je souligne]. Nous connaissons peu de peintres qui considéreraient leur mission d'artiste avec une telle vénération. La peinture d'icônes russe représente un exemple singulier d'ascétisme artistique. Sa prouesse tient au fait qu'elle s'adressait aux gens dans le langage de formes, de lignes et de couleurs le plus abstrait et le plus pur qui soit. Avec une rigueur étonnante, elle refusait tout autre moyen auxiliaire de communication entre le peintre et le spectateur[15]. »

Le père Florensky écrit avec conviction : « Voilà, je regarde une icône » [...]. Comme à travers une fenêtre, je vois la Vierge, la Vierge Elle-même, et c'est à Elle que j'adresse ma prière, en tête-à-tête, et aucunement à une représentation... Le peintre d'icônes me L'a montrée, oui, mais *il ne L'a pas créée :* il a soulevé un voile, et Celle Qui est *derrière* le voile apparaît comme une réalité objective, non seulement à moi, mais également à lui, Elle lui apparaît, *Elle lui est révélée, mais Elle n'est pas créée par lui* [je souligne], même dans un accès de la plus haute inspiration[16]. » (fig. 2).

Jusque-là, l'icône est considérée comme étant plus qu'un signe et l'attribut d'un mode de vie patriarcal. Et, avant même cette époque, jusqu'au tournant du XVIIe et du XVIIIe siècle, elle est, au même titre que la peinture murale des églises, une forme de « représentation » dominante, qui pénètre et relie par sa présence à la fois physique et morale les différentes couches de la société.

Mais à partir du tournant du XVIIe et du XVIIIe siècle, l'icône cesse d'être un « art actuel ». Abram Efros considère que « les années 1700 ne sont pas un tournant mais une révolution. Ces années ont partagé la vie de l'art russe en deux parties : l'une, très longue, est parvenue à son terme et s'est interrompue *pour toujours* [je souligne] [...]. La peinture d'icônes a cédé la place à la peinture[17]. »

Le développement social et culturel, sur le mode européen, vers lequel s'est engagée la Russie sous Pierre le Grand, rejette pendant près de deux siècles l'icône à la périphérie de la vie artistique. Efros a incontestablement raison quand il reconnaît malgré tout, après son *« pour toujours »,* que « la coopération de la tradition picturale russe ancienne avec la "nouvelle manière" est un processus très profond ; elle est tout sauf évidente et superficielle[18]. »

Bien entendu, au cours du XVIIIe et au début du XIXe siècle, la pratique conservatrice de la peinture d'icônes, reléguée dans la sphère des attributs du culte orthodoxe, se développe ; et ses choix compositionnels et stylistiques somptueux, d'une complexité et d'une virtuosité étonnantes, montrent le lien caché avec les évolutions en cours dans l'art profane.

Durant un siècle et demi, l'école académique russe, qui s'est conformée aux modèles européens, ne peut rester insensible à la thématique religieuse, d'autant plus que l'orthodoxie, étatisée par Pierre le Grand, joue un rôle notable dans l'idéologie nationale.

Au milieu du XIXe siècle, cette situation est confortée au niveau de l'État par la formule « orthodoxie, autocratie, esprit national [*narodnost*] », qui symbolise l'idée d'unité de l'« âme », de la « tête » et du « corps » de la Russie.

À cette époque, l'interprétation artistique des sujets religieux se résume surtout à une illustration plus ou moins empreinte de pathos, à la manière classique académique.

Le célèbre peintre de cette période Alexandre Ivanov travailla pendant vingt-cinq ans à une peinture gigantesque intitulée *l'Apparition du Christ au peuple* (fig. 9, p. 40) dans l'idée que cette composition aux multiples personnages devait s'insérer par la suite dans la décoration d'une nouvelle cathédrale russe. Le peintre expliquait ainsi son regard sur l'exigence de renouveler la manière d'aborder les sujets religieux : « Il est tout de même nécessaire de révéler enfin que les iconostases stéréotypées ou académiques, avec leurs petites images, sont aussi la pourriture de notre temps, et servent à l'extermination des capacités humaines, en particulier russes, qui ont conservé encore des forces vives. Même si, par exemple, je n'ai pas réussi à me frayer ou à entrevoir une voie élevée et nouvelle, le fait d'y aspirer a au moins montré qu'elle existe devant moi, et c'est déjà beaucoup[19]. »

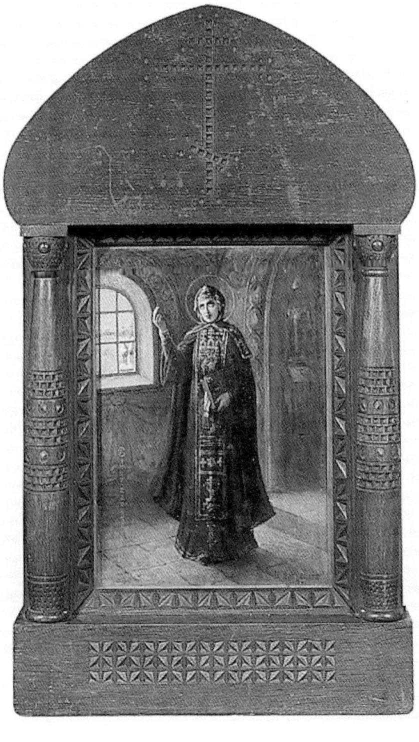

Fig. 5. **Viktor M. Vasnetsov, *la Princesse Anne de Kachine*, 1910,** huile sur bois, cadre bois sculpté, Moscou, galerie Tretiakov.

Depuis le milieu du XIXe siècle, l'icône éveille l'attention du public. Les tendances liées à la recherche de Dieu en philosophie, en littérature et en art, d'un côté, et les recherches en archéologie, en sciences historiques, en histoire de l'art, de l'autre, mais aussi la pratique de la « muséification », de la collection privée et du mécénat, qui visent à la sauvegarde des antiquités russes, incitent de plus en plus à étudier avec une attention accrue le phénomène de l'icône russe (fig. 3 et 4).

Les arts plastiques, par rapport à l'icône, connaissent à cette époque deux grandes étapes : jusqu'à la fin du XIXe siècle, ils sont focalisés sur une critique libérale des dogmes de la religion éloignés de la vie, et, en particulier, des rituels de l'église, et s'en prennent également à l'icône (il suffit de se souvenir du *Chemin de croix villageois à Pâques* de Vassily G. Perov, où l'on peut voir un sacristain à demi ivre porter une icône tête en bas). Certains peintres pourraient sans doute répéter après Voltaire : « Je ne suis pas contre Dieu, je suis contre l'autel. » En ce sens, on peut dire que les représentants de l'art à orientation religieuse s'efforcent de remplacer les icônes, dans les maisons et les églises, par leurs propres peintures. Mais à partir de la dernière décennie du XIXe siècle et jusqu'au premier quart du XXe siècle, la culture russe et l'art « découvrent » et acceptent l'icône aussi bien comme une part de l'histoire de l'art nationale que comme la source la plus ancienne et la plus authentique de l'expression artistique (cat. 464 ; fig. 5).

Les idées religieuses de Dostoïevsky, Tolstoï, Soloviev, Fedorov[20], Berdiaev sont continuellement en relation avec le débat sur le destin du monde et les missions de la Russie. Tolstoï a été excommunié par l'Église[21], et Berdiaev écrit à son propos : « Dans sa recherche passionnée de Dieu, du sens de la vie et de la vérité de la vie, Tolstoï a été dès l'origine frappé par une contradiction qui l'a laissé sans forces. Tolstoï a commencé par fustiger le mensonge et l'absurdité de la vie civilisée. Il voyait dans le peuple sens et vérité, chez les simples travailleurs, les paysans [...], il a voulu croire comme croit le petit peuple, qui n'est pas perverti par la culture. Mais il n'y est absolument pas parvenu. Il a été victime de la scission historique russe entre nos couches sociales cultivées et populaires. Le petit peuple croit selon l'orthodoxie. La foi orthodoxe, dans la conscience de Tolstoï, se heurte de

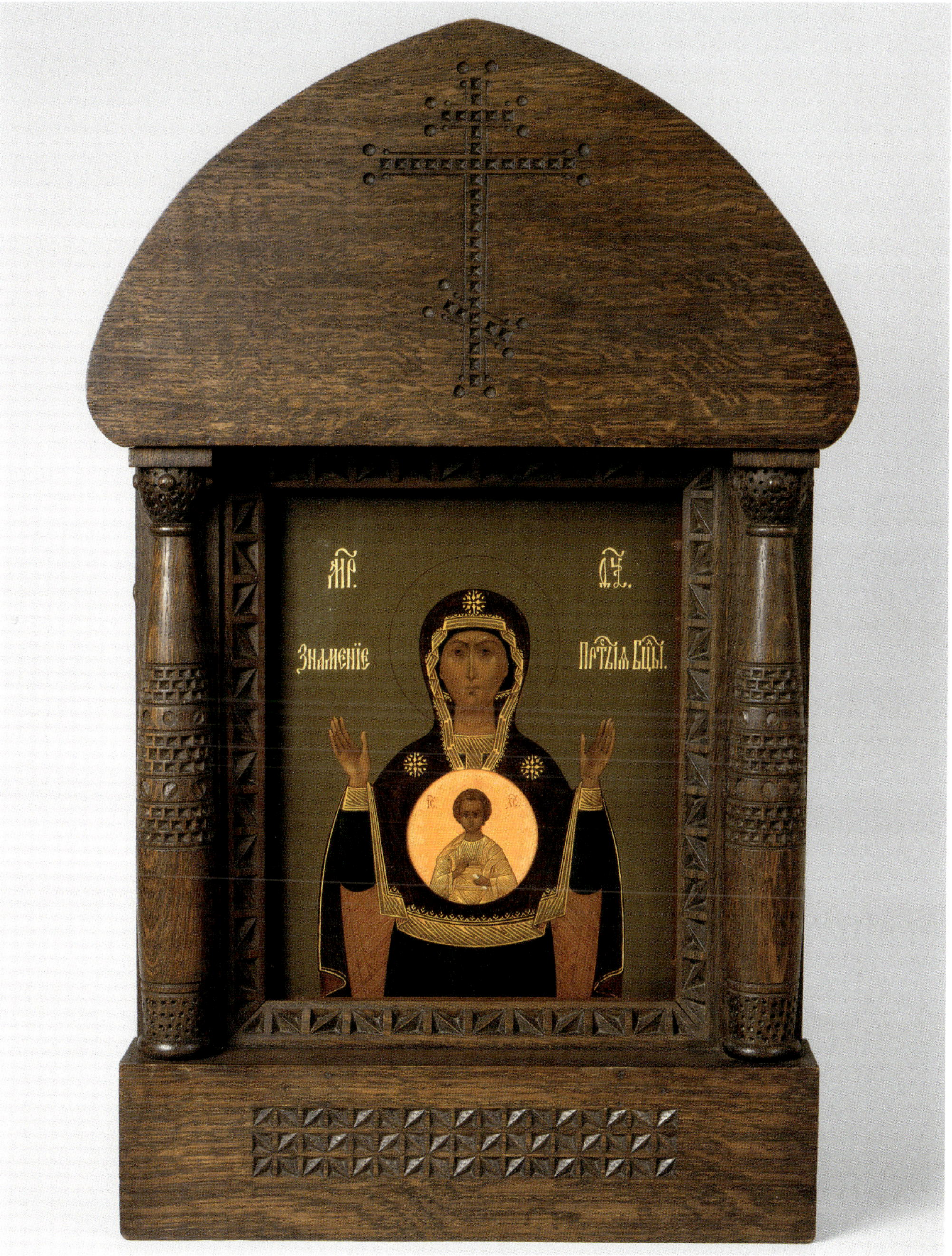

Cat. 464

Sergueï I. Vachkov, *Cadre à icônes contenant une icône de la Vierge Znamenie,*
cadre à icônes réalisé d'après un projet de S. I. Vachkov, icône anonyme, Compagnie P. I. Olovianichnikov frères, Moscou, vers 1900,
icône: tempera sur bois; cadre: chêne sculpté, Moscou, musée national d'Histoire.

manière irréconciliable avec sa raison. Il n'est d'accord que pour adopter une foi rationnelle ; tout ce qui, dans la foi, lui paraît irrationnel provoque en lui le refus et l'indignation. Mais pourtant, cette raison, avec laquelle il juge l'orthodoxie, Tolstoï l'a entièrement prise d'une civilisation qu'il hait – du rationalisme européen, de Spinoza, Voltaire, Kant, et autres. Si étrange que cela puisse paraître, Tolstoï est resté un "éclaireur". Tout le côté mystique et mystérieux du christianisme, tous les dogmes et les mystères de l'Église provoquent en lui une réaction impétueuse de la raison civilisatrice[22]. »

On peut comprendre aussi en ce sens trois portraitistes de Tolstoï, qui répondent à une commande de Pavel Tretiakov : Ivan N. Kramskoï (fig. 4, p. 85), Nikolaï N. Gay et Ilia E. Repine (cat. 411, p. 82). L'influence qu'exerce Tolstoï sur ces peintres est indéniable. Il a marqué Repine, qui à ses débuts ne se posait pas si profondément de questions religieuses et philosophiques. Et que dire de Kramskoï et de Gay, qui ont essayé, eux-mêmes, d'avancer sur la voie qu'avait montrée Alexandre Ivanov... Ni le canon, comme dans l'icône, ni la nouvelle illustration, comme chez les académiques russes, ne les attirent. Ils cherchent un remplacement fondamental de l'icône ; mais la critique philosophique de la « réanimation du sujet religieux » sous-entend l'insertion actuelle de celui-ci dans le tissu des discussions religieuses et philosophiques, et de cette manière, le remplacement fondamental du contenu canonique de l'icône. Si l'on regarde les peintures religieuses de Gay, on peut se souvenir des mots de Tolstoï : « Les gens instruits – la plupart des gens instruits – regardent l'art comme si non seulement il n'avait aucun rapport avec le service de Dieu, mais même comme s'il lui était hostile[23]. »

Ce même Gay déclare à propos de son œuvre *Qu'est-ce que la vérité ?* : « Dans cette peinture, j'ai une nouvelle attitude par rapport au Christ[24]. »

Kramskoï parle de la même chose, mais sur un autre mode : « Je vois clairement qu'il y a un moment, dans la vie de chaque homme, créé tant bien que mal à l'image et à la ressemblance de Dieu, où il est saisi par le dilemme : faut-il aller à droite ou à gauche ? [...] Ainsi, ce n'est pas le Christ. C'est-à-dire : je ne sais pas qui c'est. C'est l'expression de mes propres pensées[25]. »

Le caractère universel de la philosophie religieuse de l'époque se fraie un chemin, depuis les idées religieuses et philosophiques unificatrices de la construction d'une humanité à l'image de Dieu, jusqu'à la désillusion quant aux possibilités de la civilisation, et aux pressentiments apocalyptiques. Les idéaux moraux et le combat contre les diverses incarnations de l'« Antéchrist » de Dostoïevsky ont fortement influencé les esprits, mais, en même temps, une partie de l'opinion publique partage le point de vue de Rozanov selon lequel « Dostoïevsky savait aimer son prochain d'un "amour angélique" si ce prochain se trouvait à une distance infinie[26]. »

C'est précisément de ce contexte philosophique dans la peinture que se rapproche le plus *le Démon* de Mikhaïl A. Vroubel (cat. 481, p. 270). Cet ange déchu, qui n'a pas supporté l'amour angélique, et qui a succombé à l'orgueil, constitue probablement l'exemple d'Antéchrist le plus attirant que l'on puisse trouver dans l'art.

Lorsque Vroubel n'est pas lié par une commande de l'Église, il s'éloigne au maximum de la peinture d'icônes canonique, mais il n'en conserve pas moins le mode de communication direct et le pathos qui lui sont propres.

La recherche d'une nouvelle unité propre à la philosophie de l'époque et au modernisme, style qui prétend à la création d'une nouvelle unité formelle du monde civilisé, n'interrompt pas, à la fin du XIXe siècle, la continuité

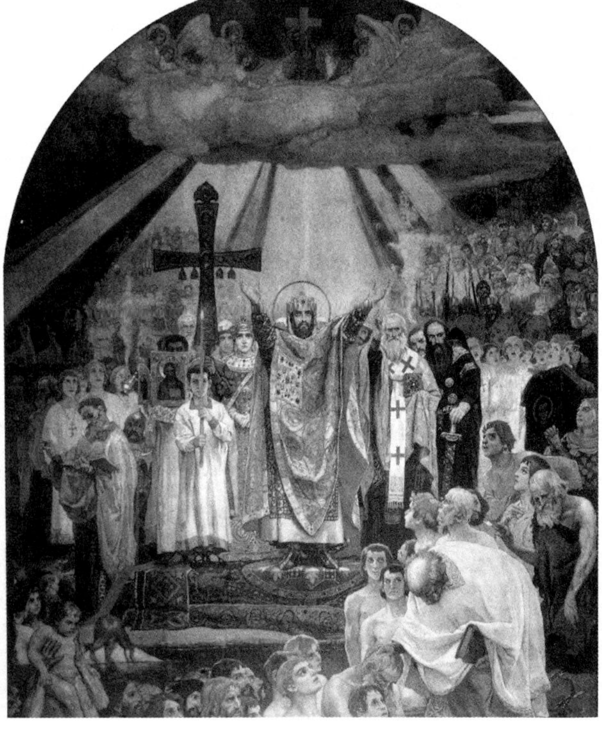

Fig. 6. **Viktor M. Vasnetsov, *le Baptême de la Rous*, 1893,** esquisse pour le décor de la cathédrale Saint-Vladimir de Kiev, huile sur toile, Moscou, galerie Tretiakov.

de la ligne traditionnelle « illustrative » – ligne qui, sciemment, « rétrospectivise » et « mythologise » la religion et la ramène au niveau du conte et de la légende.

Les images de Viktor M. Vasnetsov et de Mikhaïl V. Nesterov ne sont nullement le prolongement de la peinture d'icônes artisanale – la fin du XIXe siècle retrace l'histoire russe (fig. 6). Le Monde de l'art reconstruit le XVIIIe siècle, et les preux héros des *bylines* de Vasnetsov (cat. 337, p. 65) et les adolescents de Nesterov font renaître les images poétisées des anciens temps russes (cat. 471, p. 142).

La vision rétrospective de l'histoire de l'art et l'historicisme existent parallèlement, et en liaison avec des processus d'interprétation de la culture russe très importants dans la seconde moitié du XIXe siècle : le fait que l'on se mette à collectionner et la description scientifique des « antiquités russes ».

À partir du milieu du XIXe siècle, alors que les icônes anciennes restent attachées à l'idée d'un mode de vie archaïque et s'empoussièrent dans les sections d'archéologie, quelques collectionneurs d'antiquités nationales russes se découvrent un intérêt, en premier lieu, pour les exemplaires du XVIIIe siècle, c'est-à-dire pour les icônes les plus virtuoses (qui, comme nous l'avons dit, prennent nettement en compte le contexte de la peinture profane), et pour les simplement visibles, c'est-à-dire celles où l'on distingue une effigie sous la couche d'huile de lin.

Ici, il est indispensable de souligner que les icônes, en tant qu'objets, étaient destinées à recevoir de multiples repeints superposés de siècle en siècle sur la surface enfumée pour les rénover et en moderniser l'image. Vers la fin des années 1890, des collectionneurs extrêmement célèbres, comme Ostrooukhov, considèrent, lorsqu'ils réunissent leurs collections, qu'il est possible et indispensable de nettoyer et de restaurer les icônes, et s'appuient, déjà, sur les diverses tentatives de description historique et scientifique de la peinture d'icône russe ancienne qu'anticipait Nikolaï S. Leskov. « Tant que les visiteurs des musées ne verront pas que nous avons reçu [l'influence] des [peintres d'icônes] grecs et ensuite exploité ces sujets à Kiev, Novgorod, Moscou, Tver, Iaroslavl, dans les ateliers des Stroganov, dans les monastères du Pomorié et de la Sibérie, etc., jusqu'à Mster, Palekh et Kholouïa, ces collections resteront peu intéressantes, et totalement inutiles[27]. »

L'écrivain relève une première période de « collecte des icônes », où, d'un côté, des acheteurs parcourant toute la Russie échangeaient sans distinction des « planches

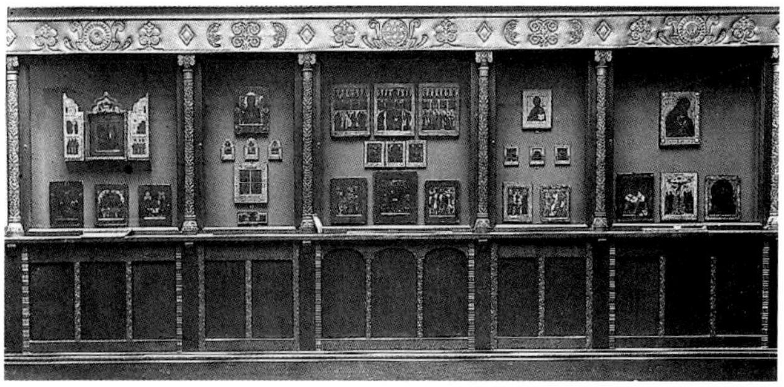

Fig. 7. **Vue des salles consacrées aux icônes anciennes à la galerie Tretiakov, 1904,**
photographie, Moscou, galerie Tretiakov.

noires » pour les antiquaires et les collectionneurs de la capitale, et où, de l'autre, l'« industrie » des antiquaires adaptait sa marchandise au goût des collectionneurs. Dans la « somptueuse » collection de L. Zoubalov, qui réunit des peintures de maîtres européens anciens, des tapisseries des Gobelins, des émaux, des céramiques, des bronzes et des porcelaines avec des icônes, elles avaient été achetées en gros, dans de belles vitrines en chêne, ferrées de cuivre[28]. »

En 1911 et en 1913 se tiennent les premières expositions. Dans les collections des musées et des particuliers, les icônes ont leur place à côté des œuvres picturales d'Europe occidentale et de la nouvelle peinture russe.

P. Mouratov, qui constitue la première description de la collection d'icônes d'Ostrooukhov, écrit : « Personne, avant I. S. Ostrooukhov, n'avait eu une conscience précise des hautes qualités artistiques des icônes et une compréhension claire de leur place parmi les autres arts[29]. »

La coopération des savants Nikodim P. Kondakov et Nikolaï P. Likhatchev, recrutés par Ostrooukhov, pose les bases du catalogage scientifique de la collection des icônes de la galerie Tretiakov (fig. 7).

Avant cela, en 1904, Ostrooukhov s'était convaincu de l'importance et de la valeur de la restauration professionnelle des icônes. Il avait été impressionné par une peinture originelle d'Andreï Roublev émergeant sous le couteau du restaurateur. Il avait alors observé la première restauration de la *Trinité* de Roublev (fig. 8 et 9), confiée par un groupe de moines de la laure de La Trinité-Saint-Serge au peintre d'icônes V. Gourianov.

Ainsi, au tournant des siècles, la peinture d'icônes russe ancienne est reconnue comme un phénomène de la culture artistique nationale, et même comme sa première étape.

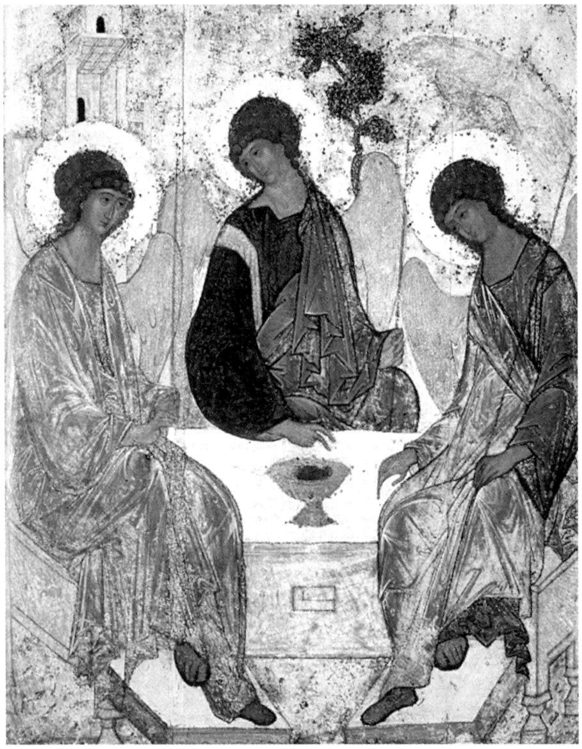

Fig. 8. **Andreï Roublev, *la Trinité*, 1410-1420,** détrempe sur bois, Moscou, galerie Tretiakov.

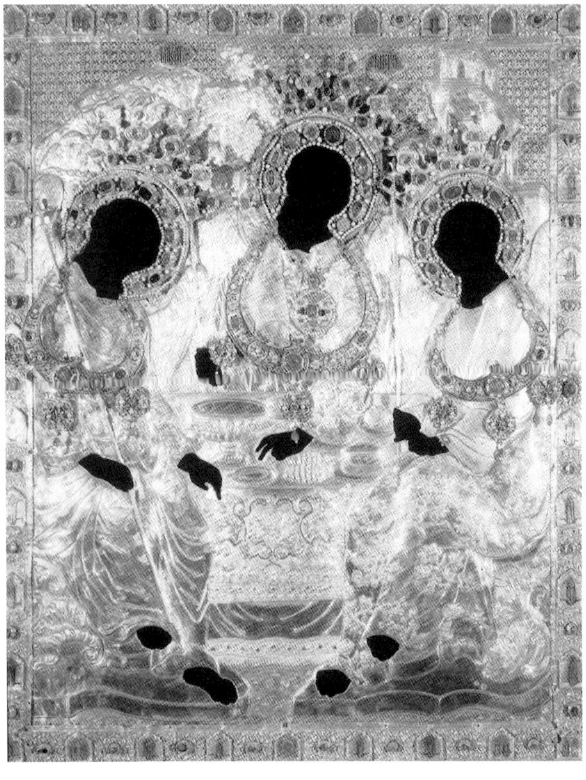

Fig. 9. **Moscou, fin du xvie siècle – début du xviiie siècle, « *Oklad* » *de l'icône de la Trinité*,** argent, or, pierres précieuses, perles, don des princes Boris Godounov et Mikhaïl Romanov, musée-réserve d'État d'Histoire et d'Art de Serguiev Possad.

« Maintenant que l'icône a été reconnue comme l'une des plus belles créations de la peinture de tous les temps, il nous arrive souvent d'entendre parler de la joie de vivre extraordinaire qui en émane. D'un autre côté, comme il est impossible de nier l'ascétisme qui lui est propre, nous sommes confrontés à l'une des plus intéressantes énigmes qui se soient jamais posées au critique d'art. Comment peut-on concilier un tel ascétisme avec des couleurs si extraordinairement vives ? En quoi consiste le secret de ce mélange de la plus grande affliction et de la plus grande joie[30] ? »

Il est également naturel d'essayer de comprendre la période des débuts du modernisme dans la peinture russe et de l'avènement de l'avant-garde russe dans le contexte du phénomène de l'icône russe. En ce sens, l'icône, au début du xxe siècle, a sa place dans une série de sources protoculturelles, « originelles » « nourricières », qui ont enrichi et pour une grande part influencé l'art du début du xxe siècle.

Kouzma S. Petrov-Vodkine (cat. 359, p. 41), Aristarkh V. Lentoulov (cat. 297, p. 32), Mikhaïl F. Larionov (cat. 292, p. 46), Natalia S. Gontcharova (cat. 216, p. 152), Kazimir S. Malevitch – tous se sont référés directement ou indirectement à la tradition de l'icône.

Les temps nouveaux et les nouveaux peintres ont « vu » à nouveau l'icône, ont interprété son esthétique et ses éléments formels (Petrov-Vodkine), se sont conformés à sa « naïveté » (Larionov et Gontcharova), ont créé de nouvelles structures « iconiques » (Malevitch).

Il est important de noter que l'icône russe a joué un rôle spécifique comme source du modernisme, dans le sens où les peintres russes se sont tournés non seulement vers le Japon ou l'Afrique, la Polynésie ou la Chine, mais aussi en premier lieu vers leur propre histoire artistique.

Malevitch n'avait sans aucun doute jamais vu l'icône *Rencontre de la Vierge de Vladimir* (fin du xvie – début du xviie siècle), mais le carré noir, sur cette icône, n'est pas seulement situé dans les limites d'un champ rouge qui a les mêmes proportions que le carré noir de Malevitch – le *Carré noir* de 1913 est peint sur un fond rouge.

Ces coïncidences, sont, *in fine,* conditionnées par toute la logique de l'existence, de l'oubli et de la renaissance de la peinture d'icônes dans la culture de la Russie, et par son inévitable renouvellement et son interprétation dans le processus artistique contemporain.

1. « … Notre "bulbe" national incarne l'idée de profondes et ardentes prières adressées aux cieux. […] Ce sommet de l'église russe est comme une langue de feu couronnée par une croix et se terminant en pointe vers la croix. En regardant notre [clocher] moscovite Ivan le Grand, nous avons l'impression d'avoir devant nous un immense cierge qui brûle vers le ciel au-dessus de Moscou ; quant aux cathédrales et aux églises du Kremlin, avec leurs nombreuses coupoles, elles apparaissent comme d'immenses chandeliers. Et ce ne sont pas seulement les coupoles dorées qui expriment cette idée de fervente prière » (Troubetskoï, 2003, p. 10).
2. V. S. Soloviev, philosophe orthodoxe russe, poète, auteur d'essais et d'articles.
3. N. A. Berdiaev, philosophe orthodoxe russe. Il fut expulsé de Russie soviétique en 1922.
4. P. A. Florensky, philosophe orthodoxe russe, savant, ingénieur.
5. Evgueny Troubetskoï, prince, philosophe orthodoxe russe, juriste. Il s'est efforcé de concilier l'enseignement de Vladimir Soloviev avec la doctrine chrétienne orthodoxe.
6. Pavel A. Mouratov, officier de carrière, passionné par l'histoire de l'art, a publié à partir de 1906 des notes et des articles sur l'art contemporain et l'art ancien russe. Il a quitté la Russie en 1922.
7. Nikolaï Postnikov, marchand, antiquaire, collectionneur d'icônes et d'objets d'art sacré, a réuni une énorme collection d'œuvres anciennes – parmi lesquels plus de 3 000 icônes –, la plus importante de toutes les collections d'icônes, privées ou publiques, en Russie au XIXᵉ siècle.
8. Egor E. Egorov, marchand, collectionneur d'icônes. Mouratov décrit sa collection comme l'une des meilleures pour sa sélection d'icônes de l'école Stroganov. On sait qu'elle comprenait 1 300 œuvres, qui étaient installées dans quatre pièces aménagées en chapelle au premier étage de son hôtel particulier du passage Saltykov.
9. Pavel M. Tretiakov, marchand, collectionneur, fondateur de la galerie Tretiakov, le premier musée d'art russe (1856).
10. Ilia S. Ostrooukhov, peintre, collectionneur, conservateur de la galerie Tretiakov de 1905 à 1913. « Il fut l'un des premiers à deviner que sous les couches d'inscriptions ultérieures, de poussière et de suie, les vieilles planches conservaient leurs étincelants fonds dorés, le bleu azur des vêtements des anges, l'ocre incroyablement doux des visages, le contour musical des figures, et la clarté, la monumentalité des compositions », écrivait à propos de la collection d'Ostrooukhov le critique d'art russe N. Chtchekotov.
11. Stepan Riabouchinsky. Issu d'une brillante lignée de marchands vieux-croyants, il est l'un des huit frères Riabouchinsky. Entrepreneur, mécène, collectionneur, il fut un des initiateurs de l'exposition d'icônes anciennes organisée pour le troisième centenaire de la maison des Romanov, le plus important vernissage de la Russie prérévolutionnaire. C'est pratiquement lui qui fut le premier à appliquer la méthode du nettoyage successif des icônes par des restaurateurs expérimentés pour les débarrasser entièrement des inscriptions rajoutées ultérieurement. Pour son action méritante concernant la conservation du patrimoine de l'art ancien russe, ce fabricant de textiles fut élu membre de l'Institut archéologique de Moscou.
12. Lepakhine, 2002, p. 201.
13. Lettre de I. Ostrooukhov à A. Botkina, 25 octobre 1911, galerie Tretiakov, département des Manuscrits, F. 48/672.
14. Journal du 27 octobre 1911. Matisse distingue immédiatement ce qui fait le caractère propre de la peinture d'icônes : la construction de l'image, la simplicité et la concision de la forme, le coloris, la composition. Il est parfaitement possible que Matisse soit venu à Moscou en ayant déjà quelques connaissances sur la peinture russe ancienne. Il a pu voir des icônes auparavant, par exemple à l'Exposition d'art russe au Salon d'Automne de 1906 ou de 1907, au musée des Arts décoratifs de Paris, à l'exposition « Objets d'art de la Russie ancienne appartenant à la collection de la princesse M. Tenicheva ».
15. Mouratov, 1914, p. 39.
16. Florensky, 1995, p. 67.
17. Efros, 1969, p. 17.
18. Idem, *op. cit.*, p. 18.
19. Cité d'après Pounine, 1976, p. 79.
20. Nikolaï F. Fedorov, philosophe, père de la doctrine du cosmisme russe, inspirateur d'une grande partie des idées fondamentales du savant Tsiolkovsky.
21. De telles déclarations de Tolstoï (1928-1958, t. 37, p. 53) ont évidemment provoqué une grande hostilité de la part de l'Église à l'égard de ses jugements : « Ne crois pas que le christianisme de l'Église soit un christianisme incomplet, limité, formel, mais néanmoins un christianisme. Ne crois pas cela : le christianisme de l'Église est l'ennemi du véritable christianisme, et par rapport au véritable christianisme il est comme un criminel qui se fait prendre sur le lieu de son crime. Il doit se détruire lui-même, ou bien commettre encore et toujours de nouveaux crimes. »
22. Berdiaev, 1989, p. 112.
23. Cité d'après Poroudominsky, 1969, p. 163.
24. Idem, *op. cit.*, p. 220.
25. Cité d'après Machkovtsev, 1982, p. 152.
26. Rozanov, 11 octobre 1902, p. 2.
27. Leskov, 1882.
28. Antonova et Mneva, 1963, t. 1, p. 24.
29. Mouratov, 1914, p. 6.
30. Troubetskoï, *op. cit.*, p. 14.

Le cercle artistique d'Abramtsevo

Eleonora Paston

traduit du russe par Nadine Dubourvieux

Le cercle artistique d'Abramtsevo, qui réunissait les très grands artistes russes Ilia E. Repine, Vassily D. Polenov, Viktor M. Vasnetsov, Mark M. Antokolsky, Valentin A. Serov, Konstantin A. Korovine, Mikhaïl A. Vroubel, Elena D. Polenova, Mikhaïl V. Nesterov, Apolinary M. Vasnetsov, Ilia S. Ostrooukhov et d'autres (fig. 1), avait été organisé dans les années 1870 par l'entrepreneur de chemins de fer et grand industriel Savva I. Mamontov (fig. 2), qui appartenait aux sphères les plus influentes du monde russe des affaires dans le dernier quart du XIXe siècle. Ce mécène, doué de talents artistiques très divers, était passionné par l'art. Quant aux artistes, ils étaient unis par une aspiration commune à créer en toute liberté, affranchis des canons professionnels et esthétiques, pour livrer un art national marqué du sceau de l'originalité.

L'esprit novateur de ce cercle s'affirmait brillamment dans toutes les formes de création qui n'étaient pas la peinture de chevalet : le décor de théâtre, l'architecture, l'art décoratif et appliqué. Y recourir était déjà en soi un phénomène nouveau dans la vie artistique russe de l'époque. Ce qui n'alla pas sans une réévaluation des fonctions mêmes de l'art, des principes de l'interrelation entre l'art et la vie et la recherche de nouvelles résolutions artistiques s'appuyant sur l'art populaire médiéval russe. Même dans la peinture de chevalet, les membres de la confrérie introduisirent les innovations suscitées par l'atmosphère créative du cercle et, d'ailleurs, le mouvement général de l'art de cette époque.

Il doit son nom à la petite bourgade d'Abramtsevo, située à cinquante-sept kilomètres de Moscou. En 1870, Savva I. et Elizaveta G. Mamontov avait acquis, des héritiers

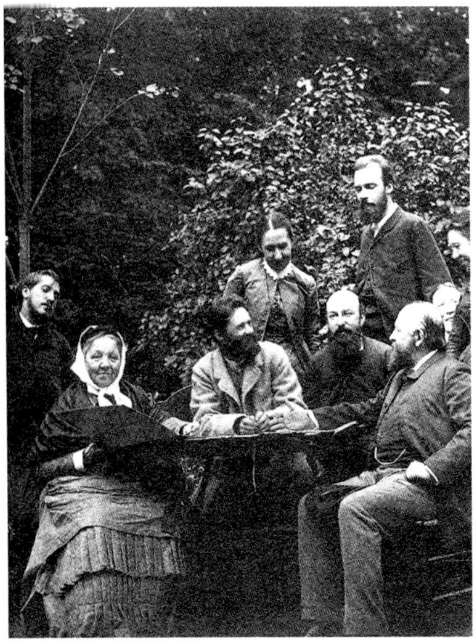

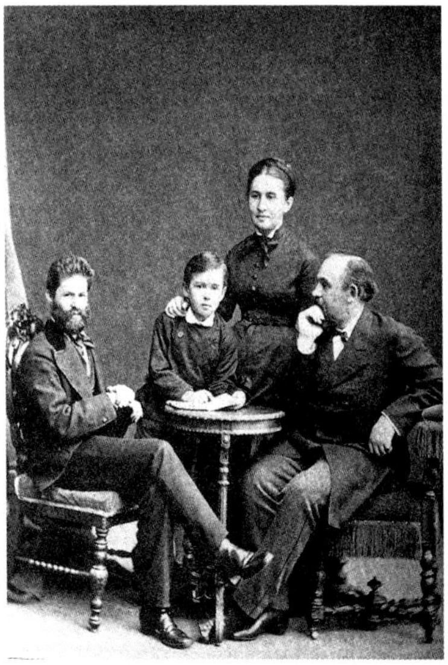

Fig. 1. **Le cercle d'Abramtsevo : de gauche à droite, V. A. Serov, M. A. Polenova, M. M. Antokolsky, E. G. Mamontova, P. A. Spiro, I. S. Ostrooukhov, S. I. Mamontov, E. D. Polenova, N. V. Polenova, vers 1880,** photographie, collection particulière.

Fig. 2. **Mark M. Antokolsky, Savva I. Mamontov, Elizaveta G. Mamontova et Sergueï I. Mamontov, vers 1880,** photographie, collection particulière.

du célèbre écrivain russe Sergueï T. Aksakov, une propriété de campagne comprenant une maison principale pourvue d'une mezzanine, typique de l'architecture domestique de la moyenne noblesse terrienne de la seconde moitié du XVIIIe siècle, avec ailes et bâtiments d'exploitation. La maison était cernée d'un parc ombragé d'allées de tilleuls et entourée d'étangs, de terrasses menant à une petite rivière, la Voria, aux berges sinueuses. Bosquets et forêts de chênes et de bouleaux, sombres ravins et clairières ensoleillées jouxtaient la propriété, bref, toute cette nature si caractéristique de la Russie centrale. Sa beauté typiquement russe, discrète mais raffinée à sa manière, attira de nombreux artistes.

Savva Mamontov avait fait la connaissance des futurs membres du cercle, Vassily Polenov et Ilia Repine au début des années 1870, en Italie et en France, où les artistes se trouvaient pensionnaires de l'Académie des beaux-arts de Saint-Pétersbourg. C'est à la même époque qu'il avait rencontré le sculpteur Mark Antokolsky et l'historien et critique d'art Adrian V. Prakhov. Dès lors, aussi bien les Mamontov que les futurs membres du cercle lièrent à Moscou et à Abramtsevo leurs espoirs d'une vie d'intense création.

En 1873, un « atelier », d'après le projet de Viktor A. Hartmann, fut édifié sur la propriété d'Abramtsevo et, en 1878, une aile pour les amis, baptisée Bania-Teremok (fig. 3 et 4), d'après un projet d'Ivan N. Ropet dans ce style russe dont raffolait à l'époque la bourgeoisie commerçante, industrielle et financière russe, à laquelle appartenaient les Mamontov. Ces bâtiments donnèrent à la propriété de campagne une coloration nationale toute particulière. C'est aussi au début des années 1870 que se constitua l'ambiance de la maison moscovite des Mamontov, où durant trente ans se retrouvèrent artistes, amis et parents des Mamontov pour des soirées musicales, littéraires, dramatiques et de dessin.

Les principaux événements du cercle se déroulaient aussi bien à Abramtsevo qu'à Moscou, offrant ainsi aux artistes un vaste espace de création. Une multitude de peintures virent le jour à Abramtsevo, ce qui lui valut le titre de Barbizon russe : surtout des paysages qui rendent à la fois l'humeur de l'artiste et la beauté humble mais tout à fait expressive de la nature aux environs d'Abramtsevo, en diverses saisons et diverses heures du jour, et également les œuvres qu'y réalisa Repine entre la fin des années 1870 et le début des années 1880, *À la lisière*, *Petit Pont dans le parc* (tous deux de 1879), *Abramtsevo* (1880), œuvres pénétrées du sentiment de

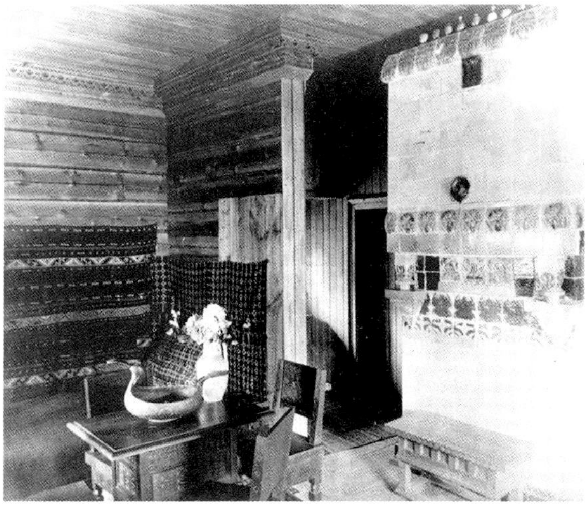

Fig. 3. **Vue de l'intérieur du *Bania-Teremok* d'Abramtsevo, vers 1890,**
photographie, Abramtsevo, musée du domaine d'Abramtsevo.

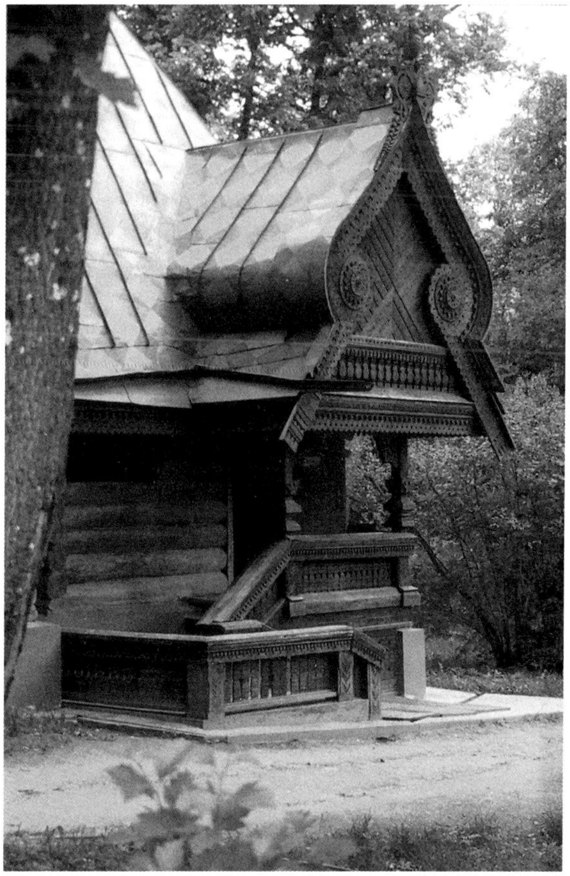

Fig. 4. **Viktor A. Hartmann et Ivan N. Ropet, *Bania-Teremok* d'Abramstevo, 1878, vue actuelle.**

liberté créatrice et de douceur de vivre campagnarde. Vassily Polenov peignit également à Abramtsevo des dizaines de paysages de plein air : *Abramtsevo, l'Allée de bouleaux dans le parc, En barque* (tous trois de 1880), *la Voria* (1881), *l'Étang du haut à Abramtsevo* (1882). D'innombrables motifs collectés à Abramtsevo et aux environs entrèrent dans des centaines d'études et paysages de plein air d'Alexandre Kissilev et d'Ostrooukhov, des Vasnetsov, d'Elena D. Polenova, de Korovine, de Nesterov. On n'y trouvera ni vues impressionnantes, ni « beaux » motifs appuyés, mais ils sont emplis de la charge émotionnelle reçue par l'artiste qui a séjourné dans la nature, qui en a ressenti tout le charme, l'inimitable douceur, qui en a observé avec constance et amour les états et changements.

C'était la première fois, dans l'art russe, que la vie de la propriété de campagne était l'objet d'une telle attention de la part des artistes. Le paysage jouait un rôle actif dans les portraits peints à Abramtsevo. Il avait été de manière naturelle inclus à des œuvres telles que le *Portrait de S. F. Mamontova* (1879) de Repine, le portrait de Verouchka Mamontova par Serov, entré dans l'histoire de l'art russe sous le titre *la Jeune Fille aux pêches* (1887 ; fig. 6, p. 88), le *Portrait de Vera S. Mamontova* (1896) de Viktor Vasnetsov.

Le paysage avait également fait irruption dans le conte et la mythologie. Quand Viktor Vasnetsov travailla en 1881 à Abramtsevo sur sa toile *Alenouchka,* d'après les thèmes du conte populaire russe, il se tourna vers les paysages d'Abramtsevo, qui rendaient la tristesse de l'automne approchant, pour créer cet archétype de conte de fées du chagrin amer.

C'est en cette même année 1881 que Vasnetsov commencera à Abramtsevo *les Preux* (terminés en 1898 ; fig. 3, p. 20). Les paysages qu'il y réalisa – *la Plaine de la Voria près du village de Moutovka* (1880), *le Petit Bois. (Akhtyrka), Paysage des environs d'Abramtsevo* (1881) – reflètent sa recherche d'une identité formelle avec l'esprit des chevaliers.

Les paysages d'Abramtsevo avaient tout naturellement pris place dans les tableaux de Nesterov : *l'Ermite* (1888-1889), *la Vision de l'enfant Bartholomé* (cat. 337). Ils étaient chargés d'esprit de contemplation, d'une sensation de silence profond, de sérénité et de paix. Les environs et la vieille propriété seigneuriale, évoqués dans les nombreuses études à l'aquarelle de Polenova, ont servi ses illustrations de conte. Ses études de fleurs se muaient en motifs ornementaux dans lesquels elle puisait largement pour ses travaux de peinture et d'art appliqué, elles devenaient, comme dans le tableau *la Bête* (huile sur toile des années 1890), partie d'un monde fantastique. Polenova avait aussi recouru à une construction ornementale de l'espace qui déjà appartenait à la peinture de l'art nouveau.

La tendance à l'ornementation de la jeune camarade d'institut de Polenova Maria V. Iakountchikova-Weber, qui partageait bien des idées des membres du cercle d'Abramtsevo et s'était directement impliquée dans leur mise en forme, l'amena à créer, au milieu des années 1890, une technique nouvelle : le panneau sur bois. Le dessin y était pyrogravé et l'intérieur colorié à la peinture à l'huile, tels *le Tremble et le sapin, la Rame* (tous deux de 1896).

Ainsi, Abramtsevo attirait les artistes par la possibilité qu'il leur offrait de « mener d'intéressantes conversations avec la nature[1] », comme disait Polenova, mais très vite ils se retrouvaient au centre des affaires générales du cercle, dont eux-mêmes ou les maîtres de la propriété étaient les instigateurs. Le lien entre les artistes et le couple Mamontov était très profond. Savva Ivanovitch, exceptionnellement doué de talents dans tous les domaines, débordait d'énergie : quoique d'esprit bohème, il possédait largeur de vue et envergure dans ses entreprises artistiques. Elizaveta Grigorievna était la contemplation personnifiée, le principe éthique du cercle.

Chaque membre de l'atelier se sentait chez les Mamontov libre et à l'aise comme en famille, trouvant toujours sa place et une occupation qui lui convienne. C'est ici qu'intervenait ce « type de vie hautement agréable[2] » (M. V. Nesterov), qui non seulement se reflétait dans la peinture des artistes, mais était aussi lié, et de la manière la plus étroite, à l'esthétique du groupe, avec son principe de création collective.

Chez les Mamontov les soirées musicales alternaient avec des débats scientifiques et des discussions sur l'art, les soirées de lecture avec la mise en place de tableaux vivants. C'est tout simplement que l'on passa, en 1879, aux représentations théâtrales privées. Elles se révélèrent comme le principe organisateur et unificateur du cercle d'Abramtsevo, tout en entretenant cette atmosphère de légèreté, d'aisance, cette atmosphère « artiste » dans laquelle toutes les expérimentations devenaient possibles et les échecs sans conséquences.

Les artistes prenaient part aux spectacles privés, en tant que décorateurs mais également en tant qu'acteurs et metteurs en scène, ce qui, outre le rôle particulier de Mamontov, maître de maison et metteur en scène du

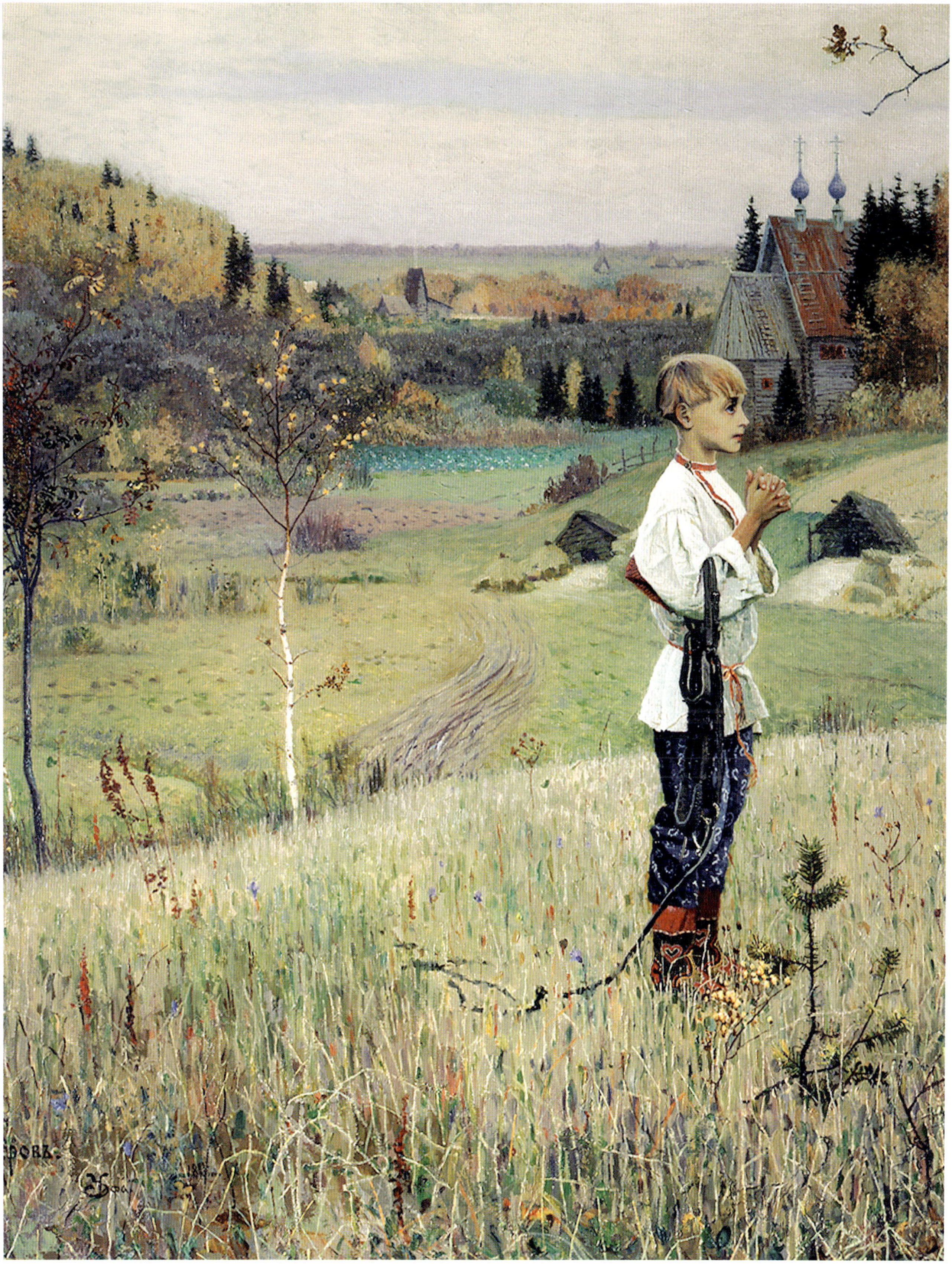

Cat. 337, détail

Mikhaïl V. Nesterov, *la Vision de l'enfant Bartholomé*, 1889-1890,
huile sur toile, Moscou, galerie Tretiakov.
Le paysage est inspiré des environs d'Abramstevo.

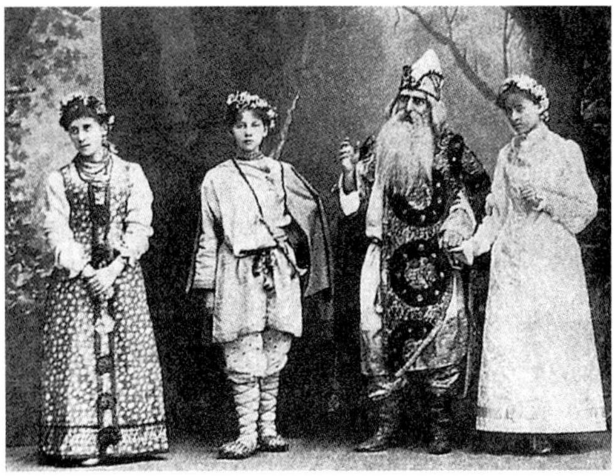

Fig. 5. **Représentation de *Snegourotchka*, vers 1880,** photographie, collection particulière.

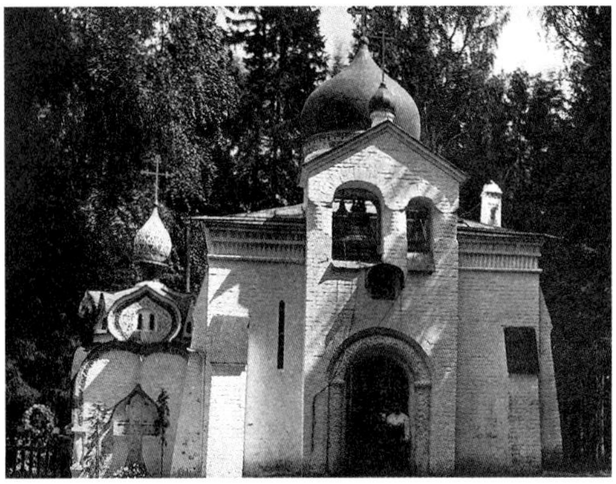

Fig. 6. **Vassily D. Polenov et Viktor M. Vasnetsov, église d'Abramtsevo (1882), état vers 1900,** photographie, Abramstevo, musée du domaine d'Abramstevo.

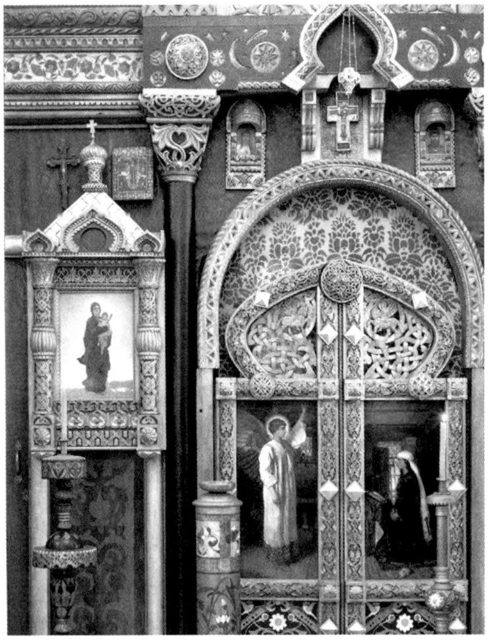

Fig. 7. **Vassily D. Polenov et Viktor M. Vasnestsov, *Iconostase de l'église d'Abramtsevo,* 1882,** détail, vue actuelle.

spectacle, contribuait à harmoniser parfaitement l'ensemble. Ils apportaient aux décors leur compréhension de la structure formelle de la pièce et ceux-ci devenaient partie intégrante de l'unité formelle du spectacle. C'est ce que l'on retint des scénographies de Polenov – *Deux Mondes* d'Apollon Maïkov (1879), *Camoens* de Vassily V. Joukovsky (1882), *la Rose rouge* de Savva Mamontov (1883) –, ces premiers travaux étant plutôt, comme l'a exprimé Alexandre N. Benois, des « tâtonnements de l'intuition[3] » vers de nouvelles formes. Ces tâtonnements servirent de base à l'essor formidable de l'art du spectacle sur la scène musicale russe à travers les œuvres des élèves de Polenov, Korovine et Alexandre I. Golovine.

Un grand succès, dans ce théâtre à domicile, récompensa la *Snegourotchka* inspirée de la pièce d'Alexandre N. Ostrovsky (1882) dans des décors de Viktor Vasnetsov (qui jouait lui-même le rôle du Père Noël). Vasnetsov avait élaboré pour principe, dans les esquisses des décors et des costumes de *Snegourotchka,* l'utilisation des motifs de l'art populaire et de l'architecture de l'ancienne Russie (le décor *le Palais du tsar Berendeï* (fig. 3, p. 134)est des plus révélateurs à cet égard) ainsi que des procédés plus particuliers de stylisation, qui furent repris ensuite. La mise en scène de *Snegourotchka* ouvrit à plusieurs générations d'artistes une nouvelle voie dans la mise en espace des spectacles « à thème russe ». Korovine, Golovine, Sergueï V. Malioutine, Nikolaï N. Roerikh et Fedor Fedorovsky créèrent à leur tour des décors « imprégnés jusqu'à la moelle de l'esprit » de la *Snegourotchka* de Vasnetsov.

S'appuyant sur l'expérience théâtrale acquise sur la scène de sa maison par les membres du cercle, Mamontov ouvrit en 1885 son propre théâtre, l'Opéra privé russe, avec une *Roussalka* montée d'après l'opéra d'Alexandre S. Dargomyjsky. L'un des principes de base de ce théâtre était l'unité la plus parfaite possible de toutes les composantes du spectacle. Les peintres Viktor Vasnetsov, Polenov, Korovine, Serov et, un peu plus tard, Vroubel, participèrent activement à la préparation des spectacles, comme décorateurs et aussi réels co-metteurs en scène d'opéra. Le spectacle phare du théâtre de Mamontov devint *Snegourotchka* (fig. 5) d'après l'opéra de Rimsky-Korsakov (1885), dans des décors et costumes de Viktor Vasnetsov, retravaillés à partir des esquisses destinées au spectacle domestique. Cette mise en scène d'opéra ajoutait à l'harmonie des personnages dramatiques d'Ostrovsky et des décors de Vasnetsov un troisième élément, en adéquation idéale avec les deux premiers, la musique de Nikolaï A. Rimsky-Korsakov. Ainsi apparut cette unité musicale, dramatique et visuelle qui fit de la *Snegourotchka* de l'Opéra privé russe de Mamontov une sorte de symbole de « l'unité des arts ».

De manière générale, les spectacles de Mamontov, mis en forme par Vasnetsov, Polenov, Korovine, Vroubel, Serov, Malioutine, jouèrent un rôle important dans le développement de la scène d'opéra russe. Même si l'Opéra privé russe livrait à son public aussi bien les classiques que les nouveautés du répertoire occidental, son principal mérite reste d'avoir proposé pour la première fois ou remis au goût du jour les opéras des compositeurs russes Mikhaïl I. Glinka, Dargomyjsky, Alexandre P. Borodine, Alexandre N. Serov, Modeste P. Moussorgsky (cat. 408, p. 87), Rimsky-Korsakov. C'est dans le théâtre de Mamontov que, pour l'essentiel, Fedor Chaliapine mit au point ce répertoire d'opéra qui lui valut une célébrité mondiale, ce fut aussi une pépinière d'interprètes remarquables et d'une pléiade de metteurs en scène d'opéra.

Quant aux membres du cercle d'Abramtsevo, ayant trouvé grâce aux spectacles privés puis à l'opéra un champ d'application toujours nouveau à leur énergie en dehors de la peinture de chevalet, ils continuaient à conquérir de nouveaux espaces de création. C'est ainsi que, entre 1881 et 1882, ils collaborèrent à l'édification de l'église du Saint-Sauveur à Abramtsevo, sur un projet de Vassily Polenov et Viktor Vasnetsov (fig. 6 et 7).

Dès les travaux préparatoires s'était fait sentir la capacité de l'équipe à apprécier la valeur esthétique de la clarté dans les proportions, de la rationalité et de la joie de vivre, du pittoresque et en même temps de la stricte architectonie, du caractère proportionné de l'espace intérieur par rapport au volume global de l'église, toutes qualités inhérentes à l'architecture russe ancienne. Polenov et Vasnetsov réussirent à transformer de manière créative les prototypes historiques qu'ils s'étaient choisis (des églises du XIIe siècle de Pskov et de Novgorod, en particulier celle du Sauveur sur la Nereditsa près de Novgorod) pour réaliser un bâtiment à la grandeur épique et, dans le même temps, pénétré de lyrisme. Pour la première fois depuis bien des décennies, on put observer un retour vers une architecture aux volumes imposants, vers le monumental et la forme vivante, « naturelle ». Cette nouvelle approche de l'héritage artistique, qui avait servi l'unité formelle de l'église du Saint-Sauveur d'Abramtsevo, la propulsa au premier rang des constructions de ce nouveau style architectural qui s'était développé en Russie à la fin du XIXe siècle. Elle est entrée dans l'histoire de l'architecture russe comme le premier bâtiment du style moderne, dans sa variante « néo-russe ».

Une dizaine d'années plus tard, sur un projet de Vasnetsov, assisté de Polenov, fut adjointe à la façade nord de l'église une chapelle, au-dessus de la tombe d'Andreï Mamontov. Les procédés de stylisation du nouveau style y furent appliqués plus nettement encore et plus systématiquement.

En 1883 avait été construite, à côté de l'église, une tonnelle pour les jeux des enfants, baptisée Izbouchka sur pilotis aux pieds de poule (fig. 8), d'après un projet de Viktor Vasnetsov (fig. 9). Son allure était bien sûr inspirée du folklore russe, mais sa construction et sa décoration l'étaient par les isbas en rondins des paysans et les motifs de l'art populaire. Cette construction confirmait, si besoin était, l'intérêt profond des membres du cercle pour la culture populaire.

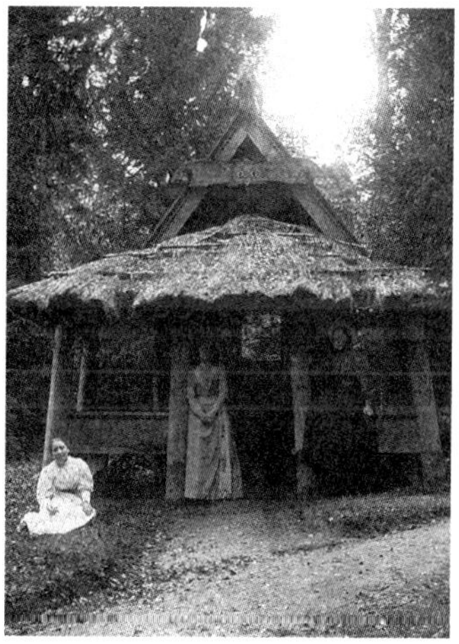

Fig. 8. **Devant l'Izbouchka sur pilotis aux pieds de poule, vers 1890, de g. à d., A. Mamontova, Mlle Rachou et V. S. Mamontova,** vers 1890, photographie, collection particulière.

Fig. 9. **Viktor M. Vasnetsov, *Projet pour l'Izbouchka sur pilotis aux pieds de poule,* 1882,** aquarelle et crayon graphite sur papier, Abramtsevo, musée-réserve du domaine d'Abramtsevo.

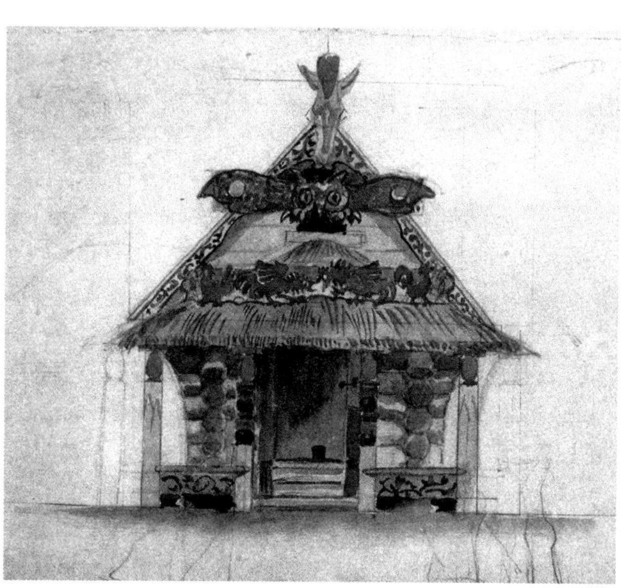

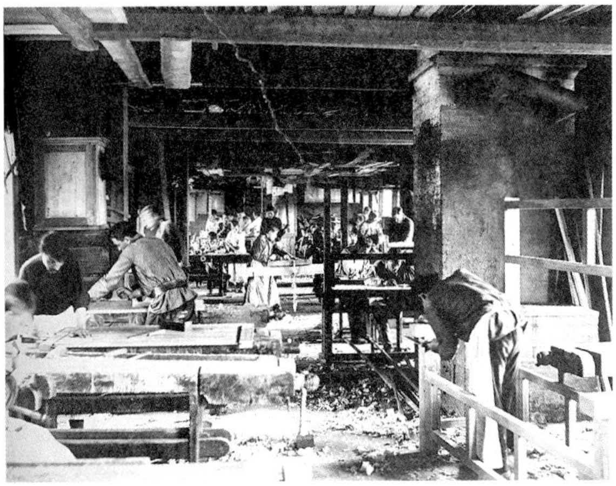

Fig. 10. **Atelier de menuiserie d'Abramtsevo, vers 1880,**
photographie, Abramtsevo, musée-réserve du domaine d'Abramtsevo.

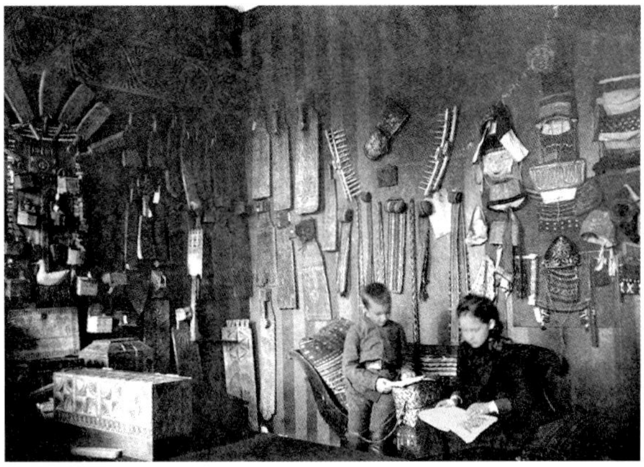

Fig. 11. **Collection d'art populaire rassemblée par Elena D. Polenova à Abramtsevo, vers 1880,**
photographie, Abramtsevo, musée-réserve du domaine d'Abramtsevo.

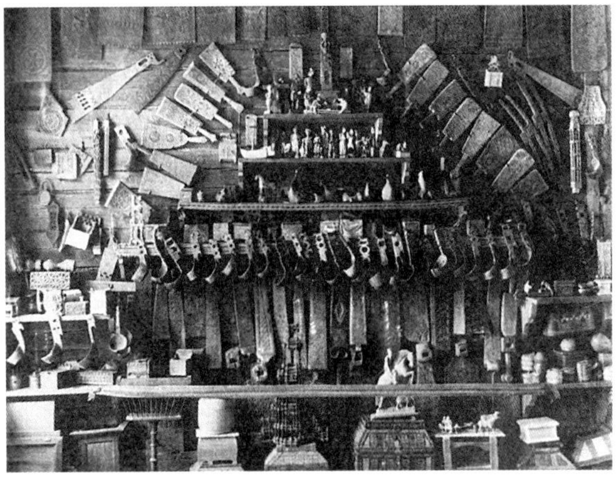

Fig. 12. **Collection d'art populaire rassemblée par Elena D. Polenova à Abramtsevo,**
photographie, vers 1880, Abramtsevo, musée-réserve du domaine d'Abramtsevo.

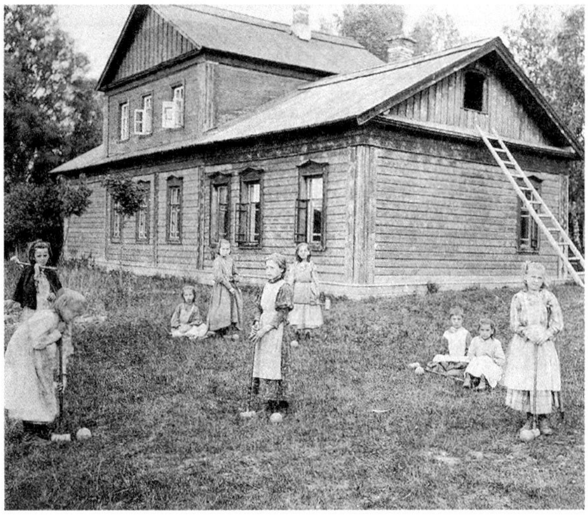

Fig. 13. **L'école d'Abramtsevo, vers 1890,**
photographie, collection particulière.

À cet intérêt s'ajoutait le désir des artistes de « saisir une création populaire encore bien vivante [...] de lui donner la possibilité de se déployer » et en même temps de se donner celle d'essayer leurs forces dans les différentes formes d'art décoratif et appliqué au sein des ateliers de menuiserie (fig. 10) et de céramique qui avaient été ouverts à Abramtsevo.

Les membres du cercle, tout comme ses organisateurs, Savva et Elizaveta Mamontov, qui étaient allés souvent à l'étranger et avaient visité les Expositions universelles, connaissaient bien les produits de l'activité du mouvement des Arts and Crafts, au Royaume-Uni. Pour eux, « la beauté de l'usage et l'usage de la beauté » prenait un sens non pas théorique mais pratique, à travers l'art populaire bien vivant, les objets créés par les artistes populaires dont la collection et l'étude devinrent l'un des soucis primordiaux à Abramtsevo.

La principale chose qu'ils découvrirent au contact direct de ces objets du quotidien qui forma bientôt la célèbre « collection d'art populaire d'Abramtsevo (fig. 11 et 12) » fut la vivacité de traditions artistiques séculaires, le lien naturel entre l'art et la vie, éléments qu'ils s'efforcèrent d'introduire dans la vie moderne.

L'activité de l'atelier de menuiserie était partie de l'idée de fournir un revenu complémentaire aux paysans des villages environnants, en leur apprenant la menuiserie. C'est ce à quoi pensait Elizaveta Mamontova lorsqu'elle avait ouvert, en 1876, un atelier de menuiserie et une école élémentaire organisée par ses soins (fig. 13). Quand, en 1885, Elena Polenova prit la direction artistique de l'atelier, l'entreprise revêtit alors un caractère plus artistique et expérimental.

L'atelier confectionna d'après les esquisses du peintre (qui conçut entre 1885 et 1894 plus de cent projets) et celles des autres membres du cercle des meubles et de petits objets du quotidien, ornés de sculpture sur bois, parfois peints. Dans les années 1880, les plus beaux spécimens de la collection d'Abramtsevo furent repris : salières, boîtes à thé, cassettes sculptées (cat. 54) et décorées, petits vaisseliers muraux pour les services à thé, tables. La sculpture géométrique était devenue l'élément décoratif principal de ces objets, avec cette variation des motifs, typique de l'art populaire (cat. 370 à 372). Soucieuse d'élargir son vocabulaire, Polenova introduisit peu à peu dans la sculpture géométrique des motifs végétaux. Les formes rectilignes se trouvèrent notablement enrichies par les contours ovales des fleurs, des fruits, des feuilles. Dès la fin des années 1880, Polenova était, de l'emprunt direct à des fragments de la production artisanale (*Petite armoire à colonne, Petite armoire-cheminée, Petite armoire à lettres*, cat. 365, p. 177), passée à la création d'œuvres originales qui conservaient cependant un lien étroit avec la tradition nationale (fig. 14). L'une de ses plus belles œuvres, une *Porte*, exécutée à l'atelier d'Abramtsevo au début des années 1890, réunit deux sphères de la création populaire repensées par l'artiste et proches d'elle : le folklore et l'art décoratif et appliqué.

Les objets fabriqués dans l'atelier de menuiserie d'Abramtsevo jouirent, tant que dura son activité, d'une grande popularité à Moscou, Saint-Pétersbourg, Riga et ailleurs. L'exemple des organisateurs de cet atelier fut repris à Talachkino, Serguiev Possad, Moscou, où, près du musée de l'Artisanat, furent ouverts des ateliers fabriquant du mobilier dans le « style russe » d'après les esquisses d'artistes tels que Viktor et Apolinary Vasnetsov, Konstantin Korovine, membres du cercle d'Abramtsevo.

L'atelier de céramique créé par Mamontov, en 1890, ne connut pas moins de succès. Nombre d'artistes se passionnèrent : Serov, Korovine, V. Vasnetsov, V. Polenov, Golovine (cat. 203), Mamontov lui-même, qui y travailla beaucoup. Mais c'est Vroubel, qui, doué d'un talent rare de décorateur et de constructeur, devint un véritable professionnel de la céramique (cat. 484 à 486 et 495). Dans ses premiers travaux, des poêles et des cheminées, il prendra pour modèle la construction en étages, typique des poêles russes des XVIIe et XVIIIe siècles. Sans reprendre à la lettre ni la construction ni la décoration des poêles traditionnels, mais conservant en revanche une parenté formelle et architectonique, l'artiste créa des compositions originales (fig. 16).

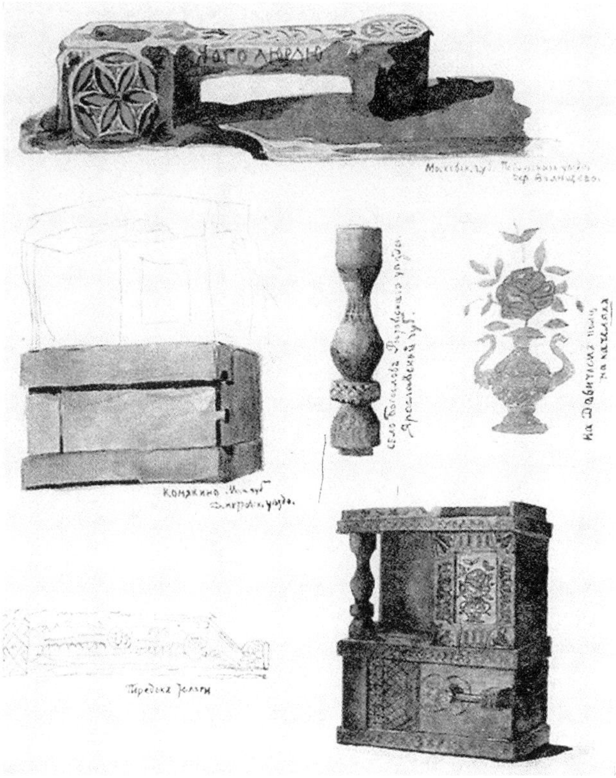

Fig. 14. **Elena D. Polenova, projet pour une armoire murale, cat. 365, 1885,**
crayon graphite, aquarelle, plume et encre, Abramtsevo, musée-réserve du domaine d'Abramtsevo.

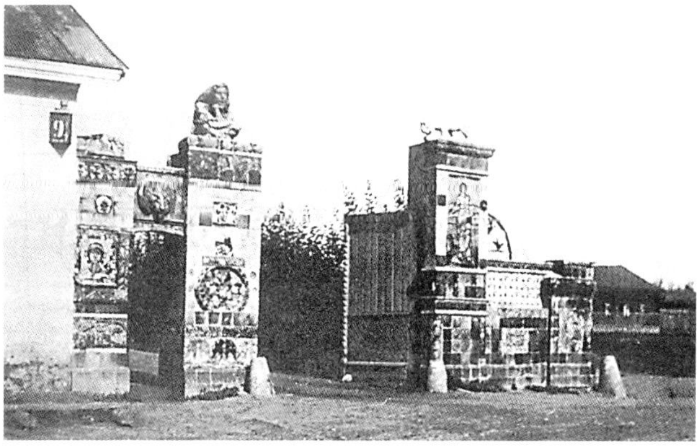

Fig. 15. **Portail d'entrée des ateliers d'Abramtsevo, vers 1900,**
Moscou, Archives de littérature et d'histoire de l'art.

L'art russe traditionnel du revêtement des poêles reprit vie à Abramtsevo et même s'y développa. Ayant épuisé les possibilités des formes anciennes, Vroubel proposa une nouvelle manière de construire la cheminée, qu'il resserrait jusqu'au ras du mur, tandis que sa façade se transformait en décor architecturé. La cheminée *Volga* et *Mikoula Selianinovitch* (fin des années 1890), réalisée

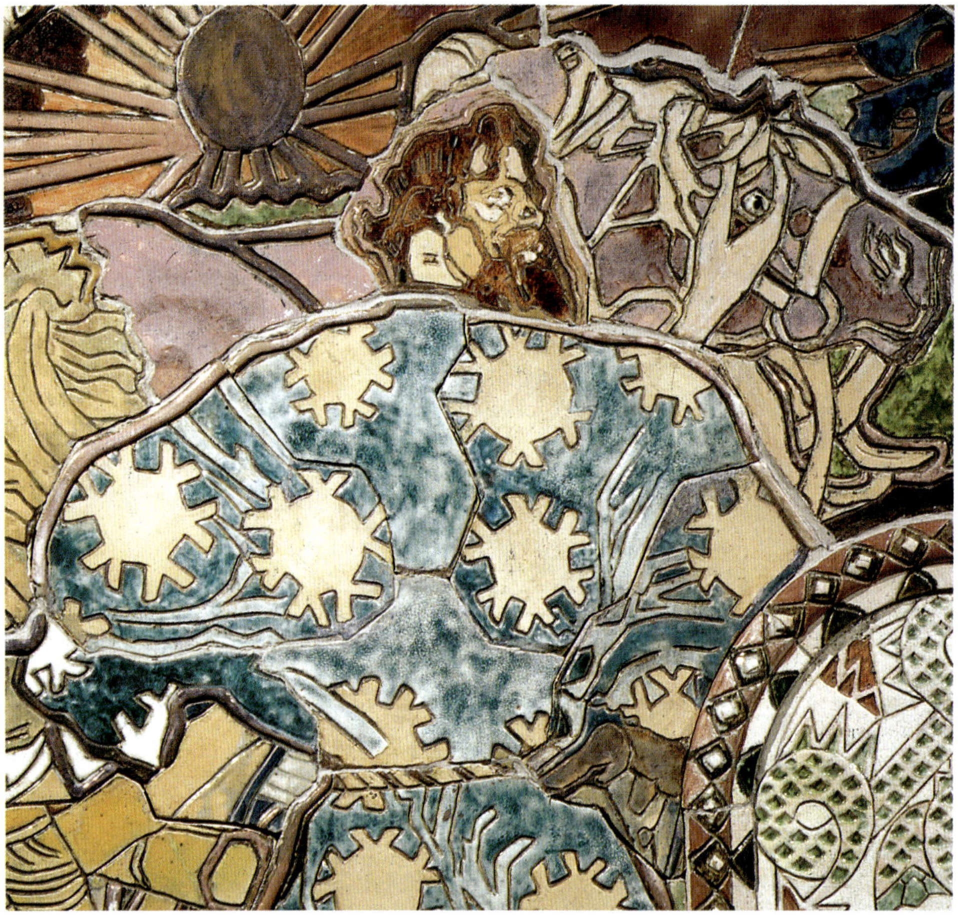

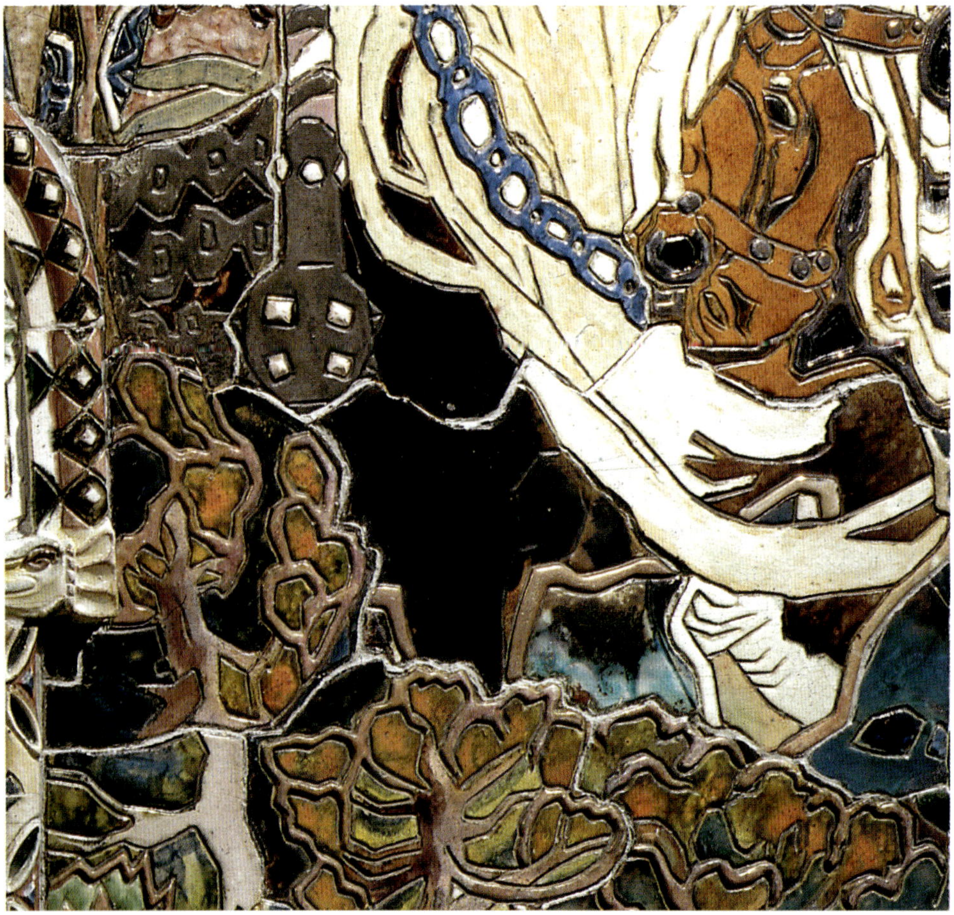

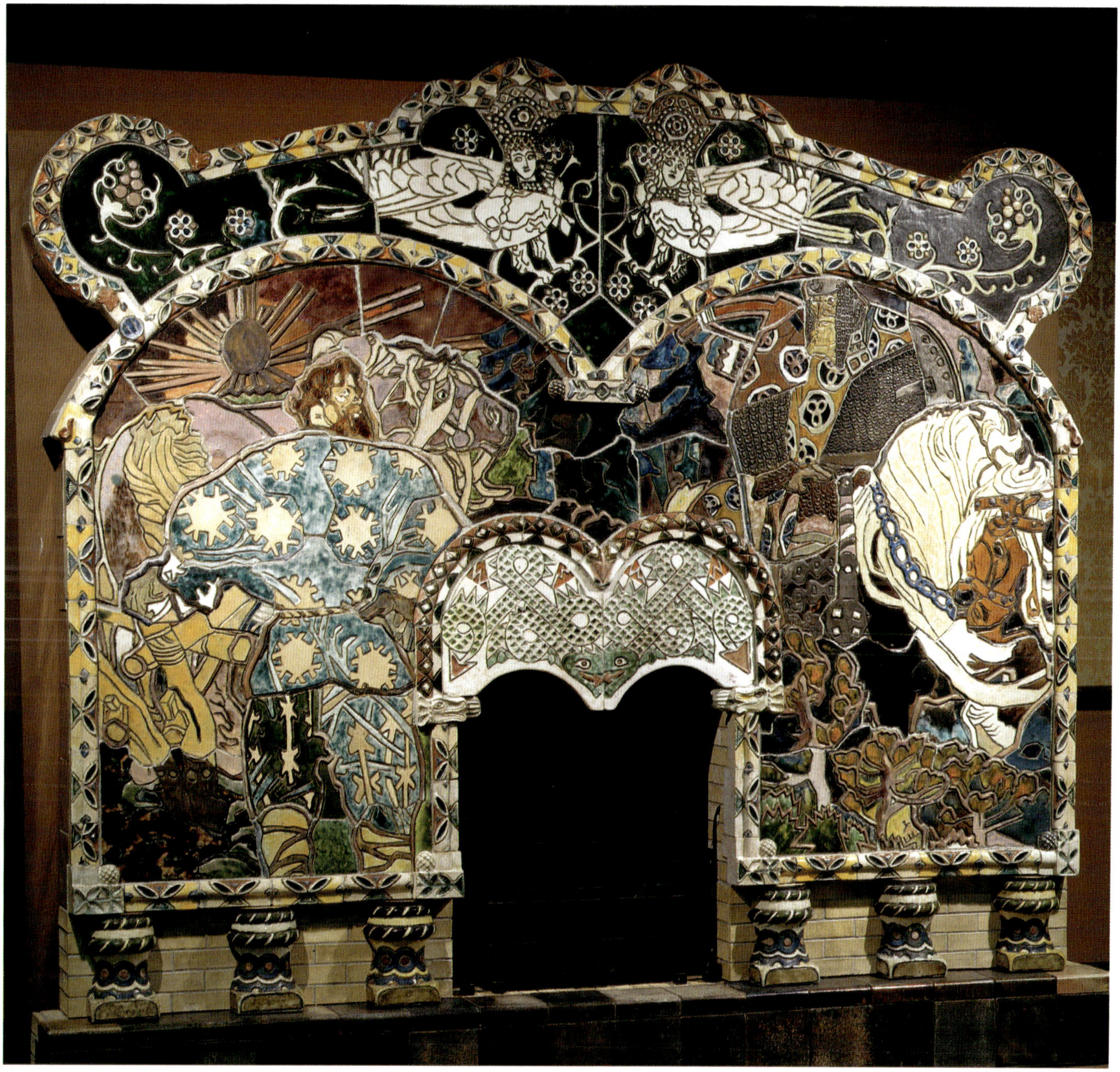

Cat. 484

Mikhaïl A. Vroubel, *Cheminée Volga et Mikoula Selaninovitch*, 1898-1900,
céramique émaillée *(majolika)*, Moscou, galerie Tretiakov.

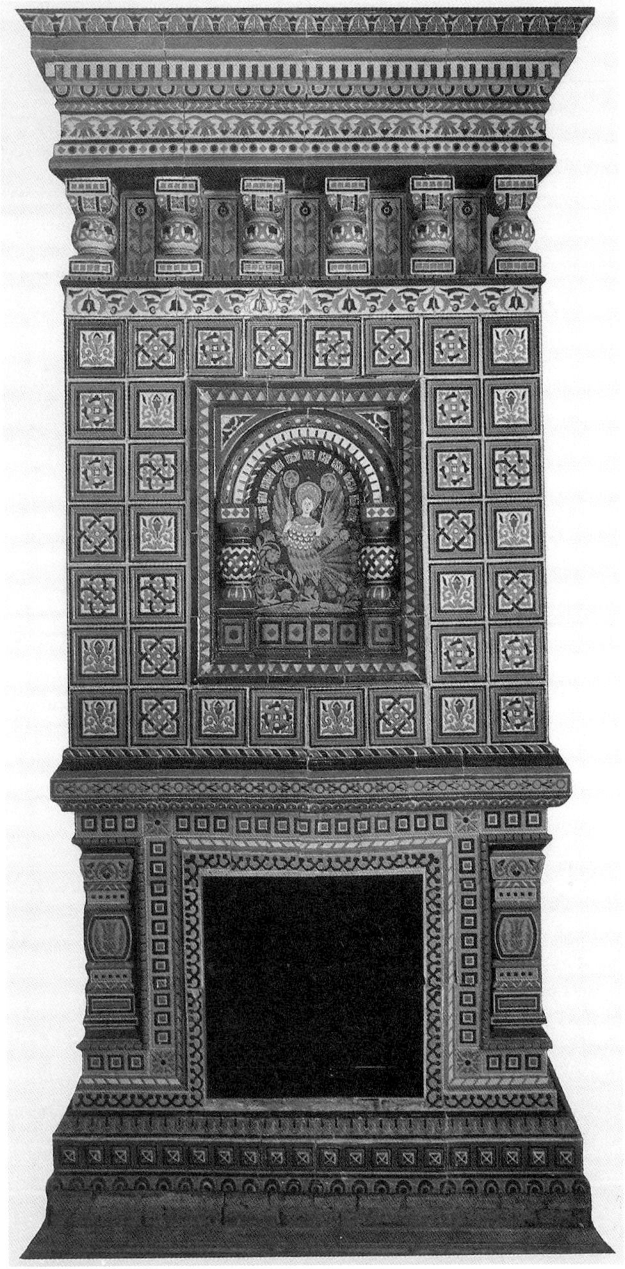

Fig. 16. **Fabrique Kouznetsov d'après Ivan N. Ropet, *Poêle du teremok d'Abramtsevo*, 1892,** céramique émaillée *(majolika)*, musée du domaine d'Abramtsevo.

dans cinq versions, chacune dans une gamme de coloris différente, est un exemple de cette innovation (cat. 484). La façade de la cheminée est élaborée comme une mosaïque de pierres précieuses dont la forme serait soumise à la volonté de l'artiste. Le système d'articulation des panneaux de céramique imaginé par Vroubel, non pas par petits carrés sur lesquels serait reporté le motif, mais par fragments aux contours arrondis qui correspondent à l'articulation décorative de l'ensemble, répondait au goût du style « moderne » pour les lignes arrondies, harmonieuses et « fluides ». Ce raffinement des lignes chez Vroubel détermina à son tour un nouveau style.

Les premières céramiques en volume de Vroubel remontent au début des années 1890. Il s'agit de vases, de cache-pot de configurations diverses ornés d'innombrables motifs décoratifs délicatement colorés. À la fin des années 1890, il créa, grâce au talentueux céramiste Piotr K. Vaouline, avec lequel il avait développé les possibilités techniques de la majolique renaissante, un lustre scintillant d'un éclat mystérieux, inspiré par la musique des opéras *Snegourotchka* et *Sadko* de Rimsky-Korsakov, dont il avait assuré la décoration. Pour les spectacles, il réalisait des sculptures en majolique, des décors pour la scène et les esquisses des costumes pour les spectacles des Mamontov.

Après quelques années, Vroubel ainsi que Golovine (cat. 203, 204) et Matveev se refusèrent à considérer la céramique uniquement comme un matériau de revêtement pour poêles et cheminées et ils s'atteleront à la création de panneaux originaux destinés à orner les édifices. Ils servirent aux décors sur rue, comme les panneaux créés pour la façade de la galerie Tretiakov, le bâtiment de la gare de Iaroslavl, l'hôtel *Métropole*. La céramique architecturale (les panneaux de céramiques muraux ainsi que les autres pièces : divans de céramique, piscines et mobilier de jardin) devint, dans les premières décennies du XXe siècle, la priorité dans la production de l'atelier de céramique d'art d'Abramtsevo, que dirigeait Mamontov à Moscou (fig. 15).

Les ateliers d'Abramtsevo, qui avaient œuvré à la renaissance des traditions nationales et, s'appuyant sur elles, à la création d'« objets utiles à tous, mais artistiques » afin d'inonder de beauté le quotidien, avaient joué un rôle important dans la mise en place d'une industrie de l'art en Russie. La collaboration au travail des ateliers d'artistes aussi brillants et originaux que Viktor Vasnetsov, Vassily Polenov et Elena Polenova, Mikhaïl Vroubel, Konstantin Korovine, Alexandre Golovine garantissait le caractère unique de leurs créations en matière d'art appliqué. Mais leur contribution à la haute tenue artistique de la production en série mise en place à Abramtsevo et à Moscou n'était pas négligeable elle non plus. L'expérience de coopération avec les métiers populaires existants acquise, l'activité déployée pour leur renaissance et leur développement ont joué un rôle prépondérant dans la fondation d'un environnement d'objets courants de l'époque moderne. On retiendra en particulier la création d'un fonds de projets modèles réalisés par des artistes professionnels pour les artisans.

C'est à l'Exposition pan-russe d'art et d'industrie de Nijni-Novgorod de 1896 que les œuvres des ateliers d'Abramtsevo reçurent leur premier témoignage de reconnaissance officielle. Elles avaient fait leur apparition dès la fin des années 1890, à la section « Art et industrie », des expositions de la Compagnie des artistes moscovites et du Monde de l'art, organisées par Sergueï P. Diaguilev. Mais c'est à l'Exposition universelle de Paris de 1900, sorte de passage en revue et de bilan du mouvement national romantique dans les différents pays, qu'à la fois la production des ateliers de menuiserie et de céramique d'Abramtsevo et le pavillon de l'Artisanat russe dans son ensemble obtinrent un grand succès. Les artistes Korovine, Alexandre Golovine, Vroubel, Iakountchikova-Weber, Natalia I. Davydova, ils y reçurent des médailles d'or et d'argent, lesquelles récompensèrent également Mamontov.

À Abramtsevo, les idées nouvelles jaillissaient dans une atmosphère familiale très libre et, dynamisées par la création collective, elles sortaient alors du cadre domestique et partaient infléchir le processus général de développement de l'art sur lequel elles pesaient de manière substantielle. Une série de constructions remarquables de l'époque « moderne » est liée aux membres du cercle d'Abramtsevo, dont le pavillon Extrême Nord de l'Exposition pan-russe de Nijni-Novgorod, réalisé d'après un projet de Korovine (1896). En collaboration avec Golovine, Korovine réalisa aussi un projet de constructions pour la section Artisanat de l'Exposition universelle de 1900. Leur architecture, surtout dans le pavillon Artisanat, apparut comme la première synthèse du « style néo-russe », aux caractéristiques étroitement liées à la stylistique du « moderne ». Le désir de créer un nouvel environnement esthétique « qui élève l'âme » avait dicté à Mamontov l'élaboration, en 1897, d'un programme de construction pour le futur hôtel *Métropole* (1899-1905). Celui-ci devint, par ses qualités artistiques, son caractère grandiose et son incarnation parfaite du rêve des néo-romantiques de la fin du XIXe et du début du XXe siècle d'un grand style et d'une synthèse des arts, un des ensembles les plus remarquables de style moderne. Finalement, toute l'activité du cercle d'Abramtsevo avait conduit à la création d'une nouvelle entité stylistique, baptisée « style néo-russe », pan important du moderne russe.

En janvier 1893, les membres du cercle d'Abramtsevo fêtaient leurs quinze années de collaboration. On peut donc considérer 1878 comme la première année de cette entreprise, celle où eut lieu dans la maison moscovite des Mamontov la première soirée théâtrale. Il est beaucoup plus difficile de déterminer la date de fin des activités. Le dernier spectacle fut monté en 1897. L'Opéra privé russe de Mamontov, né de ces expériences de la compagnie, perdura jusqu'en 1900. Les ateliers fonctionnèrent plus longtemps : celui de céramique, à Moscou près de la Boutyrka, jusqu'en 1918 et celui de menuiserie, à Abramtsevo, jusqu'aux années 1920. Mais l'activité de la compagnie, par les nombreux fruits qu'elle engendra, outrepasse largement toutes limites temporelles. Le cercle « se dilua » en quelque sorte dans la culture artistique russe, comme le grain « se meurt », donnant de jeunes pousses. Le cercle d'Abramtsevo avait vu émerger une nouvelle synthèse des arts dans laquelle allaient se refléter les prochains objectifs édificateurs de vie du grand art.

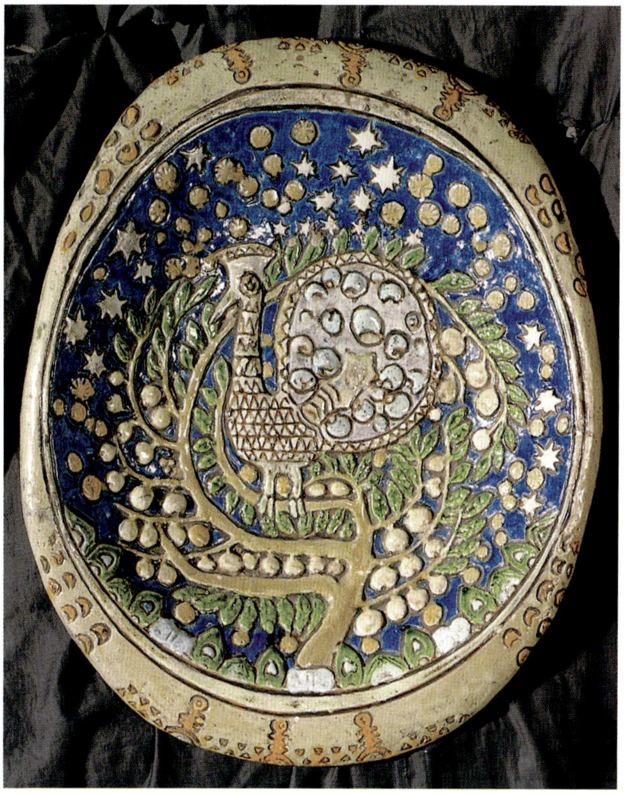

Cat. 203

Alexandre Iakovlevitch Golovine, Atelier de céramique d'Abramtsevo, *Plat décoratif*, motif d'oiseau de feu, fin du XIXe siècle, céramique émaillée (*majolika*), Moscou, galerie Tretiakov.

1. Sakharova, 1964, p. 315.
2. Nesterov, 1959, p. 164.
3. Benois, 1977, p. 569.

L'atelier de menuiserie d'Abramtsevo. Naissance d'un style

Irina V. Plotnikova

traduit du russe par Marie Apreleff

Comme toutes les expériences créatrices de la colonie d'artistes installée à Abramtsevo, le petit atelier de menuiserie de ce village a non seulement été l'un des facteurs de l'émergence d'un style national russe dans le domaine des arts décoratifs, mais il a aussi admirablement reflété les principales tendances et le cheminement de cette nouvelle orientation artistique romantique de la seconde moitié du XIXe siècle.

Elizaveta G. Mamontova, propriétaire du domaine et épouse du célèbre mécène Savva I. Mamontov, souhaitait améliorer la condition des paysans et leur permettre d'accéder à l'instruction ; elle mit toute son énergie à concrétiser deux projets qui lui étaient chers : la création à Abramtsevo d'un dispensaire gratuit et l'ouverture d'une école destinée aux enfants de la paysannerie. En 1876, pour lutter localement contre l'exode rural – phénomène social déjà amorcé dans ces années-là, en raison de l'appauvrissement du monde agricole – elle ouvre, dans le cadre de l'école, un atelier d'apprentissage de la menuiserie en vue d'offrir aux paysans un métier et des perspectives de revenus.

En 1885, désireuse de donner une orientation artistique à cette entreprise, elle fait appel à une artiste peintre de talent : son amie Elena D. Polenova (la sœur du peintre Vassily Polenov) et elle lui en confie la direction artistique. Ces deux femmes remarquables, passionnées et énergiques surent, grâce à une collaboration étroite, mener à bien cette entreprise difficile. La livraison des matériaux, la vente des articles, la gestion des commandes et par moments la mauvaise volonté de certains ouvriers qui bâclaient le travail furent autant de soucis auxquels elles durent faire face. Mais leurs efforts portèrent leurs fruits : à l'issue d'une formation de quatre années, les nouveaux artisans, ayant reçu en cadeau de fin d'études un établi et un assortiment d'outils, s'en retournaient chez eux, sans rompre pour autant le lien avec l'atelier, car ils continuaient à réaliser les commandes à domicile. Au fil du temps, des villages entiers de la région se mirent à leur tour à fabriquer du mobilier et des objets artisanaux en bois (Bykovo, Moutovki, Koudrino, Artemovo...).

Les productions de l'atelier d'Abramtsevo rencontrèrent un tel succès à Moscou, à Saint-Pétersbourg et même à Paris, lors de l'Exposition universelle de 1900, où l'atelier obtint une médaille d'or, que les organisateurs furent pris de court : « Le succès a dépassé toutes nos espérances, tant et si bien que nous avons manqué de temps pour faire tout ce qui nous souhaitions[1] », raconta Mamontova.

Quel était donc le secret de cette réussite ? Qu'est-ce qui incitait des citadins aisés à troquer leur mobilier d'un confort à l'occidentale, luxueux et rembourré, contre l'austérité des meubles d'Abramtsevo ? Quel attrait tant de personnes trouvaient-elles à ces armoires et ces étagères de dimensions modestes à l'ornementation si sobre ? « L'engouement tenait certainement à la nouveauté et à l'impossibilité d'acquérir un pareil mobilier ailleurs que chez nous[2] », notait Polenova. Ce qui était qualifié de nouveau tenait en réalité à la redécouverte d'un art tombé dans l'oubli : celui des artisans du passé. L'utilisation de ce riche héritage dans la création de nouveaux modèles originaux devint le principe et le fondement des recherches artistiques de cette femme peintre.

La situation géographique du domaine était propice à une telle aventure artistique. Les marchés où étaient acheminées et vendues les meilleures productions artisanales de toute la Russie se trouvaient à proximité, les provinces de Vladimir et de Iaroslavl, réputées pour leurs sculpteurs sur bois, étaient limitrophes, et le monastère orthodoxe de La Trinité-Saint-Serge, d'où s'étaient répandues à travers le district les ancestrales traditions artistiques du travail du bois, se trouvait également dans le voisinage immédiat. Lors de leurs séjours dans ces villes de l'ancienne Russie, les peintres en quête de « retour aux sources » puisaient leur inspiration au contact de ce milieu authentique.

Cependant, l'essor de l'artisanat rural appartenait au passé, et à la fin du XIXe siècle nombre de métiers avaient périclité, écrasés par la concurrence de la production industrielle. La machine et la fabrication en série s'étaient substituées au travail manuel et avaient balayé le caractère unique de chaque pièce ; l'expressivité de la tradition populaire avait cédé la place à l'uniformité, au détriment de la qualité artistique. « Notre objectif, écrivait Polenova pour définir les objectifs de l'atelier, est de parvenir à saisir les vestiges de la créativité populaire et de faire en sorte qu'elle connaisse un nouvel essor[3]. » Bien avant les initiatives du *zemstvo* (assemblées territoriales nouvellement créées) de la province de Moscou, Abramtsevo pratiquait déjà le soutien aux artisans.

L'éminent critique d'art Vladimir V. Stassov (fig. 2, p. 83) écrivait en 1872 : « Il est grand temps de rassembler et de publier des reproductions de ces objets [des arts populaires] : il suffit d'observer un peu la vie populaire pour se convaincre que la disparition des objets du quotidien est inéluctable d'ici à une décennie, voire quelques années seulement[4]. » Cette prise de conscience a entraîné la constitution de collections privées d'art populaire ; la colonie artistique d'Abramtsevo a été une pionnière en la matière (fig. 10 et 11, p. 168). Elle organise sa première exposition durant l'été de 1882, après que les peintres Ilia E. Repine et Polenov ont rapporté d'une visite au village voisin de Repikhovo une magnifique planche sculptée provenant de la façade d'une *isba*. Un cercle d'amateurs s'est peu à peu constitué et ces passionnés se rendaient régulièrement dans les villages des provinces de Moscou, Vladimir, Iaroslavl et Kostroma. Les plus enthousiastes étaient Mamontova, son fils, Andreï Mamontov – étudiant en peinture, sculpture et architecture et créateur de nombreux projets pour l'atelier d'Abramtsevo – et Polenova (voir ici l'essai de E. Paston, « Le cercle artistique d'Abramtsevo »).

À la différence des autres collections privées de l'époque, les objets de la collection d'Abramtsevo ne passaient pas par des intermédiaires, marchands, antiquaires

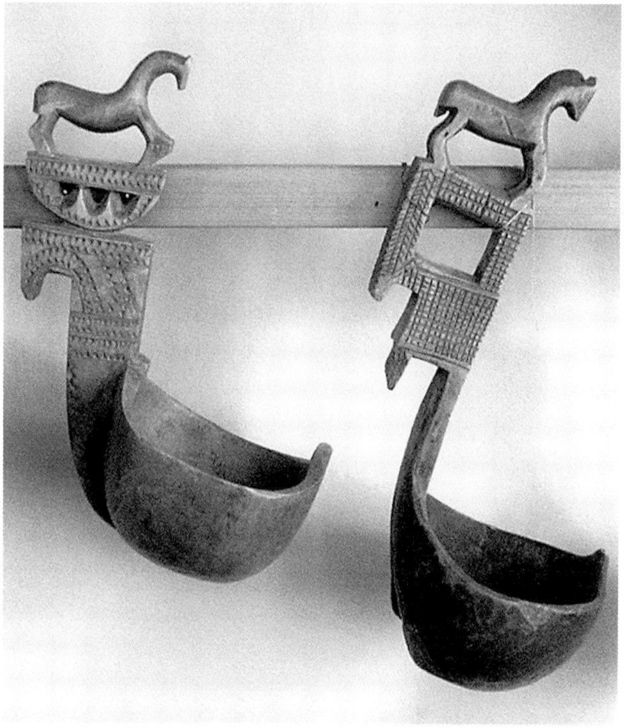

Cat. 25 et 26

Anonyme (art populaire),
***Kovch* faisant partie de l'ancienne collection d'art populaire rassemblée par Elena D. Polenova à Abramtsevo, XIXe siècle,**
bois sculpté,
Abramtsevo, musée-réserve du domaine d'Abramtsevo.

ou marchés ; elles provenaient directement du lieu de leur fabrication et de leur utilisation (cat. 25 et 26) Cette façon de rassembler des collections en se rendant sur place allait élargir le champ des possibilités d'étude des arts populaires et permettre d'approfondir les connaissances des spécificités formelles et des canons de cet art.

Un musée de modèles fut ainsi installé au sein de l'atelier de menuiserie ; il fut durant de longues années une source d'inspiration pour les artistes. Ces derniers, désireux d'introduire le « beau » dans tous les aspects de la vie, souhaitaient donner une âme aux objets du quotidien et leur aspiration coïncidait avec la « découverte » du principe qui est à la base de l'art populaire : l'alliance de l'utilitaire et de l'esthétique (cat. 364 et 365). Tout ce qui était nécessaire au quotidien de la vie rurale – mobilier, vaisselle, ustensiles et instruments de travail – était forcément une œuvre d'art.

Les objets utilitaires devaient être à la fois résistants et procurer le plaisir des yeux afin d'estomper les vicissitudes d'un labeur monotone et créer au quotidien une atmosphère festive. Ce point de vue était proche de celui des peintres. Polenova visitait les isbas paysannes pour

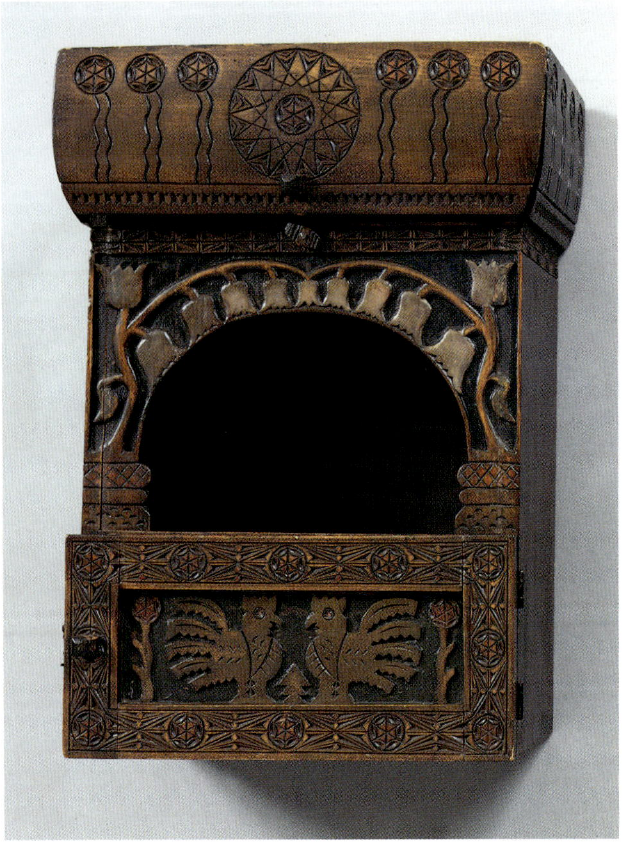

Cat. 364

Elena D. Polenova, *Placard mural,* Abramtsevo, vers 1880,
pin sculpté et teinté, Moscou, musée national d'Histoire.

y chercher « de l'inspiration et des modèles » (cat. 368) ; elle étudia les spécificités de la sculpture et de la peinture sur bois nationales et devint l'un des meilleurs spécialistes de l'ornementation populaire russe.

Au tout début de ses recherches, Polenova entreprit de copier les plus beaux objets du quotidien de son temps (salières, boîtes à thé, coffrets), puisant ainsi directement à la source le moyen d'établir une typologie des arts populaires.

Quant à ses premières créations originales, elles étaient fortement inspirées des peintures sur bois de l'Oural et de la Russie du Nord, avec pour décor des jardins luxuriants et des oiseaux chantant. Elle avait ainsi représenté sur la porte du buffet de sa cuisine l'oiseau-Sirine, un oiseau fabuleux de l'univers du conte, accompagné de motifs floraux. Le peintre Viktor M. Vasnetsov a vivement encouragé sa jeune collègue, la confortant dans sa démarche encore intuitive.

Si les techniques à main levée étaient acquises aux artistes peintres, à l'atelier, les élèves doués pour la peinture étaient en nombre insuffisant pour assurer une production soutenue. Les villageois qui travaillaient à Abramtsevo avaient plus de goût et de dispositions pour la sculpture sur bois. Polenova attendit un certain temps avant de réunir dans ses projets la peinture et la sculpture, la couleur et la forme.

Elle fit également des emprunts à la technique traditionnelle de la sculpture par entailles géométriques (cat. 371 et 372), très répandue en Russie et dans des pays, géographiquement proches, abritant des peuples finno-ougriens, comme la Norvège et la Suède. Les sculpteurs sur bois russes avaient un sens aigu de l'équilibre, de la symétrie et du rythme, mais il leur manquait la précision technique des peuples d'Occident, qui utilisaient des instruments de mesure depuis fort longtemps.

Elena Polenova choisit la voie « civilisée » en optant pour une sculpture techniquement plus élaborée. Les formes sobres et traditionnelles, caractéristiques de la sculpture sur bois russe, furent servies sur le plan géométrique par des entailles aux angles nets et une plus grande nervosité des courbes, ce qui conférait à l'ensemble davantage de dynamisme.

Dans ses réalisations, Polenova utilisa aussi la technique du bas-relief, avec lequel elle s'était familiarisée dans la province de Kostroma (maisons et bateaux sculptés du Povoljie, région de la Volga).

Soucieuse d'exploiter au maximum la richesse thématique et technique des arts rustiques, Polenova déclinait les motifs traditionnels sur différents objets à la fois. Afin d'obtenir davantage d'expressivité, elle exagérait les thèmes auxquels elle voulait donner plus de force. Ainsi, elle a largement exploité dans ses différents projets le motif des têtes de cheval, rattaché dans le paganisme russe au culte du soleil et présent sur certaines pièces de la collection d'Abramtsevo, tel le « dossier » d'une salière en forme de chaise provenant de la région de Iaroslavl ou les manches des *kovchs* (cat. 21, 28 et 29) de la province de Povoljie. La même inspiration se retrouve dans la chaise d'angle, le cadre de miroir, le fauteuil et le divan aux accoudoirs en forme de cheval. Cependant, une certaine emphase se dégageait de ses interprétations, qui se ressentent d'une volonté de magnifier le patrimoine historique, démarche typique de la stylisation.

« L'ensemble aux fenêtres », comme l'avaient surnommé les menuisiers en raison des panneaux carrés qui évoquaient les lucarnes des habitations paysannes, demeure l'un des modèles classiques de l'atelier d'Abramtsevo, très russe sur le plan stylistique. C'était un genre de mobilier néanmoins hérité du style hollandais

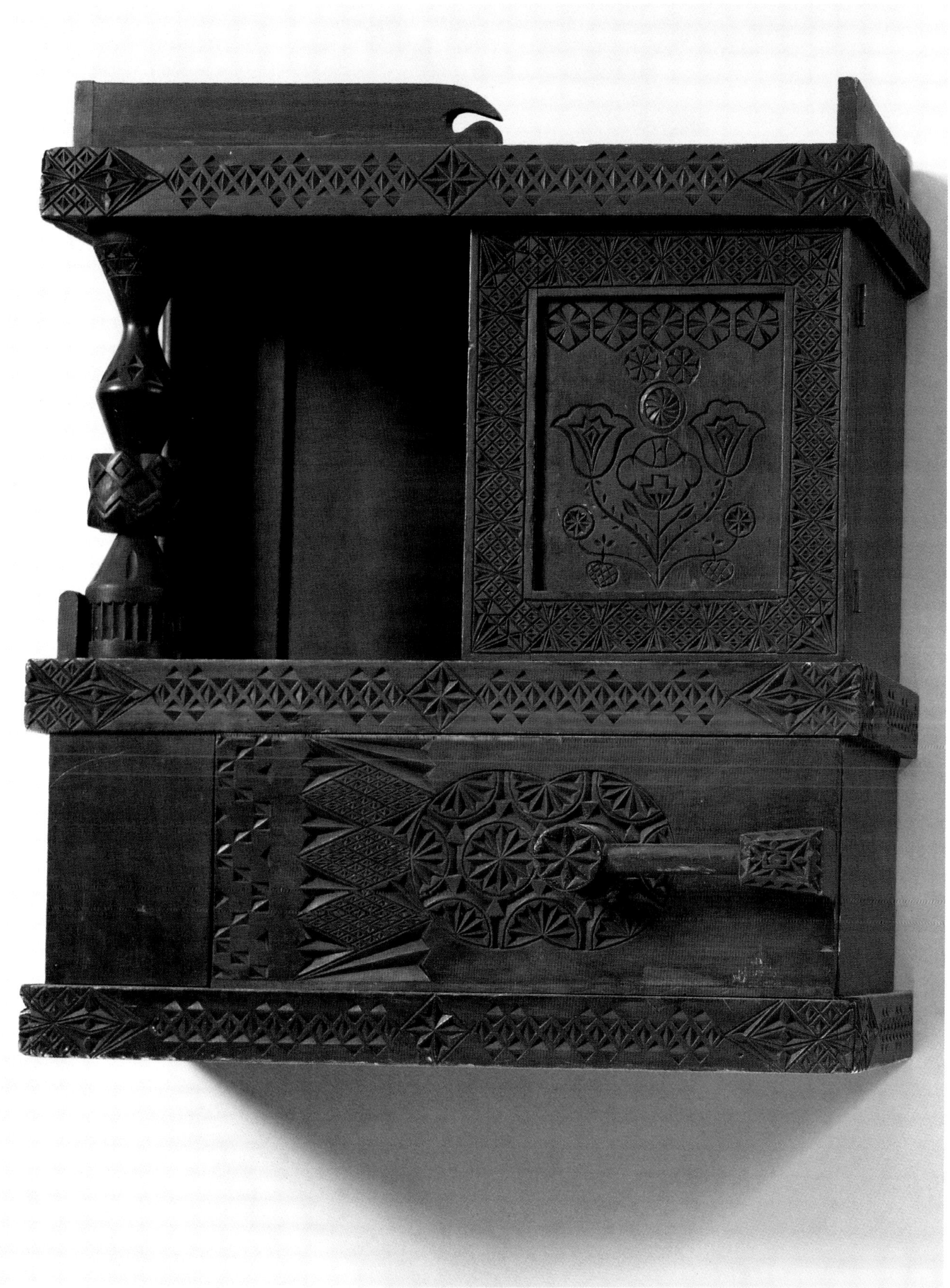

Cat. 365

Elena D. Polenova, *Armoire à colonne* (armoire à pharmacie), Abramtsevo, vers 1880,
pin sculpté et teinté, Moscou, musée national d'Histoire.

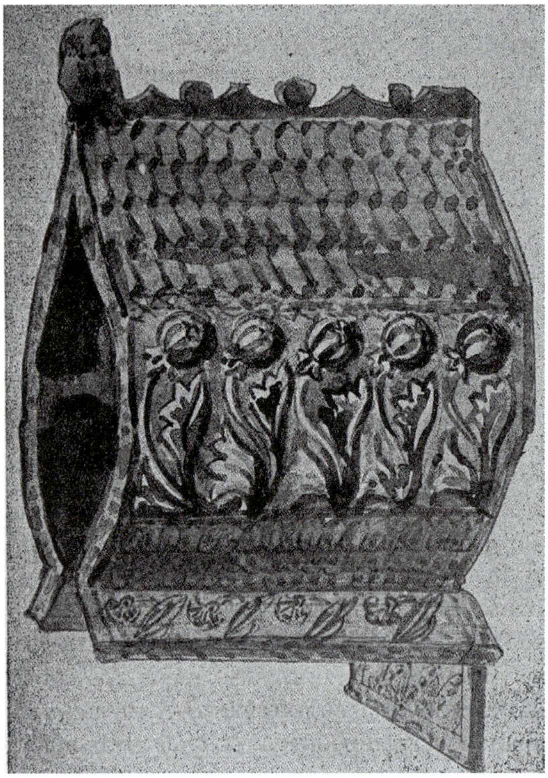

Fig. 1. **Elena D. Polenova, *Dessin préparatoire pour le « Toit-auvent pour clochette de troïka »*** (cat 367), **1890-1893,**
paru dans Mir Iskousstva, n° 18-19, 1899, p. 113

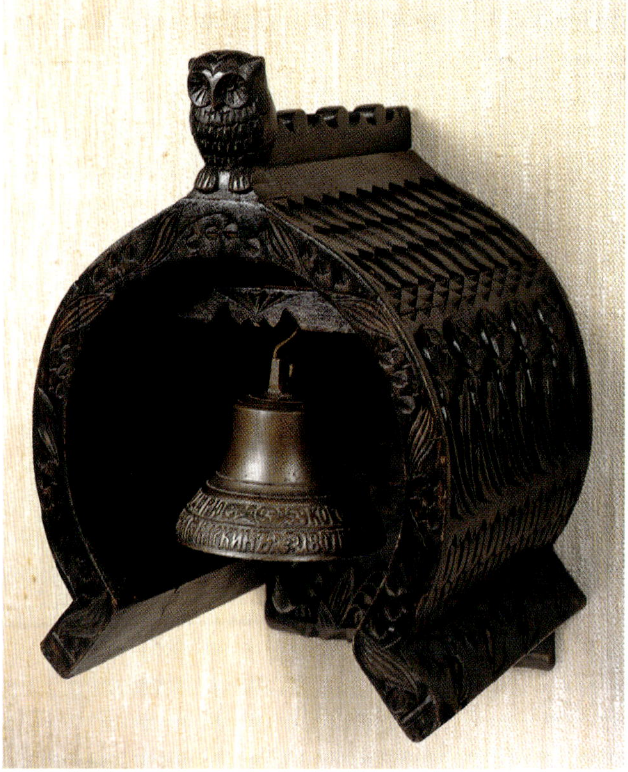

Cat. 367

Elena D. Polenova, *Toit-auvent pour clochette de troïka, ateliers* d'Abramtsevo, 1890-1893,
Tremble et tilleul sculptés [la chouette a été restituée à l'identique], bronze (clochette), collection particulière.

en vogue à l'époque de Pierre le Grand. Les tables de ce style possédaient des proportions harmonieuses et des reliefs simples, leur présence dans les intérieurs russes s'était généralisée aussi bien en ville qu'à la campagne. Grâce à leur confort, leur solidité et le langage employé (les côtés de la table présentaient des rosaces symbolisant le soleil, motif traditionnel familier et cher au peuple russe), elles furent copiées par les artisans russes et devinrent un élément courant de l'aménagement des isbas. Polenova introduisit donc ce type de mobilier à Abramtsevo. Elle dessina un tabouret et un banc assortis à la table et apporta quelques modifications au décor sculpté. Souhaitant rendre ses réalisations le plus élégantes possible, elle alla jusqu'à décorer la surface de la table et les sièges du banc et du tabouret. Quant à la frise, elle était proche des broderies traditionnelles, et rappelait les motifs de divinités féminines stylisées que l'on pouvait trouver sur les nappes.

Mais lorsqu'il s'agissait de décorer des placards, l'artiste donnait libre cours à son imagination. « Il suffit que je ferme les yeux et je vois une profusion de portes de placard toutes différentes », écrivait-elle à Mamontova. « Il m'est venu aussi à l'idée d'utiliser les motifs de ma boîte à thé pour des portes de placards [...] Je représenterai un jardin. Sur les portes de mon vieux placard branlant je placerai la lune, les étoiles, des fraises des bois et des fleurs pour figurer la nature sauvage et indomptée. Ce sera un "placard-prairie". Quant à mon placard d'angle, c'est une maison à deux étages : en haut j'ai placé une fleur en pot à la fenêtre et dans la fenêtre du bas on entrevoit le coucher du soleil[5]. »

Ces types de placard empruntaient fréquemment leurs formes aux encadrements des fenêtres d'isba, aux écrins et aux cadres des icônes, ou aux cheminées.

En maître du paysage russe, Polenova se sentait davantage d'affinités avec les arts populaires, qui privilégiaient les formes souples de la nature. La géométrie pure ne pouvait la satisfaire. Ses aspirations artistiques la portaient vers l'ornementation traditionnelle russe, qui « ne se contente pas des formes géométriques, trop sèches, mais qui utilise des motifs plus vivants traduisant mieux les impressions que laisse la nature[6] ».

L'alternance des éléments végétaux et des figures géométriques aux arêtes ou aux angles des meubles donnait au motif davantage d'expressivité et de rythme. Les formes rectilignes sévères semblaient être là pour contenir la poussée des feuillages, ralentir leur mouvement avant qu'ils ne s'élancent à nouveau. Cette retenue, cette volonté de se limiter à un cadre strict apportait à l'ornementation une tonalité émotionnelle supplémentaire.

Emportée progressivement par sa créativité, Polenova se mit à improviser et à s'éloigner des modèles traditionnels. La copie fit place à une interprétation plus libre, mais l'art populaire restait sa source d'inspiration privilégiée. La stylisation, qui suppose une culture artistique approfondie, fit suite à l'éclectisme des débuts, étape préparatoire qui s'était révélée nécessaire pour se familiariser avec cet art ancien et l'assimiler avant de se l'approprier.

Il restait à contourner une difficulté : Polenova voulait un support d'ordre affectif qui pourrait à la fois éduquer et réconcilier le citadin avec la tradition vivante nationale.

Elle choisit le conte (cat. 377, p. 259). C'était un univers où la rencontre du passé et du présent était possible. Le surnaturel, omniprésent dans ce monde fabuleux, était consensuel, il se passait d'explications et il éveillait dans les esprits des sentiments nobles et romantiques.

Au début des années 1890, Polenova a produit pour l'atelier de menuiserie d'Abramtsevo l'un de ses meilleurs ouvrages : il s'agit d'une porte rappelant l'entrée fabuleuse de l'isba de la sorcière Baba Iaga, gardée par des chouettes, les oiseaux nocturnes des contes russes. En la voyant, Stassov, le critique d'art, s'était exclamé : « Quelle imagination, quelle œuvre merveilleuse ! Il faut sans tarder en publier une représentation, peu importe dans quel ouvrage, et vous verrez que tout le monde jurera dur comme fer qu'il s'agit là de l'œuvre d'un génie de la vieille Russie[7]. » Ainsi, pour que l'homme moderne renoue avec la beauté et la poésie des arts décoratifs populaires, il ne suffisait pas de reproduire scrupuleusement quelque élément de l'imagerie populaire, il fallait encore parvenir à en saisir l'aspect émotionnel.

Entre 1885 et 1894, sa période la plus féconde à l'atelier d'Abramtsevo, Polenova a conçu plus d'une centaine de projets en tous genres. On peut dire qu'elle a franchi pas à pas toutes les étapes d'un parcours artistique, allant de la copie des formes traditionnelles à la transmission de l'esprit populaire. Au cours de ces années d'activité intense consacrées à la recherche d'un style national, les professionnels de l'art ont acquis un regard neuf sur les traditions populaires et ont affiné et enrichi leur compréhension de cet art.

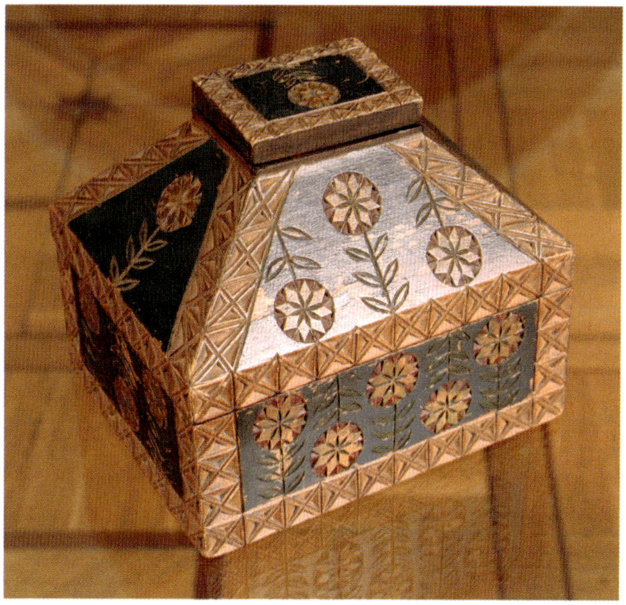

Cat. 54

Ateliers d'Abramtsevo, boîte en forme de *Teremok*, début du XXe siècle,
pin ciselé et peint,
Moscou, musée russe des Arts décoratifs et populaires.

À la fin du XIXe siècle, cet atelier était un modèle pour de multiples ateliers d'artisanat – qu'ils soient privés ou sous la tutelle des zemstvos – répartis dans différentes provinces russes. Il a notablement influencé la peinture de cette époque. Le mobilier d'Abramtsevo a trouvé une clientèle dans toutes les catégories de la société, de l'étudiant ou du petit fonctionnaire jusqu'aux grandes familles de la bourgeoisie et de l'aristocratie. Stassov, Repine, Mikhaïl V. Nesterov, Anton P. Tchekhov se sont adressés à l'atelier d'Abramtsevo pour la décoration de leurs maisons.

Cent vingt ans ont passé, et aujourd'hui encore, précieusement conservés, on peut découvrir des étagères ou des placards sortis de l'atelier d'Abramtsevo. Et lorsqu'un Russe se trouve face à l'un de ces objets, il se sent comme en présence d'un être familier...

1. Extrait d'une lettre d'Elizaveta G. Mamontova à S. V. Flerov du 7 février 1886, galerie Tretiakov, département des Manuscrits.
2. Extrait d'une lettre d'Elena D. Polenova à Vladimir V. Stassov de novembre 1894, *Art et industrie*, n° 13, 1899.
3. Extrait d'une lettre d'Elena D. Polenova à P. D. Antipova du 8 novembre 1885, dans Sakharova, Polenov et Polenova, 1964, p. 362.
4. Stassov, 1894, vol. 1, p. 185.
5. Extrait d'une lettre d'Elena D. Polenova à Elizaveta G. Mamontova du 1er février 1886, fonds du musée d'Abramtsevo.
6. *Op. cit.* à la note 2, p. 38.
7. *Op. cit.* à la note 3, p. 507.

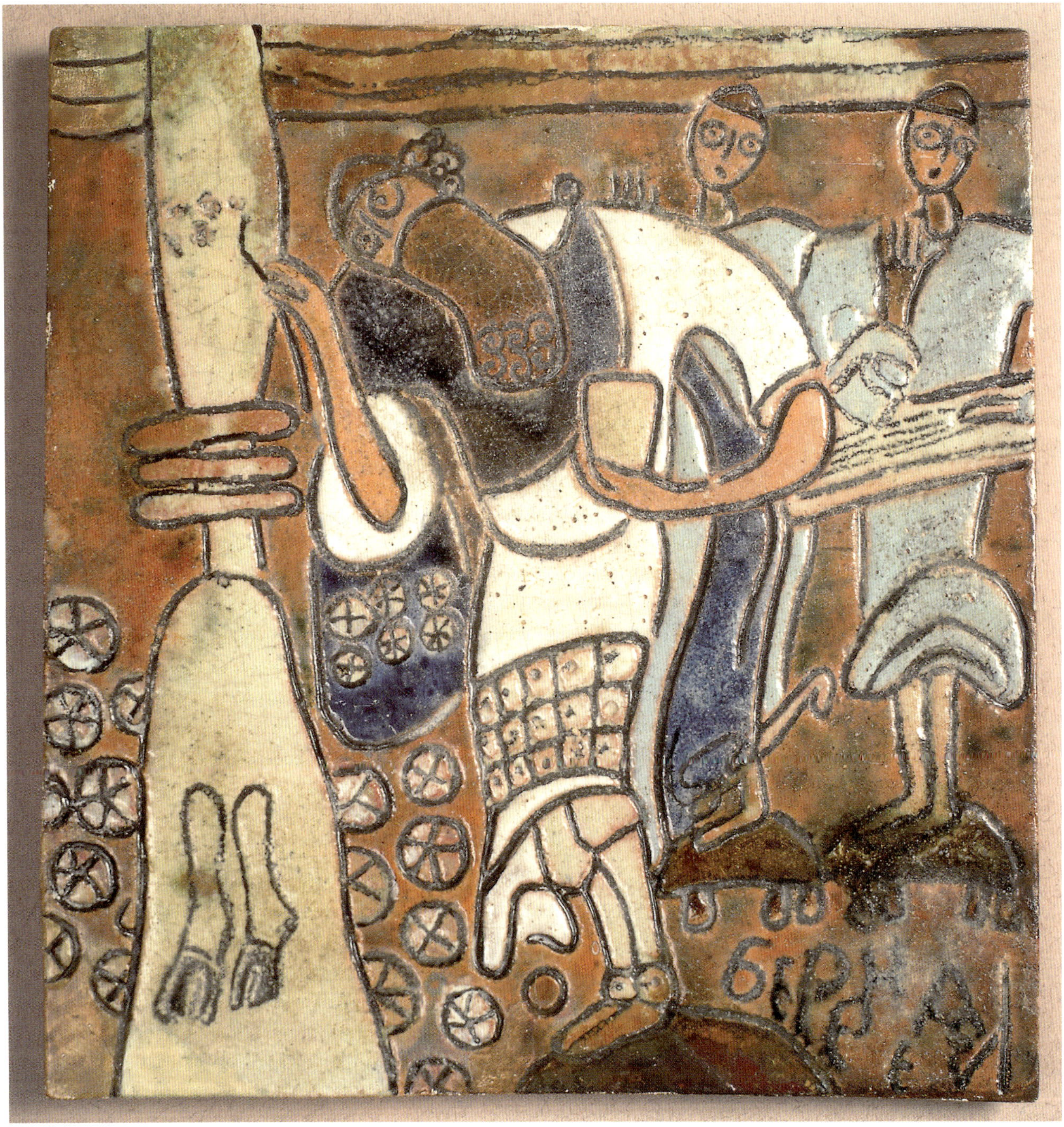

Cat. 507

Alexeï P. Zinoviev, Vladimir Beketov et Maria K. Tenicheva,
atelier de céramique de Talachkino, 1905, céramique émaillée *(majolika)*
Smolensk, musée-réserve de Smolensk.

Les ateliers de la princesse Tenicheva à Talachkino

Olga Strougova

traduit du russe par Nadine Dubourvieux

Ce sont surtout ses ateliers d'artisanat d'art qui, à la charnière du XIXe et du XXe siècle, firent la réputation du foyer culturel qu'était Talachkino. Le mobilier et les objets de décoration qui y furent exécutés d'après les esquisses de peintres illustres sont aujourd'hui l'ornement de quelques collections privées et des plus grands musées. Mais la portée réelle de Talachkino dépasse largement cette seule activité. Foyer artistique, Talachkino était aussi un foyer spirituel, un foyer de civilisation associé par d'invisibles liens à l'une des pages les plus brillantes de la vie culturelle russe et européenne de son temps.

Si Abramtsevo peut être, à juste titre, qualifié de cercle artistique, de colonie où, dans une atmosphère de proximité spirituelle, s'ébauchèrent les nouveaux sentiers à emprunter par l'art national, le cœur de Talachkino était la personnalité éclatante de la princesse Maria K. Tenicheva (fig. 1). Car c'est bien l'énergie de cette femme hors du commun, talentueuse et cultivée, qui attira à Talachkino les meilleurs créateurs du siècle d'argent. Nikolaï K. Roerikh, Konstantin A. Korovine, Mikhaïl A. Vroubel, Alexandre N. Benois, Ilia E. Repine, Pavel P. Troubetskoï, Dmitri S. Stelletsky, Igor F. Stravinsky et bien d'autres artistes russes non seulement y séjournèrent à diverses époques, mais y travaillèrent avec succès. Personnalités aux idées parfois divergentes, mais toujours appréciées par la princesse pour leur talent, les artistes trouvaient là l'atmosphère où pouvait le mieux s'exprimer leur créativité individuelle. Tenicheva avait elle-même un certain talent de peintre, comprenait mieux que quiconque combien les créateurs avaient besoin d'un soutien. Le nombre des représentants de la culture russe et européenne, avec lesquels Tenicheva était liée en tant que personne publique et mécène, est bien plus impressionnant encore. Mais l'attention grandissante que suscite aujourd'hui cette personnalité permettra de l'apprécier comme elle le mérite. Elle eut peu d'égales, à cette frontière des XIXe et XXe siècles en Russie, quant à l'envergure de ses réalisations dans les domaines de l'art, de la culture et du mécénat.

Talachkino est une propriété très ancienne, située non loin de Smolensk. Elle appartenait à une lointaine parente de Maria K. Tenicheva, la princesse Ekaterina K. Sviatopolk-Tchetvertinskaïa, qui devint son amie très proche et son assistante fidèle jusqu'à la fin de ses jours, mais aussi, comme le disait Tenicheva, « une sœur aînée aimante ». Le mari de Maria Klavdievna, le prince Viatcheslav N. Tenichev, avait acheté ce domaine en 1893, au nom de sa femme, tout en constituant à la princesse Sviatopolk-Tchetvertinskaïa une rente viagère.

Pour commencer, Tenicheva s'occupa avec enthousiasme de l'économie du domaine, en poursuivant l'aménagement des bâtiments d'exploitation. Les techniques nouvelles étaient importées de l'étranger. Le nombre des constructions sur la propriété était en augmentation constante : des orangeries, des volières pour les animaux rares, un moulin à vapeur, des ateliers de réparation pour les machines agricoles, des maisons pour deux cents salariés, un garage pour l'automobile ramenée de France et bien d'autres choses encore. Pour parer aux soins des chevaux de race, des éleveurs venus d'Angleterre furent invités, et bientôt, jouxtant les écuries, apparut un manège flanqué de loges. La production de la beurrerie locale, de très haute qualité, était livrée à Saint-Pétersbourg et à Paris.

Même l'activité de l'école d'agriculture, créée dès 1887, par Ekaterina Sviatopolk-Tchetvertinskaïa fut perfectionnée et l'école rebaptisée. Ayant entrepris sa réorganisation, Tenicheva s'était fixé pour objectif de donner aux enfants de paysans une instruction primaire, mais également de changer leur vie, de leur apprendre de nouvelles méthodes de travail, de leur enseigner des métiers. Une place très importante fut faite aux leçons d'esthétique et à l'éducation artistique. Tenicheva, comme d'autres, considérait l'instruction publique comme le gage de la prospérité future de la Russie. De longues années durant après l'abolition du servage, la paysannerie restait désemparée, ne sachant souvent pas et n'ayant pas les moyens de mener une économie moderne. L'énergie de bien des représentants de l'« intelligentsia progressiste » de la seconde moitié du XIXe siècle se déployait en emphatiques exhortations, non sans paternalisme, à « aller au peuple », mais quelques-uns seulement, telle Tenicheva, adoptaient des mesures pratiques, avec l'espoir de réveiller progressivement la conscience populaire endormie.

En 1894, acquisition fut faite du petit domaine voisin : la métairie de Flenovo, où fut transférée l'école rénovée. À côté du nouveau bâtiment de l'école, construit en 1895, furent édifiés des ateliers, entre autres de menuiserie, un rucher, un foyer pour les élèves. L'épanouissement de l'art théâtral dans la Russie d'alors inspira à Tenicheva l'idée de créer son propre théâtre, aux spectacles duquel participeraient, outre professeurs et élèves, tous les habitants de la propriété. Les pièces de nombreux auteurs y furent jouées, dont Anton P. Tchekhov et Nikolaï V. Gogol ; deux furent écrites par la princesse elle-même. Les sapins de Noël, les fêtes de Pâques et les mises en scène du théâtre, non seulement mettaient en joie les enfants des paysans, mais participaient à leur éducation. Bien des anciens élèves de l'école de Talachkino, ayant reçu là, outre une culture générale et des savoir-faire domestiques, leurs premières impressions artistiques, se trouvèrent par la suite une place convenable dans la vie, tandis que les plus talentueux restaient travailler dans les ateliers.

En 1896, la princesse Tenicheva introduisit dans l'enseignement des cours de balalaïka. Elle invita donc à Talachkino V. A. Lidine, l'élève préféré de V. V. Andreev, le célèbre musicien qui avait fait renaître et réapparaître sur les scènes professionnelles russes les instruments populaires. Grâce à Lidine, l'école compta bientôt un orchestre composé des trente élèves les plus doués. Outre les balaïkas, il comptait des *domras*, des chalumeaux de Smolensk, un cor et des tambours de basque. Les instruments étaient confectionnés dans les ateliers de Talachkino sous la conduite d'un maître venu spécialement de Saint-Pétersbourg ou collectés dans les villages environnants. Le concert public, donné à Smolensk dans la salle de l'Assemblée seigneuriale, accompagné de danses endiablées, devint un grand événement pour les élèves et pour leurs professeurs. Les jeunes membres de l'orchestre arboraient un costume de scène : robes bleues ornées de rubans rouges pour les jeunes filles et chemises rouges sur de larges pantalons bleus pour les jeunes gens.

Talachkino, que la princesse quittait pour Saint-Pétersbourg ou l'étranger durant l'hiver, continuait d'habiter ses pensées. C'est précisément en cette fin de XIXe siècle que se forgèrent sa vision d'artiste et l'essentiel credo qui gouvernèrent sa vie : servir l'art russe, en soutenir les manifestations nouvelles, l'inclure au processus de développement de l'art européen. Bien des années plus tard, Ekaterina Sviatopolk-Tchetvertinskaïa écrivit : « Ayant vécu de longues années sur cette terre, j'ai vu bien des richesses, utilisées à toutes sortes de caprices auxquels je n'adhérais pas, mais jamais je n'ai vu de fortune aussi bien employée que celle de la princesse M. K. et du prince V. N. Tenichev[1]. »

L'école de dessin organisée dans la maison Tenichev, quai des Anglais, jouissait par ailleurs à Saint-Pétersbourg d'une grande réputation en cette fin du XIXe siècle. L'idée de cette ouverture revenait à Repine, dont Maria Klavdievna avait fait la connaissance en 1891. Le public le plus varié, uni par un amour sincère de l'art, fréquentait cet atelier. On comptait parmi ses élèves le fils de Repine, la fille de Konstantin Makovsky, le jeune Ivan A. Bilibine, qui devint un ami fidèle de la princesse pour de longues années. Cette école devait préparer l'entrée à l'Académie des beaux-arts. Cinquante à soixante personnes pouvaient assister conjointement aux cours, mais le nombre de postulants était largement supérieur.

Pratiquement en même temps que son atelier de Saint-Pétersbourg, Tenicheva organisa à Smolensk une école élémentaire de dessin, qui, ouverte officiellement le 27 novembre 1896, fonctionna pendant un peu plus de deux ans. Alexandre A. Kourennoï, un élève de Repine, en avait été nommé directeur. L'objet de cette école était, selon les propres mots de Tenicheva, « d'attirer le plus possible d'artisans et de leur donner une connaissance du dessin, très précieuse dans leur travail. À Smolensk, par exemple, la production de poterie est florissante et un maître potier qui aurait acquis les rudiments du dessin pourrait décorer avec beaucoup de goût ses poteries, relevant ainsi sa production et la valeur de ses produits. De même, pour les menuisiers, les graveurs, etc.[2] ». Des plâtres de l'Académie des beaux-arts de Saint-Pétersbourg furent introduits comme matériel didactique dans l'école, une bibliothèque fut fondée, qui contenait des livres avec des reproductions de tableaux. Tenicheva y fit même parvenir quelques dessins orignaux de peintres célèbres.

La passion du collectionneur était depuis longtemps l'un de ses plus vifs engagements. Sa collection d'aquarelles était à cette époque déjà très réputée. Durant l'été de 1896, Alexandre Benois, que Tenicheva connaissait depuis quelques années, visita Talachkino. Tenicheva avait commencé à acquérir ses dessins bien avant qu'il ne fût célèbre, en Russie comme en Europe. Benois réalisa à Talachkino quelques dessins et aquarelles du domaine et de ses environs. Mais l'idée principale de ce voyage était tout autre. Désigné par Tenicheva comme conservateur de sa collection d'aquarelles, il reçut d'elle les subsides nécessaires à un séjour prolongé à Paris, à la condition qu'il travaille en Europe à compléter et à organiser cette collection. La vie parisienne de Benois acheva sa formation d'artiste. Son travail sur la collection concourut grandement à faire de lui un historien et critique d'art accompli. Un an plus tard, Tenicheva faisait don de la partie russe de sa collection au musée Alexandre III, l'actuel Musée d'État russe.

Ses relations avec Benois, compliquées et contradictoires, marquèrent pour Tenicheva le début de ses contacts avec le cercle d'artistes et d'hommes de culture qui se réunit plus tard autour de la plus célèbre revue d'art russe de l'entre-deux siècles *Mir Iskousstva (le Monde de l'art)*. L'idéologue, l'âme et l'organisateur de la revue et de la nouvelle tendance, proclamée « Monde de l'art », fut Sergueï P. Diaguilev, qui nourrissait comme Tenicheva l'aspiration de faire entrer l'art russe dans l'arène de l'art européen, montrer à l'Europe que le meilleur de la production russe était à l'unisson des tendances mondiales de l'art.

Diaguilev séjourna plusieurs fois à Talachkino. Les questions financières étaient loin d'être les seules à l'attirer là. Outre un soutien matériel pour la publication de la nouvelle revue, Diaguilev avait besoin de ce sentiment d'être indispensable que lui insufflait Tenicheva. Une série d'expositions consacrées à l'art russe allait illustrer la collaboration de Diaguilev et de la dame de Talachkino.

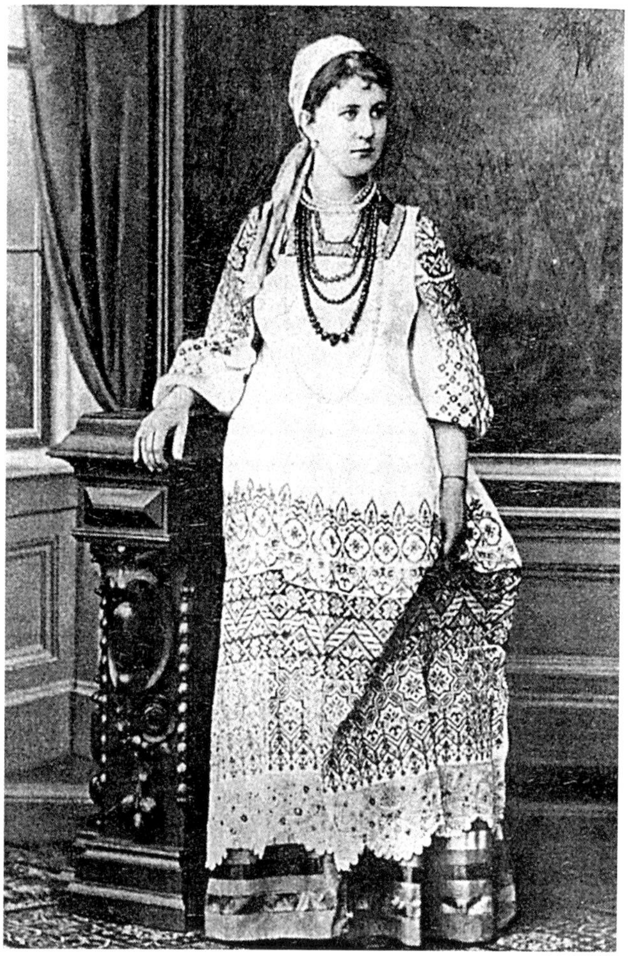

Fig. 1. **La princesse Maria K. Tenicheva en costume de théâtre inspiré de vêtements populaires, vers 1880,**
photographie, Smolensk, musée-réserve de Smolensk.

En 1898, fut conclu entre Tenicheva et Savva I. Mamontov un accord pour le financement à parts égales de *Mir Iskousstva*. La princesse s'était efforcée, dès les débuts, de prendre une part active à cette entreprise autre que purement économique. La maison Tenichev du quai des Anglais, déjà évoquée, devint le témoin fréquent des débats entre membres du Monde de l'art sur la direction à donner à la revue, les articles et les illustrations. Tenicheva s'intéressait à tout, y compris à la qualité du papier. Mais sa collaboration au journal dura moins d'un an. Les divergences de vue commencèrent à prendre une allure de principe (voir ici l'essai de S. Alsteens, « L'inconstance de Maria K. Tenicheva »). La princesse était favorable à une tendance et à des thèmes russes en art, tandis que la plupart des membres du Monde de l'art penchaient plutôt vers un style pro-occidental, en particulier, vers le néoclassicisme renaissant du début du XXe siècle. Néanmoins, les relations entre Diaguilev et Tenicheva se poursuivirent. Ils se fréquentaient, aussi bien en Russie qu'à Paris, faisant, en chemin, cause commune. En 1904, Diaguilev revint de nouveau à Talachkino, où il eut la possibilité, pour la première fois, de découvrir l'activité des ateliers d'art. Les résultats obtenus par la princesse dépassaient selon lui toute attente. Le souvenir de ce voyage a été consigné dans *le Monde de l'art* dans un article consacré aux œuvres du peintre Sergueï V. Malioutine, le directeur des ateliers[3].

En 1899, Viatcheslav N. Tenichev fut nommé commissaire général de l'Exposition universelle de 1900, à Paris. À son épouse était dévolu le rôle ingrat de personnalité officielle, assorti d'une avalanche de réceptions et de bals où sa présence était obligatoire. La nécessité d'être en permanence dans ce tourbillon de milliers de visages inconnus, souvent peu intéressants, pesait à Tenicheva. Il lui fallait une occupation véritable. Le sort lui envoya la possibilité de faire connaître à Paris et à toute l'Europe la culture russe. Elle se greffa avec enthousiasme à la préparation du stand artisanal russe que dirigeait Alexandre I. Golovine, en collaboration avec N. I. Davydova et Maria V. Iakountchikova-Weber, et elle réussit à convaincre Konstantin A. Korovine de travailler sur les panneaux décoratifs de grand format destinés à l'un des pavillons (voir ici l'essai de M.-P. Salé et É. Papet, « Les pavillons russes à l'Exposition universelle »). Tous ces artistes, plutôt liés à Abramtsevo, lui étaient néanmoins proches d'un point de vue spirituel.

Les ateliers de Talachkino confectionnèrent spécialement pour l'exposition un orchestre de balalaïkas, que décorèrent Vroubel, Malioutine, Davydova, Golovine et même Tenicheva. Ces instruments firent grande impression à l'exposition et l'on croula aussitôt sous les propositions d'achat. C'était la première fois que des objets sortis des ateliers de Talachkino étaient présentés en Europe. Durant l'exposition, la princesse organisa une « matinée musicale », avec, aux balalaïkas, le célèbre orchestre d'Andreev et parmi les solistes, le grand chanteur Fedor Chaliapine[4].

La charnière des XIXe et XXe siècles marque une nouvelle étape de la vie des ateliers de Talachkino. Ayant rempli leur mission éducative, ils passèrent progressivement à la production. La production en série d'objets décoratifs destinés à la vente entraîna inévitablement une nouvelle problématique artistique. La Russie voyait naître un nouveau style, qui fut un peu plus tard baptisé « moderne ». Tout en étant par essence une variante du *modern style* européen, il possédait une incontestable originalité puisqu'il était né des aspirations nationales romantiques qui émanaient surtout des artistes peintres. Il fallait en chercher la source à Abramtsevo, non loin de Moscou, où, dans le cadre d'un processus commun avec le mouvement des Arts and Crafts, étaient apparus les germes du nouveau style. Une partie de la création en matière d'art décoratif et appliqué des ateliers d'Abramtsevo était, au début du siècle, à bout de souffle. Le mobilier qui en sortait, bien que novateur dans les années 1880 – période qui vit pour la première fois l'utilisation de la sculpture populaire traditionnelle –, était maintenant, près de vingt ans plus tard, repris dans tous les ateliers artisanaux de la Russie et diffusé à de très gros tirages, perdant ainsi son originalité première. Même si elle avait parfaitement conscience que ses ateliers étaient les héritiers de ceux d'Abramtsevo, la princesse se fixa par principe de nouveaux objectifs. Elle souhaitait produire des objets russes dans leur essence, mais dépourvus des travers de la simple copie des modèles historiques. En moins de cinq ans d'existence, les ateliers de Talachkino réussirent à produire une grande quantité d'objets. Non seulement ils étaient empreints du nouveau style, déclinaison nationale et romantique du *moderne* russe, mais surtout il s'agissait d'œuvres d'art authentiques, marquées du sceau de la forte personnalité de leur auteur.

À la fin de 1899, l'école de dessin de Smolensk ferma. Ce bâtiment de la maison Sviatopolk-Tchetvertinskaïa fut transformé en ateliers : un atelier de teinture pour tissus et fils destinés à la broderie et un atelier de céramique (voir fig. 3 a, p. 339), dont la direction fut confiée à Ivan F. Barchtchevsky, membre de l'institut d'archéologie de Moscou et célèbre photographe (cat. 60 à 64). Sur les recommandations de Vroubel, Tenicheva invita à Talachkino le talentueux artiste-peintre Sergueï V. Malioutine, qui s'y installa au printemps de 1900. La direction artistique des ateliers de menuiserie lui revint.

L'une des raisons pour lesquelles Tenicheva prêtait une attention de plus en plus soutenue à l'aspect artistique de la production des ateliers était son rêve de construire une église à Flenovo. Tous les travaux concernant sa construction, son aménagement intérieur, la confection des vêtements liturgiques, étaient censés être réalisés avec les moyens du bord et les matériaux locaux[5]. On trouve dans *Talachkino*, ouvrage publié en 1905 qui illustre les objets sortis des ateliers de Talachkino entre 1900 et 1904, des objets liturgiques créés à cette intention. Ont de même été conservées les figures des archanges Michel et Gabriel brodées par E. A. Prakhova sur des esquisses de Viktor M. Vasnetsov. Tenicheva rêvait également de décorer l'église avec des émaux cloisonnés. Ses expériences pour faire renaître cet art ancien, pratiquement disparu, remontaient à Talachkino. Elles devinrent la préoccupation principale de la princesse, en tant que chercheuse et artiste.

Après de longues recherches dans les environs de Flenovo, un lieu fut enfin choisi pour l'édification de l'église du Saint-Esprit : non loin de l'école, au sommet d'une colline couverte de pins, de sapins et de tilleuls, avec une vue magnifique (fig. 2). Tenicheva ne voulait pas ici d'un temple majestueux, elle souhaitait une petite église qui rappelle l'architecture de la vieille ville russe de Iaroslavl, mais qui, loin d'être une simple copie, s'harmoniserait avec la nature environnante. Elle attacha aux travaux préparatoires les artistes et les architectes les plus divers : Adrian V. Prakhov, Vladimir V. Souslov et Ivan F. Barchtchevsky, qui se révéla être un très grand spécialiste de l'architecture ancienne de Iaroslavl, entre autres. Un des projets les plus réussis fut réalisé par Vroubel (cat. 489), mais l'église achevée est plus proche des dessins, conservés, de Malioutine (cat. 314 et 315).

La première pierre de cette église fut posée au début de l'automne de 1900. Sa construction et sa décoration se prolongèrent jusqu'au début de la Première Guerre mondiale, mais il était dit que ses créateurs ne verraient pas leur aboutissement. En 1917, la tombe du prince Tenichev, enseveli en 1903 dans la crypte de l'église encore en construction, fut sauvagement détruite.

L'église ne fut jamais consacrée, ses murs n'entendirent jamais résonner le son des liturgies. Elle fait aujourd'hui figure de monument de la grande époque de Talachkino. Les fresques réalisées par Nikolaï K. Roerikh (fig. 3) ont été effacées, n'en subsistent que de légères traces. Elles commençaient déjà à s'abîmer du vivant de l'artiste, en raison d'une erreur de conception qui faisait que les murs s'imprégnaient d'humidité. Mais les destructions catastrophiques survinrent après la révolution, à la suite de l'utilisation barbare de l'édifice. Les esquisses des fresques qui devaient entourer l'autel ont été conservées dans une collection privée. Avec les photographies qui nous sont parvenues et la description laissée par l'artiste, elles permettent d'imaginer ce qu'étaient les fresques perdues. On notera surtout l'absence d'une observance stricte des canons orthodoxes. La figure centrale de la composition *la Mère du monde* est une interprétation libre de la figure de la Vierge Marie. Des associations avec l'art indien sont perceptibles dans ces fresques. C'est à cette époque en effet que Roerikh avait commencé à s'intéresser à ce pays, où il finit sa vie.

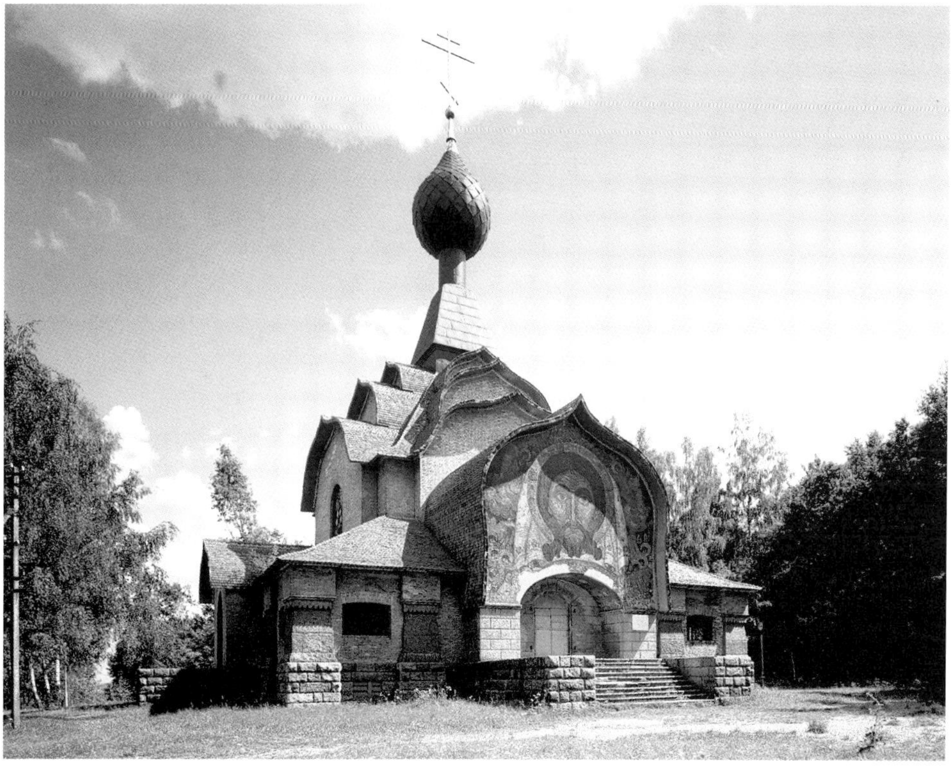

Fig. 2. **Flenovo (Talachkino), église de la Transfiguration, d'après un projet de Sergueï V. Malioutine, mise en chantier en 1900, état actuel,** vue générale.

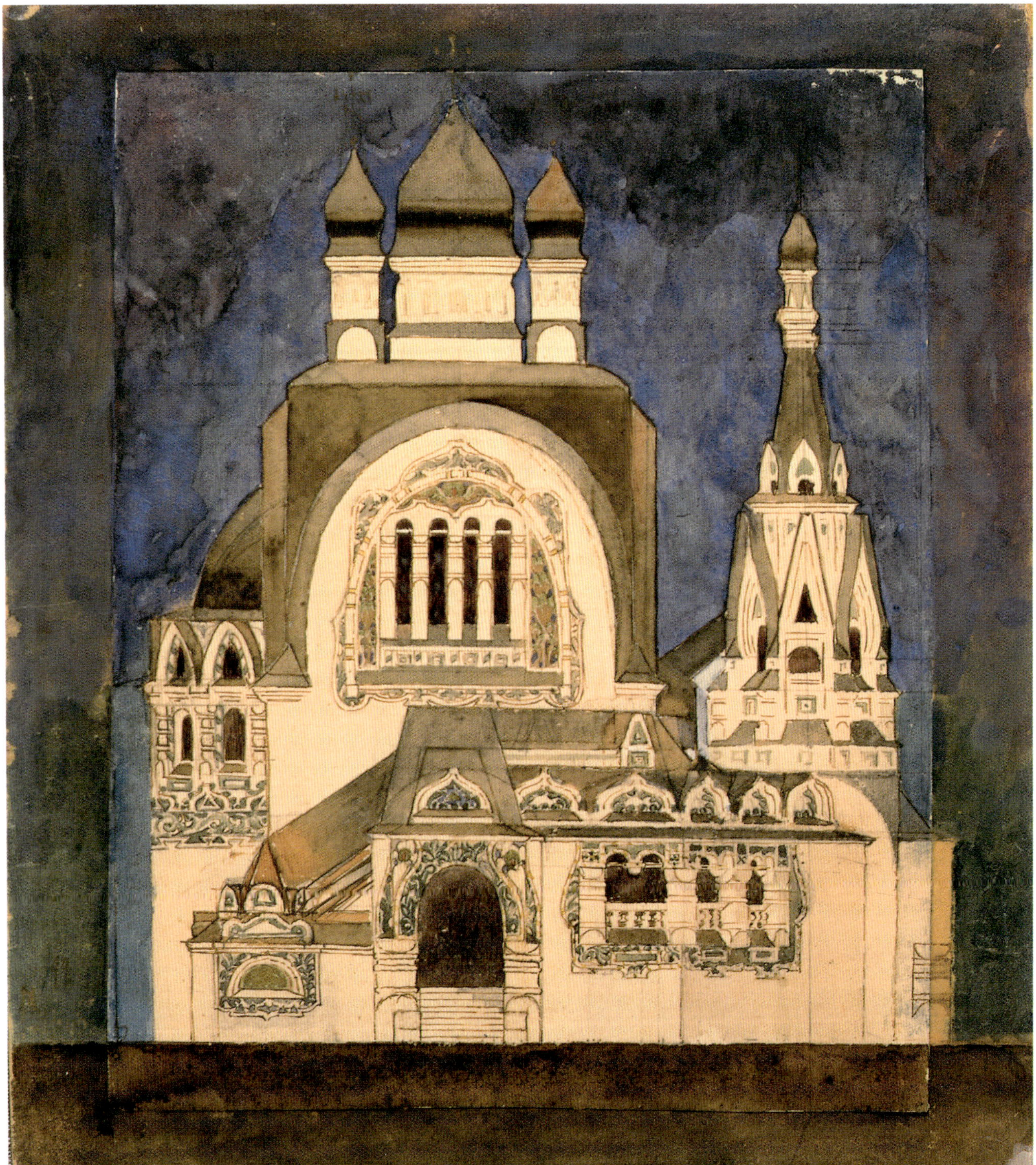

Cat. 489

Mikhaïl A. Vroubel, *Esquisse pour l'église de Flenovo*, 1899,
aquarelle, encre de Chine sépia sur papier contrecollé sur carton, Smolensk, musée-réserve de Smolensk.

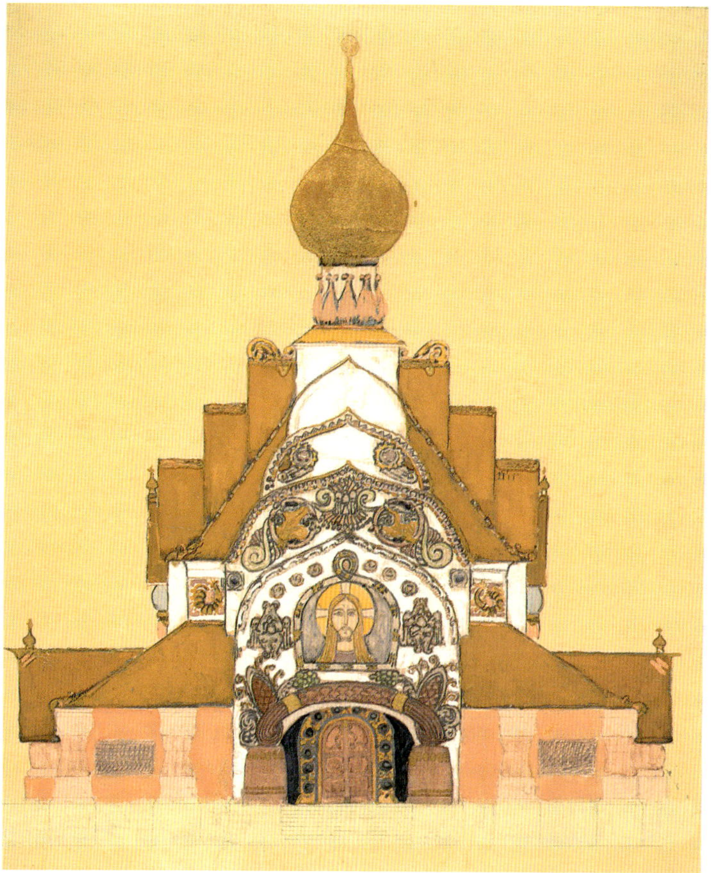

Cat. 314

Sergueï V. Malioutine, *Projet pour l'église de Flenovo,* façade ouest de l'église avec, surmontant le portail, la mosaïque *le Saint-Sauveur,* province de Smolensk, Talachkino, 1901,
crayon, aquarelle, gouache, blanc de céruse, peinture mordorée, Smolensk, musée-réserve de Smolensk.

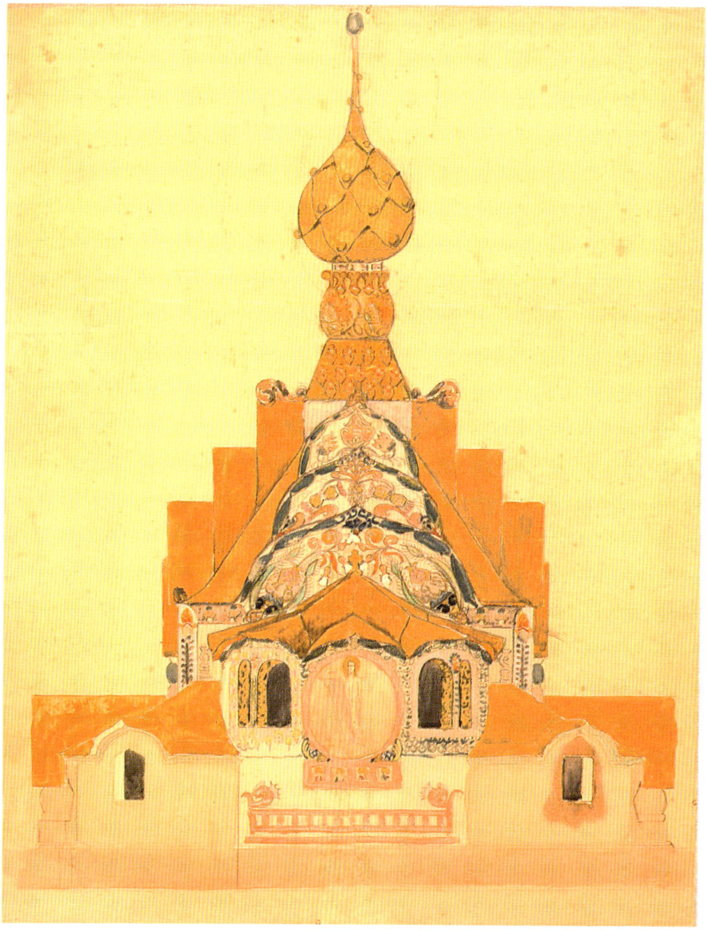

Cat. 315

Sergueï V. Malioutine, *Projet pour l'église de Flenovo,* façade est, province de Smolensk, Talachkino, 1901,
crayon, aquarelle, gouache, céruse, peinture mordorée, Smolensk, musée-réserve de Smolensk.

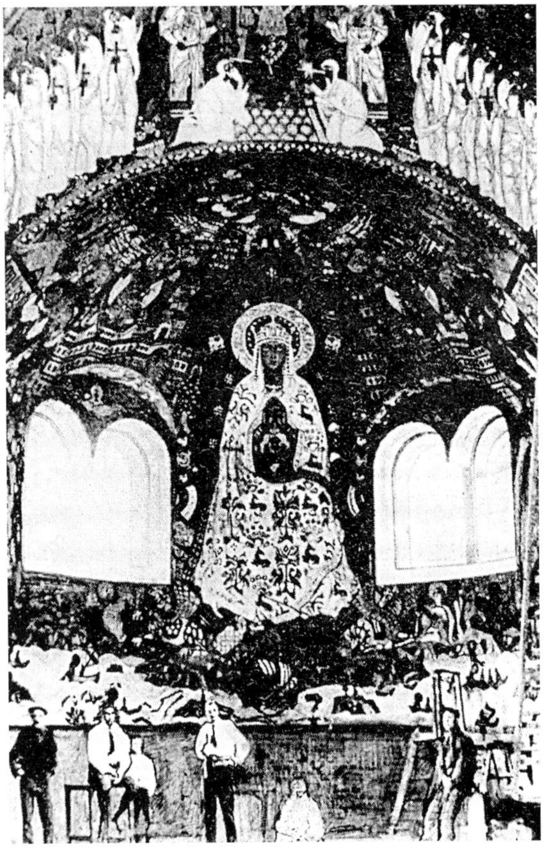

Fig. 3. **Vue de l'intérieur de l'église de la Transfiguration, vers 1910,** photographie, Paris, documentation du musée d'Orsay.

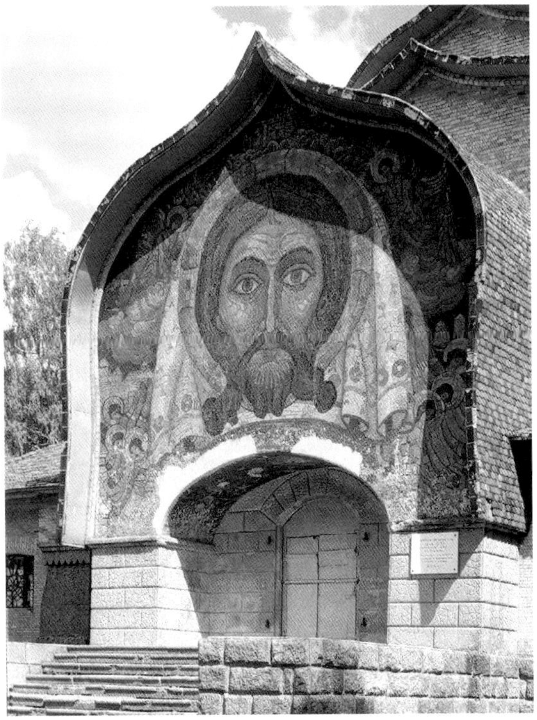

Fig. 4. **Flenovo (Talachkino), église de la Transfiguration, panneau de mosaïque surmontant l'entrée principale, représentant le Saint-Sauveur, réalisé d'après l'esquisse de Nikolaï K. Roerikh dans l'atelier de V. A. Frolov (Saint-Pétersbourg) entre 1910 et 1914.**

Les fresques de l'église de Talachkino sont l'incarnation des réflexions philosophiques complexes menées par l'artiste, de ses « recherches [tourmentées] de la vérité ». La gamme de couleurs elle-même est plus proche de l'Orient que de l'art religieux russe. Tout cela permit à quelques chercheurs d'attacher une signification œcuménique à l'œuvre de Roerikh.

La mosaïque du Saint-Sauveur, réalisée au-dessus de l'entrée principale d'après les esquisses du même Roerikh, est infiniment mieux conservée (cat. 415 ; fig. 4). Brillant toujours de ses couleurs inaltérables, elle est aujourd'hui l'élément dominant de la décoration de l'église. Il avait été initialement prévu que le smalt utilisé pour cette mosaïque serait pulvérisé dans les ateliers locaux. Mais sa réalisation fut finalement confiée aux maîtres de l'atelier de mosaïque de l'académicien pétersbourgeois V. A. Florov. Ce travail fut achevé en 1914.

Les travaux dans l'église furent loin d'épuiser les relations de Roerikh avec Talachkino. C'est précisément sous l'influence de Tenicheva, qu'il appelait « le cerveau de la production artistique russe », que le célèbre peintre se tourna vers la décoration et les arts appliqués. Sa première expérience, qui remonte à 1903, est un projet de coffre orné de peintures et d'applications de cuivre. Vint ensuite une esquisse pour broderie sur toile à sujet cynégétique. Au printemps de 1904, Roerikh écrivait à la princesse Tenicheva : « L'idée m'est venue d'esquisser tout l'ameublement d'une bibliothèque de travail, où il pourrait y avoir une frise. C'est une chose que de concevoir un objet isolé, c'en est une autre, infiniment plus excitante, que de penser tout un ensemble, en sorte que chaque objet soit partie indispensable et naturelle du tout[6]. » Elle reçut bientôt deux croquis donnant une vue d'ensemble de la pièce et vingt-cinq projets d'éléments séparés. Seuls quelques fragments, dont la porte (cat. 518) et quelques images de ce projet d'envergure, ont été conservés, ainsi que la photographie du meuble-bibliothèque lui-même, publiée en 1905 dans l'ouvrage *Talachkino* (cat. 300). Aux dires de l'artiste, « s'ouvrait non seulement le battant tout entier [du meuble], mais aussi chaque alvéole ». Il était décoré d'une frise sculptée en bas relief teinté. Le sujet du décor peut être vu comme une fenêtre ouverte sur le monde énigmatique et mystérieux de la nature, depuis les profondeurs sous-marines jusqu'aux sphères célestes.

Pas la moindre allusion, dans les réalisations décoratives de Roerikh, à des emprunts directs à l'art de l'ancienne Russie. Pourtant ses sources d'inspiration se

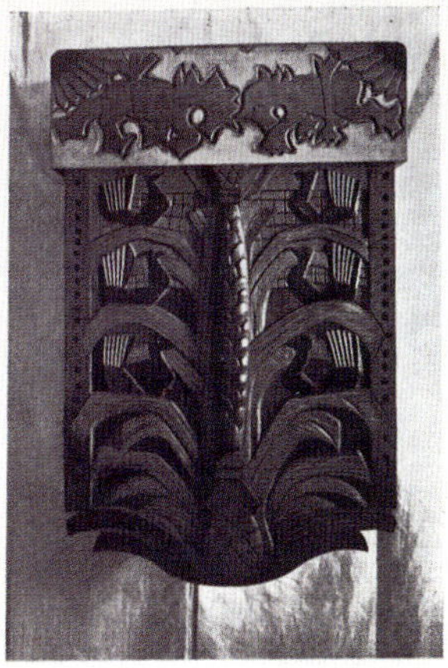

114

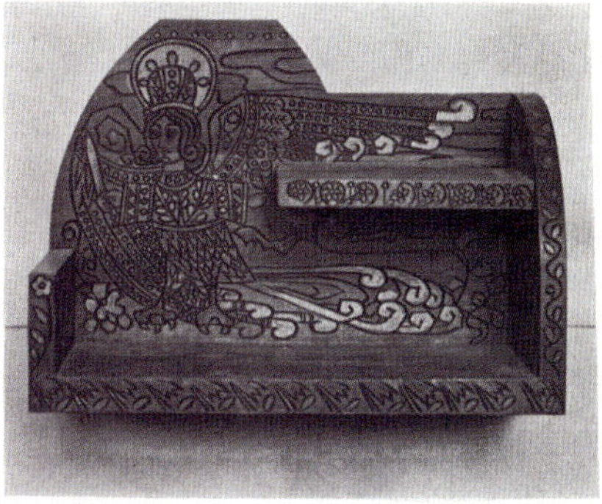

115

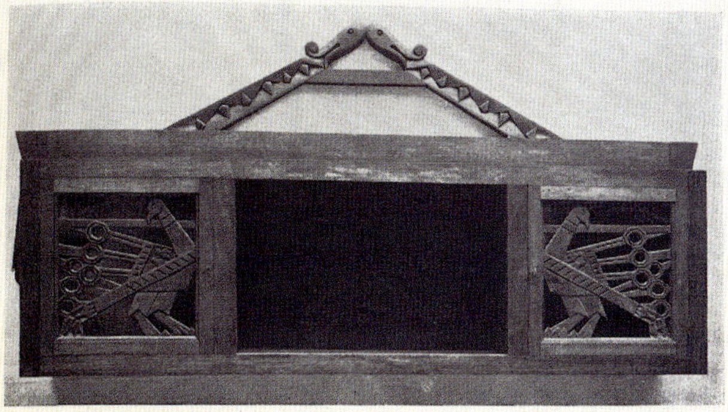

116

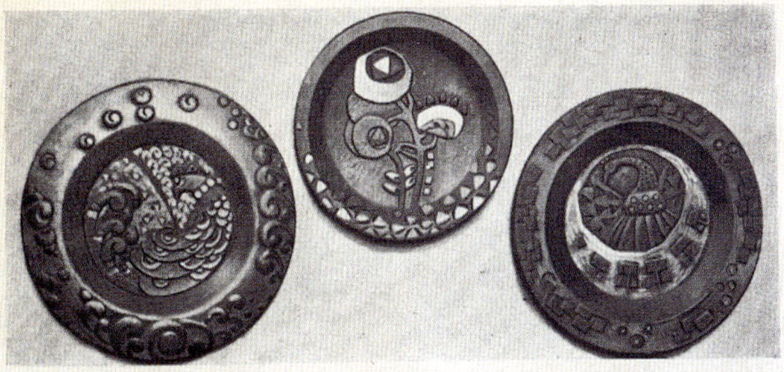

117

Cat. 300

Sergueï K. Makovsky, *Talachkino, l'Art décoratif des ateliers de la princesse Tenichev*, incluant « Souvenir d'un voyage à Talachkino » par N. K. Roerikh, Saint-Pétersbourg, Sodroujestvo (L'Entente), 1906,
livre, n° 114 à 117, Paris, bibliothèque des Arts décoratifs.

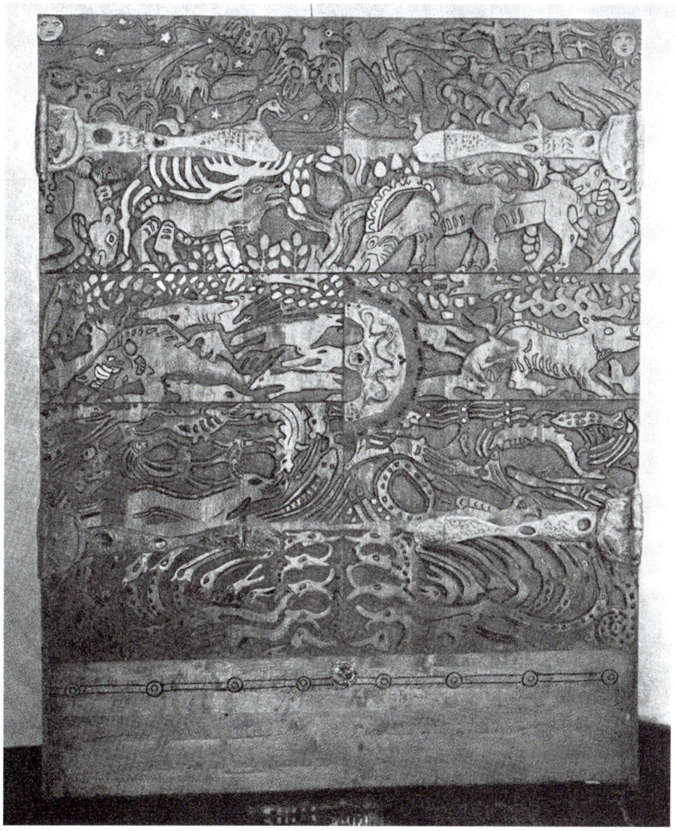

Cat. 518

Nikolaï K. Roerikh, *Fragment d'une armoire* à trois battants pour une bibliothèque,
six panneaux de bois sculpté peints, ferrures zoomorphes en métal, Serguiev Possad, musée d'Art populaire et d'Art décoratif contemporain, (photographie ancienne).

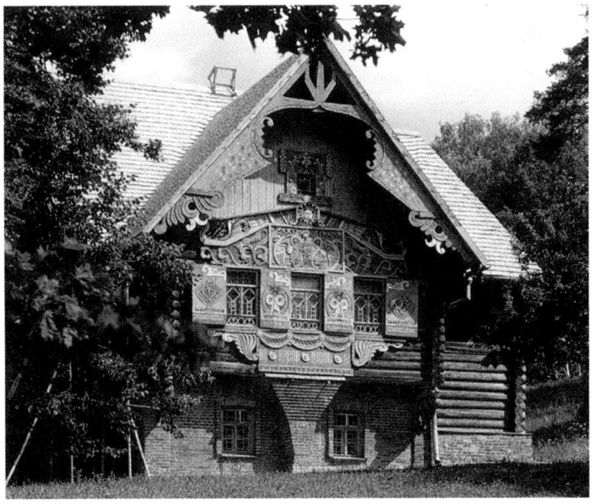

Fig. 5. **Flenovo (Talachkino), la Maisonnette, vue actuelle.**

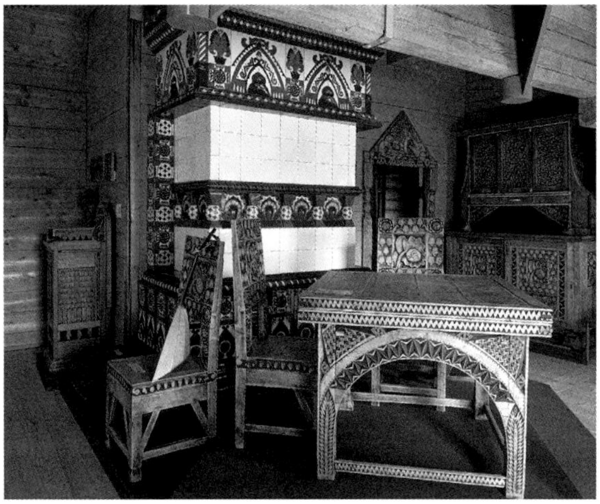

Fig. 6. **Flenovo (Talachkino), la Maisonnette, présentation actuelle,** avec le mobilier et le poêle en céramique réalisés d'après les esquisses de Sergueï V. Malioutine.

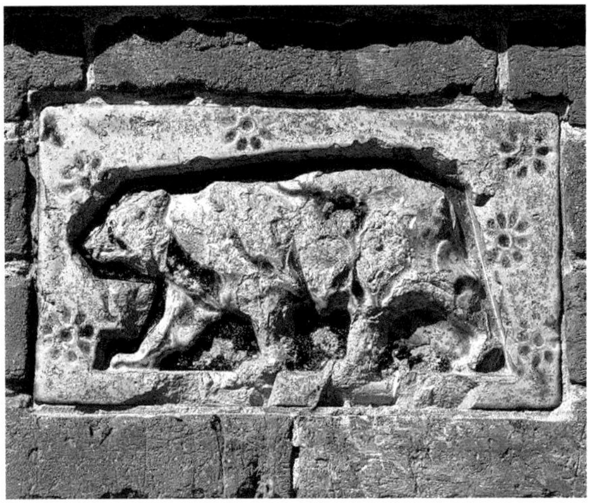

Fig. 7. **Flenovo (Talachkino), la Maisonnette,** plaquette décorative en céramique émaillée, détail.

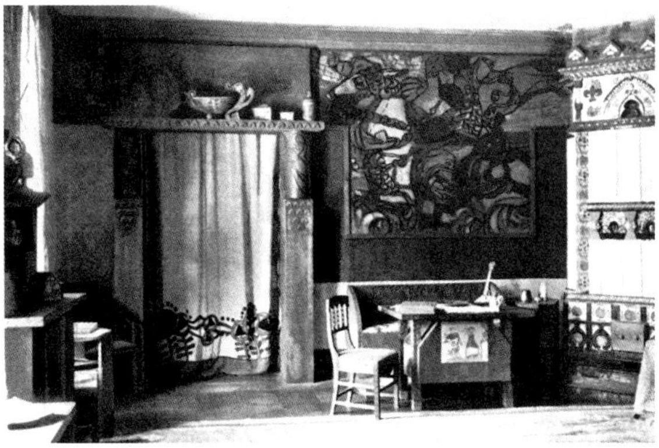

Fig. 8. **Talachkino, salle à manger russe de la demeure des Tenichev, photographie tirée de l'ouvrage *Talachkino*, Saint-Pétersbourg, Sodroujestvo (L'Entente), 1905** (cat. 300).

devinent aisément : elles proviennent de l'archéologie. Roerikh n'était pas seulement artiste, il était aussi archéologue professionnel. Cet intérêt profond pour les antiquités nationales était encore un point commun entre Tenicheva et lui. La fin du XIXe siècle en Russie était l'époque des grandes découvertes archéologiques. Les méthodes de stylisation mises au jour par la quantité de monuments découverts étaient en résonance avec le style moderne. Roerikh fut le premier à matérialiser cette relation entre l'art « antique » slave et l'art contemporain. Ses œuvres définirent pour l'essentiel la stylistique globale de la production des ateliers de Talachkino.

Son activité de décorateur de théâtre était également liée à Talachkino. En juillet 1911, le compositeur Igor F. Stravinsky vint à Talachkino pour le rencontrer. C'est là que débuta leur travail sur l'illustre ballet *le Sacre du printemps*. Au milieu des collines et des bouleaux de Talachkino qui « rappelaient le berger de la légende Lel et Koupava[7] » fut mis au point le plan du scénario, furent trouvés les titres des danses, tandis que jaillissaient des pinceaux de Roerikh les célèbres esquisses des décors et des costumes. Pour ce faire, la princesse avait mis à sa disposition sa précieuse collection de costumes traditionnels.

Si bien des artistes ne fréquentaient qu'épisodiquement Talachkino, Malioutine, lui, y consacra presque trois ans de vie et de création. Il y laissa un immense héritage formé d'une quantité d'esquisses (fig. 4, p. 28-29) et de projets réalisés. Il était déjà en 1900 un artiste peintre accompli, qui de plus avait manifesté de l'intérêt pour l'art décoratif et les arts appliqués. Mais ce n'est qu'ici, dans les ateliers de production artistique, que ses idées prirent corps. C'est en effet à Talachkino que, pour la première fois, Malioutine réalisa une série de projets architecturaux : outre l'église, furent construits, d'après ses plans, sa maison personnelle dans le style russe, une nouvelle dépendance pour le théâtre ainsi que la Maisonnette des contes de fées (fig. 5 à 7). Cette bâtisse, la seule conservée, remplissait diverses fonctions : à la fois maison d'hôtes et bibliothèque scolaire. C'est pour la Maisonnette que Roerikh, qui y avait vécu, créa le projet d'intérieur que nous avons mentionné.

À Talachkino, Malioutine créa du mobilier mais aussi de la céramique, en particulier les carreaux de poêle pour la Maisonnette et la salle à manger russe de la maison de Tenicheva (fig. 8). Les esquisses de ce grand artiste, merveilleux coloriste à l'imagination débordante, sont des œuvres d'art en soi. En 1903, Diaguilev écrivait dans la revue *Mir Iskousstva (le Monde de l'art)* qu'il considérait Malioutine comme « un talent exceptionnel », que ses « aquarelles ressemblaient à des pièces de tissus précieux et rares[8] ».

De tous les artistes de Talachkino, Malioutine était le plus proche des traditions d'Abramtsevo. Ses créations s'appuyaient essentiellement sur l'art populaire (cat. 311, p. 195). Mais il avait considérablement élargi le cercle des sources possibles. Il aimait tout particulièrement l'art des régions de la Volga, notamment ce qu'on appelle la « sculpture de navire », qui orne les vaisseaux et les maisons de paysans. Il employait parfois dans ses projets des inclusions de sculptures populaires véritables, qui se combinaient harmonieusement avec les ornements qu'il avait lui-même créés.

En travaillant dans les ateliers de Talachkino, Malioutine avait élaboré un style unique (fig. 9 à 13), facilement reconnaissable et qui suscita une vague d'imitations (fig. 14). L'approche de l'objet prévalait parfois sur son aspect fonctionnel, le métamorphosant en véritable sculpture. C'est justement cette impression que produit la table de la collection du musée de Smolensk, dont la forme rappelle le mortier du conte *Baba Iaga* (cat. 313). Malioutine réalisa deux exemplaires de cette table, présentant une inclusion de morceaux de bois pétrifié scié en deux que Tenicheva avait rapportés de Californie[9].

Malgré une passion spéciale pour le travail en atelier de menuiserie (cat. 307, 316 ; fig. 15), Malioutine laissa son empreinte dans presque toutes les entreprises

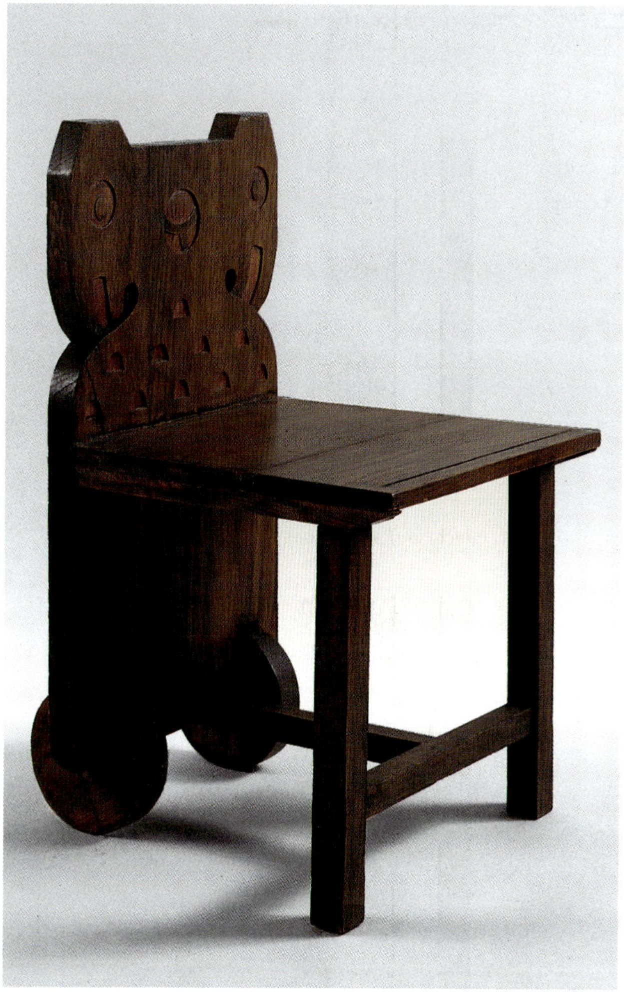

Cat. 504

Alexeï P. Zinoviev, *Chaise à roulettes*, Talachkino, vers 1900,
chêne sculpté et teinté, Moscou, musée national d'Histoire.

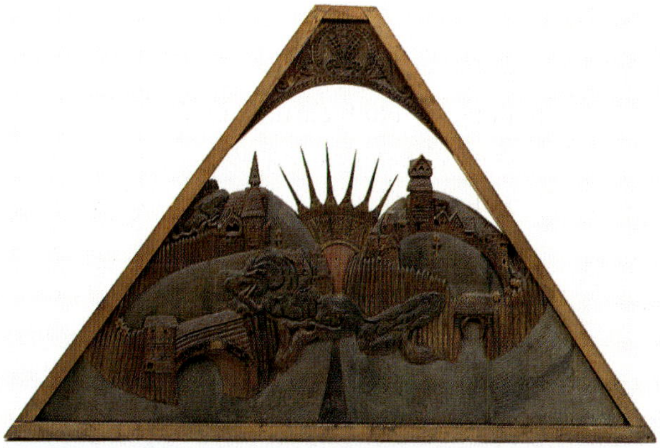

Cat. 307

Sergueï V. Malioutine, *la Cité*, panneau décoratif, Talachkino, vers 1900,
tilleul sculpté et teinté, Moscou, musée national d'Histoire.

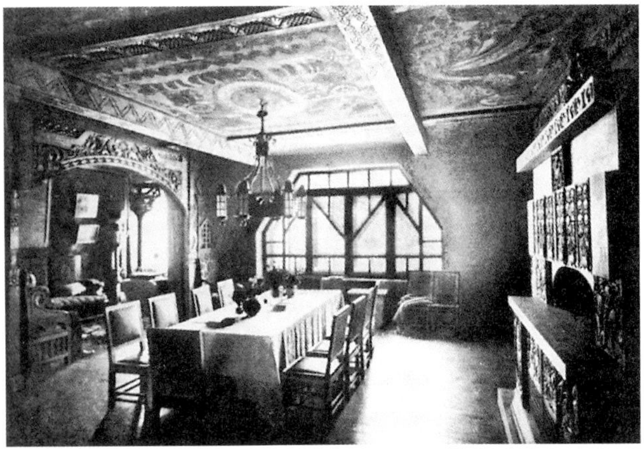

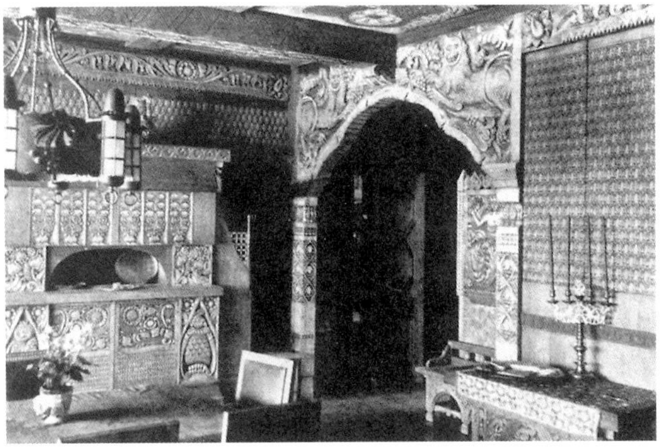

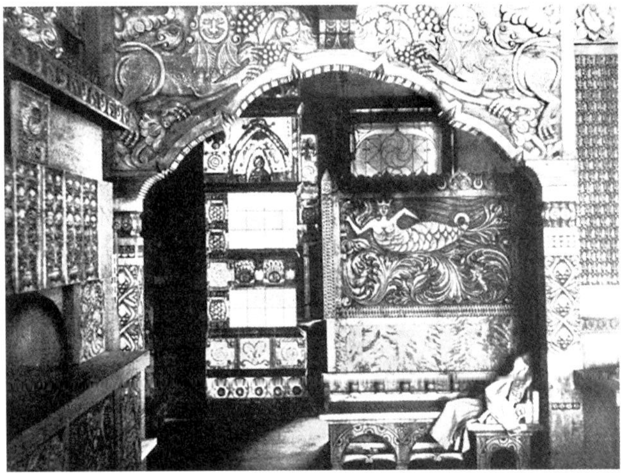

Fig. 9, 10 et 11. **Sergueï V. Malioutine, *Salle à manger de la maison Pertsov à Moscou,* 1905-1907,**
Moscou, Archives de littérature et d'histoire de l'art.

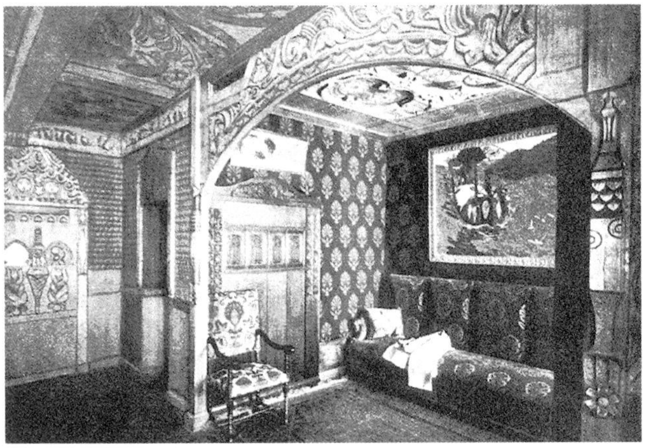

Fig. 12. **Sergueï V. Malioutine, *Salon de la maison Pertsov à Moscou,* alcôve, 1905-1907 ; *les Visiteurs d'au-delà des mers* de Nikolaï K. Roerikh, 1901,** (fig. 13 p. 45) sont accrochés au-dessus du sofa, Moscou,
Archives de littérature et d'histoire de l'art.

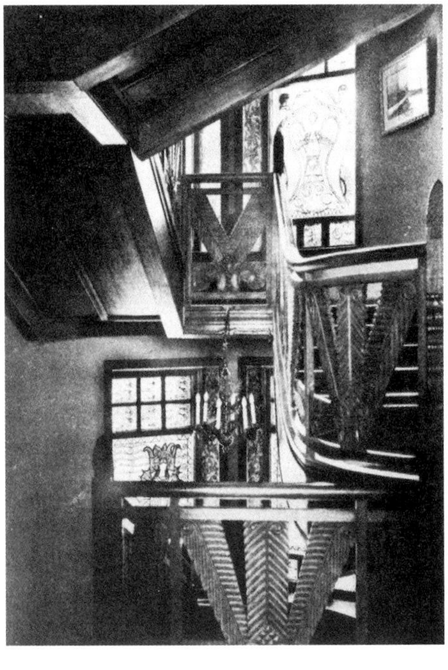

Fig. 13. **Sergueï V. Malioutine, *Entrée de la maison Pertsov à Moscou,* 1905-1907,**
Moscou, Archives de littérature et d'histoire de l'art.

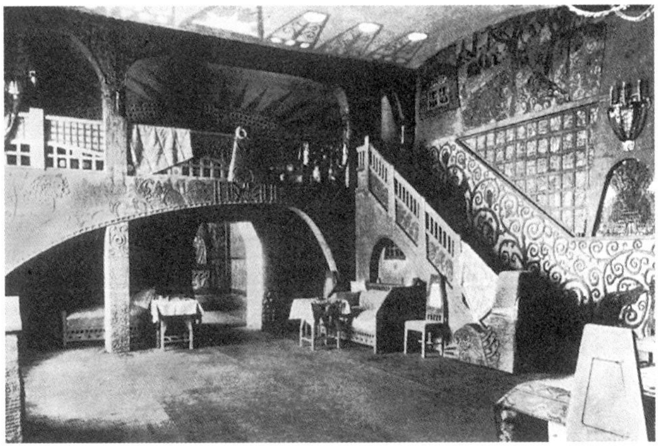

Fig. 14. **A. Iakimchenko, *Salle à manger de la maison Firsanov à Moscou,* vers 1900,**
documentation du musée d'Orsay.

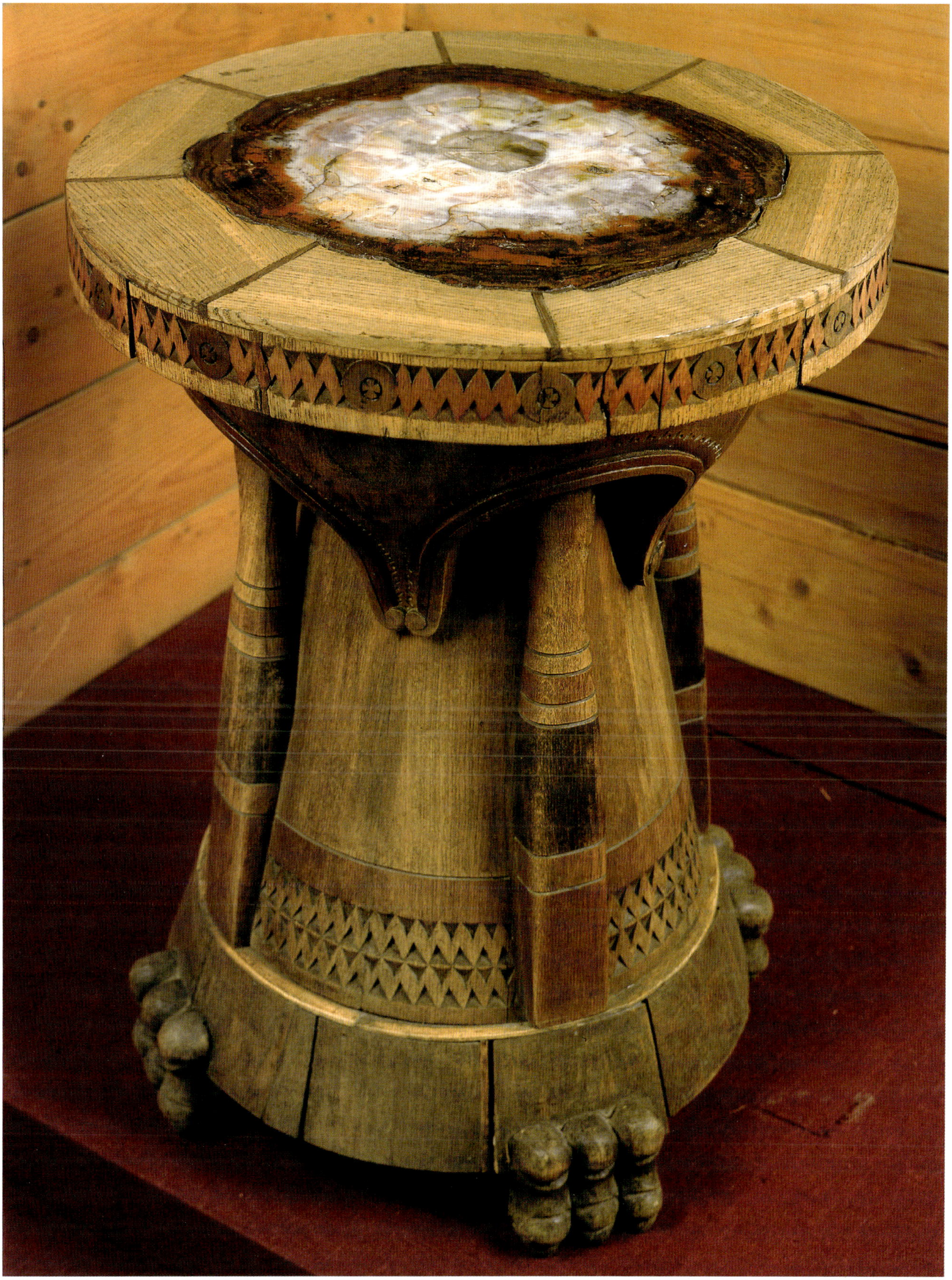

Cat. 313

Sergueï V. Malioutine, ateliers de la princesse M. K. Tenicheva à Talachkino, *Table avec agate,* dite table de Baba Iaga, 1900-1903,
bois sculpté peint, poli, agate incrustée, Smolensk, musée-réserve de Smolensk.

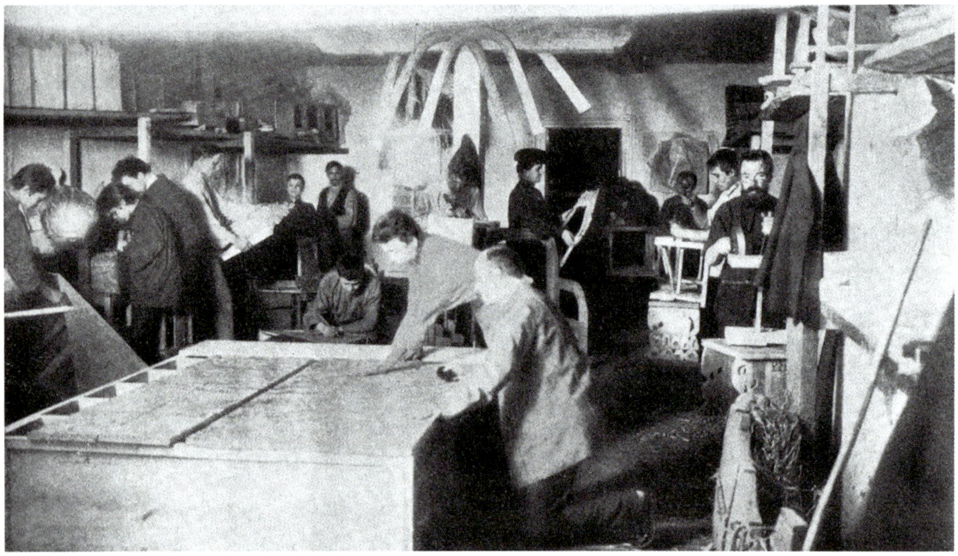

Fig. 15. **Atelier de menuiserie de Talachkino, photographie tirée de l'ouvrage *Talachkino*, Saint-Pétersbourg, Sodroujestvo (L'Entente), 1905** (cat. 300).

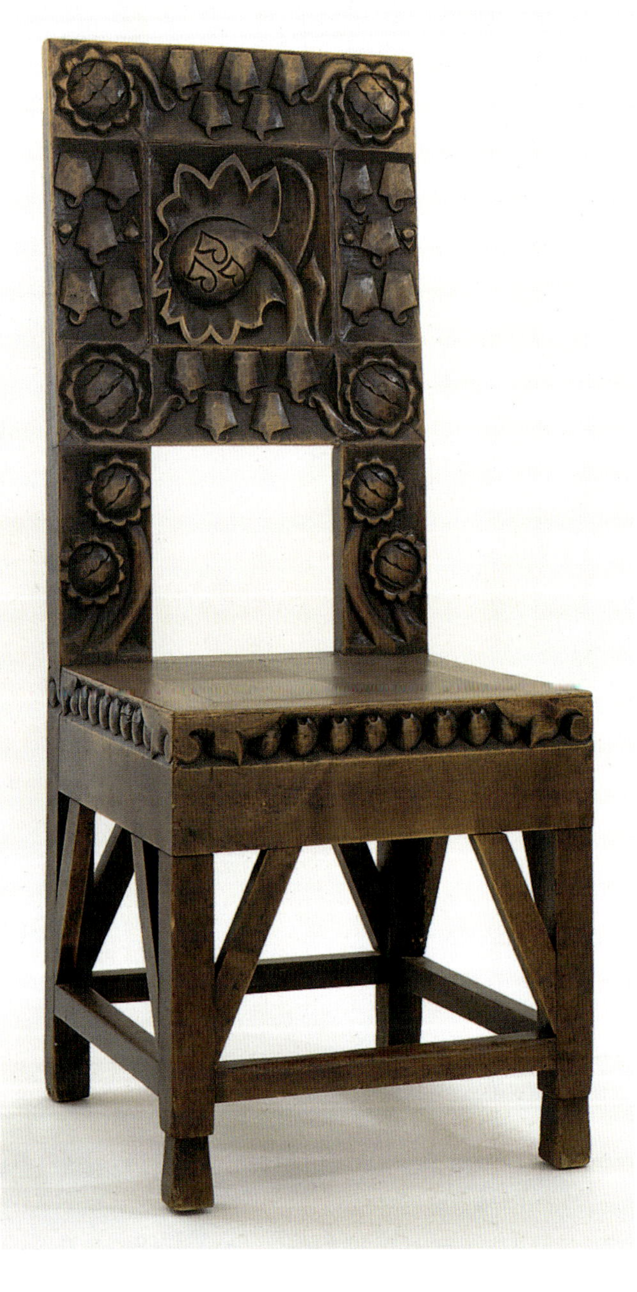

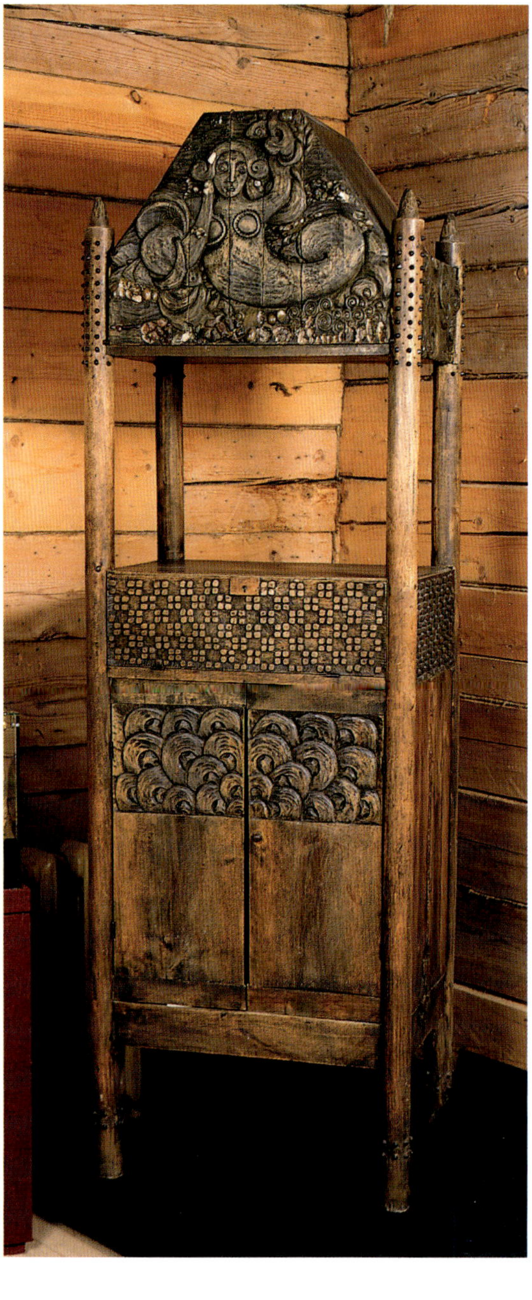

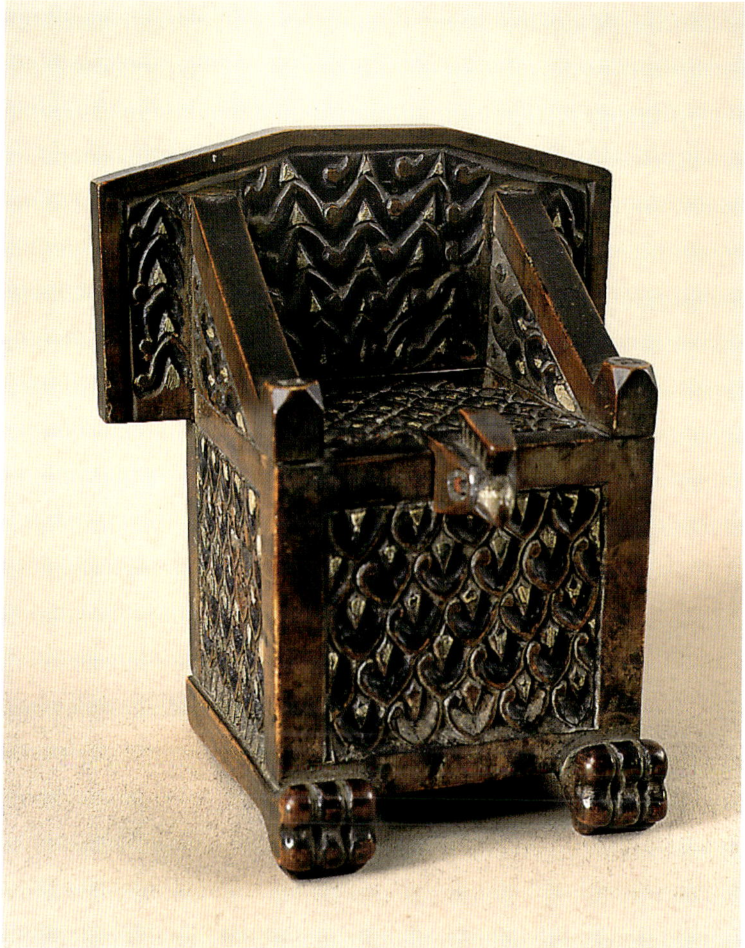

Cat. 311

Sergueï V. Malioutine, ateliers de la princesse M. K. Tenicheva à Talachkino, Salière *Poule Rousse*, 1900-1903,
bois sculpté teinté et peint, Smolensk, musée-réserve de Smolensk.

Cat. 316

Sergueï V. Malioutine, *Chaise*, élément d'une salle à manger composée de neuf pièces, projet des années 1900 réalisé en 1912 dans les ateliers du musée d'Artisanat de Moscou, 1912,
bouleau sculpté et teinté, Moscou, musée national d'Histoire.

Cat. 506

Alexeï P. Zinoviev, atelier de la princesse M. K. Tenicheva à Talachkino, *Buffet*, province de Smolensk, Talachkino, 1903-1906,
bois sculpté, incrustation de cailloux de rivière, métal forgé, Smolensk, musée-réserve de Smolensk.

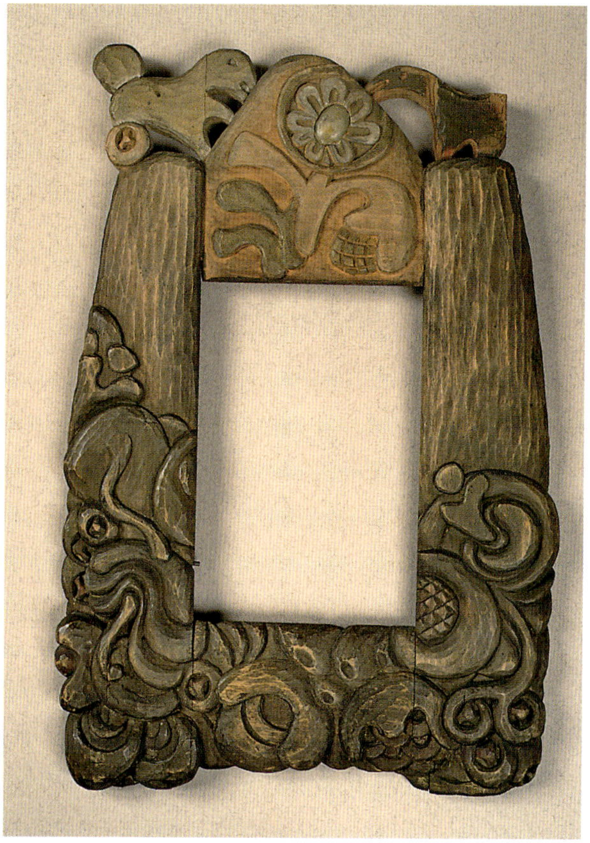

Cat. 309

Sergueï V. Malioutine, ateliers de la princesse M. K. Tenicheva à Talachkino, *Cadre pour un portrait*, 1900-1903,
tilleul sculpté en bas relief et teinté, avec incrustations de pierre de rivière, Smolensk, musée-réserve de Smolensk.

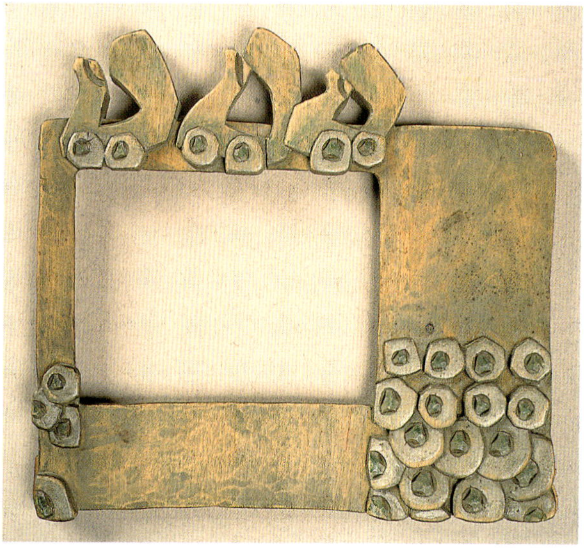

Cat. 505

Alexeï P. Zinoviev, atelier de la princesse Tenicheva à Talachkino, *Cadre pour portrait*, province de Smolensk, Talachkino, 1903-1905,
bois sculpté teinté, Smolensk, musée-réserve de Smolensk.

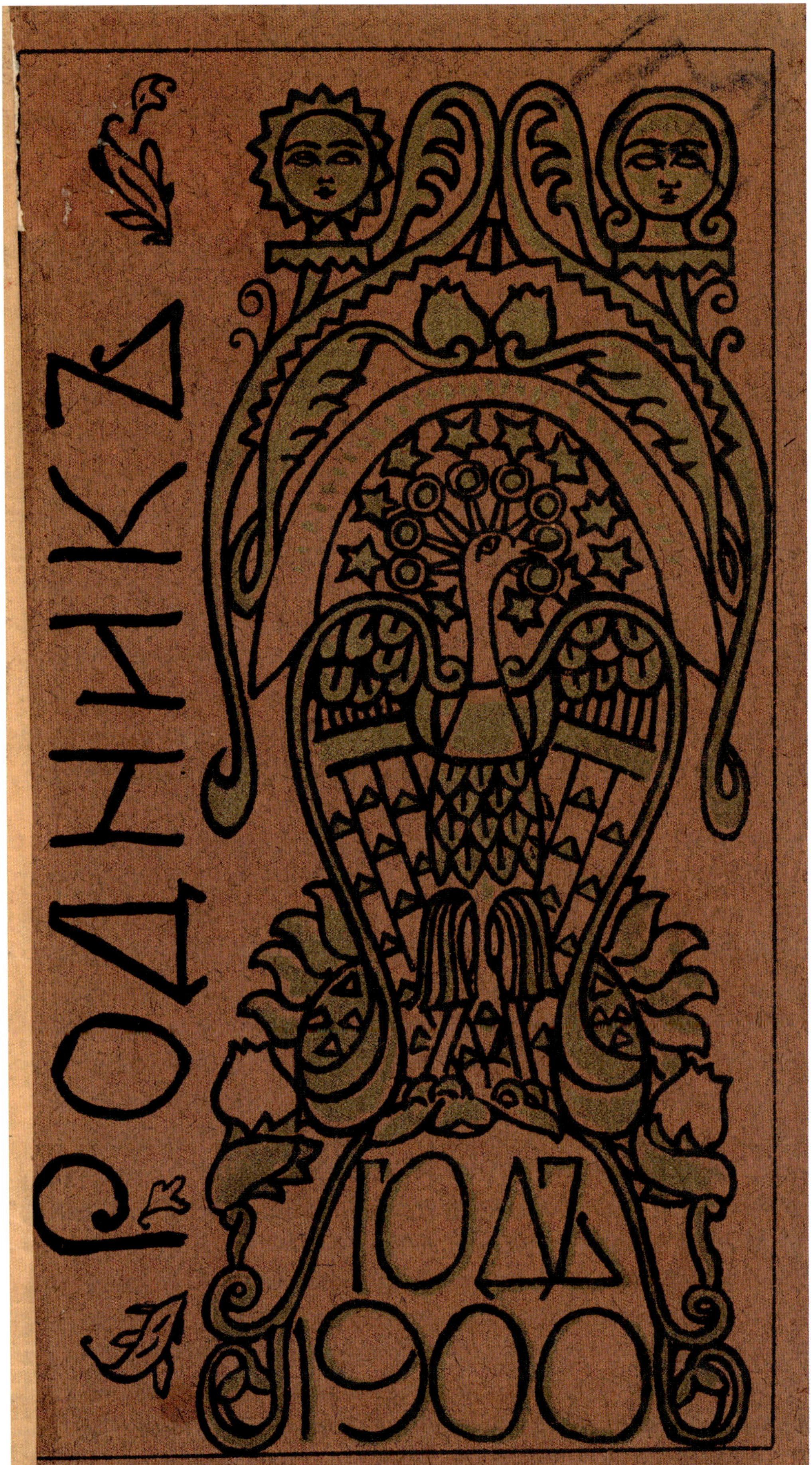
РОДНИКЪ
ГОДЪ
1900

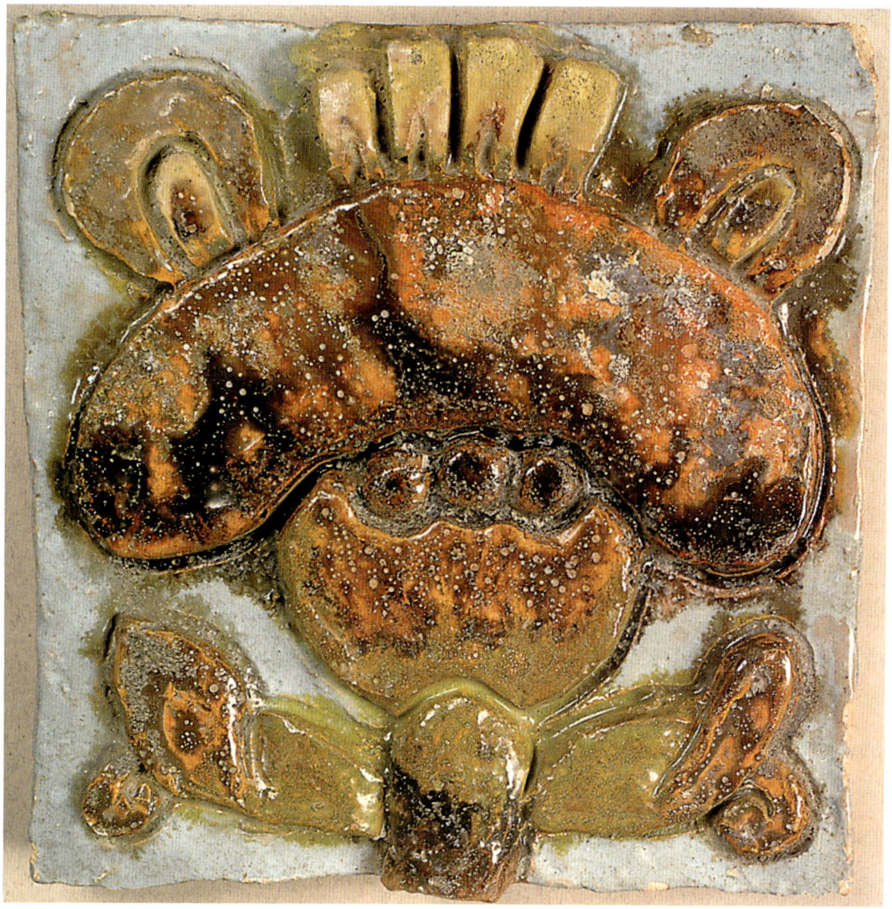

Cat. 55

Ateliers de la princesse Maria K. Tenicheva à Talachkino, d'après Sergueï V. Malioutine (?), *Carreau de céramique,* province de Smolensk, Talachkino, 1900,
céramique émaillée *(majolika),* glaçure,
Smolensk, musée-réserve de Smolensk.

Cat. 56

Ateliers de la princesse Maria K. Tenicheva à Talachkino, d'après Sergueï V. Malioutine (?), *Carreau de céramique,* province de Smolensk, Talachkino, 1900,
céramique émaillée *(majolika),* glaçure,
Smolensk, musée-réserve de Smolensk.

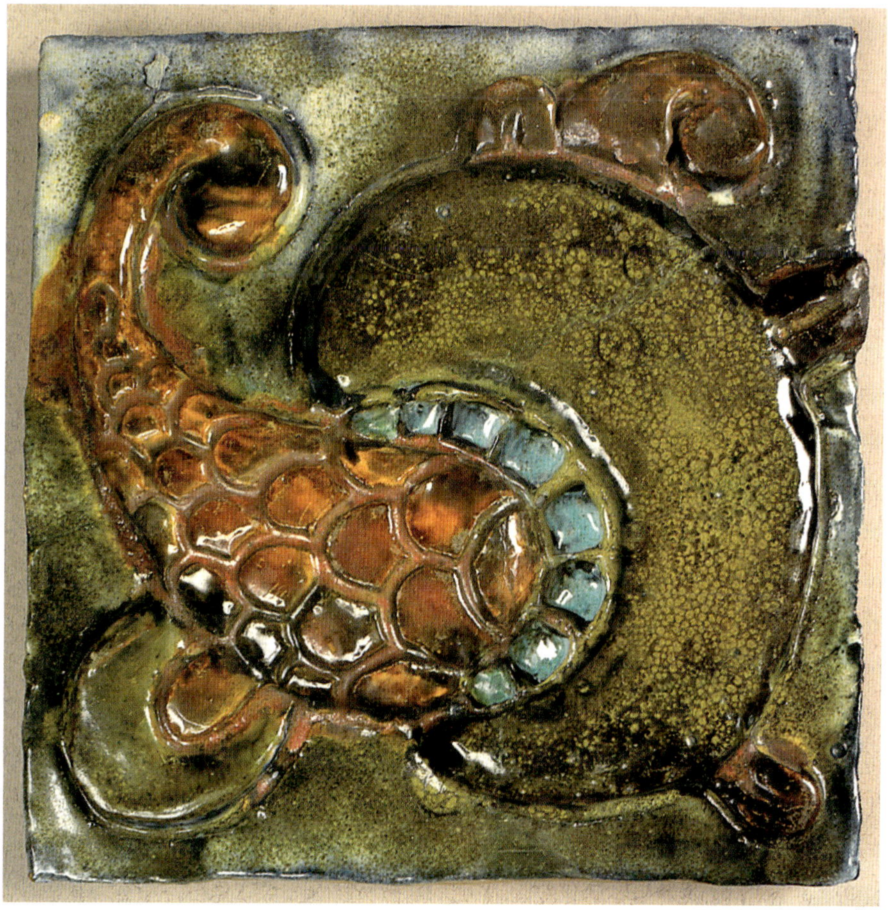

Cat. 391

***Prospectus Rodnik. God 1900* [« la source. année 1900 »], Moscou, 1903,**
Saint-Pétersbourg, Bibliothèque nationale de Russie.

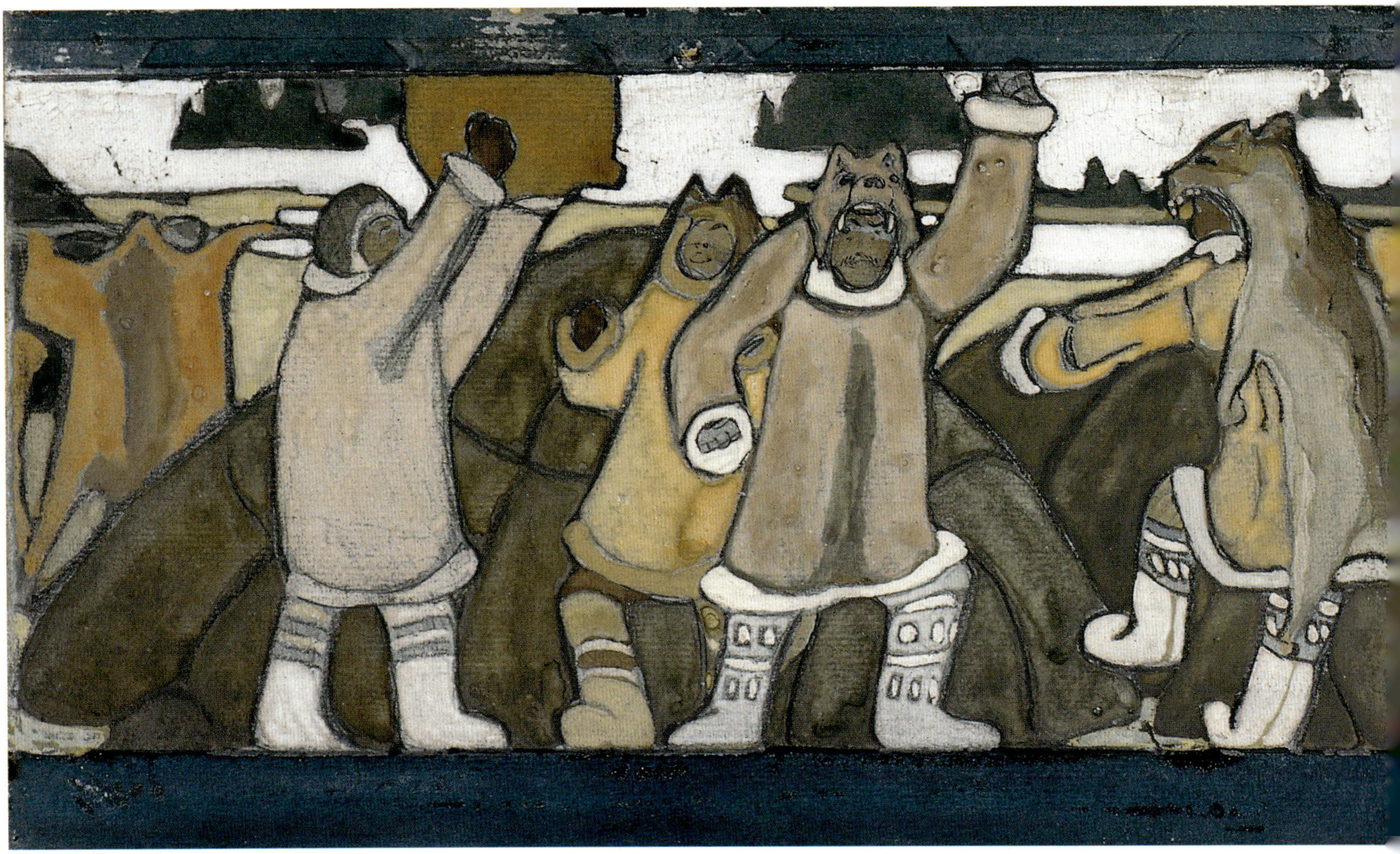

artistiques de Talachkino, puisque Tenicheva lui avait confié la direction artistique de tous les ateliers. Même la production de broderie fut abordée, pour laquelle Malioutine créa une série d'esquisses. Les broderies paysannes représentaient la production la plus massive des ateliers de Talachkino (cat. 58). D'après les documents conservés, il semble qu'elle occupait presque deux milles brodeuses de cinquante villages environnants. Non satisfaite par la qualité du tissu disponible dans le commerce, Tenicheva décida de ressusciter les vieilles recettes de teinture des tissus et des fils, adaptées aux nouvelles exigences du style. Les esquisses des artistes, qui s'étaient appuyés sur les traditions de l'art populaire russe, étaient reprises, mais aussi retravaillées par des brodeuses de talent, dont une partie avait fréquenté la classe de travaux manuels de l'école de Flenovo.

En 1901, quelques articles de Talachkino furent présentés à l'une des expositions du Monde de l'art. La majeure partie fut achetée pour servir de modèle à la production artisanale d'autres centres d'art. À la fin de 1902, une grande exposition à Smolensk connut un vif succès. Mais Tenicheva comprenait que l'envergure de la production réclamait la mise en place d'un système de vente régulier. Très vite, elle ouvrit à Moscou le magasin *Rodnik* (« la source » ; cat. 391), spécialisé dans les articles créés à Talachkino. La décoration intérieure se distinguait surtout par un panneau de bois sculpté réalisé d'après un projet de Malioutine, *Sadko,* qui représentait le marchand russe du conte, à bord d'un esquif manœuvré par des rameurs symbolisant la réussite dans le commerce (cat. 312). Les affaires du magasin étaient prospères, la marchandise était rapidement écoulée. Malgré les nombreuses demandes de modèles déjà épuisés, Tenicheva préférait élargir en permanence l'assortiment et ne pas autoriser les tirages en trop grand nombre.

En 1903, deux jeunes artistes, sortis de l'Institut Stroganov, à Moscou, arrivèrent à Talachkino : A. P. Zinoviev (cat. 504 à 509) et V. V. Beketov. Le premier travaillait, à sa

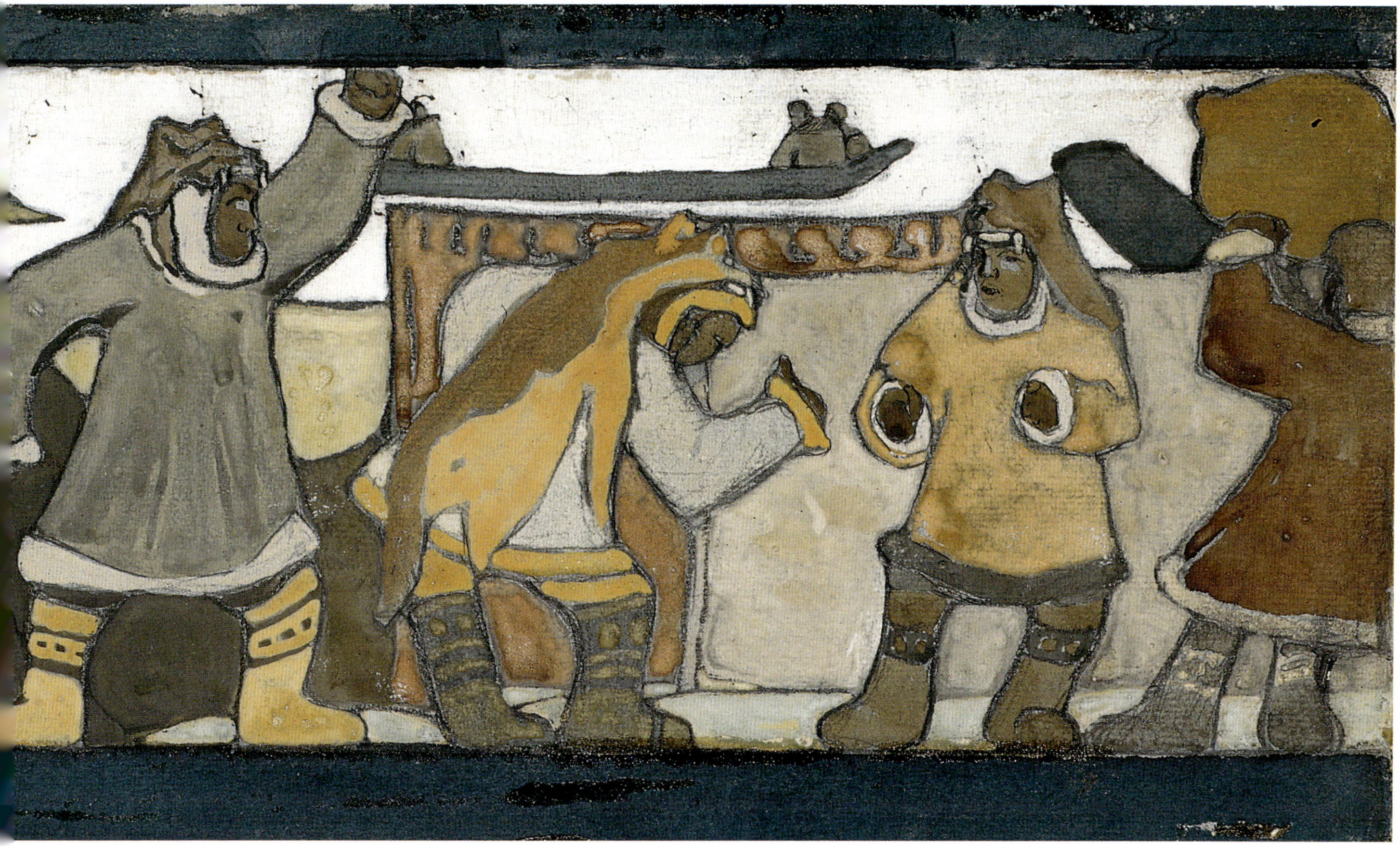

Cat. 414

Nikolaï K. Roerikh, *la Danse*, esquisse d'une frise décorative *le Nord* destinée au bâtiment de la société La Russie, 1904,
gouache et crayon graphite sur papier contrecollé sur carton, Moscou, galerie Tretiakov.

sortie de l'Institut, chez le joaillier Fabergé, tandis que le second assistait Korovine dans les ateliers de décors du Bolchoï. Leur arrivée coïncida avec la préparation du spectacle *la Tsarevna morte et les sept preux*. La princesse avait écrit le livret de cet opéra, inspiré du conte d'Alexandre S. Pouchkine, tandis que la musique avait été commandée au compositeur N. F. Fomine avec la directive d'utiliser les thèmes des chansons populaires russes. Le spectacle eut lieu dans le nouveau théâtre bâti par Malioutine. Son principal ornement était le somptueux rideau orné d'un portrait du chanteur de *bylines* Baïan effleurant les cordes d'un *gusli*. Zinoviev et Beketov, qui avait immédiatement compris les intentions de Tenicheva, réalisèrent de remarquables décors de conte de fées, et s'installèrent alors à Talachkino. Leur œuvre, très personnel, ponctue une nouvelle étape dans l'activité des ateliers.

Après le départ de Malioutine, la direction des ateliers passa aux mains de Zinoviev. Le style de son travail était proche de celui de Roerikh ; l'influence des arts populaires n'était plus aussi évidente. Les images d'animaux fantastiques, les motifs ornementaux originaux dans le style moderne, la recherche de nouvelles solutions constructives, l'attrait pour l'archaïsme païen dominaient. L'empreinte très marquée de l'auteur caractérisa la dernière étape de la variante nationale et romantique russe du style moderne. Manifestement sous l'influence de Roerikh (cat. 414), Zinoviev s'attela à la création d'un ensemble de pièces russes pour la maison principale du domaine. En plus du mobilier, les ateliers de menuiserie exécutèrent pour la première fois des jouets d'après des esquisses de Zinoviev et de Beketov. Ils s'étaient, dès l'Institut Stroganov, intéressés à cette forme de création. Les deux artistes accordaient également beaucoup d'attention aux projets de broderie et au travail de l'atelier de céramique, dont Beketov avait pris la direction.

Talachkino devint alors un lieu particulièrement attirant pour les jeunes artistes. Un camarade d'institut de Beketov et Zinoviev, P. I. Ovtchinnikov réalisa à Talachkino

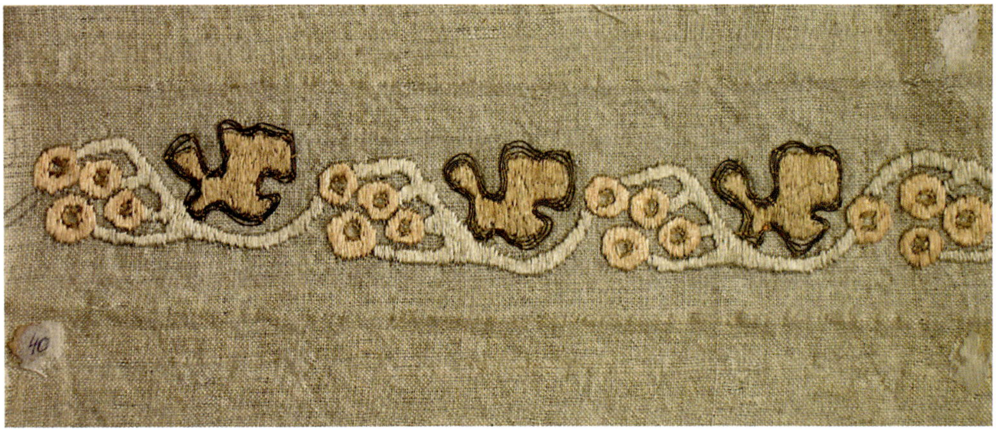

Cat. 58

Ateliers de la princesse Maria K. Tenicheva à Talachkino, d'après A. P. Zinoviev, *Modèle de broderie*, province de Smolensk, Talachkino, vers 1900,
toile de lin, broderie de soie et de fils métalliques (plumetis), Smolensk, musée-réserve de Smolensk.

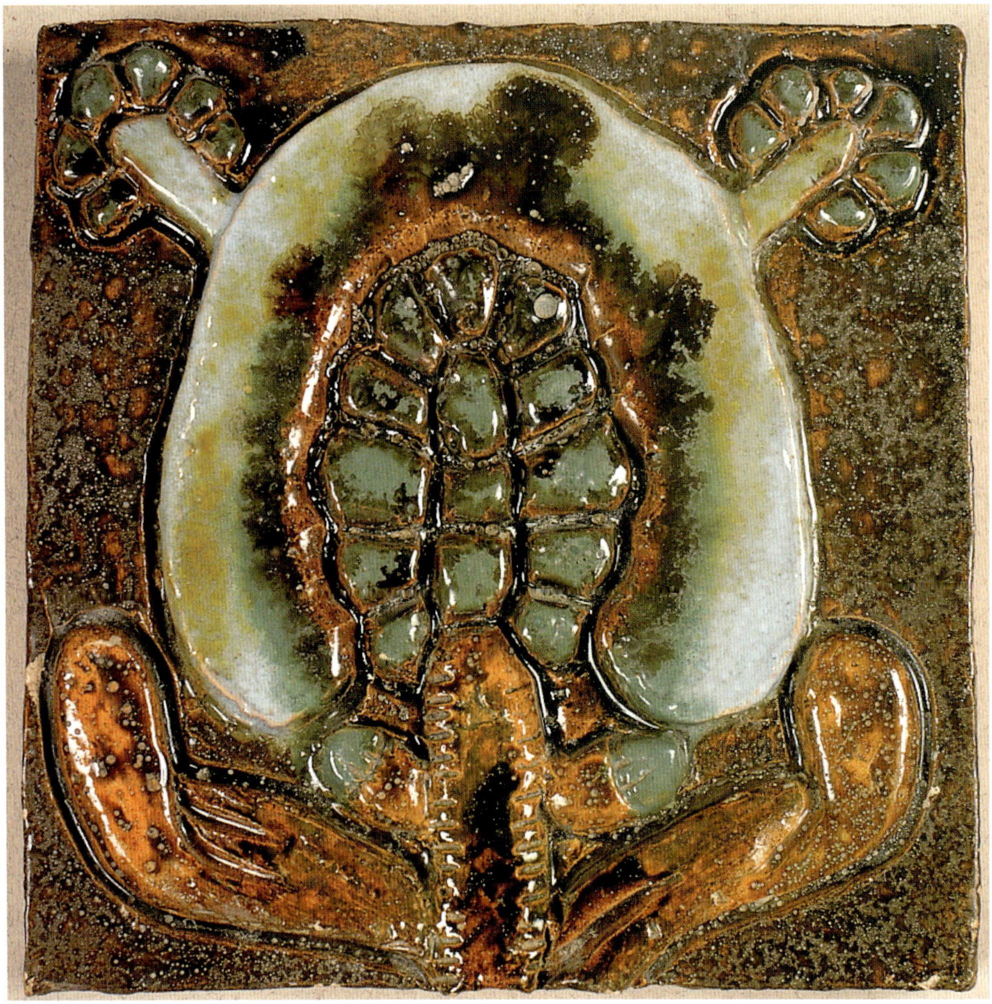

Cat. 57

Ateliers de la princesse Maria K. Tenicheva à Talachkino, d'après Sergueï V. Malioutine (?), *Carreau de céramique*, province de Smolensk, Talachkino, 1900,
céramique émaillée *(majolika)*, glaçure, Smolensk, musée-réserve de Smolensk.

quelques projets pour les ateliers, le peintre, sculpteur et décorateur D. S. Stelletsky y travailla près d'un an. Mais les désordres liés à la première révolution russe, en 1905, et les incendies criminels qui gagnaient les domaines voisins mirent un terme à une production artistique qui s'était développée avec tant de brio. Les ateliers fermèrent. Cependant, grâce à Zinoviev et Beketov, la production de broderie continua, bien que considérablement réduite. La sculpture ne fut pas oubliée : les artistes produisirent de nouveaux modèles, mais en exemplaire unique. L'acheteur pouvait ensuite le faire tirer dans la quantité qu'il souhaitait. En 1910, après la mort tragique de Beketov, qui affecta profondément la princesse Tenicheva, la production d'objets décoratifs cessa définitivement.

« On laisse Talachkino avec un sentiment étrange. Lorsque les chevaux quittent la longue allée ombragée pour rejoindre la route et que la calèche, tressautant sur les cailloux vous emporte vers Smolensk, il semble que rien de tout cela n'a réellement existé, qu'il s'agit d'un rêve surgi du magnifique royaume des contes de fées », pouvait-on lire en 1905, dans les pages de la revue *Novy Mir (le Nouveau Monde)* [10]. Cette époque de troubles qui commençait éprouvait durement les habitants de Talachkino. Il fut décidé de déménager à Smolensk. Là, dans un bâtiment nouvellement construit (fig. 16), fut déposée une collection unique d'antiquités russes qui, par l'ampleur, ne peut être comparée qu'à celle, analogue, donnée par le Moscovite Chtchoukine, au musée d'Histoire de Moscou. Tenicheva avait passé de nombreuses années à la rassembler ; elle se trouvait auparavant à Talachkino, dans le seul bâtiment de pierre qui avait été baptisé La Huche, comme on désignait autrefois le coffre où étaient serrés les objets précieux, dont la dot de la jeune mariée. Cette collection était utile à l'instruction des élèves de l'école, mais elle servait aussi de source d'inspiration aux artistes de Talachkino. Quand le nombre d'objets approcha dix mille, il fut décidé d'ouvrir un musée à Smolensk afin de rendre la collection accessible à un large public. C'était maintenant la capacité de conservation du musée qui se trouvait menacée.

En 1905, Maria Tenicheva et ses proches avaient déménagé à Paris, où ils durent rester deux ans et demi. C'est également là que fut transportée la meilleure partie de sa collection. Très vite on lui proposa de la déposer au département des Objets d'art du musée du Louvre. Le 10 mai 1907 eut lieu, au pavillon de Marsan, l'ouverture officielle de l'exposition, qui, pour la première fois, faisait découvrir au public européen les traditions de l'art russe.

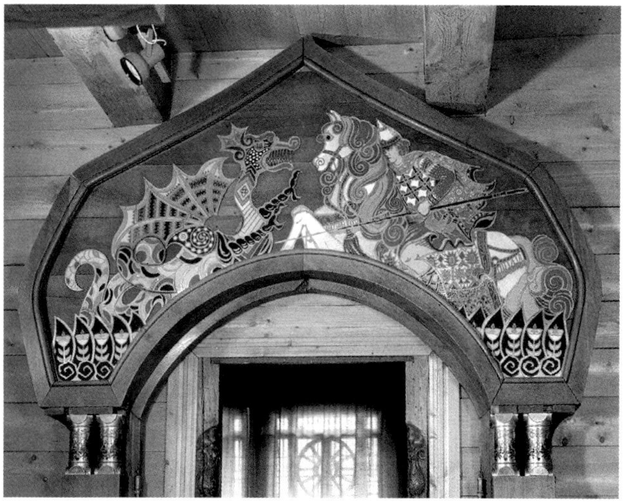

Fig. 16. **Maria K. Tenicheva, portail représentant saint Georges triomphant, fragment, 1910-1911,**
bois, émail, musée-réserve du domaine de Talachkino ; le portail était destiné à l'une des salles du musée de M. K. Tenicheva à Smolensk, il fut présenté au Salon de la société nationale des beaux-arts à Paris en 1911.

Une autre manifestation fut organisée l'année suivante à Paris, qui présentait cette fois la production des artisans de Talachkino. Tenicheva avait rassemblé toutes les broderies et objets de bois sculpté restant, elle avait invité Roerikh, qui avait exposé quelques tableaux, Bilibine, qui avait envoyé de Russie ses aquarelles, elle avait ajouté des esquisses d'église dans le style russe qu'elle avait reçues d'Alexeï V. Chtchoussev et de Vladimir A. Pokrovsky. L'exposition eut lieu dans la salle de la Société des artistes contemporains, rue Caumartin, et elle fit grand bruit dès le premier jour. Tous les objets furent rapidement vendus. Des fabricants de tissus français visitaient l'exposition en quête de nouveaux motifs pour leur production. La maison d'édition Levis publia un album contenant cent planches en couleurs reproduisant les broderies de Talachkino. Tenicheva devait se souvenir : « Mes deux expositions parisiennes se reflétèrent dans la mode et les articles de la toilette féminine. Un an plus tard, je remarquai dans la toilette de ces dames l'influence frappante de nos broderies, de nos robes russes, de nos grandes chasubles, de nos chemises, de nos coiffures, de nos vêtements de bure, même l'expression “blouse russe” apparut[11]. »

Installée en France, Tenicheva se tourna de nouveau vers l'art de l'émail, la grande passion de sa vie en tant qu'artiste. Elle se remit à travailler patiemment sur de nouvelles nuances des émaux opaques. Elle obtint

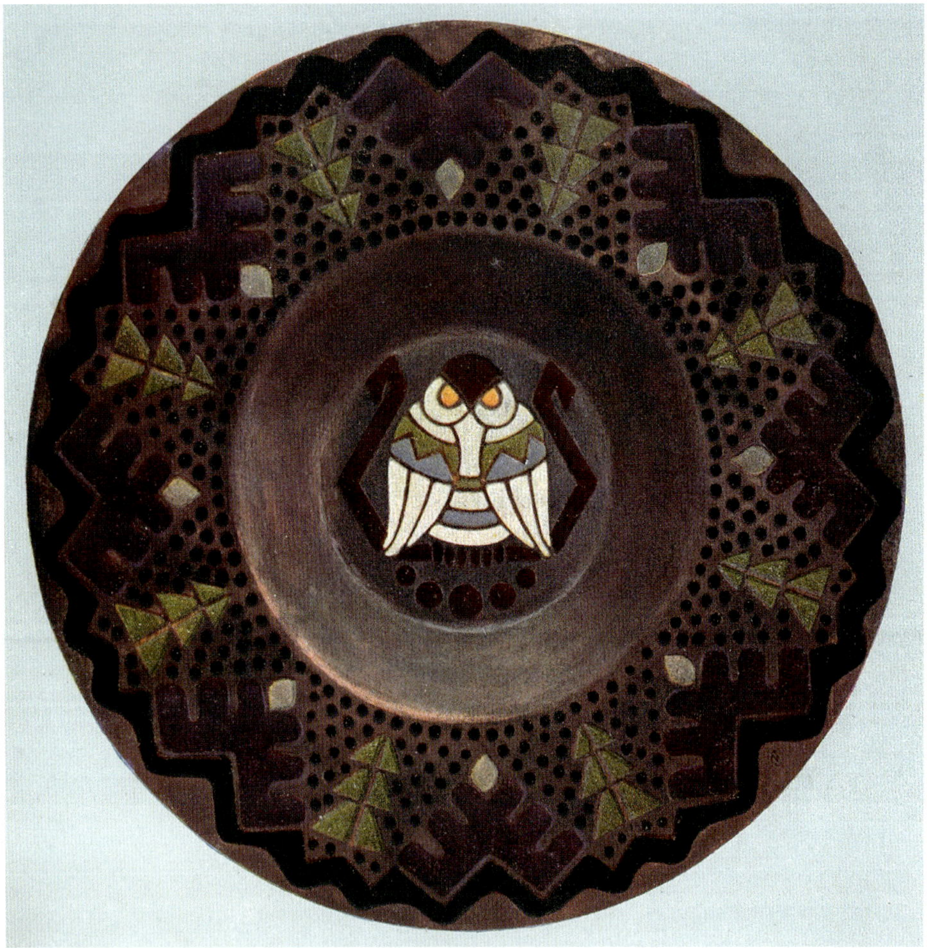

Cat. 453

Maria K. Tenicheva, *Plat,* 1907,
métal émaillé, Paris, musée des Arts décoratifs.

finalement plus de deux cents nouvelles nuances, qui furent utilisées sur des objets au dessin original qui évoque immédiatement les formes du haut Moyen Âge. Elle prit part en 1907 au Salon de la Société nationale des beaux-arts. La veille du vernissage, l'exposition reçut la visite du ministre des Beaux-Arts, Dujardin-Baumetz. S'étant arrêté avec beaucoup d'intérêt devant la vitrine qui contenait les émaux de la princesse russe, il choisit, pour le musée du Luxembourg, un plat orné en son centre d'une chouette stylisée, aujourd'hui conservé au musée des Arts décoratifs (cat. 453). Le décor de ce plat en émail, sobre et expressif, à la gamme de couleurs douce et raffinée, est au diapason du moderne nordique, dont les traits se retrouvent chez quelques artistes russes, Roerikh en particulier. On songe tout à coup à l'enthousiasme qui avait saisi Tenicheva lorsqu'elle avait vu pour la première fois, à l'Exposition universelle de 1900, les travaux des artistes scandinaves. Ils l'avaient transportée par la façon dont ils recouraient aux motifs folkloriques.

À Paris, Tenicheva fut admise comme membre actif de la Société des beaux-arts et de l'Union de l'art décoratif et appliqué. « En France, eut lieu mon baptême, je lui resterai éternellement reconnaissante[12] », écrivit-elle un jour. C'est dans ce pays en effet que la princesse russe fut reconnue en tant qu'artiste. C'est là aussi que, en 1928, dans un petit domaine aux environs de Paris, baptisé par Roerikh « le petit Talachkino », s'acheva le parcours terrestre de cette grande dame qui avait mis toute sa vie au service de l'art russe.

1. Sviatopolk-Tchetvertinskaïa, 1930, p. 6.
2. Tenicheva, 1991, p. 116.
3. *Mir Iskousstva (le Monde de l'art),* n° 4, 1903, p. 157.
4. Tenicheva, *op. cit.*, p. 175.
5. Idem, *op. cit.*, p. 186.
6. Lettre de Roerikh à Tenicheva du 15 mars 1904, Rossiïskiï Gossoudarstvennyï arkhiv literatoury i iskousstva, inv. 2, unité de conservation 4, f° 7.
7. Roerikh, 1974, p. 360.
8. Diaguilev, 1903, t. 1, p. 173.
9. La seconde table a également été conservée. Elle se trouve aujourd'hui aux États-Unis.
10. Cité d'après Jouravleva, 1995, p. 362.
11. Tenicheva, *op. cit.*, p. 246.
12. Idem, *op. cit.*, p. 243.

L'inconstance de Maria Tenicheva

(d'après des lettres en partie inédites)

Stijn Alsteens

traduit du néerlandais par Isabelle Rosselin

Dans cette contribution, je souhaiterais attirer l'attention sur un trait de caractère de la princesse Maria K. Tenicheva, que l'on pourrait appeler son inconstance. En tout juste dix ans, de 1893 à 1903 environ, cette aristocrate qui se consacrait à des œuvres caritatives est devenue collectionneur de dessins et a fondé une école de dessin d'inspiration académique sous la direction d'Ilia E. Repine (fig. 1) ; elle a ensuite soutenu financièrement la création de la revue *Mir Iskousstva (le Monde de l'art),* qui présentait les nouveaux courants artistiques « décadents » en Russie ; enfin elle a été l'inspiratrice de différents ateliers où se pratiquaient des artisanats folkloriques et a rassemblé une vaste collection d'art populaire et d'antiquités russes. On constate ainsi trois changements de « camp » en à peine dix ans. S'il n'est pas question ici de nier sa contribution à l'art en Russie, on est en droit de s'étonner de ces changements.

Pour quiconque s'intéresse à Maria K. Tenicheva, la principale source d'informations sont ses mémoires qui, grâce à l'intervention de son amie Ekaterina K. Sviatopolk-Tchetvertinskaïa (« Kitou ») sont parues pour la première fois à titre posthume, à Paris en 1933, sous le titre *Vpetchatlenia moeï jizni (Impressions de ma vie)*. Leur importance est incontestée, d'autant que rares sont les autres sources publiées concernant la princesse. Il convient néanmoins d'en souligner les limites. Sur la base de lettres surtout, provenant en partie des archives de Tenicheva et dont divers éléments inédits ont été acquis en 2002 et en 2004 par la collection Frits Lugt, à Paris[1] (fig. 2), j'aimerais enrichir, tester et aussi en partie réfuter le tableau que dressent ses mémoires.

Tout lecteur des *Vpetchatlenia moeï jizni* aura remarqué le ton légèrement déplaisant de l'ouvrage. Même une amie de Tenicheva, Olga de Clapier, seule personne en dehors d'Alexandre N. Benois à avoir laissé des souvenirs un peu étoffés concernant la princesse, écrit : « J'ai envie de dire combien ces "impressions" correspondent peu à ce qu'était sa personnalité. [...] Elle conservait un cahier dans lequel, des années durant, elle écrivait de temps à autre quelques pages, seulement lorsqu'elle était dépitée par quelque insuccès ou affligée par une trahison [...] La princesse Maria, après avoir écrit deux ou trois pages d'amères récriminations, redescendait, calmée et toute gaie, elle plaisantait, mangeait quelque chose d'interdit par ses médecins, en cachette de Kitou, se promenait dans l'herbe mouillée et elle ne pensait absolument plus aux gens qui l'avaient bernée[2]. »

Ce sentiment de malaise s'accentue quand on compare la restitution d'un événement par Tenicheva à son rendu dans une autre source. Les mémoires d'Alexandre Benois présentent à cet égard un intérêt particulier. En 1896, il fut, en ses propres termes, « disons, celui qui constitua la collection de la princesse Tenicheva et également son conservateur[3] » et il a été quelques années extrêmement impliqué dans les activités artistiques de Tenicheva. Ses mémoires ainsi que celles de Tenicheva relatent l'achat d'œuvres du peintre belge Léon Frederic et de l'animalier russe Arthur Aubert. Les passages correspondants[4] divergent considérablement dans les détails et il est difficile de déterminer quelles différences sont à imputer à la défaillance de la mémoire humaine ou bien au désir de l'un des auteurs d'enjoliver ou de ternir la situation par rapport à la réalité.

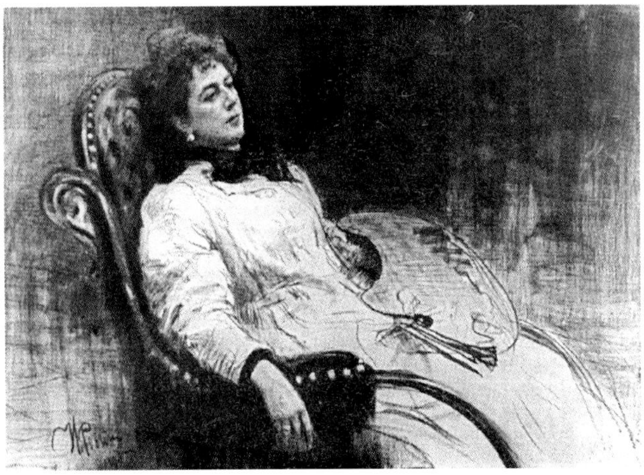

Fig. 1. **Ilia E. Repine, *Portrait de la princesse M. K. Tenicheva*, 1898,** fusain sur papier, Moscou, galerie Tretiakov.

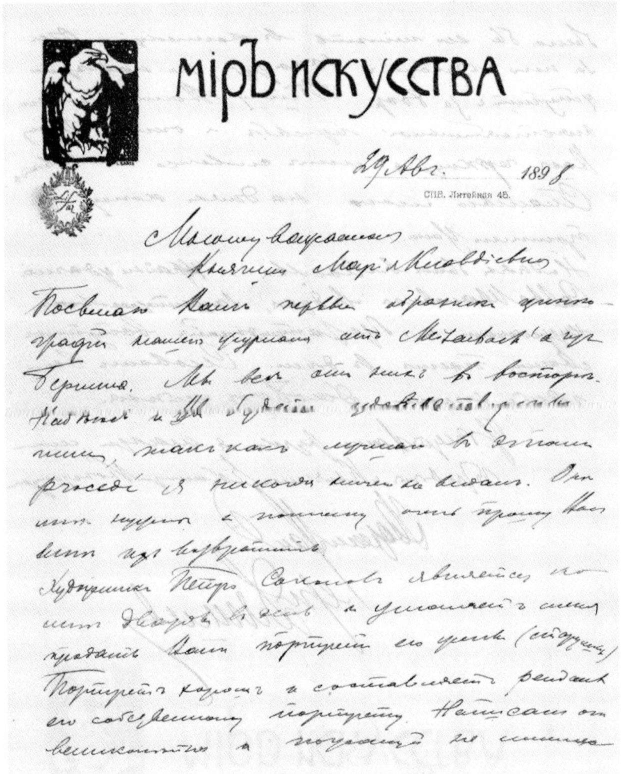

міръ искусства

29 Авг. 1898

СПБ. Литейная 45.

Fig. 2. **Princesse Maria K. Tenicheva, lettre à S. Diaguilev, Saint-Pétersboug, 29 août 1898,**
Paris, collection Frits Lugt, Institut néerlandais.

On peut établir le même type de comparaison entre les mémoires de Tenicheva et la riche correspondance de Repine. Leur rencontre remonte au début des années 1890. Repine a relaté sa rencontre avec « une grande dame. Elle se révéla être une chanteuse admirable et elle était passionnée de peinture [...] Elle manifeste envers moi une tendresse inhabituelle. Elle m'apporta un jour des roses absolument merveilleuses. Il y a toujours chez elle des masses de fleurs et de bouquets. Elle est assez belle, elle a de la prestance et un brin de sentimentalité[5] ». Dans une autre lettre de l'époque, il fait aussi remarquer « l'étrangeté de son caractère, renfermé, d'une incompréhensible modestie[6] ».

Cette rencontre fut le début d'une amitié qui, à en juger par la fréquence des courriers de Repine à la princesse, connut son apogée dans les années 1896 et 1897[7]. En plus d'une série de portraits, on doit à cette amitié la création d'une école privée de dessin qui, de la fin de 1895 à 1901, fut dirigée par Repine et était installée au domicile de Saint-Pétersbourg de Tenicheva[8]. Les lettres de Repine permettent de suivre précisément le fonctionnement de l'école, du moins jusqu'en septembre 1897, la correspondance devenant en suite plus rare et distante.

On peut aussi qualifier de distant le ton du passage au sujet de Repine dans *Vpetchatlenia moeï jizni* (chapitre XI). À en croire Tenicheva, il n'a jamais été question de sympathie et la principale raison pour laquelle elle le fréquentait était le pouvoir d'attraction qu'exerçait sa célébrité sur les élèves de l'atelier : « La célébrité dont jouissait Repine, qu'elle fût exagérée ou non, ce que l'avenir dira, faisait tout de même que la jeunesse se ruait vers lui des quatre coins de la Russie[9]. » Les lettres de Repine montrent en revanche que, quelques années au moins, leur relation fut particulièrement intime.

C'est surtout après son second mariage, en 1892, avec le prince Viatcheslav N. Tenichev que Maria Klavdievna fait la connaissance de nombreux artistes, qu'elle est en mesure de les soutenir et de collectionner leurs œuvres (cat. 336). Bien qu'il n'y ait pas lieu de mettre en doute son intérêt pour les beaux-arts, ses activités dans ce domaine peuvent être considérées en partie comme la poursuite des œuvres caritatives dont s'occupaient Tenicheva et la princesse Sviatopolk-Tchetvertinskaïa dans les propriétés de Khotylevo, de Talachkino et de Flenovo. C'est à cela qu'Alexandre Benois (fig. 3) semble faire allusion quand il l'appelle « une femme avide d'une noble réputation[10] ». Il ressort de ses mémoires que, bien

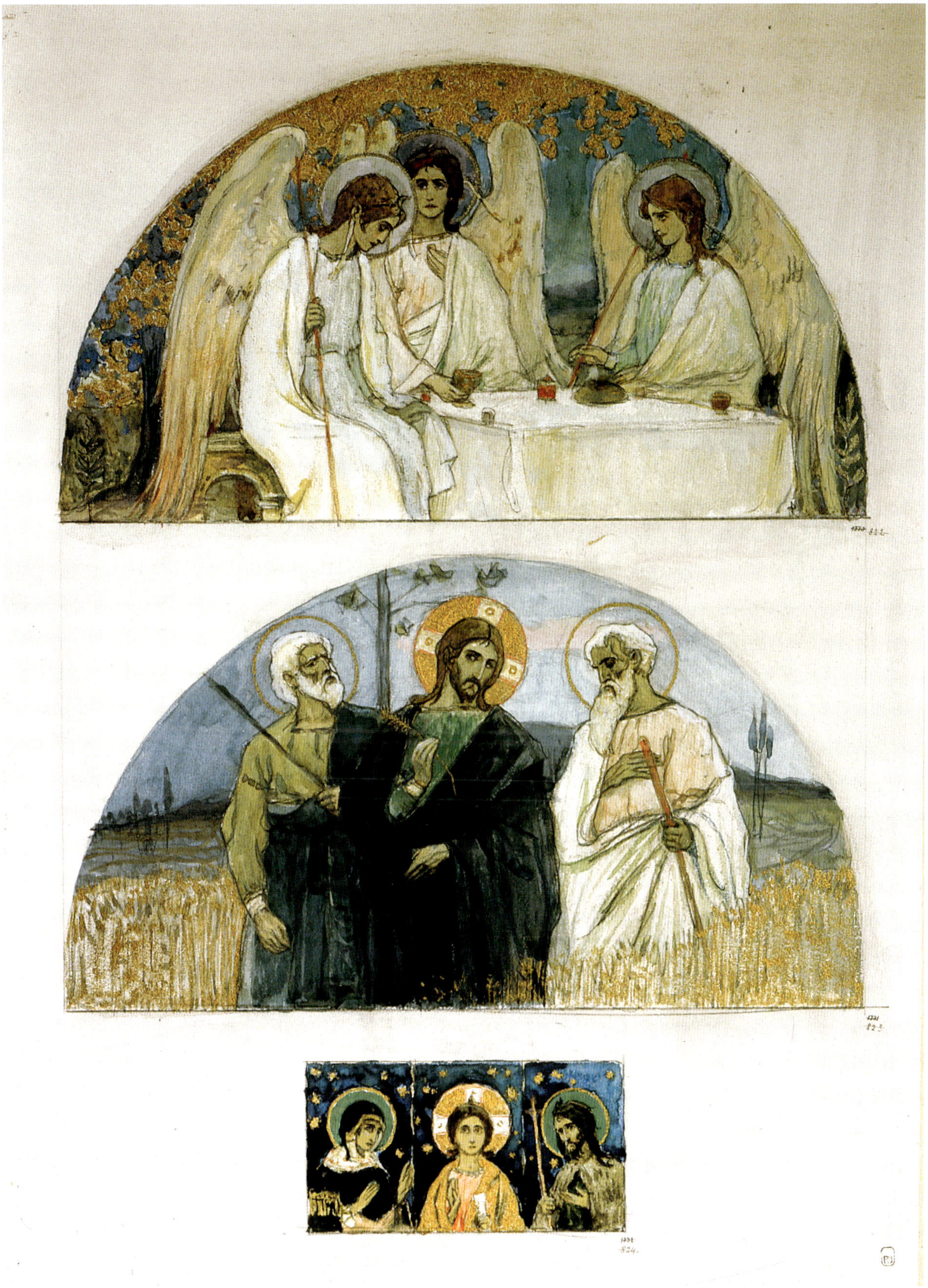

Cat. 336

Mikhaïl V. Nesterov,
Sainte Trinité, Apparition du Christ sur le chemin d'Emmaüs, projet de décor pour l'église de la Résurrection à Saint-Pétersbourg, **1895,**
aquarelle et gouache, Saint-Pétersbourg, Musée d'État russe.

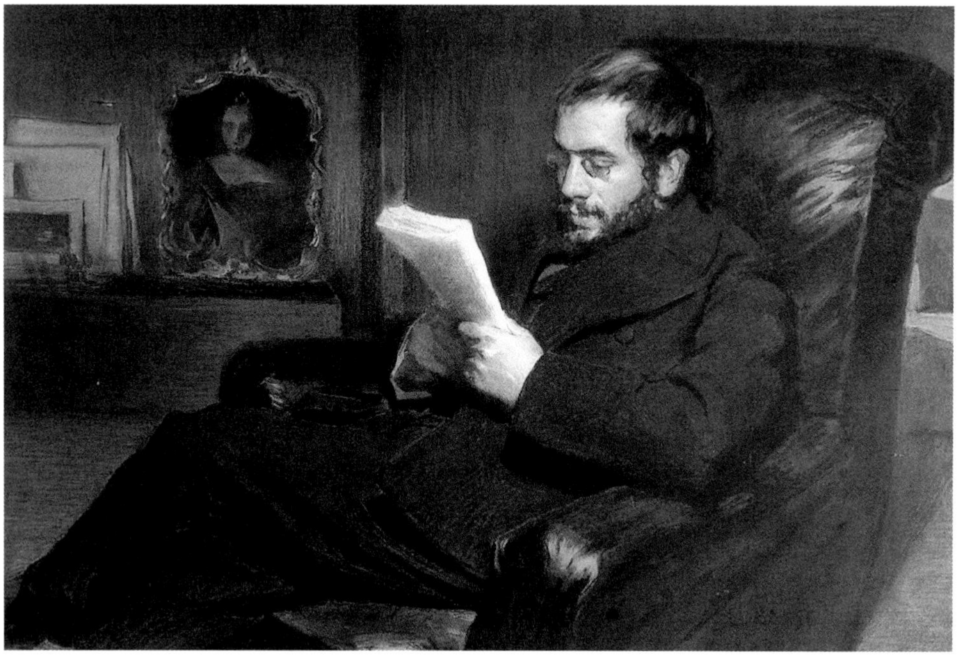

Fig. 3. **Lev S. Bakst, *Portrait de A. N. Benois,* 1898,** aquarelle et pastel sur papier, Saint-Pétersbourg, Musée d'État russe.

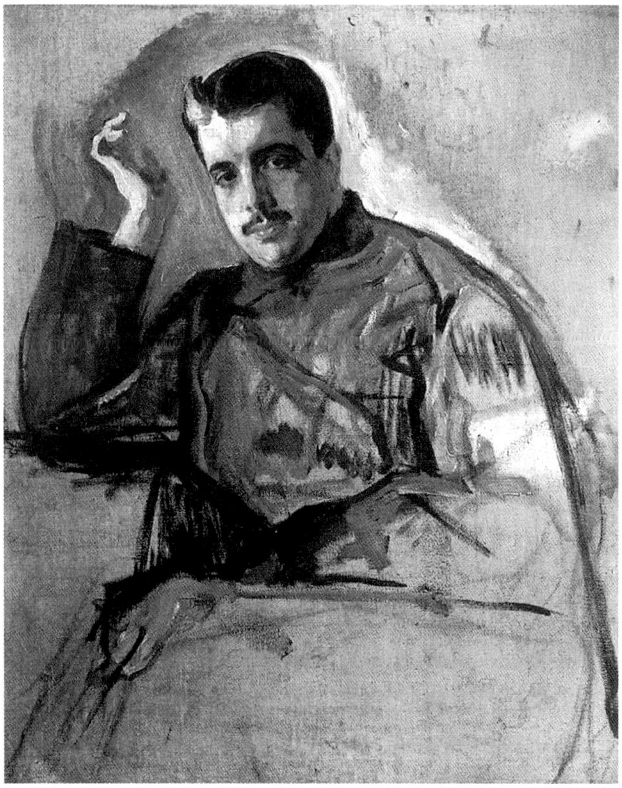

Fig. 4. **Valentin A. Serov, *Portrait de S. P. Diaguilev,* 1904,** huile sur toile, Saint-Pétersbourg, Musée d'État russe.

qu'elle ne dise pratiquement rien de positif sur les personnes qui l'ont aidée à réaliser ses aspirations et à qui, tout bien considéré, elle doit en grande partie sa réputation, elle est spécialement enthousiaste à propos d'artistes moins connus, sans doute moins capable de faire preuve d'une forte personnalité à côté d'elle, comme l'était bien Repine, et plus tard Benois et Sergueï P. Diaguilev (fig. 4), chacun à leur manière. Peut-être est-ce cela que Repine évoque dans une lettre à un élève de 1898, alors que sa relation avec Tenicheva s'est déjà détériorée : « Ne vous formalisez pas contre la princesse, elle est tout simplement jalouse. Son caractère immensément passionné en tout fait qu'elle jalouse tout et tout le monde. Elle voudrait s'aliéner le monde entier, l'avoir là sur une étagère, tranquillement à sa disposition[11]... » On trouve une remarque comparable dans une lettre, rédigée la même année, de l'historien de l'art Andreï I. Somov à son fils, l'artiste Konstantin A. Somov, qui à l'époque résidait à Paris : « Je te félicite d'avoir fait la connaissance de la princesse Tenicheva. En dépit de toute sa personne, cette connaissance doit tout de même t'être agréable et utile [...] Veille seulement à ne pas devenir un familier de la princesse, ou, pire encore, un de ses favoris, avec lesquels elle est habituée à jouer les despotes[12]. »

D'autres jeunes artistes attirent désormais également son attention. On peut y voir l'influence d'Alexandre Benois, qui a aidé Tenicheva à partir de 1895 environ à constituer et à répertorier sa collection[13]. Les souvenirs de Benois de cette époque – quand il était chargé de « transformer une dame charmante, passablement frivole et assez superficiellement cultivée, en véritable mécène tout à fait conscient de ses objectifs, en quelque chose qui ressemblerait, disons, à ce que Moscou avait en la personne de Tretiakov[14] » – se caractérisent par un ton de légère ironie.

On retrouve ce manque d'estime chez d'autres collaborateurs de *Mir Iskousstva*. Le graveur Anna P. Ostroümova-Lebedeva écrit : « La princesse Tenicheva est une femme très riche, jalouse de protéger les arts et n'y comprenant pas grand-chose, mais elle a la prudence de prendre les conseils de gens compétents[15]. » Konstantin A. Somov constate : « Elle n'avait pour ce mécénat ni compréhension ni amour véritables, ni intérêt sérieux[16]. » Au début, Benois est déçu de la qualité médiocre des achats de Tenicheva. Durant l'été de 1896, il part pour Paris afin d'y acquérir de nouvelles œuvres. Dans une lettre datant du début de 1897, il lui loue les travaux, entre autres, de Théophile Steinlen, Jean-Louis Forain, Louis-Auguste Lepère et Henri Rivière[17]. Il la félicite aussi de l'achat d'une œuvre du peintre Viktor M. Vasnetsov, en lui donnant toutefois prudemment son avis : « Bien que je n'aime pas ce prétendu génie et ne partage point l'enthousiasme de l'intelligentsia russe le concernant. D'après moi, " c'est du Gustave Doré poussé à l'extrême ", auquel on ajouterait un coloris savoureux, mais dénué de sérieux et de profondeur. Néanmoins vous avez bien fait de l'acheter car c'est un grand *nom* dans l'art russe et vous deviez l'avoir dans votre collection. Tâchez maintenant, princesse, d'acquérir de bons Levitan, Serov, Apol. Vasnetsov, Sourikov et autres excellents Moscovites, ainsi que des pastels de Iakountchikova. » Grâce aux conseils de Benois, la collection devient l'une des plus importantes en son genre, jusqu'au printemps de 1897, quand Tenicheva décide soudainement de faire don de sa collection au musée russe de l'empereur Alexandre III (l'actuel Musée russe) à Saint-Pétersbourg, qui doit voir le jour[18].

Entre-temps, un jeune homme apparaît dans le cercle d'amis amateurs d'art de Benois qui se sent investi de la mission de propager leurs aspirations artistiques. Sergueï P. Diaguilev s'est fait remarquer d'abord par l'organisation d'expositions. Dès l'automne de 1896, Tenicheva est en contact étroit avec Diaguilev ; elle propose même qu'une de ses expositions se tienne dans sa propre demeure. Diaguilev est « en grande amitié avec elle[19] » et la conseille à présent aussi pour les achats d'œuvres d'art, même si elle n'accepte pas toujours aisément ses goûts. Dans une lettre à Benois, Diaguilev écrit : « Je viens de subir un horrible fiasco avec Kostia [Konstantin Somov]. Cette idiote de princesse m'a tout simplement engueulé parce que je lui avais fait envoyer des œuvres de lui pour qu'elle les voie. Elle juge avec dédain tout le dessin détestable, qu'il y a là des erreurs dont elle peut maintenant parler avec autorité "après Paris"[20] ! »

Toujours est-il que Tenicheva fut une collectionneuse d'art moderne d'une grande importance en Russie. À l'occasion de l'exposition dite internationale que Diaguilev organise début de 1899, on peut voir des œuvres d'Edmond Aman-Jean, de Léon Lhermitte, Somov et Frederic provenant de sa collection ; des œuvres d'Edgar Degas, issues entre autres de la collection de Paul Gallimard, que Tenicheva aurait elle-même transportées en Russie ; ainsi que des vases de Louis Comfort Tiffany, des objets d'Émile Gallé et des bijoux de René Lalique, qu'elle avait achetés dans la galerie parisienne de Siegfried Bing, *L'Art nouveau*, et, grâce à elle, exposés pour la première fois en Russie[21].

Dans le petit cercle qui entoure Benois et Diaguilev, l'envie de lancer une revue existait depuis un certain temps déjà, « sans souci aucun de programme mais plutôt dans un effort commun de libération[22] ». En la personne de Tenicheva, une bailleresse de fonds paraît aussi se profiler à présent. « Elle est pleine d'énergie, écrit Diaguilev dès 1897 à Benois – et d'argent, semble-t-il[23]. » Le 18 mars 1898, un contrat est signé chez Tenicheva entre le rédacteur (Diaguilev) et les éditeurs (Tenicheva et Mamontov). Cela lui vaut, d'après ses propres dires, le surnom « mère de la décadence[24] ».

Repine sent déjà au printemps de 1898 que Tenicheva s'est engagée dans une nouvelle voie. Dans une lettre à un élève, il remarque : « Nous avons eu ici à subir un grand changement en ce qui concerne la relation de la princesse avec mon école. Depuis que Benois est ici et que Diaguilev a organisé une exposition de caractère décadent, la princesse est tellement subjuguée par le nouveau style qu'elle a perdu tout intérêt pour mes écoliers[25]. » Il ne fait aucun doute que le rapprochement entre Tenicheva et Diaguilev et les siens va créer des tensions entre elle et Repine, même s'il se montre au début de bonne volonté vis-à-vis des initiatives de *Mir Iskousstva*. Le 15 septembre 1898, il lui écrit : « Je m'étonne que vous ayez pu douter de mon intérêt pour une revue dont vous êtes si proche ?! Et sans aucun

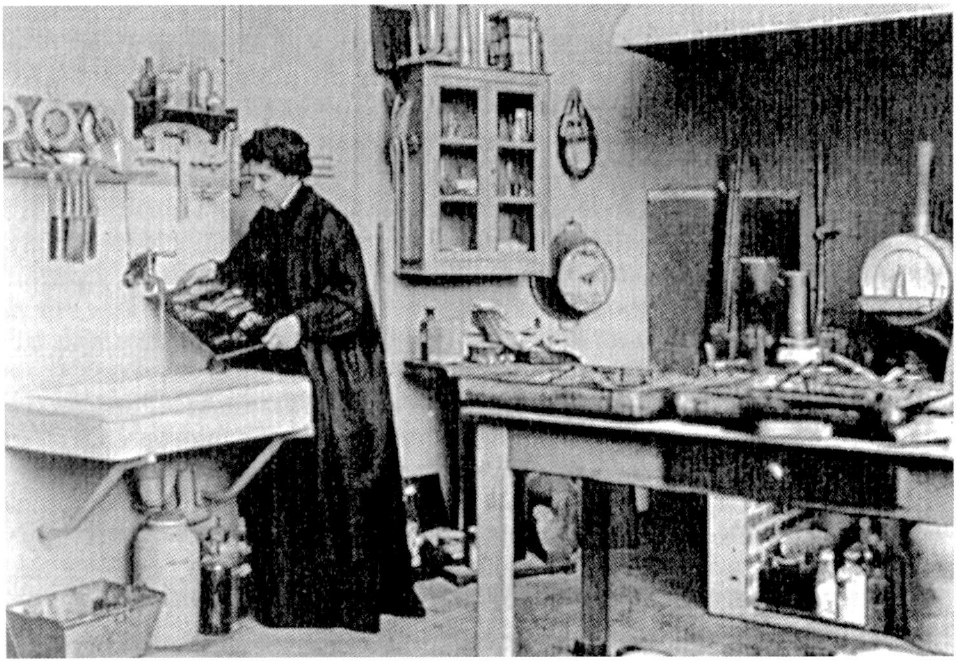

Fig. 5. ***La princesse Maria K. Tenicheva dans son atelier d'émaillage à Paris,*** 1907, photographie, Paris, documentation du musée d'Orsay.

favoritisme, je dois dire qu'en tant que rédacteur en chef de la revue, Diaguilev est tout simplement irremplaçable. À la fois il aime cela, il a du goût pour les tendances nouvelles, il est énergique, capable de connaître mieux que d'autres tout ce qui peut être intéressant à notre époque[26]. »

En dehors de Repine, Tenicheva a fait aussi clairement savoir à un autre ami de longue date que ses préférences artistiques sont désormais ailleurs. Albert N. Benois, frère d'Alexandre et membre et co-fondateur de la Société des aquarellistes russes, reçoit en janvier 1899 une lettre emblématique de l'inconstance de Tenicheva : « Je vous remercie de souhaiter m'accompagner à l'exposition d'aquarelles. Malheureusement, je ne suis pas en mesure de définir le jour où je m'y rendrai ; de plus mon cœur se serre en pensant combien d'espoir et d'espérance j'avais placés dans votre société. [...] Maintenant, avec l'apparition de *Mir Iskousstva,* cette société est devenue contraire à mes entreprises. J'ai lu dans le journal comment a été applaudi un toast en l'honneur d'une personne (je vous fais remarquer qu'il a toujours été hostile à votre société) qui a écrit une critique obscène contre notre jeune affaire[27]. Je considère cette situation comme une *offense personnelle,* j'étais sûre de trouver chez des artistes, qui sont en principe l'élite, des sentiments plus nobles et plus élevés. Mais pour moi, cette déception fait partie désormais du passé. Maintenant, plus que jamais, je vais encourager les gens de talent, je vais encore une fois rassembler *pour moi personnellement* une nouvelle collection russe. Souhaitez-moi de réussir[28] ! »

Après l'arrestation de Savva I. Mamontov, le 11 septembre 1899, pour suspicion de fraude, Tenicheva renonça également à accorder son soutien à la revue et retira sa contribution au début de l'année suivante[29]. Quelques années plus tard, en 1903, il se trouve que Tenicheva fut de nouveau prête à subventionner *Mir Iskousstva*[30], mais en posant cependant des conditions, qui donnent une indication sur la nouvelle orientation que prennent ses intérêts : elle dit dans ses mémoires avoir voulu « avant tout donner à la revue un caractère plus national, abandonner les perpétuelles et excessives révérences devant l'art occidental et s'occuper d'encourager ce qui est nôtre, ce qui est russe, en particulier l'art appliqué. Je ne pouvais pas me résigner à cette constante exagération du style empire, à ces éternelles louanges de tout ce qui est étranger au détriment de tout ce qui est russe et ce rapport manifestement hostile à l'histoire ancienne russe[31] ». Les négociations auraient échoué à la suite d'une divergence d'opinion sur la composition de la rédaction, au sein de laquelle Tenicheva veut faire siéger Nikolaï K. Roerikh[32]. À l'issue de l'année 1904, la revue cessa d'exister.

Les raisons qui ont incité Tenicheva à se retirer sont visiblement diverses. D'un côté, les membres de *Mir Iskousstva* semblent en avoir eu assez d'elle ; et peut-être avait-t-elle espéré jouer un rôle plus actif. De l'autre, Maria Klavdievna se détacha de plus en plus des membres de *Mir Iskousstva*. On peut l'expliquer en partie par les réactions défavorables de la presse et d'une partie du public vis-à-vis de son rôle de protectrice du nouvel art russe. Dès 1899, la revue *Chout (le Bouffon)* publie un dessin du caricaturiste Old Judge, où l'on voit Tenicheva, sous l'apparence d'une vache à lait, se faisant traire par Diaguilev, représenté en laitière. De son côté, Bakst, sous les traits d'un lièvre, regarde la bouse de vache que Tenicheva a produite. Elle est nourrie de lauriers par Repine, qui a l'air un peu niais. À l'extrémité, presque hors du champ de vision, Mamontov est figuré en mammouth[33].

Cela étant, les centres d'intérêt de Tenicheva s'étaient aussi déplacés. Comme on l'a dit, elle avait voulu se défaire, dès 1897, donc avant la naissance *Mir Iskousstva,* de sa collection d'art moderne ; sous l'influence notamment de l'archéologue et historien de l'art Adrian V. Prakhov – que Benois appelle « notre ennemi idéologique » –, elle s'était tournée de plus en plus vers ce que Benois, encore, appelle là « l'illusion d'une renaissance de l'art national[34] ». Une lettre que Repine adresse le 23 juin 1899, plus de six mois après la parution du premier numéro de *Mir Iskousstva,* à un élève y fait aussi allusion : « La publication d'une revue est un divertissement parfaitement dangereux. Je n'ai jamais partagé les vues de la princesse dans cette voie. Mais si vous saviez de quelles grossièretés de sa part j'ai été récompensé ! [...] J'ai rompu pour toujours tout commerce avec elle. Bien sûr je vais comme par le passé continuer à contribuer à ses nobles entreprises mais c'est envers elles seules que je conserve du respect. Quant à toute sa fausseté, son carriérisme, son despotisme mercantile, ils me sont odieux. C'est à tort que vous m'attribuez un changement dans ses orientations d'aujourd'hui : il s'agit de l'influence de Prakhov, vous le voyez vous-même[35]. »

L'activité de Tenicheva se déploya de plus en plus à Talachkino, la propriété achetée par son mari en 1893[36]. À sa mort, en 1903, Tenicheva vend leur maison de Saint-Pétersbourg et s'installe définitivement « sur son domaine de Talachkino, province de Smolensk », d'après un communiqué de *Mir Iskousstva,* « s'étant surtout consacrée à encourager les travaux d'industrie de la population paysanne »[37]. Son goût de l'archéologie s'exprime par la collection de pièces dans un nouveau domaine : les antiquités russes.

L'orientation plus archéologique et ethnographique des intérêts de Tenicheva après son engagement auprès de *Mir Iskousstva* est aussi manifeste dans une lettre que lui adresse l'artiste Ivan I. Bilibine en 1905, et qui a été écrite à la suite de la publication d'un article de ce dernier, « L'art populaire de la Russie du Nord[38] » (cat. 102, p. 261). Selon lui, « tous ces articles de revue sont trop courts et ont un caractère beaucoup trop superficiel » ; il estime que : « Il serait extrêmement intéressant et tout à fait indispensable d'entamer un grand travail artistico-historico-ethnographique. [...] Je l'ai tracé dans mon imagination, comme toute une série de livraisons, chacune d'un prix raisonnable, et qui, mises bout à bout donneraient un tableau complet, enivrant de beauté, de l'art populaire russe. [...] Je vous écris tout cela, princesse, connaissant votre amour sincère, unique en son genre, pour l'art populaire russe et son développement ultérieur. Moi aussi j'aime de tout mon cœur ces vieux chiffons à l'ouvrage compliqué, comme on n'en coud plus aujourd'hui ; et maintenant tous ceux qui comme nous travaillent d'une manière ou d'une autre dans cette direction auront à accomplir la tâche extrêmement difficile de ne pas manquer de lancer des ponts solides et immuables entre une création populaire pratiquement éteinte et ce nouvel art qui doit naître[39]. »

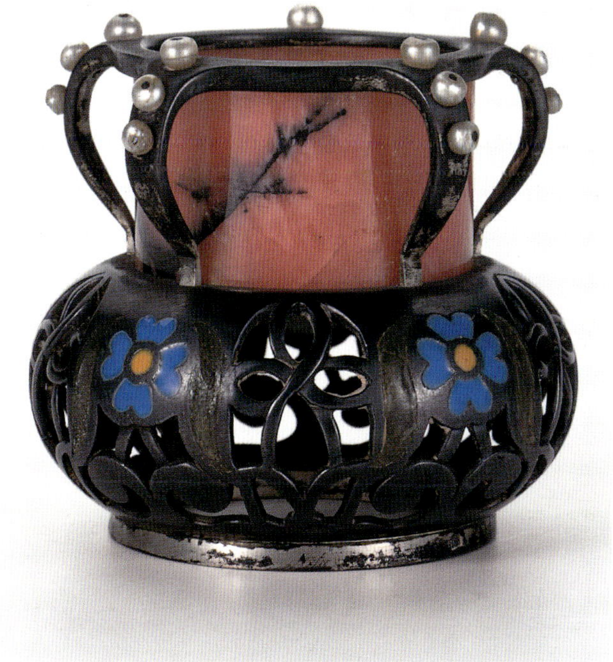

Cat. 454

Maria K. Tenicheva, *Salière*, réplique du modèle de 1907, 1912,
argent émaillé, pierre dure et perles, Paris, musée des Arts décoratifs.

Bien qu'une telle édition ne vît jamais le jour, il est clair que Bilibine préférait avoir sous les yeux une œuvre rigoureusement archéologique et ethnographique que le graphisme vaguement inspiré de l'art populaire de certains artistes liés à *Mir Iskousstva*, car il écrit pour conclure sa lettre à Tenicheva : « Figurez-vous que les ornements de ma "bylina" [conte folklorique illustré par Bilibine] qui sont tirés de broderies, sont qualifiés "d'esprit décadent" ; et même plus : bien des gens du peuple eux-mêmes n'identifient et ne reconnaissent plus comme leur ce genre d'ornements. C'est cela qui est affreux ! »

Même après avoir émigré, durant l'hiver de 1918[40], Tenicheva continua à travailler. Dans une longue lettre remarquable de Tenicheva à Roerikh, datée 1921 et provenant des archives du Nicholas Roerich Museum à New York[41], il apparaît qu'elle organisait encore des expositions à cette époque, comme membre du conseil d'administration d'une association appelée Histoire et art.

Cette lettre se termine par un passage que l'on pourrait considérer comme une réaction directe à la révolution russe, mais aussi comme une apologie, un regard résigné sur sa vie antérieure, dont elle parle dans ses mémoires avec tant d'amertume et de frustration : « Durant ces deux années de séjour à l'étranger, j'ai été victime d'une très grave mésaventure intérieure. Mon âme était étreinte de sentiments aigus de haine, de hargne et de vengeance pour nous tous – et pour moi-même… Ces sentiments étranges étouffaient, tourmentaient mon âme, j'étais en plein désarroi moral et ne connaissais plus le repos ! […] Je n'avais pas la force de vivre avec ces sentiments qui m'avaient empoisonnée et je luttais contre moi-même, obstinément et maladivement, je pleurais amèrement et priais que le Seigneur guérisse mon âme. / Enfin, je compris qu'il était impossible de payer œil pour œil, dent pour dent, sinon nous ressemblerions à ces mêmes monstres, bourreaux et criminels. Je repris peu à peu la maîtrise de moi-même, la tempête se calma et mon esprit trouva refuge dans les bonnes paroles de notre Sauveur. […] Un miracle s'est accompli : j'ai pardonné. / Voilà, mon vieil et fidèle ami, Nikolaï Konstantinovitch, sur quel terrain étaient tombées toutes ces basses intrigues dont les graines sont désormais impuissantes à y germer. Je contemple tout d'un œil lointain et ne désire vraiment passionnément qu'une seule chose : un travail dans lequel me noyer. »

À la fin de sa vie, Tenicheva paraît s'être fait connaître surtout comme émailleuse. Ce n'est pas grâce à ce travail que son nom est resté dans l'histoire de l'art russe (fig. 5 ; cat. 453 et 454), mais il semble qu'elle a pu se libérer de cette inconstance qui a caractérisé, enrichi et diversifié son existence.

1. Le fonds de lettres russes de la collection Frits Lugt (abrégé CFL ci-après) est présenté dans le cat. exp. Paris, 2005.
2. De Clapier, 1968, p. 90-91.
3. Benois, 1980, vol. II, p. 121.
4. Tenicheva, 1991, p. 121-123 ; Benois, 1980, vol. II, p. 211, 236-238.
5. Jouravleva, 1994, p. 92-93.
6. *Ibid.*, p. 94.
7. Au total cinquante-neuf lettres de Repine à Tenicheva de 1893 à 1902 sont conservées dans la collection Frits Lugt ; quarante-sept d'entre elles ont été récemment publiées d'après des copies conservées à Saint-Pétersbourg, au Musée d'État russe, dans Lapina, 2001.
8. Lettres de Repine à Tenicheva du 15 novembre 1895 et du 9 janvier 1902 (CFL, inv. 1993-A.1202 et 1993-A.1241 ; Lapina, 2001, p. 318, 356).
9. Tenicheva, 1991, p. 115.
10. Benois, 1928, p. 30-31.
11. Repine, 1952, p. 130.
12. Jouravleva, *op. cit.*, p. 163.
13. Benois, 1980, vol. II, p. 52.
14. *Ibid.*, p. 185.
15. Ostroumova-Lebedeva, 2003, vol. I, p. 101.
16. Somov, 1979, p. 65.
17. Lettre du 5/17 janvier 1897 (CFL, inv. 2002-A.1233).
18. Benois, 1980, vol. II, p. 198-204 ; Jouravleva, 1994, p. 125-128.
19. Diaguilev, 1982, vol. II, p. 28.
20. *Ibid.*, p. 30.
21. Tenicheva, 1991, p. 119. Un catalogue de l'exposition a été publié sous forme de supplément dans *Mir Iskousstva*, vol. I (1899/n° 6).
22. Ernst, 1955, p. 23.
23. Diaguilev, 1982, vol. II, p. 28.
24. Tenicheva, 1991, p. 165 ; voir Vroubel, 1976, p. 272.
25. Repine, 1969, vol. II, p. 239-140.
26. Lettre du 15 septembre 1898 (CFL, inv. 1993-A.1234 ; Lapina, 2001, p. 354).
27. Stassov, qui, le 5 janvier 1999, avait publié un article contre *Mir Iskousstva* ; repris dans Stassov, 1952, vol. III, p. 232-238).
28. Lettre du 9 janvier 1899 (CFL, inv. 2002-A.1224).
29. Tenicheva, 1991, p. 167 ; Benois, 1928, p. 47-48.
30. Lettres de Dmitri V. Filosofov à Tenicheva du 6 juin et du 2 juillet 1903 (CFL, inv. 2004-A.625, 2002-A.1238).
31. Tenicheva, 1991, p. 167.
32. Voir Benois, 1928, p. 52.
33. Idem, 1980, vol. II, p. 162, p. 190-191, 1928, p. 47-48.
34. Idem, *op. cit.*, p. 47, 52.
35. Repine, 1952, p. 140.
36. Tenicheva, 1930, p. 6.
37. *Mir Iskousstva*, n° 2, vol. XII, 1904, *Khronika*, p. 54.
38. *Ibid.*, n° 11, p. 303-318 ; repris dans Bilibine, 1970, p. 31-46.
39. Lettre du 7 mars 1905 (CFL, inv. 2002-A.1234).
40. Jouravleva, *op. cit.*, p. 298.
41. Lettre du 20 novembre 1921 ; avec mes remerciements à Daniel Entin et à Gvido Trepsa.

Les ateliers d'art de Serguiev Possad

Svetlana V. Gorojanina

traduit du russe par Marie Apreleff

Les ateliers d'art de Serguiev Possad (province de Moscou), placés sous la tutelle du *zemstvo*, ont occupé – au même titre que les ateliers d'Abramtsevo (province de Moscou) et de Talachkino (province de Smolensk) – une place primordiale dans la vie artistique russe entre la fin du XIXe et le début du XXe siècle.

Ce texte se propose de retracer l'histoire de ces ateliers et de définir leurs activités principales, en s'appuyant sur des documents de la fin du XIXe et du début du XXe siècle liés au zemstvo de la province de Moscou, dont dépendaient les ateliers de la bourgade de Serguiev Possad[1].

À partir de la seconde moitié du XIXe siècle, le zemstvo de la province de Moscou a joué un rôle déterminant dans le développement des industries artisanales, dont la place dans l'économie russe ne cessait de reculer. L'aide octroyée par cette administration dans l'objectif de relever et de développer les métiers de l'artisanat national se concrétisa par la création d'un musée, le musée de l'Industrie et de la Vente des produits de l'artisanat (plus tard « musée de l'Artisanat »), créé à Moscou en 1885, sur son initiative. Ce musée servait également de centre de coordination entre le zemstvo et les artisans de la province de Moscou.

La Commission spéciale d'assistance aux métiers de l'artisanat, instituée au sein du musée à l'exemple des écoles d'arts et métiers d'Europe occidentale, décida d'ouvrir dans la province de Moscou des écoles et des ateliers d'apprentissage, d'organiser des artels et de leur consentir des crédits[2]. Les aides étaient accordées en priorité aux productions « les plus à même de s'adapter aux courants artistiques[3] ». Les ateliers de Serguiev Possad, le plus grand centre de fabrication de jouets de Russie au XIXe siècle, en ont bénéficié (fig. 1 et 2).

Les statistiques pour l'année 1880 montrent que la ville ne comptait pas moins de trois cent vingt-deux ateliers de jouets dont cent cinquante-six produisaient des jouets en argile et en papier mâché ; quarante-trois fabriquaient des jouets en bois sculpté et quatre-vingt-quinze avaient une activité mixte, c'est-à-dire qu'ils façonnaient des jouets dans différents matériaux. Serguiev Possad comptait quatorze boutiques de jouets et deux entrepôts pour la vente en gros[4]. Le commerce était entre les mains d'intermédiaires (les familles Grobovoï, Novojylov, etc.) qui, en raison de la saturation du marché local, baissaient constamment les prix. À la fin du XIXe siècle, aux dires des contemporains, la qualité artistique du jouet diminuait : « L'âge d'or du jouet est révolu. L'appât du gain a perverti tout le monde, les prix augmentent partout. Le négociant est insensible à la qualité et est étranger à toute idée de conservation du patrimoine [...] les artisans travaillent sans aucune créativité ne songeant plus qu'à simplifier les modèles ancestraux [...] les pièces manquent de solidité, elles sont bâclées, grossières. Les clients riches veulent à présent des jouets de facture occidentale [...] seuls les pauvres s'achètent ces jouets-là[5]. » La demande pour les articles d'origine étrangère, très à la mode, incitait les artisans à fabriquer de grossières contrefaçons, qu'ils parvenaient à écouler aisément, au détriment de la qualité artistique et des traditions.

En 1891, afin de relever le niveau qualitatif de l'artisanat du jouet, d'améliorer la situation matérielle des artisans et de leur procurer des matériaux à bas prix, le zemstvo de la province de Moscou ouvre à Serguiev Possad un atelier d'apprentissage ainsi qu'un point de vente[6].

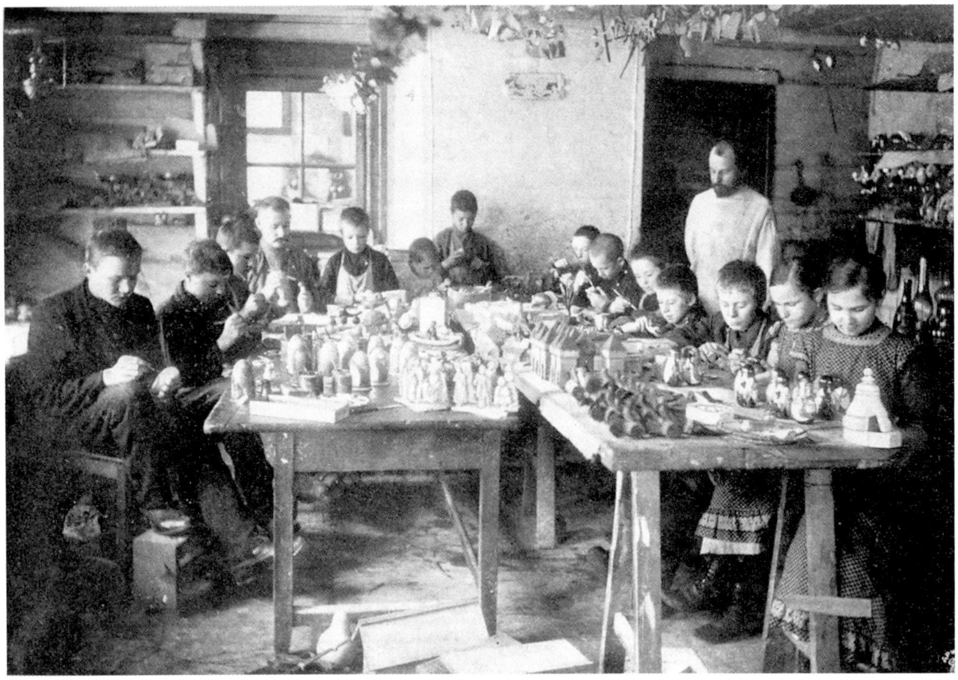

Fig. 1. **Atelier-école de fabrication de jouets, Serguiev Possad, zemstvo de la province de Moscou, début du xxe siècle,** photographie, musée de Serguiev Possad.

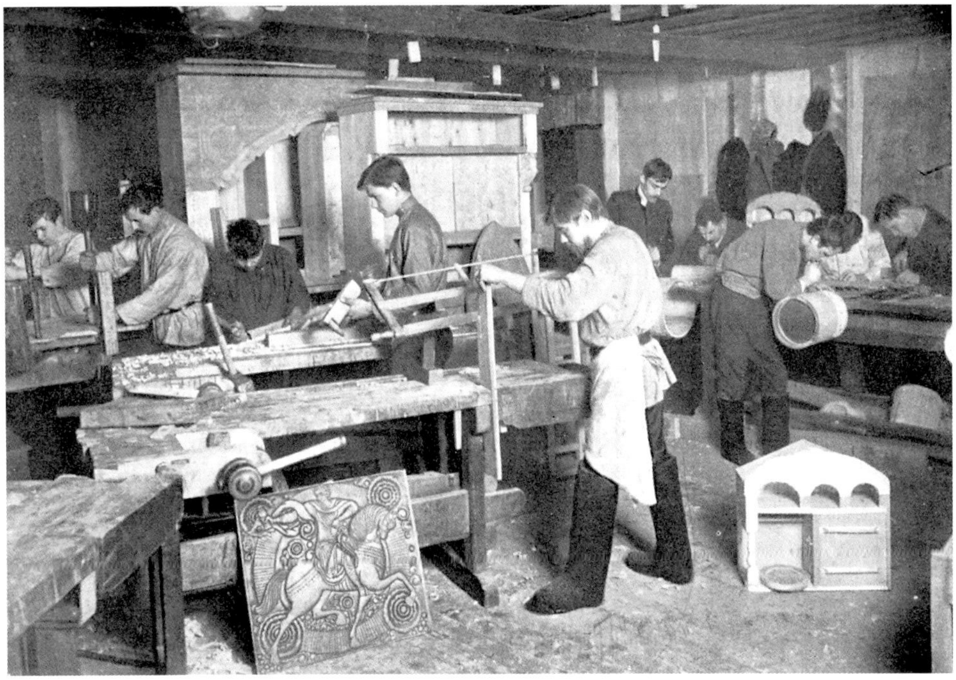

Fig. 2. **Atelier de menuiserie, Serguiev Possad, zemstvo de la province de Moscou, début du xxe siècle,** photographie, musée de Serguiev Possad.

Les premiers temps, l'atelier servit d'intermédiaire entre les artisans et les grossistes qui venaient s'approvisionner à Serguiev Possad. Il passait également des commandes, réalisées en étroite collaboration avec le musée de l'Artisanat. L'atelier ne possédant pas de bâtiment fixe pour l'exercice de ses activités, les formateurs envoyés par le musée faisaient cours dans des locaux inadaptés, loués au secteur privé. En 1892, un entrepôt de vente de peinture, colle et autres matériaux achetés en gros directement aux usines, ouvre ses portes. V. I. Boroutsky, un fonctionnaire du zemstvo de Moscou, est nommé à la tête de l'atelier ; il se lance dans l'organisation de la production. Il se concentre d'abord sur l'amélioration des techniques de fabrication et sur la gamme des jouets en papier mâché et en mastic, les deux activités principales de Serguiev Possad. Il commande des prototypes de jouets « laqués » aux artistes les plus connus de l'époque : A. A. Botchkov, S. M. Kanichtchev, A. P. Tabachnikov, A. G. Koutouzov, N. N. Roubtsov, S. D. Gourylev. De nouveaux moules, plus perfectionnés, destinés aux ouvrages en papier mâché sont commandés à I. A. Ryjkov, un professionnel de haut niveau. Le musée envoyait également des modèles venus de l'étranger, dont on faisait des plâtres, qui, au début, furent distribués gratuitement aux meilleurs modeleurs de la ville.

La technique du modelage était enseignée par le maître modeleur le plus qualifié de l'époque, A. A. Botchkov, à un petit nombre d'élèves. Les maîtres artisans étaient nombreux à espérer pouvoir travailler à l'atelier, considéré comme une annexe du musée, mais la préférence était donnée à ceux qui respectaient les nouvelles techniques de travail adoptées par l'atelier. Ces artisans qualifiés étaient alors une soixantaine.

Les productions de l'atelier avaient été primées dès les années 1890, lors d'expositions nationales et internationales[7]. Ainsi, en 1892, une collection de poupées à tête en porcelaine, vêtues de costumes traditionnels des différentes provinces russes, avait reçu à Chicago un diplôme d'honneur, tandis qu'une médaille de bronze était attribuée en 1896 aux poupées de P. I. Ouchatova à l'exposition de Nijni-Novgorod[8], d'où les artisans de Serguiev Possad avaient d'ailleurs rapporté de nombreuses récompenses. Dans son rapport, la commission d'experts de l'exposition avait conseillé aux responsables de l'atelier « d'associer à l'enseignement des nouvelles techniques de modelage la pratique régulière du dessin[9] ».

Satisfait du travail effectué par cet atelier, le musée de l'Artisanat décide d'élargir le champ de ses activités. Grâce aux subsides de son bienfaiteur, le mécène Sergueï T. Morozov, le musée entreprend en 1896 la construction d'un bâtiment, situé à l'angle des rues Nijniaïa et Dvorianskaïa, prêt à recevoir entre quinze et dix-sept maîtres artisans et dix élèves. Il semble que le temps d'apprentissage ait été d'abord de trois années, puis de quatre[10]. L'atelier acceptait les élèves à partir de douze ans, à condition qu'ils aient fréquenté l'école primaire ; il s'agissait des enfants des artisans de Serguiev Possad ou des environs. L'enseignement et les repas étaient gratuits. À la fin de leur apprentissage, les élèves quittaient l'atelier et réalisaient les commandes de l'atelier à domicile. Les formateurs étaient L. K. Goudkov, E. I. Goussarov – pour les artisans locaux – et, quelque temps plus tard, G. G. Fadeev, un maître venu de l'atelier de menuiserie d'Abramtsevo. Ces instructeurs participaient, eux aussi, à la réalisation des commandes les plus délicates du musée, aux côtés des maîtres et des apprentis[11].

En 1899, l'atelier se dote d'un cours de dessin, rattaché à l'Institut des arts et métiers Stroganov. V. I. Trofimov, enseignant dans cet établissement, est nommé professeur principal et a pour assistant le peintre I. P. Batioukov puis un dessinateur, N. F. Pavlov. L'enseignement durait quatre ans. Les cours de dessin étaient dispensés trois fois par semaine ; les groupes étaient répartis par spécialité : fabricants de jouets, tourneurs et, plus tard, sculpteurs et menuisiers (cours dominicaux pour adultes). Durant leur première année d'études, les fabricants de jouets apprenaient « le dessin des ornements plats coloriés à l'aquarelle » ; en quatrième année : « le dessin d'après nature des vases, des mains, des animaux, des oiseaux, de l'homme »[12]. Parvenus au terme de leur apprentissage, les nouveaux maîtres artisans avaient acquis une formation professionnelle solide, qui permettait à l'atelier d'améliorer et de diversifier l'éventail de sa production. À côté de la gamme traditionnelle de jouets modelés (chevaux, vaches et autres animaux communs), on voit apparaître dans le catalogue des prix du musée de l'Artisanat pour l'année 1898 une rubrique « animaux sophistiqués et pelucheux[13] », à savoir des animaux aux proportions réalistes tels que des chats dans des poses gracieuses, des chiens d'appartement, des dromadaires, des éléphants ou des ménageries complètes présentées dans des boîtes à la façon de l'arche de Noé de fabrication allemande. On trouvait également dans ce catalogue des jouets « présentés sur un plateau tressé » : c'étaient des jouets destinés aux jeux dans le sable, de la vaisselle, des cuisines ou des chambres à coucher miniatures entièrement aménagées ; on trouvait également dans la catégorie des jouets sculptés des « musiciens en boîte », des « camps militaires avec des canons et des tentes », calqués sur les modèles occidentaux.

La gamme des produits était régulièrement renouvelée pour s'adapter aux réalités du marché. Les productions de cet atelier du zemstvo reflétaient bien la manière « style russe », version nationale de l'historicisme, fermement enraciné à l'époque. À la fin du XIXe siècle, les artisans de Serguiev Possad s'étaient mis

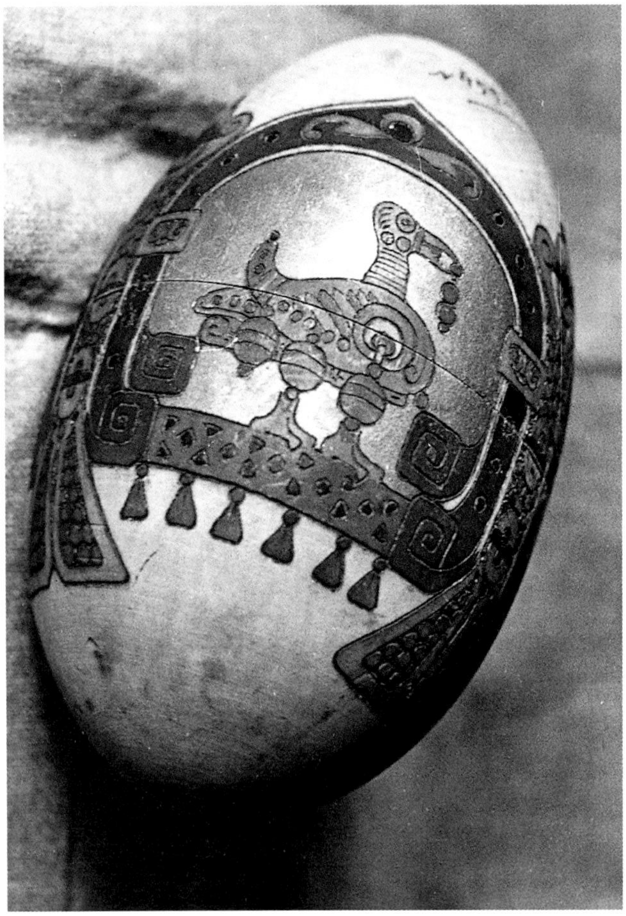

Fig. 3. **Œuf de Pâques, atelier-école de fabrication de jouets, Serguiev Possad, zemstvo la province de Moscou, début du XXe siècle,** musée de Serguiev Possad.

à fabriquer des œufs de Pâques (fig. 3), des boîtes « avec des images » représentant toutes sortes de scènes de la Russie dite d'avant Pierre le Grand, entre autres les héros des *bylines*. En 1904, l'atelier rachète un large assortiment de modèles de jouets à l'atelier moscovite de A. I. Mamontov, qui avait travaillé pour le magasin *L'Éducation des enfants* et qui fermait ses portes. Il y avait des poupées en costumes folkloriques, le jeu de construction *La ville ancienne* de N. I. Davydova et la fameuse *matriochka*, composée de poupées gigognes en bois tourné et peint, qui connut une popularité internationale. La même année, l'atelier reçoit une commande considérable de Paris pour une série de matriochkas. L'engouement des Parisiens pour cet article l'avait placé en tête des productions du vieux centre de fabrication de jouets. À la longue, les matriochkas se diversifièrent, présentant des apparences variées : paysannes, femmes de boyard, personnages historiques ou issus de la littérature, etc.

Les tourneurs spécialisés étaient peu nombreux à Serguiev Possad. Jusque-là, les tourneurs n'avaient façonné que des formes simples, hochets et pièces de jouet. Il fallut donc, dans un premier temps, faire appel aux tourneurs du village de Babenka (district de Podolsk, province de Moscou), qui fournirent des matriochkas en bois brut, prêtes à être peintes. Pour instruire les artisans locaux à la maîtrise des techniques de tournage, on fit venir en 1905 un expert en la matière, V. P. Zvesdotchine, qui avait travaillé à l'atelier de Mamontov.

En 1899, les ateliers d'art de Serguiev Possad et d'Abramtsevo prennent part à la décoration du pavillon russe de l'Exposition universelle de 1900, à Paris. L'atelier prépare à cette occasion une collection d'objets en bois de petit format dans le style russe, proches par la forme et le décor des travaux de l'atelier d'Abramtsevo, fort appréciés à l'époque[14].

L'intérêt croissant de la clientèle pour les ouvrages sculptés « d'un caractère russe », la profusion de sculpteurs sur bois qualifiés dans toute la région et la proximité de l'atelier de menuiserie d'Abramtsevo ont été autant de facteurs qui ont contribué à l'ouverture, en 1903, d'un atelier de menuiserie d'art à Serguiev Possad (fig. 4) ; cet atelier n'était au départ qu'une simple section de l'atelier d'apprentissage de fabrication de jouets. En 1906, fut construit pour les deux ateliers un bâtiment spécial équipé d'une salle de séchage. Près de cinquante artisans de Serguiev Possad et onze venus des villages voisins participaient aux travaux de ce nouvel atelier[15]. De quinze à dix-sept maîtres artisans y travaillaient. Parmi ceux qui fabriquaient des meubles, citons : I. P. Kochelev, I. M. Chenkelev, D. K. Kouzmine ; pour les boîtes, I. M. Iline ; pour les sculpteurs sur bois (certains étaient auparavant spécialisés dans les écrins d'icône ou les iconostases), N. A. Alexandrov, I. V. Viatcheslavov, I. I. Samoletov et d'autres encore. Les formateurs étaient I. P. Zaïtsev de Moscou, P. V. Korioukine de l'école d'artisanat de la ville de Totma (province de Vologda) et Plotnikov, un artisan local.

Chaque année, dix élèves étaient sélectionnés pour un cursus de quatre ans. Les cours de dessin étaient obligatoires, on y apprenait le dessin technique, la conception de projets de meubles de menuiserie ou tournés, d'objets pour la table, de jouets et « le dessin d'après nature de plâtres de mains, pieds et têtes[16] ». À la fin de son apprentissage, l'élève recevait un assortiment d'outils en rapport avec sa spécialité, et il pouvait continuer à effectuer les commandes de l'atelier.

L'année 1902 marque une nouvelle étape dans l'activité des ateliers dépendant du zemstvo avec l'arrivée d'un peintre, V. I. Sokolov, qui très vite se retrouve à la tête de l'atelier de menuiserie d'art[17]. Sokolov avait établi un programme de travail qui prévoyait, outre l'apprentissage proprement dit, le développement du sens artistique des apprentis. Ces derniers avaient la possibilité de copier des objets, mais également de concevoir des modèles en s'appuyant sur des ouvrages, comme *Objets en bois de l'artisanat populaire* de A. A. Bobrinsky. Sokolov faisait visiter aux élèves le département des modèles (dit musée des Modèles), situé dans le musée de l'Artisanat, où étaient conservées les productions anciennes et contemporaines de l'artisanat.

N. D. Bartram, le conservateur du musée, avait rassemblé autour de lui un large cercle de personnes hostiles, comme lui, à « l'internationalisation » des styles qui devenait perceptible dans les métiers de l'artisanat. Les peintres croyaient en la renaissance des métiers nationaux à travers la création de modèles issus de la culture artistique traditionnelle russe et qui seraient rendus accessibles au monde contemporain grâce à l'introduction de nouvelles techniques et de nouveaux sujets.

Des peintres aussi renommés que Sergueï V. Malioutine, Viktor M. Vasnetsov, Bartram, Davydova, Ovechkov et d'autres encore, ont conçu des modèles pour les ateliers de Serguiev Possad. Les pièces nouvellement présentées faisaient l'objet d'un débat au sein de la commission artistique du musée, dont les membres étaient Davydova, E. G. Teliakovsky ainsi que d'autres collaborateurs du musée et chefs d'atelier. C'est Morozov qui dirigeait la commission. Ce mécène, grand financier du développement de l'artisanat, dictait aux maîtres travaillant pour le zemstvo les orientations artistiques à suivre[18].

Les artistes moscovites venaient présenter à Serguiev Possad leurs dessins et leurs projets de meuble ou d'ensembles de mobilier. Il s'agissait toujours de meubles très élaborés du point de vue de la menuiserie et dont l'ornementation était soit traditionnelle, c'est-à-dire peinte ou sculptée, soit enrichie de matières diverses : galets et gemmes, émaux, carreaux de faïence fabriqués sur commande par la fabrique de S. G. Dounaev (près de Khotkov, district de Dmitrievsky), ce qui était typique de la décoration de meuble dans les années 1900.

Pour leurs modèles de meuble de style russe, les artistes reprenaient les formes ou les détails des meubles anciens, les frises décoratives des maisons, les motifs des moules à pain d'épices ou encore l'ornementation des rouets. Ces meubles fabriqués par les artisans de Serguiev Possad séduisaient tant par le caractère unique des pièces que par la maîtrise d'exécution (fig. 5).

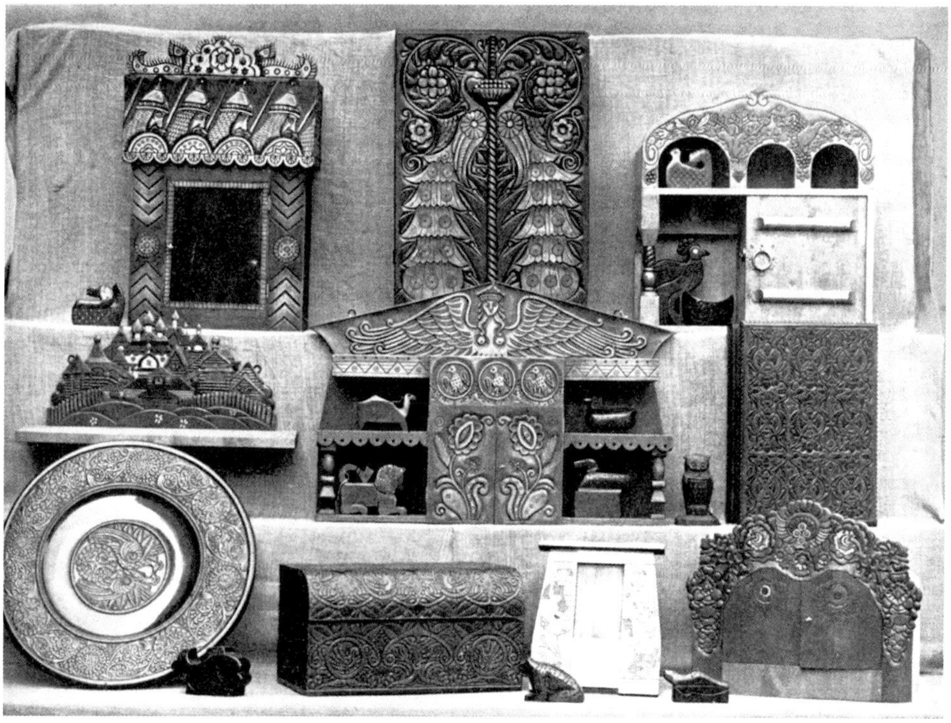

Fig. 4. **Objets de menuiserie, Serguiev Possad, zemstvo de la province de Moscou, 1913,** photographie, musée de Serguiev Possad.

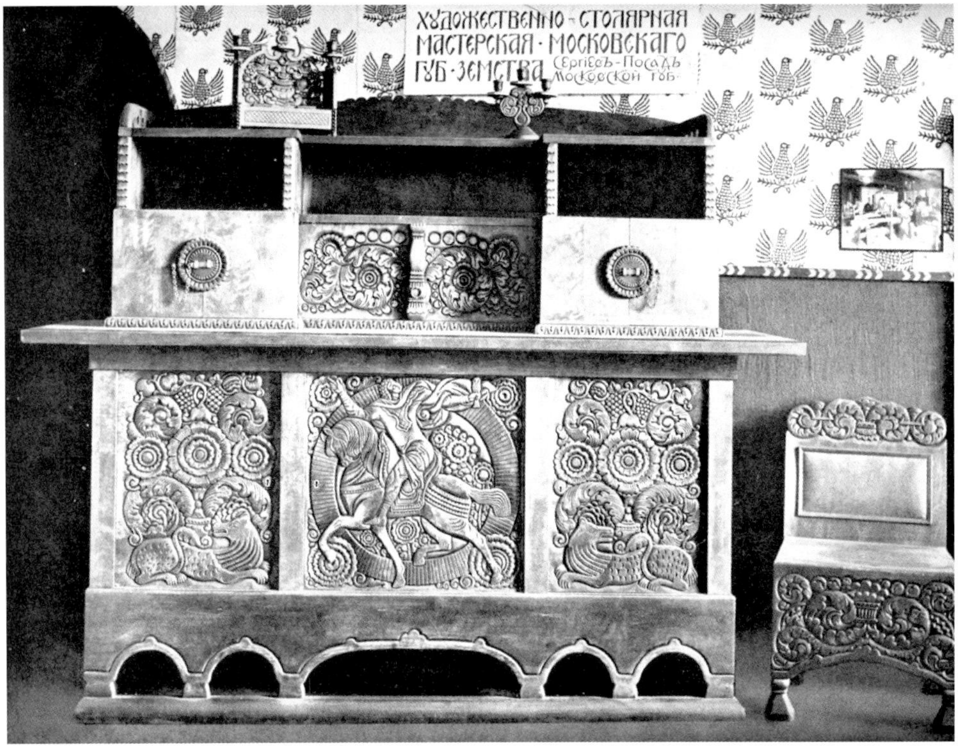

Fig. 5. **A. A. Souvorov, buffet et chaise, 1912, fabriqués dans l'atelier de menuiserie de Serguiev Possad, zemstvo de la province de Moscou, 1913,** photographie, musée de Serguiev Possad.

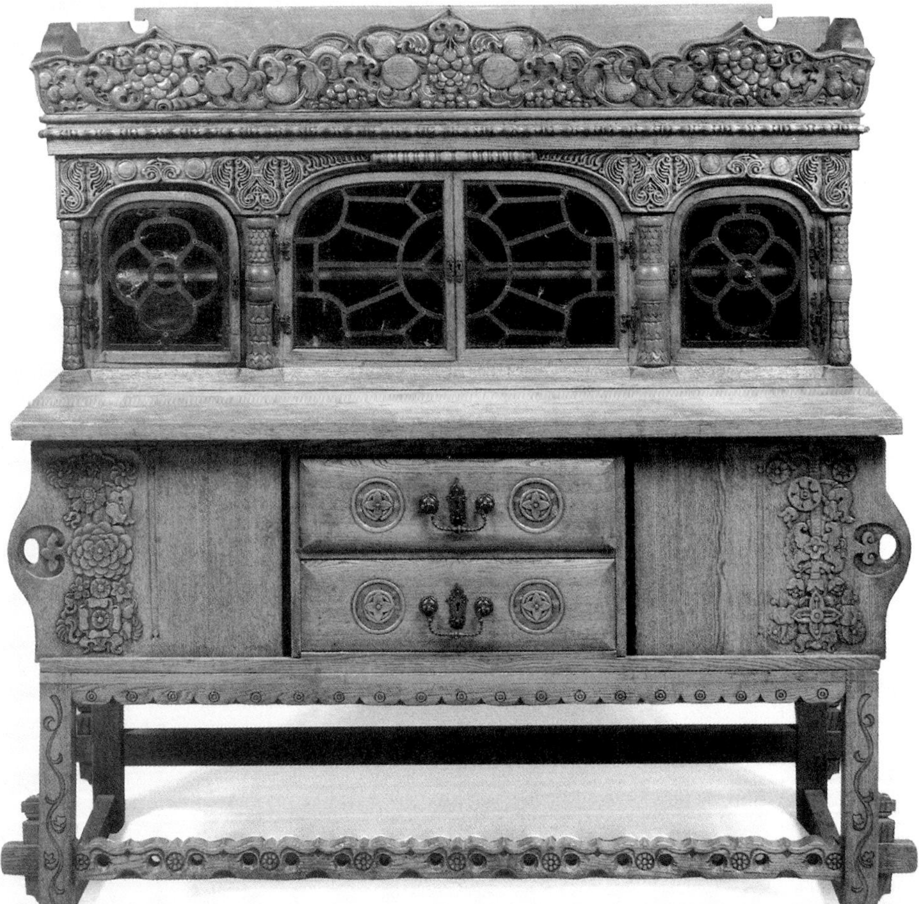

Fig. 6. **Apolinary M. Vasnetsov, Buffet, exécuté par le zemstvo du musée de l'Artisanat, vers 1900-1910,** Moscou, musée-appartement Apolinary Vasnetsov.

Le musée de l'Artisanat commandait à l'atelier des copies de fauteuils anciens ou de bancs à bascule munis de dossiers ajourés, tels ceux que conservent les musées de Moscou et de Rostov. À la même époque, on se lança dans la production d'écrins sculptés pour abriter les icônes et de plats commémoratifs à l'intérieur desquels on encastrait des icônes ou des croix en cuivre[19]. L'un de ces plats, datant de 1907 et créé par V. P. Vornoskova, est conservé au Musée historique de Serguiev Possad. Toute la surface sculptée est occupée par des oiseaux et des végétaux qui entourent une Crucifixion en cuivre, au centre du plat.

Les plats sculptés d'après des illustrations de livres anciens, tels que saint Georges terrassant le dragon, étaient des commandes passées par différentes instances officielles (l'assemblée de la noblesse de Moscou, le zemstvo de la province de Moscou, etc.) qui en faisaient cadeau à Nicolas II, lors de commémorations, comme celles de la guerre de 1812 ou du troisième centenaire des Romanov. De grandes maquettes des *kremlins* de Moscou et de Rostov le Grand furent aussi construites à ces occasions (cadeaux de la noblesse russe)[20].

Il est à noter que les commandes constituaient la base des revenus de l'atelier. La fabrication d'iconostases et de mobilier religieux, dessinés par A. A. Pokrovsky pour une chapelle provisoire destinée au régiment d'infanterie du tsar à Tsarskoïe Selo ainsi que pour une église commémorative à Leipzig, a apporté des revenus confortables[21]. En 1911, un vaste ensemble de mobilier de style russe est réalisé d'après une maquette d'Apolinary M. Vasnetsov (un buffet, une desserte, deux tables, vingt-quatre chaises et deux fauteuils). L'ouvrage était d'envergure et tout le monde y participa, le chef d'atelier y compris. L'ornementation sculptée était variée, les portes possédaient des incrustations en mica et des garnitures en fer forgé[22]. L'un de ces ensembles de mobilier est conservé dans l'appartement-musée d'Apolinary Vasnetsov, rue Fourman à Moscou (fig. 6).

Dans les années 1900, des peintres de l'atelier de Talachkino, aussi célèbres que Malioutine, A. P. Zinoviev et Samoussev, ainsi que les élèves de Malioutine, Michonov et Zakhorenkov, ont travaillé pour les ateliers de Serguiev Possad.

Deux imposants ensembles de mobilier pour salle à manger ont été réalisés d'après les dessins de Malioutine, qui avait une prédilection pour les grands ouvrages[23]. Quant à Zinoviev, il a imaginé une série de modèles pour placards et accessoires de table qui furent reproduits en série par les artisans locaux.

On connaît des exemples d'aménagement intérieur de style russe réalisés par les ateliers des zemstvos : les maisons de V. I. Sokolov, à Serguiev Possad, qu'il avait lui-même dessinées ; la salle à manger de S. T. Morozov à Moscou ; les pièces d'habitation du dessinateur I. N. Pavlov, dans le quartier de Zamoskvorietchie à Moscou, aménagées d'après des dessins de Malioutine et de Sokolov. « Les artisans de Serguiev Possad ont fabriqué, entre autres, le buffet, la table, des bancs, des placards, des vaisseliers, des étagères et des corniches. Sokolov a participé lui-même à la décoration des paravents en bois, ornés de paysages peints et pyrogravés. » Selon I. N. Pavlov, apparurent à cette époque des *kovchs* et des *endovas* décorés[24].

En 1900, un département de pyrogravure et de peinture sur bois est créé au sein des ateliers. Cette nouvelle technique artistique du travail du bois était à la mode depuis la fin du XIXe siècle. Au début, elle n'était maîtrisée que par quelques artisans de Serguiev Possad, mais grâce aux efforts du zemstvo, une centaine de foyers la pratiquait aux alentours de 1910[25].

Pour étudier les formes des supports destinés à recevoir un décor pyrogravé, peint ou sculpté, Sokolov prenait pour modèle la vaisselle ancienne, conservée au Musée historique de Moscou. Des copies étaient envoyées aux artisans du district de Semionovsky et de la province de Nijni-Novgorod, qui en réalisaient des répliques en série. Des cuves et des tonnelets fabriqués par les artisans de Tambov se vendaient au marché local et on les retrouvait dans le catalogue des tarifs sous la dénomination de « cache-pot pour rouleaux de papier [*sic*] ».

Les artistes faisaient preuve d'une grande inventivité dans la conception des marchandises destinées à la période de Pâques et de Noël ; les articles étaient décorés de motifs végétaux stylisés empruntés au patrimoine culturel populaire et aux ensembles architecturaux des villes de la Russie ancienne, comme le monastère de La Trinité-Saint-Serge à Serguiev Possad même (ouvrages de Sokolov, de Zakhorenkov et d'autres).

À l'initiative de N. D. Bartram fut mise au point la production de jouets en bois, fabriqués à la main ou tournés, dits de style russe : des lots comprenant de nombreuses pièces et illustrant des contes *(L'izbouchka aux pattes de poule)*, des jeux de construction (*Le bourg russe du XVIIe siècle* d'après les œuvres de Meyerberg, *Le village Spasskoïe, La ville posée sur trois baleines* d'après les dessins de Bartram et d'autres)[26]. Des peintres

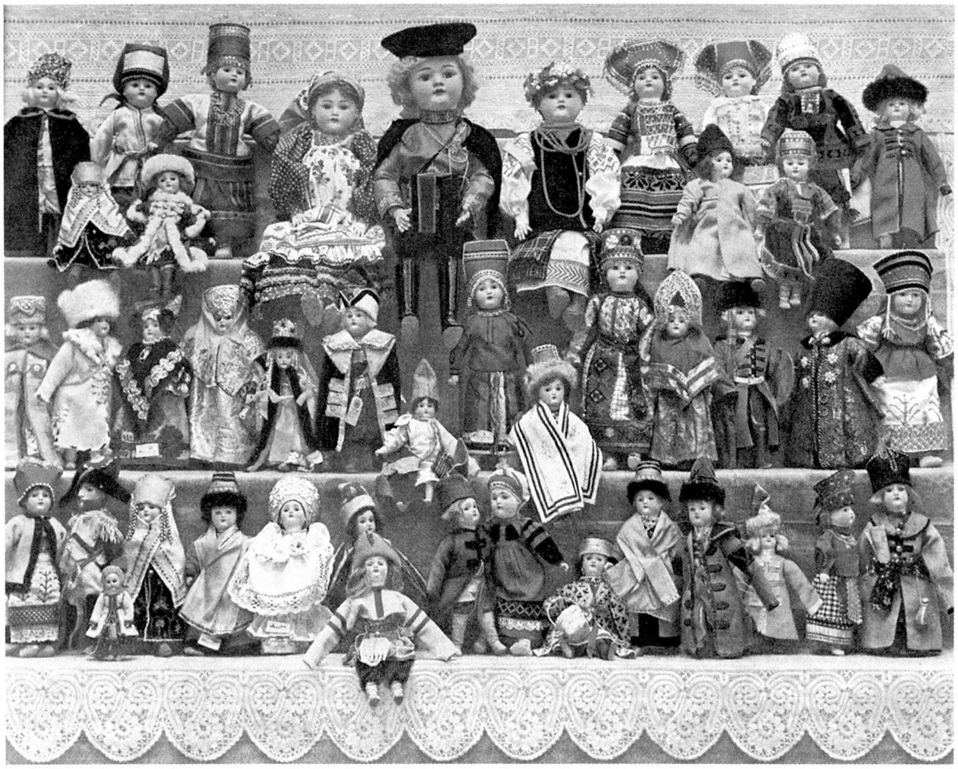

Fig. 7. **Poupées, atelier-école de fabrication de jouets, Serguiev Possad, zemstvo la province de Moscou, 1913,** photographie, musée de Serguiev Possad.

professionnels supervisaient la production des ateliers ; les articles étaient fabriqués par des artisans qualifiés et ils correspondaient aux attentes de la population citadine. Le zemstvo prônait une « harmonisation » des jouets, ce qui bridait inévitablement la créativité des artisans. C'était la contradiction principale de l'action du zemstvo, qui, tout en s'efforçant « de contribuer à la créativité individuelle », dictait les conditions d'un cahier des charges précis. En effet, le travail effectué d'après des modèles imposés entraînait une perte de spontanéité et banalisait la production.

Les exigences du commerce international contraignaient les artisans à fabriquer des articles « semblables en tout point aux modèles donnés ». On peut citer des cas où des entreprises étrangères, soucieuses de respecter les délais de livraison, ont dû faire fabriquer les modèles de Serguiev Possad par leurs propres moyens (le meilleur exemple reste les matriochkas de fabrication allemande du musée d'Art et Pédagogie du jouet de Serguiev Possad)[27].

Les objets « dans le goût national » étaient particulièrement recherchés sur les marchés. Ils se vendaient par l'intermédiaire du musée de l'Artisanat, non seulement en Russie, mais dans de nombreux pays du monde[28].

Dans le dessein de renforcer encore l'aide économique apportée « à la masse non organisée des artisans, [...] victimes de l'exploitation des intermédiaires[29] », le zemstvo participe à l'organisation d'artels et d'ateliers. Le zemstvo avait déjà été à l'origine de l'artel des Fabricants de jouets modelés, constitué de vingt personnes ; en 1910-1911, les artels Habillage de poupées (onze membres), L'artiste artisan (onze membres), Meubles de menuiserie (dix membres), Coopérative de Khotka des ouvrages de menuiserie sculptés (onze membres) et aussi de l'Atelier du matériel didactique ; tous ces artels avaient accès aux modèles et assuraient les commandes des ateliers du zemstvo.

L'artel Habillage de poupées et l'Atelier du matériel didactique étaient composés de femmes dont l'activité habituelle était « la broderie au fil d'or et d'argent de linges liturgiques, le tissage des rubans et autres métiers féminins » ; ces artels comptaient quatre-vingt-cinq foyers de femmes artisans à Serguiev Possad[30]. L'Habillage de poupées était dirigé par E. F. Tsvetaeva, diplômée de l'Institut des arts et métiers Strogonov[31]. Les poupées étaient fabriquées d'après les modèles conçus par les artistes du musée de l'Artisanat et par Tsvetaeva elle-même. Elles étaient vêtues de costumes stylisés de la

Russie médiévale et de costumes folkloriques des provinces russes (fig. 7).

L'Atelier du matériel didactique était avant 1914 une section de l'atelier de jouets, et avait été créé à l'exemple de l'atelier du zemstvo de Viatka. Les douze premières élèves étaient les filles des brodeuses au fil d'or ; elles étaient chargées de l'illustration de manuels de botanique et d'histoire et, lorsque l'atelier eut une section modelage, de matériel didactique pour l'apprentissage de l'anatomie (en papier mâché, mastic et dans une matière gélatineuse spéciale). Petit à petit se constitua une collection thématique de planches et de tableaux sur l'histoire de la géologie comprenant, par exemple, une *Histoire du charbon minéral ;* des modèles d'outils et de bâtiments agricoles ; des supports didactiques pour la botanique, la physique, le dessin. Ces planches se vendaient très bien aux écoles et aux instituts d'enseignement supérieur du pays[32].

L'artel L'artiste artisan, créé par Bartram et dont l'objectif était de « faire renaître l'art pictural des XVIe et XVIIe siècles », fabriquait des articles en bois de faibles dimensions ainsi que des meubles pyrogravés et peints. Un bon exemple de son travail est l'armoire-vaisselier conservée au Musée historique, copie presque à l'identique d'une armoire du XVIIIe siècle du même musée provenant d'Olonets[33].

Malgré tous leurs efforts, les ateliers du zemstvo, dont la vocation première était l'enseignement, étaient incapables de faire sortir de la crise économique les métiers de l'artisanat. En 1910, quatre-vingt-cinq élèves ont terminé leurs études à l'atelier de jouets et près de deux cent cinquante artisans réalisaient les commandes sur ses indications[34].

En 1913, le zemstvo délègue la gestion commerciale et économique à l'Artel de l'industrie artisanale de la fabrication de jouets et ouvre un établissement voué exclusivement à l'apprentissage de la fabrication de jouets. Le nouvel artel peut être considéré comme l'héritier de l'atelier précédent, car il a reçu du zemstvo de Moscou les locaux en location en même temps que les modèles et les moules servant à la fabrication des jouets[35]. En 1914, l'artel comptait cent quatre-vingt-cinq membres, dont la plupart étaient des artisans qualifiés de la ville[36].

Cet atelier-école, qui dispensait un enseignement gratuit durant quatre ans, répartissait les élèves dans six sections : menuiserie, sculpture, tournage, moulage, peinture des articles en papier et papier mâché, pyrogravure et peinture sur bois. Le programme était orienté sur « le développement de la créativité des élèves en se fondant sur les arts de la Russie ancienne, sur la nature et sur la spécificité des techniques de travail[37] ». L'école possédait un petit musée de modèles. Hormis l'enseignement pratique, les élèves étaient initiés à l'anatomie, à l'histoire des cultures étrangères – habitat, costume, ustensiles des peuples du monde – au dessin, au modelage et à la comptabilité, ce qui permettait aux élèves, au terme de leurs études, « de créer par eux-mêmes de nouveaux types de jouets artistiques[38] ».

Ainsi, les ateliers de Serguiev Possad, en collaboration avec d'autres écoles d'art et d'autres ateliers de Russie, ont été encouragés à conserver et à développer les arts populaires traditionnels, s'inscrivant de ce fait dans le processus artistique et stylistique de l'époque ; cette démarche a eu des répercussions très positives : la qualité de fabrication a considérablement augmenté, la gamme des produits proposés s'est élargie tout en se renouvelant, d'où une augmentation des ventes et des revenus des artisans, dont certains groupes se sont lancés dans la production d'objets d'art, quelquefois remarquables, donnant ainsi naissance à de nouveaux métiers tels que la menuiserie sculptée, la pyrogravure et la peinture sur bois.

Le système éducatif mis en place par le zemstvo dans le domaine des arts appliqués fut repris par l'école professionnelle et technique S. Khaltourine, et plus tard par l'Institut technique du jouet (aujourd'hui Collège d'arts et techniques du jouet de Russie).

En 1929, sur le modèle des artels du zemstvo fut créée une entité unique qui s'inscrivait dans la lignée des traditions artistiques du travail du bois : l'Artel de fabrication artisanale de Serguiev Possad. Certains maîtres de cet artel (parmi lesquels A. I. Chichkine, P. P. Berezine et I. I. Viatcheslavov) ont travaillé en 1940 à l'usine de jouets de Zagorsk (appellation de Serguiev Possad durant la période soviétique), devenue aujourd'hui l'entreprise Souvenir.

1. Archives historiques d'État (ensuite abrégées AHÉ) de Moscou, fonds 184/4/409 ; fonds 188/1/2348. Archives littéraires et artistiques de l'État russe, fonds 2023/1/34,169 ; fonds 2579/1/34 ; fonds 2767/1/568 ; fonds 2941/1/253, 211, 271 ; fonds 689/1/135 ; fonds 984/1/66. AHÉ de Saint-Pétersbourg, fonds 400/1/18, 26, 36, 66 ; fonds 401/1/75. Archives du Musée du jouet de Serguiev Possad, inv. 1/133, 137, 221, 257. Archives du domaine-musée de Serguiev Possad, inv. NA-5 (Sokolov, 1943) ; Bogolepov, 1880, t. 6, 2e éd. ; *Rapports de l'administration du zemstvo de la province de Moscou concernant l'aide à l'artisanat* (1890-1916) ; Ponomarev, 1897, t. 1, et 1902 ; Slastnikov, 1913, t. 1 ; *l'Industrie artisanale en Russie. Métiers divers,* 1913. t. 1 ; Orlov, 1913 ; *le Jouet. Son histoire et sa signification,* 1912 ; Registres statistiques concernant la province de Moscou de 1879 à 1916 ; Catalogues des prix du musée de l'Artisanat (1897-1910) ; Catalogue des prix des articles de menuiserie d'art et de sculpture sur bois de l'atelier du zemstvo de la province de Moscou à Serguiev Possad, 1903 ; Catalogues des expositions d'artisanat russes et internationales entre 1882 et 1913.

2. Morozov, 1912. Comme le démontrent les documents, le zemstvo du district de Dmitrov, territoire sur lequel se trouvait Serguiev Possad, ainsi que le Conseil du zemstvo de Serguiev Possad ne s'intéressaient pas aux métiers locaux alors que « le trésor recevait des impôts conséquents de la part de la masse des artisans de cette juridiction » (AHÉ de Moscou, fonds 184/1/409/lettre « iou »). Il fallut attendre 1912 avant que le représentant du zemstvo, Polivanov, n'adhère au Comité de gestion de l'atelier de jouets (AHÉ de Moscou, fonds 188/1/2348).

3. Slastnikov, *op. cit.*, lettre « iou ».

4. Bogolepov, *op. cit.*, p. 57-63.

5. Beliakova et Steinbach, 1980, Moscou, p. 56-57.

6. Ponomarev, *op. cit.*, 1897, p. 19.

7. Idem, *op. cit.*, p. 48. Les premières expositions auxquelles l'atelier a pris part étaient des expositions agricoles : à Poltava (1892) et Voroneje (1894), où il reçut une médaille de bronze.

8. La collection de poupées en costumes régionaux fabriquées en 1880 à l'atelier moscovite L'éducation et l'enfant sous la direction de A. Mamontov a servi, semble-t-il, de modèle ; les costumes des poupées avaient été confectionnés d'après les costumes nationaux du musée Roumiantsev de Moscou (musée du Jouet, inv. 6809 ; AHÉ de Saint-Pétersbourg, fonds 401/1/75/24 ; *l'Industrie artisanale en Russie...*, op. cit., p. 267-269).

9. AHÉ de Saint-Pétersbourg, fonds 401/1/75/135 ob.

10. Les rapports des fonctionnaires du zemstvo divergent en ce qui concerne le temps d'apprentissage des élèves (AHÉ de Moscou, fonds 184/4/409/5 ob ; *Rapport...*, op. cit., p. 41, 172).

11. G. G. Fadeev a fait ses études à l'atelier de menuiserie d'art d'Abramtsevo. Il a travaillé comme formateur à l'atelier de menuiserie de Serguiev Possad de 1901 à 1911. (Archives scientifiques du domaine-musée de Serguiev Possad, département 263 ; Archives du Collège d'art et d'industrie d'Abramtsevo, Registre des départements, 1957).

12. *Rapport...*, op. cit., p. 159-160 ; AHÉ, fonds 25/5/138/21 ob ; Choulguina et Pronina, 2002, p. 163.

13. Catalogue des prix illustré du musée d'Artisanat et de Vente d'objets de l'artisanat du zemstvo de la province de Moscou, 1898. On désignait par jouets « pelucheux » des jouets en papier ou modelés recouverts d'une pellicule de laine pulvérisée. Le zemstvo avait acheté une machine spéciale pour pulvériser la laine de mouton. Gorojanina, 1998, p. 118-128.

14. Compte rendu du département de l'artisanat sur l'Exposition universelle de 1900, à Paris. Les ouvrages de « style russe » des ateliers de Serguiev Possad ont également suscité un grand intérêt à l'exposition de Saint-Pétersbourg en 1902 et l'atelier a reçu de nombreuses commandes (index de l'Exposition pan-russe d'artisanat à Saint-Pétersbourg en 1902, Saint-Pétersbourg, 1902, lettres b/d).

15. Les villages du district de Dmitrov : Koudrino, Mitino, Akhtyrka, Joutchki, Bykovo, Moutovki, Repikhovo, Machyno, Gavrilkovo et Matrenki (Archives du domaine-musée de Serguiev Possad, 409/48)

16. *Rapport...*, op. cit., p. 159.

17. V. I. Sokolov a terminé l'École de peinture, sculpture et architecture de Moscou. De 1902 à 1917, il a travaillé dans les ateliers d'art de Serguiev Possad. Dans les années 1920-1930, il a été le principal concepteur de modèles pour les artels de l'industrie artisanale locale. Il a participé à de nombreuses expositions en Russie et à l'étranger (Krouglova, 1958).

18. S. T. Morozov a consacré des sommes élevées pour la construction de locaux destinés aux ateliers d'apprentissage de Serguiev Possad et pour le financement des artels d'artisans. En 1915, le zemstvo de la province de Moscou a donné son nom aux ateliers de Serguiev Possad (*le Messager de la coopération professionnelle,* 1915, p. 82).

19. *L'Art populaire russe à l'exposition artisanale pan-russe de Petrograd en 1913,* 1914, ill. 70, bibliothèque de l'Institut de recherche des métiers d'art, dossier de photographies n° 288, atelier de V. P. Vornoskov.

20. *Rapport...*, Moscou, 1913, p. 40 ; Gorojanina, 2003, p. 58-59.

21. *Rapport...*, Moscou, 1911, p. 40, 157. Malheureusement, très peu de pièces de ce mobilier nous sont parvenues. Quelques catalogues d'exposition des années 1900 nous donnent une idée de ces œuvres ainsi que des albums de photographies de la bibliothèque et de l'ensemble de négatifs conservés par l'Institut de recherche des métiers d'art. On sait que l'atelier a réalisé une iconostase pour le deuxième cuirassé *Orel,* des meubles pour quelques chambres de l'hôtel *Europe* à Saint-Pétersbourg ; des agencements pour le musée de l'Artisanat de Moscou et le musée de Vladimir (Archives du domaine-musée de Serguiev Possad, département 5/32, 40, 44).

22. Strougova, 1989, p. 111. Le domaine-musée de Serguiev Possad abrite quelques pièces de cet ensemble de mobilier, inv. 4917, 4918.

23. Les collections du domaine-musée de Serguiev Possad possèdent quelques chaises et le boîtier d'une grande pendule de parquet datant de 1910-1911 qui faisaient peut-être partie de cet ensemble de mobilier (Archives littéraires et artistiques de l'État russe, fonds 2023/1/23/13).

24. Pavlov, 1949, p. 283 ; bibliothèque de l'Institut de recherche des métiers d'art, dossier de photographies n° 287, inv. 11405, 11406.

25. *Rapport...*, op. cit., p. 171 ; Gorojanina, 1995, p. 296.

26. Le musée de l'Artisanat du zemstvo de la province de Moscou, Catalogue des prix du département du jouet (lettres B/G) ; Gorojanina, 2004, p. 60.

27. Borodaevsky, 1913, p. 15 ; Davydova, 1910, p. 6.

28. Les ateliers vendaient leur production dans de nombreux pays : Allemagne, France, États-Unis, Grande-Bretagne, etc. Leipzig organisait deux expositions-ventes d'objets d'artisanat par an. Les ventes étaient en constante augmentation : elles représentaient 1 600 roubles en 1891 et 71 204 roubles en 1910. Cependant, les artisans de Serguiev Possad ne vendaient par l'intermédiaire de l'atelier que 16,1% de la somme globale, le reste de la production étant vendue aux grossistes ou en vente directe (Kremliansky, p. 44 ; *Rapport...*, op. cit., p. 175).

29. Kremliansky, *op. cit.*, p. 47.

30. *Rapport...*, op. cit., p. 52.

31. Archives littéraires et artistiques de l'État russe, fonds 2941/1/211/37.

32. Département du Matériel didactique du musée d'Artisanat du zemstvo de la province de Moscou, Moscou, 1918. L'atelier a pris part aux expositions de Tsarskoïe Selo (1911) et a obtenu la médaille d'argent (*Rapport...*, op. cit., p. 52).

33. *L'Art populaire russe...*, op. cit., ill. 14. Strougova, *op. cit.*, p. 112.

34. *L'Industrie artisanale en Russie...*, op. cit., p. 285 ; trop pauvres, de nombreuses familles poussaient leurs enfants à quitter l'atelier avant la fin de leurs études pour travailler.

35. *Rapport...*, Moscou, 1913, p. 26.

36. Khaït, 1932, p. 152.

37. Les apprentis étaient recrutés sur concours. Le gîte et le couvert étaient gratuits (AHÉ de Moscou, fonds 184/1/409/38).

38. *Ibid.*

L'architecture russe dans la seconde moitié du XIXe siècle (1870-1910)

Ekaterina Savinova

traduit du russe par Bernard Kreise

L'architecture russe de la seconde moitié du XIXe et du début du XXe siècle est, comme l'ensemble de l'architecture européenne contemporaine, marquée par le développement de multiples courants stylistiques, se fondant parfois sur des principes esthétiques totalement divergents. Au milieu du XIXe siècle, le classicisme était tombé en désuétude, entraînant une crise de l'esthétique classique et un foisonnement d'expériences romantiques qui trouvèrent leur mode d'expression en se tournant vers l'histoire et la création artistique d'un lointain passé. Les recherches d'un nouveau style national en Russie se déroulèrent alors que régnaient des styles très divers mêlant le néo-renaissance, le néo-baroque, le second baroque, le néo-grec, les styles Louis XV, turc, mauresque, égyptien, etc.

Les études relatives à cette période extrêmement contradictoire de l'histoire de l'architecture russe n'ont été entreprises que très récemment. À l'époque soviétique, les édifices d'une période perçue comme celle de l'essor du capitalisme étaient regardés comme une décadence de l'art architectural. On étudiait alors essentiellement l'héritage de l'architecture néo-classique du début du XXe siècle. Depuis les dernières décennies du XXe siècle, cette période est étudiée par les spécialistes les plus importants de l'histoire de l'art, comme E. I. Kiritchenko, V. G. Lissovsky, E. A. Borissova et V. Tourtchine.

Le panorama d'une époque architecturale serait incomplet si l'on n'évoquait pas, même brièvement, les sources qui ont déterminé les particularités de l'architecture durant la période qui nous intéresse. Dès les années 1830-1840, tandis que le classicisme connaît son dernier souffle dans les années de la réaction qui suivit l'écrasement de la révolte des Décabristes (1825), les cercles gouvernementaux, s'efforçant de trouver une issue à la crise, mirent en avant la célèbre formule « orthodoxie, autocratie, populisme », affirmant ainsi l'immuabilité des fondements séculaires de l'autocratie et de son union avec le peuple (fig. 1).

« C'est au nom de Nicolas Ier que fut lié le second tournant, sur le plan de la chronologie et de son importance, de la culture russe. Pour la première fois, un empereur indiquait de façon radicale, nette et précise, que la politique de l'État en matière d'art était fondée sur le retour vers des valeurs qui avaient cessé d'être prises en considération par Pierre le Grand et à l'égard desquelles ce dernier avait employé toute son énergie et sa volonté pour les remplacer par un art, une culture et une renaissance de caractère européen. La Russie est redevable à Pierre le Grand de la Renaissance européenne, et pour beaucoup à Nicolas Ier d'un retour à ses sources (populaires et nationales) dans le domaine de la culture...[1] » L'architecte Konstantin A. Ton fut l'initiateur de la « renaissance russe ». Le début du nouveau courant, qui reçut le nom « style russo-byzantin », fut marqué par l'église du Christ-Sauveur-Rédempteur construite sur le projet de Ton[2]. Cet événement détermina le destin du style « russe » dans l'architecture nationale (fig. 2).

« L'ancienne architecture russe renaît dans des églises aux coupoles dorées, et, sous la main d'un artiste habile, prend un caractère original, russe et *tonien*[3]. »

L'essence formelle du style russo-byzantin consistait en une utilisation de schémas et de formes spécifiques de l'architecture religieuse russe du Moyen Âge, combinée de façon éclectique à des éléments de l'architecture byzantine. Il s'agissait généralement d'églises de plan cruciforme avec une grande coupole centrale reposant sur quatre

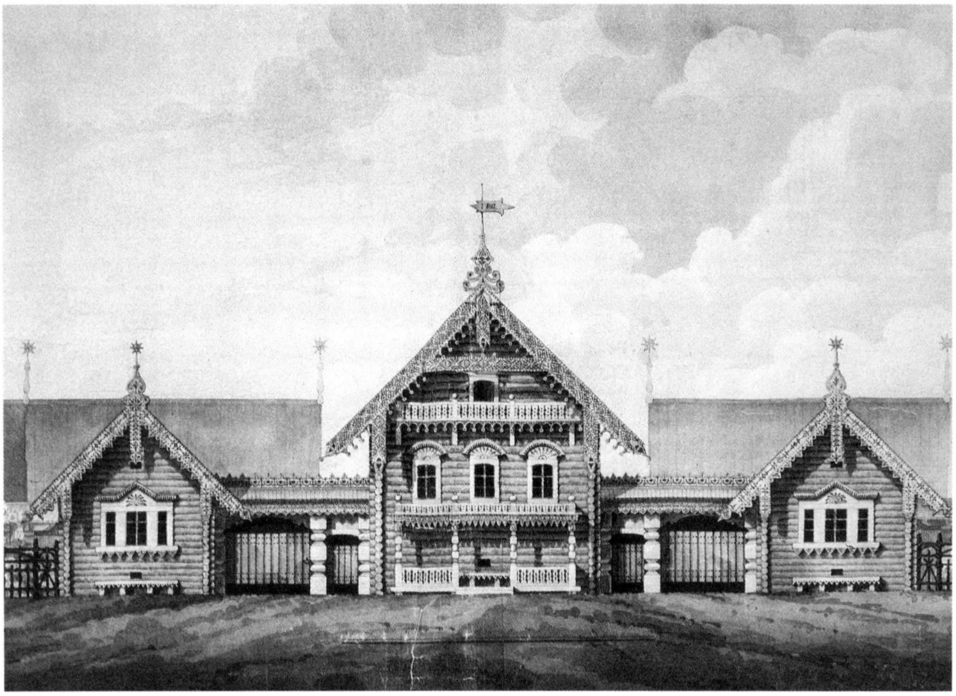

Fig. 1. **Karl I. Rossi, *Projet pour des isbas à Glazovo (Pavlovsk),* 1815,** aquarelle, Saint-Pétersbourg, musée de l'Académie des beaux-arts de Russie.

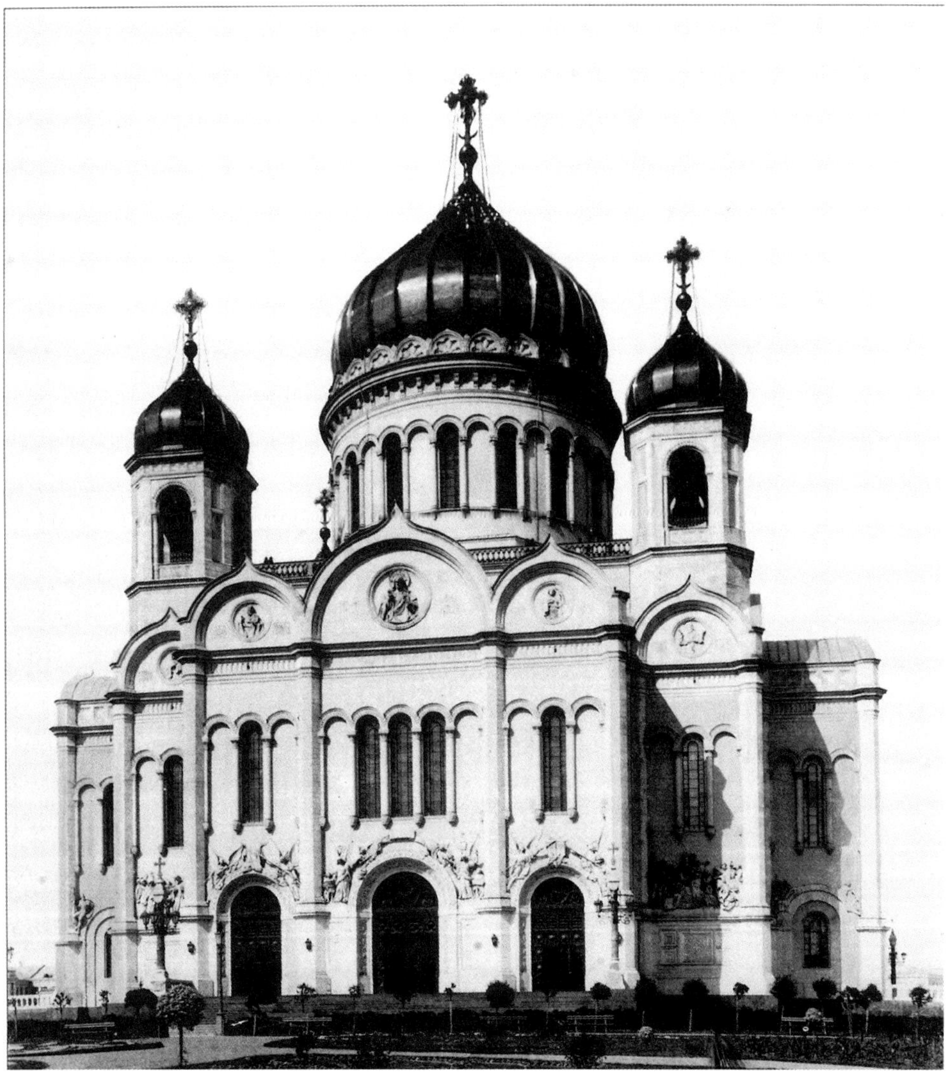

Fig. 2. **Konstantin A. Ton, *Cathédrale du Christ-Sauveur-Rédempteur à Moscou,* 1839-1889,** d'après une photographie ancienne.

piliers intérieurs, avec des tours-clochers surmontées de petites coupoles aux angles de l'édifice. Ce procédé permettait de satisfaire à l'exigence du saint-synode concernant la présence de cinq coupoles. Ton, en posant les fondements de ses projets, écrivait que « le style byzantin, lié depuis les temps anciens aux éléments de notre culture populaire, a formé notre architecture sacrée ».

En 1841, Nicolas Ier promulgua une loi conférant au style russo-byzantin un statut officiel. La loi fut envoyée à toutes les institutions du pays chargées de la construction. Selon la volonté de l'empereur, Ton publia un album de modèles de projets architecturaux comprenant dix-huit gravures représentant des églises russes anciennes.

Cette publication fut approuvée par les autorités et désignée comme le seul et unique manuel qu'il convenait de consulter lors de la mise en projet d'églises orthodoxes édifiées dans l'empire russe.

Dans les années qui suivirent, Ton porta son attention sur le *chatior*, une structure qui fut bientôt considérée comme l'incarnation des principes originaux de l'architecture russe, remontant à l'ancien métier de charpentier en Russie, qui s'était fait une place en « luttant contre l'influence étrangère byzantine[4] ». Dans les années 1840-1850, Ton conçut plusieurs églises dont la composante architecturale principale était le *chatior* ; ainsi, l'église de l'Annonciation près des casernes de la garde à cheval, dans le centre historique de Saint-Pétersbourg. La composition architecturale de l'église mêlait des motifs de l'architecture russe des XVIe et XVIIe siècles – des *chatior* à huit pans avec à leur base une couronne de *kokochnik* en accolade. Malheureusement, comme beaucoup de bâtiments religieux, cette église fut détruite en 1931, car elle « gênait la circulation des tramways ».

Le style russe n'était pas homogène. Il avait ses propres courants et ses stades d'évolution. Parallèlement au style byzantin, tantôt apparaissait, tantôt disparaissait de manière épisodique un authentique style « russe » incluant des éléments de l'ancienne architecture russe du XVIIe siècle. Il ne parvenait pas à s'enraciner, il ne disposait ni d'un fondement philosophique ni d'un soutien de l'État.

Dans les collections de l'Académie des beaux-arts est conservé un projet de Harold E. Bosse pour une église « dans le style russe, en deux variantes – en pierre et en bois[5] », où est employé le motif du *chatior* : une base cubique couronnée d'un chatior à cinq pans, des *chatior* surmontant le ressaut du chevet et du clocher-tour confèrent à la silhouette de l'édifice (dans ses deux variantes) une grande expressivité et beaucoup de dynamisme. Cette impression est renforcée par d'autres éléments décoratifs de la composition, comme des détails sculptés de la variante en bois, rappelant des modèles de constructions populaires.

« Le projet de Bosse n'est pas daté, mais certaines particularités du plan d'architecte permettent d'émettre l'hypothèse selon laquelle il a pu être destiné à Mikhaïlovka, l'ensemble d'un palais et d'un parc conçu par l'architecte à la fin des années 1850 et au début des années 1860. Dans ce cas, cette œuvre de Bosse, bien qu'elle n'ait pas été réalisée, peut être considérée comme un jalon important dans la formation de cette variante du « style russe » qui s'est consolidée dans la pratique architecturale de la Russie au cours des dernières décennies du XIXe siècle[6]. »

Au milieu du XIXe siècle, l'intérêt pour l'art russe ancien se développa. Il prit un caractère scientifique et archéologique. Le centre de l'art en Russie, l'Académie des beaux-arts de Saint-Pétersbourg, joua ici un grand rôle. Dans les années 1860, le vice-président de l'Académie, le prince G. G. Gagarine, partisan du style byzantin, eut l'idée d'organiser auprès de l'Académie un « musée de l'art de l'icône orthodoxe », rebaptisé ultérieurement « musée des antiquités chrétiennes ». Y furent rassemblées des œuvres appartenant à tous les domaines de l'art et de la vie quotidienne russes, dans le dessein scientifique de les classer selon leur époque, leur signification et leur caractère, en sorte que les artistes puissent étudier la vie et le degré d'évolution du peuple russe dans toutes ses manifestations artistiques. Au début des années 1870, le conseil de l'Académie prit la décision d'organiser régulièrement des expéditions à travers la Russie afin de collecter des informations scientifiques. L'un des plus grands chercheurs dans le domaine de l'architecture russe, Vladimir V. Souslov, fit pour ses travaux des relevés de monuments de l'architecture en pierre aussi remarquables que la cathédrale de la Résurrection de Romanovo-Borsissoglebsk, les églises de Medvedkovo, Markovo, Viazemy, etc. Durant plusieurs années, il édita un album intitulé *Pamiatniki drevnevo rousskovo zodtchestva (Monuments de l'architecture ancienne russe)*, rassemblés par les élèves de l'Académie.

Le journal *Novoe Vremia (Nouveau Temps)* écrivait à propos de cet album : « Cette publication magnifique sur tous les plans présente un intérêt non seulement pour les spécialistes, mais pour tous les amateurs d'art. [...] Il y a peu, était bien ancrée l'idée selon laquelle le style

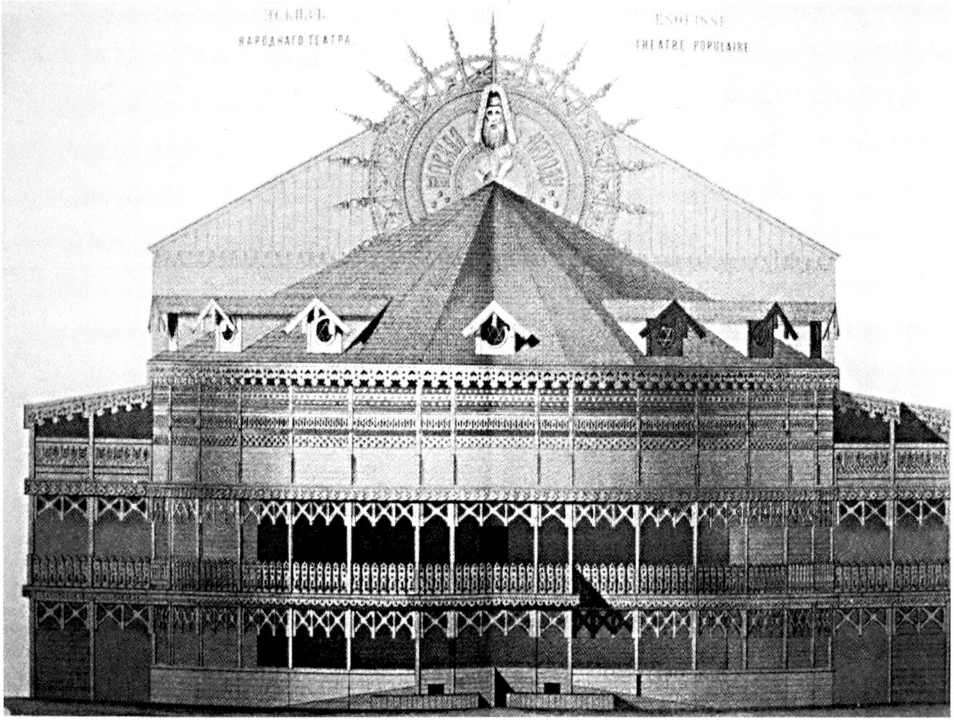

Fig. 3. **Viktor A. Hartmann,** ***Théâtre du Peuple pour l'exposition polytechnique de Moscou,*** **1875,**
publié dans *Motifs d'architecture russe,* Moscou.

russe était entièrement contenu dans les épis de crête, les coqs et les motifs sculptés, et qu'il n'existait pas, en fait, de style, au sens de formes géométriques primitives. Une telle opinion revient à dire qu'il n'existe pas de nation russe et qu'il n'y a que des barbes, des *lapti* et des *sarafanes* russes. [...] Depuis le milieu du siècle dernier, s'est fait jour une aspiration à susciter une renaissance de l'architecture russe traditionnelle. [...] On a constitué des formes russes anciennes par hasard, sans que leur contenu soit présent. Il y a vingt ans, l'architecte V. Souslov a parcouru la terre russe, ses villes, ses villages et ses monastères célèbres depuis des temps immémoriaux et il a fixé dans des dessins, des plans et des relevés, les " courants oubliés de la création ", affirmant que " l'église ancienne est parvenue jusqu'à nous dans l'architecture moderne "[7]... »

Après les années 1860, la question du caractère populaire prend dans la société russe une orientation différente, plus démocratique. L'aspiration à une étude profonde de la vie et de la culture populaires se renforce.

Dans le domaine de l'architecture la recherche d'un style national s'amplifie et s'affirme : un « style russe », dont les représentants les plus caractéristiques furent les architectes Viktor A. Hartmann, Ivan N. Ropet et Ivan S. Bogomolov, apparaît véritablement. L'éventail typologique des bâtiments conçus dans l'esprit russe s'élargit : il s'agit non seulement de palais et d'églises, mais aussi d'édifices publics, de bâtiments destinés aux expositions et d'immeubles d'habitation. Le « style russe » divers, coloré et au décor foisonnant se développe à l'extérieur des édifices et se distingue l'architecture de Ton. Le décor du bâtiment est désormais constitué de détails de l'architecture du XVIIe siècle, les motifs des sculptures des constructions populaires en bois, des broderies, des dentelles, des ornements des anciens manuscrits sont autant de sources d'inspiration.

L'affirmation du style russe en architecture fut favorisée également par le fait que, à mesure que l'économie russe se développait, les relations internationales de la Russie s'élargissaient, ce qui lui permit de participer de plus en plus souvent à des expositions internationales commerciales et industrielles dans lesquelles tous les pays, afin de faire leur publicité, s'efforçaient de refléter les caractères nationaux dans la forme de leurs pavillons. Fondé sur le décor et l'apparence extérieure, le style russe prôné par Hartmann et Ropet était ainsi particulièrement adapté. Les pavillons russes étaient originaux, élégants, expressifs et attiraient l'attention par la complexité et la richesse des éléments décoratifs empruntés à l'architecture paysanne en bois et à l'art appliqué populaire.

En 1872, lors de l'Exposition polytechnique de Moscou consacrée au deux centième anniversaire de la naissance de Pierre Ier, Hartmann construisit des pavillons en bois joliment ornés de sculptures et d'autres éléments décoratifs exécutés dans l'esprit populaire.

Le jardin Alexandrovsky, une partie du Kremlin et le quai de la Moskova le long de la muraille de celui-ci furent affectés à l'exposition. Le bâtiment en bois du Théâtre populaire, construit d'après le projet de Hartmann, fut l'un des éléments de cette exposition (fig. 3). L'architecte tira profit ici de l'expérience du théâtre forain en recourant à une construction démontable, une structure plane et spatiale, et un décor en bois sculpté caractéristique. Cette œuvre suscita des commentaires enthousiastes de la critique : « C'était un théâtre tout à fait extraordinaire. [...] Il était entièrement démontable et pouvait être mis en morceaux et transporté n'importe où, malgré son immense capacité. Il était véritablement populaire. [...] À l'intérieur de la salle, les murs et le devant des planches horizontales à tous les niveaux étaient tendus des motifs des serviettes décoratives des fenêtres des isbas. [...] Toute la façade était décorée d'innombrables séries de bois sculptés, ainsi que d'ornements dans le genre des éventails ajourés[8]... »

Ropet fut l'un des premiers maîtres à travailler dans un style dont le modèle remontait à l'ancienne architecture russe en bois. Il dirigea la construction du bâtiment en bois de la section russe à l'Exposition universelle de 1878, à Paris, aux Expositions de 1888, à Copenhague, et de 1893, à Chicago, faisant preuve d'une imagination intarissable à partir du thème de l'architecture russe. Il construisit également le *terem* d'Abramtsevo.

Généralement qualifié de pseudo-russe, ce style est parfois désigné, d'après le nom de l'architecte, comme *ropetien*. Les projets destinés à être exécutés en bois dominent dans l'œuvre de Ropet. Ce sont eux qui déterminent son écriture personnelle. En faisant renaître la tradition populaire, Ropet, comme les autres maîtres du « style russe », redécouvre le bois et l'introduit dans l'architecture.

Lors de la grande Exposition internationale parisienne de 1878, la partie russe de l'Exposition fut conçue dans le « style national » interprété, conformément au projet de Ropet, dans les traditions de l'architecture populaire en bois. Dans son projet, l'architecte donna à la façade du pavillon de la Russie un caractère volontairement très expressif, incluant des ressauts en forme de tour, des terem coiffés de chatior, ainsi que des éléments accentuant le jeu d'ombres et de lumière, comme des galeries, des balcons et un escalier couvert. L'impression de bigarrure et de pittoresque, voulue, était également due pour une grande part à un jeu sur la diversité des motifs, à une décoration sculptée développant les thèmes populaires traditionnels[9] (cat.419).

Ropet fut également l'auteur d'un kiosque-buffet qui complétait la décoration de base du pavillon russe de l'Exposition, les esquisses conservées de l'architecte permettent de juger du dynamisme de cette composition.

Ce buffet élégant rappelle un petit *terem* des fables russes. La façade du pavillon russe de l'Exposition de Paris, créée par Ropet, suscita un immense intérêt parmi les contemporains et des appréciations louangeuses de la critique : « Regardez cette merveilleuse masse gracieuse qui s'élève au centre, cette maison pittoresque en rondins, avec un haut toit couronné d'une poutre faîtière sculptée, surmonté d'un large et immense kokochnik pointu, avec une petite galerie ouverte au-dessus de l'entrée tendue de serviettes décoratives peintes de motifs russes. Et sur les côtés du bâtiment central, en face et à gauche, toute une petite ville composée de constructions diverses : il y a là des tours, de longs passages couverts menant à l'arrière, de petites galeries faisant le tour de l'édifice, des marches, des escaliers, une infinie diversité de fenêtres, de pilastres, d'ornements sculptés, de files d'oiseaux fantastiques tenant dans leurs pattes un rameau, des kokochnik et des toits variés, telles de riches franges de perles sur le front d'une paysanne russe, et de serviettes décoratives suspendues aux fenêtres, tels des tabliers de *sarafanes*[10]. » Ce pavillon fut composé selon les règles du classicisme, de manière symétrique ; son décor, formé de nombreuses sculptures, est peint de façon bariolée selon les règles strictes du « style russe » (cat. 418).

Ropet était architecte et dessinateur, un arrangeur de motifs que la science archéologique proposait en abondance. Il n'était pas concerné par la création de nouvelles formes de constructions ou de nouvelles compositions tridimensionnelles. Il faisait en sorte que les motifs mis en œuvre puissent se lire comme un livre. Le fronton du kiosque de vente du journal *Novoe Vremia* à l'Exposition universelle de Paris, rappelant un coffret sculpté, était décoré de motifs « parlants » : des plumes d'oie, un encrier, des caractères, etc. En créant ses œuvres, l'architecte était plus guidé par la raison que par l'intuition. « Les motifs du décor, choisis une fois pour toutes, ramenés à un canon qui n'est pas moins strict que celui d'un ordre, l'évidence de la méthode qui en découle, car elle suit jusqu'au bout une même idée, tout a conduit à considérer Ropet comme le représentant le plus caractéristique, même s'il ne fut pas le plus brillant, du courant démocratique du "style russe"[11] ».

Le « style russe » ropetien fut le plus aisément abordable et reproductible. Il fut en cela favorisé par l'abondance du bois en Russie, considéré comme un matériau plus accessible que la pierre, et par la familiarité des motifs populaires qui étaient réemployés.

« L'œuvre de Ropet et de ses continuateurs exerça une grande influence sur la pratique de la construction en Russie dans la seconde moitié du XIXe et au début du XXe siècle. Mais elle ne laissa pas une marque essentielle sur l'architecture de la capitale. En revanche, dans les chefs-lieux de district et de canton, dans les villages de résidences secondaires, les banlieues et les périphéries des villes, des milliers, peut-être même des dizaines de milliers de lieux d'habitation de l'immense territoire de l'empire russe furent construits durant un demi-siècle avec des édifices qui se voulaient des variations infinies des projets des maisons de banlieue en bois de Ropet et de ses adeptes, et, plus souvent encore, une symbiose originale des principes de Ropet et des traditions locales de l'architecture populaire[12]. »

Le foisonnement décoratif de l'architecture de Ropet fut à maintes reprises l'objet de critiques acerbes de la part des tenants du classicisme ou d'une approche plus rigoureusement fonctionnelle. À l'inverse, le grand critique Vladimir V. Stassov (dans son compte rendu de l'Exposition de Paris de 1878) salua ce nouveau style comme étant « l'avenir de notre architecture ». Par la profusion de son décor, le style russe anticipait l'organicité ornementale de l'Art nouveau.

À la fin du XIXe siècle, une nouvelle époque venant, il apparut, aux yeux des contemporains, que l'emploi de motifs historiques par l'architecture avait mené à une impasse, qu'il fallait procéder à une réinterprétation artistique de tous les éléments nouveaux qui étaient apparus dans la construction au cours des dernières décennies. C'est précisément à cette époque qu'arriva en Russie l'Art nouveau – également appelé en russe « modernisme » ou « style nouveau » –, formé en Occident, d'abord dans l'architecture de la Belgique, de l'Allemagne du sud et de l'Autriche.

La recherche de solutions plastiques et constructives fonctionnelles a conduit les architectes de l'Art nouveau à refuser une copie stylistique directe ; une ample utilisation des nouveaux matériaux de construction a permis d'aboutir à de nouvelles solutions pour les projets et les chantiers. La maîtrise du béton armé et des constructions métalliques offrit la possibilité de recouvrir des espaces immenses, d'agrandir les fenêtres jusqu'à faire des vitrines de dimensions gigantesques, de varier la forme des baies des fenêtres et des croisillons, et de créer de nouveaux effets décoratifs et artistiques. À partir de là, tenter d'élaborer un système décoratif original ne réitérant pas les précédents styles historiques et conférer une expressivité artistique aux nouvelles constructions et aux nouveaux matériaux fut la tâche que se donna le nouveau style. L'Art nouveau russe est un courant où se sont exprimées librement des inspirations multiples.

La courte période de domination de ce courant coïncide avec les années 1890 et le début du XXe siècle. L'Art nouveau en Russie ne différait pas pour l'essentiel de celui d'Europe occidentale. La tendance à un mélange de l'Art nouveau avec les styles historiques, en particulier avec les anciennes formes architecturales russes, distingue fondamentalement son développement en Russie. En effet si à Saint-Pétersbourg, les constructions Art nouveau s'inspiraient des créations contemporaines occidentales, à Moscou, en revanche, les traditions nationales, reformulées conformément aux nouveaux idéaux esthétiques, constituèrent des sources de référence prédominantes.

Le style néo-russe se développa dans le cadre de l'Art nouveau, comme l'une de ses variantes. Courant national, romantique, il se fondait sur une nouvelle élaboration des formes traditionnelles de l'architecture russe ancienne et populaire.

Dès son apparition, approximativement au milieu des années 1880, le style « national-romantique » ou, comme on se mit à le désigner un peu plus tard, le style « néo-russe », s'affirma en pratiquant des études importantes et précises de l'architecture russe ancienne. La logique de son processus artistique et la recherche d'une fonctionnalité rationnelle lui apportèrent un sens beaucoup plus universel que ne le laissait présager son programme thématique.

Au-delà de la seule passion pour les procédés décoratifs, notamment ceux qu'élaborèrent les écoles de Moscou et de Iaroslavl, un intérêt plus profond se manifesta pour l'architecture de la terre de Vladimir et de Souzdal, pour les villes anciennes de Novgorod et de Pskov, pour les monuments de l'architecture nordique en bois. En effet, si les maîtres du « style néo-russe » considéraient l'ancienne sculpture décorative sur bois comme une source de motifs décoratifs, les édifices de

Novgorod, de Pskov et du Nord les attiraient par leur force pittoresque, par le côté monumental des formes puissantes, par l'unité de leur composition. L'héroïsme lyrique, la puissance des *bylines,* l'inspiration puisée dans les légendes devinrent les nouveaux idéaux esthétiques du « romantisme national ». De même, les styles russes et néo-russes diffèrent-ils dans la thématique des constructions. Le style russe du XIXe siècle était fondamentalement civil, pénétré de l'esprit du rationalisme, l'église n'était pas le type principal de construction. « À partir de 1905, l'idée romantique de la création d'une image s'élevant au-dessus du prosaïsme de la vie quotidienne trouva dans le style "néo-russe" une incarnation logique dans l'architecture religieuse, après être devenue pour une décennie le thème fondamental des architectes du courant national-romantique[13] » (fig. 4).

Nombre de peintres et d'architectes, à la charnière des XIXe et XXe siècles, entreprirent des expéditions afin d'explorer les témoignages de l'architecture ancienne pour les étudier et en faire des dessins. L'architecture du Nord les intéressait particulièrement. Le peintre et dessinateur Ivan I. Bilibine, passionné par l'architecture, écrivit : « Le principe fondamental de l'ancienne architecture russe en bois réside dans le fait que le détail n'occulte jamais le tout. En premier lieu, il y a la forme générale. [...] Les rares décorations ne font que souligner l'impression générale de l'édifice ; il n'existe aucune décoration dénuée de signification pratique dans la construction[14]. »

Vladimir A. Pokrovsky est l'un des représentants les plus brillants de ce courant. Si l'on examine son œuvre du point de vue de la pureté du style, il est extrêmement éclectique. Ses projets représentent une combinaison fantastique, du point de vue d'une stricte historicité, d'éléments empruntés aux églises à *chatior* des XVIe-XVIIe siècles, des édifices civils et religieux des régions de Novgorod et de Pskov des XIVe-XVIe siècles, des murailles et des tours fortifiées des XVIe-XVIIe siècles.

Diplômé de l'Académie des beaux-arts en 1898, Pokrovsky devient à la veille et durant la Première Guerre mondiale un artiste de cour. Il reçoit des commandes de la cour impériale et édifie des bâtiments destinés à la garde personnelle de Nicolas II, le dernier empereur de la dynastie des Romanov. Dans les premières décennies du XXe siècle, Pokrovsky acquiert une dimension internationale en prenant part à plusieurs expositions à l'étranger, ainsi à l'exposition du VIIIe Congrès international

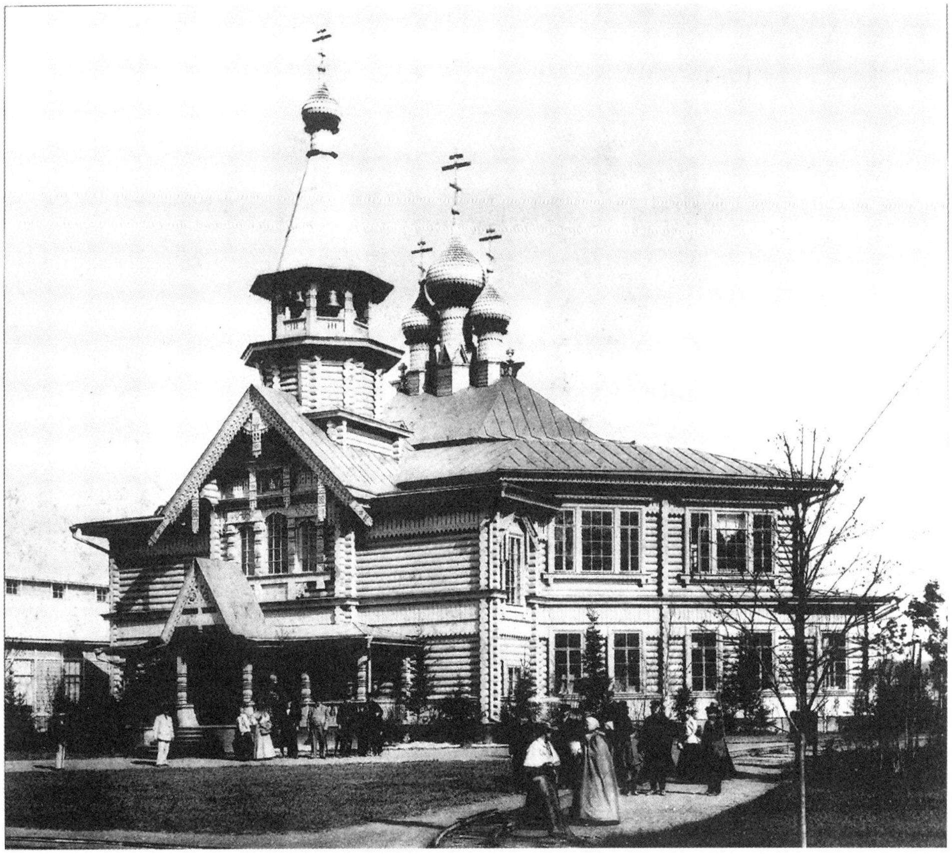

Fig. 4. **Mikhaïl Preobrajensky, *Église paroissiale et école, Nijni-Novgorod, Exposition pan-russe,* 1896,**
d'après une photographie ancienne, Moscou, musée national d'Histoire.

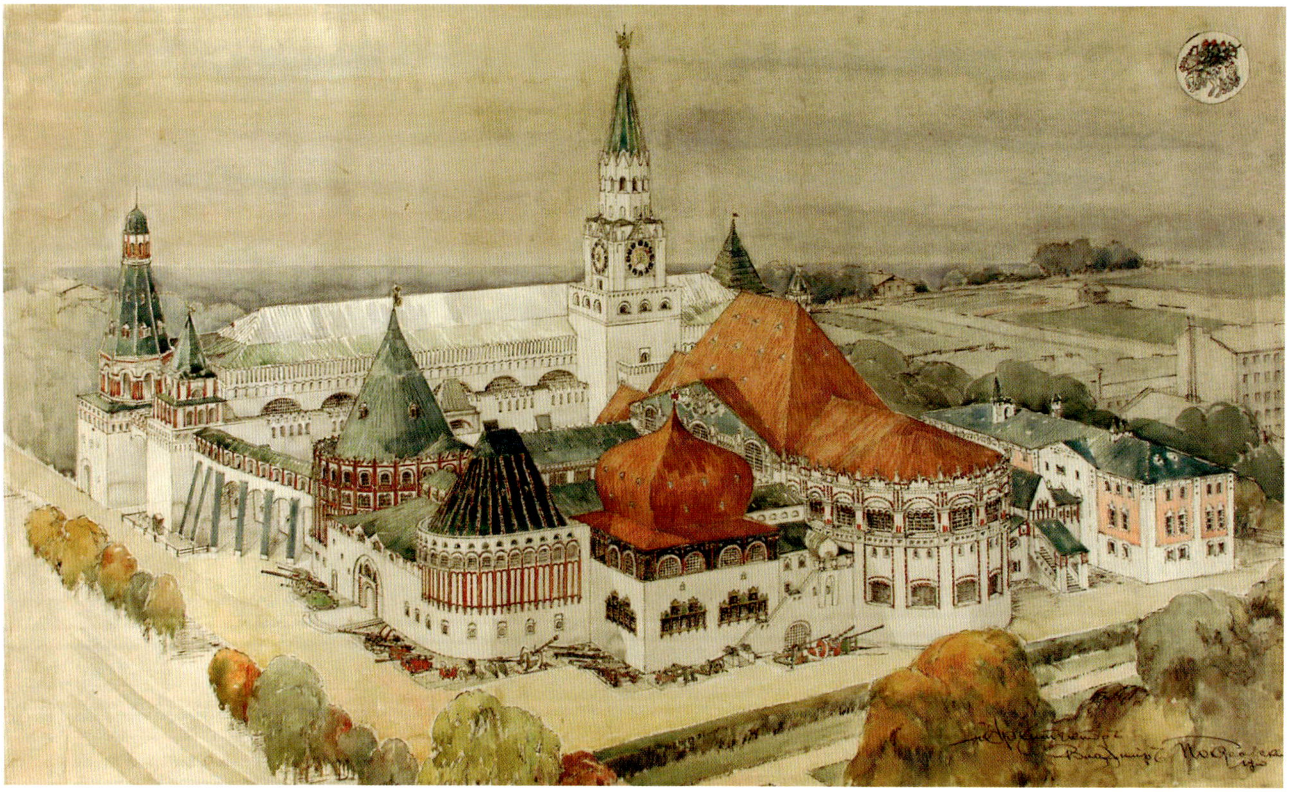

Cat. 362

Vladimir Alexandrovitch Pokrovsky, ***Projet pour le musée d'Histoire militaire de la rue Tavritcheskaïa à Saint-Pétersbourg*****, perspective, 1910**
encre de Chine, aquarelle sur papier, Saint-Pétersbourg, musée de l'Académie des beaux-arts de Russie.

de Vienne, en 1908, puis, à l'exposition des Allied Artists Association Limited, etc.

Dans les premières années de son activité, Pokrovsky effectua exclusivement des projets d'église, dont beaucoup hors de Russie : l'église-monument de la Bataille des nations de 1813 à Leipzig (1911-1913), les églises de la communauté élisabéthaine auprès des ambassades russes à Rome et à La Haye (1915). À partir de 1907, il se consacre à l'architecture civile et conçoit différents projets : une maison d'une assemblée de la noblesse et une caserne à Tsarskoïe Selo (1910-1915), des pavillons aux expositions internationales de Dresde (1910) et de Leipzig (1914), une gare pour la voie de chemin de fer impériale à Tsarskoïe Selo (1909), une banque à Nijni-Novgorod, etc. Pour ses projets de bâtiments civils, Pokrovsky utilisait les procédés du « style néo-russe », comme lorsqu'il élaborait des projets d'édifices religieux. « En les comparant, on peut sentir les mêmes principes : la manière de l'architecte y évoluait de telle sorte que les signes d'une archaïsation intentionnelle des formes, rappelant l'ancienne architecture nationale, se renforçaient progressivement avec le temps. Ainsi, les projets architecturaux ressemblaient parfois à des décors de théâtre pittoresques conçus avant tout pour créer un puissant effet pictural : cette particularité était soulignée dans de nombreux cas par un remplissage stylisé présent dans les plans et les dessins, magistralement exécutés, qui illustrent l'intention de l'auteur[15]. »

Le projet d'un ensemble de bâtiments destinés au musée d'Histoire de la guerre à Saint-Pétersbourg, qui remporta le premier prix à un concours architectural en 1908, est très en harmonie avec son temps et inclut les meilleurs éléments qui faisaient la spécificité de l'architecture de ce maître étonnant[16].

Un terrain fut réservé au musée d'Histoire de la guerre face au jardin de Tauride, dans le centre historique de Saint-Pétersbourg, à côté du bâtiment du musée A. V. Souvorov (construit en 1904 par A. I. von Gogen et G. D. Grimm), également conçu dans l'esprit du « style national ». « Les tours qui semblent avoir été transportées dans le projet depuis le kremlin de Moscou et du monastère de Simonovo, les murailles crénelées, les terem recouverts de petits toits en futailles, de toits à croupes et de chatior, les arcs rampants des escaliers

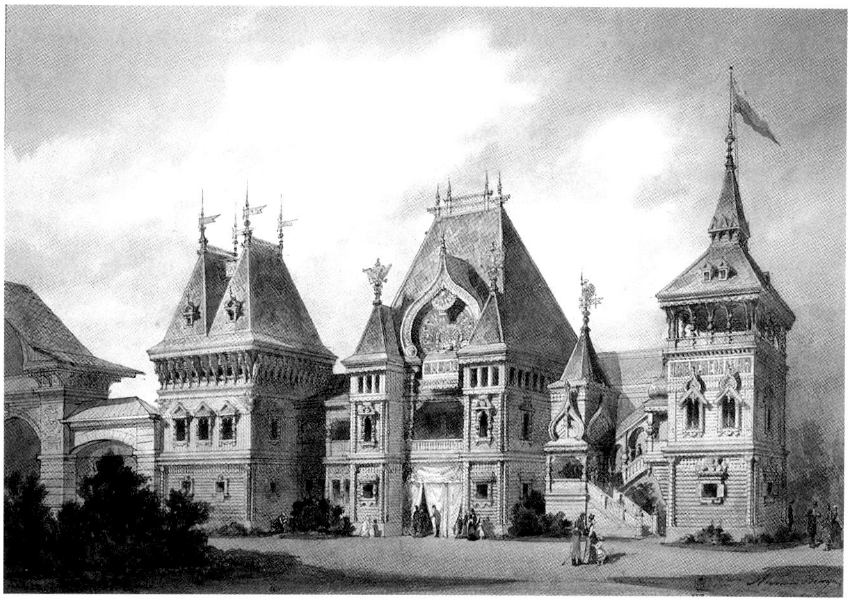

Cat.419. **Ropet Ivan Nikolaevitch, I. N. Petrov, dit, d'après Nikolaï Konstantinovitch Krassovsky ?, 1861 – après 1917,**
vue du bâtiment de la section russe de l'Exposition universelle de Paris de 1878.

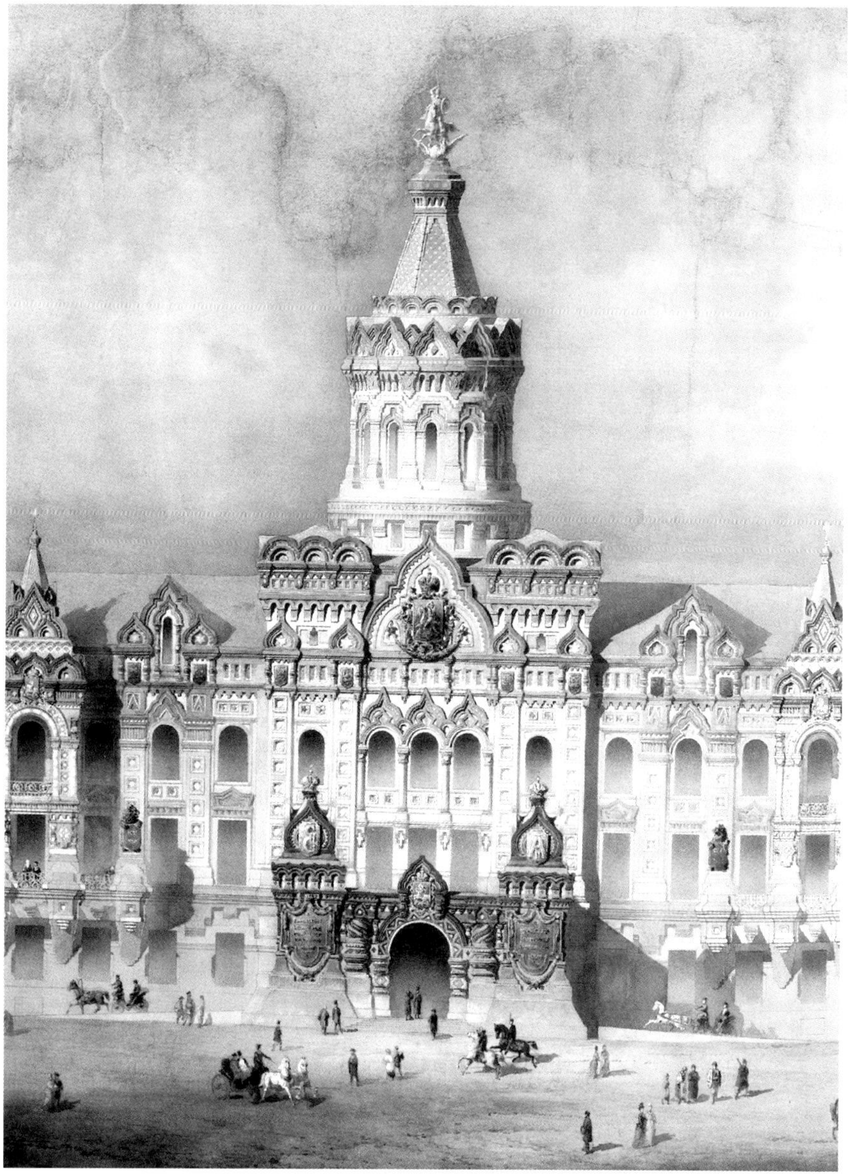

Fig. 5. **Konstantin Tersky, *Projet pour la Douma de la ville de Moscou*, 1886,**
aquarelle, Moscou, musée national d'Histoire.

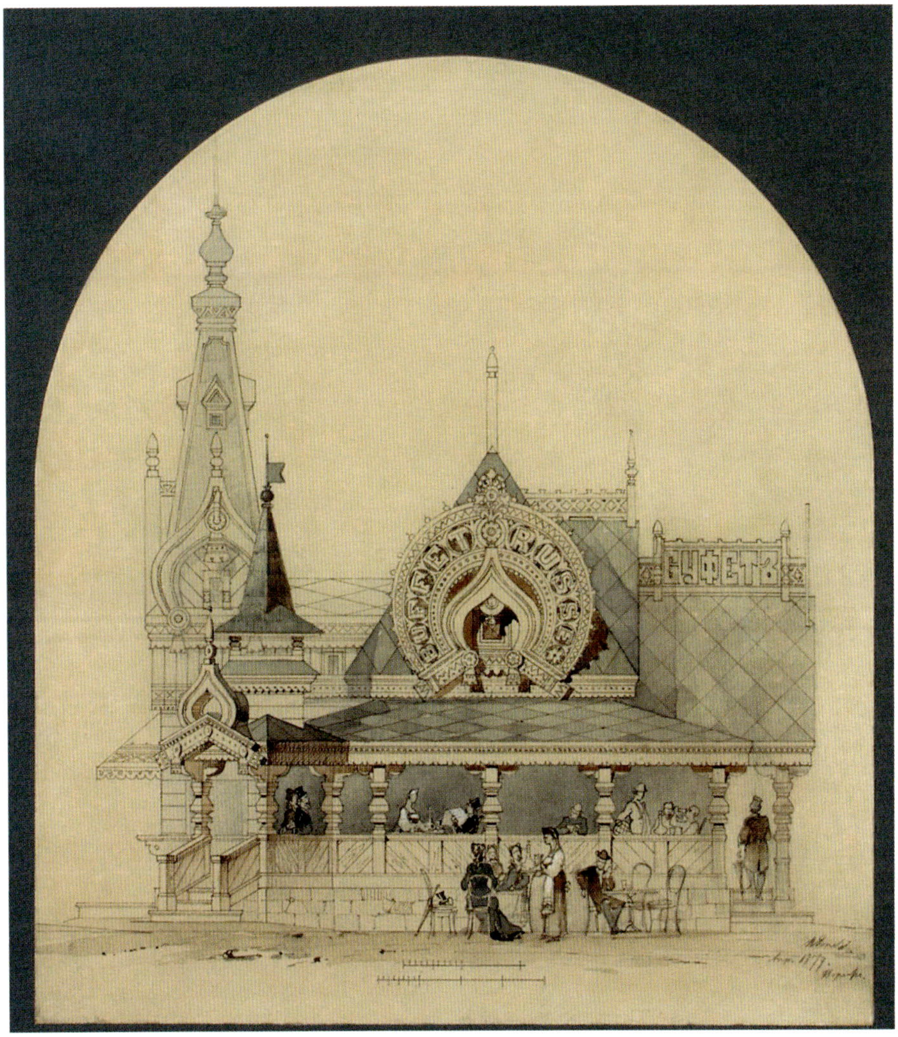

Cat. 418

Ropet Ivan Nikolaevitch, I. N. Petrov, dit, *Esquisse de projet pour le kiosque-buffet de l'exposition internationale de Paris de 1878*, 1878,
encre de Chine et aquarelle sur papier contrecollé sur carton,
Saint-Pétersbourg, musée de l'Académie des beaux-arts de Russie.

couverts et des passages, la parure pittoresque des façades se fondent en un tableau épique[17]. » Pokrovsky crée sur le papier une image monumentale qui paraît être un ensemble grandiose. Dans la réalité, il est d'une dimension réduite. Cette illusion est créée par la divergence entre l'échelle de l'édifice et les images des personnes : sur les grandes feuilles sont dessinés les éléments architecturaux du musée d'Histoire de la guerre, qui, au premier coup d'œil, ne semble pas le céder au Kremlin, et au pied de l'édifice on distingue de petites silhouettes humaines, à peine discernables. « Dans les esquisses du musée d'Histoire de la guerre transparaissent de manière plus définie la stylisation du procédé, le caractère épique et monumental de l'image. Le dessin documenté rend plus évident le côté ludique du projet, [...] le caractère grandiose et épique des édifices de Pokrovsky, qui semblent pour une grande part en papier. C'est une variante originale de l'ironie et du grotesque du *balagantchik,* le théâtre forain de Blok (du Pierrot qui vient d'être tué jaillit non pas du sang, mais du jus de canneberge) et du *Petrouchka* de Stravinsky[18]. » Ce projet est tout à fait typique de l'architecture de la première décennie du XXe siècle : on y voit une tentative de résoudre le problème d'une construction urbaine destinée au centre historique de Saint-Pétersbourg, un romantisme qui s'exprime à travers l'emploi des formes de l'architecture russe ancienne. Comme de nombreux autres projets de haute teneur artistique de cette période, il ne fut pas réalisé. Le jury du concours d'architecture dont faisait partie Leonty

N. Benois, P. I. Siouzor, N. S. Kitner, etc., émit cet avis sur le projet de Pokrovsky : « ... Le musée russe d'Histoire de la guerre [...] paraîtra autant un monument dédié à l'histoire militaire et à la gloire de la Russie, qu'un monument dédié à l'originalité de l'architecture russe, offrant une totale harmonie du contenu et du contenant, sans laquelle cette tâche historique ne saurait être pleinement aboutie. Le style russe choisi est celui de la période moscovite tardive, une époque où l'interprétation nationale des formes s'épanouit et atteignit une création originale de grande qualité. L'auteur, dans sa notice explicative, dit que le caractère de la répartition des masses dans les grands organismes architecturaux complexes de cette époque lui a donné la possibilité de répartir les locaux non dans un seul corps de bâtiment [...], mais en des groupes distincts, dans le genre des anciennes petites villes fortifiées. Sur ce plan, l'auteur a pour une grande part atteint son objectif et a peut-être dépassé cette limite. Son édifice rappelle effectivement, par exemple, le palais de Kolomenskoïe près de Moscou [...], voire tout le Kremlin du tsar russe. Grâce à une composition de ce genre où, dans le regroupement des formes, un bâtiment en façade est attribué à chaque salle et se trouve sous son propre toit, la vue générale de tous les bâtiments semblera, peut-être, en nature, d'une échelle réduite, et le tableau général sera un peu miniature. Mais cela ne diminue en rien les qualités de ce projet et il faut reconnaître qu'il s'agit d'une œuvre poétique : l'aspect ludique des formes, leur variété, leur harmonie générale, le situent à la première place, et le savoir-faire pour organiser les formes, l'exécution talentueuse et la compréhension du style russe donnent à l'auteur un droit moral mérité d'être invité à participer à l'élaboration du projet si celui-ci est mis à exécution et si, en fait, le musée est construit dans le style russe[19]. » (cat. 360).

Dans l'histoire complexe de l'architecture russe du milieu du XIXe au début du XXe siècle, à côté d'un courant occidental éclectique, la recherche d'un style national russe et la question d'une culture nationale étaient particulièrement vives en Russie. Les représentants les plus brillants du style russe démocratique furent I. N. Ropet et V. A. Hartmann. Ils firent avec talent et diversité la propagande de l'architecture russe dans les expositions en Russie et à l'étranger. Leur mérite réside dans l'utilisation des détails de l'architecture russe ancienne, mais leur passion pour le décor et l'apparence extérieure des édifices les mena dans une impasse et conduisit à la création d'une architecture théâtrale, particulièrement adaptée à des constructions provisoires, comme celles des Expositions internationales.

Dans les années 1890, de plus en plus d'architectes prirent conscience des contradictions internes du retour vers le passé et de l'inadéquation du style des édifices de la Russie médiévale au regard des tâches nouvelles qui se posaient à l'architecture, compte tenu des besoins de la vie quotidienne moderne.

L'architecture du milieu du XIXe au début du XXe siècle, en quelques décennies de recherches d'un nouveau style qui recourait à des modèles venus des pays européens, s'est inlassablement tournée vers les sources que constitue l'architecture russe ancienne d'avant l'époque de Pierre le Grand. Malgré la divergence des indices formels du « style national » répondant à diverses étapes de son évolution, sa dominante idéologico-artistique, consistant en une aspiration à maintenir l'originalité nationale de l'architecture contemporaine, demeura inchangée (cat. 283).

1. Kiritchenko, 1995, p. 70.
2. À l'époque soviétique, à la suite d'une décision du gouvernement, on détruisit cette église (le 5 décembre 1931) afin de libérer l'endroit et d'y édifier un nouveau bâtiment grandiose de l'époque socialiste : le palais des soviets. La Seconde Guerre mondiale ne permit pas de réaliser ce projet. Après la guerre, les fondations du bâtiment inachevé servirent à la piscine en plein air « Moscou ». Au début des années 1990, se fit jour l'idée d'édifier de nouveau l'église du Christ-Sauveur sur son ancien emplacement. La reconstitution débuta en 1995. En 2000, elle fut sanctifiée par le patriarche Alexy II.
3. « Arkhitekturnye novosti. Dom dlia gospodina ministra », *Khudojestvennaïa gazeta*, n° 5, 1835, p. 4-5, cité d'après Kiritchenko, 2001.
4. Slavina, 1989, p. 126.
5. Au NIMRAKh, inv. A-3306.
6. Lissovsky, 2000, p. 125.
7. Rossiïskiï gossoudarstvennyï istoritcheskiï arkhiv, fonds 789, inv. 10, 1878, dossier n° 142, f°s 314-316.
8. Rossiïskaïa natsionalnaïa biblioteka. V. V. Stassov, fonds 708, inv. 1, dossier n° 343, f°s 7, cité d'après Lisovsky, 2000, p. 135.
9. Le projet de la façade du pavillon russe et les autres projets de I. P. Ropet relatifs à l'Exposition de Paris de 1878 sont conservés au NIMRAKh (inv. A-26715, A-26716), ainsi qu'une aquarelle représentant la façade du pavillon russe, exécutée par L. N. Benois et N. K. Krasovsky (inv. A-13740).
10. Stassov, 1952, t. 1, p. 360-361.
11. Kiritchenko, 1972, p. 92.
12. Idem, p. 92.
13. Idem, 1973, p. 69.
14. Bilibine, 1904, p. 311, cité d'après Lisovsky, *op. cit.*, p. 295-296.
15. Idem, *op. cit.*, *loc. cit.*
16. Les documents de ce projet sont conservés au NIMRAKh, inv. A-20576–A-20579.
17. Kiritchenko, *op. cit.*, 1973, p. 78.
18. Idem, *op. cit.*, *loc. cit.*
19. *Zodtchiï*, n° 41, 1908, p. 383-384, cité d'après Lisovsky, *op. cit.*, p. 298.

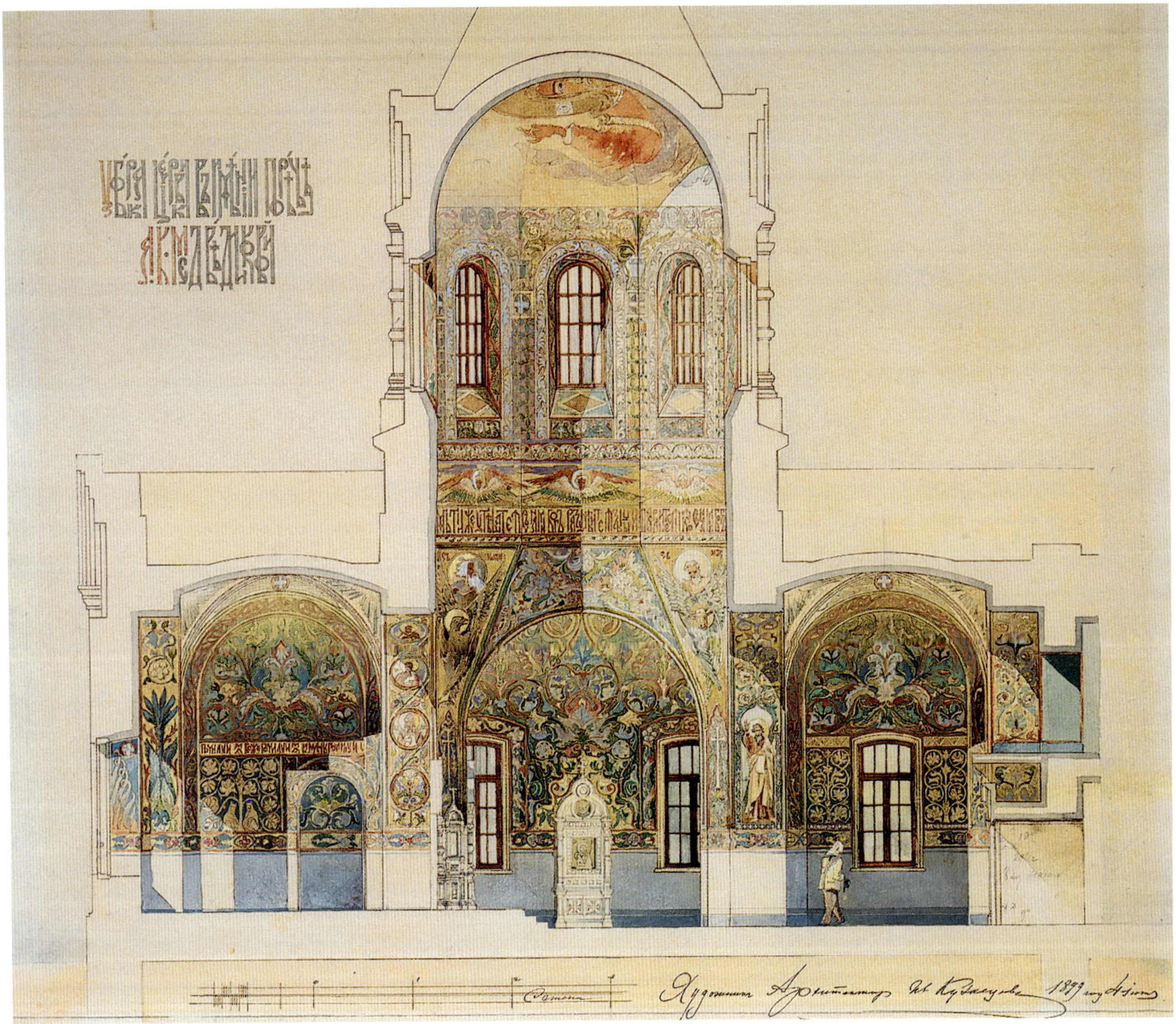

Cat. 283

Ivan S. Kouznetsov, *Projet de décoration de l'église de Notre-Dame-de-Kazan* dans la propriété de A. K. Medvednikov « Poretchie », aux environs de Moscou, projet réalisé, *Coupe*, 1899,
crayon, encre de Chine, aquarelle, gouache sur papier, Moscou, musée national d'architecture Chtchoussev.

« C'est en se pénétrant de ses origines, en puisant dans son propre fonds, que l'art russe retrouvera la voie qu'il a perdue... », les préceptes néo-russes de Viollet-le-Duc

Dominique de Font-Réaulx

En 1877, Eugène Emmanuel Viollet-le-Duc fait paraître un ouvrage intitulé *l'Art russe, ses origines, ses éléments constitutifs, son apogée, son avenir*. L'architecte et théoricien, auteur prolixe, n'est pourtant jamais allé en Russie. Sa connaissance de l'empire tsariste s'est construite notamment en découvrant, lors de l'Exposition universelle de 1867, les pavillons de la Russie. C'est alors la première fois que la Russie est présente avec une telle ampleur : une *isba*[1], des écuries russes et un palais ont été en effet bâtis dans le parc consacré à l'architecture des différentes nations. Ce n'est pas la splendeur de l'architecture des palais de Saint-Pétersbourg, érigés à la gloire de Pierre le Grand ou de Catherine qui ont ici servi de modèles ; bien au contraire, comme le souligne le rapport du jury de l'exposition, c'est la volonté de retenir une architecture « vraiment nationale » qui a animé la représentation russe. Dans les lignes qui suivent, le rapporteur ajoute : « Il faut alors étudier les architectures en bois. Dans aucun autre pays le bois ne se présente ouvragé, fouillé, découpé d'une manière plus compliquée. [...] Toutes les constructions du parc sont en bois. Ce sont d'ailleurs celles qui nous intéressent le plus au point de vue où nous nous sommes placés[2]. »

Un ouvrage édité quelques années plus tôt à Paris et à Saint-Pétersbourg, publié en français, témoigne de la volonté de renouer avec les origines de l'architecture russe et de mettre en avant, au lieu des marbres et des ors des palais, le bois découpé des isbas. En 1864, Valerian Kiprianov publie l'*Histoire pittoresque de l'architecture russe*. Son préambule est clair, il souhaite, par son ouvrage, promouvoir l'architecture russe, dont l'importance et l'originalité ont, de son point de vue, été trop longtemps négligées par les historiens : « Toutefois, splendides ou simples, vieux ou non, les monuments de l'art russe sont remarquables en ce qu'ils appartiennent à une nation qui s'est librement et originalement formée. Considérés sous ce point de vue, ils sont dignes d'une attention sérieuse des étrangers, qui n'ont eu jusqu'à présent qu'une connaissance superficielle, souvent même erronée, des produits de l'art russe[3]. » Il souligne la permanence et la stabilité de l'architecte russe populaire en évoquant la reconstruction de Moscou après l'incendie de 1591 : « La construction de ces maisons ne diffère probablement en rien de celle que présentent aujourd'hui les cabanes des paysans riches, car le peuple russe, qui ne renonce pas facilement aux usages des temps passés, est resté fidèle au caractère des anciennes constructions de sa patrie[4]. » Il décrit longuement les décors des maisons : « Les constructions en bois étaient ornées, tant intérieurement qu'extérieurement, de différentes pièces travaillées en bois avec beaucoup de recherche dans le goût russe, telles que planches découpées à jour, accessoires stylisés, faîtes et balustrades ouvragés, et toutes sortes de ciselures[5]. » Comme en écho, le rapporteur de l'Exposition universelle précise : « L'ornementation en bois découpé des isbas est ordinairement exécutée par le propriétaire qui y déploie le plus grand luxe possible. Les crêtes des toits sont toutes fort ouvragées ; les rampants qui encadrent les pignons se retournent à la partie supérieure et sont découpés en têtes de cheval tournées l'une vers l'autre ; c'est une tradition soigneusement conservée et constamment appliquée, un cachet d'origine, un hommage aux anciens Scythes, les ancêtres des Russes[6]. »

La création, en 1845, de la Société impériale de géographie renforce l'intérêt naissant pour l'architecture traditionnelle en Russie ; ses membres expriment une vive curiosité pour la civilisation matérielle de l'ancienne Russie. L'un d'entre eux, N. I. Nadezdine, entreprend en 1847 une large enquête sur les différents aspects de la vie paysanne[7]. L'une des premières réalisations s'inspirant des traditions architecturales russes est l'*Isba Pogodine,* construite à Moscou par Nikolaï Nikitine pour l'historien et homme de lettres Mikhaïl Pogodine (fig. 1). Nikitine fut ensuite le premier secrétaire de la Société architecturale de Moscou. La plupart des édifices se référant au patrimoine russe sont, dans un premier temps, des bâtiments conçus pour les foires et les expositions[8]. Provisoires, souvent construites en bois, comme le *Théâtre du Peuple* pour l'exposition polytechnique de 1872, édifié par Viktor A. Hartmann, ces constructions ont pourtant pris, du fait de leur rôle de diffusion et de promotion de la Russie, une part essentielle dans le rayonnement de l'art russe. C'est le cas en particulier du très grand pavillon russe que conçoit Ivan N. Ropet pour l'Exposition universelle de Paris en 1878. Situé dans les jardins du Trocadéro, au pied du palais de Davioud, c'est un des édifices les plus remarqués de l'Exposition. Si sa composition d'ensemble, symétrique, rappelle les constructions du XVIIe siècle, la richesse de son décor sculpté, directement inspiré des traditions populaires russes, offre un florilège du répertoire décoratif. Hartmann et Ropet publient plusieurs recueils intitulés *Motifs de l'architecture russe,* où ils rassemblent des exemples de l'architecture russe contemporaine inspirés de la tradition architecturale slave (cat. 420 ; fig. 2) [9].

Viollet-le-Duc lit attentivement Kiprianov, dont il s'inspire en grande partie ; il visite l'Exposition de 1867, dont il est un des rapporteurs, avec intérêt. Au-delà de l'intérêt de son auteur pour l'art slave, l'*Art russe* est profondément nourri des convictions qui sous-tendent l'ensemble de la théorie viollet-le-ducienne : la nécessité de faire coïncider forme et fonction, l'importance pour la nation russe de renouer avec ses origines et l'idée romantique d'une société primitive libre qui a permis les plus grandes créations. Son étude de l'architecture russe est souvent calquée sur ses conclusions tirées de l'étude de l'art médiéval français, son grand modèle. Certaines planches illustrées sont, très visiblement, tirées des *Entretiens sur l'architecture* et mises au goût russe (fig. 3). Mais le propos est vibrant et ne manque pas de séduction : « C'est en se pénétrant de ses origines, en puisant dans son propre fonds, que l'art russe retrouvera la voie qu'il a perdue. Le moment est singulièrement opportun car l'opinion, en Russie, se prononce chaque jour avec plus d'énergie en faveur de l'autonomie, et l'émancipation des serfs est un pas immense vers l'établissement d'une nationalité russe indépendante des influences étrangères, vivant de sa propre vie, possédant son génie propre. [...] Ils [les arts plastiques] sauront retrouver ces traditions soigneusement conservées dans l'âme du peuple et luiront d'un éclat tout nouveau [...][10]. » (cat. 480).

L'ouvrage de Viollet-le-Duc est dès 1879 traduit en russe par Nikolaï V. Sultanov. Architecte, professeur à l'Académie des beaux-arts, ce dernier a joué un rôle important dans le renouveau néo-russe de l'architecture. Son intérêt pour le texte de l'architecte français est très

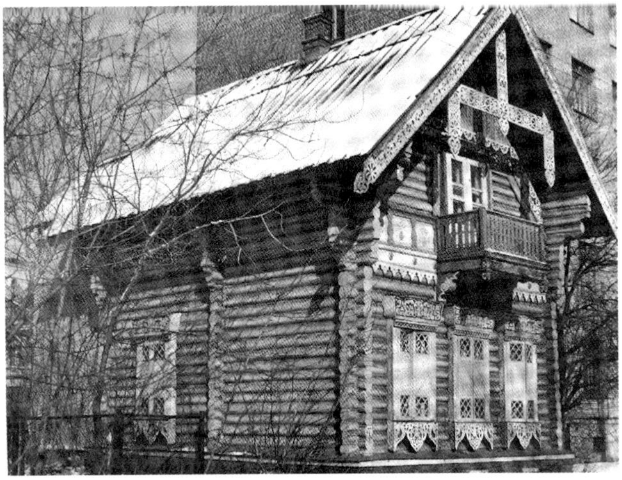

Fig. 1. **Nikolaï Nikitine, *Isba Pogodine,* vers 1850,** photographie, Moscou.

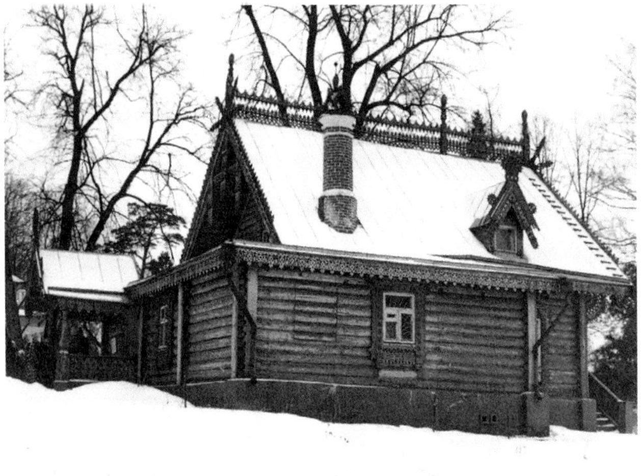

Fig. 2. **Viktor A. Hartmann, *Atelier à Abramtsevo,* 1872,** photographie.

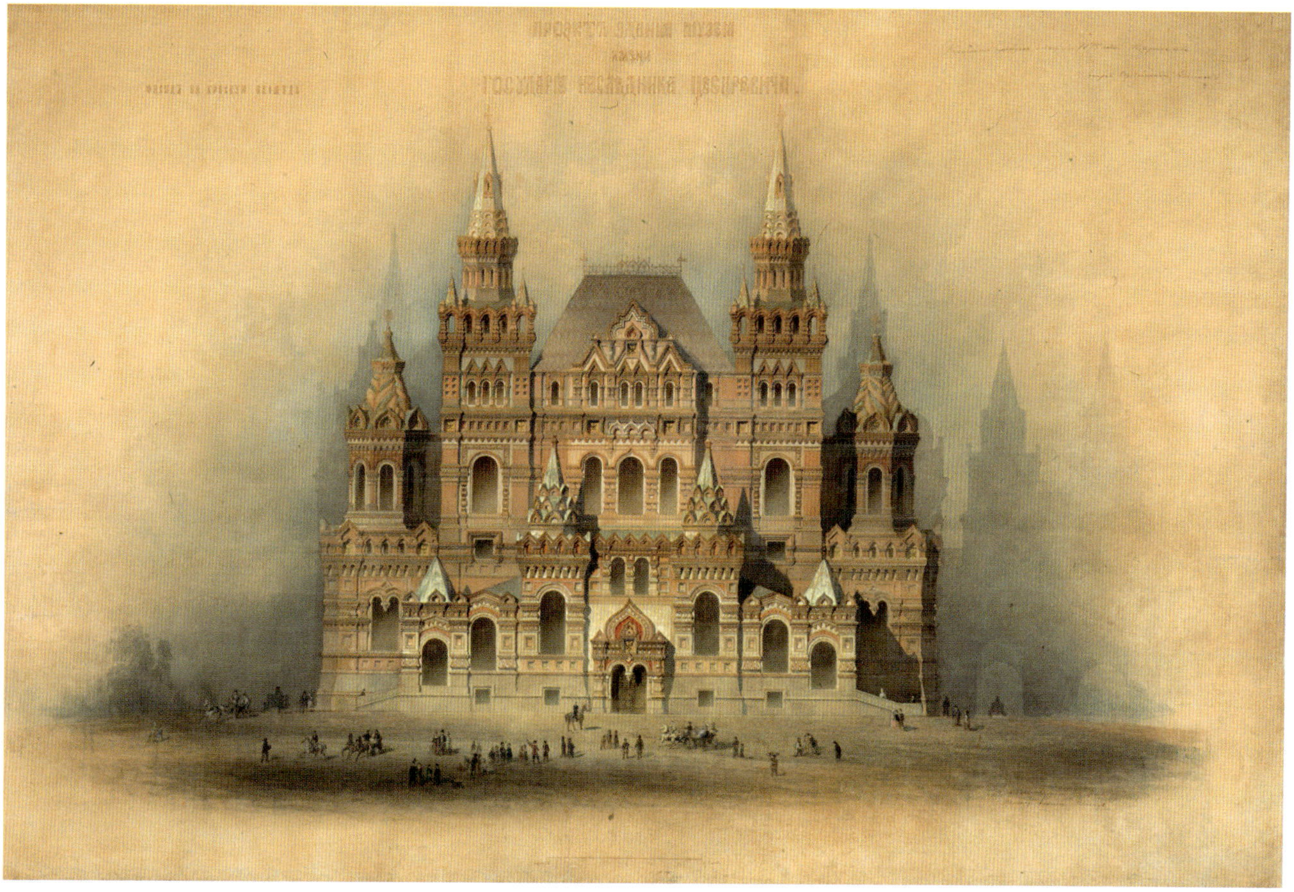

Cat. 428

Vladimir O. Sherwood, *Musée d'Histoire de Moscou,* projet réalisé, façade donnant sur la place Rouge, Moscou, 1875,
aquarelle, blanc, encre de Chine, encre sur papier entoilé, Moscou, musée national d'Histoire.

marqué. En effet, malgré ses approximations romantiques, l'ouvrage de Viollet-le-Duc séduit ses contemporains russes par l'idée que l'architecture est l'expression d'un besoin culturel et social d'un peuple et non celle du choix de ses princes. Très vite publié, diffusé, étudié par les architectes et à l'Académie de Saint-Pétersbourg, l'ouvrage de l'architecte français exerce à son tour une influence non négligeable sur les créations de ses confrères russes et leurs écrits[11]. L'un des points essentiels est l'adéquation entre forme et fonction, dans une perspective organiciste chère à l'architecte, qui écrit ainsi : « ... on ne doit pas perdre de vue ce point de départ, à savoir que l'art russe dérive de l'emploi de la voûte d'une part et de la structure de bois de l'autre » ; le second réside, comme pour l'art médiéval français, dans le primat de l'architecture religieuse sur l'architecture civile et donc dans la constitution d'un corpus de modèles formé par les églises russes des XVIe et XVIIe siècles.

L'ouvrage publié en France par Vladimir V. Souslov en 1911, *l'Architecture russe inspirée par les traditions populaires*[12], fait écho au texte de Viollet-le-Duc. Le propos de l'architecte russe est de rassembler, en planches coloriées, les relevés de l'architecture russe des XVIe et XVIIe siècles qu'il a réalisés[13]. Associant élévations générales et détails du décor, ces relevés permettent, à ses yeux, de montrer la qualité de l'architecture russe et son originalité et, surtout, de fournir des exemples aux jeunes architectes russes. Comme Viollet-le-Duc, il mêle dans cette recherche d'inspiration un projet formel et esthétique, historique et spirituel. Admirant ces ouvrages anciens, il se laisse ainsi aller à une émotion non déguisée : « Se reportant alors au bon vieux temps passé, l'auteur exprimait, en des formes architecturales très particulières, ses pensées ; elles rendaient comme un écho inconscient les impressions personnelles puisées au cours de ses longues études sur place des anciens monuments de l'art national. Ces études, de même

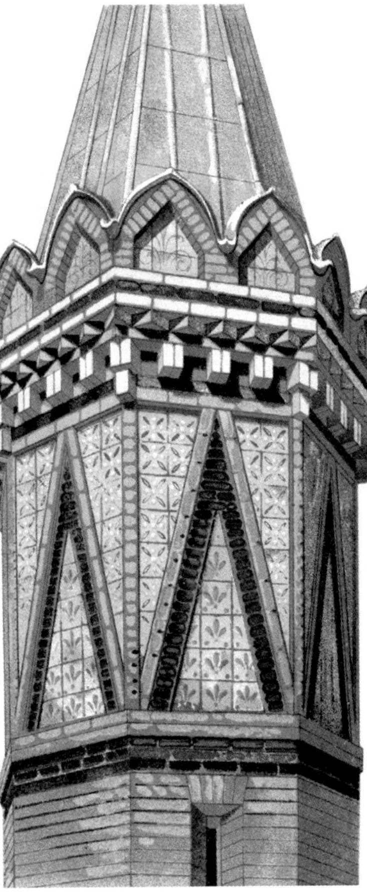

Cat. 480

Eugène Emmanuel Viollet-le-Duc, *l'Art russe, ses origines, ses éléments constitutifs, son apogée, son avenir*, 1877, imprimé, Paris, musée d'Orsay, bibliothèque.

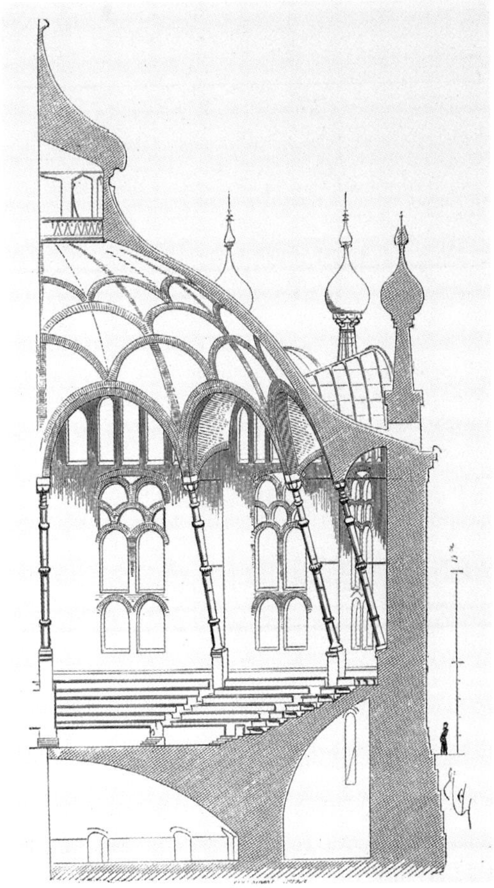

Fig. 3. **Eugène Emmanuel Viollet-le-Duc, *Coupe sur une coupole russe*,** fig. 77 de *l'Art russe*, Paris, musée d'Orsay.

que les représentations qui les accompagnent dans les importantes publications de l'auteur, en lui faisant connaître l'esprit même du génie créateur du peuple russe, lui ont permis de créer à son tour de nouveaux motifs d'art. » Au-delà de la forme architecturale, dont le rendu est donné avec une certaine imprécision des contours, l'intérêt de Souslov allant plutôt vers la couleur et le répertoire décoratif, c'est la culture russe dans son ensemble qu'il cherche à atteindre et à connaître grâce à l'étude de l'architecture : « ... Montrer dans cette édition le lien qui rattache l'art architectural russe ancien à la poésie populaire, donner enfin à ce matériel un coloris de fable[14]. » Tous deux professeurs à l'Académie des beaux-arts, Soultanov et Souslov furent des relais essentiels pour la diffusion de ces modèles traditionnels russes auprès de leurs élèves ; le contenu romantique et nationaliste de leur propos, dont l'ouvrage de Viollet-le-Duc a amplifié la portée, a aussi beaucoup influencé les jeunes architectes. Le propos de l'architecte français a permis que, à côté de l'intérêt pour les décors, l'étude de l'architecture russe ancienne intègre les notions de structure et de fonction. Pittoresque dans un premier temps, la recherche d'un style néo-russe puise ainsi au rationalisme, cher à l'architecte français. Il a aussi induit, en partie, le déplacement de l'attention des architectes, à partir des années 1880, vers l'étude de l'architecture religieuse traditionnelle – celle des églises populaires du nord de la Russie en particulier –, alors que les bâtiments civils et vernaculaires – palais, écuries, *isbas* – furent les premiers modèles retenus, notamment pour les pavillons des Expositions universelles.

En 1895, l'architecte Vladimir Sherwood, auteur du bâtiment du musée d'Histoire de Moscou, construit de 1874 à 1883, publie un *Essai sur l'étude des lois de l'art : peinture, sculpture, architecture et ornement* (cat. 428) Il réaffirme la nécessité de revenir à des valeurs russes. L'analyse détaillée qu'il fait de l'architecture s'appuie sur l'étude des églises russes du xviie siècle : « La religion est le seul guide de la vie intellectuelle de l'être humain.

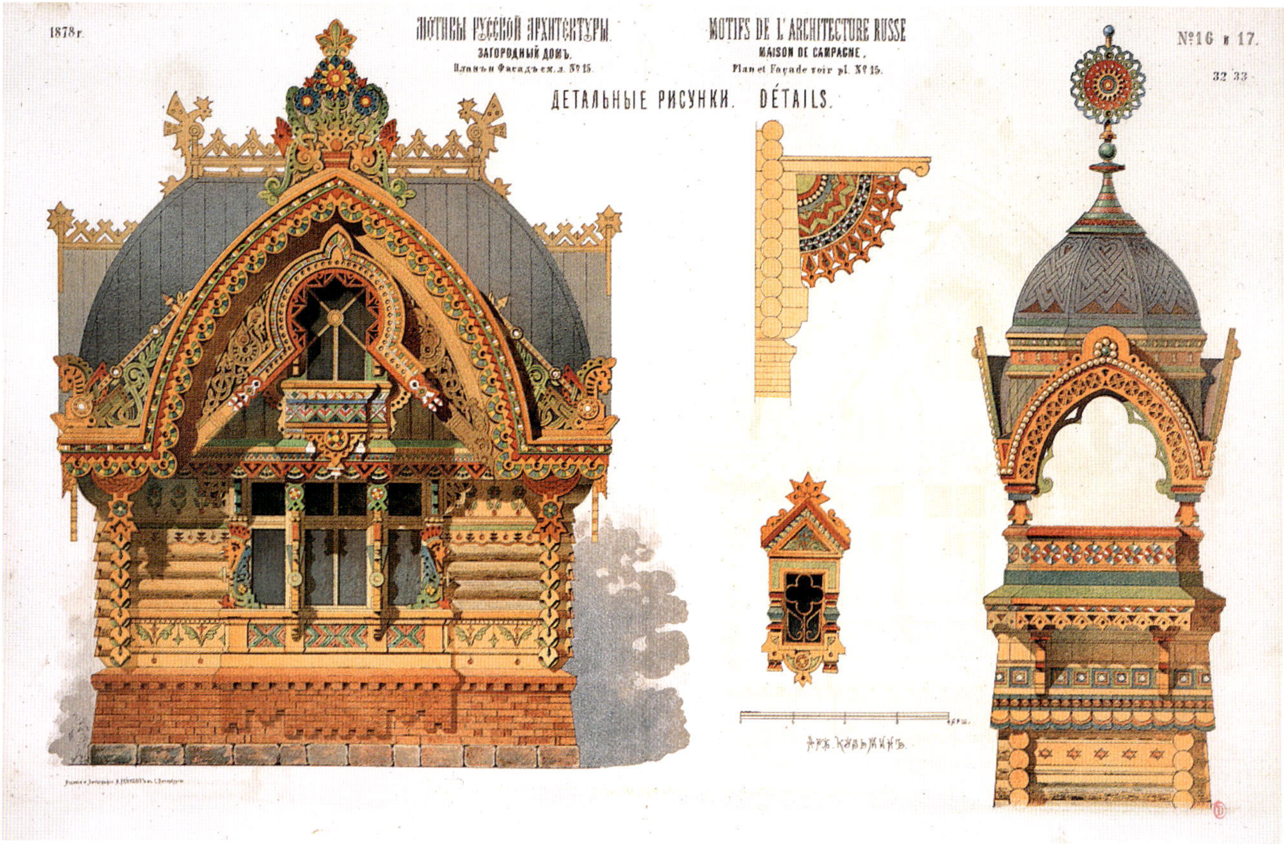

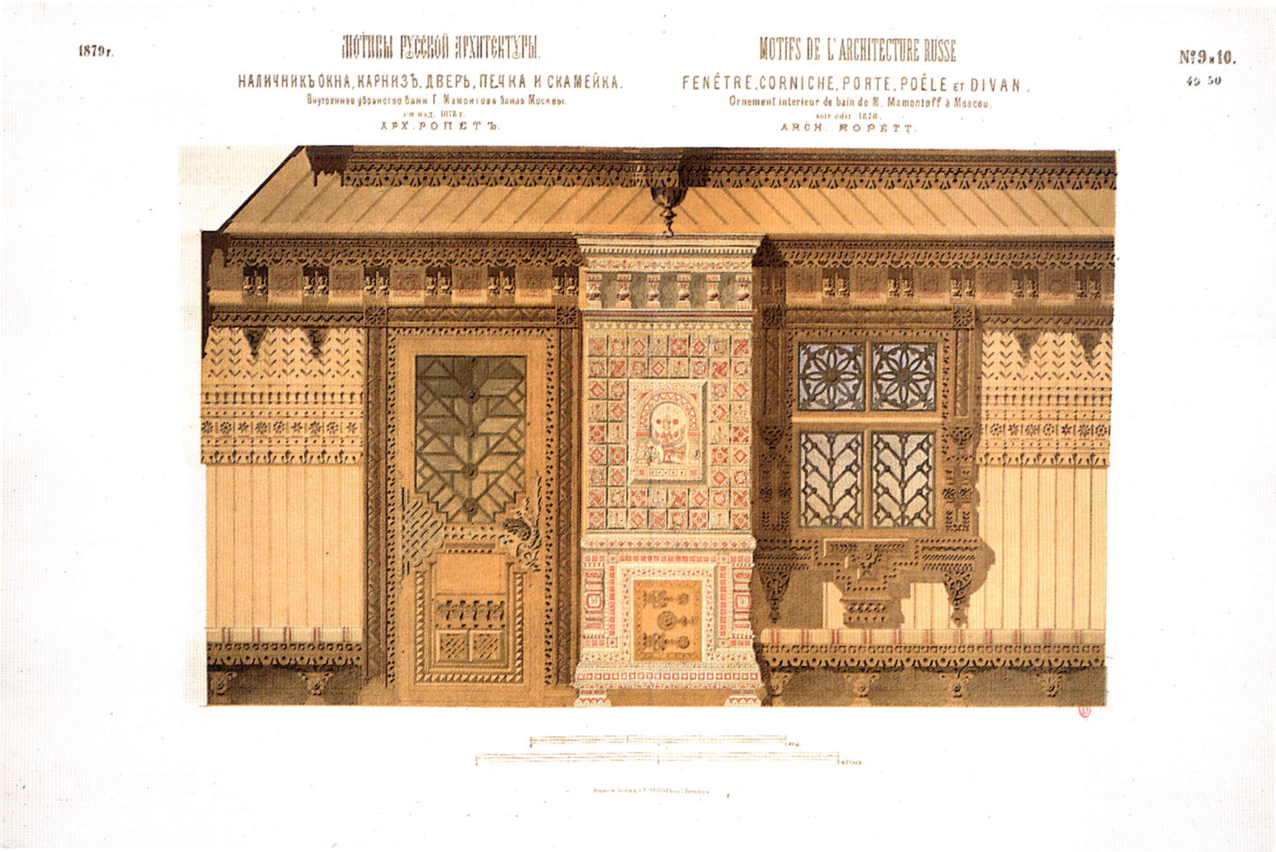

Cat. 420

Ivan N. Ropet, I. N. Petrov, dit, Victor Édouard (Alexandrovitch), Hartmann (Gartmann), 1834-1873, ***Motifs d'architecture russe,*** **1880,** imprimé avec planches lithographiées en couleurs, Paris, Institut national d'histoire de l'art, bibliothèque Doucet.

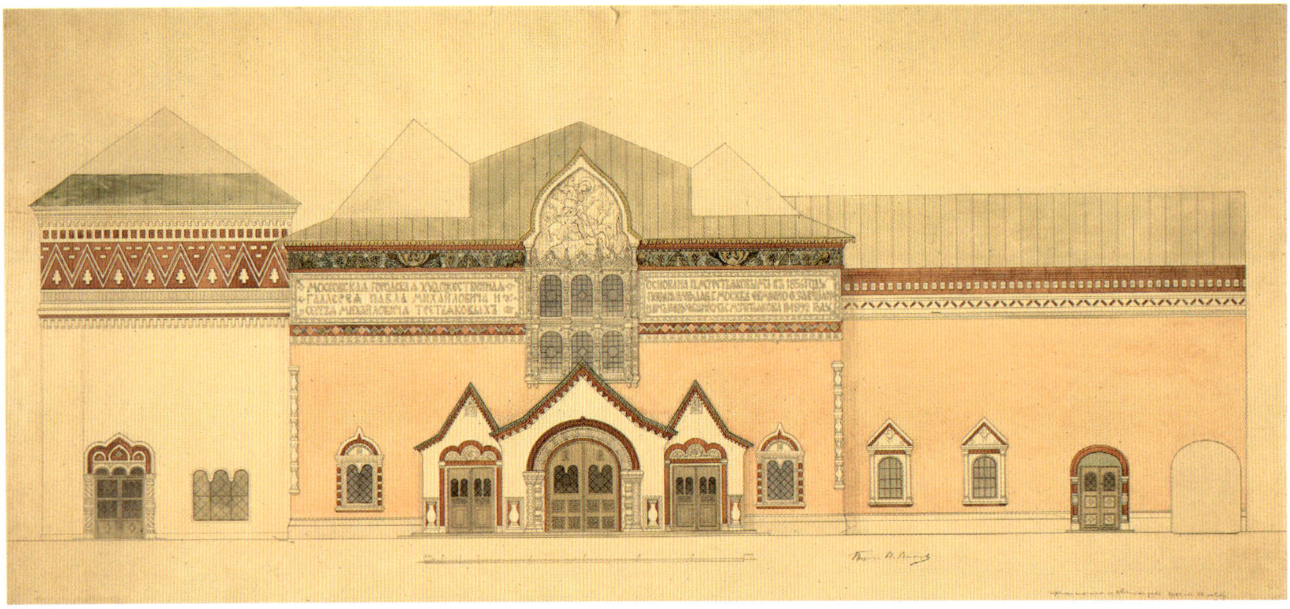

Cat. 468

Viktor M. Vasnetsov, *Façade de la galerie Tretiakov à Moscou, élévation,* 1901,
aquarelle, encre de Chine à la plume et au pinceau sur papier, Moscou, galerie Tretiakov.

Ainsi, le style religieux qui exprime l'idée inspirée du peuple fit son chemin aussi dans l'architecture civile[15]. » (cat. 468). L'exemple des projets architecturaux de Fedor O. Chekhtel, le grand architecte moscovite du tournant du siècle, proche de Pavel M. Tretiakov et de sa femme, ami intime d'Anton P. Tchekhov, est très significatif de cette attention renouvelée pour l'architecture religieuse. Si ses hôtels particuliers construits pour les grands marchands russes du début du siècle sont très influencés par l'Art nouveau français et belge et par la Sécession viennoise, il conçoit plusieurs études de bâtiments officiels, permanents ou destinés à des Expositions internationales, qui se réfèrent directement à l'architecture religieuse russe traditionnelle. C'est le cas notamment pour le pavillon principal de la Russie à l'Exposition internationale de Glasgow en 1901. Il puise son inspiration dans l'étude des églises du nord de la Russie du XVIe siècle. Il reprend entre autres le motif du toit allongé, pyramidal, proche des premiers bâtiments à structure de tente de l'ancienne Russie. Pour l'église du Vieux-Croyant de Balakovo (cat. 168), il donne à ce choix architectural un contenu spirituel et historique ; en déclinant ce modèle de l'église russe, il revient à une architecture religieuse pré-schismatique, d'avant la rupture du *raskol,* qui divisa l'Église russe du milieu du XVIIe siècle. Le même modèle prévaut dans le projet pour un *Musée à Nijni-Novgorod*, pour lequel il adapte et agrandit la structure initiale de l'église de bois.

Ce contenu spirituel et religieux s'étend à un type d'édifices célébrés par la littérature russe, d'Ivan S. Tourgueniev à Tchekhov, les *datchas,* maisons de campagne et refuges, lieu de réception et de création, de villégiature et de communion avec la nature. L'âme russe est, comme le souligne Tourgueniev, liée à la terre. À la suite des romantiques allemands, l'écrivain russe promeut une union étroite entre la nature et l'homme : « Achever le lien ultime entre l'âme humaine et la nature est l'événement le plus abouti, le plus profond de toute existence », écrit le jeune Tourgueniev à son amie Bettina von Arnim en 1841. Quand il séjourne en France, la nostalgie du pays natal l'étreint souvent, malgré la présence des amis proches et le réconfort de la littérature. Ses *Mémoires d'un chasseur* s'achèvent par « la Forêt et la steppe », qui s'ouvre sur un « poème livré aux flammes » :

« ... En son âme il sentit monter la nostalgie
du village natal, du jardin rempli d'ombre,
où le tilleul étend son feuillage touffu,
[...] Partir, partir là-bas, gagner les champs fertiles,
[...] C'est là qu'il fait bon vivre[16]. »

La redécouverte de l'architecture traditionnelle en bois, l'intérêt nouveau pour les isbas des paysans ont fourni, dès les années 1860, de nouveaux modèles pour la conception de ces maisons à la campagne, où le citadin russe venait se détendre et se reposer. Ce lieu de détente devient, pour les artistes notamment, un lieu de création

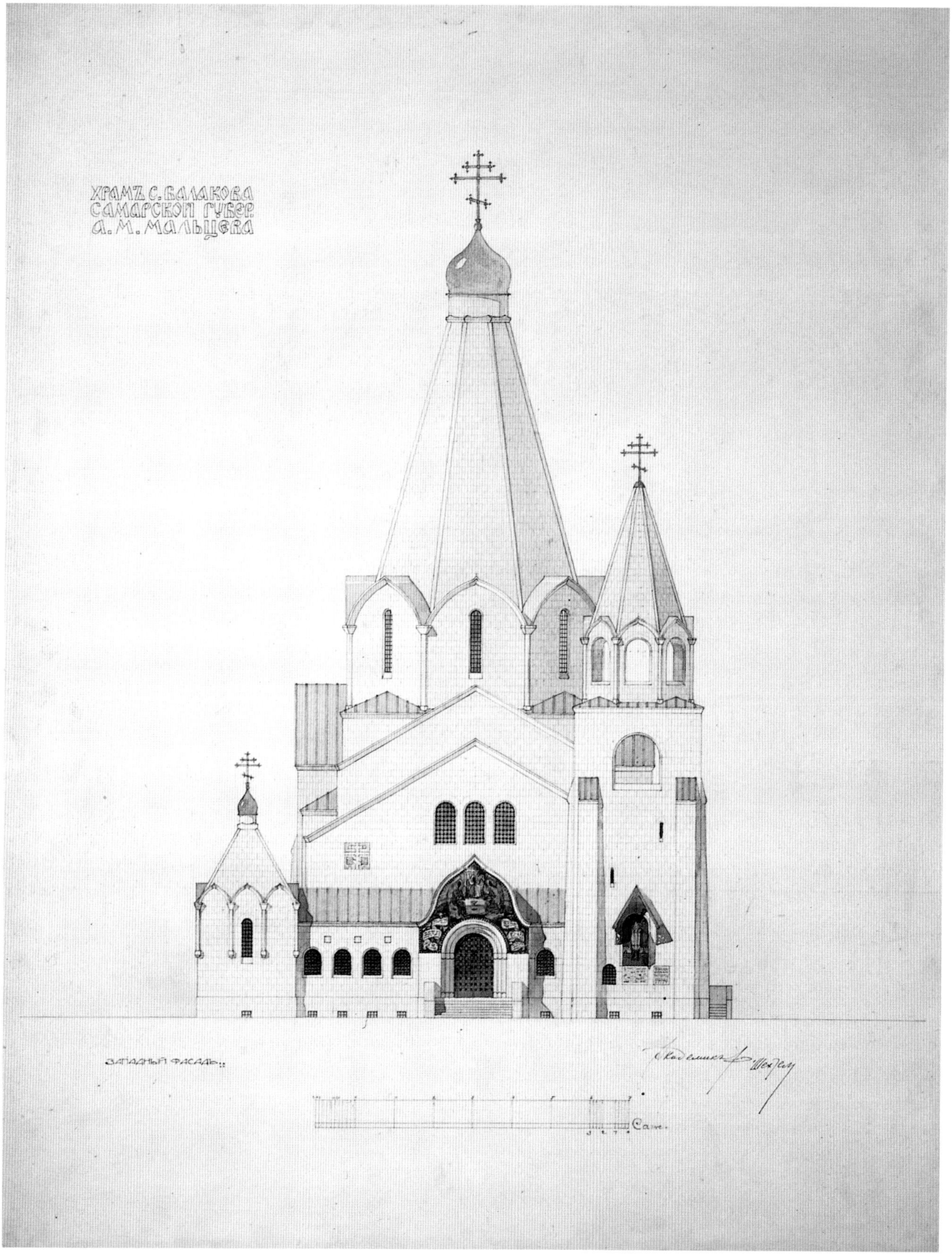

Cat. 168

Fedor (Franz) O. Chekhtel, *Projet d'église* pour le domaine de A. M. Maltsev, Balakovo, province de Samara, projet réalisé, façade occidentale, 1908-1910,
crayon, encre de Chine, aquarelle sur papier contrecollé sur carton, Moscou, musée national d'architecture Chtchoussev.

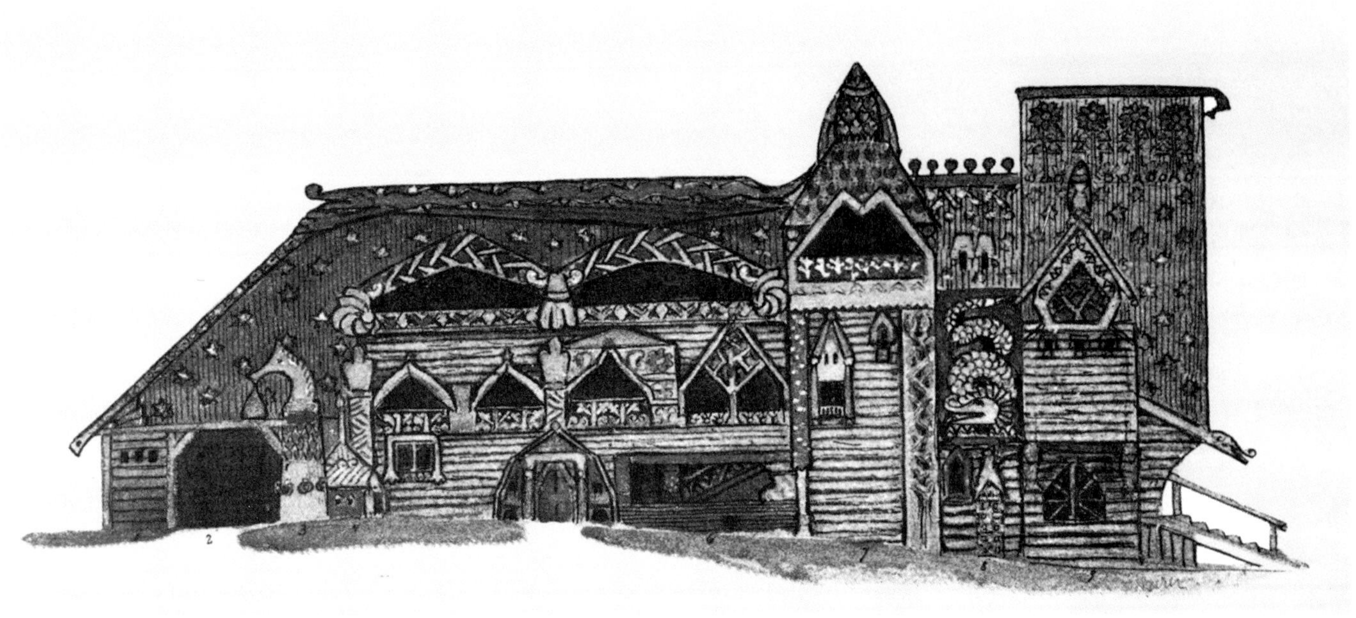

Fig. 4. Sergueï V. Malioutine, *Esquisse pour une datcha (style teremok)*, parue dans *Ejegodnik Obchtchestva arkhitektorov-kohudojnikov*, 1907.

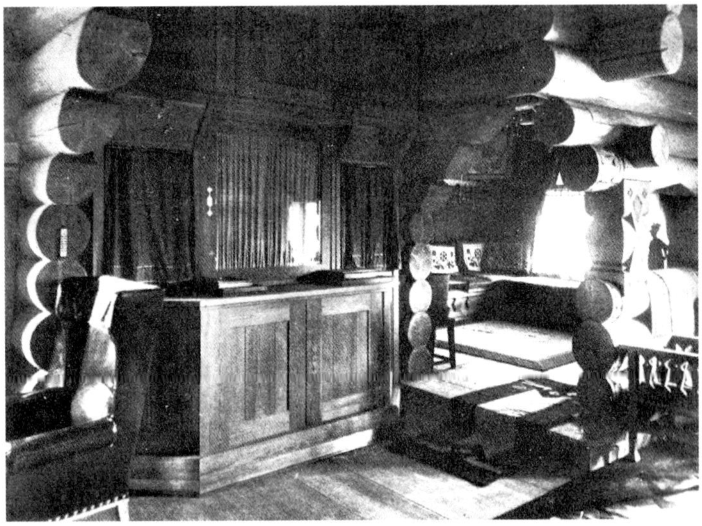

Fig. 6. Roman Meltser, *Intérieur de la datcha de Meltser, paru dans Ejegodnik Obchtchestva arkhitektorov-kohudojnikov*, 1907.

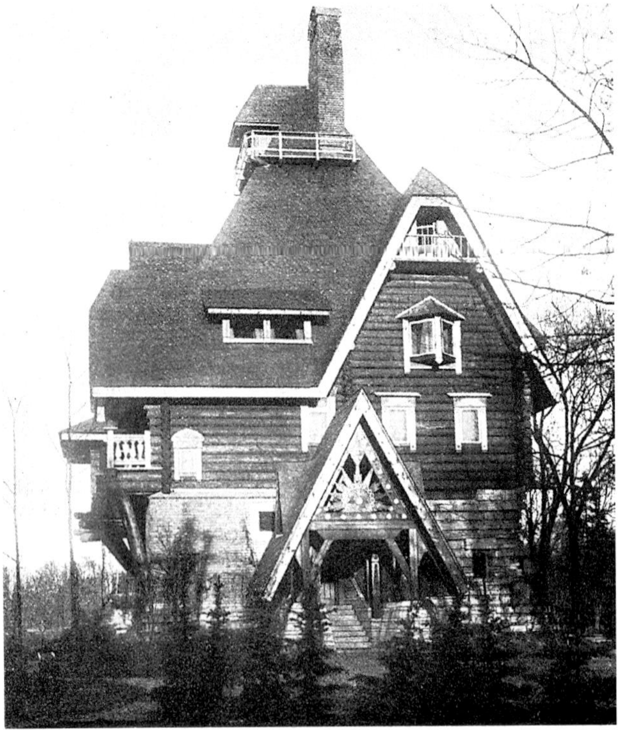

Fig. 5. Roman Meltser, *Élévation de la datcha de Meltser, parue dans Ejegodnik Obchtchestva arkhitektorov-kohudojnikov*, 1906.

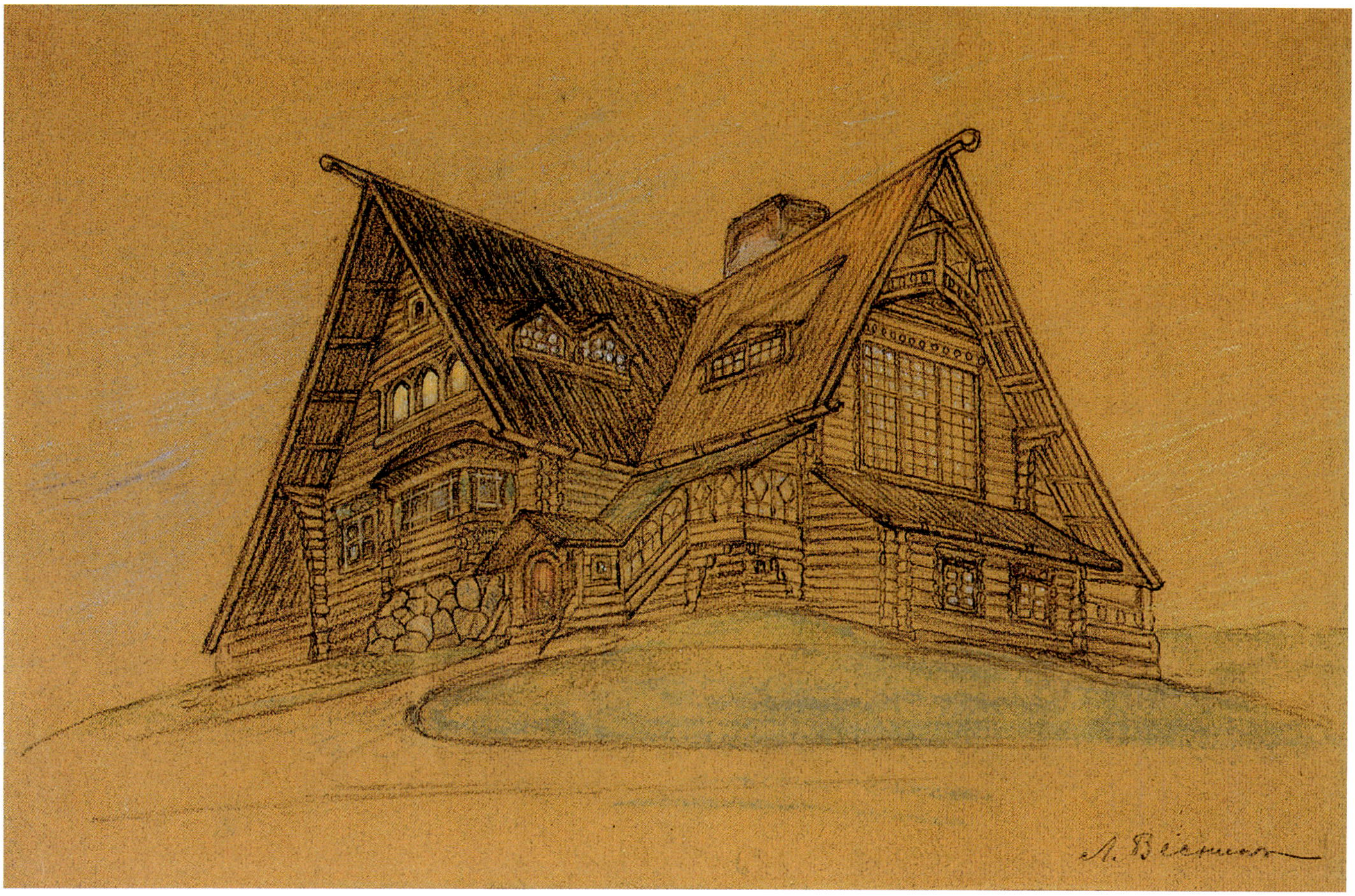

Cat. 479

Leonid A. Vesnine, *Projet de datcha,* perspective, 1909,
crayon, pastel sur papier brun, Moscou, musée national d'architecture Chtchoussev.

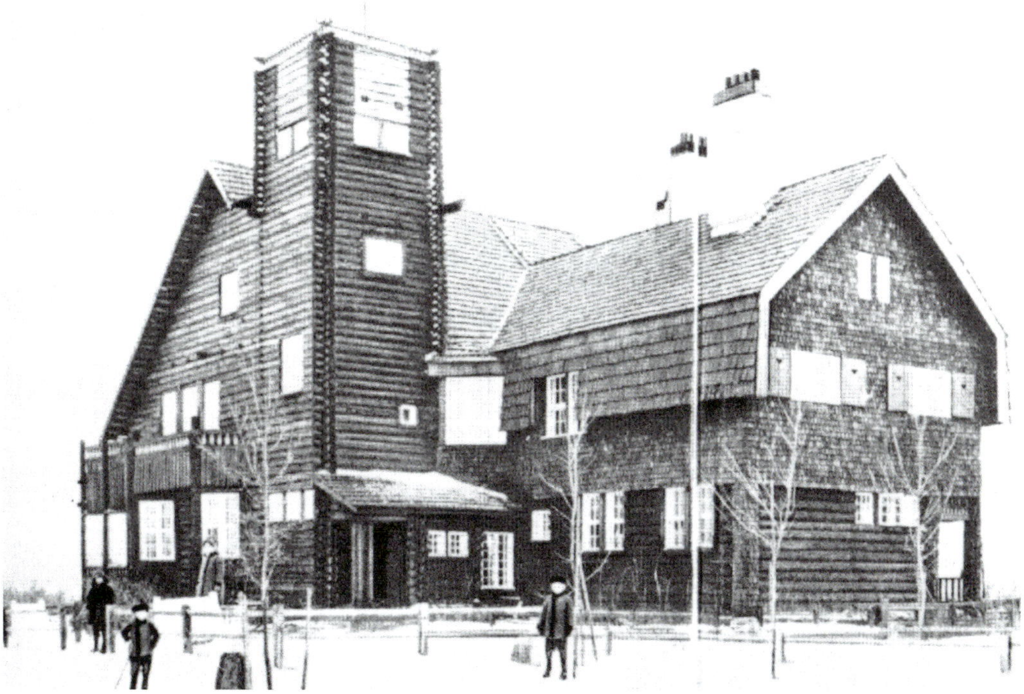

Fig. 7. **Andreï Ohl, *Datcha de Leonid Andreev à Vammelsuu,* vers 1910,**
photographie ancienne.

et de réflexion favorisées par la présence de la nature. La colonie de Talachkino, créée et financée par la princesse Maria K. Tenicheva, sur un modèle proche de celle d'Abramtsevo, tient une place essentielle dans le renouveau des arts décoratifs au début du siècle. Sergueï V. Malioutine y construit en 1901 une *datcha* sur le modèle du *teremok*, une structure en bois traditionnelle, décorée à profusion par de nombreux éléments colorés, où il présentait les objets qu'il réalisait (fig. 4). Malioutine s'inspire du pavillon construit par Konstantin A. Korovine et Alexandre I. Golovine pour l'Exposition universelle de 1900, à Paris. Son *teremok* influença à son tour les maisons construites par l'architecte Roman Meltser sur le golfe de Finlande. Ce dernier reprend le motif du porche en saillie et richement orné de Talachkino mais son propos est plus ambitieux (fig. 5) ; afin de profiter au mieux de la forêt et des étangs qui entourent sa maison, il inscrit des balcons sur toutes les façades et conçoit l'agencement intérieur et le mobilier – dont le style se réfère au décor russe traditionnel – avec la plus grande fonctionnalité possible (fig. 6). L'écrivain Leonid N. Andreev fait lui-même construire, avec l'aide de son ami l'architecte Andreï Ohl, sa datcha de Vammelsuu sur le golfe de Finlande. De très grandes dimensions – afin d'abriter sa nombreuse famille –, entièrement en bois, elle domine le paysage qui l'entoure. Par sa taille démesurée, son aspect sauvage – renforcé par une vigne vierge qui s'y répandit très vite –, sa fidélité – grâce aux matériaux employés et au mobilier choisi – à l'artisanat russe traditionnel, la *datcha* d'Andreev apparaissait aux yeux de ses visiteurs non seulement comme sa demeure mais comme le reflet de sa personnalité passionnée et de sa créativité (fig. 7). Lieux de création, les *datchas* deviennent aussi des lieux de spiritualité ; à côté ou au sein de la maison principale, plusieurs commanditaires se font construire des chapelles dont l'architecture extérieure comme intérieure rappelle les églises russes traditionnelles. Ainsi, la *datcha* construite par Harold E. Bosse à Mikhaïlova, près de Saint-Pétersbourg, ou celle qu'édifia Ivan S. Kouznetsov pour A. K. Medvenikova, dont la chapelle intérieure s'orne d'une iconostase digne des grands lieux de culte traditionnels (cat. 283, p. 232). Leonid A. Vesnine, qui conçoit, avec son frère Alexandre, un projet pour l'église de Balakovo finalement construite par Chekhtel, réalise en 1908 la datcha de Nosenkov à Ivanov. Le modèle de la maison est calqué sur les petites églises de bois de la campagne russe, soulignant ainsi le caractère presque sacré du lieu grâce à sa proximité avec la campagne russe, refuge de l'âme slave, éternelle (cat. 480).

1. Cette isba a été démontée après l'Exposition universelle et remontée à Paris, villa Beauséjour. Elle a été inscrite en 1992 à l'inventaire supplémentaire des Monuments historiques et restaurée récemment (voir à ce sujet Cieren, Ponthaud et Lagneau, 2004, p. 72-74). Le mot isba désigne primitivement une habitation en bois de la zone forestière et semble dériver du russe ancien *hiza,* décliné de l'allemand *huz, haus.*

2. « Monuments et spécimens d'architecture élevés dans le parc », *Rapport du jury de l'Exposition universelle de 1867 à Paris,* t. I, classe IV, p. 345. Le jury était présidé par Michel Chevalier. Viollet-le-Duc en était membre et rédigea le rapport sur « Le matériel du génie civil et de l'architecture », t. X. Le rédacteur de la section architecture n'est pas connu.

3. Kiprianov, 1864, p. 2.

4. Idem, *op. cit.*, p. 40.

5. Idem, *op. cit.*, p. 54.

6. Idem, *op. cit.*, p. 347

7. Voir à ce propos l'article de Kerblay, janvier-mars 1972, p. 114-139.

8. Le musée d'Histoire russe construit par l'architecte russe d'origine anglaise Sherwood est une exception notable. Pour répondre au projet identitaire du musée, Sherwood accumule les références historiques et esthétiques liées au patrimoine russe. La composition générale du bâtiment évoque la symétrie des édifices des XVIe et XVIIe siècles civils. Proche de Pogodine et de Nikolaï V. Gogol, l'architecte a été très sensible à ce désir de renouveau des arts autour d'une culture slave.

9. W. C. Brumfield souligne dans son ouvrage de référence consacré à l'architecture russe de 1870 à 1917 que la référence au répertoire décoratif et architectural russe traditionnel ne va pas à l'encontre, chez Hartmann et Ropet, de leur éclectisme architectural. L'usage du néo-russe porte sur le décor plus que sur la structure ou la conception générale des édifices ; voir Brumfield, 1991, p. 8-12.

10. Viollet-le-Duc, 1877, p. 151. La Médiathèque du patrimoine conserve un ensemble de relevés de monuments russes – églises et monastères – réalisés par des architectes russes et sans doute rassemblés, à la demande de Viollet-le-Duc, par Boutovsky, directeur du Musée polytechnique de Moscou. Certains portent une mention évoquant le voyage en Russie de Maurice Ouradou, le gendre de l'architecte. À ces relevés s'ajoutent plusieurs gravures tirées de *Rousskaïa Tsarissta* ainsi que quelques aquarelles anonymes (cote 80/127).

11. Boutovsky écrit à Viollet-le-Duc dès octobre 1877 pour lui indiquer qu'un des architectes du Musée polytechnique, Weber, s'est inspiré de la figure 90 de son ouvrage pour concevoir un des motifs d'une aile du musée, alors en construction. Cette influence, s'il faut en croire Robin Middleton (février 1870, p. 76-78), perdure bien au-delà de la fin de l'époque tsariste. Non sans ironie, il avance que le constructivisme des architectes soviétiques pourrait, en partie, dériver des théories rationalistes de Viollet-le-Duc.

12. Souslov publie aussi, en 1889, un *Essai sur l'histoire de l'architecture de l'ancienne Russie,* consacré dans son ensemble à l'étude de l'architecture religieuse.

13. Souslov réalise ces relevés à partir du milieu des années 1870, à l'instigation de l'Académie des beaux-arts de Saint-Pétersbourg.

14. Souslov, 1911.

15. Cité par Brumfield, *op. cit.*, p. 165.

16. Tourgueniev, 1970, p. 555.

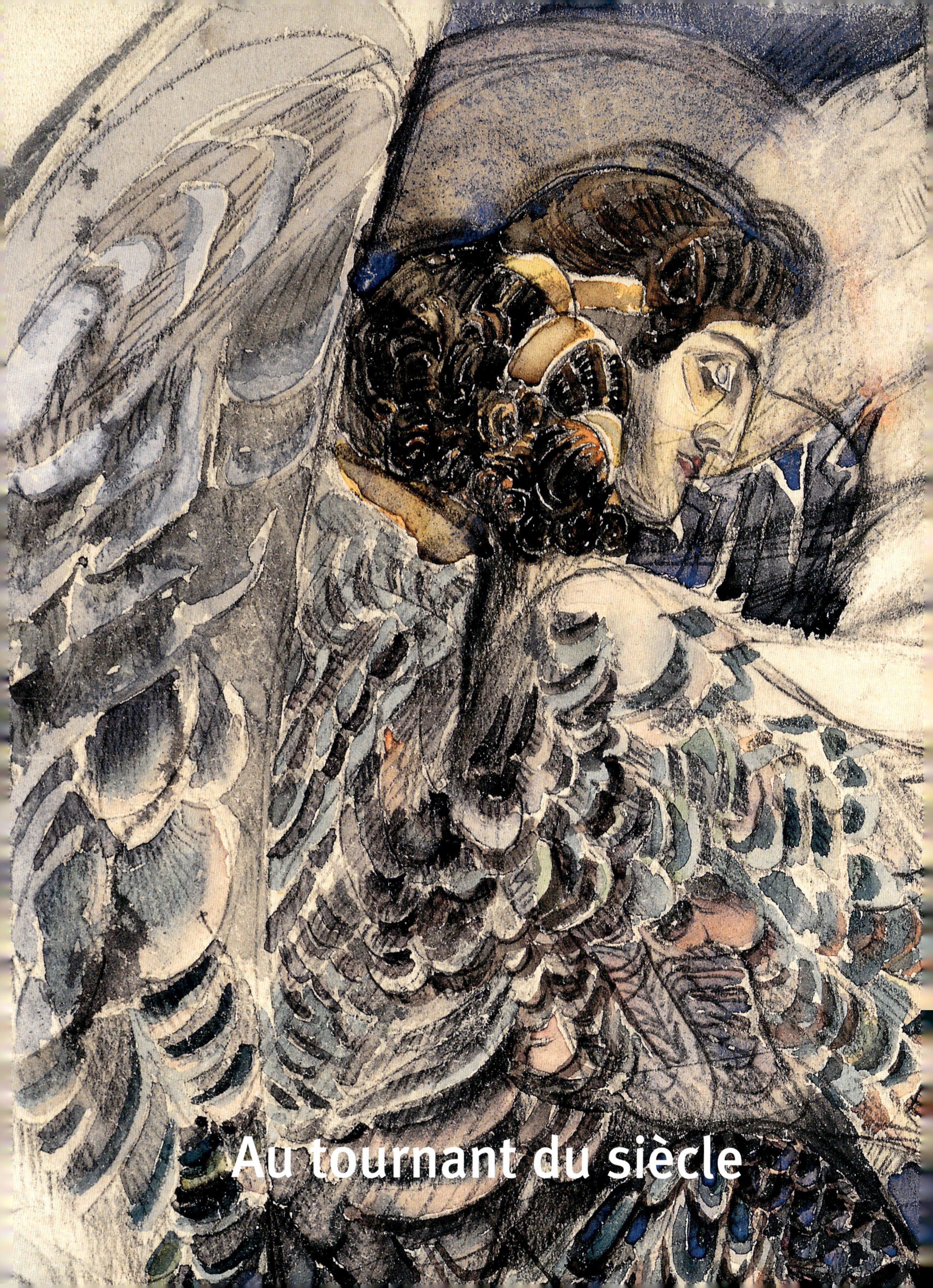

Au tournant du siècle

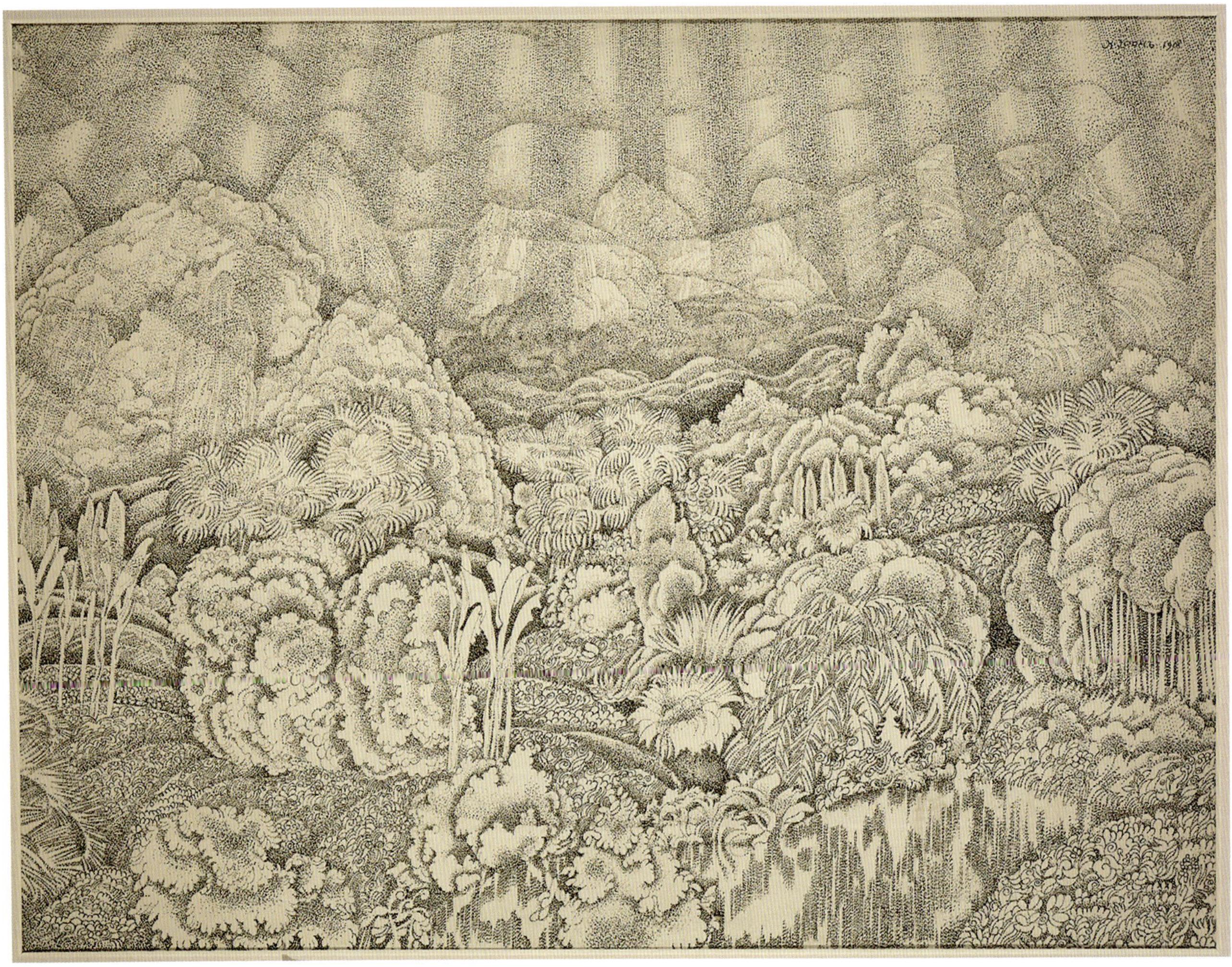

Cat. 227

Konstantin F. Iouon, ***la Création du monde. Le royaume végétal,*** **1908,**
plume et encre de Chine sur papier contrecollé sur carton, Moscou, galerie Tretiakov.

page précédente, cat. 502, détail

Pour une typologie du symbolisme russe dans les arts plastiques

Jean-Claude Marcadé

Le symbolisme russe n'a jamais été intégré en Occident à l'histoire générale du symbolisme européen[1]. L'Europe entière est à la toute fin du XIXe siècle et au tout début du XXe dominée par le symbolisme et la Russie y a apporté une contribution importante. La difficulté provient de ce que le symbolisme est souvent mêlé à l'Art nouveau (que l'on appelle en Russie « style moderne »), à tel point que l'on a tendance à confondre les deux. Il convient donc de bien distinguer ce qui revient au *style moderne*, dont une des caractéristiques stylistiques est l'utilisation de la courbe sinueuse du corps humain et de la flore. Le symbolisme peut se servir de cet élément sinueux, mais il le met au service d'une vision du monde où le mystère, la fièvre de l'imagination, la quête de l'inconnu et de l'insaisissable sont des ingrédients obligés.

Pour ce qui est de l'art russe, nous pouvons observer que si le symbolisme « idéologique », voire « thématique », est présent dans presque tous les styles de l'art du premier quart du XXe siècle, il existe cependant un *style symboliste* original, pendant une période très courte, *grosso modo* les années 1900.

Dès les années 1890, le réalisme sociopolitique qui avait dominé la vie artistique russe durant trente ans ne correspondait plus aux aspirations de la jeune génération, qui cherchait à sortir du provincialisme artistique, privilégiait la quête de la Beauté universelle sur la mission didactique et sociale de l'art[2].

Ainsi, à l'intérieur même du réalisme engagé ambulant, des artistes de talent se dégagèrent de son style photographique et de l'esprit sociodidactique. Ainsi Isaac I. Lévitan créa certains paysages pleins d'échos silencieux et de non-dits, tel son célèbre *Au-dessus du repos éternel* (cat. 299, p. 63). De la même façon, l'ambulant Arkhip I. Kouindji peint des paysages étonnants, souvent nocturnes, qui sont comme un écho des poésies de Fédor I. Tiouttchev, « le grand poète des forces nocturnes[3] » :

« Et la vision claire et vivante
Surgit en un rêve très ancien
Dans la vision nocturne étrange,
Il lit l'héritage du destin[4]. »

On peut parler d'un « protosymbolisme », dans lequel on pourrait mettre aussi des peintres proches des nazaréens ou des préraphaélites comme Pavel Joukovski (par exemple, son aquarelle *À la mémoire de Böcklin*). Fait partie de ce « protosymbolisme » une partie de l'œuvre de Viktor M. Vasnetsov, réaliste ambulant de la plus pure eau, mais qui autour des années 1890 donne des visions théâtrales et mélodramatiques du folklore paganoslave ou européen. Pour les fresques de la cathédrale Saint-Vladimir de Kiev, il transforme l'héritage byzantin dans le goût fin de siècle, avec accentuation de l'ornementation florale sinueuse. Il faut signaler l'œuvre religieux de Mikhaïl V. Nestérov autour de 1900, qui connut une grande fortune. Son caractère idyllique, la suavité de sa palette en font, *mutatis mutandis,* un émule orthodoxe de Pierre Puvis de Chavannes et de Maurice Denis (fig. 1).

Parmi les artistes issus du réalisme ambulant qui annoncent une nouvelle esthétique, figure Éléna D. Polénova, dont les aquarelles sur des thèmes religieux (1896-1898) dépassent les particularités de l'Art nouveau international en créant des visions fantastiques, musicales. Musique et peinture dialoguent également chez le peintre et compositeur lituanien Mikolajus Konstantinas Ciurlionis. Dans ce « protosymbolisme », je mettrai aussi MariaV. Iakountchikova-Weber, proche de façon générale

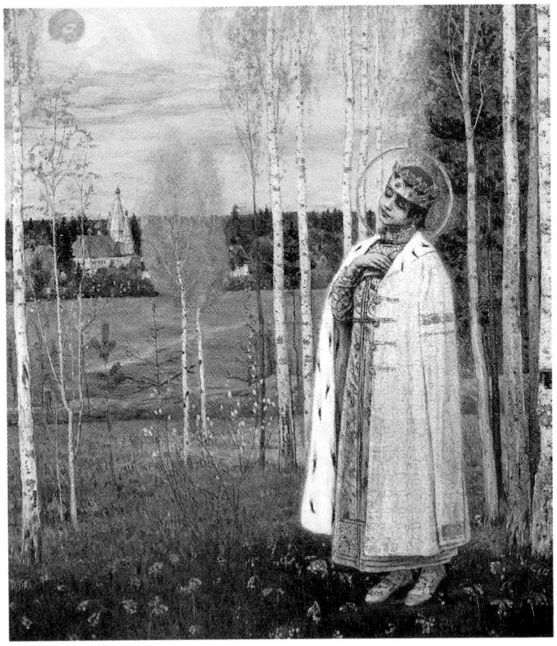

Fig. 1. **Mikhaïl V. Nestérov, *le Tsarévitch Dmitri assassiné*, 1899,** huile sur toile, Moscou, galerie Trétiakov.

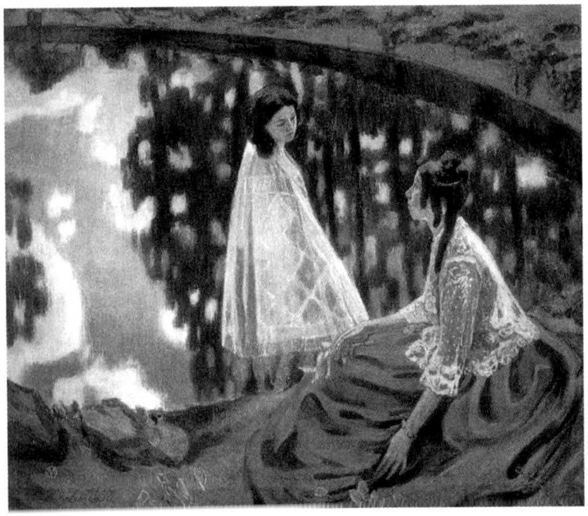

Fig. 2. **Viktor E. Borissov-Moussatov, *Au bord du bassin*, 1902,** huile sur toile, Moscou, galerie Trétiakov.

du style moderne, mais dont l'œuvre fit l'objet d'un article retentissant du poète et peintre Maximilian A. Volochine dans la revue symboliste moscovite *Viessy (la Balance)* en 1905, dans lequel est souligné précisément « le symbolisme des formes de Maria Iakountchikova ».

Le grand fondateur du symbolisme russe est sans conteste Mikhaïl A. Vroubel (cat. 481 à 502), qui fut un grand artiste de dimension universelle avant la pléiade des avant-gardistes des années 1910 et 1920. Vroubel est le premier symboliste romantique de la Russie. Avant la naissance du symbolisme littéraire, qui remonte en Russie au début des années 1890, Vroubel a exécuté à l'église Saint-Cyrille d'Alexandrie de Kiev des peintures murales hallucinées, en particulier celles de la Pentecôte. Il était un génie tourmenté, soumis à des crises psychiques profondes, qui aboutiront au basculement dans la folie entre 1906 et sa mort, en 1910.

Alexandre A. Blok (cat. 430, p. 265) prononça le discours funèbre lors des obsèques au cimetière du monastère Novodiévitchi à Moscou : « Qu'est-ce que le génie ? Nuit et jour nous nous interrogeons et nous rêvons, nuit et jour un vent sourd souffle de ces autres mondes, nous apportant des bribes de murmures et de paroles prononcées dans une langue inconnue ; l'essentiel nous échappe. Est génial celui qui a peut-être su discerner dans les murmures du vent une phrase entière dont il a assemblé et inscrit les mots[5]. »

Nous avons là un résumé de l'esthétique symboliste : les autres mondes, des murmures, une langue inconnue. Dans l'œuvre de Vroubel se trouvent tous les éléments thématiques et iconographiques qui font le symbolisme. Sa série d'huiles, d'aquarelles qu'il consacre entre 1890 et 1902 au récit en vers du poète romantique Mikhaïl I. Lermontov *le Démon* est une des efflorescences les plus fortes de ce démonisme si cher à la décadence fin de siècle que ce soit dans le *Lucifer* de Franz von Stuck, les gravures de Max Klinger, les anges déchus d'Odilon Redon, voire les visions sataniques de Félicien Rops. Le démonisme de Vroubel n'a rien à voir avec le culte de l'« esprit mauvais », de Satan. Comme l'écrit le directeur de la revue d'art moderniste *Apollon,* Sergueï K. Makovski : « Le démonisme de Vroubel est actif […] ; il porte la marque du génie de Byron, la révolte de Lucifer. D'où son entraînement vers la luxuriance, le caractère aigu des mouvements, celui, anguleux, des contours et l'ardeur des couleurs étincelantes. Le symbolisme de Vroubel passe à l'extase religieuse[6]. »

Le *style* proprement symboliste se manifeste dans la profusion linéaire, qui, contrairement au style moderne, a tendance à perturber les contours, à les disperser, à syncoper. À la différence de la linéarité sinueuse de l'Art nouveau, chez Vroubel les lignes se fondent dans les brouillards, les labourages, les irisations de la facture impressionniste. Dans la série des « Lilas », la végétation devient une « plate-bande picturale », perd le statut de figuration mimétique, annonçant à un demi-siècle de distance l'abstraction lyrique.

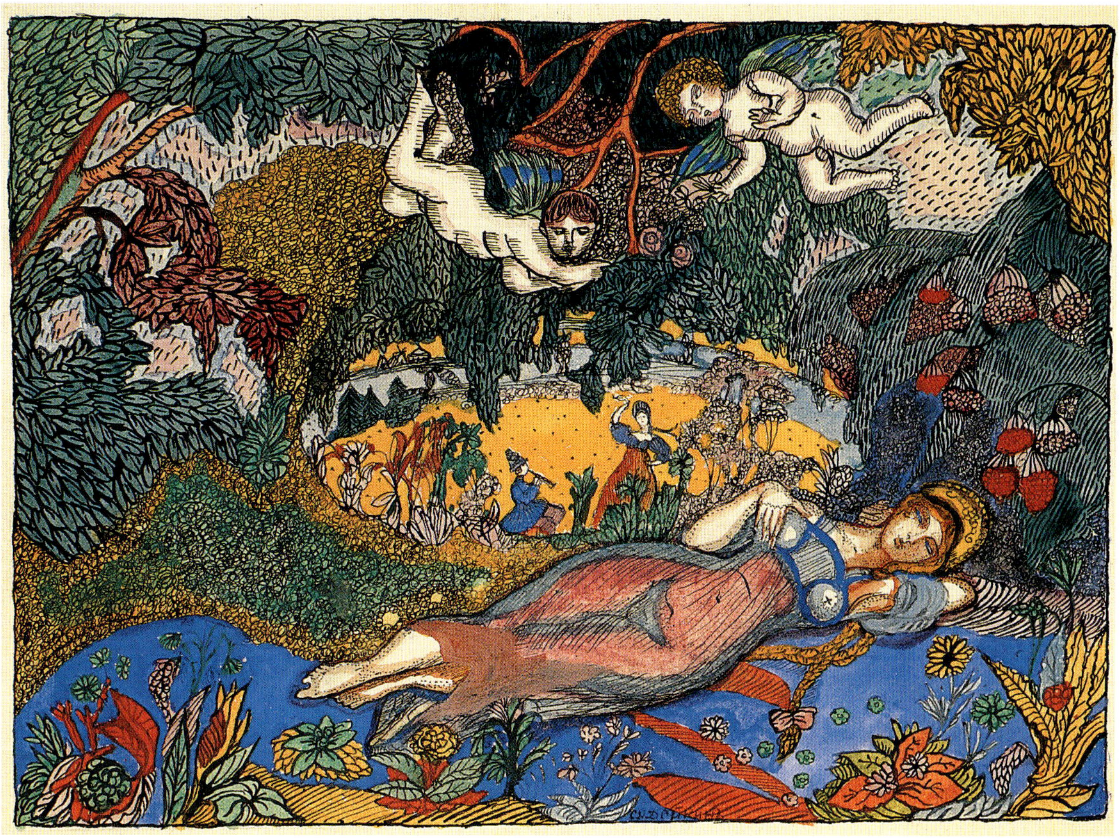

Cat. 436

Sergueï I. Soudeïkine, *Vénus russe*, 1907,
aquarelle, gouache, plume et encre de Chine sur carton,
Moscou, galerie Trétiakov.

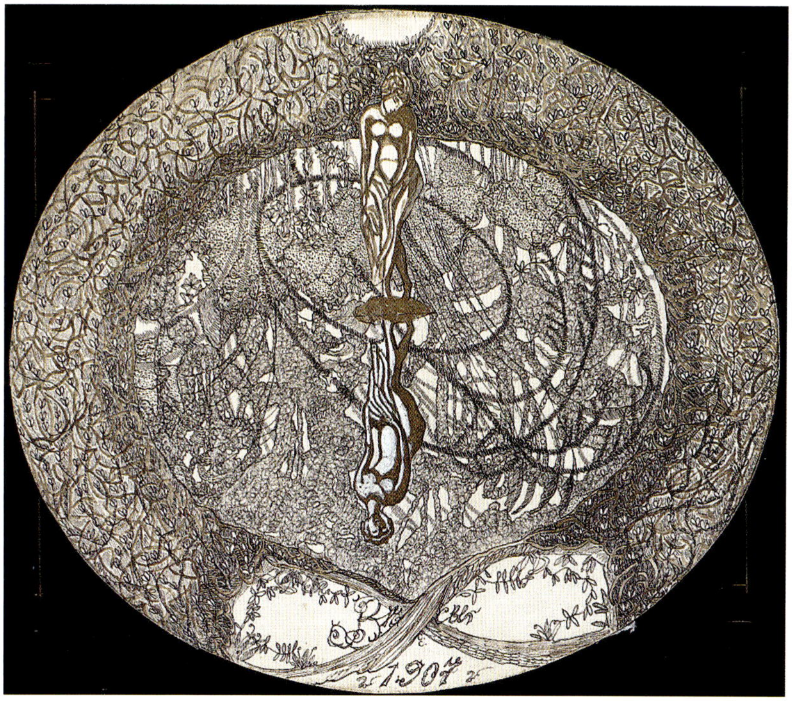

Cat. 435

Sergueï I. Soudeïkine, *la Balance*, frontispice pour la revue *Vessy (la Balance)*, 1907,
plume et encre noire, rehauts de blanc,
lavis bronze sur carton,
Moscou, galerie Trétiakov.

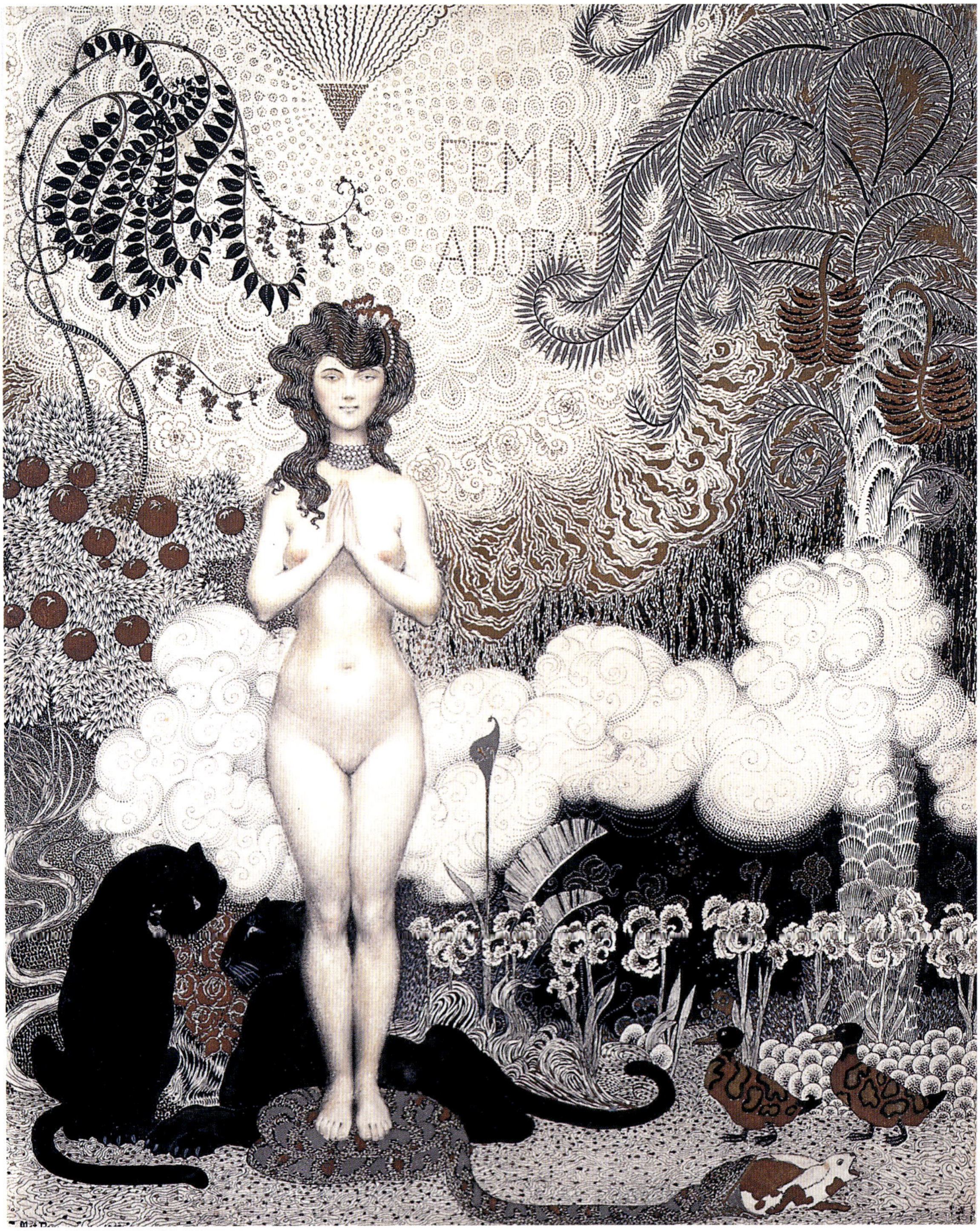

Cat. 190

Mstislav V. Farmakovsky, *Femina adorata*, 1907,
plume et encre noire, aquarelle et lavis de bronze sur carton, Saint-Pétersbourg, Musée d'État russe.

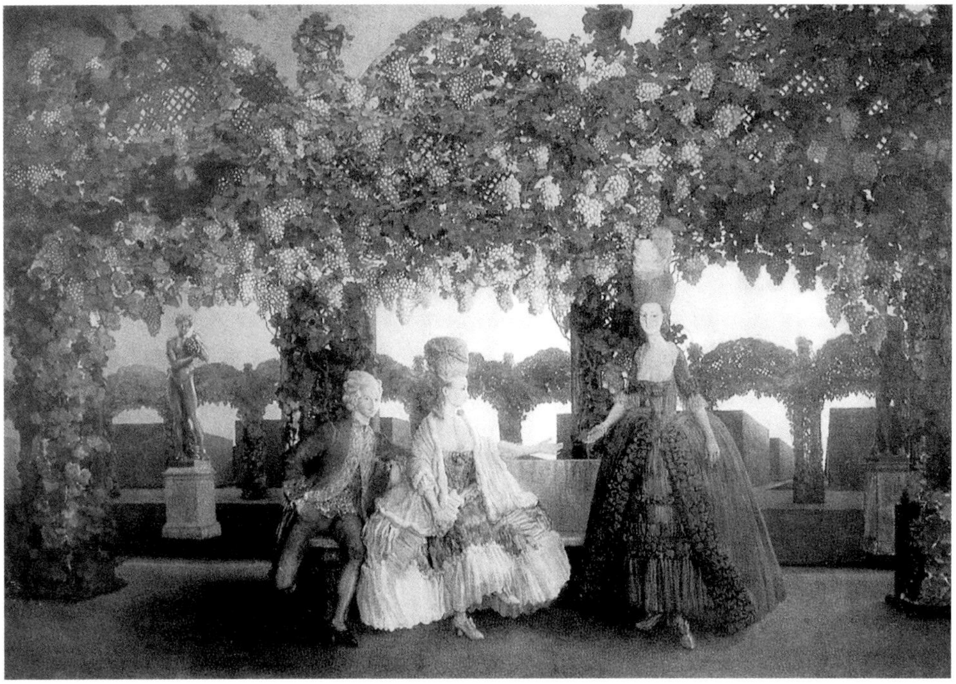

Fig. 3. **Konstantin A. Somov, *Soirée*, 1900-1902,**
huile sur toile, Moscou, galerie Trétiakov.

L'autre père fondateur du symbolisme pictural est Viktor E. Borissov-Moussatov, mort en 1905, à l'âge de trente-cinq ans. Si Vroubel donnait au symbolisme russe des visions incandescentes, aux limites de la raison, avec des plongées dans les paroxysmes d'une imagination fiévreuse, Borissov-Moussatov, lui, déroule ses élégies où les femmes sont les personnages presque uniques de méditations sur la vie, la mort, l'écoulement du temps, le néant (fig. 2).

Autour de Borissov-Moussatov se groupèrent entre 1903 et 1905 de jeunes artistes originaires comme lui de Saratov et qui le reconnaissaient comme maître : Pavel V. Kouznetsov, Piotr S. Outkine (cat. 343), le sculpteur Alexandre T. Matvéïev (cat. 317). À eux se joignirent l'Arménien Martiros S. Sariane[7], Nikolaï N. Sapounov, Sergueï I. Soudieïkine (cat. 435 et 436), Anatoly A. Arapov et quelques autres. C'est ainsi que fut organisée en mai-juin 1904 une exposition qui portait un nom très symboliste, *Alaya roza* (« la rose écarlate »). Ces artistes récidivèrent en organisant en mars 1907, cette fois-ci à Moscou, une exposition qui portait également une appellation hautement symbolique et symboliste : La Rose bleue[8] (*Goloubaïa roza)*. C'est à partir de celle-ci que l'on peut parler d'un *style symboliste russe* original dans les arts plastiques. Il n'y avait pas que les sujets qui relevaient du symbolisme (les lacs de fées, les roses endormies, les mirages, les hermaphrodites, les jeunes gens androgynes, les naissances de Satan, les cadavres, les vieilles femmes livides, les mélancolies et

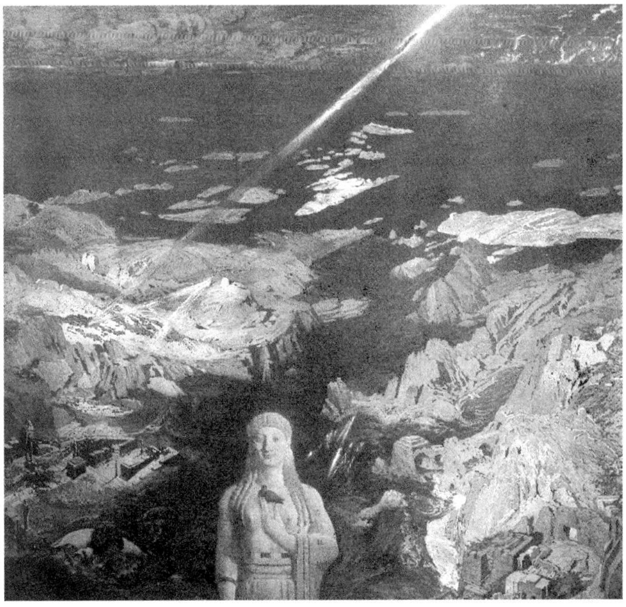

Fig. 4. **Liev S. Bakst, *Terror antiquus*, 1908,**
huile sur toile, Saint-Pétersbourg, Musée d'État russe.

autres anges de tristesse...), il y avait également ce style nouveau qui prolongeait les profusions vroubéliennes, emplissant, saturant de pictural toute la surface du tableau, et le vaporeux mélodique, ce *sfumato* issu de l'impressionnisme, si typique, de Borissov-Moussatov. Kouznetsov représente le mieux jusqu'en 1910 la ligne symboliste de La Rose bleue. La dématérialisation du monde sensible qu'avaient inaugurée l'impressionnisme et le post-impressionnisme est menée ici à son intensité maximale. Chez le Kouznetsov d'*À la fontaine,* il y a du Joseph M. W. Turner, du James A. M. Whistler, du Claude Monet des vues de Londres ou des cathédrales de Rouen, mais aussi quelque chose d'Eugène Carrière, le tout transfiguré dans une atmosphère fugitive où se mêle la lumière qui, chez les symbolistes russes de façon majoritaire, est une lumière tamisée, la lumière crépusculaire, cette lumière incertaine qui précède la nuit et qui n'est plus le jour ; cela peut être aussi la lumière obscure de l'inconscient.

À ces moments privilégiés de demi-obscurité et de nuit est lié le thème du rêve traité par tous les artistes de La Rose bleue. Un trait commun du symbolisme pictural est de rechercher l'indéfinissable, l'ineffable, l'indicible. Il y parvient par une facture « musicale », comme cela apparaît dans les œuvres de Vassily D. Milioti (cat. 325) autour de 1907, qui sont toutes vibrantes d'ondulations diaprées.

Et là on voit la différence entre cette esthétique symboliste de La Rose bleue, totalement originale dans le concert des arts européens, et l'esthétique à dominante « sécessionniste » du Monde de l'art (fig. 3).

Prenons, par exemple, le célèbre *Terror antiquus* (fig. 4) de Lev S. Bakst, qui nous renvoie à la passion des poètes et des écrivains russes pour l'Antiquité grecque, en particulier de Viatcheslav I. Ivanov, qui a fait de cette œuvre un paradigme du symbolisme du Monde de l'art. Stylistiquement, *Terror antiquus* appartient à l'Art nouveau, avec des traits néoclassiques affirmés. Ivanov voit dans l'Aphrodite du tableau la déesse de la Destinée « célébrant on ne sait quelle affirmation indéterminable de la vie au milieu de la ruine des forces vitales qui en sont tombées amoureuses ».

Beaucoup d'artistes ont donc utilisé le symbolisme comme élément iconographique et thématique dans des œuvres qui, par le style, vont au-delà de toutes les variantes d'Art nouveau. C'est le cas de Kouzma S. Pétrov-Vodkine, dont le tableau *Sur la berge* (1908, Saint-Pétersbourg, Musée d'État russe) est une paraphrase personnelle des *Jeunes Filles au bord de la mer* de Puvis de Chavannes (1879, Paris, musée d'Orsay). Il s'y ajoute un goût de la frise très proche de Ferdinand Hodler. Quant au *Rêve* de 1910 (Saint-Pétersbourg, Musée d'État russe), il est une interprétation moderne du *Songe du cavalier* de Raphaël (Londres, National Gallery). Ce tableau fut vitupéré par le réaliste ambulant Ilia E. Répine, tandis qu'Alexandre N. Benois y vit une parabole de la Beauté rose, jeune, timide, maladive, et de la Laideur puissante, bronzée, pleine de santé (les deux personnages féminins), qui accompagnent éternellement la création androgyne (l'adolescent nu)...

Chez les Russes de Munich (Marianne V. Werefkin, Alexeï G. Jawlensky, Vassily V. Kandinsky, Vladimir G. Bekhtéïev), qui baignent dans le Jugendstil et le fauvisme allemand, la charge symboliste est essentielle, avec la volonté de figurer les formes et les couleurs tirées de l'âme.

Il faut dire que les futurs avant-gardistes de la Russie comme Kazimir S. Malévitch ou Pavel N. Filonov ont eu une phase stylistique symboliste, et que tout leur œuvre est par ailleurs imprégné de *symbolique*[9].

On peut trouver partout du *symbolique* en art et cette notion est très extensible. Mais le *symbolisme*, en Russie comme ailleurs, est un moment historique qui a eu un commencement et une fin. On peut dire qu'il commence en Russie autour de 1890 et finit en 1914 comme mouvement collectif.

1. À ma connaissance, c'est dans le livre de Michael Gibson sur le *Symbolisme* (1997) que, pour la première fois, le symbolisme pictural russe est présenté *visuellement* dans le mouvement symboliste mondial sans que, dans le texte, il y ait un historique des événements artistiques russes s'y rapportant et, surtout, sans la présence de reproductions de ce qui apparaît comme un *style symboliste* spécifiquement russe, à savoir celui de La Rose bleue. Si des peintres symbolistes de première importance comme Kouznetsov ou Borissov-Moussatov sont absents, il y a dans cette publication des œuvres de Vroubel, Bakst, Zamiraïlo, Diénissov, Sérov, Pétrov-Vodkine, Kandinsky, Filonov, Ciurlionis.
2. Voir à ce sujet V. Marcadé, 1972, p. 79 *sqq.*
3. Berdiaev, 1985, p. 52.
4. Tiouttchev, 1848-1850.
5. Blok, s. d., p. 237.
6. Makovski, 1909, p. 99.
7. Voir le cat. exp. *Sarian. Au pays du soleil volant,* Antibes, musée Picasso, RMN, 2003.
8. Pour les détails et l'analyse du phénomène « symbolisme russe », pour une bibliographie et une anthologie des textes fondateurs, je renvoie au cat. exp. *le Symbolisme russe*, Bordeaux, musée des Beaux-Arts, 2000.
9. Sur la période symboliste des futurs avant-gardistes Kandinsky, Malévitch, Filonov, je renvoie à mon article « Le Symbolisme russe dans les arts plastiques », dans le cat. exp. Bordeaux, *le Symbolisme russe*, op. cit., p. 16-17.

Alexandre N. Benois, la revue *Mir Iskousstva* et la défense de l'art russe

Marie-Pierre Salé

En mai 1898, la *Gazette de Saint-Pétersbourg*[1] consacrait un article à la naissance d'une nouvelle revue, *Mir Iskousstva* (*le Monde de l'art* ; cat. 274)[2] – le premier numéro, daté 1899, parut en novembre 1898 –, et relatait les propos de Sergueï P. Diaguilev, son rédacteur en chef, et de Savva I. Mamontov, son principal mécène avec la princesse Maria K. Tenicheva (fig. 1).

Leurs divergences dans la conception de la défense et de la promotion d'un art national y apparaissent déjà parfaitement exprimées, et ne cesseront de se manifester tout au long de l'existence de la revue (1898-1904), même après le retrait des mécènes, expliquant largement son caractère hétérogène.

Pour Diaguilev – qui reprenait partiellement tout en l'édulcorant une lettre d'intention adressée aux futurs membres du Monde de l'art en mai 1897[3] – l'art russe apparaît aux yeux de l'Occident comme vieux et démodé (« obsolète et endormi sur un lit de traditions moribondes », selon les termes de la lettre), et il faut lui donner une existence internationale. Il envisage cette nouvelle revue comme le support des jeunes générations, qui, à l'instar des Sécessions en Europe, sont les forces vives de l'art contemporain – les ambulants, qui ont vieilli, ne pouvant plus mener la bataille. Cette prise de position publique place la naissance de *Mir Iskousstva* dans un contexte polémique (l'histoire de la revue en fut marquée) et annonce en filigrane les expositions organisées par la revue, sans lesquelles Diaguilev ne peut mener à bien sa tâche.

La vision de Mamontov est tout autre : pour le grand industriel, entrepreneur des chemins de fer, amené dans l'entreprise par Tenicheva et, pour le peu de temps encore qui le sépare de la faillite (1899), mécène des ateliers d'Abramtsevo, l'objectif de la revue est de devenir l'un des piliers du renouveau de l'artisanat d'art : l'attention sera portée sur la céramique, le travail du métal, le mobilier, la mosaïque et le textile, l'artisan ira chercher dans cette revue des modèles « comme la couturière de village va demander un patron de revue de mode à la femme du pope ». Cette vision reflète le fonctionnement des ateliers d'Abramtsevo, et bientôt de ceux de Talachkino, pour lesquels des artistes savants inspirés par les motifs d'art populaire donnent des modèles aux *koustari ;* dans son introduction au livret *Rodnik* (« la source », cat. 391), Tenicheva déplore aussi la disparition de la broderie traditionnelle dans de nombreux villages[4].

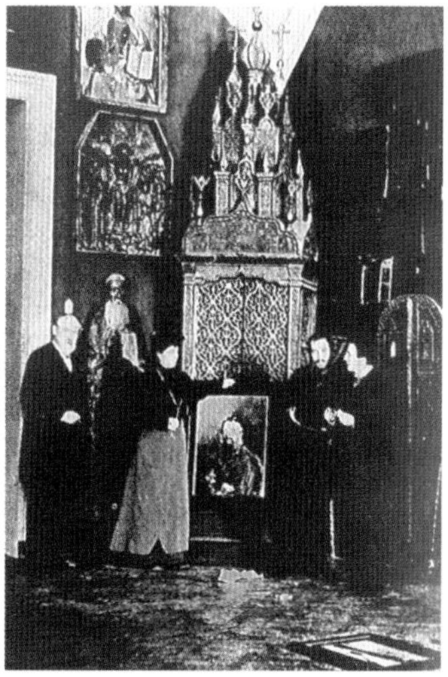

Fig. 1. **Alexandre N. Benois, Sergueï P. Diaguilev et Maria K. Tenicheva à Talachkino, photographie parue dans *Mir Iskousstva*, n° 11-12, 1901,** face p. 128.

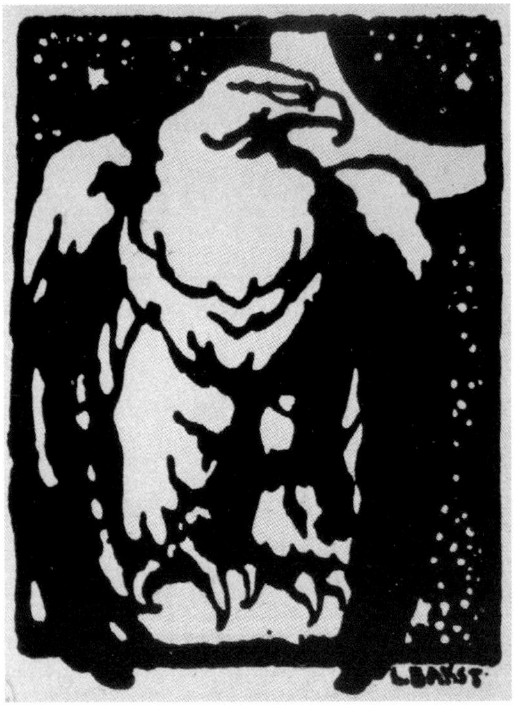

Fig. 2. **Lev S. Bakst, *Aigle*, vignette pour *Mir Iskousstva*, 1898,** gravure, collection particulière.

Le texte de présentation de la revue, inséré, en russe et en français, dans les numéros de la première année (1899) sous la vignette de l'aigle de Lev S. Bakst (fig. 2), reprend cette double visée : « *Le Monde artiste (Mir Iskousstva)* a pour objectif exclusif de favoriser le développement de l'art moderne russe dans ses manifestations purement esthétiques, aussi bien que dans son application à l'industrie.

Nos efforts tendront surtout vers l'ennoblissement du goût dans toutes les branches de l'art national.

[...] Quant à la partie rétrospective elle se composera d'œuvres russes anciennes fort peu connues encore et dont les qualités artistiques présentent pourtant un grand intérêt d'actualité. »

Au-delà de l'antagonisme entre « purement esthétique » et arts appliqués – Bakst aurait dit ouvertement que les plus grands ennemis de la revue étaient Mamontov et Tenicheva, connaissant leur passion pour l'art décoratif et leur hantise que la revue ne soit consacrée qu'à la « peinture pure[5] » – ce sont, en fait, deux visions de la défense de l'art national qui divisent les créateurs de la revue, mais aussi la communauté artistique russe à la fin du XIXe siècle.

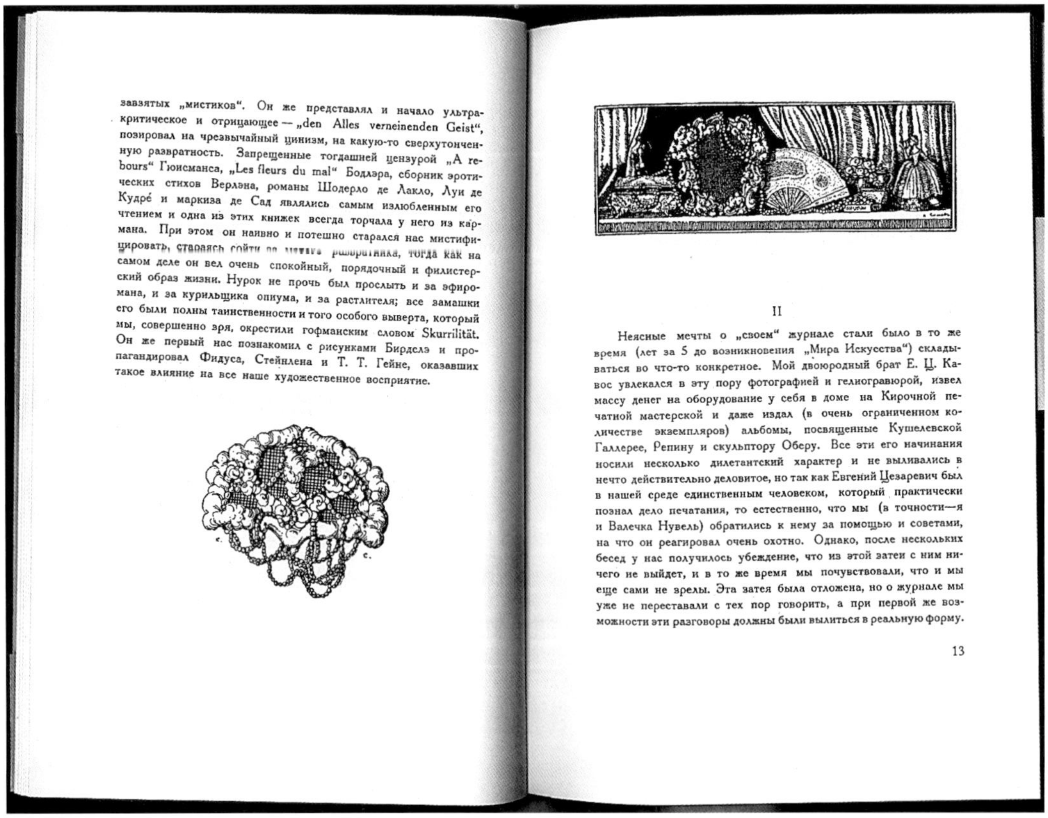

завзятых „мистиков". Он же представлял и начало ультра-критическое и отрицающее — „den Alles verneinenden Geist", позировал на чрезвычайный цинизм, на какую-то сверхутонченную развратность. Запрещенные тогдашней цензурой „A rebours" Гюисманса, „Les fleurs du mal" Бодлэра, сборник эротических стихов Верлэна, романы Шодерло де Лакло, Луи де Кудре и маркиза де Сад являлись самым излюбленным его чтением и одна из этих книжек всегда торчала у него из кармана. При этом он наивно и потешно старался нас мистифицировать, стараясь сойти [illegible], тогда как на самом деле он вел очень спокойный, порядочный и филистерский образ жизни. Нурок не прочь был прослыть и за эфиромана, и за курильщика опиума, и за растлителя; все замашки его были полны таинственности и того особого выверта, который мы, совершенно зря, окрестили гофманским словом Skurrilität. Он же первый нас познакомил с рисунками Бирдслэ и пропагандировал Фидуса, Стейнлена и Т. Т. Гейне, оказавших такое влияние на все наше художественное восприятие.

II

Неясные мечты о „своем" журнале стали было в то же время (лет за 5 до возникновения „Мира Искусства") складываться во что-то конкретное. Мой двоюродный брат Е. Ц. Кавос увлекался в эту пору фотографией и гелиогравюрой, извел массу денег на оборудование у себя в доме на Кирочной печатной мастерской и даже издал (в очень ограниченном количестве экземпляров) альбомы, посвященные Кушелевской Галлерее, Репину и скульптору Оберу. Все эти его начинания носили несколько дилетантский характер и не выливались в нечто действительно деловитое, но так как Евгений Цезаревич был в нашей среде единственным человеком, который практически познал дело печатания, то естественно, что мы (в точности—я и Валечка Нувель) обратились к нему за помощью и советами, на что он реагировал очень охотно. Однако, после нескольких бесед у нас получилось убеждение, что из этой затеи с ним ничего не выйдет, и в то же время мы почувствовали, что и мы еще сами не зрелы. Эта затея была отложена, но о журнале мы уже не переставали с тех пор говорить, а при первой же возможности эти разговоры должны были вылиться в реальную форму.

13

Fig. 3. **Alexandre N. Benois, *la Naissance de Mir Iskousstva*, 1928,** Leningrad, p. 12-13, vignettes de Konstantin A. Somov.

Diaguilev fut incontestablement le maître d'œuvre, efficace et tyrannique, de *Mir Iskousstva ;* Alexandre Benois l'en crédite volontiers mais ne cesse dans trois textes fondamentaux pour l'histoire de la revue et du mouvement, *la Naissance de Mir Iskousstva* (fig. 3), *Souvenirs du ballet russe* et *Mémoires*[6], d'en revendiquer la paternité en se référant à sa genèse. Il considère la revue comme l'expression de ses idées, la réalisation de ce programme fomenté depuis la fin des années 1880 par les membres de la Société des autodidactes *(Obchtchestvo Samoobrazovanyïa),* où il reconnaît capitale l'ascendance intellectuelle et philosophique de son cousin Dmitri V. Filosofov (neveu d'Anna Pavlovna Filosofov, intellectuelle progressiste engagée dans l'éducation des femmes), et du critique « à demi-anglais » Alfred P. Nourok, grand admirateur de Joris-Karl Huysmans (alors interdit par la censure en Russie), de Paul Verlaine, du marquis de Sade[7]... Et c'est Benois, si l'on en croit ses souvenirs et ses écrits, qui forma à l'art occidental Diaguilev, le provincial de Perm rustique et inculte, « un vrai boyard russe » ; les voyages en Europe, le « grand tour » achevèrent de transformer la « chrysalide » en papillon[8].

« Je dois commencer mon récit en confessant que j'ai, en quelque sorte, échoué à devenir un vrai patriote. » Benois, qui avait quitté la Russie de Staline en 1926, ouvre ainsi ses *Mémoires* (préfacées par Peter Ustinov – petit-fils de son frère Lev – et Tamara Karsavina, étoile des Ballets russes), écrites à Paris et publiées de façon posthume, d'abord en anglais en 1960-1964. Cette déclaration inaugurale éclaire le sens de ses textes et ne doit pas être comprise comme un aveu antipatriotique. Elle peut se lire comme une évocation rétrospective de son opposition esthétique et idéologique aux cercles intellectuels et artistiques nationalistes, essentiellement moscovites et slavophiles dans la mouvance de l'historien et critique Adrian V. Prakhov, qu'il qualifie ailleurs d'« ennemi idéologique[9] ».

Benois a toujours été attaché à la Russie, comme à la défense de l'art russe : c'est à sa demande, en 1893 – il a alors vingt-trois ans – que l'historien d'art allemand Richard Muther ajoute un chapitre sur la peinture russe, dont il lui confie la rédaction, dans son ouvrage sur la peinture contemporaine *Geschichte der Malerei im XIX. Jahrhundert*[10]. Il promeut l'art russe dans les expositions organisées par la revue *Mir Iskousstva* – il fut actif comme membre du comité d'organisation, comme plus tard, par l'exposition d'art russe au Salon d'Automne, à Paris en 1906, pour laquelle il conçut le catalogue et écrivit la préface (fig. 4 et 5). Son intérêt pour le patrimoine russe le conduisit à accepter, parallèlement à son activité pour *Mir Iskousstva,* d'être le rédacteur en chef de la revue *Khoudojestvennie sokrovichtcha Rossii (Trésors de l'art russe ;* 1902-1907), avant d'être remplacé par Prakhov. Il publia aussi dans la revue *Starie Godi (les Vieilles Années).* Benois était également grand amateur et défenseur de musique russe – après l'avoir de son propre aveu ignorée et même méprisée –, converti par la révélation que fut pour lui, à la fin de 1889, *la Belle au bois dormant* de Piotr I. Tchaïkovsky[11].

À plusieurs reprises dans ses écrits, il revient sur l'amour qu'il porte à sa patrie, comme pour mieux se défendre de ce lourd soupçon qu'avait fait naître son égal amour de la culture européenne. Sa carrière de conservateur des peintures des écoles française et anglaise du musée de l'Ermitage (de 1918 à 1925), sa passion du rococo, ses écrits sur le XVIIIe siècle, et son œuvre, marqué par la nostalgie et empli de visions versaillaises, de marquises mutines et d'arlequinades (cat. 66 à 68) ne doivent pas faire oublier que l'art russe ancien et moderne compta parmi ses préoccupations majeures.

L'idée que Benois se faisait de la grandeur de l'art russe était liée à son ouverture, à sa confrontation au monde occidental, non seulement à l'époque contemporaine, mais, historiquement, depuis les réformes de Pierre le Grand. C'est à ce souverain que la Russie devait d'être sortie des « ténèbres » ; sans lui elle aurait cessé d'exister comme pays d'importance, n'aurait pas pris place dans le concert des grandes nations. Sans cette rencontre féconde avec l'Occident, affirme-t-il, il n'y aurait eu ni « littérature russe » (il cite Alexandre S. Pouchkine, Nikolaï V. Gogol, Fedor M. Dostoïevsky), ni « peinture russe » (Sergueï L. Levitsky, Alexandre A. Ivanov, Vassily I. Sourikov, Ilia E. Repine...), ni « architecture russe », ni « sculpture russe », ni « théâtre russe », ni « musique russe »[12]. C'est à cet « âge d'or » qu'il se réfère comme à un modèle, les époques suivantes « âge de bronze », « âge d'airain » et enfin « âge d'argent » n'étant entendues que par rapport à elle[13].

Le renouveau artistique tant espéré ne pouvait venir, comme deux siècles plus tôt, que de cette ouverture. *Mir Iskousstva* devait répondre à cet espoir, comme un équivalent au musée imaginé par Benois, alors qu'il devait poursuivre à Paris les acquisitions d'art occidental pour la princesse Tenicheva : « Je voyais déjà en rêve éveillé l'ouverture à Saint-Pétersbourg d'un immense musée semblable à la Tretiakov de Moscou et destiné

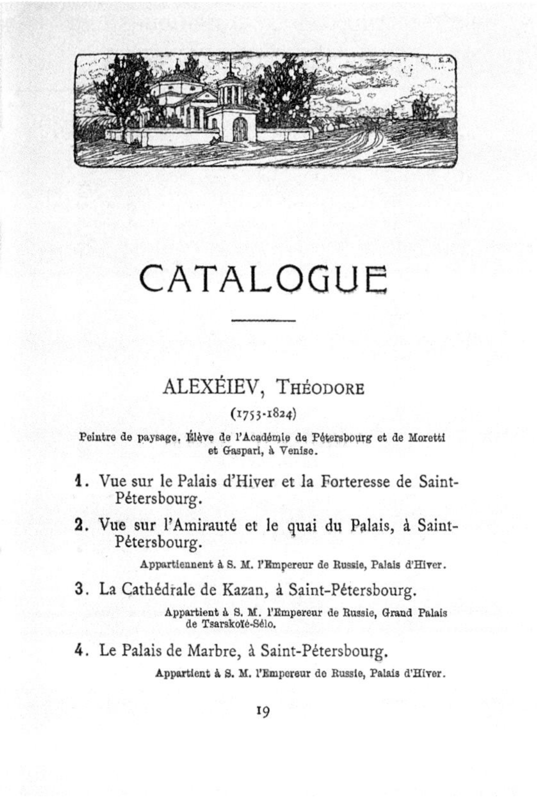

CATALOGUE

ALEXÉIEV, Théodore

(1753-1824)

Peintre de paysage, Élève de l'Académie de Pétersbourg et de Moretti et Gaspari, à Venise.

1. Vue sur le Palais d'Hiver et la Forteresse de Saint-Pétersbourg.

2. Vue sur l'Amirauté et le quai du Palais, à Saint-Pétersbourg.

Appartiennent à S. M. l'Empereur de Russie, Palais d'Hiver.

3. La Cathédrale de Kazan, à Saint-Pétersbourg.

Appartient à S. M. l'Empereur de Russie, Grand Palais de Tsarskoïé-Sélo.

4. Le Palais de Marbre, à Saint-Pétersbourg.

Appartient à S. M. l'Empereur de Russie, Palais d'Hiver.

19

Fig. 4. ***Catalogue de l'Exposition de l'Art russe,*** **Paris, Salon d'Automne de 1906,**
couverture et p. 19, « Catalogue », rédigé par Alexandre N. Benois, vignette de Evgueny E. Lanceray.

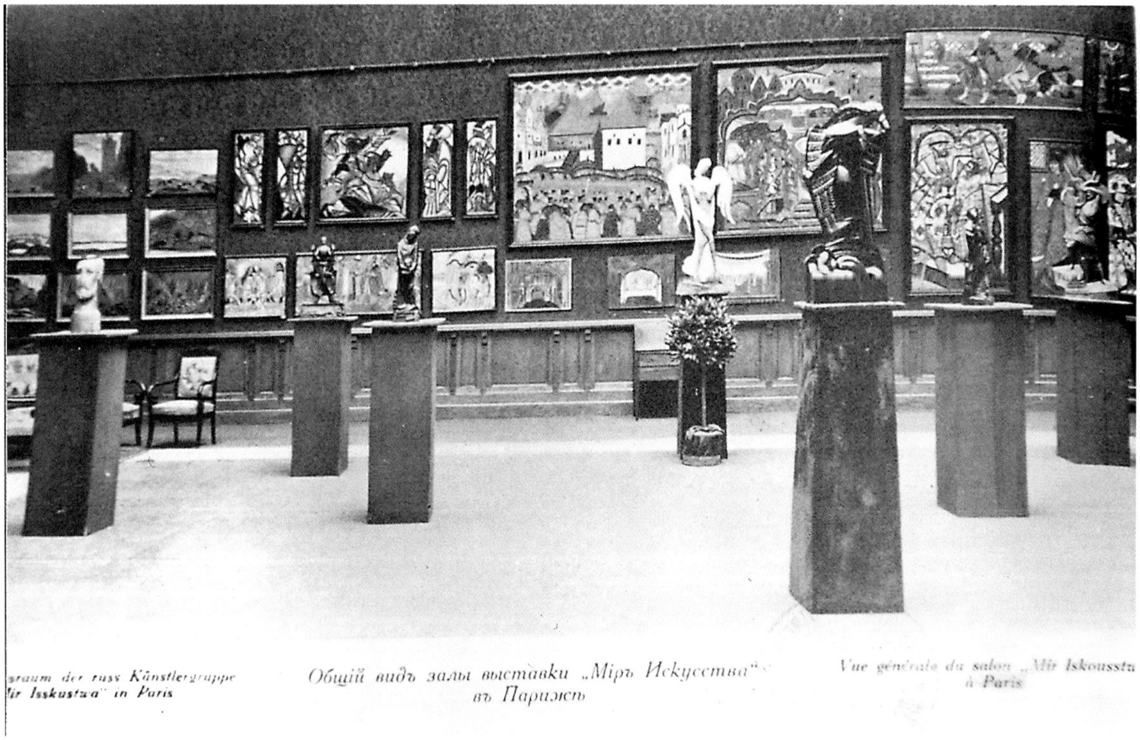

Fig. 5. **Vue de l'une des douze salles de l'Exposition de l'art russe du Salon d'Automne de 1906,**
consacrée aux artistes du Monde de l'Art, reproduite dans *Jar-Ptitsa,* n° 2, 1921, p. 2 et 3.

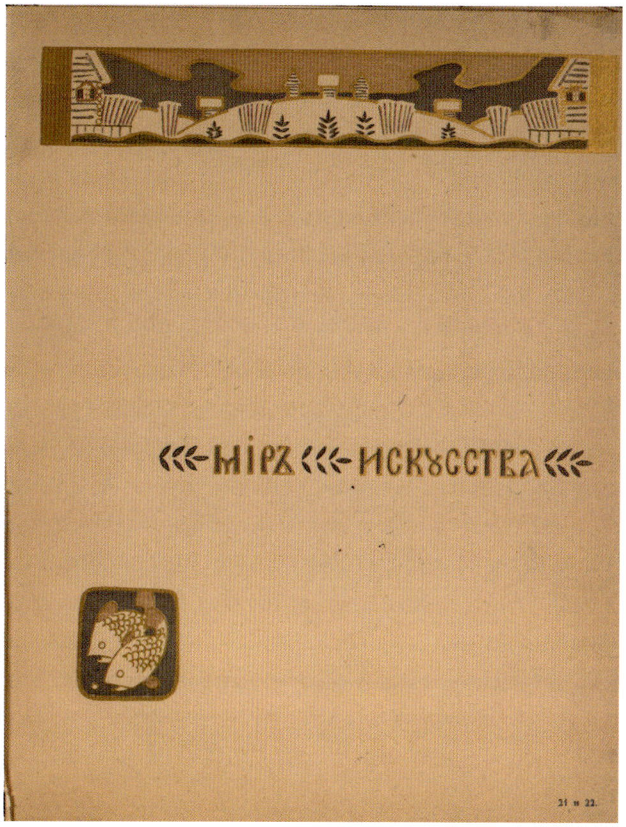

Cat. 274

Konstantin A. Korovine, *Couverture* de la revue *Mir Iskousstva (le Monde de l'art),* n° 21-22, 1899,
chromolithographie,
Saint-Pétersbourg, Bibliothèque nationale de Russie.

aux œuvres des peintres étrangers contemporains [...], qui serait d'un bénéfice immense[14] ». Mais c'est un musée dédié à l'art russe qui sera inauguré, dans le palais Mikhaïlovsky dont l'aménagement était dû à Karl I. Rossi, par Alexandre III en mars 1898. La partie occidentale des collections de Tenicheva, grande donatrice, qui comprenait des œuvres d'Ernest Meissonier, Henri Harpignies, Félicien Rops, Lucien Simon, René Ménard, etc., fut refusée – même Nikolaï K. Roerikh le déplora[15]. Benois fut néanmoins candidat pour en être le conservateur, mais c'est son frère le peintre Albert Benois et l'académicien Pavel A. Brullov (il le resta jusqu'en 1912) qui furent choisis.

Benois distingue ouverture à l'art occidental et occidentalisation, ou imitation servile des modèles européens. Dans ses écrits sur Saint-Pétersbourg, capitale politique qui trouve alors difficilement sa place face au rayonnement intellectuel et artistique de Moscou, il définit la ville comme certes marquée par l'Occident, mais produit unique de la « terre russe ». Il regrette, dans un article de *Mir Iskousstva* paru en 1902, les évolutions qui la dénaturent, aussi bien l'irruption du néo-russe (la cathédrale Saint-Sauveur-sur-le-Sang-Versé avait été construite en style néo-russe alors que son frère Leonty avait concouru, proposant un édifice en harmonie avec les palais de la ville) que le recours grossier aux modèles importés « : D'un côté il y a la servilité de l'occidentalisation, une misérable poursuite de l'éclat de la culture parisienne contemporaine, d'autre part, il y a la servilité devant Moscou, le désir de se russifier[16]. »

Benois et Diaguilev étaient en accord, au moins en apparence, sur cette nécessité fondamentale d'ouverture ; dans la série d'articles parus en 1899 dans *Mir Iskousstva* par lesquels Diaguilev précise ses positions, le rédacteur en chef de la revue s'en prend à ceux qui croient que le salut de l'art se trouve dans le sentiment national, l'unique nationalisme possible étant, selon lui (seul vrai Russe d'ailleurs avec Konstantin A. Somov de *Mir Iskousstva,* les autres ayant des ascendants européens), « le nationalisme inconscient du sang » : « toute la brutalité de notre art provient de ces fausses recherches. En voulant exprimer ce nationalisme superficiel, ils saisissent tout ce qui leur semble le plus typique d'après leurs notions superficielles et discréditent l'identité nationale ; la conserver, la cultiver [l'identité nationale], n'est possible qu'en étudiant et en aimant l'Europe [...] la véritable nature russe est trop élastique pour se briser sous l'influence de l'Occident[17] ». Cela ne l'empêcha pas de défendre dans la revue, en 1903 (Diaguilev se contredisait souvent), les trois grands noms de la peinture nationale, Sourikov, Repine et V. Vasnetsov, « primitifs de la renaissance du génie russe national ». Avant eux, écrit-il, la peinture russe était « embrumée », aveuglée par le mirage de la peinture occidentale ; ces trois peintres ont échappé à son emprise et Vasnetsov, ayant beaucoup voyagé, eut la révélation de l'originalité russe dans cette confrontation avec l'art étranger. Toutefois, à la différence du peintre qu'il loue et qui dit sa peur de voir les jeunes artistes, plus faibles que lui, absorbés par l'Occident, Diaguilev voit dans la confrontation un révélateur du caractère russe. À la question : « vaut-il mieux trop en savoir sur l'Occident ou n'en rien savoir du tout ? », Vasnetsov répond : « ne rien savoir »[18].

La position de Benois, comme celle d'une partie de la rédaction de *Mir Iskousstva,* est aussi une réaction à la peinture « à thèse », à toute tendance « littéraire, politique et sociale »[19] contraire à la « peinture pure », hostile aux ambulants et aux intellectuels proches de Prakhov et de Stassov. Pour s'être ouverts à l'art occidental dans les années 1860 (la plupart ont voyagé en Europe et nombre d'entre eux, dont Repine, ont séjourné à Paris), les ambulants n'en trouvent pas pour autant grâce à ses yeux : « le sens de la peinture » est resté pour Repine, écrit-il, « un livre scellé »[20]. Il y aura plusieurs articles dirigés – plus ou moins explicitement – contre les ambulants dans *Mir Iskousstva,* dont celui, particulièrement violent, de S. Iremitch en 1902[21], et autant de polémiques. Dans son ouvrage sur la peinture russe moderne, écrit en 1904, l'année où *Mir Iskousstva* cessa de paraître, et publié en 1916, Benois s'en prend non seulement à Repine et au réalisme des ambulants, mais à tout le courant néo-russe, à la peinture « nationale » comme celle de Roerikh « à demi-sauvage », et plus spécifiquement à V. Vasnetsov[22] (cat. 477). Il considère que la quête de Vasnetsov, « idolâtré » notamment dans les milieux officiels qui voient en lui le tant attendu « véritable peintre national », pour un art « proprement russe » est vouée à l'échec car il ne peut pas accomplir « l'impossible », « ressusciter le passé ». Parmi les peintres de ce mouvement seul Viatcheslav C. Schwartz a su, selon Benois, donner dans ses illustrations une image pertinente de la vieille Russie[23]. Benois interprète cette manifestation slavophile comme une expression tardive des mouvements nationalistes européens nés dans l'ombre du romantisme[24]. Ce mouvement national lui semble stérile : dans l'architecture et les arts décoratifs néo-russes historicisants les efforts de Konstantin Ton, Gornostaiev, Hartmann, Ivan N. Ropet, Ivan S. Bogomolov ou Ipolit Monigetti n'ont « rien donné de beau », et Sergueï V. Malioutine (cat. 305 a et b), principal collaborateur des ateliers de Tenicheva, est dénué de talent – sa « naïveté savante » a donné de l'art ancien une interprétation « rudimentaire », « grossière » et « puérile » [25].

Seuls Bilibine, sauvé par sa « dépendance à l'art nouveau européen », Elena D. Polenova et Maria V. Iakountchikova-Weber (cat. 223 à 225) trouvent grâce à ses yeux : dans la première, il voit le mélange réussi de la tradition populaire russe et de l'art nouveau européen, car elle a suivi – croit-il – l'exemple « de Grasset et des Anglais ». Ce n'est donc pas qu'à la protection de Mamontov que l'on doit la place insigne que Polenova eut toujours dans la revue – ses œuvres étaient déjà reproduites dans le premier numéro, plusieurs le furent encore par la suite et un numéro très illustré lui fut largement consacré en 1899, l'année suivant sa mort (fig. 6)[26].

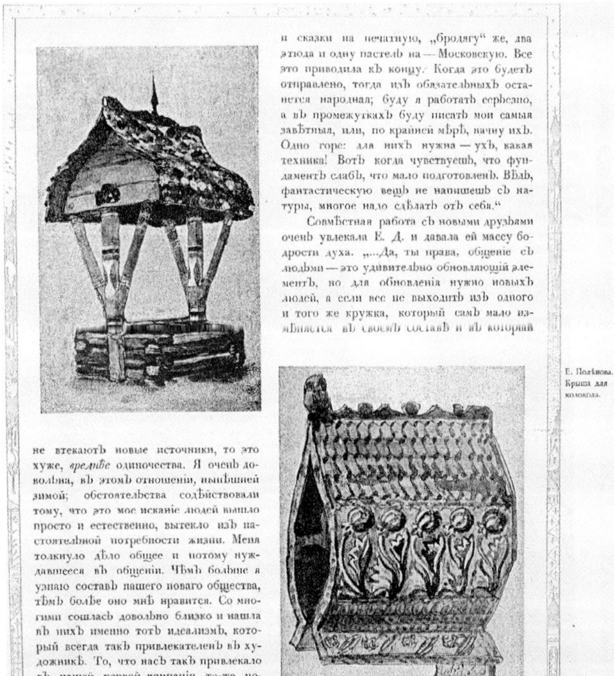
и сказки на печатную, „бродягу" же, два этюда и одну пастель на — Московскую. Все это приводила къ концу. Когда это будетъ отправлено, тогда изъ обязательныхъ останется народная; буду я работать серьезно, а въ промежуткахъ буду писать мои самыя завѣтныя, или, по крайней мѣрѣ, начну ихъ. Одно горе: для нихъ нужна — ухъ, какая техника! Вотъ когда чувствуешь, что фундаментъ слабъ, что мало подготовленъ. Вѣдь, фантастическую вещь не напишешь съ натуры, многое надо сдѣлать отъ себя."

Совмѣстная работа съ новыми друзьями очень увлекала Е. Д. и давала ей массу бодрости духа. „...Да, ты права, общенiе съ людьми — это удивительно обновляющiй элементъ, но для обновленiя нужно новыхъ людей, а если все не выходитъ изъ одного и того же кружка, который самъ мало измѣняется въ своемъ составѣ и въ которая

Е. Полѣнова. Крыша для колокола.

не втекаютъ новые источники, то это хуже, *вреднѣе* одиночества. Я очень довольна, въ этомъ отношенiи, нынѣшней зимой; обстоятельства содѣйствовали тому, что это мое исканiе людей вышло просто и естественно, вытекло изъ настоятельной потребности жизни. Меня толкнуло дѣло общее и потому нуждавшееся въ общенiи. Чѣмъ больше я узнаю составъ нашего новаго общества, тѣмъ болѣе оно мнѣ нравится. Со многими сошлась довольно близко и нашла въ нихъ именно тотъ идеализмъ, который всегда такъ привлекателенъ въ художникѣ. То, что насъ такъ привлекало въ нашей первой компанiи, то-же, можетъ быть, еще сильнѣе я встрѣчаю во многихъ изъ товарищей Московскаго Общества."

Fig. 6. **Article consacré à Elena D. Polenava, *Mir Iskousstva,* nº 18-19, 1899,**
p. 113, avec le dessin préparatoire pour le cat. 367.

Le premier numéro de *Mir Iskousstva* fut principalement illustré par des œuvres de V. Vasnetsov et ne montrait pas d'art occidental ; ce lancement pour le moins paradoxal – et contraire au vœu de Benois, qui voulait y faire paraître un grand article sur l'impressionnisme – fut une concession tactique de Diaguilev et surtout de Filosofov envers cet artiste « idolâtré ». Le texte de Diaguilev était d'ailleurs absolument incohérent avec ces illustrations : l'article n'est pas consacré au peintre mais à la critique de la génération précédente (les ambulants) et à l'éloge des jeunes générations. Installé à Paris, Benois ne contrôla pas les débuts de la revue et n'y prit une place importante qu'à partir de l'été de 1899. Lors de son passage à Saint-Pétersbourg en 1899, lui qui se décrit comme l'instigateur

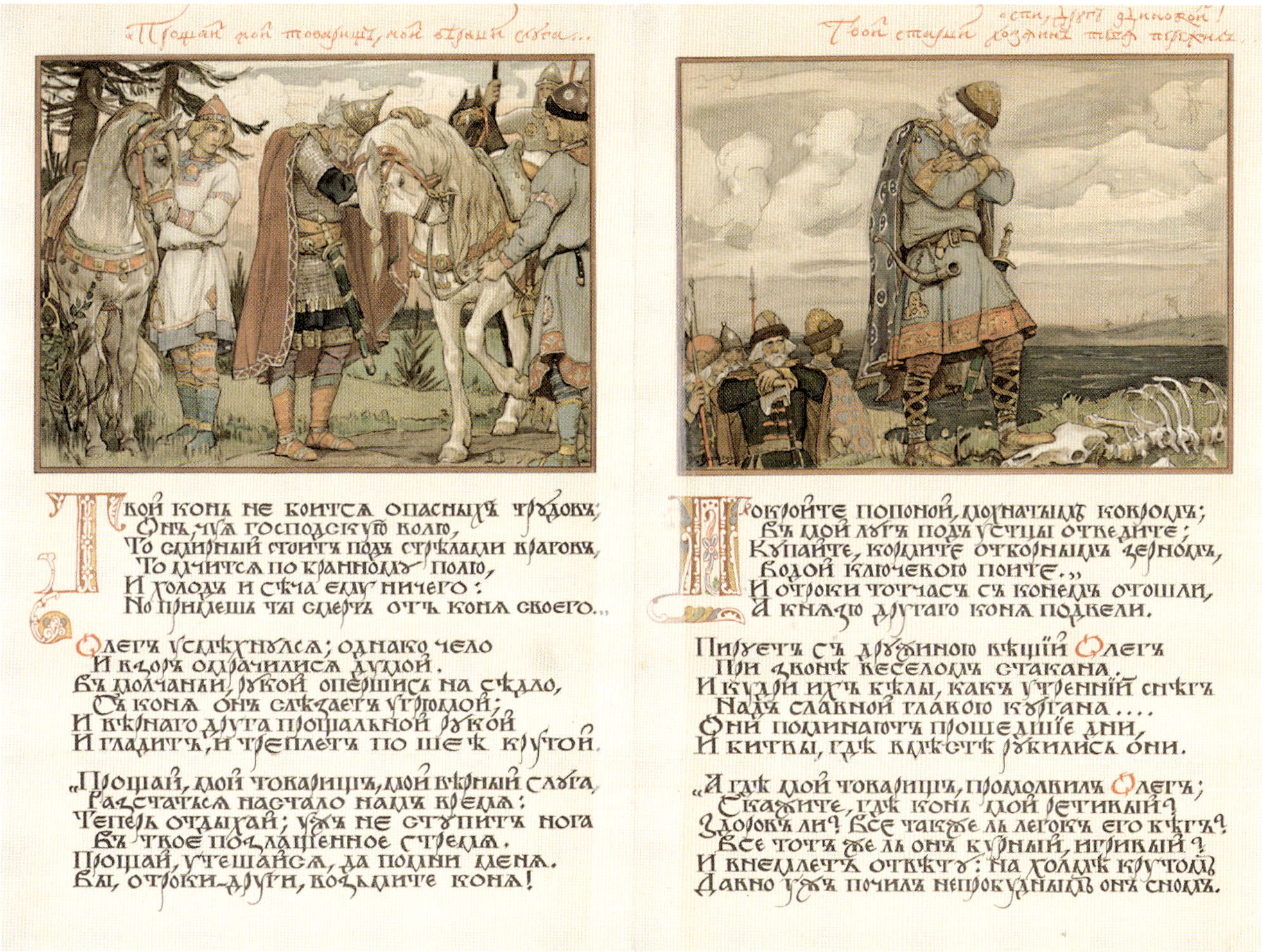

Cat. 477

Viktor M. Vasnetsov, *Chant prophétique d'Oleg*, de A. S. Pouchkine, (détail) Saint-Pétersbourg, 1899,
chromolithographie, Saint-Pétersbourg, Bibliothèque nationale de Russie.

Cat. 305 a-b

Sergueï V. Malioutine (illustrateur)
***le Conte du tsar Saltan*, et de son fils, le célèbre et puissant héros le prince Guidon Saltanovitch et des belles princesses-cygnes, de A. S. Pouchkine, Moscou, A. I. Mamontov, 1899 (31 pages), 1899,**
chromolithographies,
Saint-Pétersbourg, Bibliothèque nationale de Russie.

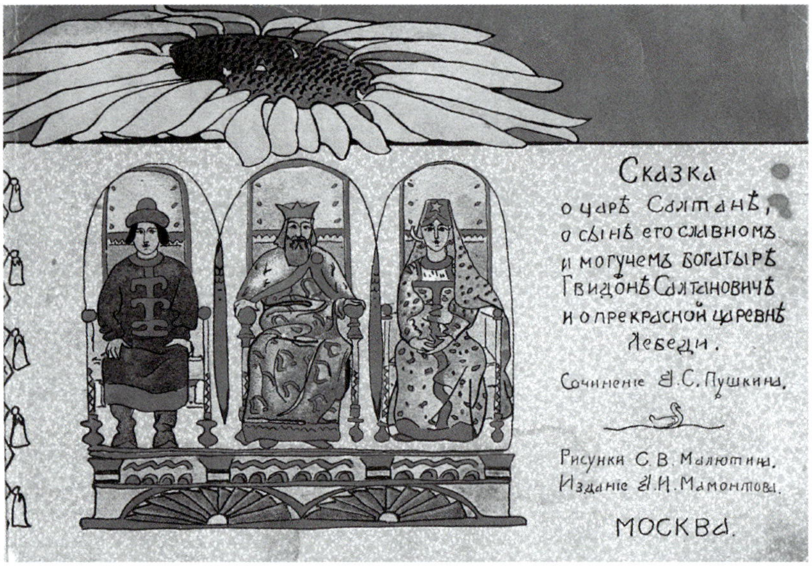

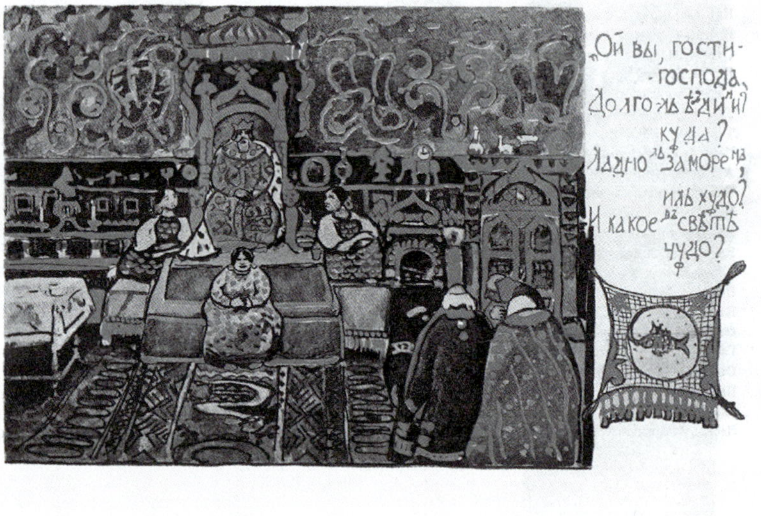

Cat. 223

Maria V. Iakountchikova-Weber,
***Village russe*, dessin préparatoire pour une vignette publiée dans *Mir Iskousstva* en 1904, avant 1902,**
gouache, plume et encre noire,
Saint-Pétersbourg, Musée d'État russe.

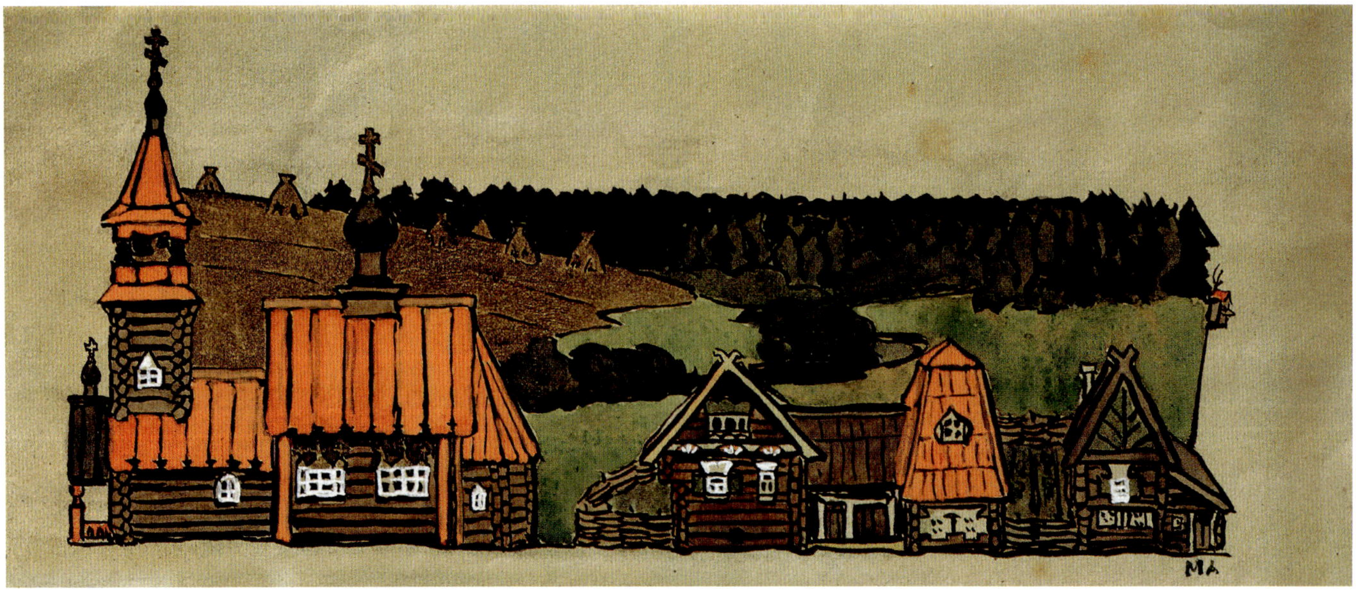

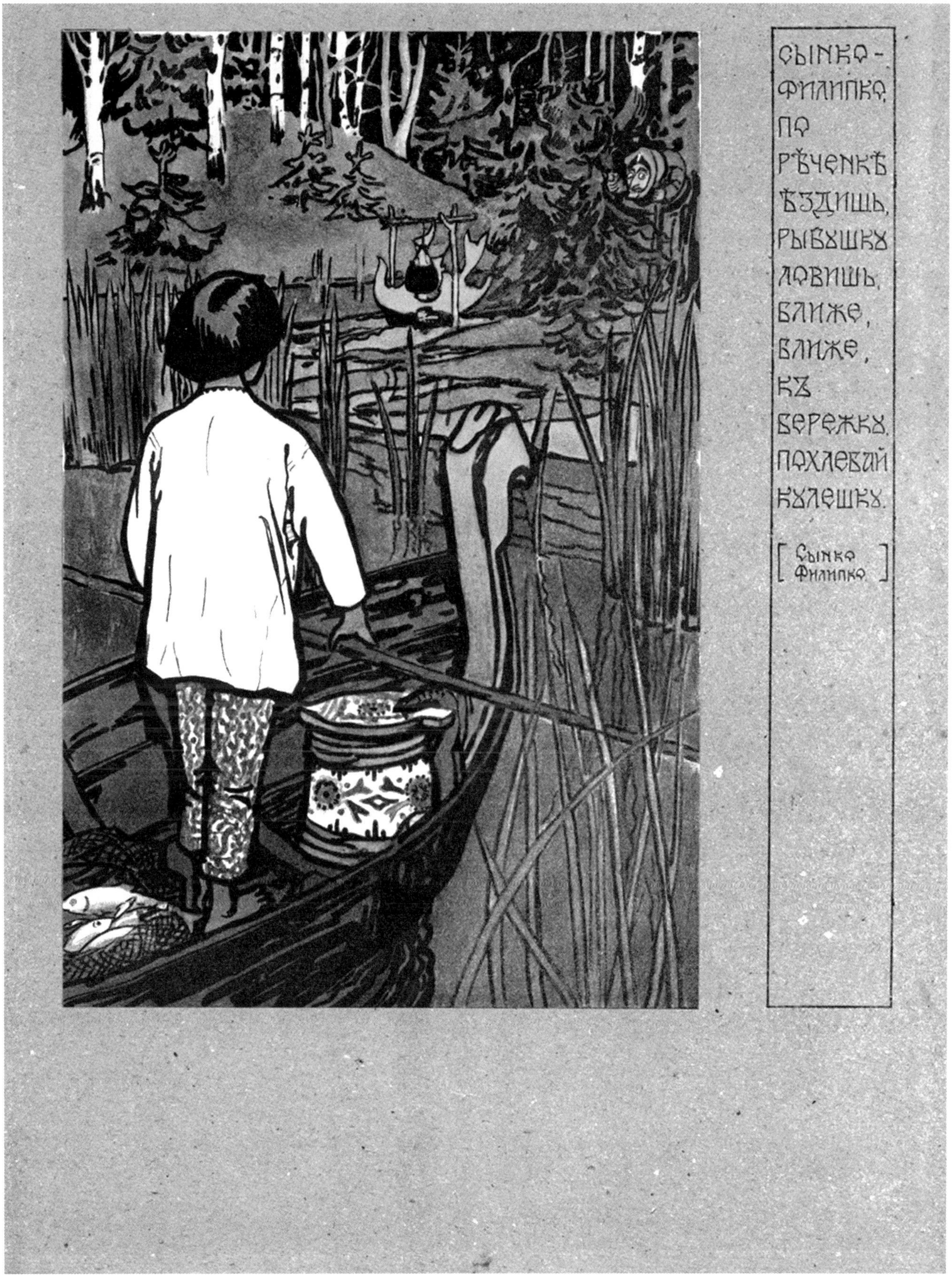

Cat. 377

Elena D. Polenova, *Illustration* pour le conte *Synko-Filipko (le petit Filipko)* parue dans *Mir Iskousstva (le Monde de l'art)*, nº 18-19, 1899
chromolithographie rapportée sur une page de couleur, Saint-Pétersbourg, Bibliothèque nationale de Russie.

de la revue en découvre totalement le fonctionnement et l'organisation, guidé par Filosofov dans l'appartement de Diaguilev, qui servait de bureau de rédaction[27].

Dans les numéros suivants cohabitèrent avec un équilibre variable deux courants : celui des cercles slavophiles pour qui le renouveau viendra du retour aux sources et celui de la défense des nouvelles générations, considérés par de nombreux critiques dont l'influent Stassov, en partie à cause de leur ouverture à l'Occident, comme « décadents[28] ». Les premiers numéros, en 1899, reflétèrent assez largement les souhaits de Mamontov et de Tenicheva laissant une vaste place aux productions d'Abramtsevo, à l'art populaire, à l'architecture ancienne russe. À partir de 1900, cette orientation s'affaiblit nettement mais ne disparut pas entièrement : l'œuvre de Malioutine, par exemple – en dépit de l'aversion qu'avait Benois pour lui – fut présenté dans un numéro sur Talachkino en 1899 avec un article de Diaguilev et dans un long article très illustré en 1903 (fig. 7) – en lien direct avec les aides financières ponctuelles qu'accordait à Diaguilev encore parfois Tenicheva, qui demandait en échange ces insertions[29].

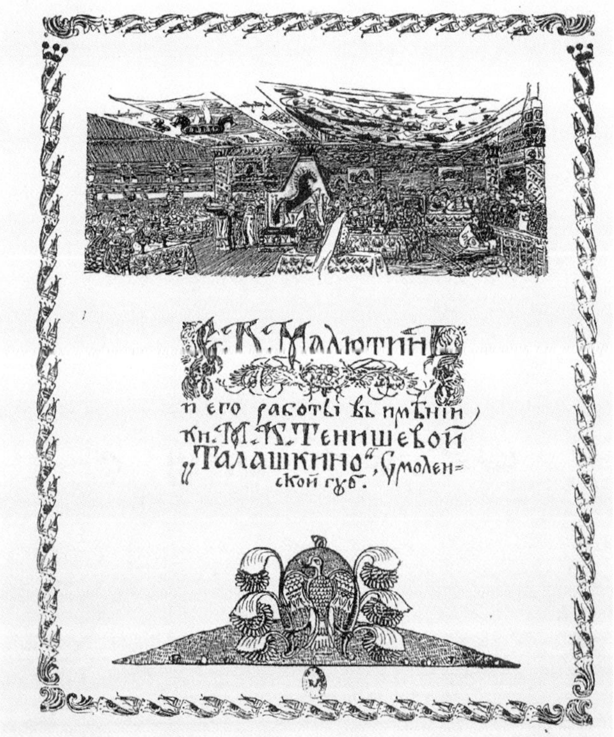

Fig. 7. **Page de titre de l'article consacré à Sergueï V. Malioutine, *Mir Iskousstva*, n° 4, 1903, « V. Malioutine et ses travaux exécutés au domaine de la princesse M. K. Tenicheva à Talachkino, gouvernement de Smolensk ».**

Ivan I. Bilibine, artiste de Saint-Pétersbourg mais figure majeure du mouvement néo-russe, eut toujours droit de cité dans la revue comme dans les expositions, dont il fut un membre permanent. Ses vignettes et dessins parurent dans la revue à partir du numéro 10 et jusqu'à la fin ; il publia en 1904 un important article sur l'art populaire de la Russie du Nord (cat. 102)[30]. Retraçant l'historique de la lente extinction de l'art populaire de ces régions, Bilibine place comme point de départ les réformes de Pierre le Grand, l'occidentalisation des élites, le divorce entre les aspirations culturelles de celles-ci et celles du peuple. La fin du servage (1861) eut, selon lui, pour conséquence d'associer dans l'esprit paysan le temps de l'asservissement à celui des traditions immémoriales et de favoriser leur rejet. Les paysans continuent à broder durant les longues soirées d'hiver, mais d'après « les roses et les perroquets » des suppléments couture (ouvrages à l'aiguille) de *Niva*. Il déplore, chez les architectes, le néo-russe de pacotille, qui méconnaît profondément l'architecture traditionnelle russe et pallie cette ignorance par l'accumulation de citations pittoresques, et le caractère superficiel et faux de certains musées d'objets populaires où l'on trouve des copies et jusqu'à des objets ruraux suisses (!). Il termine par la description de l'état souvent pitoyable des églises traditionnelles en bois anciennes qu'il a vu au cours de ses voyages d'été dans les provinces de Vologda, Olonets et Arkhanguelsk et des restaurations absurdes qui les dénaturent. Lors de ces voyages, il collecta art populaire et photographies d'églises anciennes en bois pour le département ethnographique du Musée russe de Saint-Pétersbourg[31]. La tendance que représente Bilibine est plus proche des ambitions d'une autre revue contemporaine et concurrente, *Iskousstvo i khoudojestvennaïa promychlennost (l'Art et l'industrie artistique ;* 1898-1901), consacrée à la promotion exclusive de l'art russe, notamment des ambulants et de V. Vasnetsov (à qui Stassov consacre deux longs articles[32]), ou de Repine, dans ce qu'il a de « russe » et son amour pour sa patrie (article d'Isaac I. Pavlovsky)[33], mais aussi la littérature russe. Makovsky y publia deux articles sur l'art populaire russe, « Au sujet de l'histoire de l'ornement populaire » et « Notes sur l'art populaire russe », ce dernier illustré par des objets de l'artisanat paysan des gouvernements du Nord[34].

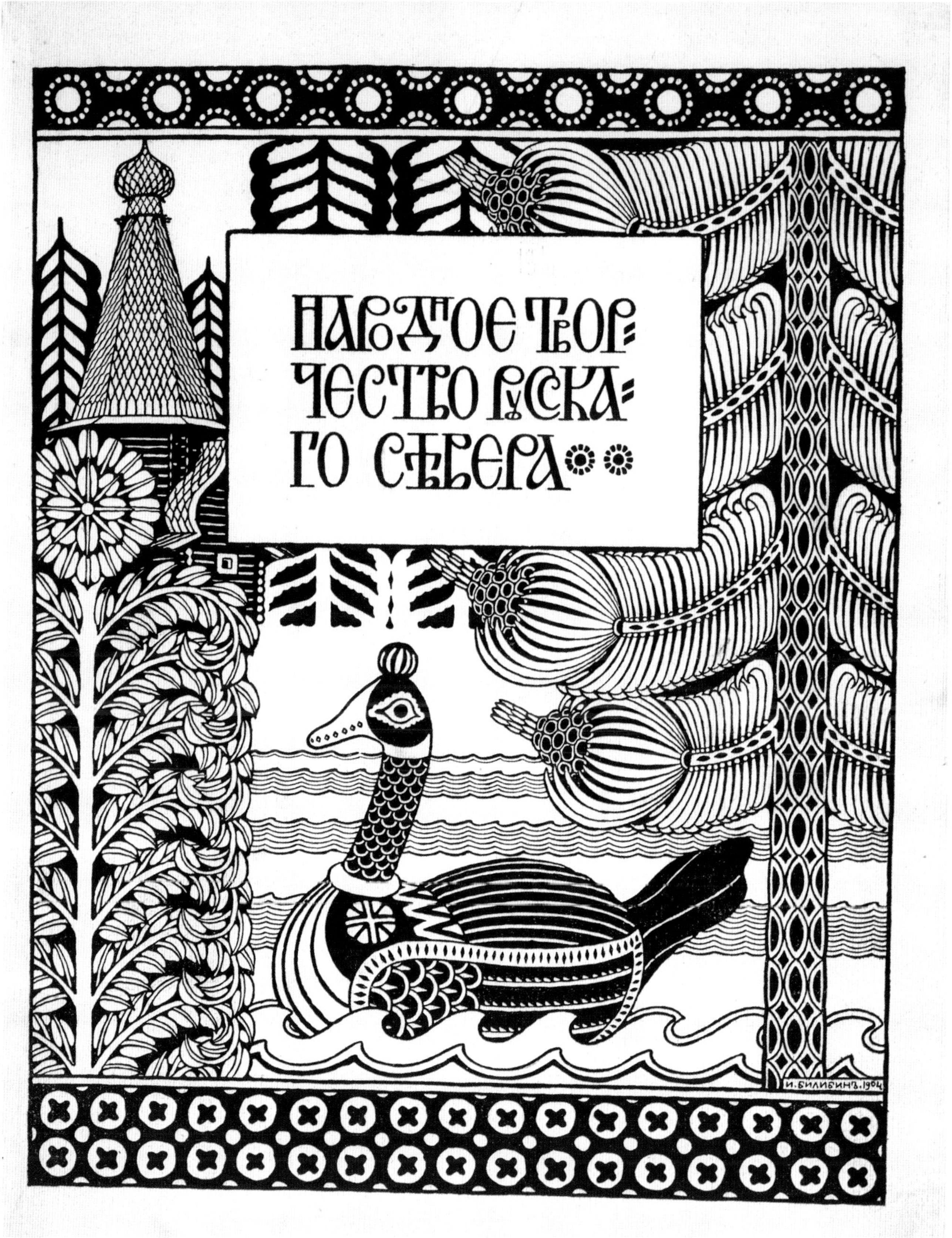

Cat. 102

Ivan I. Bilibine, *l'Art populaire de la Russie du Nord,* frontispice de la revue *Mir Iskousstva (le Monde de l'art),* n° 11, 1904,
zincographie, Saint-Pétersbourg, Bibliothèque nationale de Russie.

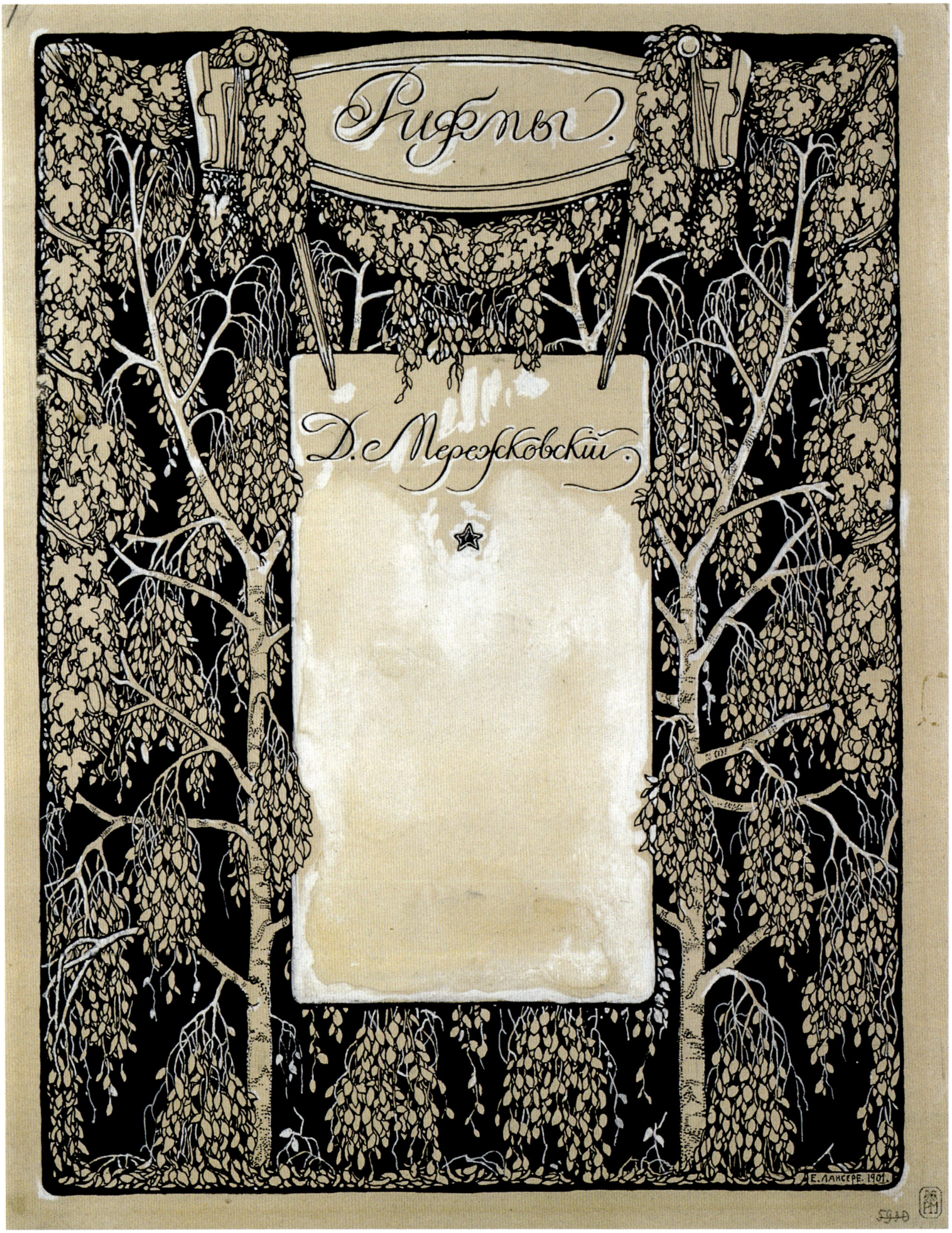

Cat. 291

Lanceray Evgueny Evguenievitch, ***Dessin préparatoire*** **pour la couverture de** ***Rimes par Dmitri Merejkovsky*****,** 1901, plume et encre de Chine, rehauts de blanc, Saint-Pétersbourg, Musée d'État russe.

En 1904, quand, pour sauver la revue, Diaguilev essaie d'obtenir à nouveau le mécénat de Tenicheva, elle pose comme condition de lui donner « une couleur nationale », de cesser de s'extasier devant l'art occidental : « C'est la seule revue russe ! et on y parle que de la beauté de l'art occidental[35]. ! » Le refus d'intégrer Roerikh, comme l'exigeait Tenicheva, dans le comité de rédaction fit échouer cette renaissance. Benois, qui avait essayé, selon ses propres termes, de « nettoyer » son esprit[36], écrit qu'elle était encore totalement sous l'influence de Roerikh et de Prakhov et qu'elle gardait ses illusions de faire renaître l'art national par le retour aux sources de l'art populaire ancien[37]. Toutefois, il considérait qu'ils étaient de toute façon au bout de l'expérience ; cette fin était le désir de tous, Filosofov en était d'ailleurs déjà détaché et suivra, après la révolution de 1905, l'écrivain et poète Dmitri S. Merezkovsky (cat. 291) et son épouse, Zinaida N. Gippius, à Paris[38].

La place de l'art occidental, dans *Mir Iskousstva*, n'était pas aussi hégémonique que le suggèrent les réprobations de Tenicheva. Cette présence devint plus importante à partir de 1900, notamment sous l'influence de Benois.

Benois était sans doute celui qui connaissait le mieux l'art occidental ancien et contemporain – notamment français ; à ses souvenirs d'enfance, marqués par la contemplation des illustrations de Gustave Doré, de Paul Delaroche, des gravures du *Magasin pittoresque* et de *l'Illustration* et la lecture de *l'Histoire de l'art* par René Ménard que lui offrit son frère Leonty (l'architecte) en 1883[39], s'ajoutèrent plus tard les lectures conseillées par un jeune officier français en poste au Consulat, Charles Birlé, abonné à la *Plume*, à la *Revue blanche* et au *Mercure de France* et qui lui parlait aussi de son enthousiasme pour Paul Gauguin, Vincent Van Gogh et Georges Seurat ; ses voyages en Europe – notamment à Vienne, Munich, Berlin, Venise – et ses longs séjours à Paris qui parfirent sa connaissance. Il a vécu à Paris pendant presque toute la période d'existence de la revue, revenant régulièrement à Saint-Pétersbourg, et a enrichi ses connaissances aussi bien dans les musées et les expositions que chez Durand-Ruel, où il entra pour la première fois timidement guidé par le peintre américain Field. La vente de la collection des frères Goncourt, en 1897, figure parmi ses souvenirs les plus marquants de ses débuts à Paris ; il voulait d'ailleurs acquérir pour Tenicheva un Chardin et ne put obtenir qu'une aquarelle de Paul Gavarni[40].

En dépit des ambitions annoncées de Diaguilev – qui pensait à *The Sudio* comme modèle, mais Benois cite aussi d'autres revues européennes –, *Mir Iskousstva* n'est sans doute parvenu à refléter que très partiellement la création européenne d'avant-garde[41]. L'art français contemporain est exclusivement représenté par la peinture, de façon hétéroclite, mêlant des artistes de plusieurs générations. Mis à part les œuvres d'Edgar Degas, beaucoup reproduites, l'impressionnisme n'est guère présenté ; les tendances symbolistes le sont plus largement, Pierre Puvis de Chavannes, Eugène Carrière, Gustave Moreau, Maurice Denis, Pascal Adolphe Jean Dagnan-Bouveret (Diaguilev appréciait beaucoup ce dernier et avait acquis des dessins). La Centennale de l'Exposition universelle de 1900 donne à Benois l'occasion de montrer un panorama de la peinture française, dans un numéro bien illustré[42] ; il consacre aussi un article à Théophile Steinlen, Félix Vallotton et Jean-Louis Forain[43], « caricaturistes » et « peintres de la vie moderne ». Auguste Lepère et Henri Rivière figurent parmi les artistes reproduits. Gauguin ou Van Gogh et même Cézanne ne sont illustrés que la dernière année en 1904, – il faut dire que lors de son premier long séjour à Paris, en 1897-1898, Benois, étonnamment, n'était pas parvenu à voir d'œuvres de Van Gogh, Cézanne, Seurat et de Gauguin une seule œuvre, des panneaux de bois sculpté, « les bois de lit », chez Vollard et à sa grande déception aucun tableau[44]. L'art allemand et autrichien fut peu évoqué, sauf au moment de la Sécession à Munich en 1900, dont le peintre, critique et historien de l'art Igor E. Grabar fit un compte rendu avec des photographies provenant du catalogue de Cassirer, tout comme l'art anglais, hormis Aubrey Beardsley et Nicolson, E. Burne-Jones. Toutefois, *Mir Iskousstva* a publié des traductions, par exemple des textes Robert de la Sizeranne, de Julius Meier-Graefe ou de John Ruskin.

La revue a toujours gardé un équilibre entre l'art étranger et la peinture russe excluant bien entendu celles des peintres académiques et globalement des ambulants, si l'on excepte certains numéros « spéciaux » comme celui qui fut consacré à la collection Ioussoupov[45] et de fait dédié à l'art européen. Les *miriskousniki* (dont l'œuvre de Benois lui-même), mais aussi entre autres Mikhaïl A. Vroubel, Valentin A. Serov, Mikhaïl V. Nesterov, Isaac I. Levitan (fig. 8) – Diaguilev organisa sa rétrospective posthume – et même Repine, y furent largement représentés. La confrontation reste, à tous égards, une juxtaposition souvent déconcertante, accentuée, notamment dans les premiers numéros, par une maquette fantaisiste – les reproductions des œuvres de Degas alternent

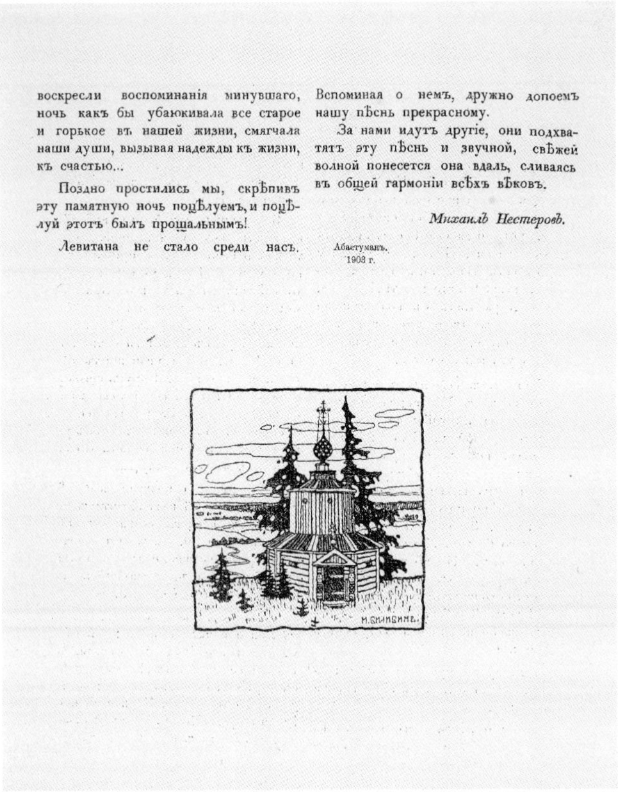

воскресли воспоминанія минувшаго, ночь какъ бы убаюкивала все старое и горькое въ нашей жизни, смягчала наши души, вызывая надежды къ жизни, къ счастью...

Поздно простились мы, скрѣпивъ эту памятную ночь поцѣлуемъ, и поцѣлуй этотъ былъ прощальнымъ!

Левитана не стало среди насъ.

Вспоминая о немъ, дружно допоемъ нашу пѣснь прекрасному.

За нами идутъ другіе, они подхватятъ эту пѣснь и звучной, свѣжей волной понесется она вдаль, сливаясь въ общей гармоніи всѣхъ вѣковъ.

Михаилъ Нестеровъ.

Абастуманъ.
1903 г.

Fig. 8. **Ivan I. Bilibine, église en bois du Nord, vignette pour l'article de Mikhaïl V. Nestorov consacré au peintre Isaac I. Levitan, *Mir Iskousstva*, n° 7-8, 1903,** p. 44.

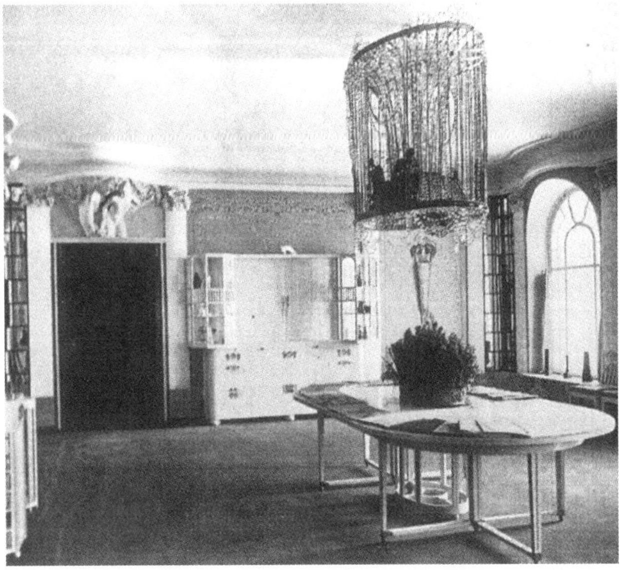

Fig. 9. **Vue de l'exposition de l'Entreprise d'art contemporain, Saint-Pétersbourg, 1903, salle à manger conçue par A. Benois et E. Lanceray (publié dans Mir Iskousstva, 1903).**

avec des céramiques d'Abramtsevo... Cet équilibre ne fut pas en revanche maintenu dans les expositions. Diaguilev avait fait ses premières armes en 1897 en exposant des aquarellistes anglais et allemands et, en 1898, des artistes russes et finlandais mais seule la première manifestation organisée par la revue *Mir Iskousstva* fut internationale. Les artistes étrangers exposés représentaient des courants divers, de générations différentes, mais majoritairement de cercles à dominante symbolistes[46]. Le choix des œuvres russes était aussi hétéroclite que les objectifs de la revue, mêlant par consensus des Moscovites et des Pétersbourgeois[47]. L'ensemble était ambitieux puisque l'on comptait trois cent vingt-deux œuvres réunies dans les salles du musée du baron Stieglitz. On était évidemment relativement loin du programme annoncé par Diaguilev, qui semblait vouloir refléter les forces vives des jeunes tournés vers l'avenir.

Dans le domaine des arts décoratifs et de la sculpture, très peu d'art étranger fut exposé ; en 1903, la revue organisa, au 33, Bolchaïa Lmorskaïa, dans le cadre de l'« Entreprise d'art contemporain » (fig. 9)[48], une exposition monographique consacrée à René Lalique, dont la princesse Tenicheva possédait d'ailleurs quelques œuvres.

C'est sans doute dans le domaine des arts graphiques que la thèse de Benois d'une ouverture féconde sur l'Occident fut probante[49]. La revue a parfois été comparée de son temps aux revues *Pan* ou *Simplicissimus,* qui publiaient aussi des dessins de Gaine, Condé, Beardsley – et *Mir Iskousstva* publia également des dessins de Julius Diez et de Heinrich Vogeler. À partir de 1900, l'art graphique prend une place grandissante, et les artistes qui gravitent dans le cercle de *Mir Iskousstva,* Somov (cat. 430 à 434), Evgueny E. Lanceray, Mtsislav Doboujinsky, Vassily D. Milioti (cat. 325), sont très évidemment influencés par l'art du XVIIIe siècle et ses recueils d'ornements, par Beardsley (fig. 10 et 11) et Thomas Theodor Heine. C'est Nourok qui avait initié Benois à l'art de Beardsley et de Heine et la revue lui consacre un article très illustré en 1900. Ces influences croisées se poursuivront dans l'œuvre de la « deuxième génération » des artistes de *Mir Iskousstva,* comme Sergueï V. Tchekonine (cat. 449 et 450) ou Dmitri I. Mitrokhine (cat. 326 et 327).

Diaguilev était parti d'un postulat contestable sur la vision de l'art russe en Europe ; les Expositions universelles avaient montré que l'art russe était sans doute plus incompris que jugé arriéré. Sur la scène internationale, c'est, comme on le sait, en 1906 avec l'exposition présentée à

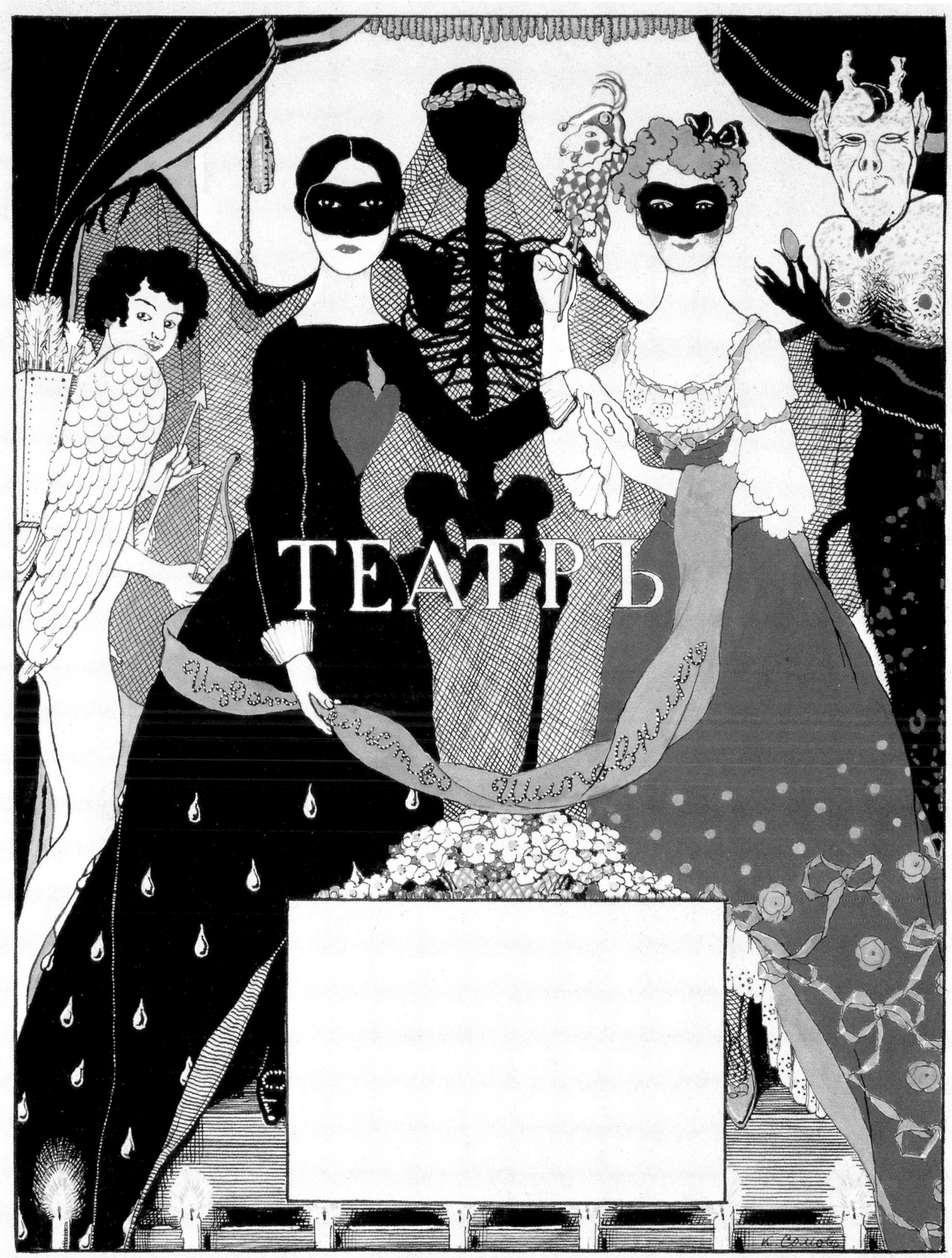

Cat. 430

Konstantin A. Somov, *Couverture* pour les volumes de la collection « Théâtre », éditions Chipovnik (« l'églantier »), Saint-Pétersbourg, 1907,
aquarelle, encre de Chine à la plume et au pinceau, gouache, sur papier, Moscou, galerie Tretiakov.

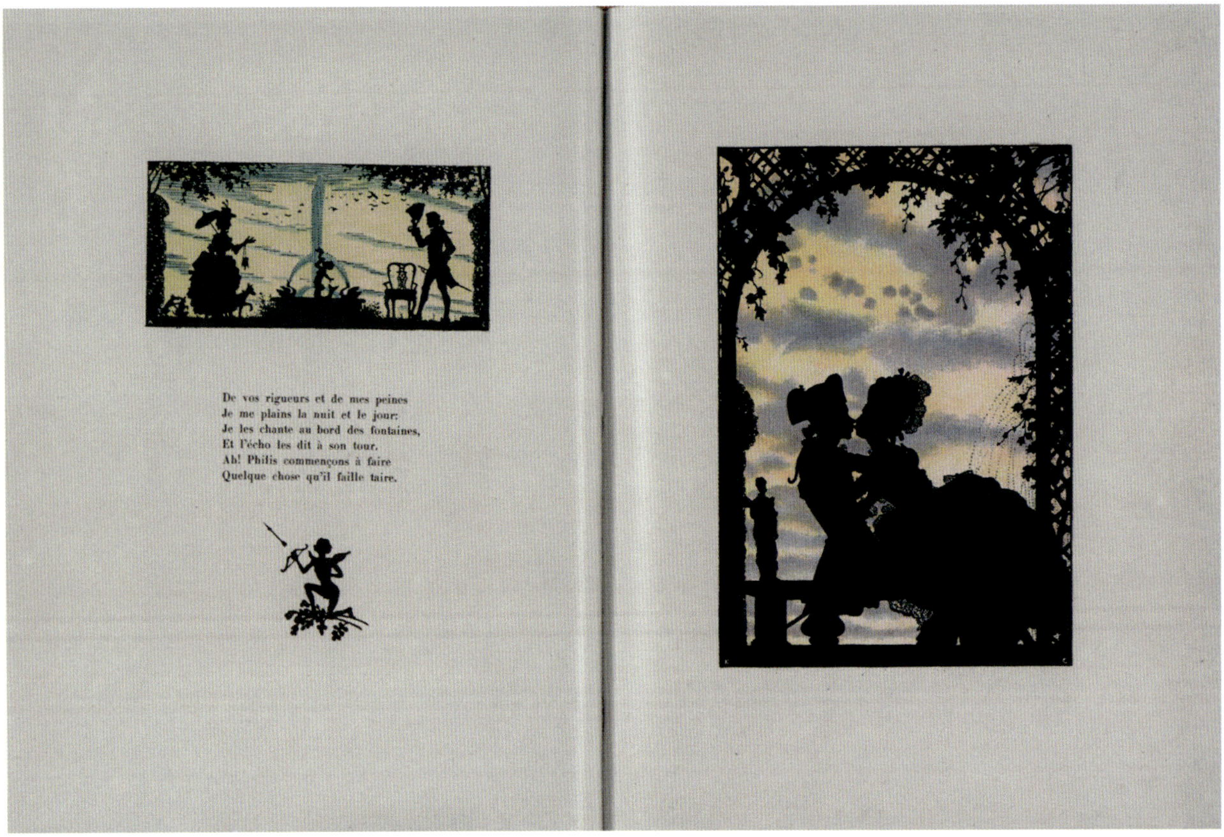

De vos rigueurs et de mes peines
Je me plains la nuit et le jour:
Je les chante au bord des fontaines,
Et l'écho les dit à son tour.
Ah! Philis commençons à faire
Quelque chose qu'il faille taire.

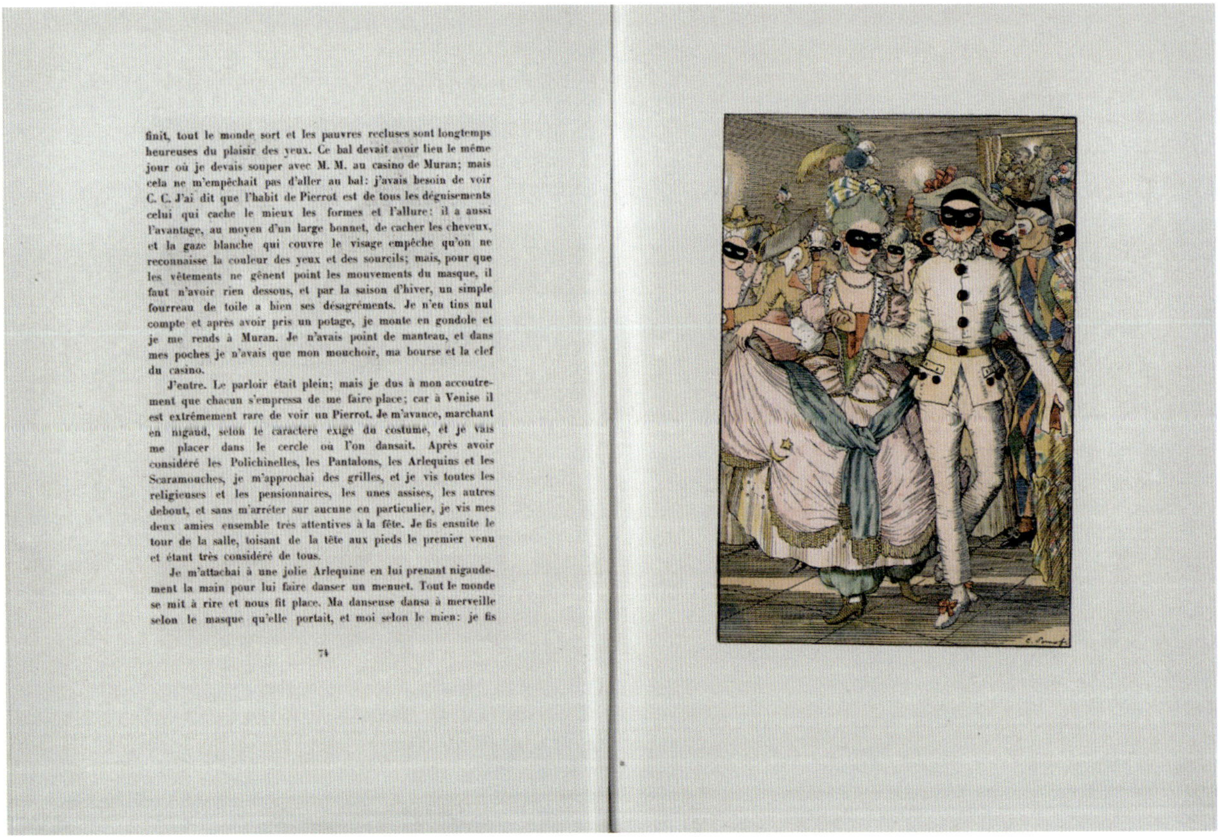

finit, tout le monde sort et les pauvres recluses sont longtemps heureuses du plaisir des yeux. Ce bal devait avoir lieu le même jour où je devais souper avec M. M. au casino de Muran; mais cela ne m'empêchait pas d'aller au bal: j'avais besoin de voir C. C. J'ai dit que l'habit de Pierrot est de tous les déguisements celui qui cache le mieux les formes et l'allure: il a aussi l'avantage, au moyen d'un large bonnet, de cacher les cheveux, et la gaze blanche qui couvre le visage empêche qu'on ne reconnaisse la couleur des yeux et des sourcils; mais, pour que les vêtements ne gênent point les mouvements du masque, il faut n'avoir rien dessous, et par la saison d'hiver, un simple fourreau de toile a bien ses désagréments. Je n'en tins nul compte et après avoir pris un potage, je monte en gondole et je me rends à Muran. Je n'avais point de manteau, et dans mes poches je n'avais que mon mouchoir, ma bourse et la clef du casino.

J'entre. Le parloir était plein; mais je dus à mon accoutrement que chacun s'empressa de me faire place; car à Venise il est extrêmement rare de voir un Pierrot. Je m'avance, marchant en nigaud, selon le caractère exigé du costume, et je vais me placer dans le cercle où l'on dansait. Après avoir considéré les Polichinelles, les Pantalons, les Arlequins et les Scaramouches, je m'approchai des grilles, et je vis toutes les religieuses et les pensionnaires, les unes assises, les autres debout, et sans m'arrêter sur aucune en particulier, je vis mes deux amies ensemble très attentives à la fête. Je fis ensuite le tour de la salle, toisant de la tête aux pieds le premier venu et étant très considéré de tous.

Je m'attachai à une jolie Arlequine en lui prenant nigaudement la main pour lui faire danser un menuet. Tout le monde se mit à rire et nous fit place. Ma danseuse dansa à merveille selon le masque qu'elle portait, et moi selon le mien: je fis

74

Cat. 434

Konstantin A. Somov (illustrateur),
le Livre de la marquise (ed. Ste R. Golicke et A. Wilborg, Saint-Petersbourg, 1918),
Saint-Pétersbourg, Bibliothèque nationale de Russie.

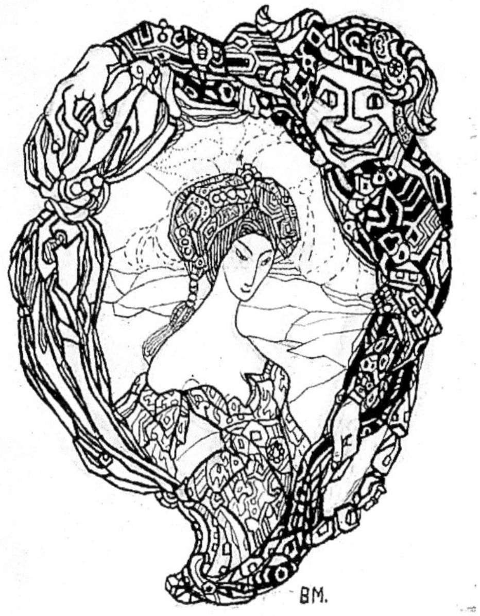

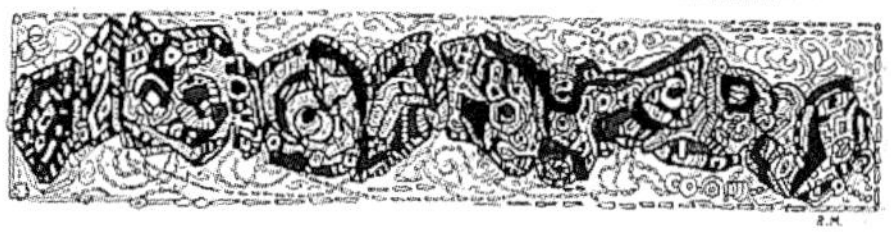

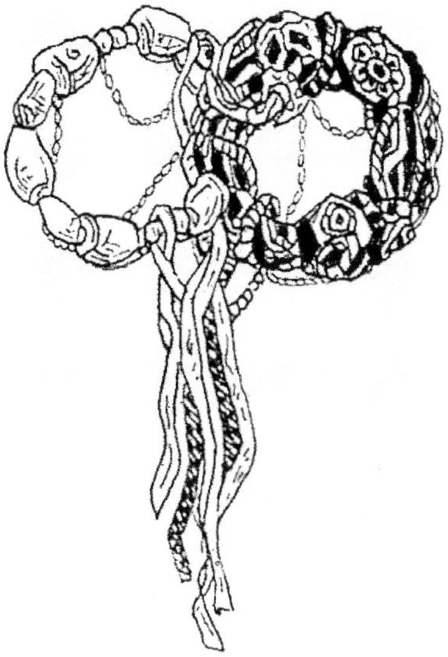

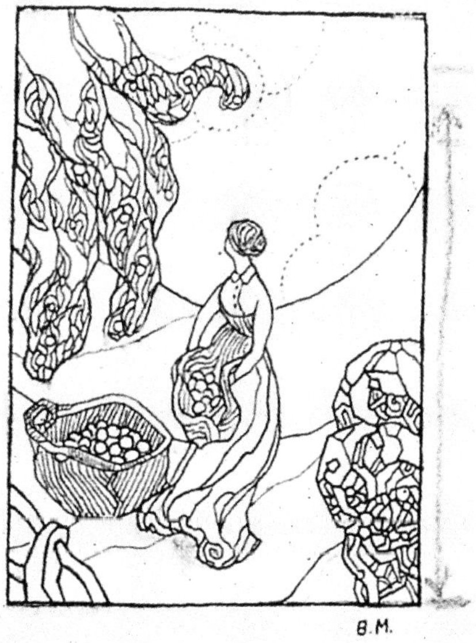

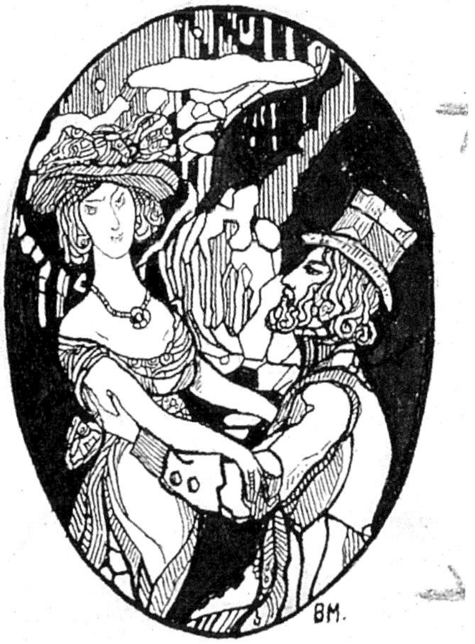

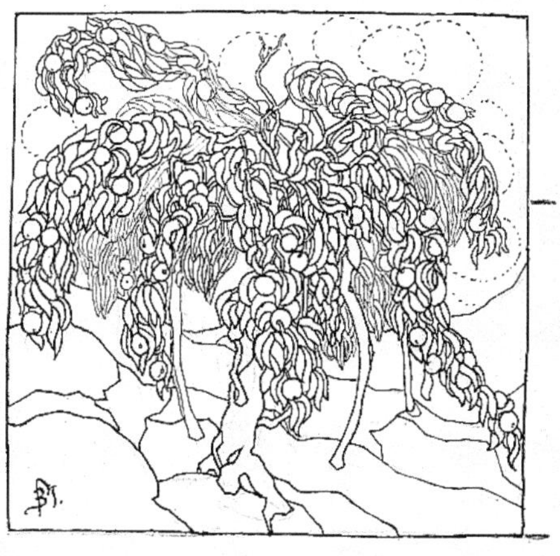

Cat. 325

Milioti Vassily Dmitrievitch, Planche de dessins préparatoires pour des *Vignettes* réunies pour la maquette du n° 9 de la revue *Vessy (la Balance)* de 1906,
1905-1906, plume et encre de Chine, Moscou, galerie Tretiakov

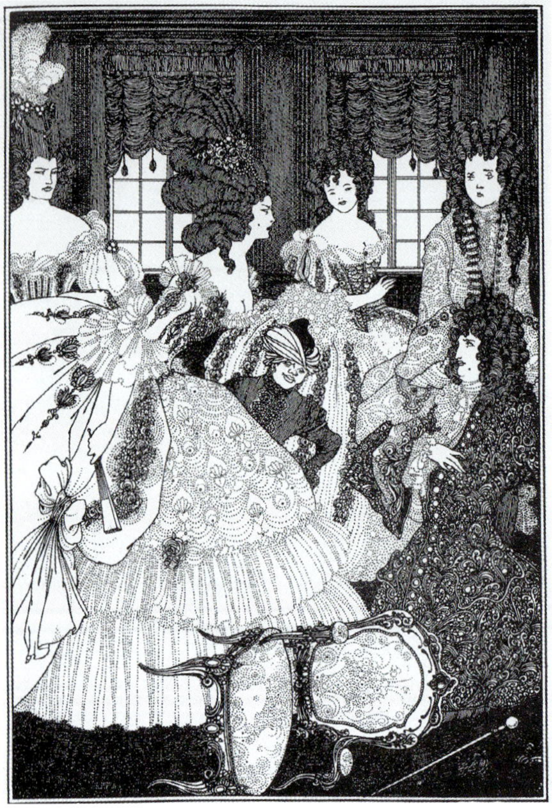

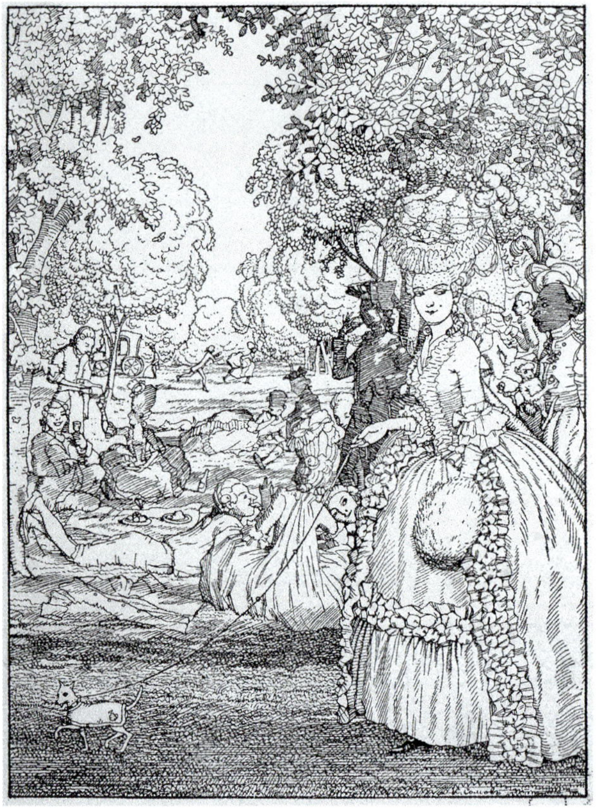

Fig. 10 et 11. **Aubrey Beardsley, *The Battle of the Beaux and the Belles,* illustration pour A. Pope, *The Rape of the lock,*** publié par Leonard Smithers, Londres, 1896 et **Konstantin A. Somov, *le Picnic,* 1908**, gravure, collection particulière.

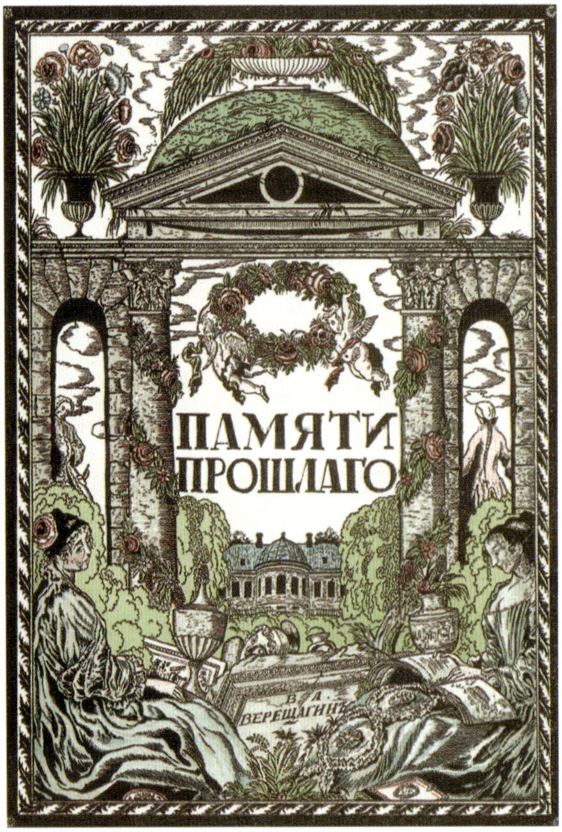

Cat. 449

Sergueï Vassilievitch Tchekhonine, page-titre pour V. A. Verechtchaguine. *Mémoires d'autrefois*, 1914, gravure en couleurs, Moscou, Bibliothèque d'État Russe.

Paris puis à Berlin et à Venise et surtout par l'entreprise des Ballets russes que Diaguilev et Benois parvinrent à infléchir la perception de l'art russe. Tenicheva y répondit d'ailleurs en proposant sa vision, dans l'exposition qu'elle organisa au musée des Arts décoratifs, à Paris en 1907, présentant une partie de sa propre collection d'art populaire transportée de Smolensk[50].

D'une certaine façon on peut considérer que les avant-gardes des années 1905-1910 dépassèrent les antagonismes entre slavophilie et ouverture à l'Occident en s'inspirant à la fois de l'art populaire russe et des avant-gardes européennes, notamment de Gauguin, de Cézanne, des fauves… c'est finalement cette synthèse qui permit de répondre au vœu de Diaguilev, en assurant à l'art russe une place essentielle sur la scène internationale.

Je tiens à remercier Mme Renata Clavien pour les nombreuses traductions utilisées dans cet article, ainsi que Mme Aglaïa Bustany-Achechova.

1. 25 mai 1898, p. 141. L'article, signé du pseudonyme Passpartout, est assez confus mais importe en tant que déclaration publique des intentions de Diaguilev.
2. Le contrat avec les mécènes avait été signé le 18 mars chez les Tenichev et célébré par un banquet. Les trois ouvrages les plus complets sur l'histoire de la revue *Mir Iskousstva* et du cercle le Monde de l'art (y compris sur les expositions et productions pour le théâtre et l'opéra) sont Kennedy, 1977, Bowlt, 1979, et Kamensky, 1991. Voir aussi Marcadé, 1972, qui étudie également la partie littéraire et philosophique de la revue que nous ne traitons pas ici, Benois, 1947, Benois, 1960-1964, et en russe Strelkov, 1923 ; Benois, 1928 ; Sokolova, 1934 ; Sidorov, 1969 ; Goussarova, 1972 ; Lapchina, 1977 ; sur la question du nationalisme dans les arts graphiques au tournant du siècle en Russie, voir Rosenfeld, 1999.
3. Lettre du 20 mai 1897, citée intégralement avec la liste des destinataires dans Kamensky, 1991, p. 20-21 et p. 26.
4. « La broderie traditionnelle a totalement disparu dans certains villages, a connu un fort déclin dans d'autres. C'est la conséquence du déclin de l'art de la teinturerie et de la couture, qui a été remplacé par une fabrication industrielle peu coûteuse de tissus aux couleurs rudes. Donc, lorsque l'on a voulu commander aux paysannes des broderies avec des décors traditionnels sur des tissus de lin ou de laine, teints par la teinturerie de Talachkino, le résultat a surpassé toutes nos espérances. [...] Les commandes leur ont permis d'avoir des rentrées d'argent régulières, qui leur assuraient une vie plus aisée même durant les mois rudes et sombres de l'hiver. Actuellement il y a environ 2 000 paysannes et plus de 50 villages qui travaillent pour Talachkino », Tenicheva, texte de présentation du livret *Rodnik,* s. d. Bilibine évoque aussi cette question dans *Mir Iskousstva* en 1904.
5. Jouravleva, 1994, p. 133-154.
6. Benois, 1928 ; Benois, 1947 ; Benois, 1960-1964.
7. Voir notamment Benois, 1947, p 157-158 et chap. V, « Birle et Nourok ».
8. Idem, *op. cit.,* chap. IV, p. 162-169, citation p. 177.
9. Benois, 1928, p. 47.
10. Une partie de la correspondance entre Muther et Benois est conservée au Musée d'État russe de Saint-Pétersbourg, département des Manuscrits.
11. Idem, 1960-1964, II, p 58, fin de 1889 – début de 1890.
12. Idem, *op. cit.,* vol. I, p. 153.
13. Idem, 1906, préface, p. 11-17.
14. Idem, 1960-1964, vol. II, p. 135. 13.
15. Roerikh, « Souvenir d'un voyage à Talachkino », dans Makovsky, 1906, p. 136.
16. *Mir Iskousstva,* n° 1, 1902, p 1-5, trad. Aglaïa Bustany-Achechova.
17. *Ibid.,* n° 3, 1899, p 37-61, trad. Aglaïa Bustany-Achechova.
18. Diaguilev, n° 7-8, 1899, p. 66-67, trad. Aglaïa Bustany-Achechova.
19. Benois, *op. cit.,* vol. II, p. 157.
20. Idem, 1916, p. 133.
21. *Mir Iskousstva,* 1902, n° 2.
22. Benois, *op. cit.,* chap. V, p 114-134, chap. VI, p. 142-149, chap. VIII, p. 186-188.
23. Idem, *op. cit.,* chap. VI, p. 142 ; Viatcheslav G. Schwartz pratiquait une peinture historique savamment documentée et stylistiquement proche de la peinture de genre anecdotique.
24. Idem, *op. cit.,* chap. VIII, p. 186.
25. Idem, *op. cit.,* p. 186-187 et 191.
26. *Mir Iskousstva,* n° 17, 1899 ; œuvres reproduites aussi dans les n°s 1, 1899, p. 32-33, n° 13-14, 1900, face p. 16 et p. 19-20.
27. Benois, 1960-1964, vol. II, p. 172-173.
28. Nous ne traitons pas ici la question de la décadence, qui est complexe et pour laquelle l'ouverture à l'Occident n'est qu'un aspect.
29. *Mir Iskousstva,* n° 15-16, 1900, et n° 4, 1903 ; sur les contreparties financières de Tenicheva voir Jouravleva, *op. cit.,* p. 133-154. Mamontov, ruiné, cessa de financer *Mir Iskousstva* en 1899 et Tenicheva retira son mécénat la même année, à la suite de querelles avec Diaguilev.
30. Bilibine, n° 11, 1904, p. 303-318.
31. Les archives du Musée d'État russe ne conservent pas semble-t-il de liste de ce qu'aurait rapporté Bilibine ; je remercie Julia Solonovitch, conservateur au département des Arts graphiques du Musée d'État russe d'avoir effectué cette vérification dans les archives.
32. Stassov, n° 1-2, octobre-novembre 1898, et n° 3, décembre 1898.
33. Pavlovsky, n° 12, 1901, p 327-342.
34. Makovsky, n° 8, 1899, p. 540, et n° 1, 1900, p. I-IV.
35. Jouravleva, *op. cit.,* p. 133-134.
36. Benois, 1928, p. 20.
37. Idem, *op. cit.,* p. 52.
38. Benois, 1947, p. 301.
39. Idem, 1960-1964, vol. I, p. 105.
40. Idem, *op. cit.,* vol. II, p. 142-143.
41. Pour une étude du rapport entre le Monde de l'art et l'art européen, voir Kennedy, 1977, chap. IV, p. 148-185.
42. Benois, n°s 17-18, 19-20, 21-22, 1900.
43. *Mir Iskousstva,* n° 9, 1899.
44. Benois, 1960-1964, vol. II, p. 150-151. Il confond peut-être avec les bois de Paul dit Georges Lacombe (Paris, musée d'Orsay, RF 3219 à 3222).
45. *Mir Iskousstva,* n° 23-24, 1900.
46. D'après le catalogue de l'exposition, les artistes exposés étaient les suivants : E. Aman-Jean, L. Anquetin, A. Boecklin, A. Bartsoen, A. Blunt, B. Bloomstedt, G. Boldini, F. Brangwyn, Boutet de Monvel, A. Gallen, Hermann, P. A. J. Dagnan-Bouveret, E. Degas (8 tableaux) Johnston, Humphreys, Dill, Jarnnefelt, J. Ch. Cazin, E. Carrière, Ch. Conder, Lagarde, La Touche, Lenbach, L. Lhemitte, M. Liebermann, E. R. Ménard, Cl. Monet, G. Moreau, P. Puvis de Chavannes, J.-F. Raffaelli, H. Rivière, H. Swan, L. Simon, Fr. Thaulow, J. A. McNeill Whistler, L. Fréderic, A. Edelfelt, Enckell.
47. L. Bakst, A. Benois, Botkin, Apolinary Vasnetsov, Golovine, Korovine, Levitan, Maliavine, Malioutine, Nesterov, Polenov, Polenova, Perepletschikow, Rouchitz, Repine, Somov, Serov, Troubetzkoï, Czionglinsky, Cherbatow, Iakounchokova [Iakountchikova-Weber].
48. Cette exposition d'art décoratif resta ouverte toute l'année 1903. Voir *Mir Iskousstva,* n° 5-6, 1903.
49. Pour une étude des arts graphiques dans et de *Mir Iskousstva,* voir l'étude de référence de Sidorov, 1969.
50. Barchtchevsky et Roche, *Objets d'art russes anciens [...], au musée des arts décoratifs du 10 mai au 10 octobre 1907.*

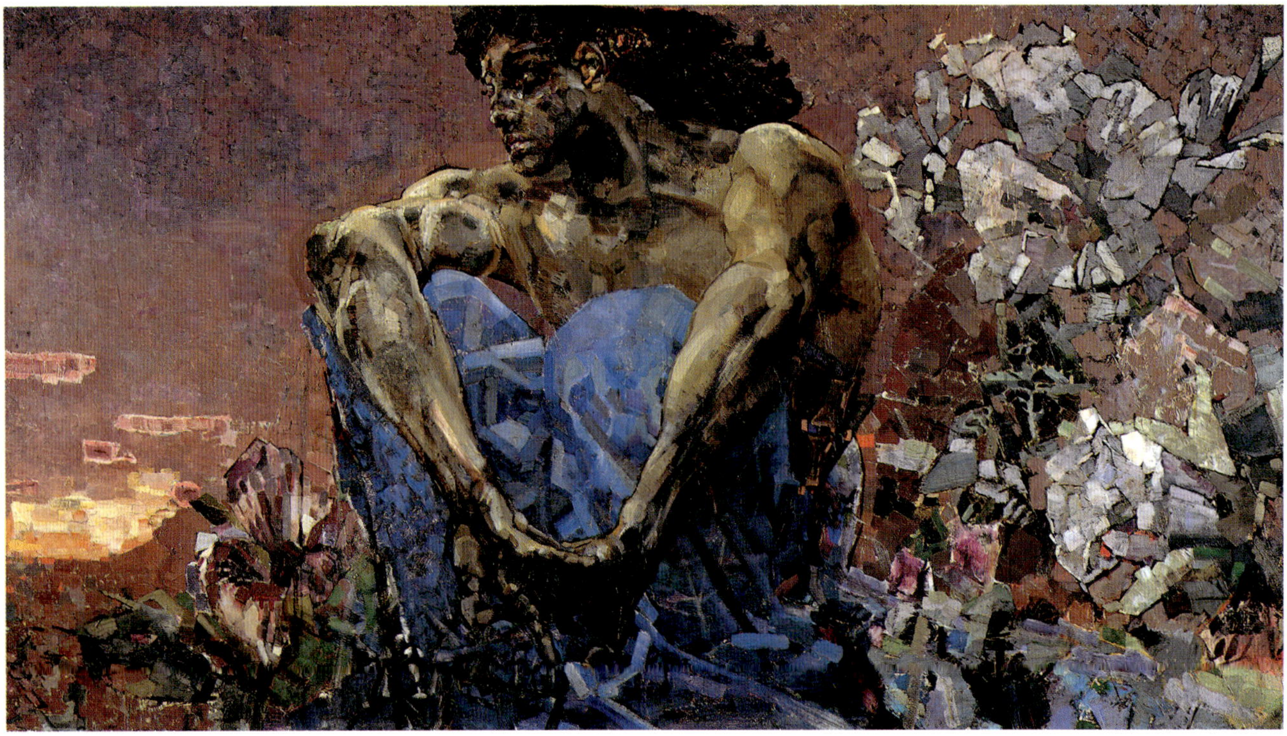

Cat. 481

Mikhaïl A. Vroubel, *Démon assis,* 1890,
huile sur toile, Moscou, galerie Tretiakov.

Mikhaïl A. Vroubel (1856-1910)

Mikhaïl Guerman

traduit du russe par Bernard Kreise

Au Salon d'Automne de Paris en 1906, Picasso serait resté « des heures durant[1] » dans la salle consacrée à Vroubel, qui était presque toujours déserte – témoignant ainsi du nouveau dialogue entre l'Occident et la Russie.

L'art de Mikhaïl A. Vroubel prenait ses racines dans le classicisme et tendait en même temps vers l'avenir. Ses tableaux et dessins (fig. 1) reflètent à la fois un individualisme très profond, un symbolisme polysémique, un maniérisme qui se ressent de l'Art nouveau. La tension morale, spécifique de la culture russe, était liée chez Vroubel à des recherches audacieuses. L'artiste était pour une grande part étranger à son siècle, comme celui-ci l'était vis-à-vis de lui, qui était un précurseur. Tels Nikolaï V. Gogol, Alexandre A. Ivanov ou Fedor M. Dostoïevsky[2], il n'acheva pas son œuvre essentielle, sur laquelle il revint sans cesse : un grandiose *Démon* (cat. 481, p. 270 ; cat. 488, p. 274 ; fig. 2)[3].

Au début des années 1880, travaillant à l'Académie des beaux-arts, Vroubel fait la connaissance de Valentin A. Serov, il se trouve peu après dans l'atelier de Pavel Tchistiakov, étudie l'aquarelle avec Ilia E. Repine. Ni le pédagogue expérimenté qu'était Tchistiakov ni Repine, considéré alors comme le plus grand peintre de Russie, n'ont perçu en Vroubel un talent immense et singulier.

Vroubel fuyait tout autant les préoccupations sociales des peintres ambulants, qui semblaient déjà appartenir au passé, que les expériences formelles et le radicalisme de la future avant-garde. Il supposait, à la différence de la majorité de ses confrères, qu'un artiste « a son indépendance, une cause particulière qu'il doit respecter, et qu'il ne doit ne pas détruire ses significations en recourant aux armes du journalisme[4] ».

Vroubel fut toujours redevable aux références culturelles de son temps (fig. 3). Imprégné de culture européenne, passionné de philosophie, il aspirait depuis son adolescence à une esthétisation absolue derrière laquelle transparaît la beauté, la surabondance, presque la banalité.

Au milieu des années 1880, il accepta la proposition de peindre dans le « style byzantin » la nouvelle iconostase de l'église Saint-Cyrille de Kiev. Les traditions russe et byzantine étaient perçues comme un phénomène unique, et Vroubel se rendit spécialement en Italie afin d'étudier les mosaïques byzantines. Il était cependant surtout attiré par la Renaissance.

Dans le monde de Vroubel règne l'harmonie, mais non la sérénité. Systématiquement stylisées, les figures religieuses de Vroubel témoignent de son désarroi spirituel, particulièrement sensible dans sa représentation de la Mère de Dieu, dont l'atmosphère évoque une *Sacra Conversazione* vénitienne, et dont le visage est, dans une certaine mesure, une réminiscence de celui d'une femme que le peintre aima longtemps et douloureusement (fig. 4).

Vroubel construit la représentation à partir de molécules de couleurs nettement appliquées ; sa peinture a été qualifiée de cristalline, comme si les « cristaux » de Vroubel avaient la capacité de se développer, de parfaire leur forme, d'en créer parallèlement de nouvelles. Mais parfois, entre son art et les recherches menées dans la peinture occidentale, apparaît une proximité inattendue. L'aquarelle intitulée *Conte oriental* (1886, Kiev, musée d'Art russe)[5] est pratiquement exécutée à la manière pointilliste, l'année même où Georges Seurat exposa la *Grande Jatte*. Établir des parallèles directs serait naïf : ce qui chez Seurat relève de l'aboutissement de procédés

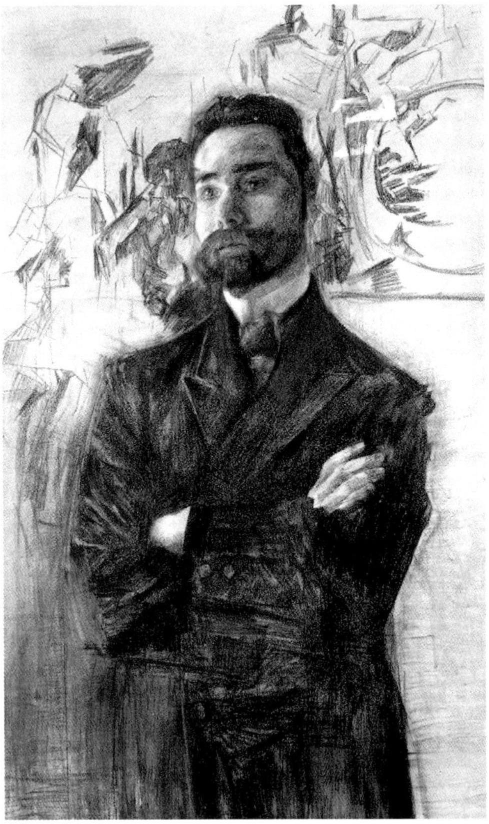

Fig. 1. **Mikhaïl A. Vroubel, *Portrait du poète Valery I. Brioussov,* 1906,**
fusain, sanguine et craie sur papier, Moscou, galerie Tretiakov.

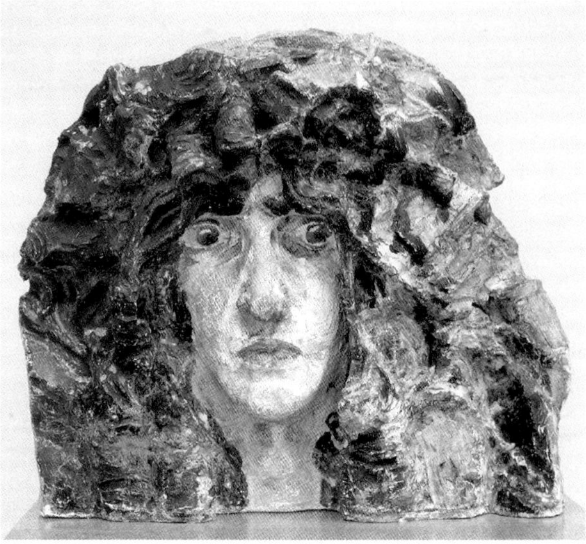

Fig. 2. **Mikhaïl A. Vroubel, *Tête du Démon,* 1890,**
plâtre peint, Saint-Pétersbourg, Musée d'État russe.

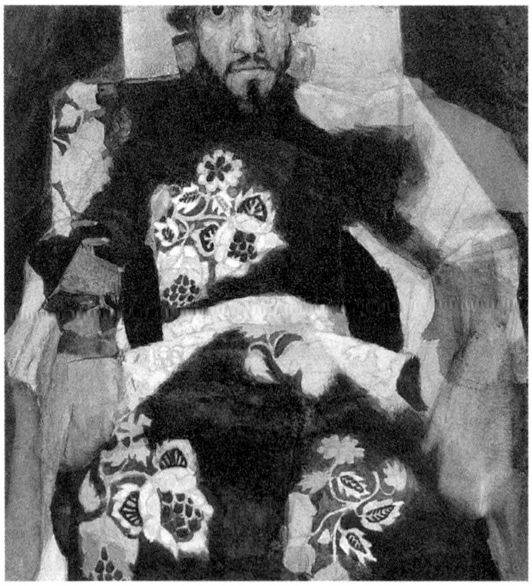

Fig. 3. **Mikhaïl A. Vroubel, *Portrait d'homme en costume ancien (I. N. Terechtchenko),* 1886,**
aquarelle, rehauts de blanc et crayon graphite sur papier, Kiev, musée d'Art russe.

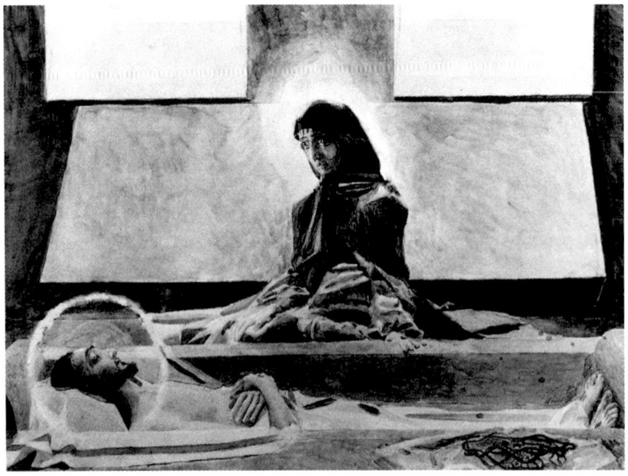

Fig. 4. **Mikhaïl A. Vroubel, *Pietà,* 1887,**
troisième variante, esquisse de fresque (non réalisée) pour la cathédrale Saint-Vladimir de Kiev, aquarelle et crayon graphite sur papier, Kiev, musée d'Art russe.

élaborés rationnellement est chez Vroubel une improvisation, une expérience unique, et il ne revint pratiquement jamais à cette technique.

Dans le portrait de Maria Dakhnovitch (*Fillette sur fond de tapis persan,* 1886, Kiev, musée d'Art russe)[6], la touche, la combinaison des couleurs, la facture, la corrélation des taches claires et sombres et leurs contours acquièrent leur propre signification, parallèle au sujet et pour ainsi dire indépendante de celui-ci. Sans se détacher du monde matériel, le peintre élabore un langage particulier qui lui est spécifique et permet au spectateur de percevoir à nouveau ce langage muet des couleurs et des formes.

En 1889, Vroubel est à Moscou. Les portes de la maison de Savva I. Mamontov lui sont ouvertes. Déjà dans sa maturité, il se trouve pour la première fois dans le tourbillon de la vie artistique russe, encore plus intense sans doute, à cette époque, à Moscou que dans la capitale d'alors, Saint-Pétersbourg.

Mamontov fut une figure extrêmement haute en couleur de la vie culturelle russe à la charnière des deux siècles. Industriel, disposant d'une fortune colossale, il aimait l'art et était un véritable connaisseur. L'atmosphère intellectuelle et démocratique de la maison de Mamontov, l'élégance de celui-ci quand il s'agissait d'aider un artiste sans humilier sa dignité, tout cela représenta pour Vroubel un cadeau inestimable. Le mécène lui confia également la direction des ateliers de céramique et des décors pour les pièces de théâtre, comme le *Tsar Saltan* (cat. 492).

Le premier grand tableau consacré au Démon fut achevé chez Mamontov. Il s'agit du *Démon assis* (cat. 481), qui, paradoxalement, ne fait aucunement penser au héros du célèbre poème de Mikhaïl I. Lermontov[7]. En revanche, il suggère une autre confrontation, pour audacieuse qu'elle paraisse : Vroubel et Dostoïevsky[8]. Certes, il n'y a de commun entre eux ni sympathie mutuelle ni affinité de goût. Autre chose est en jeu. Si l'on examine parallèlement la littérature et l'art au tournant des XIXe et XXe siècles[9] en Russie, seuls Dostoïevsky et Vroubel peuvent être qualifiés d'absolument novateurs dans le domaine de la *forme artistique*, aussi bien par les moyens expressifs employés que par la poétique qui se dégage de leur œuvre, voire de son contenu.

L'œuvre de Dostoïevsky a ouvert de nouvelles perspectives dans le monde spirituel. Derrière l'emphase de la connaissance, on percevait celle de l'autodestruction : en analysant le mal, l'artiste disséquait sa propre âme. Dans le *Démon assis,* Vroubel montre un homme (le Démon) qui a conscience de son caractère exceptionnel et qui va du mal à la lucidité, au renouveau. Bien avant cela, Dostoïevsky avait créé des héros qui aspiraient à l'affirmation de leur moi à travers le « tout est permis », puis qui aboutissaient au repentir. Vroubel concentrait de telles représentations non dans le destin extrêmement complexe d'un homme et de ses idées, mais dans une variante symbolique (simplifiée, si on la compare à celles de Dostoïevsky) et malgré tout semblable. L'inutilité d'un don élevé et puissant, que personne ne réclame, un héros rejeté par le monde de la vie quotidienne, dont le lot est d'être l'adulateur du royaume clos de sa propre âme, sont les caractéristiques communes des personnages de Dostoïevsky et de Vroubel. À l'instar des héros de Dostoïevsky, le Démon n'est pas le porteur originel du mal, il est un ange déchu, comme Raskolnikov, il sait ce qu'est le bien dans toute sa grandeur, il n'est pas satisfait par son pouvoir et le ressent comme une malédiction. La spiritualité hypertrophiée et la passion surhumaine, la passion-souffrance qui réduit tout en cendres, les chaînes de la solitude totale, autant d'indices qui rapprochent l'écrivain et le peintre.

La poétique de la fin de siècle les rapproche également, bien que cette question soit plus complexe que celle du contenu. La facture du *Démon assis* est, si l'on peut s'exprimer ainsi, pathétique (comment ne pas se rappeler ici l'intonation hâtive, « haletante » de Dostoïevsky, sa prose, qui, à sa façon, est également distanciée par rapport au sujet et provoque chez le lecteur des séries d'associations inconscientes). La chair même du Démon (esprit désincarné) surgit de lois mystérieuses, d'un matériau encore jamais vu, les fleurs inventées par Vroubel. La chair est une création *de peinture.* Même à l'intérieur d'ombres presque noires scintillent des tumultes microscopiques lilas incandescent.

L'essence du *Démon assis* – un rêve réprimé, une force inutile, la solitude – pénètre dans l'âme du spectateur justement à travers le langage de la peinture, à travers toute cette « matière de la poésie ». Mais la vision qu'a Vroubel des illustrations du poème de Lermontov, réalisées pour un volume des œuvres du poète, est celle d'un enchaînement de sujets romantiques, plutôt qu'une légende sévère et philosophique. En 1896, Vroubel reçut la commande de deux immenses panneaux destinés à la salle centrale du pavillon des Arts de l'Exposition industrielle et artistique pan-russe de Nijni-Novgorod, deux panneaux en demi-cercle de cent mètres carrés chacun. La *Princesse Grioza* (Moscou, galerie Tretiakov) était sans aucun doute en rapport direct avec l'ensemble des

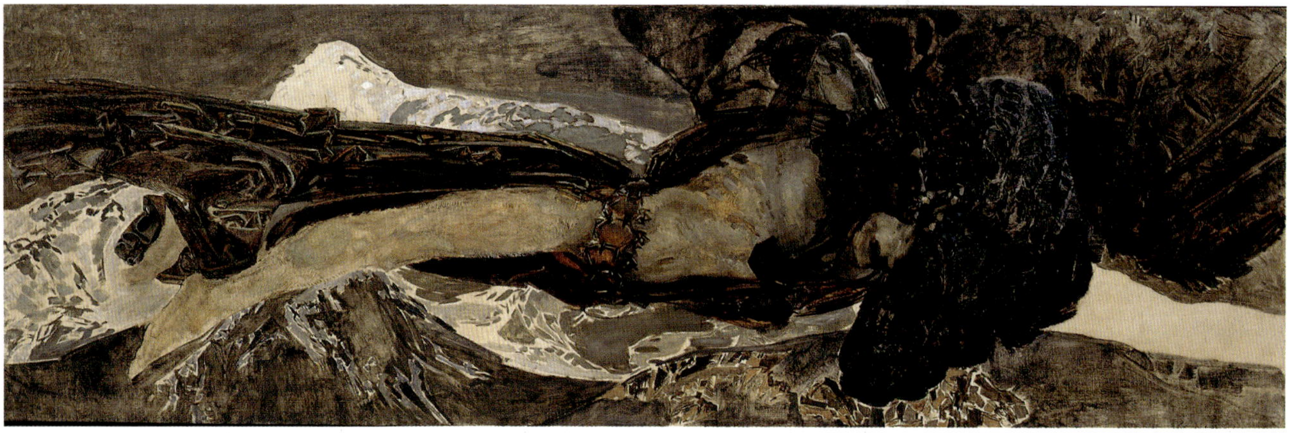

Cat. 488

Mikhaïl A. Vroubel, d'après un poème de M. I. Lermontov, *Démon volant*, tableau inachevé, 1899, huile sur toile, Saint-Pétersbourg, Musée d'État russe.

recherches stylistiques de Vroubel de cette période, et avec ses motifs : une pièce naïve et romantique, avec une nuance de mysticisme, où l'action n'est pas tant dans les actes que dans les mouvements de l'âme des personnages, où la passion sublime du chevalier mourant Geoffroy Rudel transfigure les âmes des pirates cruels, triomphe des éphémères passions terrestres et de la mort.

Les panneaux n'étaient pas encore achevés qu'ils furent déjà l'objet de vives critiques : « C'était naïf, maladroit, sauvage. L'entourage éclata de rire. Même les membres de l'administration de l'exposition riaient chaque fois qu'ils regardaient les panneaux[10] », note un contemporain. Vroubel écrivit à sa sœur : « L'Académie a manigancé contre moi une véritable persécution, en sorte que je n'ai cessé d'entendre des "chut !" dans mon dos. Le jury de l'Académie a considéré que ces œuvres étaient trop prétentieuses pour une décoration et a proposé de les retirer[11]. » Les organisateurs officiels de la foire refusèrent donc les panneaux. Mais ce fut pour l'Académie une victoire à la Pyrrhus : Mamontov, offensé pour le peintre (et pour lui-même, dans la mesure où c'était lui qui avait proposé à Vroubel de décorer le pavillon), fit construire à côté de l'exposition un bâtiment spécial où ces panneaux furent exposés et où l'on organisa des concerts de musique classique. Sur l'insistance de Mamontov et dans le pavillon artistique lui-même furent exposées des sculptures en céramique émaillée de Vroubel (voir les essais de E. Paston, « Le cercle artistique d'Abramtsevo », et de É. Papet, « " La poésie de l'antiquité nationale " : céramique émaillée et bois sculpté en Russie, 1890-1914 »). À propos de ce dernier, il fut dit que le dénigrement avait notablement battu en retraite devant une prudente considération des intérêts en jeu, d'autant qu'à Moscou et à Saint-Pétersbourg beaucoup de connaisseurs et de professionnels n'épargnaient vraiment pas l'Académie.

Peu après, Vroubel peignit des panneaux pour le « cabinet gothique » de l'hôtel particulier de A. V. Morozov à Moscou, construit par l'architecte Fedor Chekhtel. Les thèmes des panneaux sont empruntés au *Faust* de Johann W. von Goethe. La peinture de Vroubel devait s'intégrer dans le décor de la maison, conçu dans le style moderne, qui se caractérisait avant tout par un « pan-esthétisme », une aspiration à une fusion de l'architecture avec la peinture et la sculpture, à la création d'un milieu plastique vivant, à une libre interaction des réminiscences artistiques et historiques, à un rapprochement de l'art avec des formes naturelles. Le plus beau panneau – *l'Envol de Faust et de Méphistophélès* (1896, Moscou, galerie Tretiakov)[12] – est une cavalcade effrénée de chevaux infernaux s'élevant au-dessus de toits pointus dans le tourbillon des plis des manteaux s'arrachant de leurs épaules.

Parmi les portraits réalisés ces années-là, celui de Savva I. Mamontov (fig. 5)[13] est sans doute l'une des plus belles œuvres de Vroubel. Dans la splendeur sombre de la toile s'exprime la paraphrase plastique de la relation du peintre avec son modèle : l'admiration, l'attachement et en même temps l'affirmation d'une nature indépendante ne souhaitant se soumettre ni à une énergie autoritaire ni même au charme de son protecteur et ami. Le plastron blanc, le tissu noir de l'habit enveloppé de taches dorées et rouge cerise, le bouillonnement des

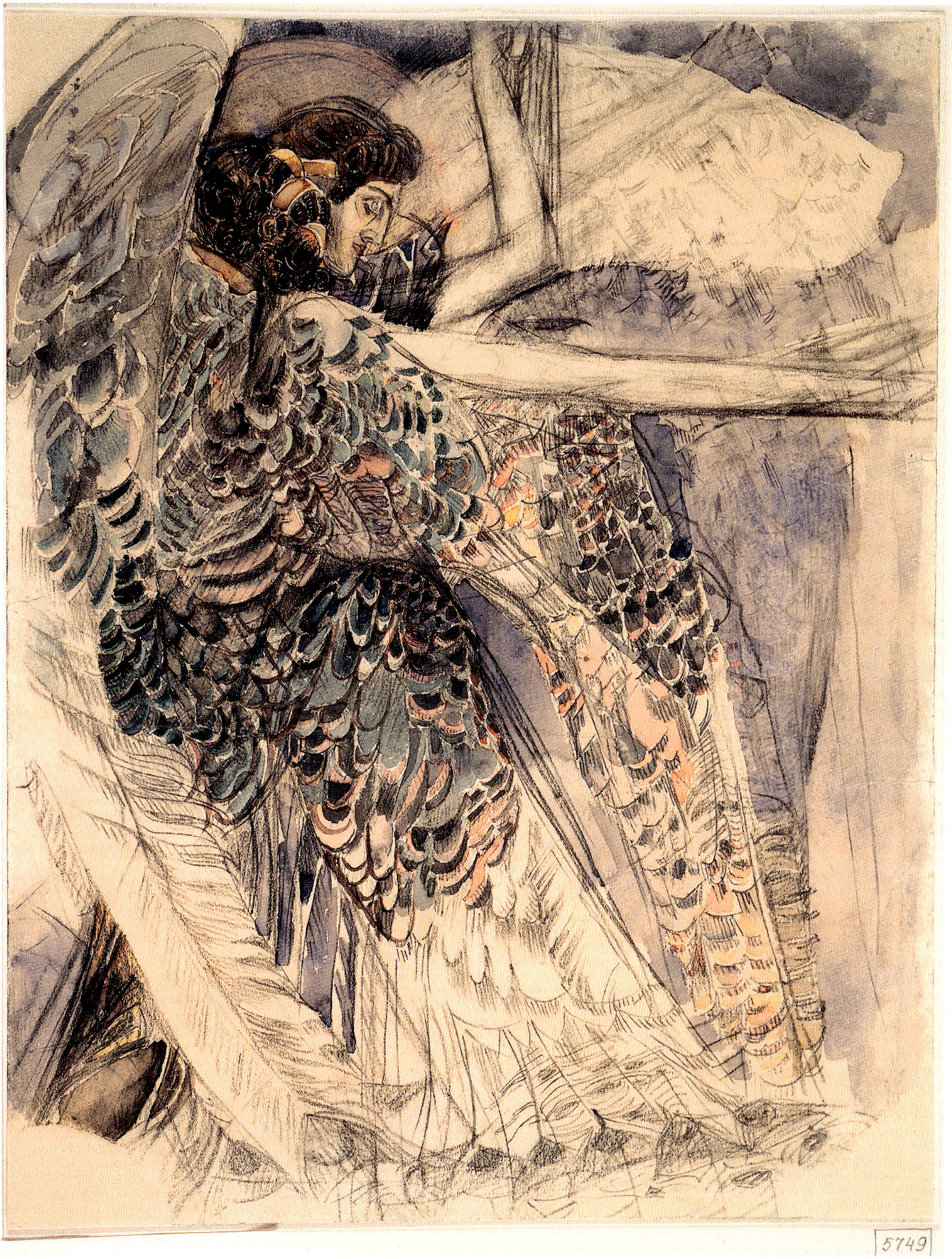

Cat. 498

Mikhaïl A. Vroubel, *le Séraphin*, 1904-1905,
graphite, fusain et aquarelle sur papier, Moscou, galerie Tretiakov.

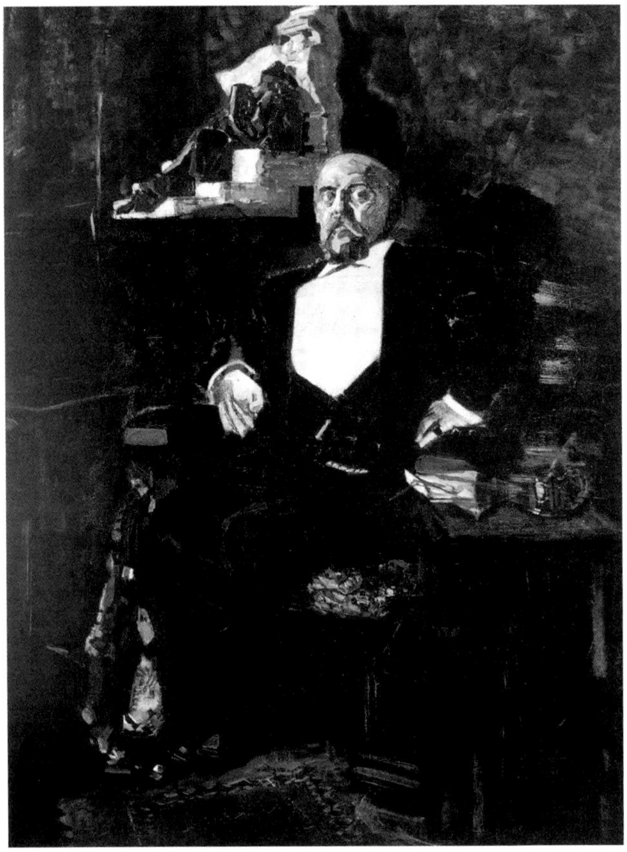

Fig. 5. **Mikhaïl A. Vroubel, *Portrait de S. I. Mamontov,* 1897,** huile sur toile, Moscou, galerie Tretiakov.

nuances de feu et de fumée autour de la figure en blanc et noir créent cette impression de « festin coloriste » si caractéristique des tableaux de Vroubel.

En 1898, Vroubel s'intéresse au *Prophète* d'Alexandre S. Pouchkine (1826).

« Et de son glaive me frappant
Il m'enleva mon cœur de sève
Et un charbon incandescent
Mit dans la trace de son glaive.
Et je restai pareil aux morts
Et le seigneur me dit alors :
– Debout, Prophète ! Vois, écoute !
Emplis ton être de ton Dieu !
Que ta demeure soit – la route
Et que ton verbe soit – du feu[14]. »

À la différence du *Démon,* les personnages de son tableau (*Prophète,* 1898, Moscou, galerie Tretiakov)[15] et des dessins en rapport sont enfermés en eux-mêmes. Le peintre reviendra au thème du *Prophète* jusqu'à la fin de ses jours, comme s'il discutait avec le *Démon,* en un débat sans fin, dans la mesure où ses racines sont à la fois dans l'époque à laquelle vivait le peintre et en lui-même.

À la charnière des XIXe et XXe siècles, ses œuvres demeurent très tourmentées, aussi bien dans les portraits de son épouse (*Portrait de N. I. Zabela-Vroubel en robe Empire dessinée par Vroubel,* 1898, Moscou, galerie Tretiakov)[16] que dans ses œuvres les plus apaisées. Dans les portraits de sa femme, Vroubel transgresse les frontières des genres : une étude de couleur peinte à l'aquarelle devient un sujet achevé, une composition de plusieurs figures peut remplir une fonction purement décorative. Nadejda Zabela n'est pas tant le modèle d'un portrait que l'héroïne d'un tableau. Il dessina pour elle le costume de Snegourotchka (cat. 501) et lui donna les traits de la Tsarevna-cygne (cat. 493).

Avec la ténacité d'un Russe imprégné de culture européenne, Vroubel cherche ses sources d'inspiration aussi bien dans les mythologies que dans la littérature étrangère. Le tableau *Pan* (1899, Moscou, galerie Tretiakov)[17] est peint sous l'impression directe du récit « le Saint Satyre », extrait du *Puits de Sainte Claire* d'Anatole France (1895). Le personnage de Vroubel correspond tout à fait au texte : « À son front chenu pointaient des cornes émoussées. De sa face camuse pendait une barbe blanche, à travers laquelle on apercevait les glandes de son cou. Un poil rude hérissait sa poitrine. Sur ses cuisses une laine épaisse traînait jusqu'à ses pieds fourchus. » Une phrase de ce récit frappe particulièrement par sa ressemblance *essentielle* avec le tableau : « Mon esprit n'a pas plus de voiles que mon corps[18]. » Ce texte inspira un tableau étonnamment dissemblable de ses œuvres précédentes.

À partir de la fin des années 1890, il revient au *Démon* avec la même passion. Apparaissent alors de nouvelles esquisses[19]. En 1899, il peint le *Démon volant* (cat. 488), sans doute la variante la plus symboliste (dans l'acception occidentale traditionnelle de ce terme) de ce sujet : le vol pesant d'un esprit obscur au-dessus d'une terre magnifique crée un effet non dépourvu de tragédie, mais trop extérieur, dans la mesure où le tableau est peint avec une objectalité inhabituelle chez Vroubel, et la « matière de la peinture » est beaucoup plus légère que dans ses autres œuvres. Le *Démon déchu* (1902, Moscou galerie Tretiakov)[20] est l'une des dernières de Vroubel, avant qu'il ne sombre dans la folie. Il souffre alors de graves désordres psychologiques, premier stade d'une maladie mentale qui peut être lue comme un maillon – particulier et effroyable – du conflit douloureux entre lui et son temps, entre un génie porté vers l'avenir et un monde incapable de l'accepter, de le voir et de l'apprécier, entre la catégorie supérieure de ses idées et cette agitation des milieux artistiques auxquels il était de plus en plus étranger.

Vroubel n'est pas parvenu à se séparer du *Démon déchu*. Comme si, en fait, le processus lui-même du travail l'empêchait de s'abîmer dans une crise physique et morale, comme si lui seul le retenait sur terre. Même dans la salle d'exposition, le peintre achève de peindre sans fin, il refait le tableau, comme par crainte de perdre le lien qui l'attache à lui et de le rompre, de peur de lui offrir une vie propre, indépendante de lui, son créateur.

« Chaque matin, jusqu'à midi [après l'ouverture de l'exposition], le public pouvait voir Vroubel "achever" son tableau... Le visage du Démon devenait pendant un temps de plus en plus effrayant, de plus en plus douloureux ; sa pose, son physique étaient empreints de quelque chose de torturant et de disloqué, une chose étrange et au plus haut point morbide, alors que le coloris général devenait au contraire de plus en plus féerique[21]. »

Le tableau rompait non seulement avec la peinture russe moderne, mais il sortait également des limites de ce que Vroubel lui-même avait réalisé jusque-là, comme cet étirement horizontal du démon, inhabituel, la disposition de la figure sur la toile ou le coloris à la fois ténébreux et lumineux. Le corps du Démon est difficilement discernable dans le tableau : l'effet artistique a radicalement englouti le sujet et même l'image du héros, suggérant une sensation de catastrophe cosmique, sans aucune analogie dans l'art russe de cette période, comme une métaphore où la tragédie du personnage se confondait avec celle de l'artiste lui-même, impuissant à réaliser sur la toile la dimension de l'événement.

Il serait vain de chercher dans ce tableau un aboutissement. Tout ici est dans l'inachèvement du mouvement. Le démon a été précipité de la hauteur contre laquelle s'est heurté son orgueil démesuré. Mais la chute n'entraîne pas chez lui cette mort physique qui libère les mortels des souffrances. Il ne reste qu'une immortalité tourmentée, les fers d'une vie éternelle qu'il n'a pas la force d'interrompre, autrement dit une torture à peine moindre que la chute elle-même sur la terre, qui a rejeté son amour et lui-même, comme auparavant le ciel l'avait renié.

Dans le poème de Lermontov, le Démon retourne dans son monde froid d'autrefois : « ... hautain, / Seul comme avant dans l'univers/ Sans espérance et sans amour... » Chez Vroubel, l'effondrement de toute croyance en un bonheur humain se transforme en perte totale du « moi » physique et moral tout en conservant son aptitude, cent fois renforcée, à la souffrance. Le tableau présente une abondance d'éléments purement « décadents » : la pose désarticulée, disloquée comme sous la torture, le reflet sanguinolent dans les yeux grand ouverts, le foisonnement décoratif ornemental et alambiqué des plumes précieuses.

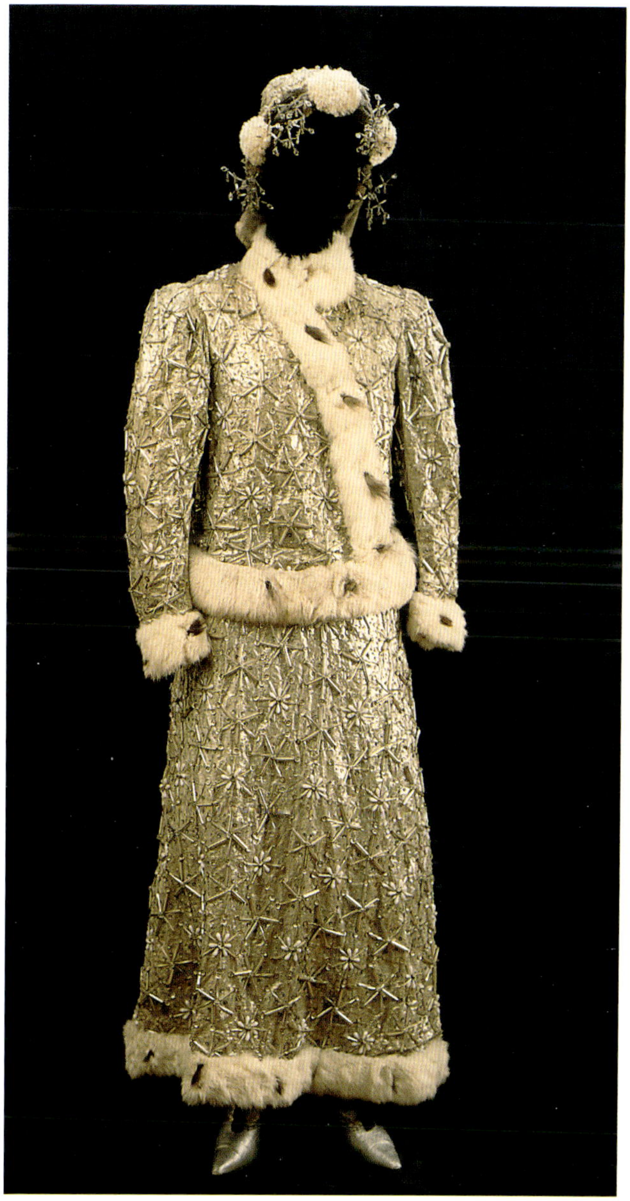

Cat. 501

Mikhaïl A. Vroubel (d'après un dessin de),
***Costume* pour le rôle de *Snegourotchka* de A. N. Rimsky-Korsakov,**
interprété par N. I. Zabela-Vroubel au théâtre Mariinsky,
saison 1905-1906, brocart argenté, strass, paillettes, castor,
verroterie, cuir, velours noir, fourrure,
Saint-Pétersbourg, musée d'Art de théâtre et de la Musique d'État.

Mais on y voit également un tragique du coloris et une douleur pénétrante, tout à fait humaine, dans le regard du Démon, tout simplement le désespoir, autant d'éléments qui constituent une mesure absolument différente de la convention artistique, par rapport à la pose désarticulée et à ce mélange de raffinement décoratif et de naturalisme.

Ainsi Vroubel a-t-il créé une représentation de la mort comme une forme de la vie, une représentation de l'anéantissement face auquel la vie ne cesse pas. Mais il n'y a pas de purification, pas de catharsis. Ni pour le Démon ni pour son créateur.

Il laisse, malgré tout, l'impression d'un événement artistique grandiose, parfois changeant, parfois tout à fait tangible. Le corps cadavérique (mais pas mort !) du Démon est étendu, « incorporé » dans les contreforts montagneux, transmettant sa chaleur aux pierres froides, et les pierres, à l'inverse, s'animent en recevant cette chaleur d'une âme humiliée. Ces bras, ce corps, ces ailes étendues à perte de vue s'enracinent dans les montagnes, dans la terre, dans la planète, se fondant en un somptueux requiem rempli d'assonances, de douleur, de sarcasme et de cette somptuosité exubérante et languissante.

Le *Démon déchu* aurait pu devenir l'étape principale vers son chef-d'œuvre. Mais le destin fut autre. Le 11 mars 1902, le célèbre médecin Bekhterev pose son diagnostic : la maladie de Vroubel est incurable.

Kouzma S. Petrov-Vodkine appelait Vroubel « notre époque ». « Devant ce que Vroubel et ses semblables ont entrouvert à l'humanité, une fois par siècle, je ne sais que frémir. Nous ne voyons pas les mondes qu'ils ont vus[22] », dit Alexandre A. Blok le 16 avril, lors des funérailles de l'artiste.

Il n'est guère probable que Blok ait vu un inachèvement amer, un inaccomplissement dans l'œuvre de Vroubel. Mais, en fait, le peintre ne créa rien qui fût à la hauteur de son don. Les fresques monumentales de Kiev ne furent pas réalisées, le panneau pour la foire de Nijni-Novgorod, à peine terminé, fut l'objet de critiques humiliantes. Le Démon ne fut pas peint non plus. L'artiste, aspirant à de grands desseins, ne fit que s'approcher des contreforts de ses fiers projets.

1. Dans les souvenirs de Soudeïkine, 1976, p. 295. Mentionné ultérieurement comme « Vrubel ». Ce n'est pas tant l'authenticité de ce témoignage de Soudeïkine qui importe, que la confrontation des noms, quand bien même serait-elle le produit de l'imagination des contemporains, qui est plus que symptomatique. Aller jusqu'à supposer que Picasso aurait deviné dans les travaux d'un maître russe inconnu l'audace d'un talent original, le désir de réunir l'éternel avec le présent, plutôt même avec le lendemain.
2. On sait que Dostoïevsky n'a pas achevé son grandiose roman *la Vie d'un grand pécheur.* Les frères Karamazov sont la réalisation d'une partie seulement de ce projet.
3. Voir aussi Guerman, 1986, 163.
4. Idem, *op. cit.*, p. 38.
5. Idem, *op. cit.*, 52.
6. Idem, *op. cit.*, 50.
7. « Un sombre Esprit, un exilé / Sur notre terre pécheresse / Planait, quand l'essaim / Des souvenirs soudain se presse / Devant le voyageur ailé. / Il revoit les jours d'allégresse / Où, Chérubin resplendissant, / La comète ardente, en passant / De sa crinière lumineuse / L'effleurait en le caressant ; / Les temps où, dans la nuit brumeuse / De l'éternelle immensité, / Du désir de savoir hanté / Avide, il suivait à la trace / Les caravanes de l'espace / Et les astres précipités » (Lermontov, 1837).
8. Dostoïevsky (mort en 1881, alors que le peintre, en fait, n'était pas renommé) ne pouvait pas connaître Vroubel. Ce dernier était assez indifférent à l'égard de Dostoïevsky, même s'il connaissait assez bien ses œuvres.
9. À propos de Dostoïevsky, mort en 1881, on peut parler justement d'un écrivain de la « limite des siècles », car l'intensité de l'action de ses idées éthiques et artistiques augmente brutalement au début du XXe siècle.
10. *Novoe Vremia (le Nouveau Temps)*, 4 juin 1896.
11. Guerman, *op. cit.*, p. 61-62.
12. Idem, *op. cit.*, 112.
13. Idem, *op. cit.*, 122.
14. Traduction de Marina Tsvetaïeva.
15. Guerman, *op. cit.*, 127.
16. Idem, *op. cit.*, 129.
17. Idem, *op. cit.*, 134.
18. Guerman, *op. cit.*, 164 et 180.
19. Idem, *op. cit.*, 163.
20. France, 1904, p. 26, 31.
21. *Mir Iskousstva*, n° 10-11, 1903, p. 181.
22. Blok, 1962, p. 690. Ultérieurement, ce discours sera retravaillé et publié sous forme d'article (p. 501).

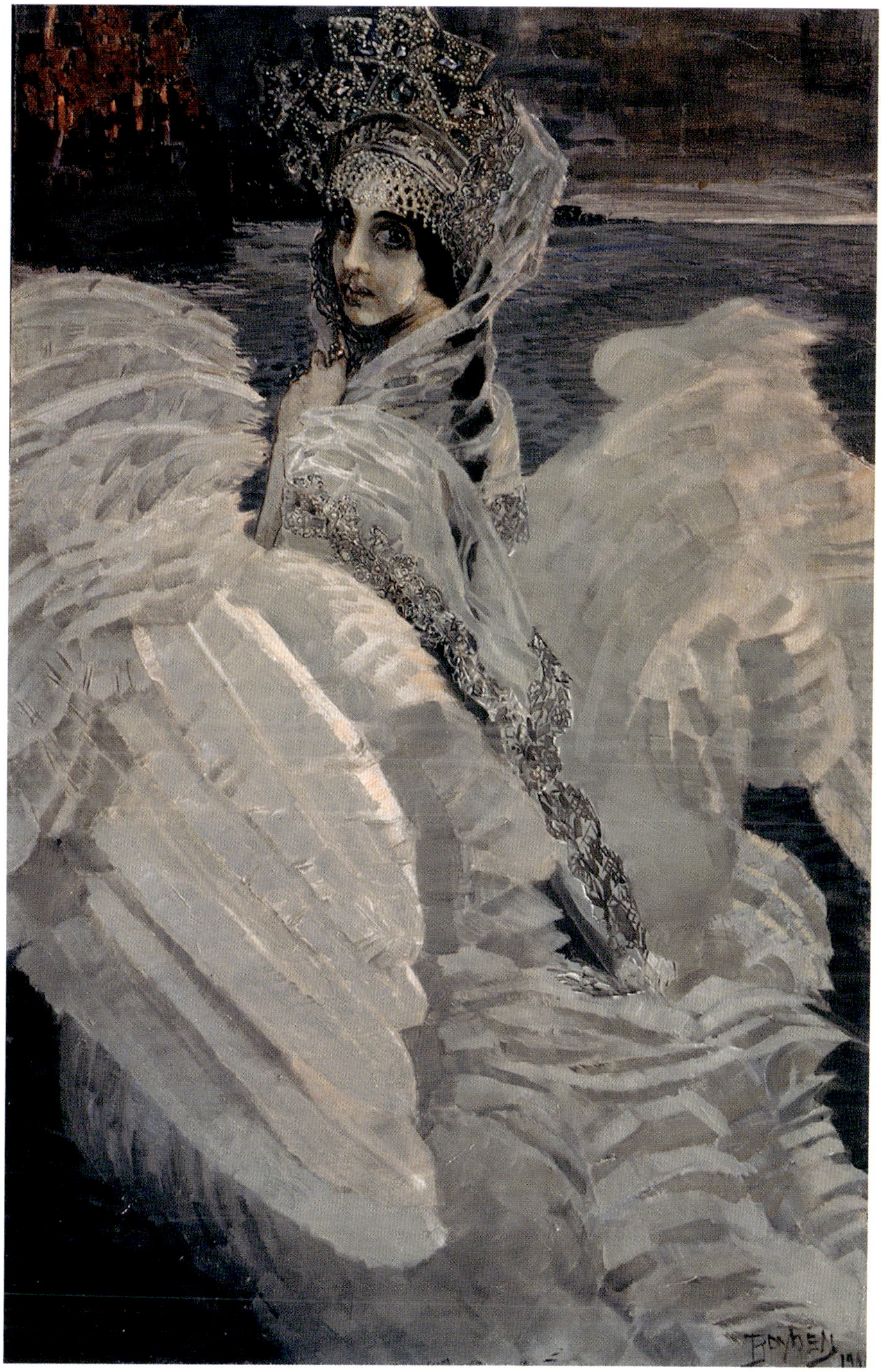

Cat. 493

Mikhaïl A. Vroubel, ***la Tsarevna-cygne,*** **1900,**
huile sur toile, Moscou, galerie Tretiakov.

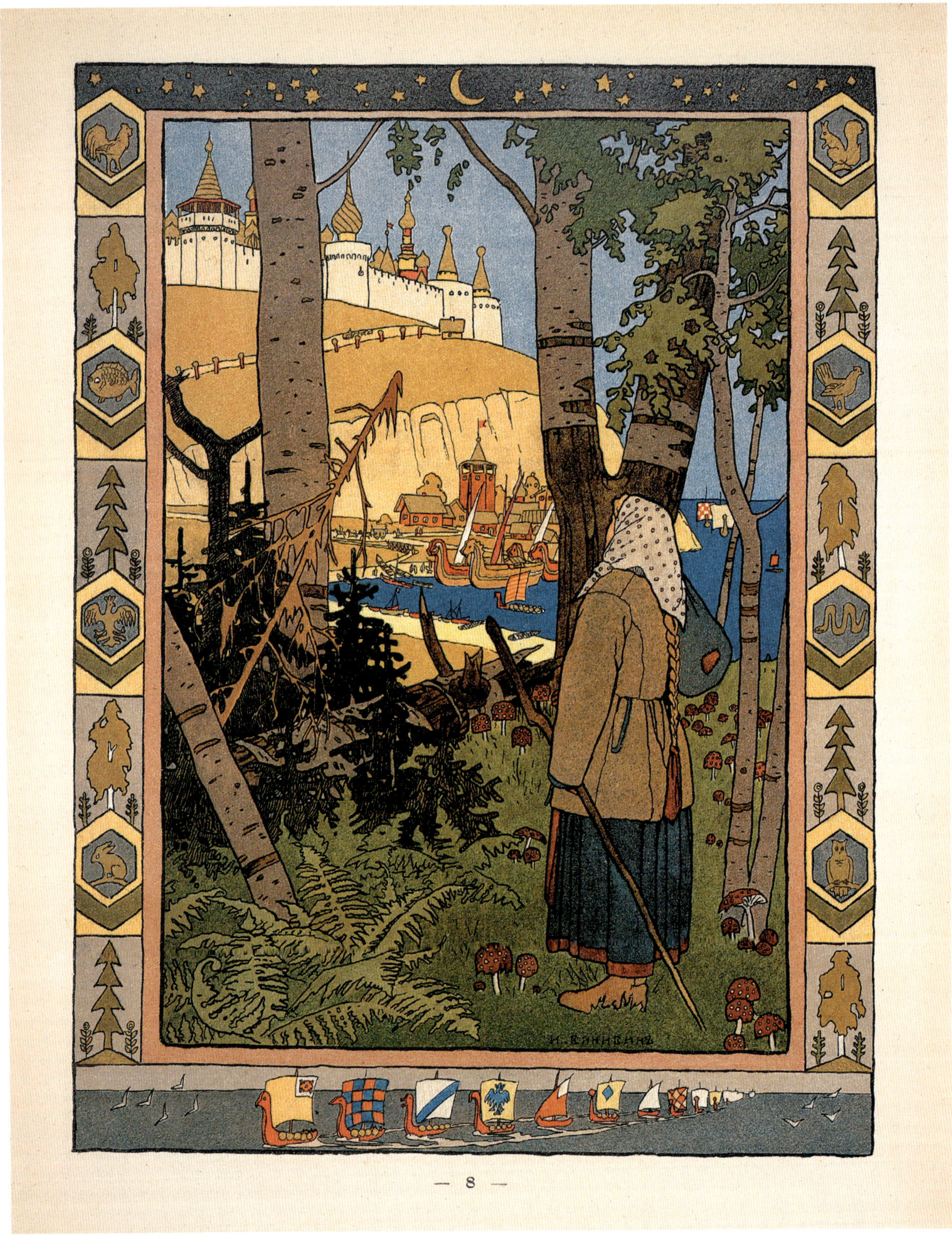

Cat. 81

Ivan I. Bilibine, *la Plume de Finist Fier-faucon*, conte populaire russe, Saint-Pétersbourg, édité par le Goznak (hôtel des Monnaies), 1902,
livre illustré, Paris, bibliothèque de l'Institut national d'histoire de l'art, collections Jacques Doucet.

« Ivan main de fer[1] » : Bilibine et l'art de l'illustration

Renata Clavien

traduit du russe par Nadine Dubourvieux

Ivan Bilibine, dessinateur, peintre russe, mais aussi décorateur de théâtre et professeur, est l'un des illustrateurs russes les plus renommés (fig. 1). Son travail contribua en effet à l'émergence d'un livre pour enfants à la fois élégant et accessible.

Dès 1917, le peintre et critique d'art Sergueï K. Makovsky disait qu'il a fait de l'illustration une vraie profession[2].

Ivan Iakovlevitch Bilibine est né le 4/16 août 1876 dans une vieille famille de Saint-Pétersbourg. Le nom des Bilibine figurait déjà dans des documents de l'époque d'Ivan le Terrible. C'est probablement les anciens récits concernant les origines de sa famille qui lui ont donné le goût de l'histoire russe. Lui-même, plaisantant à demi, invoquait « la voix du sang ».

Il étudia en même temps à l'université de droit de Saint-Pétersbourg et à l'École de dessin de la Société pour l'encouragement des arts (1895-1898). En 1898, durant un mois, il travailla sous la direction d'Anton Ashbe[3] à Munich, puis à Saint-Pétersbourg, dans l'école-atelier de la princesse Maria K. Tenicheva (1898-1900), sous la direction d'Ilia E. Repine. Bilibine déclarait que Repine avait été pour lui « le magicien par excellence, le héraut [...], une créature exceptionnelle qui, par son *Ivan le Terrible*[4], avait laissé sur toute ma vie[5] une trace indélébile gravée au fer rouge ». Les expositions des ambulants[6] et celles du Monde de l'art[7] eurent également une grande influence sur Bilibine. La revue *Mir Iskousstva (le Monde de l'art)* présentait les différents courants de l'art aussi bien étranger que national. « ... Les pages [de la revue] étaient en quelque sorte une " fenêtre ouverte sur l'Europe "[8]. » Mais pour Bilibine, le principal mérite de *Mir Iskousstva* était sa « guerre contre la routine[9]... ».

Grâce à l'activité des membres du cercle de *Mir Iskousstva*, les années 1900-1910 marquèrent l'éclosion d'un art graphique qui, spécialement conçu pour le livre, acquit une forme à part entière. C'est cette tendance que Bilibine a incarnée.

L'exposition de l'hiver de 1898-1899 du peintre Viktor M. Vasnetsov fut déterminante dans ses inspirations : « J'ai vu chez Vasnetsov ce que confusément mon âme cherchait depuis toujours[10]. » En outre, Elena D. Polenova et Sergueï V. Malioutine, héritiers de Vasnetsov, ont été les premiers artistes à illustrer des contes russes pour l'édition, considérant le livre comme une œuvre d'art en tant que telle. Ils furent à l'origine de la notion de contour fermé délimitant une couleur, technique inspirée des vitraux. Il est ainsi possible d'appliquer une même encre de couleur sur la totalité d'une surface fermée. Notons que, jusqu'à la fin des années 1870, la reproduction des illustrations se faisait à l'eau-forte ou à la xylographie. La première technique était onéreuse tandis que la seconde, moins coûteuse, exigeait un long travail préparatoire. La couleur perdait de l'éclat à l'impression. Ainsi les gammes de coloris de *la Guerre des champignons* de Polenova[11] (1889) et du *Conte du tsar Saltan* de Malioutine[12] (1898) s'étaient estompées à l'impression, ce qui avait un peu découragé les deux artistes. L'introduction de la lithographie[13] permit à la fois de dessiner sur pierre et d'employer la couleur.

En Russie, tout dessin englobant aussi bien l'illustration proprement dite du texte que les motifs ornementaux relevait de l'art graphique.

Bilibine, assimilant les recherches de ses collègues du Monde de l'art, réussit pour la première fois dans

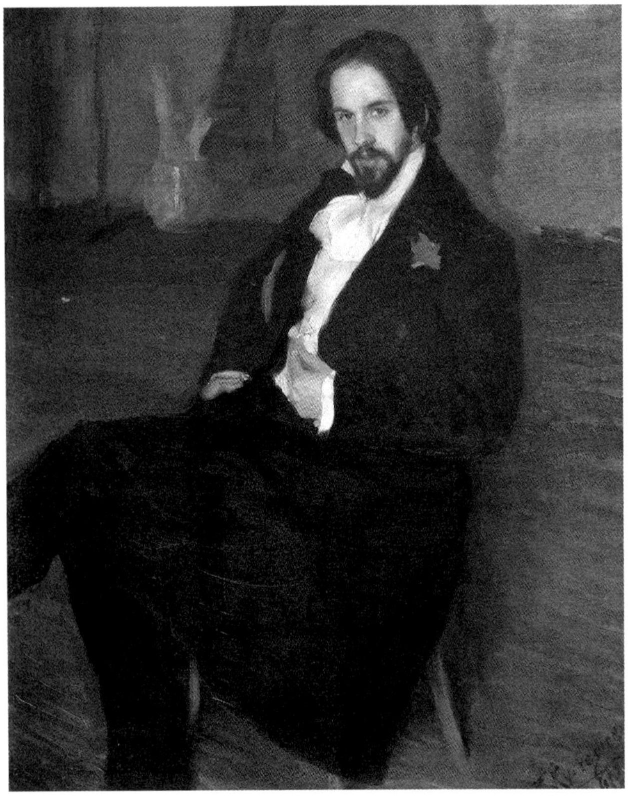

Fig. 1. **Boris Koustodiev, *Portrait de I. I. Bilibine*, 1901,** huile sur toile, Saint-Pétersbourg, Musée d'État russe.

l'histoire du livre russe une synthèse des principes de la peinture et de ceux de l'art graphique imprimé.

Le « style Bilibine », si caractéristique, se fondait sur un dessin aux lignes fermées, de contour net et précis, et colorié en à-plats d'aquarelle. Les thèmes et la manière de les traiter reflètent aussi bien les influences des *loubok*, images populaires russes qui racontent des histoires simples à l'aide de dessins rudimentaires, que celles des arts graphiques contemporains français[14] et japonais, alors source d'inspiration pour de nombreux artistes.

Le séjour qu'il fit durant l'été de 1899 dans le petit village perdu d'Egna, gouvernement de Tver, eut également une influence. Bilibine s'y imprégna d'une atmosphère de culture populaire qui l'aida à réaliser ses premières illustrations. Sa femme disait : « Il me semble que les principales sources d'inspiration de Bilibine furent la nature russe, ses forêts, ses champs et ses rivières, ses lointains bleus à perte de vue et, bien sûr, l'art populaire russe[15]. »

L'artiste consacra la quasi-totalité de son œuvre à l'illustration du conte russe, inspiré du recueil d'Alexandre N. Afanassiev[16]. Il commença donc à Egna sa série de contes russes publiée en 1899-1902 par l'imprimerie d'État Goznak[17]. La grande qualité de l'impression et le prix accessible rendirent possible une grande diffusion à travers toute la Russie de ces premiers livres de Bilibine.

Celui-ci ne se bornait pas à réaliser des illustrations isolées, il avait le souci d'une conception d'ensemble. Il dessinait la couverture, les illustrations, les ornements, les lettrines, réalisant ainsi la mise en forme intégrale du livre. Conformément aux souhaits formulés par Alexandre N. Benois[18] : « Aucune liberté ne doit être admise, dans l'illustration comme dans tout l'agencement du livre[19]. »

Les premiers contes publiés par Bilibine sont : *le conte d'Ivan Tsarevitch, de l'oiseau de feu et du loup gris* (1901 ; cat. 75), *la Princesse-Grenouille* (1901 ; cat. 7), *la Belle Vassilissa* (1902 ; cat. 87), *la Plume de Finist Fier-faucon* (1903 ; cat. 81), *Maria des mers* (1903 ; cat. 96), *Sœur Alenouchka et frère Ivanouchka* (1903 ; cat. 89) et *le Canard blanc* (1903 ; cat. 92). Ils furent publiés sous forme de six fascicules grand format, présentés avec une même décoration et une même mise en page.

Bilibine délimitait la page grâce à un trait de contour et un coloriage à l'aquarelle dans les mêmes nuances. La fermeté irréprochable de son trait lui avait valu auprès de ses camarades le surnom Ivan main de fer[20]. Par ce trait, il « avait su transposer l'art de l'eau-forte dans l'art du dessin[21] ».

Pour ces six fascicules, Bilibine avait également conçu une même couverture ornée de personnages des contes russes et mentionnant au centre le titre dans un cartouche : les trois preux, l'oiseau Sirine, le dragon Gorynytch, la maison de Baba Iaga. À chaque page, les illustrations étaient bordées de frises décoratives, évoquant les fenêtres aux chambranles sculptés des maisons populaires paysannes. Ces bordures n'étaient pas seulement des évocations de fenêtre : par leur contenu elles prolongeaient l'illustration centrale. Bilibine avait emprunté ce procédé de l'embrasure de fenêtre à l'imagerie populaire russe de la fin du XVIIe et du début du XVIIIe siècle. Dans le conte *la Belle Vassilissa,* l'illustration avec le cavalier Rouge (symbole du soleil) était encadrée de fleurs (cat. 84), tandis que celle avec le cavalier Noir (symbole de la nuit) l'était d'oiseaux mythiques à têtes de femme. L'illustration montrant la maison de Baba Iaga était bordée de champignons vénéneux. Mais l'essentiel, pour Bilibine, était de recréer l'atmosphère des contes de la Russie d'autrefois.

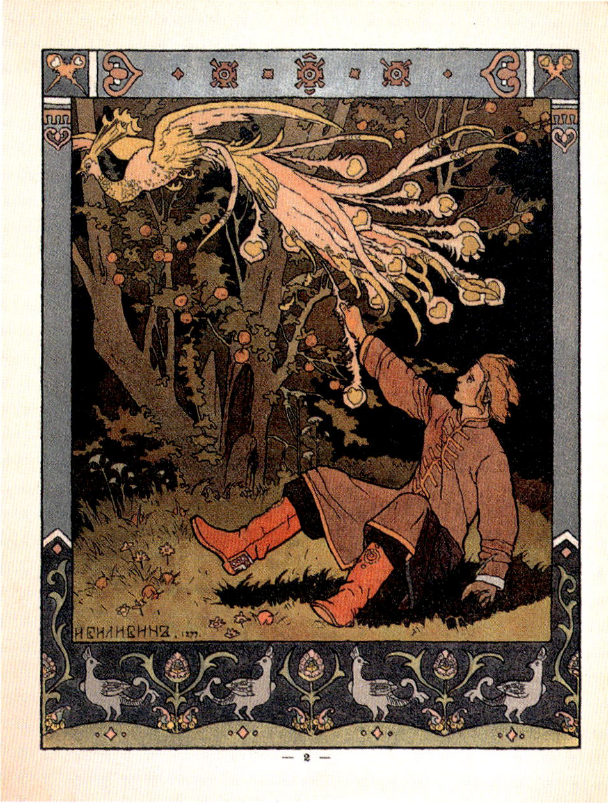

Dans les frises décoratives des premiers *Contes*, Bilibine construisit lui-même l'ornement soit à partir d'éléments naturels comme les bouleaux, les sapins, les corbeaux, les champignons vénéneux, soit simplement en reproduisant des scènes de paysage. Le paysage jouait sur deux composantes : l'une, décorative et symbolique, était indépendante du sujet de l'illustration proprement dite et servait de toile de fond ; l'autre, variant avec chaque conte, campait le décor spécifique de l'histoire. Cette association de deux composantes caractérise le style moderne, aussi bien russe qu'occidental.

Dans les dernières éditions de la série des *Contes*, les techniques de mise en page se sont encore perfectionnées. Les illustrations de *Sœur Alenouchka et frère Ivanouchka ; le Canard blanc* (1901-1902) développent un concept décoratif fondé sur l'abstraction stylistique et l'affranchissement des sources iconographiques et des modèles. De manière entièrement nouvelle, l'espace est traité subjectivement, selon le regard d'un des personnages

Cat. 75

Ivan I. Bilibine, *Le Conte d'Ivan-Tsarevitch de l'Oiseau de feu et du loup gris,* conte populaire russe, Saint-Pétersbourg, édité par le Goznak (hôtel des Monnaies), 1907, Livre illustré, Paris, bibliothèque de l'Institut national d'histoire de l'art, collections Jacques Doucet.

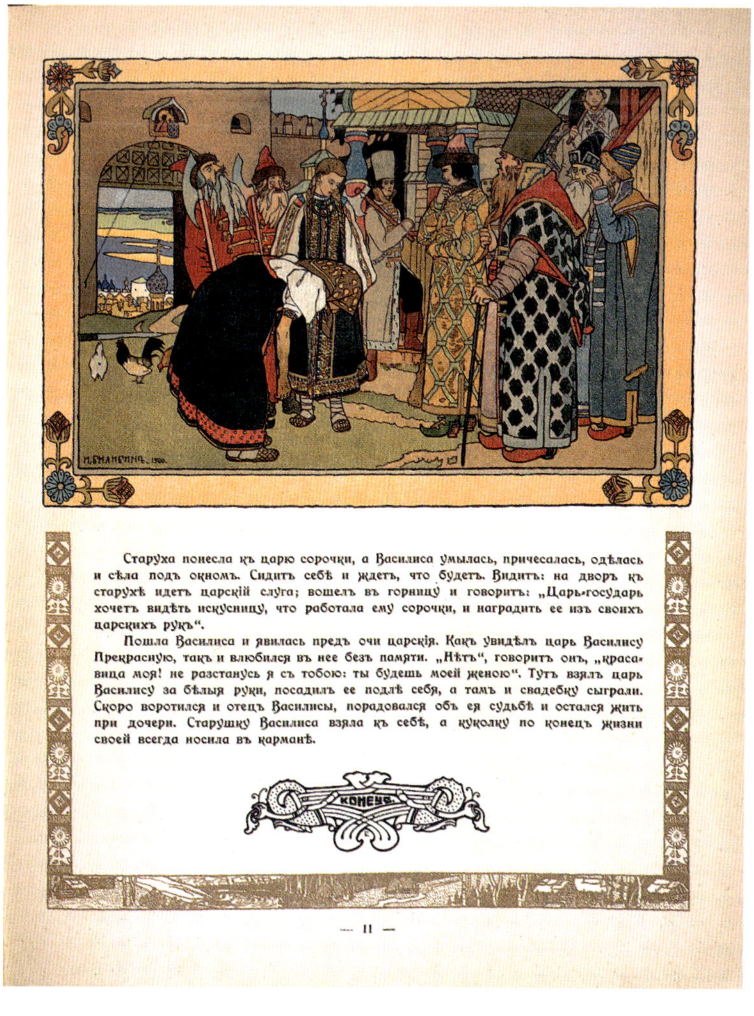

Старуха понесла къ царю сорочки, а Василиса умылась, причесалась, одѣлась и сѣла подъ окномъ. Сидитъ себѣ и ждетъ, что будетъ. Видитъ: на дворъ къ старухѣ идетъ царскій слуга; вошелъ въ горницу и говоритъ: „Царь-государь хочетъ видѣть искусницу, что работала ему сорочки, и наградить ее изъ своихъ царскихъ рукъ".

Пошла Василиса и явилась предъ очи царскія. Какъ увидѣлъ царь Василису Прекрасную, такъ и влюбился въ нее безъ памяти. „Нѣтъ", говоритъ онъ, „красавица моя! не разстанусь я съ тобою: ты будешь моей женою". Тутъ взялъ царь Василису за бѣлыя руки, посадилъ ее подлѣ себя, а тамъ и свадебку сыграли. Скоро воротился и отецъ Василисы, порадовался объ ея судьбѣ и остался жить при дочери. Старушку Василиса взяла къ себѣ, а куколку по конецъ жизни своей всегда носила въ карманѣ.

Конецъ.

— 11 —

Cat. 87

Ivan I. Bilibine, *la Belle Vassilissa,* conte populaire, Saint-Pétersbourg, édité par le Goznak (hôtel des Monnaies), 1902, livre illustré, Paris, bibliothèque de l'Institut national d'histoire de l'art, collections Jacques Doucet.

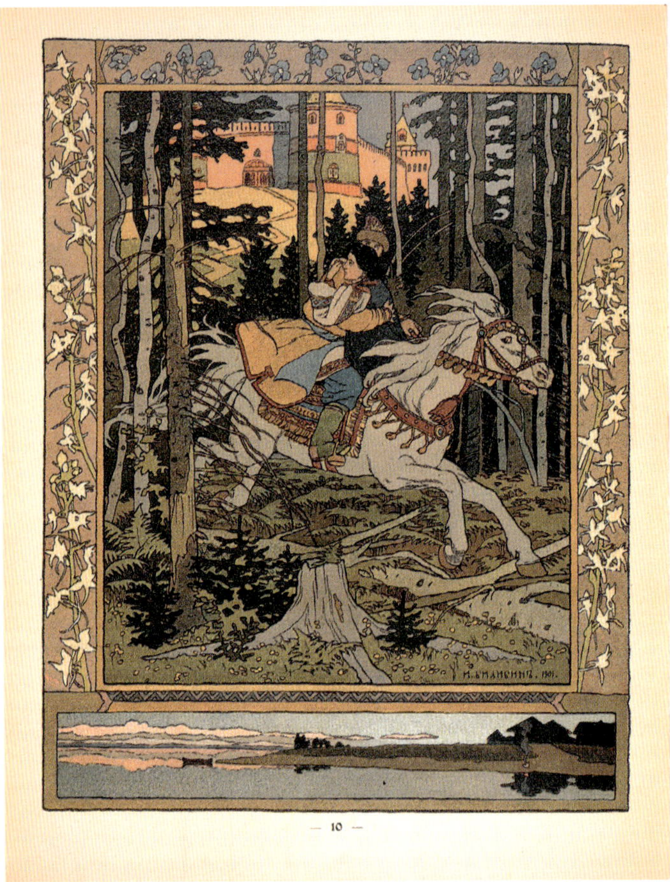

Cat. 75

Ivan I. Bilibine, *Le Conte d'Ivan-Tsarevitch de l'Oiseau de feu et du loup gris,* conte populaire russe, Saint-Pétersbourg, édité par le Goznak (hôtel des Monnaies), 1907,
Livre illustré, Paris, bibliothèque de l'Institut national d'histoire de l'art, collections Jacques Doucet.

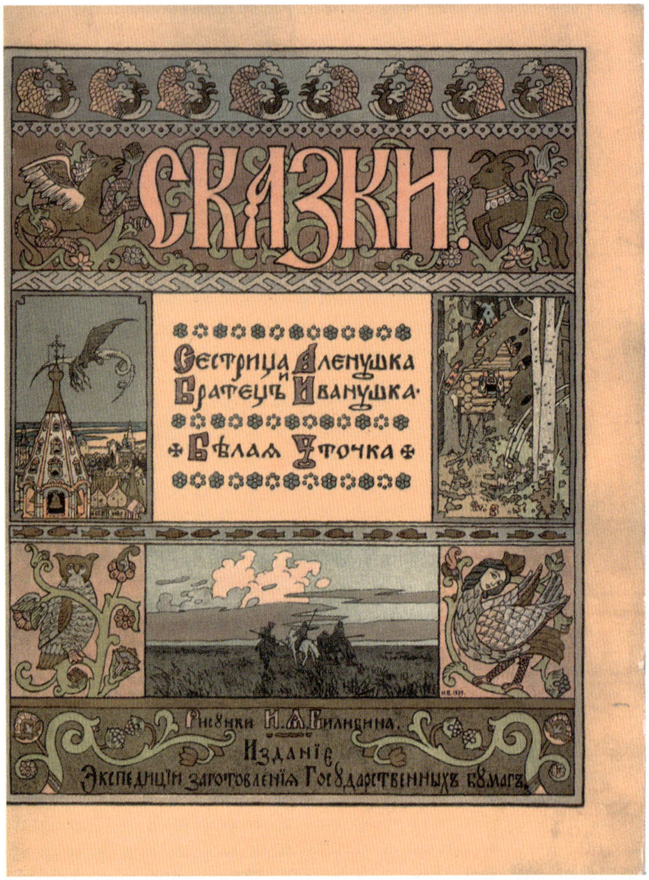

Cat. 92

Ivan I. Bilibine, *Sœur Alenouchka et frère Ivanouchka. Le Canard blanc,* contes populaires russes, couverture, Saint-Pétersbourg, édité par le Goznak (hôtel des Monnaies), 1903,
chromolithographie, Saint-Pétersbourg, Bibliothèque nationale de Russie.

ou même du lecteur. Ainsi par exemple l'image de *la Princesse dans la tour du château* (cat. 91). La Princesse elle-même est dessinée en contre-plongée, alors que les bateaux qui s'éloignent sont représentés tels qu'ils apparaissent à la princesse, et non pas selon les règles habituelles de la perspective.

Dans *le Canard blanc,* le trait de contour a désormais une beauté et une expressivité propres en résonance avec le thème traité.

Ces recherches d'un style nouveau s'accompagnaient d'un élargissement et d'un approfondissement des connaissances en matière d'art populaire. Entre 1902 et 1904, sur mission du département d'Ethnographie du Musée russe, Bilibine parcourut toutes les provinces de Vologda, Arkhanguelsk, Olonets et Tver, où il photographia une quantité impressionnante d'églises anciennes en bois, d'*isbas* de paysans, d'ustensiles, de paysages. Il collecta des broderies paysannes, d'artisanat populaire, des bois sculptés et des *louboks.*

Bilibine recourait à sa collection d'objets et de photographies comme matériaux de base pour son travail d'illustrateur ; une partie de cette collection a du reste été acquise par le département d'Ethnographie du Musée russe.

Bilibine publia également une série d'articles sur l'art populaire et le costume russes[22] (cat. 102), en les illustrant de ses propres photographies. Par ailleurs, certains de ses clichés furent édités dans la monographie *Histoire de l'art russe* d'Igor E. Grabar (1910-1914)[23] et firent l'objet de deux séries de cartes postales : une sur le costume populaire et une sur les monuments d'architecture ancienne. Il réalisa également des dessins d'architecture ancienne publiés sous forme de cartes postales (cat. 103 à 108) par

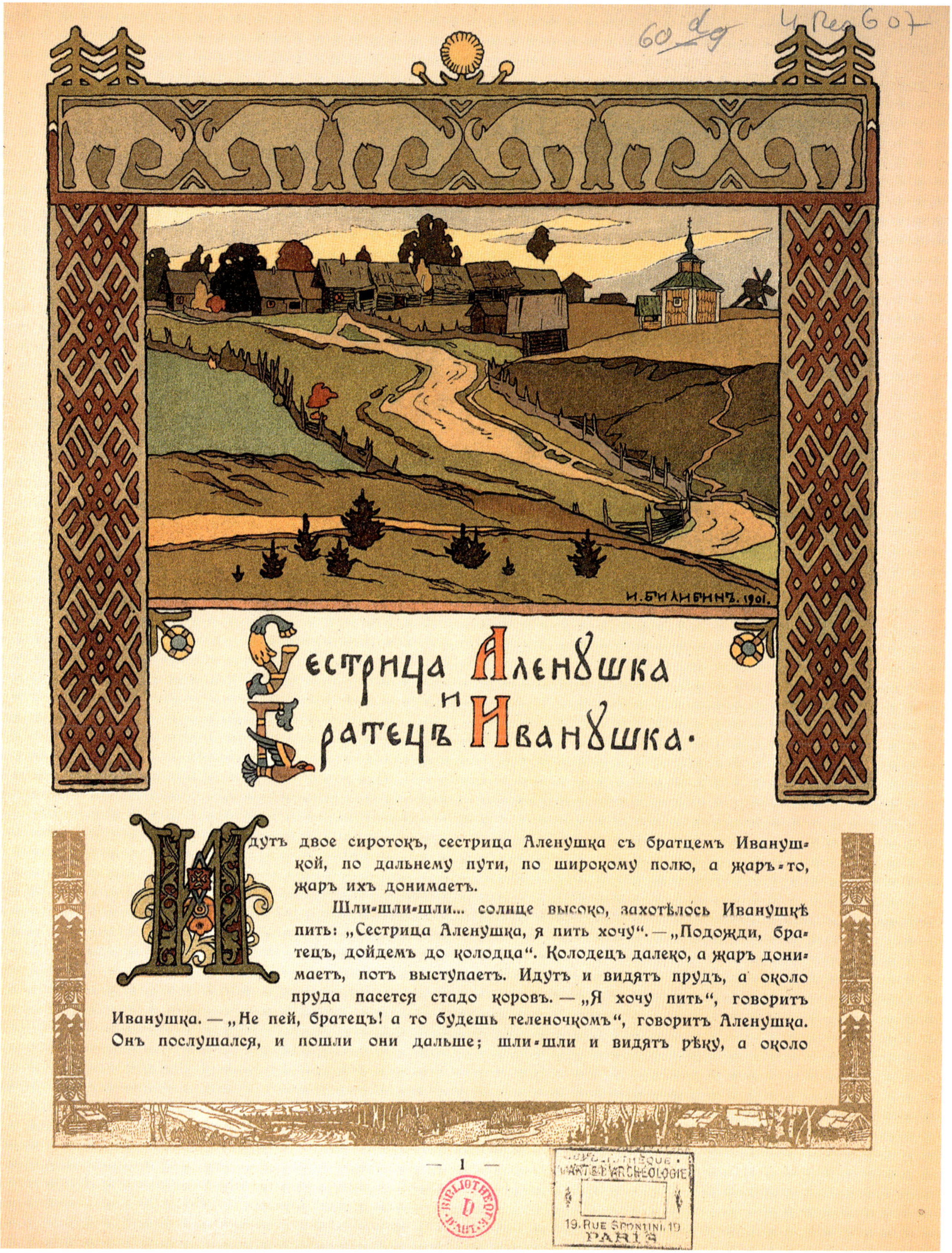

Сестрица Аленушка и Братецъ Иванушка.

Идутъ двое сиротокъ, сестрица Аленушка съ братцемъ Иванушкой, по дальнему пути, по широкому полю, а жаръ-то, жаръ ихъ донимаетъ.

Шли-шли-шли... солнце высоко, захотѣлось Иванушкѣ пить: „Сестрица Аленушка, я пить хочу". — „Подожди, братецъ, дойдемъ до колодца". Колодецъ далеко, а жаръ донимаетъ, потъ выступаетъ. Идутъ и видятъ прудъ, а около пруда пасется стадо коровъ. — „Я хочу пить", говоритъ Иванушка. — „Не пей, братецъ! а то будешь теленочкомъ", говоритъ Аленушка. Онъ послушался, и пошли они дальше; шли-шли и видятъ рѣку, а около

— 1 —

Cat. 89

Ivan I. Bilibine, *Sœur Alenouchka et frère Ivanouchka*, conte populaire russe, Saint-Pétersbourg, édité par le Goznak (hôtel des Monnaies), 1903,
livre illustré, Paris, bibliothèque de l'Institut national d'histoire de l'art, collections Jacques Doucet.

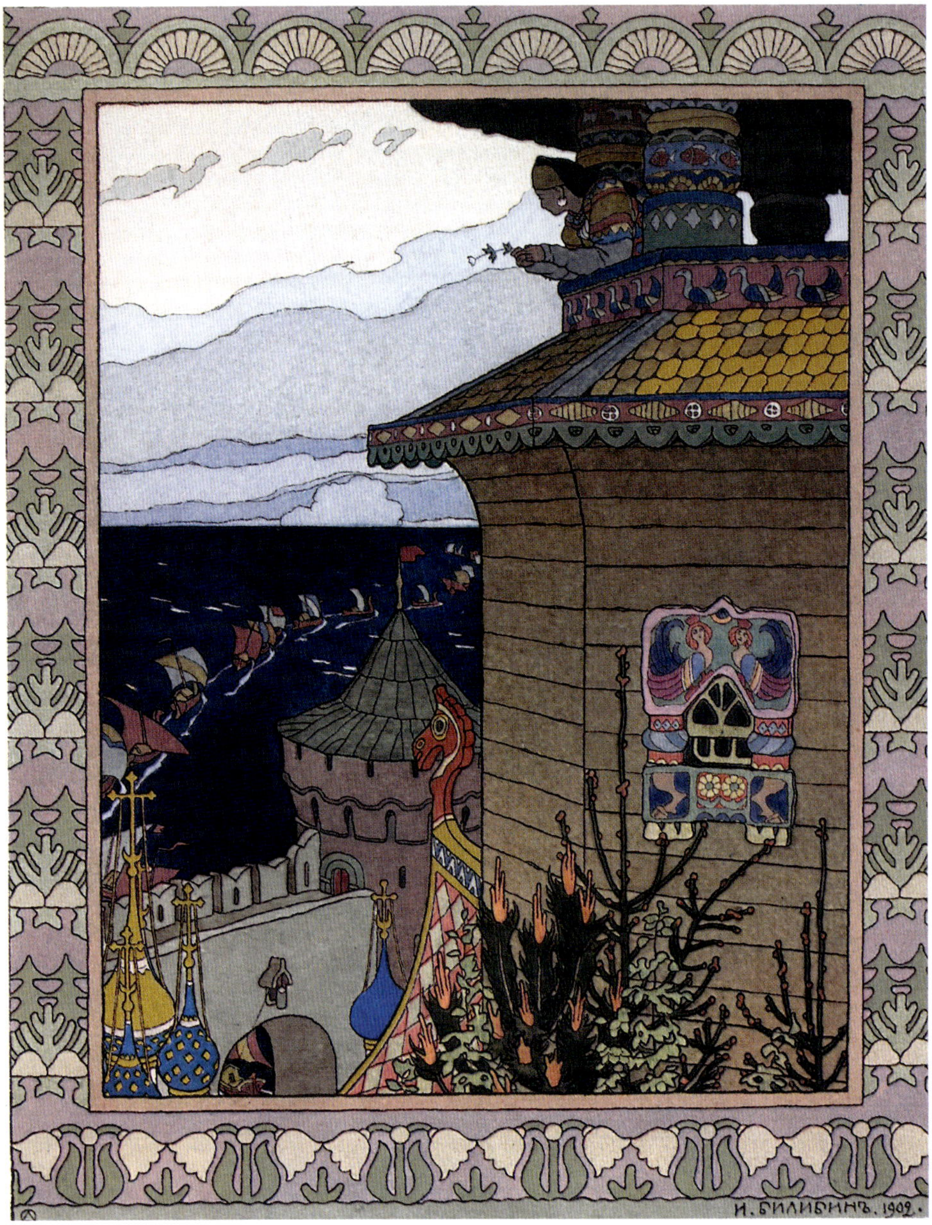

Cat. 91

Ivan I. Bilibine, *la Princesse dans la tour du château*, composition définitive pour la gravure en couleurs, Illustration pour le conte populaire russe *le Canard blanc*, 1902,
aquarelle et encre de chine rehauts d'or sur papier, Moscou, Association du Goznak (hôtel des Monnaies).

la Croix-Rouge et des cartes à jouer, publiées par le Goznak (cat. 128) . La série de cartes postales de 1910 « Devinettes – Lettres ouvertes » (1910, Saint-Pétersbourg) est fortement marquée par son intérêt très poussé pour le loubok.

Même durant les années où il s'intéressait le plus au loubok, Bilibine éprouvait aussi d'autres influences artistiques, en particulier celle du style moderne. Bilibine avait fait sienne l'idée de William Morris selon laquelle il fallait créer des « beaux livres ». Il aimait l'œuvre d'Aubrey Beardsley, qui exerçait sur lui une influence soulignée par Sergueï K. Makovsky[24] lorsqu'il écrivait à propos des dessins de Bilibine pour la série de cartes postales « Parures féminines du Nord » : « Ils conjuguaient de belle manière la grossièreté naïve du loubok et une perfection de dentellière dans les détails, "à la Beardsley"[25] ».

Les illustrations de la byline *Volga* (1902-1904 ; cat. 101) marquèrent une nouvelle étape dans son œuvre. Bilibine avait choisi pour cette édition un format plus grand encore que celui des contes, pour souligner la figure monumentale de cette poésie épique russe : les exploits du preux Volga Vseslavievitch.

Non seulement la Russie ancienne fournissait à Bilibine des thèmes, mais elle lui inspirait aussi un style. Les figures de l'ancienne Russie apparaissent dans *Volga* à travers les motifs du Nord : rivières en sous-bois, isbas, monastères, le tout bizarrement mêlé aux images d'une Inde exotique, surgie de l'imagination d'un russe qui n'y avait jamais mis les pieds. Bilibine érige les tours d'une forteresse du Nord et les orne de paons aux couleurs éclatantes ; il insère un mystérieux symbole du pays exotique sous une arche d'architecture russe. Comme auparavant, tous les éléments et personnages sont cernés d'un trait noir qui donne une sensation d'à-plat. L'illustration avec le brochet est intéressante par son décor stylisé. Les plantes aquatiques avec un ornement répétitif couvrent le premier plan et rappellent les motifs décoratifs des habitations ou des tissus anciens.

Son goût pour le folklore amena Bilibine à illustrer les contes d'Alexandre S. Pouchkine. Ses illustrations pour *le Coq d'or* (1910 ; cat. 112 à 116), sont le plus brillant exemple de son style et l'une de ses meilleures œuvres pour le livre imprimé. Dans un seul ensemble, il a unifié l'aspect satirique du conte et de l'imagerie populaire russe. Profitant du contexte du royaume hypothétique du tsar Dadon, il pousse plus loin encore sa création stylisée à partir d'éléments du réel, qui ne correspondent alors plus à une époque concrète de l'histoire russe mais à une synthèse éclectique.

Chaque détail graphique dépend du conte lui-même, que l'image s'efforce de traduire au plus près. La cohérence s'effectue avec le texte, et texte et dessin fusionnent de plus en plus. Quatre illustrations, plus une cinquième s'étendant sur deux pages, suffisent à suggérer tout le contenu du conte. La frise déployée du *Cortège de l'armée du tsar Dadon* [26] devient le centre du livre quant au sens et à la composition (cat. 112 et 113).

Tout l'univers coloré de l'ancienne Russie ressurgit également des pages du *Tsar Saltan* (1907) de Pouchkine

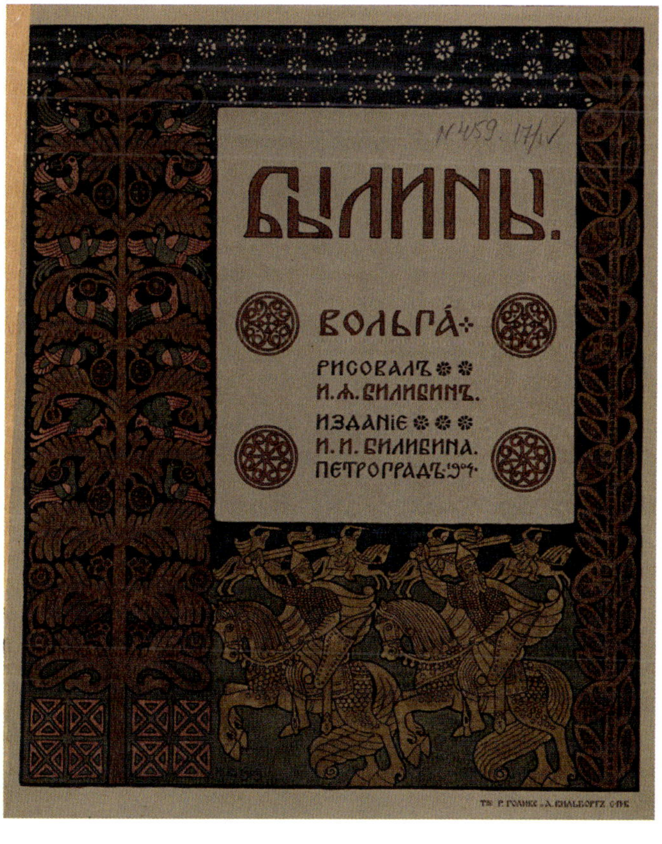

Cat. 101 a

Ivan I. Bilibine, *Bylines. Volga,* couverture, édité par le Goznak (hôtel des Monnaies), Saint-Pétersbourg, 1904,
chromolithographie, Saint-Pétersbourg, Bibliothèque nationale de Russie.

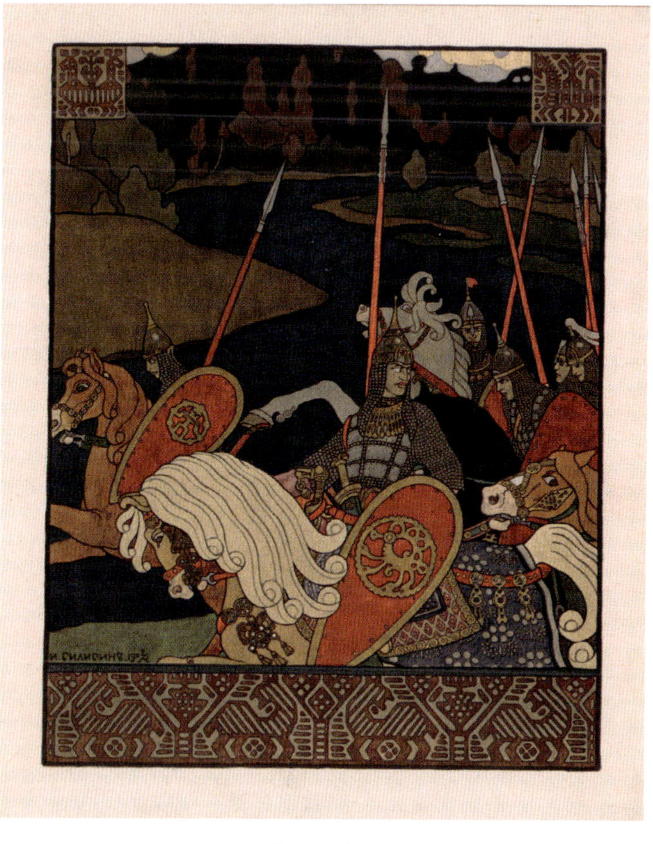

Cat. 101 b

Ivan I. Bilibine, *Bylines. Volga,* édité par le Goznak (hôtel des Monnaies), Saint-Pétersbourg, 1904,
chromolithographie, Saint-Pétersbourg, Bibliothèque nationale de Russie.

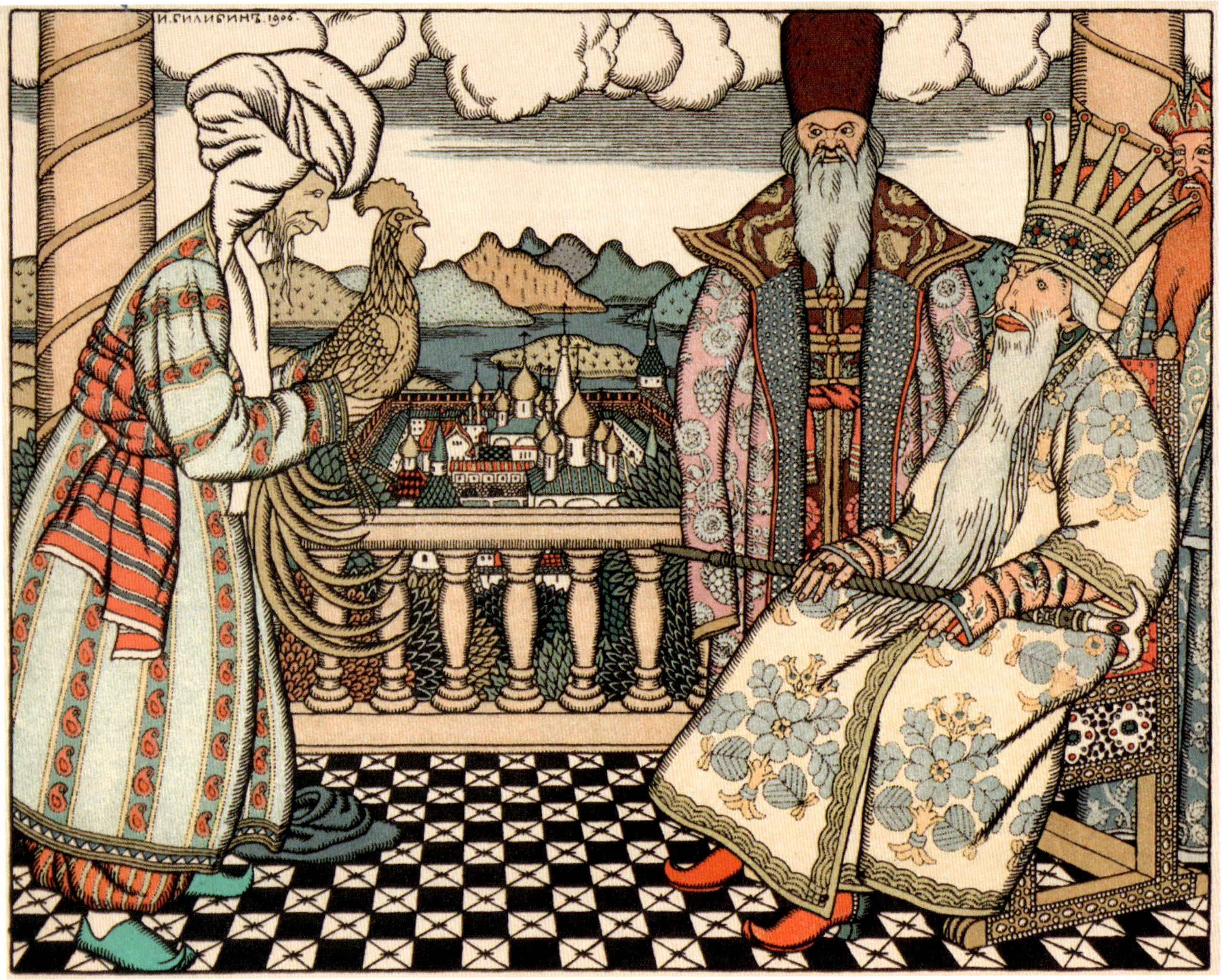

Cat. 117

Ivan I. Bilibine, *Conte du coq d'or,* illustration du conte de A. S. Pouchkine, 1906, gravure en couleurs
Moscou, Bibliothèque d'État russe.

(cat. 110 et 111). Dans l'illustration présentant *le Festin* les motifs décoratifs envahissent le premier plan, occupé par le sol, puis remontent en changeant de forme, vers la nappe, les vêtements des personnages et finalement le mur du fond. La décoration devient prépondérante par rapport au sujet même de l'image, et par voie de conséquence par rapport à sa fonction de mise en valeur du texte : tous deux passent au second plan.

L'atmosphère et les couleurs de l'hiver dans un village russe sont présentées dans l'illustration *Tsar Saltan regarde par la fenêtre de l'isba* (cat. 111 a), qui oppose la richesse décorative du manteau du tsar à la blancheur sereine du paysage. Cette sérénité est toutefois reléguée au second plan par rapport aux couleurs chaudes de l'isba qui évoquent un foyer de vie et d'activité. Le regard du tsar vers la fenêtre établit entre ces deux univers un lien, qui n'est pas dénué d'une certaine tension dramatique. Enfin le paysage de l'arrière-plan reprend les couleurs chaudes de l'isba, qui elles-mêmes répondent aux motifs décoratifs du manteau, et y ajoutent des détails qui enracinent la scène dans la vie populaire russe.

Dans la scène de réception des invités, cette profusion ornementale conduit à une lecture de l'image en trois étapes. Tout d'abord, ce sont les grandes taches de couleur vive des vêtements qui attirent l'œil. Puis on découvre les expressions des visages, stigmatisées, et les regards qui définissent les relations entre les gens. Le regard du tsar, par son énergie, domine toute la scène, et a comme écho les regards soumis des marchands, dont le premier est le plus rompu à la courtoisie diplomatique, et les suivants laissent imaginer quelques arrière-pensées. Dans un troisième temps, l'œil explore le fond de la

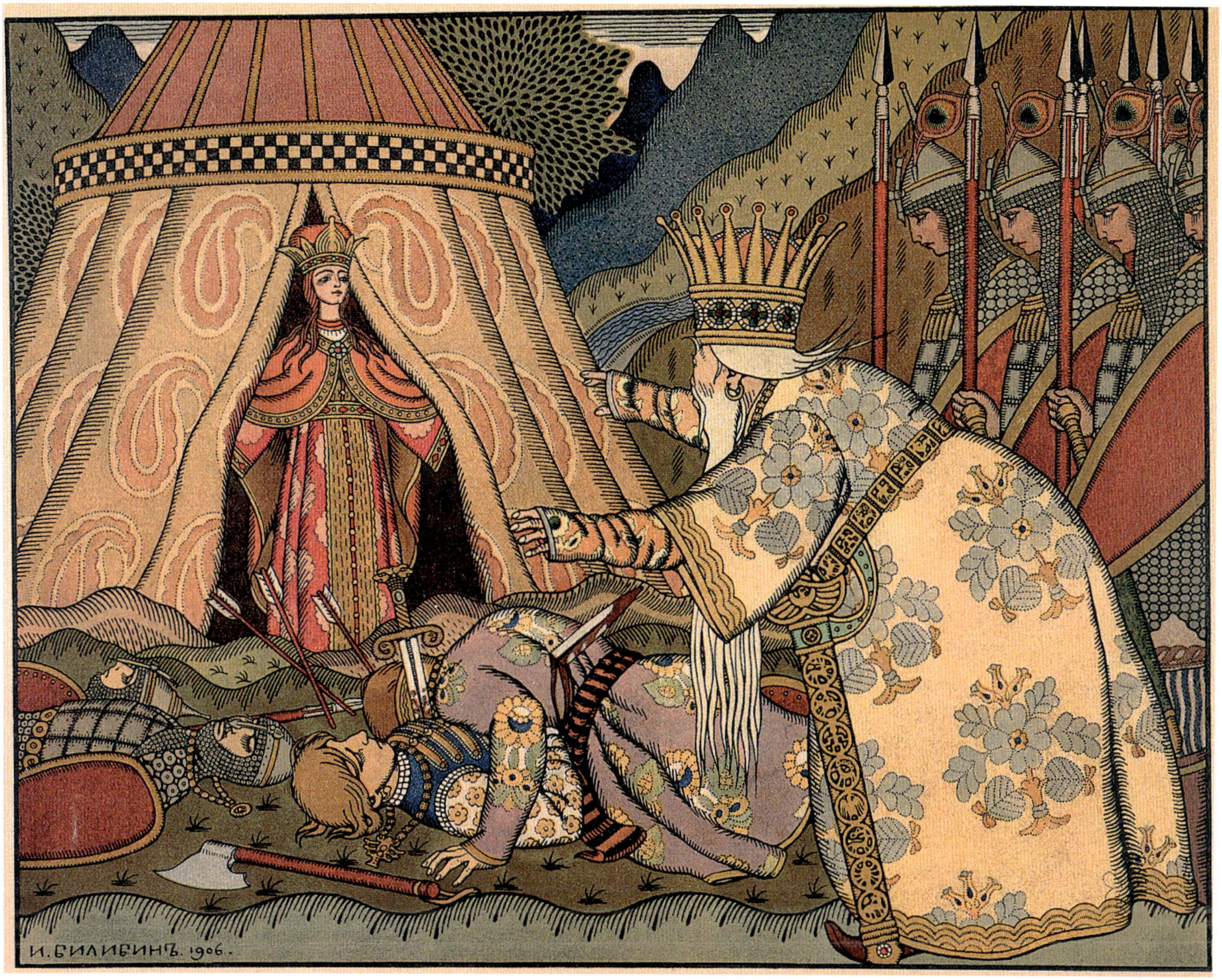

Cat. 114

Bilibine Ivan Iakovlevitch, ***Le Tsar Dadon devant la tente de la tsarine Chamakhanskaïa,***
esquisse pour une illustration du Conte du coq d'or de A. S. Pouchkine 1906
Aquarelle, encre à la plume et au pinceau sur papier, Saint-Pétersbourg, musée national A. S. Pouchkine

pièce, et prend plaisir à découvrir une multitude d'objets populaires du quotidien, dans leur rassurante banalité.

Ainsi, les représentations statiques héritées de l'imagerie populaire des louboks prennent vie chez Bilibine à travers l'intensité des regards. Sa découverte de la gravure japonaise, particulièrement celle de Katsushika Hokusaï, le libéra de ce statisme du trait. Sous l'inspiration de *la Grande Vague,* il dessine *Le tonneau flottant dans la mer,* dont le trait tourne le dos au statisme d'autrefois, au point de donner l'impression que la vague d'une part et le tonneau de l'autre sont des personnages entre lesquels s'instaure une relation intense. D'un point de vue plus théorique, on peut trouver dans *la Grande Vague* comme dans *Le tonneau flottant dans la mer* l'expressivité de la ligne, la pureté de la couleur, une compréhension dynamique de l'espace.

Comme l'a souligné l'historien de l'art A. A. Sidorov : « Ses œuvres combinent et le style moderne et l'influence des gravures japonaises en couleurs (les motifs de vagues et de nuages) ; et une utilisation réfléchie des motifs de l'art populaire du Nord[27]. »

La caricature joue un rôle dans la spécification morale des personnages. Ces personnages annoncent les caricatures qu'il réalisa en 1905 pour des revues satiriques : *Joupel (l'Épouvantail), Adskaïa Potchta (la Poste infernale), Satyrikon.*

Parallèlement à ses illustrations, Bilibine honorait de nombreuses commandes de couvertures de livre (cat. 121 ; fig. 2), affiches publicitaires (cat. 98) et programmes de théâtre, timbres-poste. Il réalisait les vignettes et les culs-de-lampe de la revue *Mir Iskousstva (le Monde de l'art).* Il contribua en outre à la renaissance

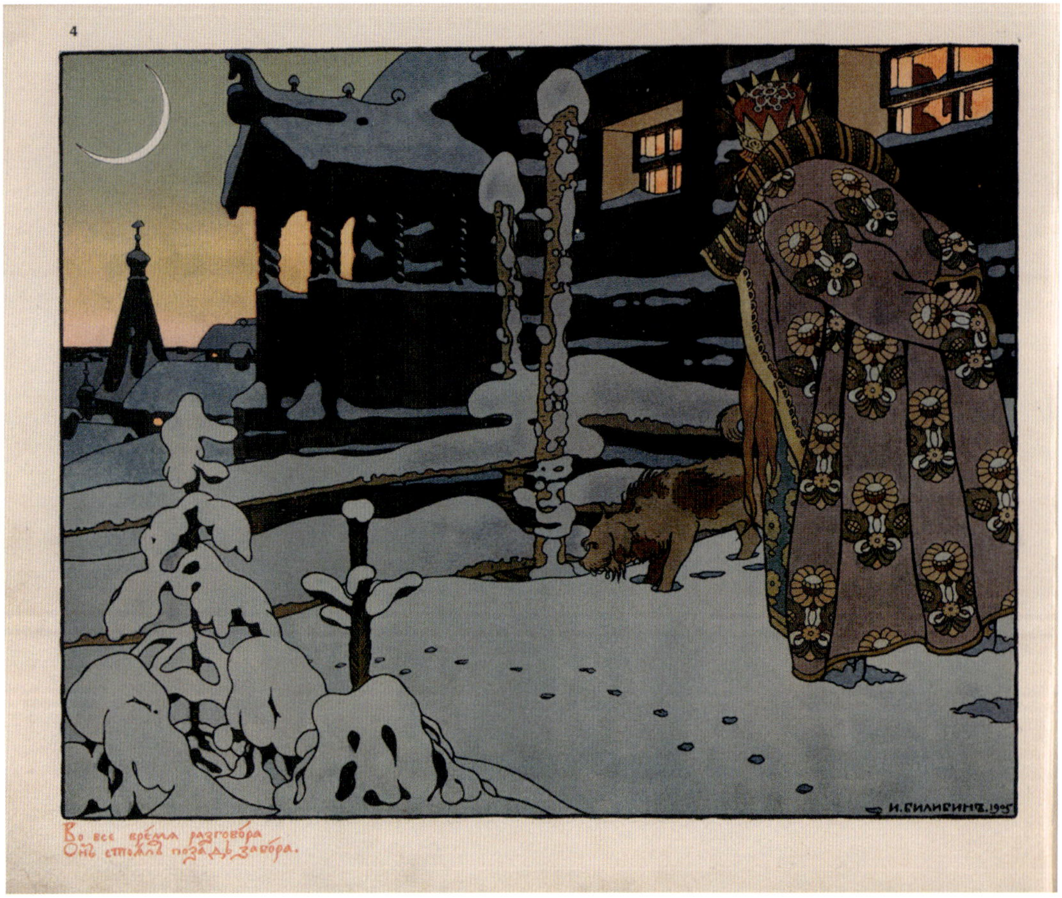

Cat. 111 a

Ivan I. Bilibine, *les Contes de Pouchkine. Conte du tsar Saltan*, Saint-Pétersbourg, édité par le Goznak (hôtel des Monnaies), 1905,
chromolithographie, Saint-Pétersbourg, Bibliothèque nationale de Russie.

de la fresque et du vitrail, en réalisant notamment une intéressante série de travaux de synthèse de l'architecture et de la peinture murale et monumentale. On lui doit la fresque d'une filiale de la Banque d'État dans la ville de Nijni-Novgorod, ainsi que les esquisses des fresques pour la gare de Kazan à Moscou.

Le travail pour le théâtre fut une page importante de son œuvre. Là aussi Bilibine demeurait avant tout graphiste, soulignant les traits qui délimitent des surfaces fermées. Ses costumes et ses décors pour l'opéra de Nikolaï A. Rimsky-Korsakov *le Coq d'or* (1909) furent eux aussi traités comme des réalisations de graphiste, dans le style de l'imagerie populaire.

Ce style allait néanmoins évoluer progressivement. Déjà dans *le Coq d'or* (1909), certains traits étaient ombrés d'un côté par une multitude de petits traits perpendiculaires, donnant un effet de relief. Cette évolution se poursuivit dans *Sadko* (1914) et *Rouslan et Ludmila* (cat. 119), où progressivement des dégradés de couleurs apparurent grâce à la technique du clair-obscur.

Bilibine trouva dans les années 1910 une autre source d'inspiration : l'iconographie russe ancienne qui exerçait alors une grande influence sur l'œuvre de nombreux artistes (Nikolaï K. Roerikh, Dmitri S. Stelletsky, Kouzma S. Petrov-Vodkine). Le contour noir fut remplacé par un contour de couleur, et des teintes plus vives apparurent dans ses œuvres. On le constate dans les illustrations de *Va voir là-bas si j'y suis* (1919).

Entre 1907 et 1917, Bilibine enseigna l'art graphique à l'école de la Société d'encouragement des arts de Saint-Pétersbourg, comme une discipline à part entière, ce qui représentait une innovation. L'art graphique appliqué au livre devint une spécialité de l'enseignement.

Réfugié après la révolution dans sa maison de Crimée, Bilibine s'exila au Caire en 1920. Il s'y retrouve immergé dans un autre monde, aux personnages différents, et

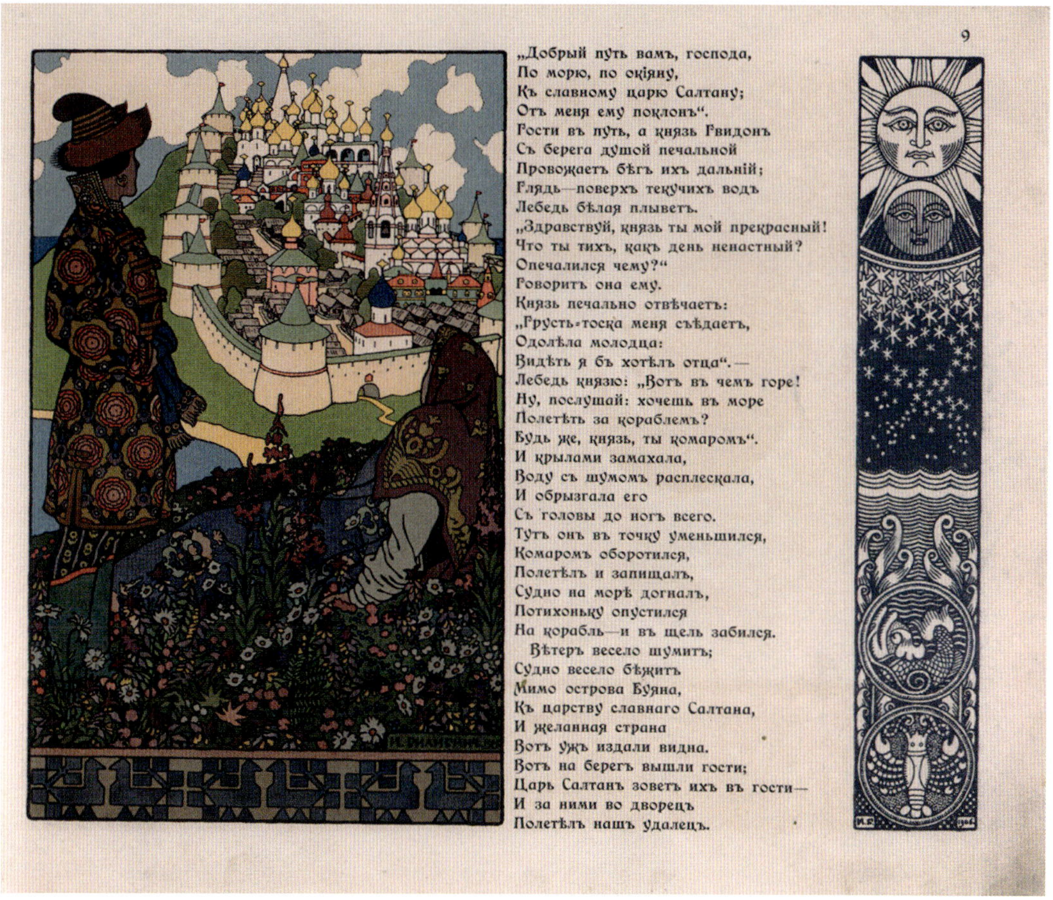

9

„Добрый путь вамъ, господа,
По морю, по океяну,
Къ славному царю Салтану;
Отъ меня ему поклонъ".
Гости въ путь, а князь Гвидонъ
Съ берега душой печальной
Провожаетъ бѣгъ ихъ дальній;
Глядь—поверхъ текучихъ водъ
Лебедь бѣлая плыветъ.
„Здравствуй, князь ты мой прекрасный!
Что ты тихъ, какъ день ненастный?
Опечалился чему?"
Говоритъ она ему.
Князь печально отвѣчаетъ:
„Грусть-тоска меня съѣдаетъ,
Одолѣла молодца:
Видѣть я бъ хотѣлъ отца".—
Лебедь князю: „Вотъ въ чемъ горе!
Ну, послушай: хочешь въ море
Полетѣть за кораблемъ?
Будь же, князь, ты комаромъ".
И крылами замахала,
Воду съ шумомъ расплескала,
И обрызгала его
Съ головы до ногъ всего.
Тутъ онъ въ точку уменьшился,
Комаромъ оборотился,
Полетѣлъ и запищалъ,
Судно на морѣ догналъ,
Потихоньку опустился
На корабль—и въ щель забился.
Вѣтеръ весело шумитъ;
Судно весело бѣжитъ
Мимо острова Буяна,
Къ царству славнаго Салтана,
И желанная страна
Вотъ ужъ издали видна.
Вотъ на берегъ вышли гости;
Царь Салтанъ зоветъ ихъ въ гости—
И за ними во дворецъ
Полетѣлъ нашъ удалецъ.

Cat. 111 b

Ivan I. Bilibine, *les Contes de Pouchkine. Conte du tsar Saltan*, Saint-Pétersbourg, édité par le Goznak (hôtel des Monnaies), 1905, chromolithographie, Saint-Pétersbourg, Bibliothèque nationale de Russie, dessin préparatoire au cat. 110.

dans un contexte artistique où l'on ne représentait pas les personnages : « Il me semblait qu'une page des *Mille et Une Nuits* s'était animée sous mes yeux[28]. » Il y vécut cinq ans, travailla à des fresques monumentales pour des Grecs fortunés (maisons de maître, églises orthodoxes) et rapporta une riche documentation.

En 1925, il voulut retrouver un contexte européen et rejoindre ses amis émigrés à Paris. Il y travailla énormément pour les maisons d'édition françaises (Boivin et Cie, Paris ; Flammarion, Paris), illustrant des recueils de contes russes, français et allemands, des ouvrages d'histoire, des couvertures, des pages de titre, des cartons d'invitation, des affiches, des timbres, etc. Il mit à profit son expérience égyptienne pour illustrer une série de contes arabes. Il travailla aussi pour la presse des émigrés russes en illustrant les revues *Illustrirovannaïa Rossia (la Russie illustrée)* et *Jar-Ptitsa (l'Oiseau de feu)*.

Entre 1927 et 1931, Bilibine travailla à des esquisses de costumes et de décors pour les spectacles des saisons d'opéra russe au théâtre des Champs-Élysées : le *Conte du tsar Saltan* (1929) et *la Fiancée du tsar* (1930) de Rimsky-Korsakov, *le Prince Igor* d'Alexandre P. Borodine (1930), *Boris Godounov* de Modeste P. Moussorgsky (1931), mis en scène et interprété par Fedor I. Chaliapine. Bilibine participait aux expositions du Salon des Tuileries. Il eut des expositions personnelles à Prague (Exposition des œuvres d'Ivan Bilibine, 1927) et à Amsterdam (Exposition des œuvres de I. Bilibine et A. Chtchekatikhina-Pototskaïa, 1929) et il participait aux nombreuses expositions d'art russe : Bruxelles (Exposition d'art russe ancien et moderne, palais des Beaux-Arts, 1928), Copenhague (Exposition d'art russe, 1929), Belgrade (Grande Exposition d'art russe, 1930), Paris (Exposition d'art russe, 1931 ; Exposition d'art russe, galerie Renaissance, 1932), etc. Il réalisa les décors du ballet d'Igor F. Stravinsky *l'Oiseau de feu* (1931) pour le Teatro Colón de Buenos Aires.

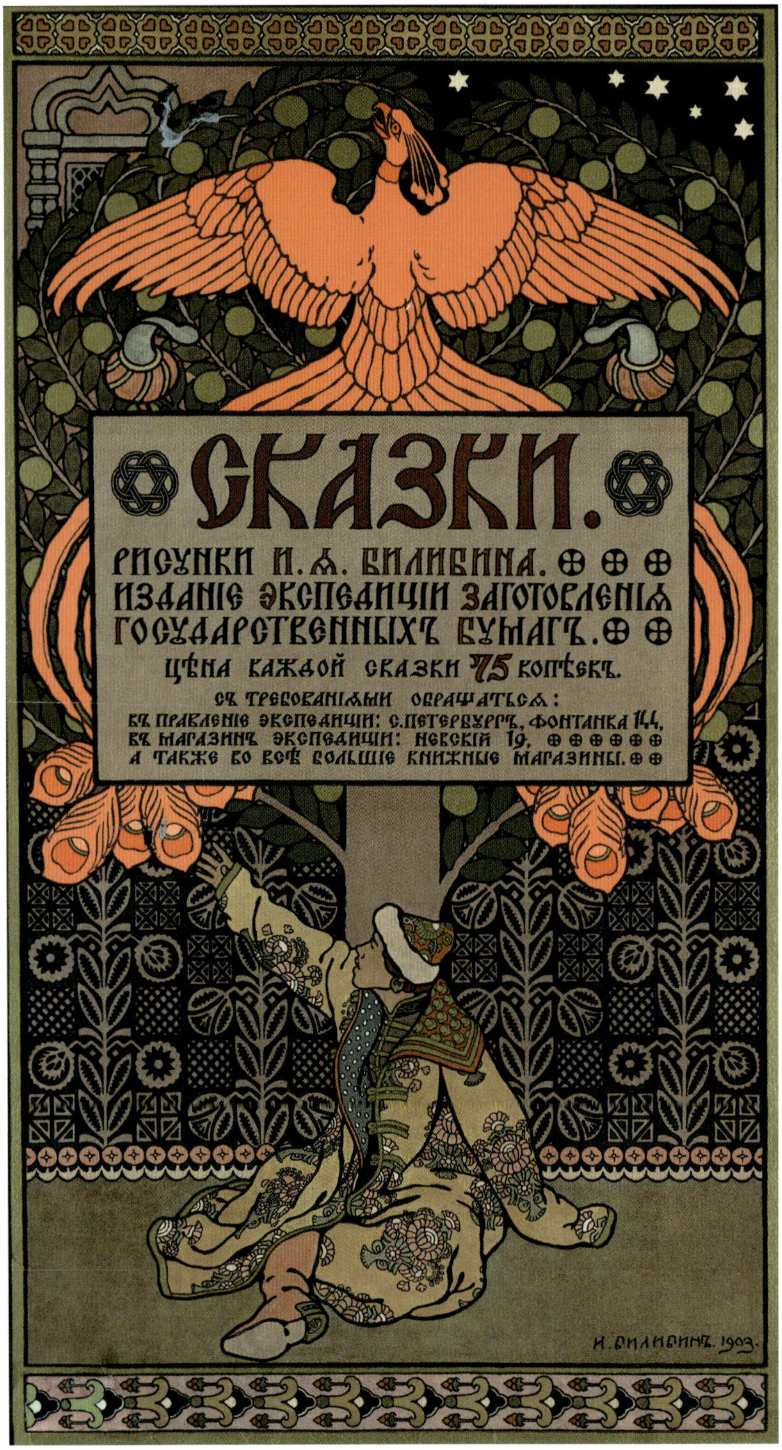

Cat. 98

Ivan I. Bilibine, *Contes*, 1903,
affiche publicitaire pour la publication des contes populaires russes illustrés par Bilibine ; chromolithographie, Moscou, Bibliothèque d’État russe.

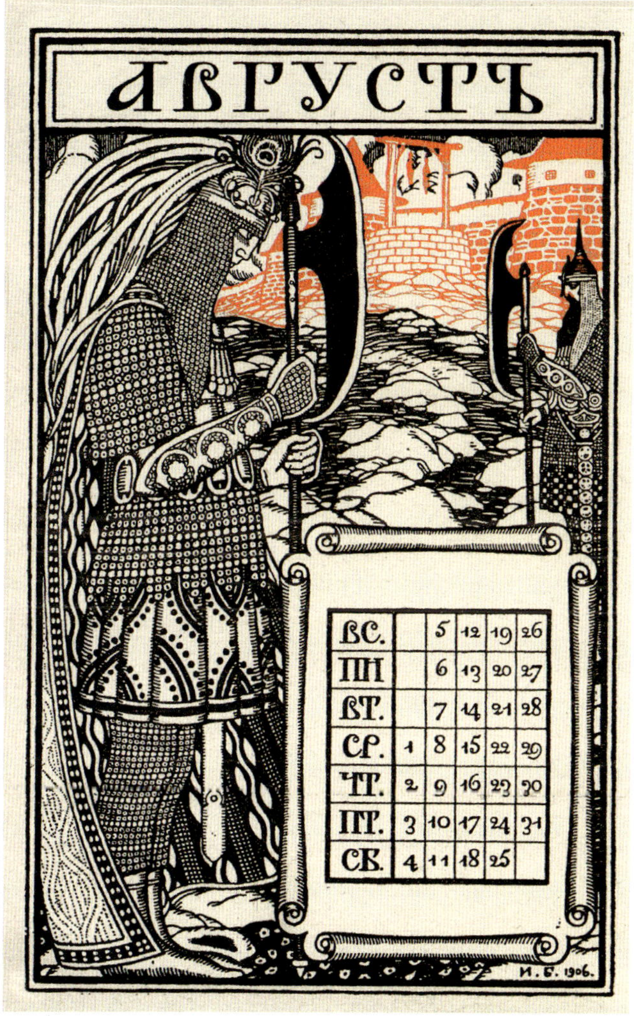

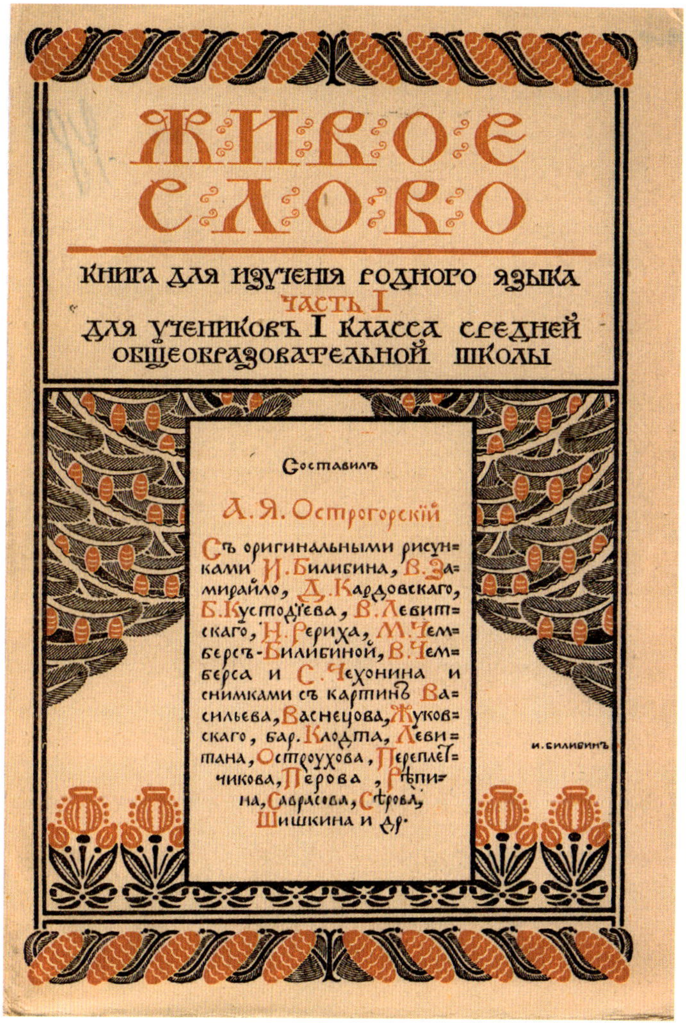

Cat. 118

Ivan I. Bilibine, *Août,* feuille de calendrier, 1906,
Moscou, Bibliothèque d'État russe.

Cat. 121

Ivan I. Bilibine, couverture pour O. Ostrogorsky, *la Parole vivante,* manuel de russe langue maternelle, 1re partie
gravure en couleurs, 1907, Moscou, Bibliothèque d'État russe.

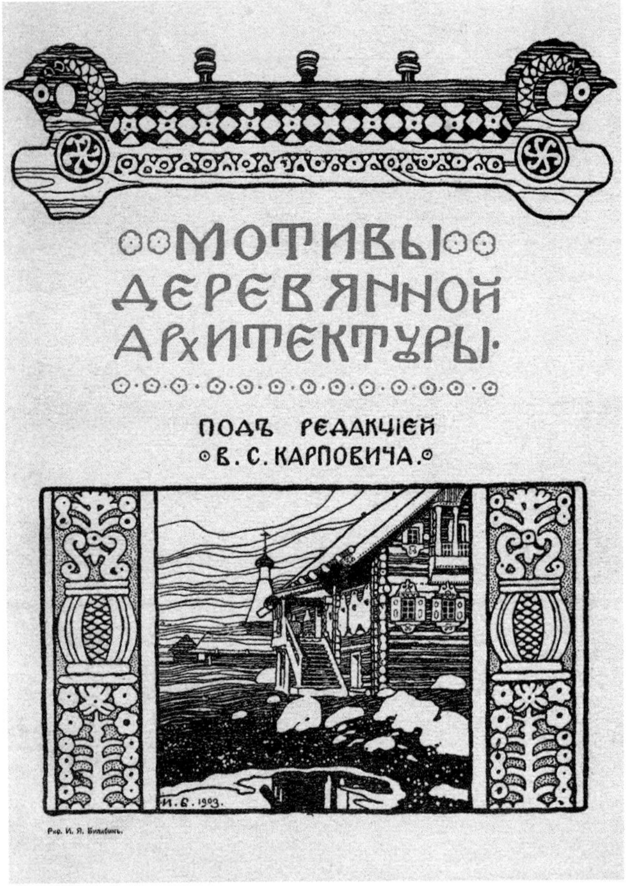

Fig. 2. **Ivan I. Bilibine,** ***Motifs d'architecture en bois,*** **1903,** Saint Pétersbourg, Bibliothèque nationale de Russie.

Avec les années, il s'était réconcilié avec le régime soviétique. Après avoir orné l'ambassade soviétique à Paris d'un panneau patriotique monumental, *Mikoula Selianinovitch* (1935-1936), Bilibine rentra au pays, en 1936. Il enseigna l'art graphique à l'Institut de peinture, sculpture et architecture Repine de Leningrad, et poursuivit son travail d'illustrateur et de décorateur.

Grâce à Bilibine, le livre illustré avait pris une place importante dans la pratique éditoriale : tous les éléments, de la couverture au cul-de-lampe, étaient soumis au projet global de l'artiste. Ce principe fut développé et perfectionné par les artistes de la génération suivante, dont Boris V. Zvorykine[29], baptisé le Bilibine moscovite, et Gueorguy I. Narbout[30], élève de Bilibine. Ce dernier avait un talent très personnel. Son style se conjuguait en une grande diversité de formes, allant de la technique des silhouettes décoratives pour livres, aux clairs-obscurs en passant par l'imagerie populaire des loubοks. Si l'on reconnaît les travaux de Bilibine à leur lyrisme, leur caractère féerique, au soin apporté à chaque détail, chez Narbout on trouvera la même technique irréprochable mais avec plus de légèreté, et l'ensemble de l'image sera plus structuré. Surtout, il créa un univers lointain et plus impersonnel, distinct de celui de son maître.

Ivan I. Bilibine mourut durant le siège de Leningrad, le 7 février 1942. Jusqu'à la fin de sa vie l'artiste était resté « l'indéfectible Bilibine[31] », fidèle au langage graphique qu'il s'était forgé.

1. Golynets et Golynets, 1972, p. 42.
2. *Sovremennaïa rousskaïa grafika (Art graphique russe contemporain)*, 1917, p. 87.
3. Anton Ashbe (1862-1905), professeur, artiste, fondateur d'une école de peinture et de dessin à Munich.
4. Il s'agit du tableau de Repine *Ivan le Terrible et son fils Ivan, le 16 novembre 1581* (1885, Moscou, galerie Tretiakov).
5. Bilibine, 1930, t. 44, p. 483.
6. Les ambulants (1870-1923) : association russe d'artistes réalistes, fondée à Saint-Pétersbourg sur une initiative de I. N. Kramskoï, G. G. Miassoedov, N. N. Gay et V. G. Perov. Ces artistes dépeignaient la vie quotidienne du peuple, les épisodes historiques et les conflits sociaux du passé et du présent de la Russie, ainsi que la nature russe. Ils organisèrent quarante-huit expositions ambulantes à travers de nombreuses villes russes.
7. Le Monde de l'art : groupement artistique qui joua un rôle particulièrement important dans l'histoire du symbolisme et du style moderne russes. Ses membres étaient rassemblés autour de la revue illustrée du même nom, dirigée par S. P. Diaguilev et A. N. Benois (Saint-Pétersbourg, 1899-1904).
8. Bilibine, 1970, p. 59.
9. Idem, *op. cit.*, p. 64.
10. Golynets et Golynets, *op. cit.*, p. 19.
11. *La Guerre des champignons*, 1889.
12. Pouchkine, 1898.
13. A. Senefelder, inventeur allemand de la technique de la lithographie au XVIIIe siècle.
14. D'après l'ami de Bilibine V. N. Levitsky, celui-ci avait trouvé son style graphique en partie grâce au livre de Boutet de Monvel *Jeanne d'Arc* (Paris, Plon-Nourrit et Cie, 1896). L'artiste y comblait l'espace avec un ornement et une ligne.
15. O'Connel-Mikhaïlovskaïa, 1970, p. 155.
16. A. N. Afanassiev, folkloriste, auteur de recueils de poésies et contes populaires
17. Goznak, l'Expédition pour l'apprêt des papiers d'État était une institution qui, fondée en 1818 sous Alexandre Ier, assurait le cycle complet de la fabrication du papier monnaie et autres papiers précieux. Elle a eu également une activité d'édition.
18. A. N. Benois, artiste, illustrateur, décorateur de théâtre et historien de l'art.
19. Benois, 1910, p. 41.
20. Golynets et Golynets, *op. cit.*, p. 42.
21. *Een Russisch Sprookje. Russiche boekkunst en grafiek uit begin van de 20 eeuw*, 2004, p. 26.
22. Bilibine, 1904, p. 303-318.
23. Grabar, 1910-1914.
24. S. K. Makovsky, critique d'art, poète et éditeur russe.
25. Sidorov, 1969, p. 93.
26. Cette frise remonte à la célèbre image populaire « L'Illustre combat de l'empereur Alexandre de Macédoine contre Poros, roi des Indes ».
27. Sidorov, *op. cit.*, *loc. cit.*
28. Bilibine, 1970, p. 60.
29. B. V. Zvorykine, graphiste et illustrateur de livres russe.
30. G. I. Narbout, graphiste russe et ukrainien, illustrateur de livres.
31. Voronets-Popova, 1970, p. 178.

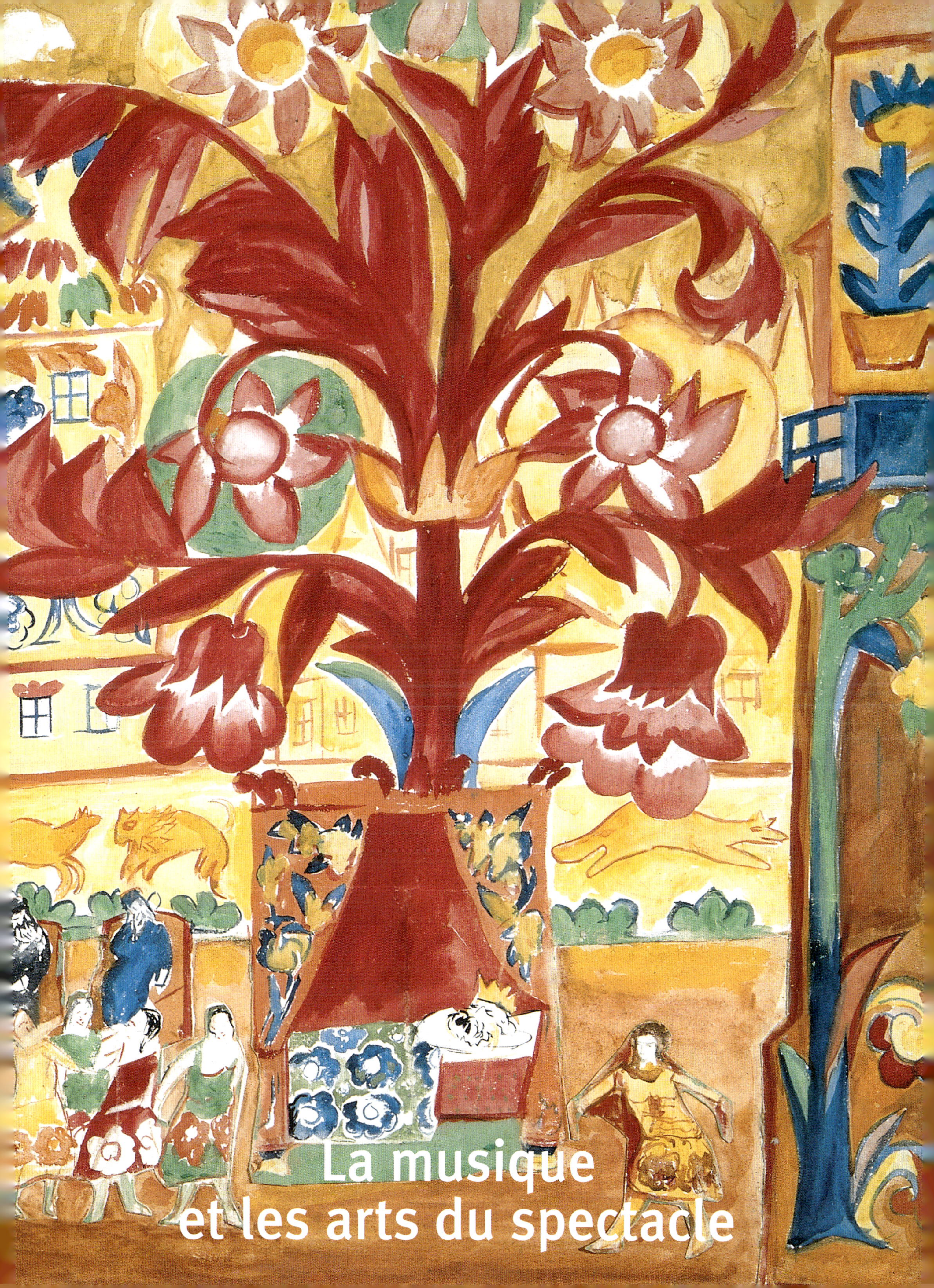

La musique et les arts du spectacle

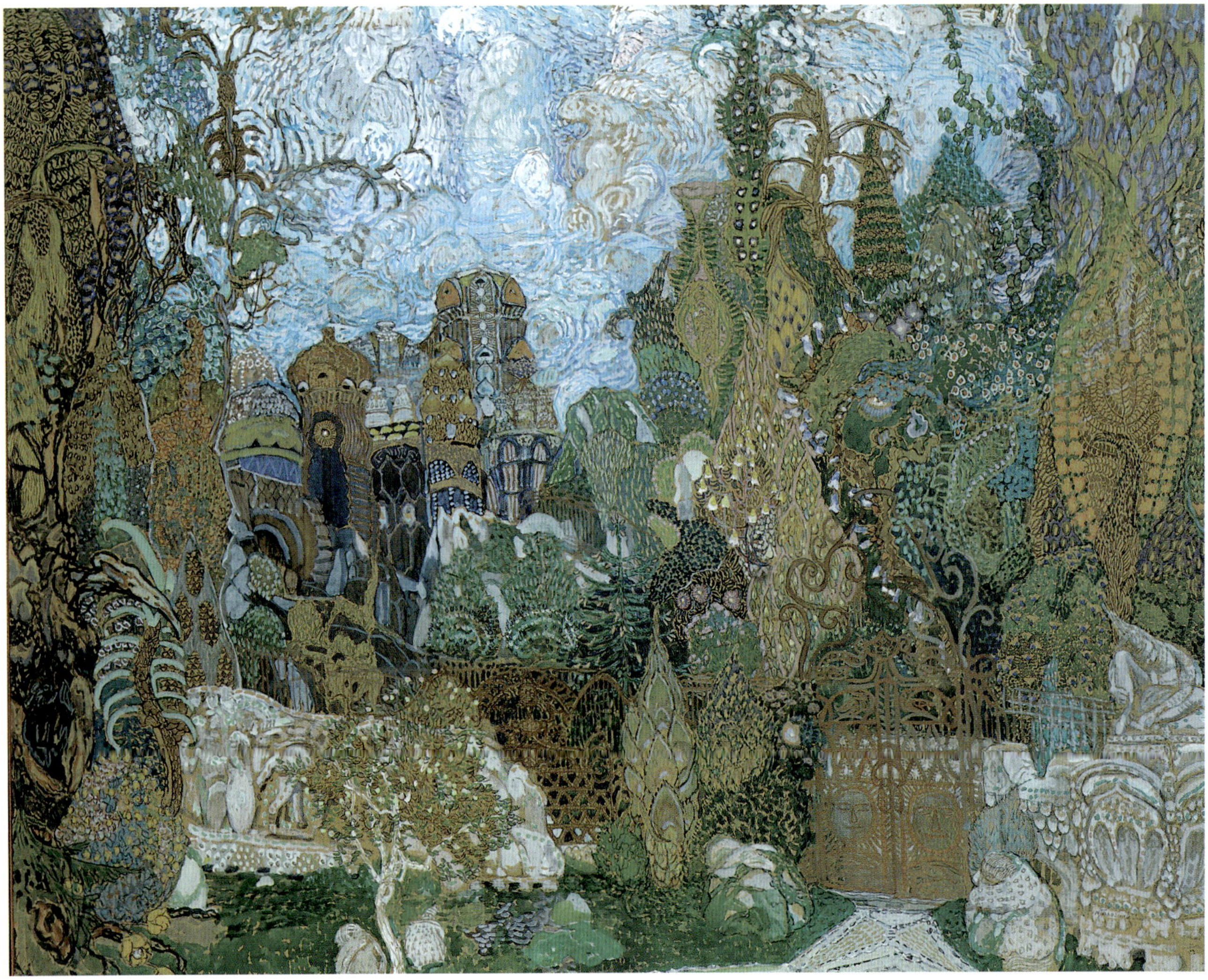

Cat. 206

Golovine Alexandre Iakovlevitch, *Le Royaume de Kachtcheï,* esquisse de décor pour la mise en scène du ballet *l'Oiseau de feu* de I. F. Stravinsky, 1910, gouache, aquarelle, lavis bronze sur papier contrecollé sur carton, Moscou, galerie Tretiakov.

Page précédente, cat. 217 (détail).

Aspects de la musique russe au XIXe siècle

André Lischke

De l'opposition à la fusion

Vers le milieu du XIXe siècle, en Russie, deux courants de pensée s'opposent concernant les destinées futures de la civilisation russe : les slavophiles et les occidentalistes. Pour les premiers la Russie doit se développer à partir de ses fondements culturels et identitaires propres et servir de pôle d'attraction à tout le monde slave ; pour les seconds toutes les institutions et en général tout apport occidental sont potentiellement bénéfiques pour l'essor d'une nation qui vogue depuis un siècle et demi dans le sillage des réformes entreprises par Pierre le Grand.

Le développement de l'école musicale russe à partir du milieu du siècle reflète tout naturellement, à sa manière, ces deux tendances. À la fin de 1850, début de 1860, se créent parallèlement, à Saint-Pétersbourg, un cénacle de musiciens autodidactes connu sous le nom de Groupe des Cinq, rassemblé autour de la forte personnalité de Mily A. Balakirev, et la Société musicale russe, fondée par le pianiste et compositeur Anton G. Rubinstein, sur la base de laquelle est inauguré en 1862 le Conservatoire de Saint-Pétersbourg, premier établissement de ce genre en Russie.

Les prémices de l'école russe apparaissent déjà dans le dernier tiers du XVIIIe siècle, sous le règne de Catherine II, simultanément avec la découverte du folklore musical, qui en constituera désormais l'essence mélodique. Une première et magnifique éclosion a lieu avec Mikhaïl I. Glinka, concrétisée en particulier dans ses deux opéras *la Vie pour le tsar* (1836 ; cat. 120) et *Rouslan et Ludmila* (1842 ; cat. 132), qui indiquent les deux lignes de force que suivra ce genre dans les décennies suivantes, l'histoire et l'épopée féerique, et aussi dans sa fantaisie symphonique *Kamarinskaïa*, écrite sur des mélodies populaires. C'est de Glinka, qu'il rencontra à l'âge de dix-huit ans, que Balakirev reçut la recommandation de poursuivre son entreprise de développement d'une musique spécifiquement nationale. Entre 1857 et 1862, Balakirev réunit autour de lui quatre musiciens, qui exercent tous par ailleurs des métiers sans rapport avec leur art : trois militaires, l'ingénieur en fortifications César A. Cui, l'officier de la garde Modeste P. Moussorgsky (cat. 408), l'aspirant de marine Nikolaï A. Rimsky-Korsakov, et un chimiste de talent Alexandre Borodine. Hostiles à tout enseignement académique, ils travaillent en commun, acquérant le métier de manière empirique, en prenant comme références, très sélectives et limitées, Glinka évidemment, et parmi les occidentaux, Hector Berlioz, Robert Schumann, Félix Mendelssohn, le dernier, Ludwig van Beethoven, et, quoique non sans réticences, Franz Liszt et Frédéric Chopin. Les genres musicaux privilégiés sont l'opéra, la symphonie marquée du cachet national, le poème symphonique et aussi la romance, dont le corpus global dans la musique russe est d'une importance presque comparable à celle du lied allemand. Dans le domaine pianistique les pièces de caractère ou illustratives ont la préférence. La musique pure en revanche, surtout la musique de chambre, est ressentie comme aride et n'est pratiquée que parcimonieusement, et seul Borodine y révèle un véritable talent ; la génération suivante des compositeurs lui paiera bien plus largement le tribut.

Les Cinq ont en outre un inspirateur, qui est tout à la fois leur propagateur, leur biographe et le chaînon entre la musique et les autres domaines de la culture : le critique et historien de l'art Vladimir V. Stassov (fig. 2, p. 83), apôtre de l'esthétique réaliste, tribun aux convictions puissantes, au style éloquent et aux positions volontiers sectaires.

Enfin, un intermédiaire important entre Glinka est les Cinq est le peu connu Alexandre S. Dargomyjsky, dont deux opéras font date, *la Roussalka* (1856), premier ouvrage à allier réalisme social et fantastique populaire, et *le Convive de pierre* (1869), qui abolit pour la première fois le clivage entre le récitatif et l'air au profit d'une écriture vocale mélodiquement homogène.

Le camp opposé, celui de la Société musicale russe, patronné par une personnalité de la famille impériale, la grande-duchesse Elena Pavlovna, trouve en Anton Rubinstein un chef tout aussi dynamique et efficace. Formé à la musique allemande, ayant été proche de Mendelssohn, c'est sur le modèle du Conservatoire de Leipzig qu'il organise celui de la capitale russe, dont le corps pédagogique est au départ assez largement constitué d'étrangers. Dès l'ouverture de l'établissement, un jeune homme de vingt-deux ans s'y inscrit : Piotr I. Tchaïkovsky, qui deviendra le plus éclectique des compositeurs russes, aussi ouvert aux sources nationales qu'à la synthèse des apports allemand, italien et français, et, de fait, le premier vrai professionnel de son pays. À partir de 1866 il enseigna douze années durant au Conservatoire de Moscou, nouvellement fondé par Nikolaï Rubinstein, le frère d'Anton, avant que la générosité de l'admiratrice et mécène Mme von Meck, qui lui alloue une rente annuelle, ne lui permette de se consacrer entièrement à la composition.

Le peu d'estime dans lequel Rubinstein tient la mémoire de Glinka et les principes nationalistes du Groupe des Cinq est à l'origine de heurts assez vifs au début, situation normale d'une période de mise en place où la tolérance n'est pas de règle. Elle ne l'est pas davantage du côté de Balakirev, avec sa sous-évaluation flagrante de l'enseignement professionnel. Mais une décennie suffira à apaiser les hostilités et à réaliser la fusion des deux entités pour le plus grand bien de la musique russe. Deux personnes favorisent cette convergence : à l'attachement très russophile de Tchaïkovsky répond le souci perfectionniste de Rimsky-Korsakov, nommé en 1871 professeur au Conservatoire (où il n'avait jamais étudié !), qui reconnaît alors les lacunes techniques héritées des méthodes de son cénacle et s'applique à y remédier.

Les lignes de force de la musique russe

Les sujets, les grands thèmes des œuvres russes sont majoritairement quoique non exclusivement puisés dans le patrimoine national. Il est peu de pays dans lesquels on puisse constater une telle osmose entre la musique et toutes les composantes de la civilisation. Les mêmes grandes lignes qui ont constitué la littérature et les arts plastiques se retrouvent dans l'opéra et dans la musique instrumentale. L'Histoire en premier lieu, surtout celle de la période qui va du milieu du XVIe au début du XVIIIe siècle, encadrée par les règnes d'Ivan le Terrible et de Pierre le Grand, deux statures qui ont fasciné à égalité historiens, écrivains, peintres et compositeurs. C'est au cours de ce siècle et demi que se produisent les grands bouleversements et les tournants décisifs du devenir de la Russie : ainsi assiste-t-on à l'adhésion forcée à la Moscovie de la ville libre de Pskov (*la Pskovitaine* de Rimsky-Korsakov), à la chute d'une dynastie (*Boris Godounov* de Moussorgsky ; fig. 1, p. 306) et à l'avènement de la suivante (*la Vie pour le tsar* de Glinka), au combat sans espoir de la vieille Russie féodale et intégriste contre le renouveau amorcé par Pierre le Grand (*la Khovantchina* de Moussorgsky) ou à une victoire décisive de ce grand tsar réformateur (*Mazeppa* de Tchaïkovsky). Quelques autres opéras voient l'histoire sous l'angle plus individuel du drame de mœurs : *l'Opritchnik* de Tchaïkovsky, *la Fiancée du tsar* de Rimsky-Korsakov, au-dessus desquels plane la même silhouette glaçante d'Ivan le Terrible.

À la même époque où Wagner a refusé les sujets historiques, considérant les événements nécessairement passagers de l'histoire comme inférieurs à la valeur éternelle des mythes, les Russes ont su élever les moments cruciaux de leur passé à une dimension mythico-poétique et refléter des traits de caractère nationaux à travers les destinées individuelles ou collectives.

L'épopée, historique et réaliste ou légendaire et teintée de surnaturel, prend plus souvent ses sources dans la Russie médiévale des XIIe-XIIIe siècles, celle des princes, des fiefs, des ménétriers, des preux et des événements liés aux invasions. Elle est dérivée du genre littéraire de la chanson de geste, appelée en russe *bylina* (littéralement, « ce qui a été »). Monument du genre, *le Prince Igor* de Borodine (cat. 416), célèbre pour ses *Danses polovtsiennes*, trace à traits colorés et puissants le camp des guerriers russes et celui de leurs adversaires orientaux, et cette ambiguïté des relations de conflit-pactisation qui est au fond de la dualité européenne-asiatique que les réalités géographiques ont conféré à la Russie. Cette même dualité préside à l'autre pièce célébrissime de Borodine, l'esquisse symphonique *Dans les steppes de l'Asie centrale*.

L'épopée peut volontiers se partager entre le réel et le fabuleux, comme c'est le cas avec un personnage tel que Sadko (cat. 312, p. 27), ménétrier et navigateur, héros tout à la fois d'un poème symphonique (1867) puis d'un opéra (1896) de Rimsky-Korsakov. Le même compositeur réussit avec un autre opéra, *Kitège*, une fusion de l'épopée dramatique (invasion des Tatars) avec un messianisme slavophile où une religion panthéiste et une éthique chrétienne fondée sur l'amour universel et la non-violence rejoignent les idéaux prônés à la même époque par Lev N. Tolstoï.

Au registre de la pure fiction, le conte féerique, qui a abondamment façonné l'inconscient collectif russe, peut relever lui aussi de l'épopée (*Rouslan et Ludmila* de Glinka), évoquer des images de jardin d'enfants (*le Conte du tsar Saltan* de Rimsky-Korsakov avec son incontournable *Vol du bourdon !*), ou se muer en une satire politique avec *le Coq d'or* du même compositeur, où l'orientalisme sert de fer de lance contre la décadence du régime tsariste. D'un tout autre genre, un conte populaire adapté en pièce de théâtre par le dramaturge Alexandre N. Ostrovsky, *Snegourotchka* (« la fille de neige » ; cat. 501), qui a inspiré une musique de scène à Tchaïkovsky et un opéra à Rimsky-Korsakov, plonge au fond des survivances païennes de la civilisation russe, centrées sur le culte des forces de la nature, du printemps et du soleil.

Soleil et Orient sont synonymes, et l'exotisme dans la musique russe possède une place presque comparable à celle du matériau musical populaire. Plus que le poème symphonique *Tamara* de Balakirev, fort beau mais insuffisamment connu, ou la symphonie *Antar* de Rimsky-Korsakov, où passent d'authentiques mélodies algériennes, c'est l'inépuisable *Shéhérazade* de ce dernier, inspirée des *Mille et Une Nuits*, qui porte le flambeau de l'orientalisme russe. À ses côtés, le *Capriccio espagnol* du même maître confirme les affinités russo-espagnoles que Glinka avait été le premier à révéler avec ses deux pièces orchestrales *la Jota aragonaise* et *Souvenir d'une nuit d'été à Madrid*.

Approfondir et/ou élargir

Autant que les écrivains et les peintres, les compositeurs russes ont eu avec leur peuple des attaches dont la force se manifeste autant dans les grandes scènes d'opéra où le peuple apparaît comme un personnage collectif, que dans les miniatures des mélodies où des destinées individuelles prennent valeur de symboles et résonnent comme des cris de révolte contre la misère et l'injustice. Dans l'esprit des *narodniki*, ces révolutionnaires populistes du XIXᵉ siècle, le peuple (en russe *narod*) était le réceptacle des plus belles forces vives du pays, et le principe consistant à « aller dans le peuple » était affectionné des intellectuels, qui cherchaient ainsi à retrouver leurs racines et à se ressourcer moralement. Dans le contexte de drames historiques comme dans l'observation de la paysannerie russe de son temps, Moussorgsky est celui qui a fait sonner avec le plus de justesse la voix de sa nation, révélant l'insoupçonnable « beauté des goujats » dans les masses chorales de *Boris Godounov* et de *la Khovantchina*, et interpellant les consciences avec les visages poignants des enfants dans des mélodies telles que *l'Orphelin*, *la Berceuse du paysan* ou *Kallistrate*, rehaussées par des intonations de complainte ou de cantilène populaire.

La place du folklore dans la musique russe est une constante, et l'on trouve à parts égales des citations de mélodies authentiquement populaires, des thèmes écrits par les compositeurs qui sonnent aussi vrai que nature, et de façon générale une imprégnation de la phrase mélodique par des tournures, des cellules ou des rythmes caractéristiques. Presque tous les compositeurs russes ont été à des degrés divers des folkloristes, collectant et se communiquant mutuellement des mélodies entendues, et constituant volontiers des recueils (Balakirev, Tchaïkovsky, et surtout Rimsky-Korsakov, avec son *Recueil de 100 chants populaires*).

Creuser le sol ou élargir le champ, telle est schématiquement l'alternative qui se pose à l'artiste en ce siècle où se définit l'ethno-romantisme. Si les compositeurs russes nationalistes ont plutôt opté, à des degrés divers, pour la première possibilité, c'est évidemment la seconde que représente Tchaïkovsky, à qui l'on a pourtant fort injustement dénigré l'appartenance russe. S'il y a effectivement chez lui une interrogation moins constante du passé historique et une absence d'atavisme oriental, parallèlement à une assimilation intelligemment réussie de tout l'apport européen, Tchaïkovsky n'en a pas moins affirmé toujours avec la plus grande force un amour profond de son pays et de sa culture, et a largement intégré la musique populaire à son langage. Dans ses six symphonies, dont les trois dernières sont des mises en scène de son univers intérieur hanté par l'inéluctabilité du *fatum*, comme dans ses poèmes symphoniques, ses concertos, sa musique de chambre, ses opéras (*Eugène Onéguine, la Dame de pique*), ses ballets (*le Lac des cygnes, la Belle au bois dormant, Casse-Noisette*) et tous les autres genres musicaux qu'il a pratiqués, Tchaïkovsky déploie une inépuisable invention mélodique, et affirme à travers un discours intensément dramatique et une orchestration puissante une sensibilité bien spécifiquement nationale, et une capacité unique d'analyse et d'introspection psychologique, jusque dans ses paroxysmes et ses déchirements.

Au tournant des deux siècles

La fusion des deux tendances de la musique russe, d'ores et déjà réalisée dans les années 1870, donne des ramifications diverses avec les générations suivantes, celles qui commencent à se manifester au cours de la période allant des deux dernières décennies du siècle jusqu'à la révolution de 1917 et au-delà. Globalement, une désaffection s'observe vis-à-vis de l'opéra et de la musique vocale en général, au profit des genres instrumentaux. Constitué d'élèves de Rimsky-Korsakov, le Groupe Belaiev, rassemblé à partir du milieu des années 1880 autour du mécène fondateur d'une nouvelle maison d'édition, Mitrofan Belaiev, cultive la musique de chambre, tout en continuant à pratiquer la musique symphonique à programme. Anatoly K. Liadov et Alexandre K. Glazounov en sont les personnalités les plus représentatives, tous deux se consacrant par ailleurs activement à l'enseignement au Conservatoire de Saint-Pétersbourg, dont Glazounov devient directeur en 1905, à la suite des événements politiques. En réaction contre l'académisme de ce courant, deux jeunes compositeurs s'imposent à la veille de la révolution comme des innovateurs radicaux et iconoclastes : Igor F. Stravinsky, dont les Ballets russes de Sergueï P. Diaguilev à Paris – terrain favorable grâce à l'alliance franco-russe en politique – font connaître *l'Oiseau de feu, Petrouchka* et *le Sacre du printemps*, et Sergueï S. Prokofiev, dont les sonates, concertos et pièces pour piano autant que la *Suite scythe* orchestrale témoignent d'une vigueur agressive, avant la surprise désarmante de la *Symphonie classique*...

À Moscou, Sergueï Taneev, élève de Tchaïkovsky, maître fort savant, érudit en musique ancienne et en science de l'écriture, donne avec son unique opéra, *l'Orestie*, un des rares exemples d'une inspiration de l'Antiquité grecque dans la musique russe. Au tournant des deux siècles, Sergueï V. Rakhmaninov et Alexandre N. Scriabine achèvent de constituer le grand répertoire pianistique, le premier restant dans la lignée post-romantique d'une expressivité tourmentée et profondément subjective, le second évoluant vers un langage atonal et regardant loin vers l'avenir.

Le nom de Rakhmaninov est lié aussi à deux grands cycles choraux religieux, la *Liturgie de saint Jean Chrysostome* (1910), et les *Vêpres* (1915). Depuis la fin du XIXe siècle, le chant religieux de l'église russe, longtemps resté sous l'influence italo-germanique, s'efforçait de retrouver son authenticité et ses liens avec la polyphonie populaire. Le centre de ces recherches était l'Institut synodal de Moscou, dirigé par le musicologue Stepan Smolensky puis par le compositeur et folkloriste Alexandre Kastalsky, une des personnalités les plus actives de ce courant. L'attachement aux mélodies anciennes y va de pair avec un traitement très symphonique de l'ensemble choral, mettant en valeur tous ses registres, et une tendance concertante, faisant progressivement sortir la musique sacrée du cadre de l'église au profit de la salle de concert. Ainsi trouve-t-on même, chez Alexandre T. Gretchaninov, des œuvres pour chœur orthodoxe avec orgue, instrument pourtant proscrit par l'église russe.

Musique et histoire, musique et légende, musique et peuple, mais aussi musique et littérature, ainsi se présente pour la Russie l'articulation entre les différents plans de la civilisation et de l'esprit, dont la musique est le dénominateur commun. Passant à travers toute l'histoire musicale, au XIXe et jusqu'à assez loin dans le XXe siècle, le nom d'Alexandre S. Pouchkine est lié aux plus grands opéras russes, et il n'est pas exagéré de dire que la musique lui est autant redevable que les lettres. Dans un autre registre, Nikolaï V. Gogol a fourni à plusieurs compositeurs la saveur du terroir ukrainien de ses *Veillées du hameau*, avec leur mélange d'humour robuste et de surnaturel : *la Foire de Sorotchintsi* de Moussorgsky, *Tcherevitchki* (« les escarpins ») de Tchaïkovsky, *la Nuit de mai* et *la Nuit de Noël* de Rimsky-Korsakov. L'univers des petits fonctionnaires pétersbourgeois du *Mariage* a suggéré à Moussorgsky un essai prometteur mais inachevé d'opéra-bouffe fondé sur l'étude des intonations du langage parlé, tandis que plus tard, c'est le surréalisme inquiétant du *Nez* qui fera réaliser au jeune Dmitri D. Chostakovitch âgé de vingt et un ans sa partition la plus originale et la plus hardie.

Quant aux deux géants, Fedor M. Dostoïevsky et Tolstoï, *a priori* peu faits pour être mis en musique, leur double défi sera relevé par Prokofiev avec *le Joueur*, un opéra psychologique d'un abord sans doute difficile mais d'une force et d'une véracité impressionnantes, et *Guerre et Paix*, qui renoue avec l'épopée historico-romanesque héritée des grandes fresques du XIXe siècle, montrant comme elles la nation dans un moment décisif de son vécu.

Le théâtre russe en France au début de la IIIe République : deux dates pour un nouveau regard

Jean-Claude Yon

Évoquer les échanges franco-russes en matière de spectacle sous la IIIe République, c'est faire surgir aussitôt la figure de Sergueï P. Diaguilev, dont les Ballets russes, à partir de 1909, ont provoqué parmi le public parisien un choc resté célèbre à juste titre. S'impose aussi, spontanément, l'image du chanteur Fedor Chaliapine (fig. 1), associé à la découverte durant ces mêmes années du répertoire lyrique russe (Modeste P. Moussorgsky, Nikolaï A. Rimsky-Korsakov, Piotr I. Tchaïkovsky). Ces événements s'inscrivent toutefois dans une histoire à plus long terme qui est celle de l'acceptation par le public français du théâtre russe. C'est cette histoire que nous voulons brièvement évoquer ici, en montrant comment le regard français sur le répertoire russe s'est transformé au cours des années 1870-1890. Le phénomène est bien connu pour le roman[1] ; il l'est moins pour le théâtre. Deux pièces, créées en 1876 et en 1888, nous aideront à l'identifier.

Les Danicheff (1876) ou le règne de la convention

La France, pendant presque tout le XIXe siècle, est considérée pour la création théâtrale comme la première nation au monde. Son répertoire est représenté sur tous les continents[2]. En 1872, dans une pétition, la Société des auteurs et compositeurs dramatiques constate fièrement : « À l'étranger, il n'y a qu'un théâtre, le nôtre. L'Angleterre, la Belgique, l'Autriche, l'Italie, l'Espagne, la Russie, l'Égypte, les États-Unis, toute l'Amérique du Sud, jouent nos pièces et nos opéras. Soit originales, soit traduites ou adaptées, nos œuvres, à peine représentées à Paris, vont prouver au monde entier la suprématie de la France dans les arts et dans les lettres[3]. » Cette suprématie est particulièrement nette en Russie ; retraçant en 1890 l'histoire du théâtre en Russie, Pierre de Corvin écrit : « Le Théâtre russe s'est épanoui, s'est développé, s'est perfectionné sous l'influence, presque exclusive, de la belle langue française, des auteurs français, du bon goût français[4]. » Du XVIIIe siècle à 1917, une troupe française permanente est présente à Saint-Pétersbourg. Installée en 1833 place Michel, cette scène impériale, appelée Théâtre-Français (ou Théâtre-Michel), recrute les meilleurs acteurs parisiens, attirés par les appointements généreux consentis par le tsar[5]. Aussi la Russie n'est-elle considérée que comme une province dramatique française, au même titre que la Belgique ou la Suisse. En France, le répertoire de Pouchkine, Griboïedov, Gogol et Ostrovsky est très peu traduit et n'a jamais les honneurs de la scène. Le milieu dramatique français n'est absolument pas disposé à admettre que la Russie puisse exporter ses pièces dans la patrie de Molière et de Scribe.

Très représentative à cet égard est la destinée d'une pièce qui connut un énorme succès à l'Odéon en 1876 : *les Danicheff*. La Russie avait bien sûr déjà été le cadre d'un certain nombre de pièces françaises, qu'elles soient comiques (*Espagnolas et Boyardinos*, d'Eugène Labiche et Marc-Michel en 1854) ou plus sérieuses (*la Dame de pique*, opéra-comique d'Eugène Scribe et Jacques Halévy, d'après Alexandre S. Pouchkine, en 1850). Typique de ce répertoire convenu et banal est, par exemple, *le Comte Kostia*, adaptation du roman de Victor Cherbuliez jouée au théâtre du Gymnase en avril 1875. La Russie, tant dans la pièce que dans le

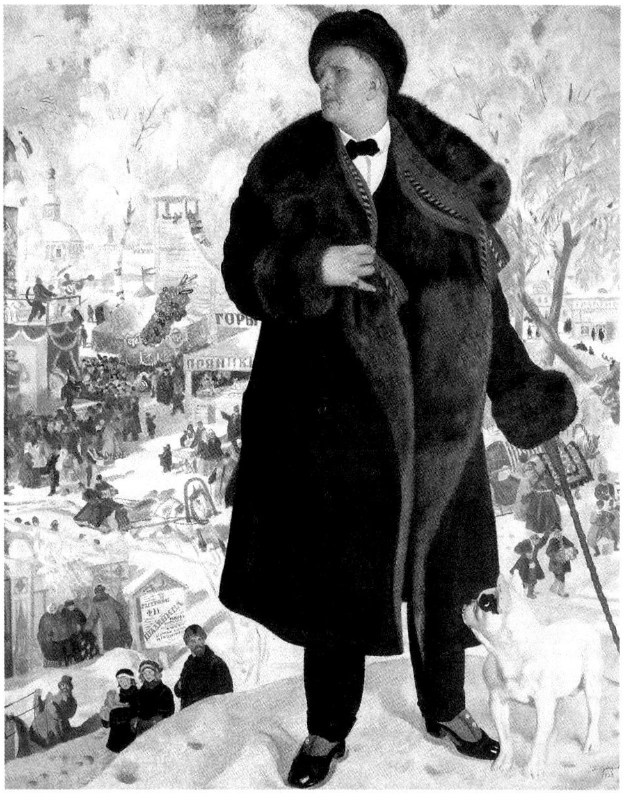

Fig. 1. **Boris Koustodiev, *Portrait de Fedor Chaliapine*, 1922,** huile sur toile, Saint-Pétersbourg, Musée d'État russe.

roman, n'est qu'un cadre vague, choisi pour donner une touche d'exotisme à l'action, mais qui n'a rien d'authentique. *Les Danicheff,* au contraire, se veulent une véritable comédie russe. La pièce a été écrite par un diplomate russe, Pierre de Corvin de Kroukofskoï, qui utilise le pseudonyme de Pierre Newski (nom sous lequel la pièce est jouée et publiée). Corvin a envoyé sa comédie à Alexandre Dumas fils, qui fait alors figure de plus grand auteur dramatique français. Dumas la transforme profondément mais refuse d'être nommé comme collaborateur. L'action des *Danicheff* se déroule juste avant l'abolition du servage, en 1861. L'intrigue repose sur l'amour du comte Vladimir Danicheff pour la serve Anna. La mère du comte voulant unir son fils à la princesse Lydia Valanov, Anna est mariée de force au cocher Osip. Mais ce dernier, en ne consommant pas le mariage et en choisissant d'entrer dans les ordres, permet à son maître d'épouser celle qu'il aime.

Les Danicheff obtiennent un immense succès, dû en bonne partie au savoir-faire dramatique de Dumas fils. Mais la pièce est également louée pour sa prétendue fidélité aux mœurs russes. Dans *le Figaro,* Auguste Vitu écrit : « *Les Danicheff,* tout le monde le savait avant le lever du rideau, présentent un tableau des mœurs russes, telles que l'observateur pouvait les saisir sur le vif à l'époque qui a immédiatement précédé l'abolition du servage par l'empereur Alexandre II, aujourd'hui régnant. [...] Il fallait, pour qu'un public français l'acceptât [le sujet de la pièce] et se laissât imposer des idées et des objets si différents de ceux auxquels il s'intéresse d'ordinaire, qu'ils lui fussent présentés avec des précautions très délicates, sans cependant altérer ni fausser les couleurs. [...] La singularité des anciennes mœurs moscovites, s'infiltrant dans une donnée tour à tour pathétique, attendrissante et gaie, lui donne un charme de plus et comme la saveur pleine de surprise d'un parfum étranger et nouveau. [...] À peine est-il besoin de dire que la mise en scène répond à l'importance de l'ouvrage ; les meubles, les accessoires, les costumes ont un cachet d'originalité, exempt de tapage, qui contribue à l'illusion, sans jamais détourner l'attention du spectateur, captivée par une des pièces les plus intéressantes et les plus littéraires du théâtre contemporain[6]. »

À la lecture de la pièce de Corvin et Dumas fils, le jugement de Vitu apparaît bien indulgent. Si l'évocation de la société russe est moins fantaisiste que dans la plupart des autres pièces se déroulant en Russie, elle n'en semble pas moins – pour un lecteur de 2005 – encore très conventionnelle. *Les Danicheff* renseignent surtout sur la façon dont la France perçoit la Russie aux lendemains de sa défaite contre la Prusse : la sympathie envers la Russie qui s'y exprime est d'ordre politique et ne traduit pas une compréhension particulière des réalités russes[7]. Émile Zola, du reste, condamne vigoureusement cette « pièce russe assez francisée pour que le public parisien la comprenne et l'acclame » et en dénonce « le grossier peinturlurage et les invraisemblances au point de vue russe », s'étonnant que Dumas fils s'en tienne au stade des idées reçues alors que les romans d'Ivan S. Tourgueniev ont fait connaître en France « la Russie vraie »[8]. Il ajoute que si l'on montait *les Danicheff* à Saint-Pétersbourg, le public russe ferait sans doute un succès de fou rire à un ouvrage les présentant de façon aussi ridiculement stéréotypée.

La Puissance des Ténèbres (1888) ou la découverte de la Russie

Douze ans après *les Danicheff*, la création d'une autre pièce russe à Paris permet de mesurer le chemin parcouru. Entre-temps, les dramaturges français ont certes encore usé et abusé des conventions. Victorien Sardou a fait jouer au théâtre du Vaudeville en décembre 1882 *Fedora*, un drame écrit pour Sarah Bernhardt où la répression des attentats nihilistes n'est que le prétexte à une intrigue qui n'a rien de spécifiquement russe[9]. De même, deux ans plus tôt, l'adaptation théâtrale de *Michel Strogov* jouée au Châtelet, avec un immense succès, n'avait eu d'autre ambition que d'offrir un spectacle coloré et pittoresque aux Parisiens[10]. La situation est différente en 1888. Eugène-Melchior de Vogüé a publié *le Roman russe* en 1886 et l'édition des trois volumes de *l'Empire des tsars et les Russes* d'Anatole Leroy-Beaulieu est en cours. Comme l'écrit Martin Malia : « L'Occident découvre dans [l']art russe une dimension plus excitante que celle de sa parenté avec le sien : l'empreinte d'une profonde originalité nationale. D'abord exotique et rafraîchissante, cette spécificité russe en vient à être appréciée comme une force vivifiante, revigorante, et, finalement, enivrante[11]. » En littérature, l'intérêt pour la Russie passe d'abord – le fait est bien connu – par le roman. Christophe Charle a finement montré comment Vogüé se sert des romans de Tourgueniev, Lev N. Tolstoï et Fedor M. Dostoïevsky pour attaquer le naturalisme[12]. En matière théâtrale, l'intérêt pour les répertoires étrangers est, au contraire, le fait des rénovateurs qui, s'appuyant sur les théories de Zola, luttent contre les conventions du théâtre « bourgeois ». À vrai dire, les auteurs scandinaves (Henrik Ibsen, August Strindberg, Bjornstjerne Bjornson) sont plus sollicités que leurs homologues russes. Mais Tolstoï et Tourgueniev font partie des huit auteurs étrangers joués au Théâtre-Libre et la création de *la Puissance des Ténèbres* de Tolstoï en février 1888 est un événement.

André Antoine, le fondateur du Théâtre-Libre, a remarqué le drame de Tolstoï dès la parution de sa traduction française, en juin 1887. La pièce est annoncée dans le programme de la saison d'hiver disponible deux mois plus tard. Pour l'occasion, une nouvelle traduction a été commandée par Antoine à Isaac Pavlovsky et Oscar Méténier. Le premier traducteur, Halperine Kaminsky, avait eu l'idée de demander leur opinion sur l'ouvrage à plusieurs grands auteurs français et de publier leurs réponses ; Dumas fils l'avait jugée impossible « au point de vue de notre scène française », Sardou « cruellement vrai[e] et très be[lle] mais [...] injouable » et Augier « insupportable sur une scène française »[13]. L'intrigue est, il est vrai, d'une très grande violence : la paysanne Anicia et son amant Nikita empoisonnent Piotr, le riche époux d'Anicia, afin de se marier ; mais Nikita fait un enfant à Akoulina, la fille de Piotr, puis tue le bébé avant d'avouer publiquement, au dénouement, son horrible crime. Camille Le Senne observe avec justesse : « Le quatrième acte est une quintessence d'horreur, un tissu d'abominations sans précédent, même dans nos mélodrames populaires les plus poussés au noir[14]. » D'ailleurs, bien qu'admirée par le tsar Alexandre III, la pièce a été interdite en Russie dès mars 1887 (Tolstoï l'avait terminée en décembre 1886). Elle ne sera montée sur une scène privée par des amateurs pétersbourgeois qu'en janvier 1890 et autorisée sur les scènes impériales qu'en septembre 1895. La création parisienne est donc la création mondiale de la pièce[15] et elle précède de deux ans la production berlinoise de la *Neue Freie Bühne (Nouveau Théâtre libre)*.

La Puissance des Ténèbres suscite l'enthousiasme des cercles intellectuels qui soutiennent le Théâtre-Libre. La plupart des critiques sont impressionnés par l'ouvrage et Vogüé peut écrire dans la prestigieuse *Revue des Deux Mondes :* « Ce fut Austerlitz. [...] On voyait, pour la première fois, sur une scène française, un décor et des costumes empruntés aux habitudes quotidiennes de la vie russe, sans enjolivements d'opéra-comique, sans ce goût du clinquant et du faux qui semble inhérent à l'atmosphère du théâtre[16]. » Les costumes ont en effet été fournis par des réfugiés politiques et Antoine s'est procuré comme accessoires des objets russes. Le succès est tel qu'une représentation ouverte au grand public est organisée au théâtre Montparnasse, la communauté russe de Paris s'étant notamment déplacée pour l'occasion. Deux autres représentations publiques sont données en octobre 1888 au théâtre des Menus-Plaisirs[17]. La pièce du maître russe apparaît à beaucoup comme une alternative au théâtre « bourgeois ». Dans *la Revue indépendante,* Gustave Kahn pose les enjeux de cette création : « C'est un drame dans la forme ancienne, la *Puissance des ténèbres* [sic] ; mais l'état spécial du théâtre en ces ans de grâce étant l'absolue médiocrité, l'ensemble des œuvres représentées depuis un long troupeau d'années devant moisir à des rayons de bibliothèque sous la rubrique de Théâtre de digestion, il a fallu qu'une tentative libre existât pour que nous ayons connaissance autrement que par le livre du drame du comte Tolstoï. Pourtant en France l'admiration ne fait point défaut aux œuvres russes ; des légions de traducteurs en vivent, des essayistes nombreux légitiment de divulgation correcte sur l'âme slave leurs candidatures à l'Académie, les journaux exigeraient volontiers que Martin ou Durand signassent leurs romans-feuilletons d'un nom de pope et que boulevard fût remplacé dans la langue spéciale de ces écrivains par *pereoulok ;* néanmoins aucun des théâtres rentés n'eût consenti à jouer un drame de Tolstoï, pas plus qu'ils ne consentent encore à faire connaître Shakespeare autrement que par des remaniements de Ducis, pas plus qu'ils ne consentent à jouer quoi que ce soit d'autre que les mêmes identiques et déplorables pantalonnades, desquelles il appert qu'un mari l'est ou ne l'est pas[18]. »

Le recours au théâtre russe pour régénérer le théâtre français agace cependant plus d'un journaliste, qui, tel le « Rastignac » qui rédige le « Courrier de Paris » de *l'Illustration*, ne voit là que snobisme et mode éphémère : « Tout en reconnaissant la rare vigueur du grand romancier russe, je ne vois pas qu'il lui faille dresser des statues dans un pays où Balzac a écrit les *Paysans*. Ce qui fait la force de Tolstoï, c'est qu'il a un goût de caviar. Tout ce qui a le goût de caviar est à l'ordre du jour. [...] Tolstoï, ce Shakespeare du caviar, semble immense. Il est fort, je le reconnais, Tolstoï, il est très fort ; mais il est surtout fort parce qu'il sent le caviar. Les rustres de M. Zola seraient à la mode, on les trouverait succulents si, au lieu de fleurer le fumier de Beauce, ils s'étaient prudemment imprégnés d'une odeur de caviar, frénésie de la littérature à la sauce cosaque ! [...] Ah ! qu'on est, en France, heureux d'être étranger[19] ! »

Le théâtre russe, enrôlé dans le camp des réformateurs dramatiques, n'est donc accepté que par une partie de la critique et du public. En novembre 1893, la reprise de la pièce pour deux soirées dans la vaste nef de l'Éden-Théâtre[20] passe d'ailleurs inaperçue.

Tolstoï contre Dumas fils : ce sont bien deux façons de concevoir le théâtre que représentent *les Danicheff* et *la Puissance des Ténèbres*. Deux façons également de considérer la Russie pour un monde dramatique français qui a beaucoup de mal à admettre que sa suprématie puisse être remise en cause. Le chemin parcouru en douze ans n'en demeure pas moins considérable. Certes, le succès des *Danicheff* auprès d'un large public semble rendre dérisoire les quelques représentations de *la Puissance des Ténèbres* données par Antoine et ses comédiens. Mais les nombreux commentaires, critiques ou enthousiastes, qui entourèrent la création du drame de Tolstoï témoignent bien de la très grande importance qui lui a été accordée et qui aurait été impensable douze ans plus tôt. Près de vingt ans après les mémorables soirées de 1888, Antoine, devenu directeur de l'Odéon en 1906, fera d'ailleurs entrer en juin 1907 *la Puissance des Ténèbres* au répertoire du théâtre où avaient été créés *les Danicheff :* Vladimir Danicheff et le cocher Osip devront ainsi s'effacer, symboliquement, devant Anicia et Nikita. Le théâtre russe est alors enfin légitime en France.

1. Voir Neboit-Mombet, 2002. Cette thèse se situe dans le prolongement des travaux fondamentaux de Michel Cadot.
2. Nous avons organisé en 2002 un colloque sur ce thème à l'université de Versailles-Saint-Quentin-en-Yvelines. Voir Yon, à paraître.
3. Bibliothèque de la SACD, procès-verbaux de la Commission dramatique, vol. 22, fos 73-74.
4. Corvin, 1890, p. I.
5. Le Théâtre-Michel a fait l'objet d'une étude de Viktoria Pavlova dans le volume d'actes cité à la note 2. L'auteur de ces lignes espère pouvoir réunir un jour une équipe franco-russe pour étudier en détail le Théâtre-Michel.
6. Article repris dans Vitu, 1887, p. 90-98.
7. Cette amitié franco-russe est exaltée par le personnage du jeune attaché d'ambassade français Roger de Taldé, qui raconte comment le comte Danicheff l'a sauvé lors d'une chasse à l'ours (acte II, scène 3). Ce passage, qui a fait sensation, est particulièrement raillé par Zola.
8. Article repris dans *Nos auteurs dramatiques* (voir Zola, 1968, p. 631-640).
9. On pourrait aussi citer, dans la même veine, l'opéra *Dimitri* (1876), le drame en vers de Paul Déroulède *l'Hetman* (1877) et le drame *les Exilés* (1877), adapté du roman du prince Lubomirsky. À propos de cette dernière pièce, Vitu remarque : « Grâce au succès des *Danicheff*, la glace était rompue entre la Russie et le public parisien » (*ibid.*, 5e série, 1888, p. 1996).
10. Cette pièce, de Jules Verne et Jacques d'Ennery, a été republiée avec un appareil critique passionnant par Louis Bilodeau (University of Exeter Press, 1994).
11. Malia, 2003, p. 236.
12. Charle, 1998, p. 178-185. Charle a également bien mis en évidence les stratégies à l'œuvre autour du théâtre étranger.
13. Lettres citées par Antoine, 1921, p. 85.
14. Le Senne, 1889, p. 371.
15. On peut se demander si la censure française aurait autorisé *la Puissance des Ténèbres ;* la pièce ne lui fut pas soumise car le statut privé du Théâtre-Libre lui permettait d'y échapper.
16. *La Revue des Deux Mondes*, livraison du 15 mars 1888, chronique reprise dans Talasso, 1909, p. 162-163.
17. Antoine joue également souvent *la Puissance des Ténèbres* lors de ses tournées, en province et à l'étranger.
18. *La Revue indépendante* [...], n° 17 de mars 1888, « Chronique de littérature et d'art » par Gustave Kahn, p. 433-434. Kahn fait bien sûr allusion à Vogüé (qui entrera à l'Académie française en 1901).
19. *L'Illustration*, n° 2347, 18 février 1888, « Chronique de Paris » signée Rastignac. Le chroniqueur fait allusion à *la Terre* de Zola, roman paru en 1887.
20. Le centre d'Histoire culturelle de l'université de Versailles-Saint-Quentin-en-Yvelines a organisé une journée d'études sur l'Éden-Théâtre le 18 mai 2005, au théâtre de l'Athénée Louis-Jouvet.

Diaguilev et le style russe des Ballets russes (1909-1914)

Alexander Schouvaloff

traduit de l'anglais par Claire Mulkai

Tout aurait pu être différent si, en avril 1901, Sergueï P. Diaguilev n'avait pas été relevé de son poste officiel de directeur adjoint des Théâtres impériaux[1]. Il avait franchi un palier de trop[2], et le moindre prétexte suffisait désormais au directeur, le prince Volkonsky[3], pour le renvoyer. Si cette révocation contraria beaucoup Diaguilev sur le moment, elle se révéla finalement un heureux coup du sort car, s'il était resté au service des Théâtres impériaux, les Ballets russes n'auraient probablement jamais existé[4].

Lorsque l'étudiant Diaguilev, âgé de dix-huit ans, arriva à Saint-Pétersbourg, en 1890, de sa lointaine ville provinciale de Perm dans l'Oural, il eut la chance d'être introduit par son cousin Dmitri Filosofov dans un cercle artistique présidé par Alexandre N. Benois, peintre et historien de l'art extrêmement cultivé. Faisaient partie de ce groupe le neveu de Benois, Evgueny E. Lanceray, Konstantin A. Somov et Walter Nouvel. La même année, les peintres Lev S. Bakst et Nikolaï K. Roerikh les rejoignirent. Au début, il s'agissait d'un cercle informel de jeunes gens plus ou moins tapageurs, mais qui prenaient l'art au sérieux et avaient conscience de sa valeur propre.

Benois, l'inspirateur et l'intellectuel du groupe, rapporta plus tard : « … [Un] lien important était notre européanisme ou occidentalisme. Par nature, nous appartenions tous à l'Europe plutôt qu'à la Russie. La majorité d'entre nous […] n'avait pas de sang russe. Et, s'il est vrai que Somov et Filosofov faisaient partie de la petite noblesse russe ancienne, par leur éducation et leurs penchants naturels ils étaient imprégnés jusqu'au bout des ongles de culture occidentale. Le plus russe de nous tous était sans doute Diaguilev, et c'est justement ce "côté russe" de Diaguilev qui provoqua notre antagonisme – d'autant plus que ses qualités typiquement russes étaient, d'un point de vue universel, les moins acceptables […] Diaguilev entreprit de nous rattraper en devenant de plus en plus "occidental", jusqu'au moment où la situation parut s'inverser : c'était nous qui devions défendre tout ce qui était russe et que désormais il méprisait profondément[5]. » Ce que dit Benois de l'orientation de Diaguilev n'est pas tout à fait exact. S'il est vrai que Diaguilev s'ouvrit à l'art occidental grâce à ses voyages à l'étranger au début des années 1890, il resta toujours fidèle à la « russité » fondamentale de l'art russe.

En 1895, Diaguilev écrivit à sa belle-mère bien-aimée[6] :

« Je suis
Premièrement, un charlatan, mais avec beaucoup de style ;
Deuxièmement, un grand charmeur ;
Troisièmement, impertinent ;
Quatrièmement, un homme très raisonnable, avec peu de [scrupules] ;
Cinquièmement, quelqu'un affligé, semble-t-il, d'une absence totale de talent. Et pourtant je pense que j'ai trouvé ma vraie vocation : être un mécène des arts. Pour cela, je possède tout ce qu'il faut sauf l'argent, *mais ça viendra**. »

Ce qui, pour un homme de vingt-trois ans, était une vision perspicace de lui-même. Même si son enfance avait été bercée par la musique et qu'il avait suivi quelques cours de composition, il admettait son absence de talent pour toute forme de créativité artistique, mais il

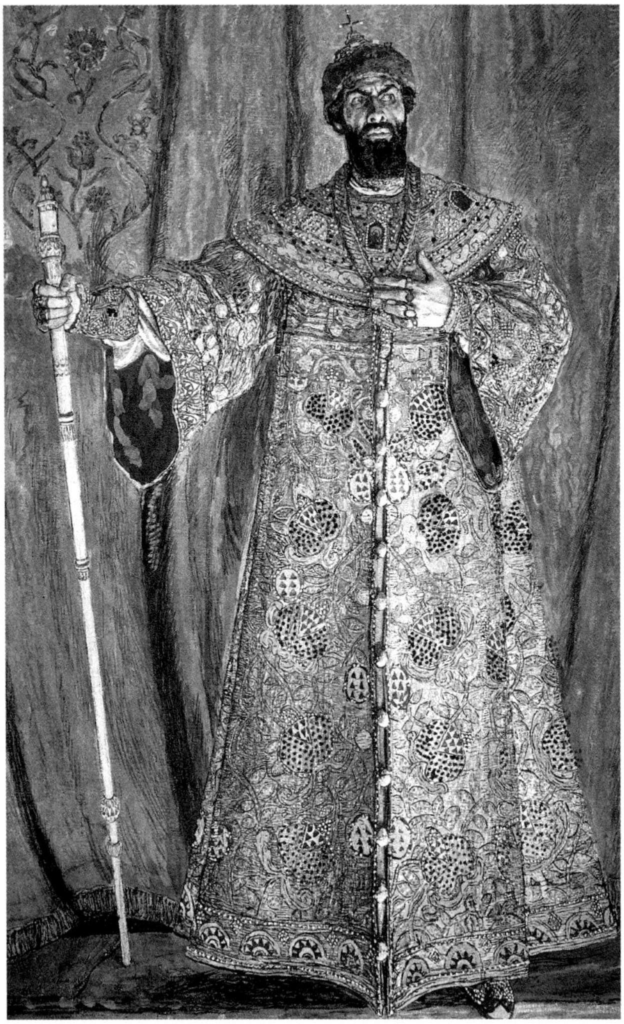

Fig. 1. **Alexandre I. Golovine, *Portrait de Fedor Chaliapine dans le rôle de Boris Godounov*, 1912,**
gouache, pastel, craie et tempera, Saint-Pétersbourg, Musée d'État russe.

continua de développer son savoir et sa compréhension de la musique. Il commença aussi à acquérir des connaissances dans les autres arts. Bientôt, grâce à son énergie et à son enthousiasme, il devint le chef de file du groupe. Il accomplit sa vocation et, pendant les trente-cinq années qui suivirent, jusqu'à sa mort, prématurée, il mit sa créativité au service de son rôle de mécène, d'imprésario et d'*animateur** des arts.

Il est intéressant de noter que Diaguilev écrivit à Benois, le 24 mai 1897 : « Je veux soigner la peinture russe, la nettoyer et, par-dessus tout, la présenter à l'Occident, la vanter auprès de l'Occident[7]... » Benois raconta plus tard que c'est à ce moment que Diaguilev comprit que son ambition réelle était d'« exporter » l'art russe en Occident.

Tout d'abord, celui-ci décida de lancer une revue. Les membres du groupe finirent par se mettre d'accord sur le titre, légitimement ambitieux, de *Mir Iskousstva,* c'est-à-dire le monde de l'art, nom sous lequel ils se firent également connaître. Ce titre très large prouve que Diaguilev et son comité de rédaction ne souhaitaient pas se confiner simplement à l'art russe mais s'intéressaient au monde de l'art dans son ensemble. Diaguilev persuada la princesse Maria K. Tenicheva et Savva I. Mamontov (voir ici les essais de E. Paston, « Le cercle artistique d'Abramtsevo », et de O. Strougova, « Les ateliers de la princesse Tenicheva à Talachkino »), deux *amateurs** d'art influents, de parrainer les premiers numéros de la revue. Réalisé avec de somptueux moyens, *Mir Iskousstva* fut publié de 1898 à 1904 et, durant son existence courte mais marquante, couvrit une grande variété de sujets concernant l'art et les artistes, le mouvement de l'artisanat d'art russe issu des domaines de Mamontov et de Tenichev, et les artistes européens.

Quand la revue cessa de paraître, faute de soutien financier, Diaguilev s'en tint fermement à son objectif : montrer l'art russe à l'Occident. Il choisit Paris comme vitrine car, alors comme maintenant, cette capitale était le centre culturel de l'Europe et par conséquent de l'Occident. La première saison russe, en 1906[8], fut une exposition de peinture, suivie en 1907 par une série de cinq concerts de musique russe[9].

En 1908, Diaguilev s'enhardit et produisit *Boris Godounov*, de Modeste P. Moussorgsky, dans la version révisée de Nikolaï A. Rimsky-Korsakov, à l'Opéra, de Paris[10], avec Fedor Chaliapine (fig. 1) dans le rôle-titre. Illustrant une période primordiale de l'histoire de la Russie, « ... Diaguilev voulait monter une véritable reconstitution de la Russie de la fin du XVIe siècle et, à cette fin, il parcourut en long et en large la campagne russe, à la recherche de costumes anciens, d'authentiques vieux sarafans, de broderies et rangs de perles[11] ». Pour reproduire ce « style russe », il demanda à Alexandre I. Golovine de créer six des sept décors, à Benois d'en concevoir un, et à Ivan I. Bilibine de dessiner les costumes. Golovine et Bilibine, imprégnés d'art russe ancien, exécutèrent pour la scène des réalisations minutieuses, outrées mais crédibles.

Avant 1907, Diaguilev ne s'intéressait pas particulièrement au ballet. C'est seulement après que Benois l'eut emmené à une représentation du *Pavillon d'Armide,* pour lequel ce dernier avait conçu des décors dans le style du XVIIIe siècle, que Diaguilev lui dit : « Il faut montrer cela à l'Europe[12]. » Instinctivement, il penchait davantage pour l'opéra, où Richard Wagner avait réussi une synthèse parfaite de la musique et du théâtre, mais il admit, à la lumière du travail de Benois, que le ballet offrait plus de possibilités et à moindre coût.

Pour sa première saison de ballets à Paris, au théâtre du Châtelet, en 1909, Diaguilev s'appuya essentiellement sur un répertoire d'œuvres, chorégraphiées par Mikhaïl Fokine, qui avaient déjà été présentées à Saint-Pétersbourg, parmi lesquelles *le Pavillon d'Armide.* Le programme de la saison comportait des opéras inconnus de compositeurs russes, comme *la Pskovitaine* (rebaptisée *Ivan le Terrible*) de Rimsky-Korsakov (fig. 2) et *Judith* d'Alexandre Serov, mais le public parisien s'extasia surtout devant le deuxième acte du *Prince Igor* d'Alexandre P. Borodine, intitulé alors *Danses du prince Igor.* Le décor, réalisé par Roerikh, évoquait de façon convaincante l'ancienne Russie, avec ses vastes steppes sauvages et ses huttes primitives aux cheminées fumantes. Ainsi que le décrivit Cyril W. Beaumont : « Les spectateurs furent transportés par le rythme frénétique et sauvage de la musique de Borodine, cette passion exacerbée contrastant avec des moments de profonde lassitude si caractéristique du tempérament slave. Fokine a parfaitement traduit dans sa chorégraphie cette merveilleuse évocation de la Russie du XIIe siècle, jusqu'aux moindres changements de thèmes et de rythmes. [...] Rien ne pourrait être plus éloigné de la tradition du ballet ancien et rien ne saurait mieux démontrer le génie de chorégraphe de Fokine[13]. » Pour un public habitué aux tutus et aux pointes, c'était une manière tout à fait nouvelle de danser, barbare et érotique. Les spectateurs adorèrent. Ce ballet eut un tel succès que Diaguilev dut l'inclure presque à chaque saison. Le programme pour l'année 1909 comportait aussi un nouveau ballet spécifiquement conçu sur un thème folklorique « russe ». Cette œuvre, tirée d'un conte, n'était pas encore prête. Pour la remplacer, Diaguilev réunit une série de danses sous le titre général *le Festin,* mais conserva un élément du conte : l'une des danses était précisément intitulée *l'Oiseau de feu*[14]. La danseuse Tamara Karsavina incarnait l'oiseau de feu et Vaslav Nijinsky l'oiseau doré, transformé en prince hindou. Leurs costumes, dessinés par Lev S. Bakst dans un style russe oriental exotique, furent les premiers de cet artiste à être présentés en Occident.

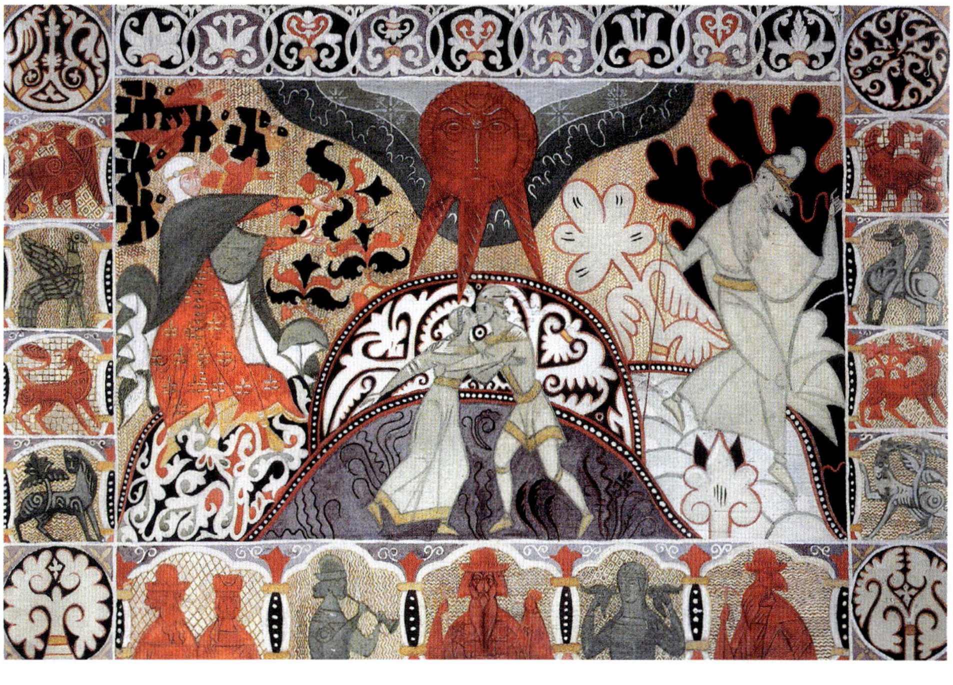

Fig. 2. **Dmitri Stelletsky, *Projet* pour le rideau de scène de *Snegourotchka de Rimsky-Korsakov,* théâtre Mariinsky, Saint-Pétersbourg, 1912,** tempera sur carton, Saint-Pétersbourg, Musée d'État russe.

L'Oiseau de feu (cat. 206) fut finalement achevé pour la saison 1910 à l'Opéra, de Paris, où Diaguilev produisit son premier programme complet de ballets. Puisque les deux compositeurs précédents l'avaient abandonné, Diaguilev fit appel à Igor F. Stravinsky pour la musique. Ce fut le début d'une des collaborations artistiques les plus fécondes et les plus remarquables du XXe siècle – collaboration douce-amère, toutefois. La musique devait être composée en fonction des exigences précises du chorégraphe, Fokine, et Stravinsky trouva cette contrainte stimulante. Golovine créa les décors et les costumes, à l'exception de deux costumes, qui furent redessinés par Bakst. Ce conte de fées russe fantastique, réalisé dans le style russe, fut la première apparition d'un nouveau genre de ballet, spécialement créé pour l'Occident.

En 1911, Diaguilev produisit une nouvelle œuvre de Stravinsky, *Petrouchka*. L'action se déroulait en Russie pendant la Foire du carnaval, à Saint-Pétersbourg en 1830. Diaguilev fit appel à Benois pour les décors et les costumes, sachant qu'il ne pourrait pas refuser cette commande. Ainsi que Benois l'écrivit plus tard : « Petrouchka, le Guignol ou Polichinelle russe, tout comme Arlequin, était mon ami depuis ma plus tendre enfance. Chaque fois que j'entendais les cris stridents et nasillards du marionnettiste ambulant : “ Voici Petrouchka ! Venez, bonnes gens, venez voir le spectacle ! ”, j'étais pris d'une espèce de frénésie de voir ce spectacle enchanteur. [...] Quant à Petrouchka lui-même, j'eus immédiatement le sentiment que “ c'était un devoir envers mon vieil ami ” de l'immortaliser sur une vraie scène. J'étais encore plus tenté à l'idée de représenter sur cette scène la Foire du carnaval, les chères *balagani* [15] qui faisaient les délices de mon enfance[16]. » Les créations de Benois étaient authentiquement russes. Au lever de rideau, apparaissait une foire russe du début du XIXe siècle. Les scènes de foule, chorégraphiées par Fokine, incluaient des personnages vaquant à leurs affaires ou s'amusant, le tout avec des détails très réalistes. Le public parisien du théâtre du Châtelet fut enthousiasmé par l'histoire, la mise en scène et les costumes, car c'était un monde inconnu qui se révélait à lui.

Le ballet suivant de Stravinsky fut *le Sacre du printemps,* qu'il élabora avec Nikolaï Roerikh. (En fait, il s'interrompit pour finir d'abord *Petrouchka*.) Tous deux le décrivirent comme des « tableaux de la Russie païenne ». Stravinsky disait qu'il avait rêvé d'un rituel païen qui célébrerait le sacrifice d'une vierge élue qui danserait jusqu'à en mourir. Roerikh, qui était la personne idéale pour écrire le scénario et le visualiser sur scène, s'intéressait de très près à l'aspect archéologique de la « vieille Russie ». Il se rendait souvent à Talachkino, le domaine de la princesse Tenicheva, pour étudier ses collections d'art ethnique russe. Stravinsky l'y rejoignit : « Je me mis au travail avec Roerikh, et en quelques jours le plan de l'action et les titres des danses étaient composés. Roerikh ébaucha aussi ses fameuses toiles de fond de genre polovtsiennes pendant que nous étions là-bas, et il dessina les costumes d'après de vrais costumes de la collection de la princesse[17]. »

La première représentation du *Sacre du printemps,* le 29 mai 1913 (la répétition générale eut lieu le 28), au théâtre des Champs-Élysées, fut mémorable, comme on le sait. L'élégant public parisien fut scandalisé par le mélange de la chorégraphie révolutionnaire de Nijinsky, avec ses pas incroyablement difficiles et originaux, les décors de la Russie primitive de Roerikh et ses costumes en feutre vigoureusement peints à la main, ainsi que par le rythme frénétique de la musique de Stravinsky.

Pour la saison 1914, Diaguilev commanda à Benois les décors de deux opéras, *le Rossignol* de Stravinsky et *le Coq d'or* de Rimsky-Korsakov. Benois, trop occupé pour travailler aux deux, suggéra de faire appel à Natalia S. Gontcharova pour *le Coq d'or* (cat. 217) ; c'est du moins ce qu'il déclara plus tard. Il est plus probable que Diaguilev, connaissant déjà Gontcharova et impressionné par son travail, prit lui-même contact avec elle. C'est l'avis de Mary Chamot : « En confiant à Gontcharova la réalisation du décor [...], Diaguilev démontra, comme d'habitude, sa clairvoyance artistique. Il était toujours d'un pas en avance sur la mode, prévoyant ce qui allait être la rage à venir, l'évolution prochaine de l'art[18]. » Même si la conception des décors et des costumes fut attribuée à Gontcharova seule, elle travailla très certainement avec son compagnon et associé de toujours, Mikhaïl F. Larionov. Tous deux étaient fascinés par l'art traditionnel russe et très influencés par la peinture d'icônes et les *louboks*. Très populaires, ces images sur papier bon marché ou sur carton, peintes à la main et exécutées d'après des gravures, illustraient des récits moraux ou religieux, des événements historiques ou des contes folkloriques. Les louboks furent réalisés à partir du XVIIe siècle pour l'édification des paysans illettrés. Larionov en possédait

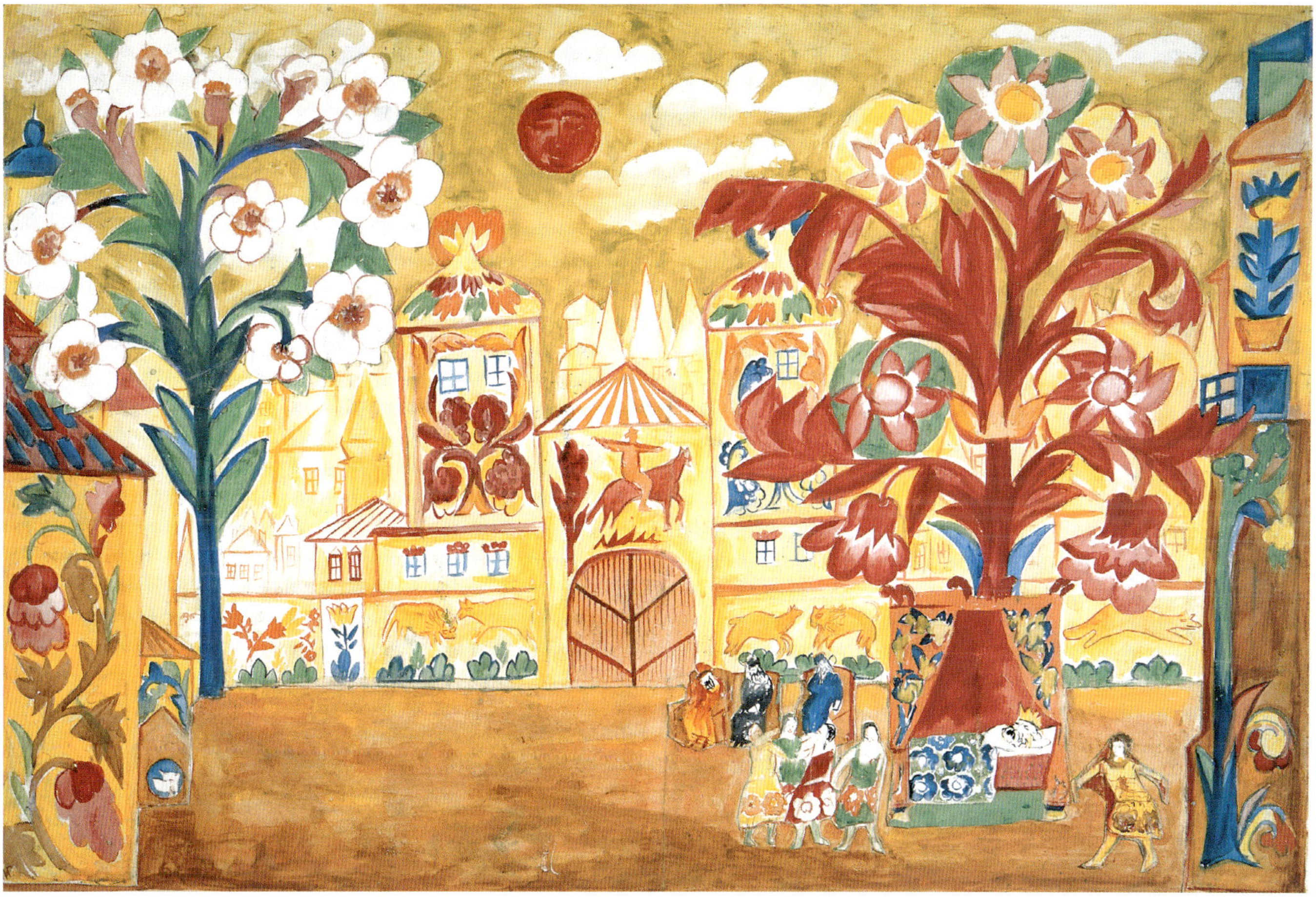

Cat. 217

Natalia S. Gontcharova, *Esquisse de décor* pour le premier acte du *Coq d'or*, opéra-ballet, Paris, Grand Opéra, première 21 mai, 1914, entreprise de S. P. Diaguilev ; musique de N. A. Rimsky-Korsakov, mise en scène de M. Fokine, décors de N. S. Gontcharova avec la participation de M. F. Larionov, 1914,
aquarelle et gouache sur papier contrecollé sur carton, Saint-Pétersbourg, musée national A. S. Pouchkine.

une vaste collection, qui fut la source d'inspiration des décors et des costumes, exagérément néo-primitifs et brillamment colorés, du *Coq d'or*, dont la première représentation eut lieu le 24 mai 1914, à l'Opéra.

La Première Guerre mondiale mit fin aux projets de futures représentations des Ballets russes. La plupart des membres de la compagnie rentrèrent en Russie. Diaguilev resta en Occident. Peut-être, comme tant d'autres, pensait-il que la guerre ne durerait que quelques mois, ou peut-être devinait-il le désastre à venir.

Diaguilev ne retourna jamais en Russie. Il avait réussi à « exporter » l'art russe en Occident et réalisé son ambition. Le monde qu'il avait connu avait été balayé et, même s'il demeura fidèle à ses artistes et compositeurs russes, il embrassait maintenant avec enthousiasme l'art occidental nouveau.

* *En français dans le texte.*

1. Paragraphe 3 de l'article 838 du Règlement du service d'État. Il s'agissait d'un « renvoi sans grâce » et « renvoi sans raison indiquée et sans appel ». Toute personne révoquée selon les termes du paragraphe 3 ne pouvait jamais plus être employée par l'État. Même si cette loi fut abrogée en 1905, il était trop tard pour Diaguilev et, à ce moment-là, cela n'avait plus d'importance.

2. Les détails n'ont pas lieu de figurer dans cet article, mais on les trouve dans Zilberstein et Samkov, 1982, vol. 2, p. 384-385.

3. Le prince Sergueï M. Volkonsky fut nommé directeur en juillet 1899, mais démissionna en juillet 1901. Son successeur fut Vladimir A. Teliakovsky, dernier directeur des Théâtres impériaux, de 1901 à 1917.

4. Pour la meilleure bibliographie sur les ouvrages concernant Diaguilev et les Ballets russes, voir Grafola et Van Norman Baer, 1999.

5. Benois, 1941, p. 150.

6. E. V. Diaguilev, née Panaev. Sa véritable mère était morte à sa naissance.

7. Cité dans Zilberstein et Samkov, *op. cit.*, vol. 2, p. 24.

8. Intitulée « l'Exposition de l'art russe », au Salon d'Automne, elle présentait le meilleur de ce que Diaguilev avait pu rassembler, dans un décor conçu par Lev S. Bakst : icônes, et tableaux du XVIIe siècle jusqu'aux œuvres nouvelles d'artistes vivants, parmi lesquels Benois, Somov, Bakst, Lanceray, Vroubel, Serov, Gontcharova et Larionov.

9. Parmi les compositeurs figuraient Glinka, Rimsky-Korsakov, Tchaïkovsky, Borodine, Scriabine, Rakhmaninov, Glazounov, Balakirev ; parmi les interprètes, Litvine, Smirnov, Chaliapine.

10. Représenté pour la première fois le 19 mai 1908.

11. Lifar, 1982, p. 148.

12. Cité dans Benois, *op. cit.*, p. 266.

13. Beaumont, 1945, p. 46, 49.

14. En fait, le *pas de deux** de l'oiseau bleu de *la Belle au bois dormant* de Tchaïkovsky.

15. Baraques de foire.

16. Benois, *op. cit.*, p. 324-325.

17. Stravinsky et Craft, 1962, p. 141-142.

18. Chamot, 1972, p. 63.

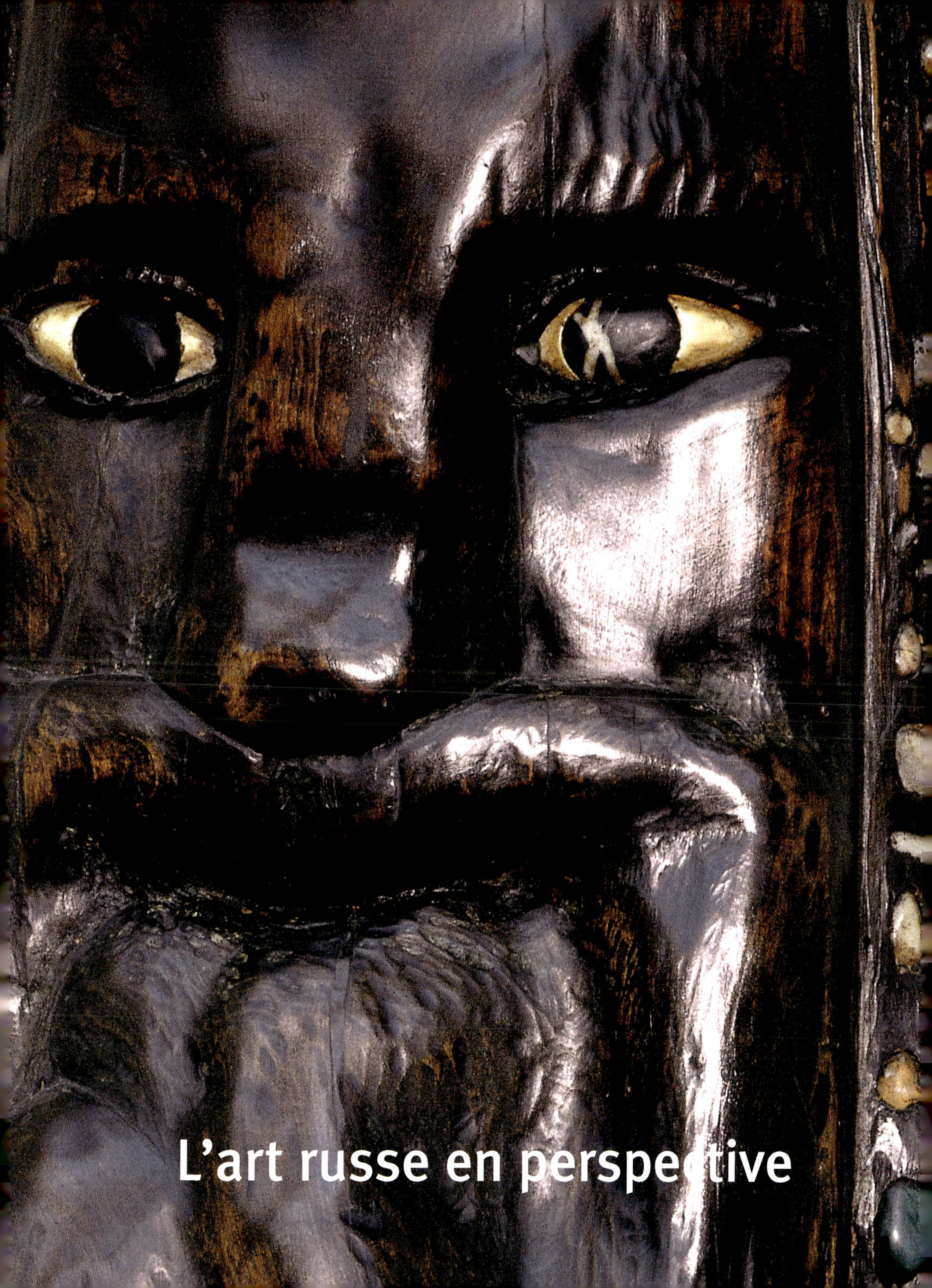

L'art russe en perspective

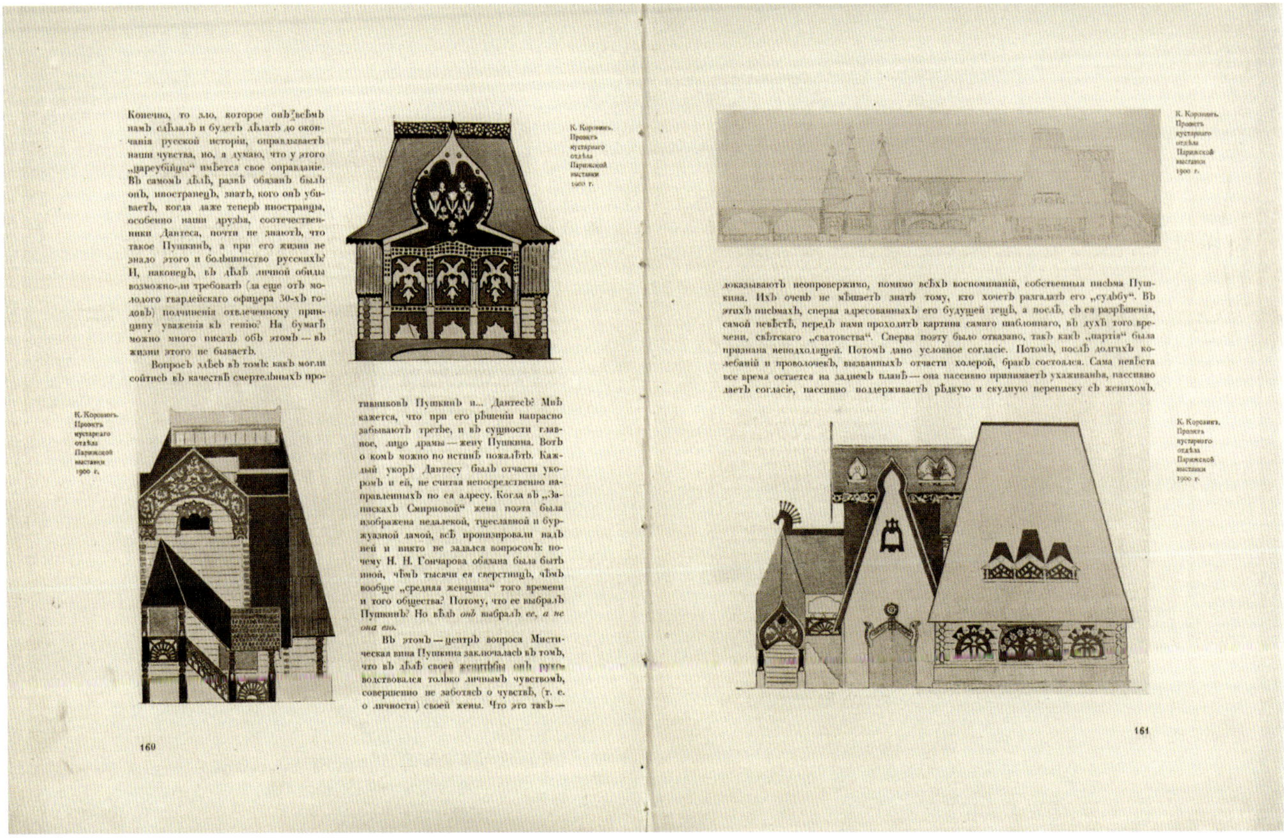

Конечно, то зло, которое онъ всѣмъ намъ сдѣлалъ и будетъ дѣлать до окончанія русской исторіи, оправдываетъ наши чувства, но, я думаю, что у этого „цареубійцы" имѣется свое оправданіе. Въ самомъ дѣлѣ, развѣ обязанъ былъ онъ, иностранецъ, знать, кого онъ убиваетъ, когда даже теперь иностранцы, особенно наши друзья, соотечественники Дантеса, почти не знаютъ, что такое Пушкинъ, а при его жизни не знало этого и большинство русскихъ? И, наконецъ, въ дѣлѣ личной обиды возможно-ли требовать (да еще отъ молодого гвардейскаго офицера 30-хъ годовъ) подчиненія отвлеченному принципу уваженія къ генію? На бумагѣ можно много писать объ этомъ — въ жизни этого не бываетъ.

Вопросъ здѣсь въ томъ: какъ могли сойтись въ качествѣ смертельныхъ противниковъ Пушкинъ и... Дантесъ? Мнѣ кажется, что при его рѣшеніи напрасно забываютъ третье, и въ сущности главное, лицо драмы — жену Пушкина. Вотъ о комъ можно по истинѣ пожалѣть. Каждый укоръ Дантесу былъ отчасти укоромъ и ей, не считая непосредственно направленныхъ по *ея* адресу. Когда въ „Запискахъ Смирновой" жена поэта была изображена недалекой, тщеславной и буржуазной дамой, всѣ иронизировали надъ ней и никто не задался вопросомъ: почему Н. Н. Гончарова обязана была быть иной, чѣмъ тысячи ея сверстницъ, чѣмъ вообще „средняя женщина" того времени и того общества? Потому, что ее выбралъ Пушкинъ? Но вѣдь *онъ* выбралъ *ее, а не она его.*

Въ этомъ — центръ вопроса. Мистическая вина Пушкина заключалась въ томъ, что въ дѣлѣ своей женитьбы онъ руководствовался только личнымъ чувствомъ, совершенно не заботясь о чувствѣ, (т. е. о личности) своей жены. Что это такъ —

К. Коровинъ. Проектъ кустарнаго отдѣла Парижской выставки 1900 г.

К. Коровинъ. Проектъ кустарнаго отдѣла Парижской выставки 1900 г.

160

доказываютъ неопровержимо, помимо всѣхъ воспоминаній, собственныя письма Пушкина. Ихъ очень не мѣшаетъ знать тому, кто хочетъ разгадать его „судьбу". Въ этихъ письмахъ, сперва адресованныхъ его будущей тещѣ, а послѣ, съ ея разрѣшенія, самой невѣстѣ, передъ нами проходитъ картина самаго шаблоннаго, въ духѣ того времени, свѣтскаго „сватовства". Сперва поэту было отказано, такъ какъ „партія" была признана неподходящей. Потомъ дано условное согласіе. Потомъ, послѣ долгихъ колебаній и проволочекъ, вызванныхъ отчасти холерой, бракъ состоялся. Сама невѣста все время остается на заднемъ планѣ — она пассивно принимаетъ ухаживанья, пассивно даетъ согласіе, пассивно поддерживаетъ рѣдкую и скудную переписку съ женихомъ.

К. Коровинъ. Проектъ кустарнаго отдѣла Парижской выставки 1900 г.

К. Коровинъ. Проектъ кустарнаго отдѣла Парижской выставки 1900 г.

161

Cat. 275

Konstantin A. Korovine, *Projet pour la section artisanat de l'Exposition de Paris 1900,* paru dans la revue *Mir Iskousstva (le Monde de l'art),* n° 21-22, 1899,
impression typographique, Saint-Pétersbourg, Bibliothèque nationale de Russie.

Les pavillons russes à l'Exposition universelle de 1900

Marie-Pierre Salé et Édouard Papet

« Le 17 avril, quand le président de la République est allé inaugurer le palais de la Russie, il a été reçu à l'entrée du village par Mme Yakountchikov [Maria Fedorovna Iakounchikoff], vice-présidente du comité des Petites Industries rurales et organisatrice de leur exposition. Mme Yakountchikov a présenté à M. Loubet, à la mode russe, le pain et le sel, – le sel dans une salière de cristal incrustée d'or, le pain sur un plateau de bois finement sculpté. J'aurais voulu que l'active organisatrice fût entourée à ce moment de quelques-uns de ces moujicks [*sic*] dont elle a mis les œuvres en valeur. L'obscur et habile artisan, à la barbe broussailleuse, aux yeux gris clair, qui dans son vrai village, là-bas, au fond d'une pauvre province du haut Volga, a taillé dans le bois dur le plat qu'a admiré et emporté M. Loubet, pourquoi n'était-il pas de la fête[1] ? » Malgré ces réserves, les pavillons russes à l'Exposition universelle de 1900 furent particulièrement remarqués, tout comme la division des beaux-arts[2]. Le commissariat de la section russe avait été assuré par le prince Viatcheslav N. Tenichev (fig. 1 a), époux de Maria K. Tenicheva (fig. 2 ; voir ici les articles de O. Strougova, « Les ateliers de la princesse Tenicheva à Talachkino », et de S. Alsteens, « L'inconstance de Maria Tenicheva »). Maria V. Iakountchikova- Weber (fig. 1 b) avait été chargée de l'organisation de l'exposition des petites industries rurales (fig. 4) ; elle exposait également certaines de ses œuvres (cat. 224 et 225).

Roman Meltzer avait été désigné architecte en chef de la section. Entre 1885 et 1888, il avait travaillé sous la direction de l'architecte de la cour N. Gornostaev, Pétersbourgeois considéré par Vladimir V. Stassov comme l'un des pionniers du retour aux motifs russes dans l'architecture ; il était l'auteur de la grille du palais d'Hiver de Saint-Pétersbourg, très admirée à l'Exposition[3]. À Paris, deux tendances étaient représentées, l'architecture traditionnelle, inspirée des modèles des XVIe et XVIIe siècles avec l'imposant kremlin bâti dans les jardins du Trocadéro, côté est (fig. 3) et, au pied de celui-ci, l'architecture traditionnelle en bois dérivée des modèles ruraux. Sept autres pavillons, considérés comme annexes par les rapports officiels, étaient distribués dans les parcs et jardins[4], si l'on exclut le pavillon de la Finlande, alors sous domination russe : le pavillon de la Régie des boissons, d'après un projet de Zeidler, membre de l'Académie impériale des beaux-arts, qui avait pour mission de faire connaître la politique de lutte contre l'alcoolisme, initiée sous le règne du tsar Alexandre III (fig. 5). Les rapports insistent sur la valeur des charpentiers et des ouvriers venus de Russie pour la construction des bâtiments (fig. 6) : « Le village russe de l'Exposition fut un vrai village surtout pendant sa construction. Les ouvriers qui y travaillaient [...] Charpentiers et menuisiers, [...] étonnaient par leurs procédés primitifs nos ouvriers parisiens[5] ».

Au Trocadéro, le « Palais des Confins de l'Empire[6] », aux toits couverts de tuiles multicolores, constituait un luxueux pastiche officiel : « Extérieurement, tout le palais est vieux russe. C'est une agglomération de tours de différentes hauteurs, coiffées de clochers carrés, couronnées d'aigles dorées à deux têtes, reliées par des murailles crénelées. L'ensemble évoque le Kremlin de Moscou. Mais l'architecte, M. Meltzer, s'est inspiré de l'acropole moscovite sans la copier. C'est à tort qu'on a cru reconnaître la Troïskaïa, la Tsarskaïa, la Spaskaïa et même l'Ivan-Veliky. Rien ne rappelle la formidable tour d'Ivan, haute de 82 mètres, octogonale en bas, ronde à

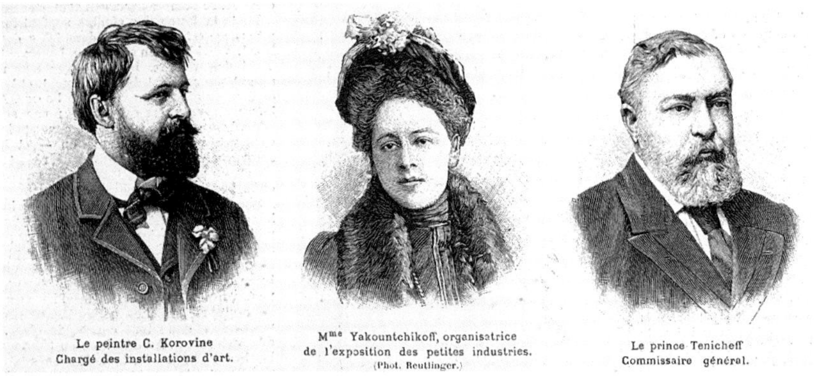

Fig. 1. a, b, c. **Portraits du prince Viatcheslav N. Tenichev (époux de Maria K. Tenicheva), commissaire général de la section russe, de Maria Fodorovna Iakounchikoff, organisatrice de l'exposition des petites industries rurales et de Konstantin A. Korovine, chargé des installations d'art, gravures d'après des photographies de Reutlinger parues dans *l'Illustration,* n° 2984, 5 mai 1900,** p. 281 et 288.

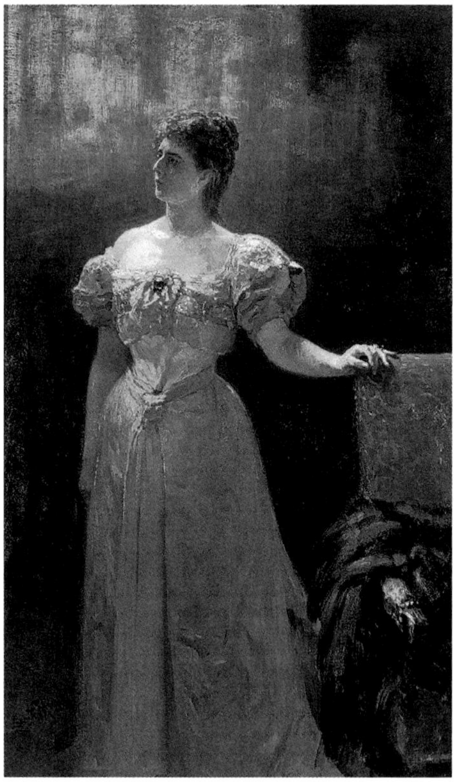

Fig. 2. **Ilia E. Repine, *Portrait de la princesse Maria K. Tenicheva,* 1896,**
huile sur toile, Saint-Pétersbourg, musée-appartement de I. I. Brodsky.

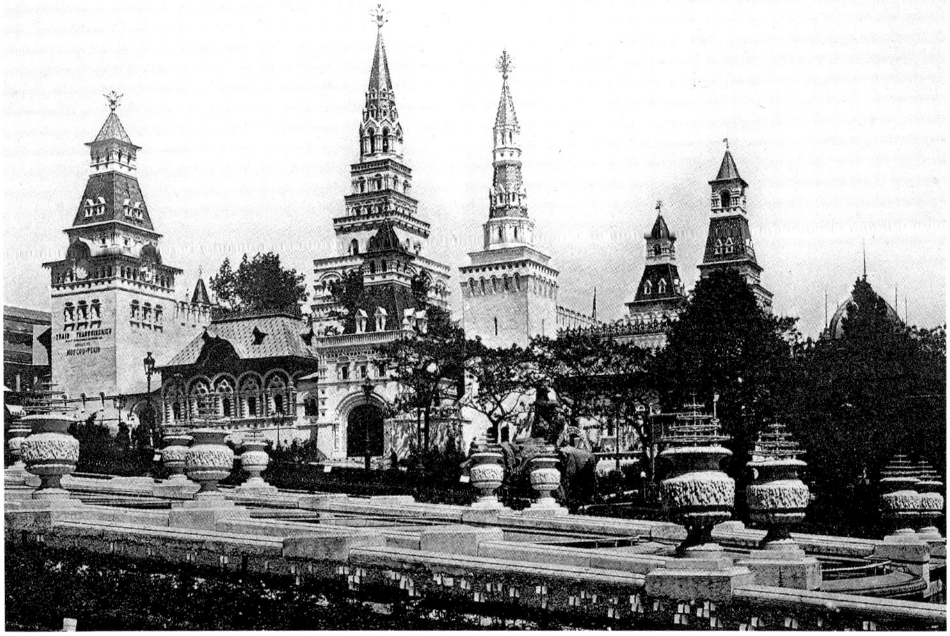

Fig. 3. **Constant Robert, *Palais impérial de la Russie au Trocadéro* (R. Meltzer architecte, K. Korovine, décorateur), photographie reproduite dans *Exposition universelle internationale de 1900. Rapport général administratif et technique,* Paris, Imprimerie nationale, 1903,**
pl. h. t., p. 78.

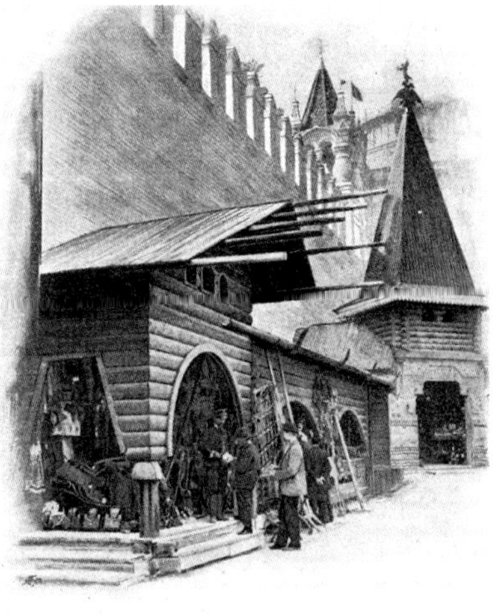

Fig. 4. ***Le village russe : galerie des petites industries rurales,* photographie anonyme parue dans *l'Illustration,* n° 2984, 5 mai 1900,** p. 281.

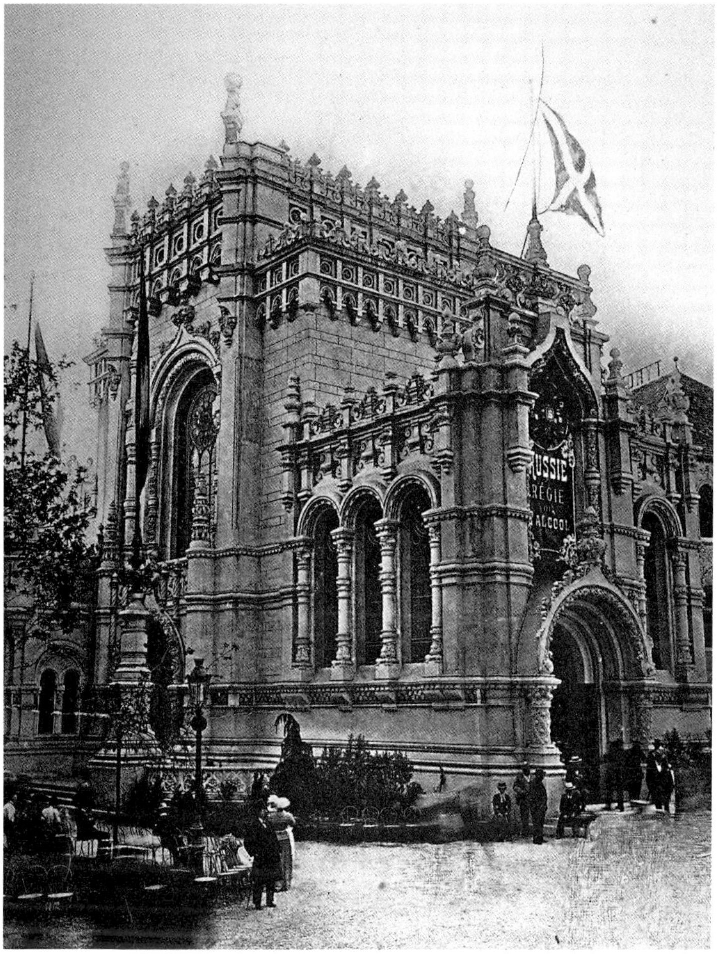

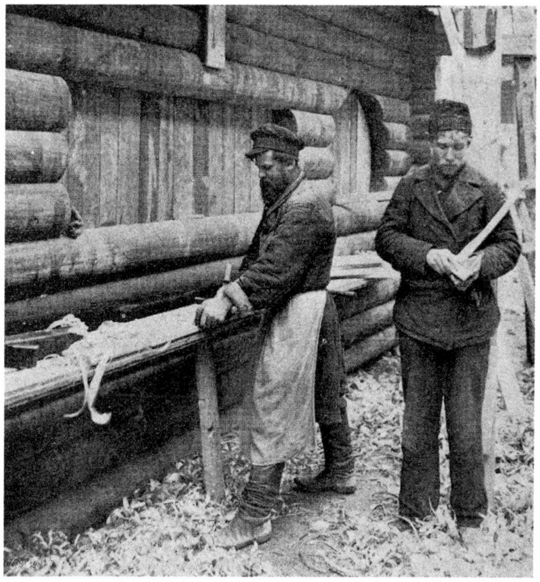

Fig. 6. ***Menuisiers du village russe,*** « La Russie à l'Exposition », photographie anonyme parue dans *l'Illustration,* n° 2976, 10 mars 1900, p. 154.

Fig. 5. Larger, photographe, ***Russie. Pavillon de la Régie des boissons au Champ-de-Mars*** (M. Zeidler, architecte), photographie reproduite dans *Exposition universelle internationale de 1900. Rapport général administratif et technique,* Paris, Imprimerie nationale, 1903, pl. h. t., p. 84.

Fig. 7. Konstantin A. Korovine, *le Pays du soleil de minuit,* 1899-1900, décor du palais des Confins de l'empire, pavillon russe, photographie reproduite dans l'article de Roger-Marx, « Les arts à l'Exposition universelle de 1900. La décoration & les industries d'art », *Gazette des Beaux-Arts,* 1900, t. 24.

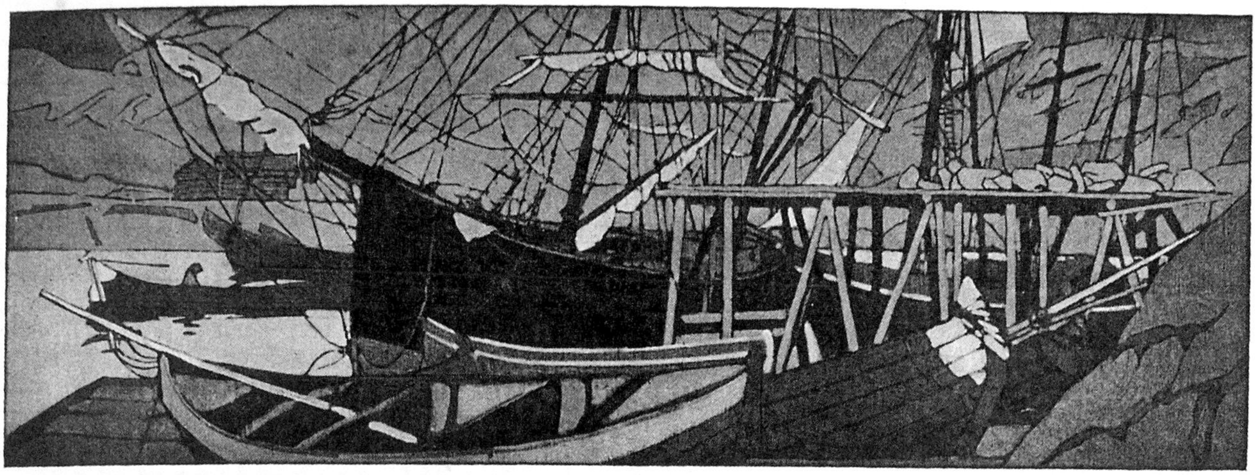

AU PAYS DU SOLEIL DE MINUIT, PAR M. CONSTANTIN KOROVINE

Peinture décorative du palais de l'Asie russe.

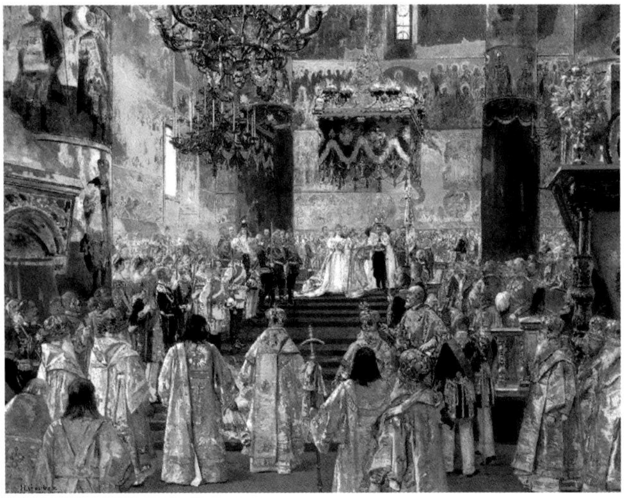

Fig. 8. **Henri Gervex, *Esquisse pour le Couronnement de Nicolas II,* daté en bas à gauche 14 mai 1896,** huile sur toile, Paris, musée d'Orsay.

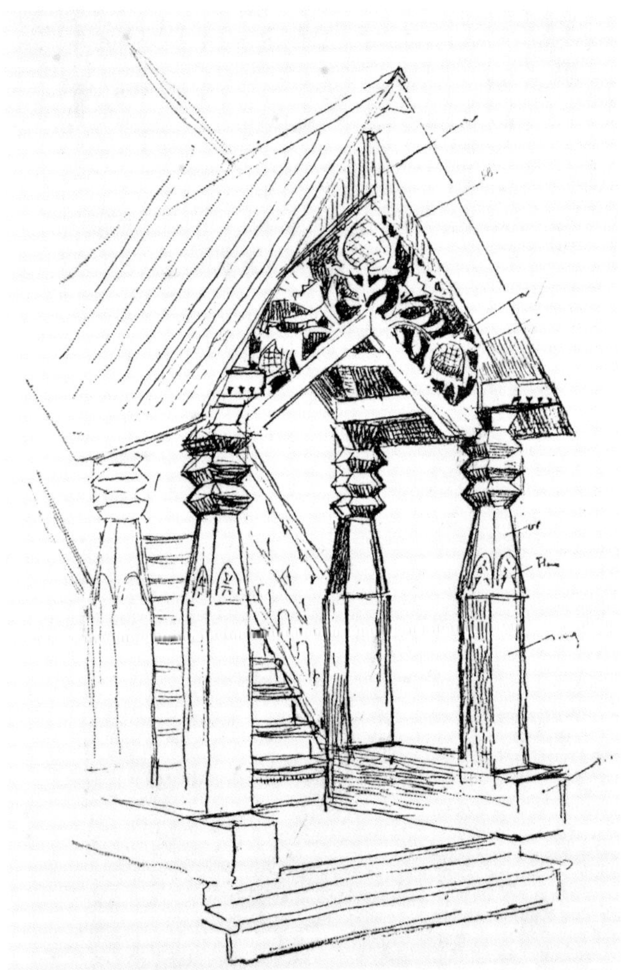

Fig. 9. **René Binet, *Une porte du village russe par M. Konstantin Korovine,* dessin reproduit dans l'article de Roger-Marx, « Les arts à l'Exposition universelle de 1900. La décoration & les industries d'art », *Gazette des Beaux-Arts,* 1900, t. 24, p. 402.**

l'étage supérieur et surmontée d'un dôme d'or éblouissant. Le Kremlin du Trocadéro est une variation fantaisiste sur le thème byzantin de celui de Moscou. Il y manque les coupoles dorées, les clochers bulbeux. Ce n'est donc pas Moscou, la ville aux quatre cents églises et aux trente couvents. Ce n'est pas non plus une autre ville de Russie. C'est une synthèse de la Ville russe[7]. »

Le bâtiment construit en bois et staff, dont l'intérieur avait été décoré par Konstantin A. Korovine (fig. 1 c) – Roger-Marx y voyait « la plus belle expression du paysage décoratif à l'Exposition[8] » (fig. 7) –, était destiné aux objets et produits caractérisant la vie économique et sociale du nord de la Russie d'Europe, du Caucase, de l'Asie centrale et de la Sibérie. Dans une salle, la Compagnie des Wagons-Lits avait installé une voiture de luxe aux vitres de laquelle défilait le panorama de Piassetsky représentant des paysages que traversait le Transsibérien. Le salon réservé à la réception des membres de la famille impériale était « décoré et meublé dans le style propre aux anciennes demeures des boyards russes, [et] rappelait sur ses voûtes surbaissées les ornements de la célèbre Granovitaïa Palata de Moscou[9] ». Pour les objets de luxe, Victor Champier remarquait : « Sauf de rares exceptions, comme celle que fournit M. Fabergé, [la Russie] emprunte ses modèles aux nations voisines quand elle veut sortir de ses traditionnels bols à punch, de ses services d'or émaillé, de ses icônes ou des ustensiles familiers rehaussés de pierres de couleurs que lui envoient les paysans du Caucase[10]. » Une salle était consacrée à « l'Extrême-Nord, c'est-à-dire des pays situés entre le gouvernement d'Arkhanguelsk et le Nord-Est extrême de la Sibérie[11] ». Dans l'escalier avait été placé *le Couronnement du tsar Nicolas II* par Henri Gervex[12] (fig. 8) et les visiteurs pouvaient également voir les manteaux du couronnement d'Alexandre III et de Nicolas II.

Adossé aux murailles du kremlin, et face au palais du Trocadéro, le village russe, dessiné par Korovine et Bondarenko (cat. 275), constituait l'expression la plus évocatrice du néo-russe (fig. 9). Korovine s'était beaucoup documenté et cette « vérité » ethnographique s'était émancipée du pittoresque historicisant d'Ivan N. Ropet, qui avait dominé le style des pavillons russes de l'Exposition universelle de 1878 (fig. 10 ; cat. 418 et 419). Le village de Korovine fut justement apprécié, comme l'illustration des idées d'« un groupe de novateurs – moscovites pour la plupart – qui ont rompu avec les traditions académiques et qui cherchent leur inspiration au cœur même de l'âme slave. Avec eux, la Russie,

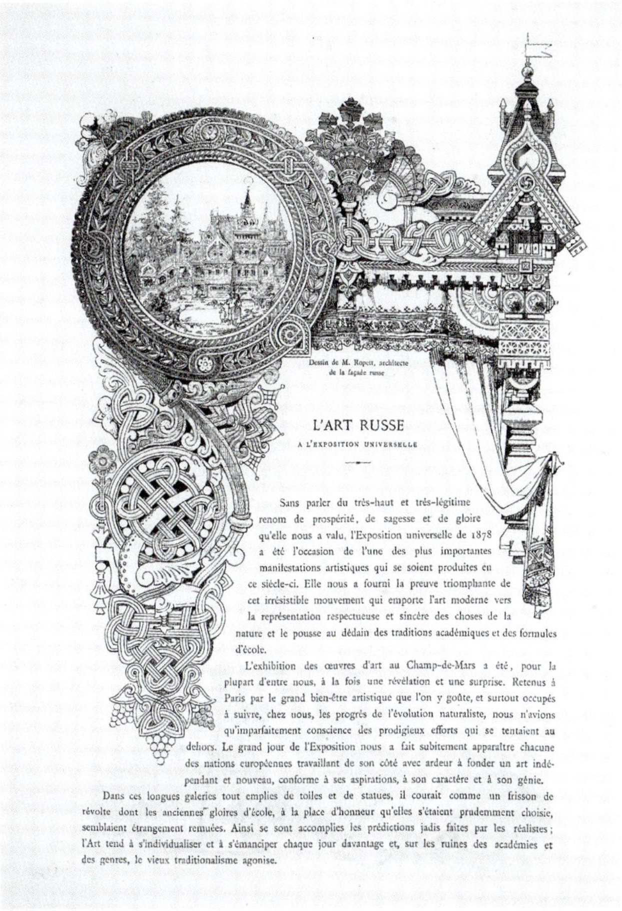

Dessin de M. Ropett, architecte de la façade russe

L'ART RUSSE

A L'EXPOSITION UNIVERSELLE

Sans parler du très-haut et très-légitime renom de prospérité, de sagesse et de gloire qu'elle nous a valu, l'Exposition universelle de 1878 a été l'occasion de l'une des plus importantes manifestations artistiques qui se soient produites en ce siècle-ci. Elle nous a fourni la preuve triomphante de cet irrésistible mouvement qui emporte l'art moderne vers la représentation respectueuse et sincère des choses de la nature et le pousse au dédain des traditions académiques et des formules d'école.

L'exhibition des œuvres d'art au Champ-de-Mars a été, pour la plupart d'entre nous, à la fois une révélation et une surprise. Retenus à Paris par le grand bien-être artistique que l'on y goûte, et surtout occupés à suivre, chez nous, les progrès de l'évolution naturaliste, nous n'avions qu'imparfaitement conscience des prodigieux efforts qui se tentaient au dehors. Le grand jour de l'Exposition nous a fait subitement apparaître chacune des nations européennes travaillant de son côté avec ardeur à fonder un art indépendant et nouveau, conforme à ses aspirations, à son caractère et à son génie.

Dans ces longues galeries tout emplies de toiles et de statues, il courait comme un frisson de révolte dont les anciennes gloires d'école, à la place d'honneur qu'elles s'étaient prudemment choisie, semblaient étrangement remuées. Ainsi se sont accomplies les prédictions jadis faites par les réalistes ; l'Art tend à s'individualiser et à s'émanciper chaque jour davantage et, sur les ruines des académies et des genres, le vieux traditionalisme agonise.

Fig. 10. **Gustave Goetschy, dessin d'Ivan N. Ropet, « L'Art russe à l'Exposition universelle », *les Chefs-d'œuvre d'art à l'Exposition universelle de 1878,* M. E. Bergerat (dir.), Paris, Ludovic Baschet, 1878,** p. 158.

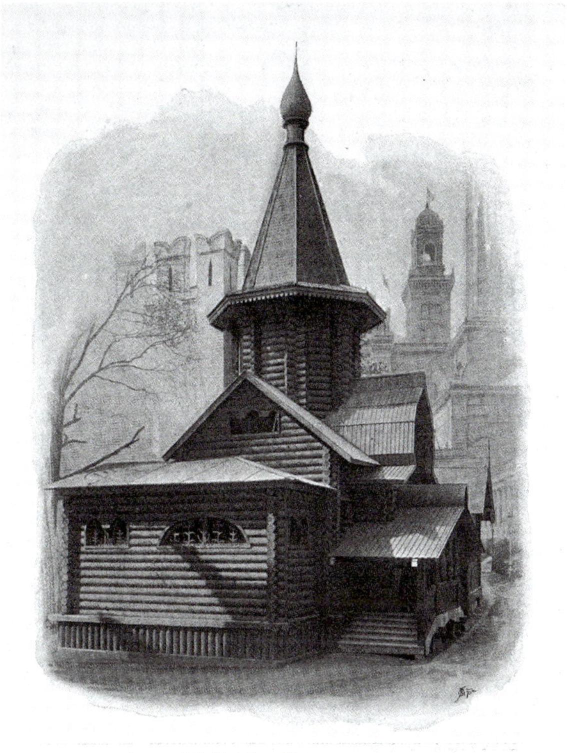

L'église du village russe.

Fig. 11. ***L'Église du village russe,* photographie anonyme parue dans *l'Illustration,* n° 2984, 5 mai 1900,** p. 283.

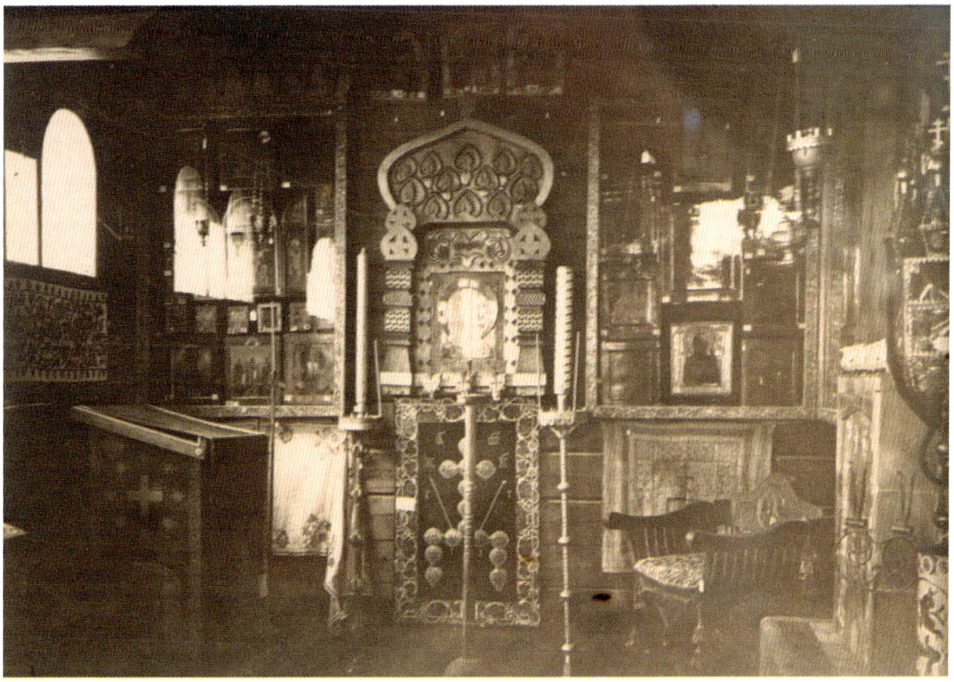

Fig. 12. **« La Russie à l'Exposition », icônes et objets du culte orthodoxe exposés dans l'église du village, photographie anonyme parue dans *l'Illustration,* n° 2984, 5 mai 1900,** p. 284.

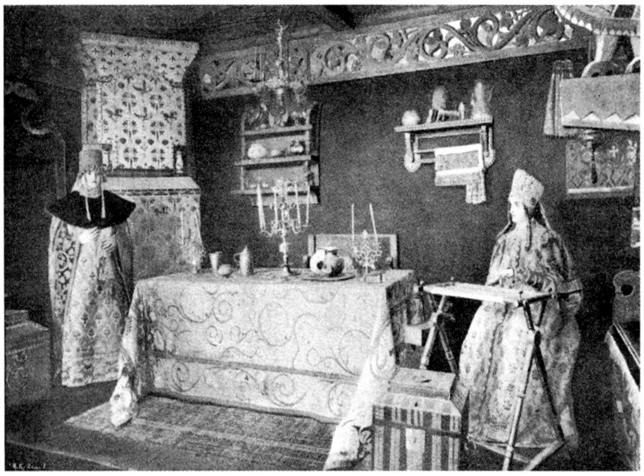

Fig. 13. **Une isba du village russe : reconstitution d'un intérieur de boyards au XVIIe siècle, photographie anonyme parue dans *l'Illustration,* n° 2984, 5 mai 1900,** p. 288.

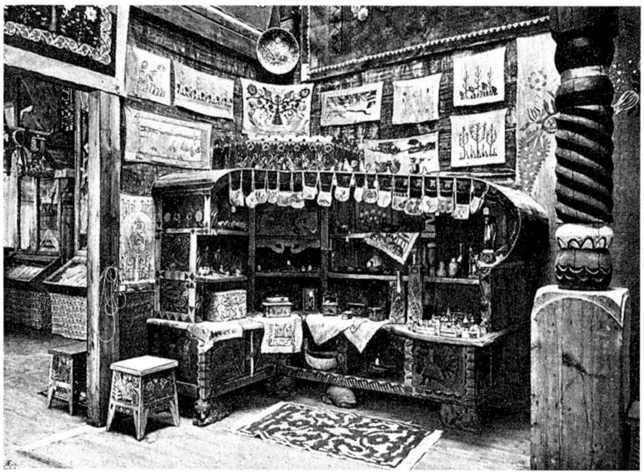

Fig. 14. **Intérieur d'une isba du village russe : meubles et objets fabriqués par les paysans, photographie anonyme parue dans *l'Illustration,* n° 2984, 5 mai 1900,**
p. 284 ; sur la tablette du buffet, à droite, cat. 223.

qui possédait surtout des peintres officiels, a maintenant des artistes nationaux. L'œuvre de Korovine, de même que celle de Vasnetsov, n'est pas seulement picturale. Dans des compositions ornementales, des projets d'architecture, des dessins de meuble, il s'est révélé un des meilleurs représentants du nouvel art décoratif russe, puisé aux sources vraiment indigènes. Longtemps on a confondu l'art russe et l'art byzantin. Avec Korovine et ses émules, la différence apparaît. Voyez l'ornementation de bois peint qu'il a répandue sur les portes, sur les volets, sur les ais des isbas du Trocadéro. Motifs et tons sont purement russes. Korovine les a empruntés aux dentelles et aux broderies des paysans, aux peintures traditionnelles dont ils égaient maints objets usuels[13] ». Les bâtiments abritaient une « exposition très remarquable des produits de la petite industrie rurale », sous le haut patronage de la grande-duchesse Elizaveta Fedorovna. Les installations comprenaient également une église (fig. 11), construite sur le modèle des églises en bois du nord de la Russie, dans laquelle étaient exposés des objets du culte orthodoxe, « œuvres d'ouvriers ruraux, de moines et de religieuses », mais également des icônes imitant « à s'y méprendre, par l'oxydation du métal, par la patine des émaux et des peintures, les anciennes images qu'apprécient les collectionneurs »[14] (fig. 12).

L'intérieur d'une habitation de boyards russes du XVIIe siècle avait été reconstitué (fig. 13), préfigurant la restauration du *terem* des Romanov à Moscou pour le troisième centenaire de la dynastie, en 1913 : on y voyait notamment des mannequins de cire vêtus de costumes anciens, ainsi qu'une collection de *kokochnik* prêtés par Natalia L. Chabelskoï. Cette dernière avait rassemblé une collection de textiles traditionnels et dirigeait un atelier de broderie, comme plus tard la princesse Tenicheva[15]. La galerie du bâtiment principal était dévolue aux objets quotidiens (poteries, vaisselle en bois, vêtements, instruments aratoires...). Deux vastes salles étaient consacrées aux objets confectionnés par les paysans d'après les modèles d'artistes russes (cat. 38 à 44). Sur un exemplaire de la table fabriquée par les ateliers d'Abramtsevo (cat. 372) d'après un dessin d'Elena D. Polenova, disparue deux ans auparavant, était disposée la céramique décorative en forme de coq réalisée d'après Alexandre I. Golovine (cat. 204). Les dessins de Polenova pour l'illustration du conte populaire *Filipko* (cat. 375 et 376) étaient présentés en frise. Une partie de la critique fut déroutée par le style, si peu familier aux Occidentaux, du mobilier d'Abramtsevo : « Byzantin et gothique, associations symétriques compliquées et gracieuses que rehaussent souvent, en tons très francs,

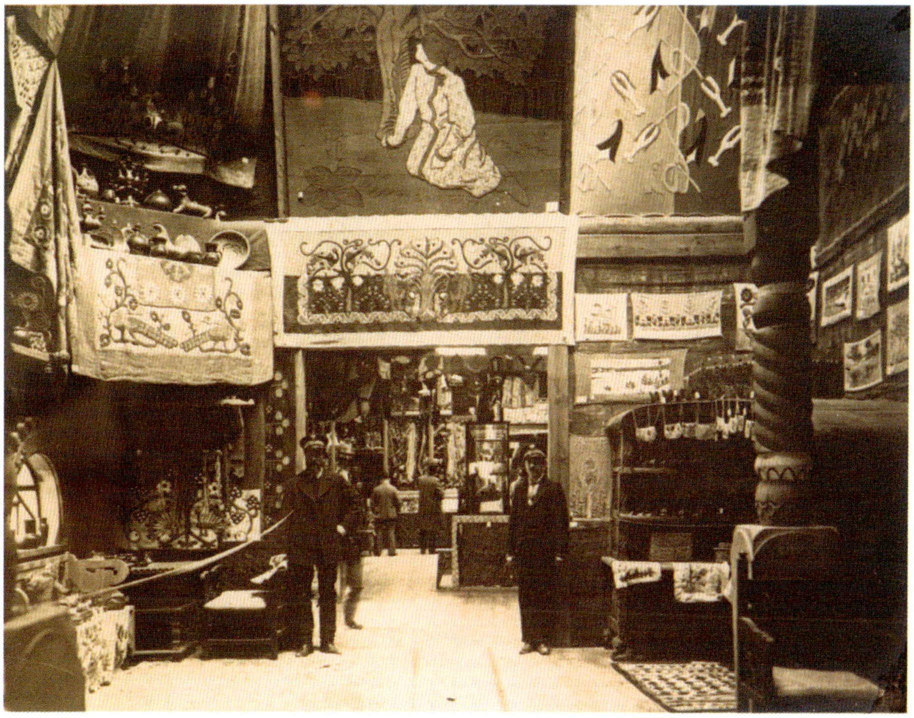

Cat. 43

Anonyme, *Intérieur de la salle avec exposition d'objets artisanaux,* photographie de l'album *Pavillon d'articles artisanaux et d'ouvrages de la Russie à l'Exposition universelle de Paris en 1900*, 1900,
Moscou, musée russe des Arts décoratifs et populaires, Bibliothèque scientifique du musée S. T. Morozov des Arts populaires (filiale du musée russe des Arts décoratifs et populaires).

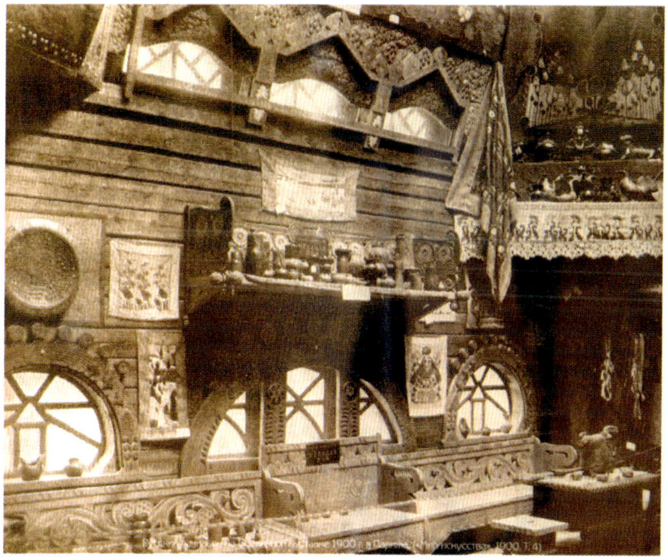

Cat. 42

Anonyme, *Intérieur du pavillon (productions d'Abramtsevo),* photographie de l'album *Pavillon d'articles artisanaux et d'ouvrages de la Russie à l'Exposition universelle de Paris en 1900,* 1900, à gauche au mur cat. 203 sur la table (cat. 372), un exemplaire de cat. 204,
Moscou, musée russe des Arts décoratifs et populaires, Bibliothèque scientifique du musée S. T. Morozov des Arts populaires (filiale du musée russe des Arts décoratifs et populaires).

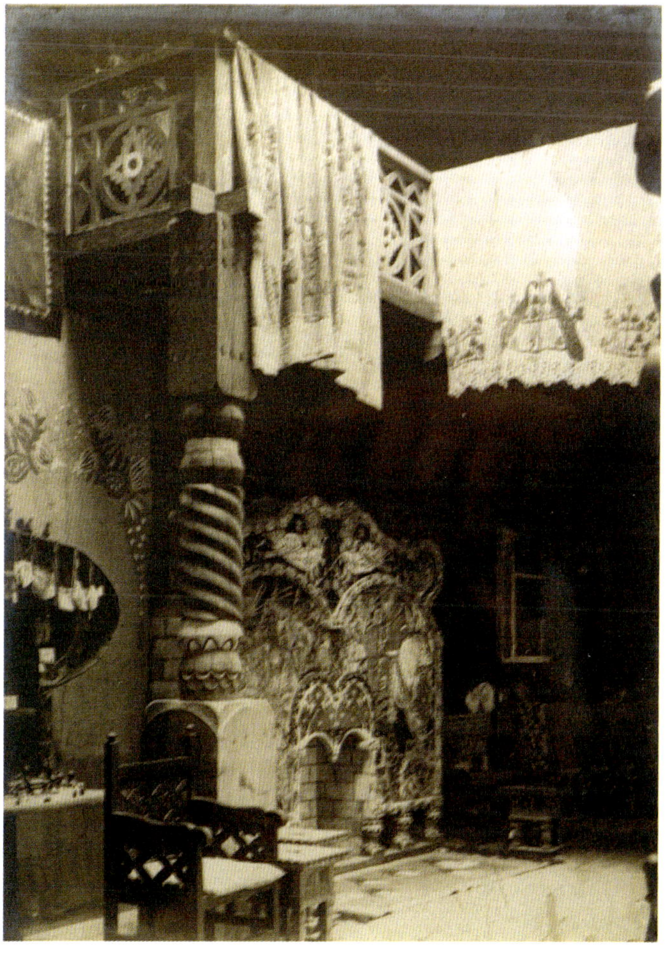

Cat. 41

Anonyme, *Intérieur de la salle centrale du pavillon avec la cheminée de Vroubel (voir cat. 484),* photographie de l'album *Pavillon d'articles artisanaux et d'ouvrages de la Russie à l'Exposition universelle de Paris en 1900*, 1900,
Moscou, musée russe des Arts décoratifs et populaires, Bibliothèque scientifique du musée S. T. Morozov des Arts populaires (filiale du musée russe des Arts décoratifs et populaires).

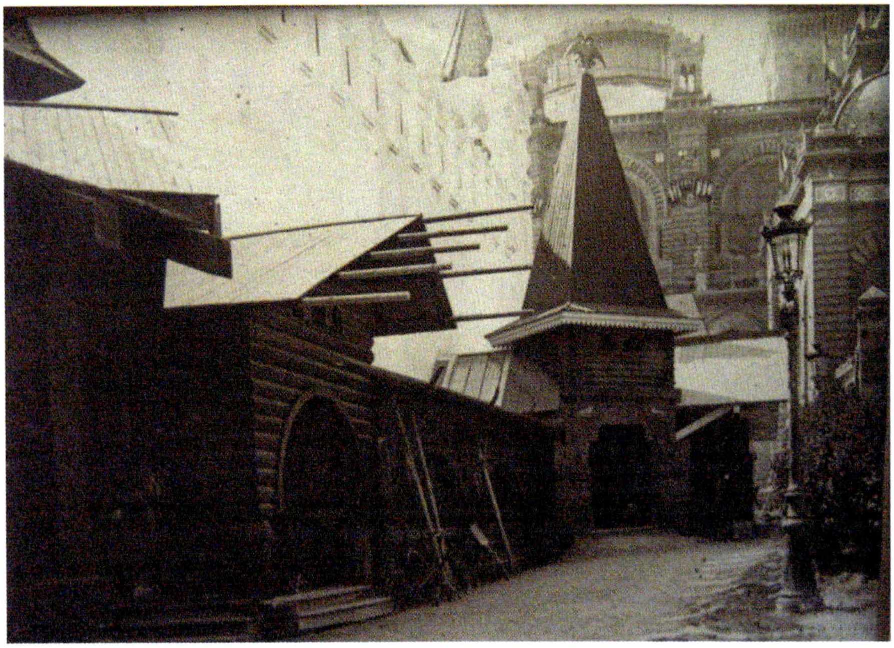

Cat. 38

Anonyme, ***Façade de l'aile droite du pavillon (galerie des petites industries),*** **photographie de l'album** ***Pavillon d'articles artisanaux et d'ouvrages de la Russie à l'Exposition universelle de Paris en 1900*** **, 1900,**
Moscou, musée russe des Arts décoratifs et populaires, Bibliothèque scientifique du musée S. T. Morozov des Arts populaires (filiale du musée russe des Arts décoratifs et populaires).

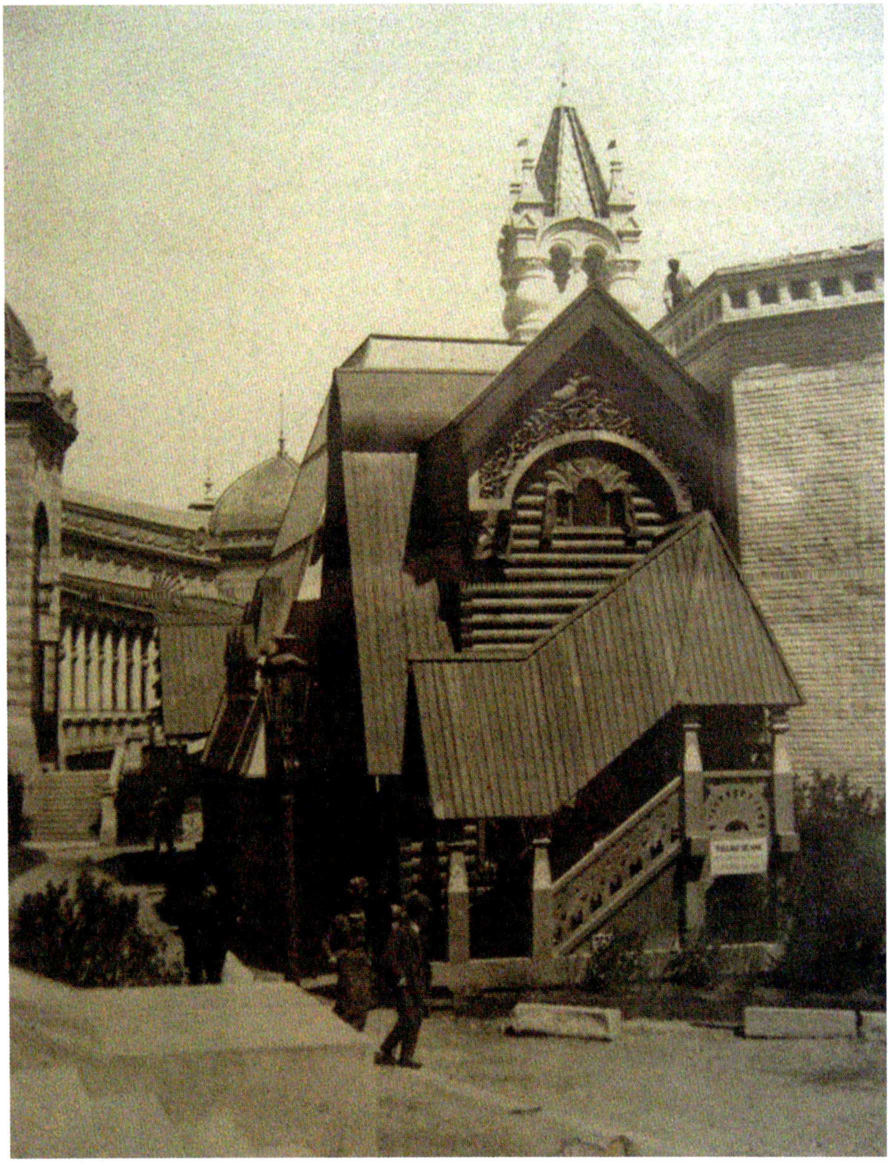

Cat. 40

Anonyme, ***Aile droite du pavillon,*** **photographie de l'album** ***Pavillon d'articles artisanaux et d'ouvrages de la Russie à l'Exposition universelle de Paris en 1900*** **, 1900,**
Moscou, musée russe des Arts décoratifs et populaires, Bibliothèque scientifique du musée S. T. Morozov des Arts populaires (filiale du musée russe des Arts décoratifs et populaires).

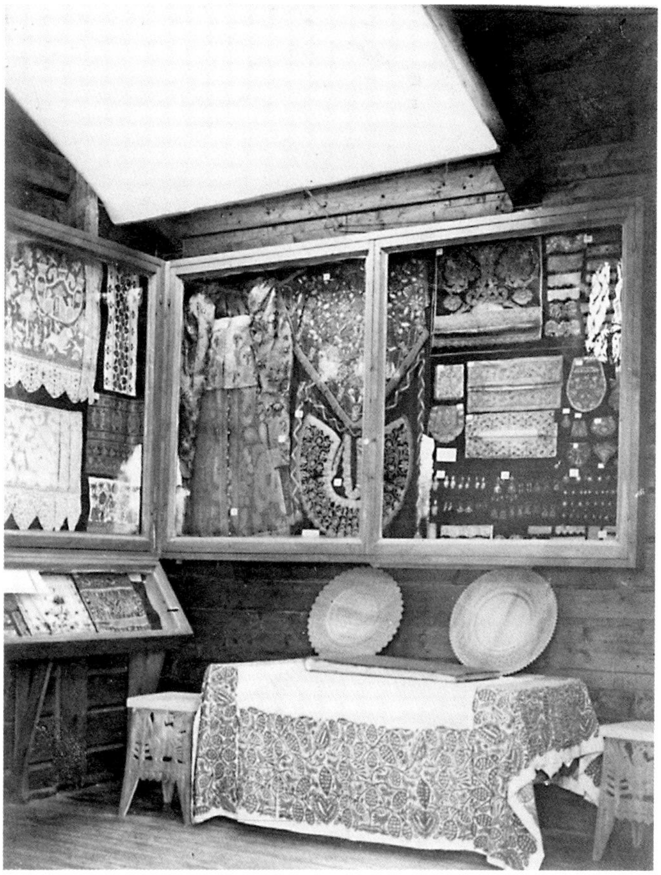

Cat. 44

Anonyme, *Intérieur de la section historique avec les pièces de la collection de Chabelsky,* **photographie de l'album *Pavillon d'articles artisanaux et d'ouvrages de la Russie à l'Exposition universelle de Paris en 1900*, 1900,**
Moscou, musée russe des Arts décoratifs et populaires, Bibliothèque scientifique du musée S. T. Morozov des Arts populaires (filiale du musée russe des Arts décoratifs et populaires).

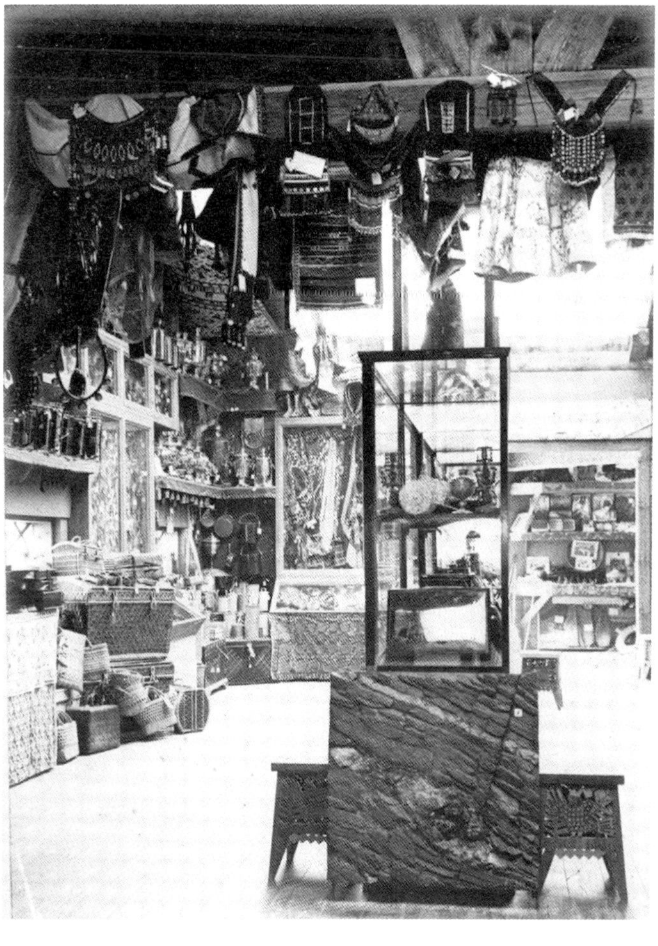

Cat. 39

Anonyme, ***Façade du pavillon,*** **photographie de l'album *Pavillon d'articles artisanaux et d'ouvrages de la Russie à l'Exposition universelle de Paris en 1900* , 1900,**
Moscou, musée russe des Arts décoratifs et populaires, Bibliothèque scientifique du musée S. T. Morozov des Arts populaires (filiale du musée russe des Arts décoratifs et populaires).

des ors, des bleus et des rouges vivaces[16]. » Les textiles occupaient une part non négligeable de la sélection, broderies, tapisseries, vêtements. La maquette en bois peint d'une ville russe ancienne, d'après Iakountchikova-Weber était présentée sur un buffet avec des jouets populaires en bois (cat. 225 ; fig. 14). Ce bric-à-brac donnait un état des productions d'Abramtsevo ainsi que les premières expériences des ateliers de la princesse Tenicheva à Talachkino – y figurait aussi le mobilier de la princesse Chtcherbatova. La céramique des ateliers d'Abramtsevo fut distinguée par une médaille d'or. Le lavabo, exécuté d'après un dessin de Golovine, fut remarqué par la critique. : « Les faïences stannifères de M. Mamontov ont un aspect de rudesse qui étonne d'abord mais auquel on ne tarde pas à trouver un charme réel[17]. »

Le devenir des *koustary* suscita l'intérêt de la presse : « Les Koustary étaient naguère exploités par des intermédiaires qui leur achetaient sur place, à vil prix, leurs produits. Aujourd'hui le gouvernement, l'aristocratie et le haut commerce s'intéressent à leur sort. La famille impériale a fondé pour eux des ateliers où ils apprennent à mieux travailler (où, malheureusement, ils perdent quelquefois aussi leur originalité), organisé des concours pour exciter leur émulation. Une Société, présidée par la grande-duchesse Serge [*sic*] et subventionnée par le ministère de l'agriculture, a pris en mains leurs intérêts, leur livre les matières premières au prix de fabrique et leur achète leurs produits ce qu'ils valent réellement[18]. » Le rapport officiel soulignait que l'intervention des pouvoirs publics et la protection de riches particuliers favorisaient le développement de la petite industrie locale et rurale, conduisant ainsi à l'ouverture d'écoles ou d'ateliers : cette réalisation méritait d'être remarquée par son aspect humanitaire[19]. Par ailleurs, la production d'Abramtsevo prenait dans cette section du pavillon russe tout son sens social (voir ici les essais de E. Paston, « Le cercle artistique d'Abramtsevo », et de I. Plotnikova, « L'atelier de menuiserie d'Abramtsevo. La naissance d'un style ») : « Une petite pléiade d'artistes, tels que Korovine, Golovine, Malioutine [Sergueï V.], Mlle Polenova et quelques autres, dessinent pour eux des modèles, les maintiennent dans les saintes traditions de l'art national ou les y ramènent, leur indiquent de nouvelles applications des motifs que créèrent, aux époques simples, les artisans sortis du peuple, fortifient en eux la sève natale, les préservent de l'imitation des vulgarités étrangères[20]. »

1. Normand, 5 mai 1900 ?, p. 283.
2 Sur la section russe au palais des Beaux-Arts, voir Mojenok-Loveras, novembre 2000, p. 105-107.
3. Robert, 1902, p. 64.
4. « Pavillons de la météorologie, du grain et de la meunerie, du thé, de la régie des boissons, du caoutchouc, des institutions de l'Impératrice Marie et des armées de terre et de mer », Picard, 1903, p. 83.
5. Normand, *op. cit.*, p. 282.
6. Idem, *op. cit.*, p. 280.
7. Idem, *op. cit.*, p. 280-281.
8. Roger-Marx, 1900, p. 405.
9. Picard, *op. cit.*, p. 79.
10. Champier, 1902, p. 190.
11. Picard, *op. cit.*, p. 79.
12. Voir Gervex, 1924.
13. Normand, *op. cit.*, p. 281-282.
14. Idem, *op. cit.*, p. 282.
15. Une partie de cette collection est aujourd'hui conservée au musée des Arts décoratifs et populaires de Moscou.
16. Neveux, 1902, p. 167-169.
17. Vogt, 1902, p. 1-132, citation p. 96.
18. Normand, *op. cit.*, p. 283.
19. Neveux, *op. cit.*, p. 168.
20. Normand, *op. cit.*.

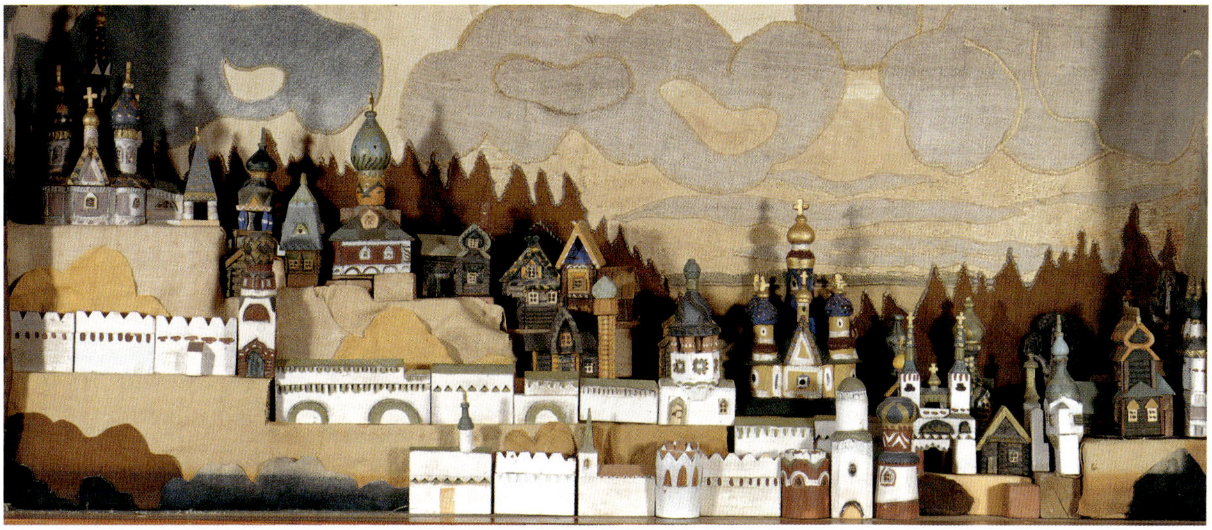

Cat. 225

Maria V. Iakountchikova-Weber, ***Ville de l'ancienne Russie,*** ateliers de Serguiev Possad, 1899,
tilleul sculpté et peint, collection particulière

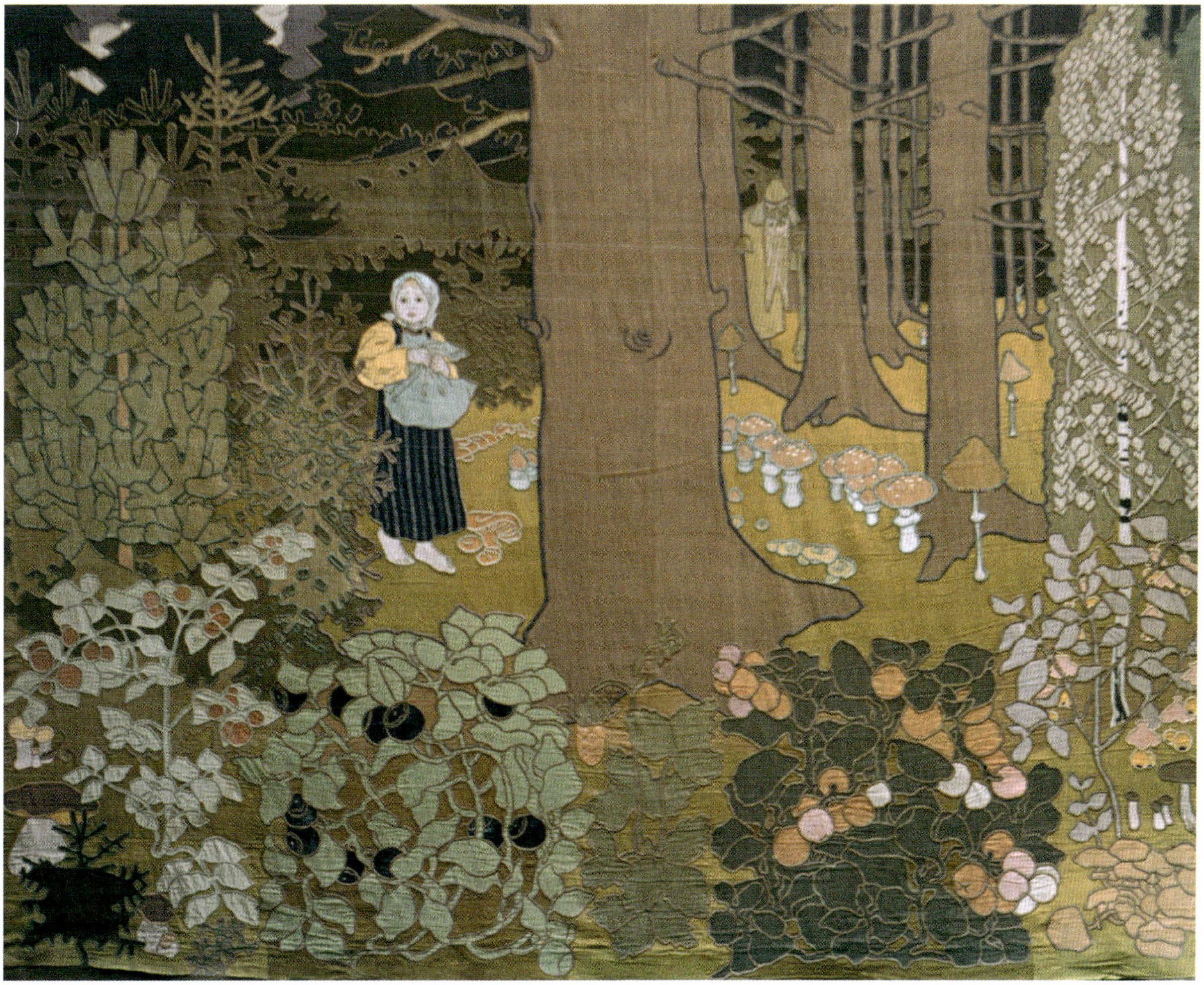

Cat. 224

Maria V. Iakountchikova-Weber, ***la Petite Fille et le génie de la forêt,*** **1899,**
lin, coton, tissus appliqués et rebrodés au coton,collection particulière.

Rodin et la Russie

Antoinette Le Normand-Romain

Au tout début du XXe siècle, l'*Exposition Rodin* présentée au pavillon de l'Alma, à Paris, en marge de l'Exposition universelle de 1900, plaça l'artiste au faîte de la célébrité. Sa réputation s'étendait désormais jusqu'aux confins de l'Europe et il noua alors avec la Russie des contacts qui se prolongèrent jusqu'à la fin de sa vie : le 14 mai 1916, le concert donné à la salle Gaveau « au profit de la colonie des artistes russes résidant en France » était précédé d'une allocution prononcée par lui. Et c'est un photographe russe, Pierre Choumov, lié au milieu des Ballets russes, qui fixa les dernières images de l'artiste coiffé d'un béret à la Rembrandt et encore plein d'allant ; il le photographia lors de son mariage avec Rose Beuret, en janvier 1917, et, enfin, quelques mois plus tard, sur son lit de mort, avant de devenir le premier photographe du musée Rodin.

Ces contacts passèrent dans l'ensemble par une élite mondaine, pour laquelle Paris restait un point d'attraction très fort. Auguste Rodin était lié à Viktor de Goloubev, originaire du Caucase, passionné d'art asiatique, et à sa femme, Natalia, jeune femme très mondaine dont il fit le portrait en 1905, et c'est sans doute dans le sillage de celle-ci qu'il rencontra la princesse Maria K. Tenicheva : un *Écho de Paris* du 7 décembre 1907 le cite en effet parmi les personnalités reconnues au vernissage de l'exposition d'art russe moderne organisée par la princesse. Nikolaï K. Roerikh était au nombre des exposants, et deux ans plus tard Rodin soutint sa candidature à l'Académie impériale des beaux-arts de Saint-Pétersbourg[1].

Pendant la même période, Rodin eut auprès de lui, comme assistants, de jeunes russes, Iakov Nikoladze en 1907, puis Seraphim Soudbinine, qui réalisa entre 1916 et 1918 la pratique de *la Main de Dieu* conservée au musée Rodin. Sa première élève russe remontait toutefois à avant 1900. Arrêtée en 1905 pour ses convictions révolutionnaires, le sculpteur Anna S. Goloubkina lui écrivit pour lui dire tout ce que « sa timidité et l'ignorance de la langue » l'avaient toujours empêchée d'exprimer. Rodin avait accepté de lui donner quelques conseils (car il ne prenait pas véritablement d'élève) lors de son second séjour à Paris, en 1897, et, l'année suivante, il était encore intervenu en sa faveur[2]. Elle lui en avait gardé une vive reconnaissance ainsi qu'en témoigne sa lettre, un document à l'orthographe pittoresque : « Quoi que je me taisais pendant les leçons, je comprenais très bien tout ce que vous me disiez, je comprenais encore plus que vous me disiez parce que la cience de la langue imparfaite cultivait et affinait ma faculté de deviner. [...] Vous ne pouvez vous présenter quelle était ma joie quand vous, le meilleur entre tous les artistes, m'avez dit que je centais déjà moi-même et m'avez donné la possibilité d'être libre. [...] Peut-être vous m'aviez déjà oublié, une Russe, votre élève, de haute taille, Goloubkine. Je vous écris maintenant parce que nous avons à présant une époque très agitée et persone ne peut savoir quell cours prendre les affers. On prend et on mit à prison tout le monde et moi j'y étais déjà une fois. L'automne on me jugera de nouvau et je crains que vous n'appreniez jamais comment je vous honore et vous estime[3]... » L'influence de Rodin sur la jeune femme s'était manifestée dès le Salon de la Société nationale des beaux-arts de 1899, où elle avait présenté sous le titre *la Vieillesse* une vieille, nue, recroquevillée sur elle-même, « endormie dans l'ankylose de ses membres[4] » : se situant dans la lignée de *Celle qui fut la belle Heaulmière*, de *la Misère* de Desbois et de la *Clotho* de Camille Claudel (dont le

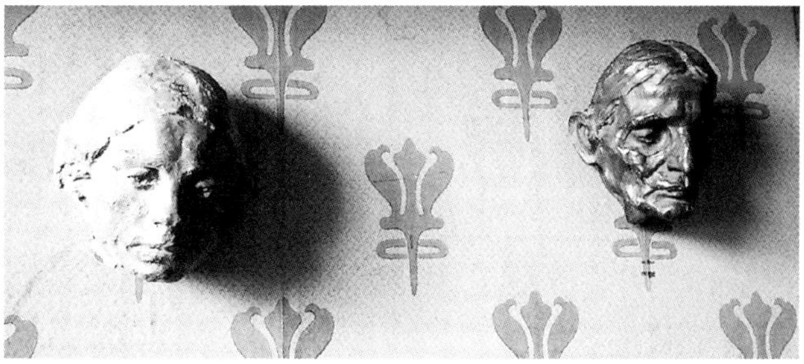

Fig. 1. **Anna S. Goloubkina, *Masque de la vieillesse (à droite)*, 1899,** bronze, Moscou, musée -atelier Goloubkina.

marbre était exposé au même Salon), cette *Vieillesse,* détruite lorsque l'artiste quitta la France, puis reconstituée par elle (plâtre, Moscou, atelier-musée de Goloubkina), renvoie très directement aux artistes qui gravitaient autour de Rodin : comme le sculpteur portugais Antonio Fernandes de Sá, comme Henri de Bideran, sculpteur amateur et élève d'Antoine Bourdelle, ou encore comme Bourdelle lui-même, Anna Goloubkina semble bien avoir eu recours au modèle qui avait posé pour *Celle qui fut la belle Heaulmière,* cette supposée Marie Caira, dont on reconnaît parfaitement le visage aux pommettes saillantes, au rictus édenté, aux cheveux tirés en un maigre chignon sur la nuque[5] (fig. 1).

Le travail de Goloubkina évolua vers un art plus marqué par ses origines russes, mais elle n'oublia pas son passage dans l'atelier de Rodin, ainsi qu'en témoigne *le Sommeil* de 1912 (Saint-Pétersbourg, Musée d'État russe).

Si le souvenir de Rodin demeure aujourd'hui en Russie, c'est toutefois aux collectionneurs que nous le devons surtout. L'Ermitage et le musée Pouchkine possèdent ainsi deux ensembles importants de ses œuvres. À l'exception du grand plâtre de *l'Âge d'airain,* donné par l'artiste à l'Académie des beaux-arts de Saint-Pétersbourg, en 1901, et de quelques sculptures entrées plus récemment dans les collections du musée Pouchkine et de l'Ermitage (dont, à Moscou, un grand *Penseur* et un grand *Homme qui marche,* lesquels sont probablement des fontes exécutées pour l'Allemagne durant la dernière guerre), ces œuvres viennent en effet d'amateurs, riches marchands, banquiers ou industriels plutôt qu'aristocrates, qui les acquirent en général assez tardivement (après 1900). Ce milieu, celui des grands collectionneurs russes du tournant du siècle, semble avoir été le seul capable de payer les prix élevés que demandait Rodin[6].

Aux yeux des contemporains, son travail s'inscrivait dans la même modernité que celui des impressionnistes. Les toiles de ces derniers étaient donc souvent accompagnées de ses sculptures ; cependant on reste surpris par la médiocrité des choix d'un Ivan Morozov, dont les Cézanne, Van Gogh, Bonnard, Picasso, etc., constituent le fleuron du musée Pouchkine : des trois bronzes qui lui appartinrent[7], deux sont des réductions du *Baiser* et de *l'Éternel Printemps* éditées par Barbedienne ; le troisième est une fonte de plus grande qualité, mais acquérir un *Fugit Amor* à la galerie Druet en 1913, même s'il s'agissait de la version sur piédouche carré, la moins répandue, n'était pas vraiment faire preuve de beaucoup d'audace ! En revanche, Mikhaïl Riabouchinsky avait orné son hôtel de la rue Spiridonovka à Moscou d'œuvres nettement plus intéressantes : un grand *Jean d'Aire* en plâtre et surtout le buste de *Victor Hugo* (acheté dès 1901[8]), première version du portrait de l'écrivain en marbre, correspondant très certainement au buste en cours d'exécution par le praticien Bozzoni en 1883.

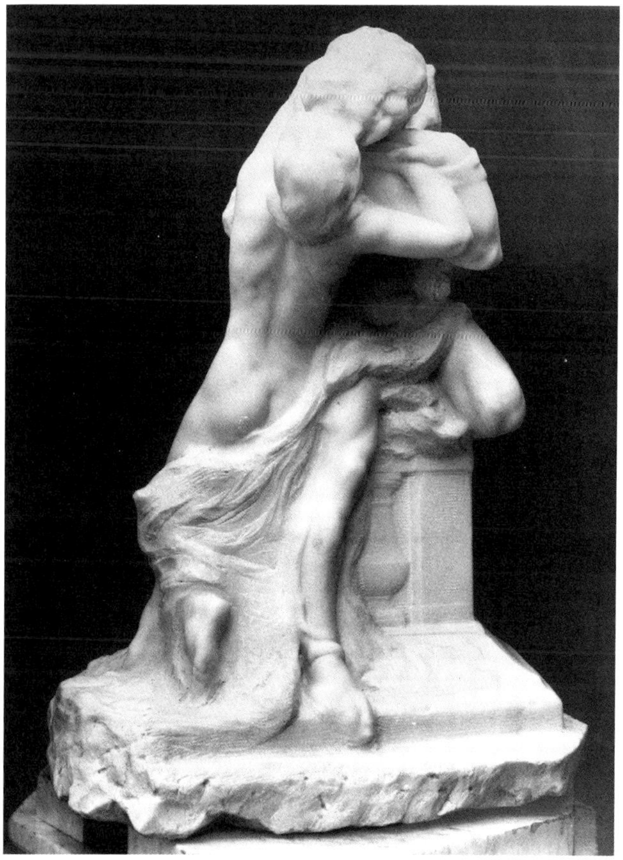

Fig. 2. **Auguste Rodin, *Roméo et Juliette*, 1905,** marbre, Saint-Pétersbourg, musée d'État de l'Ermitage.

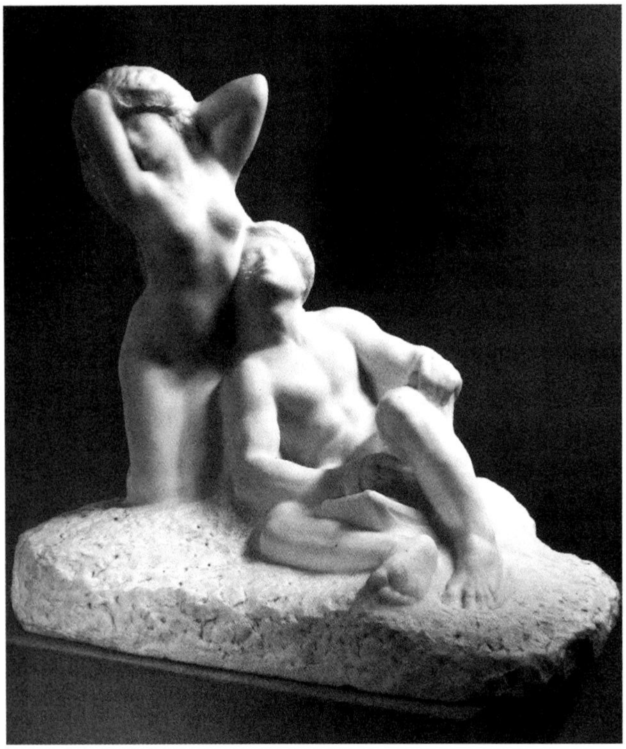

Fig. 3. **Auguste Rodin, *l'Idéal*, 1906,** marbre, Saint-Pétersbourg, musée d'État de l'Ermitage.

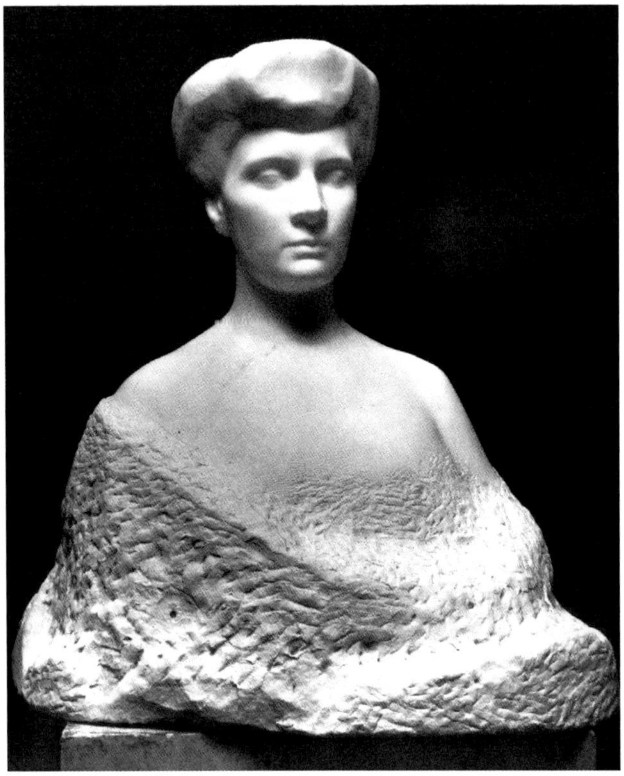

Fig. 4. **Auguste Rodin, *Madame Elisseev*, 1906-1908,** marbre, Saint-Pétersbourg, musée d'État de l'Ermitage.

L'Avarice et la Luxure[9] que choisit Ilia S. Ostroukhov porte également la marque d'un goût plus personnel même s'il n'est pas très audacieux : intégré au bas du vantail droit de *la Porte de l'Enfer* où il est disposé tête en bas, tel un élément de retable baroque, le groupe avait été exposé en 1900 dans le cadre de l'« Exposition Rodin » sous le titre « Résurrection » (qui est encore celui que lui donne Ostrooukov en 1913), et avait connu un réel succès, comme l'indique le nombre d'exemplaires fondus. C'était la première œuvre de Rodin dont le collectionneur faisait l'acquisition[10], au prix élevé de cinq mille francs, et elle fut suivie assez rapidement sans doute de la *Tête de Gavroche*, dont la première fonte avait été donnée par Rodin en décembre 1911 aux membres de la revue littéraire japonaise *Shirakaba* (« bouleau blanc »), qui lui avaient consacré un numéro spécial l'année précédente.

Aucun de ces collectionneurs, et même s'ils avaient été en relation directe avec lui comme ce fut le cas pour Ostrooukov, ne chercha toutefois à obtenir de l'artiste des œuvres uniques, faites spécialement pour lui. Il en alla tout autrement avec les Elisseev, qui firent l'acquisition, entre 1905 et 1909, de cinq marbres de Rodin, conservés depuis 1923 à l'Ermitage. Une abondante correspondance (archives du musée Rodin) constitue de plus une excellente démonstration des mécanismes de choix et de financement qui ne sont guère différents de ceux qui, au même moment, guidèrent Edmund Davis, August Thyssen ou Maurice Masson. Tous acquirent principalement des marbres, à des prix élevés (Davis paya seize mille francs *l'Illusion brisée*, Thyssen donna cinquante mille francs pour trois marbres), l'ensemble que constituèrent les Elisseev offrant néanmoins la particularité de présenter, autour du buste de la maîtresse des lieux, quatre couples, qui vont de l'étreinte lyrique de *l'Éternel Printemps*, passionnée de *Roméo et Juliette*, paisible de *l'Amour et Psyché* au rapprochement confiant du *Poète et sa Muse* ou *l'Idéal*.

Issu d'une famille de marchands, Stepan P. Elisseev occupait une haute situation dans la banque et les assurances et patronnait des institutions caritatives (orphelinats et asiles de vieillards). Sa femme, Varvara S. Koudriavtseva, et lui occupaient à Saint-Pétersbourg un palais – le bâtiment principal était situé 15, Nevsky – dont les Rodin semblent avoir été l'élément le plus remarquable[11]. Ils étaient entrés en contact avec l'artiste par l'intermédiaire de Jules Zebaume dont la carte de visite précise qu'il était « conseiller du commerce extérieur, vice-président de la Chambre de Commerce russe à Paris » : le 7 (septembre ?) 1903 celui-ci proposa ses

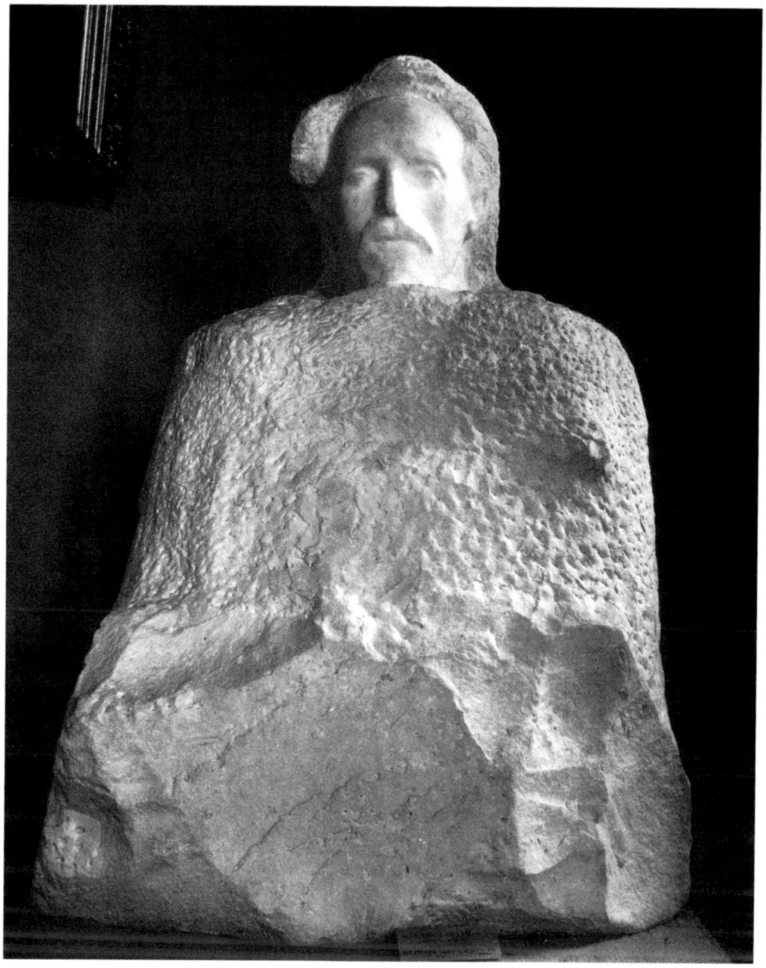

Fig. 5. **Auguste Rodin, *Professeur Gueorguy N. Gabritchevsky,* 1907-1909,** marbre, Moscou, musée national A. S. Pouchkine.

services à Rodin en se recommandant de « Mrs Dagnan-Bouveret, Carolus Duran, Besnard, Dhurmer, etc... et aussi M. Denys Puech, Morice, feu Falguière, Croisy (tous les derniers travaux importants de ce dernier lui furent commandés par moi) ». Rodin ne paraît pas avoir donné suite alors, mais Zebaume ne se découragea pas et, en août 1905, il lui amena les Elisseev[12] : au cours de leur première visite, ceux-ci décidèrent l'acquisition de *Roméo et Juliette,* composition récente[13], dont l'exécution en marbre était probablement presque terminée car le marbre (fig. 2) est signé et daté « A. Rodin 1905 »[14]. Montrant une Juliette alanguie étreignant un Roméo qui, pour enjamber le balcon, a pris une pose proche de celle des *ignudi* de la chapelle Sixtine, ce groupe occupe une place à part dans la production de Rodin après 1900 : il s'agit en effet d'un sujet littéraire, exceptionnel chez lui à cette date, et à la représentation duquel il n'hésita pas à donner un caractère descriptif en introduisant des accessoires tels que les balustres du balcon.

Cela ne suffit pas à l'enthousiasme des Elisseev et, dès le lendemain, Zebaume revint vers Rodin : « Mon client m'a chargé de vous demander si vous seriez disposé de composer pour lui un groupe de deux figures personnifiant selon votre propre conception " l'amour idéal ou platonique ou pudique " dans les proportions d'environ 40 cm en haut et 70 cm en façade et profondeur proportionnée, ce groupe devant être placé sur une grande commode au-dessus de laquelle est fixé un grand tableau, ce qui impose cette petite hauteur. » Il lui fallait connaître le prix, le délai et savoir s'il serait possible que « son client » puisse voir une esquisse vers le 15 octobre[15]. Le même jour les Elisseev acquirent encore « votre ravissant Printemps » chez Barbedienne : c'était le septième exemplaire en marbre de *l'Éternel Printemps,* dont le premier avait été exposé au Salon de la Société nationale des beaux-arts de 1897 puis à l'*Exposition Rodin* de 1900. Varvara Elisseev, n'ayant sans doute pas les mêmes limites financières que le comte Alexis Orlov Davydov, qui avait dû se contenter d'un bronze[16], en décida l'acquisition, en 1906, au prix de dix mille francs. Edmund Davis et Maurice Masson en possédèrent eux aussi des exemplaires, Davis, le troisième en 1902, Masson le huitième, exécuté comme celui des Elisseev par Louis Mathet, en 1907, Masson ayant toutefois réussi à obtenir une légère réduction de prix (neuf mille cinq cents francs).

Stepan Elisseev étant de passage à Paris en octobre, Zebaume et lui se rendirent à l'atelier de Rodin, où ils virent *l'Amour et Psyché,* couple nu, tendrement enlacé, dont le succès est attesté par le nombre de versions en marbre[17]. Le lendemain, Zebaume en demanda le prix à Rodin : signé et daté « A. Rodin 1905 » comme *Roméo et Juliette,* il était certainement terminé et ces deux marbres furent envoyés rapidement à Saint-Pétersbourg. Zebaume les y vit au début de l'année suivante et à son retour à Paris, en avril 1906, il s'empressa de faire savoir à Rodin que ses œuvres étaient « admirées chez [les Elisseev] où elles occupent les meilleures places et sont bien mises en valeur[18] ».

Quant au quatrième groupe, en octobre 1905, le projet était « définitivement arrêté » mais, le 3 janvier 1906, Zebaume témoignait son mécontentement de ce que la pratique en eût été commencée sans qu'il l'ait revu. Selon sa méthode de composition habituelle, Rodin avait rapproché deux figures pour constituer un nouveau groupe, ce qui justifie le prix élevé, seize mille francs, qu'il en demandait. Effectivement plus large que haut (61,0 x 75,0), et finalement intitulé *l'Idéal* (fig. 3), même si le sujet n'en est pas très clair, il a pour point de départ le nu intitulé *la Toilette de Vénus* (vers 1890), fort apprécié en raison de sa sensualité et utilisé peut-être au même moment dans un autre assemblage, avec *Andromède*. Complété ici par un homme assis, appuyé contre la jeune femme, qui s'étire, le groupe semble avoir été exécuté assez rapidement : le 6 octobre 1906, Elisseev demanda à voir « L'Amour idéal » et en novembre, Hermelin, qui travaillait avec Zebaume, proposait, s'il était terminé, de l'envoyer avec le *Printemps*[19].

Entre-temps Rodin avait commencé le portrait de Mme Elisseev (fig. 4) : les séances de pose eurent lieu en octobre 1906, d'après une inscription portée sur le marbre, et l'on peut imaginer que le buste fut terminé dans la foulée, sans passer par une longue phase de recherches, rythmées par la réalisation de petits bustes, comme ce fut le cas pour les modèles privilégiés telles Marie Fenaille ou Hélène de Nostitz. De retour à Saint-Pétersbourg, la jeune femme évoquait avec émotion les heures passées auprès de Rodin : « Loin de vous, je pense souvent à vous, car votre génie et caractère m'ont extrêmement impressionnée. Je vous suis bien reconnaissante pour la patience et douceur avec lesquelles vous me traitiez pendant les séances de pose[20] ». Et elle lui envoya quelques livres d'auteurs russes tandis que lui, de son côté, lui faisait parvenir des dessins[21]. L'année suivante, elle revit le buste dont l'exécution en marbre avait été confiée à Despiau (juin 1907 – avril 1908)[22]. En 1908, Zebaume s'inquiéta du socle. Le 1er juillet, il était allé voir le modèle en plâtre avec Sormani, « le fabricant de meuble qui doit faire le socle de votre belle œuvre », et il découvrit alors que le marbre était plus grand, au point « qu'il est absolument impossible de le laisser ainsi car cela exigerait un socle de dimensions beaucoup trop exagérées. Il faudra donc dans tous les cas que le buste revienne à Paris pour faire réduire l'excès de matière et ramener le contour de la base aux dimensions du plâtre. J'ai appris par la même occasion avec surprise que les points de repaire de la mise-au-point ne sont pas encore supprimés[23] ». À plusieurs reprises, au cours de l'année 1908, il revint sur la question des modifications nécessaires pour adapter le buste au socle prévu, modifications qui, en réalité, ne semblent pas avoir été exécutées car une sorte de bourrelet est toujours présent autour de la base[24], ainsi que sur le problème des points de repère, persuadé d'ailleurs, ainsi qu'il l'écrit à Rodin « que vous finirez par céder à ses instances et à celles de Madame qui se considérerait enlaidie par ses points de repaire très visibles – et mieux que personne vous savez qu'il ne faut jamais contrarier une femme aimable, jolie et gracieuse[25]... ». L'année suivante, Rodin obtint de pouvoir montrer le buste au Salon de la Société nationale des beaux-arts, où il occupait, seul, le milieu de la rotonde. Le succès qu'il obtint entraîna l'État à faire l'acquisition d'un bronze pour le musée du Luxembourg tandis qu'une deuxième fonte était réalisée, toujours par Alexis Rudier, pour les Elisseev. Le marbre et le bronze furent envoyés à Saint-Pétersbourg en octobre, et le 5 décembre le modèle remercia l'artiste : « Je me fais un agréable devoir de vous exprimer ma sincère gratitude et mes cordiaux remerciements pour la belle œuvre que vous avez bien voulu entreprendre sur mon modèle et pour le gracieux et superbe cadeau que vous m'avez fait parvenir. C'est là un des joyaux de mon salon de lecture, à côté de ceux de votre création qui ornent notre hôtel. Je suis impatiente d'avoir l'occasion de vous retémoigner, de vive voix, mes remerciements et vous exprimer la joie que vous m'avez faite[26]. »

Le monumental portrait du *Professeur Gueorguy N. Gabritchevsky* (fig. 5) offre comme un contrepoint aux commandes des Elisseev. Le modèle avait vécu longtemps à Paris et travaillé avec Louis Pasteur et Émile Roux. Il admirait Rodin, raison pour laquelle, de Moscou, sa veuve s'adressa à ce dernier en 1907. Rodin accepta sans hésiter, ce qui peut surprendre car c'est le genre d'œuvre qu'en principe il refusait. Peut-on imaginer qu'il céda à l'attrait du prix proposé, vingt mille francs, qui paraît considérable ? Destiné à l'Institut bactériologique de Moscou, où le professeur avait enseigné, le buste fut exécuté d'après des photographies et un masque funéraire envoyés à Rodin. Les différents états du portrait conservés au musée Rodin permettent de suivre le travail de l'artiste à partir d'une empreinte effectuée sur le masque : le visage s'anime, les yeux s'ouvrent, puis la tête est complétée par un buste, qui, amplifié par un large drapé, devient à son tour le point de départ du marbre. Exécuté assez rapidement puisque, de Moscou, le 23 octobre / 5 novembre 1909, Mme Gabritchevsky disait à Rodin sa joie de savoir qu'il était terminé et son impatience de le voir, celui-ci reprend le principe de *la Pensée* (marbre, 1895, Paris, musée d'Orsay) : le visage impénétrable est posé, comme celui du *Sphinx* de Gizeh, au sommet d'un énorme bloc. Mais *la Pensée* était le fruit du hasard qui avait permis à Rodin de voir le visage, fini, sur un bloc simplement dégrossi, tandis qu'ici, il s'agit d'une volonté bien précise comme en témoigne la maquette dans laquelle le visage surmonte une base dont les proportions sont déjà analogues à celles du marbre.

Le buste arriva à Moscou au début de l'année 1910. Il ne put être mis en place, l'institut n'étant pas achevé. Mme Gabritchevsky remercia cependant Rodin en termes conventionnels de cette « œuvre remarquable[27] », effectivement une œuvre très impressionnante, qu'il faut replacer dans le contexte des années d'avant-guerre et des recherches sur la présentation des portraits menées parallèlement par Rodin et Bourdelle : exactement contemporain de la *Tête d'Apollon avec grande base* de Bourdelle, le portrait de *Gabritchevsky* s'inscrit dans une série de grands bustes de penseurs et d'artistes (Victor Hugo, Georges Clemenceau, Wolfgang Amadeus Mozart, Pierre Puvis de Chavannes...). Caractéristique du travail de Rodin dans son refus des contours définis et son symbolisme marqué, il est peut-être celui qui signifie le mieux la puissance de la pensée et il se situe ainsi à l'opposé des recherches plus intellectualisées et du style austère et synthétique de Bourdelle.

Privées, ou semi-officielles, ces œuvres ne firent pas longtemps l'orgueil de leurs propriétaires. Symbole d'une société éprise d'art français, les Rodin furent tous nationalisés à la suite de la révolution russe, et immédiatement attribués aux musées.

1. Viktor de Goloubev à Rodin, 16 août 1909, arch. musée Rodin.
2. Voir les deux lettres de Tatiana Bartenev à Rodin, Paris, 17-18 mai 1898, arch. musée Rodin.
3. Anna Goloubkina à Rodin, [vers 1905], Paris, arch. musée Rodin.
4. Adam, s. d., p. 132.
5. Voir Le Normand-Romain, « Ostéologie de vieilles », cat. exp. Québec, Detroit et Martigny, 2005, p. 161-163.
6. Si le comte Dmitri Tolstoï, maître des cérémonies de l'empereur, était prêt à payer 3 000 francs un exemplaire en bronze des *Sirènes* dont il se déclara enchanté, (17/30 janvier 1901, arch. musée Rodin), le comte d'Olsoufiev semble avoir reculé devant le prix demandé pour *la Centauresse* qu'il appelle « L'âme et le corps », même si, selon Rodin, les 2 500 francs qu'il en voulait constituaient un « vrai prix d'ami » (Rodin au comte Lev Tolstoï, [29 janvier 1911], voir Rodin, 1987, n° 165).
7. Moscou, musée Pouchkine.
8. Neverov et Ducamp, 2004, p. 233. Ces deux sculptures sont conservées au musée Pouchkine.
9. Moscou, musée Pouchkine, comme la *Tête de Gavroche*.
10. « Je profite de cette occasion pour vous dire combien je suis heureux de posséder enfin une œuvre du plus grand artiste de notre temps », lui déclare-t-il en lui envoyant un chèque de 5 000 francs en règlement du bronze, le 11/24 mai 1913, arch. musée Rodin.
11. Olga Gribenchikova m'est venue en aide en ce qui concerne la personnalité des Elisseev. Qu'elle trouve ici l'expression de ma reconnaissance.
12. Il précisa alors que les prix demandés par Rodin seraient diminués de l'escompte qu'il était d'usage de faire aux intermédiaires. Cet escompte varie « chez les nombreux artistes avec lesquels je suis en relations suivies » de 15 à 20%, mais il comptait sur la générosité de Rodin étant donné l'importance des achats et commandes que les Elisseev avaient faits (Jules Zebaume à Rodin, 18 août 1905, arch. musée Rodin).
13. Plâtre à l'« Exposition d'ensemble du statuaire Rodin », Prague, 1902, n° 62/120.
14. C'est cependant à lui que se rapporte sans doute la facture de Louis Mathet d'avril 1906. Avant d'être expédié en Russie, le groupe fut moulé et c'est lui qui servit de point de départ à l'édition de bronzes (dont celui du musée Rodin).
15. Jules Zebaume à Rodin, 11 août 1905, arch. musée Rodin.
16. Comte Orlov Davydov à Rodin, 5 décembre 1900, arch. musée Rodin.
17. Le marbre conservé dans une collection privée aux États-Unis, sans doute le premier, et celui qui se trouve au musée du Petit Palais à Paris sont très proches de celui de l'Ermitage.
18. Jules Zebaume à Rodin, 23 avril 1906, arch. musée Rodin.
19. Le socle destiné au *Printemps* étant prêt, il fut décidé de faire un essai rue de l'Université afin que Rodin puisse juger de l'effet. « La même voiture reprendra aussitôt le marbre et le socle pour les emporter chez l'emballeur » (Jules Zebaume à Rodin, 14 novembre 1906, arch. musée Rodin).
20. Varvara Elisseev à Rodin, Saint-Pétersbourg, 25 octobre 1906, arch. musée Rodin.
21. Deux dessins envoyés le 10 novembre 1906 et deux autres le 28 décembre 1906, arch. musée Rodin.
22. Despiau reçut 1 750 francs pour ce travail, le solde étant versé le 4 mai 1908, arch. musée Rodin.
23. Jules Zebaume à Rodin, 23 juillet 1908, arch. musée Rodin.
24. Le buste semble identique à la reproduction qu'en donna la *Grande Revue*, le 1er mai 1909.
25. Jules Zebaume à Rodin, s. d., arch. musée Rodin.
26. Varvara Elisseev à Rodin, 5 décembre 1909, arch. musée Rodin.
27. Elena Gabritchevsky à Rodin, Moscou, 29 janvier/11 février 1910, arch. musée Rodin.

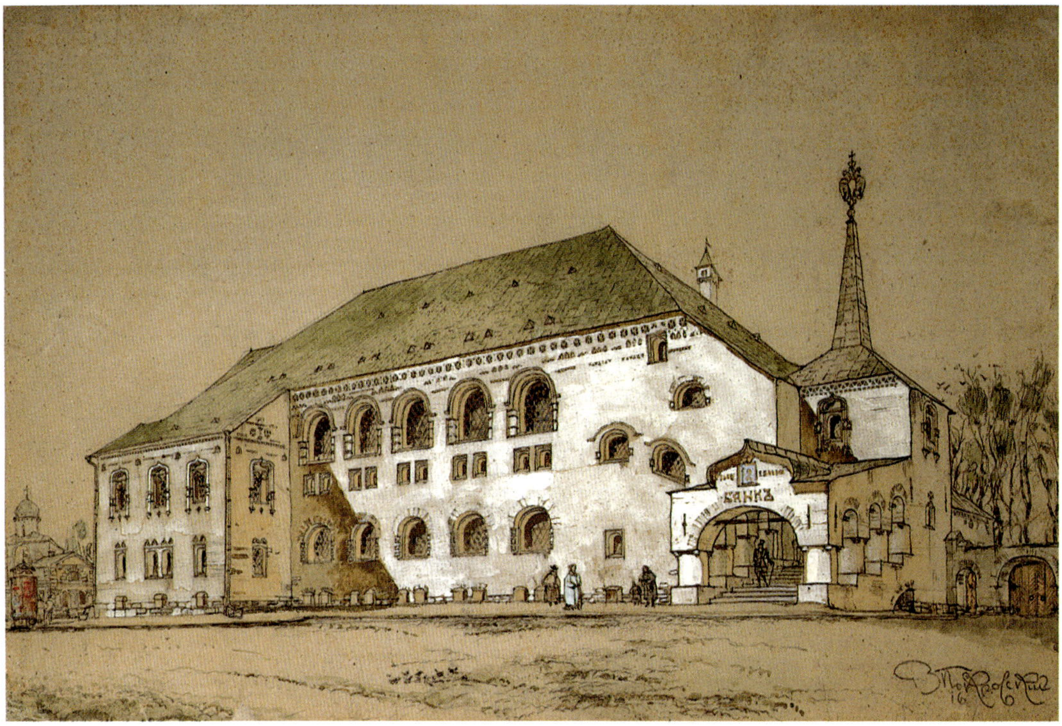

Cat. 360

Vladimir A. Pokrovsky, Projet d'une banque à Novgorod, non réalisé, 1916,
crayon graphite, aquarelle et gouache sur papier, Moscou, musée national d'architecture Chtchoussev.

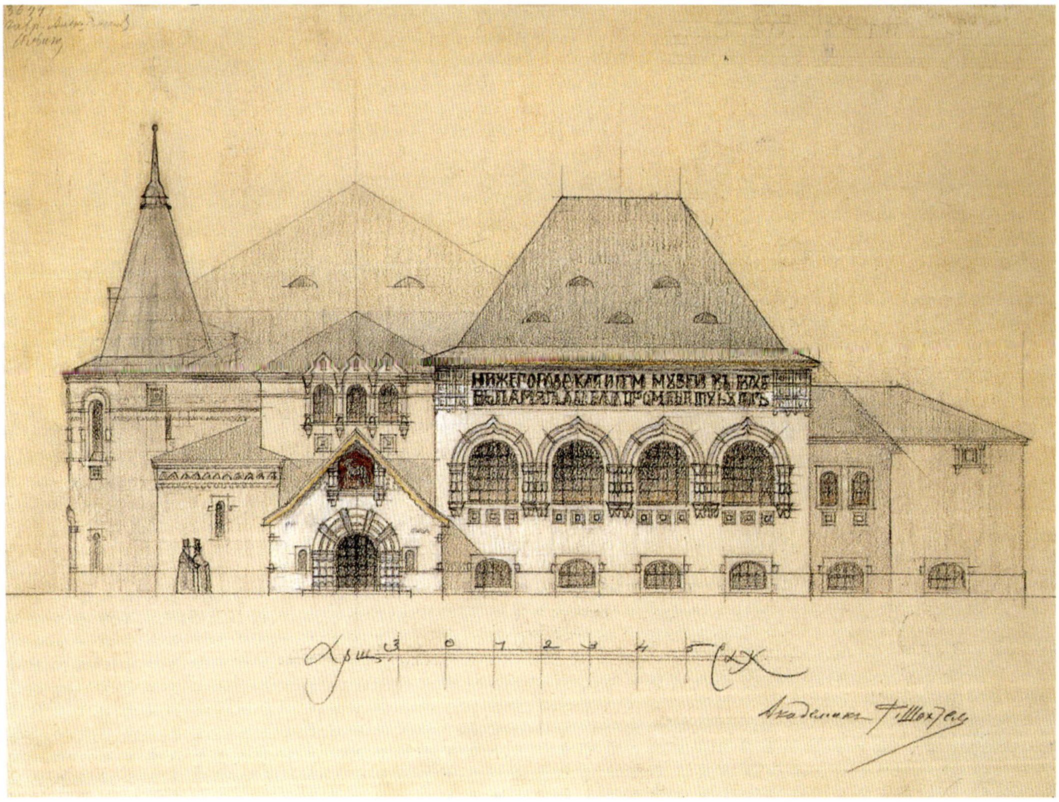

Cat. 170

Fedor (Franz) O. Chekhtel, *Projet pour le musée de l'Industrie de Nijni-Novgorod,* projet non réalisé, façade, 1911-1913,
crayon, gouache, aquarelle sur papier, Moscou, musée national d'architecture Chtchoussev.

Le style « moderne » russe et l'Art nouveau européen

Philippe Thiébaut

Préfaçant en 1965, sous le titre *le « Modern Style » d'où je suis*, l'ouvrage de Roger-H. Guerrand *l'Art nouveau en Europe*, l'une des premières études en langue française sur le sujet, Louis Aragon rappelait avec quel enthousiasme Elsa Triolet et lui-même, faisant esprit d'initiative – « [...] il n'y avait pas de guide pour montrer aux étrangers les productions de ce temps révolu et généralement méprisé[1] » –, s'étaient lancés dans la découverte de l'Art nouveau russe, à l'occasion de leurs voyages en territoire soviétique à l'automne de 1930 puis à l'été de 1936. « Nous y avons parfois habité le Métropole, cet hôtel si parfaitement typique de la splendeur des marchands de Moscou [...]. Je me promenais dans les rues de Moscou encore marqué par la guerre civile, pourtant terminée depuis dix ans, et j'y découvrais avec une grande curiosité les architectures d'Art moderne, tellement plus nombreuses qu'à Paris, ou du moins y tranchant autrement sur le reste de la ville, où subsistait encore beaucoup du village ancien [...]. Le chemin que je prenais [...] me faisait passer à côté d'un grand nombre d'édifices qui rivalisaient avec ceux de Paris, de Barcelone ou de Bruxelles, où l'ornementation sinueuse attestait des rêveries de trente ans plus tôt », se souvenait Aragon[2]. En mentionnant l'édifice de William Valkot, qu'il attribue par ailleurs à tort à Fedor O. Chekhtel, les constructions de Lev Kekouchev ou encore les maisons de rapport du quartier de l'Arbat, Aragon citait assurément les réalisations les plus marquantes de l'époque. Cependant sa réaction est avant tout celle d'un homme sensible au caractère onirique émanant de certains quartiers des grandes capitales urbaines, ceux précisément qu'avait investis une trentaine d'années auparavant l'Art nouveau. Sensibilité dont témoigne la restitution, dans *les Cloches de Bâle* (1934) ou *les Beaux Quartiers* (1936), de l'atmosphère parisienne de l'avant-guerre et dont on peut trouver maintes équivalences tout aussi éloquentes dans l'évocation par d'autres écrivains des luxueux temples du confort « modern' style ». Que l'on songe, en se limitant à l'œuvre de Thomas Mann, à l'Aschenbach de *la Mort à Venise* (1912) s'éteignant à l'*Hôtel du Lido* ou au jeune Hans Castorp, héros de *la Montagne magique* (1924), succombant au pouvoir envoûtant d'un sanatorium de Davos. Pour en finir avec l'appréciation littéraire du charme Art nouveau de Moscou, force est de constater que les constructions citées comme exemplaires par Aragon ne se distinguaient pas par un caractère russe particulièrement affirmé. Celui-ci se manifestait tout au plus, et qui plus est de manière partielle, dans le décor des façades, à l'image notamment des fameux tympans en céramique composés par Mikhaïl A. Vroubel et Alexandre I. Golovine pour l'hôtel *Métropole*.

En Russie en effet décor architectural et décor intérieur, au temps de l'Art nouveau, oscillent entre deux pôles : l'enseignement de l'Europe occidentale et la tradition locale, qui connaît alors une vigoureuse remise à l'honneur et une singulière réinterprétation « moderne ». La formulation des nouveaux idéaux, soucieux de lutter contre l'éclectisme et les pastiches obsolètes des formes classiques et qui accordent à l'architecture un rôle directeur éminent, y est extrêmement proche du discours tenu dans les capitales européennes prônant un processus créateur allant de l'intérieur vers l'extérieur, autrement dit liant l'expression de la forme à la fonction. C'est ainsi que les théoriciens et critiques lettons Janis Asars et Julijs Madernieks affirmaient respectivement en 1904 et en 1909 : « Il est important de concevoir des pièces convenables et belles, mais l'apparence extérieure doit être adaptée au plan intérieur. Le point de départ, c'est l'intérieur et non la façade[3] » et « Si l'ornement doit remplir sa fonction, c'est-à-dire donner de la beauté, il doit évoluer organiquement et être le fruit des formes architecturales ; il doit être étroitement lié à son support – l'architecture – afin d'aboutir à une communion parfaite[4] ». Quant au jeune architecte letton Alexandre Vanags, il déclarait en 1900 : « Donner un nouveau souffle à l'architecture, se débarrasser des formes erronées et usées, supprimer toute ornementation rapportée au profit d'une décoration organiquement liée à l'objet, voici les cris de guerre qui doivent être partout entendus[5]. » La Russie apparaît parfaitement informée des divers courants novateurs européens, qu'elle fait d'autant plus volontiers siens qu'ils sont largement diffusés par les revues. Dans bien des cas d'ailleurs les illustrations qui accompagnent les articles relayant à leur tour l'information dans les revues russes sont directement empruntées aux publications occidentales les plus célèbres telles que *The Studio*[6], *Art et Décoration* et *l'Art décoratif*[7] ou encore *Der Architekt*[8]. Grâce aux périodiques spécialisés parmi lesquels *Stroitel (le Constructeur), Zodchy (l'Architecte)* ou encore *Arkhitekturnye motivy (Motifs architecturaux)*, grâce aux analyses de critiques comme Pavel Makarov ou Pavel Marseru, les créations des maîtres de l'Art nouveau occidental Victor Horta, Paul Hankar, Hector Guimard, Otto Wagner, Josef Maria Olbrich, Josef Hoffmann connaissent une réception plutôt satisfaisante et des manifestations aussi essentielles que l'Exposition universelle de Paris de 1900 et l'inauguration de la Künstlerkolonie de Darmstadt l'année suivante font l'objet de commentaires substantiels tandis que les créateurs du Royaume-Uni et le mouvement des Arts and Crafts, initié par William Morris, sont suivis avec une attention toute particulière par la revue *Arkhitekturnyi muzei (le Musée architectural)*.

Dans cette diffusion de l'Art nouveau occidental, il faut également prendre en considération la présence d'œuvres étrangères sur le territoire russe. C'est ainsi qu'au tournant du siècle se succèdent à Saint-Pétersbourg à un rythme bisannuel des expositions internationales : en 1897 une exposition d'affiches dominée par la présence française (Eugène Grasset, Henri de Toulouse-Lautrec, Jean-Louis Forain, Alphonse Mucha) et allemande (Otto Eckmann, Thomas Theodor Heine), suivie en 1899 d'une autre manifestation organisée par la revue *Mir Iskousstva (le Monde de l'art)* et en 1901 d'une *Exposition internationale artistique* où les arts décoratifs tiennent une place de choix. À quel point la Russie se montre sensible aux productions « modernes » de l'Occident ressort par exemple de la place qu'occupèrent les créations d'Émile Gallé dans les cadeaux diplomatiques. L'ensemble destiné au tsar Alexandre III et à l'amiral Avellan, à l'occasion de la venue en France en octobre 1893 de l'escadre russe, est dominé par la grande table de Gallé, *Flore de Lorraine*[9]. En octobre 1896 le tsar Nicolas II et l'impératrice Alexandra Fedorovna en visite officielle en France – le 7 octobre fut posée la première pierre du pont Alexandre-III – se virent remettre par la Ville de Paris deux somptueuses urnes du maître verrier montées par l'orfèvre Lucien Falize[10]. Enfin, lorsque le président de la République Émile Loubet se rend officiellement en Russie au printemps de 1902, il emporte avec lui douze vases de Gallé[11] destinés au couple impérial ainsi qu'à quelques très hauts responsables de leur entourage. Circulation donc des images, des œuvres, mais également circulation des personnes. Que l'on songe qu'en 1909, à Riga, capitale de la Lettonie, remarquablement étudiée par le professeur Janis Krastins[12], c'est Henry van de Velde qui signe les plans du presbytère de l'église paroissiale Saint-Petri[13], la maîtrise d'ouvrage sur place étant confiée à l'architecte Bernhard Bielenstein. Dans ses mémoires, Van de Velde évoque longuement ce projet, premier édifice de Riga à être élevé sur une semelle de béton, et souligne la prodigieuse habileté des charpentiers lettons chargés d'exécuter les pieux de bois qui se combinaient aux radiers de béton[14].

Il n'est donc pas étonnant qu'en raison de la perméabilité de la Russie aux influences venant de l'extérieur et de sa rapide adhésion au mouvement de rénovation de l'architecture et des arts du décor émane de ses grands centres urbains un parfum cosmopolite. Ainsi à Saint-Pétersbourg, les réalisations de Fedor Lidval, formé à l'Académie des beaux-arts de sa ville natale, notamment les immeubles de rapport de Kamennoostrovsky Prospekt et de la Bolchaïa, évoquent irrésistiblement, par la composition des façades, les créations de Paul Hankar et d'Otto Wagner tandis qu'une prédilection marquée pour le granit gris trahit l'influence de l'architecture finnoise. À Moscou, Chekhtel (fig. 1), comme bon nombre de ses collègues occidentaux appartenant à la même génération, apparaît marqué par le rationalisme néogothique. L'articulation asymétrique des volumes se veut démonstrative et ses hôtels particuliers ne sont sauvés d'une certaine sécheresse que par l'animation que leur apportent la diversité formelle des percements et la variété de texture et de coloration des matériaux mis en œuvre. Quant à ses intérieurs ils dénotent une connaissance très approfondie des répertoires occidentaux, qu'il adapte de manière très subtile à l'esprit russe. Ainsi l'escalier principal qui déferle telle une gigantesque vague au centre de la villa construite en 1900-1902 pour le richissime marchand Riabouchinsky[15] n'est-il pas une puissante transposition en pierre de la balustrade en fer forgé du célèbre Atelier Elvira construit à Munich en 1897-1898 par August Endell ?

Débitrice de l'Occident, la Russie séduira à son tour l'Occident par la manière exemplaire dont elle sut faire revivre, en les « modernisant », en tentant de les adapter à de nouvelles fonctions et à un cadre de vie urbain, les productions traditionnelles du vieil art russe – à savoir l'art russe antérieur à Pierre le Grand – et de l'art populaire, autrement dit paysan[16] (fig. 2). Certes dans cette vaste réhabilitation, la Russie s'intègre une fois de plus dans un courant international, né d'une prise de conscience, stimulée par les travaux des historiens et ethnographes, de la nécessité de préserver des traditions bien spécifiques et de remédier avec vigueur au risque d'acculturation couru par les populations paysannes. Mais en Russie les résultats se révèlent particulièrement convaincants : la volonté de sauvegarde d'un répertoire ornemental traditionnel va de pair avec le désir d'élaboration d'un langage nouveau visant à « l'honnêteté » des formes et des décors (cat. 258). Ainsi en préservant sur leurs vastes domaines des savoir-faire ancestraux, aristocrates et propriétaires terriens non seulement participent à la promotion d'un art national mais proposent, à travers des exemples de simplification « rustique », d'éventuels moyens de s'affranchir du poids des pastiches des styles classiques. L'Exposition universelle de Paris de 1900 permet à ce courant de présenter au monde entier ses produits. Avec succès : dès sa mise en œuvre le village russe, conçu par le décorateur Konstantin A. Korovine, suscite l'enthousiasme. « Les ouvriers qui y travaillaient étaient chaussés de bottes, coiffés du bonnet de fourrure ou de la casquette à visière de cuir, vêtus de la touloupe ou de la blouse rouge. Ils avaient des barbes mal peignées, des cheveux mi-longs, des regards d'enfants et de bons sourires. Charpentiers et menuisiers, ils étonnaient par leurs procédés primitifs nos ouvriers parisiens », relatait le chroniqueur de *l'Illustration*[17]. Le meilleur de la production « moderne » était rassemblé dans l'*isba* des *koustary*[18], dont l'aménagement intérieur avait été confié au décorateur Golovine.

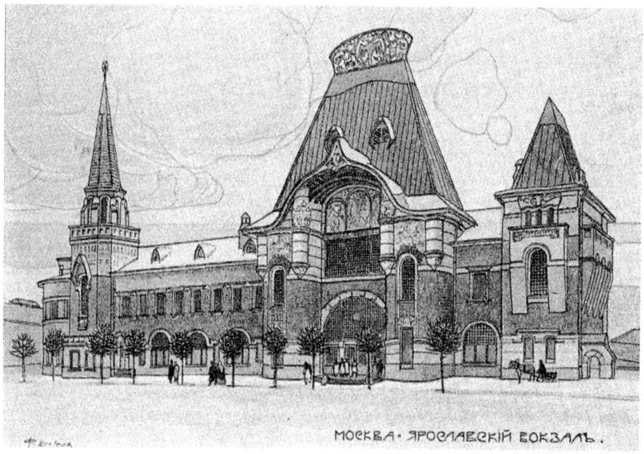

Fig. 1. **Fedor O. Chekhtel, *la Gare de Iaroslavl à Moscou,* 1902-1904,**
carte postale ancienne, collection particulière.

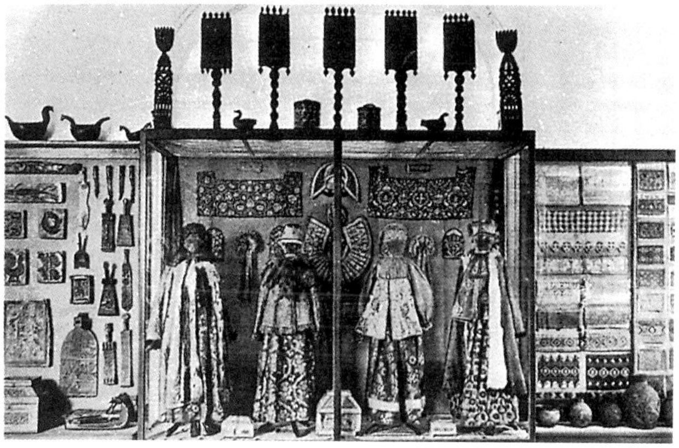

Fig. 2. **Musée national d'Ethnographie de Saint-Pétersbourg, présentation des collections en 1911,**
Saint-Pétersbourg, musée national d'Ethnographie.

« Si les objets exposés là étaient à vendre et pouvaient être emportés, il n'en resterait plus un seul avant la fin du mois. En fait certains, qui pour être de fabrication courante n'en ont pas moins d'intérêt, auraient pu être mis en vente et aussitôt remplacés par d'autres. Mais il aurait fallu pour cela – exigence douanière ! – que des koustary des deux sexes fussent installés derrière leur inventaire [...] », peut-on lire toujours dans les colonnes de *l'Illustration*[19]. Bien qu'elle présente des affinités formelles incontestables, encore plus étroites si c'est un œil occidental qui les examine, bien qu'elle soit dotée d'une saveur commune, qu'elle réponde à des préoccupations de même nature et repose sur des bases assez semblables,

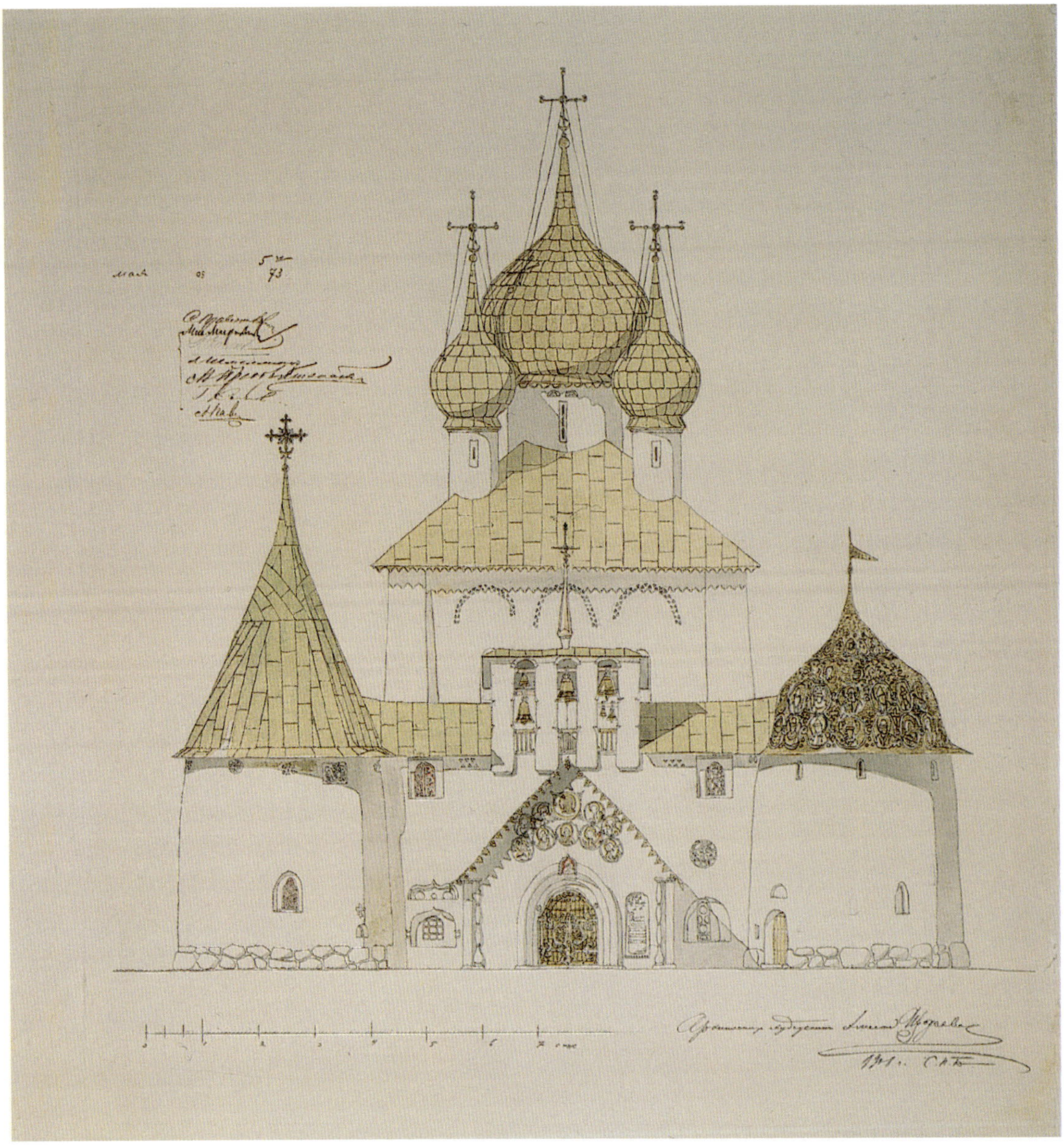

Cat. 258

Alexeï Viktorovitch Kichinev, ***Projet d'une église en mémoire de la bataille du champ des Décusses dans la province de Toula,***
projet réalisé, d'après A. Chtchoussev,
façade, 3e variante, 1908, encre de Chine, aquarelle sur papier contrecollé sur carton,
Moscou, musée national d'architecture Chtchoussev.

cette production se répartit sur plusieurs centres. Le plus ancien d'entre eux est celui d'Abramtsevo, né de l'initiative du magnat des chemins de fer Savva I. Mamontov et de son épouse Elizaveta. L'acquisition en 1870 par Mamontov de ce domaine, situé à soixante-dix kilomètres au nord-est de Moscou[20], est immédiatement suivie de la fondation d'une école élémentaire et d'un hôpital réservés aux paysans. Puis en 1875-1876 apparaissent des ateliers de menuiserie, dont les ouvriers sont précisément les paysans. Il s'agit donc dans un premier temps de préserver, d'entretenir des traditions artisanales mais aussi de procéder à des collectes. C'est ainsi qu'une artiste comme Elena D. Polenova, appelée à diriger l'atelier de menuiserie d'Abramtsevo, parcourt les villages afin de recueillir des témoignages d'art populaire, à partir desquels elle mène son propre apprentissage. Car pour ces créateurs qui participent à la promotion d'un art « néo-russe », il ne s'agit pas de renouveler un répertoire mais plutôt d'introduire dans l'art décoratif « moderne » de nouvelles règles de composition et un nouveau mode d'approche du matériau. Forts de leur étude, les artistes destinés à jouer un rôle directeur dans la marche de ces nouveaux ateliers composent à leur tour des modèles originaux qu'ils font exécuter par ces mêmes paysans qui ont participé à leur formation. Tel est le cas du jeune peintre Mikhaïl A. Vroubel, qui met son talent au service d'Abramtsevo et s'impose comme un chantre du décloisonnement des arts, pratiquant aussi bien le textile que la céramique. Tel est aussi le cas de Sergueï V. Malioutine et d'Alexeï P. Zinovev, qu'attira la princesse Maria K. Tenicheva dans son domaine de Talachkino, dans la province de Smolensk. De Talachkino sortit entre 1898 et 1905 une production abondante et variée qui connut une excellente diffusion en Occident, entre autres en France, du fait de l'exil volontaire de la princesse Tenicheva à Paris entre 1905 et 1908. Durant ces années elle se consacra avec ardeur à la promotion du mouvement néo-russe mais surtout de Talachkino, qu'elle présentait volontiers comme le centre d'art koustary le plus important. Non seulement la monographie très lyrique que le peintre et archéologue Nikolaï K. Roerikh consacra en 1906 à Talachkino fut traduite en français[21], mais en 1907 la princesse présentait au pavillon de Marsan sa collection d'objets d'art ancien[22] puis participait en décembre à l'exposition d'Art russe moderne organisée par la Galerie des artistes modernes, rue Caumartin[23]. L'année suivante, en juillet, l'Albert Hall, de Londres, accueillait une version légèrement modifiée de cette manifestation. Un tel activisme ravivait les souvenirs de l'Exposition universelle de 1900 et apportait son lot d'arguments à tous ceux qui en Occident militaient en faveur d'un art « moderne » qui saurait intégrer les richesses culturelles et les traditions artistiques et artisanales régionales. « Dans la multiplicité de nos artistes qui ne voudrait en trouver qui, attachés au provincialisme, nous traduisissent avec l'accent du terroir nos contes innombrables de la Bretagne, de la Vendée, du Limousin, etc... », déplorait un observateur fasciné par les créations d'Ivan I. Bilibine[24].

Non seulement l'Art nouveau connut un bel épanouissement en Russie, mais les voies formelles qu'il emprunta devaient à leur tour infléchir l'histoire des arts décoratifs. Ayant su faire cohabiter avec bonheur emprunts à l'Europe occidentale et réévaluation des ressources locales, cet Art nouveau russe devait jouer un rôle capital dans le débat esthétique qui s'établit dans les années charnières que sont les années 1907-1910, débat qui vise à la promotion d'un nouvel ordre décoratif qui n'est pas plus un Art nouveau dégénérescent qu'un pré-Art déco. En effet bon nombre des protagonistes de l'Art nouveau russe s'étaient frottés au monde du théâtre et avaient collaboré à la fameuse revue *Mir Iskousstva*, créée à Saint-Pétersbourg en 1898, qui, rejetant le réalisme russe au profit de l'art français du siècle de Louis XIV, véhiculait un retour au classicisme qui semble aboutir en Europe dans les années 1910-1912. Ce sont précisément à ces décorateurs que l'on doit l'explosion de couleurs chatoyantes et l'invention décorative, non plus asymétrique et mouvementée comme au temps de l'Art nouveau, mais ordonnancée, que constitua en 1909 l'irruption sur la scène parisienne des fameux Ballets russes de Sergueï P. Diaguilev.

1. Aragon, *le « Modern Style » d'où je suis*, dans Guerrand, 1965, p. XVI.
2. Idem, *op. cit.*, p. XVI-XVII.
3. Asars, 1910, p. 26.
4. Madernieks, 31 août 1909.
5. Vanags, 10 février 1900.
6. Créé à Londres en 1893.
7. Respectivement créés à Paris en 1897 et en 1898.
8. Créé à Vienne en 1895. Il est probable que la terminologie généralement en cours en Russie de « style moderne » pour désigner l'Art nouveau doit beaucoup à l'ouvrage de l'architecte viennois Otto Wagner, *Moderne Architektur*, très apprécié en Russie tout comme en Europe centrale et en Europe orientale. Ce traité fut trois fois réédité de 1895, date de sa parution, à 1904.
9. Saint-Pétersbourg, musée d'État de l'Ermitage. Voir Champier, novembre 1893, p. 129-135 ; Marx, 1er novembre 1893, col. 635-640 ; Rais, 22 octobre 1893, p. 676-680.
10. Saint-Pétersbourg, musée d'État de l'Ermitage. Les socles en argent ciselé ont été fondus après la saisie des biens du tsar lors de la révolution bolchevique. Voir Champier, novembre 1896, p. 341-348.
11. L'ensemble de très haute qualité, reproduit dans *l'Illustration* du 24 mai 1902, est dominé par un somptueux calice à décor de passiflore, aujourd'hui conservé au musée d'État de l'Ermitage.
12. Voir notamment de cet auteur les ouvrages suivants : 1992, 1998 et 2003.
13. Situé 22, rue Valnu, le bâtiment fut inauguré en 1912 ; il fut détruit durant la Seconde Guerre mondiale ; sur son emplacement s'érige aujourd'hui l'hôtel *Riga*.
14. « Je revois, aujourd'hui encore, les charpentiers qui pour tous outils ne disposaient que de la scie et de la hache. L'habileté avec laquelle ils maniaient la hache est d'ailleurs un spectacle dont j'ai gardé la plus vive impression » (Van de Velde, 1995, p. 320).
15. Devenue en 1965 musée Gorki, l'écrivain y ayant vécu de 1931 à 1936.
16. Voir l'ouvrage de Salmond, 1996.
17. Normand, 5 mai 1900, p. 282.
18. Le terme koustary désigne les moujiks qui occupent les mois d'hiver à fabriquer des objets dans des matériaux divers : bois, corne, os, tapis, dentelle...
19. Normand, *op. cit.*, p. 283. L'auteur de l'article précise que la grande-duchesse Elizaveta Fedorovna, responsable de la section, avait refusé cette éventualité afin d'éviter tout effet de pittoresque facile.
20. Domaine qui avait connu son heure de gloire dans les années 1830-1840 pour avoir été un centre littéraire de tout premier ordre, volontiers fréquenté par Gogol et Tourgueniev.
21. *Talachkino. L'art décoratif des ateliers de la princesse Tenichev*, 1906.
22. Voir notamment Danilowicz, avril 1907, p. 136-145, et Roche, septembre 1907, p. 250-264.
23. Voir Roche, décembre 1907, p. 173-190, et Danilowicz, janvier 1908, p. 480-484.
24. Roche, *op. cit.*, p. 184.

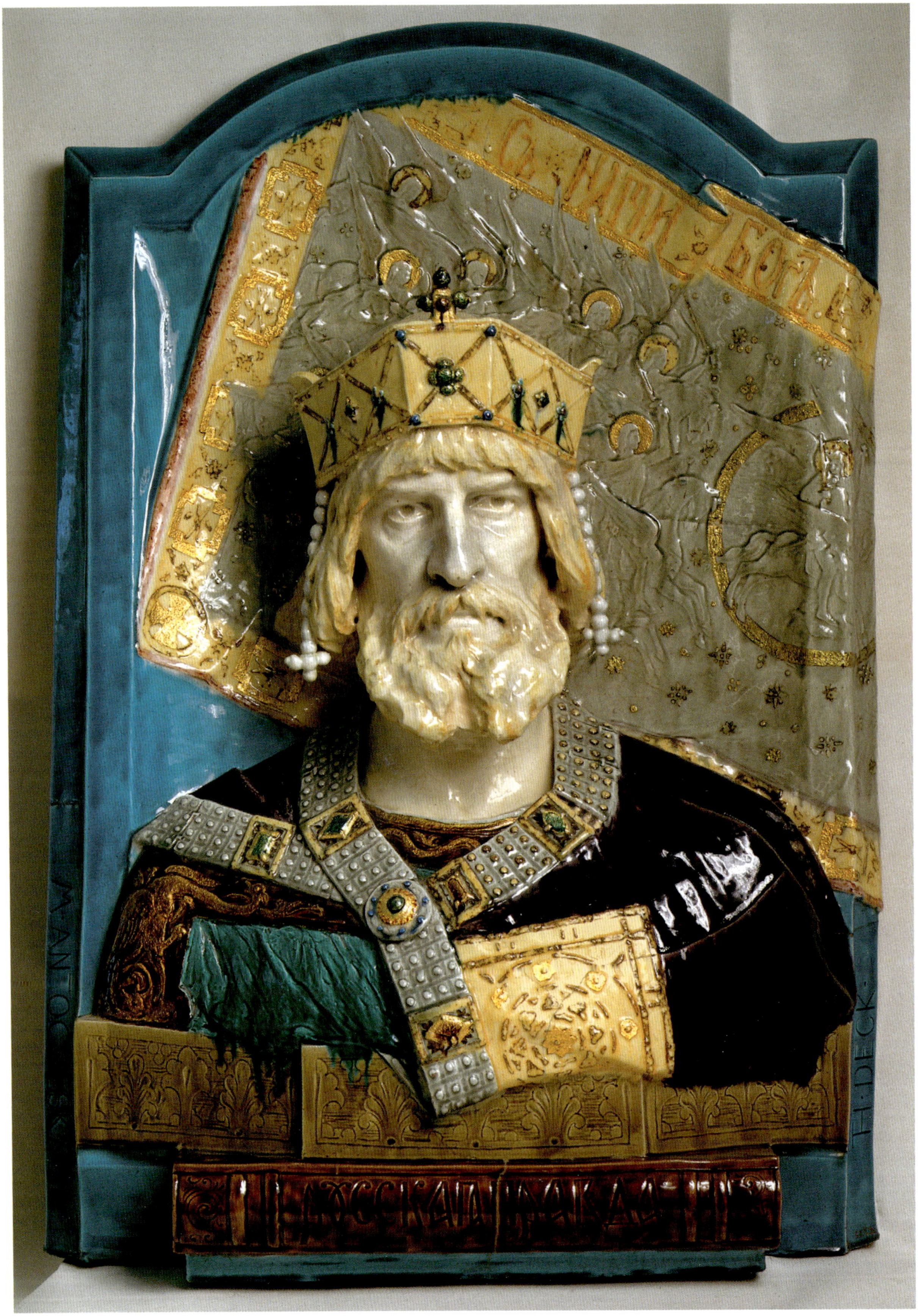

Cat. 47

Mark M. Antokolsky et Théodore Deck, *Iaroslav le Sage* (978-1053), 1889,
faïence, Saint-Pétersbourg, Musée d'État russe.

« La poésie de l'antiquité nationale[1] » : céramique émaillée et bois sculpté en Russie, 1890-1914

Édouard Papet

« Il était une fois un vieux et une vieille. Le vieux se rendit dans la forêt pour casser du bois. Il voit un arbre, prend sa hache, la lève. L'arbre lui dit : ne me touche pas, le vieux ! Je ferai ce que tu voudras – Alors, fais en sorte que je sois riche ! – Bien, rentre chez toi [...] Le vieux rentre, aperçoit son isba regorgeant de tout [...] Holà le vieux ! D'où nous vient tout cela ? demande la vieille – Ma foi, femme, j'ai trouvé un arbre qui fait tout ce qu'on lui demande[2]. »

En 1912, Umberto Boccioni résumait ainsi l'état de la sculpture européenne : « Nous notons dans les pays germaniques l'obsession ridicule d'un style gothique hellénisé que Berlin industrialise et que Munich ramollit avec de lourdes mains professorales. Les pays slaves, au contraire, se distinguent par un mélange chaotique d'archaïsmes grecs, de démons conçus par la littérature du Nord et de monstres enfantés par l'imagination orientale. C'est un amas d'influences qui, du particularisme excessif et sibyllin du génie asiatique, monte jusqu'à la puérile et grotesque ingéniosité des Lapons et des Esquimaux[3]. » La charge était injuste ; la sculpture russe avait exploré avec succès les voies du retour à ses fondements identitaires propres, qu'exprimait en 1901, un an avant sa mort, Mark M. Antokolsky, l'un des rares sculpteurs russes reconnus hors de son pays, longtemps installé à Paris : « Mon rêve : consacrer les dernières années de ma vie à chanter les héros de l'histoire russe... J'ai commencé par cela, par cela je voudrais finir[4]. » Depuis les années 1890, en Russie comme en France, les atermoiements de la sculpture par rapport aux innovations de la peinture n'échappaient pas à la règle de la « décennie » de retard. Pourtant, en 1878, l'*Ecce Homo* (cat. 46), métaphore des souffrances du peuple, était demeuré une leçon monumentale et métaphysique d'Antokolsky, en dépit d'une dette envers la syntaxe naturaliste professée à l'École des beaux-arts de Paris. Ce bronze, qui pourrait être considéré comme un manifeste évangéliste du *sujet russe* dans la sculpture d'inspiration « itinérante » fut sans réel lendemain : l'exactitude des accessoires guerriers du colossal *Ermak* (fig. 1), conquérant de la Sibérie du XVIe siècle, entérine les impasses de la représentation illusionniste. Pourtant, une dizaine d'années auparavant, Antokolsky avait été l'un des premiers membres de la colonie d'Abramtsevo, constituée autour de Savva I. Mamontov[5]. En Russie comme dans le reste de l'Europe, le renouveau de la sculpture passa par celui des matériaux et de la technique : la sculpture céramique et la taille directe du bois.

Majolika : sculpture céramique

Antokolsky suivit dès 1889 la voie de la sculpture céramique, mais à Paris. Un « atelier de céramique russe » y avait d'ailleurs été créé, de manière informelle, en 1875 par Alexeï Bogolioubov : Ilia E. Repine et Vassily D. Polenov y réalisèrent des plats décoratifs[6]. Ce fut Mikhaïl A. Vroubel, qui, dans l'atelier d'Abramtsevo, transféré à Moscou par la suite, se consacra à la céramique, initiant une constante de la sculpture russe du début du XXe siècle dont Nikolaï A. Andreev, Artyomy L. Aubert, Alexandre T. Matveev, ou encore Seraphim N. Soudbinine illustrèrent la singularité. Le goût pour la couleur, largement répandu dans les productions populaires russes, trouva dans la céramique émaillée – *majolika,* en russe – un interprète idéal. Celle-ci permettait en sculpture une variation infinie du coloris des surfaces en

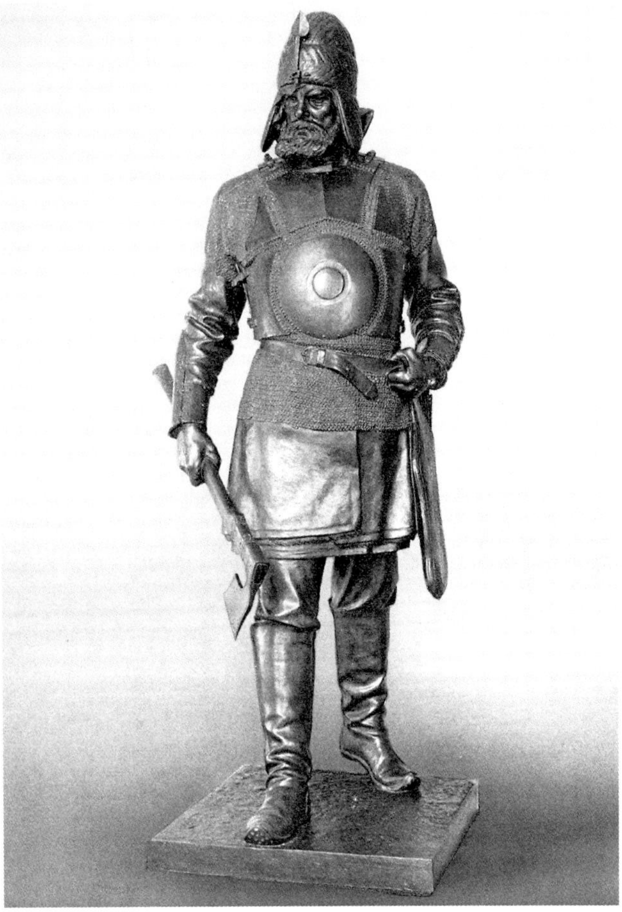

Fig. 1. **Mark M. Antokolsky, *Ermak*, 1891,**
bronze, Saint-Pétersbourg, Musée d'État russe.

confiant le résultat aux secrets de l'émaillage et aux aléas des cuissons. Elle participait du retour à la vérité du matériau, renouant, comme la taille directe du bois ou du marbre, avec le métier d'artisan. L'épanouissement de la sculpture céramique en Russie s'inscrit pleinement dans un courant international, dont Jean-Joseph Carriès, fut l'exemple français le plus précoce. Mais si, en France, Paul Gauguin ne put se passer pour *Oviri* de l'intermédiaire d'un praticien expérimenté, Ernest Chaplet, de même, en Russie, la collaboration présida à la genèse des sculptures céramiques d'Antokolsky, de Vroubel, mais aussi d'Andreev, Aubert, Matveev et Soudbinine, pour certains avec des céramistes français réputés. Ainsi, en 1889, Antokolsky confia-t-il à Théodore Deck l'exécution de *Iaroslav le Sage*, figure majeure de la Rous médiévale, haut-relief en faïence présenté sur le stand de Deck à l'Exposition universelle de 1889[7], dont l'historicisme illusionniste s'inscrit, non sans monumentalité, dans la tradition européenne (cat. 47). Soudbinine, né comme tant de sculpteurs dans une famille modeste, fut l'un des praticiens d'Auguste Rodin, chez qui sans doute il rencontra Jeanneney, auquel il confia l'émaillage de quelques « figures d'expression » qui lui valurent une certaine réputation, dans une carrière il est vrai plus française que russe[8]. Quant à Aubert, l'un des fondateurs de *Mir Iskousstva*[9], il travailla entre 1894 et 1899 dans l'atelier du céramiste Alexandre Bigot, et son inspiration des contes populaires ne se départit pas d'une tentation pittoresque. Un dragon en grès réalisé en 1898 (fig. 2) fait référence de manière explicite non seulement aux gargouilles d'Emmanuel Fremiet mais aussi à l'un des chefs-d'œuvre céramique de Carriès, *l'Animal fantastique* (Paris, Petit Palais). Il demeure difficile de savoir ce que les artistes russes qui pratiquèrent les arts du feu, et qui n'avaient pas de contacts réguliers avec Paris, connaissaient de l'œuvre de Carriès. L'exposition des œuvres du sculpteur français à Dresde fut commentée de manière élogieuse par Sergueï P. Diaguilev dans le numéro 8-9 de *Mir Iskousstva* en 1901 et dix œuvres furent reproduites[10]. Mais si Carriès s'était installé en 1888 dans la Nièvre, centre potier de tradition séculaire, l'établissement de Vroubel à Abramtsevo était avant tout plus motivé par la colonie d'artistes réunie autour de Mamontov que par l'existence d'une véritable tradition potière, malgré l'instauration, à partir de 1888, des « jeudis de la céramique » par Elena D. Polenova[11]. Les céramiques traditionnelles utilitaires vernissées comme les carreaux architecturaux émaillés de couleurs vives furent collectionnés en Russie au même titre que les objets en bois[12] et inspirèrent aussi bien les ateliers d'Abramtsevo que ceux de Talachkino

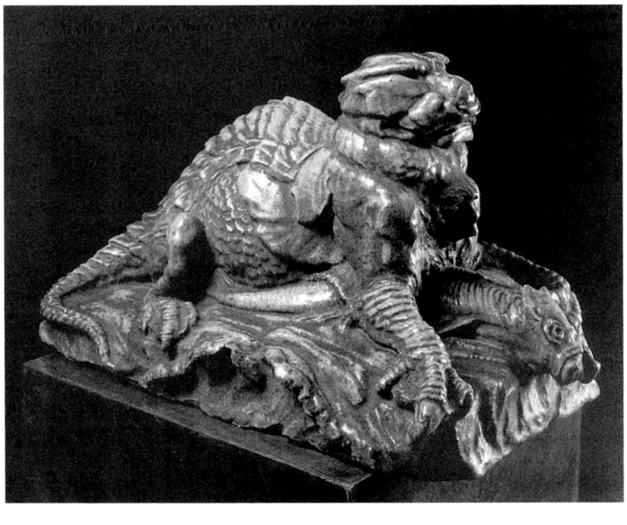

Fig. 2. **Artyomy L. Aubert (1843-1917), *Dragon*, 1898,**
céramique émaillée *(majolika)*, Saint-Pétersbourg, Musée d'État russe.

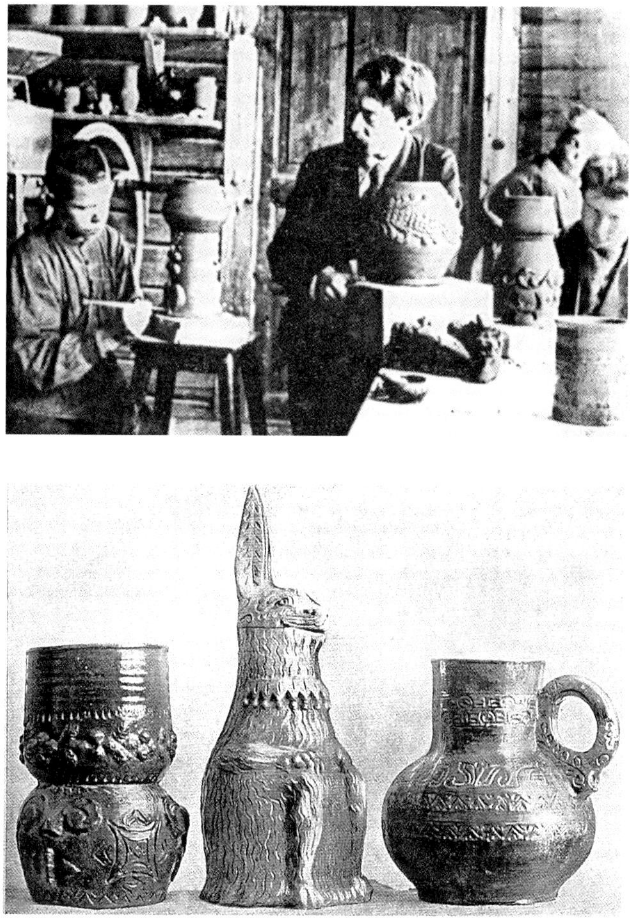

Fig. 3 a et b. **Zinoviev dans l'atelier de céramique de Talachkino vers 1903**, photographie, Smolensk, musée-réserve de Smolensk ; ***Poteries en terre cuite, ateliers de Talachkino,* photographie parue dans Gabriel Mourey, « L'Art populaire russe », *Art et décoration*, 1er semestre 1903**, t. XIII, p. 245.

(fig. 3 a et b). Vroubel fit venir, au cours de l'hiver de 1899-1900, le céramiste Piotr K. Vaouline, dont la fabrique était installée au village de Kikerino près de Saint-Pétersbourg, pour l'assister dans la réalisation[13] d'une dizaine de sculptures céramiques, déclinées par la suite avec des glaçures différentes[14]. Au lustre rustique et aux tons de terres noires ou claires de la céramique vernaculaire, Vroubel préféra une polychromie onirique aux reflets irisés ou métallisés. Ces rondes-bosses décoratives de moyen format étaient inspirées de personnages figurant dans deux opéras-bylines de Nikolaï A. Rimsky-Korsakov. *Koupava* (fig. 4 ; cat. 485) et *Lel* (cat. 486) procèdent de *Snegourotchka*[15], jouée pour la première fois en 1883 à Moscou chez Mamontov, et Viktor M. Vasnetsov n'hésitait pas à affirmer que les artistes du cercle d'Abramtsevo « s'imprégnaient si profondément des contes que le domaine semblait se métamorphoser en royaume de la Snegourotchka[16] ». *Sadko, Berendeï* – sous les traits de Rimsky-Korsakov (cat. 495), *Volkhova*, et le masque du *Roi des mers* (cat. 482, p. 439), s'inspirent du *Sadko* mis en scène à Moscou en 1897, avec des décors et costumes de Konstantin A. Korovine et de Sergueï V. Malioutine. Les poêles, d'un raffinement monumental et rustique, furent également l'objet de toutes les attentions de l'atelier d'Abramtsevo, aboutissant à la création de la cheminée décorative, illustrant le conte populaire du prince Volga et du laboureur Mikoula Selianinovitch, conçue comme un élément structurant du décor intérieur, presque un bas-relief (cat. 484)[17]. La céramique décorative, aux couleurs vives, avait été souvent employée dans l'architecture civile et religieuse au XVIIe siècle et du renouveau de « l'art dans tout » au début du XXe siècle, comme en témoignent les frises d'encadrement en haut relief, les larges compositions décoratives, telle la façade de la galerie Tretiakov dessinée par Vasnetsov[18], ou encore les icônes-bas-reliefs d'après des modèles de Sergueï I. Vachkov.

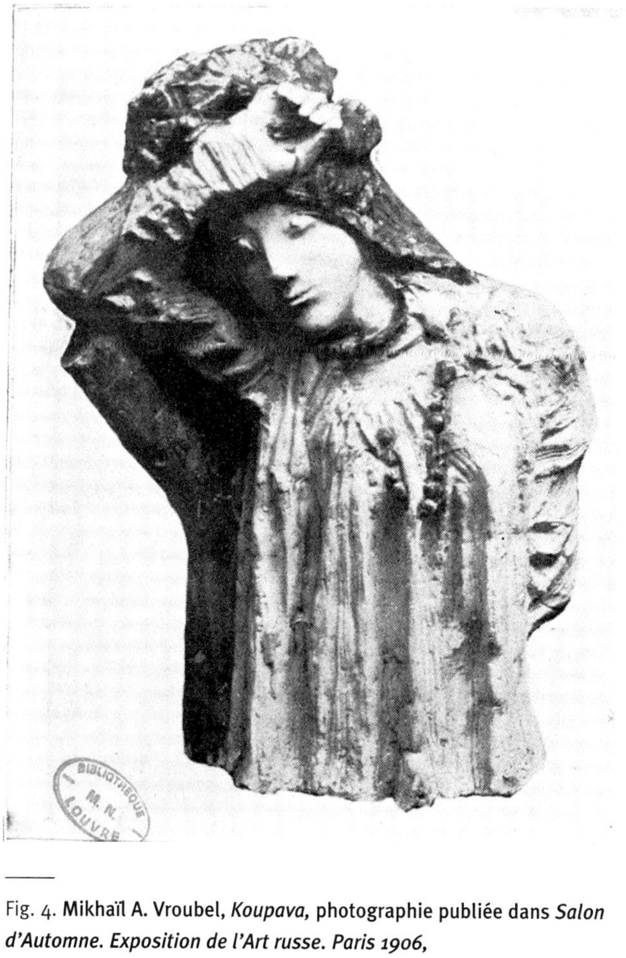

Fig. 4. **Mikhaïl A. Vroubel, *Koupava,* photographie publiée dans *Salon d'Automne. Exposition de l'Art russe. Paris 1906,*** p. 136 (n° 699), Paris, bibliothèque du musée d'Orsay.

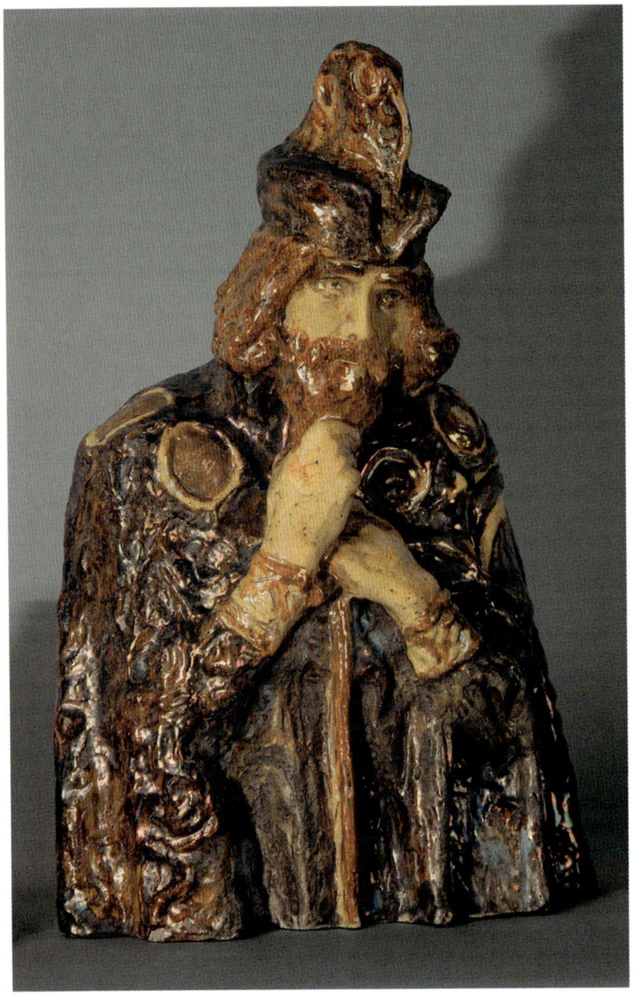

Cat. 495

Mikhaïl A. Vroubel, *le Tsar Berendeï*, sous les traits de N. A. Rimsky-Korsakov, Moscou, exemplaire exécuté dans l'atelier de sculpture d'Abramtsevo par Louzan après 1903,
céramique émaillée *(majolika)*,
Moscou, galerie Tretiakov.

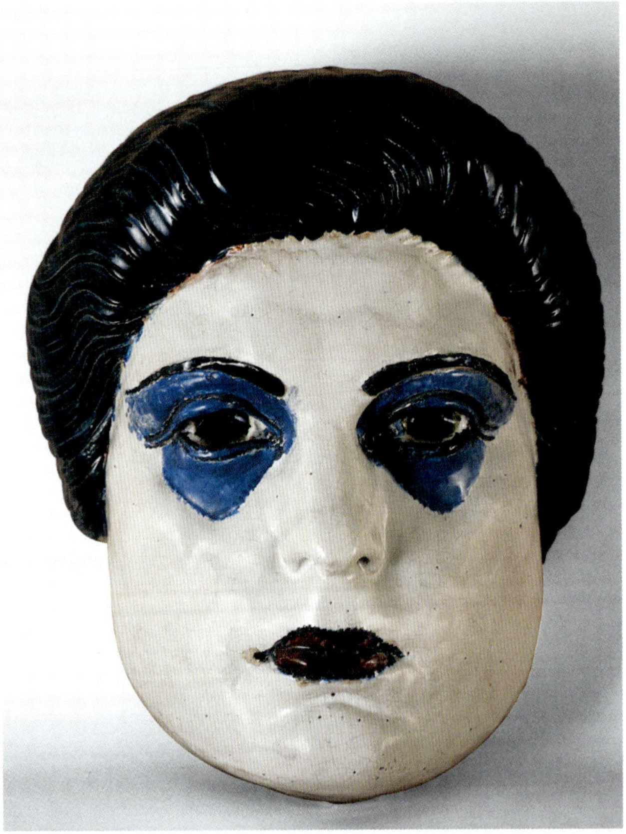

Cat. 20

Nikolaï A. Andreev, *Masque décoratif pour une cheminée* (sous les traits de l'actrice M. N. Germanova), 1914-1915,
céramique émaillée *(majolika)*, Moscou, galerie Tretiakov.

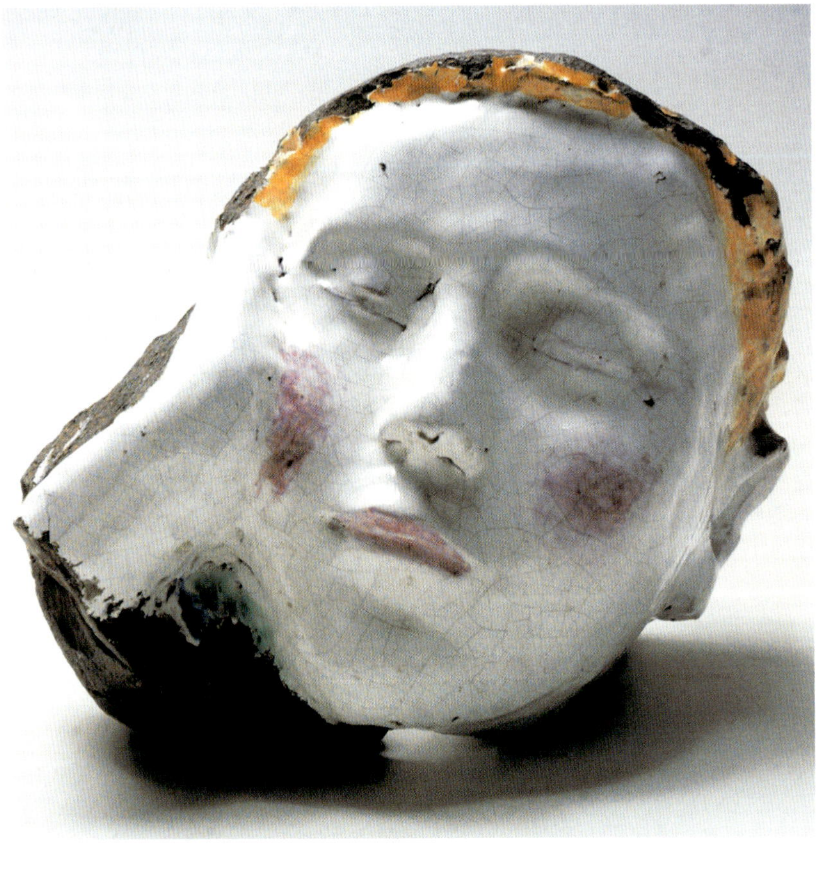

Cat. 317

Alexandre T. Matveev, *le Sommeil*, 1907,
céramique émaillée *(majolika)*, glaçure au plomb,
Saint-Pétersbourg, Musée d'État russe.

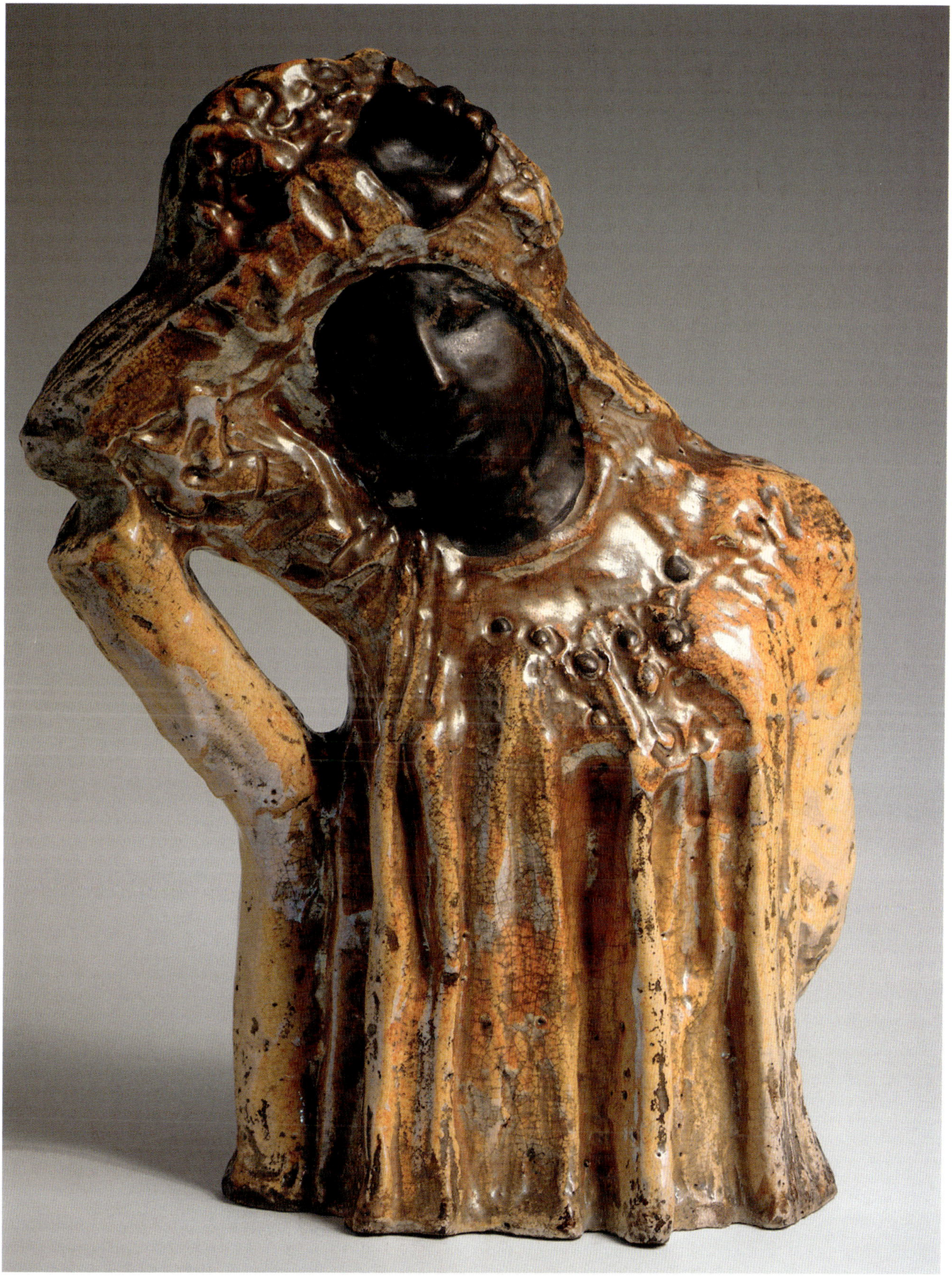

Cat. 485

Mikhaïl A. Vroubel, *Koupava*, exemplaire réalisé après 1899,
céramique émaillée *(majolika)*, Moscou, galerie Tretiakov.

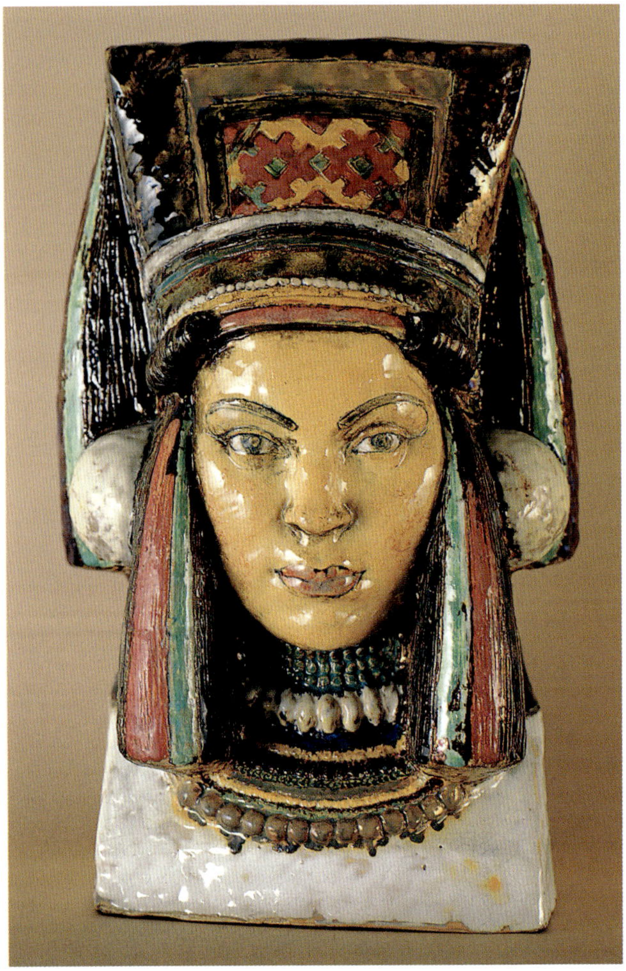

Cat. 17

Nikolaï A. Andreev, ***Femme mordovienne en costume national***, **1910**, céramique émaillée *(majolika)*, Moscou, galerie Tretiakov.

C'est autour de 1905 que l'on peut constater la prolifération des essais de sculpture céramique en Russie, après l'œuvre pionnier de Vroubel. Ainsi le peintre Viktor E. Borissov-Moussatov collabore-t-il avec Vaouline à la réalisation des quatre panneaux décoratifs conçus pour le Département du Tramway de Moscou en 1904[19], ou encore Matveev, toujours avec Vaouline, pour le *Sommeil*[20] (cat. 317). Enfin, Andreev se consacra à de nombreuses recherches sur la couleur[21], avec des résultats parfois étranges (cat. 20), affectionnant par exemple un engobe blanc fortement craquelé. Ces expérimentations trouvent leur aboutissement dans les glaçures épaisses et opaques des bustes représentant Lev N. Tolstoï (1908, cat. 16, p. 362), l'actrice Maria A. Kievorkova-Tarassova (1911-1914, cat. 18, p. 366) ou encore dans des sujets d'inspiration populaire, quasi ethnographique, telles les variations plus ou moins spectaculaires sur la *Tête de Mordovienne*[22] (cat. 17).

« La poésie de l'antiquité nationale[23] » : primitivisme nationaliste et taille directe

Le renouveau de la sculpture russe vint du passé et de la nature, comme l'exprimait Sergueï T. Konenkov avec éloquence : « Je n'aurai pas pu devenir sculpteur, si, dès mon enfance, je n'étais pas tombé amoureux du bruit de la forêt et de la rivière, des contes et des chansons russes populaires[24]. » Après 1900, la conscience d'une singularité nationale rédemptrice, dont la paysannerie était la dépositaire, s'exprima comme un ressourcement aussi bien historique que moral, que Makovsky résume à propos de Talachkino : « La Russie [...] a mieux conservé sa physionomie nationale distincte [...]. Chez nous, peut-être à cause de cela même qu'engoués dans de l'art d'Occident, longtemps nous n'avons pas su comprendre la beauté populaire, l'art nouveau, dans ses aspirations à l'indépendance, revint aux motifs nationaux [...], vers le style des époques antérieures à Pierre le Grand, vers les modèles de l'industrie paysanne, vers la poésie de l'antiquité nationale, rayonnant dans le lointain d'une splendeur de rêve[25]. » Pour cette quête d'identité, que l'on retrouve au même moment dans les cercles progressistes des nations cherchant à s'émanciper des empires d'Europe centrale – Bohême, Hongrie, grand-duché de Finlande, sous domination russe, la formule de Gauguin semblait tout appropriée : « Pour faire neuf, il faut remonter aux sources, l'humanité en enfance[26]. » Pour les artistes russes, l'ailleurs « primitif » était en Russie même, au sein des vastes territoires du Nord (cat. 102, p. 261) ou en Ukraine, conservatoires de culture et d'art populaire étudiés depuis les années 1870. Mais également, abondamment illustrés par Nikolaï K. Roerikh (fig. 5), dans les traces archéologiques de la Rous, slave et païenne, longtemps considérée comme « barbare » par les élites occidentalisées, et de la Russie chrétienne des premiers royaumes de Vladimir et de Iaroslavl. Si Gauguin avait été finalement déçu par la « sauvagerie » de la Bretagne catholique et médiévale[27], nombre d'artistes russes se retrouvèrent dans les sources populaires de la Russie orthodoxe. En sculpture, les voies de ce primitivisme, mouvement d'ampleur non sans désordre, souvent proche d'un mysticisme panthéiste, furent sans doute moins radicales qu'en peinture, mais ne témoignent pas moins d'une solide conviction. Si, pour Repine, le *Balzac* de Rodin était « inacceptable », en raison de sa ressemblance avec les monolithes païens, les « *babas* en pierre qui décorent les tumuli Scythes au sud de la Russie[28] », c'est pourtant bien ce primitivisme-là qui va nourrir l'inspiration d'un Konenkov (fig. 6).

Dans ce contexte des premières années du XXe siècle, la sculpture russe trouva dans un phénomène parisien légèrement antécédent, le retour à la taille directe, un moyen d'expression privilégié, aussi bien dans le renouvellement des formes de la sculpture que de ses matériaux, rendant à ceux-ci leurs qualités intrinsèques. À Paris, au tournant du XXe siècle, la taille directe du marbre ou de la pierre – Joseph Bernard en fut le chantre quasi officiel, avait apporté « un soutien technique à la réaction contre Rodin et à la virtuosité académique[29] ». Elle fut souvent le fait de peintres décidant de passer à la sculpture, comme Gauguin dès 1889, Georges Lacombe ou Aristide Maillol. Après 1905, en France tout au moins, la taille directe était devenue une pratique relativement moins initiée, qui joua un rôle prépondérant dans le travail d'une nouvelle génération de sculpteurs. Le rôle posthume de la sculpture de Gauguin, exposée au Salon d'Automne de 1906 au moment où Diaguilev et Benois organisent l'exposition l'« Exposition d'art russe à Paris », n'est sans doute pas à négliger : à Paris Constantin Brancusi réalise ses premières tailles directes à partir de 1906, André Derain ou Pablo Picasso en 1907 (fig. 7) et à Moscou la revue *la Toison d'or* publia en 1909 deux articles de Charles Morice, ainsi que des reproductions de céramiques – dont *Oviri* – et de certains bois : *Soyez amoureuses, vous serez heureuses*, *la Guerre et la Paix*, *Saint-Orang*, *l'Idole à la perle* et une *Idole* (fig. 8)[30]. Mais si Gauguin (fig. 9) ou Brancusi traduisaient leur fascination pour les arts océaniens ou africains, Konenkov était immergé dans la « poésie de l'antiquité nationale[31] ». Voulue comme un retour à la probité de l'artiste redevenu un *ymagier* médiéval, la taille directe, particulièrement celle du bois – Goloubkina spécifiait que pour « bien arriver à cet art, il faut d'abord bien étudier son aspect artisanal[32] » –, fut pour la sculpture russe la pratique idéale d'une résurrection « adulte » de la conscience nationale. Le bois – tilleul, bouleau... – matériau traditionnel de l'architecture (fig. 10) et des arts décoratifs pratiqués par les *koustaris*, s'imposa comme l'intermédiaire indigène d'un renouveau complexe.

En Russie, pourtant, ce fut bien Rodin – il trouvait que « dans ce pays ils ont le goût moins fade qu'en France[33] » (voir ici l'essai d'Antoinette Le Normand-Romain, « Rodin et la Russie ») –, qui avait incarné le renouveau pour les quelques sculpteurs d'envergure, qui résistaient tant bien que mal au cosmopolitisme « impressionniste » du prolifique prince Paul P. Troubetskoï (fig. 10, p. 42) en cherchant une issue à la sculpture officielle désormais incarnée par Antokolsky.

Le motif de la forme finie émergeant du bloc à peine dégrossi – *la Pensée* de Rodin (1889) due à un hasard de la taille – nourrit longtemps aussi bien d'innombrables poncifs que de profondes remises en question. C'est sans doute dans les bois taillés d'Anna S. Goloubkina

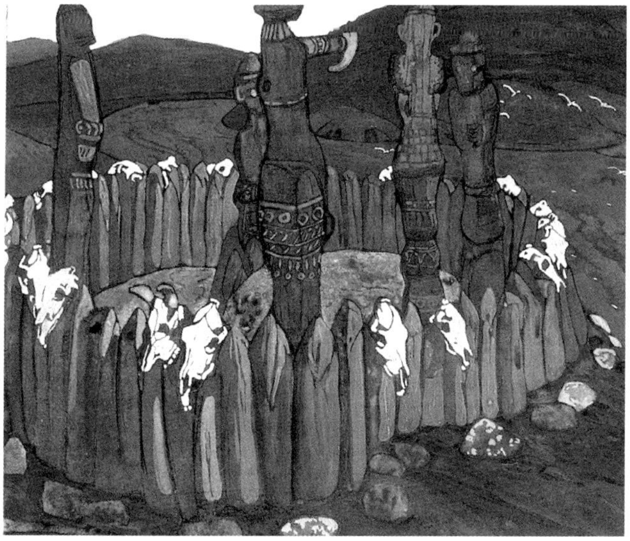

Fig. 5. **Nikolaï K. Roerikh, *les Idoles*, 1901,**
gouache sur carton, ancienne collection de la princesse Maria K. Tenicheva, Saint-Pétersbourg, Musée d'État russe.

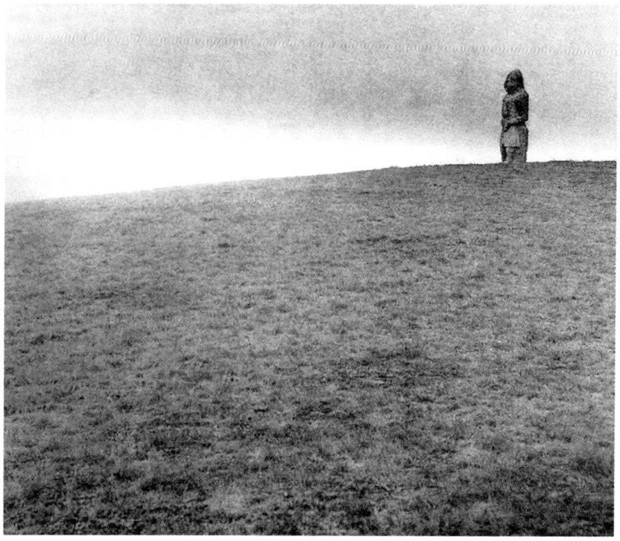

Fig. 6. **Zacharie Vinogradov, *Baba de pierre sur un kourgan, Ukraine, réserve d'Askaniïa Nova*, 1934,**
photographie, Moscou, musée national d'Histoire.

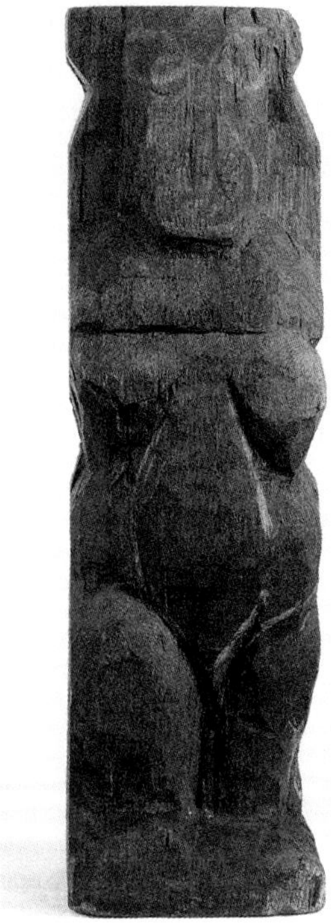

Fig. 7. **Pablo Picasso,**
***Figure cariatide,* 1907,**
bois peint, Paris, musée Picasso.

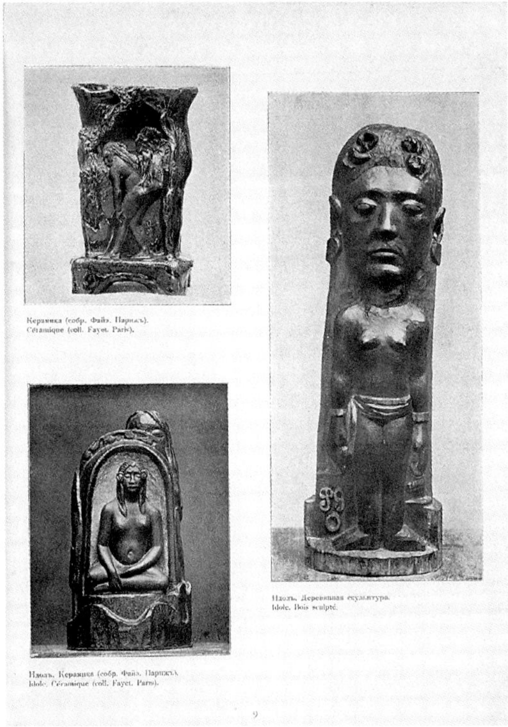

Fig. 8. **Céramique et bois de Paul Gauguin reproduits dans *Zolotoe Rouno (« la Toison d'Or »),* nº 1, janvier 1909,** p. 9.

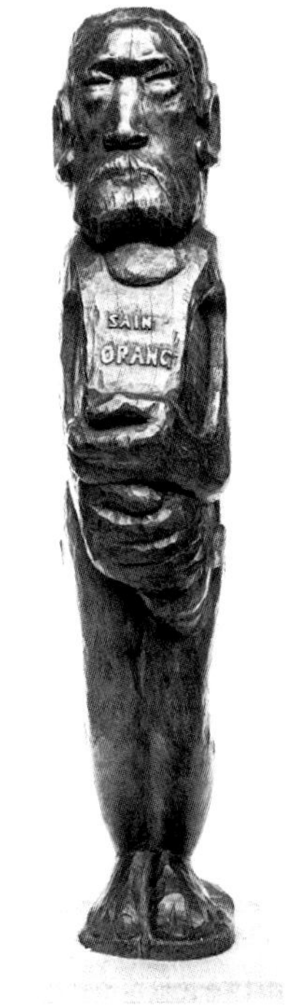

Fig. 9. **Paul Gauguin,**
***Saint-Orang,* 1902-1903,**
bois de miro, Paris, musée d'Orsay.

que ce paradoxe se retrouve avec le plus d'acuité : les masses de bois, parfois raboutées, font émerger le fini soigneusement poli dans l'équarri, et sont parfois rehaussées de patines élaborant un langage proprement russe, bien qu'en 1901 le critique d'art Vladimir V. Stassov la réduisait à « adepte zélée de Rodin[34] » (cat. 202). Au moment même où les apôtres du retour aux sources populaires, telle la princesse Maria K. Tenicheva, rougissaient des obstacles au « développement de l'art russe qui est déjà bien en retard sur l'art occidental[35] », la sculpture en Russie parvenait finalement à une synchronie avec le goût du bois taillé qui traversa l'Europe au cours des années 1890 à 1910. Si l'œuvre de Goloubkina et celui de Konenkov sont profondément russes, et parfois monumentaux, leur nationalisme s'exprime plus par la sincérité vernaculaire du matériau que par l'éloquence déclamatoire du sujet. Gauguin, Lacombe, Maillol, Henri Matisse, Brancusi à Paris, Frantisek Bílek à Prague – les dimensions des bois russes sont généralement imposantes, à la manière des œuvres de celui-ci[36] –, Jens Ferdinand Willumsen à Copenhague, Emil Halonen à Helsinki (fig. 11), Ludwig Kirchner à Dresde, le bois taillé signe la marque de la nouvelle sculpture, sans pour autant aller jusqu'aux aspirations de Boccioni dans le *Manifeste de la sculpture futuriste* de 1912, dont le credo de la « ligne droite » devait éviter « l'imitation des Égyptiens, des Primitifs ou des sauvages, en suivant l'exemple absurde de quelques sculpteurs modernes qui se sont efforcés ainsi à se délivrer de l'influence grecque [...]. La ligne droite est le seul moyen qui puisse nous conduire à la virginité primitive d'une nouvelle construction architectonique de masses et de zones sculpturales »[37].

« Retour à la pierre et au bois ! » :[38] Goloubkina et Konenkov

Goloubkina et Konenkov, deux parcours de sculpteurs russes, tous deux, comme nombre de leurs confères français, d'origine modeste, l'une plus influencée par Paris et Rodin, l'autre immergé dans la « poésie de l'antiquité nationale », mais se retrouvant paradoxalement sur la technique et partageant la même robustesse d'inspiration. Ils avaient fréquenté les cours de Volnoukhine à l'École de peinture, sculpture et architecture de Moscou et se vouaient une admiration mutuelle. Konenkov se révéla plus fidèle aux postulats de « l'humanité en enfance ». Ses premiers bois taillés vers 1903-1904 (*Portrait de P. P. Kontchalovsky,* 1903-1904, Moscou, galerie Tretiakov) sont contemporains des essais de taille directe du marbre par Goloubkina après son troisième séjour parisien : « Je prends des cours chez un marbrier. [...] Désormais j'ai de petits morceaux de marbre et cela change ma vie. Le marbre c'est comme le tsar devant le plâtre[39]. » Konenkov tailla également des marbres, inspirés du panthéon slave, telle *Lada* (cat. 260). Si Maillol affirmait à propos de ses bois « moi, quand j'ai taillé ma première statue, je ne savais même pas ce que j'allais faire. Je ne savais pas dessiner, n'est-ce pas. J'ai fait une tête, puis j'ai fait un cou, des épaules, des seins, un ventre, des jambes, tout à la suite[40] », la taille n'excluait pas les modèles intermédiaires en plâtre. Comme Lacombe, Goloubkina réalisa des modèles pour certains bustes, tel celui d'Alexeï M. Remizov[41](cat. 200). D'autres, comme Dmitri S. Stelletsky, usèrent de la polychromie aussi bien sur le modèle que le bois lui-même. L'agrégation des personnages dans la *Femme de boyard du XVIIe siècle* (cat. 443 ; fig. 12) – comme un écho aux *Trois Saintes Femmes au tombeau* de Georges Minne (fig. 13) –, la simplification des volumes soulignés par le décor stylisé du vêtement s'inspirent des icônes et des rondes-bosses religieuses en bois peint du XVIIe siècle. Lié aux projets élaborés par Stelletsky pour la mise en scène de la tragédie d'Alexis K. Tolstoï, *le Tsar Fedor Ivanovitch* (cat. 444, p. 452), ce groupe constitue l'une des belles réussites de la sculpture inspirée par « l'antiquité russo-byzantine[42] ».

La taille du bois est un art qui prend du temps : en 1902, Maillol écrivait au peintre hongrois József Rippl-Rónai que le succès des sculptures en bois était cher payé, puisque la taille durait parfois une année complète[43]. En 1912, Goloubkina explique à sa sœur à propos de la *Cène,* commencée en 1911 : « Je ne vais pas travailler le bois pour ce bas-relief. Cela demande beaucoup de travail mais il sera impossible de le vendre. Je le ferai si on me le commande[44]. » Le buste de Remizov (cat. 200, p. 398) est le premier manifeste ambitieux de la voie que suivit Goloubkina jusqu'aux années 1920 : les traces d'outil signent à la fois la dette envers Rodin et la sincérité de l'*ymagière,* jusqu'au monogramme griffé profondément dans le bois, dont le polissage magnifie les traces d'outil, ou la bichromie (cat. 201). *Oh oui !* (cat. 202) synthétise en un symbolisme hésitant le contraste entre le visage et le traitement inachevé de la

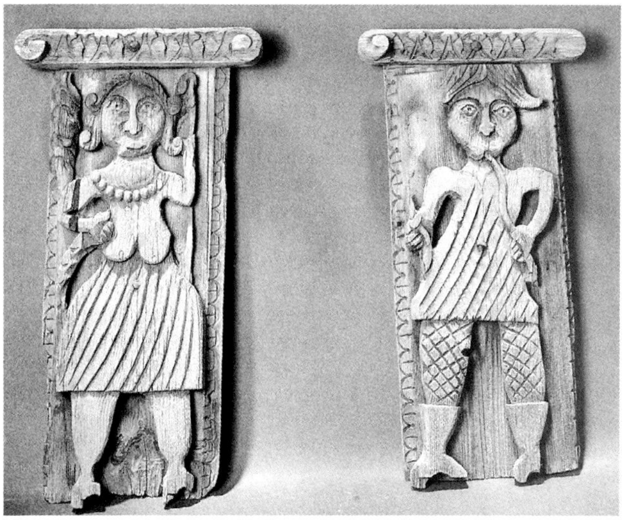

Fig. 10. **Anonyme, province de Nijni-Novgorod, *Éléments d'architecture,* seconde moitié du XIXe siècle,** bois sculpté, Moscou, musée national d'Histoire.

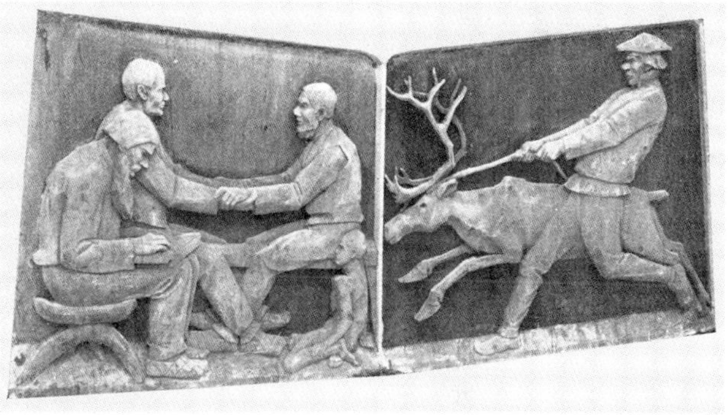

Fig. 11. **Emil Halonen, *Panneaux de bois sculpté,* d'après une photographie publiée dans Gustave Soulier, « Le pavillon de la Finlande à l'Exposition universelle », *Art et décoration,* juillet-décembre 1900,** t. 8, p. 11.

chevelure et du torse. Un praticien demeurait toujours indispensable pour le dégrossissage des grumes. Les mémoires de I. Bedniakov, menuisier que Goloubkina conseilla plus tard à Konenkov, permettent d'approcher les méthodes travail de l'artiste pour les *Cariatides* (fig. 14 et 15) : « Entre 1909-1910 je travaillais comme menuisier dans un magasin. [...] Anna Semenovna cherchait un menuisier pour préparer le bois pour ses sculptures. Elle m'a proposé de travailler avec elle. Je n'ai jamais vu la sculpture avant, seulement le meuble. Je ne savais pas ce que je devais faire. Elle voulait un morceau de bois pour les cariatides. [...] Nous sommes allés dans

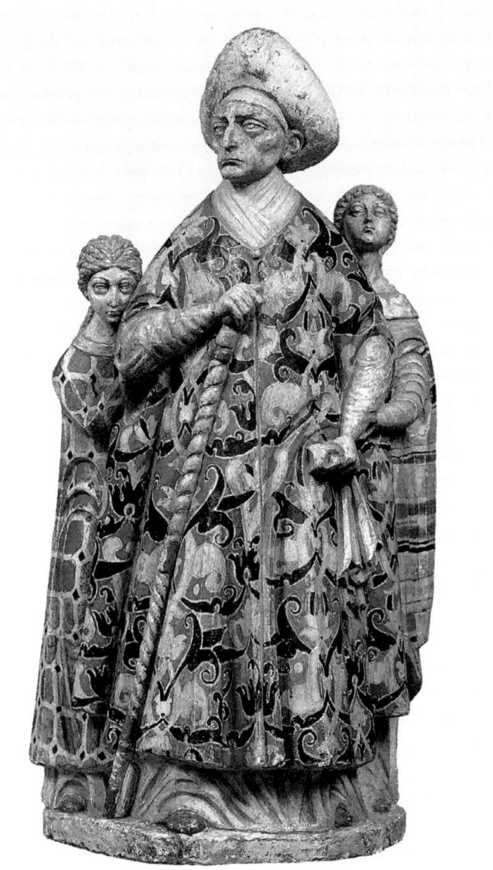

Fig. 12. **Dmitri S. Stelletsky, *Femme de boyard du XVIIe siècle*, 1910,**
plâtre peint, collection particulière.

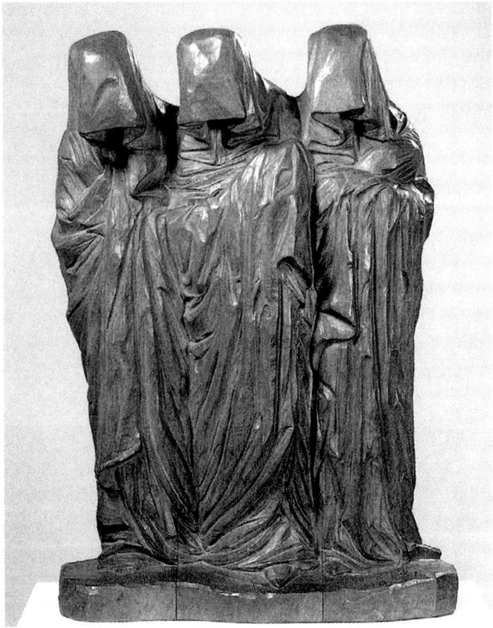

Fig. 13. **Georges Minne, *Trois Saintes Femmes au tombeau*, 1896,**
bois, Bruxelles, musées royaux des Beaux-Arts de Belgique.

un hangar d'Aristov... là il y avait un grand choix. Il y avait des bouleaux, de l'érable, du tilleul. Anna Semenovna a choisi deux grands morceaux de tilleul[45]. » C'est encore au bois que Goloubkina consacra quelques notes destinées à ses élèves : « Le meilleur matériau pour une sculpture est le bois : le bouleau, le frêne, le tilleul. Nous, qui vivons au milieu de grandes forêts, nous cherchons le bon morceau de bois et essayons d'y incorporer notre œuvre. À l'étranger, on ne procède pas de la même façon. Depuis longtemps, ils collent des morceaux de bois de même couleur et de même structure. [...] Les grands arbres presque toujours se fendent. Bien sûr, on peut ajouter une latte, sur la figure entière cela ne gêne pas mais sur un visage cela ne convient pas. Sergueï Konenkov travaille toujours avec un seul bloc de bois. Il s'est tellement lié au bois qu'on a l'impression qu'il ne travaille pas, il libère ce qui est encroué dans le bois[46]. »

Gauguin se plut à rapporter la « maïeutique » douloureuse et libératoire d'un bois marquisien amené à devenir sculpture : « Nous attaquâmes à la hache un magnifique arbre qu'il fallut détruire pour avoir une branche convenable à mes désirs. Je frappai avec rage, je coupai avec le plaisir d'une brutalité assouvie, d'une destruction de je ne sais quoi[47]... » Konenkov avait sans doute moins de comptes à régler avec la civilisation et fut moins *sauvage :* « En 1908 j'ai travaillé beaucoup avec des blocs de marbre. Les souches et les billots que je préparais dans les environs de Moscou attendaient leur tour (j'achetais des souches sèches, des arbres morts, car je n'étais pas d'accord de détruire un arbre vivant, même si souvent on essayait de me séduire). Et voilà il est arrivé : le royaume forestier dans lequel j'ai passé mon enfance et ma jeunesse m'a appelé et j'ai suivi son appel. Je sentais que je pouvais entrevoir l'invisible. [...]. En très peu de temps j'ai taillé en bois [...] le "Stribog", le "Staritchok-Polevitchok ". Sergueï Glagol, à qui j'ai raconté ce "miracle" que j'ai vécu un demi-siècle auparavant a noté tout de suite ses impressions : " ... ce n'est pas le marbre ni la pierre qui pouvaient être le matériau pour recréer ce nouveau monde de la mythologie slave. Pour Michel-Ange ce sont les dieux qui dormaient dans le marbre et à qui il donnait la vie, pour Konenkov, dans le tronc de chaque arbre, les esprits de la forêt ne dormaient pas mais y vivaient mystérieusement... "[48]. »

Konenkov montra ses bois pour la première fois à l'exposition de l'Union des peintres russes en 1910, dans les salles du Musée historique de Moscou, à l'invitation de

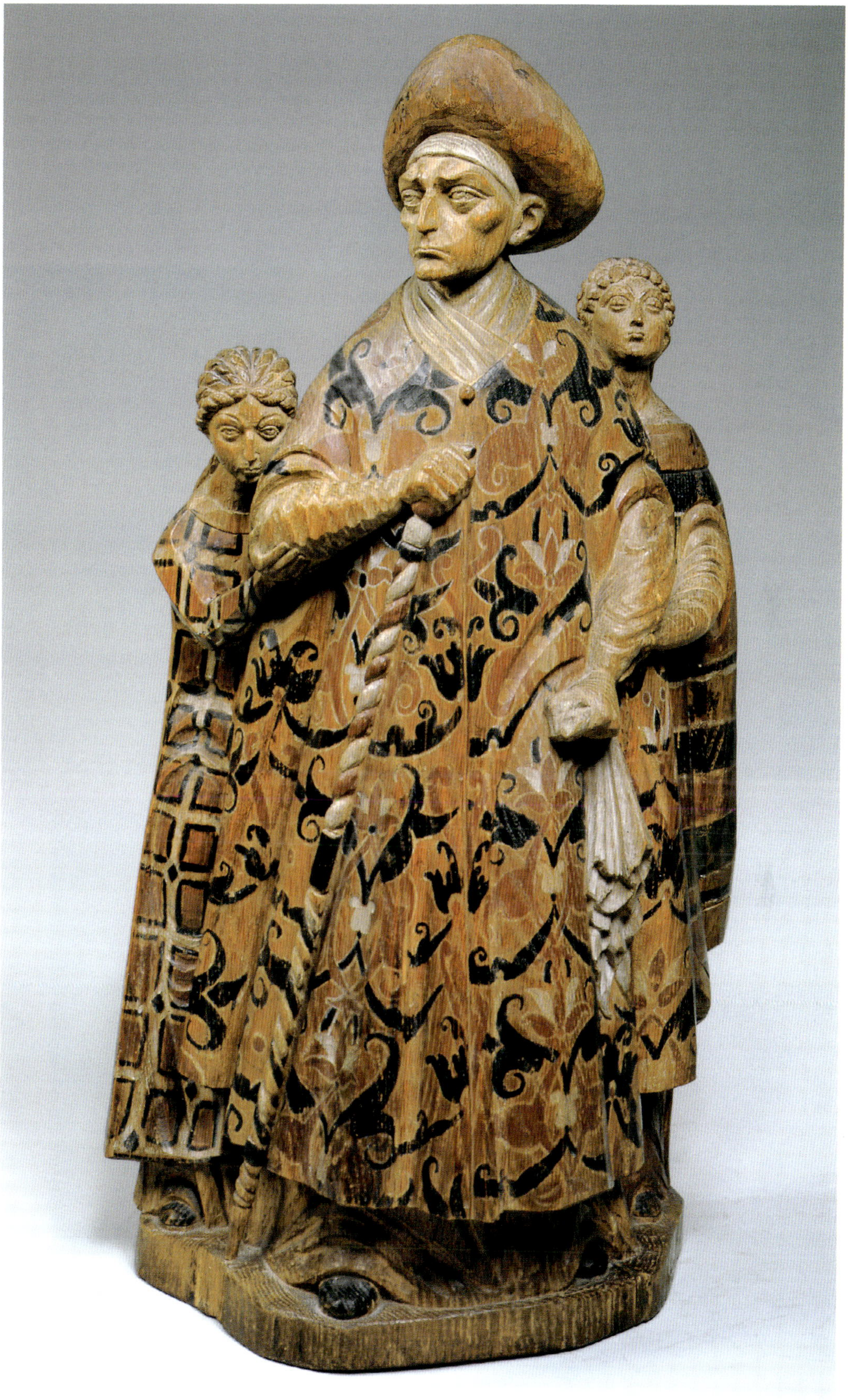

Cat. 443

Dmitri S. Stelletsky, ***Femme de boyard du*** *XVIII*^e^ ***siècle (Marpha-posadnitsa, Boretskaïa),*** **1910,**
bois peint, Saint-Pétersbourg, Musée d'État russe.

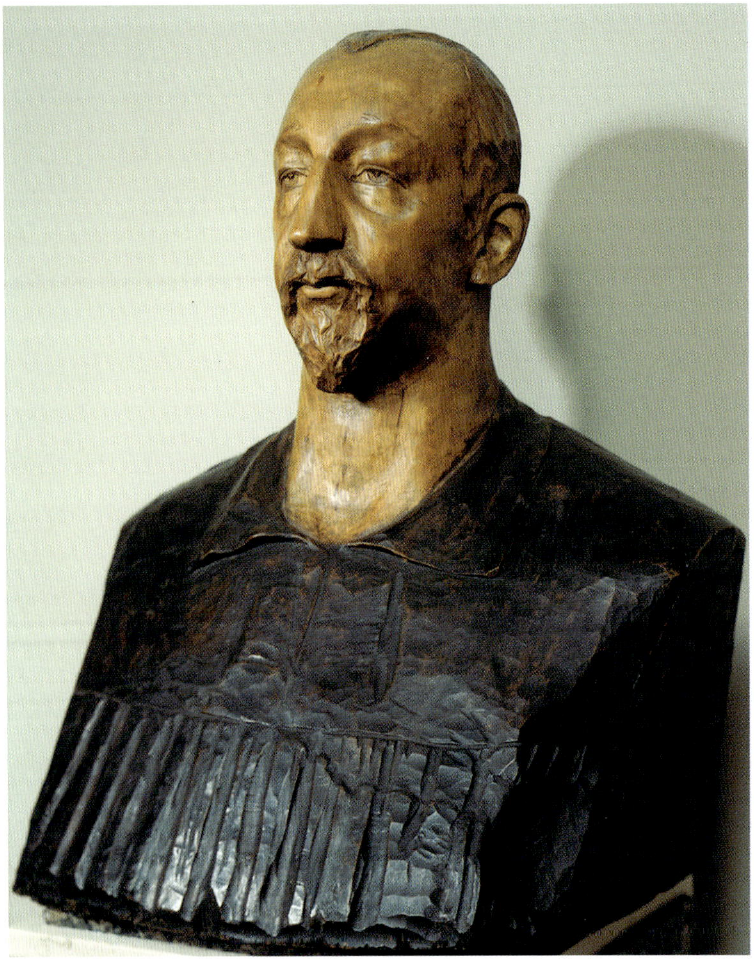

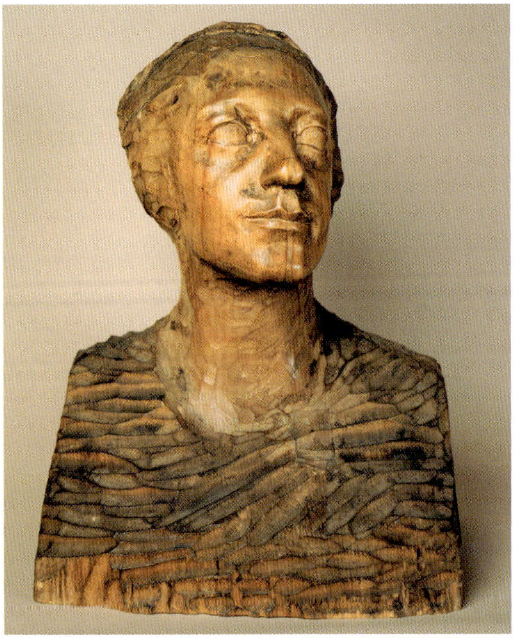

Cat. 201

Anna S. Goloubkina, *Portrait de V. F. Ern.*, philosophe, 1914,
bois, Moscou, galerie Tretiakov.

Cat. 202

Anna S. Goloubkina, *Oh, oui !*, 1915,
bois sculpté, Moscou, galerie Tretiakov.

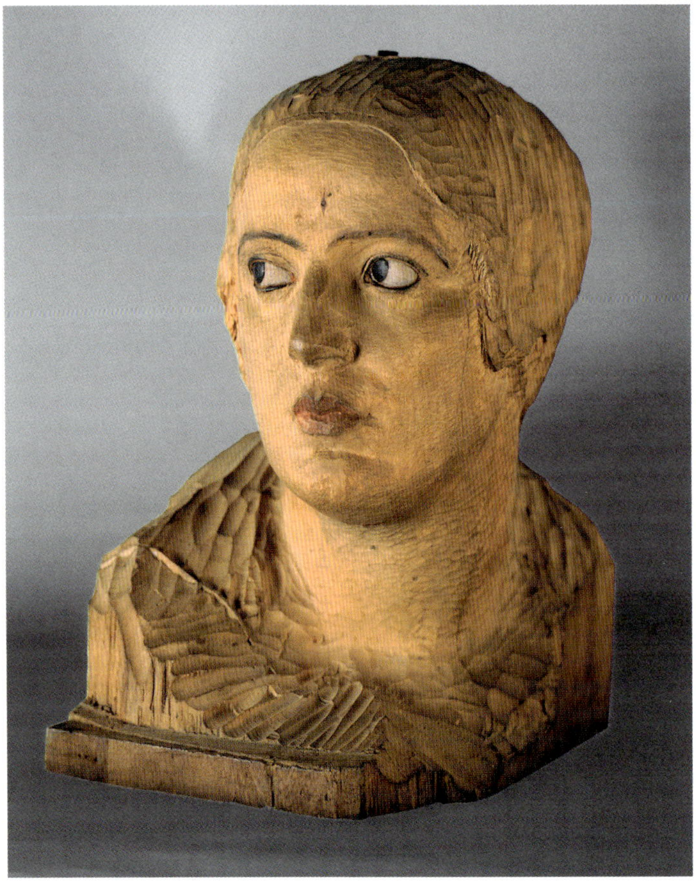

Cat. 19

Nikolaï A. Andreev, *Portrait de A. K. Fechtner,* actrice du théâtre La Chauve-souris, 1912-1914,
bois peint, Moscou, galerie Tretiakov.

Nikolaï P. Oulianov, ami de Stanislavsky. Le *Staritchok-Polevitchok* (cat. 263) y connut un succès considérable : Goloubkina se rendit quelques jours après dans son atelier : « Je vais rester assise ici et regarder comment vous travaillez. Et elle est restée assise, plongée dans ses pensées. En partant elle a dit : – Vous faites beaucoup trop de travail préliminaire. Si vous êtes d'accord je vais vous envoyer un artisan sur bois. Il s'appelle Ivan I. Bedniakov[49]. »

Cette voie du bois se retrouve dans les sculptures de Nikolaï A. Andreev, qui se réclament des deux influences, goloubkinienne et konenkovienne. Le portrait de l'actrice A. K. Fechtner (cat. 19) use du contraste entre le lissé du visage et les traces d'outil animant la chevelure et le buste alors que le portrait du metteur en scène Konstantin S. Stanislavsky (1916-1917) respecte la grume dans laquelle il est taillé, retrouvant la saveur totémique du portrait du peintre Vassily I. Denissov par Konenkov (cat. 261).

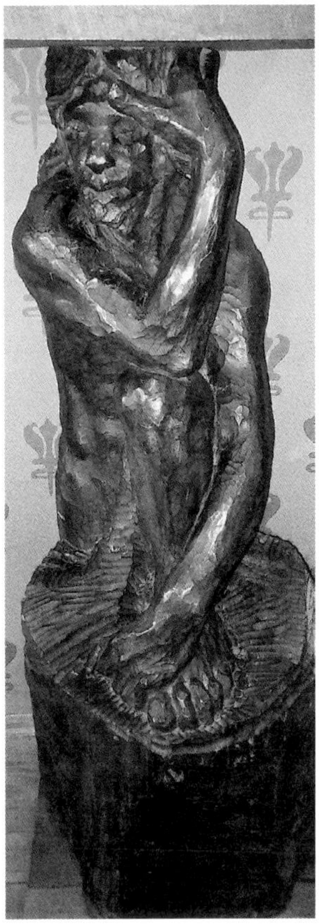

Fig. 14. **Anna S. Goloubkina, *Cariatide*, vers 1910,** bois, Moscou, musée-atelier Goloubkina.

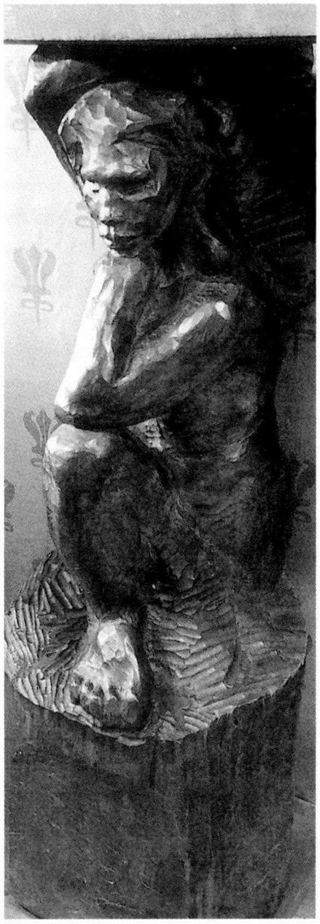

Fig. 15. **Anna S. Goloubkina, *Cariatide*, vers 1910,** bois, Moscou, musée-atelier Goloubkina.

L'image de ce dernier s'héroïse à la fin des années 1910, convoquant une semblable position tutélaire à celle qu'a tenue Rodin en France : « Si l'on observe la dernière décennie de la sculpture russe, on voit que la figure de Konenkov couvre tout l'horizon. À ses côtés on ne peut distinguer que deux noms : A. T. Matveev [...] et A. S. Goloubkina[50]. » Pour le critique A. A. Rostlianov, « Konenkov a fait revivre les anciens dieux, il a senti leur vie dans les ténèbres des forêts d'Elna[51]... ». C'est au cours de l'année 1910 que Konenkov réalise ses bois d'inspiration « forestière[52] » tirés des contes ou de la mythologie slaves, à laquelle n'appartient pas le *Staritchok-Polevitchok* (cat. 263, p. 350), invention du sculpteur. Le *Stribog* (cat. 262), dieu du vent dans le panthéon païen des Slaves, constitue l'aboutissement des recherches de Konenkov, et l'incrustation de pierres ou de cornes accentue le raffinement primitiviste du contraste de matériaux[53]. Dès les années 1910, la critique russe estime que Konenkov a réussi le pari de ce « primitivisme national », à pénétrer dans le monde de la tradition russe en évitant les imitations aveugles ou la stylisation décorative pour séduisante qu'elle fût, à élaborer un langage plus libre, par opposition à des « peintres-stylisateurs » comme Roerikh[54]. La remarque a son importance : Ivan S. Efimov ne dépassera sans doute pas ce stade dans le bas-relief *Renne* (fig. 16), métope primitiviste évoquant Roerikh, aussi bien ses projets de frise céramique (cat. 414, p. 198-199) que sa

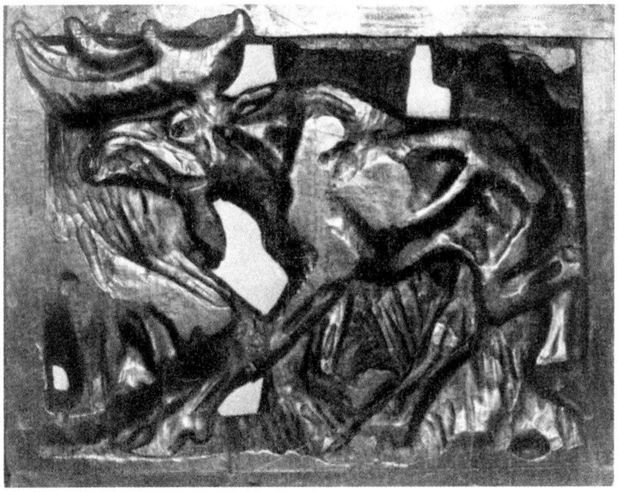

Fig. 16. **Ivan S. Efimov, *Renne*, 1912,** bois, Moscou, galerie Tretiakov.

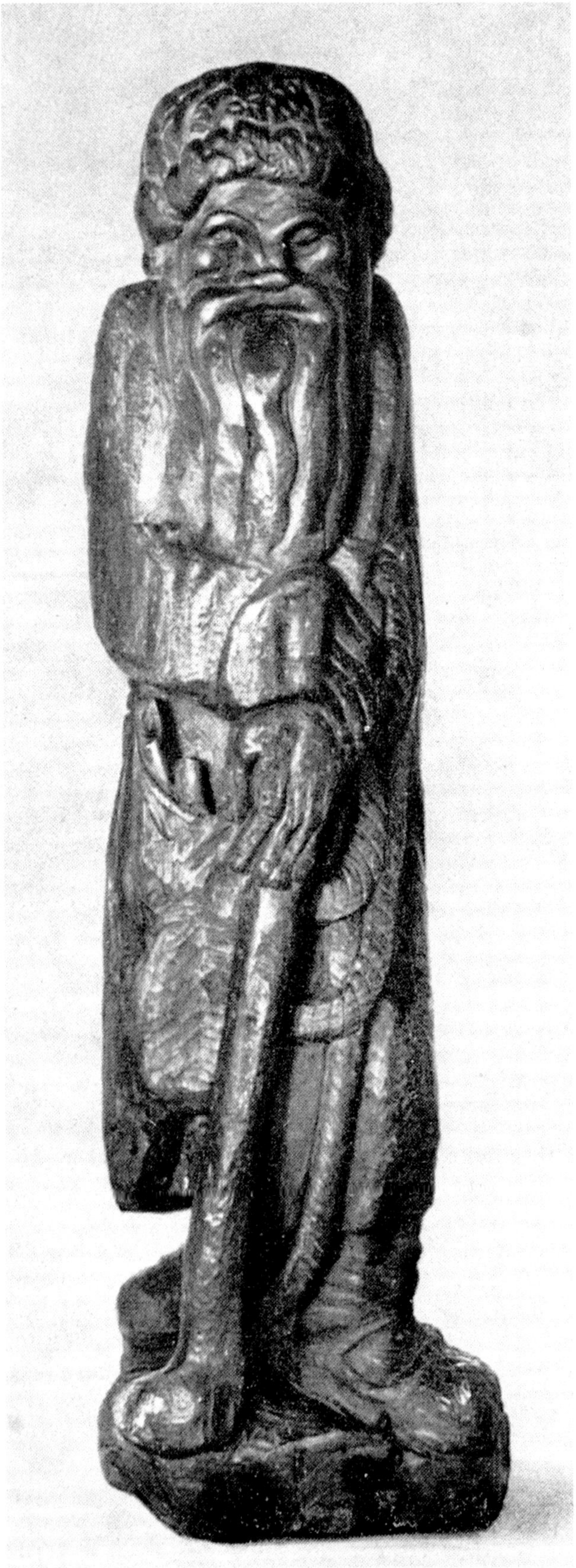

Cat. 263

Sergueï T. Konenkov, *Staritchok-Polevitchok (Petit Vieillard des champs)*, 1910,
bois, Moscou, galerie Tretiakov.

porte pour la bibliothèque de Tenicheva à Talachkino (cat. 518, p. 189). Les sculptures de Konenkov, ces « souches mal polies, parfois même avec des excroissances et l'écorce, respirent la vie mystérieuse. Le traitement de la surface est ici complètement préhistorique, comme s'il précédait toute culture... Ici il respecte la structure du bois, il n'y a pas d'arabesque compliquée, pas la joliesse d'un ornement. [...] Ses souches ne sont pas des "masques grotesques"comme dans le loubok primitif ; en elles vivent des forces naturelles, elles n'ont pas de style, mais du mythe[55] ». Par ailleurs, la voie empruntée par Konenkov[56] n'était pas celle des « rêveurs rétrospectifs » de la revue *Mir Iskousstva :* le passé lointain se transfigurait dans un imaginaire populaire intemporel, que Konenkov s'est plu à détailler : « Le monde fantastique était réel pour moi. La nuit, couché devant le feu [...] il me semblait que je voyais un vieillard devant moi. Mais à vrai dire ce n'était qu'une vieille souche.[...] c'est comme cela que, sorti de la forêt, mon "Staritchok-Polevitchok" s'est mis à parcourir les expositions en s'appuyant sur son bâton et qu'il est arrivé jusqu'à une salle de la galerie Tretiakov. Je l'avais aperçu dans mon enfance, dans le tronc de l'arbre, et il me souriait[57]. » Cette réminiscence magnifiée fut parfaitement appréciée par ses contemporains, ainsi Sergueï Malioutine écrivit au sculpteur : « Voilà quelle âme j'avais envie d'avoir et c'est celle que vous avez mise dans le billot[58] ». Apportant un témoignage de plus à l'une des fascinations qu'exerce la taille directe : « Commencer à tailler le bloc et avoir à dégager la sculpture qu'il contient[59] », partagée par Brancusi, Picasso ou Henry Moore. En 1917, Konenkov tailla un bois dont la mise en œuvre inspira durablement la sculpture soviétique jusqu'aux années 1970 : *les Pauvres* (Moscou, galerie Tretiakov), deux troncs équarris brutalement, dernières incarnations telluriques de la paysannerie russe à l'aube d'un nouvel âge. Un monument au rêve de Roerikh : « Ce n'est pas dans les capitales qu'il faut chercher la beauté, ni dans leurs musées ou dans leurs marchés d'art. Toute belle chose n'y est plus qu'un hôte de hasard. Dans ces sources, l'eau vive devient trouble, elle ne jaillit, inattendue et pure, que de la paix et du calme – du sein de la terre même[60]. »

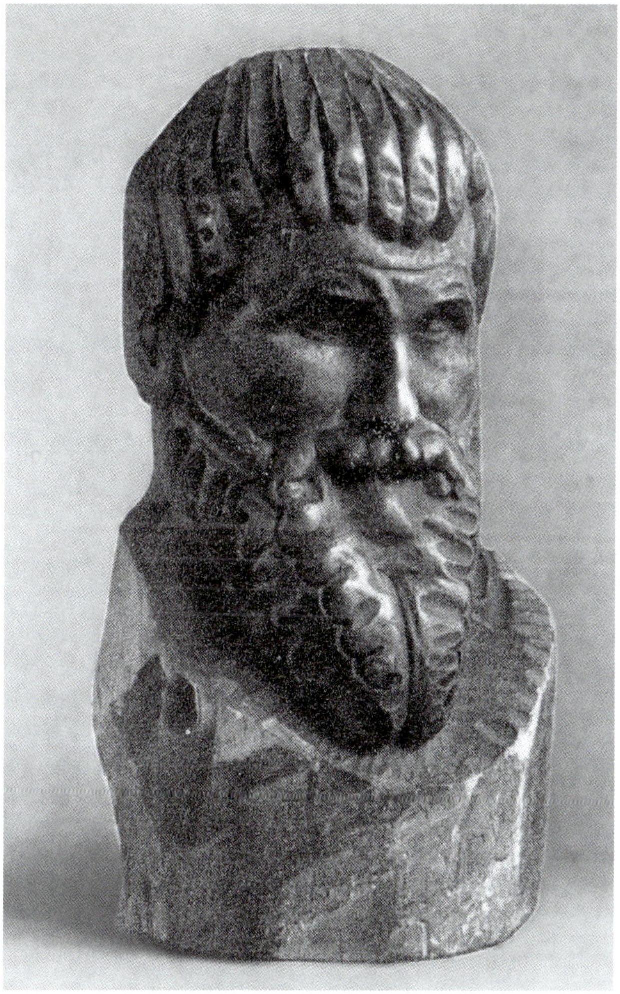

Cat. 261

Sergueï T. Konenkov, *Portrait du peintre V. I. Denissov*, 1909,
bois, Moscou, galerie Tretiakov.

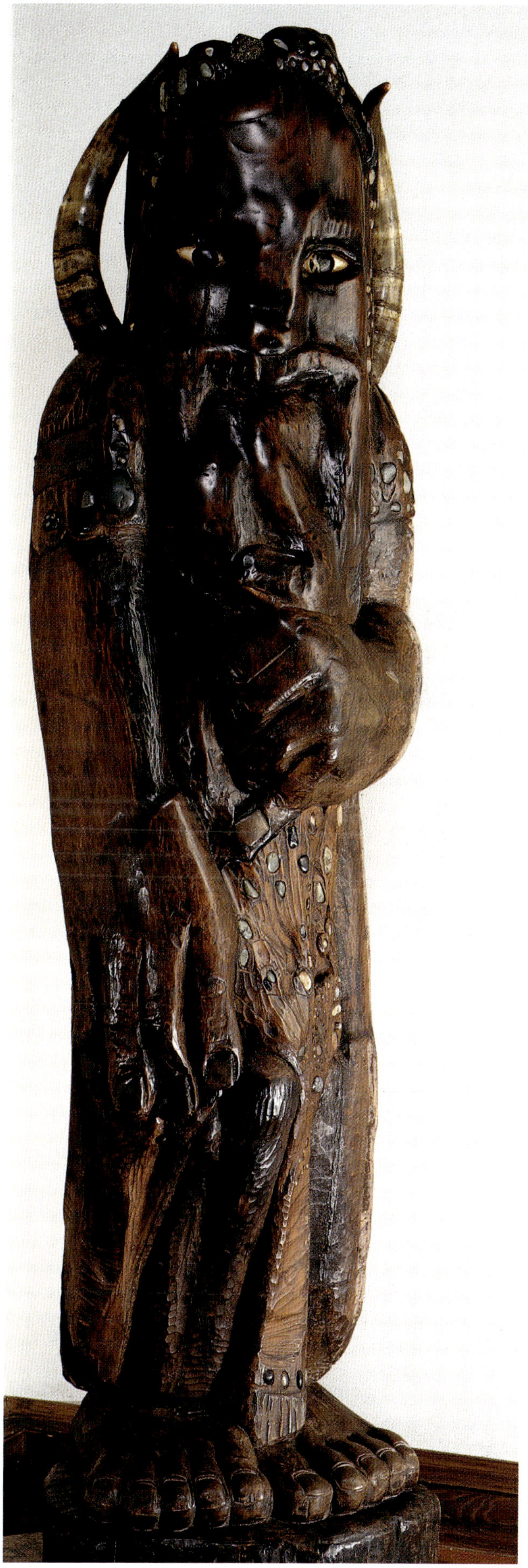

Cat. 262

Sergueï T. Konenkov, *Stribog* (divinité des anciens Slaves), 1910,
bois , incrustations de corne, pierres, cuivre et pyrite,
Moscou, galerie Tretiakov.

1. Makovsky, 1906, p. 36. Que Mme Renata Clavien-Moussina soit ici vivement remerciée pour les nombreuses traductions utilisées dans cet essai.
2. « La Vieille avide », conte populaire, dans *les Contes populaires russes réunis par Afanassiev,* 2000, p. 73.
3. Cité par Coquiot, 1914, p. 216.
4. Cité, sans sources, par M. L. Nejman, 1953-1969, vol. IX, chap. 2, 1965, p. 244.
5. Voir Paston, 2003, p. 42-43, 315.
6. Mojenok, 2003, p. 129-134.
7. Lors de son séjour à Paris en 1880, Elena Polenova visita aussi les ateliers de Deck.
8. Un bel exemple de *Tête de Christ* est conservé à Saint-Amand-en-Puisaye, au musée du Grès.
9. Il étudia à l'Académie impériale de Saint-Pétersbourg en 1865, puis fut à Paris l'élève d'Antoine-Louis Barye.
10. Sergueï Diaguilev, « Exposition en Allemagne », *Mir Iskousstva,* n° 8-9, 1901, p. 148-149. Diaguilev admire la quarantaine de sculptures de Carriès exposées à Dresde et regrette la rareté des expositions consacrées à cet artiste depuis 1895. Selon lui, Carriès est « un talent étrange, on entend un rire tragique de tous ses masques affreux mais aussi ils répandent de l'amour et de la tendresse... Il semble que le sculpteur trouve son repos en sculptant les têtes d'enfant. Je trouve tellement de don d'observation et du goût dans ses œuvres que je conseille d'apprendre beaucoup chez lui à plusieurs de nos "élèves de la nature". » Sont reproduits : p. 80, l'entrée de la salle consacrée à J. Carriès, à dr., *Religieuse souriante,* n° 1555, au-dessus de la porte, sept carreaux de la Porte monumentale, n° 1554 ; p. 81, *Religieuse ;* p. 82, *Masque de rire, Masque, Bébé endormi ;* p. 83, *Femme de Hollande ;* p. 84, *le Mineur* (Paris, musée d'Orsay, RF 4633) ; p. 85, *Vieux Cabotin ;* p. 86, *Bébé à la collerette, Religieuse, Jeune Fille à la tête penchée ;* p. 87, *l'Infante ;* p. 88, *Masque* (embase de vase), *Gourde au masque grimaçant.*
11. Mojenok, *op. cit.,* p. 134. Serguiev Possad et sa région étant plutôt réputés pour la création d'objets en bois sculpté, amenés à devenir la véritable spécialisation d'Abramtsevo jusqu'aux années 1920 (voir les essais de I. Plotnikova et S. Gorojanina).
12. Hors des musées spécialisés ou des grands musées, qui disposent pour beaucoup de vastes collections d'art populaire russe, il est possible d'admirer quelques beaux exemples de céramique traditionnelle au musée du domaine d'Abramtsevo même, dans la maison-musée de Vassily D. Polenov à Polenovo, et quelques restes de l'ensemble accumulé par la princesse Tenicheva à Smolensk, pillé pendant la Seconde Guerre mondiale.
13. Cité par Karpova, 2001, p. 56, n° 51.
14. Principalement à Abramtsevo, musée du domaine d'Abramtsevo ; Moscou, galerie Tretiakov, musée des Arts décoratifs et populaires, musée-atelier Viktor Vasnetsov ; Saint-Pétersbourg, Musée d'État russe, musée Stieglitz ; Smolensk, musée des Beaux-Arts. Voir Onoufrena, 1957, et l'ouvrage d'Arzoumanova, Lioubartovitch et Nachtchokina, 2000.
15. D'après la pièce d'Alexandre N. Ostrovsky.
16. Cité par Plotnikov, 1986, p. 115.
17. En 1896, Vroubel avait déjà travaillé autour du thème de Mikoula Selyanovitch, voir Solomatina, 2001, p. 12. Il existe au moins cinq exemplaires, tous différents, de cette cheminée, dont un fut présenté à l'Exposition universelle de 1900 : Moscou, galerie Tretiakov (cat. 484), musée des Arts décoratifs et populaires, musée-réserve de Kolomenskoïe ; Saint-Pétersbourg, Musée d'État russe ; et hôtel du marchand Barjanov à Saint-Pétersbourg (pour lequel Roerikh avait également réalisé un décor).
18. Vaouline, chimiste de formation, avait envoyé au Turkestan le peintre P. P. Maximov afin qu'il y étudie les céramiques anciennes pour le décor de la mosquée de Saint-Pétersbourg, voir Vitiazeva-Lebedeva, 2001. La céramique architecturale fut utilisée pour nombre de bâtiments moscovites : les frontons de l'hôtel *Métropole* à Moscou, la maison Pertsov à Moscou par Sergueï V. Malioutine, la gare de Iarosalvl par Fedor O. Chekhtel. Moins connues, des églises de paroisses vieilles-croyantes présentent également d'ambitieux décors céramiques, parfois réalisés par les ateliers d'Abramtsevo (église de Tezine, Vitchougi, architecte Ivan S. Kouznetsov).
19. Refusés par le commanditaire (Moscou, galerie Tretiakov, et Saint-Pétersbourg, Musée d'État Russe).
20. Karpova, 1996, p. 346.
21. Également sur des plâtres, comme le *Buste de Wanda Landowska,* 1906, plâtre peint, Moscou, galerie Tretiakov.
22. Moscou, musée des Arts décoratifs et populaires.
23. Makovsky, 1906, p. 36.
24. Konenkov, 1958, p. 25.
25. Makovsky, *op. cit., loc. cit.*
26. Tardieu, 13 mai 1895, p. 2.
27. Dagen, 1998, p. 69.
28. Lettre publiée dans *Mir Iskousstva,* n° 10, 1899, citée par Lapchina, 1977, p. 57.
29. Le Normand-Romain, « Taille directe », cat. exp. Paris, 1986, p. 124.
30. Une première fois dans le n° 7-9 de septembre 1908 : le compte rendu du Salon de la Toison d'or, mentionne par ailleurs des œuvres de Claudel, Niederhausen-Rodo, Hoetger, Bourdelle, Maillol et Rodin. Les bois de Gauguin sont reproduits dans le n° 1, janvier 1909, « Statuaire de Paul Gauguin », 15 reproductions, p. 5-14, des extraits de Noa-Noa, p. II-VII. Dans le n° 7-8-9, juillet-août-septembre 1909, puis dans le n° 10 paraissent deux articles de Charles Morice consacrés au « Statuaire Paul Gauguin », début p. 47-52 ; Charles Morice, « Le statuaire Paul Gauguin », fin p. 132-135.
31. Makovsky, *op. cit., loc. cit.*
32. Goloubkina, 1983, p. 130.
33. Lettre d'Auguste Rodin à Jean-Paul Laurens, s. d., collection particulière. Merci à Anne Pingeot de nous l'avoir signalée.
34. Stassov, 2 février 1901, p. 385-389.
35. Maria K. Tenicheva, citée par Jouravleva, 1994, p. 133.
36. Imprégnés de nationalisme ou de mysticisme, ces sculptures sont admirées aussi pour leurs dimensions, telle *la Bohème d'aujourd'hui* (bois, Vienne, 1898, reproduit dans la revue *Art et Décoration,* juillet 1898, p. 37) : « ... deux énormes pièces de bois sculptées, de formidables racines et troncs de chêne d'une seule pièce bons à supporter l'enclume où Siegfried forge son épée » (Ritter, 2d semestre 1898, p. 41).
37. Cité par Coquiot, *op. cit.,* p. 231-236.
38. Radlov, 1913, p. 24.
39. Lettre à sa sœur, été de 1904, citée par Galina, « Goloubkina à Paris », cat. exp. Moscou, 2004, p. 30.
40. Cité par Frère, 1956, p. 101.
41. Krasnikova (dir.), cat. exp. Moscou 2004, p. 109.
42. Makovsky, cité par Karpova, *op. cit.,* p. 148, n° 161.
43. Cité par Ursel Berger dans le cat. exp. Lausanne, 1996, p. 188.
44. Lettre à sa sœur, 1912, Goloubkina, 1983, p. 83.
45. « Pour la figure masculine je travaillai 12 jours, pour la figure féminine 9 jours. Ce jour-là elle parla beaucoup avec moi : – J'ai appris à tailler le marbre à Paris, chez des marbriers. Parfois c'était difficile... Un jour... elle a crié devant mon travail : – Que faites-vous ? Je vous ai dit de mettre l'aiguille perpendiculairement et vous qu'est-ce que vous faites ? – Mais je ne fais qu'ébaucher... » (Goloubkina, *op. cit.,* p. 244-247).
46. Goloubkina, *op. cit.,* p. 130.
47. Gauguin, 1988, p. 57-59.
48. Konenkov, 1984-1985, p. 130-131.
49. Idem, *op. cit.,* p. 132-133.
50. Levinson, 1916, n° 1, p. 13-14.
51. Rostislavov, 1912, p. 7.
52. Arkine, 1961, p. 149-150.
53. Malioutine met en œuvre des procédés similaires d'incrustation de cailloux anodins en apparence pour les plus belles réussites des ateliers de Talachkino (cat. 313).
54. Levinson, *op. cit., loc. cit.*
55. Idem, *op. cit., loc. cit.*
56. Après un voyage en Grèce en 1912, cette inspiration cède la place (rare résurgence, un buste d'esprit goloubkinien, portrait de la conteuse de bylines Maria D. Krivolpolenkova, 1916, Moscou, galerie Tretiakov) à des figures inspirées à la fois d'une réinterprétation assez déroutante de l'Antiquité (*Ailée,* 1913, bois, Moscou, galerie Tretiakov).
57. Konenkov, 1958, p. 26.
58. Idem, 1984-1985, *loc. cit.*
59. Moore, cité dans *Henry Moore on sculpture,* 1966, p. 135.
60. Roerikh, « Souvenir d'un voyage à Talachkino », préface à *Talachkino...,* op. cit., p. 10.

Légende : cat. 494, détail.

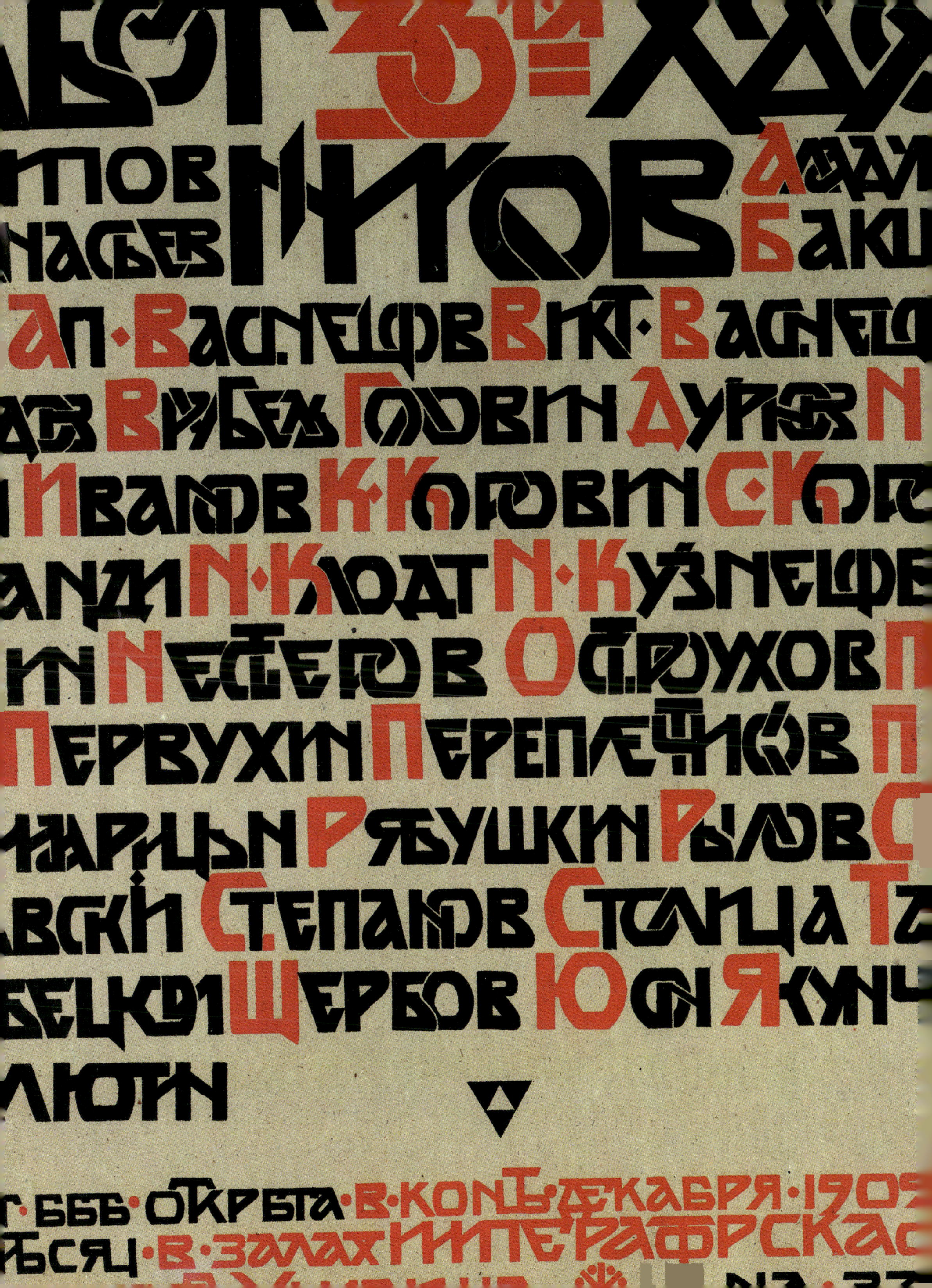
33-й
НИКОВ
АП · ВАСНЕЦОВ ВИКТ · ВАСНЕЦОВ
ВРУБЕЛЬ ГОЛОВИН ДУРНОВ
ИВАНОВ К · КОРОВИН С · КОРОВИН
Н · КЛОДТ Н · КУЗНЕЦОВ
НЕСТЕРОВ ОСТРОУХОВ
ПЕРВУХИН ПЕРЕПЛЕТЧИКОВ
РЯБУШКИН РЫЛОВ
СТЕПАНОВ СТОЛИЦА
ЩЕРБОВ ЮОН
ЛЮТИН
ОТКРЫТА · В · КОНЦѢ · ДЕКАБРЯ
В · ЗАЛАХ

Annexe

L'Académie des arts, les sociétés d'artistes et leurs expositions, les musées d'art russe

Tatiana Karpova

traduit du russe par Nadine Dubourvieux

L'Académie impériale des arts (Saint-Pétersbourg) fut créée par un décret du Sénat, de 1757, sous le règne de l'impératrice Elizaveta Petrovna, fille de Pierre Ier. Elle ferma sur ordre du Sovnarkom (commissariat du peuple), en 1918, après cent soixante ans d'existence. Sa création coïncidait avec l'expansion des idées d'une mission civilisatrice de l'État et le renforcement de sa structure. L'Académie russe, tout comme ses homologues européens, tenait du gouvernement le monopole de l'éducation artistique, de l'organisation des expositions, de la réalisation et de la répartition des grosses commandes, de l'évaluation et de la rétribution du travail des artistes. Elle devait en retour soutenir le pouvoir en place et contribuer à son prestige en mettant tous les arts plastiques à son service.

En 1757, un projet de charte de l'Académie fut mis au point par le comte Ivan I. Chouvalov et Mikhaïl V. Lomonossov. Chouvalov, lui-même collectionneur et protecteur des arts, partisan des idées civilisatrices et ami proche de l'impératrice, fut considéré comme l'instigateur de la création de l'Académie impériale des arts, dont il fut le premier président. Sa collection personnelle servit de point de départ au musée et à la bibliothèque. Les membres de l'Académie fréquentaient les classes d'architecture, de peinture et de sculpture, ils s'exerçaient au modelage et à la gravure, étudiaient l'anatomie et le dessin. L'Académie des arts recrutait ses élèves exclusivement dans les catégories les moins élevées de la société, elle était fréquentée par des fils de soldats et de petits bourgeois, de prêtres, de paysans et d'artisans. Dès les premières promotions apparurent de véritables « vedettes » : l'architecte Vassily I. Bajenov, le peintre Anton P. Lossenko. Catherine II avait signé une Charte de l'Académie impériale des trois plus illustres arts qui définissait avec précision la structure et l'organisation de l'enseignement.

L'académicien qui avait suivi tout l'enseignement et s'était soumis aux examens dans sa spécialité obtenait un diplôme de « peintre classé », de premier, deuxième ou troisième degré. Les meilleurs éléments, en fin d'études, partaient pour un séjour de cinq ou de six années à l'étranger aux frais de l'État. Si, au XVIIIe siècle et dans la première moitié du XIXe, les meilleurs élèves étaient généralement envoyés en Italie, dans la seconde moitié du XIXe siècle, le panorama s'élargit et les peintres paysagistes commencèrent à fréquenter l'Allemagne, Düsseldorf, la Suisse, pour étudier auprès de A. Calame, tandis que les peintres de genre et les peintres d'histoire choisissaient Paris. En fonction de ses travaux, l'artiste pouvait obtenir le titre d'académicien ou celui, plus important, de professeur.

Pour couronner leur parcours à l'Académie, les étudiants devaient réaliser un « programme », comme était alors appelé le diplôme d'études supérieures. Celui-ci permettait de démontrer sa maîtrise en matière de composition, de dessin, de coloris, d'arts plastiques et de projet d'architecture. Les travaux ayant obtenu de grandes médailles d'or, les comptes rendus des pensionnaires, de même que ceux qui avaient été exécutés pour postuler le titre d'académicien ou de professeur restaient à l'Académie comme de brillants exemples à suivre. Ces œuvres furent le point de départ du musée de l'Académie des arts. En 1896, la partie la plus précieuse de la collection du musée de l'Académie fut transférée au nouveau musée d'art russe de Saint-Pétersbourg, le musée Alexandre-III (actuel Musée d'État russe).

Parallèlement à l'Académie s'organisa dans la capitale du nord une Société d'encouragement des arts (1820-1829), qui lui était étroitement liée. La Société avait été fondée à Saint-Pétersbourg sur l'initiative de mécènes et amateurs d'art : le prince Ivan A. Gagarine, Piotr A. Kikine, le comte A. I. Dmitriev-Mamonov. La plus grande partie de son contingent était formée d'aristocrates éclairés, de mécènes, d'hommes d'État et de gens de lettres. La Société d'encouragement des arts jouissait de la protection de la famille impériale, qui lui assurait sa contribution et ses subventions. C'est à ses frais que Karl P. Brullov, Alexandre A. Ivanov, Grigory et Nikanor G. Tchernetsovy et quelques autres se rendirent en Europe pour poursuivre leur formation artistique.

À partir de 1823, la Société subventionna *la Revue des beaux-arts*, dirigée par Vassily I. Grigorovitch, puis, entre 1836 et 1839, *la Gazette des arts*, dirigée par Nestor V. Koukolnik. Entre 1898 et 1901 parut, sous l'égide de la Société d'encouragement des arts, la revue *Art et production artistique* (rédacteur en chef Nikolaï P. Sobko) et entre 1901 et 1908, la revue *Trésors artistiques de la Russie* (rédacteur en chef Alexandre N. Benois). Ces publications jouaient un rôle important dans la vie artistique russe.

Seul organe de contrôle de l'État sur l'art, l'Académie n'eut longtemps à redouter aucune concurrence. Toute manifestation artistique n'émanant pas d'elle mais ayant reçu l'assentiment du public était rétrospectivement mise à son crédit. Ainsi les mérites d'Alexeï G. Venetsianov, Vassily A. Tropinine et Pavel A. Fedotov ou les succès de l'école moscovite en la personne de Vassily G. Perov, Alexeï K. Savrassov ou Ilarion M. Prianichnikov furent attribués à l'Académie. Une série d'événements entamèrent toutefois son monopole dans la seconde moitié du XIXe siècle.

En 1863, quatorze élèves de l'Académie refusèrent d'exécuter le programme proposé pour la médaille d'or (un sujet tiré de la mythologie scandinave *Festin au Walhalla*). L'acte était courageux et plein d'audace : les protestataires s'exposaient à la suppression de bien des avantages, en particulier du séjour à l'étranger et du droit d'occuper les ateliers de l'Académie. Cet événement, connu comme la Révolte des 14, servi de détonateur à la création, la même année, à Saint-Pétersbourg, de l'Artel des artistes, dirigé par Ivan N. Kramskoï, première association d'artistes en Russie à ne pas être sous la tutelle de l'Académie. L'Artel était organisé comme une communauté. Les artistes avaient aménagé avec leurs familles dans un vaste appartement, une caisse et une organisation de vie communes avaient été mises en place. L'Artel répondait aux commandes d'images pour les églises et de portraits, et passait même de petites annonces dans les journaux.

Vers la fin des années 1860, la structure de l'Artel était à bout de souffle, les idéaux au nom desquels avait eu lieu la rupture avec l'Académie avaient perdu de leur signification et la pratique artistique des membres de l'Artel se bornait à honorer les commandes alimentaires. De plus, le mode de vie en commun des artistes se révélait une utopie : les épouses commençaient à se quereller, la joyeuse atmosphère de vie et de travail collectifs s'éteignait.

En 1870, une association d'artistes alternative fut créée : la Société des expositions artistiques ambulantes (1870-1922), beaucoup plus complexe dans sa structure et plus importante par sa problématique et ses objectifs que l'Artel. Sa première exposition eut lieu en 1871. Il n'est pas exagéré de dire que les plus grandes réussites artistiques russes de la seconde moitié du XIXe siècle sont indissociables de l'histoire de ce groupe, qui organisait de manière totalement indépendante de l'Académie des arts des manifestations possédant leur propre contenu idéologique. Son activité consistait à monter des expositions artistiques qui devaient ensuite tourner dans les différentes villes de Russie. Outre Moscou et Saint-Pétersbourg, les expositions ambulantes avaient lieu à Orel, Kiev, Kharkov, Kichinev, Odessa, Varsovie, entre autres. Il s'agissait de promouvoir la nouvelle tendance réaliste et de rapprocher l'art d'un plus vaste public.

Les changements en matière de collection eurent un rôle déterminant dans le soutien de l'art « démocratique » russe. Si collectionner revenait naguère à l'aristocratie, une pléiade de collectionneurs apparaissait maintenant parmi les roturiers et marchands cultivés. On peut citer Kosma T. Soldatenkov, Dmitri P. Botkine, Ivan E. Tsvetkov, dont les collections, après la révolution de 1917, s'ajoutèrent à celles de la galerie Tretiakov et de toute une série d'autres musées. Les nouveaux collectionneurs donnaient la préférence à la peinture contemporaine de leur pays. Parmi ces collectionneurs d'un nouveau type, un mérite particulier revient à P. M. Tretiakov, qui fonda la première galerie publique d'art national en Russie. Il avait acquis en 1856 les premières œuvres d'artistes russes qui constituèrent le cœur de sa collection. Tretiakov concentrait ses efforts autour de l'acquisition d'œuvres de tendance réaliste, démocratique, ambulants avant tout. Ilia E. Repine écrivait que Tretiakov avait « porté [...] tout seul, sur ses propres épaules, la question de l'existence de toute une école russe de peinture ». Malgré le nombre d'années de fonctionnement du musée, au cours desquelles le volume des collections fut multiplié par dizaines, les acquisitions de Tretiakov demeurent le noyau le plus précieux de la collection du musée.

Après la peinture qui lui était contemporaine, Tretiakov élargit rapidement sa collection à la peinture des XVIIIe et XIXe siècles, puis à l'art russe ancien : aux icônes. L'école russe de peinture pouvait ainsi être présentée dans son développement historique. Au début des années 1880, la collection de Tretiakov acquit le statut de véritable musée, ouvert à tous ceux qui le souhaitaient.

Le XIXe siècle a été placé en Russie sous le signe de l'idée de nation. Des musées d'art russe furent créés, les plus prestigieux d'entre eux (la galerie Tretiakov, à Moscou, et le Musée russe de Saint-Pétersbourg) afin d'entériner l'existence d'une école de peinture nationale russe et de l'exposer. L'intérêt pour l'histoire et la vie quotidienne de la nation amenèrent par la suite à collectionner les objets anciens, l'art populaire : costume, ustensiles... Ces collections furent le point de départ du musée d'Histoire de Moscou, fondé en 1872, ouvert en 1883.

Vers la fin du XIXe siècle, la direction de l'Académie percevait clairement la nécessité d'une réforme. En 1893, une nouvelle charte de l'établissement fut établie : l'instance directrice, le conseil de l'Académie, ne dirigeait plus désormais que la politique artistique. Quant à l'enseignement proprement dit, il fut confié à l'École supérieure de peinture, sculpture et architecture, au sein de laquelle furent ouverts des ateliers ayant chacun à leur tête un professeur-directeur. L'année de la réforme, un grand nombre d'anciens adversaires de l'Académie y furent admis comme membres actifs, et parmi eux les très essentiels peintres ambulants, Repine, Vassily I. Sourikov, Ivan I. Chichkine, Vladimir E. Makovsky, Vassily D. Polenov. Le temps des illusions ne dura toutefois pas très longtemps : le 9 janvier 1905, le président de l'Académie des arts, le grand-prince Vladimir Alexandrovitch – il était le chef de la garnison de Saint-Pétersbourg – donna l'ordre de tirer sur la manifestation pacifique de Saint-Pétersbourg (pour cette raison le peintre Valentin Serov démissionna de l'Académie). Par un décret de 1918, l'Académie impériale fut supprimée.

Dans le sillage de l'Académie des arts de Saint-Pétersbourg, Moscou, l'ancienne capitale de l'empire, avait créé son propre centre de formation de futurs artistes, l'École de peinture et de sculpture de Moscou (devenue dès 1866, École de peinture, de sculpture et d'architecture). L'un des instigateurs de ce projet était Egor I. Makovsky, le père des célèbres peintres Konstantin et Vladimir Makovsky. L'École était financée par la Société artistique de Moscou, qui comptait des mécènes moscovites, dont le prince Dmitri Golitsyne.

Bien que l'initiative de créer une institution moscovite ait été prise indépendamment de l'Académie des arts, l'École de peinture et de sculpture avait été, dès l'origine, modelée par l'influence de personnalités issues de l'Académie et le système de formation académique restait son point de repère. Jusqu'au milieu des années 1860, ses élèves dépendaient d'ailleurs de manière formelle de l'Académie, dans la mesure où ils ne pouvaient obtenir que par son intermédiaire récompenses et titre d'artiste. La réalité de la situation et les conditions de travail de l'École créaient toutefois un obstacle sérieux à la pérennité des traditions académiques. L'absence de base solide, de manuels de qualité et de modèles empêchait les grands genres académiques, surtout le genre historique, de s'imposer au sein de l'École. Ainsi, par la force des choses, la scène de genre, le portrait et le paysage occupèrent la première place dans le travail des élèves.

Si la pédagogie de l'Académie des arts de Saint-Pétersbourg s'était toujours appuyée sur les principes du classicisme, la pratique pédagogique de l'École de Moscou tendait vers le réalisme. L'école pétersbourgeoise était donc guettée par la tentation du formalisme académique tandis que celle de Moscou risquait de tomber dans le naturalisme et la peinture de genre, sociale et systématique.

Le « facteur moscovite » commença à peser de manière prépondérante sur l'art russe au cours de la seconde moitié du XIXe siècle. La « tendance artistique de Moscou » se trouvait en effet confirmée par l'œuvre du Sibérien de formation académique Sourikov, qui s'était installé à Moscou, par l'activité polymorphe du cercle d'Abramtsevo, par les peintres de genre du cercle des ambulants et les succès de l'école paysagiste de Savrassov. L'École de peinture, de sculpture et d'architecture de Moscou acquit une autorité indiscutable aux yeux des nouvelles générations d'étudiants lorsque vinrent y enseigner Polenov, puis Apollinary M. Vasnetsov, Arkhipov et Pasternak, Korovine et Sergueï V. Malioutine, Sergueï V. Ivanov, Valentin A. Serov. Vers la fin du siècle, la « peinture moscovite » (ou « école de Moscou ») donnait déjà tous les signes d'un courant indépendant. Les chefs de file de l'école de Moscou étaient les peintres Savrassov, Perov, Makovsky, Ilarion M. Prianichnikov. Malgré la diversité des expressions individuelles, on pouvait relever certains points communs : le goût du modèle, de la perception directe et sensuelle des formes, la délicatesse pour l'élément pictural et la transcription en couleurs des impressions visuelles. Tout cela était particulièrement évident dans l'œuvre des membres de l'Union des artistes russes (1903-1924), dont le noyau était formé d'artistes liés à l'École de Moscou : Korovine, Arkhipov, Ivanov, Mikhaïl V. Nesterov, Pasternak et d'autres.

Dans les années 1860, la Société artistique de Moscou n'avait plus un rôle moteur pour l'organisation de l'École et n'était plus le noyau dur d'un cercle d'amateurs d'art. Et bien qu'elle ait continué de fonctionner, le relais fut désormais pris par la Société moscovite des amateurs d'art (1860-1918). Celle-ci organisait des expositions d'artistes russes et européens, ainsi que des concours qui lui permettaient de décerner des prix.

Le Premier Congrès des artistes et amateurs d'art (1894), organisé en relation avec la donation faite par Tretiakov à la ville de Moscou en 1892, fut le principal événement dans la vie de la Société. Première expérience d'échange d'idées en matière d'art et d'éducation artistique, le congrès eut beaucoup d'importance pour l'histoire de l'art russe au début du XXe siècle.

Les notices ont été traduites par
Nadine Dubourvieux, Bernard Kreise, Anne-Marie Passaret-Olive.

Avertissement :
les dimensions des œuvres sont données en cm.

Liste des abréviations :
AG : Moscou, Association du Goznak
BAD : Paris, Bibliothèque des Arts décoratifs
BER Moscou : Moscou, Bibliothèque d'État russe
BNR Saint-Pétersbourg : Saint-Pétersbourg, Bibliothèque nationale de Russie
GT : Galerie Tretiakov
INHA : Paris, bibliothèque de l'Institut national d'histoire de l'art
MER : Saint-Pétersbourg, musée ethnographique russe
MNASP : Musée national A.S. Pouchkine
MNH : Moscou, musée national d'Histoire
MR : Saint-Pétersbourg, musée d'État russe
MRADP : Moscou, musée russe des Arts décoratifs et populaires
MRDA : Abramtsevo, musée-réserve du domaine d'Abramtsevo
MSP : Musée Serguiev Possad

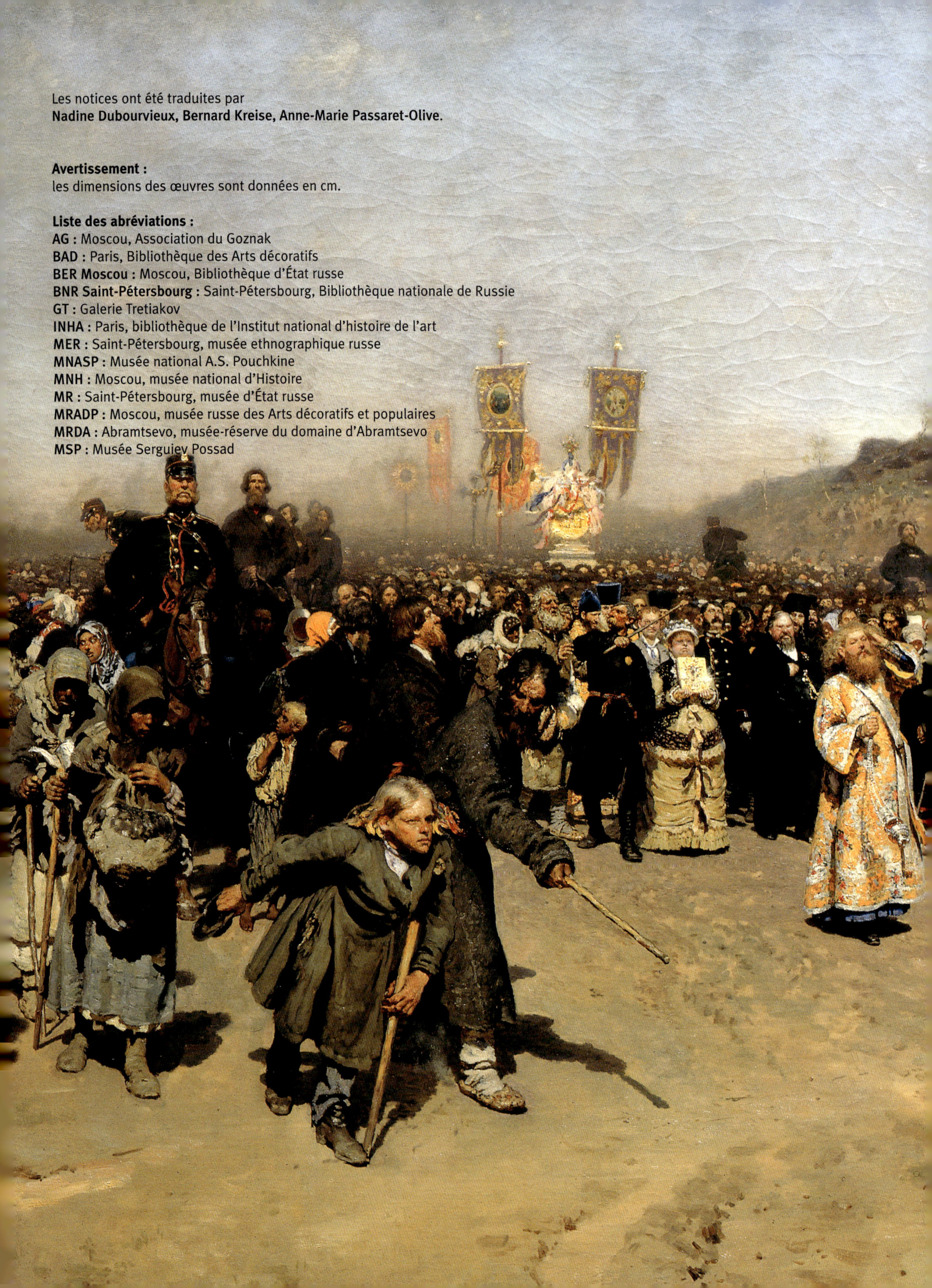

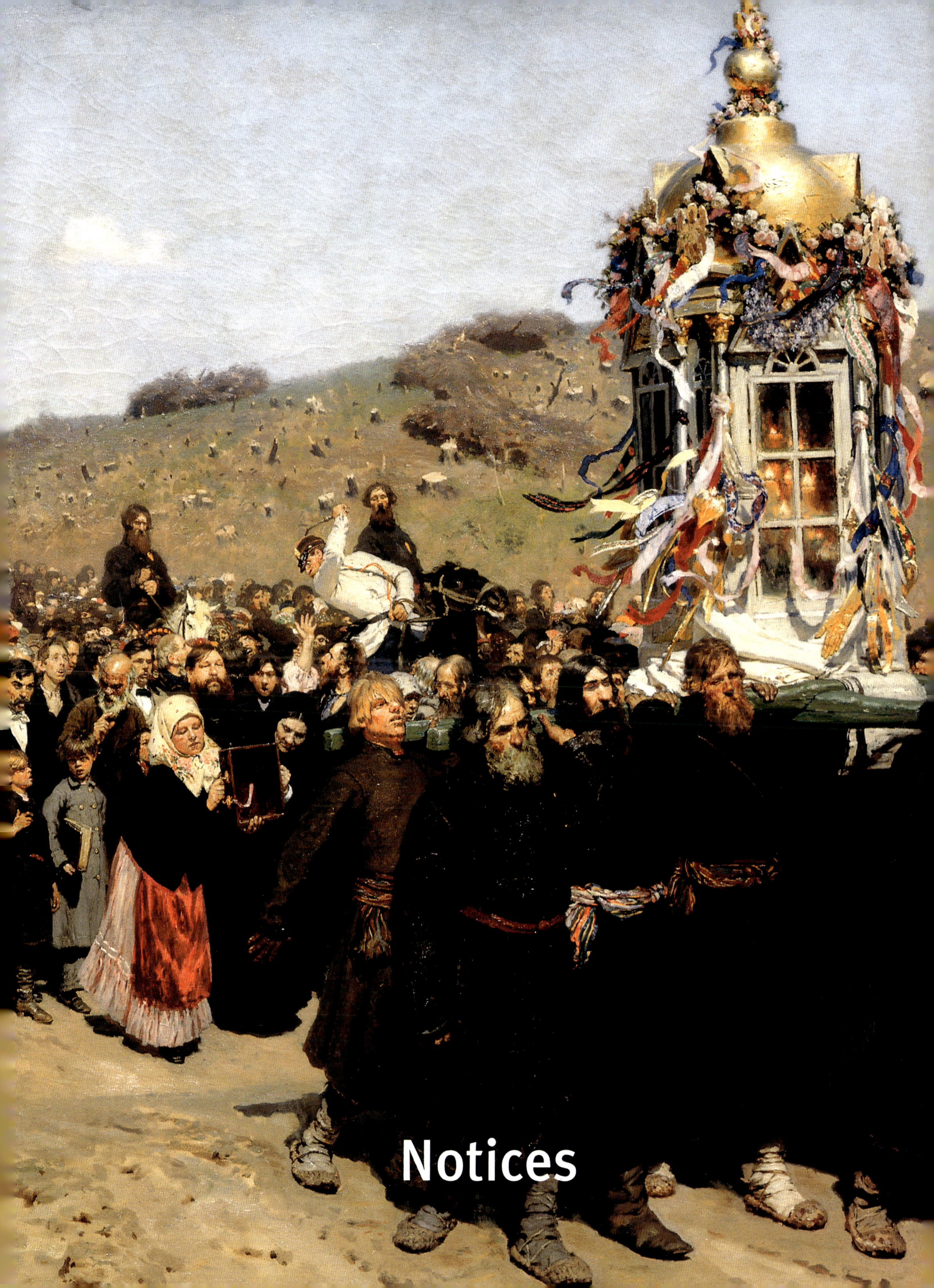

Notices

ALASSINE NIKANDRE M.
Actif à Moscou dans les années 1860

Cat. 1, repr. p. 112
Alassine Nikandre M.
Grigory Alexeev de profil, paysan de Golovino

De l'album *les Russes* d'Anatole Bogdanov et Mathias Zikov
1867
Épreuve sur papier albuminé d'après un négatif verre au collodion
44,0 x 29,0
Paris, Muséum national d'histoire naturelle, bibliothèque centrale, inv. MNHN PH K 20
Historique : don de la Société impériale des amis de la nature, d'anthropologie et d'ethnographie de Moscou, section d'anthropologie au département d'anthropologie du Muséum national d'histoire naturelle de Paris, 1868.

En 1868, la Société impériale des amis de la nature, d'anthropologie et d'ethnographie de Moscou envoie au Muséum national d'histoire naturelle de Paris un *Album anthropologique, les Russes,* où sont rassemblées, sous l'égide d'Anatole Bogdanov, professeur de zoologie à l'université impériale de Moscou, et de Mathias Zikov, secrétaire de la section de photographique de la Société impériale des amis de la nature, des photographies d'Alassine présentées à l'exposition ethnographique de Moscou de 1867 ainsi que des photographies de la présentation de cette exposition. Nikandre M. Alassine avait ouvert à Moscou, dans les années 1860, un atelier de photographie très justement nommé *La Photographie russe.*
Dominique de Font-Réaulx

Cat. 2
Alassine Nikandre M.
Mikhaïl Timiev (quatorze ans)

De l'album *les Russes* d'Anatole Bogdanov et Mathias Zikov
1867
Épreuve sur papier albuminé d'après un négatif verre au collodion
44,0 x 29,0
Paris, Muséum national d'histoire naturelle, bibliothèque centrale, inv. MNHN PH K 21
Historique : don de la Société impériale des amis de la nature, d'anthropologie et d'ethnographie de Moscou, section d'anthropologie au département d'anthropologie du Muséum national d'histoire naturelle de Paris, 1868.
Dominique de Font-Réaulx

Cat. 3
Alassine Nikandre M.
Sergueï Ertchov (quarante-sept ans)

De l'album *les Russes* d'Anatole Bogdanov et Mathias Zikov
1867
Épreuve sur papier albuminé d'après un négatif verre au collodion
44,0 x 29,0
Paris, Muséum national d'histoire naturelle, bibliothèque centrale, inv. MNHN PH K 38
Historique : don de la Société impériale des amis de la nature, d'anthropologie et d'ethnographie de Moscou, section d'anthropologie au département d'anthropologie du Muséum national d'histoire naturelle de Paris, 1868.
Dominique de Font-Réaulx

Cat. 4
Alassine Nikandre M.
Vue de l'Exposition ethnographique de Moscou, 1867

De l'album *les Russes* d'Anatole Bogdanov et Mathias Zikov
1867
Épreuve sur papier albuminé d'après un négatif verre au collodion
44,0 x 29,0
Paris, Muséum national d'histoire naturelle, bibliothèque centrale, inv. MNHN PH K 41
Historique : don de la Société impériale des amis de la nature, d'anthropologie et d'ethnographie de Moscou, section d'anthropologie au département d'anthropologie du Muséum national d'histoire naturelle de Paris, 1868.
Dominique de Font-Réaulx

Cat. 5
Alassine Nikandre M.
Vue de l'Exposition ethnographique de Moscou, 1867

De l'album *les Russes* d'Anatole Bogdanov et Mathias Zikov
1867
Épreuve sur papier albuminé d'après un négatif verre au collodion
44,0 x 29,0
Paris, Muséum national d'histoire naturelle, bibliothèque centrale, inv. MNHN PH K 47
Historique : don de la Société impériale des amis de la nature, d'anthropologie et d'ethnographie de Moscou, section d'anthropologie au département d'anthropologie du Muséum national d'histoire naturelle de Paris, 1868.
Dominique de Font-Réaulx

ALBRECHT KARL-JULIUS
Né en 1836 – après 1908 ?
Propriétaire d'un atelier et à partir de 1881 d'une fabrique d'orfèvrerie ; fournisseur de la cour impériale de Russie au cours des années 1880 ; connu jusqu'en 1908

Cat. 6, repr. p. 22
Albrecht Karl-Julius
Salière

Saint-Pétersbourg, 1882
Argent doré, émaillé et ciselé
11,3 x 5,6 x 5,8
Inscription : proverbes, *KHLEBA KRAÏ I POD ELIOU RAÏ ; BEZ SOLI I KHLEBA KHOUDAÏA BESSEDA ; KHLEB SOLECH PRAVDOU PE*

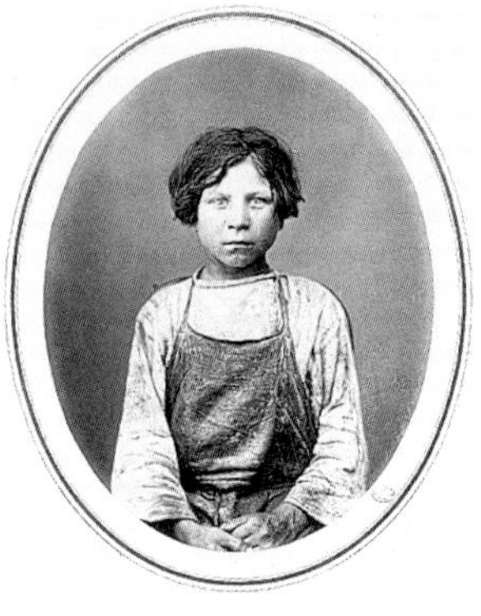
Cat. 2

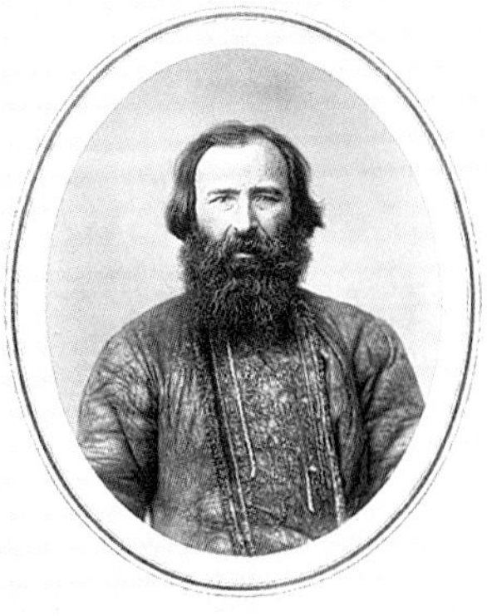
Cat. 3

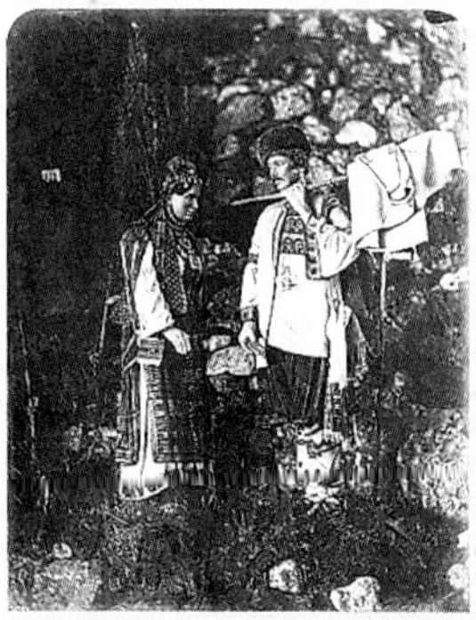
Cat. 4

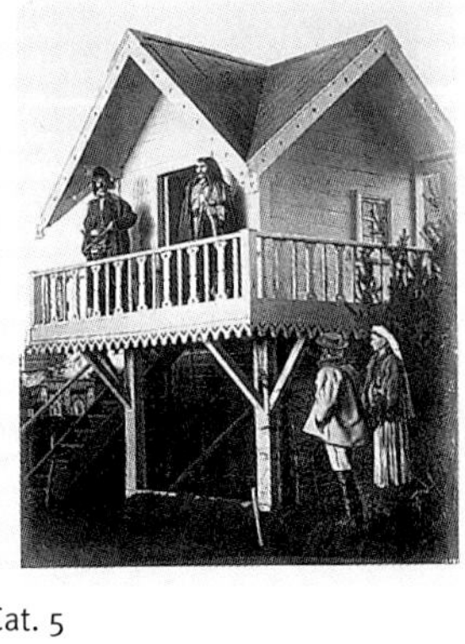
Cat. 5

Poinçons : *84 A* /armoiries de Saint-Pétersbourg / *1882, KA,* 84 armoiries de Saint-Pétersbourg ; *MMD, R,* poinçons de garantie de Moscou 1927-1945 sous deux formes (tardifs, restaurés)
Moscou, musée national d'Histoire, inv. 83589 OK 14143
HISTORIQUE : reçu de l'hôtel de la Monnaie de Moscou en 1952.
EXPOSITIONS : 1991, Italie ; 1992, Australie ; 1993, Paris ; 2000, Atlantic City.

Cette salière en forme de petite chaise-salière paysanne en bois, comme nombre de salières en argent du « rousskiï stil », est ornée de proverbes populaires.
MNH

ALEXANDROV
Actif à Moscou à partir de 1880

Cat. 7
Alexandrov
Kolomienskoïe, église de l'Ascension, édifiée en 1532

Vers 1890
Épreuve sur papier albuminé
28,5 x 22,5 (épreuve) ; 50,0 x 35,0 (support)
Moscou, Musée national d'architecture Chtchoussev, inv. PXI7677

Le village de Kolomienskoïe a été fondé par les habitants de Kolomna qui s'étaient réfugiés près de Moscou après le sac de leur ville par les Tatars en 1237. Il est mentionné la première fois dans le premier tiers du XIVe siècle comme possession du grand prince moscovite Ivan Kalita. Il demeura comme possession de la famille régnante. Les premiers tsars Romanov, Mikhaïl et Alexeï, y étaient très attachés. L'église de l'Ascension est la construction la plus ancienne préservée de Kolomienskoïe. Elle a sans doute été érigée à l'occasion du baptême du fils de Vassily III, le futur Ivan IV le Terrible. C'est avec elle qu'apparaît l'église à *chatior,* la forme la plus originale de l'architecture religieuse russe, dont s'inspirèrent à la fin du XIXe siècle les architectes désireux de retrouver un style national.
DOMINIQUE DE FONT-RÉAULX

Cat. 8
Alexandrov
Moscou, Saint-Basile

Vers 1890
Épreuve sur papier albuminé
28,0 x 22,5 (épreuve) ; 35,0 x 50,0 (support)
Moscou, musée national d'architecture Chtchoussev, inv. PXI7672
DOMINIQUE DE FONT-RÉAULX

Cat. 9
Alexandrov
Moscou, vue aérienne de la Moskova

Vers 1890
Épreuve sur papier albuminé
22,6 x 29 (épreuve) ; 35 x 50 (support)
Moscou, musée national d'architecture Chtchoussev, inv. PXI7658
DOMINIQUE DE FONT-RÉAULX

Cat. 10
Alexandrov
Moscou, vue du Kremlin en hiver

Vers 1890
Épreuve sur papier albuminé
22,0 x 29,0 (épreuve) ; 35,0 x 50,0 (support)
Moscou, musée national d'architecture Chtchoussev, inv. PXI7659
DOMINIQUE DE FONT-RÉAULX

Cat. 11
Alexandrov
Moscou, vue intérieure des Galeries marchandes supérieures

1892
Épreuve sur papier albuminé
28,5 x 22,8 (épreuve) ; 35,0 x 50,0 (support)
Moscou, musée national d'architecture Chtchoussev, inv. PXI7668

Les Galeries marchandes supérieures, appelées GOUM à l'époque soviétique, ont été construites par A. N. Pomerantsev de 1889 à 1892 sur la partie orientale de la place Rouge ; elles s'inspirent de l'architecture russe du XVIIe siècle. L'usage d'une large couverture métallique, conçue par l'ingénieur V. G. Choukhov avait frappé, à l'époque, les contemporains par son audace et sa prouesse technique. La structure en verre et en métal s'inspire de celle qu'avait réalisée Paxton pour le Crystal Palace lors de la première Exposition universelle à Londres, en 1851.
DOMINIQUE DE FONT-RÉAULX

AMERIKANTSEV (MAISON)
Pavel Dmitrievitch Amerikantsev était propriétaire d'un atelier d'orfèvrerie, célèbre au début du XXe siècle. Il produisait de la vaisselle, travaillait dans le style Art nouveau des pays européens et dans sa variante nationale et romantique néo-russe.

Cat. 12
Amerikantsev (maison)
Cuiller à thé

Moscou
1908-1917
Argent émaillé, estampillé
D. 14,0

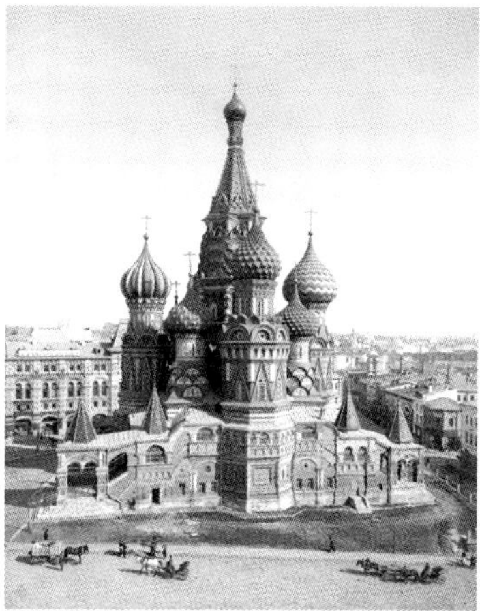
Cat. 8

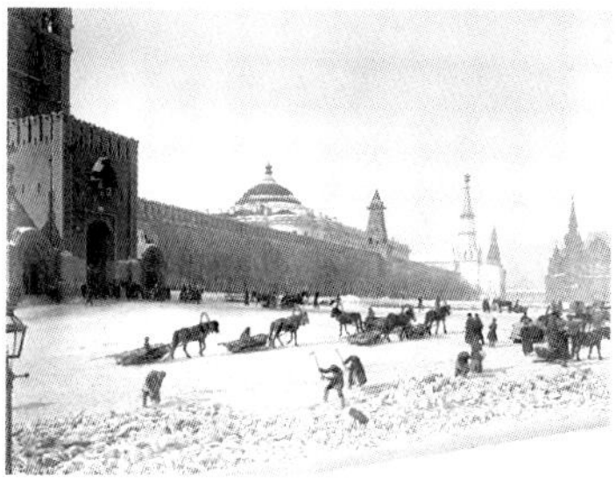
Cat. 10

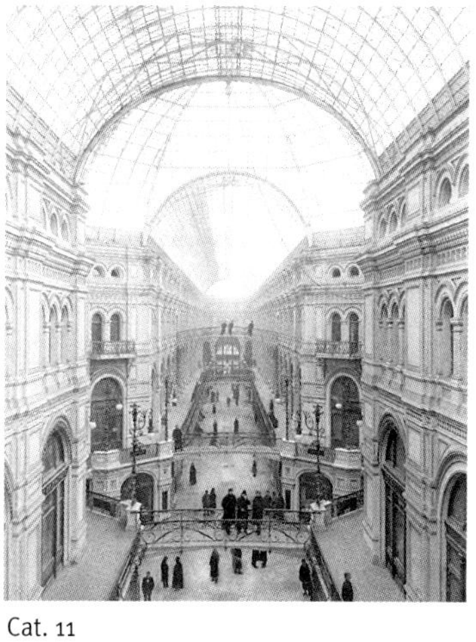
Cat. 11

Poinçons : *godovoe probirnoe Moskvy 1908-1917gg., PA*
Moscou, musée national d'Histoire,
inv. 105426/202 OK 22959
Historique : reçu d'une institution d'État en 1981.
Expositions : Londres, 1991, p. 275.
MNH

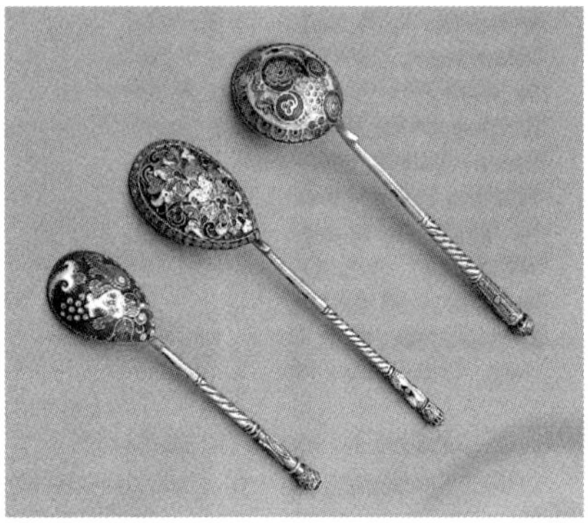

Cat. 12 - 187 - 189

ANDREEV LEONID NIKOLAEVITCH
1871-1919

Cat. 13
Andreev Leonid Nikolaevitch
Avec Anna

Vers 1912
Tirage moderne d'après un autochrome
9,0 x 17,9
Leeds, université de Leeds, Archives russes
Historique : don de la famille de l'artiste.

Prise dans la véranda de l'immense *datcha* qu'Andreev fit construire à Vammelsuu sur le golfe de Finlande, cette photographie est à la fois un hommage aux liens très étroits et passionnés qui l'unissent à Anna, sa seconde femme, et à la nature. Ses intentions sont claires quand il s'installe à Vammelsuu : « Ce printemps je vais m'installer définitivement en Finlande, pour l'été mais aussi durant tout l'hiver. Mon objectif est de me rapprocher de la nature, que j'aime infiniment, et de trouver de meilleures conditions de travail que celles que j'ai en ville. Laisse-moi t'en dire un peu plus à propos de la nature. C'est le premier livre que j'ai lu et le seul que je puisse relire sans ennui. Je ne peux toujours pas dire combien la nature est essentielle pour moi » (lettre écrite en 1908 au critique littéraire Lvov-Rogachevsky et cité par Davies, 1989, p. 82).
Dominique de Font-Réaulx

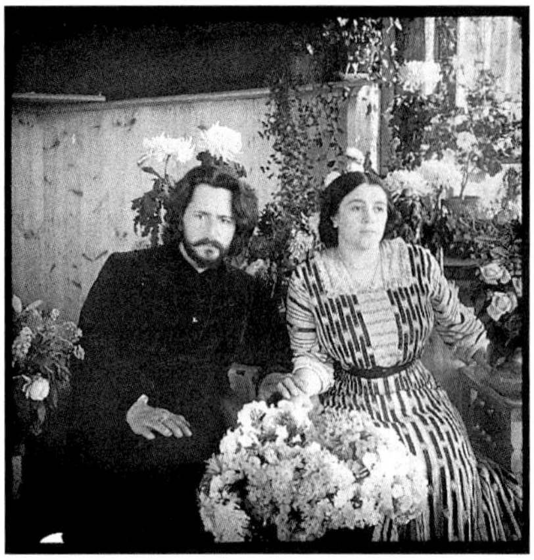

Cat. 13

Cat. 14
Andreev Leonid Nikolaevitch
Vadim

Vers 1912
Tirage moderne d'après un autochrome
23,9 x 18,0
Leeds, université de Leeds, Archives russes
Historique : don de la famille de l'artiste.

« Leonid Nikolaevitch Andreev était talentueux de nature, organiquement talentueux, son intuition était étonnamment fine. Pour tout ce qui touchait aux côtés sombres de la vie, aux colères de l'âme humaine, aux fermentations dans le domaine des instincts, il était d'une effrayante lucidité », écrivait Maxime Gorki. Photographe amateur, il réalise ses plus belles images après 1910 quand il acquiert un autochrome, récemment inventé par les frères Lumière. Andreev photographie ses proches, comme ici son fils aîné, Vadim.
Dominique de Font-Réaulx

ANDREEV NIKOLAÏ ANDREEVITCH
Moscou, 1873 – Moscou, 1932
Sculpteur, peintre et décorateur de théâtre. Il étudia à l'Institut Stroganov et à l'École de peinture, sculpture et architecture de Moscou, et dans des ateliers à Paris. Après 1917, il consacra un cycle de sculpture et dessins à Lenine.

Cat. 15, repr. p. 42
Andreev Nikolaï Andreevitch
Nikolaï V. Gogol

1906
Modèle pour un monument, exécuté en 1908 d'après un modèle en plâtre de 1906 sur la commande de I. S. Ostroukhov
Bronze et granit
131,0 x 40,5 x 55,5
Moscou, galerie Tretiakov, inv. 11250
Historique : collection I. S. Ostroukhov, Moscou ; musée I. S. Ostroukhov ; entré à la galerie Tretiakov en 1929.
Expositions : 1958, Moscou, p. 32.

Le monument a été inauguré à Moscou le 26 avril 1909 ; il a été placé sur le boulevard Pretchistensky, aujourd'hui boulevard Gogol, puis en 1959 sur le boulevard Souvorov, dans la cour du n° 7, où N. V. Gogol a passé les dernières années de sa vie.
S. P. Domogatskaïa

Cat. 16
Andreev Nikolaï Andreevitch
Portrait de L. N. Tolstoï

1908
Céramique émaillée (*majolika*)
52,0 x 33,8 x 27,0
Moscou, galerie Tretiakov, inv. SK-139
Historique : propriété de V. D. Kokorinov, Moscou ; acquis en 1959.
S. P. Domogatskaïa

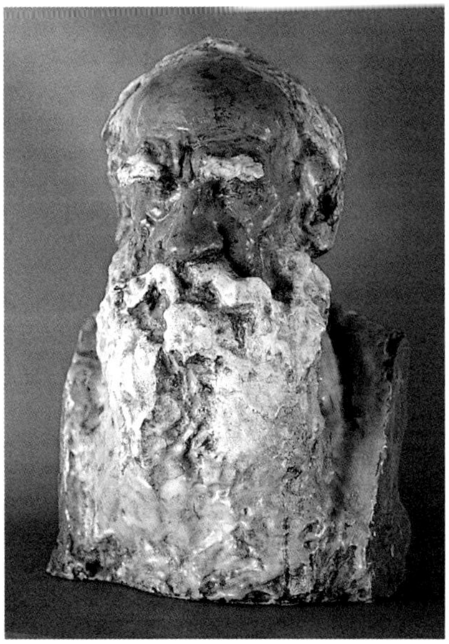

Cat. 16

Cat. 17, repr. p. 342
Andreev Nikolaï Andreevitch
Femme mordovienne en costume national

1910
Céramique émaillée (*majolika*)
42,0 x 26,0 x 23,0
Moscou, galerie Tretiakov, inv. 18504
Historique : provient de l'atelier du sculpteur, 1934.
Expositions : 1958, Moscou, p. 34 (*Tête mordove*, céramique, Tretiakov).
S. P. Domogatskaïa

Cat. 18
Andreev Nikolaï Andreevitch
Portrait de M. A. Kevorkova-Tarassova

1911-1914
Céramique émaillée (*majolika*), glaçures
45,0 x 30,0 x 26,4
Moscou, galerie Tretiakov, inv. 18469
HISTORIQUE : provient de l'atelier du sculpteur, 1934.
S. P. DOMOGATSKAÏA

Cat. 19, repr. p. 348
Andreev Nikolaï Andreevitch
***Portrait de A. K. Fechtner,* actrice du théâtre La Chauve-souris**

1912-1914
Bois peint
36,0 x 26,0 x 22,0
Moscou, galerie Tretiakov, inv. 18457
HISTORIQUE : provient de l'atelier du sculpteur, 1934.
S. P. DOMOGATSKAÏA

Cat. 20, repr. p. 340
Andreev Nikolaï Andreevitch
***Masque décoratif pour une cheminée* (sous les traits de l'actrice M. N. Germanova)**

1914-1915
Céramique émaillée (*majolika*)
38,0 x 32,0 x 21,0
Moscou, galerie Tretiakov, inv. 18480
HISTORIQUE : provient de l'atelier du sculpteur, 1934.
EXPOSITIONS : 1991, Londres, p. 275, n° 10.
S. P. DOMOGATSKAÏA

ANONYMES

Cat. 21, repr. p. 140
Anonyme, Moscou
Kovch

Première moitié du XVIIe siècle
Argent ciselé et doré
10,5 x 16,0 x D. 23,5
Moscou, musée national d'Histoire, inv. 80868/MBB 396 OK 14077
Inscriptions : gravées sous le manche, *KOVCH KNIAZIA ONDREÏA ONDREEVITCHA GOLITSYNA ;* au bas du manche, *p*[o]*l* / *fou*[n]*ta* / / *K*[niaz] *V*[assily] *V*[assilievitch] *G*[olitsyne]
HISTORIQUE : reçu du musée de la Vie quotidienne des boyards en 1941.
BIBLIOGRAPHIE : Postnikova-Losseva, 1953, 48.

Le *kovch* porte le nom de deux membres d'une famille illustre : le prince A. A. Golitsyne, qui mourut en 1639, d'après Pérouse de Montclos, et le prince V. V. Golitsyne. Ce dernier, militaire et homme d'État, admis à la table du tsar (1668-1676), boyard (1676), partisan du rapprochement avec l'Occident, il avait reçu une solide éducation. Il connaissait l'allemand, le grec et le latin et possédait une riche bibliothèque. Il se distingua en prenant, lors du soulèvement de 1682, le parti des boyards de Miloslav et de la tsarevna Sofia Alexeevna. Après la chute du gouvernement de celle-ci, en 1689, déchu du titre de boyard et spolié de tous ses biens, Golitsyne fut exilé dans le Nord.
Le kovch est la forme nationale d'une vaisselle à boire, connue depuis les temps les plus anciens. Les premiers kovchs étaient en bois ; ceux en argent et en or apparurent au XIVe siècle. Les kovchs servaient à boire des dérivés de miel, mélanges de miel d'abeille bouilli avec de l'eau, de baies (cerises, framboises ou raisin), de cannelle, de clous de girofle et autres épices.
Selon la dimension et l'ornementation, les kovchs étaient appelés : à boire, à emporter, de palais, d'appointements, kovchs-cygnes, kovchs de caveaux, à miel, etc.
Les kovchs à boire, plus petits, d'environ deux cents grammes et conçus pour une personne, sont souvent lisses et portent les noms gravés de leurs propriétaires.
MNH

Cat. 22, repr. p. 137
Anonyme, Moscou
Carreau de faïence provenant du décor extérieur de l'église Stefan za Iaouzoï à Moscou

1698-1701
Faïence
26,6 x 22,3 x 12,4
Moscou, musée national d'Histoire, inv. 95270/3 i
HISTORIQUE : entré dans les années 1930 avec un ensemble de carreaux de faïence à la suite de la démolition de l'église.
BIBLIOGRAPHIE : Maslikh, 1976, n° 150.

Le lieu traditionnel de fabrication des carreaux de faïence à Moscou était Gontcharnaïa Sloboda. L'apogée de cette production se situa au cours des années 1670-1700 et se caractérise par l'introduction des motifs de fleurs, de fruits exotiques, d'oiseaux picorant des baies sur des carreaux présentant des reliefs et plusieurs couleurs. Les nombreux sanctuaires de Moscou étaient ornés de carreaux de ce genre. Le revêtement de l'église Stefan za Iaouzoï se distinguait par son raffinement et sa variété. Ses murs étaient ornés de gros carreaux en frises et de panneaux de dix carreaux semblables. Le « style russe » du XIXe siècle s'inspira de la gaieté, de la couleur, de l'aspect féerique de la céramique de revêtement du XVIIe siècle, comme en témoigne par exemple l'hôtel construit pour le marchand Igoumov à Moscou.
MNH

Cat. 23 a, repr. p. 25
Anonyme (art populaire)
***L'Oiseau de paradis Alkonost,* loubok**

Première moitié du XIXe siècle
Gravure au burin
37,0 x 30,2 ; 42,7 x 33,4 (feuille)
Inscriptions : sur la gravure, dans la main gauche d'Alkonost un rouleau avec ce texte : *Le Juste /tel un dattier /fleurira /Comme un cèdre du Liban /il se multipliera /Seigneur / bénis le Juste /donne-lui /gloire et honneur / place au-dessus de lui /cette couronne /de ta propre main ;* de la bouche d'Alkonost sortent les paroles suivantes : *Ma bouche entonne les louanges de Dieu car ses œuvres sont bonnes*
Texte sous l'image : *L'oiseau Alkonost vit près du Paradis, il fréquente les rivages de l'Euphrate. Lorsqu'il parle ou chante, il y met tout son cœur ; celui qui passe à proximité oublie tout au monde, son esprit se brouille et son âme quitte son corps. Il console par son chant, il annonce le bonheur et les prophéties écrites sur le rouleau de Dieu*
Au verso de la feuille, des stances religieuses à l'encre rouge et noire :
La parole de Dieu appelle l'homme au repentir / Monte sur la montagne de Sion, / Prête l'oreille aux trompettes sonores / Qui t'appellent à la procession des cieux / Jusqu'à présent tu ne t'es pas repenti / Or la gloire de ce monde est vaine et passera / Toute fortune restera ici-bas / Marche vers l'Éternité / Pour être délivré de la mort / Et te présenter au Jugement du Christ / Pour qu'il t'accueille face à face / Même le tsar et le prince / Ne recevront pas d'aide / Pour monter les degrés / Ou éviter les tourments éternels / Donc, œuvre pour être / Digne de ton repentir / Les portes du Royaume sont ouvertes / Pour le fiancé qui ne s'est pas purifié avant les Noces / Pour le paresseux le Paradis est ouvert / Pour celui qui se révolte encore / Pour le non-repenti qui erre dans la pénombre / Prends la couronne / Prends le cierge sacré / Entre dans la joie avec le fiancé / Dans le Royaume de l'Éternité / La vanité du monde disparaîtra / Il n'y aura plus que joie et bonheur / Une immense joie t'étreindra / Là-bas le sein d'Abraham / S'ouvrira pour toi / Et les anges entonneront / Des chants mélodieux / Le créateur, maître de tout l'univers / Sera glorifié à jamais / Il n'y aura plus d'affliction / Il n'y aura plus que joie / Pour l'Éternité
Moscou, Bibliothèque d'État russe, inv. 3057-05
BIBLIOGRAPHIE : Rovinsky, 1881, t. 1, p. 487, n° 257.
BER Moscou

Cat. 23 b, repr. p. 25
Anonyme (art populaire)
***L'Oiseau de paradis Sirine,* loubok**

Première moitié du XIXe siècle
Gravure au burin
36,0 x 30,0 ; 42,8 x 33,8 (feuille)
Inscriptions : sur la gravure, *Livre. Chronographe. Chapitre d et tch ;* en haut sur le ruban, autour de la tête, *Des femmes justes vivent sur terre, par la volonté divine leurs voix s'élèvent pour chanter les louanges de Dieu et porter ma louange*
Texte sous l'image : *L'oiseau de paradis Sirine, dont la voix et le chant sont forts,*

vit en Orient, dans le pays d'Éden. Il chante sans cesse. Aux Justes il annonce la joie que le Seigneur leur promet. Parfois il vole sur terre, y chante ses chants terrestres, mais personne ne peut entendre sa voix sans oublier qui il est, et l'on meurt si l'on entend son chant
Au verso de la feuille, des stances religieuses à l'encre rouge et noire : *Les oiseaux de paradis chantent des chants superbes, ils parlent dans les bois d'une voix merveilleuse ; sur la tête des Justes on posera une couronne, ils seront vêtus de tuniques brodées d'or, leur visage reflétera le soleil, et alors ils atteindront l'immortalité et ne craindront plus le pouvoir terrestre ; Mais pour cela priez Dieu avec ferveur, priez le créateur de toute chose. Qu'il ait pitié de moi, sa créature, qu'il pardonne à mon âme pécheresse, de tout cœur j'implore la grâce de Dieu. Je pleure amèrement et verse des larmes pour que les engeances mauvaises s'éteignent, pour qu'adviennent les grâces attendues, que le péché soit pardonné à ceux qui se repentent. Amen*
Sur la vie future : si l'on me donnait deux ailes de plumes de cet oiseau, je volerais dans l'autre monde, je saurais ce qui s'y trouve, je le raconterais à mes bons amis, mais personne ne peut le voir sous peine de boire la coupe de mort pleine d'amertume ; je ne boirai ni aujourd'hui ni demain cette coupe, passer de ce monde à l'autre, je ne sais quand cela arrivera, ce n'est pas à moi de déterminer quand je boirai cette coupe
Moscou, Bibliothèque d'État russe, inv. 3058-05
BIBLIOGRAPHIE : Rovinsky, 1881, t. 1, p. 486, n° 256.
BER Moscou

Cat. 24
Anonyme (art populaire)
***Chanson,* loubok**

1884
Lithographie
35,2 x 45,6
Inscription sous la gravure : *Permis par la censure. 10 mars 1884, V. Vassilieva, Moscou*
Texte de la chanson sous l'image : *Mon père m'a donnée / À une grande famille / Oh là là ! comme elle est / Grande mais pas facile ! / Un beau-père, une belle-mère / Quatre beaux-frères / Deux belles sœurs, / Et plein de tantes ; / Mon beau-père me dit : / Tu es une Ourse qu'on traîne, / Et la belle-mère dit : / Non, un Dragon furieux, / Les beaux-frères d'ajouter / Que je ne tisse rien / Les belles-sœurs à leur tour : / Tu es une souillon / Quant aux tantes « Jolies oies » / Elles me malmènent, moi, jeunette / Père, mon beau-père / Laisse-moi dire en pleurant / Que les Ourses et les Ours / Vivent dans une forêt sombre / Le Dragon furieux, c'est ma belle-mère / Beaux-frères regardez vos femmes, / Mes imbéciles de belles-sœurs / Prenez-vous donc un mari / Vous les tantes « Jolies oies » / Vous n'avez rien à dire / Cette famille n'est pas la vôtre / Je viendrai sur le seuil crier à tue-tête : / Mon mari s'est marié pour mon malheur / Il me jette un sale œil / Mais je n'ai pas peur de toi / Tu ne me battras pas*
Moscou, Bibliothèque d'État russe, inv. 4041-37
BER Moscou

Cat. 25, repr. p. 175
Anonyme (art populaire)
***Kovch* faisant partie de l'ancienne collection d'art populaire d'Elena Dmitrievna Polenova à Abramtsevo**

XIXe siècle
Bois sculpté
27,3 x 16,0 x 10,5
Abramtsevo, musée-réserve du domaine d'Abramtsevo, inv. MAKP 8/156 D339
MRDA

Cat. 26, repr. p. 175
Anonyme (art populaire)
***Kovch* faisant partie de l'ancienne collection d'art populaire d'Elena Dmitrievna Polenova à Abramtsevo**

XIXe siècle
Bois sculpté
27,3 x 16,0 x 10,5
Abramtsevo, musée-réserve du domaine d'Abramtsevo, inv. MAKP 8/156 D348
MRDA

Cat. 27, repr. p. 27
Anonyme (art populaire)
Frise, décor architectural

Moyenne Russie, XIXe siècle
Bois sculpté et peint
38,0 x 82,0
Saint-Pétersbourg, Musée ethnographique russe, inv. 3650-5
HISTORIQUE : collection du peintre N. N. Verechtchaguine et du prince Vassiltchikov ; don du département des Beaux-Arts au département ethnographique du musée russe Alexandre-III en 1916.

La sculpture en relief sur bois était très utilisée dans l'art décoratif de l'habitat en Russie, surtout dans les villages de la vallée de la Volga. On trouve ainsi des frontons, des frises, des linteaux de fenêtre, des corniches, des portes cochères. Ce type de sculpture apparaît au début du XIXe siècle et connaît son plein épanouissement au milieu du siècle. Les sources en sont cependant beaucoup plus anciennes, ainsi retrouve-t-on dans certains motifs sculptés du XIXe siècle de nombreux exemples du style « animalier » caractéristique de l'art de la Russie médiévale, comme les lions, oiseaux mythiques et monstres en bas relief des cathédrales de Vladimir et de Souzdal aux XIIe et XIIIe siècles. Les maisons de la partie méridionale de la province de Nijni-Novgorod présentent souvent un décor sculpté similaire aux motifs figurant sur des iconostases sculptées du XVIIIe, avec des décors végétaux somptueux.
On qualifie souvent la sculpture de la région de la Volga de navale, parce qu'elle était réalisée par des charpentiers et sculpteurs sur bois qui travaillaient dans les chantiers navals des bords du fleuve. Le bois des bateaux était traditionnellement très travaillé, décoré et doré. Le développement des paquebots dans la seconde moitié du XIXe siècle fit disparaître cet artisanat, et les sculpteurs professionnels se reconvertirent pour travailler aux maisons et bâtiments, réutilisant les mêmes motifs. Les frises utilisées permettaient des compositions complexes. La surface est habituellement couverte d'un décor végétal ; dans les angles et au centre sont souvent représentés des êtres et animaux fabuleux, en particulier les « pharaonnes », à visage humain et corps de poisson, l'oiseau Sirine avec un visage de femme, ou des lions.
MER

Cat. 28, repr. p. 141
Anonyme (art populaire)
Kovch

Province de Novgorod, canton de Kirillov, Tchepanovo
XIXe siècle
Bois sculpté
31,5 x 26,6
Saint-Pétersbourg, Musée ethnographique russe, inv. 2073-29
HISTORIQUE : don du moine Antoine, 1909.
MER

Cat. 29, repr. p. 141
Anonyme (art populaire)
Skobkar

Russie du nord
XIXe siècle
Bois sculpté et peint
27,0 x 27,2 x 54,0
Saint-Pétersbourg, Musée ethnographique russe, inv. 8761-1201
HISTORIQUE : transféré du Musée national des peuples de l'URSS en 1948.

Le *skobkar* est une sorte de chope à deux anses : l'une en forme de tête de cheval ou d'oiseau aquatique, l'autre en forme de queue. Le terme *skobkar* existe dans les chroniques de Novgorod depuis le XIIe siècle. Il fait partie de la vaisselle des jours de fête pour les boissons alcoolisées, la bière, l'hydromel. Il était habituellement taillé dans un morceau de bois entier, une racine, ou une excroissance du tronc. Le skobkar était sculpté et peint, le plus souvent avec des motifs végétaux se déployant sur un fond blanc ou jaune, ou des dessins de couleur géométriques, des représentations d'animaux réels ou fantastiques, chevaux, élans, poissons ou paons. On en trouve de différentes tailles, les plus grands contenaient jus-

qu'à quatre seaux (mesure russe d'environ 12,3 litres). Ils servaient lors des grandes fêtes et les veillées solennelles consacrées à un saint particulièrement honoré par la communauté paysanne. La bière était préparée aux frais communs de tout le *mir*, la communauté paysanne. La bière était une boisson obligatoire lors des noces. On l'apportait sur la table dans une énorme chope et on la versait à l'aide de petites cruches. Au XIXe siècle, la forme des skobkars et des chopes se simplifia et les récipients furent de moins en moins employés, devenant rapidement des témoignages de la tradition ancienne et des objets de collection.
MER

Cat. 30
Anonyme (art populaire)
Salière

Province de Voroneje, canton de Zadon, village de Vorobievka
XIXe siècle
Bois sculpté
19,0 x 11,5 x 11,5
Saint-Pétersbourg, Musée ethnographique russe, inv. 1365-112
HISTORIQUE : collection de A. M. Vyssotsky, entré en 1908.

Les salières, destinées à la conservation ou à la distribution du sel, présentent des formes différentes selon les traditions locales. Elles étaient sculptées dans du bois ou tressées avec des racines ou de l'écorce. Elles comportaient presque toujours un couvercle afin de préserver le sel de l'humidité. Dans la région de la Volga, en Russie centrale et méridionale, la forme la plus typique était une boîte cubique avec un fond haut à l'arrière et un couvercle rabattable. La surface ainsi que la partie arrière étaient sculptées, et le haut souvent orné d'une sculpture d'oiseau, ou de cheval ou de saint.
La salière faisait l'objet d'une grande attention dans les maisons de paysans, le sel étant une denrée précieuse. Placée sur la table afin de montrer une certaine notabilité, elle était un objet de valeur dans la famille, et on ne la vendait pas. Elle entrait dans le cérémonial du repas de noces, présentée à l'occasion du rite du « pain et du sel », lorsque les parents du nouveau marié bénissaient les époux à l'entrée de leur demeure après la messe de mariage. La salière faisait partie du trousseau de la jeune mariée et était son bien propre.
La culture traditionnelle imposait des usages particuliers pour la salière : on ne devait jamais se servir de sel avec les mains, on ne devait jamais y tremper du pain. Selon des légendes populaires, c'est ainsi qu'avait agi Judas. On versait un peu de sel sur la table et ensuite on le prenait avec ses doigts ou bien on y trempait un aliment. Si on tendait la salière à son voisin de table, il fallait le faire en souriant ou en riant.
MER

Cat. 31, repr. p. 24
Anonyme (art populaire)
Les Oiseaux du paradis Alkonost et les oiseaux du paradis Sirine. Bordure de drap de noces

Gouvernement d'Olonets, district de Kargopol
Milieu du XIXe siècle
Broderie
Toile tissée (tissage domestique), fils de coton, fils de soie, fil plat de métal doré
40,0 x 169,0
Moscou, musée national d'Histoire, inv. 42346 Kr. b – 118
HISTORIQUE : acquis en 1904.
BIBLIOGRAPHIE : Efimova et Belogorskaïa, 1982, n° 92 ; Itkina, 1992, p. 77, p. 80, n° 20, p. 94, n° 21.
EXPOSITIONS : 1994, Moscou, n° 93.

Cette bordure ornée du motif de Sirine et d'Alkonost constitue une œuvre typique de l'art populaire paysan, exécutée dans les meilleures traditions du nord de la Russie.
Sur la bordure, au centre d'une composition à figures multiples, un arbre luxuriant en fleur avec de gros fruits et fleurs, au sommet desquels sont représentés les oiseaux du paradis Sirine et Alkonost, tournés l'un vers l'autre avec des visages de jeunes filles couronnées et tenant des fleurs dans leurs mains. Entre les oiseaux au-dessus des branches sont disposées deux silhouettes à échelle réduite de petits personnages en manteaux de pluie, pantalons courts, chapeau à plume et canne. Ce sont les voyageurs charmés par le chant envoûtant des oiseaux de paradis, conformément à la légende.
De chaque côté du groupe central figurent, sur la bordure, de larges motifs zoomorphes caractéristiques de la broderie du nord de la Russie, largement diffusée dans la région d'Olonets (selon l'hypothèse de l'académicien B. A. Rybakov, ces figures d'élan sont les « accouchées » qui peuplent le monde de créatures vivantes).
La bordure est ornée d'une succession d'images traditionnelles d'oiseaux et de motifs végétaux.
Le présent motif est remarquable par ses « voyageurs » et l'arbre touffu en son centre. Il présente une analogie directe avec les images populaires du monastère vieux-croyant de Vygo-Lexinsky, situé sur la rivière Vyg au nord-est du lac Onega. L'ouvrière avait sans doute sous les yeux un dessin de la série « les Oiseaux du paradis Sirine et Alkonost ». Le foyer vieux-croyant de Vygo-Lexinsky était apparu au XVIIIe siècle, à la suite du schisme de l'église orthodoxe russe. Les artisanats d'art y étaient florissants : peintures de livres, peintures d'icônes, sculpture et peinture sur bois, broderie au fil d'or. Les images populaires étaient particulièrement originales et se vendaient sur les marchés. L'esthétique et la thématique de ces images influençaient également l'art paysan des régions au-delà du lac Onega (Itkina, 1992, p. 77, n° 17, p. 80, n° 20, p. 94, n° 21).
L. EFIMOVA

Cat. 32
Anonyme
Seconde moitié du XIXe siècle
Projet d'église dans le « style russe »

Encre de chine, aquarelle sur papier
63,7 x 97,6
Saint-Pétersbourg, musée de l'Académie des beaux-arts de Russie, inv. A-20401
ANASTASSIA ALEXEEVA

Cat. 33, repr. p. 91
Anonyme
Portrait des Zlakozov père et fils

1840-1850
Daguerréotype
7,0 x 9,4 (à vue) ; 14,0 x 16,5 (sous-verre)
Moscou, musée national d'Histoire, inv. 96142 I 1856
HISTORIQUE : acquis de M. I. Klimkova, 1958.
BIBLIOGRAPHIE : *Autrefois la Russie*, 1990, p. 42 ; *Ou istokov fotoiskousstva*, 1999, p. 63, 116.
EXPOSITIONS : 1999, Moscou, n° 190.

Ce portrait représente les Zlakozov, père et fils, fabricants de poêles, anciens serfs du propriétaire foncier Travine, originaires du district de Staritsky, province de Tver.
TATIANA SABOUROVA

Cat. 34
Anonyme, d'après un projet de Konstantin A. Ton
Maquette de l'église de l'Annonciation du régiment de cavalerie à Saint-Pétersbourg

Vers 1860
Bois sculpté, mica, carton
58,5 x 62,0 x 65,5 ; support octogonal : 68,0 x 74,0
Saint-Pétersbourg, musée de l'Académie des beaux-arts de Russie, inv. AM-18

La composition de cette église, une des premières églises du XIXe siècle reprenant des motifs architecturaux traditionnels, mêlait des motifs de l'architecture russe des XVIe et XVIIe siècles. L'église fut détruite en 1931.
EKATERINA SAVINOVA

Cat. 35
Anonyme
Recueil de dessins d'art et d'industrie, publié par la Société impériale d'encouragement des arts, fascicules 1, 2, 3, 6, Saint-Pétersbourg

1887-1894
Chromolithographie
62,0 x 44,0
Saint-Pétersbourg, Bibliothèque nationale de Russie, inv. Ei12059
BNR SAINT-PÉTERSBOURG

Cat. 36, repr. p. 130
Anonyme
1872
Motifs populaires russes

Broderie, tissus, dentelles ; texte explicatif de V. V. Stassov, Saint-Pétersbourg, Éditions Association d'encouragement aux peintres, 1872, couverture-lithographie
Moscou, Bibliothèque d'État russe, inv. MK XII-729
BER MOSCOU

Cat. 37, repr. p. 149
Anonyme
Christ au tombeau. Saint-Suaire

Début du XXe siècle
Broderie et tissus appliqués ; soie, satin, velours, fils de soie et d'argent, paillons métalliques (paillettes)
103,0 x 174,0
Inscriptions : sur le liséré, dans les marques rondes des formes ornementales, est brodé le texte du chemin de croix de la Semaine Sainte, *Blagoobraznyï Iossif s dreva snem pretchistoe telo tvoio plachtchanitsiiou tchistoiou obvlv I vonlumu vo grobe nove pokryv poloji* ; des deux côtés de la croix sur deux lignes sont brodés *IS KhS* et *NI KA*
Moscou, musée national d'Histoire, inv. 78142/67 R.B. – 3947
HISTORIQUE : provient de l'ancien monastère du Don à Moscou, 1936 (après 1917, ce monastère relevait de la compétence du musée antireligieux des Arts).
BIBLIOGRAPHIE : *Rousskiï Stil*, 1998, p. 57, n° 110.
EXPOSITIONS : 1998-1999, Moscou, n° 110.

La *Plachtchanitsa*, ou saint-suaire, est une pièce de tissu de grande taille représentant l'iconographie de la Mise au tombeau du Christ. Les compositions les plus célèbres avec des scènes distinctes de ce cycle sont : la Déposition du Christ au tombeau, la Déploration du Christ, le Christ au tombeau. Ces *Plachtchanitsa* sont utilisés lors des offices solennels.

Au premier plan et au milieu du saint-suaire figure le Christ allongé sur sa couche les mains croisées sur la poitrine. Derrière la couche, au centre de la composition, se trouve une croix avec un linteau oblique et les instruments de la Passion. En tête et en pied sont disposés des anges penchés, en vêtements sacerdotaux, tenant des *ripida* (objets liturgiques formés d'une image circulaire de chérubin montée sur un manche de bois). La partie supérieure est ornée d'une évocation de la sphère céleste avec les étoiles et des nuages aux contours « frisés ». À l'arrière-plan sont représentés de jeunes arbres aux troncs droits et pourvus de branches au feuillage épanoui alignés à distance régulière qui constituent le fond du sujet principal.
Sur le liséré de velours marron est brodé un motif végétal luxuriant composé de gros ornements qui se répètent et qui, rassemblés, forment des réserves circulaires dans lesquelles est disposé le texte du chemin de croix : *Le vénérable Joseph...* Aux quatre coins du liséré dans les cartouches figurent les symboles des évangélistes.
La face et le corps du Christ, les symboles des évangélistes, le paysage, les détails de l'ornement sur le liséré sont réalisés avec des fils de soie de différentes couleurs.
Les détails de la composition et de l'ornement sur le liséré sont brodés avec des fils métalliques de différentes nuances formant à la surface du motif des formes géométriques. Les contours de l'ornement, les lettres du texte, les détails des images du milieu sont incrustés de grains de verre, de perles de verre et de jais, imitant par endroits l'enfilage à l'ancienne des perles naturelles, et sont également décorés de paillettes métalliques et d'une cannetille.
Ce saint-suaire est un magnifique exemple du *rousskiï stil* à la charnière des XIXe et XXe siècles. Dans l'art religieux, le style russe se caractérisait par le recours aux canons traditionnels et aux formes décoratives de la Russie ancienne, principalement l'art des XVIe et XVIIe siècles. Ce type de traitement des objets liturgiques, enrichi d'éléments décoratifs, est l'une des tendances de l'art liturgique du début du XXe siècle. Elle était cependant considérée par les autorités religieuses comme un écart par rapport aux canons les plus stricts. Par la suite, au cours du XXe siècle, le courant traditionnel prévalut.
L. EFIMOVA

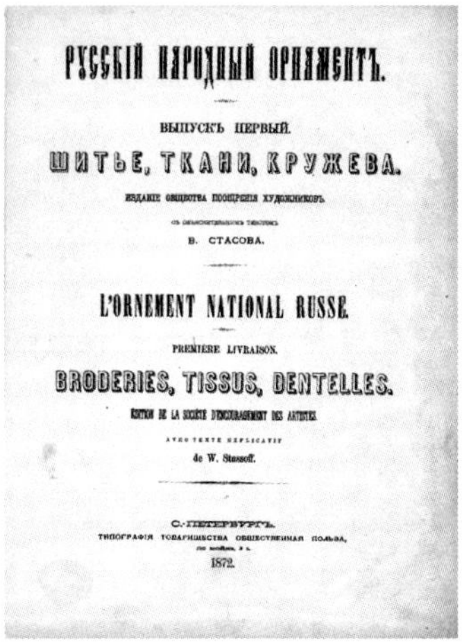
РУССКІЙ НАРОДНЫЙ ОРНАМЕНТЪ.

ВЫПУСКЪ ПЕРВЫЙ.

ШИТЬЕ, ТКАНИ, КРУЖЕВА.

В. СТАСОВА.

L'ORNEMENT NATIONAL RUSSE.

PREMIÈRE LIVRAISON.

BRODERIES, TISSUS, DENTELLES.

ÉDITION DE LA SOCIÉTÉ D'ENCOURAGEMENT DES ARTISTES

AVEC TEXTE EXPLICATIF

de W. Stassoff.

С.-ПЕТЕРБУРГЪ.

1872.

Cat. 36

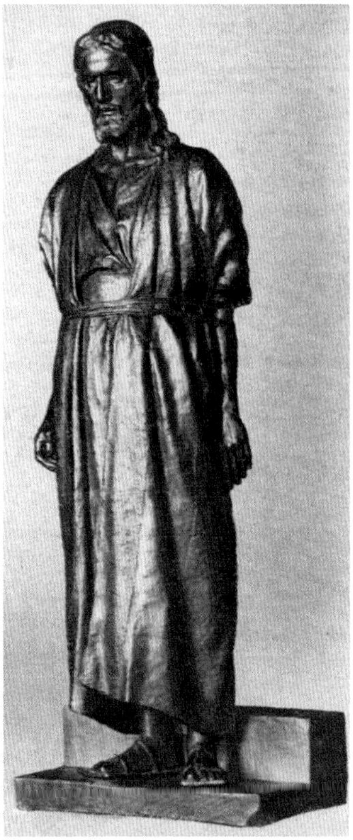

Cat. 46

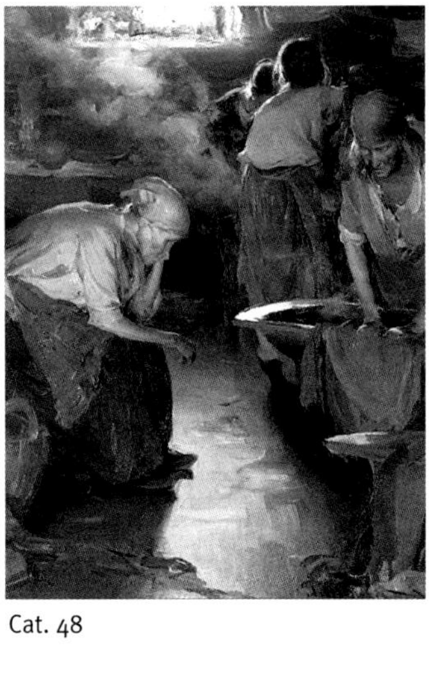

Cat. 48

Cat. 38 à 45
Anonyme
Photographies de l'album *Pavillon d'articles artisanaux et d'ouvrages de la Russie à l'Exposition universelle de Paris en 1900*
Cat. 38, repr. p. 320
Façade de l'aile droite du pavillon (galerie des petites industries)
Cat. 39, repr. p. 321
Façade du pavillon (non exposé)
Cat. 40, repr. p. 320
Aile droite du pavillon
Cat. 41, repr. p. 319
Intérieur de la salle centrale du pavillon avec la cheminée de Vroubel
Cat. 42, repr. p. 319
Intérieur production d'(Abramtsevo) du pavillon
Cat. 43, repr. p. 319
Intérieur d'une des salles avec exposition des articles artisanaux
Cat. 44, repr. p. 321
Intérieur de la section historique avec les pièces de la collection de Chabelsky
Cat. 45
Intérieur de l'église

1900
21,0 x 27,0 (montage)
Moscou, musée russe des Arts décoratifs et populaires, Bibliothèque scientifique du musée S. T. Morozov des Arts populaires (filiale du musée russe des Arts décoratifs et populaires), inv. 12020/3, 12020/1, 12020/6, 12020/9, 12020/5, 12020/7, 12020/10.

La date précise d'entrée dans les collections de la bibliothèque du musée des Articles artisanaux de Moscou, dont le successeur est la Bibliothèque scientifique du musée S. T. Morozov des Arts populaires, est inconnue. Cependant, on peut supposer que les photographies étaient déjà entrées en 1900, car le fondateur et administrateur du musée, Sergueï T. Morozov, a participé au Comité général de Moscou sur l'aménagement du Département des articles artisanaux au sein de l'exposition. Une des photographies, celle qui présente l'intérieur de la salle centrale du Pavillon avec la cheminée de Vroubel (cat. 42), a été publiée pour la première fois par Alexandre N. Benois (Une lettre de l'Exposition universelle, *le Monde de l'art*, 1900, p. 107-109).
MRADP

ANTOKOLSKY MARK MATVEEVITCH

Vilno, 1842 – Bad-Hambourg, 1902
Sculpteur. Auditeur libre à l'Académie des beaux-arts de Saint-Pétersbourg. Académicien. Il reçoit une médaille d'or à l'Exposition universelle de 1878, à Paris. Sa correspondance, notamment avec I. E. Repine et V. V. Stassov, est une source importante pour la vie artistique russe de la seconde moitié du XIXe siècle

Cat. 46
Antokolsky Mark Matveevitch
Ecce Homo

1874-1878
Bronze fondu d'après le plâtre de 1874
195,0 x 71,0 x 61,0
Inscription : sur le piédestal, *Antokolsky. Roma, 1874*
Au revers, le cachet de l'atelier de fonderie : *Pietro Galli i Leopoldo Fratelli in Firenze anno 1878*
Saint-Pétersbourg, Musée d'État russe, inv. SK 452
Historique : acquis en 1897 du musée de l'Ermitage.
Expositions : 1878, Paris, Exposition universelle, médaille d'honneur et médaille de la Légion d'honneur.
Œuvres en rapport : plâtre (1874), Saint-Pétersbourg, musée de l'Académie des beaux-arts ; réduction plâtre, musée-réserve d'Abramtsevo ; marbre (1876), Moscou, galerie Tretiakov, réduction, Kiev, musée d'Art russe ; réduction ; bronze, réduction, Voroneje, musée d'Art.
MR

Cat. 47, repr. p. 336
Antokolsky Mark Matveevitch
Théodore Deck
1823-1891
***Iaroslav le Sage* (978-1053)**

1889
Faïence
98,0 x 71,0 x 21,0
Signé : à gauche, *M. Antokolsky*
Inscriptions : sur le drapeau, *Dieu avec nous ;* sur le livre, *R... skay... Pravda ;* à gauche sur la base, *TH. DECK*
Saint-Pétersbourg, Musée d'État russe, inv. SK 1055
Historique : acquis en 1939 par le Comité d'acquisition de Leningrad.
Œuvres en rapport : modèle plâtre, Saint-Pétersbourg, musée de l'Académie des beaux-arts ; bronze, Voroneje, musée d'Art, musée-réserve de Rostov-Iaroslavl, musée-réserve de Novgorod.

Antokoslky représenta nombre de figures de l'histoire russe et déclarait volontiers : « Mon rêve : consacrer les dernières années de ma vie à chanter les héros de l'histoire russe... J'ai commencé par cela, par cela je voudrais finir. » Prince du royaume de Kiev, le prince Iaroslav le Sage, l'une des figures historiques majeures de la naissance de la Rous chrétienne, fut avec son prédécesseur Vladimir Ier « Soleil clair », le fondateur de l'unité russe. C'est sous son règne que Kiev devint une capitale culturelle brillante et que fut compilée la première rédaction du droit russe, amalgame de lois byzantines et de droit coutumier slave. Le bas-relief, un des plus beaux exemples d'historicisme néo-russe en sculpture, fut réalisé en collaboration avec Théodore Deck – un exemplaire similaire figurait sur le stand de celui-ci à l'Exposition universelle de 1889 à Paris. Cette polychromie est, avec le *Christ* de I. N. Kramskoï, exceptionnelle dans la sculpture russe des années 1880, avant les céramique émaillées de M. A. Vroubel. Des exemplaires en bronze se trouvent aux musées de Rostov-Iaroslavl et de Novgorod.
Édouard Papet

ARKHIPOV ABRAM EFIMOVITCH

Village d'Egorovo, province de Riazan, 1862 – Moscou, 1930

Cat. 48
Arkhipov Abram Efimovitch
Blanchisseuses

Vers 1890
Huile sur toile
91,0 x 70,0
Signé : en bas à droite, *A. Arkhipov*
Moscou, galerie Tretiakov, inv. 1435
Historique : acquis de l'artiste en 1902 par la galerie Tretiakov.
Expositions : 29e TPKhV, 1901-1902, Saint-Pétersbourg-Moscou, no 1 ; 1927, Moscou, no 31 ; 1974, Rome-Florence, no 75 ; 1977-1978, New York-San Francisco-Mexico, p. 41 ; 1980, Stockholm-Göteborg-Copenhague, no 1 ; Russie-Italie, 2004-2005, no IV 37 (Moscou), no IV 31 (Rome).

Le tableau représente la blanchisserie en sous-sol du marché de Smolensk à Moscou. L'œuvre d'Arkhipov prolongeait les traditions réalistes introduites dans la culture russe de la seconde moitié du XIXe siècle par les ambulants.
En dépit de la résonance sociale de cette œuvre, qui est l'une des meilleures d'Arkhipov, l'objectif majeur de l'artiste était visiblement purement pictural : rendre, à grandes touches épaisses, l'atmosphère humide, gorgée de vapeur, de cette cave obscure, par un brouillard de tons gris, roses et mauves.
Tatiana L. Karpova

ATELIER BOISSONNAS ET EGGLER, SAINT-PÉTERSBOURG

Le Suisse Frédéric Boissonnas, né dans une famille de photographes, étudia très tôt la photographie. En 1879, il hérita, de l'entreprise familiale, et s'installa à Paris en 1901. Il fit en 1902 l'acquisition à Saint-Pétersbourg du studio photographique de la cour A. Pasetti, dirigé par l'Allemand Fritz Eggler. D'excellentes relations avec la famille impériale et les hautes sphères de la cour permirent à ce dernier d'imposer un style raffiné fondé sur une habile mise en valeur du tirage.

Cat. 49

Atelier Boissonnas et Eggler, Saint-Pétersbourg

Portrait de l'empereur Nicolas II et de sa famille

1904
Épreuve argentique
13,5 x 10,5 (épreuve) ; 26,4 x 21,7 (support)
Saint-Pétersbourg, Bibliothèque nationale de Russie, inv. Ef75947
ELENA BARKHATOVA

Cat. 50

Atelier Boissonnas et Eggler, Saint-Pétersbourg

Portrait de l'impératrice Alexandra Fedorovna et du tsarevitch Alexeï

1906
Épreuve argentique
16,3 x 16,3 (épreuve) ; 32,7 x 21,7 (support)
Saint-Pétersbourg, Bibliothèque nationale de Russie, inv. Ef9039
EXPOSITIONS : 1999, Nice, p. 63.
ELENA BARKHATOVA

Cat. 51

Atelier Boissonnas et Eggler, Saint-Pétersbourg

Portrait des grandes-duchesses Olga et Tatiana Nikolaevna

1911
Épreuve au platine
18,0 x 14,8 (épreuve) ; 34,1 x 25,8 (marie-louise)
Cachet : en bas à gauche, *Boissonnas et Eggler*
Estampille : en bas à droite, *Vozproizvedenie vosprechtchaetsia* [« reproduction interdite »] *1911*
Moscou, musée national d'Histoire, inv. 95171 I VI 31271
HISTORIQUE : entré dans les collections de photographies des XIXe et XXe siècles en 1957.
BIBLIOGRAPHIE : Elliott, 1993, p. 247, 232 ; Semakova, 2000, p. 108-11 ; Perevezentsev et Semakova, 2004, p. 151-176 ; Karpova, 2004, p. 56.
EXPOSITIONS : 1992, Oxford, n° 109 ; 2004, Moscou, n° 55.

En 1911, à l'occasion du quinzième anniversaire du couronnement de Nicolas II fut publiée une série de photos officielles de la famille impériale. Les filles aînées de Nicolas II et d'Alexandra Fedorovna figurent sur ce portrait : Olga Nikolaevna, grande-princesse, l'aînée, se distinguait de ses sœurs par ses talents d'artiste, elle écrivait des vers. De la deuxième fille des souverains, Tatiana Nikolaevna, grande-princesse, les contemporains avaient retenu sa beauté et son maintien.
IRINA SEMAKOVA

ATELIER MOSCOVITE

Cat. 52, repr. p. 128

20e artel des orfèvres

Service à vin

Moscou, 1908-1917
Argent ciselé, doré et émaillé, almandins, calcédoines, chrysoprases, cornaline
Kovch : 16,2 x 22,0 x D. 35,0 ; dix petits kovch : 4,5 x 6,2 x D. 9,5 ; louche : D. 22,5 ; traverse : 3,8 x D. 19,0
Poinçons : *20A, godovye probirnye Moskvy 1908-1917gg. dvoukh vidov* [garanties annuelles de Moscou années 1908-1917 sous deux aspects]
Moscou, musée national d'Histoire, inv. 53054/141 OK 3808/1-13
HISTORIQUE : entré en 1921-1922, en provenance d'une collection anonyme.
BIBLIOGRAPHIE : *Rousskie emali*, 1974, p. 229 ; *Rousskie serebro*, 2004, p. 240 ; Postnikova-Losseva, Platonova et Oulianova, 1983, ill. en coul. entre les p. 112 et 113 ; Hill, Smorodina et Oulianova, 1989, p. 201.
EXPOSITIONS : 1991, Japon, p. 126-138 ; 1992, Gênes, p. 109 ; 1993, Paris, p. 197 ; 1998-1999, Moscou, p. 470-482 ; 2000, Atlantic City, p. 280.

Avec le développement du « style russe », les formes anciennes de vaisselle à boire connurent un renouveau : kovch, bratines furent à nouveau produites sous forme de services.
MNH

ATELIER RUSSE

Cat. 53, repr. p. 20

Nécessaire de bureau de style néo-russe

Vers 1870-1880
Métal doré, découpé, incisé
48,0 x 36,0 x 25,8
Moscou, musée national d'Histoire, inv. GIM 109881br.2834/1-3
MNH

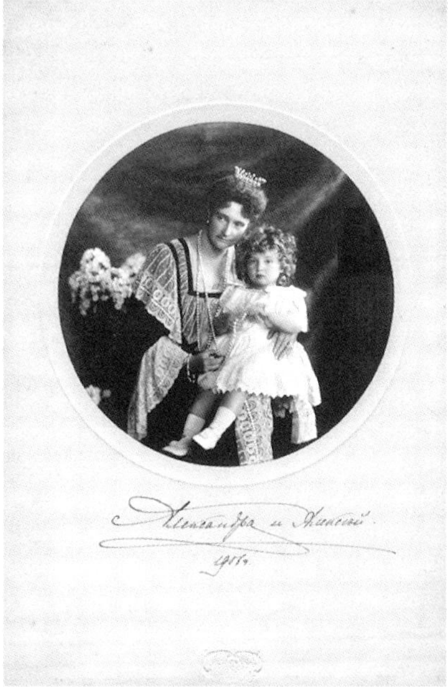

Cat. 50

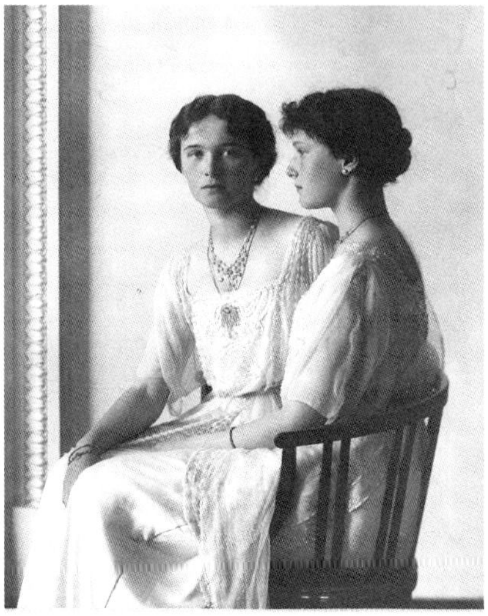

Cat. 51

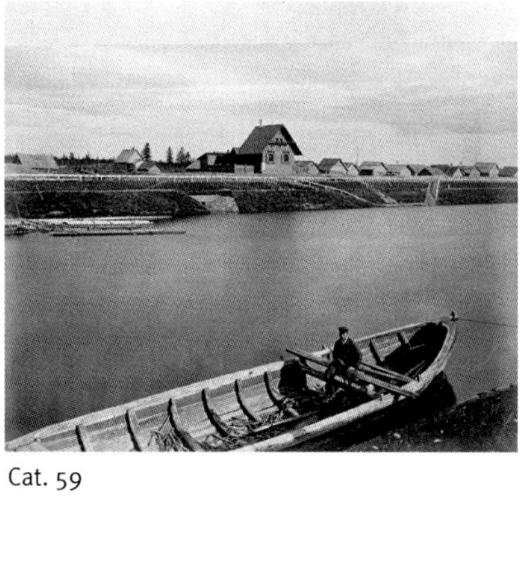

Cat. 59

ATELIERS D'ABRAMSTEVO

Cat. 54, repr. p. 179
Boîte en forme de *Teremok*

Début du XXe siècle
Pin ciselé et peint
15,0 x 18,0 x 14,5
Moscou, musée russe des Arts décoratifs et populaires, inv. KP 16054 DDR 728
HISTORIQUE : acquise en 1987.
Voir aussi Elena D. Polenova
MRADP

ATELIERS DE TALACHKINO

Cat. 55, repr. p. 197
Ateliers de Talachkino, d'après Sergueï V. Malioutine (?)
Carreau de céramique

Province de Smolensk, Talachkino
1900
Céramique émaillée (*majolika*)
23,0 x 23,0 x 2,5
Smolensk, musée-réserve de Smolensk, SOM 11998/1
N. K. VOSTRIKOVA ET T. V. ISSATCHENKO

Cat. 56, repr. p. 197
Ateliers de Talachkino, d'après Sergueï V. Malioutine (?)
Carreau de céramique

Province de Smolensk, Talachkino
1900
Céramique émaillée (*majolika*)
23,0 x 23,0 x 2,5
Smolensk, musée-réserve de Smolensk, SOM 11998/2
N. K. VOSTRIKOVA ET T. V. ISSATCHENKO

Cat. 57, repr. p. 200
Ateliers de Talachkino d'après Sergueï V. Malioutine (?)
Carreau de céramique

Province de Smolensk, Talachkino
1900
Céramique émaillée (*majolika*)
23,0 x 23,0 x 2,5
Smolensk, musée-réserve de Smolensk, SMI KP 2746

Ces trois carreaux de céramique ont été réalisés dans le même style et une gamme de coloris proche. Ils faisaient vraisemblablement partie d'une même composition décorative, sans doute une frise. On peut supposer, en se fondant sur des photographies en noir et blanc qu'une frise avec un ornement semblable pouvait se trouver à l'intérieur du bâtiment, détruit, du théâtre de Talachkino. Les particularités du style, les procédés d'élaboration de nouvelles formes pourraient plaider en faveur d'une attribution à S. V. Malioutine.
N. K. VOSTRIKOVA ET T. V. ISSATCHENKO

Cat. 58, repr. p. 200
Ateliers de Talachkino d'après A. P. Zinoviev (?)
Modèle de broderie

Province de Smolensk, Talachkino
Vers 1900
Toile de lin, broderie de soie et de fils métalliques (plumetis)
23,5 x 10,5
Smolensk, musée-réserve de Smolensk, SOM 9739/12

La tige stylisée porte des feuilles et des baies. Le caractère et le choix des couleurs pour cet ornement plaident en faveur d'une attribution à A. P. Zinoviev. Les annales du musée mentionnent que ce modèle aurait été exécuté par les élèves des ateliers de Talachkino.
N. K. VOSTRIKOVA ET T. V. ISSATCHENKO

BALGLEÏ
Actif en Russie autour de 1880

Cat. 59
Balgleï
***Poste de garde et cheminée dans le village de Korovkino,* fait partie de l'album *les Nouveaux Canaux de dérivation du lac Ladoga, canal de la Svir et de la Sias* (?)**

1882
Épreuve sur papier albuminé
21,10 x 27,5 (épreuve) ; 65,2 x 48,4 (support)
Saint-Pétersbourg, Bibliothèque nationale de Russie, inv. Ei23210
BNR SAINT-PÉTERSBOURG

BARCHTCHEVSKY IVAN FEDOROVITCH
1851-1948

Cat. 60
Barchtchevsky Ivan Fedorovitch
***Iaroslavl, église du prophète Élie,* construite en 1647**

Vers 1882
Épreuve sur papier albuminé à partir d'un négatif verre au collodion
46,0 x 36,0
Paris, Institut national d'histoire de l'art, bibliothèque Doucet, fonds Jacques Doucet, inv. Architecture étrangère II, boîte 98, n° 33

Une autre photographie montrant l'église sous un angle différent est collée sur la même planche.
Afin de fournir aux chercheurs un matériel d'étude adéquat, Jacques Doucet, lorsqu'il crée sa bibliothèque d'art et d'archéologie, acquiert de très nombreuses photographies reproduisant des œuvres d'art et des monuments du monde entier. À partir de 1908, il passe commande auprès des grands éditeurs photographiques – Braun, Alinari, Giraudon, par exemple – et achète aussi directement auprès de certains photographes (voir à ce sujet Delatour, juin 2003, p. 2-7). C'est peut-être le cas pour l'ensemble des photographies de monuments russes – des églises, pour la plupart – réalisées par Barchtchevsky à partir de 1880. Les photographies sont sans doute entrées dans la collection de la bibliothèque dès avant la Première Guerre mondiale. Le musée national d'architecture Chtchoussev, à Moscou, conserve plusieurs de ses photographies, semblables pour la plupart à celles de Doucet. L'attention au monument est sensible : Barchtchevsky le reproduit dans son ensemble en veillant à bien rendre lisible son élévation et ses décors, sans à-côtés. Ainsi, peu de personnages sont visibles sur ses photographies. Il réalise aussi plusieurs vues de détails, s'attachant à reproduire clairement les motifs du décor. Ces images ont-elles fait l'objet de commandes ? Par un architecte russe? C'est ce que pourrait laisser penser la photographie de plusieurs maquettes en plâtre – l'une de l'église Saints-Côme-et-Damien, l'autre de l'église des saints Boris et Gleb de Moscou – réalisées à la même époque que les photographies de monuments et conservées à la bibliothèque de l'INHA. De même, le choix de reproduire essentiellement des édifices religieux – églises et monastères –, pour la plupart datant des XVIe et XVIIe siècles, certains photographiés peu de temps après leur restauration – comme la cathédrale de Vladimir, prise en 1890, après qu'elle eut été restaurée – tend à accréditer cette supposition. En effet, les photographies de Barchtchevsky forment un relevé photographique des églises russes anciennes, très proche dans le choix des édifices, des relevés dessinés par Vladimir V. Souslov à la même époque.
DOMINIQUE DE FONT-RÉAULX

Cat. 61
Barchtchevsky Ivan Fedorovitch
***Iaroslavl, église Saint-Pierre et Saint-Paul,* détail des fenêtres**

Vers 1882
Épreuve sur papier albuminé à partir d'un négatif verre au collodion
46,0 x 36,0
Paris, Institut national d'histoire de l'art, bibliothèque Doucet, fonds Jacques Doucet, inv. Architecture étrangère II, boîte 98, n° 22

Une autre photographie montrant le clocher de l'église de la Nativité de Notre-Seigneur à Iaroslavl est collée sur la même planche.
DOMINIQUE DE FONT-RÉAULX

Cat. 62
Barchtchevsky Ivan Fedorovitch
Moscou, cathédrale de la Protection

Vers 1890
Épreuve sur papier albuminé à partir d'un négatif verre au collodion
46,0 x 36,0
Paris, Institut national d'histoire de l'art, bibliothèque Doucet, fonds Jacques Doucet, inv. Architecture étrangère II, boîte 102, n° 1968

Une autre photographie de la cathédrale de la Protection est collée sur la même planche. Cette cathédrale, construite au XVIe siècle, fut un des modèles pour l'église de la Résurrection du Saint-Sauveur-sur-le-sang-versé construite par Alfred Parland à Saint-Pétersbourg en 1907.
DOMINIQUE DE FONT-RÉAULX

Cat. 63
Barchtchevsky Ivan Fedorovitch
Novgorod, église Boris-et-Gleb

1890-1900
Épreuve sur papier albuminé à partir d'un négatif verre au collodion
Planche : 46,0 x 36,0
Paris, Institut national d'histoire de l'art, bibliothèque Doucet, fonds Jacques Doucet, inv. Architecture étrangère II, boîte 97, n° 2304

Une autre photographie, montrant l'iconostase de l'église des Saints-Apôtres à Novgorod, est collée sur la même planche.
DOMINIQUE DE FONT-RÉAULX

Cat. 64
Barchtchevsky Ivan Fedorovitch
Novgorod, la grande porte de la cathédrale de la Résurrection

Vers 1890
Épreuve sur papier albuminé à partir d'un négatif verre au collodion
46,0 x 36,0
Paris, Institut national d'histoire de l'art, bibliothèque Doucet, fonds Jacques Doucet, inv. Architecture étrangère II, boîte 97, n° 804

Une autre photographie, montrant le clocher de l'église des Saints-Côme-et-Damien, est collée sur la même planche. Cette grande porte de la cathédrale de Nijni-Novgorod, construite au XVIIe siècle, fut l'une des sources d'inspiration de V. M. Vasnetsov pour le fronton de la galerie Tretiakov, à Moscou.
DOMINIQUE DE FONT-RÉAULX

BENOIS ALBERT NIKOLAEVITCH
1852-1936

Cat. 65
Benois Albert Nikolaevitch
Projet d'église sur le lieu de l'assassinat de l'empereur Alexandre II à Saint-Pétersbourg, **projet non réalisé, façade ouest**

1882
Encre de chine, aquarelle sur papier contrecollé sur carton
43,2 x 36,5 (feuille) ; 58,2 x 45,8 (carton)
Saint-Pétersbourg, musée de l'Académie des beaux-arts de Russie, inv. A-17805

Alfred Parland construit sur ce lieu l'église de la Résurrection du Saint-Sauveur-sur-le-sang-versé (voir le cat. 348).
ANASTASSIA ALEXEEVA

BENOIS ALEXANDRE NIKOLAEVITCH
Saint-Pétersbourg, 1870 – Paris, 1960
Peintre, décorateur de théâtre, illustrateur de livres, historien de l'art et critique d'art. Auditeur libre de l'Académie des beaux-arts de Saint-Pétersbourg. Il fut l'un des principaux organisateurs et membre du Monde de l'art et membre à vie du Salon d'Automne à Paris. Conservateur de la Galerie de la peinture française et anglaise du musée de l'Ermitage. En 1926, il émigra à Paris. Frère d'Albert et Leonty.

Cat. 66
Benois Alexandre Nikolaevitch
Dessin préparatoire pour la lettre Z, Abécédaire en images, **Saint-Pétersbourg, Imprimerie d'État**

1904
Crayon graphite et aquarelle sur papier
37,9 x 30,2
Saint-Pétersbourg, Musée d'État russe, inv. R 321
MR

Cat. 67
Benois Alexandre Nikolaevitch
Abécédaire en images

Saint-Pétersbourg, 1904
Livre illustré (chromolithographies)
32,5 x 26,0
Saint-Pétersbourg, Bibliothèque nationale de Russie, inv. Ei11787
BIBLIOGRAPHIE : Benois, 1990A et 1990B.
EXPOSITIONS : 1994, Saint-Pétersbourg, p. 39, n° 108 ; 2000, Paris, p. 252.
BNR SAINT-PÉTERSBOURG

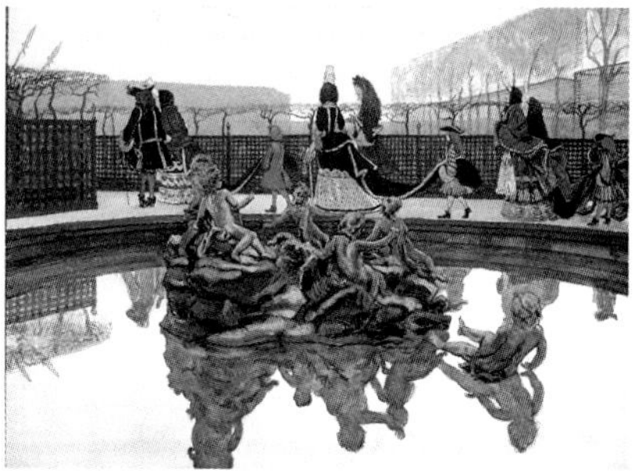
Cat. 68

Cat. 68
Benois Alexandre Nikolaevitch
La Promenade du roi

1906
Gouache, aquarelle, peinture bronze, peinture argentée, crayon graphite, encre de Chine à la plume et au pinceau sur papier contrecollé sur carton
48,5 x 61,7
Signé : en bas à gauche, à l'encre de Chine et à la plume, *Alexandre Benois 1906*
Moscou, galerie Tretiakov, inv. 5604
Historique : entré en 1917, en provenance de la collection V. O. Guirchman, Moscou.
GT

Cat. 69
Benois Alexandre Nikolaevitch
***Salon d'automne. Exposition de l'Art russe,* catalogue de l'exposition, avant-propos de S. P. Diaguilev, Moreau frères éditeurs, Paris**

1906
Livre illustré
17,0 x 13,1 x 0,5
Paris, bibliothèque du musée d'Orsay
Renata Clavien

Cat. 70
Benois Alexandre Nikolaevitch
***Chambre de Petrouchka,* projet pour le décor de *Petrouchka,* ballet de I. F Stravinsky, 1911, chorégraphie de M. Fokine, Paris ; Les saisons russes à Paris, entreprise de S. Diaguilev, théâtre du Châtelet**

1911
Crayon graphite, aquarelle, gouache, encre, rehauts de blanc sur papier
22,7 x 54,7
Moscou, musée central d'État du théâtre A. A. Bakhrouchine, inv. KP-93662
Historique : acquis avant 1936.
Bibliographie : Levinsson, 1920, n° 1, p. 57-60 ; Lifar, 1939 ; *Petrouchka,* 1930 ; Pojarskaïa, 1970, p. 276 ; Sirkina et Kostina, 1978, p. 102-103, ill. 139 ; *Encyclopédie théâtrale,* 1961, I, p. 538-539 ; Fokine, 1962 ; Etkind, 1965, p. 94, ill. de sous-jaquette ; Gray, 1962.
Natalia F. Makerova

Cat. 71
Benois Alexandre Nikolaevitch
***Le Grand-Père du Mardi Gras,* projet de costume pour *Petrouchka,* ballet de I. F Stravinsky, 1917, chorégraphie de L. S. Leontiev, Petrograd, Théâtre-Marie (Mariinsky) ; repris en 1962 à Leningrad dans le Petit Théâtre d'opéra et de ballet**

1917
Graphite, aquarelle, gouache, encre, pinceau sur papier
31,7 x 24,3
Signé : au recto en bas, au crayon, d'une écriture large et illisible, *Alexandre Benois*
Cachets : du Musée russe, *PM,* sur le bord droit dans un cartouche ovale ; plus bas au crayon, au recto, en bas à droite, *Musée d'État de théâtre livre d'acquisitions* et *n° 7123,* à l'encre ; plus haut, un cachet bavé, *Musée d'État du théâtre A. Bakhrouchine. Dép. I,* et *n° 9873,* à l'encre ; en haut à gauche, sur le bord, au crayon, *38 ;* plus bas, plus à droite, au crayon gommé, *24 ;* en haut à gauche, un cachet à demi effacé, identique au précédent
Moscou, musée central d'État du théâtre A. A. Bakhrouchine, inv. KP-93619, GKD-229
Historique : acquis avant 1936.
Bibliographie : Pojarskaïa, 1970, p. 277 ; Etkind, 1965, p. 95.
Natalia F. Makerova

BENOIS LEONTY NIKOLAEVITCH
1856-1928

Cat. 72
Benois Leonty Nikolaevitch
Levi, Siegfried (Grigory) Iakovlevitch
1860-1913
Vue du Musée polytechnique sur la place de la Loubianka à Moscou

Vers 1870
Encre de Chine et aquarelle sur papier contrecollé sur carton
31,6 x 46,2 (feuille) ; 55,10 x 71,2 (carton)
Saint-Pétersbourg, musée de l'Académie des beaux-arts de Russie, inv. A-13736
Ekaterina Savinova

BILIBINE IVAN IAKOVLEVITCH
Takhovka, près de Saint-Pétersbourg, 1876 – Leningrad, 1942

Dessinateur, illustrateur de livres, décorateur de théâtre. Il étudia chez I. E. Repine et à l'atelier de M. K. Tenicheva. Membre du cercle du Monde de l'art. Il Créa des décors pour les Ballets russes de S. P. Diaguilev (voir ici l'essai de Renata Clavien, « "Ivan main de fer" : Bilibine et l'art de l'illustration »)

Ivan-Tsarevitch et le loup gris

Cat. 73, repr. p. 143
Bilibine Ivan Iakovlevitch
***Bogatyr devant une stèle,* illustration pour le conte populaire russe *le Conte d'Ivan Tsarevitch, de l'Oiseau de feu et du loup gris,* édité par le Goznak (hôtel des Monnaies), Saint-Pétersbourg 1901**

1899
Aquarelle et encre de Chine rehauts d'or sur papier,
28,5 x 22,5
Moscou, Association du Goznak (hôtel des Monnaies), inv. KN.P. 26, n° 22/1 (page 3)
N.P. Kouriatnikova

Cat. 74
Bilibine Ivan Iakovlevitch
***Ivan tsarevitch et l'Oiseau de feu,* illustration pour le conte populaire russe *le Conte du tsarevitch Ivan, de l'Oiseau de feu et du loup gris,* Saint-Pétersbourg, édité par le Goznak (hôtel des Monnaies), 1901**

1899
Aquarelle et encre de Chine rehauts d'or et d'argent sur papier
28,4 x 22,5
Moscou, Association du Goznak (hôtel des Monnaies), inv. KN.P.26, n° 21/1 (page 2)
AG

Cat. 75, repr. p. 283, 284
Bilibine Ivan Iakovlevitch
***Le Conte d'Ivan-Tsarevitch de l'Oiseau de feu et du loup gris,* conte populaire russe, Saint-Pétersbourg, édité par le Goznak (hôtel des Monnaies)**

1907
Livre illustré
28,5 x 32,5
Paris, bibliothèque de l'Institut national d'histoire de l'art, collections Jacques Doucet – 4° Res. 619
INHA

La Princesse-grenouille

Cat. 76
Bilibine Ivan Iakovlevitch
***Le Prince et la grenouille,* illustration pour le conte populaire russe *la Princesse grenouille,* édité par le Goznak (hôtel des Monnaies), Saint-Pétersbourg 1901**

Non daté
Aquarelle et encre de chine sur papier
32,7 x 27,1
Moscou, Association du Goznak (hôtel des Monnaies), inv. KN.P.26, n° 34/1 (page 4)
AG

Cat. 77
Bilibine Ivan Iakovlevitch
***Les Trois Archers,* illustration pour le conte populaire russe *la Princesse grenouille,* édité par le Goznak (hôtel des Monnaies), Saint-Pétersbourg 1901**

1899
Aquarelle et encre de chine sur papier
28,4 x 22,5
Moscou, Association du Goznak (hôtel des Monnaies), inv. KN.P.26, n° 30/1 (page 3)
AG

Cat. 78
Bilibine Ivan Iakovlevitch
***La Princesse grenouille,* conte populaire russe, Saint-Pétersbourg, édité par le Goznak (hôtel des Monnaies)**

1901
Livre illustré
28,5 x 32,5
Paris, bibliothèque de l'Institut national d'histoire de l'art, collections Jacques Doucet – 4° Res. 606
MARIE-PIERRE SALÉ

Finist Fier-faucon

Cat. 79
Bilibine Ivan Iakovlevitch
***Le Départ du père pour la foire,* illustration pour le conte populaire russe *Finist Fier-faucon,* édité par le Goznak (hôtel des Monnaies), Saint-Pétersbourg 1902**

Non daté
Aquarelle et encre de chine, rehauts d'argent, sur papier,
28,4 x 22,5
Moscou, Association du Goznak (hôtel des Monnaies), inv. KN.P.26, n° 34/1 (page 4)
AG

Cat. 80
Bilibine Ivan Iakovlevitch
***La Belle Jeune Fille et le prince endormi,* illustration pour le conte populaire russe *Finist Fier-faucon,* Saint-Pétersbourg, édité par le Goznak (hôtel des Monnaies)**

1900
Aquarelle et encre de chine, rehauts d'or, sur papier,
15,0 x 22,5
Moscou, Association du Goznak (hôtel des Monnaies), inv. KN.P.26, n° 6/1 (page 1)
AG

Cat. 81, repr. p. 280
Bilibine Ivan Iakovlevitch
***La Plume de Finist Fier-faucon*, conte populaire russe, Saint-Pétersbourg, édité par le Goznak (hôtel des Monnaies)**

1902
Livre illustré
28,5 x 32,5
Paris, bibliothèque de l'Institut national d'histoire de l'art, collections Jacques Doucet – 4° Res. 620
INHA

La Belle Vassilissa

Cat. 82
Bilibine Ivan Iakovlevitch
***En-tête* pour l'illustration pour le conte populaire russe *la Belle Vassilissa,* édité par le Goznak (hôtel des Monnaies), Saint-Pétersbourg 1902**

1900
Aquarelle et encre de chine, rehauts d'or, sur papier,
28,5 x 22,5
Moscou, Association du Goznak (hôtel des Monnaies), inv. P. KN.26, n° 45/1
AG

Cat. 83
Bilibine Ivan Iakovlevitch
***Vassilissa et le cavalier noir,* illustration pour le conte populaire russe *la Belle Vassilissa,* édité par le Goznak (hôtel des Monnaies), Saint-Pétersbourg 1902**

1900
Aquarelle et encre de Chine sur papier
28,4 x 22,5
Moscou, Association du Goznak (hôtel des Monnaies), inv. P. KN.26, n° 44/1 (page 5)
AG

Cat. 84
Bilibine Ivan Iakovlevitch
***Vassilissa et le cavalier rouge,* illustration pour le conte populaire russe *la Belle Vassilissa,* édité par le Goznak (hôtel des Monnaies), Saint-Pétersbourg 1902**

1900
Aquarelle et encre de Chine sur papier
14,9 x 22,4
Moscou, Association du Goznak (hôtel des Monnaies), inv. P. KN.26, n° 46/1.
AG

Cat. 85
Bilibine Ivan Iakovlevitch
***Vassilissa et le cavalier blanc,* illustration pour le conte populaire russe *la Belle Vassilissa,* édité par le Goznak (hôtel des Monnaies), Saint-Pétersbourg 1902**

1900
Aquarelle et encre de chine sur papier
28,4 x 22,5
Moscou, Association du Goznak (hôtel des Monnaies), inv. P. KN.26, n° 53/1
AG

Cat. 86
Bilibine Ivan Iakovlevitch
***Paysanne courbée devant un seigneur,* illustration pour le conte populaire russe *la Belle Vassilissa,* édité par le Goznak (hôtel des Monnaies), Saint-Pétersbourg, 1902**

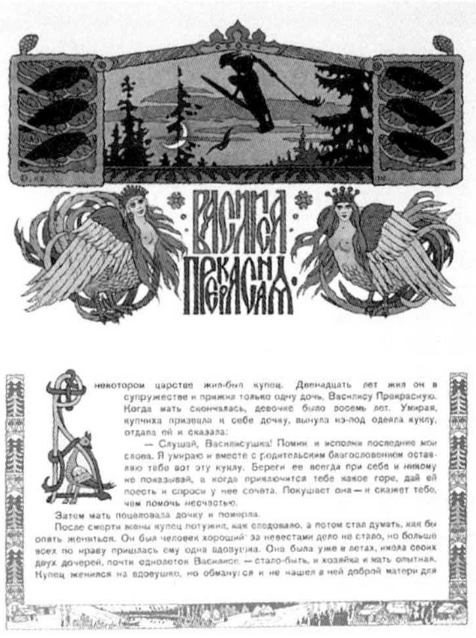

Cat. 82

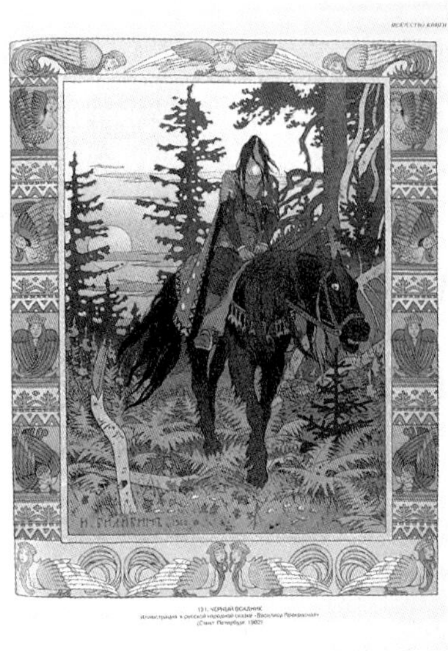

Cat. 83

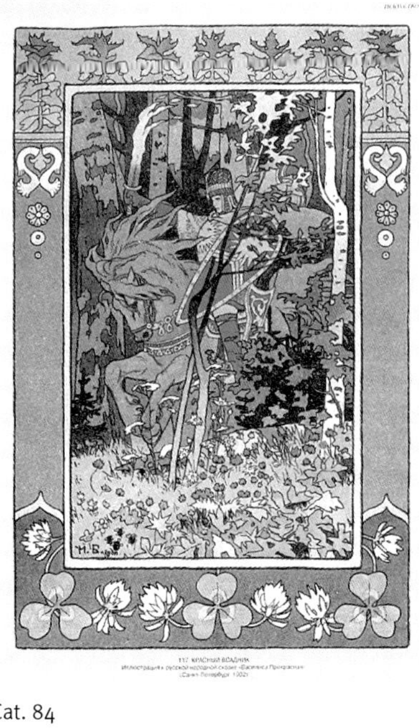

Cat. 84

1901
Aquarelle et encre de chine sur papier
22,5 x 15
Moscou, Association du Goznak
(hôtel des Monnaies), inv. P. KN.26, n° 49.
AG

Cat. 87, repr. p. 283
Bilibine Ivan Iakovlevitch
***La Belle Vassilissa,* conte populaire, Saint-Pétersbourg, édité par le Goznak (hôtel des Monnaies)**

1902
Livre illustré
28,5 x 32,5
Paris, bibliothèque de l'Institut national d'histoire de l'art, collections Jacques Doucet – 4° Res. 621
INHA

Sœur Alenouchka et frère Ivanouchka

Cat. 88
Bilibine Ivan Iakovlevitch
***Vignette* pour le conte populaire russe *Sœur Alenouchka et frère Ivanouchka,* édité par le Goznak (hôtel des Monnaies), Saint-Pétersbourg, 1903**

1901
Aquarelle et encre de chine sur papier
28,5 x 22,0
Moscou, Association du Goznak
(hôtel des Monnaies), inv. P. KN.26, n° 63/1
AG

Cat. 89, repr. p. 285
Bilibine Ivan Iakovlevitch
***Sœur Alenouchka et frère Ivanouchka,* conte populaire russe, Saint-Pétersbourg, édité par le Goznak (hôtel des Monnaies)**

1903
Livre illustré
28,5 x 32,5
Paris, bibliothèque de l'Institut national d'histoire de l'art, collections Jacques Doucet – 4° Res. 607
INHA

Le Canard blanc

Cat. 90
Bilibine Ivan Iakovlevitch
***En-tête* pour l'illustration du conte populaire russe *le Canard blanc,* édité par le Goznak (hôtel des Monnaies), Saint-Pétersbourg**

1902
Aquarelle et encre de chine,
rehauts d'or et d'argent, sur papier
28,4 x 22,5
Moscou, Association du Goznak
(hôtel des Monnaies), inv. P. KN.26, n° 21/1
AG

Cat. 91, repr. p. 286
Bilibine Ivan Iakovlevitch
***La Princesse dans la tour du château,* illustration pour le conte populaire russe *le Canard blanc,* édité par le Goznak (hôtel des Monnaies), Saint-Pétersbourg, 1903**

1902
Aquarelle et encre de chine rehauts d'or sur papier
28,4 x 22,5
Moscou, Association du Goznak
(hôtel des Monnaies), inv. P. KN.26, n° 21/1
AG

Cat. 92, repr. p. 284
Bilibine Ivan Iakovlevitch
***Petite Sœur Alenouchka et petit frère Ivanouchka. Le Canard blanc,* contes populaires russes, Saint-Pétersbourg, édité par le Goznak (hôtel des Monnaies)**

1903
Chromolithographie
32,5 x 25,5
Saint-Pétersbourg, Bibliothèque nationale de Russie, inv. Ei11060
BNR Saint-Pétersbourg

Maria Morevna

Cat. 93
Bilibine Ivan Iakovlevitch
***Prince et jeunes filles dans un intérieur,* illustration pour le conte populaire russe *Maria Morevna,* édité par le Goznak (hôtel des Monnaies), Saint-Pétersbourg, 1903**

1901
Aquarelle et encre de chine,
rehauts d'or et d'argent, sur papier,
15,0 x 22,5
Moscou, Association du Goznak
(hôtel des Monnaies), inv. P. KN.26, n° 10/1
AG

Cat. 94
Bilibine Ivan Iakovlevitch
***Princesse devant les tentes,* illustration pour le conte populaire russe *Maria Morevna,* édité par le Goznak (hôtel des Monnaies), Saint-Pétersbourg, 1903**

1899-1901
Aquarelle et encre de chine,
rehauts d'or et d'argent, sur papier,
28,4 x 22,5
Moscou, Association du Goznak
(hôtel des Monnaies), inv. P. KN.26, n° 12/1
AG

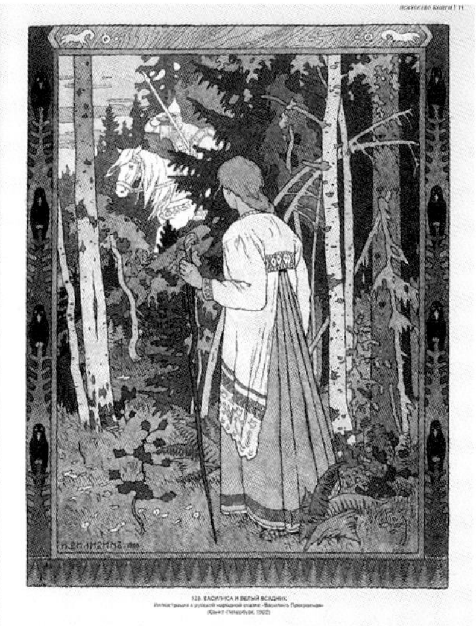

Cat. 85

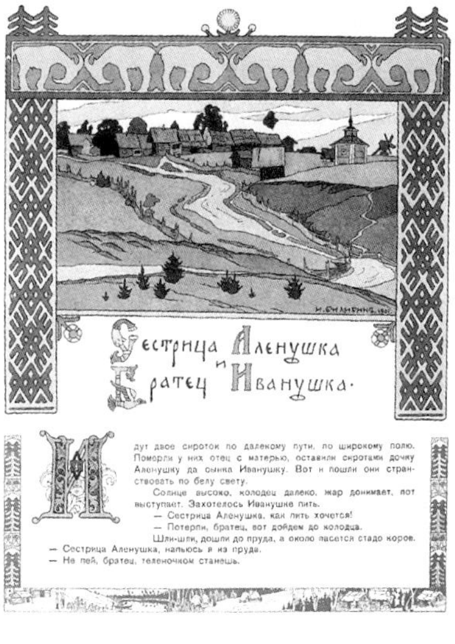

Cat. 88

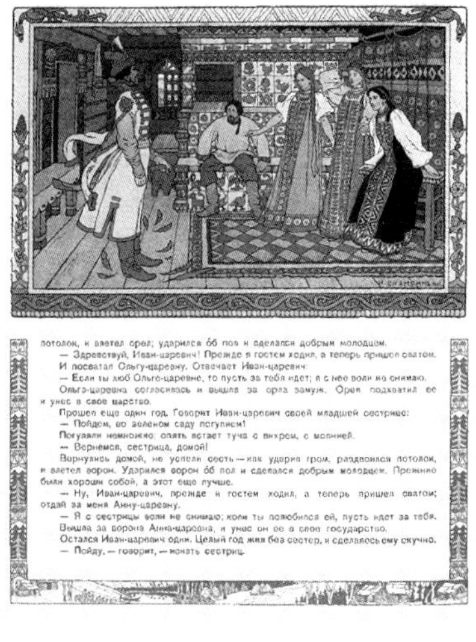

Cat. 93

Cat. 95

Bilibine Ivan Iakovlevitch

***Le Tsarevitch Ivan et la troupe vaincue,* illustration pour le conte populaire russe *Maria Morevna,* édité par le Goznak (hôtel des Monnaies), Saint-Pétersbourg, 1903**

1901
Aquarelle et encre de chine sur papier, polygraphie
28,4 x 22,5
Moscou, Association du Goznak (hôtel de Monnaies), inv. P. KN.26, n° 11/1
AG

Cat. 96

Bilibine Ivan Iakovlevitch

***Maria Morevna,* conte populaire russe, Saint-Pétersbourg, édité par le Goznak (hôtel des Monnaies)**

1903
Livre illustré
28,5 x 32,5
Paris, bibliothèque de l'Institut national d'histoire de l'art, collections Jacques Doucet – 4° Res. 622
INHA

Cat. 97

Bilibine Ivan Iakovlevitch

Au puits

1901
Carte postale ; chromolithographie
14,0 x 9,0
Moscou, Bibliothèque d'État russe, Reg. n° 7494-38

La carte postale a été éditée à Saint-Pétersbourg, au profit de la communauté de Sainte-Eugénie, imprimée dans l'atelier de lithographie de A. Iline.
BER Moscou

Cat. 98, repr. p. 292

Bilibine Ivan Iakovlevitch

Contes

1903
Affiche publicitaire pour la publication des contes populaires russes illustrés par Bilibine ; chromolithographie
72,2 x 49,0
Moscou, Bibliothèque d'État russe, inv. 432-38
BER Moscou

Cat. 99

Bilibine Ivan Iakovlevitch

***Couverture* pour la revue *Arkhitektournyï mouzeï. Khoudojestvenno-Arkhitektournyï journal (Musée d'architecture. Revue d'architecture d'art),* n° 1**

1903
Gravure
32,2 x 23,9
Saint-Pétersbourg, musée de l'Académie des beaux-arts de Russie, inv. Kn-1
Anastassia Alexeeva

Cat. 100, repr. p. 180

Bilibine Ivan Iakovlevitch

***Esquisse pour les congratulations* à l'adresse de la princesse Evguenia Maximilianovna Oldenbourgskaïa pour son anniversaire**

1903
encre de chine, plume, rehauts de blanc, sur papier,
41,3 x 33,9
Inscription : *Gloire au soleil rouge dans le ciel ! / Gloire à la princesse Evguenia Maximilianovna ! / Et gloire à tout le peuple orthodoxe !*
Saint-Pétersbourg, musée de l'Académie des beaux-arts de Russie, inv. R-8976
Elena Pliousnina

Cat. 101, repr. p. 287

Bilibine Ivan Iakovlevitch

***Bylines. Volga,* édité par le Goznak (hôtel des Monnaies), Saint-Pétersbourg**

1904
Chromolithographie
36,5 x 30,5
Saint-Pétersbourg, Bibliothèque nationale de Russie, inv. Er688
Bibliographie : S. V. Golynets, 1988 ; Verijnikova, 2001.
BNR Saint-Pétersbourg

Cat. 102, repr. p. 261

Bilibine Ivan Iakovlevitch

***L'Art populaire de la Russie du Nord,* frontispice de la revue *Mir Iskousstva (le Monde de l'art),* n° 11, 1904**

1904
Zincographie
32,0 x 25,0
Saint-Pétersbourg, Bibliothèque nationale de Russie, inv. Ei5153
Bibliographie : Verijnikova, 2001.
BNR Saint-Pétersbourg

Cat. 103

Bilibine Ivan Iakovlevitch

***Église du Sauveur sur la Kokchengue* (province de Vologda, canton de Tomsk)**

1904
Carte postale ; chromolithographie
14,4 x 9,2
Moscou, Bibliothèque d'État russe, Reg. n° 47256-38

La carte postale a été éditée à Saint-Pétersbourg, au profit de la communauté de Sainte-Eugénie, imprimée dans l'atelier de lithographie de N. Kadouchine.
BER Moscou

Cat. 104

Bilibine Ivan Iakovlevitch

***Églises en bois de la région d'Olonets,* dessin préparatoire pour une carte postale**

1904
Plume et encre noire
23,9 x 15,4
Saint-Pétersbourg, Musée d'État russe, inv. R-2799
MR

Cat. 105

Bilibine Ivan Iakovlevitch

***Glysselga,* province d'Olonets, canton de Povenets**

1904
Carte postale ; chromolithographie
9,0 x 14,2
Moscou, Bibliothèque d'État russe, Reg. n° 759-37

La carte postale a été éditée à Saint-Pétersbourg, au profit de la communauté de Sainte-Eugénie, imprimée dans l'atelier de lithographie de N. Kadouchine.
BER Moscou

Cat. 106

Bilibine Ivan Iakovlevitch

Cimetière, province d'Arkhanguelsk

1904
Carte postale ; chromolithographie
9,2 x 14,4
Moscou, Bibliothèque d'État russe, Reg. n° 7493-38

La carte postale a été éditée à Saint-Pétersbourg, au profit de la communauté de Sainte-Eugénie, imprimée dans l'atelier de lithographie de A. Iline.
BER Moscou

Cat. 107

Bilibine Ivan Iakovlevitch

***Potchozero,* province d'Olonets, canton de Poudojsk**

1904
Carte postale ; chromolithographie
14,3 x 9,1
Moscou, Bibliothèque d'État russe, Reg. n° 7497-38

La carte postale a été éditée à Saint-Pétersbourg, au profit de la communauté de Sainte-Eugénie, imprimée dans l'atelier de lithographie de N. Kadouchine.
BER Moscou

Cat. 108

Bilibine Ivan Iakovlevitch

***Village de Podoujemie,* province d'Arkhanguelsk, canton de Kemsky**

1904
Carte postale ; chromolithographie
9,2 x 14,2
Moscou, Bibliothèque d'État russe,
Reg. n° 21898-57
BER Moscou

Cat. 109
Bilibine Ivan Iakovlevitch
Exposition historique d'objets d'art au profit des blessés et des malades de guerre

1904
Affiche ; chromolithographie
69,0 x 51,5
Saint-Pétersbourg, Bibliothèque nationale de Russie, inv. Eaf10278
BNR Saint-Pétersbourg

Conte du tsar Saltan

Cat. 110
Bilibine Ivan Iakovlevitch
***Étonné, il voit devant lui une grande cité...*, dessin préparatoire pour l'illustration des *Contes de Pouchkine. Conte du tsar Saltan*, Saint-Pétersbourg, édité par le Goznak (hôtel des Monnaies)**

1905
Crayon graphite et aquarelle sur papier
30,0 x 22,5
Saint-Pétersbourg, Musée d'État russe, inv. R-2132
MR

Cat. 111, repr. p. 290 et 291
Bilibine Ivan Iakovlevitch
***Les Contes de Pouchkine. Conte du tsar Saltan*, Saint-Pétersbourg, édité par le Goznak (hôtel des Monnaies)**

1905
Chromolithographie
26,0 x 33,0
Saint-Pétersbourg, Bibliothèque nationale de Russie, inv. Pouchkine/2-S-425-49
Bibliographie : S. V. Golynets, 1988 ; Verijnikova, 2001 ; Golynets et Golynets, 1972.
Expositions : 1993, Brighton, p. 32 ; 2001, Saint-Pétersbourg, p. 190-192.
BNR Saint-Pétersbourg

Conte du coq d'or

Cat. 112
Bilibine Ivan Iakovlevitch
***Le Cortège du tsar Dadon* (feuille de droite), esquisse pour une illustration du *Conte du coq d'or* de A. S. Pouchkine**

1906
Aquarelle, encre à la plume et au pinceau sur papier
11,7 x 35,0 (dessin) ; 23,6 x 41,8 (feuille)
Signé et daté : en bas à gauche, *I. Bilibine. 1906*
Saint-Pétersbourg, musée national A. S. Pouchkine, inv. R 437/1
Historique : acquis en 1938 de la galerie Tretiakov
MNASP

Cat. 113
Bilibine Ivan Iakovlevitch
***Le Cortège du tsar Dadon* (feuille de gauche), *Esquisse* pour une illustration du *Conte du coq d'or* de A. S. Pouchkine**

1906
Aquarelle, encre à la plume et au pinceau sur papier
11,7 x 35 (dessin) ; 23,6 x 41,8 (feuille)
Signé et daté : en bas à droite, *I. Bilibine. 1906*
Saint-Pétersbourg, musée national A. S. Pouchkine, inv. R 437/2
Historique : acquis en 1938 de la galerie Tretiakov
MNASP

Cat. 114, repr. p. 289
Bilibine Ivan Iakovlevitch
***Le Tsar Dadon devant la tente de la tsarine Chamakhanskaïa*, esquisse pour une illustration du *Conte du coq d'or* de A. S. Pouchkine**

1906
Aquarelle, encre à la plume et au pinceau sur papier
21,5 x 27,5 (dessin) ; 32,1 x 39,9 (feuille)
Saint-Pétersbourg, musée national A. S. Pouchkine, inv. R 438
Historique : acquise en 1938 de la galerie Tretiakov
MNASP

Cat. 115
Bilibine Ivan Iakovlevitch
***Esquisse* pour la couverture du *Conte du coq d'or* de A. S. Pouchkine**

1907
Aquarelle, encre à la plume et au pinceau sur carton
21,5 x 27,7 (dessin) ; 33,5 x 50 (feuille)
Signée et datée : dans le cercle central, *I.B. 1907*
Saint-Pétersbourg, musée national A. S. Pouchkine, inv. R 434
Historique : acquise en 1938 de la galerie Tretiakov
MNASP

Cat. 116
Bilibine Ivan Iakovlevitch
***Contes de Pouchkine. Le Coq d'or*, Saint-Pétersbourg, édité par le Goznak (hôtel des Monnaies)**

1907
Chromolithographie
27,0 x 33,3
Saint-Pétersbourg, Bibliothèque nationale de Russie, inv. Pouchkine/2-S-425-27
Bibliographie : 2001, Saint-Pétersbourg, p. 268-269.
BNR Saint-Pétersbourg

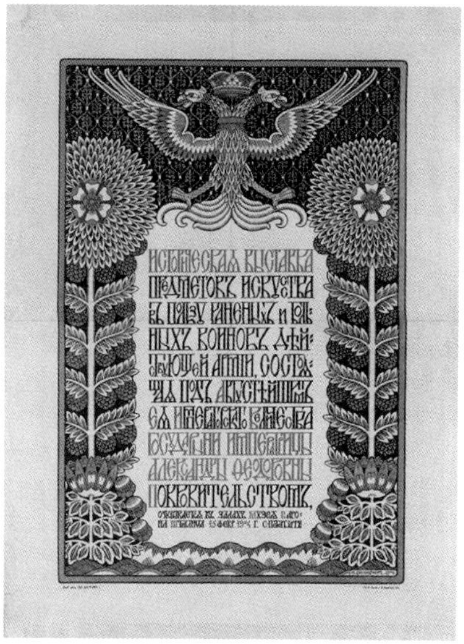

Cat. 109

Cat. 117, repr. p. 288
Bilibine Ivan Iakovlevitch
***Conte du coq d'or,* illustration du conte de A. S. Pouchkine**

1906
15,7 x 20,0
Moscou, Bibliothèque d'État russe, inv. 66253-57
BER Moscou

Cat. 118, repr. p. 293
Bilibine Ivan Iakovlevitch
***Août,* feuille de calendrier**

1906
20,5 x 13,4
Moscou, Bibliothèque d'État russe, inv. 66255-57
BER Moscou

Cat. 119
Bilibine Ivan Iakovlevitch
***Couverture* pour le livret de l'opéra *Rouslan et Ludmila* de M. I. Glinka d'après le poème de A. S. Pouchkine**

1906
Gravure en couleurs
31,2 x 23,3
Saint-Pétersbourg, musée de l'Académie des beaux-arts de Russie, inv. Kn-29
Anastassia Alexeeva

Cat. 120
Bilibine Ivan Iakovlevitch
***Couverture* pour le livret de l'opéra *Une vie pour le tsar* de M. I. Glinka**

1906
Gravure en couleurs
31,2 x 23,3
Saint-Pétersbourg, musée de l'Académie des beaux-arts de Russie, inv. Kn-23
Anastassia Alexeeva

Cat. 121, repr. p. 293
Bilibine Ivan Iakovlevitch
Couverture pour O. Ostrogorsky, *la Parole vivante,* manuel de russe langue maternelle, 1re partie

1907
Gravure en couleurs
23,5 x 17,0
Moscou, Bibliothèque d'État russe, inv. 5151-86
BER Moscou

Cat. 122
Bilibine Ivan Iakovlevitch
Baba Iaga dansant

1908
Aquarelle sur carton
23,2 x 16,0
Saint-Pétersbourg, Musée d'État russe, inv. R-53128

Baba Iaga est l'un des plus célèbres personnages des contes russes, une vieille sorcière laide et borgne. Dans la mythologie slave, Baba Iaga est une vieille sorcière, chasseresse de petits enfants mais aussi une prêtresse de la Grande Déesse à qui l'on consacre les idoles. Elle est un lien entre le monde des morts, la nature, les animaux et les héros humains des contes. On distingue les Baba Iaga qui jouent un rôle positif – donatrice chez laquelle le héros arrive « par hasard » et reçoit des cadeaux magiques – et de bons conseils de celles qui ont un rôle négatif ou maléfique – ravisseuse d'enfants anthropophage ; vengeresse ; enchanteresse maléfique ou mauvaise conseillère. Baba Iaga vit dans une région mythique éloignée, « le royaume tri-deviatij », là où « le corbeau n'apporte pas l'os russe ». Au fond d'une forêt épaisse et impénétrable, obstacle aux pérégrinations du héros, Baba Iaga mène une vie solitaire dans une isba « sur pilotis de pieds de poule », entourée d'une palissade sur les pieux de laquelle sont fichés des crânes humains. Elle se déplace sur une grume.
Renata Clavien

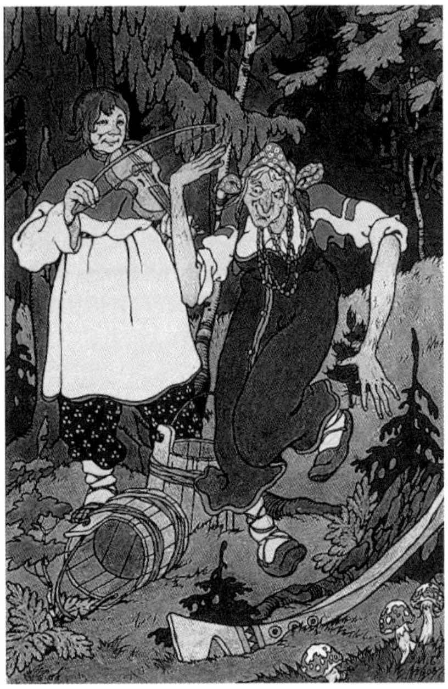

Cat. 122

Cat. 123
Bilibine Ivan Iakovlevitch
Couverture* pour la *Comédie sur la véritable catastrophe qui s'abattit sur l'état de Moscou, sur le tsar Boris et Grichka Le Loqueteux, chronique de multiples révoltes

1908
Gravure
30,7 x 20,9
Saint-Pétersbourg, musée de l'Académie des beaux-arts de Russie, inv. Kn-21
Anastassia Alexeeva

Cat. 124
Bilibine Ivan Iakovlevitch
***Couverture* pour le livret de l'opéra *le Coq d'or* de Rimsky-Korsakov d'après le conte de A. S. Pouchkine**

1908
Gravure en couleurs
31,2 x 21,9 (feuille) ; 41,5 x 31,6 (carton)
Saint-Pétersbourg, musée de l'Académie des beaux-arts de Russie, inv. Kn-22
Anastassia Alexeeva

Cat. 125
Bilibine Ivan Iakovlevitch
***Tsarevitch,* costume pour *Boris Godounov* de M. P. Moussorgsky à l'Opéra, à Paris**

1908
Carte postale ; chromolithographie
14,0 x 9,0
Moscou, Bibliothèque d'État russe, inv. 60176-55
BER Moscou

Cat. 126
Bilibine Ivan Iakovlevitch
***Boyard*, projet de costume pour *le Coq d'or*, opéra de N. A. Rimsky-Korsakov, 24 septembre 1909, mise en scène P. Olenine, Moscou, opéra privé de S. I. Zimine**

1909
Crayon, aquarelle, lavis bronze sur papier
36,3 x 25,4
Signé et monogrammé : au recto en bas à droite, à l'aquarelle noire, *I.B. 1913*
Inscriptions : en haut à droite, *Boyard ;* sur le bord, en haut à gauche, au crayon, *n° 1*
Moscou, musée central d'État du théâtre A. A. Bakhrouchine, inv. KP-6304, GKD-368
Historique : acquis avant 1936.
Bibliographie : Golynets et Golynets, 1972, p. 130-131 ; Bilibine, 1988.
Natalia F. Makerova

Cat. 127
Bilibine Ivan Iakovlevitch
Conte de fées

1910
Crayon graphite et aquarelle sur papier
17,0 x 24,9
Saint-Pétersbourg, musée d'État russe, inv. R-57504
MR

Cat. 128
Bilibine Ivan Iakovlevitch
Projet pour des cartes à jouer

1911
Gouache sur papier
18,2 x 24,1
Saint-Pétersbourg, Musée d'État russe, inv. R-53027
MR

Cat. 129, repr. p. 27
Bilibine Ivan Iakovlevitch
Contes d'Alexandre Roslavlev

1911
Livre illustré
21,0 x 30,2
Paris, bibliothèque de l'Institut national d'histoire de l'art, collections Jacques Doucet – 4° Res. 627
INHA

Cat. 130
Bilibine Ivan Iakovlevitch
***Esquisse pour le concours de l'affiche* d'une exposition de dessins et d'estampes dans les salles de l'Académie impériale des arts en 1912-1913**

1912
encre de chine à la plume et au pinceau, blanc de céruse, 35,2 x 26,2
Saint-Pétersbourg, musée de l'Académie des beaux-arts de Russie, inv. R-8929
Elena Pliousnina

Cat. 131
Bilibine Ivan Iakovlevitch
***Espoir*, projet de costume pour *la Tombe d'Askold*, opéra de A. Verstovsky, 25 novembre 1914, mise en scène de P. Olenine, Moscou, opéra privé de S. I. Zimine**
1913
Crayon, aquarelle, lavis argenté sur papier contrecollé sur carton
36,1 x 25,3
Signé et monogrammé : au recto en haut à gauche, en aquarelle brun, *I. B... 1913*
Inscriptions : sur le bord en haut à droite, *Tombe d'Askold* ; plus bas, *Espoir*
Poinçon : dans le coin en bas à droite, en relief, un marteau dans un anneau ; sur l'anneau est gravé *SHOILERSHAMMER SCUTZMARKE*
Cachet : au verso, sur le bord en bas à droite, à l'encre violette, *Musée d'État du théâtre A. Bakhrouchine. Dép. I*, et *n° 7411 ;* sur le bord, en bas au centre, un papier collé avec un tampon *154 B.4.32*
Moscou, musée central d'État du théâtre A. A. Bakhrouchine, inv. KP-5731, GKD-389
Historique : acquis avant 1936.
Bibliographie : Bilibine, 1970, p. 104-105 ; Golynets et Golynets, 1972, p. 130-131 ; Kourov, 1914.
Natalia F. Makerova

Cat. 132
Bilibine Ivan Iakovlevitch
***Farlaf*, projet de costume pour *Rouslan et Ludmila*, opéra de M. I. Glinka, 18 mai 1914, mise en scène de A. Poplavsky, Saint-Pétersbourg, théâtre Maison du peuple**

1913
Aquarelle et crayon graphite sur papier
34,2 x 23,8
Signé et monogrammé : au recto, en bas à droite, à l'aquarelle rougeâtre et brunâtre, *I.B. 1913*
Inscriptions : sur le bord, en haut à droite, *Rouslan et Ludmila ;* plus bas, *Farlaf*
Moscou, musée central d'État du théâtre A. A. Bakhrouchine, inv. KP-123102, GKD-404
Historique : acquis le 17 décembre 1938.
Bibliographie : Kael, 1914 ; Golynets et Golynets, 1972, p. 130-131 ; Bilibine, 1988.
Natalia F. Makerova

Cat. 133
Bilibine Ivan Iakovlevitch
***Encart* gratuit à la revue anniversaire *Niva (le Champ)*, consacrée au troisième centenaire de la maison des Romanov (1613-1913)**

1912
Gravure en couleurs
21,5 x 30,0
Saint-Pétersbourg, musée de l'Académie des beaux-arts de Russie, inv. Kn-28
Anastassia Alexeeva

Cat. 134
Bilibine Ivan Iakovlevitch
Contes de Pouchkine

Livre illustré
28,5 x 32,5
Paris, bibliothèque de l'Institut national d'histoire de l'art, collections Jacques Doucet – 4° Res. 618
INHA

BOGOMOLOV IVAN SEMENOVITCH
1841-1886

Cat. 135
Bogomolov Ivan Semenovitch
***Église du village de Reïval près de Saint-Pétersbourg*, vue de la façade principale**

1881
encre de chine, aquarelle, gouache sur papier
92,0 x 61,8 (feuille) ; 99,0 x 67,4 (carton)
Saint-Pétersbourg, musée de l'Académie des beaux-arts de Russie, inv. A-18808
Elena Pliousnina

BOLDYREV IVAN VASSILIEVITCH
Stanitsa Ternovskaïa, district du Don, 1850 – Saint-Pétersbourg, 1898
Originaire de la région du Don, Boldyrev est auditeur à l'Académie des beaux-arts de Saint-Pétersbourg avant de se tourner vers la photographie vers 1874, se consacrant au perfectionnement de la technique photographique et des tirages. Membre fondateur de la première Société russe de photographie au sein de la Société impériale russe de technique de Saint-Pétersbourg ; il participe à de nombreuses expositions internationales, où il est très souvent récompensé pour la qualité de ses épreuves (Paris, 1889).

Cat. 136
Boldyrev Ivan Vassilievitch
Adieux au Cosaque dans un champ. Tsimlianskaïa stanitsa*, fait partie de l'album *Vues et types du district du Don

1875-1876
Épreuve sur papier albuminé
16,2 x 22,0 (épreuve) ; 32,5 x 44,0 (planche)
Saint-Pétersbourg, Bibliothèque nationale de Russie, inv. Ei6240/64
Bibliographie : Barkhatova, 1989, p. 136-143.
Elena Barkhatova

Cat. 137, repr. p. 116
Boldyrev Ivan Vassilievitch
Cosaque du Don, tireur*, fait partie de l'album *Vues et types du district du Don

1875-1876
Épreuve sur papier albuminé
11,7 x 17,0 (épreuve) ; 32,4 x 44,2 (planche)
Saint-Pétersbourg, Bibliothèque nationale de Russie, inv. Ei6240/69
BIBLIOGRAPHIE : Stassov, 1885, p. 46 ; Barkhatova, 1989, p. 136-143.
ELENA BARKHATOVA

Cat. 138, repr. p. 102
Boldyrev Ivan Vassilievitch
Cosaque vendant du vin de Tsimlianskaïa Stanitsa,* fait partie de l'album *Vues et types du district du Don

1875-1876
Épreuve sur papier albuminé
14,6 x 11,0 (épreuve) ; 44,0 x 32,2 (planche)
Saint-Pétersbourg, Bibliothèque nationale de Russie, inv. Ei6240/32
BIBLIOGRAPHIE : Barkhatova, 1989, p. 136-143.
ELENA BARKHATOVA

Cat. 139, repr. p. 102
Boldyrev Ivan Vassilievitch
Femme cosaque rentrant du fumier séché dans la grange. Tsimlianskaïa Stanitsa*, fait partie de l'album *Vues et types du district du Don

1875-1876
Épreuve sur papier albuminé
16,0 x 20,4 (épreuve) ; 32,8 x 44,4 (planche)
Saint-Pétersbourg, Bibliothèque nationale de Russie, inv. Ei6240/20
BIBLIOGRAPHIE : Barkhatova, 1989, p. 136-143.
ELENA BARKHATOVA

Cat. 140
Boldyrev Ivan Vassilievitch
Femme cosaque triant du raisin. Tsimlianskaïa stanitsa,* fait partie de l'album *Vues et types du district du Don

1875-1876
Épreuve sur papier albuminé
14,0 x 11,0 (épreuve) ; 44,0 x 32,3 (planche)
Saint-Pétersbourg, Bibliothèque nationale de Russie, inv. Ei6240/25
BIBLIOGRAPHIE : Barkhatova, 1989, p. 136-143.
ELENA BARKHATOVA

Cat. 141
Boldyrev Ivan Vassilievitch
Fillette de Tsimlianskaïa Stanitsa, fâchée*, fait partie de l'album *Vues et types du district du Don

1875-1876
Épreuve sur papier albuminé
14,0 x 10,7 (épreuve) ; 44,6 x 32,7 (planche)
Saint-Pétersbourg, Bibliothèque nationale de Russie, inv. Ei6240/73
ELENA BARKHATOVA

Cat. 142
Boldyrev Ivan Vassilievitch
Le Grès. Tsimlianskaïa Stanitsa,* fait partie de l'album *Vues et types du district du Don

1875-1876
Épreuve sur papier albuminé
20,4 x 16,7 (épreuve) ; 44,0 x 32,4 (planche)
Saint-Pétersbourg, Bibliothèque nationale de Russie, inv. Ei6240/7
ELENA BARKHATOVA

Cat. 143, repr. p. 116
Boldyrev Ivan Vassilievitch
Salle d'attente de l'hôpital d'Obouchovsky à Saint-Pétersbourg,* fait partie de l'album *Vues intérieures et extérieures prise à la lumière artistique par I. Boldyrev

1887
Épreuve sur papier albuminé
16,2 x 22,10 (épreuve) ; 22,10 x 33,3 (planche)
Saint-Pétersbourg, Bibliothèque nationale de Russie, inv. Ei6672/49
BIBLIOGRAPHIE : *Autrefois la Russie...*, 1990, p. 80.
EXPOSITIONS : 1989, Zurich, p. 71, n° 57 ; 1993, Bonn, p. 111, n° 203.
ELENA BARKHATOVA

Cat. 144
Boldyrev Ivan Vassilievitch
Groupe de médecins, autopsie à l'hôpital Obouchovsky à Saint-Pétersbourg fait partie de l'album Vues intérieures et extérieures prise à la lumière artistique par I. Boldyrev

1887
Épreuve sur papier albuminé
16,4 x 22,10 (épreuve) ; 22,10 x 33,10 (planche)
Saint-Pétersbourg, Bibliothèque nationale de Russie, inv. Ei6672/55
ELENA BARKHATOVA

BOSSE HAROLD ERNESTOVITCH

1812-1894
Professeur à l'Académie des beaux-arts de Saint-Pétersbourg, Bosse avait été formé à Darmstadt, en Allemagne

Cat. 145
Bosse Harold Ernestovitch
***Projet pour une église en bois néo-russe à Mikhaïlova près de Peterhof*, façade sud**

1859-1861
encre de chine, aquarelle sur papier
47,8 x 63,4
Saint-Pétersbourg, musée de l'Académie des beaux-arts de Russie, inv. A-3306
ANASTASSIA ALEXEEVA

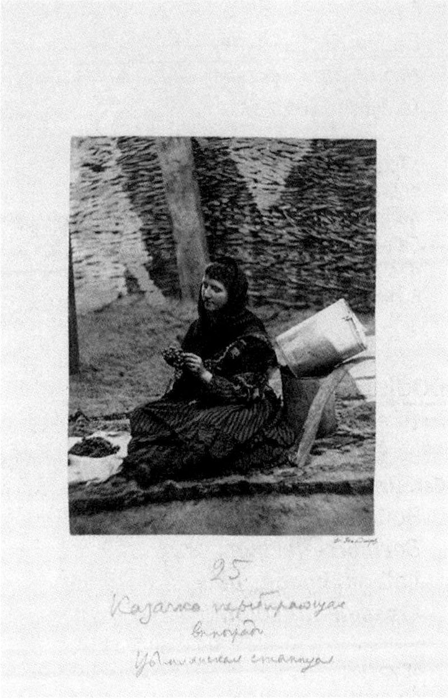

Cat. 140

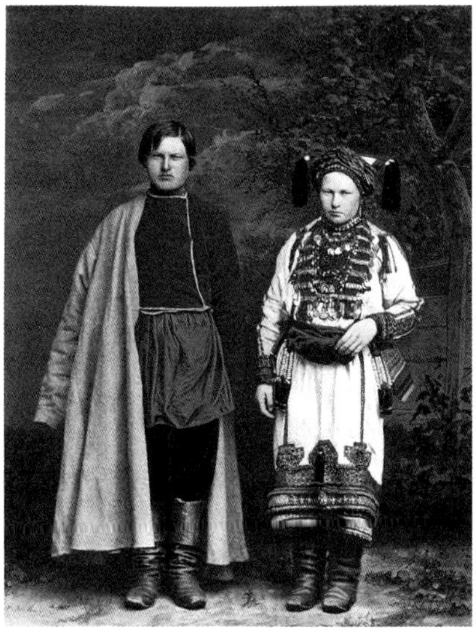

Cat. 148

Cat. 146
Bosse Harold Ernestovitch
Projet pour une demeure princière (à Mikhaïlova ?)

1859
encre de chine, aquarelle sur papier
46,3 x 63,0
Saint-Pétersbourg, musée de l'Académie des beaux-arts de Russie, inv. A-3234
ELENA PLIOUSNINA

BOUKHAR MIKHAÏL
Actif en Russie de 1860 à 1880

Cat. 147, repr. p. 100
Boukhar Mikhaïl
Bachkirs-éleveurs,* fait partie de l'album *Images photographiques des types de la région d'Orenbourg

1872
Épreuve sur papier albuminé rehaussée à l'aquarelle
20,7 x 17,10 (épreuve) ; 39,5 x 27,5 (marie-louise)
Inscription : en bas au centre, sur la marie-louise, *Bachkirs-éleveurs*
Moscou, musée national d'Histoire, inv. 90884 I 37577/3
HISTORIQUE : entré en 1957, en provenance du Dépôt central du fonds du musée.
BIBLIOGRAPHIE : *Autrefois la Russie,* 1990, p. 51 ; *Rousskaïa Fotografia,* 1996, p. 29.

L'exemplaire de cet album appartenant à la collection du musée d'Histoire a été offert par le photographe Mikhaïl Boukhar au tsarevitch Alexandre Alexandrovitch, grand-prince et futur empereur Alexandre III, comme le confirme l'inscription sur la page de titre
TATIANA SABOUROVA

Cat. 148
Boukhar Mikhaïl
Mordva, un couple* (population des bords de la Volga), fait partie de l'album *Images photographiques des types de la région d'Orenbourg

1872
Épreuve sur papier albuminé rehaussée à l'aquarelle
20,9 x 16,4 (épreuve) ; 39,5 x 27,5 (marie-louise)
Inscription : en bas au centre, sur la marie-louise, *Mordve*
Moscou, musée national d'Histoire, inv. 90884 I 37577/2
HISTORIQUE : entré en 1957, en provenance du Dépôt central du fonds du musée.
BIBLIOGRAPHIE : *Autrefois la Russie,* 1990, p. 51 ; *Rousskaïa Fotografia,* 1996, p. 29.
TATIANA SABOUROVA

BULLA KARL
1854-1929
D'origine allemande, Karl Bulla, l'un des plus célèbres photographes russes de son temps, s'installe à Saint-Pétersbourg dans les années 1870 et travaille dans différents ateliers de photographes de la ville, avant de fonder le sien, Perspective Nevsky, vers 1890. À partir de 1885, il collabore comme photographe pour différents journaux russes et devient correspondant de plusieurs publications allemandes et françaises, dont *l'Illustration.* Ses deux fils, Alexandre et Viktor, travaillent avec lui ; ce dernier suivit les combats de la guerre russo-japonaise de 1904-1905 (voir les cat. 156 à 158).

Cat. 149
Bulla Karl
Fête populaire à Saint-Pétersbourg, canal Odvony

1890-1900
Épreuve argentique
20,4 x 22,7
Saint-Pétersbourg, musée d'État de l'Ermitage, inv. EPFt-186
EXPOSITIONS : 2003, Saint-Pétersbourg, n° 246.
DOMINIQUE DE FONT-RÉAULX

Cat. 150
Bulla Karl
Fête populaire à Saint-Pétersbourg, Canal Odvony

1890-1900
Épreuve argentique
20,1 x 27,8
Saint-Pétersbourg, musée d'État de l'Ermitage, inv. EPFt-188
EXPOSITIONS : 2003, Saint-Pétersbourg, n° 247.
DOMINIQUE DE FONT-RÉAULX

Cat. 151
Bulla Karl
Panorama de la Neva vu de l'île Vassilievsky

1890-1900
Épreuve argentique
24,0 x 360
Saint-Pétersbourg, musée d'État de l'Ermitage, inv. EPFt-67
EXPOSITIONS : 2003, Saint-Pétersbourg, n° 243.
DOMINIQUE DE FONT-RÉAULX

Cat. 152
Bulla Karl
Saint-Pétersbourg, marché Pokrovsky

1890-1900
Épreuve argentique
25,0 x 30,0
Saint-Pétersbourg, musée d'État de l'Ermitage, inv. EPFt-183
EXPOSITIONS : 2003, Saint-Pétersbourg, n° 241.
DOMINIQUE DE FONT-RÉAULX

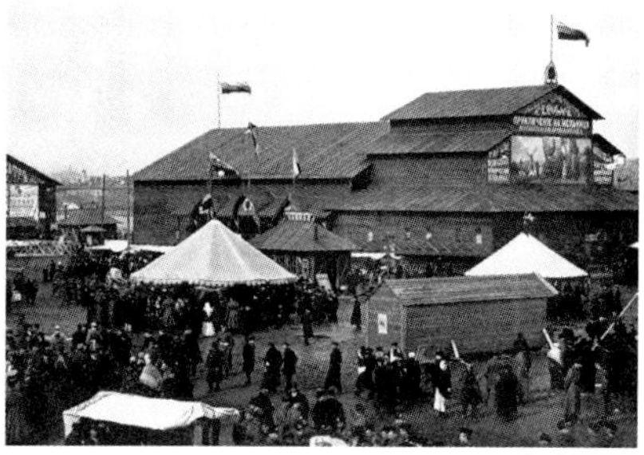

Cat. 150

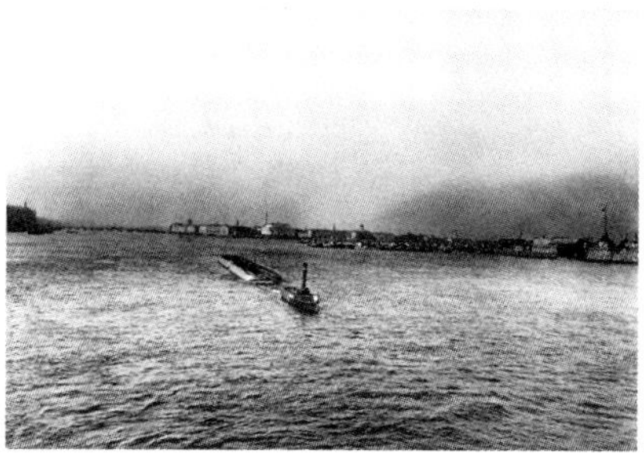

Cat. 151

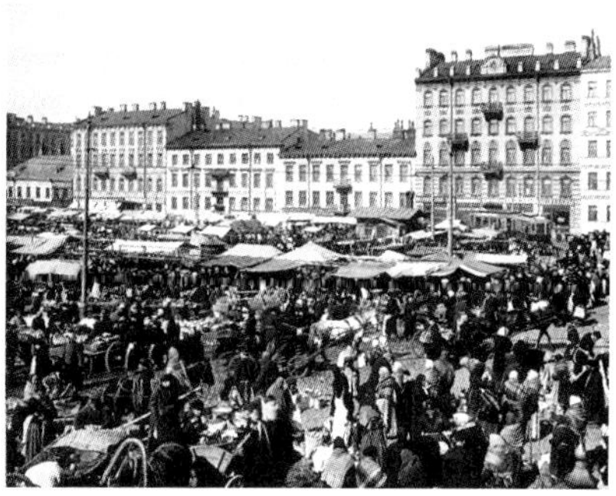

Cat. 152

Cat. 153
Bulla Karl
Transport de la glace sur la petite Neva

1890-1900
Épreuve argentique
11,0 x 16,2
Saint-Pétersbourg, musée d'État de l'Ermitage, inv. EPFt-220
Expositions : 2003, Saint-Pétersbourg, n° 248
Dominique de Font-Réaulx

Cat. 154, repr. p. 106
Bulla Karl
Le Tramway d'hiver sur la Neva
Vers 1900
Épreuve argentique
16,2 x 22,2
Saint-Pétersbourg, musée d'État de l'Ermitage, inv. EPFt 217
Expositions : 2003, Saint-Pétersbourg, n° 223.
Dominique de Font-Réaulx

Cat. 155
Bulla Karl
Ilia E. Repine travaillant au portrait de Chaliapine dans son atelier

1914
Épreuve argentique
23,0 x 17,5 (photographie) ; 30,8 x 24,0 (support)
Moscou, galerie Tretiakov, fond 50, ed. xr. 157
Dominique de Font-Réaulx

BULLA VIKTOR KARLOVITCH
1883-1944 ?

Fils de Karl Bulla, il travaille avec lui dans son studio de Saint-Pétersbourg. Il photographie la guerre russo-japonaise, puis la révolution d'Octobre. Dans les années 1920, il devient un des premiers cameramen pour les actualités cinématographiques diffusées en Russie

Cat. 156
Bulla Viktor Karlovitch
***Envoi des troupes en Mandchourie au départ d'Irkoutsk. Train militaire en chemin,* fait partie de l'album *Roussko-iaponskaïa voïna* (« la guerre russo-japonaise »)**

1904-1905
Épreuves argentiques, encre de chine, plume
11,8 x 13,9 ; 10,4 x 16,6 ; 10,5 x 13,2 ; 7,9 x 9,7 ; 10,0 x 10,2
Feuillet : 37,2 x 51,5
Saint-Pétersbourg, Bibliothèque nationale de Russie, inv. Ei2136/12
Elena Barkhatova

Cat. 157, repr. p. 108
Bulla Viktor Karlovitch
***Fusillade d'une demi-compagnie du 21e régiment d'infanterie de Sibérie orientale sur les positions du village de Santchenza. Envoi des troupes en Mandchourie au départ d'Irkoutsk. Train militaire en chemin,* fait partie de l'album *Roussko-iaponskaïa voïna* (« la guerre russo-japonaise »)**

1904-1905
Épreuves argentiques, encre de chine, plume
10,7 x 16,5 ; 10,9 x 16,4 ; 11,6 x 14,6 ; 11,6 x 14,3
Feuillet ; 37,6 x 51,2
Saint-Pétersbourg, Bibliothèque nationale de Russie, inv. Ei2136/56
Elena Barkhatova

Cat. 158
Bulla Viktor Karlovitch
1883-1944 ?
***La Traversée du Baïkal,* fait partie de l'album *Roussko-iaponskaïa voïna* (« la guerre russo-japonaise »)**

1904-1905
Épreuves argentiques, encre de chine, plume
11,5 x 16,5 ; 11,4 x 16,6 ; 11,5 x 15,4 ; 11,4 x 15,0
Feuillet 37,5 x 51,2
Saint-Pétersbourg, Bibliothèque nationale de Russie, inv. Ei2136/15
Elena Barkhatova

CARRICK WILLIAM (VASSILY ANDREEVITCH)
Édimbourg, 1827 – Saint-Pétersbourg, 1878

Né en Écosse, William Carrick émigre, enfant, avec ses parents à Saint-Pétersbourg. Élève à l'Académie des beaux-arts de Saint-Pétersbourg, il ferme son atelier de portraitiste en 1853 et voyage plusieurs années en Europe. À Édimbourg, il se forme à la photographie auprès de John Mac Gregor, avec qui il ouvre en 1859 un atelier de photographie à Saint-Pétersbourg. Il est l'un des tout premiers photographes à exposer à l'Académie des beaux-arts et se spécialise dans les « types » et petits métiers, qui lui attirent de nombreuses récompenses pour leur qualité et leur justesse d'observation.

Cat. 159, repr. p. 101
Carrick William (Vassily Andreevitch)
Paysanne à la serpe

Vers 1870
Épreuve sur papier albuminé d'après un négatif verre au collodion
13,6 x 9,8 (épreuve) ; 23,9 x 16,4 (planche)
Saint-Pétersbourg, Bibliothèque nationale de Russie, inv. Ei7879/411.
Bibliographie : Sreznevsky, 1879, p. 114-119 ; Ashbee, 1976, p. 100-102, et 1978, p. 28.

Proche des ambulants, Carrick parcourt comme eux les campagnes russes à la recherche des traditions

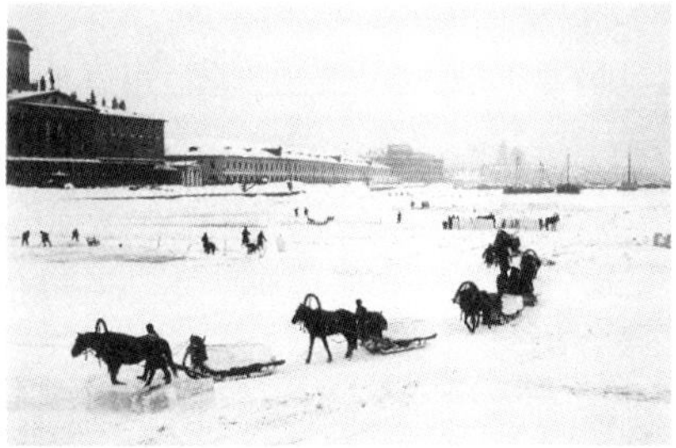

Cat. 153

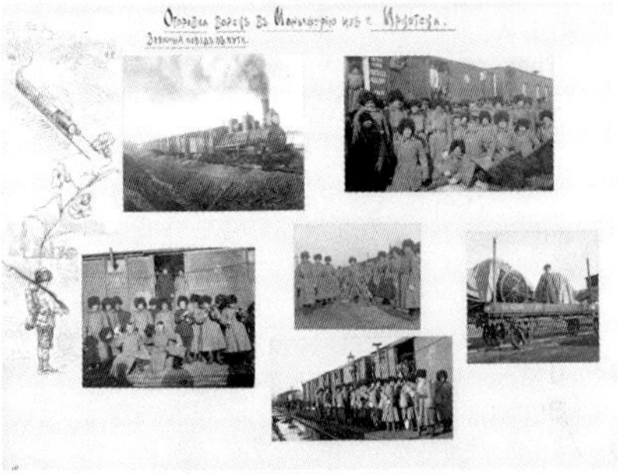

Cat. 156

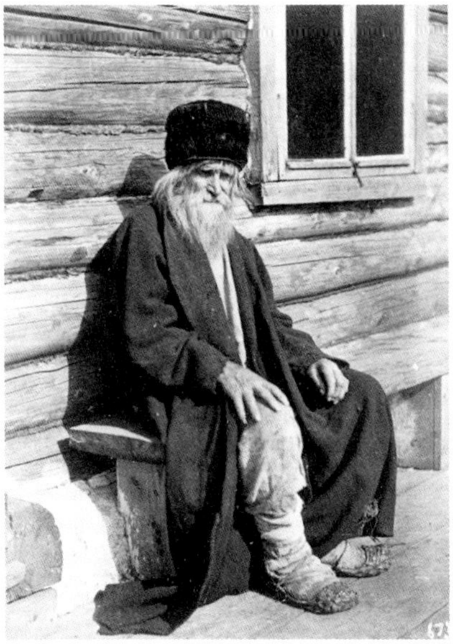

Cat. 160

et des coutumes au début des années 1870. Au-delà de leur caractère ethnographique, ses photographies montrent son attention à la vie des villageois qu'il représente comme son souci d'une composition harmonieuse des images.
ELENA BARKHATOVA

Cat. 160
Carrick William (Vassily Andreevitch)
Paysan assis près d'une isba

Vers 1870
Épreuve sur papier albuminé d'après un négatif verre au collodion
13,6 x 9,8 (épreuve) ; 23,9 x 16,4 (planche)
Saint-Pétersbourg, Bibliothèque nationale de Russie, inv. Ei7879/673
BIBLIOGRAPHIE : Sreznevsky, 1879, p. 114-119.
EXPOSITIONS : 1989, Zurich, p. 31, n° 36.
ELENA BARKHATOVA

Cat. 161
Carrick William (Vassily Andreevitch)
Paysanne lessivant dans un baquet

Vers 1870
Épreuve sur papier albuminé d'après un négatif verre au collodion
13,6 x 9,8 (épreuve) ; 23,9 x 16,3 (planche)
Saint-Pétersbourg, Bibliothèque nationale de Russie, inv. Ei7879/547
BIBLIOGRAPHIE : Sreznevsky, 1879, p. 114-119 ; Ashbee, 1976, p. 100-102, et 1978, p. 28.
ELENA BARKHATOVA

Cat. 162
Carrick William (Vassily Andreevitch)
Paysanne près d'une isba

Vers 1870
Épreuve sur papier albuminé d'après un négatif verre au collodion
13,5 x 9,9 (épreuve) ; 23,9 x 16,3 (planche)
Saint-Pétersbourg, Bibliothèque nationale de Russie, inv. Ei7879/456
BIBLIOGRAPHIE : Sreznevsky, 1879, p. 114-119 ; Ashbee, 1976, p. 100-102, et 1978, p. 28.
ELENA BARKHATOVA

CHALAKHOV VASSILY SEMENOVITCH
1896

Cat. 163
Chalakhov Vassily Semenovitch
Le Repos

1896
Épreuve argentique
12,9 x 17,1 (épreuve) ; 24,1 x 29,9 (marie-louise)
Inscriptions : en bas au centre, sur la marie-louise, *Otdykh (le Repos)* ; au verso : en bas à droite, *Chalakhov* ; au centre, *I k pokhv. Otk*
Estampilles : en bas à droite, sur la marie-louise, *Rousskoïe fotografitcheskoïe obchtchestvo v Moskve* ; au verso, au milieu à droite, *MSM*
Moscou, musée national d'Histoire, inv. 70156 I VI 32210

Ce cliché fut envoyé par le photographe amateur V. S. Chalakhov au premier concours de la *Rousskoe fotografitcheskoe Obchtchestvo* (RFO), en 1896. Ses travaux photographiques représentaient les environs du village de Detkovo, dans la région de Smolensk. Il construisait soigneusement ses compositions, utilisant souvent ses proches comme modèles. Il entra à la RFO en 1895
I. A. SEMAKOVA

CHEKHTEL FEDOR (FRANZ) OSSIPOVITCH
Saint-Pétersbourg, 1859 – Moscou, 1926
Protégé par Pavel M. Tretiakov, ami proche d'Anton P. Tchekhov, Chekhtel est le grand architecte russe du tournant du siècle. Sensible aux influences de l'Art nouveau occidental, il réalise autour de 1900 de nombreux hôtels particuliers à Moscou – l'hôtel Riabouschinsky, l'hôtel Derojinsky, notamment. Son intérêt pour l'architecture russe traditionnelle, celle du nord de la Russie, s'exprime dans plusieurs projets de monuments publics et de *datchas*.

Cat. 164
Chekhtel Fedor (Franz) Ossipovitch
***L'Entrée* du *Jardin de l'Ermitage*, projet pour le décor du *Jardin de l'Ermitage* de M. V. Lentovsky à Bojedomovka, Moscou, 1882-1884 ?, projet réalisé**

Vers 1880
Encre, pinceau, aquarelle, gouache, blanc sur carton
32,3 x 53,4
Signé : au recto : en bas à droite : à l'encre : *F. Chekhtel* ; et en haut à gauche, *JARDIN Ermitage*
Moscou, musée central d'État du théâtre A. A. Bakhrouchine, inv. KP-64797, GDD-1636
HISTORIQUE : acquis avant 1936.
BIBLIOGRAPHIE : Anissimov, 1984, p. 79-80 ; Kiritchenko, 1986, p. 162-173.
NATALIA F. MAKEROVA

Cat. 165
Chekhtel Fedor (Franz) Ossipovitch
***Projet d'une* datcha *pour S. I. Levenson aux environs de Moscou,* projet réalisé, façade principale**

1900
Crayon, encre de chine, aquarelle, gouache sur papier
34,2 x 46,2
Signé : en bas à droite, *F. Chekhtel*
Inscription : en bas à gauche, *S.I.Levenson*
Moscou, musée national d'architecture Chtchoussev, inv. P1-1184
HISTORIQUE : acquis par le musée en 1935 auprès de la famille de l'architecte.
BIBLIOGRAPHIE : Kiritchenko et Saïgina, 2000, p. 98.

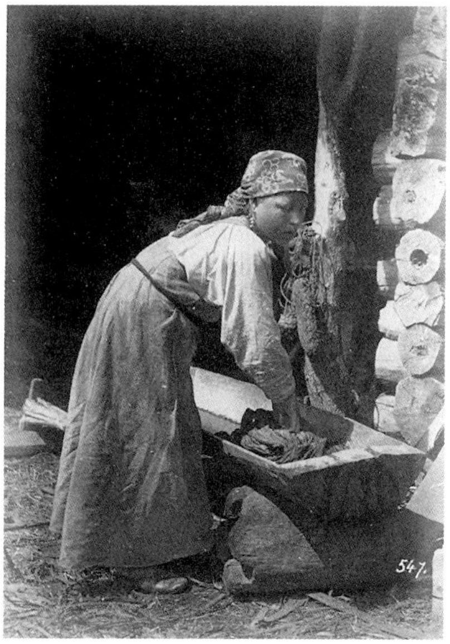

Cat. 161

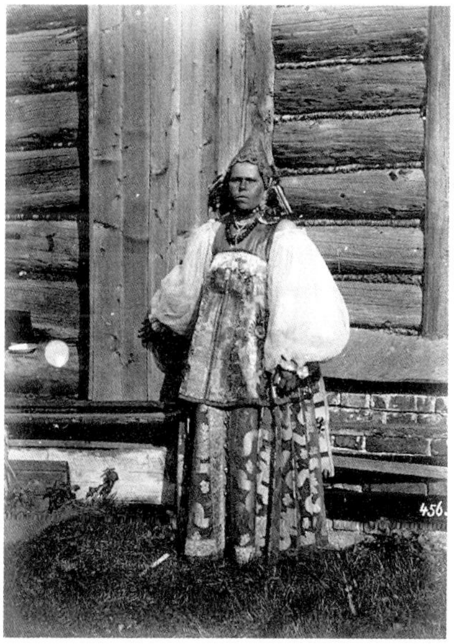

Cat. 162

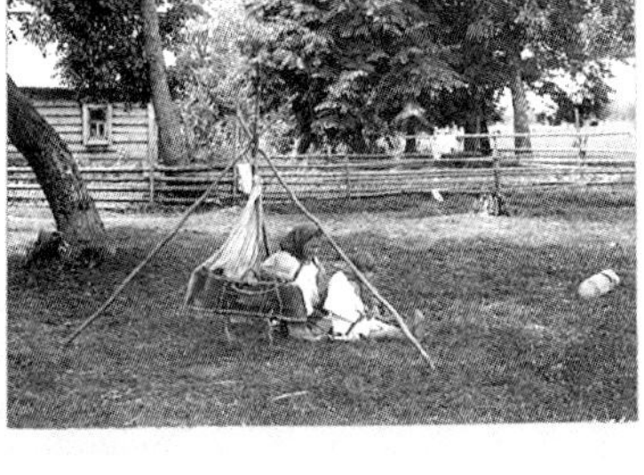
Cat. 163

EXPOSITIONS : 1981, Leningrad, p. 50 ; 1991, Londres, n° 339 ; 1991B, Moscou ; 1998, Moscou ; 2000, Moscou, p. 181, n° 175.

Animé par le désir de créer une architecture proche de la tradition populaire russe, Chekhtel se tourna vers l'architecture en bois. La composition comporte de nombreux volumes, mais reste compacte, avec un toit en tente, des linteaux de fenêtre aux couleurs vives, des piliers ; toute l'atmosphère dans laquelle est construite cette *datcha* en fait une maison confortable, non pas une imitation d'un modèle mais une stylisation par des moyens artistiques, une création vraiment nouvelle.
TATIANA NIKITINA

Cat. 166
Chekhtel Fedor (Franz) Ossipovitch
***Projet du Pavillon russe de l'Exposition internationale de Glasgow*, projet réalisé, partie du plan comprenant façade et coupe, détail de la pointe**

1901
Crayon, encre de chine, aquarelle, poudre de bronze sur papier gris
117,8 x 70,2
Au verso, au crayon de couleur la lettre *c* et *Central*
Moscou, musée national d'architecture Chtchoussev, inv. P1-1178
HISTORIQUE : acquis par le musée en 1935 de la famille de l'architecte.
BIBLIOGRAPHIE : Kiritchenko, 1973, p. 50-52 ; Borissova, 1978, p. 63-64 ; Kirillov, 1979, p. 100.
EXPOSITIONS : 1981, Leningrad, p. 51 ; 1991, Londres, n° 343 ; 1998, Moscou ; 2000, Moscou, p. 181, n° 174.

Le pavillon central est l'un des quatre pavillons réalisés à l'exposition de Glasgow. L'ensemble aux couleurs vives donnait l'impression d'une ville russe en bois sortie des contes. Chekhtel, en suivant le pittoresque et la dynamique de l'architecture en bois n'a pas suivi un modèle concret, mais transposé l'esthétique des plus beaux monuments de l'architecture du nord de la Russie. Après l'exposition, il reçut le titre d'académicien de l'architecture et devint membre d'honneur du Royal Institute of British Architects et de la Société des architectes de Glasgow.
TATIANA NIKITINA

Cat. 167
Chekhtel Fedor (Franz) Ossipovitch
***Projet d'église* pour le domaine d'A. M. Maltsev, Balakovo, province de Samara, projet réalisé, coupe**

1908-1910
Crayon, encre de chine, aquarelle sur papier contrecollé sur carton
83,9 x 65,8 (79,6 x 62,2 sans le passe-partout)
Inscriptions : en bas, *Église de Balakovo, prov. De Samara, A.M.Maltsev ;* en bas à gauche, *coupe transversale*
Moscou, musée national d'architecture Chtchoussev, inv. P1-4710
HISTORIQUE : dans la famille de l'architecte jusqu'en 1936 ; acquis par le musée en 1936 chez un bouquiniste du magasin de Moscou n° 14.
BIBLIOGRAPHIE : « Zodtchi », 1911, table 6 ; Kiritchenko et Saïgina, 2000, p. 296.
EXPOSITIONS : 1991, Londres, n° 376 ; 1998, Moscou.
TATIANA NIKITINA

Cat. 168, repr. p. 239
Chekhtel Fedor (Franz) Ossipovitch
***Projet d'église* pour le domaine d'A. M. Maltsev, Balakovo, province de Samara, projet réalisé, façade occidentale**

1908-1910
Crayon, encre de chine, aquarelle sur papier contrecollé sur carton
83,9 x 65,7 (79,7 x 62,2 sans le passe-partout)
Signé : en bas à droite, *Académicien F. Chekhtel*
Inscriptions : en haut à gauche, *Église de Balakovo, prov. De Samara. A.M.Maltsev ;* en bas à gauche, *façade occidentale*
Moscou, musée national d'architecture Chtchoussev, inv. P1-4708
HISTORIQUE : dans la famille de l'architecte jusqu'en 1936. Acquis par le musée en 1936 chez un bouquiniste du magasin de Moscou n° 14.
BIBLIOGRAPHIE : Kiritchenko et Saïgina, 2000, p. 294.
EXPOSITIONS : 1991, Londres, n° 375 ; 1998, Moscou.

Le projet d'église présenté par Chekhtel fut lauréat du concours lancé et réalisé en 1910. Les modèles de la Russie ancienne sont consciemment stylisés plutôt qu'imités, créant ainsi une nouvelle esthétique architecturale.
TATIANA NIKITINA

Cat. 169
Chekhtel Fedor (Franz) Ossipovitch
***Projet pour la gare de Kazan à Moscou*, projet non réalisé, façade**

Russie 1910-1911
Crayon, crayon de couleur sur papier-calque, papier doublé
72,6 x 68,4
Moscou, musée national d'architecture Chtchoussev, inv. P1-4738
HISTORIQUE : dans la famille de l'architecte jusqu'en 1936 ; acquis par le musée en 1936 chez un bouquiniste du magasin de Moscou n° 14.
BIBLIOGRAPHIE : *Almanach MAO*, 1910-1911, p. 98 ; Kiritchenko, 1973, p. 124-126 ; Borissova et Kajda, 1971, p. 159.

Le projet pour la gare de Kazan de Chekhtel est l'un de ceux où l'architecte est le plus profondément marqué par la recherche d'un style néo-russe. Il n'y a pas ici de volonté de faire correspondre l'architecture et la fonction de l'édifice. Les volumes spacieux des différentes parties de la composition le font ressembler à un édifice de la Russie ancienne, c'est derrière ce décor que se cache l'édifice purement fonctionnel. La gare fut construite par Chtchoussev de 1913 à 1926.
TATIANA NIKITINA

Cat. 170, repr. p. 330
Chekhtel Fedor (Franz) Ossipovitch
***Projet pour le musée de l'Industrie de Nijni-Novgorod,* projet non réalisé, façade**

1911-1913
Crayon, gouache, aquarelle sur papier
40,2 x 55,0
Signé : en bas à droite, *académicien F. Chekhtel*
Inscription : en haut à gauche, *3644 Gavr. Alexandrovitch Iline*
Moscou, musée national d'architecture Chtchoussev, inv. P1-4688
HISTORIQUE : dans la famille de l'architecte jusqu'en 1936 ; acquis par le musée en 1936 chez un bouquiniste du magasin de Moscou n° 14.
BIBLIOGRAPHIE : Kiritchenko, 1997, p. 353, 2000, p. 222.
EXPOSITIONS : 1991B, Moscou ; 1998, Moscou ; 2000, Moscou, p. 181, n° 176.

À partir de 1870, les musées deviennent à la mode en Russie, et les architectes conçoivent des bâtiments spécifiquement dévolus à la conservation et à la présentation d'œuvres d'art. Pour le musée de Nijni-Novgorod, le choix du style fut déterminé par les fêtes du jubilé du *zemstvo ;* le style architectural de Pskov et de Novgorod, ici décliné, correspondait parfaitement aux particularités de l'histoire nationale russe.
TATIANA NIKITINA

CHOUTOV V. P.
1826-1887

Cat. 171
Choutov V.P.
Fauteuil *Douga, hache et rabot*

Après 1870
Chêne sculpté
92,0 x 72,0 x 63,0
Moscou, musée national d'Histoire, inv. GIM 83280/K-5085
HISTORIQUE : collectes de 1950 ; reçu du comptoir azerbaïdjanais de production de pétrole : selon une tradition orale, ce fauteuil se serait trouvé au début du XXe siècle dans le bureau du directeur de la production de pétrole de Bakou.
BIBLIOGRAPHIE : Bott et Kaneva, 2003, p. 316 ; Strougova, 2003, p. 34.
EXPOSITIONS : 1998-1999, Moscou, n° 125 ; 2000, Moscou, n° 132.

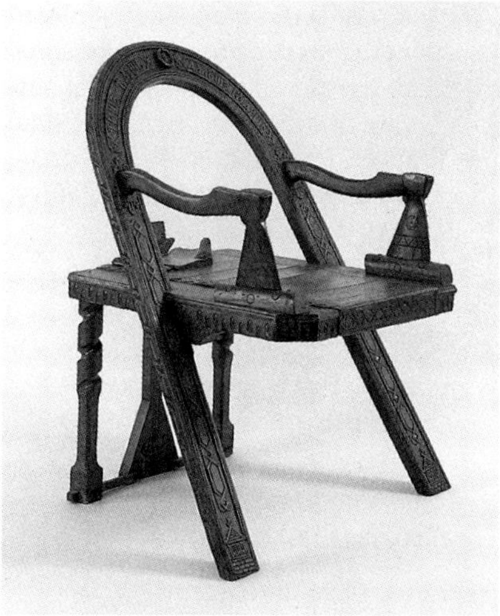

Cat. 171

V. P. Choutov, maître pétersbourgeois, possédait son propre atelier. Il fut professeur à l'Institut d'art industriel de la baronne Stieglitz. Le premier meuble conçu d'après ses dessins avait été présenté en 1870 à l'Exposition panrusse de manufacture, à Saint-Pétersbourg. L'œuvre la plus connue de Choutov est ce fauteuil *Douga, hache et rabot,* conçu par ses soins en 1870. Il connut immédiatement un énorme succès et fut plusieurs fois reproduit, non seulement dans l'atelier de Choutov mais aussi par d'autres ateliers et entreprises artisanales à travers toute la Russie durant quatre décennies. Il ne s'agissait jamais de copies exactes du fauteuil de Choutov. Son idée se trouva donc réalisée dans un très grand nombre de variantes. Le caractère accessible et évident de l'esprit populaire de ce meuble en a fait la popularité. La thématique populaire était très en vogue dans les décennies qui avaient suivi l'abolition du servage, en 1861. Les détails de la construction et les motifs décoratifs du fauteuil exposé ont été empruntés au quotidien de la paysannerie. À côté de la *douga* (l'arc de limonière des chevaux), qui est ici le dossier et se termine par les pieds arrière, de deux haches-accoudoirs et des moufles de cocher, posées sur le siège, apparaît ici une image de balalaïka comme l'un des supports arrière. On sait qu'Alexandre Ier avait acquis une des variantes du fauteuil de Choutov pour sa propre collection. Le bureau de la maison de A. P. Tchekhov à Ialta possédait des fauteuils semblables. Dans ce genre de meubles, « russe » était compris au sens de « paysan », ce qui était concevable en ces années de réforme. Le goût russe est reflété dans la littérature. Ainsi, Olga Ivanovna, le personnage de *la Cigale* de Tchekhov, « tapissa son mur d'images populaires, elle suspendit des chausses de tille et des serpes, posa dans un coin une faux et un râteau et obtint ainsi une salle à manger dans le goût russe ».

Olga Strougova

CHTROM IVAN VASSILIEVITCH

1824-1887

Professeur à l'Académie des beaux-arts de Saint-Pétersbourg, Chtrom contribua à la diffusion et à l'enseignement d'une architecture renouant avec les traditions russes anciennes

Cat. 172

Chtrom Ivan Vassilievitch

Projet de datcha à Gatchino pour I. V. Chtrom

Façade
encre de chine, aquarelle sur papier contrecollé sur carton
28,8 x 44,4 (feuille) ; 45,2 x 64,0 (carton)
Saint-Pétersbourg, musée de l'Académie des beaux-arts de Russie, inv. A-17494
Ekaterina Savinova

Cat. 173

Chtrom Ivan Vassilievitch

Projet de datcha à Gatchino pour I. V. Chtrom

Façade
encre de chine et aquarelle sur papier contrecollé sur carton
28,8 x 45,0 (feuille) ; 44,8 x 60,2 (carton)
Saint-Pétersbourg, musée de l'Académie des beaux-arts de Russie, inv. A-17497
Ekaterina Savinova

DAVIGNON ALFRED

Cat. 174, repr. p. 90

Davignon Alfred

Portrait du prince S. G. Volkonsky

1845
Daguerréotype
9,0 x 7,3 (à vue) ; 14,0 x 11,5 (sous verre)
Inscription : au verso, sur une étiquette, au centre en haut, *Daguerrotype A. Davignona*
Moscou, musée national d'Histoire, inv. 81805/1 IVII 1917/1
Historique : acquis de P. S. Kotliarevskaïa, 1945.
Bibliographie : Autrefois la Russie, 1990, p. 46-47 ; Dekabristy i ikh vremia, 1995, p. 158-172, 181, 232 ; Rousskaïa Fotografia, 1996, p. 26, 37 ; Ou Istokov fotoiskousstva, 1999, p. 35, 94, 140.
Expositions : 1999, Moscou, n° 76.

Alfred Davignon, d'origine franco-russe, s'installa en Russie avec sa famille alors qu'il n'était qu'un enfant. Son père travaillait comme peintre à la Fabrique impériale de porcelaine de Saint-Pétersbourg. En 1824, Davignon avait été admis au Grand Institut impérial et promu officier après quatre années. En 1841, il ouvrit avec son compatriote Henri Fauconnier un atelier de daguerréotypie à Saint-Pétersbourg. Entre 1843 et 1845, Davignon effectua un voyage dans la partie européenne de la Russie et en Sibérie, réalisant des portraits et des paysages photographiques. Comme il avait, durant son voyage, réalisé les portraits de quelques prisonniers d'État, jugés pour l'affaire du 14 décembre 1825 et qui purgeaient leur peine en Sibérie, le troisième département de la Chancellerie

secrète ouvrit une instruction « Sur le peintre Davignon qui durant son séjour en Sibérie faisait des portraits de prisonniers d'État... ». Lors de l'enquête, les autorités ne relevèrent pas d'infractions à la loi dans les faits et gestes du daguerréotypiste ; il quitta la Russie en 1847.
Sergueï G. Volkonsky, Décabriste, général en chef, avait participé aux guerres contre la France (1806-1807, 1812), la Suède (1808-1809), la Turquie (1810-1811) et aux campagnes à l'étranger de 1813 et 1814. Jugé pour l'affaire du 14 décembre 1825, il fut exilé en Sibérie de 1836 à 1856.
TATIANA SABOUROVA

DEMTCHINSKY NIKOLAÏ ALEXANDROVITCH

Cat. 175
Demtchinsky Nikolaï Alexandrovitch
Arbre sous la neige*, fait partie de l'album *Jeleznye dorogui Polessia (les Chemins de fer de Polessié)

Vers 1870
Épreuve sur papier albuminé
39,10 x 25,7 (épreuve) ; 66,8 x 49,2 (planche)
Saint-Pétersbourg, Bibliothèque nationale de Russie, inv. Ei11948.
EXPOSITIONS : 2000, Moscou, p. 218.
ELENA BARKHATOVA

DENISSOV VASSILY IVANOVITCH

Citadelle Zamostié, province de Lublin, 1862 – Moscou, 1921

Cat. 176
Denissov Vassily Ivanovitch
***Le Péché*, esquisse du tableau se trouvant à la galerie Tretiakov**

1903
Crayon noir et lavis gris-brun sur papier
43,7 x 52,7
Moscou, galerie Tretiakov, inv. 22105
HISTORIQUE : entré en 1933 en provenance de la collection de V. I. Denissov.

DMITRIEV MAXIME PETROVITCH

Povalichino, district de Kirsanov, région de Tambov, 1858 – Nijni-Novgorod, 1948

Né dans une famille paysanne de la province de Tambov. Il suit des cours de dessin à l'Institut Stroganov de Moscou, puis travaille avec Kareline. Il ouvre ensuite son propre atelier dans cette ville en 1887, où il exerce jusque dans les années 1920.
Il est l'un des fondateurs de la Société russe de photographie, membre actif de la Société russe de géographie.

Cat. 177
Dmitriev Maxime Petrovitch
Types grand-russiens du Sud

Fin du XIXe siècle
Épreuve sur papier albuminé
22,7 x 16,8 (épreuve) ; 32,5 x 23,9 (marie-louise)
Inscriptions : au verso, en haut à gauche, *Ioujno-velikorousskïe Kostioumy* [« costumes grand-russiens du Sud »] ; au verso, en haut au centre, *Boudaki Loukoianovskovo ouezda Nijegorodskoï goubernii foto M.P. Dmitrievna* [Boudaki du district de Loukoianov, province de Nijni-Novgorod, photographie de M.P. Dmitriev]
Estampille : au verso, en bas à droite, *AB*
Moscou, musée national d'Histoire, inv. 42949 I VI 37972
HISTORIQUE : acquis par testament de M. Bakhrouchine en 1905.

On appelait *boudaki* ou *boudniki* d'anciens paysans pauvres enrôlés dans les usines de goudron et, en Ukraine – la Petite Russie –, de salpêtre. Cette appellation perdura longtemps dans certaines régions de Russie, par exemple celle de Nijni-Novgorod.
I. A. SEMAKOVA

Cat. 178
Dmitriev Maxime Petrovitch
Débarcadère à Iaroslavl*, fait partie de l'album *Vues de la Volga

Vers 1890
Épreuve sur papier albuminé
39,6 x 28,8 (épreuve) ; 68,5 x 48,7 (feuille)
Saint-Pétersbourg, Bibliothèque nationale de Russie, inv. Ei9130
BIBLIOGRAPHIE : Dmitriev, 1996, p. 29-32.
ELENA BARKHATOVA

Cat. 179
Dmitriev Maxime Petrovitch
Exploitation Bazilev sur la rivière Balda*, fait partie de l'album *Vues de la Volga

Vers 1890
Épreuve sur papier albuminé
37,7 x 53,0 (épreuve) ; 48,6 x 68,5 (feuille)
Saint-Pétersbourg, Bibliothèque nationale de Russie, inv. Ei9130
BIBLIOGRAPHIE : Dmitriev, 1996, p. 29-32.
ELENA BARKHATOVA

Cat. 180, repr. p. 104
Dmitriev Maxime Petrovitch
Pêcheries sur la Volga inférieure*, fait partie de l'album *Vues de la Volga

Vers 1890
Épreuve sur papier albuminé
26,2 x 37,8 (épreuve) ; 48,6 x 68,5 (feuillet)
Saint-Pétersbourg, Bibliothèque nationale de Russie, inv. Ei7613
BIBLIOGRAPHIE : Dmitriev, 1996, p. 15-18.
ELENA BARKHATOVA

Cat. 181, repr. p. 118
Dmitriev Maxime Petrovitch
L'Allée de chênes abandonnée

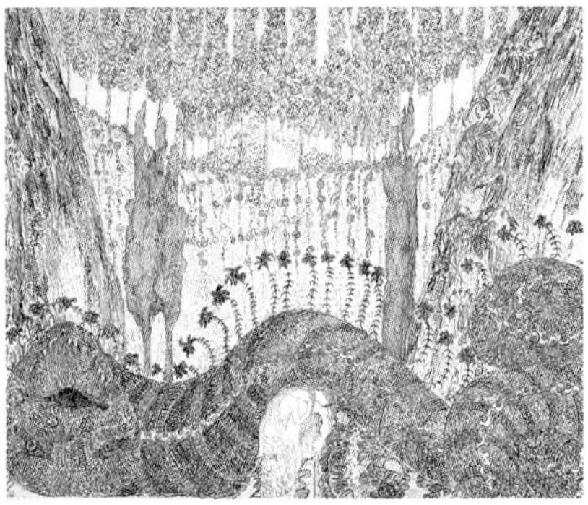

Cat. 176

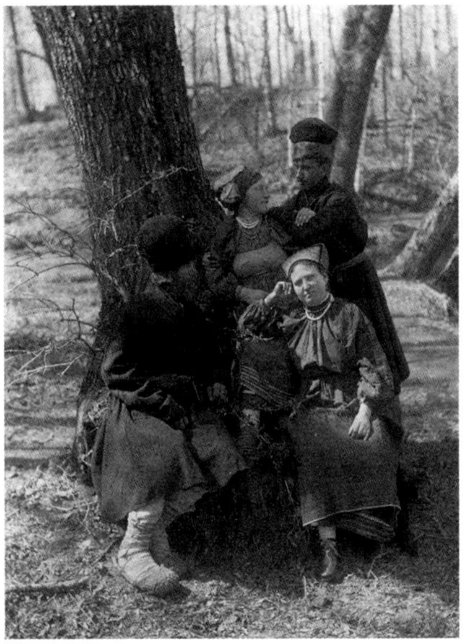

Cat. 177

1892
Épreuve sur papier albuminé
42,4 x 53,5
Saint-Pétersbourg, Bibliothèque nationale de Russie, inv. Ef631
Elena Barkhatova

Cat. 182, repr. p. 105
Dmitriev Maxime Petrovitch
Cantine populaire dans la ville de Potchinok, province de Nijni-Novgorod, **fait partie de l'album** ***l'Année de disette 1891-1892 dans la province de Nijni-Novgorod***

1892
Épreuve sur papier albuminé
38,8 x 53,6
Saint-Pétersbourg, Bibliothèque nationale de Russie, inv. Ef7611
Bibliographie : Dmitriev, 1996, p. 15-18.
Expositions : 1989, Prague, p. 76 ; 1989, Zurich, p. 14, n° 62 ; 1993, Bonn, p. 140-141, n° 209.
Elena Barkhatova

Cat. 183, repr. p. 118
Dmitriev Maxime Petrovitch
L'Étang envahi d'herbe

1892
Épreuve sur papier albuminé
40,0 x 53,3
Saint-Pétersbourg, Bibliothèque nationale de Russie, inv. Ef633
Elena Barkhatova

Cat. 184
Dmitriev Maxime Petrovitch
En barque

1899
Épreuve sur papier albuminé
38,8 x 52,0
Signé : en bas à droite, *Fot. M. Dmitriev*
Moscou, musée national d'Histoire, inv. 70156 I VI 32225
Historique : bibliothèque de la RFO, 1899 ; du fonds du musée, entra dans le musée du Vieux Moscou en 1922 ; passe au musée d'Histoire en 1935.
Bibliographie : Semakova, 1994, p. 1-10 ; *V Fokousse vremeni,* 1996, p. 1-50 ; Karpova, 2004, p. 56.
Expositions : 1994, Moscou, n° 14.

Ce cliché fut envoyé en 1899 par M. P. Dmitriev au IIe concours de photographie d'art, annoncé par la Société russe de photographie (RFO), fondée en 1894 à Moscou. Parmi les fondateurs de la Société se trouvaient des personnalités connues du monde de la photographie : les savants V. I. Sreznevsky et A. M. Lavrov, les photographes professionnels P. P. Lavrov, D. M. Assikritov, K. A. Fischer ; les photographes amateurs A. S. Mazourine, I. G. Nostits, B. A. Bakhrouchine. La compagnie comptait initialement 165 membres, elle en dénombrait 1 482 en 1913. Avec le temps, les membres de la Société disposèrent d'une salle de reproduction, d'une salle pour les agrandissements, de deux chambres noires pour le travail de la photographie, d'un laboratoire, d'un pavillon ainsi que d'une bibliothèque et d'un musée, qui s'enrichissait des photographies primées et des clichés rapportés de voyages.
I. A. Semakova

Cat. 185
Dmitriev Maxime Petrovitch
L'Été

1899
Épreuve sur papier albuminé
39,1 x 52,1
Inscription : au verso, à droite *Leto* [l'été]
Estampille : au verso, en bas, *Biblioteka roussk. Fot. Obchtch. V Moskve* [bibliothèque de la Soc. Rus. de phot.]
Moscou, musée national d'Histoire, inv. 95171 I VI 32227
Historique : entré en même temps que la collection de photographies des XIXe et XXe siècles en 1957.
Bibliographie : Elliott, 1993, p. 239, 248.
Expositions : 1992, Oxford, n° 239.
I. A. Semakova

DOURNOVO A.

Cat. 186
Dournovo A.
Affiche de l'Exposition internationale des dernières inventions, avec la participation de l'aero-club pan-russe (avril-juin 1909)

1909
Chromolithographie
107,5 x 73,0
Moscou, Bibliothèque d'État russe inv. 6487-38
BER Moscou

FABERGÉ PETER KARL

Cat. 187
Fabergé Peter Karl
Orfèvre, fournisseur de la cour impériale de Russie
Ruckert Fedor Fedorovitch
Orfèvre
Cuiller

Moscou, 1908-1917
Argent doré, émaillé et estampillé
l. 11,0
Poinçons : *K. FABERGÉ, FR, godovoe probirnoe Moskvy 1908-1917*
Moscou, musée national d'Histoire, inv. 102157/96 OK 18252
Historique : dépôt de l'État en 1971.

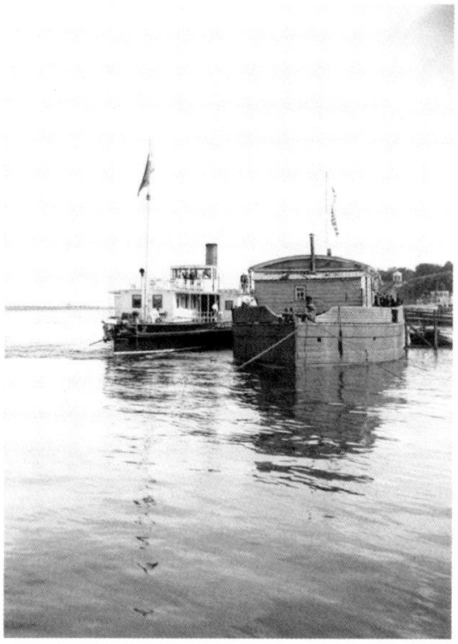

Cat. 178

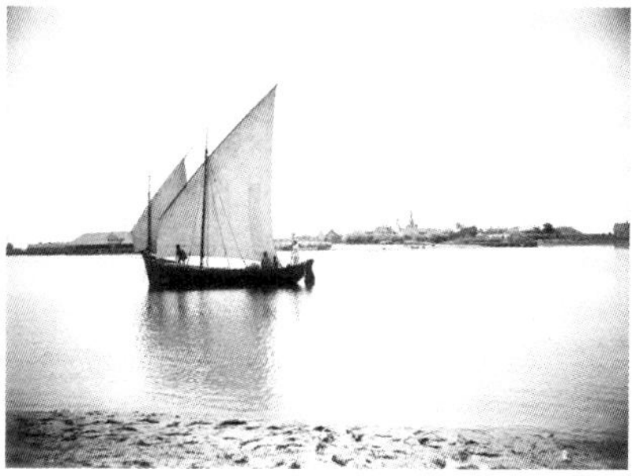

Cat. 179

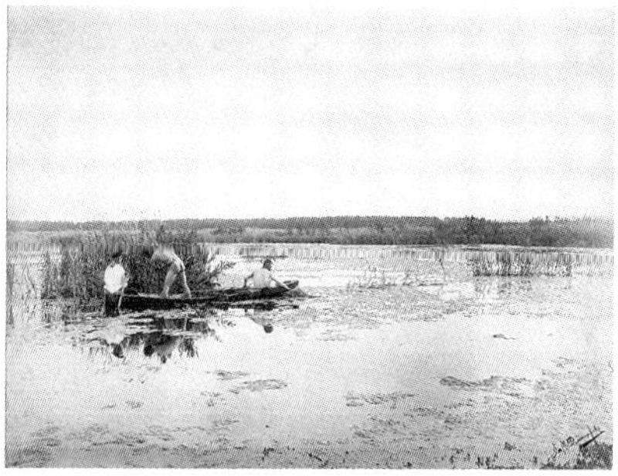

Cat. 184

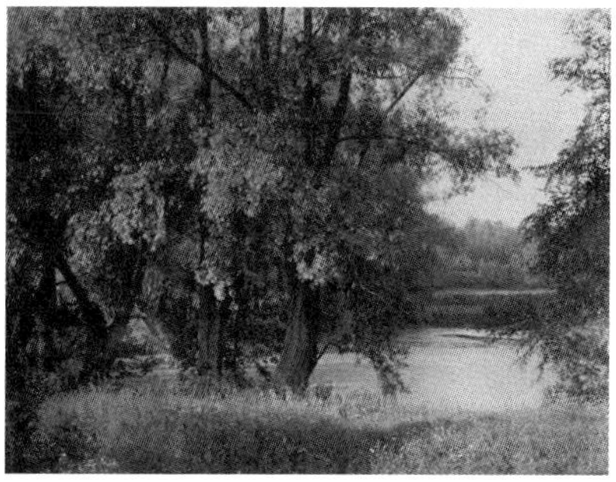

Cat. 185

Peter Karl Fabergé était depuis 1872 à la tête de la maison fondée en 1842. Fabergé obtint sa première médaille d'or à l'Exposition pan-russe d'articles d'art et d'industrie de Moscou en 1882. Vinrent ensuite de hautes récompenses aux expositions de Nuremberg (1885), Copenhague (1888), Nijni-Novgorod (1896), Stockholm (1897). L'Exposition universelle de Paris de 1900 consacra son triomphe mondial. La Guilde parisienne des orfèvres donna à Fabergé le titre de Maître tandis que la France le décorait de l'ordre de la Légion d'honneur. Il était également chevalier de l'ordre de Saint-Stanislav des 2e et 3e échelons, de Sainte-Anne du 3e échelon, de la Croix de Commandeur de Bulgarie.

Karl Fabergé obtint en 1885 la plus haute décoration de l'empire russe : le titre Fournisseur de la cour.

Il fut à partir de 1890 expert du cabinet de Sa Majesté l'empereur, citoyen d'honneur et à partir de 1910 conseiller des manufactures et joaillier de la cour. Karl Fabergé jouissait de la très haute protection des empereurs Alexandre III et Nicolas II, il avait le titre de Joaillier de Sa Majesté l'empereur et de Joaillier de l'Ermitage impérial. Ses commanditaires, clients et admirateurs étaient les têtes couronnées de la Suède et de la Norvège, de la Grande-Bretagne, du Danemark, de l'Italie, de l'Espagne, de la Grèce, de la Bulgarie, de l'Allemagne, de l'empire austro-hongrois, du Siam ainsi que la riche aristocratie et les industriels de tous les pays du monde. En 1887 fut ouverte la filiale de Moscou, puis celles d'Odessa, Londres, Kiev, Nijni-Novgorod.

La fabrique de Moscou comptait quatre secteurs, qui réunissaient toutes les spécialités existant à Saint-Pétersbourg. F. Ruckert était un spécialiste du travail de l'or et de l'émail. Il possédait depuis 1887 un atelier d'émail devenu fabrique entre 1900 et 1917 à l'adresse du 29, rue Vorontsov. La fabrique collaborait et honorait les commandes des plus grandes sociétés de l'empire russe : Fabergé, O. Kourlioukov, P. Ovtchinnikov, I. Marchak.

La société F. Ruckert fut une des plus brillantes et des plus originales fabriques de joaillerie. Elle travaillait dans le style national russe. Ses articles émaillés se distinguaient par leur originalité, une ornementation particulière qui, d'une part, puisait aux sources de l'art préchrétien et, de l'autre, relevait de l'art contemporain, avec une riche palette de couleurs en émail.

Historique : reçu d'une institution publique en 1965.
Expositions : 1991, Italie, n° 196 ; 1991, Japon, n° 60 ; 1991, Londres, n° 294 ; 1992, Australie, n° 226 ; 1992, Gênes, n° 126.
G. G. Smorodinova

Cat. 188, repr. p. 143
Fabergé Peter Karl
***Kovch aux bogatyrs* 1908-1917**

Argent, argent doré, pierres de l'Oural
55,0 x 59,0
Poinçons : *K. Fabergé* surmonté d'un aigle bicéphale ; poinçon de ville et de titre (Moscou 1908-1917, 84 *zolotniki*)
Paris, musée national de la Marine, inv. 7 SO 35
Historique : offert par Nicolas II au carré des officiers du *Vérité*, 1908.
Bibliographie : Zeisler, 2005, p. 39-45.

Cadeau diplomatique d'esprit national, la *bratina* du musée de la Marine évoque à la fois la forme du *kovsh* et celle d'une embarcation. Cette composition particulière est mentionnée dans les archives russes lors d'un paiement, en 1908, de trois mille cent roubles pour une « bratina-*ladia* » (« barque » ; RGIA fonds 468, op. 43, d. 963, l. 40 et l. 76). La coupe est ornée d'enroulements stylisés, de cabochons et de *bogatyrs,* héros des *bylines* russes. La figure principale avec son épée évoque l'attitude de Dobrynia Nikitich sur la toile *les Bogatyrs* du peintre V. M. Vasnetsov (1898, Moscou, galerie Tretiakov).

Des coupes semblables sont sorties des ateliers moscovites de Fabergé, comme en témoignent les mémoires de Franz Birbaum, la coupe de l'ancienne collection Forbes ou un dessin de l'Ermitage (cat. exp. Paris, p. 448 et nos 232 et 338).
Wilfried Zeisler

FARISSEEV PETR PETROVITCH

Propriétaire d'un atelier d'orfèvrerie, mentionné dans les années 1895-1908, qui produisait de la vaisselle, dont de la vaisselle émaillée

Cat. 189
Farisseev Petr Petrovitch
Petite cuiller à thé

Moscou
1896-1908
Argent émaillé estampillé
l. 13,9
Poinçons : *PF, godovoie probirnoie Moskvy* [garantie annuelle de Moscou] *1896-1908*
Moscou, musée national d'Histoire, inv. 101276/732 OK 17710
Historique : reçue de l'administration publique en 1972.
MNH

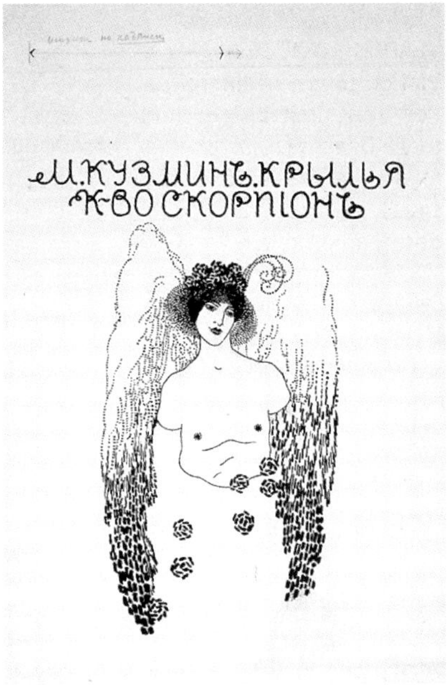

Cat. 191

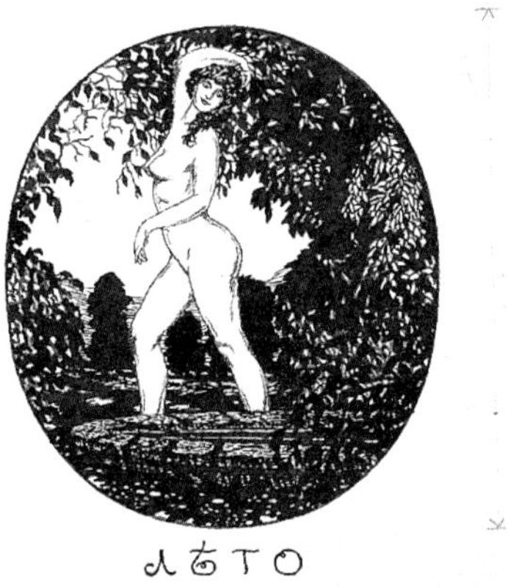

Cat. 192

FARMAKOVSKY MSTISLAV VLADIMIROVITCH

Viatka, 1873 – Leningrad, 1946

Peintre et archéologue. Il étudia la peinture à Odessa (1891-1899) et à l'Académie royale de Prusse à Düsseldorf (1899-1902). Membre de la Société nationale des beaux-arts, de Paris

Cat. 190, repr. p. 248

Farmakovsky Mstislav Vladimirovitch
Femina adorata

1907
Plume et encre noire, aquarelle et lavis de bronze sur carton
35,0 x 28,8
Saint-Pétersbourg, Musée d'État russe, inv. R-54214
MR

FEOFILAKTOV ALEXEÏ STEPANOVITCH

Moscou, 1858 – Moscou, 1923

Cat. 191

Feofilaktov Alexeï Stepanovitch
***Couverture* pour le livre de Mikhaïl Kouzmine *les Ailes,* Moscou, éditions du Scorpion**

1907
Plume et encre noire, lavis d'encre, traits de crayon graphite sur carton
36,4 x 25,4
Moscou, galerie Tretiakov, inv. 4302
HISTORIQUE : entré en 1918.
GT

Cat. 192

Feofilaktov Alexeï Stepanovitch
***L'Été,* esquisse pour l'illustration du livre de Mikhaïl Kouzmine *Kouranty lioubvi (les Heures de l'amour),* Moscou, éditions du Scorpion**

1910
Plume et encre noire, lavis d'encre sur carton
36,3 x 25,4
Moscou, galerie Tretiakov, inv. 4300
HISTORIQUE : entré en 1918.
GT

FILONOV PAVEL NIKOLAEVITCH

Moscou, 1883 – Leningrad, 1941

Peintre, théoricien de l'art. Il étudia à Saint-Pétersbourg dans des ateliers privés et à l'Académie des beaux-arts et fut l'un des fondateurs de l'Union de la jeunesse (1910)

Cat. 193

Filonov Pavel Nikolaevitch
Le Golgotha

1912
Crayon graphite et aquarelle sur papier
35,5 x 32,7
Moscou, galerie Tretiakov, inv. R-2918
HISTORIQUE : don de E. N. Glebova, 1975.
GT

Cat. 194

Filonov Pavel Nikolaevitch
Tête

Crayon graphite et encre noire sur papier
16,0 x 10,3
Moscou, galerie Tretiakov, inv. R-2924
HISTORIQUE : don de E. N. Glebova, 1975.
GT

Cat. 195

Filonov Pavel Nikolaevitch
Le Banquet des rois

1912
Crayon graphite, plume et encre, lavis d'encre et aquarelle sur papier
21,0 x 32,0
Saint-Pétersbourg, Musée d'État russe, inv. R-58230
MR

GALNBEK IVAN ANDREEVITCH

1855-1934

Cat. 196

Galnbek Ivan Andreevitch
Fabrique des frères Kornilov à Saint-Pétersbourg
***Tasse et soucoupe* à ornement géométrique et anse « forme de cheval »**

1905-1917
Porcelaine, décor imprimé et dorure
Tasse : 4,5 x 9,6 (ouverture) x 4,4 (base) ; soucoupe : 1,9 x 14,1
Au fond de la tasse et de la soucoupe, marque de fabrique (variante pour l'exportation, utilisée après 1891) sur la glaçure marron-turquoise : écusson avec l'aigle à deux têtes et l'inscription dans une banderole et sous l'écusson : *V S. PETERBOURGE ; BRATEV KORNILOVYKH ; J.H.V. / Made in Russia / by Kornilov Bros.* ; près du support circulaire, marque de fabrique, les chiffres : *276* (désignant le numéro du dessin de l'ornement)
Moscou, musée national d'Histoire, inv. GIM 107132-255,256/12909ff
HISTORIQUE : transmises par les institutions d'État en 1987.
EXPOSITIONS : 1998, Moscou, n° 320.

La forme et le décor de la tasse et de la soucoupe ont été réalisés d'après les esquisses de I. A. Galnbek pour la fabrique pétersbourgeoise des frères Kornilov entre 1905 et 1906. Les esquisses sont conservées au musée d'État de l'Ermitage. L'attribution de cette porcelaine exécutée d'après les esquisses de Galnbek et la première publication de ces esquisses sont dues à Tamara V. Koudriavtseva.

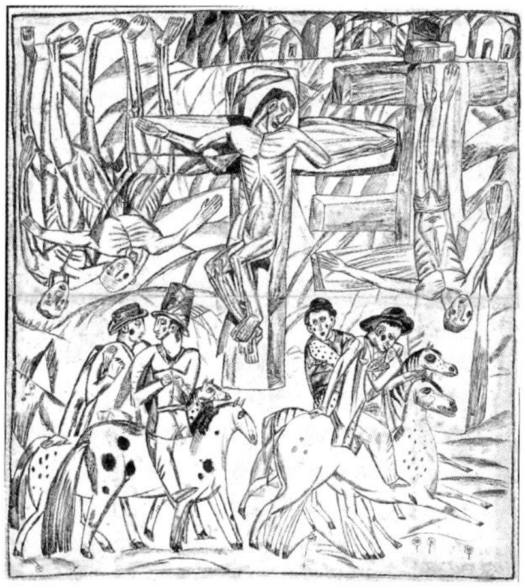

Cat. 193

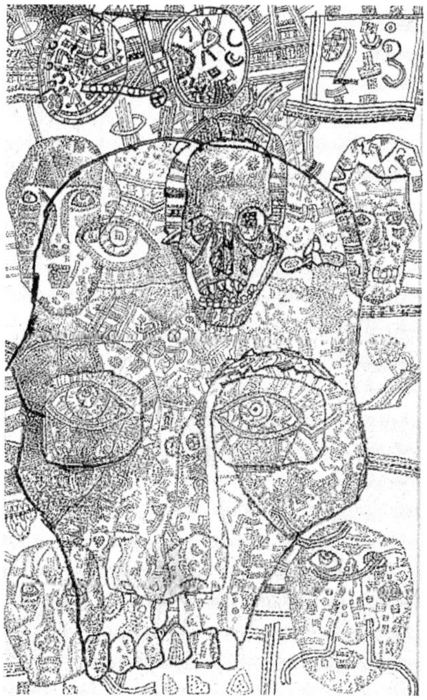

Cat. 194

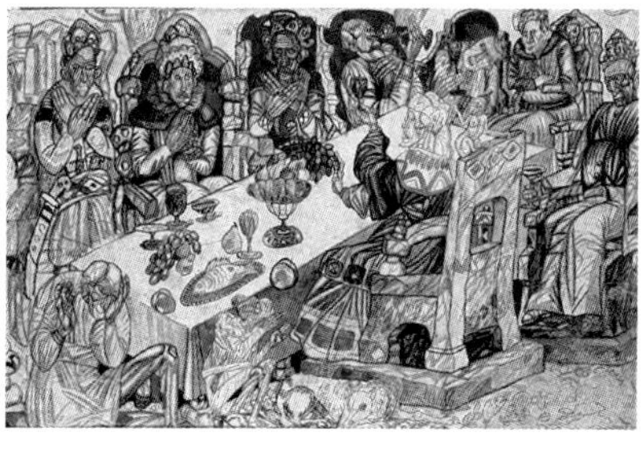

Cat. 195

Une tasse avec une anse de forme analogue ainsi que l'esquisse d'une cafetière avec une anse similaire appartenant à Galnbek ont été publiées (Koudriavtseva, 2000, ill. 16-17, p. 119). Une partie d'un service de table orné de manière analogue à celle de notre tasse et avec le même numéro de dessin au fond des objets a également été publiée (cat. exp. 2003, Saint-Pétersbourg, p. 125).
I. A. Galnbek, peintre, architecte, historien de l'art, spécialiste d'art populaire et de céramique, avait suivi la classe d'architecture de l'Académie des arts jusqu'en 1879. À partir de 1880, il enseigna à l'Institut de dessin technique Stieglitz et en dirigea la bibliothèque. Dans les années 1900, il se consacra à des projets d'objets en porcelaine pour la fabrique des frères Kornilov. Dans les années 1920, il était conservateur de la collection des objets en étain et bibliothécaire à l'Ermitage. (2003, Saint-Pétersbourg, note 33, p. 16). Fondée en 1835 dans le village d'Opioustrovo près de Saint-Pétersbourg, la fabrique des frères Kornilov fonctionna jusqu'en 1917. Elle fut l'une des meilleures fabriques privées de porcelaine de Russie et connut son apogée au cours des années 1890-1900.
MARIANNA ALEXANDROVNA BOUBTCHIKOVA

GARNIER CHARLES
1825-1898

Cat. 197
Garnier Charles
Maison russe vers le XVe siècle ; dans Exposition universelle de 1889, Histoire de l'habitation humaine

1889
Plume et aquarelle sur papier
Signé : en bas à droite, *Ch. Garnier*
94,7 x 63,5
Paris, Archives nationales,
inv. F12 4055 D pl. 88
EXPOSITIONS : 1989, Paris, n° 88.

L'Histoire de l'habitation humaine conçue par Charles Garnier lors de l'Exposition universelle de 1889 était pensée comme une promenade architecturale dans un parc – situé le long du quai d'Orsay, de part et d'autre de l'avenue du Champ-de-Mars – où une bonne trentaine de constructions, de la simple tente à l'ébauche de palais, retraçaient une histoire de l'habitation à travers les âges et les lieux. L'influence de Viollet-le-Duc, de *l'Histoire de l'habitation humaine*, parue en 1875, mais aussi de sa présentation de l'architecture lors de l'Exposition universelle de 1878, était très sensible dans ce projet, mené en lien avec l'historien Auguste Ammann. La *Maison russe vers le XVe siècle*, malgré la légende en caractères cyrilliques, semble en fait une variation sur le pavillon français.
DOMINIQUE DE FONT-RÉAULX

GAY NIKOLAÏ NIKOLAEVITCH
Voroneje, 1831 – Ivanovskoïe, actuelle province de Tchernigov, 1894

Peintre. Il étudia à l'Académie des beaux-arts de Saint-Pétersbourg. Membre fondateur de la Société des ambulants, il adopta la doctrine philosophique et morale de L. N. Tolstoï. Il travailla à Saint-Pétersbourg, puis se réfugia dans la province de Tchernigov

Cat. 198 (non exposé)
Gay Nikolaï Nikolaevitch
La Crucifixion

Vers 1892-1894
Huile sur toile
278,0 x 223,0
Paris, musée d'Orsay, RF 1981-25
HISTORIQUE : don du fils de l'artiste au musée du Luxembourg, 1903 ; Paris, musée d'Orsay, 1980 (reversement du musée national d'Art moderne).

Cat. 199, repr. p. 75
Gay Nikolaï Nikolaevitch
Le Golgotha

1893
Huile sur toile
222,4 x 191,8
Moscou, galerie Tretiakov, inv. 2642
HISTORIQUE : don de N. N. Gay, fils de l'artiste, 1897.

Ce tableau entre dans ce qu'on a appelé le « cycle de la passion » que Gay a consacré aux derniers jours du Christ et sur lequel il travailla dans les dernières années de sa vie : *Qu'est-ce que la vérité ?, le Jugement du Sanhedrin, la Conscience. Judas, le Golgotha*, deux variantes de *la Crucifixion* (dont le cat. 198). Plus la fin du drame évangélique et celle de la vie de l'artiste sont proches, plus son langage se fait expressif, plus la forme devient libre, oublieuse des règles et des canons académiques, plus est aiguë la douleur du désespoir devant l'imminence du châtiment. En vertu d'un malentendu, son *Golgotha* continue d'être considéré comme un tableau inachevé. Pour l'artiste, cette œuvre était parfaitement achevée,

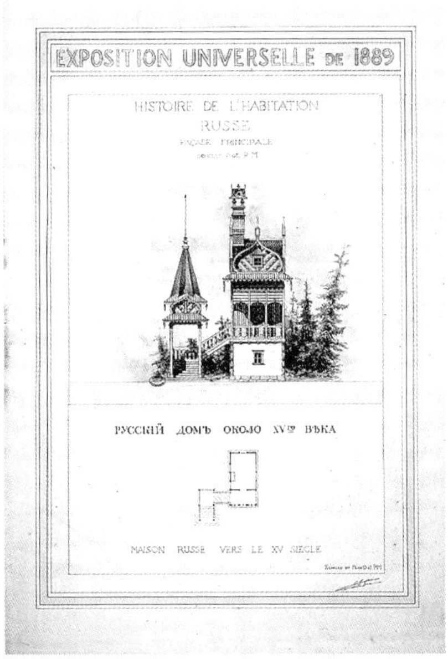

Cat. 197

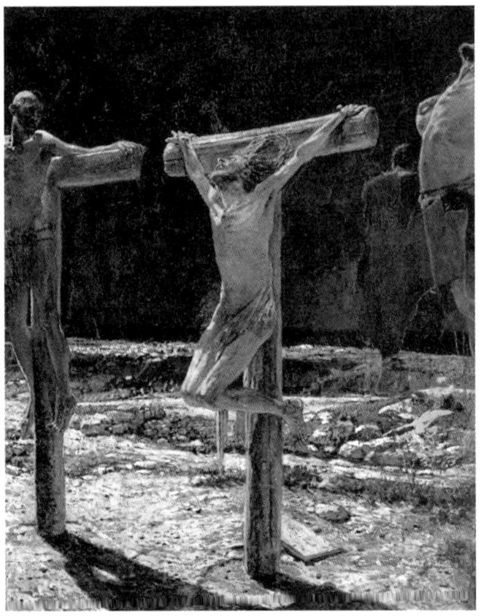
Cat. 198

aboutie. La souffrance de Jésus transparaissait non seulement dans la mimique des visages, mais aussi dans la « souffrance » de la forme elle-même, dans la tension quasi maladive de tous les moyens picturaux : la composition hachée, la facture « indignée » qui préfigure l'expressionnisme du XXe siècle. Cette recherche d'une expressivité nouvelle était pour Gay une tâche douloureuse et complexe ; « Oui, ce tableau m'a beaucoup tourmenté et hier, enfin, j'ai trouvé ce qui convenait, c'est-à-dire une forme qui soit tout à fait vivante [...] j'ai trouvé le moyen d'exprimer le Christ et les deux brigands qu'on vient d'amener, ensemble, sans croix, sur le Golgotha. Les trois sont des martyrs, tous sont terriblement frappés par la prière du Christ. L'un des brigands est pris de fièvre, l'autre est accablé de chagrin... Bref... trois âmes vivent sur la toile. Moi-même, je pleure en contemplant cette toile [...] Je me réjouis indiciblement d'avoir vu ce moment le plus précieux de la vie du Christ, je ne l'ai pas inventé ; je l'ai immédiatement senti de toute mon âme et exprimé », écrivait Gay dans une lettre à L. N. Tolstoï.

Les dernières années de Gay furent un choc non seulement pour le tsar, les milieux académiques et les ambulants, mais aussi pour Tolstoï lui-même, qui, pourtant, appréciait beaucoup le contenu des tableaux de Gay, la personnalité du vieil artiste, mais restait tout à fait imperméable à ses recherches révolutionnaires de nouveaux procédés picturaux : « J'aime le brigand saisi de fièvre... J'aime aussi le moment. Si seulement, le Christ n'était pas aussi exceptionnel, exceptionnellement peu attirant, même... Et si seulement vous pouviez, pour ce qui est de la technique, satisfaire aux exigences de la foule des artistes. »

Opinion totalement erronée, comme si Gay était sous la totale dépendance intellectuelle de Tolstoï et en mesure de modifier des œuvres en fonction des exigences de l'écrivain. Il était maître de ce qu'il créait et décidait de son propre chef de la forme qu'il entendait donner à ses sentiments et à ses idées.

Le tableau qui clôt le cycle, *la Crucifixion* (cat. 198) est une œuvre d'une grande force, peinte de manière très audacieuse, inspirée et douloureuse. En 1894, Gay l'apporta à Saint-Pétersbourg, Tretiakov le vit. Pavel Mikhaïlovitch ne l'acheta pas, en bavardant avec le peintre, il le qualifia de « non artistique ». Gay ressentit la nécessité de s'expliquer par écrit avec Tretiakov : « J'aurais voulu vous revoir pour élucider un mot que vous avez eu à propos de mon dernier tableau, *Crucifixion*. Vous l'avez apprécié et en même temps je n'ai pas compris cela. Vous avez dit qu'il était « anti-artistique », ce qui détruit en quelque sorte ses mérites. Ce mot est vieux, mais il n'a pas eu cours parmi nous durant tout le temps du grand et puissant art russe. Il n'aurait pu en être autrement car il est imprononçable dès que l'on parle d'art vivant ; il apparaît comme une protestation contre le mouvement, la vie de l'art. Si l'idéal artistique était immuable, permanent, alors on pourrait, en fonction de cet idéal, dire que telle ou telle œuvre n'est pas artistique, mais comme l'idéal se déplace, s'ouvre et se renouvelle sans cesse avec les nouvelles recherches et découvertes des artistes, ce mot n'est qu'une protestation par rapport à un idéal dépassé, rejeté... Si quelqu'un d'autre que vous l'avait dit, j'aurais laissé passer, mais entendre ce mot de Vous, que j'aime, m'a été douloureux – de vous qui avez tant fait pour l'art vivant. Ce mot n'est pas des nôtres. C'est celui de nos ennemis. Il est en contradiction avec toute votre activité et la nôtre... »

TATIANA L. KARPOVA

GOLOUBKINA ANNA SEMENOVNA

Zaraïsk, région de Riazan, 1864 – Zaraïsk, 1927
Sculpteur. Elle étudia à Moscou chez S. Ivanov, à Saint-Pétersbourg chez V. Beklemichev et à Paris avec A. Rodin. Elle privilégia la taille directe du marbre et du bois : la majeure partie de son œuvre est conservée à la galerie Tretiakov, dans son atelier moscovite rue Bolchoï Levchinsky, transformé en musée et au Musée d'État russe de Saint-Pétersbourg.

Cat. 200
Goloubkina Anna Semenovna
***Portrait de A. M. Remizov*, écrivain**

1911
Bois
68,5 x 55,0 x 34,0
Monogramme : sur la base, à droite, *AG*
Moscou, galerie Tretiakov, inv. 4038
HISTORIQUE : acquis de l'artiste par la galerie Tretiakov en 1915.
EXPOSITIONS : 1912, Saint-Pétersbourg, n° 62 ; 1913, Saint-Pétersbourg, n° 76 ; 1914-1915, Moscou, n° 110-a ; 1964-1965, Moscou-Leningrad, n° 77 ; 2004, Moscou, p. 88, n° 42.
S. P. DOMOGATSKAÏA

Cat. 201, repr. p. 348
Goloubkina Anna Semenovna
***Portrait de V. F. Ern.*, philosophe**

1914
Bois
63,0 x 53,0 x 29,0
Moscou, galerie Tretiakov, inv. 4442
HISTORIQUE : acquis de l'artiste par la galerie Tretiakov en 1920.
EXPOSITIONS : 1964-1965, Moscou, n° 100 ; 2004, Moscou, p. 89, n° 48.
S. P. DOMOGATSKAÏA

Cat. 202, repr. p. 348
Goloubkina Anna Semenovna
Oh, oui !

1915
Bois
48,5 x 35,0 x 29,0
Moscou, galerie Tretiakov, inv. 4040
HISTORIQUE : acquis de l'artiste par la galerie Tretiakov en 1915.
EXPOSITIONS : 1914-1915, Moscou, n° 142 ; 1964-1965, Moscou-Leningrad, n° 102 ; 1991, Londres, p. 284, n° 134 ; 2004, Moscou, p. 92, n° 47.
S. P. DOMOGATSKAÏA

GOLOVINE ALEXANDRE IAKOVLEVITCH

Moscou, 1863 – Detskoe Selo, près de Saint-Pétersbourg, 1930
Peintre, dessinateur, décorateur de théâtre. Il étudia à l'École de peinture, sculpture et architecture de Moscou. Il travailla au cours des années 1890 pour les ateliers d'Abramtsevo et devint directeur artistique des théâtres impériaux en 1907, jusqu'en 1917. Il collabora aux saisons de S. P. Diaguilev à Paris (1908 et 1910).

Cat. 203, repr. p. 173
Golovine Alexandre Iakovlevitch
Atelier de céramique d'Abramtsevo
***Plat décoratif*, motif d'oiseau de feu**

Fin du XIXe siècle
Céramique émaillée (*majolika*)
62,0 x 50,0 (ovale)
Moscou, galerie Tretiakov, inv. 28486
Historique : acquis par le comité d'acquisition de Moscou en 1945.
EXPOSITIONS : 1992, Moscou ; 2001-2002, Nuremberg.
GT

Cat. 204
Golovine Alexandre Iakovlevitch
Atelier de céramique d'Abramtsevo
Récipient en forme de coq

Fin des années 1890 (avant 1900)
Céramique émaillée (*majolika*) lustrée, dorure
39,3 x 56,8 x 27,0
Moscou, musée S. T. Morozov des Arts populaires, filiale du musée russe des Arts décoratifs et populaires, inv. MXP 4788-114
Historique : reçu par le musée russe des Arts

décoratifs et populaires des fonds du musée des Arts populaires de l'Institut de recherches sur l'industrie d'art, selon l'acte de transmission des fonds d'art, de la bibliothèque et des archives de l'Institut de recherches sur l'industrie d'art du 28 avril 2000.
Bibliographie : *Mir Iskousstva*, n° 3-4, 1900 ; Arzumanovo, Lubartovitch et Naschokina, 2000, p. 25-26, 30 ; Sametskaïa, 2004, n° 6, p. 12.
Expositions : 1899, Saint-Pétersbourg, exposition de la revue *Mir Iskousstva* ; 1900, Paris, Exposition universelle.
MRADP

Quatre coupelles décoratives en forme de poussin

Fin des années 1890
Céramique émaillée (*majolika*) lustrée
7,8 x 16,5 x 9,0
Moscou, musée russe des Arts décoratifs et populaires, inv. KP2292/1 33/1, 2292/2 33/2, 2292/3 33/3 et 22292/4 33/4
Historique : acquises chez A. S. Sobolev, en 1982.
Bibliographique : *Mir Iskousstva*, n° 3-4, 1900 ; Arzumanovo, Lubartovitch et Naschokina, 2000, p. 25-26, 30 ; Sametskaïa, 2004, n° 6, p. 12.
Expositions : 1899, Saint-Pétersbourg, exposition de la revue *Mir Iskousstva* ; 1900, Paris, Exposition universelle ; 1990, Moscou, n° 580 ; 2003, Moscou ; depuis 2004, exposition permanente du musée russe des Arts décoratifs et populaires.
MRADP

Cat. 205, repr. p. 441
Golovine Alexandre Iakovlevitch
Atelier artistique de céramique d'Abramtsevo
Plat décoratif

1898-1899
Céramique émaillée (*majolika*), dorure
7,5 x 59,6 x 54,5
Moscou, musée S. T. Morozov des Arts populaires, filiale du musée russe des Arts décoratifs et populaires, inv. MXP 4787
Historique : don de A. I. Dournovo-Anikina. Reçu par le musée des Arts décoratifs et populaires des fonds du musée des Arts populaires de l'Institut de recherches sur l'industrie d'art, selon l'acte de transmission des fonds d'art de la bibliothèque et des archives de l'Institut de recherches sur l'industrie d'art du 28 avril 2000.
Bibliographie : *Mir Iskousstva*, n° 5-6, 1900 ; Arzumanovo, Lubartovitch et Naschokina, 2000, p. 25, 148.
Expositions : 1899, Saint-Pétersbourg, exposition de la revue *Mir Iskousstva* ; 1900, Paris, Exposition universelle ; 1990, Moscou ; depuis 2004, exposition permanente du musée russe des Arts décoratifs et populaires.

Le musée des Arts populaires fut ouvert en 1885 sous le nom Musée commercial et industriel des articles artisanaux du zemstvo du gouvernement de Moscou. Il est devenu un centre des petits métiers du gouvernement de Moscou et, ensuite, celui de toute la Russie. S. T. Morozov, qui appartient à la pléiade des mécènes russes ayant investi leurs capitaux dans la préservation de l'héritage culturel de la Russie, a joué un rôle important dans la création du musée. À partir de 1900, le musée joua un rôle primordial lors des expositions internationales, où celui-ci reçut, à plusieurs reprises, des récompenses honorifiques, ainsi que le grand prix à Paris, Liège, Londres, Dresde, Genève, Venise, Milan. En 1903, le musée s'installa dans les locaux bâtis spécialement pour lui : pereoulok Leontievsky, maison n° 7. Depuis sa fondation, le musée a accumulé une collection unique d'art russe populaire du XVIIIe au XXe siècle, ainsi que des objets de fabrication artisanale. En 2000, le musée S. T. Morozov des Arts populaires est devenu une filiale du musée russe des Arts décoratifs et populaires.
V.S. Chevtchenko

Cat. 206, repr. p. 296
Golovine Alexandre Iakovlevitch
***Le Royaume de Kachtcheï*, esquisse de décor pour la mise en scène du ballet *l'Oiseau de feu* de I. F. Stravinsky**

1910
Gouache, aquarelle, peinture bronze sur papier contrecollé sur carton
82,5 x 102,0
Signé : en bas à droite, à la plume, *A. Golovine*
Moscou, galerie Tretiakov, inv. 5624
Historique : entré en 1917 en provenance de la collection M. P. Riabouchinsky.
Le ballet *l'Oiseau de feu* avait été monté par M. M. Fokine pour les Ballets russes de S. P. Diaguilev. A. N. Golovine et L. S. Bakst réalisèrent décors et costumes. La première eut lieu le 25 juin 1910 à l'Opéra, à Paris.
GT

Cat. 207
Golovine Alexandre Iakovlevitch
***Projet* pour le ballet *l'Oiseau de feu* de I. F. Stravinsky**

Aquarelle sur papier
30,9 x 37,4
Saint-Pétersbourg, musée d'État russe, inv. R-705
MR

Cat. 208
Golovine Alexandre Iakovlevitch
***Peuple*, projet de deux costumes pour les femmes de *l'Orage*, drame de A. N. Ostrovsky, 1916, mise en scène de V. E. Meyerhold, Petrograd, théâtre Alexandrinsky**

1916
Crayon graphite, aquarelle, gouache, encre, pinceau, sur papier contrecollé sur carton
34,7 x 29,2
Inscriptions : au recto, en haut à gauche, à l'encre et au pinceau *Mme Petrova Kozlovkaïa ;* en haut à droite, à l'encre et au pinceau, *L'Orage Ostrovsky Peuple*
Monogramme : en bas à droite, à l'encre et pinceau, *AG*
Inscriptions : au verso, en haut au centre, au crayon, *n° 9 ;* en bas au centre, sur un papier collé *A. Fedorov. Fabrique et magasin des cadres à la mode Petrograd Liteiniy 35 1901*
Moscou, musée central d'État du théâtre A. A. Bakhrouchine, inv. KP-7628, GKD-692
Historique : acquis par A. A. Bakhrouchine avant 1936.
Bibliographie : Benois, 1916 ; Soloviev, 1917, n° 2, p. 35 ; Ioureneva, 1946, p. 88, 195 ; Bassekhes, 1970, p. 72-76, ill. p. 81 ; Golovine, 1981 ; Golovine, 1990 ; Golovine, 1960.
Expositions : 1954, Moscou-Leningrad.
Natalia F. Makerova

GONTCHAROVA NATALIA SERGUEEVNA

Nagaevo, province de Toula, 1881 – Paris, 1962
Peintre, décorateur de théâtre. Élève de K. A. Korovine et de P. P. Troubetzkoï à Moscou (1901-1909), où elle rencontre Mikhaïl F. Larionov. Avec ce dernier, qui devient son compagnon, elle est l'une des organisatrices des expositions du Valet de carreau (1901-1911), de La Queue de l'âne (1912), de La Cible (1913). Elle s'installa à Paris, où elle collabora aux spectacles de Diaguilev jusqu'en 1929

Cat. 209
Gontcharova Natalia Sergueevna
***La Faucheuse*, projet de costume pour *le Coq d'or* de N. A. Rimsky-Korsakov, 1914, chorégraphie de M. Fokine, les Saisons russes à Paris, entreprise de S. P. Diaguilev, Opéra de Paris**

1914
Crayon graphite, aquarelle, bronze sur papier
32,8 x 21,6
Signé : au recto, en bas à droite, à l'encre, *N. Gontcharova*
Monogramme : en bas à gauche
Inscription : au verso, au crayon graphite, *6 kost /Les faucheuses /Id.* et nom de 6 exécutrices
Moscou, musée central d'État du théâtre A. A. Bakhrouchine, inv. KP-60391
Historique : acquis avant 1936.
Bibliographie : Pojarskaïa, 1970, p. 269-270, ill. 152 ; Davidova, 1974, p. 156-157 ; Sirkina et Kostina, 1978, p. 114.
Expositions : 1915, Moscou, n° 24-40, 2e édition n° 27-86 ; 1981, Moscou, t. I, p. 337 ; 1986, Francfort, p. 547 ; 1990, Venise, n° 78, p. 131 ; 1999, Canberra, p. 89, ill. 47 ; 2002, Saint-Pétersbourg, p. 259-262, n° 378.
Natalia F. Makerova

Cat. 210
Gontcharova Natalia Sergueevna
***Le Palais du tsar, projet du décor du IIIe acte* du *le Coq d'or* de N. A. Rimsky-Korsakov, 1914, chorégraphie de M. Fokine, les Saisons russes à Paris, entreprise de S. P. Diaguilev, Opéra de Paris**

1914
Crayon graphite et aquarelle, sur papier
65,0 x 97,0
Moscou, musée central d'État du théâtre A. A. Bakhrouchine, inv. KP-61443, GDD-1382
HISTORIQUE : acquis avant 1936.
BIBLIOGRAPHIE : Pojarskaïa, 1970, p. 269-270, ill. 150 ; Davidova, 1974, p. 156-157, ill. sur papier à part entre p. 96 et p. 97 ; Sirkina et Kostina, 1978, p. 114, ill. 168.
EXPOSITIONS : 1915, Moscou, n° 26 ; 1986, Francfort, n° 49 ; 1987, Turin-Lingotto, n° 132 ; 1989, Canberra, p. 89, ill. p. 48 ; 1990, Venise, n° 76 ; 1994, Munich, p. 108-109 ; 1996, Londres, n° 157 ; 2002, Saint-Pétersbourg, p. 259-262, n° 360.
NATALIA F. MAKEROVA

Cat. 211, repr. p. 47
Gontcharova Natalia Sergueevna
Paon (dans le style d'une broderie russe)

1910
Huile sur toile
130,5 x 145,0
Moscou, galerie Tretiakov, inv. J-1610
HISTORIQUE : legs de A. K. Larionova-Tomilina, Paris 1989.
EXPOSITIONS : 1912, Moscou, n° 48 (*« Paon au printemps » [dans le style d'une broderie russe]*. De la série « Khudojestvennye vozmojnosti po povodu pavlina ») ; 1913, Moscou, n° 488 ; 1914, Saint-Pétersbourg, n° 163 ; 1999, Moscou, n° 31 ; 2002, Saint-Pétersbourg, n° 93 ; 2004-2005, Groningue, p. 61.
GT

Cat. 212, repr. p. 31
Gontcharova Natalia Sergueevna
Le Sauveur (avec des ceps de vigne)

1910-1911
Triptyque
Partie centrale
Huile sur toile
132,0 x 119,0
Moscou, galerie Tretiakov, inv. J-1617
HISTORIQUE : legs de A. K. Larionova-Tomilina, Paris 1989.
EXPOSITIONS : 1911, Saint-Pétersbourg, n° 158 ; 1912, Moscou, n° 55 ; 1914, Saint-Pétersbourg, n° 223 ; 1999, Moscou, n° 51
LUDMILA KVACHINA

Cat. 213
Gontcharova Natalia Sergueevna
Archange (en blanc)

1910-1911
Partie droite du triptyque
Huile sur toile
132,0 x 68,0
Moscou, galerie Tretiakov, inv. J-1616
HISTORIQUE : legs de A. K. Larionova-Tomilina, Paris 1989.
EXPOSITIONS : 1911, Saint-Pétersbourg, n° 158 ; 1912, Moscou, n° 55 ; 1914, Saint-Pétersbourg, n° 223 ; 1961, Leeds-Bristol-Londres, n° 92 ; 1969, Lyon, n° 51 ; 1999, Moscou, n° 52 ; 2002, Saint-Pétersbourg, n° 110.
LUDMILA KVACHINA

Cat. 214
Gontcharova Natalia Sergueevna
Archange (en vert)

1910-1911
Partie gauche du triptyque
Huile sur toile
132,0 x 69,5
HISTORIQUE : legs de A. K. Larionova-Tomilina, Paris 1989.
Moscou, galerie Tretiakov, inv. J-1615
EXPOSITIONS : 1911, Saint-Pétersbourg, n° 158 ; 1912, Moscou n° 55 ; 1914, Saint-Pétersbourg, n° 223 ; 1963, Paris, n° 11 ; 1969, Lyon, n° 52 ; 1999, Moscou n° 53 ; 2002, Saint-Pétersbourg, n° 111.
LUDMILA KVACHINA

Cat. 215, repr. p. 151
Gontcharova Natalia Sergueevna
***Sainte Barbara martyre,* loubok**

Début des années 1910
Aquarelle et rehauts de blanc sur papier contrecollé sur carton,
67,0 x 54,0
Signé : en bas à droite, *Natalia Gontcharova*
Moscou, galerie Tretiakov, inv. 3862
HISTORIQUE : acquis en 1913 par la galerie Tretiakov.
GT

Cat. 216, repr. p. 152
Gontcharova Natalia Sergueevna
Motifs évangéliques

Vers 1910
Aquarelle sur papier
49,5 x 34,5
Moscou, galerie Tretiakov, inv. R-4283
HISTORIQUE : don de G. D. Kostakis en 1977.
GT

Cat. 217, repr. p. 309
Gontcharova Natalia Sergueevna
***Esquisse de décor* pour le premier acte du *Coq d'Or*, opéra-ballet, Paris, Opéra, première 21 mai, 1914, entreprise de S. P. Diaguilev ; musique de N. A. Rimsky-Korsakov, mise en scène de M. Fokine, décors de N. S. Gontcharova avec la participation de M. F. Larionov**

1914
Aquarelle et gouache sur papier contrecollé sur carton
64,0 x 97,8
Signé : au verso, en bas à droite, *Natalia Gontcharova*
Inscriptions : au verso, en haut à droite, *Dorogomu i uvajaemomu Ivanu Ivanovitch ot N. Gontcharovoi* [pour mon cher et respectable Ivan Ivanovitch de la part de N. Gontcharova] ; à droite au milieu, *Coq d'or I act Paris Londres Saison 1914 mai juin*
Saint-Pétersbourg, musée national A. S. Pouchkine, inv. R 464
HISTORIQUE : acquis en 1938 de la galerie Tretiakov
MNASP

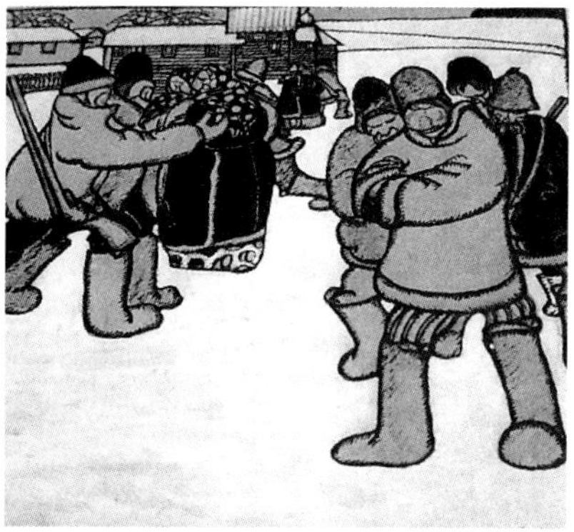

Cat. 220

GRIGORIEV BORIS DMITRIEVITCH

Moscou, 1886 – Cannes, 1939
Peintre, dessinateur, illustrateur. Il étudia à l'Institut Stroganov, à Moscou (1903-1907). Il vécut à Paris de 1912 à 1914. Membre du cercle du Monde de l'art, il travailla pour nombre de revues (*Satirikon*, etc.) jusqu'en 1917 avant d'émigrer en France en 1919.

Cat. 218 a et b
Grigoriev Boris Dmitrievitch
Fiançailles

Non daté
Crayon graphite et rehauts de blanc sur papier
16,0 x 16,7
Saint-Pétersbourg, Musée d'État russe, inv. R-12498
MR

Cat. 219
Grigoriev Boris Dmitrievitch
***Scène populaire* [*le Cadeau*]**

1910
Gouache, plume et encre sur papier brun
25,0 x 24,4
Saint-Pétersbourg, Musée d'État russe, inv. R-57191
MR

Cat. 220
Grigoriev Boris Dmitrievitch
L'Hiver, les chasseurs dans le village

1911
Gouache, plume et encre sur papier brun
24,5 x 24,4
Saint-Pétersbourg, Musée d'État russe, inv. R-57847
MR

Cat. 221
Grigoriev Boris Dmitrievitch
Paysannes

1911
Crayon graphite et rehauts de blanc
41,5 x 43,0
Saint-Pétersbourg, Musée d'État russe, inv. R-45427
EXPOSITIONS : 1991, Londres, p. 151, n° 140.
MR

HARTMANN (OU GARTMANN) VIKTOR (ALEXANDROVITCH)

Saint-Pétersbourg, 1834 – Kireevo, région de Moscou, 1873

Cat. 222

Hartmann (ou Gartmann) Viktor (Alexandrovitch)

***Projet d'un pavillon russe pour l'Exposition universelle de Vienne,* projet non réalisé**

Russie, 1873
Crayon, encre de chine, aquarelle sur carton
29,0 x 21,6
Signé : en bas à droite : *V. Gartman*
Inscription presque effacée : au verso, *Propriété de I. I...* [illisible]
Moscou, musée national d'architecture Chtchoussev, inv. P1-4919
HISTORIQUE : appartenait à la collection de B. V. Chekh ; Nikolsky ; acquis par le musée en 1937.
BIBLIOGRAPHIE : Borissova, 1979, p. 231.
EXPOSITIONS : 1991A, Moscou ; 1991B, Moscou ; 1995, Moscou ; 1998, Moscou ; 2000, Moscou, p. 180, n° 167.

« Rêveur d'architecture », « artiste fantasque », Hartmann fut l'un des principaux représentant du « style russe », qui a commencé à se développer autour des années 1870, quand les grands maîtres de cette époque se sont approprié l'héritage national comme source d'inspiration pour leur art.
Il s'est particulièrement fait remarquer par des projets d'expositions temporaires, tel ce projet d'un pavillon, non réalisé, très inspiré de l'architecture traditionnelle en bois, soumis au concours pour l'exposition de Vienne.
TATIANA NIKITINA

IAKOUNTCHIKOVA-WEBER MARIA VASSILIEVNA

Wiesbaden, 1870 – Chêne Bougerie, Suisse, 1902
Peintre, graveur. Elle étudia à l'École de peinture, sculpture et architecture de Moscou et à l'académie Julian à Paris. Elle fut la première des peintres russes à utiliser l'eau-forte en couleurs

Cat. 223, repr. p. 258

Iakountchikova-Weber Maria Vassilievna

***Village russe,* dessin préparatoire pour une vignette publiée dans *Mir Iskousstva* en 1904**

Avant 1902
Gouache, plume et encre noire sur papier
Saint-Pétersbourg, Musée d'État russe, inv. R-11121
MR

Cat. 224, repr. p. 323

Iakountchikova-Weber Maria Vassilievna

La Petite Fille et le génie de la forêt

1899
Lin, coton, tissus appliqués et rebrodés au coton
300,0 x 360,0
Collection particulière
HISTORIQUE : collection Maria Iakountchikova, puis descendants de l'artiste.

Exécutée dans les ateliers de broderie et de tapisserie d'Abramtsevo, sous la direction de Iakountchikova et de sa sœur Vera, l'œuvre obtint une médaille d'argent à l'Exposition universelle de 1900, à Paris. Elle fut exposée à Moscou lors de la rétrospective consacrée à Iakountchikova en 1905, puis à Genève au musée Rath en 1910. Elle a été reproduite dans *Mir Iskousstva* en 1900.
A. L.

Cat. 225, repr. p. 323

Iakountchikova-Weber Maria Vassilievna
Ateliers de Serguiev Possad

Ville de l'ancienne Russie

1899
Tilleul sculpté et peint
40,0 x 90,0 x 16,0
Collection particulière
HISTORIQUE : collection Maria Iakountchikova, puis descendants de l'artiste.
BIBLIOGRAPHIE : *Mir Iskousstva*, n° 19-20, 1900, p. 78-79 ;

Exécutés dans les ateliers de Serguiev Possad (voir ici l'essai de S. Gorojanina, « Les ateliers d'art de Serguiev Possad »), cette maquette fut présentée dans le pavillon russe de l'Exposition universelle de 1900 (fig. 14, p. 318) et reproduite dans *Mir Iskousstva.* Elle figurait à l'exposition posthume organisée à Moscou en 1905.
A. L.

IAROCHENKO NIKOLAÏ ALEXANDROVITCH

Poltava, 1846 – Kislovodsk, 1898
Peintre. Il étudia à l'École de dessin de la Société d'encouragement des arts puis à l'Académie des beaux-arts de Saint-Pétersbourg. Membre de la Société des ambulants

Cat. 226, repr. p. 34

Iarochenko Nikolaï Alexandrovitch

Partout la vie

1883
Huile sur toile
212,0 x 106,0
Signé : en bas droite, *N. Iarochenko*
Inscription autographe : en bas à gauche, *Krach. 1888*
Moscou, galerie Tretiakov, inv. 701
HISTORIQUE : acquis de l'artiste par P. M. Tretiakov en 1888.
EXPOSITIONS : Saint-Pétersbourg-Moscou, 1888, n° 75.

Le peintre nous confronte aux condamnés en partance pour le bagne, massés derrière les barreaux de la fenêtre d'un wagon de prisonniers : un soldat, une paysanne, un artisan, une jeune mère avec son enfant. Il semble que la Russie entière, du plus petit au plus grand, les représentants de toutes les classes sociales du pays soient enfermés dans ce wagon triste et délabré pour être envoyés au bagne.
Iarochenko a utilisé un procédé assez original en choisissant une toile de format vertical qui se rapproche en hauteur des dimensions réelles d'un wagon, dont il donne un fragment en gros plan. Le peintre renonce à une perspective en profondeur pour choisir un traitement en plan de l'espace.
À la XVIe exposition des ambulants de 1888, où le tableau était montré pour la première fois, il fut accroché sur un mur de côté à l'extrémité d'une longue salle afin de renforcer l'impression d'une scène de la vie quotidienne, de sorte que les spectateurs aient l'impression qu'un véritable wagon était stationné à quai.
Le réalisme n'exclut pas ici un lien affirmé avec les traditions de l'art classique. Le critique P. M. Kovalevsky, dans un compte rendu de l'exposition, le reprocha au peintre : « Les femmes ne portent pas ainsi leur fichu, comme celui des madones des tableaux, elles ne les ont pas vus. » En effet, la jeune mère, au fichu bleu foncé jeté sur la tête, rappelle une Madone et, à travers cette figure, réaliste, transparaît un prototype idéal. Dans le contexte de l'œuvre, l'image d'une « madone prisonnière » est l'expression de l'espoir que Dieu n'abandonnera pas ces êtres à leur triste destin.
D'après le témoignage des contemporains, l'idée de ce tableau fut inspirée par la nouvelle de L. N. Tolstoï *De quoi les hommes vivent,* et le peintre aurait eu l'intention de lui donner pour titre *Là où est l'amour, là est Dieu.* Mais le sens de l'œuvre de Iarochenko ne correspond pas totalement à l'idée de Tolstoï. Car si derrière les barreaux se trouvent cette belle femme triste et son

enfant, qui n'est en rien coupable, un doute est jeté sur l'équité des verdicts rendus par la justice. La position de Iarochenko est proche de romans et d'essais russes comme *Résurrection* de Tolstoï, les *Carnets de la maison des morts* de Dostoïevsky ou le *Voyage à Sakhaline* de Tchekhov.

L'artiste traduit une idée humaniste : tous les meilleurs sentiments de l'homme – la bonté, la miséricorde, la camaraderie, la joie – se retrouvent derrière les barreaux d'un wagon carcéral. Là aussi, il y a des êtres humains, il y a de la vie, et, pour la plupart, les criminels ne sont pas de fieffés scélérats, des monstres du genre humain, mais de malheureuses victimes de tragiques concours de circonstances, des êtres dignes d'attention et de compassion. Une foi indestructible en l'Homme et une sévère critique de l'ordre social étaient les « bases » sur lesquelles se fondait le « code de l'honneur » de l'intelligentsia de la seconde moitié du XIXe siècle, et qui font l'objet, dans ce tableau, d'une déclaration de programme de la part de Iarochenko.

TATIANA L. KARPOVA

IOUON KONSTANTIN FEDOROVITCH

Moscou, 1875 – Moscou, 1958

Dessinateur, décorateur de théâtre. Il étudia à l'École de peinture, sculpture et architecture de Moscou et dans l'atelier de V. A. Serov. Membre de l'Union des peintres russes. Il créa des décors pour S. P. Diaguilev

Cat. 227, repr. p. 244

Iouon Konstantin Fedorovitch

La Création du monde. Le royaume végétal

1908
encre de chine, plume sur papier contrecollé sur carton
50,5 x 66,7
Signé : en haut à droite : *K. Iouon 1908*
Moscou, galerie Tretiakov, inv. 7921
HISTORIQUE : entré en 1923, en provenance du 1er musée du Prolétariat.
GT

Cat. 228

Iouon Konstantin Fedorovitch

La Création du monde. La naissance des astres

1908-1909
Encre noire à la plume et au pinceau, traits de crayon graphite, rehauts de blanc sur papier
51,0 x 66,9
Saint-Pétersbourg, Musée d'État russe, inv. R-57527
MR

IVANOV SERGUEÏ VASSILIEVITCH

Rouza, province de Moscou, 1864 – Village de Svistoukha, province de Moscou, 1910

Cat. 229

Ivanov Sergueï Vassilievitch

En chemin. Mort d'un colon

1889
Huile sur toile
71,0 x 122,0
Signé : en bas à droite, *S. Ivanov*
Moscou, galerie Tretiakov, inv. 1441
HISTORIQUE : acquis de l'artiste par M. P. Tretiakov en 1889.
EXPOSITIONS : 1889-1890, Saint-Pétersbourg-Moscou, n° 53 (« En chemin ») ; 1960, Paris, n° 47 ; 1978, Paris, n° 18.

S. V. Ivanov appartient à ce que l'on a appelé la « deuxième génération » des ambulants. Un des thèmes principaux de son œuvre est celui des migrations : celle, massive, des paysans sans terres des provinces centrales de la Russie vers les terres fertiles et encore inhabitées de la Sibérie. *En chemin. Mort d'un colon* raconte la tragique histoire des colons « de retour », qui n'avaient pas réussi sur les terres nouvelles et rentraient chez eux. Sur le bord de la route, au cœur d'une steppe brûlée par le soleil, la mort a fauché l'unique soutien de la famille. Terrassée, la veuve pleure la mort de son mari ainsi que l'espoir envolé d'un sort meilleur pour la famille. Les objets dispersés en désordre sur le sol, ayant perdu toute valeur et tout sens, accentuent l'aspect dramatique de la scène.

TATIANA L. KARPOVA

KAMENSKY PAVEL PAVLOVITCH

Les statuettes appartiennent à la série « les Peuples de l'empire russe ». Leur exécution a été confiée à des maîtres de la Manufacture impériale de porcelaine à l'occasion des fêtes du troisième centenaire de la maison des Romanov, en 1913. Cependant, la fabrication de figurines semblables poursuivait une tradition débutée à la fin du XVIIIe siècle. Une première série de la Manufacture impériale avait été exécutée entre 1780 et 1790 sous la direction du sculpteur J. D. Rachette. Les modèles avaient été fournis par les gravures du livre d'un voyageur, I. G. Gueorguy, paru en 1776-1777, *Description des peuples vivant dans l'État russe ainsi que de leurs rites de vie, croyances, habitations, vêtements et autres particularités.*

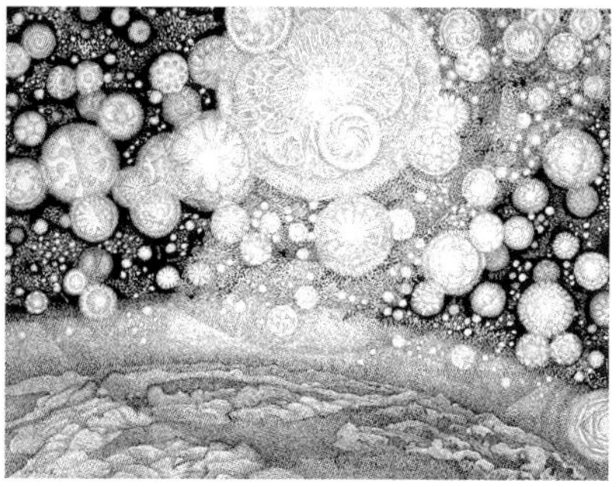

Cat. 228

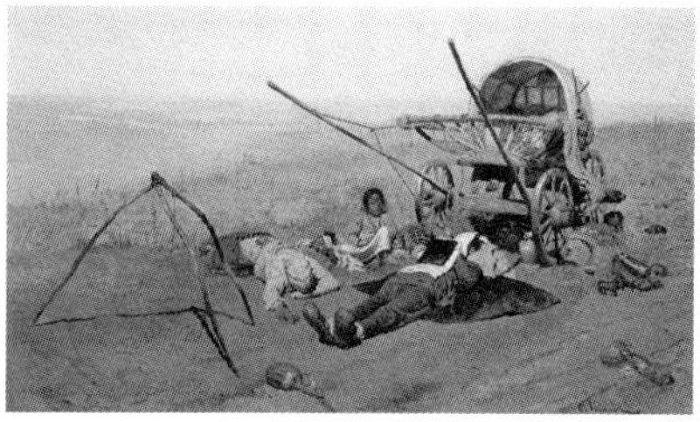

Cat. 229

Il s'agissait du premier travail général d'ethnographie sur la Russie ; l'ouvrage faisait la somme des matériaux accumulés au XVIIIe siècle par des expéditions menées sous l'autorité de l'Académie des sciences. La fabrication de ces statuettes à partir des gravures donna naissance à un genre en soi, la représentation en porcelaine des peuples de l'empire, qui connut une grande popularité. Il s'épanouit particulièrement au XIXe siècle dans la production des fabriques privées : Gardner, Popov, les Kornilov (voir cat. 196), Poskotine... Cette tendance ethnographique de la porcelaine russe jusqu'aux années 1910 devint très populaire en Russie. À cette tradition s'ajoutait la représentation de divers types de métier, des marchands, citadins et paysans.

En 1907, l'atelier de sculpture de la Manufacture impériale entreprit la fabrication d'une nouvelle série de statuettes « les Peuples de l'empire russe », qui dépassait tout ce qui avait été fait jusqu'alors par sa précision et son ampleur. Cent quarante-six modèles furent choisis parmi une liste préalable, et la réalisation en fut confiée au sculpteur P. P. Kamensky. Son travail et celui des artistes qui collaboraient avec lui étaient très réglementés. Ils devaient se fier précisément aux sources scientifiques et aux objets exposés au Département ethnographique du Musée russe et au musée d'anthropologie et d'ethnographie Pierre-Ier, dépendance de l'Académie des sciences. V. V. Radlov, spécialiste d'ethnographie, fut associé au projet afin de garantie l'exactitude des détails. Les modèles furent l'œuvre de A. Loukine, P. Chmakov, I. Zotov, A. Ditrich. La peinture de la plupart des figurines fut confiée à M. Guertsak, dont le travail devait être conforme aux costumes, aujourd'hui encore conservés dans les collections du Musée ethnographique.

Les sculptures de Kamensky, modelées et décorées avec exigence sont d'une fidélité documentaire rarement égalée.

Après la révolution de 1917, les figurines de cette série ont été transférées du palais d'Hiver au fonds du Musée d'État russe, et, en 1920, transmises au musée national des Peuples de l'URSS. En 1948, après une restructuration du musée, une partie de la collection fut donnée au musée national d'Ethnographie des peuples de l'URSS, actuellement Musée ethnographique russe.

Cat. 230
Kamensky Pavel Pavlovitch
Manufacture impériale Lomonossov
Statuette de femme en costume des Tatars de Crimée

1900-1910
Porcelaine peinte
37,0 x 13,0 x 14,0
Inscriptions : en bas, *Femme tatare de Crimée, IZ* [usine impériale] ; à l'arrière, le fac-similé *P. Kamensky*
Saint-Pétersbourg, Musée ethnographique russe, inv. 8761-2908
HISTORIQUE : transférée du musée national des Peuples de l'URSS de Moscou en 1948.
MER

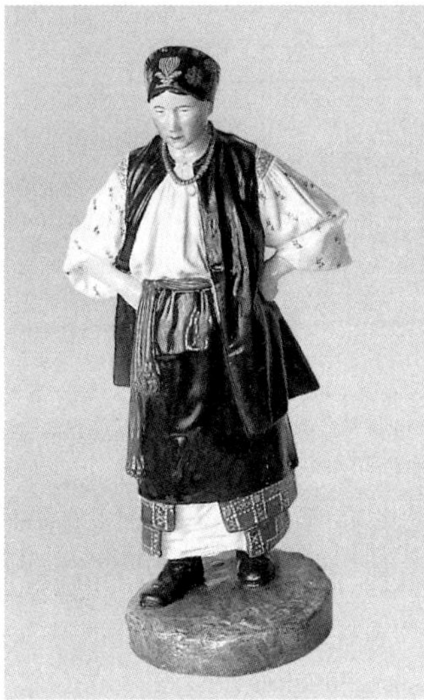

Cat. 230 à 254

Cat. 231
Kamensky Pavel Pavlovitch
Manufacture impériale Lomonossov
Statuette de femme en costume estonien

1900-1910
Porcelaine peinte
37,0 x 14,0 x 14,0
Inscriptions : en bas, *Femme estonienne ;* à l'arrière, le fac-similé *P. Kamensky*
Saint-Pétersbourg, Musée ethnographique russe, inv. 8761-2879
HISTORIQUE : transférée du musée national des Peuples de l'URSS de Moscou en 1948.
MER

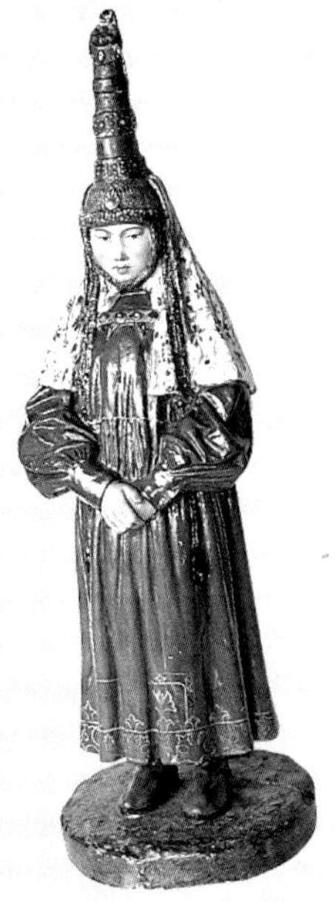

Cat. 230 à 254

Cat. 232
Kamensky Pavel Pavlovitch
Manufacture impériale Lomonossov
***Statuette de femme en costume saam* (presqu'île de Kola)**

1900-1910
Porcelaine peinte
29,0 x 16,0 x 20,0
Inscriptions : en bas, *Femme de Lopar, IZ* [usine impériale] *;* à l'arrière le fac-similé *P. Kamensky*
Saint-Pétersbourg, Musée ethnographique russe, inv. 8761-2888
HISTORIQUE : transférée du musée national des Peuples de l'URSS de Moscou en 1948.
MER

Cat. 233
Kamensky Pavel Pavlovitch
Manufacture impériale Lomonossov
***Statuette d'homme en costume saam* (presqu'île de Kola)**

1900-1910
Porcelaine peinte
38,0 x 13,5 x 13,5
Inscriptions : en bas, *Homme de Lopar, A.L.* [signature du mouleur A. Loukine] ; à l'arrière, le fac-similé *P. Kamensky*
Saint-Pétersbourg, Musée ethnographique russe, inv. 8761-2889
HISTORIQUE : transférée du musée national des Peuples de l'URSS de Moscou en 1948.
MER

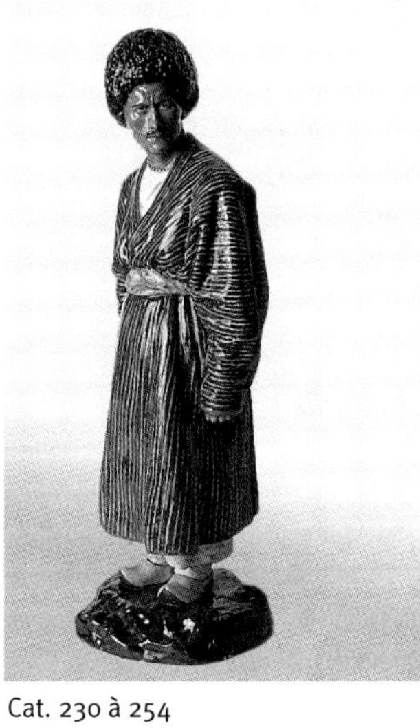

Cat. 230 à 254

Cat. 234
Kamensky Pavel Pavlovitch
Manufacture impériale Lomonossov
Statuette de femme en costume ukrainien

1900-1910
Porcelaine peinte
37,0 x 13,0 x 13,0
Inscriptions : en bas, *Femme de Petite Russie, N II* surmonté d'une couronne [monogramme de Nicolas II] ; à l'arrière, le fac-similé *P. Kamensky*
Saint-Pétersbourg, Musée ethnographique russe, inv. 8761-2874
HISTORIQUE : transférée du musée national des Peuples de l'URSS de Moscou en 1948.
MER

Cat. 235
Kamensky Pavel Pavlovitch
Manufacture impériale Lomonossov
Statuette d'homme en costume turkmène

1909
Porcelaine peinte
40,0 x 13,0 x 13,0
Inscriptions : en bas, *Turkmène, A. Loukine* [signature du mouleur], *N II* surmonté d'une couronne [monogramme de Nicolas II], et la date *1909* [date du moulage] ; à l'arrière, le fac-similé *P. Kamensky*
Saint-Pétersbourg, Musée ethnographique russe, inv. 8761-15574
HISTORIQUE : transférée du musée national des Peuples de l'URSS de Moscou en 1948.
MER

Cat. 236
Kamensky Pavel Pavlovitch
Manufacture impériale Lomonossov
Statuette d'homme en costume coréen

1910
Porcelaine peinte
41,0 x 14,0 x 14,0
Inscriptions : en bas, *Coréen, exec. P. Chmakov* [signature du mouleur], *N II* surmonté d'une couronne [monogramme de Nicolas II], et la date *1910* [date du moulage] ; à l'arrière, le fac-similé *P. Kamensky*
Saint-Pétersbourg, Musée ethnographique russe, inv. 8761-15576
HISTORIQUE : transférée du musée national des Peuples de l'URSS de Moscou en 1948.
MER

Cat. 237
Kamensky Pavel Pavlovitch
Manufacture impériale Lomonossov
Statuette de femme en costume de noces kirghiz

1910
Porcelaine peinte
45,0 x 14,0 x 14,0
Inscriptions : en bas, *Femme kirghiz, 1910* [date du moulage] ; à l'arrière, le fac-similé *P. Kamensky*
Saint-Pétersbourg, Musée ethnographique russe, inv. 8761-2909
HISTORIQUE : transférée du musée national des Peuples de l'URSS de Moscou en 1948.
MER

Cat. 238
Kamensky Pavel Pavlovitch
Manufacture impériale Lomonossov
Statuette de femme en costume mandchou

1910
Porcelaine peinte
37,0 x 14,0 x 15,0
Inscriptions : en bas, *Femme mandchou, A. Loukine* [signature du mouleur], *N II* surmonté d'une couronne [monogramme de Nicolas II], et la date *1910* [date du moulage] ; à l'arrière, le fac-similé *P. Kamensky*
Saint-Pétersbourg, Musée ethnographique russe, inv. 8761-15577
HISTORIQUE : transférée du musée national des peuples de l'URSS de Moscou en 1948.
MER

Cat. 239
Kamensky Pavel Pavlovitch
Manufacture impériale Lomonossov
***Statuette de femme en costume touva* (presqu'île de Kola)**

Après 1910
Porcelaine peinte
24,0 x 15,0 x 15,0
Inscriptions : en bas, *Femme de Soyot, IZ* [usine impériale], *N II* surmonté d'une couronne [monogramme de Nicolas II], et la date incomplète *191*... [date du moulage] ; à l'arrière, le fac-similé *P. Kamensky*
Saint-Pétersbourg, Musée ethnographique russe, inv. 8761-2890
HISTORIQUE : transférée du musée national des Peuples de l'URSS de Moscou en 1948.
MER

Cat. 240
Kamensky Pavel Pavlovitch
Manufacture impériale Lomonossov
Statuette de femme en costume chinois

1911
Porcelaine peinte
38,0 x 13,0 x 13,0
Inscriptions : en bas, *Femme chinoise, N II* surmonté d'une couronne [monogramme de Nicolas II], et la date *1911* [date du moulage] ; à l'arrière, le fac-similé *P. Kamensky*
Saint-Pétersbourg, Musée ethnographique russe, inv. 8761-15571
HISTORIQUE : transférée du musée national des Peuples de l'URSS de Moscou en 1948.
MER

Cat. 241
Kamensky Pavel Pavlovitch
Manufacture impériale Lomonossov
***Statuette d'homme en costume evensk* (Toungouze, Sibérie)**

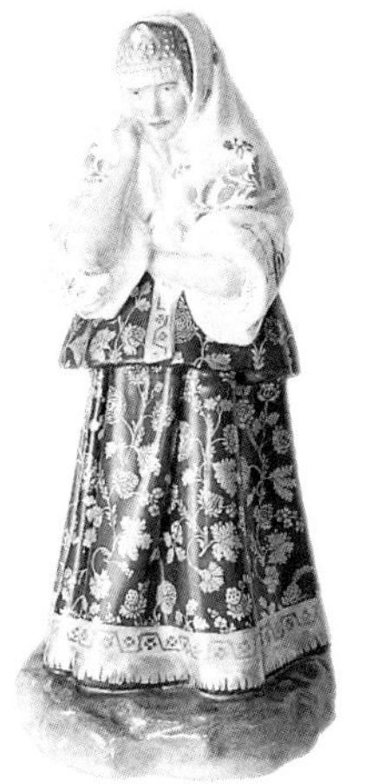

Cat. 230 à 254

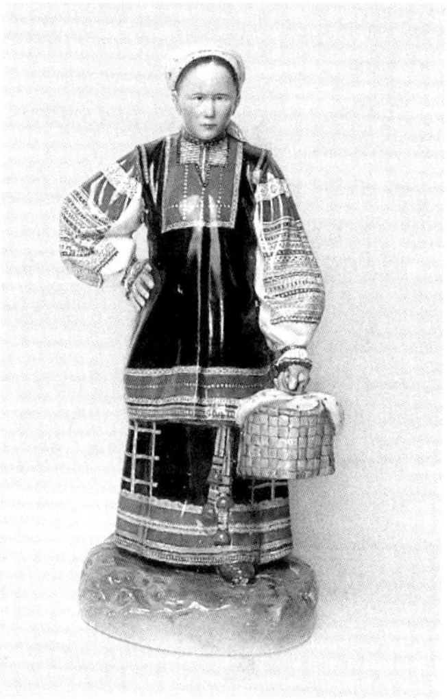

Cat. 230 à 254

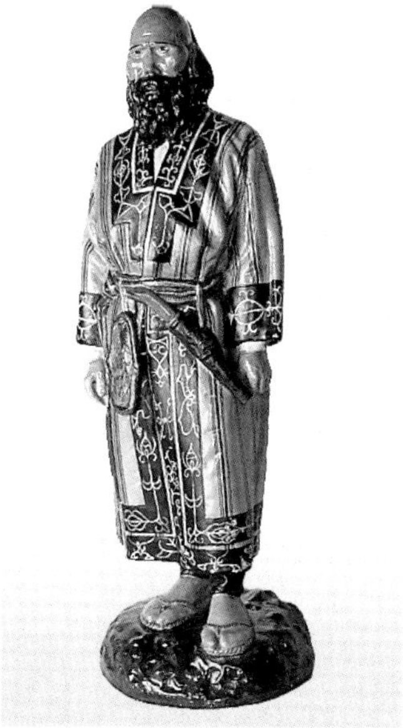

Cat. 230 à 254

1911
Porcelaine peinte
28,0 x 19,0 x 25,0
Inscriptions : en bas, *Chamane toungouze, AL* [signature du mouleur A. Loukine], *N II* surmonté d'une couronne [monogramme de Nicolas II],], et la date *1911* [date du moulage] ; à l'arrière, le fac-similé *P. Kamensky*
Saint-Pétersbourg, Musée ethnographique russe, inv. 8761-2907
HISTORIQUE : transférée du musée national des Peuples de l'URSS de Moscou en 1948.
MER

Cat. 242
Kamensky Pavel Pavlovitch
Manufacture impériale Lomonossov
Statuette de femme en costume ouzbek

1912
Porcelaine peinte
39,0 x 13,5 x 15,0
Inscriptions : en bas, *Femme ouzbek, N II* surmonté d'une couronne [monogramme de Nicolas II], et la date *1912* [date du moulage] ; à l'arrière, le fac-similé *P. Kamensky*
Saint-Pétersbourg, Musée ethnographique russe, inv. 8761-2878
HISTORIQUE : transférée du musée national des Peuples de l'URSS de Moscou en 1948.
MER

Cat. 243, repr. p. 146
Kamensky Pavel Pavlovitch
Manufacture impériale Lomonossov
Statuette de femme en costume de la région d'Arkhanguelsk

1912
Porcelaine peinte
36,5 x 16,0 x 16,0
Inscriptions : en bas, *Femme d'Arkhanguelsk, IZ* [usine impériale], *N II* surmonté d'une couronne [monogramme de Nicolas II], et la date *1912* [date du moulage] ; à l'arrière, le fac-similé *P. Kamensky*
Saint-Pétersbourg, Musée ethnographique russe, inv. 8761-2883
HISTORIQUE : transférée du musée national des Peuples de l'URSS de Moscou en 1948.
MER

Cat. 244
Kamensky Pavel Pavlovitch
Manufacture impériale Lomonossov
***Statuette de femme en costume semeïsk* (région du lac Baïkal)**

1912
Porcelaine peinte
38,0 x 13,0 x 13,0
Inscriptions : en bas, *Femme semeïsk* (région du lac Baïkal) ; *Dit* [signature du mouleur A. Ditrich], *N II* surmonté d'une couronne [monogramme de Nicolas II], et la date *1912* [date du moulage] ; à l'arrière, le fac-similé *P. Kamensky*
Saint-Pétersbourg, Musée ethnographique russe, inv. 8761-2882
HISTORIQUE : transférée du musée national des Peuples de l'URSS de Moscou en 1948.
MER

Cat. 245
Kamensky Pavel Pavlovitch
Manufacture impériale Lomonossov
Statuette de femme en costume russe de la province d'Olonets

1912
Porcelaine peinte
36,0 x 16,0 x 17,0
Inscriptions : en bas, *Fm. d'Olonets, Dit* [signature du mouleur A. Ditrich], *N. II* surmonté d'une couronne [monogramme de Nicolas II] et dessous la date *1912* [date du moulage]
Saint-Pétersbourg, Musée ethnographique russe, inv. 8761-2873
HISTORIQUE : transférée du musée national des Peuples de l'URSS de Moscou en 1948.
MER

Cat. 246
Kamensky Pavel Pavlovitch
Manufacture impériale Lomonossov
Statuette d'homme en costume kirghiz

1912
Porcelaine peinte
40,0 x 13,0 x 13,0
Inscriptions : en bas, *Kirghiz, N II* surmonté d'une couronne [monogramme de Nicolas II] et la date en bas *1912*, à l'arrière le fac-similé *P. Kamensky*
Saint-Pétersbourg, Musée ethnographique russe, inv. 8761-15578
HISTORIQUE : transférée du musée national des Peuples de l'URSS de Moscou en 1948.
MER

Cat. 247
Kamensky Pavel Pavlovitch
Manufacture impériale Lomonossov
Statuette d'homme en costume ouzbek

1912
Porcelaine peinte
39,0 x 15,0 x 15,0
Inscriptions : en bas, *Sart, A. Loukine* [signature du mouleur], *N II* surmonté d'une couronne [monogramme de Nicolas II], et la date *1912* [date du moulage] ; à l'arrière, le fac-similé *P. Kamensky*
Saint-Pétersbourg, Musée ethnographique russe, inv. 8761-2905
HISTORIQUE : transférée du musée national des Peuples de l'URSS de Moscou en 1948.
MER

Cat. 248
Kamensky Pavel Pavlovitch
Manufacture impériale Lomonossov
Statuette de femme en costume aléoute

1913
Porcelaine peinte
38,0 x 15,0 x 14,0
Inscriptions : en bas, *Femme aléoute, P. C* [signature du mouleur P. Chmakov], *Ed. 1913*, *N II* surmonté d'une couronne [monogramme de Nicolas II], et la date *1911* [date du moulage] ; à l'arrière, le fac-similé *P. Kamensky*
Saint-Pétersbourg, Musée ethnographique russe, inv. 8761-2875
HISTORIQUE : transférée du musée national des Peuples de l'URSS de Moscou en 1948.
MER

Cat. 249
Kamensky Pavel Pavlovitch
Manufacture impériale Lomonossov
***Statuette de femme en costume iakoute* (Sibérie)**

1913
Porcelaine peinte
39,0 x 16,0 x 16,0
Inscriptions : en bas, *Femme de Iakoutie, IZ.* [usine impériale] *1913* [date du moulage], *N II* surmonté d'une couronne [monogramme de Nicolas II] ; à l'arrière, le fac-similé *P. Kamensky*
Saint-Pétersbourg, Musée ethnographique russe, inv. 8761-2898
HISTORIQUE : transférée du musée national des Peuples de l'URSS de Moscou en 1948.
MER

Cat. 250
Kamensky Pavel Pavlovitch
Manufacture impériale Lomonossov
***Statuette de femme en costume khakasse* (région de Krasnoïarsk)**

1913
Porcelaine peinte
40,0 x 16,5 x 16,5
Inscriptions : en bas, *Femme de Katchinsk, IZ* [usine impériale], *N II* surmonté d'une couronne [monogramme de Nicolas II], et la date *1913* [date du moulage] ; à l'arrière, le fac-similé *P. Kamensky*
Saint-Pétersbourg, Musée ethnographique russe, inv. 8761-2887
HISTORIQUE : transférée du musée national des Peuples de l'URSS de Moscou en 1948.
MER

Cat. 251
Kamensky Pavel Pavlovitch
Manufacture impériale Lomonossov
Statuette de femme en costume de la région de Toula

1913
Porcelaine peinte
36,0 x 15,0 x 16,0
Inscriptions : en bas, *Femme de Toula, IZ* [usine impériale], *N II* surmonté d'une couronne [monogramme de Nicolas II], et la date *1913* [date du moulage] ; à l'arrière, le fac-similé *P. Kamensky*
Saint-Pétersbourg, Musée ethnographique russe, inv. 8761-2884
HISTORIQUE : transférée du musée national des Peuples de l'URSS de Moscou en 1948.
MER

Cat. 252
Kamensky Pavel Pavlovitch
Manufacture impériale Lomonossov
***Statuette d'homme en costume aïnsk* (îles Kouriles)**

1913
Porcelaine peinte
40,0 x 13,0 x 14,0
Inscriptions : en bas, *Homme aïnsk, A. Loukine* [signature du mouleur], *N II* surmonté d'une couronne [monogramme de Nicolas II], et la date *1913* [date du moulage] ; à l'arrière, le fac-similé *P. Kamensky*
Saint-Pétersbourg, Musée ethnographique russe, inv. 8761-2894
HISTORIQUE : transférée du musée national des Peuples de l'URSS de Moscou en 1948.
MER

Cat. 253
Kamensky Pavel Pavlovitch
Manufacture impériale Lomonossov
Statuette d'homme en costume nivkhe **(Sibérie)**

1913
Porcelaine peinte
39,0 x 11,0 x 11,0
Inscriptions : en bas, *Ghiliak, IZ, N II* surmonté d'une couronne [monogramme de Nicolas II], et la date *1913* [date du moulage] ; à l'arrière, le fac-similé *P. Kamensky*
Saint-Pétersbourg, Musée ethnographique russe, inv. 8761-2897
HISTORIQUE : transférée du musée national des Peuples de l'URSS de Moscou en 1948.
MER

Cat. 254
Kamensky Pavel Pavlovitch
Manufacture impériale Lomonossov
Statuette d'homme en costume ukrainien

1913
Porcelaine peinte
40,0 x 14,0 x 14,0
Inscriptions : en bas, *Petit-Russe, Dit* [signature du mouleur A. Ditrich], *IZ 1913* [usine impériale et date de finition], *N II* surmonté d'une couronne [monogramme de Nicolas II] ; à l'arrière, le fac-similé *P. Kamensky*
Saint-Pétersbourg, Musée ethnographique russe, inv. 8761-2904
HISTORIQUE : transférée du musée national des Peuples de l'URSS de Moscou en 1948.
MER

KARELINE ANDREÏ OSSIPOVITCH

Selezni, district de Tambov, 1837 – Nijni-Novgorod, 1906
Célèbre photographe russe, souvent récompensé lors d'Expositions internationales, A. O. Kareline est le précurseur du portrait d'intérieur dans la photographie russe. Il s'efforça de dépasser le caractère statique de la photographie du XIXe siècle, et remplaça les accessoires factices du studio par des meubles et objets du quotidien, transformant ainsi le « lieu de la prise de vue » en « lieu de l'action », comme en témoigne le remarquable *Album artistique de photographies d'après nature.* En 1876, il reçut le titre de Photographe de l'Académie impériale des arts

Cat. 255
Kareline Andreï Ossipovitch
Intérieur

Vers 1880
Épreuve sur papier albuminé
Tiré de l'*Album artistique de photographies d'après nature*
21,3 x 16,6 (épreuve) ; 41,0 x 32,2 (marie-louise)
Inscriptions : au centre de la marie-louise, *Koudojestvennyï album fotografii s natoury ;* en bas à gauche, *V Nijnem-Novgorode ;* en bas à droite, *Khoudojn. A. Kareline*
Moscou, musée national d'Histoire, inv. 95171 lou 1 30179/6
HISTORIQUE : entré avant 1958.
BIBLIOGRAPHIE : Kareline, 1990, p. 62 ; *Autrefois la Russie,* 1990, p. 50, 54 ; Sabourova, 1994, p. 17-23 ; *Rousskaïa Fotografia,* 1996, p. 29, 49.
TATIANA SABOUROVA

Cat. 256, repr. p. 115
Kareline Andreï Ossipovitch
Intérieur russe

Vers 1880
Épreuve sur papier albuminé
Tiré de l'*Album artistique de photographies d'après nature*
22,0 x 15,3 (épreuve) ; 41,5 x 31,6 (marie-louise)
Inscriptions : en bas de la marie-louise, *Koudojestvennyï album fotografii s natoury ;* en bas à gauche, *V Nijnem-Novgorode ;* en bas à droite, *Khoudojn. A. Kareline*
Moscou, musée national d'Histoire, inv. 107824/5 lou 1 35970
HISTORIQUE : acquis de E. V. Kouznetsova, 1990.
BIBLIOGRAPHIE : Kareline, 1990, p. 72 ; *Autrefois la Russie,* 1990, p. 50 ; *Rousskaïa Fotografia,* 1993, p. 37-39, 104 ; *Rousskaïa Fotografia,* 1996, p. 29 ; *Rousskiï Stil,* 1998, p. 40 ; Sabourova, 1994, p. 17-23 ; *Sto let fotografii v Rossii, 1840-1940,* 1992, p. 37-39.
EXPOSITIONS : 1992, Oxford, n° 85 ; 1993, Bonn, n° 85 ; 1998, Moscou, n° 65.
TATIANA SABOUROVA

KASATKINE NIKOLAÏ ALEXEEVITCH

1859, Moscou – 1930, Moscou
Peintre. Il étudia à l'École de peinture, sculpture et architecture de Moscou. Membre de la Société des ambulants

Cat. 257
Kasatkine Nikolaï Alexeevitch
Les « Glaneurs » de charbon

1894
Huile sur toile
80,3 x 107,0
Signé et daté : en bas à gauche, *Mines – N. Kasatkine 1894*
Saint-Pétersbourg, Musée d'État russe, inv. J. 5637
EXPOSITIONS : 1978, Paris, n° 20.
MR

KICHINEV ALEXEÏ VIKTOROVITCH

?, 1879 – Moscou, 1949

Cat. 258, repr. p. 334
Kichinev Alexeï Viktorovitch
Projet d'une église **en mémoire de la bataille du champ des Bécasses dans la province de Toula, projet réalisé, d'après A. Chtchoussev**
Façade, 3e variante

1908
encre de chine, aquarelle sur papier contrecollé sur carton
65,7 x 50,8
Inscription : en bas à droite, *Architecte A. Chtchoussev. 1908. SPb*
Signé et daté : en haut à gauche, *8 mai 73 ; S. Pravednikov, M. Mirovitch, ? Poliakov, L. Chlim* [illisible], *M. Preobrajensky, G. Kotov, A. Pav* [illisible]
Moscou, musée national d'architecture Chtchoussev, inv. Pa-8243
HISTORIQUE : don de la famille Chtchoussev en 1964.
BIBLIOGRAPHIE : Afanassiev, 1978, p. 30.
EXPOSITIONS : 1975, Bologne ; 1991, Londres, n° 318, p. 296, ill. p. 193 ; 1991, Leningrad ; 1998, Moscou.

Chtchoussev a proposé trois variantes pour cette église, conçue pour commémorer un grand événement de l'histoire russe. La troisième fut choisie pour la réalisation du projet. Les formes sont inspirées de l'architecture de la Russie ancienne. Les effets décoratifs sont marqués : cinq coupoles ajourées, des tours fortifiées de différentes hauteurs et de différentes formes, des fenêtres asymétriques. La construction de l'église, entreprise en 1913 et interrompue par la Première Guerre mondiale, est restée inachevée.
D. TIOURINA

KONENKOV SERGUEÏ TIMOFEEVITCH

Karakovitchi, province de Smolensk, 1874 – Moscou, 1971
Sculpteur. Il étudia à l'École de peinture, sculpture et architecture de Moscou, puis en France. Académicien. Membre de l'Union des peintres russes et du Monde de l'art. Il émigra à New York en 1924 et revint en URSS en 1945

Cat. 259, repr. p. 77
Konenkov Sergueï Timofeevitch
Le Tailleur de pierre

1898 ; fonte de Carlo Robecchi, 1899
Bronze
104,0 x 75,0 x 770
Monogramme : en bas à droite, WD
Moscou, galerie Tretiakov, inv. 20947
HISTORIQUE : propriété de S. I. Oumansky, Moscou ; puis de M. Vilenskaïa ; acquis par la galerie Tretiakov en 1933.

EXPOSITIONS : 1899-1900, 27e exposition des ambulants, Moscou-Saint-Pétersbourg, n° 211 ; 1964-1966, Moscou-Leningrad, p. 15, Bratislava-Prague, n° 1, Budapest.
S. P. DOMOGATSKAÏA

Cat. 260
Konenkov Sergueï Timofeevitch
Lada

1909
Marbre de l'Oural
42,0 x 38,0 x 30,0
Signé : sur la tranche, à gauche, *Konenkov* (les lettres *nenk* sont entremêlées)
Moscou, galerie Tretiakov, inv. SK-228
HISTORIQUE : propriété de N. K. N. Kouznetskaïa ; A. I et Z. I. Kouznetsky, Moscou, acquis en 1967.
EXPOSITIONS : 1909-1910, Moscou, n° 128, Saint-Pétersbourg, n° 170, Kiev, n° 94 ; 1964-1966, Moscou-Leningrad, p. 20, Bratislava-Prague, n° 14, Budapest (collection des Kouznetsky) ; 1991, Londres, n° 174, p. 286, ill. p. 184.

Lada est la mère des dieux dans le panthéon slave, ainsi que la protectrice des femmes en couches, de l'amour et des mariages, personnifiée par le bouleau, son arbre sacré. T. I. Koniaeva, première femme du sculpteur, servit de modèle pour cette sculpture, l'une des premières tailles directes de Konenkov.
S. P. DOMOGATSKAÏA

Cat. 261, repr. p. 351
Konenkov Sergueï Timofeevitch
***Portrait du peintre V. I. Denissov* (1862-1921)**

1909
Bois
H. 51,0
Moscou, galerie Tretiakov, inv. 4437
HISTORIQUE : acquis en 1920 de la fille du peintre V. I. Denissov par la galerie Tretiakov.
EXPOSITIONS : 1909, Moscou, n° 4 ; 1915, Saint-Pétersbourg, p. 16 ; 1916, Moscou, n° 135 ; 1917-1918, Moscou, n° 44 ; 1954, Moscou, p. 23 ; 1954-1955, Leningrad, p. 21 ; 1964, Moscou, 1re éd. p. 21, 2e éd. p. 20 ; 1965, Leningrad-Prague-Bratislava, n° 17 ; 1966, Varsovie, n° 17.

V. I. Denissov était peintre et décorateur de théâtre. Il étudia la musique en Pologne, puis la peinture avec K. A. Korovine et V. A. Serov à Moscou. Il décora le théâtre de Vera Komissarjevskaïa et le théâtre du Drame musical à Moscou.
S. P. DOMOGATSKAÏA

Cat. 262, repr. p. 351
Konenkov Sergueï Timofeevitch
Stribog

1910
Bois de cuivre et de pyrite, incrustations de corne et de pierres
179,0 x 45,0 x 42,0
Signé : à gauche, sur le piédestal, *Konenkov* (les lettres *nenk* sont entremêlées)
Moscou, galerie Tretiakov, inv. SK-25414
Historique : acquis de Cherguine en 1940.
EXPOSITIONS : 1910-1911, Moscou, n° 121, Saint-Pétersbourg, n° 148 ; 1914, Malmö, n° 3351a ; 1916-1917, Moscou n° 32 ; 1954-1955, Moscou, p. 24, Leningrad, p. 21 ; 1964-1966, Moscou-Leningrad, p. 22, Bratislava-Prague, n° 20, Varsovie, n° 20, Budapest ; 1991, Londres, p. 287, n° 176.
S. P. DOMOGATSKAÏA

Cat. 263, repr. p. 350
Konenkov Sergueï Timofeevitch
Staritchok-polevitchok (Petit Vieillard des champs)

1910
Bois
H. 159,0
Moscou, galerie Tretiakov, inv. 4046
Historique : acquis en 1911 par la galerie Tretiakov lors de VIIIe exposition de l'Union des peintres russes.
EXPOSITIONS : VIIIe exposition de l'Union des peintres russes, 1910-1911, Moscou, h. cat. ; 1954, Moscou, p. 23 ; 1954-1955, Leningrad, p. 21 ; 1964, Moscou, 1er éd. p. 22, 2e éd. p. 22.
BIBLIOGRAPHIE : *Catalogue des œuvres d'art de la galerie...*, 1911, 25e éd. n° 1905, 27e éd., 1917, n° 4046 ; *Catalogue des œuvres d'art exposées...*, 28e éd., 1947, p. 238.
S. P. DOMOGATSKAÏA

KORDYCH (KORDYSCH) JOSEPH
Actif à Kiev à partir de 1860

Connu pour ses photographies ethnographiques, Joseph Kordych, installé à Kiev, était membre de la Société russe de géographie et correspondant de la Société de géographie en France.

Cat. 264
Kordych Joseph
Aveugle et son guide, gouvernement de Podolie,* fait partie d'*Un album ethnographique de la Petite Russie

Vers 1870
Épreuve sur papier albuminé d'après un négatif verre au collodion
18,2 x 13,7 (épreuve), 23,5 x 18,0 (support)
Paris, Bibliothèque nationale de France, département des Cartes et Plans, dépôt de la Société de géographie, Wc 105 (8)
HISTORIQUE : don Élisée Reclus, 1886.

Dès 1863, le photographe Joseph Kordych expose ses vues prises en Podolie (Ukraine) à la Société française de photographie. Elles attirent l'attention des membres de la Société. Kordych publie en 1870 *Un album ethnographique de la Petite Russie*. Reclus collectionne de nombreuses photographies de cet album ; *Ostap Veresaj, le joueur de banjo, 70 ans* est reproduit

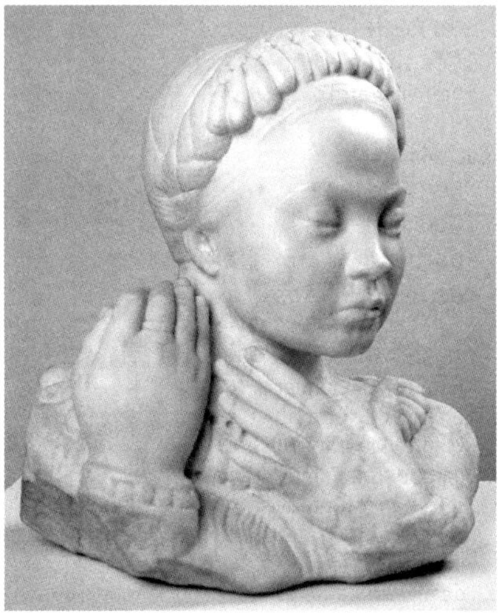

Cat. 260

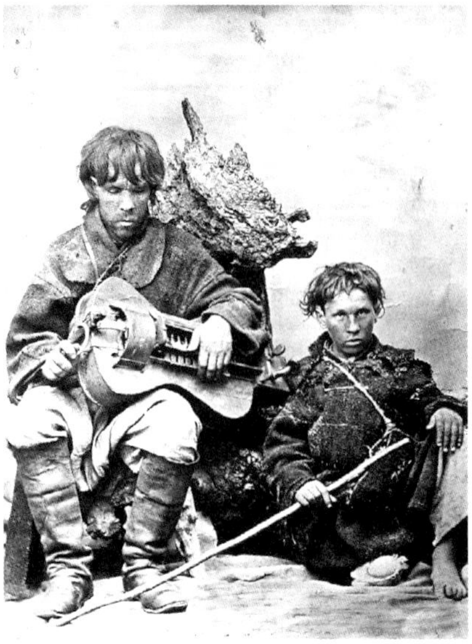

Cat. 264

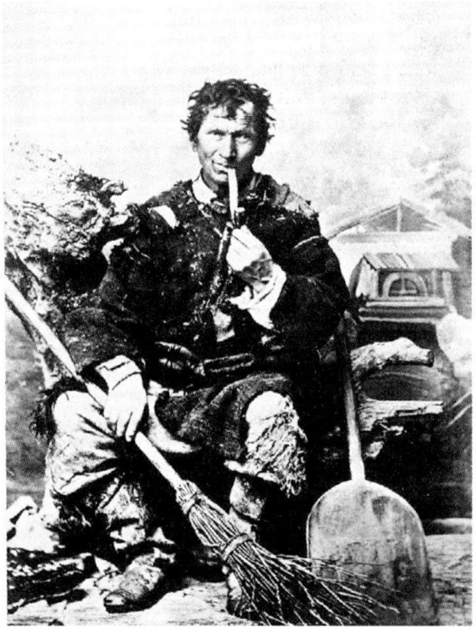

Cat. 265

dans le tome V de sa *Nouvelle Géographie universelle* (pl. XL, p. 505).
DOMINIQUE DE FONT-RÉAULX

Cat. 265
Kordych Joseph
Concierge à Kamenetz, Podolie,* fait partie d'*Un album ethnographique de la Petite Russie

Vers 1870
Épreuve sur papier albuminé d'après un négatif verre au collodion
Mention manuscrite sous l'épreuve : *Pauvre oklanoschitch* [sic], *gentilhomme déchu*
18,0 x 13,7 (épreuve), 23,5 x 18,0 (support)
Paris, Bibliothèque nationale de France, département des Cartes et Plans, dépôt de la Société de géographie, Wc 105 (9)
HISTORIQUE : don Élisée Reclus, 1886.
DOMINIQUE DE FONT-RÉAULX

Cat. 266
Kordych Joseph
Vieille Femme, Borispol, gouvernement de Poltova
Issue d'*Un album ethnographique de la Petite Russie*

Vers 1870
Épreuve sur papier albuminé d'après un négatif verre au collodion
Signé : en bas, à droite, à l'encre, *J. Kordych*
24,1 x 16,9 (épreuve), 34,0 x 25,0 (support)
Paris, Bibliothèque nationale de France, département des Cartes et Plans, dépôt de la Société de géographie, Wc 102 (1)
HISTORIQUE : don Élisée Reclus, 1886.
DOMINIQUE DE FONT-RÉAULX

Cat. 267
Kordych Joseph
Vieux Mendiant, Podolie
Issue d'*Un album ethnographique de la Petite Russie*

Vers 1870
Épreuve sur papier albuminé d'apres un négatif verre au collodion
20,3 x 13,5 (épreuve), 22,2 x 20,5 (support)
Paris, Bibliothèque nationale de France, département des Cartes et Plans, dépôt de la Société de géographie, Wc 104 (3)
HISTORIQUE : don Élisée Reclus, 1886.
DOMINIQUE DE FONT-RÉAULX

Cat. 268
Kordych Joseph
Vieux Paysan de Podolie avec son chien
Issue d'*Un album ethnographique de la Petite Russie*

Vers 1870
Épreuve sur papier albuminé d'après un négatif verre au collodion
18,3 x 13,8 (épreuve), 23,5 x 18,0 (support)
Paris, Bibliothèque nationale de France, département des Cartes et Plans, dépôt de la Société de géographie, Wc 105 (7)
HISTORIQUE : don Élisée Reclus, 1886.
DOMINIQUE DE FONT-RÉAULX

KORDYCH (KORDYSCH) JOSEPH
Actif à Kiev à partir de 1860
ou
ARDENTIEV
Actif à Slatoust vers 1875

On connaît peu de chose au sujet d'Ardentiev ; il semble qu'il ait repris le fonds d'atelier de Kordych. En effet, certaines photographies entrées sous son nom dans les collections de la Société de géographie existent sous forme d'épreuves signées Kordych.

Cat. 269, **repr. p. 113**
Kordych Joseph ou Ardentiev
Groupe de jeunes filles en costume traditionnel

Vers 1875
Épreuve sur papier albuminé à partir d'un négatif verre au collodion
14,2 x 11,2 (épreuve), 43,0 x 32,5 (support)
Paris, Bibliothèque nationale de France, département des Cartes et Plans, dépôt de la Société de géographie, Wc 292 (28)
HISTORIQUE : don Élisée Reclus, 1889.
DOMINIQUE DE FONT-RÉAULX

Cat. 270
Kordych Joseph ou Ardentiev
Jeunes Filles, Borispol, gouvernement de Poltova

Vers 1875
Épreuve sur papier albuminé à partir d'un négatif verre au collodion
13,2 x 10,2 (épreuve), 43,0 x 32,5 (support)
Paris, Bibliothèque nationale de France, département des Cartes et Plans, dépôt de la Société de géographie, Wc 292 (26)
HISTORIQUE : don Élisée Reclus, 1889.
DOMINIQUE DE FONT-RÉAULX

Cat. 271
Kordych Joseph ou Ardentiev
Petite Industrie, Borispol

Vers 1875
Épreuve sur papier albuminé à partir d'un négatif verre au collodion
16,5 x 20,2 (épreuve), 32,5 x 43,0 (support)
Paris, Bibliothèque nationale de France, département des Cartes et Plans, dépôt de la Société de géographie, Wc 292 (19)
HISTORIQUE : don Élisée Reclus, 1889.
DOMINIQUE DE FONT-RÉAULX

Cat. 272
Kordych Joseph ou Ardentiev
Potier avec jeune garçon, gouvernement de Poltova

Vers 1875
Épreuve sur papier albuminé à partir d'un négatif verre au collodion
21,2 x 27,2 (épreuve), 32,5 x 43,0 (support)
Paris, Bibliothèque nationale de France, département des Cartes et Plans, dépôt de la Société de géographie, Wc 292 (13)
HISTORIQUE : don Élisée Reclus, 1889.
DOMINIQUE DE FONT-RÉAULX

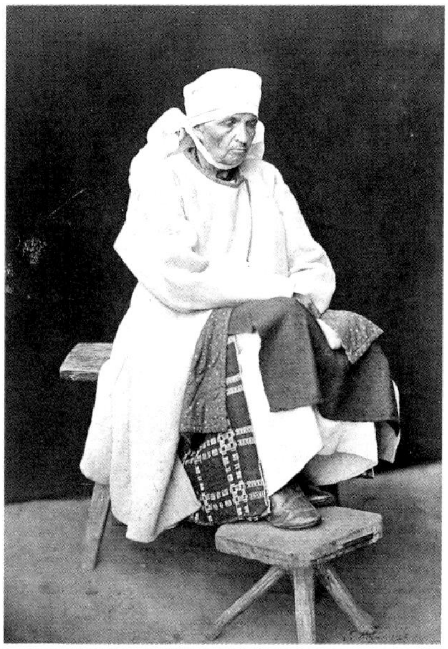
Cat. 266

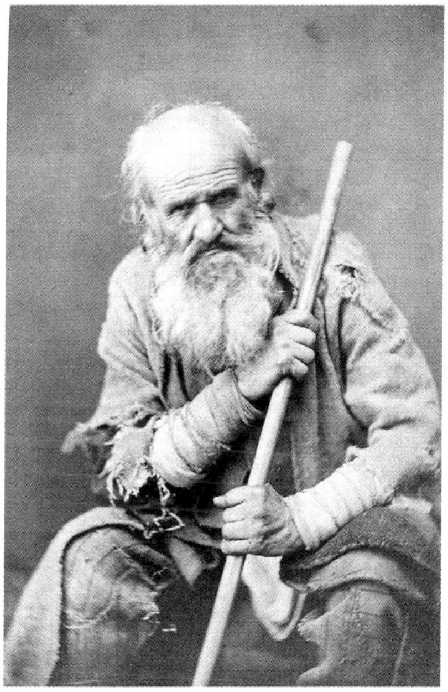
Cat. 267

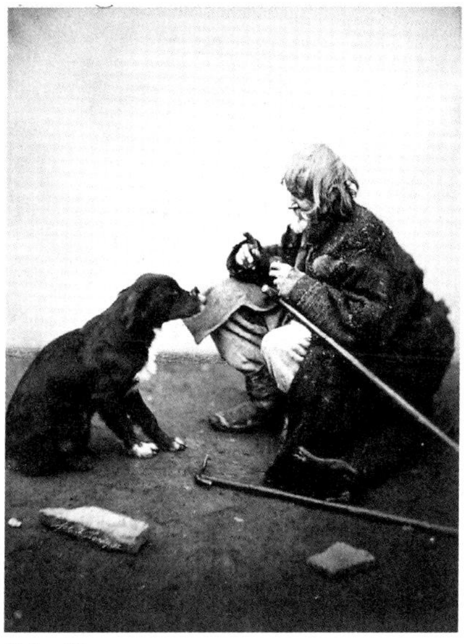
Cat. 268

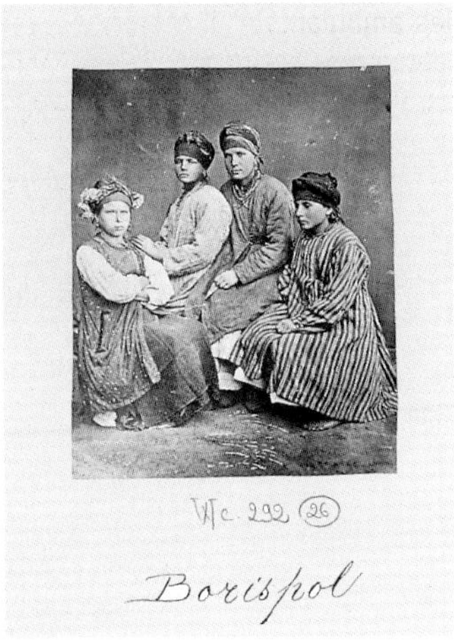

Cat. 270

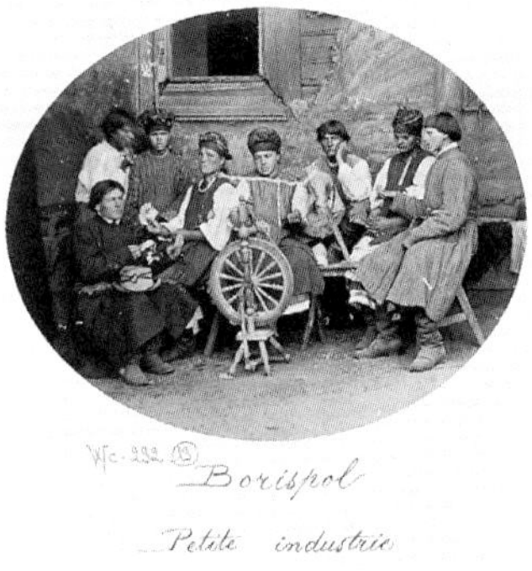

Cat. 271

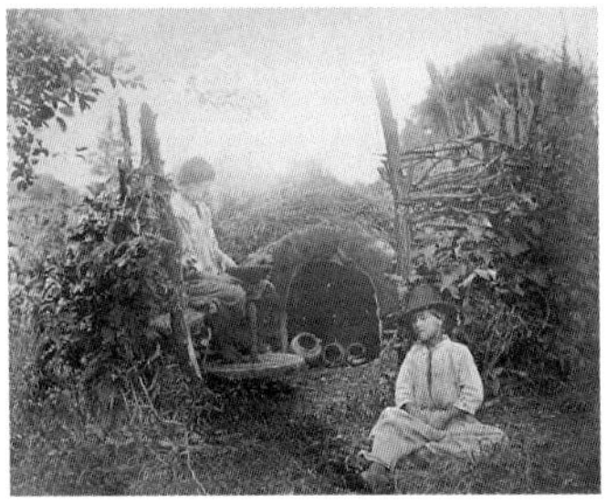

Cat. 272

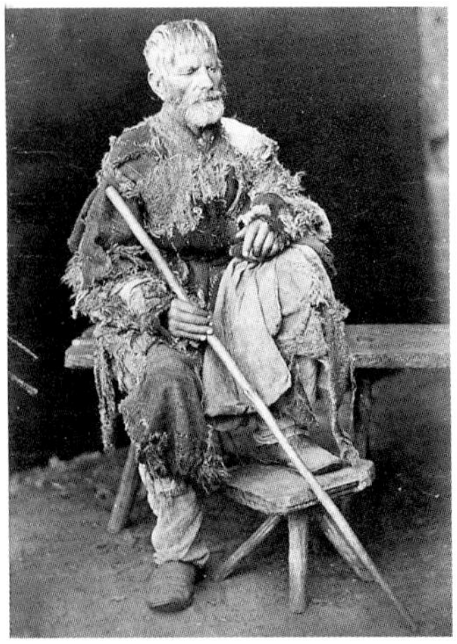

Cat. 273

Cat. 273
Kordych Joseph ou Ardentiev
Soldat retraité, Borispol, gouvernement de Poltova

Vers 1875
Épreuve sur papier albuminé à partir d'un négatif verre au collodion
23,2 x 17 (épreuve), 43,0 x 32,5 (support)
Paris, Bibliothèque nationale de France, département des Cartes et Plans, dépôt de la Société de géographie, Wc 292 (23)
HISTORIQUE : don Élisée Reclus, 1889.

Cette photographie a été reproduite dans *la Nouvelle géographie universelle* d'Élisée Reclus, t. V, « l'Europe scandinave et russe », p. 495. Kordych est remercié par Reclus en fin d'ouvrage, sans que son activité de photographe soit expressément mentionnée.
DOMINIQUE DE FONT-RÉAULX

KOROVINE KONSTANTIN ALEXEEVITCH

Moscou, 1861 – Paris, 1939
Peintre, décorateur de théâtre. Il étudia à l'École de peinture, sculpture et architecture de Moscou et à l'Académie des beaux-arts de Saint-Pétersbourg. Académicien. Membre du Monde de l'art et de l'Union des peintres russes. Décorateur en chef des théâtres de Moscou

Cat. 274, repr. p. 255
Korovine Konstantin Alexeevitch
***Couverture* de la revue *Mir Iskousstva (le Monde de l'art),* n° 21-22, 1899**

1899
Chromolithographie
34,0 x 27,0
Saint-Pétersbourg, Bibliothèque nationale de Russie, inv. Er698
BNR SAINT-PÉTERSBOURG

Cat. 275, repr. p. 312
Korovine Konstantin Alexeevitch
***Projet pour la section artisanat de l'Exposition de Paris 1900,* paru dans la revue *Mir Iskousstva (le Monde de l'art),* n° 21-22, 1899**

1899
Impression typographique
34,0 x 54,0 (revue ouverte)
Saint-Pétersbourg, Bibliothèque nationale de Russie, inv. Er698/2
BNR SAINT-PÉTERSBOURG

Cat. 276
Korovine Konstantin Alexeevitch
***Esquisse d'un projet pour la section de l'artisanat du Pavillon russe à l'Exposition universelle de Paris,* projet réalisé**

1900
Crayon graphite, aquarelle, gouache, poudre de bronze sur papier
43,2 x 35,2
Signé : en bas à droite, *Korovine*
Inscriptions : en haut à gauche, *artisanat ;* plus bas, à gauche, *agrandi du double*
Moscou, musée national d'architecture Chtchoussev, inv. R1-6346
HISTORIQUE : collection de l'architecte L. A. Iline ; acquis par le musée en 1946.
T. NIKITINA

KOUINDJI ARKHIP IVANOVITCH

Marioupol, 1842 – Saint-Pétersbourg, 1910
Peintre paysagiste. Il étudia en Crimée chez I. Aïvasovsky, puis à l'Académie des beaux-arts de Saint-Pétersbourg, où il se fixa. Membre de la Société des ambulants

Cat. 277, repr. p. 58-59
Kouindji Arkhip Ivanovitch
Le Bois de bouleaux

1879
Huile sur toile
97,0 x 181,0
Signé : en bas à droite, *A. Kouindji. 1879*
Moscou, galerie Tretiakov, inv. 882
HISTORIQUE : acquis par P. M. Tretiakov en 1879 auprès de l'auteur, à la 7e TPKhV de 1879.
EXPOSITIONS : 7e TPKhV, 1879, Saint-Pétersbourg, n° 21, Moscou, n° 35 ; 1957, Pékin ; 1992, Moscou, n° 20 ; 2003, Groningue-Londres, p. 95, 159.
TATIANA L. KARPOVA

Cat. 278, repr. p. 61
Kouindji Arkhip Ivanovitch
Clair de lune

1880
Huile sur toile
105,0 x 144,0
Saint-Pétersbourg, Musée d'État russe, inv. J-4191
MR

Cat. 279, repr. p. 61
Kouindji Arkhip Ivanovitch
Matin sur le Dniepr

1881
Huile sur toile
105,0 x 167,0
Signé : en bas à gauche, *A. Kouindji. 1881god* [année 1881]
Moscou, galerie Tretiakov, inv. 884
HISTORIQUE : acquis de l'artiste par P. M. Tretiakov en 1882.
EXPOSITIONS : 1882, Saint-Pétersbourg ; 1953, Berlin-Dresde-Hal, n° 106 ; 1973, Leningrad, p. 16 ; 1989-1990, Zurich-Rosenheim-Helsinki, p. 260-261, n° 79 (Zurich), n° 23 (Rosenheim-Helsinki) ; 1992, Moscou, n° 21 ; 2003, Groningue-Londres, p. 37, 159.
TATIANA L. KARPOVA

KOUZNETSOV ALEXEÏ KIRILLOVITCH

Kherson, 1845 – Moscou, 1928

Étudiant à l'Académie d'agriculture de Moscou, Kouznetsov s'engagea dans des activités révolutionnaires et fut condamné en 1871 à dix ans de travaux forcés en Sibérie. À l'issue de sa condamnation, il s'initia à la photographie et réalisa un ensemble de photographies de la région ainsi que de la colonie pénitentiaire.

Cat. 280

Kouznetsov Alexeï Kirillovitch
Bagnard attaché à une brouette, debout* et *Bagnard allongé sur un lit de planches,* fait partie de l'album *Types et vues du bagne de Nertchinsk

1891
Épreuves sur papier albuminé
13,9 x 9,8 ; 13,9 x 9,8 (dimensions des épreuves)
Feuille : 23,4 x 40,5
Saint-Pétersbourg, Bibliothèque nationale de Russie, inv. 7911/62
Bibliographie : *Autrefois la Russie,* 1990, p. 74.
Elena Barkhatova

Cat. 281

Kouznetsov Alexeï Kirillovitch
Bagnards marqués,* fait partie de l'album *Types et vues du bagne de Nertchinsk

1891
Épreuves sur papier albuminé
13,0 x 9,8 ; 13,8 x 9,8 ; 14,0 x 9,8 (dimensions des épreuves)
Feuille : 23,4 x 40,5
Saint-Pétersbourg, Bibliothèque nationale de Russie, inv. 7911/54
Bibliographie : *Autrefois la Russie,* 1990, p. 74.
Elena Barkhatova

Cat. 282, repr. p. 104

Kouznetsov Alexeï Kirillovitch
Bagnards rivés à leurs fers,* fait partie de l'album *Types et vues du bagne de Nertchinsk

1891
Épreuves sur papier albuminé
13,9 x 9,7 ; 13,8 x 9,7 (dimensions des épreuves)
Feuille : 23,4 x 40,5
Saint-Pétersbourg, Bibliothèque nationale de Russie, inv. 7911/61
Bibliographie : *Autrefois la Russie,* 1990, p. 74.
Elena Barkhatova

KOUZNETSOV IVAN SERGUEEVITCH

Gouvernement de Vladimir, 1867 – Moscou, 1942

Cat. 283, repr. p. 232

Kouznetsov Ivan Sergueevitch
Projet de décoration de l'église de Notre-Dame-de-Kazan* dans la propriété de A. K. Medvednikov « Poretchie », aux environs de Moscou, projet réalisé, *coupe

1899
Crayon graphite, encre de chine, aquarelle, gouache sur papier
50,8 x 60,4
Signé et daté : en bas à droite, *Architecte Iv. Kouznetsov, 1899, 4 juin*
Inscription : en haut à gauche, *Décoration de l'église dans la propriété de A. K. Medevednikova « Poretchie »*
Moscou, musée national d'architecture Chtchoussev, inv. 12129/1
Historique : don de la famille de l'architecte au musée en 1976.
Expositions : Moscou, 1980, n° 15, p. 9-10 ; Moscou, 1991A ; Moscou, 1991B ; Moscou, 1997.

L'église sur le domaine de Medvednikova a été construite d'après le projet de l'architecte S. V. Kryguine en 1896-1900. Kouznetsov a réalisé le décor intérieur en s'inspirant des iconostases des églises russes anciennes.
Tatiana Nikitina

KOUZNETSOV NIKOLAÏ DMITRIEVITCH

Propriété Stepanovka, province de Kherson, 1850 – Sarajevo, 1929

Cat. 284, repr. p. 21

Kouznetsov Nikolaï Dmitrievitch
Jour de fête

1879
Huile sur toile
55,0 x 98,0
Moscou, galerie Tretiakov, inv. 951
Historique : acquis par P. M. Tretiakov avant 1892.
Expositions : 9e TPKhV, 1881-1882, Saint-Pétersbourg, n° 105, Moscou, n° 61 ; 1990, Kasama-Sapporo, n° 41 ; 2004, Helsinki, n° 26.

Kouznetsov est l'un des représentants de la « deuxième génération » des ambulants ; il participait, chaque année, aux expositions du groupe. Vivant en Ukraine, il peignait de façon à la fois critique et poétique la vie des paysans propriétaires. *Jour de fête* fut exécuté peu après le retour de l'artiste du domaine familial Stepanovka, dans le gouvernement de Kherson. La jeune fille porte un costume national ukrainien : une blouse brodée, une jupe *(spidnitsi)* et des bottes sombres *(tchoboti)*. Le peintre traduit la grandeur épique de la steppe ukrainienne, qui s'étend à l'infini, et l'atmosphère languissante d'une journée de fête. Le tableau fut exposé lors de la IXe exposition des ambulants, où il fut remarqué par I. N. Kramskoï. Après cette exposition, il fut acquis par P. M. Tretiakov. Kouznetsov venait chaque année à Moscou pour l'exposition des ambulants et il était toujours invité dans la maison du collectionneur ; bon pianiste, il y participait aux soirées musicales.
Tatiana L. Karpova

KOUZNETSOV NIKOLAÏ DMITRIEVITCH

Fabricant de faïence et porcelaine

Cat. 285

Cadre à icône

Tver, vers 1880
Faïence
135,0 x 83,3 x 16,0
Saint-Pétersbourg, Musée d'État russe, inv. FS 1250/grt
MR

KRAMSKOÏ IVAN NIKOLAEVITCH

Ostrogojsk, province de Voroneje, 1837 – Saint-Pétersbourg, 1887

Peintre, dessinateur et critique d'art. Il étudia à l'Académie des beaux-arts de Saint-Pétersbourg. Membre fondateur de la Société des ambulants. Organisateur de l'artel des Peintres de Saint-Pétersbourg

Cat. 286, repr. p. 71

Kramskoï Ivan Nikolaevitch
Le Christ dans le désert

1872
Huile sur toile
180,0 x 21,0
Moscou, galerie Tretiakov, inv. 651
Historique : acquis de l'artiste par P. M. Tretiakov, 1872.
Expositions : 2e TPKhV, 1872-1874, Saint-Pétersbourg, n° 32 ; 3e TPKhV, 1874-1875, Moscou ; 1878, Paris, n° 74 ; 1882, Moscou.

Bien qu'il consacrât une grande partie de son temps au portrait, Kramskoï se considérait toutefois comme un portraitiste « contraint » car il liait la notion d'« œuvre » à la création de tableaux porteurs d'une signification générale, d'un sens humain universel. Les deux idées centrales de l'art du XIXe siècle – « l'idée de personne » et « l'idée de messianisme » – sont le fil conducteur qui traverse toute la peinture de Kramskoï. Dans sa jeunesse, la personnalité et l'œuvre de A. A. Ivanov exercèrent sur lui une influence considérable, annonçant sa future orientation vers l'art des ambulants. Bouleversé par le tableau d'Ivanov *l'Apparition du Christ au peuple* (1837-1857, Moscou, galerie Tretiakov), Kramskoï définit pour lui-même l'objectif de l'art : « Un véritable artiste est face à un labeur immense… poser devant le visage des hommes un miroir qui alarmerait leur cœur. »

Dans son œuvre capitale, *le Christ dans le désert*, poursuivant la tradition humaniste d'Ivanov, le peintre traite ce sujet religieux sur un plan moral et philosophique.
Le Christ dans le désert fut l'œuvre centrale de la deuxième exposition des peintres ambulants, en 1873, et suscita nombre d'échos dans la presse, des débats sans fin, beaucoup de perplexité. La distance que Kramskoï prenait par rapport à l'iconographie traditionnelle de la Tentation du Christ, généralement comprise comme l'opposition entre le Christ et Satan, attira l'attention. L'image même du Christ paraissait saisissante, fort éloignée de la tradition de l'Église et de celle de l'art classique européen.
L'interprétation que l'auteur donne de la personne du Christ était extrêmement moderne. La marque de l'ascèse épuisant la chair, desséchant les couleurs de la vie, repose aussi bien sur les portraits de Kramskoï des années 1870 que sur son Christ, qui est viril, sévère, exigeant, ascétique. C'est le Dieu de l'époque héroïque des années 1870, celle de la « marche vers le peuple », époque d'extrême tension et d'exacerbation du sentiment moral dans la société.
Les contemporains qualifièrent le Christ de Kramskoï de « Hamlet russe ». Les interprétations du tableau par le peintre lui-même, que l'on trouve dans ses lettres à l'écrivain V. M. Garchine, développent également le thème du choix moral, inéluctable dans la vie de l'homme quand il faut résoudre la question : « Aller à droite ou à gauche, vendre Dieu pour un rouble ou ne pas céder d'un iota au mal » (N. I. Kramskoï). Mais ces mots ne donnent sans doute pas la clé essentielle. Épuisé par un jeûne de quarante jours, par une réflexion tourmentée, le Christ de Kramskoï est concentré, plongé en lui-même ; les doutes et les hésitations n'ont pas de place dans son âme. L'image du Christ exprime non un état d'incertitude et de choix à opérer, mais la concentration, l'acceptation d'assumer le rôle de victime expiatoire pour les souffrances et les péchés de l'humanité, la conscience du poids de ce fardeau et la décision de suivre le chemin tracé. Il a donné dans *le Christ dans le désert* une formule de la tension de toutes les forces spirituelles de l'homme au moment où il comprend son destin.
La composition du tableau, élaborée avec une logique irréprochable, est parfaitement semblable à une formule mathématique. La figure monumentale du Christ se détache sur un fond de ciel au moment où pointe l'aube. La ligne d'horizon divise la toile en deux parties égales : d'une part, le monde ici-bas, la terre ferme, le « désert » de pierres plongé dans l'ombre, mort et froid, et, d'autre part, le monde céleste, illuminé par les rayons du soleil qui va se lever, monde de lumière et d'espérance, symbole de la transfiguration future. Les mains jointes du Christ sont exactement à la limite de ces deux mondes, au centre géométrique de la composition. Les mains et le visage, centres visuels et sémantiques du tableau, se trouvent sur le même axe du cercle. Ce cercle constitue une zone de « tension » maximale, l'épicentre du drame de la pensée et du sentiment, qui vient de s'accomplir, de la victoire définitive de l'esprit humain, de la liberté, de la raison contre le chaos, le mal et le vice. Le Christ de Kramskoï symbolise la signification universelle de cette victoire et le rappel de son prix immense. Dans les angles du cadre du tableau, commandé, semble-t-il, d'après un dessin du peintre lui-même, se trouvent de véritables cordes tressées – attributs des futurs tourments du Christ.
Le paysage est le pendant de la figure du Christ dans l'iconographie de l'œuvre. Le paysage est cosmique et symbolique à la fois. Il s'agit d'une sorte d'espace au-dessus du monde, où l'air lui-même est si pur et raréfié qu'il est impropre pour un homme ordinaire. Ce lieu est la résidence de l'esprit céleste.
Ici, Kramskoï se présente comme le continuateur de l'impulsion spirituelle communiquée par Ivanov à l'art russe et anticipe les voies futures qu'empruntera celui-ci. Le degré de généralisation des impressions d'après nature, la complexité du sens et du symbolisme de l'œuvre permettent de la qualifier de protosymboliste. Des voies directes mènent de cette peinture de Kramskoï à l'art de M. A. Vroubel. Le *Démon assis* de ce dernier est la formule inversée du *Christ dans le désert* de Kramskoï.
En 1873, le peintre apprit que le conseil de l'Académie impériale des beaux-arts avait décidé, à la suite de ce tableau, de lui conférer le titre de professeur. Il refusa cet honneur, attaché au principe d'indépendance de l'artiste vis-à-vis de l'Académie, comme de tout titre et de toute récompense.
TATIANA L. KARPOVA

Cat. 287, repr. p. 56
Kramskoï Ivan Nikolaevitch
Jeune Fille portant du linge

1874
Aquarelle, rehauts de blanc sur papier
20,5 x 29,0
Moscou, galerie Tretiakov, inv. 7129
GT

Cat. 288, repr. p. 86
Kramskoï Ivan Nikolaevitch
Portrait de A. D. Litovtchenko

1878
Huile sur toile
96,0 x 69,0
Signé : en bas à droite, *I. Kramskoï 78*
(les lettres I et K sont entrelacées)
Moscou, galerie Tretiakov, inv. 671
HISTORIQUE : acquis de l'artiste par M. P. Tretiakov en 1884.
EXPOSITIONS : 7e TPKhV, 1879, Saint-Pétersbourg, n° 45, Moscou, n° 49 ; 1883, Munich, n° 1101 ; 1887, Saint-Pétersbourg, n° 107 ; 1937, Moscou-Leningrad, n° 71 ; 1967-1968, Paris, n° 444 ; 1987-1988, Leningrad-Voroneje-Moscou, p. 119.

Kramskoï et A. D. Litovtchenko, peintre d'histoire, avaient fait connaissance en 1855. Litovtchenko avait favorisé l'entrée de Kramskoï à l'Académie des arts de Saint-Pétersbourg et il lui avait enseigné le dessin à partir de moulages en plâtre. À la fin des années 1870, Kramskoï peignit une série de portraits dans lesquels il cherchait manifestement à renouveler son langage artistique. Il se tourna vers les découvertes des artistes de la toute dernière école française, mais, de manière encore plus nette, vers les maîtres anciens de l'Europe, qu'il voyait comme l'incarnation la plus totale du « génie » de la peinture. Ce n'est pas un hasard que le critique V. V. Stassov lui ait reproché, dans ces années-là, son « idolâtrie » pour Velázquez. Les nouvelles tendances sont très manifestes dans ce célèbre portrait de Litovtchenko. Le caractère « impressionniste » de la peinture crée une sensation de contact immédiat entre le modèle et le spectateur.
Le portrait souleva l'enthousiasme unanime de la critique : « ... Le portrait de Litovtchenko [...] a été peint avec une flamme peu commune, si rapidement qu'il est même partiellement inachevé (par exemple, les doigts). Le coloris est merveilleux [...] les yeux [...] regardent [...] comme des petits clous brillants et noirs du fond de cavités profondes. L'expression a quelque chose de flottant, comme s'il cherchait quelque chose... Le visage est émacié, jaune, exténué – mais il est rendu avec une telle vie... » (V. V. Stassov).
TATIANA L. KARPOVA

Cat. 289
Kramskoï Ivan Nikolaevitch
La Divination avant Noël

Fin des années 1870 – début des années 1880
Crayon noir, sauce (fusain), sepia, lavis gris sur papier
26,0 x 34,4
Moscou, galerie Tretiakov, inv. 7132
GT

Cat. 290
Kramskoï Ivan Nikolaevitch
Le Christ

1883-1885
En rapport avec le tableau *le Christ aux outrages* (1877-1882, Saint-Pétersbourg, Musée d'État russe)
Plâtre peint
50,0 x 59,0 x 26,0
Saint-Pétersbourg, Musée d'État russe, inv. NSK 1212
HISTORIQUE : don de S. N. Kramskoï, femme du peintre, 1908.
MR

LANCERAY EVGUENY EVGUENIEVITCH

Gatchina, région de Saint-Pétersbourg, 1875 – Moscou, 1946
Peintre, dessinateur, illustrateur. Il étudia à l'École de dessin de Saint-Pétersbourg, et à Paris. Membre du cercle du Monde de l'art. Il dirigea des usines de porcelaine et les fabriques de verre taillé de Saint-Pétersbourg et de Ekaterinbourg

Cat. 291, repr. p. 262
Lanceray Evgueny Evguenievitch
Dessin préparatoire
pour la couverture de *Rimes par Dmitri Merejkovsky*

1901
Plume et encre de chine, rehauts de blanc sur papier
31,9 x 25,0
Saint-Pétersbourg, Musée d'État russe, inv. R-33813
MR

LARIONOV MIKHAÏL FEDOROVITCH

Près de Tiraspol, 1881 – Fontenay-aux-Roses, 1964
Peintre, illustrateur. Il étudia à l'École de peinture, sculpture et architecture de Moscou. Il créa la théorie du rayonnisme avec N. S. Gontcharova, sa femme. Il travailla avec S. P. Diaguilev à Paris. En 1910, il fonde Le Valet de carreau, qu'il quite en 1911 pour La Queue de l'âne

Cat. 292, repr. p. 46
Larionov Mikhaïl Fedorovitch
Le Printemps. Les Saisons (nouveau primitivisme)

1912
Huile sur toile
142,0 x 118,0
Signé : en bas à droite, *Larionov*
Inscription : en bas à gauche, sur le devant du tableau, *Le printemps clair et beau avec des fleurs vives et des nuages blancs*
Moscou, galerie Tretiakov, inv. 22006
HISTORIQUE : transféré du musée de la Culture picturale, Moscou.
EXPOSITIONS : 1912-1913, Saint-Pétersbourg, n° 22 ; 1913, Moscou, n° 66, 1914, Paris, n° 26 ; 1974, Paris ; 1995-1996, Paris-Martigny, p. 73 ; 1996, Milan, n° 28.
GT

LEITZINGER J. I.

Actif dans la région d'Arkhanguelsk à partir de 1885

Cat. 293
Leitzinger J. I.
Matelots

Avant 1887
Épreuve sur papier albuminé d'après un négatif verre au collodion
En bas à droite : timbre sec du photographe
13,3 x 21,2 (épreuve), 16,8 x 24,5 (support)
Paris, Bibliothèque nationale de France, département des Cartes et Plans, dépôt de la Société de géographie, Wc 197 (10)
HISTORIQUE : don A. V. Grigoriev, 1887.

Leitzinger était un des photographes les plus connus du nord de la Russie. Il réalisa un ensemble de photographies ethnographiques reproduisant la vie traditionnelle des pêcheurs de la Baltique et de leurs familles. Le répertoire décoratif et architectural traditionnel des régions septentrionales de la Russie fut une source d'inspiration pour les architectes et décorateurs du tournant du siècle.
DOMINIQUE DE FONT-RÉAULX

Cat. 294
Leitzinger J. I.
Matelots natifs des bords de la Mer blanche

Avant 1887
Épreuve sur papier albuminé d'après un négatif verre au collodion
En bas à droite : timbre sec du photographe
13,4 x 21,5 (épreuve), 16,2 x 24,0 (support)
Paris, Bibliothèque nationale de France, département des Cartes et Plans, dépôt de la Société de géographie, Wc 197 (9)
HISTORIQUE : don A. V. Grigoriev, 1887.
DOMINIQUE DE FONT-RÉAULX

Cat. 295
Leitzinger J. I.
Paysanne des environs d'Onegan

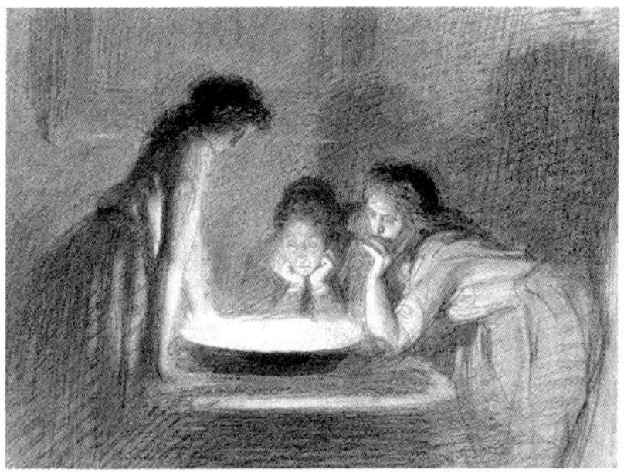

Cat. 289

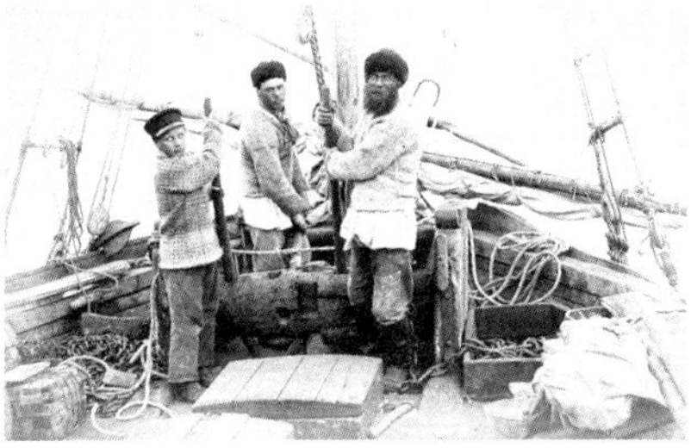

Cat. 293

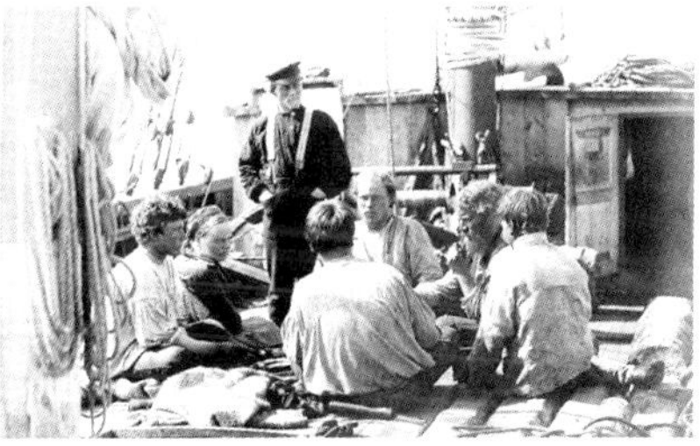

Cat. 294

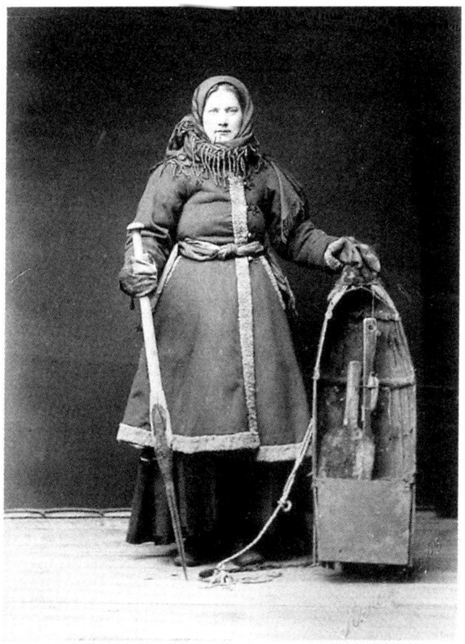

Cat. 295

Avant 1887
Épreuve sur papier albuminé d'après un négatif verre au collodion
En bas à droite : timbre sec du photographe ; au verso : tampon *7 janvier 1887 Société de géographie*
14,2 x 10,3 (épreuve), 24,6 x 17,0 (support)
Paris, Bibliothèque nationale de France, département des Cartes et Plans, dépôt de la Société de géographie, Wc 197 (13)
Historique : don A. V. Grigoriev, 1887.
Dominique de Font-Réaulx

Cat. 296
Leitzinger J. I.
Pêcheurs en habit de peau de phoque

Avant 1887
Épreuve sur papier albuminé d'après un négatif verre au collodion
En bas à droite : timbre sec du photographe
21,3 x 13,1 (épreuve), 24,1 x 16,2 (support)
Paris, Bibliothèque nationale de France, département des Cartes et Plans, dépôt de la Société de géographie, Wc 197 (16)
Historique : don A. V. Grigoriev, 1887.
Dominique de Font-Réaulx

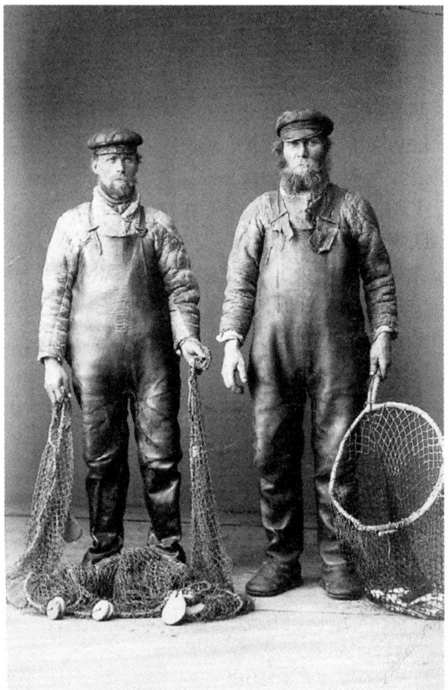
Cat. 296

LENTOULOV ARISTARKH VASSILIEVITCH

Nijnee-Lomovo, région de Penza, 1882 – Moscou, 1943
Peintre, décorateur de théâtre. Il étudia à l'Institut d'art de N. Silevestrov à Penza, à l'Institut d'art de Kiev, dans des ateliers de Saint-Pétersbourg et Paris. Il participa aux expositions du Valet de carreau

Cat. 297, repr. p. 32
Lentoulov Aristarkh Vassilievitch
La Cathédrale Saint-Basile le Bienheureux

1913
Huile sur toile, papiers collés
170,5 x 163,5
Moscou, galerie Tretiakov, inv. 25461
Historique : acquis de l'artiste en 1933.
Expositions : 1914, Moscou, n° 35 (L'église de Basile le Bienheureux, « qui est à Moscou dans le fossé ») ; 1984, Paris, n° 55.

Lentoulov quitta Moscou en 1911 pour peindre à Paris à l'académie de la Palette chez H. Le Fauconnier et J. Metzinger, il se lia d'amitié avec A. Gleize, F. Léger, R. Delaunay et « rejoignit » le travail des cubo-futuristes. Ses amis de Paris le surnommèrent le Futuriste à la russe. Pour ses monumentaux panneaux architecturaux, Lentoulov choisit le principe de la « dynamique de la couleur ». Les formes se répartissaient en fragments de couleurs, comme s'ils se déplaçaient dans un kaléidoscope. Les images de l'architecture russe ancienne constituaient un terrain fertile pour ce procédé, car c'est précisément en lui que se combinent un principe constructif et rationnel avec un libre arbitre, un « foisonnement décoratif merveilleux » des formes. Le peintre aimait particulièrement les églises moscovites des XVIe et XVIIe siècles, bariolées et abondamment décorées, véritablement édifiées « à merveille ».
L'une des plus belles œuvres de Lentoulov, peinte en 1913, est notre tableau, *la Cathédrale de Basile le Bienheureux*. L'artiste ne se lassait pas d'admirer ce monument absolument unique de Moscou, dans lequel il voyait l'incarnation d'une imagination venue des légendes. Évoquant le travail sur *Basile le Bienheureux,* la fille de l'artiste, M. A. Lentoulova, se souvient que son père voulait voir l'église « de partout simultanément », de tous les côtés à la fois. « Il en fit le tour des dizaines de fois, il se rappelait ses raccourcis bizarres, [...] essayant de transmettre cet esprit féerique, cette fantaisie à l'imagination débridée de la forme et de la couleur. » Lentoulov lui-même mentionne certaines autres sources du tableau dans lequel « les coupoles bariolées comme un guignol se succèdent avec des collages de papiers colorés brillants ». Selon ses dires, il y inclut des impressions produites par les images naïves turques, à la mode à Moscou à cette époque, « que j'aime et qui sont également soulignées d'anilines d'or de différentes couleurs, vert profond, bleu foncé, turquoise et bordeaux ponceau... ».
Le peintre ne représente pas précisément l'église, il peint une fantaisie étrange sur le thème d'une œuvre unique de l'architecture mondiale, car le projet et la réalisation de la cathédrale du Voile, autre nom de cette église, sont de l'ordre du fantastique. Avec de nouveaux moyens picturaux, Lentoulov prolonge au début du XXe siècle les idées des anciens bâtisseurs russes, ce miracle de la plastique tridimensionnelle du XVIe siècle se transforme en l'espace bidimensionnel du tableau. Dans *Basile le Bienheureux,* Lentoulov utilise de façon encore plus affirmée que dans ses autres œuvres le collage, la feuille d'or, dans laquelle il découpe les étoiles collées sur les coupoles.
L. N. Bobrovskaïa

LEVITAN ISAAC ILITCH

Kibarta, près de Verjbolovo, gouvernement de Souval, 1860 – Moscou, 1900

Levitan, l'un des plus grands paysagistes russes du XIXe siècle, fut l'élève d'Alexeï K. Savrassov et de Vassily D. Polenov à l'École de peinture et d'architecture de Moscou (1873-1885). À partir de 1884, il expose avec les ambulants. En 1898, il dirigea la classe de paysage à l'École de Moscou.

Cat. 298, repr. p. 50

Levitan Isaac Ilitch

Vladimirka

1892
Huile sur toile
79,0 x 123,0
Signé, daté et inscrit : en bas à droite, *I. Levitan 92 « Volodimirka »*
Moscou, galerie Tretiakov, inv. 1485
HISTORIQUE : don de l'artiste, 1894.
EXPOSITIONS : 21e TPKhV, 1893-1894, Saint-Pétersbourg, n° 61.

Le chemin de Vladimir (également appelé Vladimirka) avait la triste réputation d'être la route qu'empruntaient les prisonniers que l'on emmenait en Sibérie. En mai 1892, Levitan et S. P. Kouvchinnikova, une femme peintre, partirent passer l'été dans le domaine de Souchneva Gorodok près de Boldino et de la ligne de chemin de fer de Nijni-Novgorod. C'est ainsi que naquit le projet de *Vladimirka* et que furent exécutées les premières études de ce tableau. Dans ses souvenirs, S. P. Kouvchinnikova raconte la naissance de ce projet : « ... Un jour, en revenant de la chasse, Levitan et moi avons débouché sur la vieille route de Vladimir. Le spectacle était empreint d'un charme tranquille. La longue route paraissait une raie blanche se dirigeant vers les lointains bleus au milieu des bois. Au loin, on apercevait deux silhouettes de pèlerine, un vieux pigeonnier de guingois avec dessus une petite icône délavée par les pluies qui évoquait une époque ancienne, oubliée depuis longtemps. Tout respirait la tendresse et le bien-être. Et soudain, Levitan se souvint quelle était cette route... Il s'agissait, en effet, de la Vladimirka, cette Vladimirka que tant de malheureux faisant cliqueter leurs fers empruntaient pour aller en Sibérie... et dans le silence, ce spectacle poétique nous parut marqué d'une profonde tristesse cachée. Les bosquets somnolants nous parurent tristes comme le ciel gris. Appuyés contre les marches du pigeonnier, nous avons discuté des scènes pénibles qui s'étaient déroulées sur cette route, de toute l'affliction qui avait été ressentie ici, près de ce pigeonnier... »
Levitan, dont la vision du monde et la méthode artistique s'étaient formées sous l'influence des traditions démocratiques de la culture russe, ne se limita pas à la composition d'un « poème » sur les souffrances du peuple. Son œuvre, ayant transcendé le cadre « dénonciateur » caractéristique du réalisme russe, devint une métaphore philosophique du chemin de la vie parsemé de grandes routes droites, de sentiers entrelacés, de bifurcations et de carrefours.
Le thème de la route est l'un des sujets centraux du paysage russe de la seconde moitié du XIXe siècle. Il se mêle au thème du chemin spirituel, du destin individuel de l'homme et de celui de la Russie, des étendues infinies du pays, de ses espaces inhabités, du long chemin à accomplir d'un but à un autre, ainsi qu'au thème de la mort, en chemin, d'un homme qui n'a pas atteint son but. La route est le symbole de la patience infinie du peuple et une image de l'errance spirituelle, de la connaissance de la vérité, du perfectionnement moral. *Vladimirka* de Levitan inclut ces diverses nuances du sens du mot dans la culture russe, et elle est devenue une expression de référence pour ce thème.
TATIANA L. KARPOVA

Cat. 299, repr. p. 63

Levitan Isaac Ilitch

Au-dessus du repos éternel

1894
Huile sur toile
150,0 x 206,0
Signé : en bas à gauche, *I. Levitan 94*
Moscou, galerie Tretiakov, inv. 1486
HISTORIQUE : acquis de l'artiste par P. M. Tretiakov, 1894.
EXPOSITIONS : 22e TPKhV, 1894-1895, Saint-Pétersbourg-Moscou, n° 59 ; Sécession de Munich, 1898, n° 526.

Les réflexions de l'artiste sur le sens de l'existence, sur la vanité de la vie humaine ont trouvé leur expression dans *Au-dessus du repos éternel,* qui suggère l'infinité de l'univers, la finitude et la brièveté de la vie humaine. Levitan travailla à cette œuvre au cours de l'été de 1894 sur le lac Oudomel, près de Vychni Volotchok. L'artiste fit la synthèse de nombreuses observations de la nature et en donna une vision monumentale, exceptionnelle dans son œuvre. Levitan lui-même considérait ce tableau comme l'une de ses œuvres les plus importantes. Dans une lettre à P. M. Tretiakov, il écrivait : « Ici, je suis avec tout mon esprit, tout mon être. »
GT

MAKOVSKY SERGUEÏ KONSTANTINOVITCH

1877-1962

Cat. 300, repr. p. 189

Makovsky Sergueï Konstantinovitch

***Talachkino : L'art décoratif des ateliers de la princesse Tenichef,* incluant « Souvenir d'un voyage à Talachkino » par N. K. Roerikh, Saint-Pétersbourg, édition Sodrougestvo, traduit par I. Izerguine, 1906** [1905 en russe]

Livre
24,5 x 19,5
Paris, bibliothèque des Arts décoratifs, inv. 14211 cote V280
HISTORIQUE : don de la princesse M. K. Tenicheva, 1907.
BAD

MALEVITCH KAZIMIR SEVERINOVITCH

Près de Kiev, 1878 – Leningrad, 1935

Peintre, théoricien d'art, décorateur de théâtre. Il étudia à l'École de dessin de Kiev, à l'École de peinture, sculpture et architecture de Moscou. Fondateur du groupe de l'Affirmation du Nouvel Art à Vitebsk et créateur du mouvement du suprématisme

Cat. 301

Malevitch Kazimir Severinovitch

Autoportrait

1910
Aquarelle sur papier
46,2 x 41,3
Saint-Pétersbourg, Musée d'État russe, inv. R-56720
MR

MALIAVINE FILIP ANDREEVITCH

Village de Kazanka, province de Samara, 1869 – Nice, 1940

Cat. 302, repr. p. 48

Maliavine Filip Andreevitch

Paysanne

1903
Huile sur toile
206,3 x 115,6
Moscou, galerie Tretiakov, inv. 6216
HISTORIQUE : collection I. A. Morozov, Moscou ; musée national d'Art moderne occidental, Moscou ; entré en 1924 en provenance de ce dernier.
EXPOSITIONS : 1e SRKh, 1903-1904, Moscou, n° 114 ; 2e SRKh, 1905, Saint-Pétersbourg,

n° 195 ; 1906, Paris, n° 346 (« Paysanne ») ; 1907, Venise, n° 30 (« Le Baiser ») ; 1984, Paris, n° 67 ; 1999-2000, Londres, n° 232.
TATIANA L. KARPOVA

MALIOUTINE SERGUEÏ VASSILIEVITCH

Moscou, 1859 – Moscou, 1937
Peintre, décorateur. Il étudia à l'École de peinture, sculpture et architecture de Moscou. Membre de la Société des ambulants. Il dirigea l'atelier de sculpture sur bois à Talachkino, domaine de la princesse M. K. Tenicheva. Académicien

Cat. 303
Malioutine Sergueï Vassilievitch
Petite Ville, panneau décoratif

Vers 1900-1910
Bois sculpté peint (huile et tempera)
61,0 x 104,0
Moscou, galerie Tretiakov, inv. SK-322
HISTORIQUE : sans doute exécuté dans les ateliers de Talachkino ; acquis en 1983 de la fille de l'artiste.
Moscou, galerie Tretiakov.
V. S. CHEVTCHENKO

Cat. 304
Malioutine Sergueï Vassilievitch
Sirène

Vers 1900-1910
Vase
Céramique émaillée ***(majolika)***
H. 41,5
Moscou, galerie Tretiakov, inv. SK-318
HISTORIQUE : acquis en 1931 chez Chein.
V. S. CHEVTCHENKO

Cat. 305, repr. p. 258
Malioutine Sergueï Vassilievitch (illustrateur)
***Le Conte du tsar Saltan*, et de son fils, le célèbre et puissant héros le prince Guidon Saltanovitch et des belles princesses-cygnes, de A. S. Pouchkine (Moscou, A. I. Mamontov, 1899)**

1899
Chromolithographies
17,0 x 24,5
Saint-Pétersbourg, Bibliothèque nationale de Russie, Pouchkine/2-S-425-22
BIBLIOGRAPHIE : cat. exp. 2001, Saint-Pétersbourg, p. 200-201 (autre exemplaire).
BNR SAINT-PÉTERSBOURG

Cat. 306
Malioutine Sergueï Vassilievitch
Ateliers artistiques de menuiserie de la ville de Serguiev Possad, *zemstvo* du gouvernement de Moscou
Puisoir en forme d'ours

Début du XXe siècle
Pin ciselé, estampé, peint, et fer-blanc
23,0 x 37,5 x 11,5
Moscou, musée russe des Arts décoratifs et populaires, inv. KP 14511 DDR 702
HISTORIQUE : acquis en 1987.
MRADP

Cat. 307, repr. p. 191
Ateliers de Talachkino
Malioutine Sergueï Vassilievitch
***La Cité*, panneau décoratif**

Vers 1900
Tilleul sculpté et teinté
101,0 x 152,0 x 5,0
Moscou, musée national d'Histoire, inv. GIM 109428/D4-2705
HISTORIQUE : provient d'un ensemble d'objets emportés de Smolensk en Allemagne durant la Seconde Guerre mondiale et rapportés à Moscou par les troupes soviétiques.
EXPOSITIONS : 1994, Kommern, n° 619 ; 1998-1999, Moscou, n° 158.

Il s'agit de l'un des trois panneaux décoratifs qui ornaient la maison de la princesse M. K. Tenicheva dans son domaine de Talachkino, exécutés dans les ateliers de menuiserie de Talachkino, directement sous la gouverne de S. V. Malioutine. Ils étaient disposés au-dessus de la porte et des deux fenêtres qui ouvraient sur la terrasse de la maison des Tenichev. Outre ce panneau, qui représente une cité de conte de fées, l'ensemble comprend deux autres panneaux de forme analogue : *les Contes de Pouchkine* et *Barde jouant du gusli*. La maison de Talachkino a été détruite. Elle avait été construite avant que la princesse Tenicheva n'achète le domaine et ne le soumette à des transformations. Les ateliers de Talachkino avaient réalisé la décoration de la terrasse ainsi que tout l'aménagement de la salle à manger russe.
OLGA STROUGOVA

Cat. 308
Malioutine Sergueï Vassilievitch
Ateliers de Talachkino
Cadre pour icône

1900-1903
Bois sculpté en bas relief et peint
102,0 x 58,5
Smolensk, musée-réserve de Smolensk, SOM 15084
HISTORIQUE : donation de O. S. Malioutina, 1964-1965.

Le cadre est orné d'un motif végétal géométrique. Une composition solaire occupe la partie supérieure : soleil stylisé et un coq aux ailes déployées.

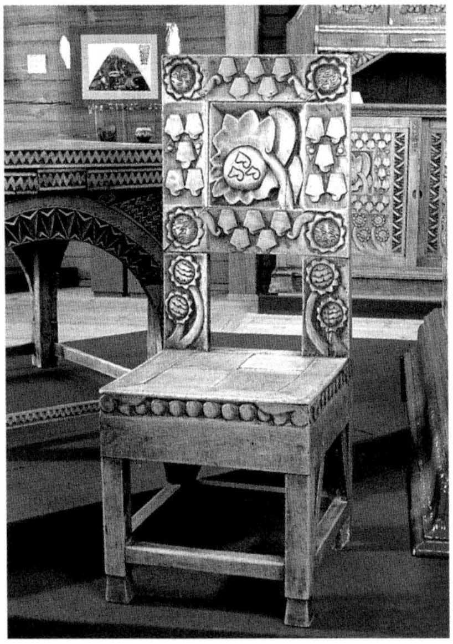

Cat. 310

L'introduction de motifs païens dans la composition d'un objet à usage sacré fait l'originalité de cet objet.
N. K. Vostrikova et T. V. Issatchenko

Cat. 309, repr. p. 195
Malioutine Sergueï Vassilievitch
Ateliers de Talachkino
Cadre pour un portrait

1900-1903
Tilleul sculpté en bas relief et teinté, avec incrustations de pierre de rivière
33,0 x 22,5
Au dos à gauche : cachet de Malioutine en forme d'oiseau de feu pyrogravé
Smolensk, musée-réserve de Smolensk, SOM 424
Historique : collection du musée d'Histoire et Ethnographie de la princesse Tenicheva à Smolensk, n° 7634.
Bibliographie : Talachkino, 1905, ill. 94 ; Catalogue général du musée d'Histoire et Ethnographie de la princesse Tenicheva à Smolensk, ajout au catalogue général, 1911, p. 41.

Le décor de ce cadre est typique du style de Malioutine. Il combine un ornement végétal stylisé dans la partie inférieure et une composition végétale zoomorphe dans la partie supérieure. Au cœur de la fleur, dans la partie supérieure du cadre, a été incrusté un petit caillou de rivière gris-jaune. Ce cadre est reproduit dans l'ouvrage *Talachkino* paru en russe en 1905 (cat. 300). Il y est attribué à A. P. Zinoviev, ce qui est une erreur manifeste puisque le cachet de Malioutine figure sur le cadre. Notons que plusieurs notices de ce catalogue concernant la production des ateliers de Talachkino comportent des erreurs.
N. K. Vostrikova et T. V. Issatchenko

Cat. 310
Malioutine Sergueï Vassilievitch
Ateliers de Talachkino
Chaise

1900-1903
Bois sculpté, gravé et peint
110,0 x 44,0 x 48,0
Smolensk, musée-réserve de Smolensk, SOM 15074
Historique : acquis de la famille de l'artiste, 1964-1965.

Chaise faisant partie d'un ensemble (table, buffet, chaises). Des fleurs de tournesol stylisées sont sculptées sur le dossier. Après avoir quitté Talachkino, Malioutine repris plusieurs fois les motifs qu'il avait inventés pour cet ensemble. On connaît par exemple des chaises identiques ou analogues exécutées entre 1907-1910 à Moscou.
N. K. Vostrikova et T. V. Issatchenko

Cat. 311, repr. p. 195
Malioutine Sergueï Vassilievitch
Ateliers de Talachkino
Salière *Poule Rousse*

1900-1903
Bois sculpté teinté et peint
16,7 x 15,0 x 11,0
Smolensk, musée-réserve de Smolensk, SOM 14995
Historique : donation de O. S. Malioutina, 1964-1965 ;

La salière est de forme rectangulaire avec un couvercle représentant une poule très stylisée, sur ses deux pattes. La tête de la poule forme l'anse du couvercle avec sa crête rouge. Le corps de la salière est sculpté comme un plumage.
Poule Rousse est un personnage de conte populaire pour enfants qui pond des œufs d'or.
N. K. Vostrikova et T. V. Issatchenko

Cat. 312, repr. p. 27
Malioutine Sergueï Vassilievitch
Ateliers de Talachkino
***Sadko,* panneau décoratif**

1900-1903
Bois sculpté peint
180,0 x 285,0 x 8,0
Smolensk, musée-réserve de Smolensk, SOM 489
Historique : collection du musée d'Histoire et Ethnographie de la princesse Tenicheva à Smolensk, n° 7674.
Bibliographie : Talachkino, 1905, ill. 152 ; Catalogue général du musée d'histoire et ethnographie de la princesse Tenicheva à Smolensk, ajout au catalogue général, 1911, p. 42.

Panneau de bois peint illustrant la *byline* russe sur le marchand de Novgorod et musicien Sadko. La composition représente un navire dont les voiles blanches se transforment en silhouettes de cygne en vol. Le panneau comporte de nombreux détails liés à la symbolique païenne et populaire russe. D'après des photographies anciennes, *Sadko* a décoré le magasin *Rodnik.*
N. K. Vostrikova et T. V. Issatchenko

Cat. 313, repr. p. 193
Malioutine Sergueï Vassilievitch
Ateliers de Talachkino
***Table avec agate,* dite table de Baba Iaga**

1900-1903
Bois sculpté peint, poli, agate incrustée
77,0 x D. 58,0
Smolensk, musée-réserve de Smolensk, SOM 11824
Historique : collection du musée d'Histoire et Ethnographie de la princesse Tenicheva à Smolensk, n° 7638.
Bibliographie : Talachkino, 1905 ; ill. 23 ; Catalogue général du musée d'histoire et ethnographie de la princesse Tenicheva à Smolensk, ajout au catalogue général, 1911, p. 41.

Table à *stolechnitsa* (plateau) circulaire dans lequel est insérée une tranche d'agate. Le piétement, conique, repose sur quatre pieds en forme de pattes.
La forme de la table utilise le motif renversé du mortier de Baba Iaga (la méchante sorcière des contes russes). La combinaison des éléments du folklore et de l'agate polie, totalement étrangère à l'art populaire russe, rend décor de la table spectaculaire et étonnant.
Dans l'ouvrage *Talachkino* publié en 1905 (voir cat. 300), cette table est reproduite formant ensemble avec un buffet (aujourd'hui Saint-Pétersbourg, musée d'État de l'Ermitage). Elle est désignée comme tabouret.
N. K. Vostrikova et T. V. Issatchenko

Cat. 314, repr. p. 187
Malioutine Sergueï Vassilievitch
Projet pour l'église de Flenovo* (province de Smolensk, Talachkino) Façade ouest de l'église avec, surmontant le portail, la mosaïque *du Saint-Sauveur

1901
Crayon, aquarelle, gouache, blanc de céruse, peinture mordorée sur papier
53,8 x 44,9
Smolensk, musée-réserve de Smolensk, SOM 7513
Bibliographie : Talachkino (recueil de documents), 1995, p. 317.
N. K. Vostrikova et T. V. Issatchenko

Cat. 315, repr. p. 187
Malioutine Sergueï Vassilievitch
***Projet pour l'église de Flenovo* (province de Smolensk, Talachkino) Façade est, province de Smolensk, Talachkino**

1901
Crayon, aquarelle, gouache, blanc de céruse, peinture mordorée sur papier
56,0 x 44,0
Smolensk, musée-réserve de Smolensk, SOM 7514
Bibliographie : Talachkino (recueil de documents), 1995, p. 317.

Au début de 1900, Malioutine fut invité par la princesse Tenicheva à « faire les dessins de l'église de Flenovo, dans la province de Smolensk ». Au cours des années 1900 et 1901, Malioutine réalisa une quantité d'esquisses et de croquis pour la décoration de l'église. Tout en variant le décor, il observait la ligne

architecturale de départ, proposée par I. F. Bartchevsky et M. K. Tenicheva. Les documents du musée relatifs aux années 1920-1930 font apparaître que la présente feuille aurait été signée et datée par Malioutine. La signature de l'artiste est cependant aujourd'hui perdue. L'esquisse représente la façade est de l'église. Au centre de l'abside se trouve une *Transfiguration du Seigneur.* Aucun des projets de Malioutine n'a été réalisé dans l'actuelle église du Saint-Esprit.
Flenovo est un hameau situé à un kilomètre et demi du centre de Talachkino. Il appartenait à la propriété de la princesse Tenicheva.

N. K. Vostrikova et T. V. Issatchenko

Cat. 316, repr. p. 194

Malioutine Sergueï Vassilievitch

***Chaise,* élément d'une salle à manger composée de neuf pièces Projet des années 1900 réalisé en 1912 dans les ateliers du musée d'Artisanat de Moscou**

1912
Bouleau sculpté et teinté
110,0 x 44,5 x 44,0
Moscou, musée national d'Histoire, inv. GIM 98267/D2-2295
Historique : acquis en 1963.
Bibliographie : Bott et Kaneva, 2003, p. 329 ; Strougova, 1989, p. 105 ; Strougova, 2003, p. 33.
Expositions : 1991, Londres, n° 22 ; 1998-1999, Moscou, n° 162 ; 2000, Moscou, n° 156 ;

En 1910, un musée de Spécimens avait été adjoint au musée de l'Artisanat de Moscou. Il présentait les meilleures pièces du mobilier Art nouveau russe ainsi que de nouveaux objets créés spécialement pour ce musée. Les ateliers du musée de l'Artisanat prenaient commande pour la réalisation de pièces de mobilier d'après les modèles exposés. L'ensemble réalisé d'après le projet de Malioutine dans les années 1900, dont la chaise exposée est l'un des éléments, aurait été commandé à ces ateliers pour la famille de l'architecte A. I. Besprozvanny en 1912. Le mobilier conçu par Malioutine était alors très en vogue dans les milieux artistiques et intellectuels. On voit ici, à côté des traits caractéristiques de la variante nationale et « romantique » russe de l'Art nouveau, des recherches dans la construction même de l'objet. Quelques objets similaires se trouvent aujourd'hui dans les musées ou collections privées. Des chaises semblables, en particulier, décoraient la maison du peintre Bakcheev. Malioutine avait travaillé à la décoration intérieure de cette maison à son retour de Talachkino. Des chaises d'un modèle proche de celui-ci se trouvent dans les collections du musée de Smolensk. L'arrière des dossiers y est orné d'une peinture de la main même de Malioutine.

Olga Strougova

MATVEEV ALEXANDRE TERENTIEVITCH
Saratov, 1878 – Moscou, 1960

Sculpteur. Il étudia à Saratov, puis à l'École de peinture, sculpture et architecture de Moscou. Il travailla dans l'atelier de céramique d'Abramtsevo et à l'usine de céramique de Piotr K. Vaouline à Kikerino, près de Saint-Pétersbourg

Cat. 317, repr. p. 340

Matveev Alexandre Terentievitch
Fabrique de Piotr Vaouline, Kikerino, gouvernement de Saint-Pétersbourg
Le Sommeil

1907
Céramique émaillée (*majolika*), glaçure au plomb
21,0 x 22,0 x 13,2
Saint-Pétersbourg, Musée d'État russe, inv. FS-1289

MR

MAZOURINE ALEXEÏ SERGUEEVITCH
Moscou, 1846 – ?, après 1914

Le photographe amateur A. S. Mazourine, marchand, était apparenté à M. P. Tretiakov. Passionné par la peinture, il voyagea longtemps en Italie, s'initiant à la peinture et à l'architecture, avant ses premières expériences photographiques vers 1870. La période la plus féconde dans l'œuvre de Mazourine se situe dans les années 1890-1910, abondamment publiée dans les revues *Niva, Rousskii Listok (le Feuillet russe), Jivopisnoïe Obozrenïe (Aperçu pictural), Photographische Rundschau, Amateur-Photographie.* Ses sujets étaient reproduits sur des cartes postales, des boîtes de bonbons, autant de scènes de genre et motifs s'inspirant des traditions russes anciennes. À partir de 1890, il participa à de nombreuses expositions photographiques européennes, et fut considéré comme le grand représentant de l'école russe de photographie pictorialiste.

Cat. 318

Mazourine Alexeï Sergueevitch
L'Hôtel Igoumnov, rue Iakimanka à Moscou

Vers 1890
Épreuve argentique
17,4 x 23,4
Moscou, Bibliothèque d'État russe
Reg. n° 1336-86

BER Moscou

Cat. 319, repr. p. 124

Mazourine Alexeï Sergueevitch
Allée en forêt

Vers 1900
Épreuve à la gomme bichromatée
24,7 x 19,2 (épreuve) ; 25,5 x 20,9 (marie-louise)
Moscou, musée national d'Histoire, inv. 70156 Iou 1 8101
Historique : provient du musée du Vieux-Moscou, 1931.
Bibliographie : *Izbrannye proizvedenia rousskoï svetopissi,* 1994, p. 34, 37.
Expositions : 1994, Moscou, n° 38.

Tatiana Sabourova

Cat. 320, repr. p. 119

Mazourine Alexeï Sergueevitch
Rupture du jeûne à Pâques

Début du XXe siècle
Épreuve argentique
21,6 x 17,0 (épreuve) ; 35,2 x 29,5 (marie-louise)
Signé : en bas à droite, sur le positif, *A. Mazourine*
Inscription : au verso, en haut à gauche, *Rupture de jeûne à Pâques*
Moscou, musée national d'Histoire, inv. 42949 I VI 32244
Historique : legs A. P. Bakhrouchine 1905.
Bibliographie : Barkhatova, 1990, p. 2 ; Rakhmanov, 1996, p. 65.
Expositions : 1991, Londres, n° 603 ; 1994, Moscou, n° 37.

I. A. Semakova

Cat. 321

Mazourine Alexeï Sergueevitch
La Moisson

1902
Épreuve argentique
16,0 x 22,19 (épreuve) ; 31,4 x 36,5 (marie-louise)
Signé : en bas à droite, sur la marie-louise, *A. Mazourine*
Daté, en bas à gauche, sur la marie-louise, *1902*
Inscription, au verso, en haut à droite, *Jatva* [la Moisson]
Moscou, musée national d'Histoire, inv. 42949 I VI 32245
Historique : legs A. P. Bakhrouchine, 1905.
Bibliographie : Semakova, 1994, p. 1-10 ; Semakova, 1998, fasc. 106, p. 194-197 ; Semakova, 1998, p. 376-38 ; Karpova, 2004, p. 56.
Expositions : 1991, Londres, n° 601 ; 1994, Moscou, n° 35.

I. A. Semakova

Cat. 322

Mazourine Alexeï Sergueevitch
Aiguilleuse

1903
Épreuve argentique
15,9 x 15,9 (épreuve) ; 33,7 x 27,7 (marie-louise)
Signé : en bas à gauche, sur le positif, *A. Mazourine 1903*

Inscription : au verso, en haut à gauche, *Aiguilleuse*
Moscou, musée national d'Histoire, inv. 42949 I VI 32242
HISTORIQUE : legs A. P. Bakhrouchine, 1905.
BIBLIOGRAPHIE : Elliott, 1993, p. 239, 250.
EXPOSITIONS : 1991, Londres, n° 604 ; 1992, Oxford, n° 239 ; 1994, Moscou, n° 34 ; 2002, Moscou, n° 41.
I. A. SEMAKOVA

MIASSOEDOV GRIGORY GRIGORIEVITCH

Pankov, province de Toula, 1834 – propriété Pavlenki, près de Poltava, 1911
Le peintre Miassoedov a suivi l'enseignement de l'Académie des beaux-arts de Saint-Pétersbourg (1853-1862) et fut l'un des membres fondateurs des ambulants. Il se consacra à l'histoire russe et à la vie paysanne

Cat. 323, repr. p. 76
Miassoedov Grigory Grigorievitch
Le Banquet du zemstvo

1872
Huile sur toile
74,0 x 125,0
Moscou, galerie Tretiakov, inv. 639
HISTORIQUE : acquis de l'artiste par M. P. Tretiakov en 1873.
EXPOSITIONS : 2e TPKhV, 1872-1874, Saint-Pétersbourg, n° 8 (« La réunion du zemstvo du district à l'heure du repas ») ; 3e TPKhV, 1874-1875, Moscou ; 1878, Paris, n° 100 ; 1991, Monza-Gênes, n° 31.

Les *zemstvo*, organes d'administration autonome locale, avaient fait leur apparition en Russie après la réforme agraire de 1864. La noblesse y occupait une position dominante. La disparité, l'inégalité sociale et matérielle qui régnaient dans le pays se reflétaient dans la structure du zemstvo. C'est cet aspect de la réalité politique de la Russie en cette seconde moitié du XIXe siècle que met en évidence la composition du tableau, laconique et limpide : les travaux du *zemstvo* ont été interrompus pour le repas, les représentants de la noblesse sont assis à des tables couvertes de nappes blanches, ils boivent des vins précieux, des serveurs les régalent (l'artiste nous laisse entrevoir cette vie confortable par les fenêtres ouvertes) tandis qu'assis par terre, sous les fenêtres du restaurant, les élus de la classe paysanne se contentent d'un modeste repas composé de pain noir, d'oignon frais et de sel. La signification politique de cette œuvre est transparente : les réformes qui ont aboli le servage ont laissé les paysans dans la même misère et humiliation ; la catégorie la plus nombreuse de la population russe se retrouvait, comme par le passé, pratiquement impuissante à infléchir le destin historique du pays et à faire valoir ses droits.
TATIANA L. KARPOVA

MIKECHINE MIKHAÏL OSSIPOVITCH

Près de Smolensk, 1835 – Saint-Petersbourg, 1896
Sculpteur. Étudia à l'Académie des Beaux-Arts à Saint-Petersbourg. Il s'est illustré dans la sculpture monumentale et la sculpture de genre

Cat. 324, repr. p. 133
Mikechine Mikhaïl Ossipovitch
Réduction du monument pour le millénaire de la Russie à Novgorod

1862
Bronze et granit
77,0 x 41,0 x 41,0
Inscription : autour du globe, *Pour le millénaire de l'État russe et pour le règne bienheureux de l'empereur Alexandre II, année 1862*
Saint-Pétersbourg, Musée d'État russe, inv. NSK 496
HISTORIQUE : acquis par la Commission d'acquisition de Leningrad, 1946.
ŒUVRES EN RAPPORT : bronze, Moscou, galerie Tretiakov ; Astana, musée d'Art du Kazakhstan.

Le monument, érigé à Novgorod en 1862, a été exécuté par V. A. Hartmann, architecte, en collaboration avec les sculpteurs R. K. Zaleman, N. A. Laveretsky, A. M. Lioubimov, I. N. Chreder, P. S. Mikhaïlov et M. A. Tchijov.
MR

MILIOTI VASSILY DMITRIEVITCH

Moscou, 1875 – Moscou, 1943

Cat. 325, repr. p. 267
Milioti Vassily Dmitrievitch
Planche de dessins préparatoires pour des *Vignettes* réunies pour la maquette du n° 9 de la revue *Vessy (la Balance)* de 1906

1905-1906
Les éditions du « Scorpion », dans la collection desquelles se trouvaient ces vignettes, commandaient aux auteurs non pas la maquette d'un numéro précis, mais une certaine quantité de vignettes utilisées selon le bon vouloir de la rédaction.

a. ***Beauté orientale***
1906
Plume et encre de chine sur papier
10,5 x 8,1
Signé : en bas, à la plume, *V.M.*
Inscription : au verso, au crayon graphite, *Vessy 1906, n° 9 p.2*
Moscou, galerie Tretiakov, inv. ArkhGr-2967
HISTORIQUE : don de A. A. Sidorov, Moscou, 1969.

b. ***La Cueillette des fruits***
1906
Plume et encre de chine sur papier
8,6 x 6,8
Signé : en bas à droite, à la plume, *V.M.*
Inscription : au verso, au crayon graphite, *Vessy 1906, n° 9 p.42*
Moscou, galerie Tretiakov, inv. ArkhGr-2965
HISTORIQUE : don de A. A. Sidorov, Moscou, 1969.

c. ***Les Couronnes***
1906
Plume et encre de chine
6,9 x 4,5
Signé : en bas à droite, au crayon graphite, pour l'imprimerie, l'échelle, *1/1*
Inscription : au verso, au crayon graphite, *Vessy 1906, n° 9 p. 14*
Moscou, galerie Tretiakov, inv. R-2021
HISTORIQUE : don de A. A. Sidorov, Moscou, 1969.

d. ***Les Deux***
1906
Plume et encre de chine sur papier
9,7 x 7,0
Signé : en bas à droite, à la plume, *V.M.*
Inscription : au verso, au crayon graphite, *Vessy 1906, p.36*
Moscou, galerie Tretiakov, inv. ArkhGr-2964
HISTORIQUE : don de A. A. Sidorov, Moscou, 1969.

e. ***Ornement***
1906
Plume et encre de chine sur papier
3,3 x 13,1
Signé : en bas à droite, à la plume, *V.M.*
Inscription : au verso, au crayon graphite, *Vessy 1906, n° 9 p.37*
Moscou, galerie Tretiakov, inv. ArkhGr-2969
HISTORIQUE : don de A. A. Sidorov, Moscou, 1969.

f. ***Pommier***
1906
Plume et encre de chine sur papier
13,0 x 12,0
Monogramme : en bas à gauche, *V.M.*
Inscription : au verso, au crayon graphite, *Vessy 1906, n° 9 p.48*
Moscou, galerie Tretiakov, inv. ArkhGr-2968
HISTORIQUE : don de A. A. Sidorov, Moscou, 1969.
GT

MITROKHINE DMITRI ISIDOROVITCH

Eisk, 1883 – Moscou, 1973

Dessinateur, illustrateur de livre, décorateur. Il étudia à l'École de peinture, sculpture et architecture de Moscou, à l'académie de la Grande Chaumière à Paris. Il travailla dans l'atelier de céramique de Mourava. Membre du Monde de l'art

Cat. 326
Mitrokhine Dmitri Isidorovitch
***Dessin préparatoire* pour la couverture d'*Un conte provincial* de E. I. Zamiatine** (Petrograd, M. V. Popov éd. 1915)

1915
encre de chine et aquarelle sur papier
28,6 x 22,5
Saint-Pétersbourg, Musée d'État russe, inv. R-54959
MR

Cat. 327
Mitrokhine Dmitri Isidorovitch
Dessin préparatoire pour la couverture d'*Un cœur stupide* de I. Slezkine (Petrograd, M. V. Popov éd. 1915)

1915
Plume et encre de chine, aquarelle sur papier
33,2 x 23,3
Signé et daté : *Mitrokhine 1915*
Saint-Pétersbourg, Musée d'État russe, inv. R-13542
MR

MOGUILANSKY NIKOLAÏ MIKHAÏLOVITCH

1871-1933
Anthropologue, ethnographe, conservateur (1902-1909) puis directeur (1910-1918) du Département ethnographique du Musée russe de Saint-Pétersbourg, Moguilansky est né à Tchernigov. Il a suivi les cours de la faculté de physique et de mathématiques de l'université de Saint-Pétersbourg, où il se spécialisa en anthropologie, qu'il étudia à Paris en 1895-1897. De retour en Russie, il travailla au musée d'Anthropologie et d'Ethnographie de l'Académie des sciences de 1898 à 1901. Il participa à des expéditions ethnographiques en Russie moyenne et orientale, en Ukraine et en Bessarabie, acquérant, de 1902 à 1904, plus de deux mille quatre cents objets des régions de Toula, Orlov, Voroneje, Koursk, Kalouga, Pensens, Nijni-Novgorod.

Cat. 328
Moguilansky Nikolaï Mikhaïlovitch
Paysan en costume traditionnel

Gouvernement d'Orlov, canton de Sevsk, village de Kropotovo, 1904
Épreuve argentique
19,0 x 15,0
Saint-Pétersbourg, Musée ethnographique russe, inv. 759-19

La photographie a été prise lors de l'expédition ethnographique de N. M. Moguilansky de 1904.
Lorsque le département ethnographique du musée Russe ouvrit au début du xxe siècle, il fut décidé de fixer sur pellicule de nombreux détails des habitudes locales de la population, photographies venant en complément des objets rapportés des expéditions. Ces photographies ethnographiques visaient à constituer un matériau utile à la recherche et à l'étude. Les auteurs en sont N. M. Moguilansky, L. V. Kostikov et A. N. Pavlovitch. Elles furent rassemblées en albums classés par région.
Cette photographie montre un vieux paysan portant des seaux de bois à l'aide d'une palanche. Selon la coutume, il porte une chemise, des pantalons larges, une ceinture. Sur la tête une chapka en peau de chèvre, aux pieds des *lapti* tressées en écorce de tilleul, attachées avec des lacets pardessus les chaussettes, rectangles de tissage faits à la maison. Ses vêtements usagés laissent deviner son grand âge : dans la culture traditionnelle, les vieillards et les enfants n'avaient pas droit à des vêtements en tissu neuf.
JANNA CHISTIAKOVA

Cat. 329
Moguilansky Nikolaï Mikhaïlovitch
Vieil homme, jeune femme en habit de fête et enfants

Gouvernement d'Orlov, canton de Sevsk, village de Logarevka, 1904
Épreuve argentique
14,5x 20,0
Saint-Pétersbourg, Musée ethnographique russe, inv. 759-29

La photographie a été prise lors de l'expédition ethnographique de N. M. Moguilansky de 1904.
Dans la société paysanne russe, il existait une partition très forte par groupes d'âge. Elle reposait sur une conception du cycle de la vie de l'homme constituée de plusieurs étapes. La stratification par l'âge et celle par le sexe se mêlaient étroitement. On distinguait les groupes à plusieurs niveaux : par la façon dont on nommait les gens, par le vêtement qu'ils devaient porter, par la façon dont ils devaient se comporter lors des rites de la vie quotidienne ou des fêtes. Pour les enfants, indépendamment du sexe, on retrouve les mêmes vêtements, chemise et ceinture. Le costume de fête de la femme est caractéristique des traditions locales, chemise, *plakhta*, bonnet, collier avec une croix et boucles d'oreilles. Le vieillard est vêtu d'un vêtement vétuste, un vieux manteau, des *lapti*, une chapka de laine, un bâton à la main pour s'aider à marcher.
JANNA CHISTIAKOVA

MOURENKO ANTON S.

Cat. 330
Mourenko Anton S.
Établissement de cure au lait de jument fermenté du marchand Anaeva dans les environs de Samara

1869
Épreuve sur papier albuminé
23,2 x 28,0 (épreuve) ; 26,2 x 38,4 (marie-louise)
Inscriptions : en bas à droite sur la marie-louise, *Fotografia A. Mourenko* ; en bas au centre, sur la marie-louise, *Na koumyssoletchebnom zavedenii kouptsa Anaeva*
Moscou, musée national d'Histoire, inv. 90882 A 1280/3
HISTORIQUE : provient du Dépôt central du fonds du musée en 1957.

En 1869, sur une commande de la noblesse de Samara, le photographe A. S. Mourenko réalisa un album de *Vues et types photographiques de la province de Samara* dans lequel se trouvaient les trois photographies présentées ici. L'exemplaire de la collection du musée d'Histoire avait été offert au grand-prince le tsarevitch Alexandre Alexandrovitch et à la grande-princesse Maria Fedorovna lors de leur voyage le long de la Volga.
TATIANA SABOUROVA

Cat. 331, repr. p. 99
Mourenko Anton S.
Villages tchouvaches de Staro Iakouchkino, province de Samara

1869
Épreuve sur papier albuminé
19,2 x 27,0 (épreuve) ; 26,2 x 38,4 (marie-louise)
Inscriptions : en bas à droite, sur la marie-louise, *Fotografia A. Mourenko* ; en bas au centre, sur la marie-louise, *Tchouvachi derevni Staro Iakouchkino (Pravoslavnyé i Iazytchniki)*
Moscou, musée national d'Histoire, inv. 90882 A 1280/2
HISTORIQUE : provient du Dépôt central du fonds du musée en 1957.
TATIANA SABOUROVA

Cat. 332
Mourenko Anton S.
Vue sur la ville de Samara depuis la rivière Samarka

1869
Épreuve sur papier albuminé
19,2 x 27,6 (épreuve) ; 26,2 x 38,4 (marie-louise)
Inscriptions, sur la marie-louise : en bas à droite, *Fotografia A. Mourenko* ; en bas au centre, *g. Samara iz-za reki Samarki*
Moscou, musée national d'Histoire, inv. 90882 A 1280/1
HISTORIQUE : provient du Dépôt central du fonds du musée en 1957.
TATIANA SABOUROVA

NASTIOUKOV MIKHAÏL PETROVITCH

Actif à Moscou et à Nijni-Novgorod à partir de 1860

Cat. 333, repr. p. 98
Nastioukov Mikhaïl Petrovitch
Nijni-Novgorod, vue de la Place de la foire,* fait partie de l'album *Vues des contrées de la Volga de Tver à Kazan

1867
Épreuve sur papier albuminé
23,2 x 35,6 (épreuve) ; 42,4 x 62,4 (planche)
Saint-Pétersbourg, Bibliothèque nationale de Russie, inv. Ei11945

Cette photographie de Nastioukov, le premier maître de Dmitriev, représentant le champ de foire de Nijni-Novgorod est reproduite dans le tome V de *La Nouvelle géographie universelle* d'Elisée Reclus (pl. LX, p. 731).
ELENA BARKHATOVA

Cat. 334
Nastioukov Mikhaïl Petrovitch
La Ville de Kaliazine,* fait partie de l'album *Vues des contrées de la Volga de Tver à Kazan

1867
Épreuve sur papier albuminé
23,2 x 35,0 (épreuve) ; 42,1 x 62,1 (planche)
Saint-Pétersbourg, Bibliothèque nationale de Russie, inv. Ei11945
EXPOSITIONS : Nice, 1999, p. 79.
ELENA BARKHATOVA

NESTEROV MIKHAÏL VASSILIEVITCH

Oufa, 1862 – Moscou, 1942

Peintre. Il étudia à l'École de peinture, sculpture et architecture de Moscou sous la direction de V. G. Perov (1877-1881) et de A. K. Savrassov (1884-1886) et à l'Académie des beaux-arts de Saint-Pétersbourg (1881-1884). Il rejoignit le cercle d'Abramtsevo en 1889. L'un des grands chantiers de sa carrière fut le décor de la cathédrale Saint-Vladimir de Kiev (1891-1895). Membre de la Société des ambulants, il fut l'un des fondateurs de l'Union des artistes russes.

Cat. 335
Nesterov Mikhaïl Vassilievitch
Saint Paphnuce de Borovsk

1890
Crayon graphite, aquarelle, rehauts de blanc, lavis couleur bronze sur papier
26,0 x 23,5
Saint-Pétersbourg, Musée d'État russe, inv. R-6190
MR

Cat. 336, repr. p. 205
Nesterov Mikhaïl Vassilievitch
Sainte Trinité, Apparition du Christ sur le chemin d'Emmaüs, projet de décor pour l'église de la Résurrection à Saint-Pétersbourg

1895
Aquarelle et gouache
53,7 x 39,5
Saint-Pétersbourg, Musée d'État russe, inv. R-40868
HISTORIQUE : don Maria K. Tenicheva, 1898.
MR

Cat. 337, repr. p. 65
Nesterov Mikhaïl Vassilievitch
***La Vision de l'enfant Bartholomé* [Varfolomeï]**

1889-1890
Huile sur toile
100,0 x 211,0
Signé et daté : en bas à droite, *Mikhaïl Nesterov. Oufa 1889/90*
Moscou, galerie Tretiakov, inv. 1548
HISTORIQUE : acquis de l'artiste par P. M. Tretiakov, 1890.
EXPOSITIONS : 18e TPKhV, Saint-Pétersbourg-Moscou-Kiev, n° 90.

La Vision de l'enfant Bartholomé fait partie d'un cycle de tableaux consacré à la vie de saint Serge de Radoneje (vers 1321-1392), qui joua un rôle historique dans l'unification du peuple russe durant la période de lutte contre le joug tatar à la fin du XIVe siècle. Serge bénit le prince moscovite Dmitri Donskoï avant la bataille contre l'armée de Mamaï, le chef de la Horde d'or, au champ des Bécasses (Koulikovo, 1380). C'est à cette époque que, selon l'historien V. O. Klioutchevsky, « l'âme russe se releva et s'éleva grâce aux hauts faits de ce saint », écrit l'historien V. O. Klioutchevsky. Fondateur du monastère de La Trinité (qui deviendra plus tard la laure de La Trinité-Saint-Serge), il fut sanctifié par l'Église. Serge de Radoneje fut l'un des premiers à introduire en Russie l'érémitisme monacal qui consistait en un isolement total afin de se perfectionner à l'écart du monde.
Le sujet du tableau repose sur un récit légendaire. Serge, qui dans sa jeunesse avait vécu à Radoneje et s'appelait alors Bartholomé, fut envoyé par son père retrouver des chevaux qui s'étaient enfuis. Dans un champ, le garçon vit un starets qui priait sous un chêne. Le vieillard demanda à l'adolescent ce qu'il voulait. Bartholomé répondit que ce qu'il désirait le plus était de recevoir « l'esprit de l'étude ». Le starets fit don au garçon de la capacité « de l'étude » et le bénit. L'icône à vantaux avec l'hostie dans les mains du starets, qui rappelle par ses contours une église, et la chapelle que l'on aperçoit non loin préfigurent les futurs exploits du saint. La délicate silhouette de l'adolescent, que Nesterov peignit en prenant comme modèle une petite paysanne maladive, traduit l'acceptation pleine d'abnégation du miracle.
En s'écartant du canevas de la narration ancienne, Nesterov s'efforça de pénétrer dans les profondeurs secrètes de l'âme populaire. L'adolescent Bartholomé est contemplatif et concentré, comme en prière. À son état correspond le silence et la clarté particulière d'un paysage transparent d'automne, une image d'une nature sensible, pensive, inspirée. Une longue période préparatoire précéda l'exécution du tableau. Au cours de son travail, Nesterov vécut dans les environs de la laure de La Trinité-Saint-Serge, il visita les lieux liés aux actions du saint. C'est à cette époque que le peintre devint un habitué du mécène S. I. Mamontov, à Abramtsevo. C'est là qu'il trouva le fond du paysage pour son tableau : « Un jour, depuis la terrasse de la maison d'Abramtsevo, se présenta tout à fait soudainement à mon regard une telle [...] beauté automnale russe ! À gauche, des collines, une rivière qui serpente en contrebas... Des lointains rosâtres d'automne, une petite brume qui s'élève... »
En 1899, à la recherche d'un nouveau langage pictural, Nesterov se rendit en Europe. Parmi les impressions variées que provoqua en lui l'art classique et moderne, il trouva une œuvre qui faisait un écho à son projet : le tableau de J. Bastien-Lepage *Jeanne d'Arc* (New York, The Metropolitan Museum of Art). Le regard de la sainte frappa Nesterov. Ses yeux « regardaient et voyaient non des objets extérieurs, mais cet idéal le plus cher, l'objectif, la vocation que cette jeune fille merveilleuse devait réaliser », se souvenait le peintre. Par la suite, il introduisit l'idée de méditation spirituelle dans la *Vision de l'adolescent Bartholomé* et dans beaucoup d'autres de ses œuvres. Disciple de V. G. Perov et des réalistes de l'école de Moscou, Nesterov incarne la réalité et le caractère naturel du miracle dans la vie de l'adolescent Bartholomé. Désirant formuler ses principes artistiques, il écrivit : « En orientant mes intentions artistiques vers les aspects les plus secrets de

l'âme humaine et de la nature qui l'environne, je préfère toujours les formes les plus naturelles, car elles sont les plus convaincantes, même dans des tâches aussi fantastiques que la *Vision de l'enfant Bartholomé*... »
TATIANA L. KARPOVA

NIVINSKY IGNATI IGNATEVITCH
1880-1933

Cat. 338
Nivinsky Ignati Ignatevitch
***Projet d'église pour le domaine de A.M. Maltsev*, Balakovo, province de Samara, projet non réalisé**

1908
encre de chine, aquarelle sur papier
58,5 x 48,7
Signé et daté : en bas à droite, *Ignati Nivinsky 1908*
Inscriptions : dans les angles inférieurs : *n° 36*
Moscou, musée national d'architecture Chtchoussev, inv. P1-10551
HISTORIQUE : don du musée russe d'Architecture en 1964.
BIBLIOGRAPHIE : *Almanach de la Société d'architecture de Moscou*, 1909, p. 57.
EXPOSITIONS : 1989, Moscou ; 1991, Londres, n° 250 ; 1991, Saint-Pétersbourg.

Ce projet fut réalisé dans le cadre d'un concours. L'intention de l'architecte était de construire une église « dans le style russe », mais Nivinsky ne parvint pas à se dégager des modèles anciens pour réaliser un édifice véritablement nouveau, au contraire de certains des autres concurrents comme K. A. Korovine, V. M. Vasnetsov, S. V. Malioutine. L'église de Bakalovo fut finalement construite sur un projet de F. O. Chekhtel (cat. 167 et 168).
T. NIKITINA

NORDMAN NATALIA BORISSOVNA
Helsinford, 1863 – Locarno, 1914

Natalia Nordman parlait trois langues, avait des connaissances en musique, sculpture, peinture, elle se passionnait pour la photographie. En 1884, elle partit pour quelque temps aux États-Unis, où elle travailla dans une ferme. En 1896, elle fit la connaissance de I. E. Repine, que très vite elle épousa civilement. Elle s'installa en 1898 dans le village de Kouokkala (actuel Repino), où elle vécut jusqu'à ce que Repine la rejoigne, cinq ans plus tard. Elle fit en 1907, lors d'une visite à Iasnaïa Poliana, une série de photos de L. N. Tolstoï. Repine utilisa ses travaux photographiques pour concevoir sa toile *la Réunion solennelle du Conseil d'État*. Elle publia, sous le pseudonyme Severova, des romans biographiques, des essais, des pièces, dont la majorité furent illustrés par Repine. Sous sa rédaction, virent le jour *Souvenirs, articles et lettres de l'étranger d'Ilia Repine* (Saint-Pétersbourg, 1901). Au début de 1914, Natalia Borissovna abandonna en secret la maison de Repine et mourut en Suisse, dans l'indigence.

Cat. 339
Nordman Natalia Borissovna
Le Cordonnier

1894
Épreuve argentique
15,3 x 11,2 (épreuve) ; 26,9 x 20,9 (marie-louise)
Signé : en bas à droite, sur l'épreuve, *Nordman*
Inscriptions : en bas à droite, sur la marie-louise, *Cordonnier ;* en bas à droite, sur la marie-louise, *n° 2.v.* ; en bas, *Nadman ot Lavrova*
Estampilles : en bas à gauche, sur la marie-louise, *Rousskoïe fotografitcheskoïe obchtchestvo v Moskve ;* au verso, en haut au centre, *MSM*
Moscou, musée national d'Histoire, inv. 70156 I VI 6378
HISTORIQUE : remis à la bibliothèque de la RFO en 1894 ; du fonds du musée passe au musée du Vieux-Moscou en 1922 ; au musée national d'Histoire en 1931.
BIBLIOGRAPHIE : Barkhatova, 1990, p. 69.
EXPOSITIONS : 1991, Londres, n° 610 ; 1994, Moscou, n° 45 ; 1996, Moscou, n° 70 ; 2002, Moscou, n° 50.

Cette photographie ainsi que les deux suivantes (cat. 340 et 341) avaient été envoyées par la photographe amateur N. B. Nordman au premier concours de la Société russe de photographie (RFO). Elle y obtint une médaille de bronze pour sa série consacrée aux types de Saint-Pétersbourg.
A. SEMAKOVA

Cat. 340, repr. p. 107
Nordman Natalia Borissovna
Le Marchand de gibier

1894
Épreuve argentique
15,7 x 11,7 (épreuve) ; 26,8 x 21,0 (marie-louise)
Signé : en bas à droite, sur l'épreuve, *Nordman*
Inscriptions : en bas à droite, sur la marie-louise, *Prodovets ditchi (Marchand de gibier) ;* en bas à droite, sur la marie-louise, *n° 3.v. ;* au verso, en bas, *Nadman ot Lavrova*
Estampilles : en bas à gauche, sur la marie-louise, *Rousskoïe fotografitcheskoïe obchtchestvo v Moskve ;* au verso, en haut à gauche, *MSM ;* au verso, en bas, *Biblioteka roussk. Fot. Obchtch. V Moskve*
Marque : au verso, en haut à gauche, *15838*
Moscou, musée national d'Histoire, inv. 70156 I VI 6377
HISTORIQUE : remis à la bibliothèque de la RFO *(Rousskoe fotografitcheskoe Obchtchestvo)* en 1894 ; du fonds du musée

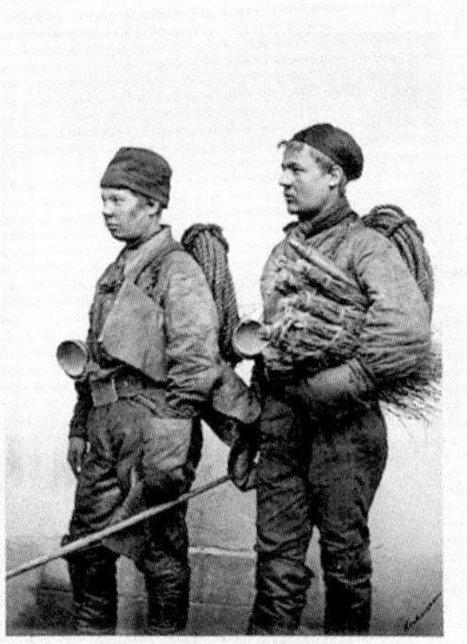

Cat. 341

passe au musée du Vieux-Moscou en 1922 ; au musée national d'Histoire en 1931.
BIBLIOGRAPHIE : Barkhatova, 1990, p. 69 ; Rakhmanov, 1996, p. 71.
EXPOSITIONS : 1991, Londres, n° 612 ; 1994, Moscou, n° 47 ; 2002, Moscou, n° 49.
A. SEMAKOVA

Cat. 341
Nordman Natalia Borissovna
Les Ramoneurs

1894
Épreuve argentique
15,5 x 11,5 (épreuve) ; 26,8 x 21,1 (marie-louise)
Signé : en bas à droite, sur l'épreuve, *Nordman*
Inscriptions : en bas à droite, sur la marie-louise, *n° 7. V.* ; au verso, en bas, *Nadman ot Lavrova*
Estampilles, au verso : en haut à gauche, *MSM* ; en bas à droite, *Biblioteka rousskoe. Fot. Obchtch. V Moskve*
Marque : en haut à gauche, *15837*
Moscou, musée national d'Histoire, inv. I IV 6295
HISTORIQUE : remis à la bibliothèque de la RFO *(Rousskoe fotografitcheskoe Obchtchestvo)* en 1894 ; du fonds du musée passe au musée du Vieux-Moscou en 1922 ; au musée national d'Histoire en 1931.
EXPOSITIONS : 1994, Moscou, n° 48.
A. SEMAKOVA

OLOVIANICHNIKOV FRÈRES

Cat. 342, repr. p. 147
Compagnie de commerce et d'industrie P. I. Olovianichnikov frères
Échantillon de brocart

Début du XXe siècle
Tissage de fils de coton, de soie et d'argent
56,00 x 68,0
Inscriptions : sur l'étiquette papier, *postavchtchiki dvora Ix Imperatorskikh Velitchestv Torgovo-promychlennoïé tovarichtchestvo « P. I. Olovianichnikova synovia » Moskva, S.-Peterbourg i Iaroslavl* ; à la main, *n° 1438. pucyn. 103. Tsena 3 roub. 50 kop.*
Inscription : tissée sur l'échantillon, *NAKLADNOVA CEREBRA 2%*
Moscou, musée national d'Histoire, inv. 58224/110 A 1752
HISTORIQUE : provient de la collection d'objets liturgiques, vêtements sacerdotaux de la compagnie P. I. Olovianichnikov, reçue en 1926.
BIBLIOGRAPHIE : Gordeeva, Efimova et Kouznetsova, 2004 ; *Rousskiï Stil*, 1998, p. 63, n° 122.
EXPOSITIONS : 1998-1999, Moscou, n° 110.

La compagnie de commerce et d'industrie P. I. Olovianichnikov frères fut créée en 1901, lors de la fusion de deux établissements : la fonderie de cloches très connue de Iaroslavl (fondée en 1766) et la fabrique d'objets liturgiques de Moscou, fondée en 1889. Les héritiers des Olovianichnikov mirent en place avec succès la production et le commerce de tous les objets indispensables aux églises, dont les brocarts. Le talentueux S. I. Vachkov, ancien élève de l'Institut Stroganov, joua un rôle très important dans le renouvellement artistique de l'établissement et la création d'œuvres marquantes, textiles, objets ou décors, inspirées par l'étude minutieuse des origines de l'art chrétien primitif, de l'art byzantin, de l'art de l'ancienne Russie du XVe au XVIIe siècle. Sa devise était l'observation des idéaux éternels de la religion et de la morale et leur incarnation dans des formes renouvelées. La compagnie faisait le commerce d'étalons et d'échantillons de tissu, les proposant à d'autres fabricants. En 1913, la compagnie Olovianichnikov s'était vue assurer le droit honorifique d'apposer sur sa production l'emblème de la Russie, et fut nationalisée après 1917. En 1921, les produits du magasin liquidé de Moscou (rue Nikolsky) furent transférés dans le Fonds national des musées, tandis qu'en 1926 une grande partie des objets de ce fonds entrait au musée national d'Histoire.
L. EFIMOVA

OUTKINE PIOTR SAVVITCH

Tambov, 1877 – Leningrad, 1934
Peintre. Il étudia à l'École de peinture, sculpture et architecture de Moscou (1897-1907) sous la direction de I. I. Levitan, K. A. Korovine et V. A. Serov. Il participa aux expositions du Monde de l'art et aux salons de la Toison d'or (1908-1909)

Cat. 343
Outkine Piotr Savvitch
Vignette

1906
Plume et encre, crayon de couleurs sur papier
23 x 35,7
Saint-Pétersbourg, Musée d'État russe, P-56510
MR

Cat. 344 a et b
Outkine Piotr Savvitch
Vignettes* pour la revue *la Toison d'or

1907
Gravure
Moscou, Bibliothèque d'État russe, inv. 66342-57
a. 10,7 x 9,2, b. 8,5 x 7,0
BER MOSCOU

OVTCHINNIKOV IVAN IVANOVITCH

Actif entre 1875 et 1908
Propriétaire d'un atelier de fabrication d'objets d'or et d'argent

Cat. 345, repr. p. 23
Ovtchinnikov Ivan Ivanovitch
Salière

Moscou, 1887
Argent émaillé
Poinçons : *IO, V. S 1887, 84* et emblème de Moscou
Moscou, musée national d'Histoire, inv. 99058 OK 16056
HISTORIQUE : dépôt de l'État en 1965.
EXPOSITIONS : Gênes, 1992, 98 ; Paris, 1993, 184.
G. G. SMORODINOVA

OVTCHINNIKOV PAVEL AKIMOVITCH

1830-1888
Fondateur et propriétaire d'une fabrique d'objets d'or et d'argent, actif entre 1853 et 1917

Cat. 346, repr. p. 23
Ovtchinnikov Pavel Akimovitch
Salière

Moscou
1894
Argent doré et émaillé
15,2 x 9,0 x D. 10,3
Poinçons : *P. OVTCHINNIKOV, AA 1894, gerb Moskvy, PO*
Moscou, musée national d'Histoire, inv. 96889 OK 15430
HISTORIQUE : Commission d'achats du GIM en 1960.
BIBLIOGRAPHIE : Skourlov et Smorodinova, 1992, p. 86-87.
EXPOSITIONS : 1991, Japan, 111 ; 1992, Gênes, 82 ; 1998-1999, Moscou, 427 ; 2000, Atlantic City, 275.

Dans la seconde moitié du XIXe siècle, avec le développement du « style russe », l'orfèvrerie remit au goût du jour les formes de la vaisselle populaire en bois. Ce genre de salières « petite chaise », en bois, se rencontrait chez les paysans depuis des temps très reculés, elles appartenaient au rite russe traditionnel de la présentation du pain et du sel aux fiancés et aux hôtes de marque.
Ovtchinnikov avait fondé en 1853 l'une des meilleures fabriques russes d'orfèvrerie, devenue la fierté de l'orfèvrerie russe. En 1865, à l'Exposition pan-russe des produits de l'art et de l'industrie de Moscou, elle avait obtenu du tsarevitch Alexandre Alexandrovitch, futur Alexandre III, le titre de Fournisseur de la cour, confirmé par la suite. La fabrique fournissait également nombre de cours princières ou royales d'Europe.

Ovtchinnikov, serf des princes Volkonsky, avait obtenu une reconnaissance sociale grâce à son talent artistique et son amour du travail. Il avait le titre de Citoyen d'honneur héréditaire de la ville de Moscou, de la Douma de Moscou, de la Guilde des marchands, du comité de la bourse de Moscou. Il avait été décoré des ordres suivants : Stanislas 3e échelon, Anna 2e et 3e échelon, Légion d'honneur, Couronne de fer, médailles du Travail, de l'art, etc.
Ovtchinnikov était à la tête de l'école moscovite du travail de l'or et de l'argent. Les produits de sa fabrique acquirent une renommée mondiale à la suite de la renaissance et du développement du style national et grâce à leur qualité remarquable. À partir de 1865, l'établissement participa à toutes les Expositions universelles et sa production recevait toujours les plus hautes récompenses. Après la mort d'Ovtchinnikov, ses fils continuèrent avec succès ses activités jusqu'en 1917.

G. G. Smorodinova

PARAMONOV ALEXANDRE

Actif autour de 1900

Cat. 347

Paramonov Alexandre

***Affiche publicitaire pour l'exposition des Objets paysans,* organisée par l'Association d'aide au travail manuel**

1901
Chromolithographie
110,0 x 65,5
Moscou, Bibliothèque d'État russe
inv. 408-38

B. E.R. Moscou

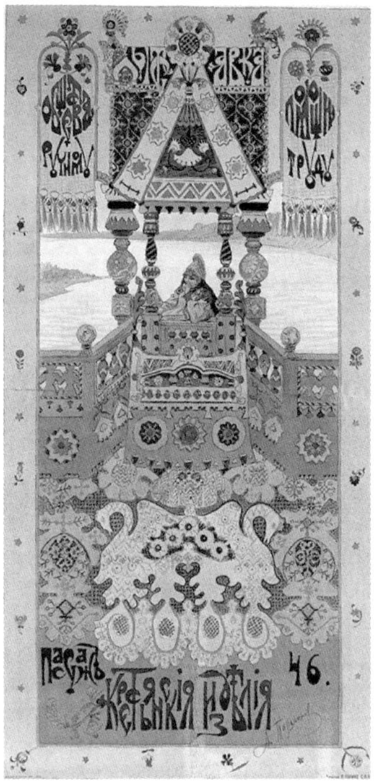

Cat. 347

PARLAND ALFRED ALEXANDROVITCH

1842-1919

Cat. 348

Parland Alfred Alexandrovitch

***Église de la Résurrection du Saint-Sauveur-sur-le-sang-versé,* illustration extraite de la revue *Zodtchiï (l'Architecte),* n° 35**

1907
Chromolithographie
35,3 x 27,0
Saint-Pétersbourg, Bibliothèque nationale de Russie, inv. P-31/118

Elena Barkhatova

PAVLOVITCH A. N.

Photographe du département d'Ethnographie du Musée russe de 1907 à 1911, il réalisa au cours de sa carrière plus de neuf cents clichés. Il accompagna de nombreuses expéditions, et tenait le registre des photographies qui entraient dans le fonds du musée. En 1908, il participa à un voyage en Ukraine dans la province de Tchernigov ; en 1910, avec L. V. Kostikov, il a travaillé dans la région de Vologda et d'Arkhanguelsk ; en 1911, il photographia la région de Vologda avec l'expédition de K. K. Romanov

Cat. 349

Pavlovitch A. N.

Lisière de champ, couverte d'herbes hautes

Province d'Arkhanguelsk, Belomorskoie Pomorie, 1910
Épreuve argentique
17,0 x 23,0
Saint-Pétersbourg, Musée ethnographique russe, inv. 2640-3

La photographie a été prise lors de l'expédition ethnographique de L. V. Kostikov de 1910.
On voit reproduit un monument de culte caractéristique de la tradition du nord de la Russie, un poteau de bois portant une icône. Ces croix étaient placées sur les tombes, près des champs, en bordure des routes, en forêt, sur les rivages. Les circonstances qui déterminaient leur érection étaient diverses. Elles pouvaient correspondre à un vœu, ou bien en signe de vénération, « pour vénérer le Christ », et aussi en mémoire des morts ou pour remercier d'avoir été exaucé ou sauvé d'une catastrophe naturelle. On y gravait généralement une inscription explicative : « Ce monument a été élevé en souvenir de la mort des chasseurs... ». Ici, le monument a très vraisemblablement été érigé afin de protéger la terre et la moisson.

Janna Chistiakova

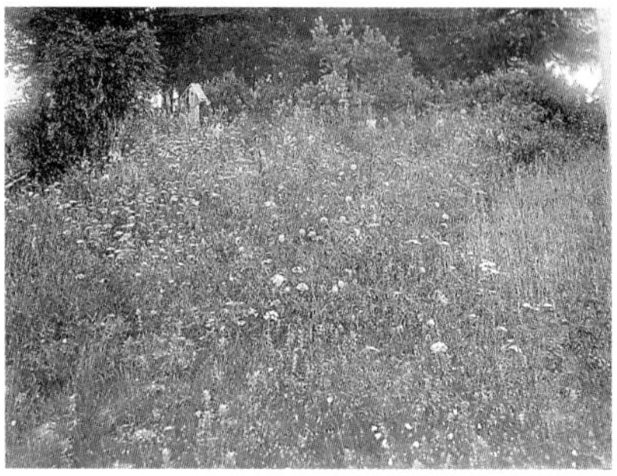

Cat. 349

Cat. 350

Pavlovitch A. N.

Femme et petite fille en habits ordinaires près d'une coupe de bois

Province de Vologda, canton de Solvytchegodski, village de Popovsk, 1911
Épreuve argentique
14,0 x 8,3
Saint-Pétersbourg, Musée ethnographique russe, inv. 2313-22

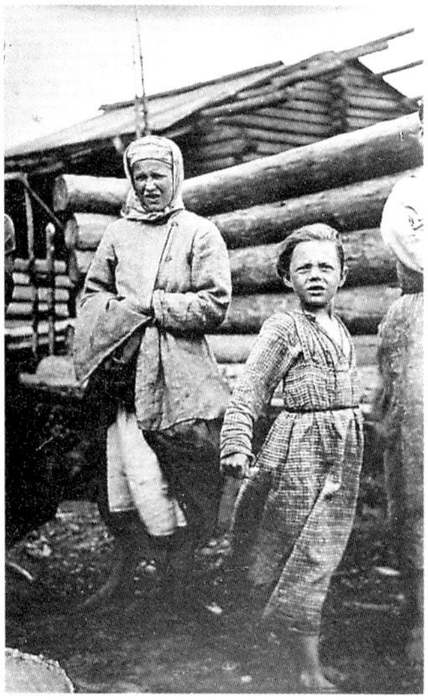

Cat. 350

La photographie a été prise lors de l'expédition ethnographique de K. K. Romanov de 1911.
Pour les ethnologues, il n'était pas seulement important de fixer sur la pellicule des objets de rites de fête, mais aussi des objets du quotidien. Ici, une petite fille et une femme en vêtements de tous les jours, pieds nus. La petite fille porte des vêtements en tissu usagé, selon la coutume, une chemise, un *sarafane*, une ceinture. On retrouve les mêmes détails chez la femme, et un vêtement du dessus, une coiffe et un fichu, que les femmes devaient mettre quand elles sortaient.
JANNA CHISTIAKOVA

PAVLOVITCH A. N.
KOSTIKOV LEONID VASSILIEVITCH

1869-1941
Ethnographe, collectionneur, Kostikov est envoyé en 1910 en mission à Arkhanguelsk et Vologda pour rassembler des objets reflétant la culture russe traditionnelle. Il a acquis ainsi près de cinq cents objets d'exposition. De 1911 à 1931, il travailla au musée Russe, département d'Ethnographie. Il mourut lors le blocus de Leningrad. En 1945, le musée fit l'acquisition de sa collection, environ deux mille jouets en bois, en glaise, en chiffon provenant de Viatsk, Moscou, Riazan et d'autres provinces.

Cat. 351
Pavlovitch A. N.
Kostikov Leonid Vassilievitch
Deux Jeunes Femmes en costumes de brocart et de soie

Province d'Arkhanguelsk, village de Krasnaïa Gora, 1910
Épreuve argentique
17,0 x 23,0
Saint-Pétersbourg, Musée ethnographique russe, inv. 2638-59/2

La photographie a été prise lors de l'expédition ethnographique de L. V. Kostikov de 1910.
Le costume de ces jeunes filles de la Russie du Nord est aussi beau de face que de dos – une chemise, un *sarafan*, une ceinture, un cache-cœur. Les couvre-tête montrent leur état de jeunes filles, les coiffes des femmes couvrant toute la tête, tandis qu'ici elles sont ouvertes. À l'arrière, la coiffe portait un ornement en forme de larges palettes. Les cheveux sont tressés comme le veut tradition pour les jeunes filles en une seule grosse natte et ornés de rubans de couleurs vives. Elles portaient obligatoirement des bijoux. Sur cette photographie, les jeunes filles portent des boucles d'oreilles de nacre, des bracelets, un collier. Dans la seconde moitié du XIXe siècle, les villages subirent l'influence de la ville, et on se mit à porter des mitaines, longs gants qui laissaient l'extrémité des doigts à découvert.
JANNA CHISTIAKOVA

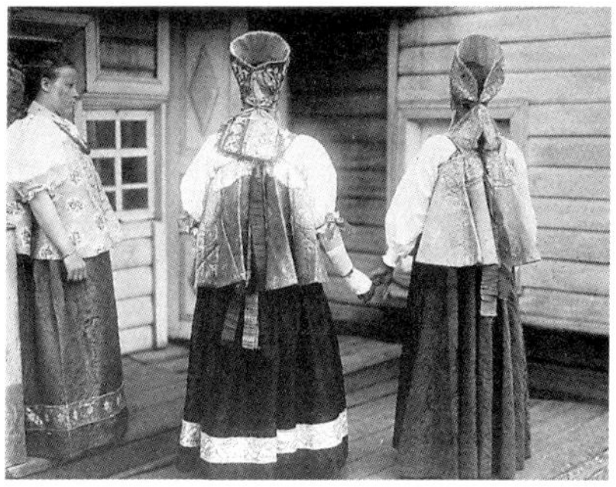
Cat. 351

Cat. 352
Pavlovitch A. N.
Kostikov Leonid Vassilievitch
Une femme dans une isba balance un berceau avec son pied

Province d'Arkhanguelsk, bourg de Iarenga, 1910
Épreuve argentique
17,0 x 23,0
Saint-Pétersbourg, Musée ethnographique russe, inv. 2638-70

La photographie a été prise lors de l'expédition ethnographique de L. V. Kostikov de 1910.
Cette photographie est un reflet typique de la vie paysanne, on peut en voir plusieurs aspects : la place des objets dans l'espace de la maison, le costume traditionnel et les occupations journalières. Dans la tradition russe, on plaçait le berceau sous la *matitsa*, du mot *mat*, « la mère », la poutre maîtresse ; on y clouait un anneau, dans lequel on faisait passer une corde élastique, dont l'une des extrémités était fixée au plafond et l'autre aux arceaux du berceau. La mère pouvait ainsi actionner le berceau du pied, en s'aidant de cette corde, et elle avoir d'autres activités, filer ou tricoter par exemple. Ici, la femme est habillée en vêtements de tous les jours, le tissu est fait à la maison, caractéristique de la Russie du Nord – chemise, *sarafan*, ceinture, coiffe recouvrant l'ensemble des cheveux.
JANNA CHISTIAKOVA

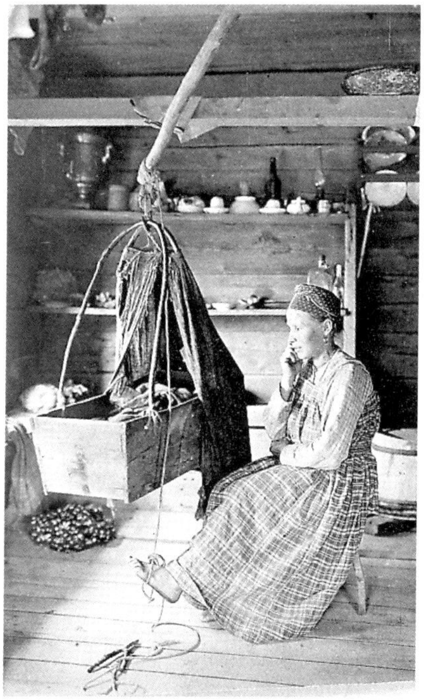
Cat. 352

PAVLOVSKY ISAAC I.

Actif dans l'île de Sakhaline 1890

Cat. 353
Pavlovsky Isaac I.
Sakhaline, déportés travaillant à la mine surveillés par un garde en uniforme

1890
Épreuve sur papier albuminé
16,3 x 21,7
Moscou, musée national de Littérature, inv. Kp 52048/674
Non exposé
DOMINIQUE DE FONT-RÉAULX

Cat. 354
Pavlovsky Isaac I.
Sakhaline, déportés travaillant dans la forêt

1890
Épreuve sur papier albuminé
15,4 x 21,2 (épreuve) ; 17,7 x 23,8 (support)
Moscou, musée national de Littérature,
inv. Kp 52048/645

« Dans son immense empire, où le gouvernement de Saint-Pétersbourg a découvert de si tristes lieux d'exil, il n'en est guère de plus terribles que ceux de Sakhaline, perdus au milieu des pluies glacées et des tourments de neige. » Élisée Reclus décrit ainsi Sakhaline, dans sa *Nouvelle Géographie universelle* (Élisée Reclus, *Nouvelle Géographie universelle,* L'Asie russe, 1881, t. VI, p. 862). Le climat extrêmement rigoureux, la pauvreté du sol, l'éloignement de Moscou font de l'île un terrible lieu de détention dont les photographies de Pavlovsky rendent toute la désolation.
Les cruelles réalités du bagne de Sakhaline exercèrent une profonde influence sur l'œuvre de A. P. Tchekhov ; elles furent, très certainement, à l'origine de son rejet philosophique des théories de L. N. Tolstoï, qui prônait l'abandon de toute ambition et effort personnels. Au-delà, l'observation attentive de la vie des déportés et condamnés a profondément élevé Tchekhov contre le nihilisme de salon, professé par nombre d'intellectuels moscovites : « Faire des discours sur la conscience du peuple et la liberté, tandis qu'autour de la table vont et viennent des esclaves en habit, les mêmes serfs... C'est mentir au Saint-Esprit. » Dans *le Duel,* il fustige ainsi Laevsky, qui cache sous de beaux discours son incapacité à agir.
Dominique de Font-Réaulx

Cat. 355
Pavlovsky Isaac I.
Sakhaline, embarcadère en bois

1890
Épreuve sur papier albuminé
15,6 x 22,9
Moscou, musée national de Littérature,
inv. Kp 52048/673
Dominique de Font-Réaulx

Cat. 356
Pavlovsky Isaac I.
Sakhaline, le village des proscrits

1890
Épreuve sur papier albuminé
15,9 x 22,4
Moscou, musée national de Littérature,
inv. Kp 52048/678
Dominique de Font-Réaulx

Cat. 357, repr. p. 123
Pavlovsky Isaac I.
Sakhaline, prisonniers enchaînés

1890
Épreuve sur papier albuminé
10,3 x 7,2 (image) ; 15,4 x 21,4 (support)
Moscou, musée national de Littérature,
inv. Kp 52048/730
Dominique de Font-Réaulx

Cat. 358
Pavlovsky Isaac I.
Sakhaline, prisonniers rassemblés devant leur hutte en branchages

1890
Épreuve sur papier albuminé
12,4 x 16,8 (image) ; 17,8 x 23,5 (support)
Moscou, musée national de Littérature,
inv. Kp 52048/643
Dominique de Font-Réaulx

PETROV-VODKINE KOUZMA SERGUEEVITCH

Khvalinsk, région de Saratov, 1878 – Leningrad, 1939

Peintre, décorateur de théâtre, théoricien d'art, écrivain. Il étudia la peinture à Saratov et à Samara, puis à Saint-Pétersbourg et à l'École de peinture, sculpture et architecture à Moscou (1897-1905), mais aussi à Paris (1905-1908). Membre du Monde de l'art (à partir de 1911), de l'Union des peintres russes, il fut un professeur influent dans diverses écoles d'art de Leningrad après la révolution de 1917

Cat. 359, repr. p. 41
Petrov-Vodkine Kouzma Sergueevitch
Le Bain du cheval rouge

1912
Huile sur toile
160,0 x 186,0
Signé et daté : en bas à gauche, *KPV 1912*
Historique : à partir de 1914, conservé provisoirement au musée de Malmö (Suède) ; en 1950, le tableau fut rendu à la veuve de l'artiste ; entre 1953 et 1961, propriété de K. K. Bassevitch, Leningrad, donné par K. K. Bassevitch.
Moscou, galerie Tretiakov, inv. J-375
Expositions : 1912, Moscou, n° 204 ; 1913, Saint-Pétersbourg, n° 277 ; 1914, Malmö, n° 364 ; Moscou, 1979, p. 97 ; Moscou-Paris, 1981, t. 1, p. 308 ; 1984, Paris, n° 72.

L'œuvre de Petrov-Vodkine, et tout particulièrement son tableau le plus célèbre, le *Bain du cheval rouge,* constitue l'apogée de la renaissance spirituelle de la Russie au début du XXe siècle. Monumental par sa forme et prophétique par son contenu, l'œuvre de l'artiste est devenue le prolongement de

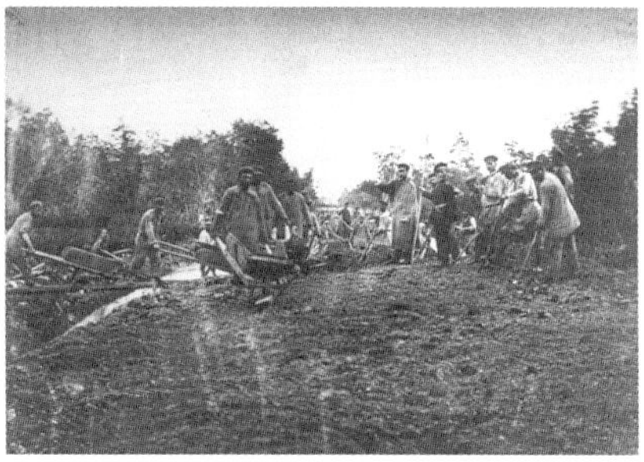

Cat. 354

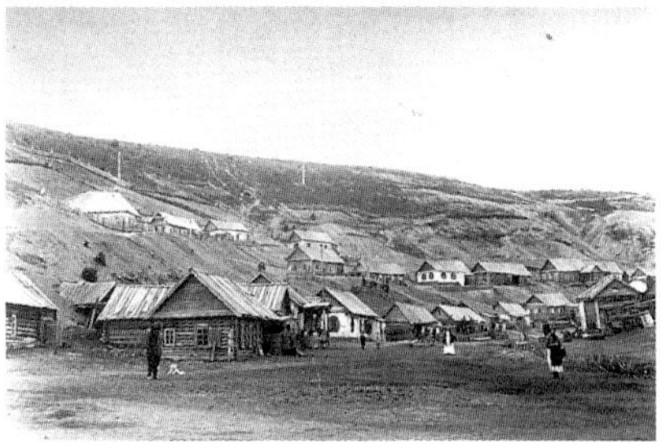

Cat. 356

la tradition profonde de la culture russe. Petrov-Vodkine s'intéressait à la peinture d'icônes – il avait d'ailleurs reçu ses premiers rudiments de peinture dans un atelier de peinture d'icônes. Celle-ci faisait l'objet de restauration, d'études et de réévaluations au début du xxe siècle. Le monde symbolique des images religieuses, l'espace traité selon les lois de la perspective inversée, les tons purs et vifs des icônes anciennes exercèrent sur Petrov-Vodkine une influence considérable. Le « héros » principal du tableau, le garçon nu montant un cheval rouge, résulte de la synthèse des divers prototypes iconiques, notamment de saint Georges équestre, triomphant grâce à la pureté de sa foi et à sa prière.
En 1914, le tableau fut exposé à Malmö. À cause de la Première Guerre mondiale, le tableau ne put être retourné en Russie avant 1950. Après son exposition en 1965, on déclara, de manière quelque peu réductrice, qu'il était presque annonciateur de la révolution de 1917.
T. L. Karpova

POKROVSKY VLADIMIR ALEXANDROVITCH

Moscou, 1871 – Leningrad, 1931
Pokrovsky est l'un des chefs de file du style néo-russe en architecture du début du xxe siècle

Cat. 360, repr. p. 330
Pokrovsky Vladimir Alexandrovitch
***Projet d'une banque à Novgorod,* projet non réalisé**

1916
Crayon, aquarelle, gouache sur papier
66,5 x 99,8
Signé et daté : en bas à droite, *V. Pokrovsky, 16*
Moscou, musée national d'architecture Chtchoussev, inv. P1-4903
Historique : acquis de la famille de l'architecte par le musée en 1937.
Expositions : 1981, Leningrad, p. 44 ; 1991, Londres, n° 272 ; 1991B, Moscou ; 1998, Moscou ; 2000, Moscou, p. 181, n° 172.

Le projet de cette banque, soumis à concours, suit les modèles de l'architecture de Pskov et de Novgorod, utilisant des formes sciemment archaïsantes.
Tatiana Nikitina

Cat. 361
Pokrovsky Vladimir Alexandrovitch
Projet pour le musée d'Histoire militaire de la rue Tavritcheskaïa à Saint-Pétersbourg

Vue en perspective du bâtiment principal
1910
Crayon graphite, gouache, encre de chine sur papier
74,0 x 99,0
Saint-Pétersbourg, musée de l'Académie des beaux-arts de Russie, inv. A-20576
Anastassia Alexeeva

Cat. 362, repr. p. 228
Pokrovsky Vladimir Alexandrovitch
Projet pour le musée d'Histoire militaire de la rue Tavritcheskaïa à Saint-Pétersbourg

Perspective
1910
encre de chine, aquarelle sur papier
72,8 x 121,3
Saint-Pétersbourg, musée de l'Académie des beaux-arts de Russie, inv. A-20578
Anastassia Alexeeva

POLENOV VASSILY DMITRIEVITCH

Saint-Pétersbourg, 1844 – propriété de Borok, province de Toula, 1927

Peintre et décorateur de théâtre. Élève de l'Académie des beaux-arts de Saint-Pétersbourg (1863-1871). Membre des ambulants en 1878, et proche de S. I. Mamontov à Abramtsevo à partir de 1880. Il enseigna à l'École de Moscou de 1882 à 1895

Cat. 363, repr. p. 62
Polenov Vassily Dmitrievitch
Petite Cour à Moscou

1878
Huile sur toile
64,5 x 80,1
Signé : en bas à gauche, *V. Polenov 1878* (les lettres V et P sont entrelacées)
Moscou, galerie Tretiakov, inv. 2670
Historique : acquis de l'artiste par M. P. Tretiakov en 1878.
Expositions : 6e TPKhV, 1878, Moscou (h. cat.) ; Polenov, 1924, n° 2670 ; Polenov, 1994-1995, n° 66.

Une réplique de ce tableau, réalisée par l'artiste, se trouvait chez I. S. Tourgueniev à Bougival, puis chez Pauline Viardot. Elle figurait parmi les objets qui furent vendus après sa mort.
Le tableau représente la cour qui se trouve à l'angle des rues Troubnikovsky et Dournovo à Moscou et l'on voit à l'arrière-plan du tableau l'église du Sauveur-dans-les-sables.
À l'été de 1877, Polenov avait loué un appartement rue Troubnikovsky et il s'installa définitivement à Moscou. De la fenêtre de son appartement, il aperçut une petite cour, entourée de bâtiments sans prétention, noyée dans la verdure, avec des enfants qui jouaient par terre. Cette cour le frappa par son existence même, ses dimensions réduites, sa simplicité et son naturel, traduisant ainsi le mode de vie moscovite de la première moitié du xixe siècle, lui qui était habitué aux cours de pierre, semblables à des puits, de Saint-Pétersbourg.
Tatiana L. Karpova

POLENOVA ELENA DMITRIEVNA

Saint-Pétersbourg, 1850 – Moscou, 1898
Peintre et dessinateur. Elle étudia la peinture à Paris, puis dans l'atelier privé de P. Tchistiakov à Saint-Pétersbourg. Elle est la sœur du peintre ambulant V. D. Polenov. Elle créa des projets de meubles pour l'atelier de menuiserie d'Abramtsevo

Cat. 364, repr. p. 176
Polenova Elena Dmitrievna
Ateliers d'Abramstevo
Placard mural

Vers 1880
Pin sculpté et teinté
36,0 x 27,0 x 14,6
Moscou, musée national d'Histoire, inv. GIM 108918/D2-2614
Historique : acquis en 1995.
Bibliographie : Strougova, 2003, p. 35.
Expositions : 1998-1999, Moscou, n° 148.

Œuvre de jeunesse exécutée dans les ateliers de menuiserie d'Abramtsevo d'après les dessins de E. D. Polenova. Cette artiste fut la première à utiliser dans ses projets de mobilier les traditions de la sculpture populaire sur bois. Avant elle, les concepteurs s'appuyaient essentiellement sur les motifs de l'architecture ancienne et des ornements qu'ils empruntaient aux manuscrits anciens et à la broderie populaire. Polenova conçut tout d'abord du mobilier dans lequel elle combinait divers éléments empruntés aux objets de bois sculptés du quotidien paysan. Au même moment et avec la participation active de Polenova commença à se former à Abramtsevo une collection d'art populaire qui était souvent le point de départ de projets de meuble. Mais très vite, l'artiste, au lieu de les combiner, commença à styliser les motifs populaires, ce qui était un premier pas vers la production d'un mobilier de la variante national-romantique primitive de l'Art nouveau. Ce placard présente tout à la fois de petits coqs empruntés à la broderie populaire, des motifs d'une colonne sculptée de la Russie ancienne, la sculpture sur bois géométrique prise aux objets paysans et des

brins de muguet stylisés. La forme du placard est dans l'ensemble inspirée du mobilier paysan.
OLGA STROUGOVA

Cat. 365, repr. p. 177
Polenova Elena Dmitrievna
Ateliers d'Abramstevo
Armoire à colonnette
(armoire à pharmacie)

Vers 1880
Pin sculpté et teinté
60,5 x 53,0 x 25,0
Moscou, musée national d'Histoire, inv. GIM 104012/D2-2351
HISTORIQUE : acquis en 1977.
BIBLIOGRAPHIE : Strougova, 1989, p. 105.
EXPOSITIONS : 1998-1999, Moscou, n° 146.

Cette armoire à colonnette est l'un des premiers projets conçus par Polenova pour l'atelier de menuiserie d'Abramtsevo. Les esquisses préparatoires, conservées dans la collection du musée national d'Histoire, prouvent que plusieurs éléments (la colonnette, le motif de la fleur sur la porte) ont été empruntés par l'artiste à la décoration des pavillons couverts du marché de Moscou à Devitchie Pole. La porte amovible du bas, à poignée sculptée, reprend la forme d'un battoir rural, utilisé pour la lessive. Diverses variantes de ce genre de petites armoires furent fabriquées durant quelques années dans l'atelier de menuiserie d'Abramtsevo. Ils étaient très demandés par l'intelligentsia russe. Ils existaient dans différentes tailles et étaient généralement utilisés comme armoires à pharmacie. Ces pièces étaient sculptées, peintes (cat. 366) ou teintées. Outre le motif initial de la fleur stylisée sur la porte, des variantes plus tardives comportent également d'autres images.
OLGA STROUGOVA

Cat. 366
Polenova Elena Dmitrievna
Ateliers d'Abramstevo
Armoire à suspendre

Vers 1885
Bois sculpté et peint
49,3 x 39,9 x 18,8
Abramtsevo, musée-réserve du domaine d'Abramtsevo, inv. MA KP 691 D 1459
MRA

Cat 367, repr. p. 178
Polenova Elena Dmitrievna
Ateliers d'Abramstevo
Toit-auvent pour clochette de troïka

Ateliers d'Abramtsevo, 1890-1893
Tremble et tilleul sculptés [la chouette a été restituée à l'identique], bronze (clochette)
Toit-auvent : 32,9 x 22,6 x 20,4
Clochette : H. 87,0 x D. 10,6
Inscription : sur la clochette, *cette cloche a été fondue à Slobodsk par Luka Karkine 1807*
Collection particulière
HISTORIQUE : collection Elena Polenova, puis descendants de l'artiste.

Inspirée par les auvents surmontant les portails d'entrée des églises ou des monastères russes, ce toit-auvent, pièce unique, abrite une clochette fondue en 1807. Exécuté par les ateliers d'Abramtsevo, un dessin préparatoire est publié d'une part dans *Mir Iskousstva,* n° 18-19, en 1899, p. 113 et d'autre part dans la revue *Art et Industrie,* n° 13, en octobre 1899, p. 40-41.
A.L.

Cat 368
Polenova Elena Dmitrievna
Ateliers d'Abramstevo
Armoire à colonnette
(armoire à pharmacie)

Vers 1895
Bois sculpté et peint
58,0 x 52,5 x 26,0
Moscou, appartement-musée Apolinary-Vasnetsov, galerie Tretiakov, inv. OF-1676
AMAV

Cat. 369
Polenova Elena Dmitrievna
Ateliers d'Abramstevo
Atelier *Abramtsevo*
Étagère

Vers 1890-1898
Pin sculpté et peint
18,0 x 57,0 x 11,0
Moscou, musée russe des Arts décoratifs et populaires, inv. KP 16159 DM 249
HISTORIQUE : acquise en 1988.
MRADP

Cat 370
Ateliers d'Abramstevo
Polenova Elena Dmitrievna
Chaise d'angle

Non daté
Bois sculpté, teinté et ciré
74 x 40 x 40
Abramtsevo, musée-réserve du domaine d'Abramtsevo, inv. MA KP 1/66 D 108
MRA

Cat 371
Polenova Elena Dmitrievna
Ateliers d'Abramstevo
***Dessin préparatoire pour une chaise d'angle* (cat. 370)**

Avant 1899
Encre et aquarelle sur papier
19 x 10,6
Abramtsevo, musée-réserve du domaine d'Abramtsevo, inv. MA KP 4/132 R 607
MRA

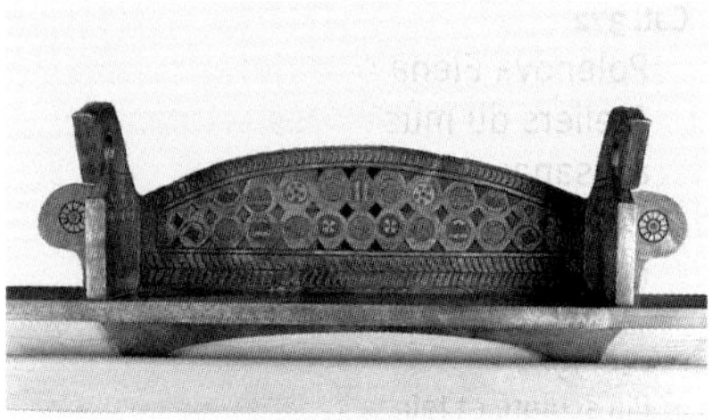

Cat. 369

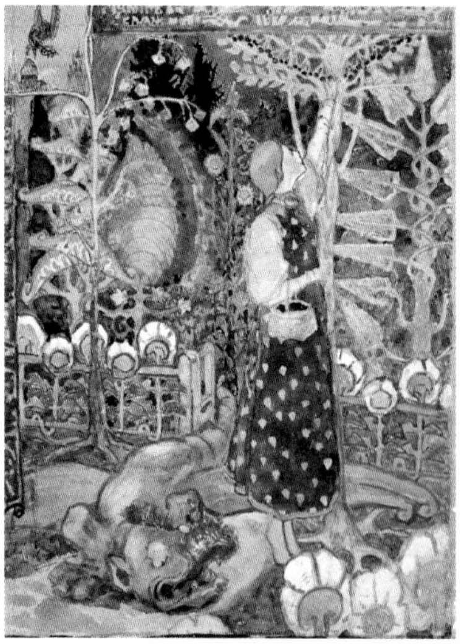

Cat. 373

Cat. 372
Polenova Elena Dmitrievna
Ateliers du musée des Articles artisanaux de Moscou
Ensemble de mobilier
(une table et deux tabourets)

vers 1900
Pin sculpté et teint

a. **Table**
76,0 x 89,0 x 64,0
b. **Tabouret**
47,0 x 39,0 x 37,5
c. **Tabouret**
47,0 x 39,0 x 37,5
Moscou, musée S. T. Morozov des Arts populaires, inv. KP 24778 1 (MNI-NDM 1), KP 24778 6 (MNI-NDM 6), KP 24778 7 (MNI-NDM 7)
MRADP

Cat. 373
Polenova Elena Dmitrievna
Conte

1898
Crayon graphite et gouache sur papier
47,5 x 35,7
Moscou, galerie Tretiakov, inv. 11287
HISTORIQUE : entré en 1929 en provenance du musée Ostrooukhov ; ancienne collection I. S. Ostrooukhov, Moscou.
GT

Cat. 374
Polenova Elena Dmitrievna
***Comment le chat trompa le renard,* dessin préparatoire pour la gravure d'illustration de *Filipko,* parue dans *Contes populaires russes et adages humoristiques,* racontés pour les enfants et illustrés par Elena Polenova, publiée par Grossman et Knebel, Moscou en 1906**

Aquarelle, rehauts de blanc sur papier
33,0 x 22,0
Saint-Pétersbourg, Musée d'État russe, inv. R-6433, don de la princesse Maria Tenicheva en 1910
MR

Cat. 375
Polenova Elena Dmitrievna
***Coq, coq, crête d'or...,* dessin préparatoire pour la gravure d'illustration de *Filipko,* parue dans *Contes populaires russes et adages humoristiques,* racontés pour les enfants et illustrés par Elena Polenova, publiée par Grossman et Knebel, Moscou en 1906**

Aquarelle sur papier
30,8 x 22,0
Saint-Pétersbourg, Musée d'État russe, inv. R-6431, don de la princesse Maria Tenicheva en 1910
MR

Cat. 376
Polenova Elena Dmitrievna
***Filipko dans une barque,* dessin préparatoire pour la gravure d'illustration de *Filipko,* parue dans *Contes populaires russes et adages humoristiques,* racontés pour les enfants et illustrés par Elena Polenova, publiée par Grossman et Knebel, Moscou en 1906**

Aquarelle sur papier
31,0 x 22,0
Saint-Pétersbourg, Musée d'État russe, inv. R-6426, don de la princesse Maria Tenicheva en 1910
MR

Cat. 377, repr. p. 259
Polenova Elena Dmitrievna
***Illustration* pour le conte *Filipko (le petit Filipko)* parue dans *Mir Iskousstva (le Monde de l'art),* n° 18-19, 1899**

1899
Chromolithographie rapportée sur une page de couleur
25,4 x 16,9 (chromolithographie) ;
34,0 x 26,9 (page)
Légende : *Fils-Filipko, glisse sur la rivière, attrape le petit poisson, approche-toi, approche-toi de la rive, viens manger le koulechkou* [soupe]
Saint-Pétersbourg, Bibliothèque nationale de Russie, inv. Ei698/3
EXPOSITIONS : 1996, Londres, p. 129, n° 22a.
BNR SAINT-PÉTERSBOURG

Cat. 378
Polenova Elena Dmitrievna
***Ivan dans l'isba,* dessin préparatoire pour la gravure d'illustration du conte *l'Oiseau de feu,* reproduit dans *Mir Iskousstva,* 1899, vol. II, n° 13-14**

Aquarelle sur papier
31,1 x 22,1
Saint-Pétersbourg, Musée d'État russe, inv. R-6437
MR

Cat. 379
Polenova Elena Dmitrievna
Dessin préparatoire* pour la gravure d'illustration du conte *l'Oiseau de feu

Aquarelle sur papier
31,0 x 22,2
Saint-Pétersbourg, Musée d'État russe, inv. R-6436
MR

Cat. 380
Polenova Elena Dmitrievna
Dessin préparatoire* pour la gravure d'illustration du conte russe *la Méchante Belle-mère

Aquarelle sur papier
31,0 x 21,2
Saint-Pétersbourg, Musée d'État russe, inv. R-6418
MR

Cat. 381
Polenova Elena Dmitrievna
Les Fiancés Mchenka et Alechenka

Aquarelle sur papier
31,2 x 21,5
Saint-Pétersbourg, musée d'État russe, inv. R-6438
MR

Cat. 382
Polenova Elena Dmitrievna
Dessin préparatoire* pour la gravure d'illustration pour *la Famille Chèvre

Aquarelle sur papier
31,0 x 22,0
Saint-Pétersbourg, musée d'État russe, inv. R-6434
MR

Cat. 383
Polenova Elena Dmitrievna
Le Paysan affamé,* dessin préparatoire pour la gravure d'illustration du conte russe *le Moujik avide

Vers 1900
Aquarelle sur papier
30,0 x 22,3
Saint-Pétersbourg, Musée d'État russe, inv. R-6435
MR

PREOBRAJENSKY MIKHAÏL TIMOFEEVITCH
Bovalniki, 1854 – Leningrad, 1930

Cat. 384
Preobrajensky Mikhaïl Timofeevitch
***Projet de la cathédrale russe Saint-Nicolas à Nice,* projet réalisé**

Façade
1903
Crayon, encre de chine, aquarelle, gouache sur papier contrecollé sur carton
86,2 x 61,9
Signé : en bas à droite, *M. Preobrajensky*
Inscriptions en russe et en français : sur le champ inférieur du passe-partout, à côté du plan, de la façade et des dimensions de la cathédrale, *Projet d'église russe à Nice, en construction*
Au verso sont collés deux billets d'invitation typographiés d'artistes italiens de Florence : sur le premier, écrit à l'encre, *Michel Preobrajensky Projet d'église russe en construction à Nice 0,75 sur 1m05 ; 19 octobre 1908 St. Pétersbourg. Académie des beaux-arts M. Preobrajensky ;*
sur le second, à gauche, verticalement, au crayon bleu, la date : *J.1914*
Moscou, musée national d'architecture Chtchoussev, inv. P1-5264

HISTORIQUE : don de la bibliothèque de l'université de Kazan au musée en 1938.
BIBLIOGRAPHIE : Zabeline dans la revue *Nashe Nasledie,* 1997, n° 41, p. 97, 108 ; Fritchero, 1997.
EXPOSITIONS : 1991B, Moscou.

Les projets et les constructions de Preobrajensky sont caractérisés par la précision scientifique de ses prototypes. L'architecte a reçu cette commande après avoir construit l'église russe de Florence et celle de Revel (Tallin). Ce devait être une cathédrale en mémoire de l'héritier du trône russe Nicolas Alexandrovitch, mort à Nice en 1865. Dans son projet, qui fut réalisé en 1912, Preobrajensky a privilégié le style de Moscou et de Iaroslavl des XVIe et XVIIe siècles. M. N. Vassiliev, L. A. Pianovsky et l'atelier des frères Khlebnikov ont participé à l'aménagement intérieur.
TATIANA NIKITINA

PRIANICHNIKOV ILARION MIKHAÏLOVITCH
1840-1894

Cat. 385
Prianichnikov Ilarion Mikhaïlovitch
***Les Moineaux,* dessin préparatoire avec variantes pour le tableau de 1883 conservé à la galerie des Beaux-Arts de Lvov**

Vers 1880-1883
Crayon graphite sur papier
17,6 x 25,0
Moscou, galerie Tretiakov, inv. 11607
GT

PROKOUDINE-GORSKY SERGUEÏ MIKHAÏLOVITCH
Saint-Pétersbourg, 1863 – Paris, 1944

Cat. 386
Prokoudine-Gorsky Sergueï Mikhaïlovitch
Fonte de moules

1909
Tirage moderne d'après le procédé trichrome mis au point par l'auteur
9,0 x 9,5
Washington, Library of Congress
HISTORIQUE : acquis des enfants de l'artiste, 1948.

Ingénieur chimiste de formation, ayant effectué une partie de ses études en Allemagne, Prokoudine-Gorsky débute sa carrière dans le laboratoire d'un chimiste allemand, A. Miethe. Très tôt, il s'intéresse à la reproduction des couleurs par la photographie. En 1890, il épouse la fille d'un riche industriel russe, membre actif de la Société impériale russe de technologie, dont la section « Photographie » est l'une des plus entreprenantes. Prokoudine-Gorsky y adhère et ouvre en août 1901 un atelier à Saint-Pétersbourg ; le Studio « photozincographique et phototechnique ». C'est là qu'il entreprend ses recherches sur la trichromie, en mettant au point un système très proche de celui de l'autochrome que conçoivent et commercialisent les frères Lumière à partir de 1907. Il publie ses recherches, à partir de 1906, dans *l'Amateur photographe,* revue qu'il fonde et qui paraît jusqu'en 1909. En 1908, lors d'un congrès des photographes russes, il montre ses travaux au grand-duc Mikhaïl Alexandrovitch, qui le présente à Nicolas II. Grâce au soutien de l'empereur, Prokoudine-Gorsky peut réaliser son grand projet, celui de « capturer toutes les splendeurs de notre beau pays natal dans ses couleurs naturelles. » Le photographe voyage à bord d'un train Pullmann spécialement équipé pour ses travaux et réalise des photographies en couleurs des régions qu'il visite. Prokoudine-Gorsky prépare attentivement ces reportages, couvrant région par région. Il réunit dans des albums les tirages noir et blanc de ses photographies, les légendant précisément et indiquant clairement les couleurs d'origine.
Afin de plaire au tsar, il choisit soigneusement les thèmes de ses images : « Le choix des sujets pour le tsar était un peu différent. Les constructions modernes du gouvernement – les barrages, les excavations pour les lignes de chemin de fer, les ponts – ne pouvaient pas intéresser le tsar autant que les antiquités russes, les monuments anciens et les beautés de la nature. » Beaucoup de ses photographies reproduisent les campagnes russes et leurs habitants, souvent vêtus de leur costume traditionnel, prolongeant ainsi les reportages ethnographiques entrepris en Russie dès les années 1860.
DOMINIQUE DE FONT-RÉAULX

Cat. 387, repr. p. 109
Prokoudine-Gorsky Sergueï Mikhaïlovitch
Jeune Fille aux fraises

1909
Tirage moderne d'après le procédé trichrome mis au point par l'auteur
9,0 x 9,5
Washington, Library of Congress
HISTORIQUE : acquis des enfants de l'artiste, 1948.
DOMINIQUE DE FONT-RÉAULX

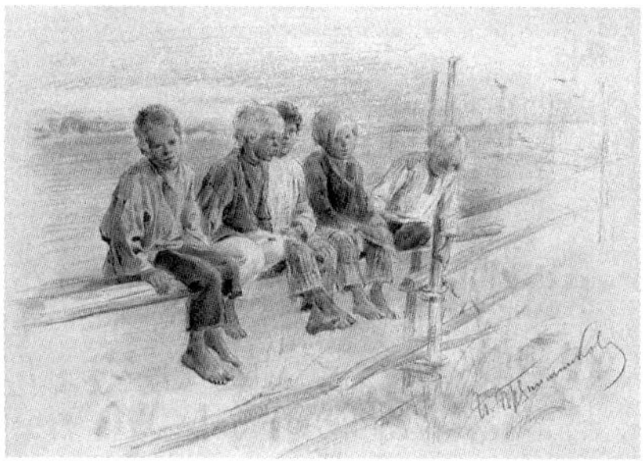
Cat. 385

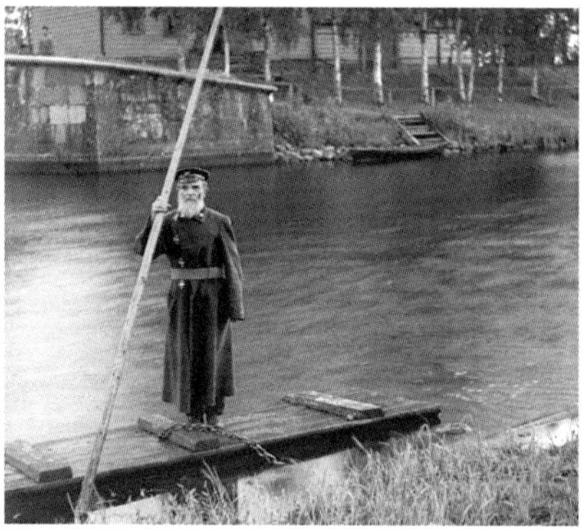
Cat. 388

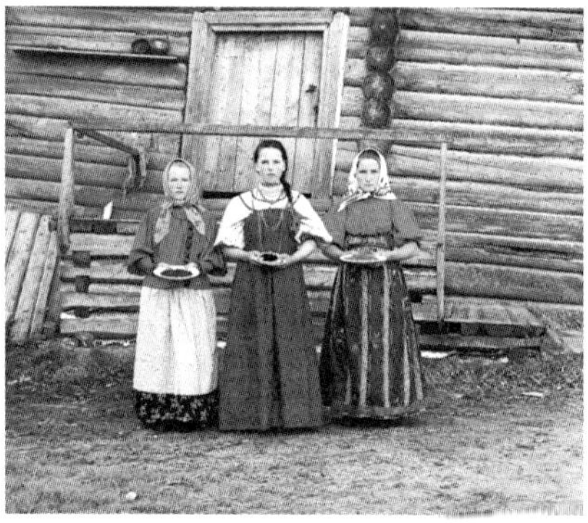
Cat. 390

Cat. 388
Prokoudine-Gorsky Sergueï Mikhaïlovitch
Pinkus Karlinsky, quatre-vingt-quatre ans, soixante-six ans de service

1909
Tirage moderne d'après le procédé trichrome mis au point par l'auteur
9,0 x 9,5
Washington, Library of Congress
HISTORIQUE : acquis des enfants de l'artiste, 1948.
DOMINIQUE DE FONT-RÉAULX

Cat. 389
Prokoudine-Gorsky Sergueï Mikhaïlovitch
Ostrechony, une étude

1909
Tirage moderne d'après le procédé trichrome mis au point par l'auteur
9,0 x 9,5
Washington, Library of Congress
HISTORIQUE : acquis des enfants de l'artiste, 1948.
DOMINIQUE DE FONT-RÉAULX

Cat. 390
Prokoudine-Gorsky Sergueï Mikhaïlovitch
Trois Jeunes Filles en costume traditionnel, les cueilleuses de baies

1909
Tirage moderne d'après le procédé trichrome mis au point par l'auteur
9,0 x 9,5
Washington, Library of Congress
HISTORIQUE : acquis des enfants de l'artiste, 1948.
DOMINIQUE DE FONT-RÉAULX

Cat. 391, repr. p. 196
Prokoudine-Gorsky Sergueï Mikhaïlovitch
Prospectus Rodnik. God 1900
(« La Source. Année 1900 »)

Moscou, 1903
22,0 x 12,5
Saint-Pétersbourg, Bibliothèque nationale de Russie, inv. 34.83.3.1118

Document publicitaire pour les articles fabriqués dans les ateliers de la princesse Tenicheva à Talachkino et vendus dans le magasin Rodnik.
BNR SAINT-PÉTERSBOURG

RAOULT IVAN PETROVITCH

Actif en Russie de 1870 à 1884

D'origine française – il signe souvent ses photographies *J-X. Raoult* et les légendes sont écrites en français et en russe –, Raoult s'installe à Odessa au tout début des années 1870. Il devient membre de la Société française de photographie et reçoit une médaille de bronze à l'Exposition universelle de 1878 pour ses photographies ethnographiques. En 1877, il suit les troupes russes en Roumanie et en Bulgarie lors de la guerre contre les Turcs.

Cat. 392
Raoult Ivan Petrovitch
Caucase, Kefsour,* fait partie de l'album *Types et costumes de la Russie

Vers 1875
Épreuve sur papier albuminé d'après un négatif verre au collodion
18,2 x 14,5
Paris, Bibliothèque nationale de France, département des Estampes et de la Photographie, Ob124a pt. fol., pl. 29
HISTORIQUE : acquis en 1878.

Cette photographie d'un *kefsour* prise par Raoult dans le Caucase évoque les *Bogatyrs*. La photographie a été reproduite par Élisée Reclus dans sa *Nouvelle Géographie universelle* (t. VI, pl. XXI, p. 219).
DOMINIQUE DE FONT-RÉAULX

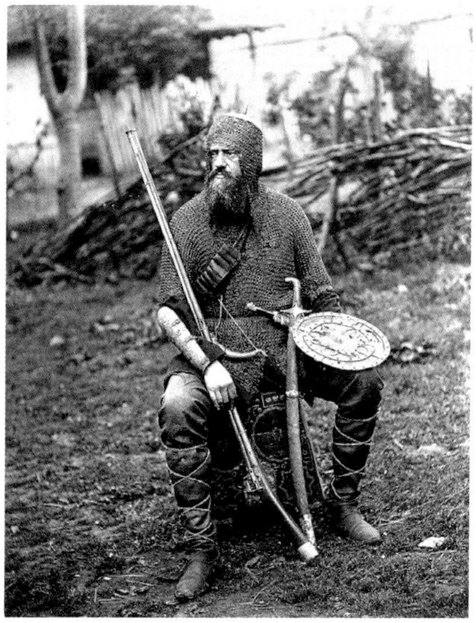
Cat. 392

Cat. 393, repr. p. 89
Raoult Ivan Petrovitch
Famille rassemblée en costume traditionnel, gouvernement de Nijni-Novgorod

Vers 1875
Épreuve sur papier albuminé d'après un négatif verre au collodion
20,0 x 18,0
Paris, Bibliothèque nationale de France, département des Estampes et de la Photographie, Eo 41 Folio, t. 3, pl. 91
HISTORIQUE : don du musée de l'Homme, 1964.
DOMINIQUE DE FONT-RÉAULX

Cat. 394
Raoult Ivan Petrovitch
Gouvernement de Cherson. Paysan appuyé sur une houe

Vers 1875
Épreuve sur papier albuminé d'après un négatif verre au collodion
20,0 x 18,0
Paris, Bibliothèque nationale de France, département des Estampes et de la Photographie, Eo 41 Folio, t. 3, pl. 51
HISTORIQUE : don du musée de l'Homme, 1964.
DOMINIQUE DE FONT-RÉAULX

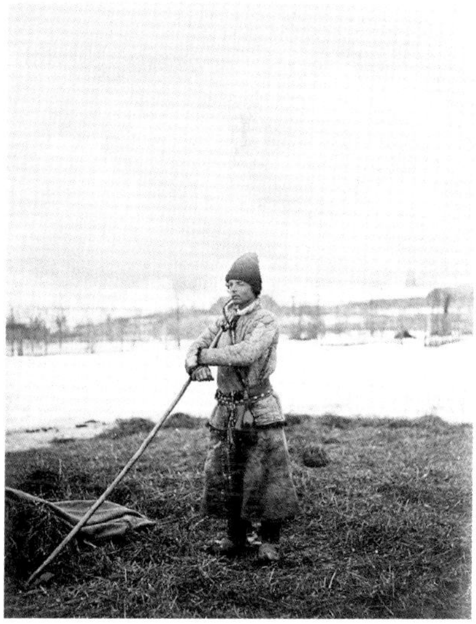
Cat. 394

Cat. 395
Raoult Ivan Petrovitch
Gouvernement de Tver. Marchands prenant le thé,* album *Types et costumes de la Russie

Vers 1875
Épreuve sur papier albuminé d'après un négatif verre au collodion
22,8 x 19,2
Paris, Bibliothèque nationale de France, département des Estampes et de la Photographie, Ob124a pt. fol., pl. 69
HISTORIQUE : acquis en 1878.
EXPOSITIONS : 2003, Paris, pl. 58.
DOMINIQUE DE FONT-RÉAULX

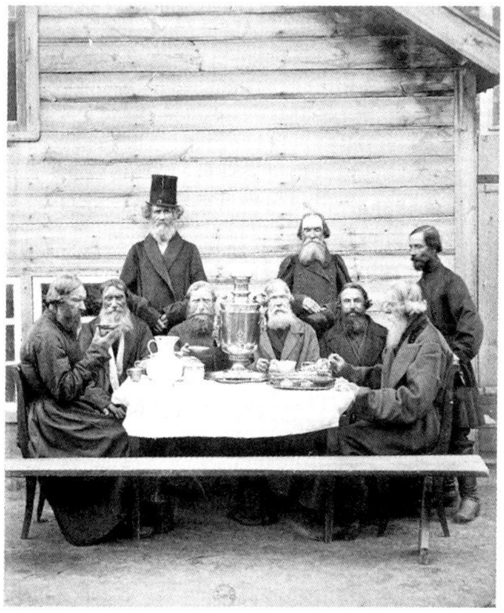
Cat. 395

Cat. 396, repr. p. 113
Raoult Ivan Petrovitch
Nijni-Novgorod. Jeunes Filles en costume traditionnel

Vers 1875
Épreuve sur papier albuminé d'après un négatif verre au collodion
22,8 x 18,4
Paris, Bibliothèque nationale de France, département des Estampes et de la Photographie, Eo 41 Folio, t. 3, pl. 93
HISTORIQUE : don du musée de l'Homme, 1964.
DOMINIQUE DE FONT-RÉAULX

Cat. 397
Raoult Ivan Petrovitch
Paysan debout

Vers 1875
Épreuve sur papier albuminé d'après un négatif verre au collodion
20,0 x 18,0
Paris, Bibliothèque nationale de France, département des Estampes et de la Photographie, Eo 41 Folio, t. 3, pl. 20
HISTORIQUE : don du musée de l'Homme, 1964.
DOMINIQUE DE FONT-RÉAULX

Cat. 398
Raoult Ivan Petrovitch
Podolsk. Juif en prière,* album *Types et costumes de la Russie

Vers 1875
Épreuve sur papier albuminé d'après un négatif verre au collodion
23,5 x 18,2
Paris, Bibliothèque nationale de France, département des Estampes et de la Photographie, Ob124a pt. fol., pl. 134
HISTORIQUE : acquis en 1878.
DOMINIQUE DE FONT-RÉAULX

REPINE ILIA EFIMOVITCH

Tchougouev, région de Kharkov, 1844 – Kouokkala, actuel Repino, région de Saint-Pétersbourg, 1930
Ilia E. Repine, figure majeure de l'histoire de l'art russe dans la seconde moitié du XIXe siècle, fut formé à l'Académie des beaux-arts de Saint-Pétersbourg (1864-1871). De 1873 à 1876, il séjourne à Paris et fréquente les cercles russes parisiens. Il se rend également plusieurs fois en Italie à cette époque. De retour à Moscou, il devient le principal acteur de la rénovation de la peinture d'histoire et du mouvement des ambulants. En 1907, il se retire à Kouokkala (aujourd'hui Repino) dans sa propriété *Penaty*.

Cat. 399
Repine Ilia Efimovitch
***Pêcheurs sur la rive de la Volga, près de Stavropol,* étude pour le tableau *les Haleurs de la Volga* (1870-1873, Saint-Pétersbourg, Musée d'État russe)**

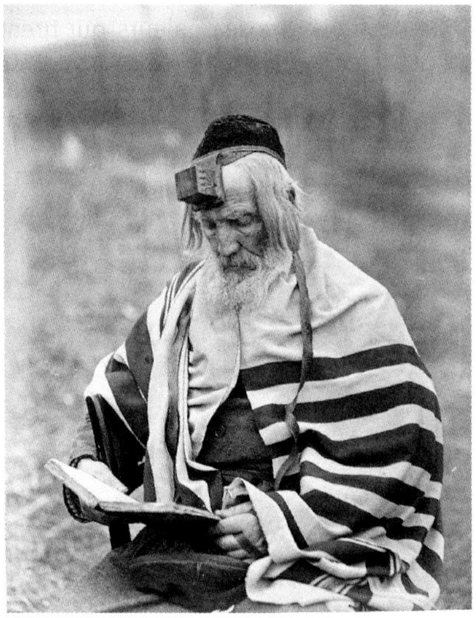

Cat. 398

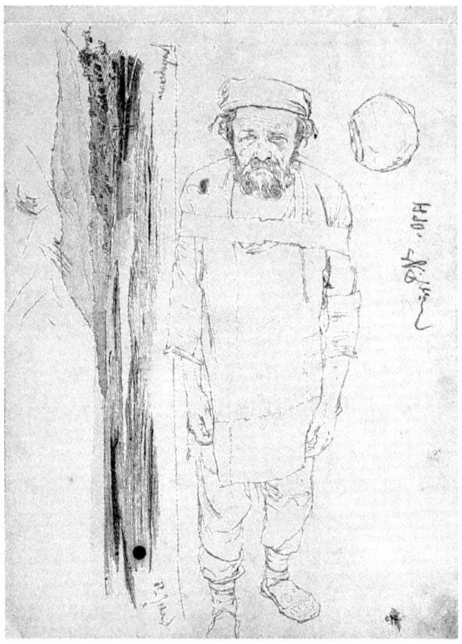

Cat. 400

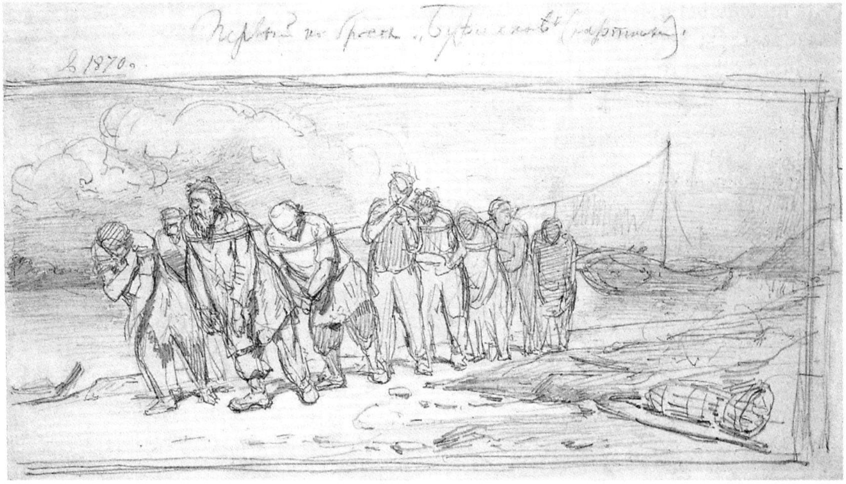

Cat. 402

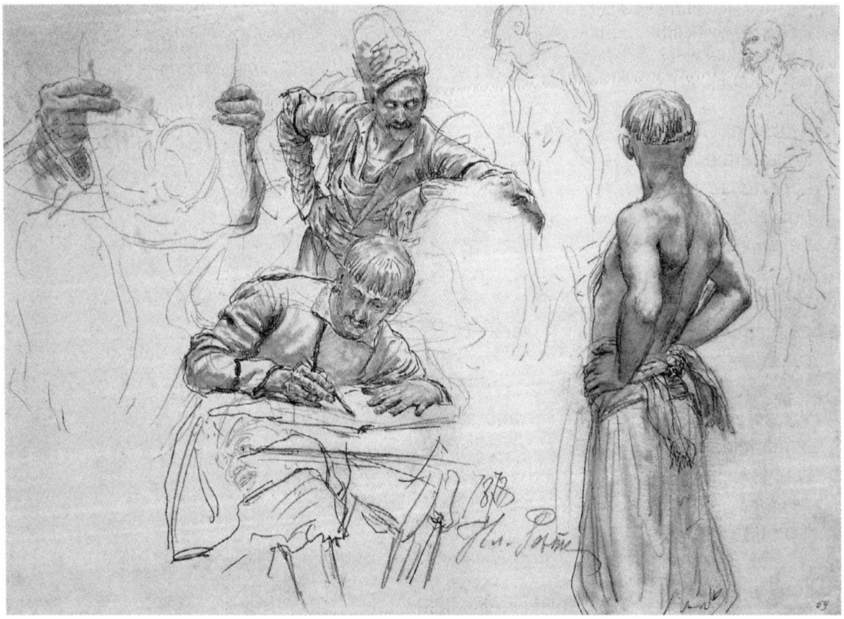

Cat. 403

1870
Crayon graphite sur papier
28,2 x 37,5
Moscou, galerie Tretiakov, inv. R-678
Lydia Tortensen

Cat. 400
Repine Ilia Efimovitch
***Kanine sanglé. Volga, près du village de Vorovskaïa. Un pot en argile,* dessins préparatoires pour le tableau *les Haleurs de la Volga* (1870-1873, Saint-Pétersbourg, Musée d'État russe)**

1870
37,4 x 28,4
Crayon graphite sur papier
Moscou, galerie Tretriakov, inv. R-627
Lydia Tortensen

Cat. 401
Repine Ilia Efimovitch
***Tête de Kalmuk,* étude pour le tableau *les Haleurs de la Volga* (1870-1873, Saint-Pétersbourg, Musée d'État russe)**

1870
Crayon graphite sur papier brun
19,5 x 13,8
Moscou, galerie Tretiakov, inv. R-630
Lydia Tortensen

Cat. 402
Repine Ilia Efimovitch
***Les Haleurs de la Volga,* esquisse pour le tableau éponyme (1870-1873, Saint-Pétersbourg, Musée d'État russe)**
1870
Crayon graphite sur papier
18,3 x 32,7
Inscriptions autographes : en haut, à gauche, *v 1870 g.* [en 1870] ; au milieu, *Pervyi nabrossok « Bourlakov » (kartiny)* [Première esquisse des « Haleurs » (tableau)]
Moscou, galerie Tretiakov, inv. 11488
Historique : entré en 1929 en provenance du musée de Peinture et de Peinture d'icônes I. S. Ostroukhov ; ancienne collection I. S. Ostroukhov, Moscou.

Alors qu'il était encore élève à l'Académie des Arts et travaillait à l'œuvre au programme de l'Académie *(Job et ses amis),* Repine, accompagné de son voisin d'atelier K. A. Savitsky, effectua un voyage en bateau à vapeur sur la Neva afin de réaliser des études de plein air. Voici un extrait de ces souvenirs de voyage, consignés par Repine :
« Il faisait un temps merveilleux. Nous croisions à vive allure et peu avant midi nous avions déjà doublé les luxueuses datchas qui bordent la Neva [...] tout devint vers midi de plus en plus animé par un public chatoyant...
– Mais tout de même, qu'est-ce qui bouge, là-bas ? demandai-je à Savitsky. Cette tache sombre, marron, un peu sale, qui nous cache le soleil ?
– Ah ! ce sont des haleurs qui tirent une barque à la corde ; bravo, quels types ! Tu vas les voir, ils approchent, cela vaut le coup d'œil.
Je n'étais encore jamais allé sur un grand fleuve navigable, et à Saint-Pétersbourg, sur la Neva, n'avais jamais croisé ce genre de monstres « les haleurs » (c'était, chez nous, à Tchougouev, le nom que l'on donnait aux vieux garçons sans domicile).
Ils approchèrent. Oh, mon dieu, pourquoi étaient-ils si sales, si déguenillés ? [...] Ils arrivèrent tout près, cette bande d'hommes bâtés entreprit de traverser le chemin qui descendait au vapeur [...] Impossible d'imaginer tableau plus pittoresque et plus tendancieux ! »
Ce n'est qu'à l'été de 1870, lors du voyage sur la Volga qu'il fit en compagnie de son frère Vassily et des peintres F. A. Vassiliev et E. K. Makarov, que Repine rassembla les études préparatoires à l'origine des *Haleurs de la Volga*. Il rentra pourvu d'une multitude d'études et d'albums remplis de dessins et d'esquisses. Parmi ces travaux se trouvait une petite feuille d'album portant l'inscription de la main de l'auteur : *Première esquisse des « Haleurs » (tableau)*.
C'est à cette époque que remontent les esquisses au crayon *Tête de Kalmuk* et *Pêcheurs sur les bords de la Volga près de Stavropol*. Après de longues observations, Repine tomba finalement sur un *type* remarquable, Kanine, qui retint aussitôt son attention et figure dans le dessin *Kanine sanglé*. Repine fit plusieurs dessins et des études à l'huile de celui qui allait devenir l'un des personnages du tableau. Il écrivit à son propos, dans ses souvenirs : « Que valent tous les romans et toutes les histoires face à une telle figure !... Il y a en lui quelque chose d'oriental, de séculaire... Et ses yeux, ses yeux ! Quelle profondeur du regard, relevé vers les sourcils, eux-mêmes propulsés vers le front. Et le front est immense, intelligent, un front d'intellectuel ; nous n'avons pas là un benêt... »
« ... Je marche à côté de Kanine sans le quitter pas des yeux. Et il me plaît de plus en plus : je suis en train de tomber passionnément amoureux de chaque trait de son caractère, de chaque nuance de sa peau et de sa chemise de chanvre... »
« ... Un des haleurs a traité Kanine de défroqué.
– Est-ce vraiment un défroqué ?, m'étonnai-je. Kanine aurait été pope ?
– Kanine, et comment ! Il a encore chanté dix années durant à l'église, il a été maître de chapelle, mais maintenant il y a déjà dix ans qu'il fait le halage... »
De retour à Saint-Pétersbourg, Repine montra ses études au grand-prince Vladimir, alors président en exercice de l'Académie des arts. Celui-ci lui passa immédiatement commande d'un tableau, d'après l'esquisse qui se trouve aujourd'hui à Moscou, à la galerie Tretiakov.
Dès le début de 1871, l'artiste avait exposé *les Haleurs* à la Société d'encouragement des arts. Après avoir de nouveau passé l'été de la même année sur la Volga, l'artiste travailla encore deux ans sur cette toile. Le tableau fut achevé en 1873. Il connut un succès retentissant, son importance et sa puissance d'expression furent unanimement saluées. La plupart des contemporains de l'artiste considéraient cette toile comme une illustration de *Paradnyi podiezd (l'Entrée principale)* de N. A. Nekrassov :
« Quelle est cette clameur
Planant sur la Volga ?
On appelle ça un chant,
Et ce sont les haleurs. »
À ce propos, Repine écrivit : « J'ai honte de l'avouer, personne ne me croira, mais je n'ai lu pour la première fois *Paradnyi podiezd* de Nekrassov que deux ans après avoir travaillé sur ce tableau, après mon voyage sur la Volga »...] Je n'avais pas le droit d'ignorer ces vers magnifiques sur les haleurs. Tout le monde croit que ma toile vient de là, qu'elle est une illustration des vers de Nekrassov... je ne le dis que pour rétablir la vérité. »
Le tableau fut également très apprécié à l'étranger, à l'Exposition universelle de Vienne en 1873 et à celle de Paris en 1878. Il fut, à partir de 1873, exposé au palais du grand-prince Vladimir à Saint-Pétersbourg et ce n'est qu'après 1917 qu'il occupa la place d'honneur dans une salle du Musée russe.
Lydia Tortensen

Cat. 403
Repine Ilia Efimovitch
***Première pensée* pour le tableau *les Cosaques zaporogues écrivant une lettre au sultan* (1880-1891, Saint-Pétersbourg, Musée d'État russe)**

1878
Crayon graphite et lavis sur papier
19,8 x 29,8
Moscou, galerie Tretiakov, inv. 767
Lydia Tortensen

Cat. 404
Repine Ilia Efimovitch
***Feuille d'étude* pour le tableau *les Cosaques zaporogues écrivant une lettre au sultan* (1880-1891, Saint-Pétersbourg, Musée d'État russe)**

Fin des années 1880
Crayon graphite et lavis sur papier
25,3 x 34,8
Moscou, galerie Tretiakov, inv. R-628
LYDIA TORTENSEN

Cat. 405
Repine Ilia Efimovitch
***Dessin préparatoire* (avec variantes) pour le tableau *l'Arrestation du propagandiste* (1892, Moscou, galerie Tretiakov)**

1879
Crayon noir et estompe sur papier
Saint-Pétersbourg, Musée d'État russe, inv. R-7869
MR

Cat. 406
Repine Ilia Efimovitch
Tolstoï fauchant

1880
Crayon noir sur papier
Saint-Pétersbourg, Musée d'État russe, inv. R-7942
MR

Cat. 407
Repine Ilia Efimovitch
***Dessin* d'illustration pour *les Moujiks* de A. P. Tchekhov (1897)**

1901
Lavis repris à la plume et encre sur papier
Saint-Pétersbourg, Musée d'État russe, inv. R-7933
MR

Cat. 408, repr. p. 87
Repine Ilia Efimovitch
Portrait de M. P. Moussorgsky

1881
Huile sur toile
71,8 x 58,5
Signé : en bas, au milieu à gauche, *I. Repine 1881*
Moscou, galerie Tretiakov, inv. 730
HISTORIQUE : acquis de l'artiste par M. P. Tretiakov en 1881.
EXPOSITIONS : 9e TPKhV, 1881, Moscou, n° 64 ; Repine, 1924 ; Repine, 1994, n° 130 ; Repine, 1995, n° 129 ; 1999, Madrid-Bilbao ; Repine, 2001, p. 94 ; Repine, 2003, n° 46.

Ce portrait du compositeur Modeste P. Moussorgsky a été réalisé entre les 2 et 5 mars à Saint-Pétersbourg dans une chambre de l'hôpital militaire Nikolsky, où Moussorgsky s'éteignit le 16 mars. Repine employa l'argent du portrait pour un monument au compositeur.
TATIANA L. KARPOVA

Cat. 409, repr. p. 80
Repine Ilia Efimovitch
Libellule

1884
Huile sur toile
111,0 x 84,4
Signé : en bas à droite, *1884 I. Repine*
Moscou, galerie Tretiakov, inv. 741
HISTORIQUE : acquis de l'artiste par M. P. Tretiakov en 1890.
EXPOSITIONS : Repine, 1957-1958 ; 1971, Tokyo-Kyoto ; Repine, 1994, n° 173.

Portrait de la fille de l'artiste, V. I. Repina, peint à la datcha de Martychkino près de Saint-Pétersbourg.
Le titre avait été suggéré par l'artiste : « Il faut appeler la jeune fille au soleil “Libellule” : la couleur, le mouvement, la pose, tout incline à l'appeler ainsi », écrivait-il à P. M. Tretiakov en 1890.
TATIANA L. KARPOVA

Cat. 410, repr. p. 73
Repine Ilia Efimovitch
Ils ne l'attendaient plus

1884-1888
Huile sur toile
160,5 x 167,5
Signé : en bas au milieu, à gauche, *I. Repine, 1884*
Moscou, galerie Tretiakov, inv. 740
HISTORIQUE : acquis de l'artiste par M. P. Tretiakov en 1885.
EXPOSITIONS : 12e TPKhV, 1884, Saint-Pétersbourg, n° 71, Moscou, n° 117 ; 5e MOLKh, périodique, 1886, n° 89 ; Repine, 1986, p. 33 ; Repine, 1994, n° 185 ; Repine, 1995, n° 185 ; Repine, 1996, n° 32 ; Repine, 2001, p. 110 ; Repine, 2003, n° 59.

En 1884, Repine exposa ce tableau à la 12e exposition des ambulants, et elle provoqua immédiatement des polémiques. Cette toile monumentale représente la soudaine réapparition d'un déporté, dont l'état physique témoigne de nombreuses années de relégation. Le titre du tableau, *Ils ne l'attendaient plus*, accentue le non-dit qui sous-tend l'ensemble de la composition. Quant au héros, ni le public, ni la critique ne comprenaient clairement de qui il s'agissait. Les contemporains multipliaient les conjectures, on essayait de deviner qui il était, quel âge il avait, avec quels sentiments il revenait chez lui, qui étaient pour lui les autres personnages. Certains critiques trouvèrent qu'il avait un visage « peu sympathique et presque idiot », d'autres voyaient en lui « un homme que l'on n'avait pas réussi à abattre ». Il fut interprété soit comme une version moderne du Messie, et le tableau fut comparé avec la célèbre *Apparition du Christ au peuple* de A. A. Ivanov, soit du Fils prodigue de l'Évangile. Néanmoins, la majeure partie de la critique s'accorda à juger ce tableau faible, en regard de tout ce non-dit.
Pourtant, une lecture attentive du décor de ce salon bourgeois sans ostentation éclaire le sens de cette œuvre majeure de l'art russe de la seconde moitié du XIXe siècle : le sort de ce déporté est lié à l'assassinat d'Alexandre II, le 1er mars 1881, qui entraîna une série de représailles. Une photographie du *Tombeau d'Alexandre II* évoque directement cet événement sur le mur gauche de la pièce. Derrière l'homme qui revient, la gravure de Steiben *Golgotha* symbolise l'allégorie du chemin de croix de l'exilé. Enfin, les portraits des poètes Chevtchenko et N. A. Nekrassov, accrochés de part et d'autre de *Golgotha* attestent les opinions populistes de la famille.
Repine lui-même n'était pas satisfait de cette œuvre, persuadé d'un manque, et sa correspondance se fait l'écho des difficultés que le peintre eut à concevoir ce héros, malgré l'intime conviction qu'il avait de témoigner de la vie politique contemporaine. Il eut l'idée de ce tableau au début des années 1880, alors qu'il vivait dans une datcha près de Moscou, à Khotkovo, non loin du domaine de S. I. Mamontov à Abramtsevo. Il travailla à cette toile tout l'automne et l'hiver de 1883-1884. Dès la première exposition, au milieu de la décennie, il exprima son insatisfaction. L'attentat du 1er mars 1881 avait divisé la société russe en deux camps, focalisant l'attention sur les procès politiques des populistes, posant la question de l'identité des terroristes. Étaient-ils véritablement des assassins ? Leurs choix, leur vie pouvaient-ils se justifier, et leurs actes étaient-ils le summum du sacrifice personnel ou bien enfreignaient-ils l'une des lois majeures de l'Évangile ? L'opinion publique pencha pour la seconde hypothèse à la fin de la décennie ; et si le souhait de juger objectivement ces événements qui faisaient déjà partie de l'histoire s'affirma, la position des populistes eux-mêmes subit une profonde mutation à la fin des années 1880, de plus en plus imprégnée de réflexions religieuses et philosophiques. Repine, témoin attentif de ces changements, reprit trois fois le visage de son personnage central. Le tableau a donc une double date : 1884-1888. En 1888, Repine écrivit à P. M. Tretiakov (auquel le tableau appartenait déjà) : « J'ai l'impression de l'avoir enfin maîtrisé...

le tableau parle enfin. » Les changements ne concernaient que le visage et la tête du déporté, et pourtant l'impression d'ensemble en était autre. Sur le tableau modifié en 1888, l'homme est quelque peu perdu, vulnérable, exprimant aussi bien l'épuisement physique que l'angoisse et le questionnement, plus proche d'une version contemporaine de l'image du fils prodigue. Le choc psychologique est complexe, le nœud de cette composition est la rencontre des regards de la mère et du fils, où se reflètent deux mondes antagonistes, l'espace extérieur, vide, d'où arrive le déporté et le monde, fermé, domestique, de la famille. L'utilisation d'une double perspective, où se joue l'action réciproque des deux mondes, crée un effet particulier de tension et une dynamique de la composition, et donne aussi à voir la multiplicité des significations.
L'une des bases les plus importantes de cette composition est l'instantanéité de cette apparition. On sent déjà comment va se dénouer l'affaire dans l'instant suivant à de nombreux détails parlants, comme les regards discordants des deux enfants, qui incarnent l'intrication complexe du passé et de l'avenir et la violence des sentiments, de la vie.
Si dans la parabole du Fils prodigue le mot de la fin revient au père, dans le tableau de Repine le héros est placé devant une obligation tragique ; devant sa mère, il doit élucider un message qui vient des profondeurs de sa conscience : la question du sens et de l'objet de son départ de la maison. Peut-être que la joie et la beauté du monde qui s'infiltrent dans le tableau, l'air frais et la lumière qui pénètrent par la fenêtre entrouverte vont-ils ressusciter cet homme anéanti par son destin. En représentant cet homme « que l'on n'attendait pas de si tôt », Repine laissant ouverte la réponse, repose la question éternelle de la justification de l'existence, du sens d'une vie humaine. Le déporté est peut-être arrêté par la question « que faire ? », ce n'est plus le salut du monde et de l'humanité qui l'intéresse, mais la recherche d'une réponse à la question : comment vivre et comment donner du sens à ma vie ? *Ils ne l'attendaient plus,* point d'orgue d'une série de peintures et de dessins consacrés au mouvement populiste, que Repine conservait dans son atelier et ne montrait qu'à un cercle restreint d'amateurs, constitue un véritable autoportrait spirituel de la société russe en peinture, l'un des plus ambitieux de Repine à la fois par cette pénétration des problèmes de la conscience artistique russe et par sa connotation évangéliste.

T. V. Ioudenkova

Cat. 411, repr. p. 82
Repine Ilia Efimovitch
Portrait de L. N. Tolstoï

1887
Huile sur toile
124,0 x 88,0
Signé : en bas à gauche, *I. Repine 1887*
Moscou, galerie Tretiakov, inv. 747
Historique : acquis de l'artiste par M. P. Tretiakov en 1887.
Expositions : 8e TPKhV, 1880, Moscou, n° 72 ; Repine, 1924, n° 103 ; Repine, 1936, n° 198 ; Repine, 1937, n° 201 ; Repine, 1957-1958, p. 65 ; 1959, Londres, n° 28 ; Repine, 1994, n° 217 ; Repine, 1995, n° 217 ; Repine, 2003, n° 65 ; Russie-Italie, 2004-2005, Moscou, n° IV, p. 33, Rome, n° IV, p. 29.

Repine et L. N. Tolstoï étaient liés par une amitié de plusieurs années. Ils s'étaient connus en 1880 à Moscou. Repine réalisa près de soixante-dix portraits (peinture ou dessins) de Tolstoï. Ce portrait a été peint à Iasnaïa Poliana, près de Toula, à deux cents kilomètres de Moscou, la propriété de Tolstoï. Durant la semaine qu'il passa chez les Tolstoï, Repine réalisa deux portraits peints de l'écrivain, un petit tableau *Tolstoï labourant* (1887, Moscou, galerie Tretiakov) et une série de dessins (cat. 403 à 406). Dans son livre de souvenirs, *le Lointain et le Proche,* Repine note : « Lev Nikolaevitch Tolstoï, qui est une personnalité grandiose, a l'étonnante capacité d'insuffler à ceux qui l'entourent son propre état d'esprit. Où qu'il paraisse, son univers moral s'impose aussitôt, armé de pied en cap, et les viles préoccupations quotidiennes n'ont plus la moindre place. Pour moi, l'atmosphère spirituelle de Lev Tolstoï a toujours été prenante, bouleversante. En sa présence, hypnotisé, je ne pouvais que me soumettre à sa volonté et toute thèse qu'il énonçait me paraissait indiscutable. »

Tatiana L. Karpova

Cat. 412
Repine Ilia Efimovitch
***Étude* pour *Lev N. Tolstoï labourant* (1887, Moscou, galerie Tretiakov)**

1887
12,8 x 19,7
Moscou, galerie Tretiakov inv. 11748
Lydia Tortensen

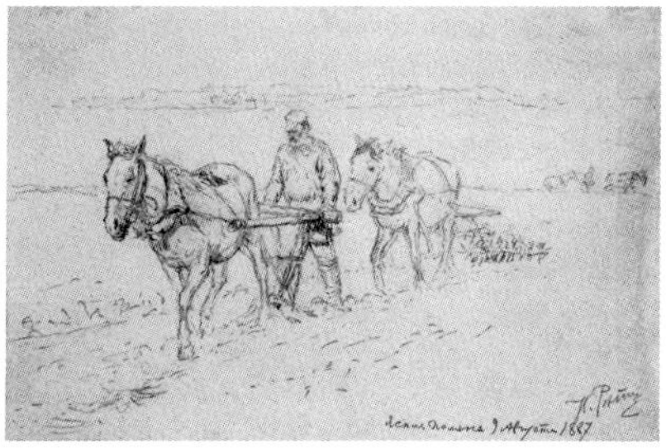

Cat. 412

Cat. 413, repr. p. 74
Repine Ilia Efimovitch
Lev N. Tolstoï pieds nus

1901
Huile sur toile
207,0 x 73,0
Signé : en bas à gauche, *i repine*
Saint-Pétersbourg, Musée d'État russe, inv. 4010
HISTORIQUE : don de l'artiste en 1901.

La galerie Tretiakov, à Moscou, conserve une esquisse de cette composition.
MR

ROERIKH NIKOLAÏ KONSTANTINOVITCH
Saint-Pétersbourg, 1874 – Nagar, vallée de la Koulou, Pendjab, Inde, 1947
Peintre, décorateur de théâtre, théoricien. Il étudia la peinture à l'Académie des beaux-arts de Saint-Pétersbourg, puis à Paris dans l'atelier de F. Cormon. Académicien. Il vécut à Saint-Pétersbourg, puis aux États-Unis et en Inde, où il mourut.

Cat. 414, repr. p. 198 et 199
Roerikh Nikolaï Konstantinovitch
***La Danse*, esquisse d'une frise décorative *le Nord* destinée au bâtiment de la société La Russie**

1904
Gouache et crayon graphite sur papier contrecollé sur carton
18,0 x 61,8
Moscou, galerie Tretiakov, inv. 22848
HISTORIQUE : entré en 1931 en provenance du Musée russe.

Le bâtiment abritant la société La Russie, construit sur un projet des architectes A. A. Goumilev et V. V. Iliachev, se trouve sur le grand boulevard Maritime de Saint-Pétersbourg. Le projet de décoration de N. K. Roerikh comprenait trois frises en céramique émaillée (*majolika*) sur le thème du Nord ainsi que des panneaux décoratifs, également en céramique émaillée, entre les fenêtres. Seules ces dernières ont été conservées. Les esquisses des frises ont été reproduites dans le numéro 4 de la revue *la Toison d'or* en 1907.
GT

Cat. 415, repr. p. 30
Roerikh Nikolaï Konstantinovitch
***Le Sauveur*, esquisse pour la mosaïque du portail de l'église du Saint-Esprit à Flenovo (province de Smolensk, Talachkino)**

1910
Aquarelle, gouache, tempera sur papier
114,5 x 125,0 (dimensions avec montage)
Signé : angle inférieur droit, *N. ROERIKH*
Daté : angle inférieur gauche, *1910*
Étiquette : au verso, en haut à droite, *MIR ISKOUSSTVA* [le Monde de l'art] *n° 319 / N. Roerikh / Le Sauveur / pr. M. K. Tenicheva / Janvier 1913*
Smolensk, musée-réserve de Smolensk, SOM 2305
HISTORIQUE : collection M. K. Tenicheva, 1920.
BIBLIOGRAPHIE : Talachkino (recueil de documents), 1995, p. 277, 288.

Roerikh travailla sur ce projet pour la mosaïque du portail de l'église du Saint-Esprit à Flenovo entre 1909 et 1910. Le visage colossal du Christ est très vraisemblablement inspiré de l'icône du Saint-Sauveur (XVIe siècle, Pskov), qui se trouvait dans le musée de M. K. Tenicheva. Le dessin mêle des réminiscences byzantines et russes anciennes à un système ornemental et à une lecture personnelle du sujet canonique caractéristiques de Roerikh. La mosaïque ornant encore aujourd'hui le fronton de l'église fut réalisée dans l'atelier de mosaïque de V. A. Frolov à Saint-Pétersbourg. Dans l'ouvrage *l'Église du Saint-Esprit à Flenovo* publié en 1937 est reproduit un carton présentant le même sujet que celui de Roerikh mais attribué à Frolov. Cette composition semble toutefois avoir peu de rapports avec le travail de Roerikh.
N. K. VOSTRIKOVA ET T. V. ISSATCHENKO

Cat. 416
Roerikh Nikolaï Konstantinovitch
***Skoula et Ierochka*, projets de costumes pour *le Prince Igor*, opéra de A. Borodine, 1914, mise en scène de A. Sanine, chorégraphie de M. Fokine, grande saison de l'opéra et des Ballets russes de S. P. Diaguilev, Londres, théâtre royal Drury Lane**

1914
Crayon graphite et gouache sur papier
26,8 x 33,4
Saint-Pétersbourg, Musée d'État russe, inv. R-1937
MR

Cat. 417
Roerikh Nikolaï Konstantinovitch
***Gens du peuple*, projets de costumes pour *le Prince Igor*, opéra de A. Borodine, 1914, mise en scène de A. Sanine, chorégraphie de M. Fokine, grande saison de l'opéra et des Ballets russes de S. P. Diaguilev, Londres, théâtre royal Drury Lane**

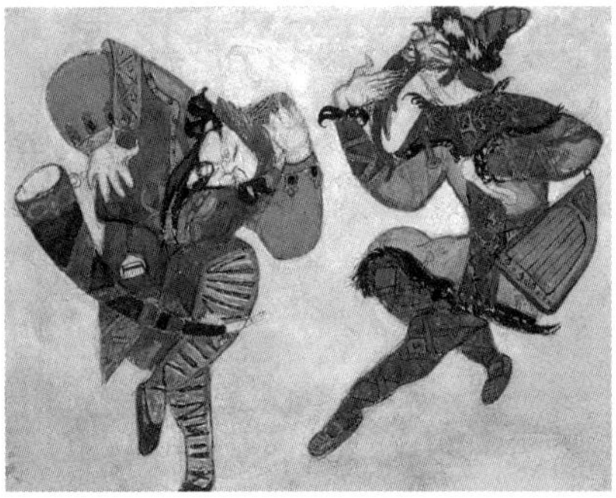
Cat. 416

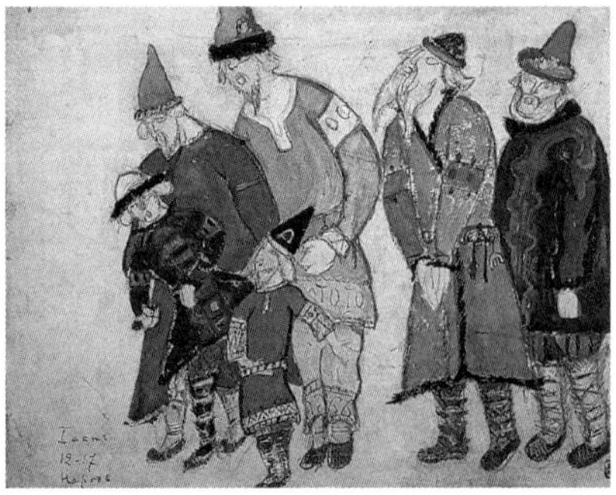
Cat. 417

1914
Crayon graphite et gouache sur papier
26,7 x 33,4
Saint-Pétersbourg, Musée d'État russe, inv. R-1938
MR

ROPET IVAN NIKOLAEVITCH, I. N. PETROV, DIT
1845-1908

Cat. 418, repr. p. 230
Ropet Ivan Nikolaevitch, I. N. Petrov, dit
Esquisse de projet pour le kiosque-buffet de l'exposition internationale de Paris de 1878

1878
encre de chine et aquarelle sur papier contrecollé sur carton
31,7 x 28,2 (feuille ovale) ; 40,8 x 35,0 (carton)
Saint-Pétersbourg, musée de l'Académie des beaux-arts de Russie, inv. A-26715
Anastassia Alexeeva

Cat. 419
Ropet Ivan Nikolaevitch, I. N. Petrov, dit, d'après
Nikolaï Konstantinovitch Krassovsky
?, 1861 – après 1917
Vue du bâtiment de la section russe de l'Exposition universelle de Paris de 1878

1887
Aquarelle sur papier
33,0 x 48,5
Saint-Pétersbourg, musée de l'Académie des beaux-arts de Russie, inv. A-13740
Ekaterina Savinova

Cat. 420, repr. p. 237
Ropet Ivan Nikolaevitch, I. N. Petrov, dit Hartmann (Gartmann) Viktor (Alexandrovitch)
1834-1873
Motifs d'architecture russe

1880
Imprimé avec planches lithographiées en couleurs
40,3 x 31,7 (chaque planche)
Paris, Institut national d'histoire de l'art, bibliothèque Doucet, inv. Folio C 351

Cette publication, parue par livraisons à Saint-Pétersbourg à partir des années 1870, rassemblait des reproductions en couleurs de projets architecturaux de style néo-russe ; Hartmann et Ropet furent à l'initiative de ce projet. Les deux architectes jouèrent un rôle important dans la redécouverte de l'architecture russe traditionnelle, dont ils s'inspirèrent pour leurs propres projets. Le présent recueil de planches « choisies dans le recueil périodique publié sous le même nom à Saint-Pétersbourg » comptait des exemples d'« édifices publics, constructions privées, maisons de campagne, dépendances, détails extérieurs, ornements et détails intérieurs, meubles ». Il fut publié en 1880 par la Librairie générale de l'architecture et des travaux publics. Le succès critique et public du pavillon russe construit par Ropet pour l'Exposition universelle de 1878 n'est sûrement pas étranger à cette publication française de motifs architecturaux russes. Le présent recueil comprend notamment plusieurs projets pour des « bains à la campagne » construits pour S. I. Mamontov par Ropet, une esquisse d'un cabinet de lecture populaire par Hartmann, le décor d'une *datcha* édifiée par Kouzmine.
Dominique de Font-Réaulx

ROUKAVICHNIKOV IVAN IAKOVLEVITCH

Cat. 421
Roukavichnikov Ivan Iakovlevitch
Méditation

1908
Épreuve argentique, virage à l'or
25,0 x 19,2 (épreuve) ; 15,8 x 11,3 (planche)
Inscription : au verso, au centre, *I. Roukavichnikov St Govordovo*
Estampilles, au verso : en bas au centre, *Rousskoïe fotografitcheskoïe obchtchestvo v Moskve* ; au centre, *MSM*
Moscou, musée national d'Histoire, inv. 70156 I VI 7965
Historique : du fonds du musée passe au musée du Vieux-Moscou en 1922 ; au musée national d'Histoire en 1931.
Expositions : 1994, Moscou, n° 57.

I. I. Roukavichnikov, photographe amateur, fut membre de la Société russe de photographie à partir de 1908. Installé en province, il envoyait ses photos de la petite gare de Govordovo, province de Kalouga. Cette photographie lui valut en 1908 le premier prix du 1er Concours de la revue *le Messager de la photographie* pour l'intérêt du sujet choisi.
I. A. Semakova

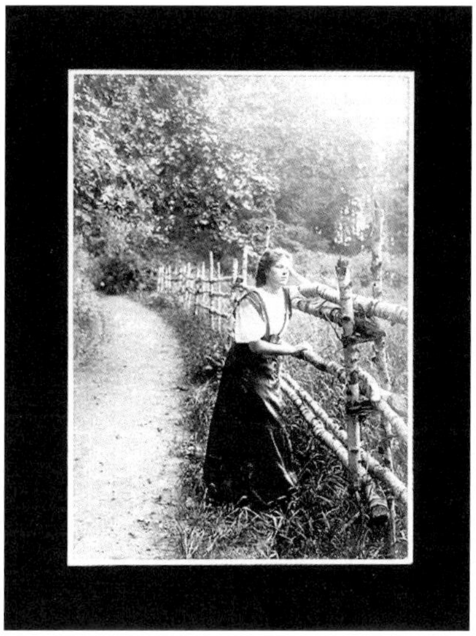

Cat. 421

SAVITSKY KONSTANTIN APOLONOVITCH
Taganrog, 1844 – Penza, 1905

Cat. 422, repr. p. 76
Savitsky Konstantin Apolonovitch
Travaux sur la ligne de chemin de fer

1874
Huile sur toile
100,0 x 175,0
Signé : en bas à droite, K. Savitsky 1874
Moscou, galerie Tretiakov, inv. 590

Historique : acquis de l'artiste par M. P. Tretiakov en 1874.
Expositions : 3e TPKhV, 1874-1875, Moscou, n° 16 ; 1878, Paris, n° 127 ; 1993, Nara-Tokyo-Fukuoka, n° 19 ; 2004-2005, Russie-Italie, Moscou, n° IV, p. 25, Rome, n° IV, p. 23.

Savitsky commença à exposer avec les ambulants alors qu'il était encore élève de l'Académie, ce qui lui valut, pour sanction, d'être privé de la bourse qui lui aurait permis d'être pensionnaire de l'Académie à l'étranger : le conflit entre l'Académie et les ambulants prenait parfois des formes aiguës. Ce tableau est l'une des premières représentations du travail des ouvriers dans la peinture russe. Sous le regard vigilant de l'entrepreneur, des travailleurs saisonniers poussent des brouettes chargées de terre, labeur qui nivelle les individualités. La composition est volontairement peu construite, comme saisie sur le vif par l'objectif indifférent d'un appareil photographique. Savitsky avait commencé à travailler sur ce tableau à l'été de 1873, alors qu'il vivait avec ses amis artistes I. N. Kramskoï et I. I. Chichkine, près de Toula, et avait vu se bâtir le chemin de fer qui devait relier Toula aux autres centres industriels de la Russie.
Tatiana L. Karpova

SCHERLING MIKHAÏL (MIRON) ABRAMOVITCH
Dvinsk, 1890 – Moscou, 1958

Cat. 423
Scherling Mikhaïl (Miron) Abramovitch
Portrait de Chaliapine dans le rôle de Boris Godounov

Début du xxe siècle
Épreuve argentique
22,9 x 16,2
Moscou, musée national d'Histoire, inv. 96953/4 I VI 19785
Historique : acquis en 1960.
Bibliographie : Dolinsky et Tchertok, 1957, n° 9, p. 73-78 ; Barkhatova, 1990, p. 145 ; Rakhmanov, Moscou, 1996, p. 67.
Expositions : 1994, Moscou, n° 75.

Ce portrait représente F. I. Chaliapine (1873-1938), le célèbre basse russe dans un de ses meilleurs rôles, celui du tsar Boris Godounov dans l'opéra de M. P. Moussorgsky.
Scherling avait appris la photographie dès l'âge de neuf ans dans l'atelier de A. Steinberg à Dvinsk. Entre 1903 et 1905, il avait travaillé dans divers ateliers de photographie de Vilnius. En 1905-1908, il déménagea à Saint-Pétersbourg et il trouva à travailler comme laborantin, puis comme retoucheur et enfin comme photographe dans le Studio Boissonnas et Egler. Entre 1908 et 1913, il étudia à l'Institut de photographie et de gravure de Munich. De retour à Saint-Pétersbourg, il travailla pour les maisons d'édition *1 kopek* et *Littérature universelle* et les revues *Soleil de la Russie* et *l'Art*. En 1918, il entre à l'Académie des arts de Petrograd dans l'atelier d'Altman. Il travailla ensuite pour les éditions Izoguiz, *l'Art*, ainsi que pour les revues *Panorama rouge*, *la Gazette rouge*.
I. A. Semakova

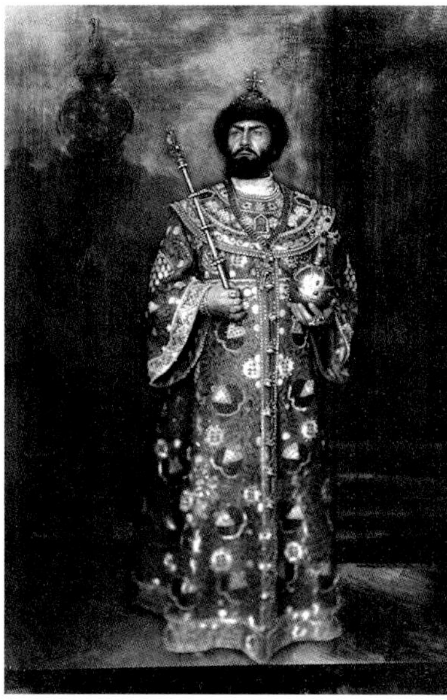
Cat. 423

SEREBRIAKOVA ZINAÏDA EVGUENIEVNA
Domaine de Neskoutchnoïe, province de Koursk, 1884 – Paris, 1967

Cat. 424
Serebriakova Zinaïda Evguenievna, née Lanceray
Le Blanchiment de la toile

1917
Huile sur toile
141,8 x 173,6
Moscou, galerie Tretiakov, inv. 4416
Historique : don de la Société pan-russe d'encouragement des arts, Saint-Pétersbourg, en 1920.
Expositions : 1965-1966, Moscou-Kiev-Leningrad, p. 30 ; 1979, Paris-Moscou, p. 525 ; 1981, Moscou-Paris, t. 1, p. 308 ; 2003, Moscou ; 2004, Varsovie-Moscou, p. 360 ; 2005, Moscou-Varsovie, p. 279.
Tatiana L. Karpova

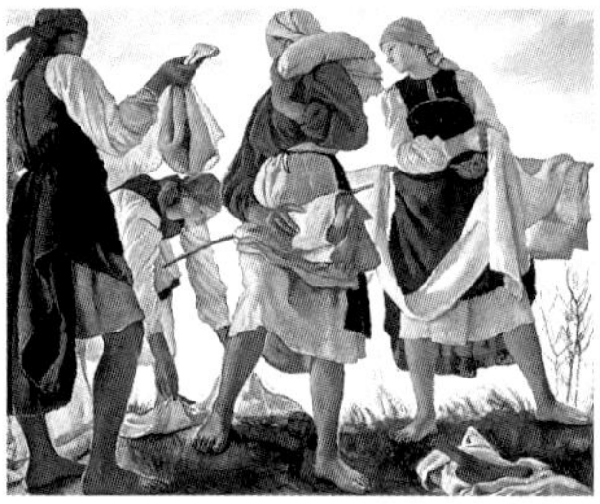
Cat. 424

SEREDINE L.
Actif à Ialta en 1900

Cat. 425, repr. p. 122
Seredine L.
Anton Tchekhov et Maxime Gorki à Ialta

5 mai 1900
Épreuve argentique
Signé : *L. Seredine*
23,4 x 17 (image) ; 34,7 x 28,7 (support)
Moscou, musée national de Littérature, inv. Kp 52048/163
Dominique de Font-Réaulx

SEROV VALENTIN ALEXANDROVITCH
Saint-Pétersbourg, 1865 – Moscou, 1911

Cat. 426, repr. p. 43
Serov Valentin Alexandrovitch
Portrait de I. A. Morozov

1910
Tempera sur carton
63,5 x 77,0
Signé : en bas à droite, *V. S. 1910*
Moscou, galerie Tretiakov, inv. 10872
HISTORIQUE : I. A. Morozov, Moscou (jusqu'en 1918) ; musée national d'Art moderne occidental, Moscou, entré en 1928.
EXPOSITIONS : 1914, Moscou, n° 306 ; 1981, Moscou-Paris, Moscou, t. 1, p. 308 ; 1991, Moscou-Leningrad, n° 176.

I. A. Morozov était l'arrière-petit-fils de S. V. Morozov ; fondateur de l'une des lignées de marchands les plus puissantes de Russie, dont le nom est lié à l'éclosion et à l'influence de la bourgeoisie moscovite de la fin du XIXe et du début du XXe siècle. La famille Morozov possédait non seulement une industrie textile organisée autour des technologies les plus novatrices, mais aussi d'innombrables projets culturels et de bienfaisance, parmi lesquels, la Société philosophique de Moscou, le Théâtre d'art, le journal *Rousskie Vedomosti (le Bulletin russe),* la célèbre clinique d'oncologie de Devitchie Pole et une collection de peinture française d'une qualité exceptionnelle.
Ivan Abramovitch représente la branche dite Morozov de Tver, à laquelle échut en 1872 la Compagnie de papeterie manufacturée de Tver. Il était le deuxième fils d'A. A. Morozov et de V. A., née Khloudova. I. Morozov avait pris la direction des usines de Tver du vivant de ses frères. Une production énorme était concentrée entre les mains de cet homme solide, qui avait reçu une formation technique puisqu'il avait étudié puis terminé le Lycée polytechnique de Zurich. Mais, malgré l'attention constante qu'exigeait de la part de Morozov l'organisation de la production textile, il devint, faisant suite en cela à son frère Mikhaïl, un collectionneur de peinture passionné et un des mécènes les plus illustres de Moscou. Les frères avaient reçu dans leur enfance des leçons de peinture auprès d'artistes professionnels célèbres tels que E. Khrouslov et K. A. Korovine, ce qui naturellement, joua un rôle certain dans cette passion. Pendant ses années d'études en Suisse, Ivan Abramovitch passait son temps libre à peindre d'après nature, il étudiait systématiquement le dessin avec les étudiants du département architecture. Ses premières acquisitions furent des paysages et des esquisses théâtrales de Korovine et, vinrent ensuite des œuvres de I. I. Levitan, M. A. Vroubel, V. A. Serov, Vinogradov. Il fut l'un des premiers acheteurs du jeune artiste de Vitebsk, Marc Chagall. En 1906, Ivan Abramovitch assura à S. P. Diaguilev son soutien financier pour monter une l'exposition d'art russe au Salon d'Automne de Paris. Entre 1905 et 1910, Morozov voyagea régulièrement à Paris pour poursuivre l'activité de collectionneur de peinture moderne française de son frère aîné. Il visitait systématiquement le Salon des Indépendants et le Salon d'Automne et il devint un des clients attitrés de Vollard et Durand-Ruel, de Kahnweiller et de Druet, acquérant des tableaux de C. Monet, A. Renoir, E. Degas, P. Cézanne, A. Derain, Maurice de Vlaminck, H. Matisse, P. Picasso, un véritable flot de tableaux quittait Paris pour sa collection moscovite. L'hôtel particulier de Morozov sur la Pretchistenka allait devenir l'écrin de la deuxième collection moscovite d'art moderne français, qui ne cédait en rien à celle de M. A. Chtchoukine. Les pièces du rez-de-chaussée avaient été transformées en salles d'exposition, des œuvres de Maurice Denis, Pierre Bonnard et Aristide Maillol avaient été utilisées pour la décoration intérieure.
La collection de Morozov n'était pas ouverte au public ; sa difficulté d'accès conférait un certain mystère à l'hôtel particulier. Ceux qui s'y retrouvaient après avoir visité la collection Chtchoukine s'étonnaient : « Premièrement, on découvrait, comme une Amérique, que la moitié de la collection de Morozov se composait d'objets typiquement russes, d'artistes d'aujourd'hui, d'artistes vivants, d'artistes qui exposaient, qu'il aurait été impossible, en vertu des canons russes, d'asseoir à la même table que l'aristocratie parisienne de la peinture. Deuxièmement, on s'apercevait que non seulement le dernier cri de la peinture française était absent, mais qu'il n'y avait en fait pas de cri du tout, même si étaient exposés là les mêmes grands maîtres français affichés à grand bruit sur les murs de Chtchoukine... Chez Chtchoukine, les célébrités parisiennes du pinceau étaient comme mises en scène, en grand costume et maquillage ; chez Morozov, elles apparaissaient dans un cadre plus discret, plus intime, elles étaient plus transparentes » (A. Efros). La collection de Morozov se distinguait par l'austérité des choix et une certaine retenue, mais la qualité des œuvres était toujours extrêmement élevée. Elle tire sa renommée en particulier de dix-sept Cézanne, des *Vignes rouges à Arles* et du *Paysage à Auvers après la pluie* de V. Van Gogh, *Baignade dans la Seine* et une étude de portrait de Renoir.
En 1908, Chtchoukine amena Morozov dans l'atelier de Matisse, dont la popularité commençait seulement à grandir. La collection de Morozov s'enrichit par la suite d'une série de ses natures mortes. L'une d'elle apparaît en fond d'un portrait d'Ivan Abramovitch peint par Serov en 1910.
En 1917, la collection de Morozov comptait plus de cent œuvres d'artistes russes et près de deux cent cinquante œuvres acquises en France. Les événements révolutionnaires de 1917 entraînèrent de cruelles épreuves. La pensée de perdre dans la tourmente révolutionnaire sa collection hantait Ivan Abramovitch presque plus que l'expropriation de la manufacture de Tver. Le 19 décembre 1918, le Sovnarkom décréta la nationalisation de la collection d'Ivan Morozov. Munie d'un « sauf-conduit », elle servit de base à la constitution d'un musée national dont Ivan Abramovitch fut nommé sous-directeur. Cependant, les privations quotidiennes, le déchaînement de la guerre civile, la sensation de sa propre impuissance, la perte de ses amis, dont la majorité se retrouvait à l'étranger, rendirent peu à peu inéluctable l'idée d'émigrer. Morozov réussit, à la fin de 1918, à quitter la Russie. Ivan Abramovitch supporta très mal le départ et la perte de sa collection. La terrible nostalgie l'emporta, les maladies commencèrent. Ivan Abramovitch s'éteignit à l'été de 1921, en chemin pour une cure à Karlsbad.
Le musée de peinture moderne occidentale perdura jusqu'en 1940, date à laquelle le gouvernement soviétique prit la décision de le démanteler. Le « partage » ne fut effectivement réalisé qu'après la Seconde Guerre mondiale, en 1947. Une partie de la collection fut transférée au musée Pouchkine, l'autre au musée de l'Ermitage.
LUDMILA BOBROVSKAÏA

Cat. 427, repr. p. 56
Serov Valentin Alexandrovitch
L'Été. Portrait de O. F. Serova

1895
Huile sur toile
73,5 x 93,8
Signé : en bas à droite, *Serov*
Moscou, galerie Tretiakov, inv. 1523
HISTORIQUE : acquis de l'artiste par P. M. Tretiakov en 1896.
EXPOSITIONS : 24e TPKhV, 1896-1897, Saint-Pétersbourg-Moscou-Kharkov, n° 135 ; 1896, Nijni-Novgorod, n° 384 ; 1897, Stockholm, n° 1765 ; 1935, Moscou, n° 92 ; 1935,

Leningrad, n° 85 ; 1958-1959, Moscou ; 1964, Malmö-Bucarest, n° 33 ; 1965, Moscou-Leningrad, p. 35 ; 1976, Vienne-Graz, n° 101 ; 1980-1981, Stockholm-Göteborg, n° 41 ; 1981, Copenhague, n° 54 ; 1983, Oslo, n° 65 ; 1984, Cologne, n° 65 ; 1990, Kasama-Sapporo, n° 52 ; 1991, Moscou-Leningrad, n° 105.

Ce portrait a été réalisé à Domotkanovo, propriété située dans la province de Tver, où Serov faisait souvent de longs séjours et travaillait. La propriété appartenait à l'artiste et à V. D. von Dervize, membre important du *zemstvo,* mari de la cousine germaine de Serov, M. I. Simonovitch.
Modèle préféré du peintre – il existe douze portraits d'elle peints à diverses époques – O. F. Serova, épouse depuis 1889 de V. A. Serov, était la fille adoptive de la tante de l'artiste, A. S. Simonovitch. Serov aimait Domotkanovo et, à partir de 1886, il y passa souvent les mois d'été. Il y peignit de nombreux portraits devenus des classiques de l'art russe, en particulier le célèbre portrait *Jeune Fille éclairée par le soleil* (1886, Moscou, galerie Tretiakov), portrait de V. Mamontova. C'est ici aussi que furent réalisées de nombreuses études de paysage et les tableaux : *Soir d'automne. Domotkanovo* (1886, Moscou, galerie Tretiakov), *l'Étang envahi d'herbes. Domotkanovo* (1888, Moscou, galerie Tretiakov).
TATIANA L. KARPOVA

SHERWOOD VLADIMIR OSSIPOVITCH

Gouvernement de Tambov, 1832 – Moscou, 1897
Peintre, sculpteur, architecte, il étudia entre 1848 et 1849 à l'Institut d'architecture du palais et fut diplômé de l'Institut de peinture et de sculpture de Moscou en 1857. En 1872, il devient membre de l'Académie des beaux-arts de Saint-Pétersbourg comme peintre de portraits.

Cat. 428, repr. p. 235
Sherwood Vladimir Ossipovitch
Musée d'Histoire de Moscou,
projet réalisé, façade donnant sur la place Rouge, Moscou

1875
Aquarelle, blanc, encre de chine, encre sur papier entoilé
87,0 x 130,0
Signé : en bas à droite, à l'encre, *Akademik Vladimir Sherwood. Injenier Anatoly Smenov*
Échelle, en bas au milieu
Inscriptions : en haut, à l'encre de chine, à gauche, *Façade donnant sur la place Rouge ;* au milieu, *Projet de bâtiment du musée du Prince Héritier, le Tsarevitch ;* en haut à droite, à l'encre, *Approuvé par sa majesté le 8 août 1875. Tsarskoïe Selo. Le Général-adjudant Zelenoï*
Moscou, musée national d'Histoire, inv. 86892 R-2440
HISTORIQUE : entré au musée avant 1955 ; ce plan est visiblement entré au musée pendant le travail de Sherwood à la construction du bâtiment, à la fin des années 1870, il ne fut toutefois porté à l'inventaire général du Musée qu'en 1955.
BIBLIOGRAPHIE : cat. exp. Moscou, 1998, n° 32.
EXPOSITIONS : 1998-1999, Moscou ; 2002, Moscou.

En 1873, Sherwood est associé au projet de construction du bâtiment du musée d'Histoire de Moscou ; en 1874, il participe, avec l'ingénieur A. A. Semenov, au concours du meilleur projet. En août 1875, leur projet, qui portait la devise *Patrie* est, après quelques remaniements, approuvé par Alexandre II. Il servira de base au programme élaboré par la Commission scientifique associée à la Direction du musée d'Histoire (président-directeur : le général adjudant A. A. Zelenoï, camarade du président, l'archéologue scientifique le comte A. S. Ouvarov ; l'historien I. E. Zabeline prenait une part active à l'élaboration du programme). Les monuments de l'architecture russe des XVIe et XVIIe siècles servirent de modèles pour le bâtiment. La collection de dessins d'architecture du musée d'Histoire comprend l'ensemble des documents ayant servi au projet et à la construction de bâtiment du musée, dont les plans de Sherwood et Semenov de l'année 1875 : les quatre façades du bâtiment, les plans par étages et des coupes, ainsi que les esquisses de l'aménagement intérieur des salles du musée et du vestibule. Le bâtiment fut ouvert au public le 2 juin 1883.
N. N. SKORNIAKOVA

SOKOLOV VLADIMIR IVANOVITCH

1872-1946

Cat. 429
Sokolov Vladimir Ivanovitch
Étagère

vers 1910
Bois teinté sculpté
57,5 x 17 x 9
Serguiev Possad, musée d'Art populaire et d'Art décoratif, inv. 3231 d
MSP

SOMOV KONSTANTIN ANDREEVITCH

Saint-Pétersbourg, 1869 – Paris, 1939
Peintre, dessinateur, illustrateur de livres. Il étudia à l'Académie des beaux-arts de Saint-Pétersbourg, dans l'académie de Colarossi à Paris. Académicien. Membre fondateur du cercle le Monde de l'art

Cat. 430, repr. p. 265
Somov Konstantin Andreevitch
***Couverture* pour les volumes de la collection « Théâtre », éditions Chipovnik (« l'églantier »), Saint-Pétersbourg**

1907
Aquarelle, encre de chine à la plume et au pinceau, gouache, sur papier
29,3 x 21,7
Moscou, galerie Tretiakov, inv. 9865
HISTORIQUE : entré en 1927 en provenance du GMF ; ancienne collection Eckert.

En 1907, les éditions Chipovnik publient le premier ouvrage d'une série « Théâtre » : *Alexandre Blok. Drames lyriques. Baraque de foire. Le Roi sur la place. L'Inconnue.* La couverture, réalisée par Somov, devait servir à tous les volumes de la série, elle est toutefois, sans conteste, inspirée des œuvres de Blok, qui en constituent le premier volume. Au printemps de 1907, une courte période de fréquentation et de collaboration s'instaure entre Blok et Somov. C'est là que l'artiste réalise sur commande un portrait graphique du poète, pour la revue *la Toison d'or,* que publie N. P. Riaboujinsky. On peut supposer que les séances de travail sur le portrait servaient également à discuter le projet de publication de « Théâtre » et la maquette de sa couverture, qui répond de manière très précise au dessein de présenter les trois œuvres dramatiques d'Alexandre Blok comme une trilogie. L'idée maîtresse de la publication est explicitée dans la préface, rédigée pour l'occasion par Blok : « ... Trois petits drames, livrés à l'attention du lecteur, des drames *lyriques,* au fond, c'est-à-dire que les tribulations, les doutes, les passions, les échecs, les chutes d'une âme, n'y sont présentés que sous leur aspect dramatique. Je ne tire ici aucune conclusion générale, morale ou autre. L'unité entre les trois drames se fait autour du personnage central et de ses aspirations [...]. Les trois drames ont de plus en commun un ton moqueur qui les rattache peut-être au *romantisme,* à cette « ironie transcendantale » dont parlaient les romantiques...

Les trois pièces ont déjà été publiées : *Baraque de foire,* dans *les Flambeaux (Fakeli ;* volume 1), *le Roi sur la place,* dans *la Toison d'or* (n° 4, 1907), *l'Inconnue,* dans *la Balance* (n° 5-6-7, 1907). Malgré de grosses insuffisances techniques, je me résous à les rassembler en un volume à part : je crois que l'âme contemporaine y a trouvé une certaine expression, ce creuset de chutes et de répétitions à travers lesquelles l'âme de l'homme contemporain trouve à se régénérer. Pas un seul de mes drames lyriques n'a pour moi d'autre signification ».
Blok ajoute qu'« aucune de ces pièces n'a été conçue pour la scène ». *Baraque de foire* fut néanmoins mise en scène par Meyerhold, à qui ce drame lyrique est d'ailleurs dédié, à l'automne de 1906, dans le théâtre de V. F. Komissarjevskaïa. Le spectacle réunissait l'avant-garde artistique. Meyerhold lui-même jouait le rôle de Pierrot, « conférant au rôle un sérieux et une authenticité effarants », les décors et costumes de N. N. Sapounov et la musique du poète M. A. Kouzmine « contribuèrent grandement au charme de *Baraque de foire,* qui était un spectacle exceptionnel, magique en quelque sorte ». La mise en scène déclencha de furieuses polémiques et fit date dans la vie culturelle de la Russie et le développement de l'art théâtral. Blok en fut content et il la qualifia d'« idéale ». Les mises en scène conçues par Meyerhold pour les deux autres pièces ne furent pas montées.
Evguenia Ilioukhina

Cat. 431
Somov Konstantin Andreevitch
Portrait du poète M. A. Kouzmine. Variante

1909
Aquarelle, rehauts de blanc, crayon de couleur, crayon graphite sur papier
34,2 x 26,0
En bas à droite, au crayon graphite, la signature : *K. Somov, 1909*
Moscou, galerie Tretiakov, inv. 5377
Historique : entré en 1917 en provenance de la collection V. O. Guirchman, Moscou.

M. A. Kouzmine était poète, compositeur, critique musical.
Evguenia Ilioukhina

Cat. 432
Somov Konstantin Andreevitch
Portrait du peintre M. V. Doboujinsky

1910
Crayon graphite, sanguine sur papier
44,1 x 31,2
En bas à droite, au crayon graphite, la signature : *K. Somov, 1910*
Moscou, galerie Tretiakov, inv. 5406
Historique : entré en 1917 en provenance de la collection V. O. Guirchman, Moscou.

M. V. Doboujinsky était peintre, membre du Monde de l'art.
Evguenia Ilioukhina

Cat. 433
Somov Konstantin Andreevitch
Carnaval. Petite langue de Colombine

1913
Aquarelle et gouache sur papier
29,2 x 22,5
Saint-Pétersbourg, Musée d'État russe, inv. R 6563
MR

Cat. 434, repr. p. 266
Somov Konstantin Andreevitch (illustrateur)
Le Livre de la marquise

1918
26,0 x 21,0 (fermé)
Saint-Pétersbourg, Bibliothèque nationale de Russie, inv. Ei35393
Expositions : 1996, Londres, p. 131, n° 41 ; 1998, Saint-Pétersbourg.

En 1908 était paru une première version du *Livre de la marquise* (*Das Lesebuch der Marquise,* textes réunis par Fr Blei), publié à Munich par Hans von Weber et illustré par Somov. Une version jugée pornographique avait été censurée.
En 1918, après la levée de la censure, Somov publia une autre version, plus érotique que la première.
BNR Saint-Pétersbourg

SOUDEÏKINE SERGUEÏ IOURIEVITCH
Smolensk, 1882 – New York, 1946

Peintre et décorateur de théâtre. Il étudia à l'École de peinture, sculpture et architecture de Moscou, à l'Académie des beaux-arts de Saint-Pétersbourg. Participa aux expositions du Monde de l'art, à la revue symboliste *la Balance,* et aux Ballets russes de S. P. Diaguilev

Cat. 435, repr. p. 247
Soudeïkine Sergueï Iourievitch
Frontispice* pour la revue *Vessy (la Balance)

1907
Plume et encre noire, rehauts de blanc, peinture bronze sur carton
25,9 x 30,5
Moscou, galerie Tretiakov, inv. 10507
Historique : ancienne collection S. A. Poliakov, Moscou.
GT

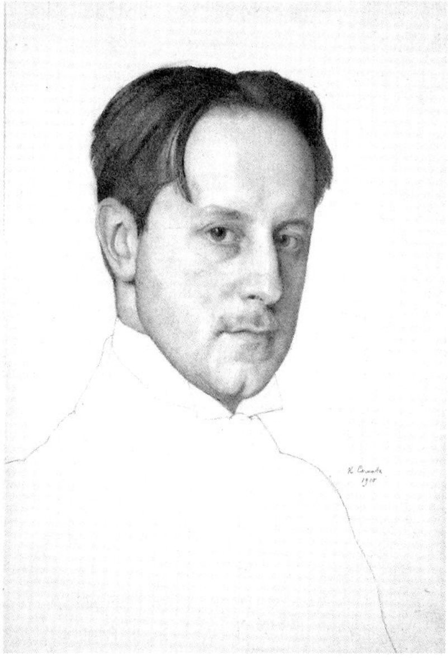
Cat. 432

Cat. 436, repr. p. 247
Soudeïkine Sergueï Iourievitch
Vénus russe

1907
Aquarelle, gouache, plume et encre de chine, sur carton
29,4 x 37,6
Inscription : en bas, au milieu, *Soudeïkine*
Moscou, galerie Tretiakov, inv. 4278
HISTORIQUE : acquis de S. P. Poliakova, Moscou, en 1918 par le conseil de la galerie Tretiakov.
GT

Cat. 437
Soudeïkine Sergueï Iourievitch
Coquette

Vers 1910-1914
38,5 x 26,5
Plume et encre, aquarelle, gouache, bronze et laque, sur carton
Saint-Pétersbourg, Musée d'État russe, inv. R-60658
MR

SOUSLOV VLADIMIR VASSILIEVITCH

1857-1921
Souslov réalisa de nombreux relevés de monuments russe anciens comme ceux de la cathédrale de la Résurrection à Romanov-Boris-et-Gleb des églises de Medvedkovo, Markovo, Viazemy, par exemple. Ces relevés furent édités, en plusieurs livraisons, dans un album *Pamiatniki drevnego russkogo zodtchestva (Monuments de l'architecture ancienne russe)* qui parut en français au début du XXe siècle.

Cat. 438
Souslov Vladimir Vassilievitch
Relevé de la cathédrale de la Résurrection à Romanov-Boris-et-Gleb

Façade est
1883
encre de chine, aquarelle sur papier contrecollé sur carton
39,6 x 56,7 (feuille) ; 42,5 x 59,8 (carton)
Saint-Pétersbourg, musée de l'Académie des beaux-arts de Russie, inv. A-3962
EKATERINA SAVINOVA

Cat. 439
Souslov Vladimir Vassilievitch
Relevé de la cathédrale de la Résurrection à Romanov-Boris-et-Gleb

Galerie sud
1883
encre de chine, aquarelle sur papier
43,0 x 23,7 (feuille) ; 59,7 x 42,3 (passe-partout)
Saint-Pétersbourg, musée de l'Académie des beaux-arts de Russie, inv. A-3967
EKATERINA SAVINOVA

Cat. 440
Souslov Vladimir Vassilievitch
***Projet de restauration de l'église de la Vierge de Kazan dans le village de Markovo*, province de Moscou**

Vue en perspective
1886
encre de chine et aquarelle sur papier contrecollé sur carton
42,5 x 31,8 (feuille) ; 63,5 x 44,7 (carton)
Saint-Pétersbourg, musée de l'Académie des beaux-arts de Russie, inv. A-3902
EKATERINA SAVINOVA

STELLETSKY DMITRI SEMENOVITCH

Brest-Litovsk, 1875 – Sainte-Geneviève-des-Bois, 1947
Peintre, sculpteur, décorateur de théâtre actif à Saint-Pétersbourg. Il étudia à l'Académie des beaux-arts de Saint-Pétersbourg. Membre du Monde de l'art et de l'Union des peintres russes. Il émigra à Paris après la Première Guerre mondiale. Il créa la société *L'Icône* et décora plusieurs églises de l'émigration russe en France.

Cat. 441
Stelletsky Dmitri Semenovitch
***Surtout de table*, cinq éléments**

1912
Plâtre peint
a. 23,0 x 30,4 x 59,0
Saint-Pétersbourg, Musée d'État russe, inv. F 4657
b. 25,0 x 18,0 x 32,6
Saint-Pétersbourg, Musée d'État russe, inv. F 4658
c. 24,1 x 10,8 x 36,2
Saint-Pétersbourg, Musée d'État russe, inv. F 4659
d. 22,8 x 13,2 x 34,4
Saint-Pétersbourg, Musée d'État russe, inv. F 4660
e. 26,2 x 14,0 x 31,9
Saint-Pétersbourg, Musée d'État russe, inv. F 4661
MR

Cat. 442, repr. p. 144-145
Stelletsky Dmitri Semenovitch
Esquisses* pour l'illustration du *Dit du prince Igor

1906

a. ***Jeune Fille en pleurs,* motif ornemental**
Gouache sur papier
51,0 x 34,0
Moscou, galerie Tretiakov, inv. 3782
HISTORIQUE : acquis de l'artiste en 1911 par le conseil de la galerie Tretiakov.

b. ***Motif ornemental***
Gouache sur papier
51,0 x 34,0.
Moscou, galerie Tretiakov, inv. 3785

c. ***Le Songe de Sviatoslav***
Gouache sur papier
51,0 x 34,0
HISTORIQUE : acquis en 1911.
Moscou, galerie Tretiakov, inv. 3788

d. ***La Lamentation de Sviatoslav. Les Princes Rourik et David. Le Prince Iaroslav Galitsky***
Gouache sur papier
51,0 x 34,0
Moscou, galerie Tretiakov, inv. 3793
HISTORIQUE : acquis de l'artiste en 1911 par le conseil de la galerie Tretiakov.

e. ***La Lamentation de Sviatoslav : invocation au Soleil***
Gouache sur papier
51,0 x 34,0
Moscou, galerie Tretiakov, inv. 3803
HISTORIQUE : acquis de l'artiste en 1911 par le conseil de la galerie Tretiakov.

f. ***Le Fleuve Donets***
Gouache sur papier
51,0 x 34,0
Moscou, galerie Tretiakov, inv. 3805
Historique : acquis de l'artiste en 1911 par le conseil de la galerie Tretiakov.

g. ***La Lamentation de sa mère sur le prince Rostislav***
Gouache sur papier
51,0 x 34,0
Moscou, galerie Tretiakov, inv. 3806
HISTORIQUE : acquis de l'artiste en 1911 par le conseil de la galerie Tretiakov.

Le Dit du prince Igor est le chef-d'œuvre, anonyme, de la littérature russe médiévale. Écrit au XIIe siècle, il relate la campagne du prince Igor Sviatoslavovitch contre les Polovtses en 1185. L'opéra *le Prince Igor* de A. Borodine est inspiré des thèmes de cette œuvre. De nombreux artistes ont illustré *le Dit du prince Igor*, les suites les plus célèbres sont celles de Stelletsky et de N. S. Gontcharova, conçues dans le style des manuscrits du Moyen Âge. Le travail de Stelletsky était très prisé de ses contemporains. A. N. Benois qualifiait ces illustrations de « chefs-d'œuvre stylistiques », mais les illustrations de Stelletsky ne furent pas utilisées. L'artiste y travaillait depuis le début des années 1900. À l'hiver de 1910-1911, la série d'illustrations fut présentée à l'exposition du *Monde de l'art* à Saint-Pétersbourg et très vite la galerie Tretiakov se porta acquéreur de l'ensemble. Il s'agit d'une maquette de livre achevée, composée de quarante-cinq dessins recto-verso, réalisés à la gouache avec les textes manuscrits. La dernière page porte l'inscription, en lettres vieux slave : « Ce livre a été enluminé par Dmitri

Semenovitch Stelletsky en 1906 à Rimini en Italie, les textes ont été manuscrits par Ivan Gavrilovitch Blinov en la ville impériale de Moscou ».
IRINA CHOUMANOVA

Cat. 443, repr. p. 347
Stelletsky Dmitri Semenovitch
Femme de boyard (Marpha-posadnitsa, Boretskaïa)

1910
Bois peint
69,0 x 39,0 x 30,0
Signé et daté : au revers, *A. Stelletsky, Paris, 1910*
Saint-Pétersbourg, Musée d'État russe, inv. SK 562
HISTORIQUE : acquis à Saint-Pétersbourg en 1911.
ŒUVRE EN RAPPORT : plâtre peint, collection particulière ; bois, Venise, Galerie nationale.
MR

Cat. 444
Stelletsky Dmitri Semenovitch
***Costume* pour *le Tsar Fedor Ivanovitch,* tragédie de A. K. Tolstoï**

vers 1910
35,5 x 24,5
Crayon graphite et gouache sur papier
Saint-Pétersbourg, Musée d'État russe, inv. R-34599
MR

STROGANOV

Cat. 445
Stroganov, fabricant de faïence et porcelaine
Boyard du XVIIe siècle

1905-1912
Céramique émaillée *(majolika)*
38,0 x 19,0 x 18,0
Saint-Pétersbourg, Musée d'État russe, inv. FS 1350/grt
MR

SULTANOV NIKOLAÏ VLADIMIROVITCH
1850-1908

Cat. 446
Sultanov Nikolaï Vladimirovitch
Projet de chapelle

1893
encre de chine, aquarelle, bronze sur papier contrecollé sur carton
31,8 x 15,4 (feuille) ; 47,0 x 31,8 (carton)
Saint-Pétersbourg, musée de l'Académie des beaux-arts de Russie, inv. A-18512
EKATERINA SAVINOVA

Cat. 447
Sultanov Nikolaï Vladimirovitch
***Projet de monument à l'empereur Alexandre II* dans le « style russe » à Moscou**

1893
encre de chine, aquarelle, bronze sur papier contrecollé sur carton
30,8 x 35,0 (feuille) ; 40,0 x 48,6 (carton)
Saint-Pétersbourg, musée de l'Académie des beaux-arts de Russie, inv. A-18487
EKATERINA SAVINOVA

TALACHKINO

Cat. 448
Talachkino
Gabriel Mourey, « L'art populaire russe », *Art et décoration,*
1er semestre 1903, t. XIII, p. 237-246

1903
Paris, Bibliothèque du musée d'Orsay

TCHEKHONINE SERGUEÏ VASSILIEVITCH
Gare Lykochino, province de Novgorod, 1878 – Lörrach, Allemagne, [Lorri, Suisse ?] 1936
Peintre, décorateur, dessinateur. Il étudia à l'école-atelier de M. K. Tenicheva à Saint-Pétersbourg. Il travailla dans l'atelier de céramique d'Abramtsevo. Membre du Monde de l'art

Cat. 449, repr. p. 268
Tchekhonine Sergueï Vassilievitch
V. A. Verechtchaguine. Mémoires d'autrefois

1914
22,0 x 16,0 (feuille) ; 27,0 x 20,2 (passe-partout)
Moscou, Bibliothèque d'État russe, inv. 66313-57
BER

Cat. 450
Tchekhonine Sergueï Vassilievitch
Dessin préparatoire* pour le frontispice du *Dessin russe

1914
33,5 x 24,9
Saint-Pétersbourg, Musée d'État russe, inv. R 34722
MR

TCHERKOV
Actif à Moscou en 1909

Cat. 451
Tcherkov
Tolstoï entouré d'enfants à Iasnaïa-Poliana

Mai 1909
Épreuve argentique
16,1 x 22,8
Moscou, musée Tolstoï, inv. 19 714
DOMINIQUE DE FONT-RÉAULX

MATVEÏ AFFANASSIEVITCH TCHIJOV
1838-1916

Cat. 452
Tchijov M. A.
Le Paysan ruiné

1872-1907
Bronze
110,0 x 83,0 x 86,0
Signé et daté, sur le piédestal *fait par Tchijov, Rome, 1872*
Cachet : de l'atelier de la fonderie, *Fusa a cora persa sistema Robecchi Pietro 1907, Carlo Robecchi ; fondu à Saint-Pétersbourg, 1907*
Saint-Pétersbourg, Musée d'État russe, inv. SK 447
ŒUVRES EN RAPPORT : marbre, variante, Moscou, galerie Tretiakov ; réduction, Saint-Pétersbourg, Club des membres du chemin de fer de Leningrad ; plâtre, Tachkent, musée d'Art d'Ouzbekistan ; collection privée (Leningrad, avant 1992) ; Perm, Galerie de Perm, dix réductions plâtre d'après un surmoulage fait en 1959-1960 par le Musée d'État russe.
EXPOSITIONS : 1873, Vienne, no x ; 1878, Paris, Exposition universelle.
MR

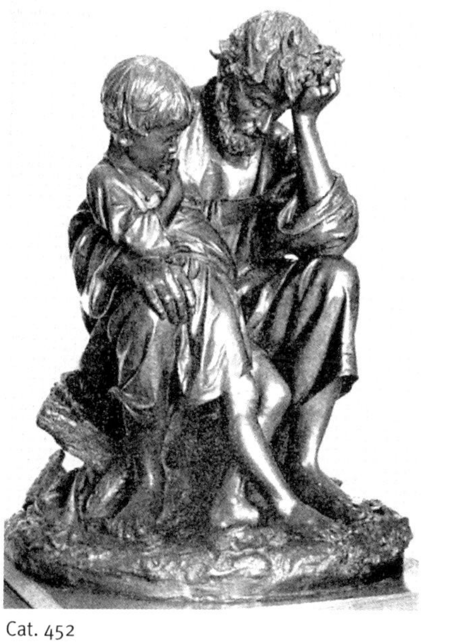

Cat. 452

TENICHEVA MARIA KLAVDIEVNA
Saint-Pétersbourg ?, 1858 – Saint-Cloud, 1928

Cat. 453, repr. p. 202
Tenicheva Maria Klavdievna
Plat

1912
Argent émaillé
Ø 31
Paris, musée des Arts décoratifs, inv. 27648a
MAD

Cat. 454, repr. p. 209
Tenicheva Maria Klavdievna
***Salière*, réplique du modèle de 1907**

1912
Argent émaillé, rhodochrosite et perles
Ø 4,5
Paris, musée des Arts décoratifs, inv. 27648b
MAD

TOLSTOÏ SOFIA (SOPHIE) ANDREEVNA
1845-1919

Cat. 455, repr. p. 121
Tolstoï Sofia (Sophie) Andreevna
En famille, Iasnaïa Poliana

1887
Épreuve sur papier albuminé à partir d'un négatif verre
14,1 x 12,3 (épreuve) ; 17,9 x 16,0 (support)
Moscou, musée Tolstoï, inv. 2377
Bibliographie : Apraxine, 1991, p. 53.

Cette photographie, prise avant la mort du plus jeune fils des Tolstoï, Ivan – « Vanitchka » –, est une des rares images qui montre les nombreux enfants de l'écrivain et de Sophie rassemblés. C'est l'une des premières photographies réalisées par Sophie Tolstoï, peu de temps après qu'elle a fait l'acquisition de son appareil. Ses premiers sujets sont, comme ici, les siens qu'elle aime réunir autour d'elle. Portant, comme à l'accoutumée, une de ses grandes blouses de moujik, Tolstoï apparaît ici plus gai et plus affectueux qu'il ne l'est souvent sur les photographies prises par son épouse. Il enlace Ivan dont la disparition en 1895 fut une épreuve très cruelle pour Sophie Tolstoï, épreuve qui contribua, plus encore, à éloigner les deux époux, malgré les nombreux efforts qu'elle fit alors. Souffrant de la distance entre eux, elle nota ainsi dans son journal, en 1908 (1981, t. 1, p. 149) : « ... on dirait que son corps mène une existence séparée et que son esprit, beaucoup plus élevé et indépendant du corps, reste indifférent à la vie terrestre... ».
Dominique de Font-Réaulx

Cat. 456, repr. p. 121
Tolstoï Sofia (Sophie) Andreevna
Maria et Alexandra Tolstoï avec les enfants des paysans d'Iasnaïa Poliana

1896
Épreuve sur papier albuminé à partir d'un négatif verre
12 x 16,8 (épreuve) ; 16,2 x 22,5 (support)
Inscription autographe : au recto, *Maria et ses élèves*
Moscou, musée Tolstoï, inv. 15 018
Bibliographie : Apraxine, 1991, p. 104.
Dominique de Font-Réaulx

Cat. 457
Tolstoï Sofia (Sophie) Andreevna
Les Trois Lev Tolstoï, père, fils, petit-fils

30 mai 1899
Épreuve sur papier albuminé à partir d'un négatif verre
12,1 x 15,9 (épreuve) ; 17,4 x 23,4 (support)
Moscou, musée Tolstoï, inv. 11 118
Dominique de Font-Réaulx

Cat. 458, repr. p. 122
Tolstoï Sofia (Sophie) Andreevna
Lev Tolstoï assis sur un banc à Iasnaïa Poliana

1900
Épreuve sur papier albuminé à partir d'un négatif verre
17 x 12,2 (épreuve), 12,6 x 16,7 (support)
Moscou, musée Tolstoï, inv. 16 315
Bibliographie : Apraxine, 1991, p. 39 ;

Cette photographie fut prise pour servir de modèle au sculpteur Ilia Guinzbourg.
Dominique de Font-Réaulx

Cat. 459
Tolstoï Sofia (Sophie) Andreevna
Lev Tolstoï et Anton Tchekhov à Gaspra

Septembre 1901
Épreuve sur papier albuminé à partir d'un négatif verre
16,9 x 12,2 (épreuve), 22,8 x 16,7 (support)
Moscou, musée Tolstoï, inv. 15 296
Bibliographie : Apraxine, 1991, p. 121.

On sait l'admiration que A. P. Tchekhov portait à son génial aîné ; admiration si forte qu'il dut, pour concevoir sa propre œuvre littéraire, s'en dégager. Malgré le respect profond de Tchekhov pour le vieux prophète d'Iasnaïa Poliana, tout, en fait, sépare les deux hommes : la profonde religiosité de Tolstoï est étrangère à son cadet qui, médecin, croit en l'homme et en la science. En outre, le fils de serf demeure ironique aux poses du grand seigneur en moujik. « C'est parce que le sang qui coule dans mes veines est un sang de moujik qu'on ne

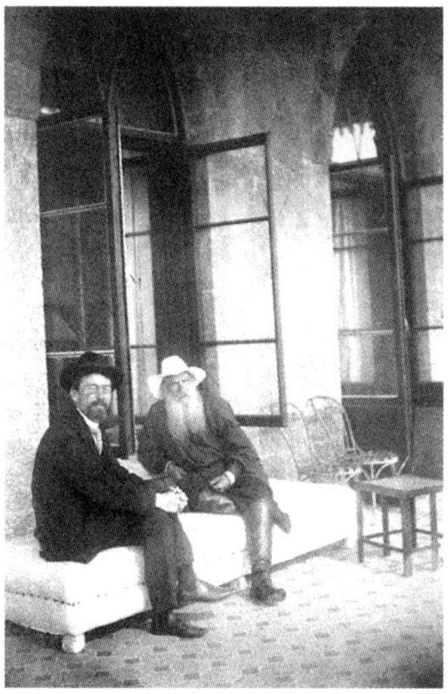
Cat. 459

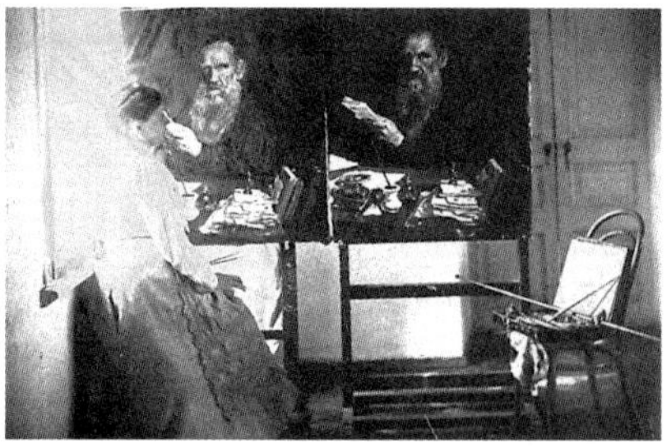
Cat. 460

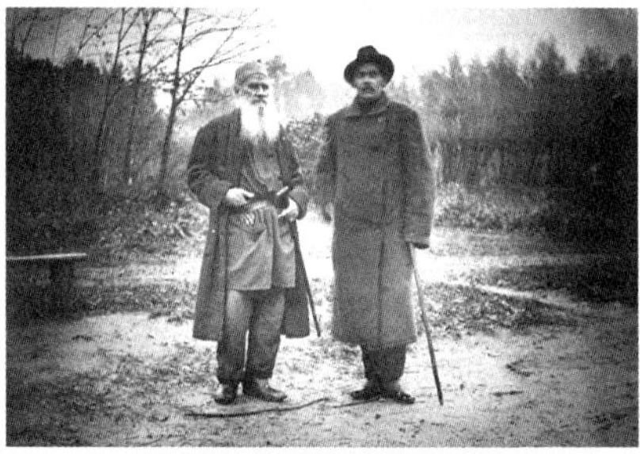
Cat. 461

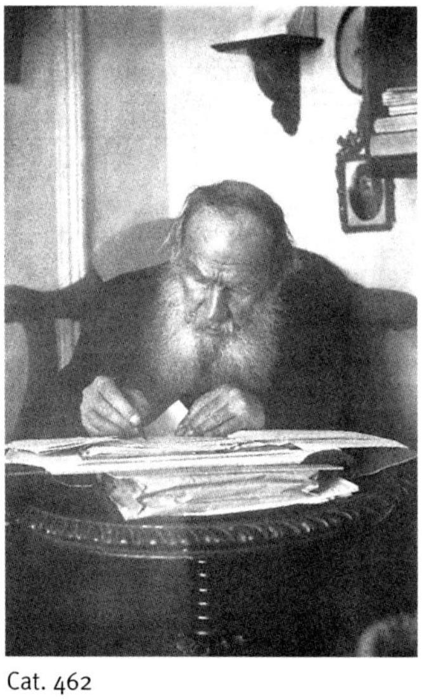
Cat. 462

peut pas m'étonner avec des vertus de moujik ». La première rencontre des deux écrivains date d'août 1895 ; Tchekhov se rendit alors à Iasnaïa Poliana. Sophie prit une photographie lors de cette visite. Ils se revirent à Moscou mais c'est surtout en 1901, alors qu'ils séjournaient tous deux en Crimée, Tchekhov à Ialta, où il vivait alors pour tenter de soigner la tuberculose qui l'emporta quelques années plus tard et Tolstoï à Gaspra, dans la maison de Panina où fut prise cette photographie, que les deux grands littérateurs se fréquentent.
Les photographies de Sophie Tolstoï, celle-ci en particulier, compte tenu de la renommée de ses deux modèles furent à plusieurs reprises reproduites sous forme de cartes de visite ou de cartes albums et commercialisées par des éditeurs privés.
DOMINIQUE DE FONT-RÉAULX

Cat. 460
Tolstoï Sofia (Sophie) Andreevna
Sophie Tolstoï copiant le portrait de Tolstoï par Repine

1904
Épreuve sur papier albuminé à partir d'un négatif verre
11,8 x 17,3 (épreuve) ; 16,9 x 23,1 (support)
Moscou, musée Tolstoï, inv. 15 873
BIBLIOGRAPHIE : Apraxine, 1991, p. 98.
DOMINIQUE DE FONT-RÉAULX

Cat. 461
Tolstoï Sofia (Sophie) Andreevna
Lev Tolstoï et Maxime Gorki à Iasnaïa Poliana

Octobre 1908
Épreuve sur papier albuminé à partir d'un négatif verre
11,6 x 15,8 (épreuve), 19,8 x 24,3 (support)
Moscou, musée Tolstoï, inv. 18 253
BIBLIOGRAPHIE : Apraxine, 1991, p. 79

La visite de jeunes auteurs, venus rendre hommage à la figure légendaire des lettres russes qu'il devint dès la parution de *Guerre et Paix*, est parmi les rares moments où Tolstoï semble se plier de bonne grâce aux séances de pose arrêtées par son épouse. Il pose ici en compagnie du jeune Maxime Gorki (1868-1936). Il est amusant de noter que le jeune écrivain, compagnon de Lenine, auteur des *Bas-fonds* – publié en 1902 -, est ici vêtu avec soin, alors que le vieil aristocrate porte, comme toujours, sa tenue de moujik et adopte son attitude favorite, à la fois décidée et désinvolte, les mains glissées dans la ceinture qui tient sa chemise.
DOMINIQUE DE FONT-RÉAULX

Cat. 462
Tolstoï Sofia (Sophie) Andreevna
Tolstoï à sa table de travail

1909
Épreuve sur papier albuminé à partir d'un négatif verre
17,2 x 12,2 (épreuve), 16,8 x 20,8 (support)
Moscou, musée Tolstoï, inv. 15 038

Les photographies d'intérieur prises par Sophie Tolstoï sont rares. Elle n'utilisait en effet pas de tirage artificiel et ne retouchait apparemment jamais ses négatifs, dont elle effectuait le tirage elle-même en utilisant un papier à imprimer ordinaire qui donne à beaucoup de ses images un ton brun.
DOMINIQUE DE FONT-RÉAULX

Cat. 463, repr. p. 121
Tolstoï Sofia (Sophie) Andreevna
Le Dernier Anniversaire de mariage (le 48e)

23 septembre 1910
Épreuve sur papier albuminé à partir d'un négatif verre
17,2 x 11,9 (épreuve) ; 22,6 x 16,4 (support)
Moscou, musée Tolstoï, inv. 15 594
BIBLIOGRAPHIE : Apraxine, 1991, p. 152

Cette photographie, qui porte au verso, en russe, de la main de Sophie Tolstoï, « je ne saurai pas le retenir », est la dernière photographie de Tolstoï, prise quelques semaines avant sa mort. Il refusa que Sophie soit présente à ses côtés pour ses derniers instants, ne gardant auprès de lui que leur fille Tatiana, qui lui servait, depuis plusieurs années, de secrétaire.
DOMINIQUE DE FONT-RÉAULX

Vachkov Sergueï Ivanovitch

Serguiev Possad, 1879 – Moscou, 1914
Dessinateur et architecte, diplômé de 1901 l'Institut impérial Stroganov avec le titre de dessinateur scientifique. Directeur artistique de la Compagnie Olovianichnikov et frères à Moscou, spécialisée dans l'art liturgique. Rédacteur de la revue *Svetilnik (le Flambeau)*

Cat. 464, repr. p. 157
Vachkov Sergueï Ivanovitch
Cadre à icônes contenant une icône de la Vierge Znamenie
Cadre à icônes réalisé d'après un projet de S. I. Vachkov, icône anonyme, Compagnie P. I. Olovianichnikov frères, Moscou

Vers 1900
Chêne gravé, tempera sur bois
60,0 x 38,5 x 12,0
Moscou, musée national d'Histoire, inv. GIM 75938/D5-1198
HISTORIQUE : entré en 1926 comme faisant partie de la collection d'objets liturgiques de la Compagnie P. I. Olovianichnikov frères.
EXPOSITIONS : 1991, Londres, n° 443 ; 1998-1999, Moscou, n° 225.

S. I. Vachkov, admirateur de Viktor M. Vasnetsov, fut l'un des principaux artistes à l'origine de la variante nationale et romantique russe de l'Art nouveau. Ancien élève de l'Institut Stroganov, il en devint professeur. Sous sa houlette, fonctionnait au sein de cet établissement un atelier de menuiserie qui fabriquait du mobilier dans le style néo-russe. Un magasin spécial fut ouvert à Moscou, rue Rojdestvenka, pour écouler la production de l'Institut Stroganov. Il s'inspirait beaucoup du magasin *Rodnik (la Source)* de la princesse Tenicheva. Vachkov était également le principal collaborateur de la Compagnie O. I. Olovianichnikov frères, qui s'était spécialisé dans la fabrication d'objets liturgiques – tissus, icônes, orfèvrerie –, vendus dans son magasin situé au centre de Moscou, rue Nikolskaïa. Par ailleurs, l'entreprise possédait à Iaroslavl une fonderie de cloches. La majeure partie des projets était conçue par Vachkov. L'entreprise produisait des objets liturgiques non seulement pour l'église orthodoxe, mais aussi pour d'autres confessions. Elle publiait en outre des objets parfaitement laïques, dont du mobilier. Les projets de Vachkov créés pour Olovianichnikov étaient acquis par d'autres joailliers, dont Fabergé. En même temps, Vachkov était le rédacteur artistique de la revue *Svetilnik*, où il montra son talent d'organisateur et d'artiste graphique, sans compter son activité d'architecte, principalement à Moscou et dans ses environs : la maison de rapport de l'église de la Sainte-Trinité à Moscou ; la *datcha* de I. A. Alexandrenko près de Moscou, quelques écoles de paroisse. Vachkov s'appuyait souvent sur les traditions de l'art russe ancien : l'architecture de la Russie du XIIe siècle de Vladimir et Souzdal et l'art russe du XVIe siècle.
OLGA STROUGOVA

Cat. 465
Vachkov Sergueï Ivanovitch
Esquisse pour des portes d'iconostase

Moscou, 1903
Aquarelle, encre de chine, blanc, encre sur papier contrecollé sur carton ; dans une marie-louise à biseau doré
54,5 x 29,0
Signé : en haut à droite, à l'encre de chine, *S. Vachkov 1903*
Cachet : en haut à gauche, *Fabrique d'objets liturgiques fournisseurs de la maison de Sa Majesté l'Empereur P. I. Olovianichnikov Frères à Moscou*
Moscou, musée national d'Histoire, inv. 95945 A-1657/20
Historique : entré au musée avant 1955 (date d'inscription dans le Grand Inventaire du musée national d'Histoire).
Bibliographie : Nachtchokina, 2000, p. 63-66.

S. I. Vachkov publia en 1911 un album, *l'Art religieux,* avec les photos des objets liturgiques ou laïques réalisés d'après ses dessins, qui combinaient les motifs de l'Ancienne Russie à ceux du christianisme primitif. Vachkov utilisait presque toutes les techniques traditionnelles de l'Ancienne Russie et se consacra également au décor de nombreux intérieurs d'église.
N. N. Skorniakova

Cat. 466
Vachkov Sergueï Ivanovitch
***L'Art religieux,* recueil d'objets liturgiques réalisés par la Compagnie de P. N. Olovianichnikov**

Moscou, 1911
Chromolithographie
33,0 x 25,0
Saint-Pétersbourg, Bibliothèque nationale de Russie, inv. Ei11587
BNR Saint-Pétersbourg

VASNETSOV APOLINARY MIKHAÏLOVITCH

Riabovo, province de Kiev, 1856 – Moscou, 1933
Peintre, décorateur de théâtre. Membre des ambulants en 1883, il exposa avec les 36. Il enseigna à l'École d'art et d'architecture de Moscou (1901-1918). Frère de Viktor.

Cat. 467
Vasnetsov Apolinary Mikhaïlovitch
***Place devant l'église (Une rue dans la ville),* acte III, projet pour le décor de *Membre d'Opritchina,* opéra de P. I. Tchaïkovsky, Moscou, opéra privé de S. I. Zimine**

1911
Fusain et aquarelle sur carton
57,0 x 87,5
Signé : au recto, en bas à droite, *Apolinary Vasnetsov*
Moscou, musée central d'État du théâtre A. A. Bakhrouchine, inv. KP-5222
Historique : acquis avant 1936.
Bibliographie : Bespalova, 1983, p. 107, ill. p. 105.
Expositions : 1911, Moscou ; 1912, Saint-Pétersbourg ; 1950, Moscou.
Natalia F. Makerova

VASNETSOV VIKTOR MIKHAÏLOVITCH

Lopial, région de Kirov, 1848 – Moscou, 1926
Peintre, dessinateur, décorateur de théâtre, illustrateur. Il travailla à Viatka avec son frère Apolinary M. Vasnetsov (cat. 467). Il étudia à l'École d'encouragement des Arts et à l'Académie des beaux-arts de Saint-Pétersbourg, puis s'installa à Moscou. Membre du cercle d'Abramtsevo. Membre de la Société des ambulants et de l'Union des artistes russes. Président de la Commission d'étude du Vieux Moscou auprès de la Société archéologique de Moscou.

Cat. 468, repr. p. 238
Vasnetsov Viktor Mikhaïlovitch
Façade de la galerie Tretiakov à Moscou, élévation

1901
Aquarelle, et encre de chine à la plume et au pinceau
90,0 x 194,0
Moscou, galerie Tretiakov, inv. 29353
Renata Clavien

Cat. 469
Vasnetsov Viktor Mikhaïlovitch
Dessin préparatoire pour le menu du repas donné à l'occasion du couronnement du tsar Alexandre III

1881
Plume et encre, aquarelle et lavis de bronze sur papier
38,3 x 26,0
Saint-Pétersbourg, Musée d'État russe, inv. R-33300
MR

Cat. 470
Vasnetsov Viktor Mikhaïlovitch
Projet pour la chapelle funéraire de Andreï S. Mamontov (1869-1891), *fils de S. I. Mamontov*

1891
Aquarelle, crayon graphite, lavis bronze sur papier
52,0 x 22,0
Signé et daté : *Viktor Vasnetsov 22 avril 1891*
Abramtsevo, musée-réserve du domaine d'Abramtsevo
Bibliographie : Paston, 2003, p. 189.
MRA

Cat. 471, repr. p. 142
Vasnetsov Viktor Mikhaïlovitch
Le Guerrier à la croisée des chemins

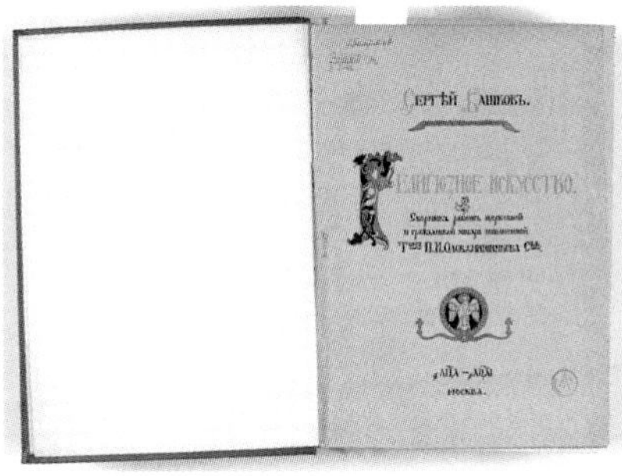
Cat. 466

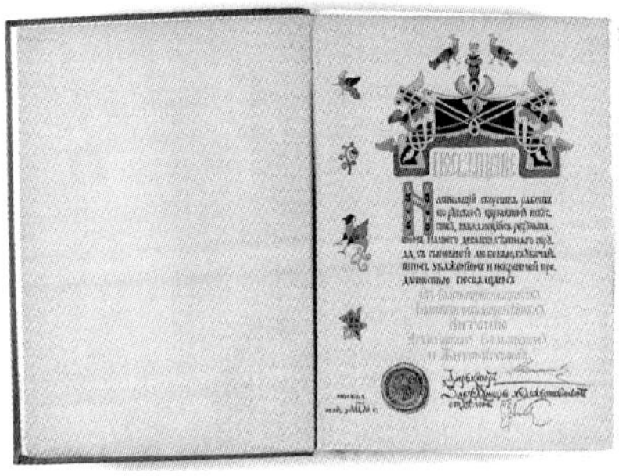
Cat. 466

1882
Huile sur toile
167,0 x 299,0
Saint-Pétersbourg, Musée d'État russe, inv. J-4214
HISTORIQUE : ancienne collection S. I. Mamontov ; acquis en 1902
MR

Cat. 472, repr. p. 131
Vasnetsov Viktor Mikhaïlovitch
***Douze dessins préparatoires* pour la peinture murale de la cathédrale Saint-Vladimir de Kiev**

1885-1893
a. *Le Prince Mikhaïl Tchenigovsky* (médaillon sur l'arc de la nef centrale), inv. 1358
b. *Saint Marc, martyr* (médaillon sur l'arc de la nef centrale), inv. 1359
c. Le Vénérable Saint Vassily, martyr (médaillon sur l'arc de la nef centrale), inv. 1360
d. *Saint Gabriel enfant*, inv. 1361
e. *Le Prince saint Igor Olegovitch* (médaillon sur l'arc de la nef centrale), inv. 1362
f. *Saint Fedor, martyr* (médaillon sur l'arc de la nef centrale), inv. 1363
g. *Motif ornemental composé de huit cercles*, variante, inv. 1364
h. *Motif ornemental composé de huit cercles*, variante, inv. 1365
i. *Motif ornemental composé de volutes et d'un médaillon doré*, inv. 1366
j. *Motif ornemental floral tripartite* (au-dessus de la composition « Béatitudes du Paradis »), inv. 1367
k. *Motif ornemental floral*, inv. 1368
l. *Motif ornemental floral*, inv. 1369
Techniques diverses : crayon graphite, aquarelle, gouache, lavis de bronze sur papier contrecollé sur carton
Montage : 67,0 x 85,0
a : 12,1 x 12,1 ; b : 12,1 x 12,1 ; c : 12,0 x 11,8 ; d : 12,1 x 12,1 ; e : 12,0 x 11,5 ; f : 12,0 x 11,5 ; g : 6,0 x 10,6 ; h : 5,9 x10,7 ; i : 15,0 x 11,0 ; j : 15,3 x 11,4 ; k : 28,5 x 6,9 ; l : 28,6 x 6,8
Moscou, galerie Tretiakov, inv. 1358 à 1369
GT

Cat. 473, repr. p. 18
Vasnetsov Viktor Mikhaïlovitch
Ivan-Tsarevitch sur le loup gris

1889
Huile sur toile
249,0 x 187,0
Signé et daté : en bas à droite, *Viktor Vasnetsov, Kiev 1889 févr*
Moscou, galerie Tretiakov, inv. 1015
HISTORIQUE : acquis de l'artiste par P. M. Tretiakov, 1889.
EXPOSITIONS : 17e TPKhV, Saint-Pétersbourg, 1889-1890, n° 22.

Vasnetsov est né dans un village du gouvernement de Viatka, dans la famille d'un prêtre de campagne. La région de Viatka, avec sa nature sévère et pittoresque, son mode de vie traditionnel qui maintenait en vie d'anciennes croyances, des légendes et des *bylines* furent sans doute décisifs dans la formation du peintre : « J'ai vécu au village parmi les moujiks et les femmes, et je les ai aimés [...] comme mes amis, écoutant leurs chansons et leurs récits, assis dans les veillées à la lumière de petites torches et en entendant le craquement des copeaux. » *Ivan-Tsarevitch sur le loup gris* fut exécuté à partir du sujet d'une légende populaire russe sur le tsarévitch Ivan, l'Oiseau de feu et le Loup gris, illustré un peu plus tard par Ivan I. Bilibine (cat. 75). Le tableau de Vasnetsov illustre à la lettre un passage du conte : « Le tsarevitch Ivan, assis sur un Loup Gris en compagnie de la Belle Elena, tomba amoureux d'elle de tout son cœur, et elle d'Ivan Tsarevitch. » Vasnetsov, qui souhaitait communiquer la richesse de l'imaginaire du peuple, utilisa une symbolique proche de la poésie populaire : Ivan et la jeune fille fuient dans une forêt sombre à peine éclairée par la lueur de l'aube, tandis que le marécage annonce les dangers qui attendent encore les héros du conte. Au premier plan, la branche en fleur d'un pommier merveilleux, symbole de l'amour qui triomphe de tout, capable de provoquer des miracles, évoque la fin heureuse de la légende. *Ivan-Tsarevitch*, en récréant une atmosphère dans laquelle le réel et le fantastique se mêlent, condense l'ambition de Vasnetsov à retranscrire l'émotion poétique des contes populaires russes.
TATIANA KARPOVA

Cat. 474, repr. p. 132
Vasnetsov Viktor Mikhaïlovitch
Menu du repas donné à l'occasion du couronnement du tsar Nicolas II

1896
Chromolithographie
92,8 x 33,4
Saint-Pétersbourg, Bibliothèque nationale de Russie, inv. Eaf12419
EXPOSITIONS : 1997, Kobenhavn, p. 462 ; 1997, Paris, p. 58, n° 103.
BNR SAINT-PETERSBOURG

Cat. 475
Vasnetsov Viktor Mikhaïlovitch
Dessin préparatoire pour le menu du repas donné à l'occasion du couronnement du tsar Nicolas II

1896
Encre de Chine, aquarelle, lavis bronze sur papier
37,9 x 26,3
Saint-Pétersbourg, Musée d'État russe, inv. R-45242
MR

Cat. 476, repr. p. 24
Vasnetsov Viktor Mikhaïlovitch
Sirine et Alkonost. Chant de joie et de tristesse

1896
Huile sur toile
133,0 x 250,0
Signé et daté : en bas à droite, *Viktor Vasnetsov Moskv. 1896*
Moscou, galerie Tretiakov, inv. 1017
HISTORIQUE : acquis de l'artiste par le grand-duc Sergueï Alexandrovitch, 1899 ; offert à la galerie Tretiakov en 1898 par la princesse Elizavieta Fedorovna et la grande-duchesse Maria Pavlovna cadette.
EXPOSITIONS : 1899, Saint-Pétersbourg, n° 2 ; 2000, Paris, n° 211 (attribué faussement à A. M. Vasnetsov).

Sirine et Alkonost sont les femmes-oiseaux de paradis des légendes byzantines et russes médiévales. Alkonost est l'incarnation de la joie, Sirine celle de l'âme malheureuse. Sirine et Alkonost constituaient un sujet traditionnel de l'art décoratif folklorique que l'on retrouve décliné dans l'imagerie populaire (cat.23 a et b), aussi bien dans le décor architectural (cat. 27) que sur des objets quotidiens. Le réalisme des visages, les corps puissants et fantastiques des femmes-oiseaux, au plumage peint de façon ornementale, rappellent les séraphins des fresques de la cathédrale de Saint-Vladimir de Kiev auxquelles Vasnetsov travaillait à cette époque. En recréant dans son tableau l'atmosphère du conte, par l'utilisation de combinaisons de couleurs contrastées et décoratives, Vasnetsov donne au tableau une monumentalité décorative inhabituelle qui inspira l'un des poèmes de jeunesse de A. A. Blok, *Sirine et Alkonost. Oiseau de joie et de tristesse* (1899).
TATIANA L. KARPOVA

Cat. 477, repr. p. 257
Vasnetsov Viktor Mikhaïlovitch (illustrateur)
***Chant prophétique d'Oleg*, de A. S. Pouchkine (1825),** édition pour le centenaire de la naissance de Pouchkine

1899
Chromolithographie
33,0 x 135,0 (déplié)
Saint-Pétersbourg, Bibliothèque nationale de Russie, inv. Ei34321
BIBLIOGRAPHIE : Lazouko, 1990 ; Morgounov et Morgounova-Roudnitskaïa, 1962.
BNR

VERECHTCHAGUINE VASSILY VASSILIEVITCH

Tcherepovets, 1842 – près de Port Arthur, 1904

Peintre militaire. Après un passage au Corps de cadets de la Marine il fréquenta l'École de dessin de la Société d'encouragement des arts de Saint-Pétersbourg ainsi que les ateliers de Jean-Léon Gérôme et de A. Bida à Paris. Il participa aux campagnes du Turkestan (1867-1870), aux guerres russo-turque (1877-1878) et russo-japonaise (1904).

Cat. 478, repr. p. 78

Verechtchaguine Vassily Vassilievitch
L'Apothéose de la guerre

1871
Huile sur toile
127,0 x 197,0
Signé et daté : en bas à gauche, *V. Verechtchaguine. 1871*
Inscriptions autographes : sur le cadre, en haut : *L'Apothéose de la guerre* ; en bas, *Dédié à tous les grands conquérants passés, présents et futurs*
Moscou, galerie Tretiakov, inv. 1992
Historique : acquis de l'artiste par P. M. Tretiakov, 1874.
Expositions : 1873, Londres, n° 7j (*The Apotheosis of War*) ; 1874, Saint-Pétersbourg, n° 4i (*Apoteoza voïny*) ; 1874, Moscou, n° 4j (*Apofeoz voïny*) ; 1874, Moscou, n° 4j (*Apofeoz voïny*) ; 1881, Vienne, n° 45 (*Apotheose des Krieges*) ; 1882, Berlin, n° 75 (*Apotheose des Krieges*).

Verechtchaguine fut l'un des plus grands maîtres de tableaux de bataille de la peinture russe du XIXe siècle, introduisant dans ce genre des idéaux démocratiques. Il estimait que sa mission était de représenter la guerre sans fard, dans toute sa vérité, souvent insoutenable. Le point de vue de Verechtchaguine sur la guerre était proche de celui de L. N. Tolstoï, qui la considérait « la chose la plus répugnante de la vie ». Verechtchaguine s'efforça de ternir le prestige de la guerre, d'en détruire l'auréole poétique et romantique. Homme d'un courage exceptionnel, Verechtchaguine participa à de nombreux conflits : celui du Turkestan (1867-1870), les guerres russo-turque (1877-1878) et russo-japonaise (1904), estimant que seule une participation effective aux combats, l'épreuve du froid et de la faim, la confrontation à la mort pouvaient justifier la vraisemblance d'un tableau de bataille. Aussi participa-t-il à des combats au corps à corps lors du conflit avec l'émirat de Boukhara, et à la guerre contre la Turquie, où il fut très grièvement blessé. *L'Apothéose de la guerre* – son œuvre la plus célèbre – fait partie d'une série intitulée « Les Barbares ». Ce « poème héroïque » constitue la création ultime du peintre sur le thème de la guerre du Turkestan et des mœurs de l'Orient féodal. La série fut exécutée entre 1871 et 1873 à Munich, où l'artiste louait un vaste atelier. Initialement conçue en neuf parties, la série fut réalisée en sept tableaux où était largement développé un thème qui se retrouvait dans toutes les œuvres : la mort tragique d'un détachement russe encerclé et massacré par des troupes de Boukhara. Les trois premiers tableaux, dont l'action se situe dans une vallée montagneuse – *Ils observent* (1873), *Ils attaquent par surprise* (1871), *Ils les ont cernés et les poursuivent* (1872) –, sont une narration de la bataille elle-même. Les trois suivants – *Ils présentent les trophées* (1872), *Ils triomphent* (1872), *Près du tombeau d'un saint, ils remercient le Très Haut* (1873) – choisissent comme lieu de l'action Samarcande et représentent le triomphe des vainqueurs. *L'Apothéose de la guerre* (1871) joue un rôle d'épilogue, presque surréaliste, inspiré par Tamerlan, qui faisait élever de semblables pyramides dans les États défaits par ses troupes. Cinq parties du cycle sont exposées de nos jours à la galerie Tretiakov : *Ils les ont cernés et les poursuivent* fut détruit en 1874 par l'artiste et *Près du tombeau d'un saint, ils remercient le Très Haut* est conservé en Turquie (Ankara, musée national des Beaux-Arts).

Tatiana L. Karpova

VESNINE LEONID ALEXANDROVITCH

Nijni-Novgorod, 1880-Moscou, 1933

Cat. 479, repr. p. 241

Vesnine Leonid Alexandrovitch
Projet de datcha
Perspective

1909
Crayon, pastel sur papier brun
30,9 x 48,9
Signé : en bas à droite, *L. Vesnine*
Moscou, musée national d'architecture Chtchoussev, inv. P-1 9543
Historique : famille Vesnine ; entré au musée en 1961.
Bibliographie : Almanach MAO, 1909, p. 20.
Expositions : 1991, Londres, n° 449, p. 218 ; 1991, Leningrad ; 1998, Moscou.

La composition asymétrique des volumes est équilibrée par de grandes surfaces de toitures en bois, s'inspirant du motif de la tente. Le haut en bois et le bas en pierre forment une belle harmonie. Ce projet de *datcha* est proche de celui que l'architecte a réalisé à la même époque dans le village d'Ivankovo près de Moscou pour V. A. Nossenkov.

D. Tourina

VIOLLET-LE-DUC EUGÈNE EMMANUEL

Paris, 1841 – Lausanne, 1879

Cat. 480, repr. p. 236

Viollet-le-Duc Eugène Emmanuel
L'Art russe, ses origines, ses éléments constitutifs, son apogée, son avenir

1877
Imprimé
25,0 x 20,0 (fermé)
Paris, musée d'Orsay, bibliothèque, inv. Rés. B1VIO38

Viollet-le-Duc est, au début des années 1870, fréquemment en rapport avec la Russie. Par l'intermédiaire de Natalis Rondot (1821-1902), un économiste qui séjourne régulièrement à Moscou, il noue une relation épistolaire avec V. Boutovsky, l'un des fondateurs, en 1872, du Musée polytechnique de Moscou. L'architecte demande à ce dernier, auteur d'un ouvrage sur l'ornement russe, de rassembler pour lui des documents sur l'art russe pour l'ouvrage sur lequel il travaille. En août 1875, Viollet-le-Duc annonce à son correspondant la venue à Moscou de son gendre, Maurice Ouradou : « je prends la liberté de l'adresser à vous pour que vous puissiez lui donner de vive voix des indications précieuses relatives à l'histoire de l'art russe » (cité par Auzas, 1979, p. 244). La Médiathèque du patrimoine conserve un ensemble de relevés de monuments russes anciens effectués par de jeunes architectes russes et rassemblés par Boutovsky, semble-t-il. Ouradou est plusieurs fois mentionné sur ces relevés comme ayant vu et parfois dessiné certains de ces édifices (cote 80/127). Malgré les invitations répétées de Boutovsky, Viollet-le-Duc, fatigué puis malade, ne se rendit jamais à Moscou. Une lettre enthousiaste salua la parution en 1877 de *l'Art russe*. La traduction en russe, supervisée par Boutovsky et réalisée pour une bonne part par l'architecte Nikolaï Sultanov (voir cat. 446 et 447), parut dès le début de 1879. Le 10 mars

de cette année, Viollet-le-Duc fut nommé membre honoraire de la Société des architectes de Moscou.
DOMINIQUE DE FONT-RÉAULX

VROUBEL MIKHAÏL ALEXANDROVITCH

Omsk, 1856 – Saint-Pétersbourg, 1910
Peintre, décorateur de théâtre, et sculpteur. Il étudia à l'Académie des beaux-arts de Saint-Pétersbourg. Membre du cercle d'Abramtsevo, dont il dirigea, en collaboration avec P. K. Vaouline, l'atelier de céramique. Membre fondateur de l'Union des artistes russes. Il vécut à Saint-Pétersbourg

Cat. 481, repr. p. 270
Vroubel Mikhaïl Alexandrovitch
Démon assis

1890
Huile sur toile
115,0 x 211,0
Moscou, galerie Tretiakov, inv. 5600
HISTORIQUE : entré au musée en 1917 en provenance de la collection V. O. Guirchman, Moscou.
EXPOSITIONS : 1902, Moscou, n° 86 ; 1903, Saint-Pétersbourg, n° 94 ; 1956-1957, Moscou-Leningrad-Kiev, p. 33 ; Vroubel, 1997, p. 68-69, n° 5 ; 2004-2005, Russie-Italie, Moscou, n° IV 41, Rome, n° IV 35.

Le poème de M. I. Lermontov et la mise en scène de l'opéra de A. Rubinstein *le Démon* inspirèrent à Vroubel ses tableaux les plus célèbres. Vroubel affirmait : « On ne comprend pas le Démon, on le confond avec le diable, [...] mais le *Démon* signifie *l'âme* et personnifie la lutte éternelle de l'esprit humain qui s'agite en cherchant l'apaisement de ses passions qui le détruisent, la connaissance de la vie, et qui ne trouve pas de réponse à ses doutes ni sur terre ni dans le ciel. » Il existe un écho certain entre le *Démon assis* de Vroubel et *le Christ dans le désert* de I. N. Kramskoï, aussi bien le motif des mains jointes que le thème de la solitude. À propos du projet initial de ce tableau, Vroubel écrivit à sa sœur : « Une figure à demi-nue, ailée, jeune et pensive est assise, enlaçant ses genoux, sur un fond de crépuscule ; elle regarde une clairière fleurie d'où des rameaux ployant sous les fleurs lui sont tendus. » Dans la variante définitive, le peintre renonça à un paysage réaliste et priva le Démon de ses ailes. Vroubel peignit le *Démon assis* à Moscou, dans la maison de S. I. Mamontov, le célèbre industriel et mécène qui devint l'ami et le bienfaiteur de l'artiste. À la fin des années 1890, il revint à cette image en peignant le *Démon volant* (cat. 488) et reprit une dernière fois ce thème avec le *Démon terrassé* (1902, Moscou, galerie Tretiakov).
GT

Cat. 482
Vroubel Mikhaïl Alexandrovitch
Le Roi des mers

Vers 1890-1895
Céramique émaillée (*majolika*)
53,5 x 42,5 x 14,3
Moscou, galerie Tretiakov, inv. 27369
HISTORIQUE : collection A. Ostrogradsky, Moscou ; acquis en 1945.
EXPOSITIONS : 1991, Londres, n° 458 ; 1997, Düsseldorf-Munich n° 124 ; 1997-1998, Moscou n° 210 ; 2004-2005, Moscou-Varsovie, p. 190.
S. P. DOMOGATSKAÏA

Cat. 483
Vroubel Mikhaïl Alexandrovitch
Jeune Fille aux fleurs

1898
Céramique émaillée (*majolika*)
36,0 x 31,5 x 19,0
Moscou, galerie Tretiakov, inv. 209/52
S. P. DOMOGATSKAÏA

Cat. 484, repr. p. 171
Vroubel Mikhaïl Alexandrovitch
Cheminée Volga et Mikoula Selaninovitch
1898-1900
Céramique émaillée (*majolika*)
225,0 x 275,0
Moscou, galerie Tretiakov, inv. SK-270/1-6
HISTORIQUE : de 1879 à 1903 propriété du citoyen d'honneur de la ville de Moscou M. F. Krivocheïne ; entrée à la galerie Tretiakov en 1965 en provenance des ateliers spécialisés de l'URSS, immeuble n° 14, rue Sadovaïa.
EXPOSITIONS : 1997, Düsseldorf-Munich, n° 117 ; 1997-1998, Moscou, p. 201, n° 221.

La cheminée monumentale, constituée d'éléments assemblés, illustrant le thème de Volga et Mikoula Selaninovitch fut réalisée par Vroubel dans les ateliers de céramique d'Abramtsevo, en collaboration avec Piotr Vaouline. Cinq exemplaires furent réalisés, dans des teintes différentes, dont un fut présenté à l'Exposition Universelle de 1900 : Moscou, galerie Tretiakov, musée des Arts décoratifs et populaires, musée de Kolomenskoïe ; Saint-Pétersbourg, hôtel du marchand Baijanov pour lequel N. K. Roerikh avait également réalisé un décor ; Musée d'État russe.
S. P. DOMOGATSKAÏA

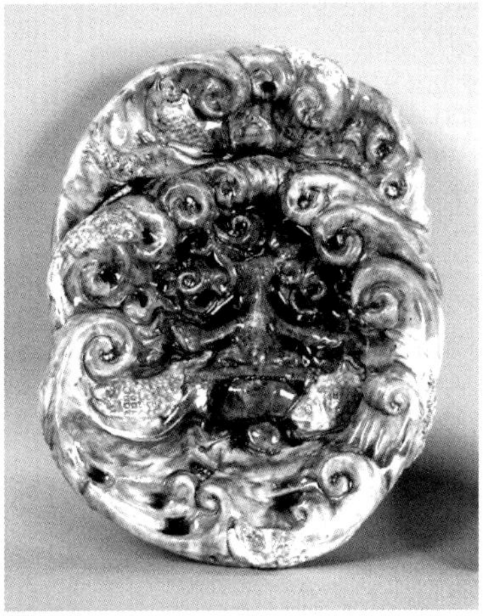
Cat. 482

Cat. 485, repr. p. 341
Vroubel Mikhaïl Alexandrovitch
Koupava

Exemplaire réalisé après 1899
Céramique émaillée (*majolika*)
40,0 x 31,5 x 13,7
Moscou, galerie Tretiakov, inv. 10627
HISTORIQUE : acquis en 1930 auprès de M. S. Morozova, Moscou.
EXPOSITIONS : 1956-1957, Moscou-Leningrad-Kiev, p. 176-177 ; 1997-1998, Moscou, n° 207 ; 2005-2005, Moscou-Varsovie, p. 188.
S. P. DOMOGATSKAÏA

Cat. 486
Vroubel Mikhaïl Alexandrovitch
***Lel* (dieu des Slaves)**

1899
Céramique émaillée (*majolika*)
44,0 x 31,5 x 19,0
Moscou, galerie Tretiakov, inv. SK-273
HISTORIQUE : acquis en 1974 auprès de E. A. Chouvalova, Moscou.
EXPOSITIONS : 1991, Londres, n° 462 ; 1997, Düsseldorf-Munich, n° 133 ; 1997-1998, Moscou, n° 205 ; 2004-2005, Moscou-Varsovie, p. 186.
S. P. DOMOGATSKAÏA

Cat. 487
Vroubel Mikhaïl Alexandrovitch
Volkhova

1898
Céramique émaillée (*majolika*)
44,0 x 31,5 x 19,0
Moscou, galerie Tretiakov, inv. 20948
HISTORIQUE : musée de la Céramique, Moscou ; entrée à Tretiakov en 1934.
EXPOSITIONS : 1997, Düsseldorf-Munich, n° 127 ; 1997-1998, Moscou, n° 211.
S. P. DOMOGATSKAÏA

Cat. 488, repr. p. 274
Vroubel Mikhaïl Alexandrovitch
***Démon volant*, tableau inachevé d'après un poème de M. I. Lermontov**

1899
Huile sur toile
138,5 x 430,5
Saint-Pétersbourg, Musée d'État russe, inv. J-1846
HISTORIQUE : collection M. P. Riabouchinsky, Moscou ; galerie Tretiakov, Moscou ; Musée russe, Saint-Pétersbourg, depuis 1930.
BIBLIOGRAPHIE : Guerman, 1986, n° 133, ill. 119-121.
EXPOSITIONS : 1908, Saint-Pétersbourg, n° 23. Musée d'État russe

Cat. 489, repr. p. 186
Vroubel Mikhaïl Alexandrovitch
***Esquisse pour l'église de Flenovo* (Talachkino, province de Smolensk)**

1899
Aquarelle, encre de chine, sépia sur papier contrecollé sur carton
32,7 x 29,0
Smolensk, musée-réserve de Smolensk, SOM 433
HISTORIQUE : donation de A. P. Michonov 1929.
BIBLIOGRAPHIE : *Talachkino (recueil de documents)*, 1995, p. 214, 217-218.

En août 1899, M. A. Vroubel et sa femme s'étaient rendus, depuis Talachkino, dans la propriété des Tenichev à Khotylevo. Vroubel y réalisa deux esquisses à l'aquarelle pour l'église de Flenovo et une esquisse à l'huile de la même église (Saint-Pétersbourg, Musée d'État Russe), inspirées des motifs de l'architecture russe du XVIIe siècle. L'esquisse à l'huile fit partie de la prestigieuse collection de E. M. Terechtchenko, tandis que les esquisses graphiques se retrouvèrent, vraisemblablement après 1917, chez un sculpteur des ateliers de Talachkino, A. Michonov, élève de S. V. Malioutine.
N. K. VOSTRIKOVA ET T. V. ISSATCHENKO

Cat. 490
Vroubel Mikhaïl Alexandrovitch
***Le Prince Gvidon. Projet de costume pour* le *Conte du tsar Saltan,* opéra de N. A. Rimsky-Korsakov, première le 21 octobre 1900, mise en scène de S. I. Mamontov, Moscou, Société de l'opéra russe, théâtre Solodovnikova**

1900
Crayon graphite et aquarelle sur carton collé sur carton
19,4 x 9,7 ; 20,1 x 10,4 (passe-partout)
Moscou, musée central d'État du théâtre A. A. Bakhrouchine, inv. KP-93728/1
HISTORIQUE : acquis avant 1936.
EXPOSITIONS : 1921, Moscou ; 1957, Moscou, n° 17 ; 1957, Moscou, p. 138-139.
NATALIA F. MAKEROVA

Cat. 491
Vroubel Mikhaïl Alexandrovitch
***Tsar Saltan.* Projet de costume pour le *Conte du tsar Saltan,* opéra de N. A. Rimsky-Korsakov, première le 21 octobre 1900, mise en scène de S. I. Mamontov, Moscou, Société de l'opéra russe, théâtre Solodovnikova**

1900
Crayon graphite, aquarelle et lavis de bronze sur carton
19,4 x 6,6 ; 23,6 x 15,3 (passe-partout)
Moscou, musée central d'État du théâtre A. A. Bakhrouchine, inv. KP-93728/3
HISTORIQUE : acquis avant 1936.
EXPOSITIONS : 1957, Moscou, n° 19 ; 1957, Moscou, p. 138.
NATALIA F. MAKEROVA

Cat. 492
Vroubel Mikhaïl Alexandrovitch
***Ville de Ledenets (de Glace),* IVe acte, 2e tableau, projet pour le décor du *Conte du tsar Saltan,* opéra de N. A. Rimsky-Korsakov, première le 21 octobre 1900, mise en scène de S. I. Mamontov, Moscou, Société de l'opéra russe, théâtre Solodovnikova**

1900
Crayon graphite, aquarelle sur papier
20,0 x 32,2
Signé : au verso, au crayon, *Vroubel Conte du tsar Saltan*
Moscou, musée central d'État du théâtre A. A. Bakhrouchine, inv. KP-195923
HISTORIQUE : acquis de S. I. Zimine par le musée du théâtre de A. A. Bakhrouchine, ancienne collection de S. I. Mamontov.
BIBLIOGRAPHIE : Vroubel, 1976 ; Davidova, 1974, p. 89, ill. 19 ; *l'Héritage musical,* 1954, vol. 2, p. 285 ; Pojarskaïa, 1970, p. 77, ill. 10 ; Sirkina et Kostina, 1978, p. 85, ill. 95 ; Feodorov-Davidov, 1968, tabl. 67 ; Chkafer, 1936, p. 168.
EXPOSITIONS : 1956, Moscou, n° 117 ; 1957, Moscou, p. 138 ; 1957, Moscou, n° 16 ; 1997, Moscou, n° 121, p. ill. 141.
NATALIA F. MAKEROVA

Cat. 493, repr. p. 279
Vroubel Mikhaïl Alexandrovitch
La Tsarevna-cygne

1900
Huile sur toile
142,0 x 93,5
Signé et daté : en bas à droite, *Vroubel 1900*
Moscou, galerie Tretiakov, inv. J-42
HISTORIQUE : legs de M. A. Morozov, Moscou ?
EXPOSITIONS : 36ti khudojnikov, 1901-1902, n° 42 ; 1906, Paris, n° 680 ; 1906, Berlin, n° 528 ; Moscou-Leningrad-Kiev, 1956-1957, p. 43 ; 1979, Paris-Moscou, Paris, p. 58 ; 1981, Moscou-Paris, t. 1, p. 307 ; 1997, Düsseldorf-Munich, n° 144 ; Vroubel, 1997-1998, n° 34 ; 2000, Bordeaux-Barcelone-Madrid, n° 54.

La Tsarevna-cygne est l'héroïne du *Conte du tsar Saltan* de A. S. Pouchkine et de l'opéra de N. A. Rimsky-Korsakov. Le 21 décembre 1900 eut lieu la première de cet opéra sur la scène de l'opéra privé russe de S. I. Mamontov. N. I. Zabela-Vroubel, la femme du peintre, tenait le rôle de la tsarevna-cygne. Les décors et les costumes furent exécutés d'après les esquisses de Vroubel. La tenue de Zabela dans son costume de scène servit de base à l'image de la tsarevna du tableau.
T. L. KARPOVA

Cat. 494, repr. p. 353
Vroubel Mikhaïl Alexandrovitch
Affiche* pour l'*Exposition des 36

1902
Lithographie
60,5 x 44,5
Moscou, Bibliothèque d'État russe, inv. 28214-32
BER MOSCOU

Cat. 495, repr. p. 340
Vroubel Mikhaïl Alexandrovitch
***Le Tsar Berendeï*, sous les traits de N. A. Rimsky-Korsakov**

Après 1903
Moscou
Céramique émaillée (*majolika*)
48,5 x 34,5 x 13,5
Inscription : à l'intérieur, deux fois au crayon : *Louzan*
Moscou, galerie Tretiakov, inv. SK-415
HISTORIQUE : acquis en 1994 auprès de E. A. Selezneva, Moscou.
EXPOSITIONS : 1997, Düsseldorf-Munich, n° 134 ; 1997-1998, Moscou, n° 204.

Cet exemplaire fut exécuté dans l'atelier de sculpture d'Abramtsevo par Louzan après 1903
S. P. DOMOGATSKAÏA

Cat. 496
Vroubel Mikhaïl Alexandrovitch
La Neige. (Le tas de neige)

1903-1904
Crayon graphite sur papier
17,5 x 37,5
Moscou, galerie Tretiakov, inv. R-249
HISTORIQUE : don de I. N. Vedensky en 1956, Moscou.

Le professeur I. N. Vedensky travaillait à la clinique de V. P. Serbsky, près l'université de Moscou, dans laquelle Vroubel avait été hospitalisé deux fois entre 1903 et 1904.
GT

Cat. 497
Vroubel Mikhaïl Alexandrovitch
***Tête du Prophète. Étude de tête* pour le tableau *la Vision du prophète Ézéchiel* (cat. 502)**

1904
Crayon graphite, aquarelle et rehauts de blanc sur papier
43,0 x 34,0
Moscou, galerie Tretiakov, inv. 9907
HISTORIQUE : entré en 1927 en provenance du GMF ; ancienne collection M. P. Riabouchinsky.
BIBLIOGRAPHIE : *Zolotoe Rouno*, n° 1, 1906
GT

Cat. 498, repr. p. 275
Vroubel Mikhaïl Alexandrovitch
Le Séraphin

1904-1905
Crayon graphite, fusain et aquarelle sur papier
45,0 x 35,8
Moscou, galerie Tretiakov, inv. 5749
HISTORIQUE : acquis de S. A. Koussevitsky en 1920.
GT

Cat. 499
Vroubel Mikhaïl Alexandrovitch
Étude de campanules

1905
Crayon graphite
33,2 x 20,0
Saint-Pétersbourg, Musée d'État russe, inv. R-55822
MR

Cat. 500
Vroubel Mikhaïl Alexandrovitch
Étude de verre

1905 ?
Crayon graphite
25,3 x 17,3
Saint-Pétersbourg, Musée d'État russe, Musée d'État russe, inv. R-13478
MR

Cat. 501, repr. p. 277
Vroubel Mikhaïl Alexandrovitch
(d'après un dessin de)
***Costume* pour le rôle de *Snegourotchka* de A. N. Rimsky-Korsakov, interprété par N. I. Zabela-Vroubel au Théâtre-Marie (Mariinsky)**

saison 1905-1906
a. Jaquette : brocart argenté, strass, paillettes
Encolure 45,0 ; l. 13,0 (épaule) ; l. 57,0 (manche) ; l. 50,0 (dos)
Les manches sont longues et froncées à l'épaule ; le bas de la jaquette, le col et le bas des manches sont bordés de lapin blanc
b. Jupe : brocart, strass, paillettes
D. 72,0 (taille) ; l. 96,0
Le bas de la jupe est bordé de lapin blanc
v. Parure de tête (bonnet) : brocart argenté, strass, paillettes, bordé de castor, orné de trois pompons et de verroterie en forme de flocons de neige
D. 54,0
g, d. Paire de bottes en cuir et brocart argentés, décoré dans la partie supérieure d'une bande en velours noir et de deux bandes de fourrure.
Saint-Pétersbourg, musée d'Art de théâtre et de la Musique d'État, inv. GIK 5325/2 a, b, v, g, d
BIBLIOGRAPHIE : Khmeleva, 1999.
EXPOSITIONS : 2001, Gênes.

Tous les costumes que portait l'épouse de Vroubel pour ses rôles étaient réalisés d'après des projets du peintre. Ce costume fut exécuté, d'après un projet de 1898 pour l'opéra privé de Moscou en 1898, pour une production de *Snegourotchka* jouée au Théâtre-Marie de Saint-Pétersbourg pour la saison 1905-1906. Après la mort de Zabela-Vroubel, ce costume fut conservé chez le peintre S. P. Iaremitch, ami de Vroubel et auteur de la première monographie consacrée à l'artiste.
En 1938, Iaremitch offrit ce costume au musée de Théâtre.
NATALIA METTELITSA

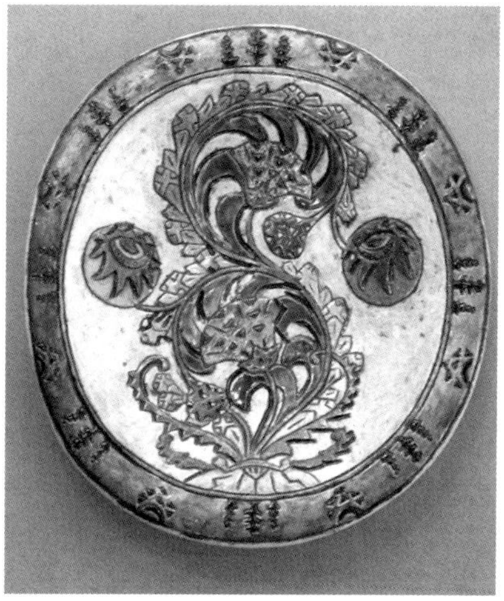
Cat. 205

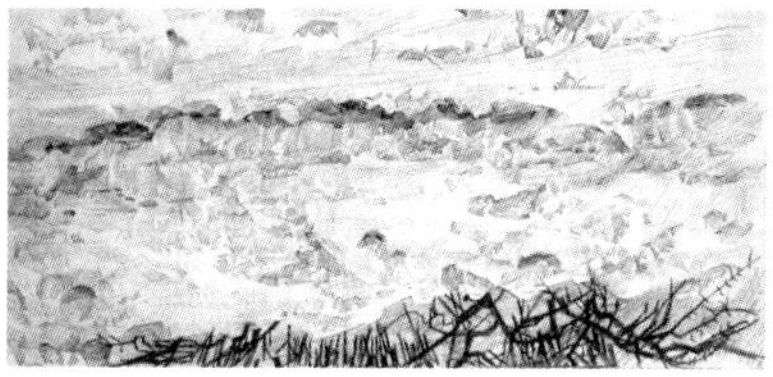
Cat. 496

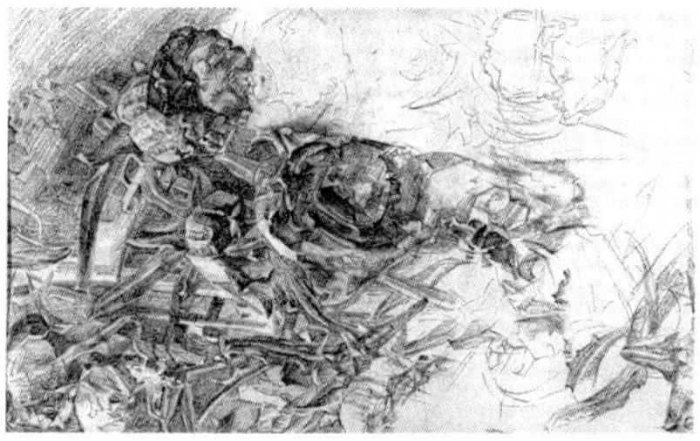
Cat. 499

Cat. 502
Vroubel Mikhaïl Alexandrovitch
La Vision du prophète Ézéchiel

1906
Crayon graphite, aquarelle, fusain, gouache et rehauts de blanc sur papier
102,3 x 55,1
Saint-Pétersbourg, Musée d'État russe, inv. R-5857
MR

WASSERMAN D. R.

Cat. 503
Wasserman D. R.
Portrait de G. E. Raspoutine

1916
Épreuve argentique
22,0 x 16,8 (épreuve) ; 36,0 x 28,2 (marie-louise)
Inscriptions : en bas au centre, sur la marie-louise : *Studio. Wasserman. Moscou. 1916 ;* en haut à gauche, sur le cachet, *Studio. D. Wasserman. 1916*
Moscou, musée national d'Histoire, inv. 49750 IF XX 1953
Historique : acquis en 1916.
Bibliographie : *Rousskaïa Fotografia,* 1993, p. 155, 232 ; *Sto let fotografii v Rossii,* 1992, p. 155, 232.
Expositions : 1992, Oxford, n° 112 ; 1993, Bonn, n° 212.

Ce cliché immortalise G. E. Raspoutine. Issu d'une famille de *starets* de Sibérie, celui-ci vivait depuis 1907 à Saint-Pétersbourg. Il exerça une profonde influence sur la famille impériale et dans les cercles de la cour. En 1916, il fut victime d'un complot et assassiné.
Tatiana Sabourova

ZINOVIEV ALEXEÏ PROKOFIEVITCH

Moscou, 1880 – Smolensk, 1941
Élève de l'Institut Stroganov. Diplômé en 1903, année où il succède à S. V. Malioutine comme directeur artistique des ateliers de Talachkino, jusqu'en 1914

Cat. 504, repr. p. 191
Zinoviev Alexeï Prokofievitch
Ateliers de Talachkino
Chaise à roulettes

Vers 1900
Chêne sculpté et teinté
72,0 x 42,0 x 43,0
Moscou, musée national d'Histoire, inv. GIM 103665/D2-2334
Historique : se trouvait jusqu'en 1917 dans la famille du chirurgien en chef de la clinique du *zemstvo* de Toula, G. V. Sobolevsky ; la tradition veut qu'elle fût acquise à Moscou, dans le magasin du musée de l'Artisanat en 1910 ; arrivée au musée par la famille des descendants de G. V. Sobolevsky ; acquise en 1982.
Bibliographie : Strougova, 1989, p. 107 ; Strougova, 2003, p. 35.
Expositions : 1991, Londres, n° 491 ; 1994, Komern, n° 617 ; 1998-1999, Moscou, n° 155 ; 2000, Moscou, n° 155.

Cette chaise à roulettes fut conçue en 1904 par Zinoviev alors qu'il travaillait dans les ateliers de Talachkino. Son dossier présente une composition formée de deux têtes d'animal fantastique stylisé disposées symétriquement, motif dont diverses variantes se retrouvent souvent dans l'œuvre de Zinoviev. Le prototype, publié en 1905 dans le livre *Talachkino,* porte sur le dossier des traces de travail au ciseau, imitant une peau de bête. Le dos lisse de l'exemplaire du musée historique d'État témoigne d'un effort d'adapter ce modèle à la production en série. La chaise exposée est toutefois aujourd'hui la seule variante conservée à ce jour.
Olga Strougova

Cat. 505, repr. p. 195
Zinoviev Alexeï Prokofievitch
Ateliers de Talachkino
Cadre pour portrait

1903-1905
Bois sculpté teinté
22,5 x 25,0
Smolensk, musée-réserve de Smolensk, SOM 414
Historique : collection du musée d'Histoire et Ethnographie de la princesse Tenicheva à Smolensk, n° 7649.
Bibliographie : Catalogue général du musée d'histoire et ethnographie de la princesse Tenicheva à Smolensk, ajout au catalogue général, 1911, p. 41.

Cadre rectangulaire, teinté en gris-vert. Sur le dessus figure une représentation stylisée de trois oiseaux planant.
N. K. Vostrikova et T. V. Issatchenko

Cat. 506, repr. p. 195
Zinoviev Alexeï Prokofievitch
Ateliers de Talachkino
Buffet

1903-1906
Bois sculpté, incrustation de cailloux de rivière, métal forgé
200,0 x 66,0 x 55,0
Smolensk, musée-réserve de Smolensk, SOM 435
Historique : collection du musée d'histoire et ethnographie de la princesse Tenicheva à Smolensk, n° 7618.
Bibliographie : Talachkino, 1905, ill. 70 ; Catalogue général du musée d'histoire et ethnographie de la princesse Tenicheva à Smolensk, ajout au catalogue général, 1911, p. 41.

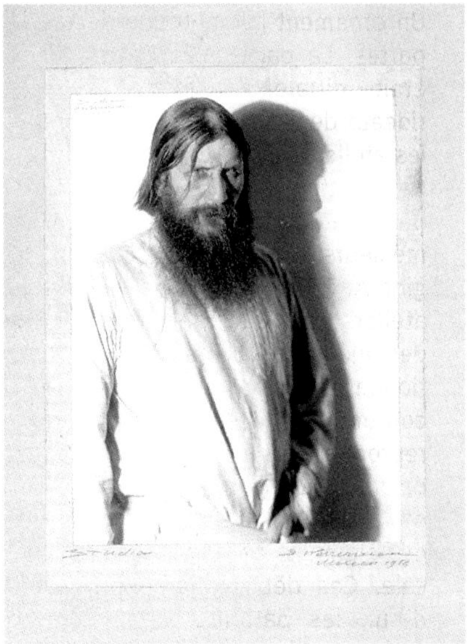

Cat. 503

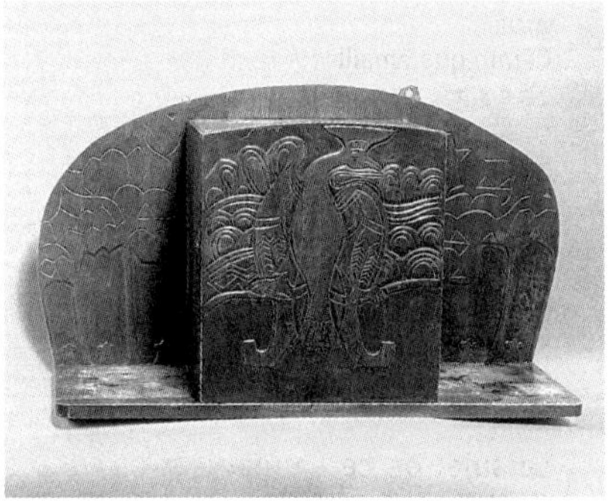

Cat. 508

Un ornement géométrique décore les portes. La partie médiane du buffet était initialement fermée par des rideaux de tissu brodé et imprimé dans les ateliers de Talachkino. Ce buffet, à deux battants, dont le fronton est orné d'un décor de sirène, est l'un des meilleurs exemples de mobilier imaginé A. P. Zinoviev et réalisé dans les ateliers de Talachkino, combinaison des éléments de construction traditionnels et des procédés novateurs de composition et de décor. Dans la reproduction de l'ouvrage *Talachkino* de 1905, les battants des portes sont ornés dans le bas de cercles portant des éléments de la symbolique zodiacale. Ces détails manquent aujourd'hui, les battants ayant été très endommagés et reconstitués en 1953 par Iakovlev, le sculpteur sur bois des ateliers de Talachkino.

N. K. Vostrikova et T. V. Issatchenko

Cat. 507, repr. p. 180

Zinoviev Alexeï Prokofievitch
Beketov Vladimir (? – Talachkino, 1910) et Tenicheva Maria Klavdievna (Saint-Pétersbourg, 1858 – Saint-Cloud, 1928)
Atelier de céramique de Talachkino
Carreau *Berendeï*

1905
Céramique émaillée *(majolika)*
22,5 x 21,5
Au recto : en bas, griffonné et rempli à l'émail noir : *Berendeï*
Signé : au verso, dans la pâte, verticalement : *A. Zinoviev /:* T posé sur un M [monogramme]/*1905 /Beketov*
Smolensk, musée-réserve de Smolensk, SOM 11997
Historique : acquis de A. P. Zinoviev en 1939.

Le sujet de ce carreau est une transposition de l'épisode du sacrifice païen lié au drame de A. N. Ostrovsky *Snegourotchka,* dont le héros, le tsar Berendeï, joue le rôle du tsar-sacrificateur. Au verso du carreau, à côté des noms de Zinoviev et Beketov se trouve le monogramme, T posé sur un M, diversement interprété. On sait que la princesse Tenicheva apposait ce monogramme sur ses travaux personnels. En même temps il était apposé sur certains objets en signe de propriété. Nous sommes enclins à penser que, dans le cas présent, la princesse a pu participer, en tant que spécialiste des couleurs émaillées et des glaçures, à l'élaboration de cette pièce. Le monogramme peut toutefois, avec la date, se lire comme lieu et date de création de ce carreau (ateliers de la princesse M. K. Tenicheva à Talachkino, 1905). Lors de l'achat de ce carreau à Zinoviev des renseignements complémentaires furent portés dans les documents : le dessin et la peinture ont été réalisés par Zinoviev, la cuisson par Beketov.

N. K. Vostrikova et T. V. Issatchenko

Cat. 508

Zinoviev Alexeï Prokofievitch
Ateliers d'artisanat de Serguiev Possad
Placard-étagère

1911-1912
Bouleau sculpté
38,0 x 70,0 x 19,0
Moscou, musée national d'Histoire, inv. GIM 111346/DP-2722
Historique : acquis en 2004.

Le projet d'étagère a été réalisé après la fermeture des ateliers de menuiserie de Talachkino. À cette époque, Zinoviev, qui vivait à Smolensk, continuait à travailler sur ses projets de mobilier, jouets et autres objets d'art décoratif ou appliqué. Privé toutefois de base de production, il les réalisait en un seul exemplaire et les vendait avec leur droit de reproduction. Les œuvres de cet artiste, qui n'étaient plus produites à Talachkino, étaient donc confectionnées dans les ateliers du musée de l'Artisanat de Moscou et de la province de Moscou. Une photo de cet objet, datée 1912, se trouve au musée de Smolensk. Au centre de la composition, sur la porte, Zinoviev a réalisé un oiseau de feu stylisé, personnage traditionnel du romantisme national russe que l'on retrouve souvent dans l'œuvre de M. A. Vroubel, S. V. Malioutine, M. K. Tenicheva et d'autres artistes. Sensible aux exigences stylistiques de son temps, Zinoviev renoncera à la sculpture en haut relief, qu'il rendra plus graphique.

Olga Strougova

Cat. 509

Zinoviev Alexeï Prokofievitch
Coffret

Avant 1905
Bois sculpté et peint, incrustation de cailloux
27,5 x 29 x 27
Bibliographie : Makovsky, n° 53, p. 73, ill. h. t., n. p.
Serguiev Possad, musée d'Art populaire et d'Art décoratif, inv. 912d
MSP

REPINE ILIA EFIMOVITCH

Tchougouev, région de Kharkov, 1844 – Kouokkala, actuel Repino, région de Saint-Pétersbourg, 1930

Cat. 510, repr. p. 66

Repine Ilia Efimovitch
Procession religieuse dans le gouvernement de Koursk

1881-1883
Huile sur toile
175,0 x 280,0
Moscou, galerie Tretiakov, inv. 738
Historique : acquis chez l'artiste par P. M. Tretiakov en 1883 lors de la 11e exposition des ambulants.
Expositions : 11e exposition des ambulants, 1883, Saint-Pétersbourg, Moscou ; Repine, 1994, n° 163.

La Procession religieuse dans le gouvernement de Koursk est l'une des peintures les plus importantes non seulement de l'œuvre de Repine mais aussi de l'histoire de l'art russe du XIXe siècle. L'idée du tableau est née dans la ville natale de Repine, Tchougouev, près de Kharkov, où le peintre résida en 1877 à son retour d'Occident. Il espérait ainsi se plonger dans la vie provinciale russe, afin d'y trouver une source d'inspiration : « Je suis parti [de Saint-Pétersbourg] avec un battement au cœur et l'impatience de voir le plus rapidement possible la Russie profonde, ses provinces reculées, ses vastes territoires abandonnés, qui n'intéressent personne... » En observant à Tchougouev la vie « simple » du peuple, qui vit « d'une manière beaucoup plus sincère que nous », Repine s'intéresse au thème de la procession religieuse, également traité par K. A. Savitsky ou, d'une manière polémique, par V. G. Perov. Repine travailla sur ce thème jusqu'aux années 1920. Il existe trois variantes du tableau et de nombreuses esquisses dans différents musées russes et en Occident. La dernière variante *la Procession religieuse dans la forêt de chênes. L'apparition de l'icône* est datée de 1877-1924 et se trouve dans une collection privée en république Tchèque. Répine commença la *Procession religieuse dans le gouvernement de Koursk* au cours de l'été de 1881, après son voyage dans cette province au monastère de l'Ermitage de la Nativité et de la Vierge, où avaient lieu les processions religieuses les plus célèbres en Russie avant la révolution de 1917. Achevé à l'hiver de 1883, le tableau fut exposé lors de la 11e exposition des ambulants et attira immédiatement l'attention du public et de la critique. Les réflexions sur le destin du peuple et sur la Russie tout entière dominent cette *Procession dans le gouvernement de Koursk*.

La foule avance sur une route poussiéreuse, qui autrefois traversait une chênaie : Repine avait été attristé de sa disparition et en représente les souches. Ouriadnik, un officier de la police rurale, essaie de chasser le jeune homme difforme du centre de la procession, où se trouvent un prêtre et une femme obèse qui porte une icône miraculeuse.

P. M. Tretiakov, qui a acheté tout de suite le tableau lors de l'exposition, a conseillé au peintre d'adoucir l'emphase critique et « mettre à la place de la baba avec un étui une jeune femme sympathique qui marche avec la foi et la joie ». La réponse de Repine donne le credo artistique du peintre : « Pour moi, la vérité est au-dessus de tout... la vérité de la vie, qui contient en soi l'idée profonde et l'a broyé... c'est une profanation et un sacrilège. » Et pour insister sur son droit de montrer la vie comme elle est Repine écrit : « La beauté est une question de goût ; pour moi elle est dans la vérité... Je suis l'homme des années 1860 et pour moi, les idéaux de Gogol, Belinsky, Tourgueniev, Tolstoï et d'autres idéalistes ne sont pas morts... ».

Le sujet de la procession religieuse est un des plus populaires dans l'art russe de la seconde moitié du XIXe siècle. Perov, L. Solomatkine, I. M. Prianichnikov ont traité ce sujet de façon moins ambitieuse. Le tableau de Repine se distingue par son format. Il est important de le signaler, car dans les années 1880 commence « la période des grandes compositions à plusieurs personnages ». Les peintres principaux dans cette tendance de l'art russe sont V. I. Sourikov et, bien sûr, Repine. Sa Procession se distingue aussi par sa construction spatiale, qui offre à la toile plusieurs plans soulignés par le mouvement des personnages sans début ni fin. Le peintre donne une juste caractéristique à chacun. Résignation, dévotion, indifférence, vénération, fatuité, ingénuité et arrogance sont représentées.

Le tableau demande une longue observation. Une place est prévue aussi pour le spectateur. Il se trouve sur le bord de la route, observant cette foule qui se rassemble petit à petit en tableau intègre de la vie du peuple.

Tatiana Ioudenkova

ANONYMES

Cat. 511

Anonyme, Kiev

Coupe décorative (bratine)

1907
Argent ciselé, gravé et doré, grenats, chrysoprases
31,5 x 22,5 x 30,5
Poinçons : *godovoe probirnoe Kieva* [« garantie annuelle de Kiev »] *1896-1908 gg.*, *GT* [artisan anonyme]
Sur le corps : écusson avec les armoiries de la ville de Rylsk (une tête de sanglier) et la date : *1807 / 12 / Ou / 1907*
Inscriptions : sur la couronne, *BRATINA CHTO MORE SOLOVETSKOE PIOUT IZ NEIA PRO ZDOROVIE MOLODETSKOE* ; de chaque côté du blason, *SLAVNOMOU 126 PEKHOTNOMOU RYLSKOMOU POLKOU 125 PEKHOTNYÏ* POLK [« au grand 126e régiment de fantassins de Rylsk le 125e régiment de fantassins »].
Couvercle en forme de tête sculptée de preux à longue barbe et moustache, portant un heaume : Tchernomor, d'après les motifs du conte de A. S. Pouchkine *Rouslan et Ludmila*
Moscou, musée national d'Histoire, inv. 82280/4/a, b OK 13980/1-2
Historique : entrée en 1947.
Bibliographie : *Rousskoe serebro*, 2004, p. 244.
Expositions : 1991, Londres, p. 578 ; 1992, Gênes, p. 119 ; 1998-1999, Moscou, p. 462.
M

Le 125e régiment de fantassins, formé en 1863, avait pris part à la guerre russo-turque et entre autres à l'attaque de la ville de Plevna en 1877-1878. Il avait obtenu les décorations des trompettes de Saint-Georges et des insignes de chapeau « Pour s'être distingué dans la guerre de Turquie en 1877-1878 ».

Le 126e régiment de fantassins de Rylsk, formé en 1863, avait obtenu des distinctions au combat : l'étendard du régiment de Saint-Georges pour le siège de Sébastopol (1854-1855) et les trompettes de Saint-Georges pour la guerre de Turquie (1877-1878).

L'armée et la flotte avaient une énorme importance dans la vie de l'empire de Russie, elles conservaient les traditions de la vie militaire : organisation des anniversaires, des défilés, des bals, des revues, des tirs, campements, etc., qui étaient l'occasion de produire des objets commémoratifs, des cadeaux, souvent en argent.

Les mémoires du commandant du palais de Nicolas II, V. I. Boïekov, *Avec le tsar et sans le tsar*, décrivent un déjeuner du régiment : « Le milieu de la table était décoré dans toute sa longueur de l'argenterie du régiment composée de cruches, kovchs, gobelets, vases et autres objets, reçus comme prix au tir et à cheval, et en partie de cadeaux des autres unités ou d'officiers ayant quitté le régiment ; il n'y avait pas de fleurs. La décoration de la table composée exclusivement d'objets en argent était, avec le puissant éclairage de la salle, tout à fait spectaculaire. » En règle générale, il s'agissait de services à vin reprenant la forme d'objets du quotidien militaire : gamelles, boulets de canon ou gobelets, bratines, kovchs, souvent décorés de motifs tirés du folklore ou des contes.

Mnh

Cat. 512, repr. p. 148

Anonyme, atelier moscovite

Tabernacle

1912
Argent ciselé, doré, émaillé, niellé, émail peint et émail cloisonné
60,0 x 27,6 x 27,6
Moscou, galerie Tretiakov, inv. 22998
GT

Cat. 513 (non exposé)

Anonyme
Manufacture impériale de Saint-Pétersbourg

Carafe et son support, verre

1870
Verre émaillé, support bois sculpté
25,7 x 22,5 x D. 13,5
Saint-Pétersbourg, Musée d'État russe, inv. CT 1764-1765-1767
MR

Cat. 514, repr. p. 140

Anonyme
L'Artel Mourava des artistes-potiers de Moscou

Kovch

Vers 1900
Céramique émaillée
18,5 x 17,0 x 28,5
Marque : imprimée dans l'argile, *Mourava*
Moscou, musée national d'Histoire, inv. 108343/7097 fs
Historique : acquis en 1993.
Bibliographie : *Rousskiï Stil*, 1999, p. 131, n° 250.
Expositions : 1998-1999, Moscou, n° 250.

Apparu en 1904, l'artel de poterie Mourava se maintiendra jusqu'en 1918. Il produisait des céramiques architecturales, inspirées des techniques et des motifs de l'architecture anciens. Mourava proposait également des assortiments de vaisselle, constitué de vases, assiettes, plats décoratifs et kovchs, tous attachés au *rousskiï stil*.

T. I. Doulkina

Cat. 515, repr. p. 130

Anonyme
Usine de Vsevolod Nikolaevitch Sipiaguine dans le village d'Elizabetino, district de Bogorod, province de Moscou
Cruche à couvercle ornée de proverbes russes

Vers 1860
Porcelaine, glaçure peinte sur le relief, dorure
H. (cruche) 19,5 ; H. (cruche et couvercle) 26,5 x (goulot de la cruche) 11,2 x (base de la cruche) 9,7
H. (du couvercle) 9,4 x (base du couvercle) 7,7
Sur la panse les inscriptions : *Khozaïskavo dabrichka ne jaleï koubychka, Peï da ne leï, Pian da oumen dva ougodia v nem*
Estampille : sur le fond de la cruche, sous forme d'un écusson armorié sous une couronne nobiliaire, avec l'inscription : *fabriki V.N. Sipiaguine /mosk. G. Bog. Ou.*
Moscou, musée national d'Histoire, inv. GIM 80274-72/8438ff
HISTORIQUE : reçue de la galerie Tretiakov en 1939.
BIBLIOGRAPHIE : Saltykov, 1952, p. 262.
EXPOSITIONS : 1998, Moscou, n° 311.

Outre les formes traditionnelles de création populaire que constituaient le bois sculpté et la broderie, le verbe populaire, les devises et proverbes russes, devinrent l'une des sources du *rousskiï stil* des années 1860 et du début des années 1870. Le célèbre collecteur de la création orale populaire, V. A. Dal, publia pour la première fois, en 1862, un recueil de proverbes russes.
L'inscription d'un proverbe russe devint un élément plastique du style. C'est précisément en cette qualité qu'ils furent utilisés par les décorateurs et les maîtres de l'art appliqué lors de la conception des objets de style russe dès le milieu et la seconde moitié des années 1860. Ce procédé fut utilisé pour la première fois dans la porcelaine russe à la fabrique de Sipiaguine.
La fabrique réalisa une série d'objets : cruches, théières, tasses de présent décorées d'inscriptions en relief avec des proverbes russes. Il s'agissait des premières porcelaines néo-russes fabriquées dans le privé.
La fabrique du village d'Elizabetino avait été ouverte en 1811, elle avait fonctionné pleinement dans les années 1810-1820, produisant de la porcelaine de grande qualité. Elle avait été fondée, puis avait appartenu à des familles connues de la noblesse (V. A. Vsevolojsky, N. M. Sipiaguine). Au début des années 1850, la production de porcelaine reprit, sous l'impulsion de son dernier propriétaire, Sipiaguine, à qui la fabrique appartint jusqu'en 1865, après quoi elle fut louée, avec le droit de reproduire les marques de fabrique V. I. Sipiaguine, puis, après deux années, fut vendue.
MARIANNA ALEXANDROVNA BOUBTCHIKOVA

Cat. 516, repr. p. 137

Anonyme
Atelier de céramique de l'Institut Stroganov à Moscou
Coupe (koubok)

Fin du XIXe siècle
Argile claire, relief, émaux de couleurs, dorure
9,8 x D. 12,6
Marque : imprimée dans l'argile, *SOu*
Inscription répétée deux fois, en bas sur le pied : *Kto piot ; tomy vo zdravié* [santé à celui qui boit]
Moscou, musée national d'Histoire, inv. 106489-2/6892 fs
HISTORIQUE : acquis en 1995.
BIBLIOGRAPHIE : *Rousskiï Stil*, 1999, p. 120, n° 235.
EXPOSITIONS : 1998-1999, Moscou, n° 120.

Fondé en 1825 par le comte S. G. Stroganov, l'Institut Stroganov de dessin technique était l'un des plus actifs établissements d'enseignement artistique russes du retour aux sources nationales. L'enseignement incluait l'étude de l'art populaire russe, la copie des ornements des manuscrits, des objets liturgiques, des iconostases, de l'orfèvrerie et de la boissellerie. Les albums d'ornements byzantins et russes anciens constitués par les professeurs de l'Institut servirent de manuels à plusieurs générations d'étudiants et l'Institut était également pourvu d'un petit musée. Cet élégant *koubok* est orné de motifs inspirés de manuscrits religieux, retranscrits ici dans un matériau totalement différent du modèle, la céramique.
T. I. DOULKINA

Cat. 517

Vroubel Mikhaïl Alexandrovitch
Omsk, 1856 – Saint-Pétersbourg, 1910

***Le Preux*, panneau décoratif**

1898
Huile sur toile
321,5 x 222,0 (forme cintrée dans la partie supérieure)
Saint-Pétersbourg, Musée d'État russe, inv. J-1837
HISTORIQUE : collection E. M. Teretchenko, Saint-Pétersbourg ; Musée Russe, entré en 1917.
BIBLIOGRAPHIE : *Vroubel, Correspondance*, 1976, p. 372 ; Guerman, 1986, n° 128, ill. 108.
EXPOSITIONS : 1908, Saint-Pétersbourg, 5e exposition de la Nouvelle Société, n° 3. Musée d'État russe
MR

Cat. 518, repr. p. 189

Roerikh Nikolaï Konstantinovitch
Saint-Pétersbourg, 1874 – Nagar, vallée de la Koulou, Pendjab, Inde, 1947

***Fragment d'une armoire* à trois battants pour une bibliothèque**

Six panneaux de bois sculptés peints, ferrures zoomorphes en métal
163 x 135 x 5,5
Serguiev Possad, musée d'Art populaire et d'Art décoratif contemporain
inv. 7289 d
HISTORIQUE : transféré de Talachkino à Serguiev Possad pendant la Seconde Guerre mondiale.
BIBLIOGRAPHIE : Makovsky, n° 121, p. 75, ill. face p. 57.
MSP

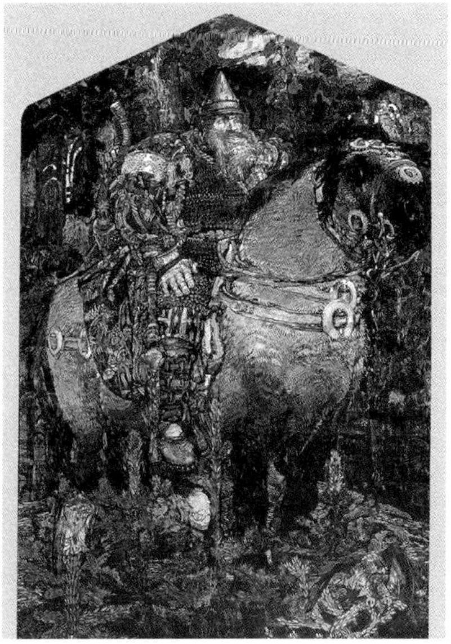

Cat. 517

Glossaire

Artel : sorte de confrérie de paysans-artisans.

Bogatyr : preux, héros de l'épopée russe.

Bratina : coupe à boire de la fraternité.

Bylina : chanson épique russe.

Chatior : toit pyramidal.

Chatrovy : style architectural.

Datcha : maison de campagne russe, à proximité d'une grande ville.

Domra : instrument de musique à cordes pincées.

Douga : arc de limonière.

Endova : grand bol à bière avec bec verseur.

Gusli : instrument de musique à cordes pincées.

Isba : petite maison en sapin, particulière aux paysans de Russie du Nord.

Kefsour ou ***khevsour*** : population montagnarde originaire du Caucase.

Kokochnik : coiffe traditionnelle en forme d'arc-diadème.

Kourgan : tumulus.

Koustary : paysans-artisans.

Kovch : puisoir à manche recourbé.

Kremlin : forteresse.

Loubok : imagerie populaire russe (gravure).

Miriskousniki : membres du cercle de la revue *Mir Iskousstva (le Monde de l'art)*.

Moujik : paysan russe.

Narodniki : populistes.

Narodovoltsy : membre du parti Narodnaïa Volia (« la volonté du peuple »).

Opritchina : « réserve », sorte d'apanage exclusif du souverain (Ivan le Terrible) qui divisa le pays en deux parties. La première (quelques quartiers de Moscou, 27 villes et 18 districts) dépendait directement du tsar et était administrée par sa police personnelle, les *opritchiniki ;* la seconde, la *zemchtchina* (« terre », « pays ») était administrée par les représentants de l'ancien régime.

Peredvijniki : membres des « ambulants », association russe d'artistes réalistes, fondée à Saint-Pétersbourg.

Plachtchanitsa : saint-suaire, pièce de tissu de grande taille représentant l'iconographie de la Mise au tombeau du Christ.

Raskol : schisme religieux.

Ripida : objet liturgique formé d'une image circulaire de chérubin montée sur un manche de bois.

Smotriny : défilé traditionnel des noces russes.

Snegourotchka : la Fille de neige, personnage folklorique.

Starets : vieillard, sage, moine ou ermite ayant une autorité morale.

Terem, teremok : partie supérieure de la maison dans l'ancienne Russie ; la maison même.

Zemstvos : assemblées territoriales autogérées créées en 1864.

Bibliographie

A

« À propos de l'exposition de l'Académie des Arts », *Rousskiï khoudojestvennyï listok (le Feuillet d'art russe)*, n° 25, 1er septembre 1860.

« Arkhitekturnye novosti. Dom dlia gospodina ministra », *Khoudojestvennaïa gazeta*, n° 5, 1835.

« La découverte de Daguerre », *Khoudojestvennaïa gazeta (la Gazette des arts)*, n° 2, 15 janvier 1840.

« La photographie de l'artiste Denier », *Sankt-Peterbourgskiïe Vedomosti (Bulletin de Saint-Pétersbourg)*, n° 216, 29 septembre 1854.

« La Vieille avide », dans *les Contes populaires russes réunis par Afanassiev*, traduction, introduction et notes par Lise Gruet-Apert, Paris, Maisonneuve et Larose, 2000.

« Le Cabinet de portraits photographiques », *Vedomosti Sankt-Peterbourgskoï politsii (Bulletin de la police municipale de Saint-Pétersbourg)*, n° 25, 1er février 1949.

« Mélange », *Severnaïa Ptchela (l'Abeille du Nord)*, n° 136, 17 juin 1844.

« Panorama de l'art », *Svetopis*, n° 10-11, 1858.

« Peterbourgskaïa Letopis » (« Chronique pétersbourgeoise »), *Sankt-Peterbourgskiïe Vedomosti (Bulletin de Saint-Pétersbourg)*, n° 100, 6 mai 1856.

« Prisoujdeniïe nagrad exponentam... » (« Attribution des prix... »), *Fotografitcheskiï vestnik (le Messager de la photographie)*, n° 6, 1889.

« Procès-verbal de la séance du 5 juillet 1878 », *Bulletin de la Société française de photographie*, 1878.

« Promenades daguerriennes en Russie », *Severnaïa Ptchela (l'Abeille du Nord)*, n° 106, 14 mai 1843.

150 Years of Photography, Prague, 1989.

Adam Paul, *Dix Ans d'art français*, Paris, Albert Méricant, s. d.

Afanassiev K., *A. V. Chtchoussev*, Moscou, 1978.

Arkhitekturnie teorii XIX veka v Rossii (Théorie de l'architecture du XIXe siècle en Russie), Moscou, 1986.

Alexandre Golovine, album, Moscou, Izobrazitelnoe Iskousstvo, 1981.

Alexandre Golovine : Pout khoudojnika. Khoudojnik i vremia (la Voie du peintre. Peintre et son temps), auteur M. N. Pojarskaïa, Moscou, Sovetskiï Khoudojnik, série « Novaïa galereïa, 20 vek » (« Nouvelle galerie. XXe siècle »), 1990.

Alexandre Iakovlevitch Golovine. Vstretchi i vpetchatlenia. Pisma. Vospominania o Golovine (Alexandre Iakovlevitch Golovine. Rencontres et impressions. Lettres. Souvenirs), auteur A. G. Movchenson, introd. F. I. Sirkina, Iskousstvo, Leningrad, Moscou, 1960.

Allshouse Robert H., *Photographs of the Tsar : the pioneering color Photography of Sergei Mikhailovitch Prokudin-Gorsky*, New York, 1980.

Andreev Carliste Olga et Davies Richard, *Leonid Andreyev, Photographs by a Russian writer*, Londres, Thames et Hudson, 1991, *les Destins de Leonid Andreev*, Paris, Adam Biro, 1989.

Andreï Ossipovitch Kareline. Tvortcheskoïe Naslede (Héritage artistique), Nijni-Novgorod, Volgo-Viatskoïe izdatelsvo, 1990.

Anissimov A. V., *Teatri Moskvi. (Vremia i arkhitektura) (Théâtres de Moscou [Temps et architecture])*, Moscou, Ouvrier de Moscou, 1984.

Antoine André, « *Mes souvenirs* » *sur le Théâtre-Libre*, Fayard et Cie, 1921.

Antonova V. et Mneva N., *Katalog drevnerousskoï jivopissi (Catalogue de peinture russe ancienne)*, Moscou, Iskousstvo, 1963, t. 1.

Apollo, numéro spécial consacré à l'art russe, décembre 1973.

A Portrait of Tsarist Russia. Unknown Photographs from the Soviet Archives, New York, Pantheon Books, 1990.

Apraxine Pierre, *Léon Tolstoï, photographies de Sophie Tolstoï*, Paris, Marc Vokar, 1991.

Aragon Louis, *le « Modern Style » d'où je suis*, dans Roger-H. Guerrand, *l'Art nouveau en Europe*, Paris, Plon, 1965.

Arbitman E. N., « K Istorii exponirovaniïa za roubejom kartiny N. Gay *"Chto est istina ?"* » (« Contribution à l'histoire de l'exposition à l'étranger du tableau de N. Gay "*Quid est veritas ?" »), Panorama Iskousstv (Panorama des arts)*, n° 13, 1990, Moscou.

Arkine David E., *les Images de la sculpture (Obrazi sculpturi)*, Moscou, Iskousstvo, 1961.

Arzoumanova Olga I., Lioubartovitch Valery, A. Nachtchokina et Maria V., *Keramica Abramtseva v sobranii Moscovkavo gossoudarstvenovo ouniversitetat injenernoï ekologii (la Céramique d'Abramtsevo dans la collection de l'université d'État de l'économie écologique de Moscou)*, Moscou, Giraf, « Rousskiï Modern », 2000.

Asars Janis, « Màkslas amatniecība », *Kopoti raksti*, vol. 1, n° 3, 1910.

Ashbee Felicity
– « Fotograf s Maloï Morskoï »

(« Photographe de la Petite Marine) », *Iounost (la Jeunesse)*, n° 7, **1976**.
– « Iz "Simbirskovo tsikla" V. Karrika » (« Extrait du "cycle sibérien" de W. Carrick »), *Sovietskoïe foto (la Photo soviétique)*, n° 12,**1978**.
– « William Carrick : a Scots Photographer in St. Petersburg », *History of Photography*, n° 3, juillet **1978**, vol. 2.

Ashbee Felicity et Lawson Julie, *William Carrick. 1827-1878*, cat. exp. Édimbourg, 1987, The National Gallery of Scotland.

Autrefois la Russie, Paris, Liana Levi, 1990, recueil d'articles composé par Nicolas Rakhmanov.

Autrefois la Russie. Photographies inédites des archives soviétiques de 1939 à la révolution, voir Barkhatova Elena (dir.).

Auzas Pierre-Marie, *Eugène Viollet-le-Duc, 1814-1879*, Paris, CNMHS, 1979.

B

Baedeker Karl, *Russia with Teheran, Port Arthur, and Peking. Handbook for travellers*, Leipzig, Londres, New York, 1914.

Barchtchevsky Ivan Fedorovitch et Roche Denis, *Objets d'art russes anciens, faisant partie des collections de la princesse Marie Tenichev exposées au musée des arts décoratifs du 10 mai au 10 octobre 1907*.

Barkanov, *Bulletin de la société française de photographie*, 1870.

Barkhatova Elena V.
– « Aus der geshichte »der Russischen Photographie », *Photographie aus der Sowjetunion. Leben im Zaristischen Russland*, Zurich, **1989**.
– « Donskie sioujety Ivana Boldyreva » (« Sujets d'Ivan Boldyrev inspirés par le Don) », *Nache Nasledе (Notre Héritage)*, 10, **1989**, IV.
– « Rousskie "alliouzionisty" », *Nache Naslede*, 21, **1991**, III.
– « Die ersten Photographien in Russland », *Russische Photographie, 1840-1940*, cat. exp. Bonn, **1993**.

Barkhatova Elena V. (dir.)
– *Autrefois la Russie, photographies inédites des archives soviétiques de 1839 à la révolution*, Moscou, Éditions Planeta, 1989, Liana Levi, **1989**.
– *A portrait of Tsarist Russia*, Londres, Nishen, **1990**.

Bassekhe A. I. *Théâtre et la peinture de Golovine (Teatr i jivopis Golovina)*, Moscou, Izobrazitelnoe Iskousstvo, 1970.

Baudez Basile, « L'Ambassade de France à Moscou », *Livraisons d'histoire de l'architecture*, n° 4, 2002, 2d semestre.

Beaumont Cyril W., *Michel Fokine & His Ballets*, Londres, 1945.

Beletsky Platon Alexandrovitch, *Gueorguy Ivanovitch Narbout*, Leningrad, Iskousstvo (l'Art), 1985.

Beliakova E. M. et Steinbach E. E., « Les jouets à Serguiev Possad », *Panorama des arts*, n° 3, 1980, Moscou.

Belinsky V. G., *les Œuvres de Pouchkine, Œuvres complètes*, Moscou, 1948, t. 3.

Benois Alexandre Nikolaevitch
– « La Centenale », *Mir Iskousstva*, n° 21-22, **1900**.
– « L'art contemporain en Russie », *Revue encyclopédique*, n° 341, 17 mars **1900**.
– « L'Exposition universelle », *Mir Iskousstva*, n° 17-18 et n° 19-20, **1900**.
– *Iskousstvo i petchatnoïe delo (l'Art et l'imprimerie), Iskousstvo v iouzhnoï Rossii (l'Art en Russie du sud)*, Zadatchi grafiki (les Missions des arts graphiques), n° 2-3, **1910**.
– « "L'Orage" à Alexandrinka » (« "Groza" v Alexandrinke »), *Parole*, 30 septembre **1916**.
– *The Russian school of painting*, Londres, T. W. Laurie, **1916**.
– *Vozniknovenie « Mira Iskousstva »* (« La création de *Mir Iskousstva* »), Leningrad, **1928**.
– *Reminiscences of the Russian ballet*, Londres, Putnam (printed by Wyman & sons), **1947**, trad. Mary Britnieva.
– *Memoirs*, Londres, Chatto & Windus, **1964**, vol. I et II, trad. Moura Budberg.
– « La participation des artistes au théâtre », *la Critique d'art progressiste en Russie dans la seconde moitié du XIXe et le début du XXe siècle*, Moscou, **1977**.
– *Moï vospominania v piati knigakh* (« Mes souvenirs en cinq livres »), N. I. Aleksandrova, A. L. Grichounine, A. N. Savinov *et al.* (éd.), Moscou, série « Literaturnye pamiatniki » (« Monuments littéraires »), **1980**, 2 vol.
– *Azbouka (Abécédaire)*, préf. E. V. Barkhatova, Leningrad, **1990A**.
– *Abécédaire en images*, fac-similé accompagnée d'un article de N. M. Vassilieva, Moscou, **1990B**.

Benois A. N. (Note bibliographique) (Benoua A. N. Bibliographitcheskaïa spravka), Encyclopédie du théâtre, Moscou, Sovetskaïa encyclopédia, 1961, I.

Berdiaev N.
– *Le Nouveau Moyen Âge*, 1re éd. 1924, Lausanne, L'Âge d'Homme, **1985**.
– *Lev Tolstoï. Sobranie socinenii (Léon Tolstoï. Œuvres complètes)*, Paris, Ymca Press, **1989**, t. 3.

Berger Ursel dans le cat. exp. Lausanne, 1996, *Maillol*, Flammarion, musée cantonal des Beaux-Arts.

Bergerat Émile, *les chefs-d'œuvre d'art à l'Exposition Universelle. 1878*, Paris, Ludovic Baschet, 1878.

Bespalova L. A., *Apolinary Mikhaïlovitch Vasnetsov 1856-1933*, 2e éd., Moscou, Iskousstvo, 1983.

Bianchi Ivan, *Un ticinese pionere della fotografia a San Pietroburgo*, Lugano, 2002.

Bilibine Ivan Iakovlevitch
– « Derevjannaïa arkhitektura rousskovo Severa », *Mir Iskousstva*, n° 11, **1904**.
– « Narodnoïe tvortchestvo rousskovo Severa » (« Création populaire en Russie du Nord »), *Mir iskousstva (le Monde de l'art)*, n° 11, **1904**.
– « Ostatki iskousstva v rousskoï derevne » (« Vestiges artistiques dans la campagne russe »), *Journal dlia vsekh (Revue pour tous)*, n° 10, **1904**.
– « Neskolko slov o rousskoï odejde » (« Quelques mots sur le costume russe »), *Starye gody (les Vieilles années)*, juillet-septembre **1909**.
– *Pamiati Repina (En Souvenir de Repine)*, Sovremennye zapiski (les Annales contemporaines), Paris, **1930**, t. 44.
– Bilibine 1970 : *Ivan Iakovlevitch Bilibine. Stati. Pisma. Dokumenty (Ivan Iakovlevitch Bilibine. Articles. Lettres. Documents)*, S. V. Golynets éd., Leningrad, Khoudojnik RSFSR (l'Artiste de Russie soviétique), **1970**.
– « Avtobiografitcheskïe zapiski » (« Notes autobiographiques »), dans Bilibine **1970**.
– « Programma zaniatiï grafikoï na grafitcheskom otdelenii jivopisnovo fakoulteta BAKh na 1937/1938 outchebnyï god », NBA Akh SSSR, op. 60, A-1, l. 1, dans Bilibine **1970**.

Blok Alexandre A.
– *Sobranie sotchinenii*, Moscou, Leningrad, **1962**, t. 5.
– « La Russie », *Anthologie de la poésie russe*, Paris, Gallimard, **1993**.
– *Œuvres en prose*, Lausanne, L'Âge d'Homme, trad. Jacques Michaut.

Bogolepov Iouri Pavlovitch, *Recueil d'informations statistiques concernant la province de Moscou*, département des Statistiques économiques, Métiers de la province de Moscou, Le secteur du jouet, Moscou, 1880, t. 6, 2e éd.

Borissova E., *l'Architecture russe de la seconde moitié du XIXe siècle*, Moscou, 1979.

Borissova E. et Kajdan T., *l'Architecture russe de la fin du XIXe et du début du XXe siècle*, Moscou, 1971.

Borodaevsky S. V., *Coopération, zemstvo et industrie artisanale*, Saint-Pétersbourg, 1913.

Bott Iraïda Kourtovna et Kaneva Maria Ioakimovna, *Rousskaïa Mebel (le Meuble russe). Istoria. Stili. Mastera. (Histoire. Styles. Artistes)*, Saint-Pétersbourg, Iskousstvo (L'art), 2003.

Boutet de Monvel, *Jeanne d'Arc*, Paris, Plon-Nourrit et Cie, 1896.

Bowlt John E., *The Silver Age : Russian Art of the Early Twenteeth Century and the « World of Art » Group*, Newtonville, Mass., 1979 et 1982.

Browning Fitzlyon et Tatiana, *les Russes avant 1917, la Russie sous le dernier tsar*, Paris, Autrement, « Mémoires », 2003.

Brumfield William Craft
– « Architectural Design in Moscow, 1890-1917 : Innovation and Retrospection », Brumfield (dir.), *Reshaping Russian Architecture : Western Technology Utopian Dreams*, Cambridge, **1990**.
– *The Origins of Modernism in Russian Architecture*, Berkeley, Los Angeles, Oxford, University of California, **1991**.

Les Bylines russes, introduction, traduction et commentaires par Louis Jousserandot (1813-1887), Paris, La Renaissance du livre, 1928.

C

Catalogue du Musée historique de Moscou, voir Sabourova.

Catalogue général du musée d'histoire et ethnographie de la princesse Tenicheva à Smolensk ; ajout au catalogue général, 1911.

Catalogues des œuvres artistiques de la Galerie de la ville de Pavel et Sergueï Tretiakov, 25ᵉ éd., Moscou, 1911, nᵒ 1905.

Chamot Mary, *Gontcharova*, Paris, La Bibliothèque des arts, 1972, trad. angl. Helen Gerebzow.

Champier Victor
– « Les cadeaux offerts à l'escadre russe », *Revue des arts décoratifs*, novembre **1893**.
– « Souhaits d'artistes à propos de la réception des souverains russes », *Revue des arts décoratifs*, novembre **1896**.
– « L'orfèvrerie », *les Industries d'art à l'Exposition universelle de 1900*, Paris, RAD, **1902**.

Charle Christophe, *Paris fin de siècle. Culture et politique*, Le Seuil, 1998.

Chedevry Fotografii iz tchastnykh sobranii. Rousskaïa fotografia 1849-1918, Moscou, 2003.

Chipova T. N., *Fotografy Moskvy – na pamiat boudouchtchemou. 1839-1930*, Album-spravotchnik, Moscou, 2001.

Choulguina E. N. et Pronina I. A., *Histoire de l'Institut Stroganov*, Moscou, 2002.

Chvidkovsky Dmitri et Pérouse de Montclos Jean-Marie, *Moscou. Patrimoine architectural*, Paris, Flammarion-Editions du Patrimoine, « Tout l'Art Patrimoine », 1997.

Cieren Philippe, Ponthaud Marie-Suzanne de et Lagneau Jean-François, « La restauration d'une isba ville Beauséjour », *Monumental*, nᵒ 2, 2004.

Clapier Olga de, « Kniaginia Maria Tenicheva. K sorokaletiiou kontchiny » (*Princesse Marija Tenicheva. Pour le quarantième anniversaire de sa mort*), *Vozrojdenië* (« La Renaissance »), nᵒ 194, février 1968.

Claudon Adhemar Catherine, « Problèmes du patrimoine en Russie », *Revue de l'art*, nᵒ 101, 2ᵉ trimestre, 1993.

Les Contes populaires russes réunis par Afanassiev, traduction, introduction et notes de Lise Gruel-Apert, Paris, Maisonneuve et Larose, 2000.

Coquiot Gustave, *Cubistes, futuristes, passéistes : essai sur la jeune peinture et la jeune sculpture*, Paris, Ollendorf, 1914.

Corvin Pierre de (Pierre Newsky), *le Théâtre en Russie depuis ses origines jusqu'à nos jours. Étude historique et littéraire*, Albert Savine éd., 1890.

La Culture russe de la seconde moitié du xixᵉ siècle, Moscou, 1991.

D

Dagen Philippe, *le Peintre, le poète, le sauvage. Les voies du primitivisme dans l'art français*, Paris, Flammarion, 1998.

Daniel Sergueï M., *Biblieiskie Sioujeti (Scriptural Themes in Russian Painting in the Modern Period)*, Saint-Pétersbourg, Khoudojnik Rossii, 1994.

Danilowicz C. de
– « Art décoratif russe ancien. Collection de la princesse M. Tenichef », *l'Art décoratif*, avril **1907**.
– « Une Exposition d'art russe moderne à Paris », *l'Art et les artistes*, janvier **1908**.

Davanne Alphonse, « Rapport sur la XIᵉ exposition de la Société française de photographie », *Bulletin de la Société française de photographie*, 1876.

Davydova M. V., *les Essais sur l'histoire d'art décoratif et théâtral russe du XVIIIe – début du xxᵉ siècle* (*Otcherki istorii russkovo teatralno-dekorativnovo iskousstva XVIII-natchala XX veka*), Moscou, Science, 1974.

Davydova S. A., « Vente des objets de l'artisanat », *Congrès des acteurs de l'industrie artisanale*, 1910.

Delaborde Henri, « La Photographie et la gravure », *la Revue des Deux Mondes*, 1ᵉʳ avril 1856.

Delatour Jérôme, « Le fonds photographique. La photothèque de Jacques Doucet : passé, présent, avenir », *Nouvelles de l'Institut national d'histoire de l'art*, nᵒ 15, juin 2003.

Diaguilev i rousskoe iskousstvo. Stati, otkrytyïe pisma, interviou. Perepiska. Sovremenniki o Diaguilev (« Diaguilev et l'art russe. Articles, lettres ouvertes, entretiens. Correspondance. Souvenirs sur Diaguilev »), I. S. Silberstein et V. A. Samkov (éd.), Moscou 1982, 2 vol.

Diaguilev Sergueï Pavlovitch
– « Exposition en Allemagne », *Mir Iskousstva*, nᵒ 8-9, **1904**.
– *Neskolko slov o S. V. Malioutine (Quelques Mots sur S. V. Malioutine). Sergueï Diaguilev et l'art russe. Articles, lettres ouvertes, interview. Correspondance. Témoignages de ses contemporains sur Diaguilev*, Moscou, Izobrazitelnoïe iskousstvo (les Arts plastiques), t. 1.

Dmitriev Maxime, *Fotografii (Photographies)*, Moscou, 1996.

Dmitrieva N. V., « Iz Istorii rousskoï khoudojestvennoï kritiki 60-70kh g. XIX v. » (« Fragments d'histoire de la critique d'art russe dans les années 1860-1870 »), *Iskousstvo (l'Art)*, 1950, t. 2.

Dolinsky Maxime et Tchertok Sergueï, « Otcherk, ostavchiïsia nezakontchennym (o khoudojnike-fotoportretiste M. A. Scherling) » (« Essai resté inachevé [sur le portraitiste d'art M. A. Scherling]) », *Sovietskoïe Foto (Photographie soviétique)*, Moscou, nᵒ 9, 1957.

Dostoïevsky Fedor M., *Œuvres complètes*, Leningrad, 1979, t. XIX.

E

Een Russisch Sprookje. Russiche boekkunst en grafiek uit begin van de 20 eeuw, Voorbeelden uit de LS collectie, Nijmegen, Gekozen en voorzien van teksten door Albert Lemmens et Serge-Aljosja Stommels, Nijmegen LS, 2004.

Efros A., *Dva veka rousskovo isskoustva (Deux Siècles d'art russe)*, Moscou, Iskousstvo, 1969.

Ely C., *This Meager Nature. Landscape and National Identity in Imperial Russia*, DeKalb, 2002.

Ernst Serge, « À l'école de l'occident », *l'Œil*, nᵒ 11, novembre 1955.

Etkind M. G., *Alexandre Benois*, Leningrad, Moscou, Iskousstvo, 1965.

F

Feodorov-Davydov A. A., *Mikhaïl Alexandrovitch Vroubel*, Moscou, Iskousstvo, 1968.

Fitzlyon Kyril et Browning Tatiana, *les Russes*, Paris, Autrement, 2003.

Florensky P., *Ikonostas (l'Iconostase)*, Moscou, Iskousstvo, 1995.

Fokine M. M., *Contre courant. Souvenirs du chorégraphe, articles, lettres (Protiv techenia. Vospominania baletmeistera, stati, pisma)*, Leningrad, Moscou, Iskousstvo, 1962.

Fotografii na pamiat. Fotografy nevskovo Prospekta. 1850-1950, Saint-Pétersbourg, 2003.

France Anatole, *le Puits de Sainte Claire*, Paris, 1904.

Frère Henri, *Conversations de Maillol*, Genève, Cailler, 1956.

Fritchero E., *la Cathédrale orthodoxe russe Saint-Nicolas à Nice*, Florence, 1997.

G

Galina Tatiana, « Goloubkina à Paris », cat. exp. Moscou, galerie Tretiakov, 2004.

Garchine V. M.
– *Rasskazy (Récits)*, Irkoutsk, Les Artistes, **1976**.
– « 1887. Remarques sur les expositions », *Récits*, Irkoutsk, Les Artistes, **1976**.

Gauguin Paul, *Noa Noa*, éd. de Pierre Petit, Paris, J.-J. Pauvert et Cie, 1988.

Gautier Théophile, *Voyage en Russie*, Slatkine, 1979, trad. russe Moscou, 1988.

Gay G., « Vospominaniia o khoudojnike N. N. Gay kak material dlia evo biografii » (« Souvenirs de l'artiste N. N. Gay pour servir de matériau à sa biographie »), *Artist (l'Artiste)*, 1894, n° 4.

Gerard Hill, Smorodina G. G. S. et Oulyanova V. L., *Faberge and the Russian master goldsmiths*, New York, 1989.

Gervex Henri, *Souvenirs*, Paris, Flammarion, 1924, chap. III, chap. IV, chap. V.

Gibson Michael, *Symbolisme*, Cologne, Taschen, 1997.

Glagol S. et Grabar I., *Isaac Ilitch Levitan. Vie et œuvre*, Moscou, 1913.

Goloubkina A. S., *Pisma. Neskolko slov o remesle skulptora. Vospominania sovremennikov (Correspondance. Quelques mots sur le métier du sculpteur. Souvenirs de ses contemporains)*, M. A. Korovitch (dir.), Moscou, Sovetskiï khoudojnik (le Peintre soviétique), 1983.

Golynets Sergueï V.
– *Ivan Bilibine*, Leningrad, Aurora-Lazarus, **1981**.
– *Ivan Bilibine*, album, Leningrad, Aurora, **1988**.

Golynets Galina Vassilievna et Golynets Sergueï Vassilievitch, *Ivan Iakovlevitch Bilibine*, Moscou, Izobrazitelnoïe iskousstva (l'Art plastique), 1972.

Gontcharov I. A., « 1874. *Le Christ dans le désert.* Un tableau de Kramskoï », *les Écrivains russes et les arts plastiques*, Leningrad, 1976, éd. établie par L. A. Hessen et A. G. Ostrovsky.

Gorojanina Svetlana V.
– « De l'histoire du travail artistique du bois et de la pyrogravure », *le Domaine-musée de Serguiev Possad*, communiqués, **1995**, Moscou, 1995.
– *Histoire du tournage à Serguiev Possad*, recueil, article, lectures à la mémoire de V. M. Vassilenko, 2e éd. Moscou, **1998**.
– « les Plats commémoratifs en bois de la seconde moitié du XIXe au début du XXe siècle », *Antiquités, objets d'art et collection*, n° 11 (12), **2003**.
– « Maisons et villes miniatures », Antiquités, objets d'art et collection, n° 1-2 (14), **2004**.

Goussarova Alla P., *le Monde de l'Art (Mir Iskousstva)*, Leningrad, Khoudojnik RSFSR (l'Artiste de Russie soviétique), 1972.

Grabar Igor, *Istoria rousskovo iskousstva*, Moscou, Knebel, 1910-1914, t. 1-6.

Grafola Lynn et Van Norman Baer Nancy (dir.), *The Ballets Russes and Its World*, New Haven et Londres, 1999.

Granoff Katia (éd.), *Anthologie de la poésie russe*, Paris, Gallimard, « Poésie », 1993.

Gray Camilla
– *The Great Experiment : Russian Art. 1863-1922*, Londres, Thames and Hudson, **1962**.
– *L'Avant-garde russe dans l'art moderne, 1863-1922*, éd. revue et augmentée par Marian Burleigh-Motley, Londres, Thames and Hudson, **2003**, trad. ang. Basile Dominov.

Grusman Vladimir (dir.), *Russian Museum of Ethnography*, Saint-Pétersbourg, Slavia, 2001.

Guerman Mikhaïl A.
– *Mikhaïl Vroubel. Peinture, arts graphiques, sculptures, illustrations de livres, arts décoratifs, décors de théâtre*, Leningrad, Aurora, **1986**.
– *Mikhaïl Vroubel. L'Annonciateur des Temps Nouveaux*, Bournemouth et Saint-Pétersbourg, Parkstone-Aurora, **1996**.

La Guerre des champignons, Narodnaïa skazka (le Conte populaire), Moscou, 1889.

H

Henry Moore on sculpture, de Philip James (dir.), Londres, McDonald, 1966.

L'Héritage musical (Musikalnoe nasledie), Rimsky-Korsakov, Moscou, Izdatelstvo Akademii Nauk SSSR, 1954, t. 2.

Herz Karl Karlovitch, « La Photographie sous le rapport de l'histoire de l'art », *Rousskiï Vestnik (le Messager russe)*, 1858, t. 15, vol. 1 (mai).

Herzen Alexandre I.
– *Œuvres complètes*, **1919**, t. VII.
– *Soroka-Vorovka (la Pie voleuse)*, Moscou, **1974**.

I

Iakovlev V. V., *N. A. Rimsky-Korsakov i operni teatr S. I. Mamontov (N. A. Rimsky-Korsakov et théâtre d'opéra de S. I. Mamontov)*, Almanach théâtre, VTO, livre 2 (4), Moscou, 1946.

Iakovleva E. P., *Teatralno-dekorationnoe Iskousstvo N. K. Rerikha (Art décoratif et théâtral de N. K. Roerikh)*, Moscou, Izdatelstvo Ogni, 1996.

L'Industrie artisanale en Russie. Métiers divers, Saint-Pétersbourg, 1913, t. 1.

Ioureneva V., *Zapiski aktrissi (Notes d'une actrice)*, Leningrad, Moscou, VTO, 1946.

Ivan Iakovlevitch Bilibine. Stati, pisma, vospominania o khoudojnike. (Articles, lettres, souvenirs sur l'artiste), rassemblés, préfacés et commentés par S. V. Golynets, Leningrad, Khoudojnik RSFSR (l'Artiste de Russie soviétique), 1970.

J

Le Jouet. Son histoire et sa signification, Moscou, 1912.

Jouravleva Larissa Sergeevna
– *La Princesse Maria Tenicheva*, Smolensk, Poligramma, **1994**.
– *Talachkino. Sbornik dokoumentov (Recueil de documents)*, Smolensk, **1995**.

K

Kael (Lebedev K. F.), « Narodniï dom. Rouslan i Ludmila » (« Maison du peuple. Rouslan et Ludmila »), *Revue de théâtres*, 20 mai 1914.

Kamensky Alexandre, *The World of Art mouvement in early 20th-Century Russia*, avec un essai de Vsevolod Petrov, Leningrad, Aurora, 1991.

Kareline Andreï Ossipovitch, *Tvortcheskoïe Nasledie*, Nijni-Novgorod, 1990.

Karpova Elena, dans *Symbolismus in Russland*, cat. exp. Saint-Pétersbourg, 1996, Saint-Pétersbourg, Palace Éditions, 1996.

Kennedy Janet, *The « Mir Iskousstva » Group and Russian Art, 1898-1912*, New York, Garmland Publishing Inc., 1977

Kerblay Basile, « L'évolution de l'isba aux XIXe et XXe siècle », *Cahiers du monde russe et soviétique*, vol. XIII, janvier-mars 1972.

Khaït D., « Le Nuremberg soviétique », *la Nouveauté rouge*, vol. 7, 1932.

Khmeleva, NOMI *(Novi Mir iskousstva) Nouveau Monde de l'art*, n° 5, 1999.

Kiprianov Valerian, *Histoire pittoresque de l'architecture en Russie*, Saint-Pétersbourg, Moscou, Paris, 1864.

Kirillov V., *l'Architecture de l'*Art nouveau *en Russie. Essai d'une analyse des formes,* Moscou, 1979.

Kiritchenko Evguenia I.
– *Arkhitektor I. P. Ropet,* « Arkhitekturnoe nasledstvo », 20, Moscou, **1972**.
– *F. Chekhtel,* Moscou, **1973**.
– *Poiski natsionalnovo stilia v tvortchestve arkhitektura V. A. Pokrovskovo,* Arkhitekturnoe nasledstvo, 21, Moscou, **1973**.
– *Moscou à la frontière de deux siècles,* Moscou, **1977**.
– « Theoretical attitudes to architecture in Russia : 1830-1910's », *Architectural association Quarterly, Russian Soviet Issue,* n° 2, **1979**, vol. 11.
– *Romantizm i istorizm v russkoi architecture XIX veka (K voprossou o dvoukh pfasakh razvitia eklektiki) (Romantisme et historisme dans l'architecture russe du XIXe siècle),* « Architecturnoe nasledstvo (Héritage architectural) », *l'Architecture russe,* N. F. Goulianitsky (dir.), Moscou, Stroiizdat, n° 36, **1988**.
– Œuvres pour le théâtre de F. O. Chekhtel des années 1880 dans les musées de Moscou *(Teatralnie raboti F. O. Chekhtelia 1880-h godov v muzeïakh Moskvi),* Musée 10. Collections artistique d'URSS, recueil d'article, auteur A. S. Loginova, Moscou, Sovetskiï Khoudojnik, **1989**.
– *Russian Design and the Fine Arts. 1750-1917, compiled by* Mikhail Anikst, New York, Abrams, **1991**.
– *Iskousstvo i gossoudar Nikolaï Pavlovitch,* Teorii i gradostroitelstva (NII TAG), Moskovskiï arkhitekturnyï institut (MARKhI), Materialy konferentsii « Zapad-Vostok ; litchnost v istorii arkhitektury », 4, Arkhitektura, Moscou, **1995**.
– *Zapetchatlennaïa Rossiïa,* vol. 2, « Arkhitekturnye ansambli i skulpturny pamiatnik », Moscou, **2001**.
– *Rousskiï Stil (le Style russe),* Moscou, **1997**.
Kiritchenko E. et Saïgina L., *Un architecte romantique de l'Art nouveau : F. Chekhtel,* Moscou, 2000.

Klimoff Eugene, « Alexandre Benois and his role in Russian Art », *Apollo,* décembre 1973.

Kolpaktchi M. M., *Katalog skoulptouri i rissounkov skulptorov kontsa XIX-natchala XX vekov v Tretiakovskoï galeree (Catalogue des sculptures et des dessins de sculpteurs, fin XIXe-début XXe siècle, de la galerie Tretiakov),* Moscou, Sovietskiï khoudojnik, 1977.

Konenkov Sergueï T.
– *La Parole aux jeunes (Slovo molodim),* Moscou, Molodaïa gvardia, **1958**.
– *Vospominania, pisma, stati (Souvenirs, correspondance, articles),* t. 1, « Moï vek » (« Mon siècle »), Moscou, Izobrazitelnoe iskousstvo, **1984-1985**.

Konstantin Korovine se souvient, Moscou, 1971.

Kontchalovsky. Khoudojestvennoe naslede (Kontchalovsky. Héritage artistique), introd. A. D. Tchegodaeva, texte et liste des œuvres K. F. Frolova, Moscou, Iskousstvo, 1964.

Korf, *Rapport de la Bibliothèque publique impériale pour l'année 1856,* Saint-Pétersbourg, 1857.

Korolenko V. G., « 1887. Deux tableaux (réflexions d'un homme de lettres) », *Récits,* Irkoutsk, Les Artistes, 1976.

Korovitch M. A., *Vospominania sovremennikov (Souvenirs de ses contemporains),* Moscou, Sovetskiï khoudojnik, 1983.

Kourov N., « La Tombe d'Askold » (« Askoldova mogila »), *Théâtre,* 28-29 novembre, 1914.

Kovacs Laurent, *la Croix,* juin 2002.

Kramskoï I. N., *Lettres, articles,* Moscou, 1965, t. 1.

Krasnikova Irina (dir.), *Rencontre après un siècle : Rodin, Goloubkina, Claudel,* cat. exp. Moscou, galerie Tretiakov, 2004.

Krastins Janis
– *Jugendstil in der Rigaer Baukunst,* Michelstadt, Neuthorverlag, **1992**.
– *Riga Jugendstilmetropole,* Riga, Jumava, **1998**.
– *Sur les traces de l'Art nouveau à Riga,* Bruxelles, Civa, **2003**.

Kridl Valkenier, voir Valkenier

Krouglova O. V., *Vladimir Ivanovitch Sokolov,* Moscou, 1958.

Krouglova Olga V. (dir.), *Rousskoe Narodnoe Iskousstvo,* Serguiev Possad, Izdatellskiï Dom « Podkova », 1998.

Krymskaïa Voïna, 1853-1856, Gueroïtcheskaïa Oborona Sebastopolia. Pervye Fotoreprotaji, cat. exp. Moscou, « Le Petit Manège », 1997.

L

Lagneau, 2004 : voir Cieren, Ponthaud de et Lagneau.

L. N. Tolstoï i Khoudojniki. Tolstoï ob iskousstve. Pisma. Dnevniki. Vospominania (L. N. Tolstoï et les artistes. Tolstoï et l'art. Lettres. Journaux. Souvenirs), Moscou, 1978, introd. I. A. Brodsky.

Lapchina Natalia P., *Mir Iskousstva (le Monde de l'art),* Iskousstvo, Moscou, 1977.

Lapina I. P., « Pisma I. E. Repina k knjagine M. K. Tenichevoï » (« Correspondance d'I. E. Repina avec la princesse M. K. Tenicheva »), *Rerichovskiï sbornik* (Recueil Roerikh), vol. IV, 2001.

Lazouko A. K., *Viktor Mikhaïl Vasnetsov,* Leningrad, 1990.

Lebedev Andreï K., *The Itinerants. Russian realist artists of the late 19th and early 20th century,* Londres, Leningrad, Pan Books-Aurora, 1982 (1977).

Lebedev Andreï K. et Solodovnikov Alexandre V., *Vassily Vassilievitch Verechtchaguine,* Leningrad, Khoudojnik RSFSR, 1987.

Le Normand-Romain Antoinette
– « Taille directe », dans cat. exp. Paris, **1986**, *la Sculpture française au XIXe siècle,* RMN, Paris, Galeries nationales du Grand Palais.
– « Ostéologie de vieilles », cat. exp. *Rodin-Claudel,* Québec, musée national des Beaux-Arts, Detroit, Institute of Arts, Martigny, fondation Pierre-Gianadda, mai **2005**-juin **2006**.

Lepakhine Valery, « L'icône russe par les yeux d'un Français : le poète romantique Théophile Gautier en tant que commentateur des icônes », *Ikona v rousskoï khoudozestvennoï literature. Ikona i ikonopocitanie, ikonopis i ikonopistsy (L'icône dans la littérature sur l'art russe. L'icône et la vénération des icônes, la peinture d'icônes et les peintres d'icônes),* Moscou, Ottchiï Dom, 2002.

Le Senne Camille, *le Théâtre à Paris,* 4e série, Librairie H. Le Soudier, 1889.

Leskov N., « Note sur l'étude du bric à brac », *Novosti,* 1882, n° 287.

Levinson Andreï. I., « Znatchenie Konenkova » (« L'importance de Konenkov »), *Iskousstvo,* n° 1, 1916.

Levitan Isaac I., *Lettres. Documents. Souvenirs,* Moscou, 1956.

Levitsky Sergueï Lvovitch, « Au temps du daguerréotype », *Fotografitcheskiï ejegodnik (Annuaire de la photographie),* rédigé par P. M. Dementiev, Saint-Pétersbourg, 1892.
Levitsky Vladimir Nikolaevitch, *Molodye gody I. I. Bilibina i rousskoï grafiki (les jeunes années de Bilibine et l'art graphique russe),* dans *Ivan Iakovlevitch Bilibine. Stati, pisma, vospominania o khoudojnike (Articles, lettres, souvenirs sur l'artiste),* rassemblés, préfacés et commentés par S. V. Golynets, Leningrad, Khoudojnik RSFSR (l'Artiste de Russie soviétique), 1970.

Lifar Serge
– Diaguilev avec Diaguilev (Diaguilev s Diaguilevim), Paris, **1939**.
– *Serge de Diaguilev,* éd. d'Aujourd'hui, **1982**.

Lissovsky V. G., *Natsionalnyï stil v arkhitekture Rossii,* Moscou, 2000.

Loukomsky Georguy Kreskentevitch, *Kak jiviot i rabotaet I. I. Bilibine (Comment vit et travaille I. I. Bilibine),* Jar-ptitsa (l'Oiseau de feu), Paris, Berlin, n° 2, 1921.

M

Machkovtsev N., *Iz istorii rousskoï khoudojestvennoï koultury. Issledovaniïa, ocerki, stati (De l'histoire de la culture artistique russe. Études, notes et articles)*, Moscou, Sovetskiï Khoudojnik, 1982.
Madernieks Julijs, « Rigas jaunceltie nami un vinu architektura », *Dzimtenes Vèstnesis*, 31 août 1909.

Makovsky Sergueï K.
– « Au sujet de l'histoire de l'ornement populaire », *l'Art et l'industrie artistique*, n° 8, **1899**.
– « Notes sur l'art populaire russe », *l'Art et l'industrie artistique*, n° 1, **1900**.
– *Talachkino. L'Art décoratif des ateliers de la princesse Tenichev*, Saint-Pétersbourg, Sodrougestvo, **1906**.
– *Stranitsy khoudojestviennoy kritiki (Pages de critique d'art)*, Moscou, **1909**.

Marcadé Valentine, *le Renouveau de l'art pictural russe. 1863-1914*, Lausanne, L'Âge d'Homme, 1972.

Martin Malia, *l'Occident et l'énigme russe. Du cavalier de bronze au mausolée de Lénine*, Le Seuil, 2003.

Le Messager de la coopération professionnelle, n° 1, 1915.

Middleton Robin, « Viollet-le-Duc-ski ? », *Architectural Design*, février 1970.

Mojenok Tatiana
– *Les Peintres réalistes russes en France (1860-1900)*, Paris, Publications de la Sorbonne, 2003.

Mojenok-Loveras Tatiana, « L'Académie des Beaux-Arts de Saint-Pétersbourg et les sections artistiques ruses aux expositions universelles de 1862 à 1900 », *Histoire de l'art*, n° 47, novembre 2000.

Morgounov N. et Morgounova-Roudnitskaïa N., *Viktor Mikhaïlovitch Vasnetsov : Jizn i tvortchestvo (Vie et œuvre)*, Moscou, 1962.

Morozov S. A
– *Rousskie Poutechestvenniki-fotografy*, Moscou, **1953**.
– *Rousskaïa Khoudojestvennaïa Fotografia. Otcherki po istorii fotografii, 1839-1917*, 2e éd., Moscou, **1961**.
– *Tvortcheskaïa Fotografia*, Moscou, **1985**.

Morozov S. T., *De l'organisation de l'aide à l'industrie artisanale*, Moscou, 1912.

Mouratov P., *Drevnerousskaïa jivopis v sobranii I. S. Ostroukhova (la Peinture russe ancienne dans la collection de I. Ostrooukhov)*, Moscou, 1914.

Mourey Gabriel, « L'Art populaire Russe », *Art et Décoration*, 1er semestre 1903, t. XIII.
Na roubeje dvoukh vekov. Nijegorodskoïe Povoljie i Volga v fotografiakh M. P. Dmitrieva, Gorki, 1988.

N

Nachtchokina Maria V.
– *Sto arkhitektorov moskovovo moderna. Tvortcheskïe portrety. (Cent architectes de l'Art nouveau moscovite. Portraits créatifs)*, Moscou, Giraf, « Rousskiï Modern », **2000**.
– *La Carte-postale artistique du style moderne russe (Khoudojentvennaïa otkritka rousskavo moderna)*, Moscou, Giraf, **2004**.

Neboit-Mombet Janine, *l'Image de la Russie dans le roman français (1859-1900)*, thèse de doctorat, université Clermont-II, 2002.

Neiman M. L., *P. P. Kontchalovsky*, Moscou, Sovetskiï Khoudojnik, 1967.

Nejman M. L., « Sculpture », *Histoire de l'art russe (Istoria rousskovo iskousstva)*, I. Grabar (sous la dir.), Moscou, Éditions de l'Académie des sciences de l'URSS, 1953-1969.

Nesterov M. V., *Jours lointains*, Moscou, 1959.

Nevedomsky, *Repine. A. I. Kouindji*, Moscou, 1997.

Neverov Oleg et Ducamp Emmanuel, *Grandes Collections de la Russie impériale*, Flammarion, 2004.

Neveux, « Classe 69 : Meubles », *Exposition universelle Internationale de 1900 à Paris. Rapport du jury international – groupe XII : Décoration et Mobilier des édifices publics et des constructions*, Paris, Imprimerie nationale, 1902.

Nordman Natalia Borissovna, « De la valeur artistique en photographie », *Izvestia rousskovo obchtchestva lioubiteleï fotografii (Nouvelles de la Société russe des amateurs de photographie)*, n° 8, 1903.

Normand Maurice, « La Russie à l'Exposition », *l'Illustration*, 5 mai 1900.

O

O'Connel-Mikhaïlovskaïa Renée Roudolfovna, *Khoudojnik i tchelovek (l'Artiste et l'homme)*, dans *Ivan Iakovlevitch Bilibine. Stati, pisma, vospominaniia o khoudojnike (Articles, lettres, souvenirs sur l'artiste)*, auteur des notes, de la préface et des commentaires S. V. Golynets, Leningrad, « Khoudojnik RSFSR », 1970.

Onoufrena S. A., *M. A. Vroubel. 1856-1910. Les œuvres en majolique et les esquisses préparatoires pour le théâtre*, Moscou, 1957.

Orlov A. S., *l'Industrie artisanale dans la province de Moscou*, Moscou, 1913.

Oser Jesco, *Princess Maria Tenisheva and her world of enamels*, Moscou, chez l'auteur, 2004.

Ostroumova-Lebedeva A. P., *Avtobiografitcheskie zapiski* (« Notes autobiographiques »), N. L. Prijmak (éd.), Moscou, 2003, 2 vol.

Ou istokov fotoïskousstva. Sobranie Daguerotipov Gossoudarstvennovo Istoritcheskovo Mouzeïa, cat. exp. Moscou, musée national d'Histoire, 1999.

Ouspensky G. I., « 1882. À propos d'un seul tableau ! », *les Écrivains russes et les arts plastiques*, Leningrad, 1976, éd. établie par L. A. Hessen et A. G. Ostrovsky.

Outsider (Makovsky S. K.), « Chronique de Moscou » (« Moskovskaïa khronika »), *Apollon*, 2, 1909.

P

Paston Eleonora V., *Abramtsevo. Iskousstvo i jizni*, Moscou, Iskousstvo, 2003.

Pavlenkov Florenti Fedorovitch, « L'art en photographie », *Fotograf (le Photographe)*, n°s 13 et 14, 15 et 30 septembre 1864.

Pavlov I., *Ma vie et mes rencontres*, Moscou, 1949.

Pavlovsky, « Le peintre Repine », *l'Art et l'industrie artistique*, n° 12, 1901.

Petrouchka, introd. de V. Iving, texte de libretto A. N. Benois, Moscou, Imprimerie du cinéma, 1930.

Petrova Evguenia (dir.), *The Age of Diaghilev*, Saint-Pétersbourg, palace Éditions, 2001.

Petrova Evguenia et Lenyachine Vladimir (dir.), *Portraiture in Russia. XX century*, Saint-Pétersbourg, Palace Éditions, 2001.

Photographies d'icône et autres antiquités du mont Athos, provenant de la collection de P. I. Sevastianov, Saint-Pétersbourg, 1859.

Photography in Russia. 1840-1940, Thames and Hudson Ltd., Londres, Ars Nicolai, Berlin, Vuart, Moscou, 1992.

Plktorialnaïa Fotografia v Rossii. 1890 – années 1920, cat. exp. Moscou, 2002.

Pingeot Anne, « Oviri, 1894 », dans le cat. exp. Paris, 2003, *Gauguin à Tahiti. L'atelier des Tropiques*, RMN, 2003.

Plantureux Serge, *l'Espion et la fougère ou la mission de Joseph Hamel chez Talbot, Niepce et Daguerre*, Paris, Venti-1, 2003.

Plotnikov Viktor. I., *Folklor v rousskom izobrazitelnom iskousstve vtoroï poloviny XIX veka (Folklore dans l'art pictural russe dans la seconde moitié du XIXe siècle)*, Leningrad, 1986.

Plotnikov V. I., Leningrad, 1986.

Pojarskaïa M. N., *l'Art russe décoratif et théâtral fin XIXe- début XXe siècle (Rousskoe teatralno-dekoratsionnoe Iskousstvo kontsa XIX-natchala XX veka)*, Moscou, Iskousstvo, 1970.

Ponfilly R. de, *Guide des russes en France*, Paris, Horay, 1990, voir Repine.

Ponomarev N. V.
– *Aperçu de l'activité des zemstvos dans l'industrie artisanale (1865-1897)*, Saint-Pétersbourg, **1897**, t. 1.
– *Aperçu des aides gouvernementales à l'industrie artisanale (1888-1902)*, Saint-Pétersbourg, **1902**.

Poroudominsky V. I.
– *Nikolaï Gue (Nikolaï Gay)*, série « Jizn v iskousstve » (« La vie dans l'art »), Moscou, Iskousstvo, 1969.
– *N. Gay*, Moscou, 1970.

Postnikova-Losseva, Platonova et Oulianova, Zolotoïe i serebrianoïe delo XV-XX vv. (Le Travail de l'or et de l'argent *xve-xxe siècle*), Moscou, Naouka (La Science), 1983.

Pouchkine Alexandre Sergueevitch, *le Conte du tsar Saltan, de son fils, l'excellent et puissant Gvidone Saltanovitch et de la très belle tsarevna Lebed*, dessins de Sergueï V. Malioutine, Moscou, A. I. Mamontov, 1898.

Pounine N. dans « Alexandre Ivanov », *Rousskoe i sovetskoe iskousstvo (l'Art russe et soviétique)*, Moscou, Sovetskiï Khoudojnik, 1976.

R

Radlov Nikolaï. E., « A propos de la sculpture de Konenkov » (« Po povodou skoulptouri Konenkova »), *Apollon*, n° 9, 1913.

Rais Jules, « La Lorraine à la Russie », *la Lorraine artiste*, 22 octobre 1893.

Rapports de l'administration du zemstvo de la province de Moscou concernant l'aide à l'artisanat, 1890-1916.

Réau Louis
– *De Pierre le Grand à nos jours. L'Art russe*, t. II, Paris, H. Laurens, **1922**.
– *Histoire de l'expansion de l'art français moderne. Le monde slave et l'Orient*, Paris, H. Laurens, **1924**.

Reclus Élisée, « Avertissement à la première édition », *Nouvelle Géographie universelle*, Paris, Hachette, 1881, t. I.

Repine Ilia Efimovitch
– *Pisma k khoudojnikam i khoudojestvennym deïateliam* (« Correspondance avec des artistes et concernant l'art »), N. G. Galkina et M. N. Grogoreva éd., Moscou, **1952**, série « Pisma I. E. Repina » (*Correspondance de I. E. Repina*).
– *Izbrannye pisma v dvoukh tomakh. 1867-1930* (« Correspondance choisie en deux tomes. 1867-1930 »), I. A. Brodsky éd., Moscou, **1969**, 2 vol.
– *Correspondance*, trad. fr. par R. de Ponfilly, *Guide des Russes en France*, Paris, Horay, **1990**.

Repine Ilia Efimovitch et Stassov Vladimir V., *Perepiska (Correspondance)*, I, 1871-1876, Moscou, 1948.

Richardson William, *Zolotoe Runo and Russian Modernisme*, Ann Arbor, Mich., 1986.

Ritter William
– « L'art décoratif aux dernières expositions de Vienne », *Art et Décoration*, 2^d^ semestre **1898**.
– « Nicolas Roerikh », *l'Art et les artistes*, n° 63, **1910**.

Robert Émile, « La ferronnerie d'art », *les Industries d'art à l'Exposition universelle de 1900*, Paris, RAD, 1902.

Roche Denis
– « L'Exposition d'art russe ancien au musée des Arts Décoratifs », *Gazette des Beaux-Arts*, septembre **1907**.
– « Une Exposition d'Artistes Russes à Paris », *Art et Décoration*, décembre **1907**.

Rodin Auguste, *Correspondance*, textes classés et annotés par Alain Beausire et Florence Cadouot, t. III (1908-1912), éditions du musée Rodin, 1987.

Roerikh Nikolaï K.
– « Souvenir d'un voyage à Talachkino », préf. à *Talachkino. L'Art décoratif des ateliers de la princesse Tenichev*, **1906**.
– « Pamiati Marii Klavdievny Tenichevoï » (« En souvenir de Maria Klavdievna Tenicheva »), *Literatournovo nasledia (Héritage littéraire)*, Moscou, Izobrazitelnoïe iskousstvo (Les arts plastiques), **1974**.

Roger-Marx
– « La Lorraine à la Russie », *Revue encyclopédique*, 1er novembre **1893**, col. 635-640.
– « Les Arts à l'Exposition universelle de 1900. La décoration & les industries d'art », *Gazette des Beaux-Arts*, **1900**, 42e année, t. 24.

Roman Maurice, « La Russie à l'Exposition », *l'Illustration*, 5 mai 1900.

Rostislavov Alexandre A., « Konenkov », *Apollon*, n° 2, 1912.

Rousskaïa fotografia. Seredina XIX-natchalo XX veka (la Photographie russe. Milieu du xixe siècle-début du xxe siècle), Moscou, Planeta, 1996, recueil d'articles rassemblés par Nikolaï Nikolaevitch Rakhmanov.

Rousskaïa progressivnaïa khoudojestvennaïa kritika vtoroï poloviny XIX – natchala XX v., V. V. Vanslov (dir.), Moscou, 1977.

Rousskie emali XI-XIX vv. (les Émaux russes xie-xixe siècle), Moscou, Iskousstvo (l'Art), 1974.

Rousskie pissateli ob izabrazitelnom iskousstve, Leningrad, 1976, éd. établie par L. A. Hessen et A. G. Ostrovsky.

Rousskie serebro (l'Argent russe), Saint-Pétersbourg, 2004.

Rousskiï Stil (Style russe), cat. exp. Moscou, 1998-1999, musée national d'Histoire, Moscou, 1998.

Rozanov V., « La brouille entre Dostoïevsky et Soloviev », *Novoe Vremia*, n° 9556, 11 octobre 1902.

La Russie en images. La famille impériale. -Les souverains.- L'armée de terre.- La marine.- Les écrivains.- Les artistes. -Les musiciens.- Les villes et monuments.- Les types ethnographiques.- L'image populaire et la caricature.- Les décorations (ordres de chevalerie).- L'alphabet russe.- Cartes de l'empire russe, Paris, Larousse, 1891.

S

Sabourova Tatiana et Semakova Irina, *Ou istokov fotoïskousstva*, cat. exp. Moscou, musée national d'Histoire, 1999.

Sabourova Tatiana Grigorievna
– « Svobodnyï Khoudojnik Andreï Kareline » (« Andreï Kareline, un artiste libre »), *Mir Mouzeev (le Monde des Musées)*, n° 1 (135), **1994**.
– « Iz istorii sozdania portretnoï galerei dekabristov » (« Quant à l'histoire de la création d'une galerie de portraits des Décabristes »), *Dekabristy i ikh vremia. Troudy Gossoudarstvennovo Istoritcheskovo Mouzeïa*, Moscou, musée national d'Histoire, **1995**.

Sakharova Ekaterina Vassilievna, *Vassily Dmitrievitch Polenov. Elena Dmitrievna Polenova. Chronique d'une famille d'artistes*, Moscou, 1964.

Salmond Wendy R., *Arts and Crafts in Late Imperial Russia. Reviving the Kustar Art Industries, 1870-1917*, Cambridge, University Press, 1996.

Saltykov-Chtchedrine M. E., « 1863. Notre vie sociale. Tableau de Gay », cité d'après *les Écrivains russes et les arts plastiques*, Leningrad, 1976, éd. établie par L. A. Hessen et A. G. Ostrovsky.

Sametskaïa E. B., « Image du musée », *Nache Naslede (Notre Héritage)*, n° 6, 2004.
Sandier Alexandre, « La Céramique à l'Exposition », 2e article, *Art et Décoration*, 1er semestre 1901, t. IX.

Sankt-Peterbourg v svetopissi 1840-1920, cat. exp. Saint-Pétersbourg, musée d'État de l'Ermitage, 2003.

Sankt-Peterbourg, 1903 god v fotografiakh Karla Bully, cat. exp. Saint-Pétersbourg, musée national d'Histoire, 2003.

Sarabianov Dmitri V.
– Istoria rousskovo iskousstva vtoroï poloviny XIX veka (Histoire de l'art russe dans la seconde moitié du xixe siècle), Moscou, **1989**.
– *L'Art russe, du néo-classicisme à l'Avant-garde. Peinture, sculpture, architecture*, Paris, Albin Michel, **1990**.

Sarian. Au pays du soleil volant, cat. exp. Antibes, musée Picasso, RMN, 2003.
Schkafer V. P., *Quarante Ans sur la scène d'opéra. Souvenirs (Sorok let na opernoi stene. Vospominania)*, Leningrad, 1936.

Semakova Irina Anatolievna
– « *Dokoumentalnyï obraz jiloï spedy* » *(« L'image documentaire de l'environnement habité »), Rousskiï stil. Sobranie Gossoudarstvennovo Istoritcheskovo mouzeïa,* Moscou, musée national d'histoire, IMA-press, **1998**.
– « K voprossou o zarojdenii lioubitelskoï fotografii v Rossii. Tvortchestvo A. S. Mazourina » (« Contribution à la question de la naissance de la photographie amateur en Russie. L'œuvre de A. S. Mazourine »), *Istoritcheskiï mouzeï – entsiklopediïa otetchestvennoï istorii i koultoury (Zablinskïe naoutchnye tchtenia 1997 goda),* Troudy GIM, Moscou, GIM, **1998**, fasc. 106.
– « Fotografitcheskaïa khronika odnoï semi » (« Chronique photographie d'une famille »), *Na detskoï polovine. Detstvo v tsarskom dome OTMA i Alexeï. Katalog,* Moscou, Gossoudarstvennyï Istoritcheskiï mouzeï, Pinakoteka, **2000**.

Sergueï Lobovikov – rousskiï Master khoudojestvennoï fotografii, Kirov, 1996.

Sidorov Alexeï Alexeevitch
Rousskaïa grafika natchala XX veka (l'Art graphique russe au début du xx*e siècle),* Moscou, Iskousstvo (l'Art), 1969.

Sirkina F. I. et Kostina E. M., *l'Art décoratif et théâtral russe (Rousskoe teatralno-dekoratsionnoe Iskousstvo),* Encyclopédie du théâtre, Moscou, Iskousstvo (l'Art), 1978.

Skourlov et Smorodinova, *Fabergé i rousskie pridvornye iouveliry (Fabergé et les joailliers russes de la cour),* Moscou, 1992.

Slastnikov S. I., *Aperçu de l'activité des zemstvos dans l'industrie artisanale,* Saint-Pétersbourg, 1913, t. 1.

Slavina T. A., *Konstantin Ton,* Leningrad, Leningradskoe otdelenie, 1989.

Sokolov V. I., *Souvenirs des métiers de l'artisanat à Zagorsk de 1902 à 1913,* 1943.

Sokolova Natalia , *le Monde de l'Art (Mir Iskousstva)*, Gossoudarstvennoe izdatelstvo izobrazitelnikh iskousstv, Moscou, Leningrad, 1934.

Solomatina Natalia, « Russian Art and the World of Fairytales », *Fairytales in Russia,* Saint-Pétersbourg, musée d'État Russe et Palace Éditions, 2001.

Soloviev V., « A. I. Golovine kak teatralniï master » (« A. I. Golovine en tant que peintre du théâtre »), *Apollon,* 2, 1917.

Somov 1979 : *Konstantin Andreev Somov. Mir khoudojnika. Pisma. Dnevniki. Soujdenia sovremennikov* (« Konstantin Andreev. Le monde de l'artiste. Lettres. Journaux. Jugement de ses contemporains »), I. N. Podkopaïevaïa & A. N. Sveshnikova, Moscou, 1979.

Soudeïkine, *Vroubel M. A. Perepiska. Vospominaniïa o khoudojnike,* Leningrad, 1976.

Souslov V., *l'Architecture russe inspirée par les traditions populaires,* Saint-Pétersbourg, Goliche et Willborg, 1911.

Sovremennaïa rousskaïa grafika (Arts graphiques russes contemporains), rédacteur Sergueï Makovsky, texte de N. Radlov, Saint-Pétersbourg, Svobodnoïe iskousstvo (l'Art libre), 1917.

Sreznevsky V. I., « Vospominanie o Vassily Andreevitch Carrick » (« Souvenir de Vassily Andreevitch Carrick »), *Zapiski Imperatorskovo Rousskovo tekhnitcheskovo obchtchestva (Annales de la société Impériale Russe de technique),* fasc. 3, Saint-Pétersbourg, 1879.

Stassov Vassily. V.
– « La photographie et la gravure », *Rousskiï Vestnik (le Messager russe),* **1856**.
– « L'Exposition ambulante de 1871 », *Sankt-Peterbourgskïe Vedomosti (le Bulletin de Saint-Pétersbourg),* n°s 333 et 338, 3 et 8 décembre **1871**.
– *Fotografitcheskïe i fototipitcheskïe kollektsii Imperatorskoï Poublitchnoï biblioteki (les Collections de photographies et de phototypes de la Bibliothèque publique impériale),* Saint-Pétersbourg, **1885**.
– « L'ornementation populaire russe », *Œuvres complètes,* Saint-Pétersbourg, **1894**, vol. 1.
– « V. M. Vasnetsov et ses œuvres », *l'Art et l'industrie artistique,* n° 1-2, octobre-novembre 1898, et n° 3, décembre **1898**.
– « Dekadenty v Akademii » (« Décadents à l'Académie »), *Novosti i birjevaïa gazeta,* 2 février **1901**, rééd. *Stassov, izbrannie proizvedeniïa : Jivopis. Skulptura. Graphika (Stassov, œuvres choisies : Peinture. Sculpture. Arts graphiques),* Moscou, Leningrad, **1950-1951**, vol. 2, 1951.
– *Izbrannyïe sotchinenia. Jivopis. Skoulptoura. Mouzyka* (« Œuvres choisies. Peinture. Sculpture. Musique »), E. D. Stassova *et al.* (éd.), Moscou, **1952**, 3 vol.
– « Le tableau de Repine *les Haleurs de la Volga* », n° 176, 18 mars 1873, cité d'après *la Critique d'art progressiste du* xix*e et du début du* xx*e siècle,* V. V. Vanslov (dir.), Moscou, **1977**.

Stassov, œuvres choisies : Peinture. Sculpture. Arts graphiques, Moscou-Leningrad, 1950-1951, vol. 2, 1951.

Sternine Grigory, Kirillina Elena, *Ilia Repine, Le Peintre de la Vérité,* Bournemouth, Parkstone-Aurora, 1996.

Stijn Alsteens, *Mélange russe. Dessins, estampes et lettres russes de la Collection Frits Lugt,* cat. exp. Paris, Institut néerlandais, 2005.

Stravinsky Igor et Craft Robert, *Expositions and Developments,* Londres, 1962.

Strelkov Alexandre, *le Monde de l'art (Mir Iskousstva),* Gossoudarstvennoe izdatelstvo Moscou, Petrograd, 1923.

Strougova Olga Borissovna, « Mebel v rousskom stile iz sobrania GIM » (« Le Mobilier de style russe de la collection du musée d'Histoire de Moscou »), *Mouzeï. Khoudojestvennye sobrania SSSR (Musée. Les collections d'art de l'URSS),* n° 10, Moscou, Sovietsky Khoudojnik (l'Artiste soviétique), 1989.

Le Style russe, Moscou, 1991A.

T

Talachkino. L'art décoratif des ateliers de la princesse Tenichev, Saint-Pétersbourg, Sodrougestvo, 1906.

Talasso Adolphe, *le Théâtre-Libre. Essai critique, historique et documentaire,* Mercure de France, 1909.

Tardieu Eugène, « M. Paul Gauguin », *l'Écho de Paris,* 13 mai 1895.

Tchekhov Anton Pavlovitch
– *Le Duel et autres nouvelles,* préf. Roger Grenier, Paris, Gallimard, « Folio », **1971**.
– *L'Ile de Sakhaline,* Paris, Gallimard, 1971, préf. Roger Grenier, rééd. Paris, Gallimard, « Folio », **2001**.
– *L'Amour est une région bien intéressante,* Grenoble, Cent pages, **2003**.
– *Premières nouvelles,* Paris, Gallimard, « Folio », **2004**.
– *Voyage à Sakhaline, 1890-1891,* « Lettres d'hier et d'aujourd'hui », éd. Anne Christophoroff, Lectoure, Le Capucin, **2005**.

Tchibissov K. V., *Otcherki po istorii Fotografii,* Moscou, 1987.

Tenicheva Maria Klavdievna
– *Emal i inkroustatsia (Émail et incrustation),* Prague, Seminarium Kondakovianum, **1930** (ill. d'Ivan I. Bilibine).
– *Vpetchatlenia moeï jizni (Impressions de ma vie),* Paris, 1933, N. I. Ponomareva éd., Leningrad, Iskousstvo (l'Art), 1991, Moscou, Zakharov, **2002**.

Tiouttchev F. I., *Svataïa notch... (Nuit sainte...),* 1848-1850.

Tolstoï Lev Nikolaïevitch
– *Chto takoïe iskousstvo ? (Qu'est-ce que l'art ?),* 2e éd., corrigée, Moscou, **1909**.
– *Une paysanne russe, récit,* Paris, Autrement, **1994**.
– « 1890. Lettre à Kennan », *les Écrivains russes et les arts plastiques,* Leningrad, **1976**, éd. établie par L. A. Hessen et A. G. Ostrovsky.
– « 1894. Lettre à P. M. Tretiakov », *les Écrivains russes et les arts plastiques,* Leningrad, **1976**, éd. établie par L. A. Hessen et A. G. Ostrovsky.
– Dans « Zakon nassiliïa i zakon lioubvi », *Polnoe sobranie sotchineniïa v 90 tomakh (la Loi de la violence et la loi de l'amour, Œuvres complètes en 90 tomes),* Moscou, Leningrad, Khoudojestvennaïa literatura, **1928-1958**, t. 37.

Tolstoï Sophie, *Journal intime*, Paris, Albin Michel, 1981, t. 1.

Tourgueniev Ivan Sergueievitch et Aksakov S. T., *Mémoires d'un chasseur au fusil*, Le Contemporain, 1853, vol. XXXVII.

Les Traditions nationales dans l'art russe du XIXe siècle et du début du XXe siècle, Moscou, 1991B.

Les Trésors photographiques du musée d'État de l'Ermitage et de la Bibliothèque nationale russe, cat. exp. Nice, 1999.

Troubetskoï Evgueny, « Oumozrenie v kraskakh. Vopros o smysle jizni v religioznoï drevnerusskoï jivopissi » (« Observations en couleurs. La question du sens de la vie dans la peinture russe ancienne religieuse »), cité d'après *Rousskaïa Ikonopis (la Peinture d'icônes russe)*, Moscou, Gorod, 2003.

V

Valkenier Elizabeth
– *Russian Realist Art. The State and Society : the Peredvizniki and Their Tradition*. Studies of the Russian Institute, Columbia University Press, New York, **1977**.
– *Ilya Repin and the world of russian art*, New York, Columbia University Press, **1990**.

Vanags Alexandre, « Modernais stils », *Baltijas Vèstnesis*, 10 février 1900.

Velde Henry van de, *Récit de ma vie*, t. II, 1900-1917, Bruxelles, Versa, 1995.

VerejnikovaTatiana Filipovna, *Ivan Bilibine*, Saint-Pétersbourg, Avrora (Aurore), 2001.

V focousse vremeni (Dans l'objectif du temps). *M. Dmitriev*, Nijni-Novgorod, Arnika, 1996.

Viollet-le-Duc Eugène Emmanuel, *l'Art russe, ses origines, ses éléments constitutifs, son apogée, son avenir*, Paris, Vve Morel et Cie, 1877.

Vitiazeva-Lebedeva Vera, « Les trois chemins pétersbourgeois de la voie historique de la Russie », *les Nôtes patriotiques*, n° 6 (7), 2001.

Vitu Auguste, *les Mille et Une Nuits du théâtre*, 4e série, Paul Ollendorff éd., 1887.

Vogt Georges, « Classe 72 : Céramique », *Exposition universelle Internationale de 1900 à Paris. Rapport du jury international – groupe XII : Décoration et Mobilier des édifices publics et des constructions*, Paris, Imprimerie nationale, 1902.

Voronets-Popova Kira Dmitrievna, *Bilibine kakim ia evo pomniou (Ivan Bilibine tel que je me le rappelle)*, dans *Ivan Iakovlevitch Bilibine. Stati, pisma, vospominania o khoudojnike. (Articles, lettres, souvenirs sur l'artiste)*, rassemblés, préfacés et commentés par S. V. Golynets, Leningrad, Khoudojnik RSFSR (l'Artiste de Russie soviétique), 1970.

Vroubel 1976 : *Vroubel. Perepiska. Vospominania o khoudojnike (Vroubel. Correspondance. Souvenirs sur l'artiste)*, E. P. Gomberg-Verjbitskaïa, I. N. Podkopaïevaïa, I. V. Novikov *et al.* (éd.), Leningrad, 1976, éd. corrigée et augmentée.

Y

Yon Jean-Claude (dir.), *le Théâtre français à l'étranger au XIXe siècle*, actes à paraître aux éditions Complexe.

Z

Zeisler W., « Fabergé et l'alliance franco-russe », *la Revue des musées de France. Revue du Louvre*, n° 3, 2005.

Zertsalov A. B., *Photographers on Nevsky Prospekt of St-Petersburg, 1850-1950*, Saint-Pétersbourg, Slavia, 2003.

Zilberstein I. S. et Samkov V. A., *Sergueï Diaguilev i rousskoe iskousstvo*, Moscou, 1982, vol. 2.

Zola Émile, *Œuvres complètes*, t. 11, Cercle du Livre précieux, 1968.

Catalogues d'exposition et expositions

1867, Paris
Exposition universelle, rapport du jury, « Monuments et spécimens d'architecture élevés dans le parc », 1867.

1873, Londres, **Verechtchagine**
Sketches of Central Asia by M. Basil Wereschagin, Crystal Palace, 1873.

1874, Moscou, **Verechtchaguine**
Katalog kartinam, etioudam i rissounkam V. V. Verechtchaguina, Moscou, 1874.

1874, Saint-Pétersbourg, **Verechtchaguine**
Katalog kartinam, etioudam i rissounkam V. V. Verechtchaguina, Saint-Pétersbourg, 1874.

1874, Vienne, **Verechtchaguine**
Ausfuhrlicher Katalog der Gemalde und Zeichnungen von W. Wereschagin. Wien 1881.

1878, Paris
Exposition universelle, catalogue de la section russe, 1878.

1878, Paris
Exposition universelle, médaille d'honneur et médaille de la Légion d'honneur.

1881, Vienne, **Verechtchaguine**
Ausfuhrlicher Katalog der Gemälde und Seichnungen von W. Wereschagin, 1881.

1882, Berlin, **Verechtchaguine**
Katalog der Gemälde und Seichnungen von W. Wereschagin. Mit Original-Illustrationen, 1882.

1882, Moscou
Oukazatel Vserossiïskoï promychlenno-khoudojestvennoï vystavki 1882 goda v Moskve, 1882.

1882, Saint-Pétersbourg, **Kouindji**
Vystavka kartin « Lunnaïa notch na Dnepre », « Berezovaïa rochtcha » et « Dnepr outrom », Saint-Pétersbourg, Société pour le Soutien et l'Encouragement des artistes (OPKh), sans catalogue.

1883, Munich
Illustrirter Katalog der Internationalen Kunstausstellung 1883, 1883.

1887, Saint-Pétersbourg, Kramskoï
Podrobnyï katalog kartin, rissounkov i graviour pokoïnovo I. N. Kramskovo (Catalogue détaillé des dessins et gravures du défunt I. N. Kramskoï), par N. P. Sobko, 1887.

1889-1990, Zurich-Rosenheim-Helsinki
Russische Malerei im 19. Jahrundert. Realismus. Impressionismus. Symbolismus. Aus den Sammlungen der Staatlichen Tretjakow-Galerie Moskau und des Staatlichen Russischen Museums Leningrad, Zurich, 1989, *Russische Malerei im 19. Jahrhundert, Meisterwerke aus der Staatlichen*

Tretjakow-Galerie Moskau, Rosenheim, 1989, *1800 – luvun venäliset mestarit. Det ryska 1800 – talsmäleriets mästare,* Helsinki, 1990, en finnois et en suédois.

1896, Nijni-Novgorod
Vserossiïskaïa promychlennaïa i khoudojestvennaïa vystavka 1896 g. v Nijnem Novgorode : Podrobnyï Oukazatel XVIII khoudojestvennogo otdela, par N. P. Sobko, 2e éd., Saint-Pétersbourg, 1896.

1897, Stockholm
Section des beaux-arts de l'Exposition générale et de l'industrie. Stockholm, 1897, catalogue illustré, 1897.

1898, Sécession de Munich
Offizieller Katalog der Internationalen Kunstausstellung des Vereins bildender Künstler Münchens « Secession », 1898.

1899, Saint-Pétersbourg, **Vasnetsov**
Katalog vystavki kartin V. M. Vasnetsova, 1899.

1906, Berlin
Russische Kunstausstellung in Berlin, 1906.

1906, Paris
Exposition de l'art russe, Salon d'Automne, 1906.

1907, Paris
Objets d'art de la Russie ancienne appartenant à la collection de la princesse M. Tenicheva, musée des Arts décoratifs, 1907.

1907, Venise
Settima Esposizione Internationale d'Arte della citta di Venezia, 1907.

1908, Saint-Pétersbourg
5e exposition de la Nouvelle Société, 1908.

1911, Moscou
IX Vystavka kartin Soïousa rousskikh khoudojnikov. 1911-1912 (IXe Exposition des tableaux de l'Union des peintres russes. 1911-1912), catalogue illustré, 1911.

1913, Moscou, **Gontcharova**
Vystavka kartin Natali Sergueevny Gontcharovoï. 1900-1913, Salon artistique de Mme Mikhaïlova, 1913.

1914, Malmö
Katalog ofver Baltiska utstöllningens i Malmö 1914, Konstafdelning, 1914.

1914, Moscou, **Serov**
Katalog posmertnoï vystavki proizvedeniï V. A. Serova. 1865-1911, Saint-Pétersbourg, 1914.

1914, Paris, **Gontcharova, Larionov**
Exposition Nathalie de Gontcharowa et Michel Larionow, galerie Paul Guillaume, 1914.

1914, Saint-Pétersbourg, **Gontcharova**
Vystavka kartin Natali Sergueevny Gontcharovoï. 1900-1913, Saint-Pétersbourg, bureau de Mme N. E. Dobytchina sur le quai de la Moïka, 1914.

1915, Moscou
Exposition de tableaux et de sculptures des artistes russes, organisée pour venir en aide aux belges victimes de la guerre (Vystavka kartin i skoulptouri rousskikh khoudojnikov, oustroennaïa v polzou postradavchikh ot voïni belguiïtsev), galerie Lemercier, 1915.

1921, Moscou
Expositions des œuvres de Vroubel en mémoire de dix ans de sa mort (Vystavka proizvedeniï Vroubelia v pamiat dessiatiletia so dnia ego smerti), galerie Tretiakov, 1921.

1924, Moscou, **Polenov**
Katalog ioubileïnoï vystavki proizvedeniï V. D. Polenova, 1924.

1924, Moscou, **Repine**
Ioubileïnaïa vystavka proizvedeniï I. E. Repina v Gossoudarstvennoï Tretiakovskoï Galeree, 1924.

1927, Moscou, **Arkhipov**
Katalog vystavki kartin A. E. Arkhipova, 1927.

1935, Moscou, **Serov**
Katalog vystavki proizvedeniï Valentina Aleksandrovitcha Serova. 1965-1911, Leningrad, 1935.

1936, Moscou, **Repine**
Gossoudarstvennaïa Tretiakovskaïa Galereïa, Katalog vystavki proizvedeniï I. E. Repina, Leningrad, 1936.

1937, Leningrad, **Repine**
Gossoudarstvennyï Rousskiï Muzeï. Katalog vystavki proizvedeniï I. E. Repina, 1937.

1937, Moscou-Leningrad, **Kramskoï**
Ivan Nikolaevitch Kramskoï. 1837-1887. K stoletiiou so dnia rojdeniïa, N. M. Chtchekotova (dir.), galerie Tretiakov et Musée d´État russe, 1937.

1938, Moscou, **Levitan**
Isaak Ilitch Levitan. 1861-1900, introd. T. M. Kovalevskoï, galerie Tretiakov, 1938.

1939, Leningrad, **Levitan**
I. I. Levitan, introd. G. Lebedev, Musée d´État russe, 1939.

1950, Moscou
A. M. Vasnetsov. 1856-1933, 1950, introd. L. Bespalova.

1953, Berlin-Dresde-Halle
Sowietische und vorrevolotionäre russische Kunst. Maerei, Graphik. Ausstellung, Dresde, 1953.

1954, Moscou-Leningrad
Katalog vystavki proizvedeniï narodnovo artista respubliki Alexandra Iakovlevitcha Golovina (1863-1930) (Catalogue d'exposition des œuvres du peintre du peuple de la république Alexandre Golovine [1863-1930]), 1954.

1956, Moscou
Vystavka proizvedeniï M. A. Vroubela k 100-letiu so dnia rojdenia (Exposition des œuvres de M. A. Vroubel pour le centenaire de sa naissance), Moscou, Soïouz sovetskiï khoudojnikov, Moscou, 1956.

1956-1957, Moscou, **Vroubel**
Vystavka proizvedeniï Mikhaïla Aleksandrovitcha Vroubelia k 100-letiiou so dnia rojdeniïa, Moscou-Leningrad-Kiev, 1956.

1957, Moscou
Mikhaïl Alexandrovitch Vroubel. 1856-1910. Vystavka maïolikovikh rabot i teatralnikh eskizov (Mikhaïl Alexandrovitch Vroubel. 1856-1910. Exposition de ses œuvres en majolique et ses projets théâtraux), musée « Abramtsevo », Akademia Nauk SSSR, 1957, introd. et catalogue par S. A. Onoufreva.

1957, Moscou
Mikhaïl Alexandrovitch Vroubel. Vystavka proizvedeniï k 100-letiu so dnia rojdenia (Mikhaïl Alexandrovitch Vroubel. Exposition des œuvres pour le centenaire de sa naissance), galerie Tretiakov, Iskousstvo, 1957.

1957, Pékin
Vystavka rousskovo iskousstva XVIII-XX vv., guide, Musée d´État russe, 1957, en chinois.

1957-1958, Moscou-Leningrad, **Repine**
Ilia Efimovitch Repine, galerie Tretiakov et Musée d´État russe, 1957.

1958-1959, Moscou, **Serov**
Valentin Aleksandrovitch Serov. Vystavka proizvedeniï, guide, 1958.

1959, Londres
Exhibition of works by Russian and Soviet Artists, 1959.

1960, Paris
La Peinture russe et soviétique, 1960.

1960-1961, Moscou, Leningrad, Kiev, **Levitan**
Isaak Ilitch Levitan. K stoletiiou so dnia rojdeniïa. 1860-1960, introd. T. M. Kovalevskoï, galerie Tretiakov, 1960.

1961, Leeds-Bristol-Londres, **Gontcharova, Larionov**
A Retrospective exposition of Paintings and Design for the Theater. Larionov and Goncharova, 1961.

1964, Malmö-Bucarest
Rusk och sovjetisk konst, Malmö, 1964.

1965, Moscou-Leningrad, **Serov**
V. A. Serov (1865-1911). Katalog vystavki proizvedeniï k 100-letiiou so dnia rojdeniïa, Moscou, 1965.

1965-1966, Moscou-Kiev-Leningrad, **Serebriakova**
Zinaida Serebriakova. Vystavka proizï iz muzeeev i tchastnykh sobraniï, Moscou, 1964.

1967-1968, Paris
L'Art russe des Scythes à nos jours. Trésors des musées soviétiques, Galeries nationales du Grand Palais, s. d.

1969, Lyon, **Gontcharova**
Nathalie Gontcharova,
musée des Beaux-Arts, 1969.

1970-1971, Leningrad-Moscou-Kiev-Minsk, **Gay**
Nikolaï Nikolaevitch Gay, 1831-1894, Vystavka proizvedenii, introd. N. I. Zograf, galerie Tretiakov et Musée d´État russe, 1969.

1971, Tokyo-Kyoto
One hundred Masterpieces from USSR Museums, 1971, en japonais.

1971-1972, Moscou
Peredvijniki v Gossoudarstvennoï Tretiakovskoï galeree. K stoletiiou Tovarichtchestva peredvijnykh khoudojestvennykh vystavok, galerie Tretiakov, 1971.

1973, Leningrad, Kouindji
Kouindji i evo outcheniki, Nautchno-issledovatelskiï mouzeï Akademii khoudojestv SSSR, 1973.

1974, Paris
Le Salon du 18 avril au 10 mai 1974 inclus. Grandes œuvres russes et maîtres de la peinture contemporaine soviétique. « Paris d'hier et d'aujourd'hui ». 187e Exposition, 1974.

1974, Rome-Florence
Pittura Russa e Sovietica dal secolo XIV ad oggi, Palazzo Venezia, Roma, 1974.

1975, Bologne
L'Œuvre de l'architecte A. V. Chtchoussev, 1975.

1976, Vienne-Graz
Peredwischniki – « Wandermaler ». Realistisch Malerei Ruslands in der zweiten Hälfte des 19. jahrhunderts aus der Staatlichen Tretjakov-galerie in Moskau und demùStaatlichen Russischen Museum in Leningrad, Osterreichische Galerie im Oberen Belvedere in Wein et Neue Galerie am Zandesmuseum Joanneum in Graz, Vienne, 1976.

1977-1978, New York-San Francisco-Mexico
Russian and Soviet Painting. An Exhibition from Museums of the USSR, Metropolitan Museum of Art et Fine Arts Museum of San Francisco, New York, 1977.

1978, Paris
Réalisme et poésie dans la peinture russe. 1850-1905, Galeries nationales du Grand Palais, Paris, Les Presses artistiques, 1978.

1979, Paris
Paris Moscou 1900-1930, Centre Georges Pompidou, Paris 1979.

1980-1981, Stockholm-Göteborg-Copenhague
Ruska målare 1850-1900. Från Ivanov till Vroubel, Stockholm, Göteborg, *Russisk Malerkunst 1850-1900 fra Statsmuseer i USSR suppleretr med Hermod Lannungs samling,* Copenhague, 1981.

1981, Leningrad
D'Alexandre Brullov à Ivan Fomine, 1981.

1981, Moscou
Moscou-Paris, musée national A. S. Pouchkine, 1981.

1981, Moscou, **Gay**
Raschirennaïa ekspositsiïa proizvedenii, posviachtchennaïa 150-letiiou N. N. Gay, galerie Tretiakov, sans catalogue, 1981.

1981, Moscou-Paris
Mosjkva-Parij. 1900-1930, musée national A. S. Pouchkine, 1981.

1983, Oslo
Russisk malei fra slutten av det 190g begynnelsen av det 20 arhunder, 1983.

1983-1984, Moscou
225 let Akademii khoudojestv SSSR. Retrospektivnaïa vystavka. Jivopis, skoulptoura, arkhitektura, grafika, teatralno-dekoratsionnoe Iskousstvo, dekorativno-prikladnoe Iskousstvo, dokumenty, izdaniïa, Akademiïa khoudojestv SSSR (Académie des Beaux-Arts d'URSS), Soïouz khoudojnikov SSSR (Union des artistes d'URSS), Moscou, 1983.

1984, Cologne
Meisterwerke russischer Malerei vom Ende des 19 Jahrhunderts bis zum Beginnung des 20. Cologne, 1984.

1984, Paris
Traditions et recherches. Chefs-d'œuvre des musées de l'URSS. Jeunes artistes soviétiques. Art contemporain français, Galeries nationales du Grand Palais, 1984.

1986, Belgrade, **Repine**
Ilia Efimovitch Repine. 1844-1930, 1986.

1986, Francfort
Die Maler und das Teater im 20 Jahrhundert, 1996.

1986, Moscou, **Serebriakova**
Z. Serebriakova, K 100-letiiou so fnia rojdeniïa khoudojnika, 1986.

1987, Édimbourg
William Carrick. 1827-1878, The National Gallery of Scotland, 1987.

1987, Turin-Lingotto
Arte Russia e Sovietica, 1987.

1987-1988, Leningrad-Voroneje-Moscou, **Kramskoï**
Ivan Nikolaevitch Kramskoï. 1837-1887. Vystavka proizvedenii k 150-letiiou so dnia rojdeniïa, introd. I. V. Brouka (dir.), galerie Tretiakov, 1988.

1989, Prague
150 let fotografie, Manes, 1989.

1989, Zurich
Leben im zaristischen Russland, Kunsthaus, 1989.

1989, Moscou-Leningrad
Gauguin, album-catalogue, Moscou, Sovietskiï Khoudojnik, 1989.

1989, Moscou
L'Architecture russe du Xe au début du XXe siècle (pour le millénaire du christianisme en Russie), 1989.

1989, Paris
1889, la Tour Eiffel et l'Exposition universelle, musée d'Orsay, 1989.

1990, Kasama-Sapporo
Vystavska proizvedenii rousskikh khoudojnikov XIX veka, galerie Tretiakov, Musée d´État russe, musée des Beaux-Arts « Kasama Nitido » et musée d'Art contemporain de Hokkaido, 1990, en russe et en japonais.

1990, Moscou
Le Style national dans l'art russe du XIXe au début du XXe siècle, musée russe des Arts décoratifs et populaires.

1990, Venise
Russia 1900-1930. L'Arte della Scena, 1990.

1991, Italie
Ori eargenti Russ, Mille anni di storia, 1991.

1991, Japan
Faberge and golden age of Russian jewellery, 1991.

1991, Moscou
Les Traditions nationales dans l'art russe du XIXe siècle et du début du XXe siècle, 1991.

1991, Leningrad
L'Art nouveau et le symbolisme, 1991.

1991, Londres
The Twilight of the Tsars. Russian art the turn of the 20th century, Hayward Gallery, The South Bank Center, 1991.

1991, Monza-Gênes
La pittura russa quando era zar Alessandro II. 1855-1881, Milan, 1991.

1991, Moscou-Leningrad, **Serov**
Valentin Serov. K 125-letiiou so dnia rojdeniïa, galerie Tretiakov et Musée d´État russe, Leningrad, 1991.

1991, Saint-Pétersbourg
Histoire de l'Art nouveau et du symbolisme, 1991.

1992, Australie
Secret Treasures of Russia, 1992.

1992, Gênes
Faberge e l'arte orafa alla corte degli Zar, Fondazione Regionale Cristoforo Colombo, 1992.

1992, Moscou
S. Mamontov et la culture artistique, galerie Tretiakov, 1992.

1992, Moscou, **Kouindji**
Arkhip Ivanovitch Kouindji 1842-1910. K 150-letiiou so dnia rojdeniïa, essais et catalogue par V. A. Petrov, G. S. Tchourak (dir.), galerie Tretiakov, 1992.

1992, Oxford
Sto let fotografii v Rossii. 1840-1940 / Russian photography 1840-1940, Museum of Modern Art, Ars Nicolaï, publié par David Elliott, 1992.

1993, Bonn
Rousskaïa Fotografia. 1840-1940 / Russische Photographie, 1840-1940, Rheinisches LandesMuseum, publié par David Elliott, 1993.

1993, Brighton
Russian Stories Ivan Bilibine, University of Brighton Gallery, 1993.

1993, Nantes
L'Avant-garde russe, 1905-1925, Chefs-d'œuvre des musées de Russie, musée des Beaux-Arts, Paris, musée des Beaux-Arts de Nantes-RMN, 1993.

1993, Paris
Splendeurs de Russie. Mille ans d'orfèvrerie, 1993.

1993, Tokyo-Nara-Fukuoka
Peredvijniki v Tretiakovskaoï galeree, Musée des Beaux-Arts metropolitain, musée des Beaux-Arts de la préfecture et musée des Beaux-Arts, Fukuoka, Tokyo, 1993.

1994, Bonn
Die Russen kommen ! Spielend, Landesmuseum fur Volkskunde Kommern, Rheiland-Verlag GmbH – Koln in Kommission bei Rudolf Habelt GmbH – Bonn, 1994.

1994, Moscou
Izbrannye proizvedeniïa rousskoï svetopissi. K 100-letiiou Rousskovo Fotografitcheskovo obchtchestva v Moskve. 1894-1994 (Œuvres choisies de la photographie russe ancienne. Centenaire de la Société russe de Photographie de Moscou. 1894-1994), musée national d'Histoire, Kalinine et Cie, 1994, publié par I. A. Semakova.

1994, Moscou-Leningrad, **Repine**
Illa Efimovitch Repin. 1844-1930. K 150-letiiou so dnia rojdeniïa. Katalog ioubileïnoï vystavki, MoscouLeningrad, 1994.

1994, Munich
Entefesselt. Die russishe Buhne 1900-1930, 1994.

1994, Paris
L'Art populaire russe, Pavillon des Arts, Paris-Musées, 1993.

1994, Saint-Pétersbourg
Alexandre Nikolaevitch Benois et l'Ermitage : Pour les deux siècles de vie et d'activité de la famille Benois en Russie : Catalogue de l'exposition de la collection de l'Ermitage.

1995, Moscou
Architecture moscovite en bois du XIIe au XXe siècle, 1995.

1995, Retretti, **Repine**
Ilja Repine, Taidekeskus Retretti, 1995.

1995-1996, Berlin
Berlin-Moskau, 1900-1950, Berlinische Galerie, Landesmuseum fur Moderne Kunst, Fotographie unt architektur, Martin Gropius-Bau, Munich, Prestel, 1995.

1995-1996, Paris-Martigny, **Gontcharova, Larionov**
Nathalie Gontcharova, Michel Larionov et les collections du musée national d'Art moderne, Centre Pompidou et Fondation Pierre-Gianadda, 1995.

1996, Besançon
La Russie romantique : peintures et dessins du musée des beaux-arts de Tver, musée des Beaux-Arts et d'Archéologie, Amiens, musée de Picardie, 1996.

1996, Londres
Diaghilev. Creator of the ballet Russes. Art. Music. Dance, Barbican Art Galleri, 1996.

1996, Milan, **Gontcharova, Larionov**
Natalija Goncarova – Michail Larionov, Fondazione Antonio Mazzotta, 1996.

1996, Saint-Pétersbourg
Symbolismus in Rußland, Musée d'État russe, Saint-Pétersbourg, Palace Éditions, 1996, Petrova Evguenia (dir.).

1996, Séoul, **Repine**
Ilya Repin. 1844-1930, Dong-an gallery, 1996.

1997, Düsseldorf-Munich, Vroubel
Michail Wrubel der russische Symbolist, Kunsthalle et Haus der Kunst München, 1997.

1997, Copenhague
Keiserinde Darmar – Maria Fjodorovna, Christiansborg Slot, 1997.

1997, Moscou
Mikhaïl Vroubel v Tretiakovskoï galeree, muzeïakh i tchastnikh sobraniakh Moskvi (Mikhaïl Vroubel dans la galerie Tretiakov, les musées et collections privées de Moscou), galerie Tretiakov, Moscou, Édition Pinacothèque, 1997, cat. par A. P. Goussarova, E. M. Joukova, etc.

1997, Moscou, **Vroubel**
Mikhaïl Vroubel v Tretiakovskoï galeree, muzeïakh, tchastnykh sobraniïakh Moskvy, 1997.

1997, Paris
Le Premier Âge d'or de l'affiche russe, 1890-1917, bibliothèque Forney, 1997.

1997-1998, Moscou
M. Vroubel à la galerie Tretiakov, dans les musées et les collections particulières moscovites, 1997-1998.

1998, Saint-Pétersbourg
Mir Iskousstva (le Monde de l'Art). K Stoletiiou vystavki rousskikh i finliandskikh khoudojnikov 1898 goda (Pour le centenaire de l'exposition des artistes russes et finlandais de 1898), 1998.

1998, Moscou
Style de vie et style en art, 1998.

1998, Paris
Les Voyageurs photographes et la Société de géographie, 1850-1910, Bibliothèque nationale de France, 1998.

1998-1999, Helsinki – Saint-Pétersbourg
The World of Art (Mir Iskousstva), Ateneum et musée d'État russe, Saint-Pétersbourg, Palace Éditions, 1998.

1998-1999, Moscou
Rouskiï Stil (Style russe), Collections du musée national d'Histoire de Moscou, Moscou, IAM-Press, 1998.

1999, Canberra
Iz Rossii s liouboviou (De Russie avec amour), 1999.

1999, New Brunswick
Defining Russian Graphic Arts, 1898-1934, Jane Voorhees Zimmerli Art Museum, Rutgers University, New Jersey and London – Rutgers University Press, 1999, Alla Rosenfeld (dir.).

1999, Moscou, **Gontcharova, Larionov**
Mikhaïl Larionov. Natalia Gontcharova. Chedevry iz parijskovo naslediïa. Jivopis, galerie Tretiakov, 1999.

1999, Moscou
Ou istokov fotoïskousstva. Sobranie daguerrotipov Gossoudarstvennovo Istoritcheskovo mouzeïa, musée national d'Histoire, Art-Rodnik, 1999, cat. par Tatiana Grigorievna Sabourova et Irina Anatolievna Semakova.

1999, Nice
Les Trésors photographiques du musée d'État de l'Ermitage et de la Bibliothèque nationale russe, 1999.

1999-2000, Madrid-Bilbao
La pintura russa del siglo XIX en la Galeria Tretiakov, Paseo de la Castellana et Plaza San Nicolas, 1999.

2000, Atlantic City
The Faberge collection, 1000 years of Russian craftsmanship, 2000.

2000, Bordeaux
Le Symbolisme russe, musée des Beaux-Arts, Musées de Bordeaux-RMN, 2000.

2000, Moscou
100 i dvenadtsat stouliev (112 Chaises), musée national d'Histoire, Konstanta, 2000.

2000, Moscou
La Russie en construction, Troisième Mois international de la photographie, Biennale de la photographie, 2000.

2000, Paris
1900, Galerie nationale du Grand Palais, 2000.

2001, Gênes
Kandinsky, Vroubel, Jawlensky e gli artisti russi e nelle riviere, passaggio in Liguria, Palazzo ducale, 2001-2002.

2001, Groningue, **Repine**
Ilya Repin. Russia's secret, Groninger Museum, 2001.

2001, Moscou
Loubok (Bilderbogen). Narodnaïa Kartinka Rossii i Germanii, XIX-natchala XX veka (Image populaire en Russie et en Allemagne du XIXe au début du XXe siècle), musée national d'Histoire, Khoudojnik i Kniga, 2001.

2001, Saint-Pétersbourg
Fairy Tales in Russia, Musée d'État russe, Saint-Pétersbourg, Palace Éditions, 2001.

2001-2002, Nuremberg
Colonies artistiques en Europe, Germanisches Nationalmuseum.

2002, Moscou
Piktorialnaïa Fotografia v Rossii. 1890-1920-e gody (la Photographie picturale en Russie. Années 1890-1920), Art-Rodnik (Art-Source), 2002, cat. par A. V. Loguinov, T. G. Sabourova, I. A. Semakova, P. V. Khorochilov.

2002, Saint-Pétersbourg
Natalia Gontcharova. Godi v Rossii (Natalia Gontcharova. Les Années en Russie), Musée d'État russe, Palace Éditions, 2002.

2002, Saint-Pétersbourg, **Gontcharova**
Natalia Gontcharova. Gody v Rossii, Musée d´État russe, 2002.

2003, Antibes
Sarian. Au pays du soleil volant, musée Picasso, RMN, 2003.

2003, Berlin-Sarrebruck
Ilja Repin- Auf der Suche nach Russland, Nationalagalerie Staatliche Museen zu Berlin et Saarland Museum Stiftung, Saarlandischer Kulturbesitz, Nicolai, 2003.

2003, Groningue-Londres
Het russische landschap, Russian Landscape, Groninger Museum et The National gallery, 2003.

2003, Moscou
Moscou à Paris 1900, musée russe des Arts décoratifs et populaires.

2003, Moscou
The Splendors in Natural Colors, the Complete Prokudin-Gorsky, 1905-1916, musée national d'architecture Chtchoussev, 2003.

2003, Moscou, **Serebriakova**
Zinaida Serebriakova. Vystavka proizvedenii iz muzeeev i tchastnykh sobranii, 2003.

2003, Paris
Russes, musée de Montmartre, Paris, Fragments Éditions, 2003.

2003, Saint-Pétersbourg
La Porcelaine des frères Kornilov, Pavillon central des expositions Le Manège, Studio A, V. V. Znamenov, V. A. Evsseev, T. V. Koudriavtseva, T. N. Nossovitch (dir.).

2003, Saint-Pétersbourg
Sankt-Peterbourg v svetopisi 1840-1920 (Saint-Pétersbourg en lumière 1840-1920), musée d´État de l'Ermitage, 2003.

2003, Sarrebruck-Berlin, **Repine**
Ilja Repin. auf der Suche nach Russland, Ausstellung, 2003.

2003-2004, Groningue-Londres
Russian Landscape, Groninger Museum, *Russian Landscape in the Age of Tolstoi,* National Gallery, Schoten BAI, 2003.

2003-2004, Paris
Portraits-visages, 1853-2003, Bibliothèque nationale de France, 2003.

2004, Helsinki
Treasures of the State Tretyakov Gallery. Masterpieces of Russian Painting 19th century – early 20th century, 2004.

2004, Moscou
Freïliny i kavalerstvennye damy XVIII – natchala XX veka (Dames d'atour et de chevalerie XVIIIe-début du XXe siècle), musée national d'Histoire, Khoudojnik i kniga (l'Artiste et le livre), 2004, cat. par N. A. Perevezentseva, I. A. Semakova.

2004, Moscou
Plenniki krassoty. Rousskoe akademitcheskoïe i salonnoïe iskousstvo 1830-1910 godov (Otages de la beauté. L'Académie russe et l'art des salons, années 1830-1910), Galerie Tretiakov, Skanrouss, 2004, cat. par T. L. Karpova.

2004, Moscou
Vstretcha tcherez stoletie. Roden. Goloubkina, Klodel (Rencontre après un centenaire. Rodin, Goloubkina, Claudel), galerie Tretiakov, Irina Krasnikova (dir.), Moscou, Skanrous, 2004.

2004, Paris
Des photographes pour l'empereur, les Albums de Napoléon III, Bibliothèque nationale de France, 2004.

2004, Varsovie-Moscou
Warszawa-Moskwa – Moskva-Varchava. 1900-2000, galerie nationale d'art Zakhenta et galerie Tretiakov, Moscou, 2005.

2004-2005, Groningue
Working for Diaghilev, Groninger Museum, 2004-2005.

2004-2005, Moscou
Plenniki krasoti. Iskousstvo Akademii i Salonov v Rossii (Prisonniers de la beauté. L'art des Académies et du Salon en Russie), galerie Tretiakov, Moscou, Skanrous, 2004.

2004-2005, Rome
Da Giotto a Malevic. La reciproca meraviglia, 2004-2005.

2004-2005, Russie-Italie
Italia-Russia. Skvoz veka. Ot Giotto do Malevitcha, Moscou, 2005.

2004-2005, Vérone
Kandinsky e l'anima russa, Galleria d'Arte Moderna, Palazzo Forti, Venise, Marsilio, 2004.

2005, Londres
Arts and crafts in Europe, The Victoria and Albert Museum, 2005.

2005, Paris
Mélange russe. Dessins, estampes et lettres russes de la collection Frits Lugt, Paris, Institut néerlandais, cat. par Stijn Alsteens, 2005.

Expositions des unions d'artistes

Les 36
– 1901-1902, 36-ti khoudojnikov
Vystavka rabot 36-ti khoudojnikov v zalakh Imperatorkovo Stroganovskovo outchilichtcha, Moscou, 1901.

Boubnovyï valet / le Valet de carreau
– 1914, « Boubnovyï valet », Moscou
Katalog vystavki kartin i skoulptour khoudojnikov « Boubnovyï valet », Moscou, 1914.

Michen
– 1913, Moscou
Vystavka kartin gruppy khoudojnikov « Michen », Moscou, 1913.

MOLKh / Moskovskovo obchtchestva lioubiteleï khoudojestv / Société des amateurs des Beaux-Arts à Moscou
– 1886, 5-ïa MOLKh
Katalog v perioditcheskoï vystavki kartin Moskovskovo obchtchestva lioubiteleï khoudojestv, Moscou, 1886.
Mir Iskousstva / le Monde de l'art
– 1902, Moscou
Katalog vystavki kartin journala « Mir Iskousstva », Moscou, 1902.
– 1903, Saint-Pétersbourg
Katalog piatoï khoudojestvennoï vystavki jurnala « Mir Iskousstva » v zalakh Imperatorskovo Obchtchestva poochtchreniïa khoudojestv, Saint-Pétersbourg, 1903.
– 1912, Moscou
Katalog vystavki kartin « Mir Iskousstva », Moscou, 1912.
– 1913, Saint-Pétersbourg
Katalog vystavki kartin « Mir Iskousstva », Saint-Pétersbourg, 1913.

Oslinnyï khvost / la Queue de l'âne
– 1912, Moscou
Vystavka kartin gruppy khoudojnikov « Oslinnyï khvost », Moscou, 1912.

SRKh / Soiouza rousskikh khoudojnikov / Union des peintres russes
– 1903-1904, 1-ïa SRKh
Vystavka Soiouza rousskikh khoudojnikov (1903-1904), Saint-Pétersbourg, 1903.
– 1905, 2-ïa SRKh
Vystavka Soiouza rousskikh khoudojnikov (1905), Saint-Pétersbourg, 1905.

TPKhV / Tovarichchestvo peredvijnykh khoudojestvennykh vystavok / Association des expositions de peintres ambulants, Saint-Pétersbourg et Moscou, 1871-1923
– 1872-1874, 2-ïa TPKhV
Oukazatel peredvijnoï khoudojestvennoï vystavki Tovarichtchestva peredvijnykh khoudojestvennykh vystavok, Moscou, 1874.
– 1874-1875, 3-ïa TPKhV
Oukazatel treteï khoudojestvennoï vystavski Tovarichtchestva peredvijnykh khoudojestvennykh vystavok, Moscou, 1874.
– 1878-1879, 6-ïa TPKhV
Katalog chestoï vystavki Tovarichtchestva peredvijnykh khoudojestvennykh vystavok v dome Obchtchestva poochtchreniïa khoudojnikov, Saint-Pétersbourg, 1878.
– 1879, 7-ïa TPKhV
Katalog sedmoï vystavki Tovarichtchestva peredvijnykh khoudojestvennykh vystavok v Imperatorskoï Akademii nauk. Spb, 1879 ; Katalog sedmoï vystavki Tovarichtchestva peredvijnykh khoudojestvennykh vystavok v Chkole jivopisi i vaïaniïa, Moscou, 1879.
– 1880, 8-ïa TPKhV
Katalog vosmoï vystavki Tovarichtchestva peredvijnykh khoudojestvennykh vystavok v Imperatorskoï Akademii nauk, Saint-Pétersbourg, 1880 ; Katalog vosmoï vystavki Tovarichtchestva peredvijnykh khoudojestvennykh vystavok v Utchilichtche jivopisi, vaïaniïa i zodtchestva, Moscou, 1880.
– 1881-1882, 9-ïa TPKhV
Katalog IX peredvijnoï khoudojestvennoï vystavki Tovarichtchestva peredvijnykh khoudojestvennykh vystavok, Saint-Pétersbourg, 1881 ; Katalog IX peredvijnoï khoudojestvennoï vystavki v Moskve, Moscou, 1881.
– 1884-1885, 12-ïa TPKhV
Katalog XII peredvijnoï vystavki Tovarichtchestva peredvijnykh khoudojestvennykh vystavok, Saint-Pétersbourg, 1884 ; Katalog XII peredvijnoï vystavki kartin Tovarichtchestva peredvijnykh khoudojestvennykh vystavok, Moscou, 1884.
– 1888-1889, 16-ïa TPKhV
Katalog XVI peredvijnoï khoudojestvennoï vystavki. SPB, 1888 ; Katalog XVI peredvijnoï khoudojestvennoï vystavki, Moscou, 1888.
– 1889-1890, 17-ïa TPKhV
Katalog XVII peredvijnoï vystavki Tovarichtchestva peredvijnykh khoudojestvennykh vystavok, Saint-Pétersbourg, 1889 ; Katalog XVII peredvijnoï vystavki Tovarichtchestva peredvijnykh khoudojestvennykh vystavok, Moscou, 1889.
– 1890-1891, 18-ïa TPKhV
Katalog XVII peredvijnoï vystavki Tovarichtchestva peredvijnykh khoudojestvennykh vystavok, Saint-Pétersbourg, 1890 ; Katalog XVII peredvijnoï vystavki Tovarichtchestva peredvijnykh khoudojestvennykh vystavok, Moscou, 1889.
– 1893-1894, 21-ïa TPKhV
Katalog XXI peredvijnoï vystavki Tovarichtchestva peredvijnykh khoudojestvennykh vystavok, Saint-Pétersbourg, 1893 ; Katalog XXI peredvijnoï vystavki Tovarichtchestva peredvijnykh khoudojestvennykh vystavok, Moscou 1893.
– 1894-1895, 22-ïa TPKhV
Katalog XXII peredvijnoï vystavki Tovarichtchestva peredvijnykh khoudojestvennykh vystavok, Saint-Pétersbourg, 1894 ; Katalog XXII peredvijnoï vystavki Tovarichtchestva peredvijnykh khoudojestvennykh vystavok, Moscou 1895.
– 1896-1897, 24-ïa TPKhV, Saint-Pétersbourg-Moscou
Katalog XXIV peredvijnoï vystavki Tovarichtchestva peredvijnykh khoudojestvennykh vystavok, Saint-Pétersbourg, 1896 ; Katalog XXIV peredvijnoï vystavki Tovarichtchestva peredvijnykh khoudojestvennykh vystavok, Moscou, 1896.
– 1901-1902, 29-ïa TPKhV, Saint-Pétersbourg-Moscou
Katalog XXIX peredvijnoï vystavki Tovarichtchestva peredvijnykh khoudojestvennykh vystavok, Saint-Pétersbourg, 1901 ; Katalog XXIX peredvijnoï vystavki Tovarichtchestva peredvijnykh khoudojestvennykh vystavok, Moscou, 1901.

Soïouz molodeji / Union de la jeunesse
– 1911, Saint-Pétersbourg
Vystavka kartin obchtchestva « Soïouz molodeji », Saint-Pétersbourg, 1911.
– 1912-1913, Saint-Pétersbourg
Vystavka kartin obchtchestva « Soïouz molodeji », Saint-Pétersbourg, 1912.

Liste des principaux noms cités

A

Afanassiev Alexandre Nikolaevitch (1826-1871)
Aksakov Sergueï Timofeevitch (1791-1859)
Alexandra Fedorovna, impératrice (1872-1918)
Alexandre II (1818-1881)
Alexandre III (1845-1894)
Alexandrovsky Ivan (1817-1894)
Andreev Leonid Nikolaevitch (1871-1919)
Andreev Nikolaï Andreevitch (1873-1932)
Antoine André (1858-1943)
Antokolsky Mark Matveevitch (1842-1902)
Aragon Louis (1897-1982)
Arkhipov Abram Efimovitch (1862-1930)
Ashbe Anton (1862-1905)
Aubert Artyomy Lavrientievitch (1843-1917)
Avarov Anatoly Afanassievitch (1876-1949)

B

Bakst Lev Samoïlovitch, Lev Rosenberg, dit (1866-1924)
Balakirev Mily Alexeevitch (1837-1910)
Barbedienne Ferdinand (1810-1892)
Barchtchevsky Ivan Fedorovitch (1851-1948)
Barye Antoine-Louis (1796-1875)
Beardsley Aubrey Vincent (1872-1898)
Belaiev Mitrofan (1856-1904)
Benois Albert Nikolaevitch (1852-1936)
Benois Alexandre Nikolaevitch (1870-1960)
Benois Leonty Nikolaevitch (1856-1928)
Berdiaev Nikolaï (1874-1948)
Bianchi Giovanni (1811-1893)
Bigot Alexandre (1862-1927)
Bílek Frantisek (1872-1941)
Bilibine Ivan Iakovlevitch (1876-1942)
Böcklin Arnold (1827-1901)
Bogomolov Ivan Semenovitch (1841-1886 ?)
Boissonnas Frédéric, Fedor Guenrikhovitch (1858-1946)
Boldyrev Ivan Vassilievitch (1850-1898)
Borissov-Moussatov Viktor Elpidiforovitch (1870-1905)
Borodine Alexandre (1833-1887)
Bosse Harold Andreevitch (1812-1894)
Boulgakov Sergueï (1871-1944)
Bourdelle Antoine (1861-1929)
Brancusi Constantin (1876-1956)
Brioussov Valery Iakovlevitch (1873-1924)
Bulla Alexandre (1881-1943)
Bulla Karl (1855-1929)
Bulla Viktor Karlovitch (1883-1944 ?)

C

Carrick William Andreevitch (1827-1878)
Carrière Eugène (1849-1906)
Carriès Jean-Joseph (1855-1894)
Cézanne Paul (1839-1906)
Chaliapine Fedor Ivanovitch (1873-1938)
Chaplet Ernest (1835-1909)
Chekhtel Fedor Ossipovitch (1859-1926)
Chichkine Ivan Ivanovitch (1832-1898)
Chostakovitch Dmitri Dmitrievitch (1906-1975)
Chtchoussev Alexeï Viktorovitch (1873-1949)
Chtrom Ivan Vassilievitch (1824 ?-1887)
Courbet Gustave (1819-1877)
Cui César Antonovitch (1835-1918)

D

Dargomyjsky Alexandre Sergueevitch (1813-1869)
Daumier Honoré (1808-1879)
Deck Théodore (1823-1891)
Degas Edgar (1834-1917)
Denier Henrich (1820-1892)
Denis Maurice (1870-1943)
Denissov Vassily Ivanovitch (1862-1920)
Derain André (1880-1954)
Desbois Jules (1851-1935)
Diaguilev Sergueï Pavlovitch (1872-1929)
Dmitriev Maxime Petrovitch (1859-1948)
Doboujinsky Mstislav Valerionovitch (1875-1957)
Dostoïevsky Fedor Mikhaïlovitch (1821-1881)
Dumas Alexandre, dit Dumas fils (1824-1895)

E

Efimov Dmitri Egorovitch (1811-après 1864)
Efimov Ivan Semenovitch (1878-1959)
Egorov Egor (1863-1917)
Elizaveta Fedorovna (1864-1918)
Endell August (1871-1925)
Ern Vladimir Frantsevitch (1882-1917)

F

Fabergé Peter Karl (1946-1920)
Falize Lucien (1839-1897)
Farmakovsky Mstislav Vladimirovitch (1873-1946)
Fedorov Nikolaï (1829-1903)
Feofilaktov Nikolaï Petrovitch (1878-1941)
Filonov Pavel Nikolaïevitch (1882-1883 – 1941)
Filosofov Dmitri (1872-1940)
Florensky père Pavel (1882-1943)
Fokine Mikhaïl (1880-1942)
Forain Jean-Louis (1852-1931)
Fremiet Emmanuel (1824-1910)

G

Gallé Émile (1846-1904)
Gauguin Paul (1848-1903)
Gautier Théophile (1811-1872)
Gay Nikolaï Nikolaïevitch (1831-1894)
Gervex Henri (1852-1929)
Glazounov Alexandre Konstantinovitch (1865-1936)
Glinka Mikhaïl Ivanovitch (1804-1857)
Gogol Nikolaï Vassilievitch (1809-1852)
Gogolinsky Alexeevitch Nil (1844-1895)
Goloubkina Anna Semenovna (1864-1927)
Golovine Alexandre Iakovlevitch (1863-1930)
Gontcharova Natalia Sergueevna (1881-1962)
Gorki Maxime, Alexeï Maximovitch Peskov, dit (1868-1936)
Grasset Eugène (1845-1917)
Gretchaninov Alexandre Tikhonovitch (1864-1956)
Grigoriev Boris Dmitrievitch (1886-1939)
Guimard Hector (1867-1942)

H

Halévy Jacques (1799-1862)
Halonen Emil (1875-1950)
Hankar Paul (1859-1901)
Harpignies Henri (1819-1916)
Hartmann (ou Gartmann) Viktor Alexandrovitch (1834-1873)
Heine Thomas Theodor (1867-1948)
Herzen Alexandre Ivanovitch (1812-1870)
Hoffmann Josef (1870-1956)
Horta Victor (1861-1947)
Huysmans Joris-Karl (1848-1907)

I

Iakountchikova-Weber Maria Vassilievna (1870-1902)
Iarochenko Nikolaï Alexandrovitch (1846-1898)
Ibsen Henrik (1828-1906)
Iliachev V. V. (1904-1905)
Iouon Konstantin Fedorovitch (1875-1958)
Ivanov Alexandre A. (1806-1858)
Ivanov Sergueï Vassilievitch (1864-1910)

J

Jeanneney, Paul Löwenguth, dit (1861-1920)

K

Kareline Andreï Ossipovitch (1837-1906)
Karsavina Tamara (1885-1978)
Kassatkine Nikolaï Alexeevitch (1859-1930)
Kastalsky Alexandre (1856-1926)
Kekouchev Lev (1863-1919)
Kiprensky Oreste (1782-1836)
Koltsov Alexeï Vassilievitch (1809-1942)
Konenkov Sergueï Timofeevitch (1874-1971)
Koniaeva Tatiana Iakovlevna (1887-1944)
Kordych ou Kordysch Joseph (actif à Kiev à partir de 1860)
Korovine Konstantin Alexeevitch (1861-1939)
Kouchelev-Bezborodko Nikolaï Alexandrovitch (1834-1862)
Kouindji Arkhip Ivanovitch (1842-1910)
Kouzmine Mikhaïl Alexandrovitch (1875-1936)
Kouznetsov Alexeï (1845-1928)
Kouznetsov Ivan Sergueevitch (1864 (1874)-1942)
Kouznetsov Nikolaï Dmitrievitch (1850-1929)
Kramskoï Ivan Nikolaïevitch (1837-1887)

L

Labiche Eugène (1815-1888)
Lacombe Georges (1868-1916)
Lalique René (1860-1945)
Lanceray Evgueny Evguenievitch (1875-1946)
Larionov Mikhaïl Fedorovitch (1881-1964)

Léger Fernand (1881-1955)
Leitzinger J. I. (actif à partir de 1885)
Lentoulov Aristarkh Vassilievitch (1882-1943)
Lermontov Mikhaïl Iourievitch (1814-1841)
Leskov Nikolaï Semionovitch
Levitan Isaac Ilitch (1860-1900)
Levitsky Sergueï L. (1819-1898)
Liadov Anatoly Konstantinovitch (1855-1914)
Lidval Fedor (1870-1945)
Litovtchenko Alexandre Dmitrievitch (1835-1890)
Lobovikov Sergueï (1870-1941)

M

Maillol Aristide (1861-1944)
Makovsky Sergueï Konstantinovitch (1877-1962)
Makovsky Vladimir Egorovitch (1846-1920)
Malevitch Kazimir Severinovitch (1878-1935)
Maliavine Filip Andreevitch (1869-1940)
Malioutine Sergueï Vassilievitch (1859-1937)
Mamontov Savva Ivanovitch (1841-1918)
Matisse Henri (1869-1954)
Matveev Alexandre Teretievitch (1878-1960)
Mazourine Alexeï Sergueevitch (1846-1911)
Meissonnier Ernest (1815-1891)
Meltser Roman (1860-1929)
Menzel Adolf von (1815-1905)
Metzinger Jean (1883-1956)
Miassoedov Grigory Grigorievitch (1834-1911)
Mikechine Mikhaïl Ossipovitch (1835-1896)
Milioti Vassily Dmitrievitch (1875-1943)
Millet Jean-François (1814-1875)
Minne Georges (1866-1941)
Mitrokhine Dmitri Isidorovitch (1883-1973)
Moore Henry (1898-1986)
Moreau Gustave (1826-1898)
Morozov Ivan Abramovitch (1871-1921)
Morozov Savva Vassilievitch (1770-1862)
Morris William (1834-1896)
Mouratov Pavel (1881-1950)
Moussorgsky Modeste Petrovitch (1839-1881)
Mucha Alphonse (1860-1939)

N

Narbout Gueorguy Ivanovitch (1886-1920)
Nesterov Mikhaïl Vassilievitch (1862-1942)
Nicolas Ier (1796-1855)
Nicolas II (1868-1918)
Nijinsky Vaslav Fomitch (1889-1950)
Nordman Natalia Borissovna (1863-1914)
Nouvel Walter (1871-1924)

O

Olbrich Josef Maria (1867-1908)
Ostrooukhov Ilia S. (1858-1929)
Ostrovsky Alexandre Nikolaïevitch (1823-1886)
Outkine Piotr Savvitch (1877-1934)

P

Parland Alfred Alexandrovitch (1842-1919)
Pavlovsky Isaac I. (actif dans l'île de Sakhaline en 1891)
Perov Vassily Grigorievitch (1833-1882)
Petrov Nikolaï (1876-1940)
Petrov-Vodkine Kouzma Sergueevitch (1878-1939)
Picasso Pablo (1881-1973)
Poe Edgar Allan (1809-1849)
Polenov Vassily Dmitrievitch (1844-1927)
Polenova Elena Dmitrievna (1850-1898)
Postnikov Nikolaï (vers 1827-vers 1897)
Pouchkine Alexandre Sergueevitch (1799-1837)
Prakhov Adrian Viktorovitch (1846-1916)
Preobrajensky Mikhaïl Timofeevitch (1854-1930)
Prianichnikov Ilarion Mikhaïlovitch (1840-1894)
Prokofiev Sergueï Sergueevitch (1891-1953)
Prokoudine-Gorsky Sergueï Mikhaïlovitch (1863-1944)
Prokrovsky Vladimir A. (1871-1931)
Puvis de Chavannes Pierre (1824-1898)

R

Rakhmaninov Sergueï Vassilievitch (1873-1943)
Raoult Ivan Petrovitch (actif en Russie de 1870 à 1884)
Raspoutine, Grigory Efimovitch Novikh, dit (1872-1916)
Reclus Élisée (1830-1905)
Remizov Alexeï Mikhaïlovitch (1877-1957)
Repine Ilia Efimovitch (1844-1930)
Riabouchinsky Stepan (1874-1942)
Riabouchkine Andreï Petrovitch (1861-1904)
Rimsky-Korsakov Nikolaï Andreevitch (1844-1908)
Rippl-Rónai József (1861-1927)
Rodin Auguste (1840-1917)
Roerikh Nikolaï Konstantinovitch (1874-1947)
Ropet Ivan Nikolaevitch, I. N. Petrov, dit (1845-1908)
Rops Félicien (1833-1898)
Roublev Andreï (1360-1370 – 1427-1430)
Rubinstein Anton Grigorievitch (1829-1894)
Ruskin John (1819-1900)

S

Saltykov-Chtchedrine Mikhaïl Evgrafovitch (1826-1889)
Savitsky Konstantin Apolonovitch (1844-1905)
Savrassov Alexeï Kondratievitch (1830-1897)
Schumann Robert (1810-1856)
Schwartz Viatcheslav G. (1838-1869)
Scriabine Alexandre Nikolaïevitch (1872-1915)
Scribe Eugène (1791-1861)
Serebriakova Zinaïda Evguenievna (1884-1967)
Serov Valentin Alexandrovitch (1865-1911)
Seurat Georges (1859-1891)
Sherwood Vladimir Ossipovitch (1832-1897)
Smolensky Stepan (1848-1909)
Sokolov Vladimir Ivanovitch (1872-1946)
Soloviev Vladimir (1853-1900)
Somov Konstantin Andreevitch (1869-1939)
Soudbinine Seraphim Nikolaievitch (1870-1944)
Soudeïkine Sergueï Iourievitch (1882-1946)
Soultanov Nikolaï Vladimirovitch (1850-?)
Sourikov Vassily Ivanovitch (1848-1916)
Souslov Vladimir Vassilievitch (1859-1921)
Stassov Vladimir Vassilievitch (1824-1906)
Steinlen Théophile Alexandre (1859-1923)
Stelletsky Dmitri Semenovitch (1875-1947)
Stravinsky Igor Fedorovitch (1882-1971)

T

Taneev Sergueï (1856-1915)
Tchaïkovsky Piotr Ilitch (1840-1893)
Tchekhonine Sergueï Vassilievitch (1878-1936)
Tchekhov Anton Pavlovitch (1860-1904)
Teliakovsky Vladimir Arkadievitch (1861-1924)
Tenichev Viatcheslav Nikolaevitch (1843 ou 1844-1903)
Tenicheva Maria Klavdievna (1858-1928)
Tiffany Louis Comfort (1848-1933)
Tiouttchev Fedor Ivanovitch (1803-1873)
Tolstaïa Sophia Andreevna (1845-1919)
Tolstoï Alexis Konstantinovitch (1817-1875)
Tolstoï Lev (Léon) Nikolaïevitch (1828-1910)
Toulouse-Lautrec Henri de (1864-1901)
Tourgueniev Ivan Sergueevitch (1818-1883)
Tretiakov Pavel Mikhaïlovitch (1832-1898)
Troubetskoï Evgueny (1863-1920)
Troubetskoï Pavel Petrovitch (1868-1938)

V

Vachkov Sergueï Ivanovitch (1879-1914)
Valkot William (1874-1943)
Vallotton Félix (1865-1925)
Van Gogh Vincent (1853-1890)
Vasnetsov Apolinary Mikhaïlovitch (1856-1933)
Vasnetsov Viktor Mikhaïlovitch (1848-1926)
Velde Henry van de (1863-1957)
Venetsianov Alexeï Grigorievitch (1811-1848)
Verechtchaguine Vassily Vassilievitch (1842-1904)
Vesnine Leonid Alexandrovitch (1880-1916)
Viazemsky Piotr Andreevitch (1792-1878)
Vinogradov Zacharie (1882-1963)
Viollet-le-Duc Eugène (1814-1879)
Vladimirov Ivan Alexeevitch (1869 (70)-1947)
Vlaminck Maurice de (1876-1958)
Volkonsky Sergueï Grigorievitch (1788-1865)
Volkonsky Sergueï Mikhaïlovitch (1860-1937)
Vroubel Mikhaïl Alexandrovitch (1856-1910)

W

Wagner Otto (1841-1918)
Whistler James Abbott McNeill (1834-1903)
Willumsen Jens Ferdinand (1863-1958)

Z

Zamiatine Evgueny Ivanovitch (1884-1937)
Zinoviev Alexeï Prokofievitch (1880-1941)
Zola Émile (1840-1902)
Zvorykine Boris Vassilievitch (1872-1935)

Crédits photographiques

Les Arts décoratifs, cliché Laurent Sully Jaulnes, musée des Arts décoratifs, Paris : cat. 453, p. 202 ; cat. 454, p. 209.
Bibliothèque centrale du Muséum national d'histoire naturelle, Paris, 2004 : cat. 1, p. 112 ; cat. 2 à 5, p. 360.
Bibliothèque des Arts décoratifs, Paris, photo Suzanne Nagy : cat. 300, p. 189
Bibliothèque d'État de Russie, Moscou : cat. 23 a et b, p. 25 ; cat. 117, p. 288 ; cat. 114, p. 289 ; cat. 98, p. 292 ; cat. 118, 121, p. 293 ; cat. 36, p. 130 et 366.
Bibliothèque nationale de France, Paris : fig. 4, p. 97 ; cat. 269, 396, p. 113 ; cat. 269, 396, p. 117 ; cat. 264, 265, p. 398 ; cat. 266 à 268, p. 399 ; cat. 272, p. 400 ; cat. 293 à 295, p. 403 ; cat. 396, p. 404 ; cat. 392, 394, 395, p. 421 ; cat. 398, p. 422.
Bibliothèque nationale de Russie, Saint-Pétersbourg : fig. 3, p. 94 ; cat. 333, p. 98 ; fig. 5, cat. 159, p. 101 ; cat. 138, 139, p. 102 ; cat. 180, 282, p. 104 ; cat. 182, p. 105 ; cat. 157, p. 108 ; cat. 137, 143, p. 116 ; cat. 181, 183, p. 118 ; cat. 474, p. 132 ; cat. 305, p. 258 ; cat. 377, p. 259 ; cat. 102, p. 261 ; cat. 92, p. 284 ; cat. 101, p. 287 ; cat. 111, p. 290 et 291 ; cat. 50, 59, p. 368 ; cat. 109, p. 375 ; cat. 140, p. 378 ; cat. 156, 160, p. 380 ; cat. 161 à 162, p. 381 ; cat. 178, 179, p. 385 ; cat. 195, p. 387 ; cat. 466, p. 436.
Cliché atelier de photographie du centre historique des Archives nationales, Paris : cat. 197, p. 388.
Clichés Sophie Boegly, Patrice Schmidt, musée d'Orsay, Paris : fig. 1, p. 251 ; fig. 2, p. 252 ; fig. 4, p. 254 ; fig. 6, p. 256 ; fig. 7, p. 260. fig. 8, 9, p. 264 ; fig. 10, 11, p. 268.
Collection particulière, clichés A. Mas[illegible], Genève : cat. 225, p. 323.
Collection particulière, cliché Jean-Yves Tribes : cat. 367, p. 178.
Collection particulière, droits réservés : cat. 224, p. 323.
Copyright INHA, photo Jean-Pierre Desjariges : cat. 81, p. 280 ; cat. 75, 87, p. 283 ; cat. 89, p. 285.
Library of Congress Prints and Photographs Division, Washington : cat. 387, p. 109 ; cat. 388, 390, p. 420.
Moscou, Association du Goznak : p. 143 , p. 286
Musée d'Art et d'Histoire de Solvitchegodsk : p. 148
Musée d'Art russe, Kiev : fig 3 et 4, p. 272
Musée de l'Art, du Théâtre et de la Musique, Saint-Pétersbourg : cat. 501, p. 277.
Musée d'État de l'Ermitage, Saint-Pétersbourg : cat. 154, p. 106 ; cat. 150 à 152, p. 379 ; cat. 153, p. 380.
Musée d'État russe, Saint-Pétersbourg : cat. 278, p. 61 ; cat. 413, p. 74 ; cat. 324, p. 133 ; cat. 471, p. 142 ; cat. 336, p. 205 ; cat. 190, p. 248 ; cat. 223, p. 258 ; cat. 206, p. 296 ; cat. 443, p. 347 ; cat. 499, p. 441.
Musée national d'Ethnographie, Saint-Pétersbourg : cat. 28, 29, p. 141 ; cat. 243, p. 146 ; cat. 231 à 233, p. 394 ; cat. 234 à 236, p. 395.
Musée national de la Marine, Paris, cliché A. Fux : cat. 188, p. 143.
Photographie, musée du domaine d'Abramtsevo, Abramtsevo : fig. 3, p. 163 ; fig. 6, p. 166 ; fig. 9, p. 167 ; fig. 10 à 12, p. 168 ; fig. 14, p. 169.
Musée national d'histoire de Moscou et de Smolensk: p. 20,22-24,27-30, 180-202,124,256,99.
Photographies de Igor Palmine: p. 185,188,190,201.
Musée De Serguiev Possad: p. 160-212-218.
Musée National de A.S Pouchkine: p. 289, 295, 309.
Musée Tolstoï: p. 120-122
Musée national de littérature: p. 122-123.
Musée d'architecture, Chtchoussev, p. 232,239,241,334.
Musée Goloubkina: p. 349.
Photographie, documentation du musée d'Orsay, Paris : fig. 10, p. 42 ; fig. 14, p. 192 ; fig. 3, cat. 480, p. 236 ; fig. 4, p. 339 ; fig. 9, p. 344 ; cat. 198, p. 388.
Photographies de Renata Clavien : fig. 7 à 14, p. 139.
Photographies de Jan Kruseman: fig. 6,8, p. 139
Photographie Edouard Papet: fig. 4, p. 163

Publication du département de l'Édition dirigé par Catherine Marquet

Responsables de l'édition
Cécile Guibert,
Marie-Dominique de Teneuille

Iconographie
Évelyne David

Conception graphique et mise en pages
Jean-Yves Cousseau

Fabrication
Isabelle Floc'h

Photogravure
I.G.S., Angoulême

Cet ouvrage a été achevé d'imprimer en Italie en novembre 2005 sur les presses de l'imprimerie Canale, qui en a également réalisé le façonnage

1er dépôt légal : octobre 2005
Dépôt légal : novembre 2005
ISBN : 2-7118-4952-X
EC 30 4952